保定蓮池書院善本圖録

上册

保定蓮池書院善本圖録編委會　編

國家圖書館出版社

圖書在版編目（CIP）數據

保定蓮池書院善本圖錄／保定蓮池書院善本圖錄編委會編.—北京：國家圖書館出版社，2014.5

ISBN 978-7-5013-5357-6

Ⅰ.①保… Ⅱ.①保… Ⅲ.①古籍－善本－圖書館目錄－保定市 Ⅳ.①Z838

中國版本圖書館CIP數據核字（2014）第086188號

書　　名　保定蓮池書院善本圖錄（全二册）

編　　者　保定蓮池書院善本圖錄編委會　編

責任編輯　耿素麗　許海燕

裝幀設計　九雅工作室

出　　版　國家圖書館出版社（100034　北京市西城區文津街7號）（原書目文獻出版社　北京圖書館出版社）

發　　行　（010）66114536　66126153　66151313　66175620　66121706（傳真），66126156（門市部）

E-mail　cbs@nlc.gov.cn（郵購）

Website　www.nlcpress.com→投稿中心

經　　銷　新華書店

印　　刷　北京信彩瑞禾印刷廠

開　　本　889×1194毫米　1/16

印　　張　45

印　　數　1—1200册

版　　次　2014年5月第1版　2014年5月第1次印刷

書　　號　ISBN 978-7-5013-5357-6

定　　價　680.00圓

編纂委員會

保定瑰寶　世代傳承

中國是人類文明的重要發祥地之一，在世界上首先發明了紙和印刷術，創造了光輝燦爛的書籍文化。這是中華文明史綿延五千年的歷史見證，也是人類文明的瑰寶，使中華文明有文字的記載、有典籍的傳承。典籍作爲文明的重要載體，在文化傳承上起到了非常重要的作用，形成了深厚的文化積淀，産生了巨量的文獻典籍。儘管歷經滄桑，慘遭損毁，但仍有大量的文獻被精心保護和流傳。

保定是國家級歷史文化名城，人文歷史薈萃，文化底蘊極其深厚。保定市圖書館也是我國最早的圖書館之一。元代的萬卷樓和清雍正年間的蓮池書院就享有盛名，清末的直隸圖書館至今也有上百年的歷史；經過歷代文人志士的努力，留下了豐富的館藏資源。保定市圖書館現存古籍13萬册，其中善本12000餘册，古籍收藏居全省前列。這些古籍不僅屬於保定、屬於河北、屬於中國，也是世界寶貴的文化遺産。

古籍作爲文明的載體，也是文物的一大類別，是不可再生的文化資源、精神資源，屬於非物質文化遺産。一旦破壞，就不能完整再現。歷史上曾發生過多次“書厄”，有政治、經濟、軍事因素的人爲破壞，有水火、蟲鼠等自然災害造成的損失，也有許多重大文化浩劫，大量古籍遭遇厄運。此外，古籍老化破損嚴重、古籍修復手段落後、保護修復人才匱乏、大量珍貴古籍流失海外等許多問題，使我們對古籍傳承保護憂心忡忡，形勢不容樂觀。

中央政府高度重視古籍保護工作，2007年國務院辦公廳發布了《關於進一步加强古籍保護工作的意見》，要求各級政府要以對國家和歷史高度負責的態度，充分認識做好古籍保護工作的重要性和緊迫性，把保護好、研究好、利用好古籍作爲我國文化建設重要的戰略性工程來抓。保定市各級政府對古籍保護工作非常重視，每年撥專項資金用於古籍保護。其中包括普查登記、改善古籍保管條件、完善安全措施、進行古籍修復等等。經過幾年切實有效的工作，保定市的古籍保護工作得到了前所未有的發展。

隨著國家經濟繁榮、社會和諧發展，各級政府在古籍原生性保護的同時，加大力度進行古籍的再生性保護，促進珍貴古籍的合理利用。保定市圖書館在重視館藏典籍保護的同時，積極探索典藏爲社會服務、爲學術研究所用的途徑。2011年出版了館藏第一部古籍善本書目《保定市圖書館古籍善本書目》。由於保護工作的特殊需要，珍藏於圖書館的古籍平日極少示人。爲方便學者和社會公衆利用館藏珍稀古籍，2012年出版了《保定市圖書館藏稀見方志叢刊》，此書是國家“十一五”重點圖書出版項目之一。此書的出版，使一些珍善孤本得以走出深宫，化身千百，傳承利用，以替代品的方式减少了原件的流通使用，保護了古籍原件。爲了讓更多的人了解保定文化古城所藏文化珍品，現選擇690部館藏古籍善本，分上、下兩册，以圖録的形式出版《保定蓮池書院善本圖録》。

保護古籍是功在當代、利在千秋的大事。我們有責任、有義務做好這項工作。隨著古籍保護工作的深入開展，會有更多的成果呈獻給世人，這些成果將告慰爲古籍傳承付出血汗甚至生命的先賢，也必將惠及中華民族的子孫萬代。

高　玉

2014年1月

前　言

“中華古籍保護計劃”啟動以來，保定市古籍保護工作進入新的發展階段。經過幾年時間，古籍普查工作已取得一定成果。保定市圖書館已被國務院批准爲“全國古籍重點保護單位”、被河北省政府批准爲“河北省古籍重點保護單位”。目前已對12萬冊古籍進行了普查登記，有1766冊善本古籍入選《國家珍貴古籍名錄》及《河北省珍貴古籍名錄》。爲了讓公衆更多地了解文化古城所藏古籍珍品，我們特編輯了這本《圖錄》。

保定文化底蘊豐厚，藏書史可追溯至元代的萬卷樓。蒙古太祖二十二年（1227），都元帥張柔由滿城移駐保州，令副帥賈輔、工匠毛正卿從一片廢墟中重建保州城。賈辅（1191—1254），元代名臣、名將、藏書家。字元德，祁州蒲阴（今河北安國）人。仕金爲蒲阴縣令，升祁州刺史。入元後，迁镇國上將軍，屬於張柔麾下，任副元帥，廣征南北，所向披靡。他雖爲武將，卻喜歡藏書，數十年間聚書數萬卷。他的別第在雪香園（今蓮池）北面，蒙古太宗八年（1236）在其中建成萬卷樓，於此貯經史、圖冊，以及法書、名畫，別爲九等。所藏之書絕非秘而不宣，而是爲人所用。蒙古乃馬真后元年（1242），大學士郝經爲此樓寫了《萬卷樓記》，對萬卷樓的藏書情況及興建此樓的目的記述得很詳細。贊“賈侯之書甲天下”。可見，當年“萬卷樓”藏書數量之巨、影響之大非同一般。當時，在蒙古入主中原的情況下爲保护中華傳統文化立下功勞。經元、明兩朝至清初，王朝更替，災禍頻頻，萬卷樓雖存，但藏書大部分散佚。

清雍正十一年（1733），直隸總督李衛奉旨在蓮池萬卷樓西面創建蓮池書院，萬卷樓則成爲蓮池書院的藏書樓。雍正、乾隆兩帝曾數度欽賜書籍，萬卷樓名聲重振。光緒二十六年（1900）八國聯軍攻占北京。同年閏八月，英、法、德、意聯軍南侵保定，燒殺搶掠，蓮池書院遭劫，萬卷樓藏書損失過半。

清光緒三十四年（1908），直隸省提學使盧靖籌款建立直隸圖書館，館址位於蓮池內東部偏北。清宣統元年（1909）十一月直隸圖書館建成開館，成爲中國最早的公共圖書館之一。館内收藏古籍約兩千餘種，十萬餘卷，大部分爲原蓮池書院藏書。

民國十七年（1928），直隸圖書館改名爲“河北省立第二圖書館”。民國二十一年（1932），更名爲“河北省立蓮池圖書館”。1948年11月22日保定解放。同年12月，在蓮池成立“保定市民衆教育館”（後改名爲“人民文化館”），下設圖書部。1953年4月，在圖書部基礎上組建了“河北省圖書館”。1956年7月，保定市成立市屬圖書館。1958年，河北省會遷往天津市。同年5月20日，河北省圖書館與保定市圖書館合併，名爲“保定市圖書館”。

保定市圖書館收藏古籍文獻13萬册，其中善本12000餘册。豐富的文獻資源、頗具特色的典藏，爲編製《圖録》提供了條件。《圖録》的編輯，既可使珍貴典籍得以保存，又可讓世人對那些深藏册府中的珍善孤本覽其原貌。例如：在館藏古籍中，有明嘉靖七年崇藩寶賢堂刻本《春秋左傳類解》二十卷，此書爲藩府本，其特點是校勘精審、版印精湛、紙墨精良。由於藩府財力雄厚，追求刊書的品質，不少藩府刻本都被譽爲明代官刻珍品，爲歷代藏書家和學人所珍視。崇藩刻書不多，存世尤少。《蛟峰先生文集》十卷，明活字印本。活字印刷的古籍在我國古籍總量中所占比例百不及一，流傳至今的印本大部分被收藏在圖書館，世人難得一見。《三子合刊》十三卷，明閔齊伋朱墨套印本。閔氏是明代套色印刷術的名家，這種套印術將人類的印刷技術推向了又一個高峰。加之形式新穎、雕印精美、工藝精良，遐邇聞名。後世藏書家將其視爲不可多得的版刻藝術品，當作珍品收藏。《畿輔七名家詩鈔》四十六卷，清康熙敬事堂刻本。序前鈐“蓮池書院藏書籍印”“直隸圖書館收藏記”印記。此書係清初畿輔地區七位享有盛譽的才士和學者的詩集彙編。據《中國古籍善本書目》著録，此版本爲孤本，國内僅保定市圖書館一家收藏。此外還收藏有明毛氏汲古閣刻本等衆多精品。

《保定蓮池書院善本圖録》的出版，得到了各級領導，各界朋友、同仁的支持，在此，表示衷心的感謝。由於水平有限，錯漏之處在所難免，懇請讀者不吝賜正。

王大琳

2014年1月

凡　例

一、本圖録收録範圍爲保定市圖書館入藏的古籍善本645種，690部。

二、本圖録以經、史、子、集、叢書分類編排。同類目中的圖書，其順序按著者姓名的四角號碼排列。

每種古籍皆甄選能夠反映該書版本特徵與内容特色的書影一幅，以供讀者賞鑒。

三、每種古籍均著録卷端題名、卷數、責任者、版本，入選《國家珍貴古籍名録》及《河北省珍貴古籍名録》的，著録項末尾均注明編號。爲省篇幅，《國家珍貴古籍名録》簡稱《國家名録》，《河北省珍貴古籍名録》簡稱《河北省名録》。

四、著者項一般均著録著者本名。著者本名無考或對所題著者有疑問者，照原題著録。著者無考或佚名者，著者項空缺。

五、兩位以上著者，無論著作方式是否相同，如屬同一朝代，衹在第一著者前注明朝代。

六、凡版本相同之書，僅介紹一篇。版本項後所附（2）（3）（4）……爲複本標識。

目　録

上　册

下　册

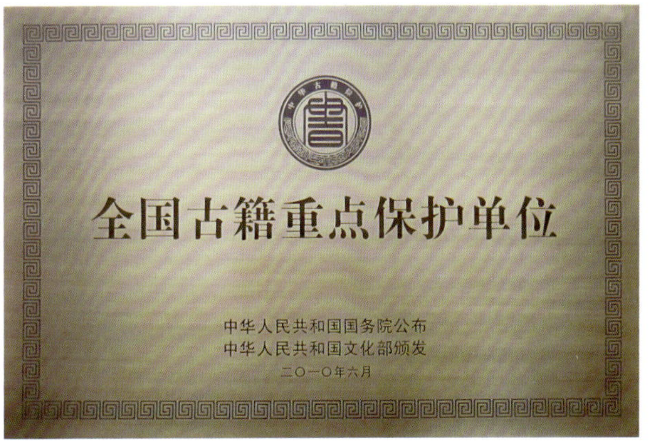

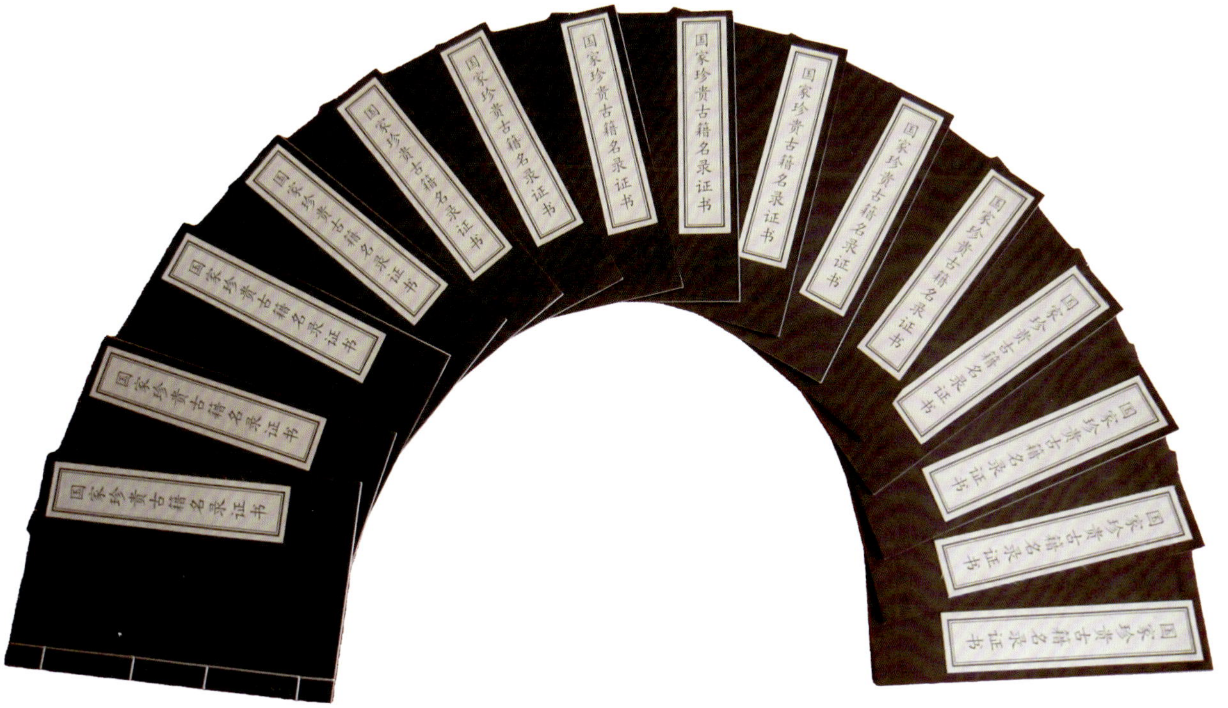

重點保護單位標牌及證書

萬卷樓：

蒙古太祖二十二年（1227），保州等處都元帥張柔從滿城移軍保定後，修建蓮池。張柔的副帥賈輔於蒙古太宗八年（1236），在蓮池北面建成萬卷樓，藏書萬卷。蒙古乃馬真后元年（1242），大學士郝經爲此樓寫了《萬卷樓記》（《郝文公陵川文集》卷二十五），對萬卷樓的藏書情況及興建此樓的目的記述得很詳細。清雍正十一年（1733），直隸總督李衛奉旨創建蓮池書院，萬卷樓成爲蓮池書院的藏書樓。

萬卷樓藏書碑記：

現藏於古蓮花池內的《萬卷樓藏書碑記》中，記載了當時萬卷樓所藏各類古籍文獻的詳細情況。

直隸圖書館：

保定直隸圖書館建於清光緒三十四年（1908），由直隸省提學使盧靖（清舉人，字木齋，湖北沔陽人）籌款建造，館址位於古蓮池内東部偏北。清宣統元年（1909）十一月直隸圖書館建成開館，成爲中國最早的公共圖書館之一。館内首藏古籍約2000餘種，10萬餘卷，大部分爲原蓮池書院萬卷樓藏書。

館額：

“直隸圖書館”五字，爲直隸省提學使盧靖親筆書寫。

保定市圖書館：

1958年，河北省省會遷往天津，河北省圖書館於當年5月20日與保定市圖書館合併，更名爲“保定市圖書館”。當時新館址位於保定市環城西路23號。建筑面積2800平方米。

1997年新館：

隨著社會進步、經濟發展和城市人口增加，由於原館舍窄小、設備簡陋、圖書飽和，嚴重影響了圖書館各項功能的發揮。1997年8月新館動工興建。館址位於保定朝陽北大街619號，建筑面積12000平方米。

館藏清代《王船山師友記》雕版版片

大明一統志

明天順五年内府刻本　包背裝

修復前

修復後

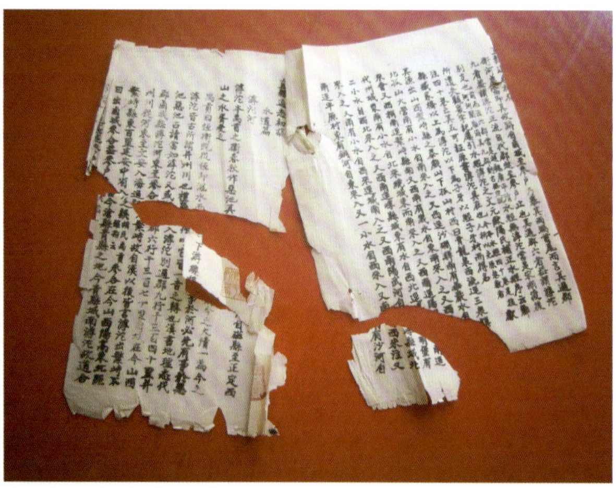

修復前

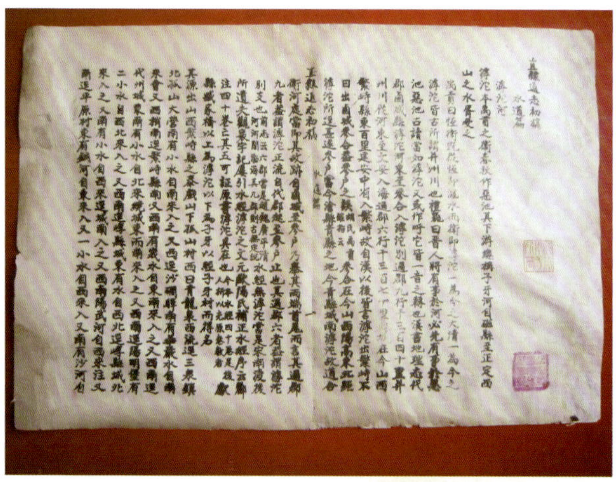

修復後

經　部

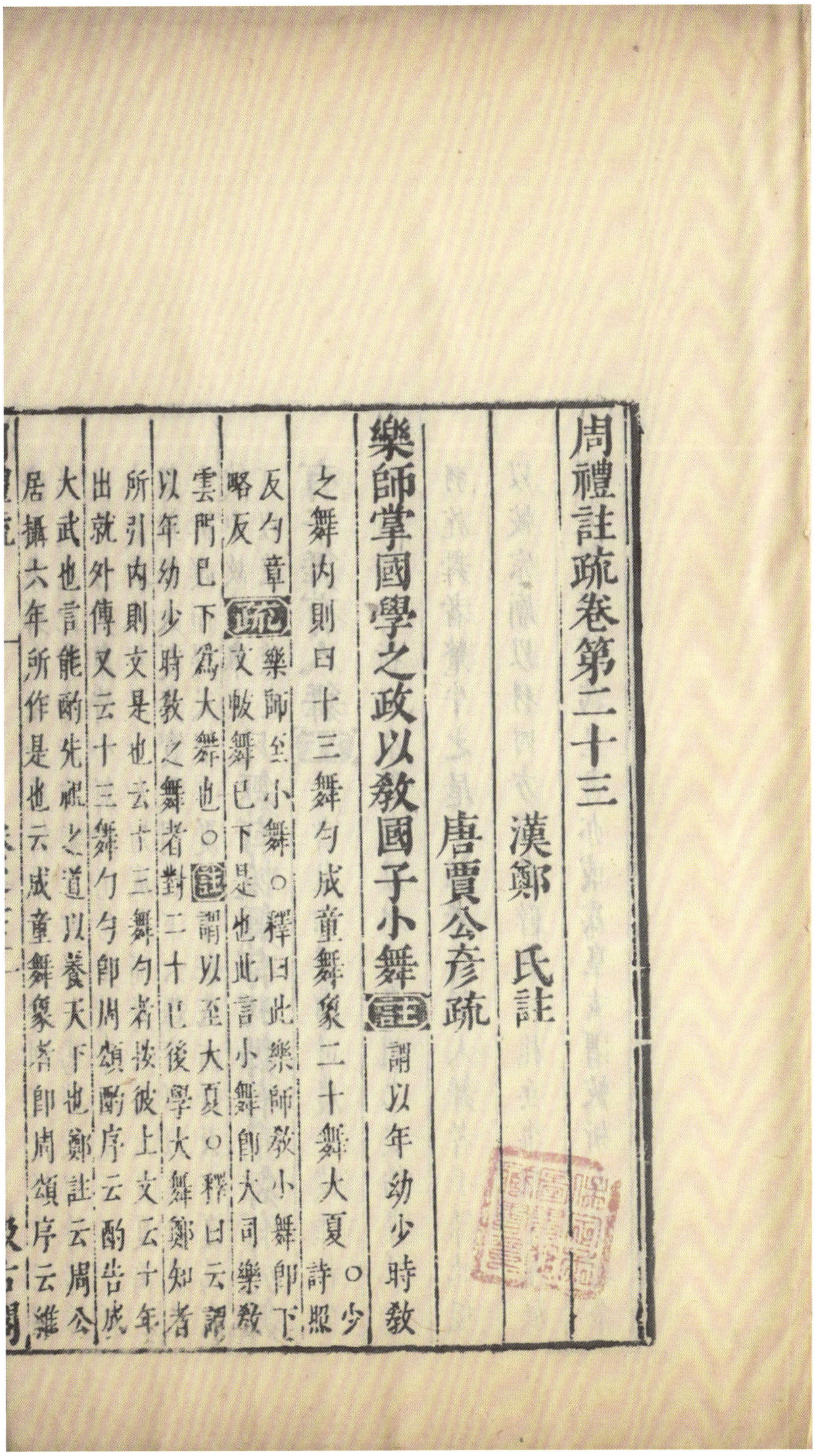

周禮註疏卷第二十三

漢鄭　氏註

唐賈公彥疏

樂師掌國學之政以教國子小舞【注】謂以年幼少時教
之舞內則曰十三舞勺成童舞象二十舞大夏○少詩照
反勺章【疏】樂師至小舞○釋曰此樂師教小舞即下
略反　文帗舞已下是也此言小舞即大司樂教
雲門已下為大舞也○【注】謂以至大夏○釋曰云謂
以年幼少時教之舞者對二十已後學大舞鄭知者
所引內則文是也云十三舞勺者按彼上文云十年
出就外傳又云十三舞勺勺即周頌酌序云酌告成
大武也言能酌先祖之道以養天下也鄭註云周公
居攝六年所作是也云成童舞象者即周頌序云維

十三經註疏三百三十三卷　明崇禎元年至十二年毛氏汲古閣刻本

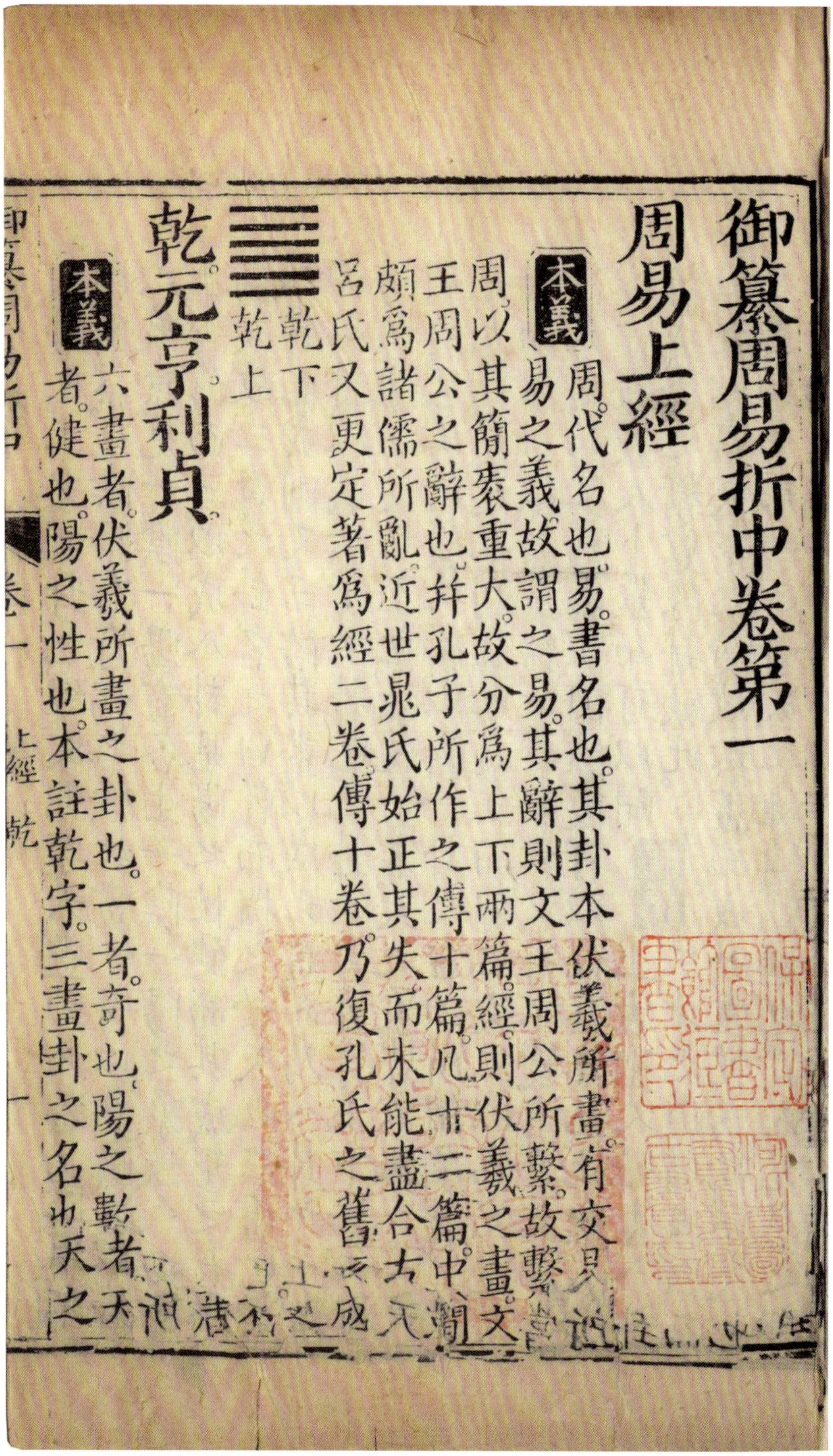
御纂周易折中卷第一

周易上經

【本義】周。代名也。易。書名也。其卦本伏羲所畫。有交易變易之義。故謂之易。其辭則文王周公所繫。故繫之周。以其簡袠重大。故分爲上下兩篇。經。則伏羲之畫。文王周公之辭也。并孔子所作之傳十篇。凡十二篇。中間頗爲諸儒所亂。近世晁氏始正其失。而未能盡合古文。呂氏又更定著爲經二卷。傳十卷。乃復孔氏之舊云。

☰☰ 乾下乾上

乾。元亨利貞。

【本義】六畫者。伏羲所畫之卦也。一者。奇也。陽之數也。乾者。健也。陽之性也。本註乾字。三畫卦之名也。下者。內卦也。上者。外卦也。經文乾字。六畫卦之名也。

御纂周易折中　卷一　上經　乾　一

御纂七經二百九十四卷　（清）李光地等撰　清康熙至乾隆間內府刻本

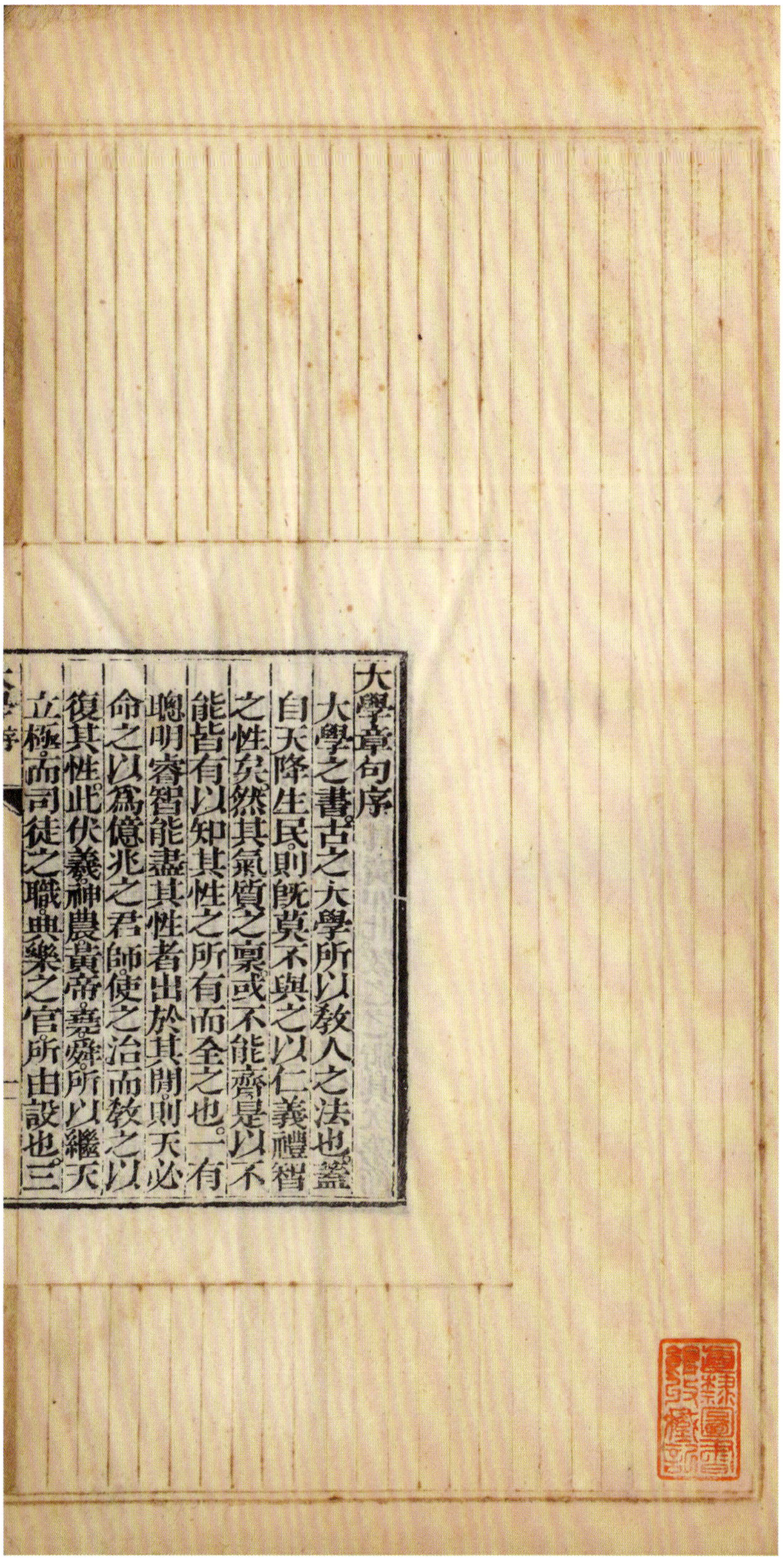
大學章句序
大學之書古之大學所以教人之法也蓋
自天降生民則既莫不與之以仁義禮智
之性矣然其氣質之稟或不能齊是以不
能皆有以知其性之所有而全之也一有
聰明睿智能盡其性者出於其閒則天必
命之以爲億兆之君師使之治而教之以
復其性此伏羲神農黃帝堯舜所以繼天
立極而司徒之職典樂之官所由設也三

恕堂六經一百二十七卷　清恕堂刻五經四書本

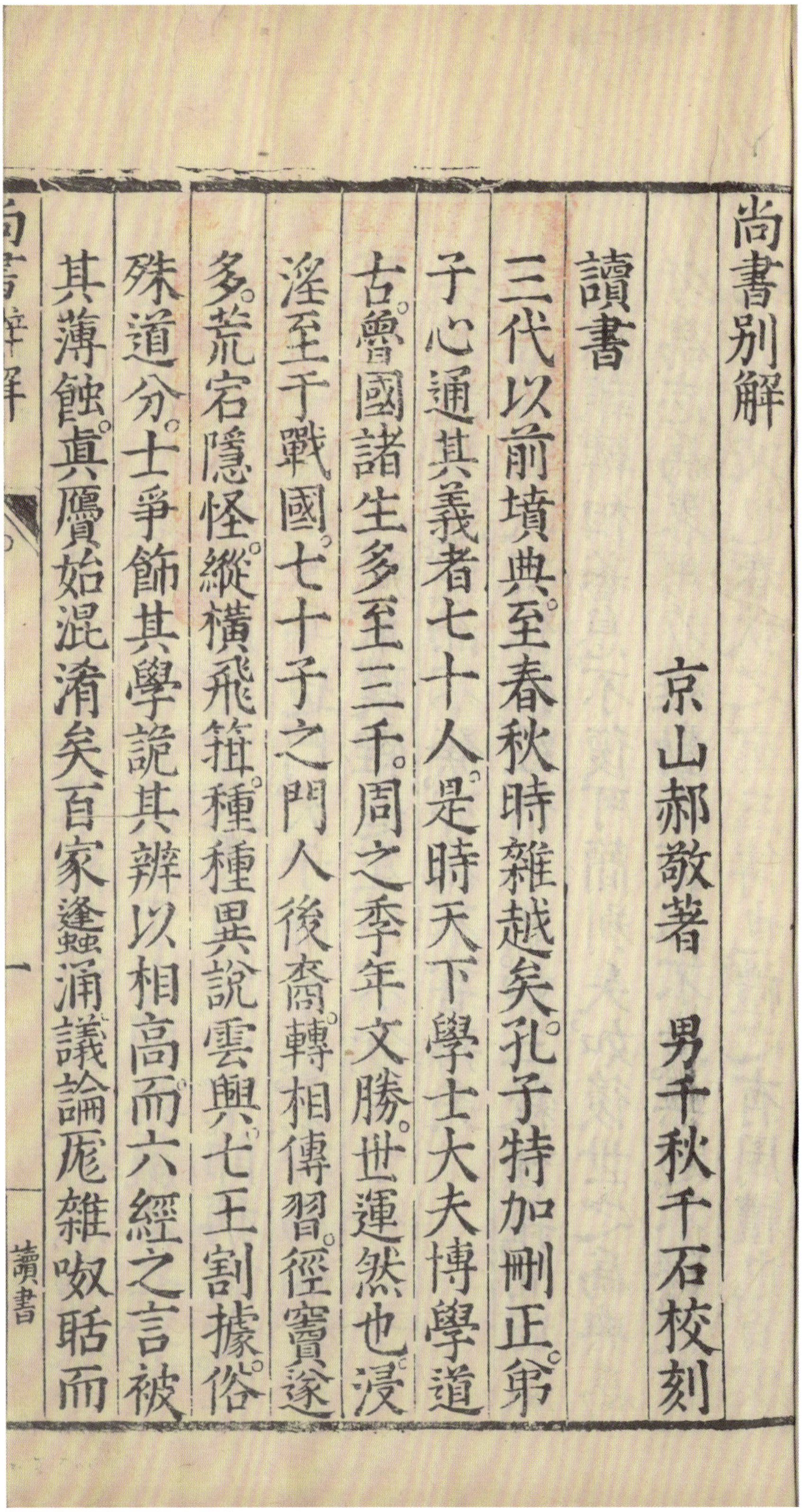

尚書別解

京山郝敬著　男千秋千石校刻

讀書

三代以前墳典至春秋時雜越矣孔子特加刪正弟子心通其義者七十人是時天下學士大夫博學道古魯國諸生多至三千周之季年文勝世運然也浸淫至于戰國七十子之門人後裔轉相傳習徑竇遂多荒宕隱怪縱橫飛箝種種異說雲興七王割據俗殊道分士爭飾其學說其辨以相高而六經之言被其薄蝕眞贗始混淆矣百家蠭涌議論龎雜吺聒而

尚書辨解　一　讀書

郝氏九經解一百七十五卷　（明）郝敬撰　明萬曆四十三至四十七年郝千秋郝千石刻本

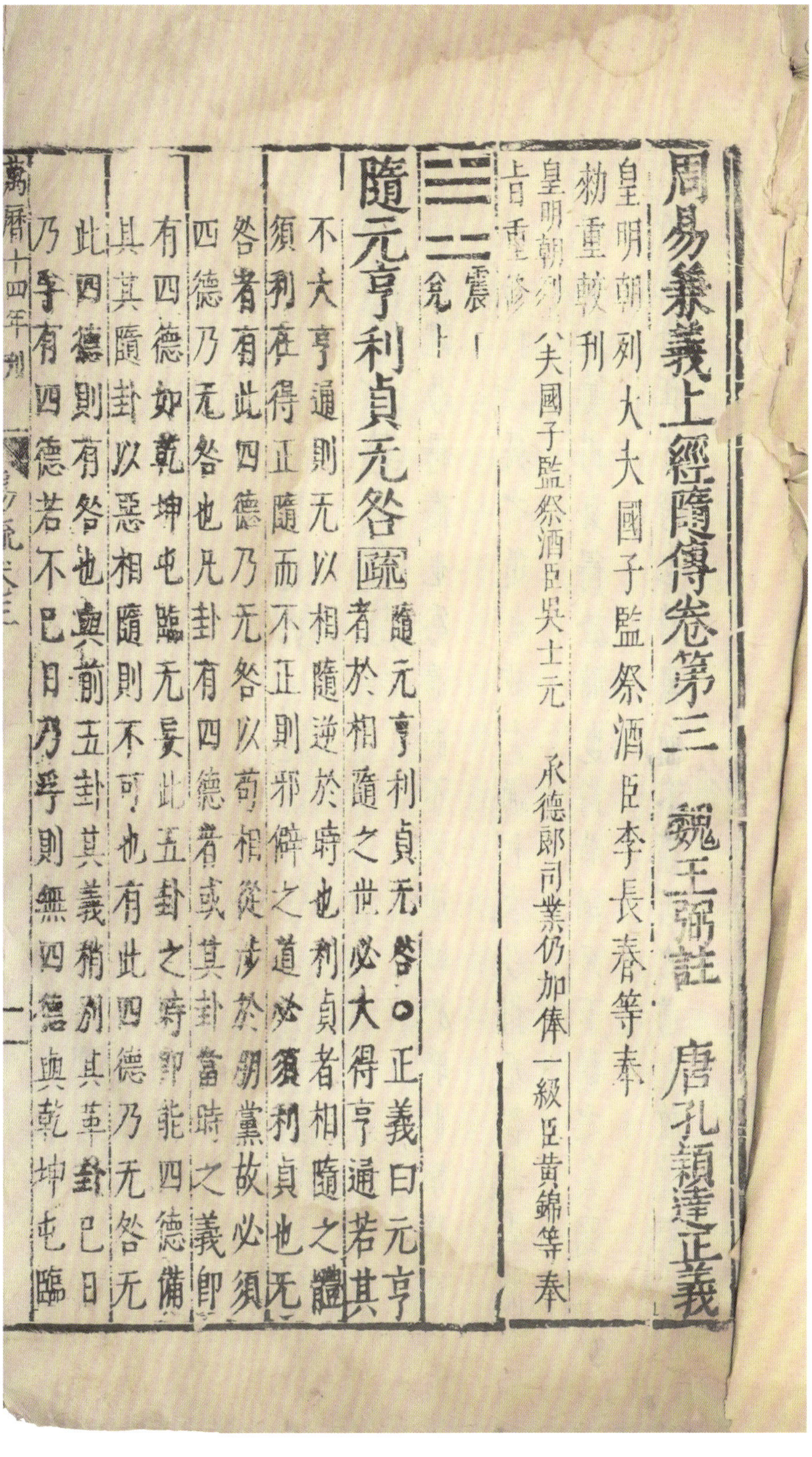
周易兼義上經隨傳卷第三　魏王弼註　唐孔穎達正義
皇明朝列大夫國子監祭酒臣李長春等奉
勅重較刊
皇明朝列大夫國子監祭酒臣吳士元　承德郎司業仍加俸一級臣黃錦等奉
旨重修
䷐震下兌上
隨元亨利貞无咎疏隨元亨利貞无咎○正義曰元亨者於相隨之世必大得亨通若其不大亨通則无以相隨逆於時也利貞者相隨之體須利在得正隨而不正則邪僻之道必須利貞也无咎者有此四德乃无咎以苟相從涉於朋黨故必須四德乃无咎也凡卦有四德者或其卦當時之義即有四德如乾坤屯臨无妄此五卦之時即能四德備具其隨卦以惡相隨則不可也有此四德乃无咎无此四德則有咎也與前五卦其義稍别其革卦已日乃孚有四德若不已日乃孚則無四德與乾坤屯臨
萬曆十四年刊　周易疏卷三　一

周易兼義九卷　（唐）孔穎達撰　明萬曆十四年北京國子監刻十三經註疏本

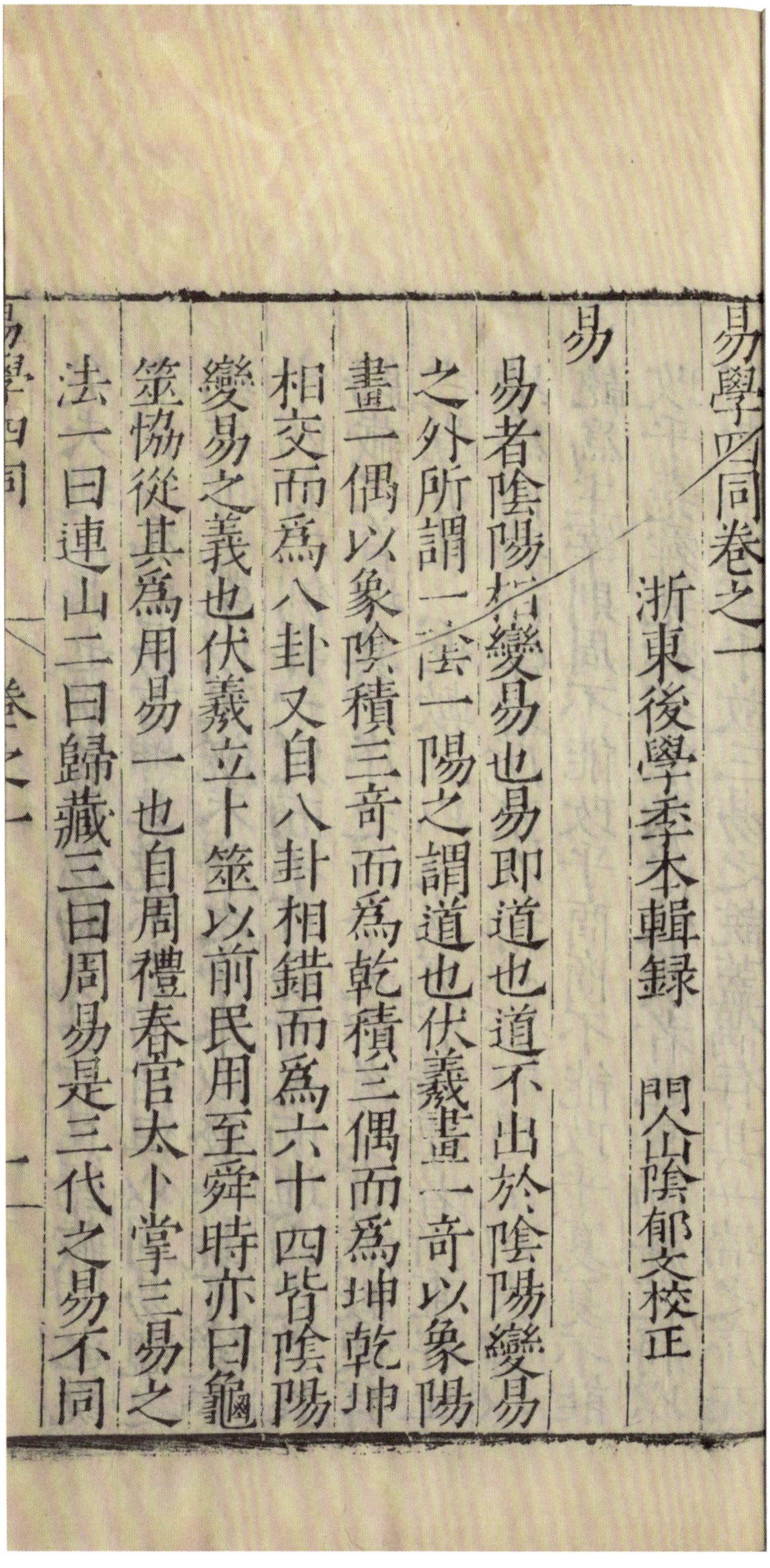
易學四同卷之一
浙東後學季本輯録　門人山陰郁文校正
易
易者陰陽相變易也易即道也道不出於陰陽變易之外所謂一陰一陽之謂道也伏羲畫一奇以象陽畫一偶以象陰積三奇而爲乾積三偶而爲坤乾坤相交而爲八卦又自八卦相錯而爲六十四皆陰陽變易之義也伏羲立卜筮以前民用至舜時亦曰龜筮協從其爲用易一也自周禮春官太卜掌三易之法一曰連山二曰歸藏三曰周易是三代之易不同

易學四同　卷之一　一

易學四同八卷別録四卷　（明）季本撰　明嘉靖四十年刻本

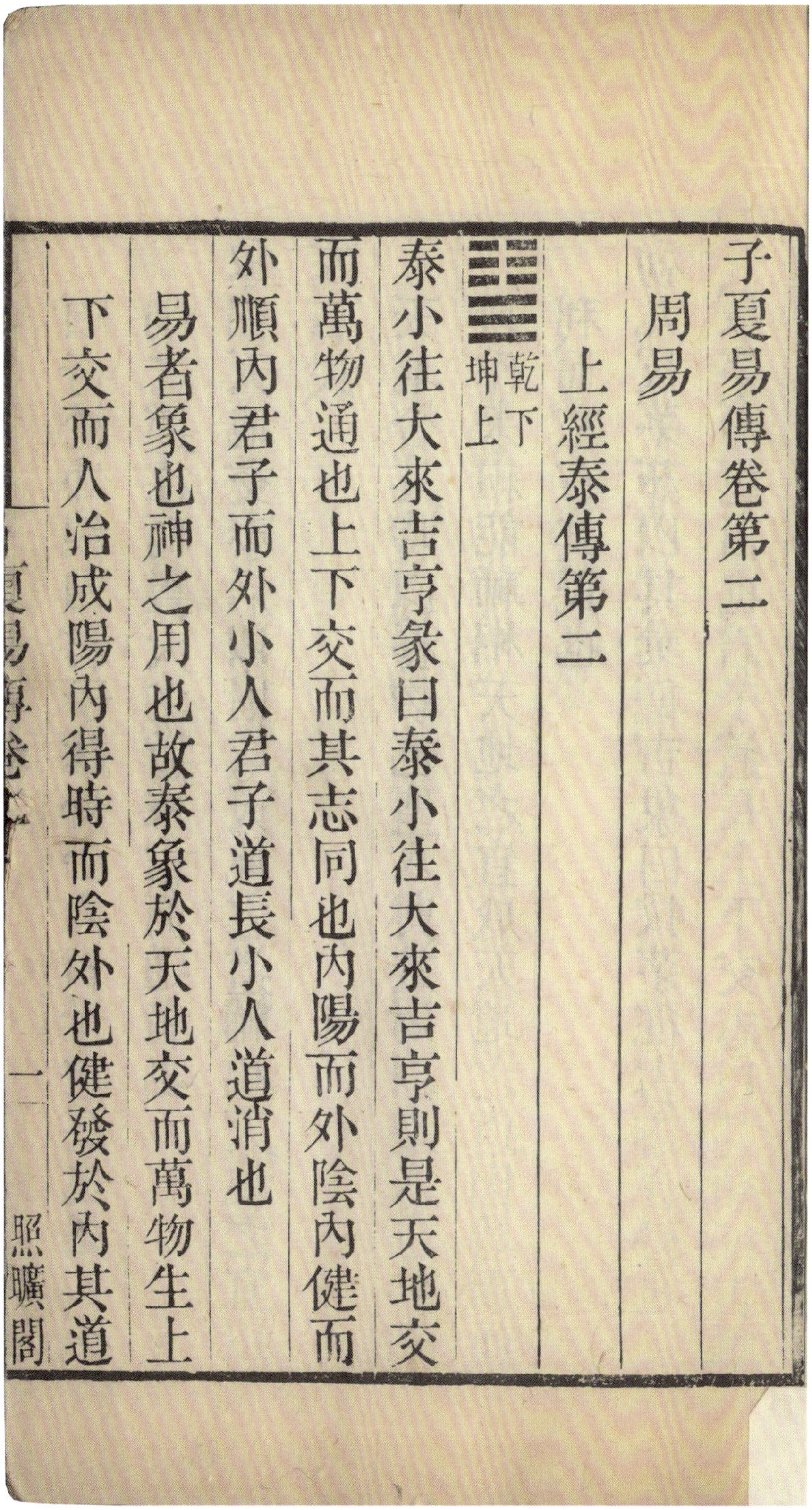

子夏易傳卷第二

周易

上經泰傳第二

䷊ 乾下坤上

泰小往大來吉亨彖曰泰小往大來吉亨則是天地交而萬物通也上下交而其志同也內陽而外陰內健而外順內君子而外小人君子道長小人道消也

易者象也神之用也故泰象於天地交而萬物生上下交而入治成陽內得時而陰外也健發於內其道

子夏易傳卷二　一　照曠閣

子夏易傳十一卷　（春秋晉）卜商撰　清照曠閣刻本

御纂周易述義卷之一

☰ 乾下乾上

乾元亨利貞

乾健也純陽之性生生不已故曰乾所謂至誠無息也誠通誠復故有元亨利貞之四德焉生意初萌渾然太和乾之元也氣動理呈元必亨也氣成形而理成性亨之利也太和保合利乃貞也貞則元復而又亨利矣循環無端乾之所以爲乾也在

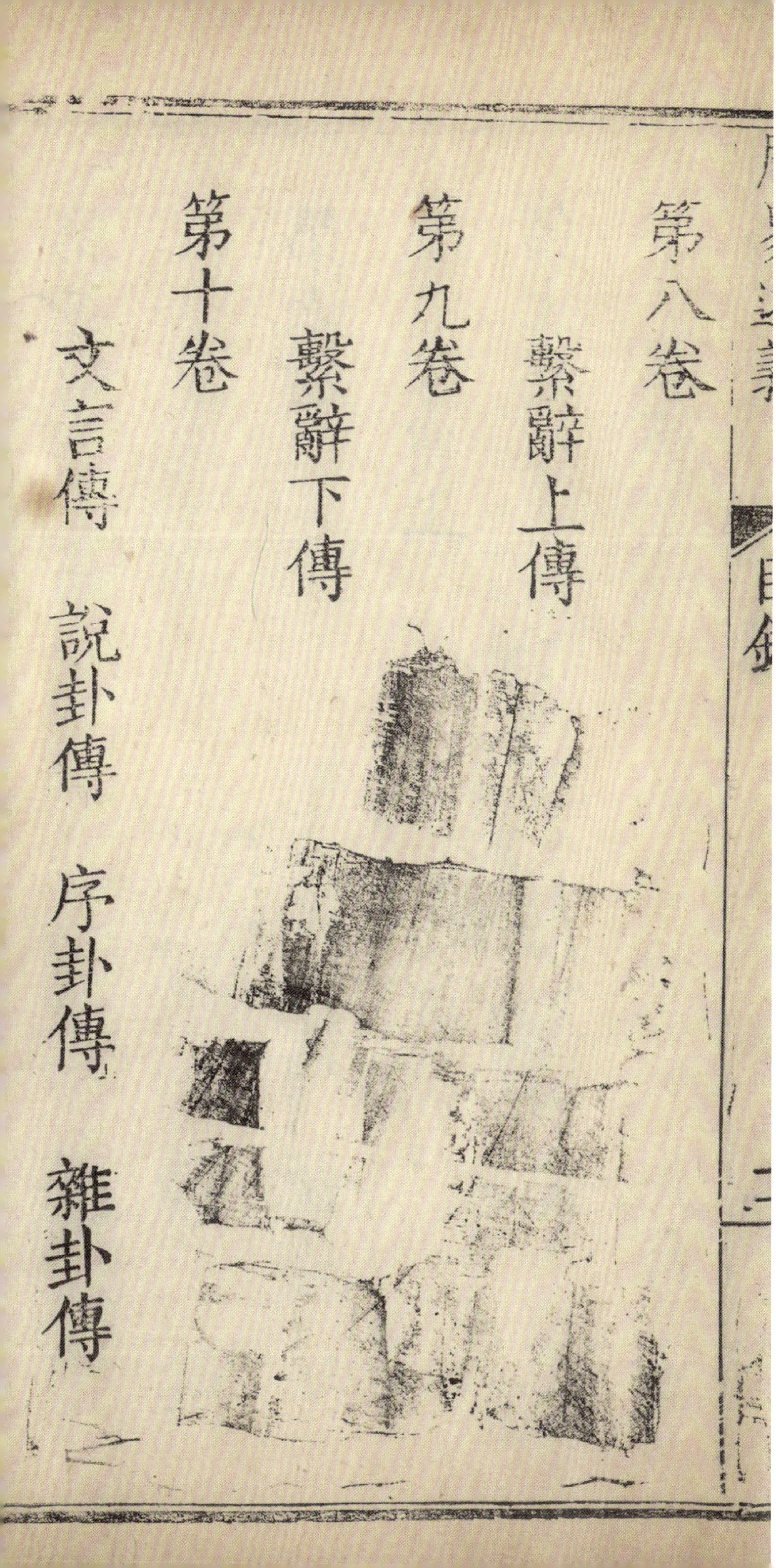

御纂周易述義十卷　（清）傅恒等奉勅撰　清乾隆二十年刻本

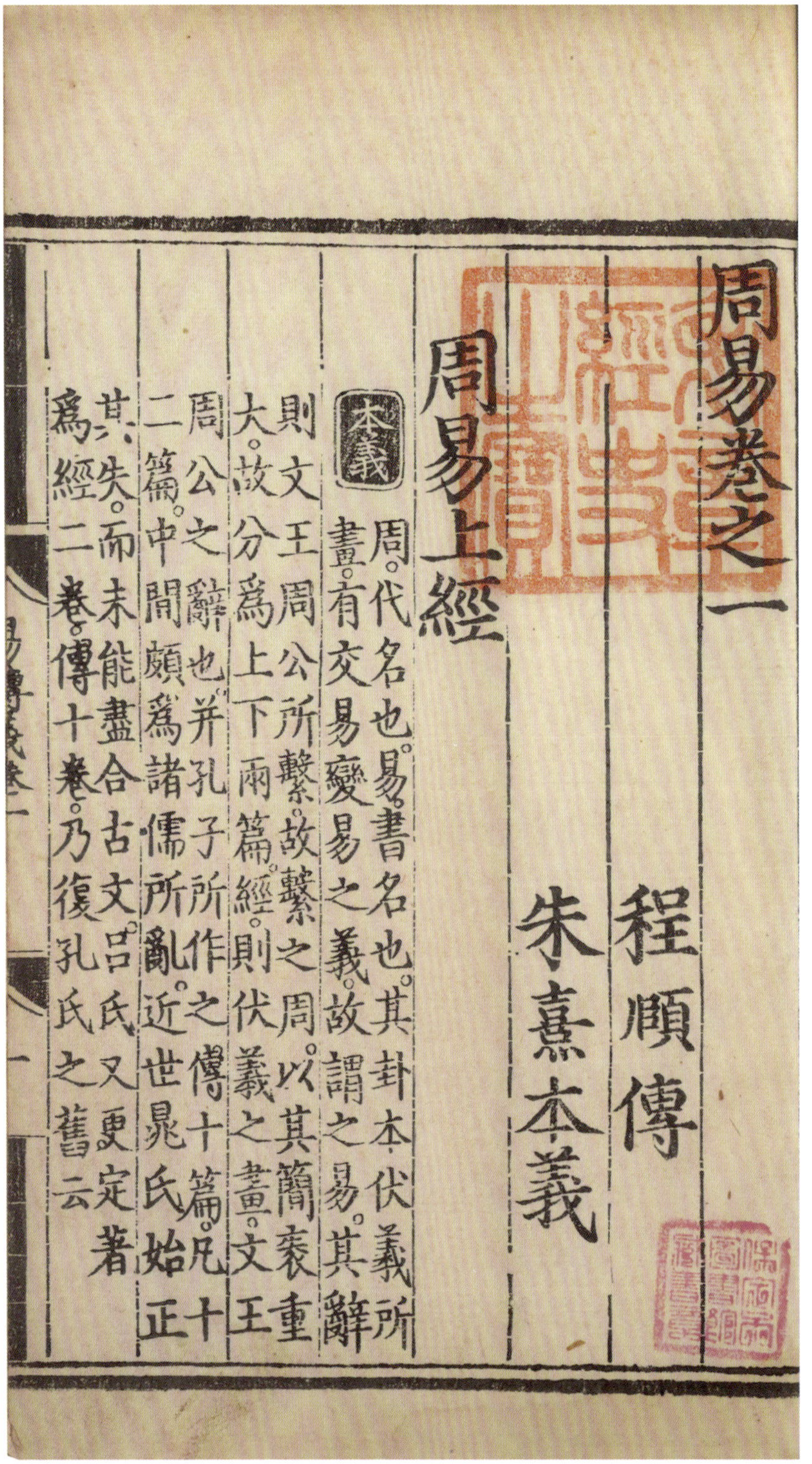

周易傳義十卷　（宋）程頤　朱熹撰　上下篇義一卷　（宋）程頤撰　易圖集錄一卷　（宋）朱熹撰　易説綱領一卷　（宋）程頤　朱熹撰　明内府刻本　入選《國家名錄》03217號

易經揆一卷一

臣梁錫璵集傳

周易上經

周代名。易書名。夫成於代者以代名。故書分屬於虞夏商周。而禮作於周者專屬之周。蓋書以紀事禮以定制。固皆一代之事。易以明理。豈一代之事乎。故繫傳屢言易而不著周。卽論易之興而言殷周之際。亦因興而推其時。非以時而槩夫易。況興非創也。犧先之矣。彖爻因畫而繫耳。特周禮因連山歸藏而於易著周以別。後遂沿以爲名云爾。易從日從月。取坎離之象乎。繫傳曰易有大極。大極者易之原也。又曰易

易經揆一十四卷易學啟蒙補二卷　（清）梁錫璵撰　清乾隆十六年刻本

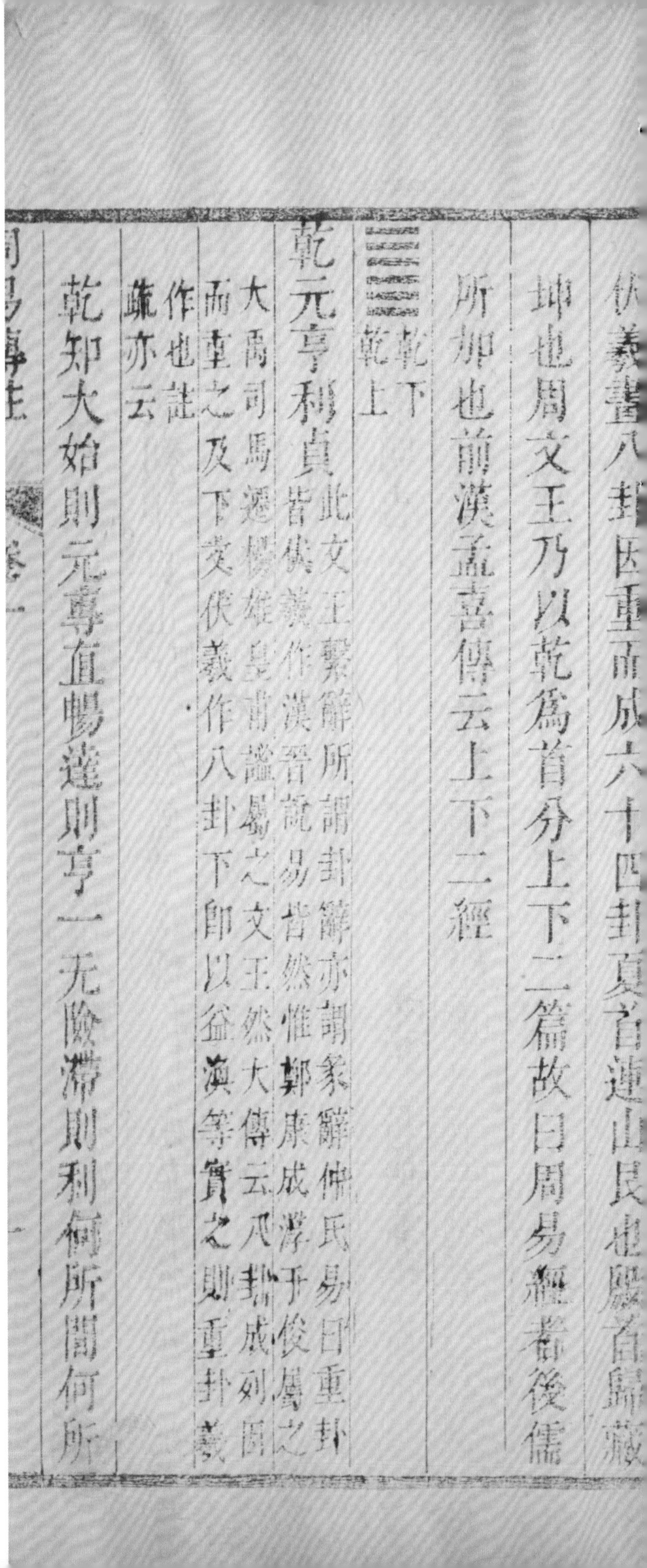

周易傳註七卷附周易筮考一卷　（清）李塨撰　清康熙五十二年刻本

于易乃隔四五層解又曰下經下繫難會其不自是而惡人異己也審矣故明代時文一遵朱註而易註乃有來矣鮮諸人行世世亦未有以異朱而訾謷之者以易道廣大原賴發揮也學者無見舊人一說遂自封錮

一引前儒註解則書某曰不沒所自也若用其意而刪節之或一段祇三二句屬先儒者則分註某人或某書行下

一春秋傳一人而前後稱名稱字稱氏稱爵雜見迭出甚于顏淵子之亦名之亦字之則子不必重名不必輕編內引漢儒多書名宋儒多書子氏設令人去漢遠莫辨誰何須名以識之宋日在人耳目前不必也非有軒輊

後學李塨謹識

周易傳註　卷一

蠡吾　李塨　編

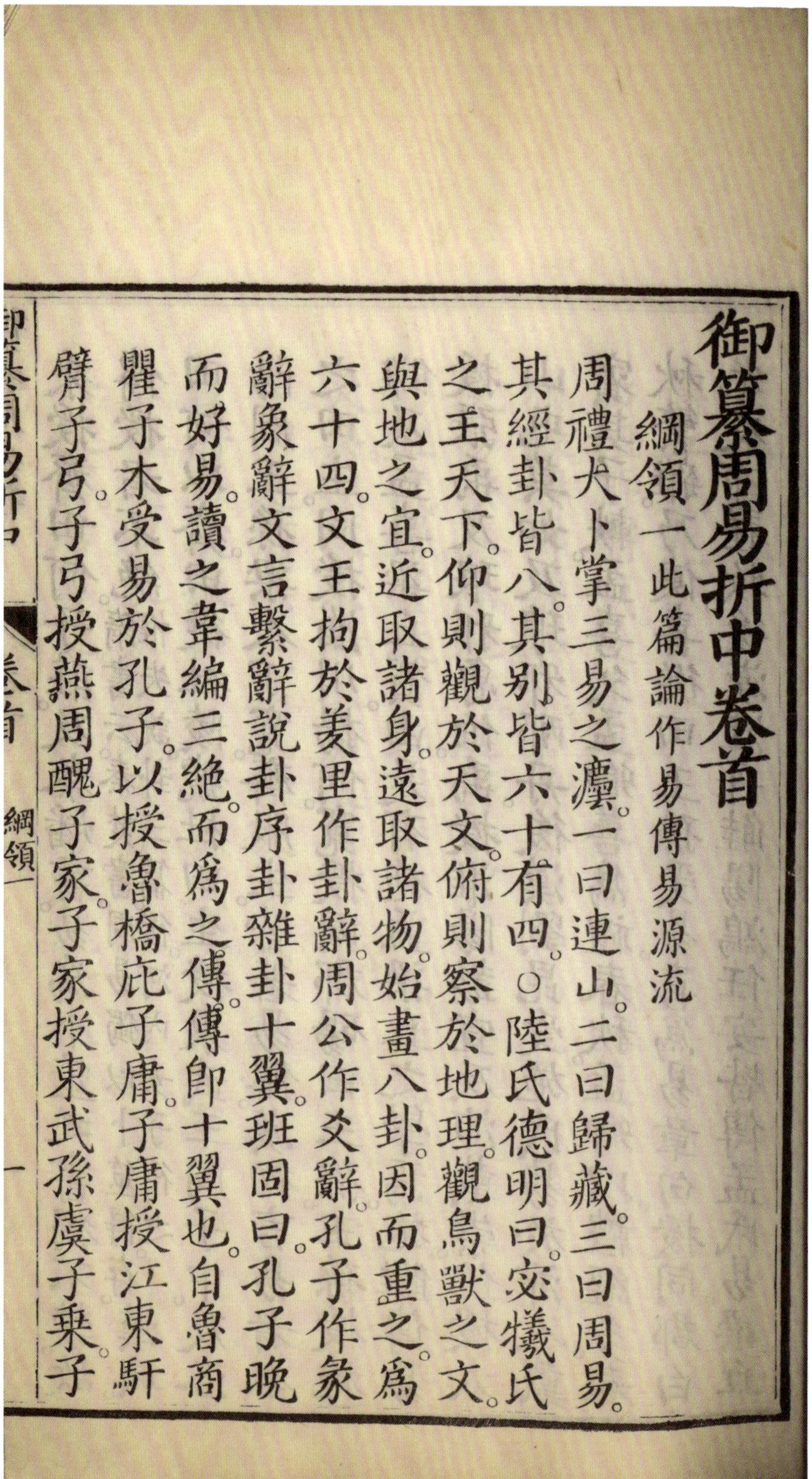

御纂周易折中卷首

綱領一　此篇論作易傳易源流

周禮大卜掌三易之灋。一曰連山。二曰歸藏。三曰周易。其經卦皆八。其別皆六十有四。○陸氏德明曰。宓犧氏之王天下。仰則觀於天文。俯則察於地理。觀鳥獸之文。與地之宜。近取諸身。遠取諸物。始畫八卦。因而重之。爲六十四。文王拘於羑里作卦辭。周公作爻辭。孔子作彖辭象辭文言繫辭說卦序卦雜卦十翼。班固曰。孔子晚而好易。讀之韋編三絕。而爲之傳。傳即十翼也。自魯商瞿子木受易於孔子。以授魯橋庇子庸。子庸授江東馯臂子弓。子弓授燕周醜子家。子家授東武孫虞子乘。子

御纂周易折中　卷首　綱領一　一

御纂周易折中二十二卷首一卷　（清）李光地等撰　清康熙五十四年内府刻本

易原卷一

慧珠閣原本

周易上經

易者移也大傳所謂變動不居剛柔相易是也曰周者其辭爲文王所繫兼以別夏商也夏易曰連山商易曰歸藏

䷀乾下乾上中互重乾

重乾純卦

乾元亨利貞

一

易原十六卷　（清）多隆阿撰　清末抄本慧珠閣原本

从易文言读

周易

上經

☰ 乾下乾上

乾元亨利貞

初九潛龍勿用

九二見龍在田利見大人

九三君子終日乾乾夕惕若厲无咎

九四或躍在淵无咎

九五飛龍在天利見大人

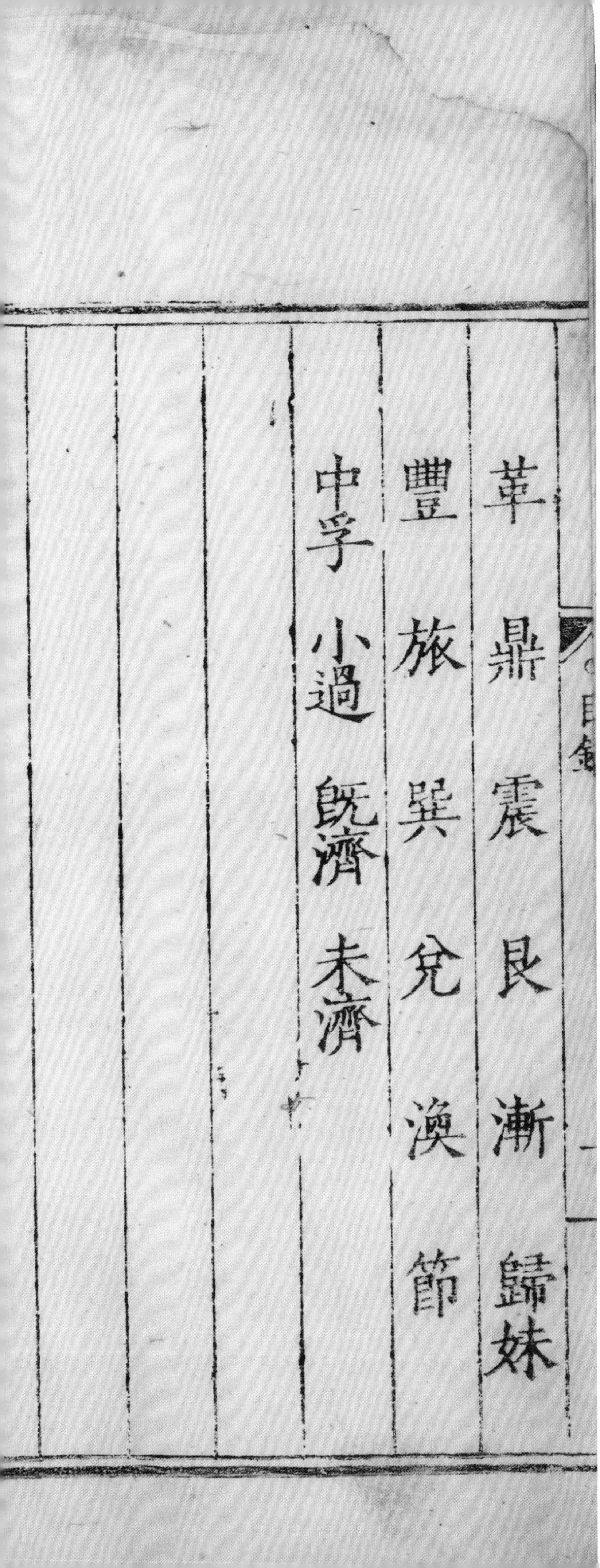

革　鼎　震　艮　漸　歸妹

豐　旅　巽　兌　渙　節

中孚　小過　旣濟　未濟

周易二卷　佚名批校　明刻本

入選《河北省名錄》0001號

欽定書經傳說彙纂 卷首上

內轄外之制大穿小穿之殊。蓋之所居。鈗音乞之所在。觀之則諸輅皆可知矣。

欽定書經傳說彙纂二十一卷首二卷書序一卷　（清）王頊齡等奉敕撰

清雍正八年內府刻本

大輅

聶氏崇義曰。巾車掌王之五輅。玉金象革四輅。其飾雖異。其制則同。今特圖玉輅之一。兼太常之旂。以備祭祀所乘。其車式倣考工記。輪軹之崇。[illegible]

尚書後案卷一

虞夏書

堯典　　東吳王鳴盛學

曰若稽古帝堯曰放勳〔釋文曰放方往反徐云鄭王如字。案曰勳史記作勛說文勛古文勳〕

〔鄭曰〕稽同古天也言堯能順天而行之與之同功尚書疏。後漢書六十三卷李固傳李賢注。三國魏志四卷高貴鄉公紀

〔馬曰〕堯順考古道放勳堯名釋文。魏志高貴鄉公紀〔傳曰〕若順稽考也能順考古道而行之者帝堯勳功言堯放上世之功化

〔案曰〕鄭以稽爲同者說文卷六下云稽从禾禾木曲頭止不能上也極于上而止是上同之意也儒行古人與稽注稽猶合也合亦同也古爲天者逸周書周祝解云天爲古毛詩商頌元鳥云古帝命武湯箋云古帝天也虞翻述八卦逸象亦云天爲古是也若爲順者釋言文據論語泰伯篇云唯天爲大唯堯則之巍巍成功故鄭云順天而行與之同功馬孔非也放勳說見書序

欽明文思安安

尚書後案三十卷後辨附一卷　（清）王鳴盛撰　清乾隆四十五年禮堂刻本

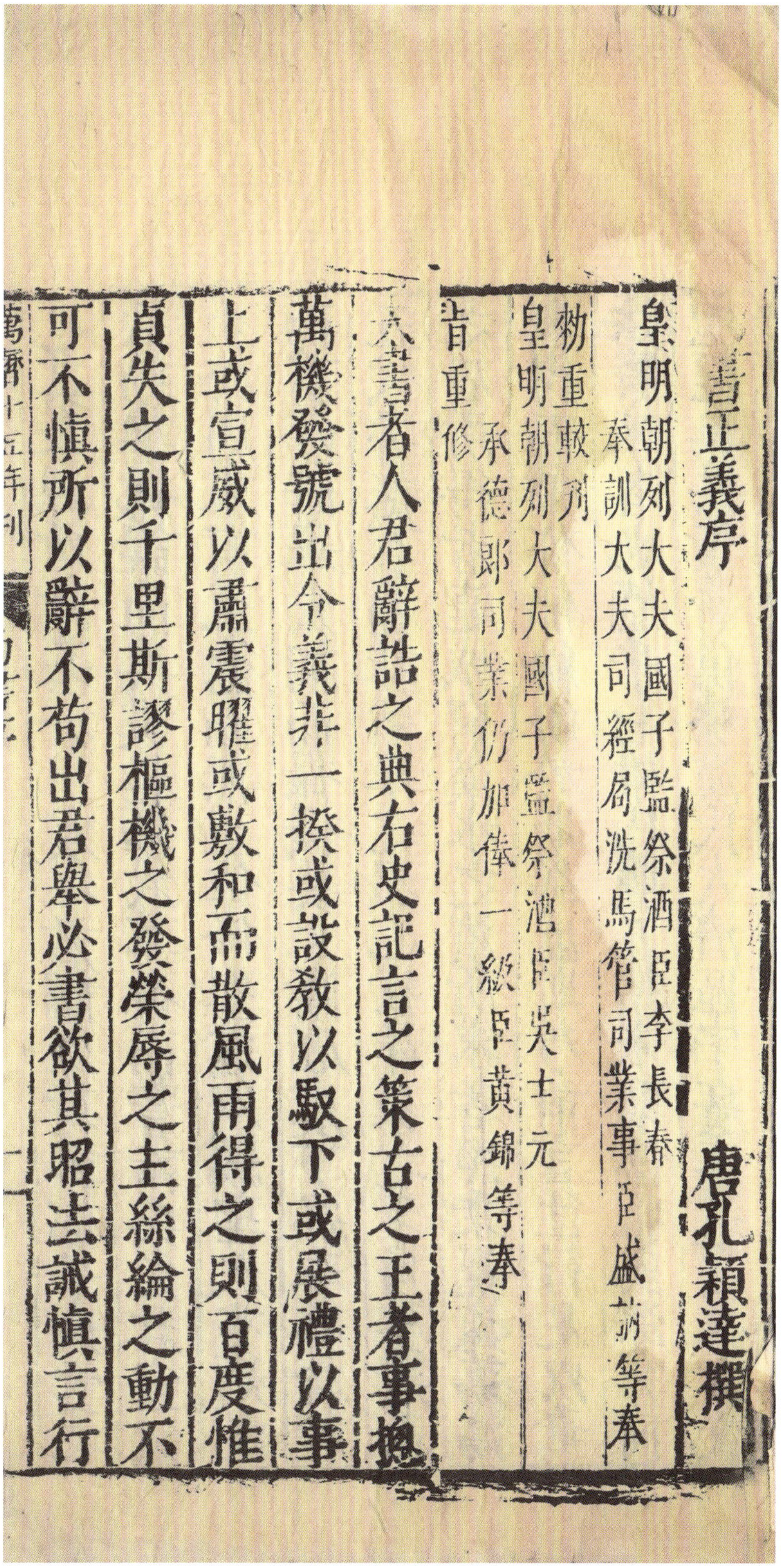
書正義序　　唐孔穎達撰

皇明朝列大夫國子監祭酒臣李長春
奉訓大夫司經局洗馬管司業事臣盛訥等奉
勑重較刊
皇明朝列大夫國子監祭酒臣吳士元
承德郎司業仍加俸一級臣黃錦等奉
旨重修

夫書者人君辭誥之典右史記言之策古之王者事摠萬機發號出令義非一揆或設教以馭下或展禮以事上或宣威以肅震曜或敷和而散風雨得之則百度惟貞失之則千里斯謬樞機之發榮辱之主絲綸之動不可不慎所以辭不苟出君舉必書欲其昭法誡慎言行

萬曆十五年刊

尚書註疏二十卷　（漢）孔安國撰　（唐）孔穎達疏　陸德明釋文　明萬曆十五年北京國子監刻十三經註疏本

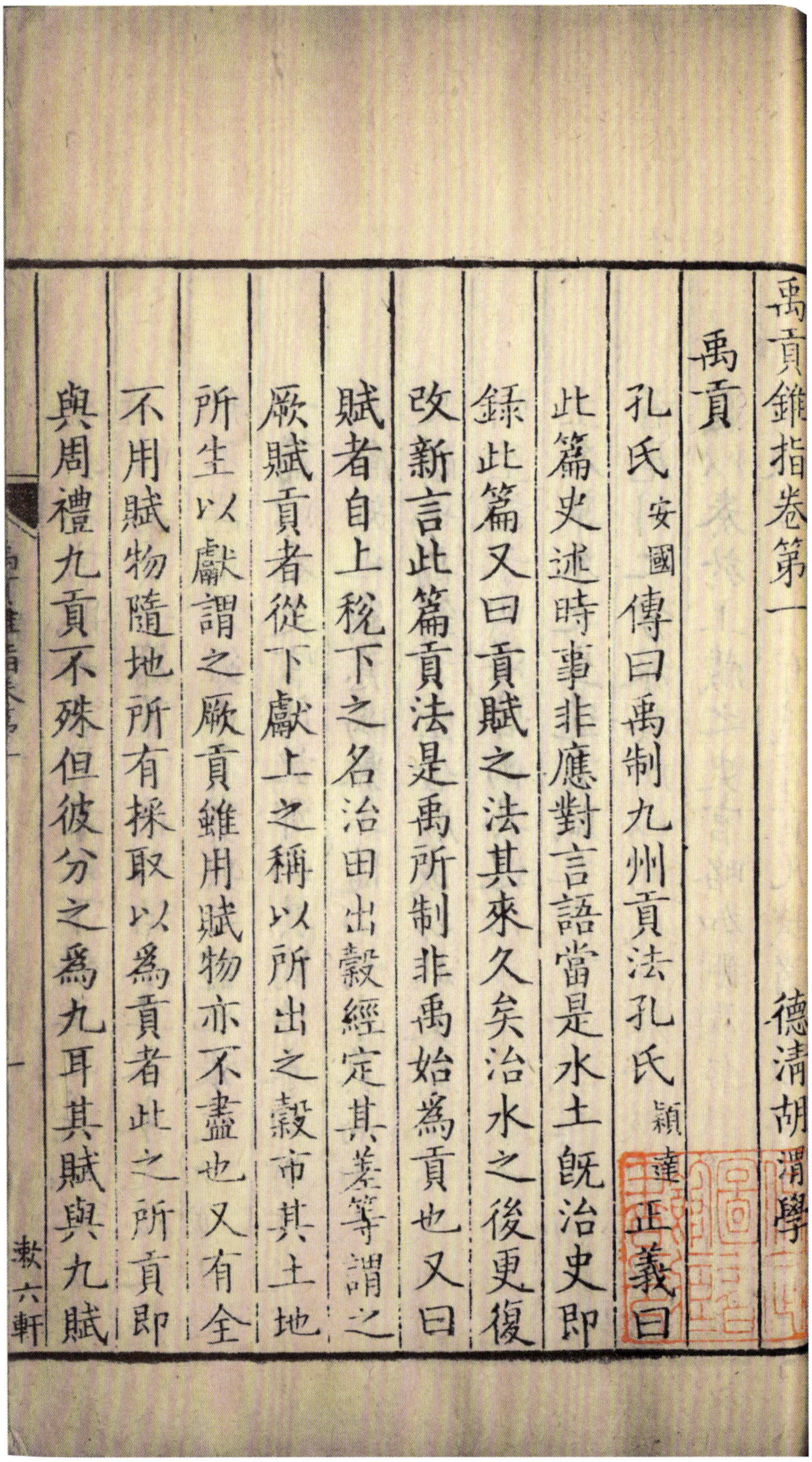
禹貢錐指卷第一　　德清胡渭學

禹貢

孔氏安國傳曰禹制九州貢法孔氏穎達正義曰此篇史述時事非應對言語當是水土既治史即錄此篇又曰貢賦之法其來久矣治水之後更復改新言此篇貢法是禹所制非禹始爲貢也又曰賦者自上稅下之名治田出穀經定其差等謂之厥賦貢者從下獻上之稱以所出之穀市其土地所生以獻謂之厥貢雖用賦物亦不盡也又有全不用賦物隨地所有採取以爲貢者此之所貢即與周禮九貢不殊但彼分之爲九耳其賦與九賦

禹貢錐指卷第一　一　漱六軒

禹貢錐指二十卷圖一卷　（清）胡渭撰　清康熙四十四年漱六軒刻本

宋金華時先生增修

東萊書説

通志堂藏板

增修東萊書說三十五卷圖說一卷　（宋）呂祖謙撰　時瀾修定　清通志堂刻本

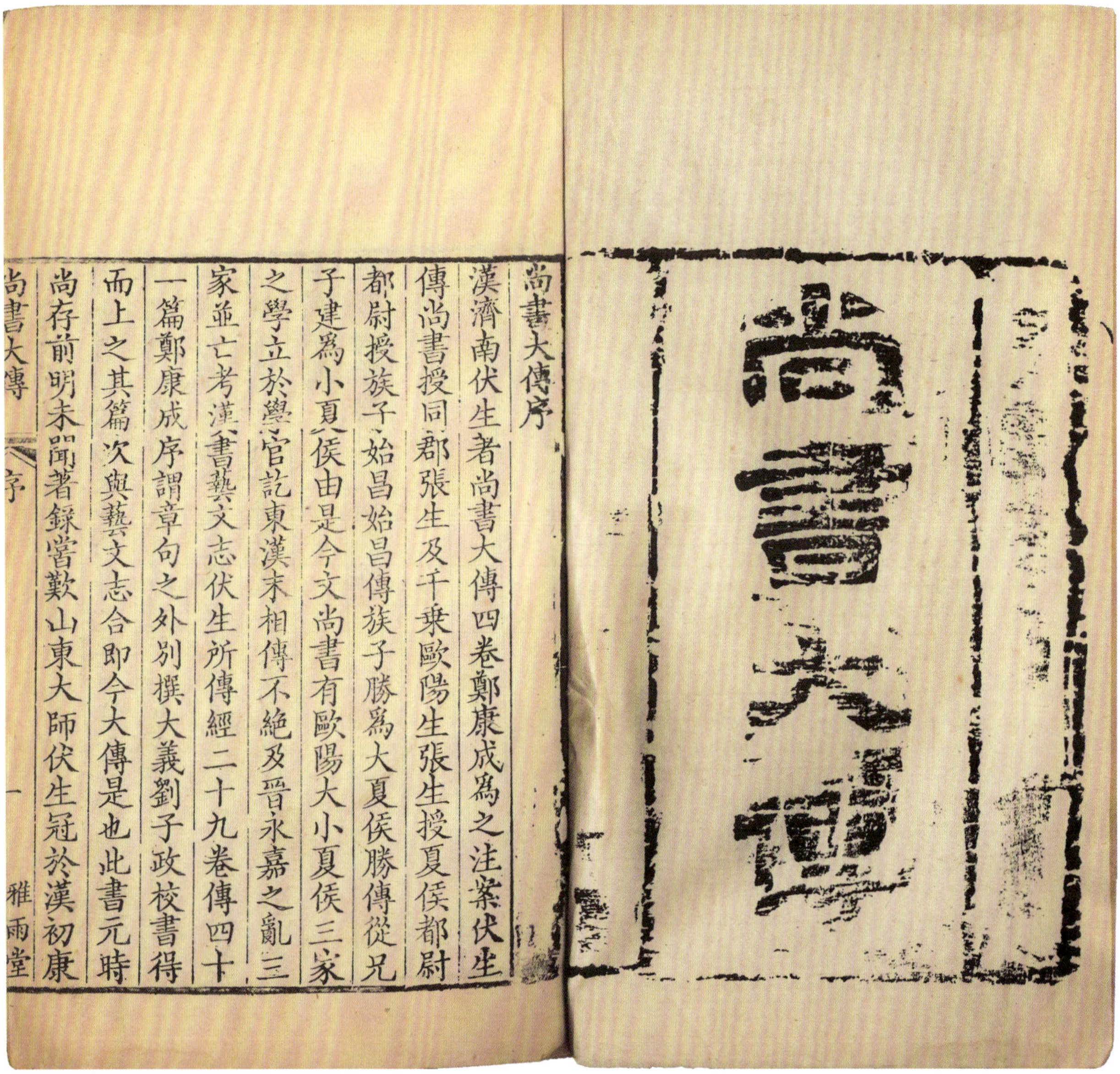
尚書大傳序

漢濟南伏生者尚書大傳四卷鄭康成爲之注案伏生傳尚書授同郡張生及千乘歐陽生張生授夏侯都尉都尉授族子始昌始昌傳族子勝爲大夏侯勝傳從兄子建爲小夏侯由是今文尚書有歐陽大小夏侯三家之學立於學官訖東漢末相傳不絶及晉永嘉之亂三家並亡考漢書藝文志伏生所傳經二十九卷傳四十一篇鄭康成序謂章句之外別撰大義劉子政校書得而上之其篇次與藝文志合即今大傳是也此書元時尚存前明未聞著録嘗歎山東大師伏生冠於漢初康

尚書大傳　序　一　雅雨堂

尚書大傳註四卷　（漢）鄭玄撰　尚書大傳補遺一卷續補遺一卷考異一卷　（清）盧文弨撰　清乾隆二十一年盧見曾刻雅雨堂叢書本

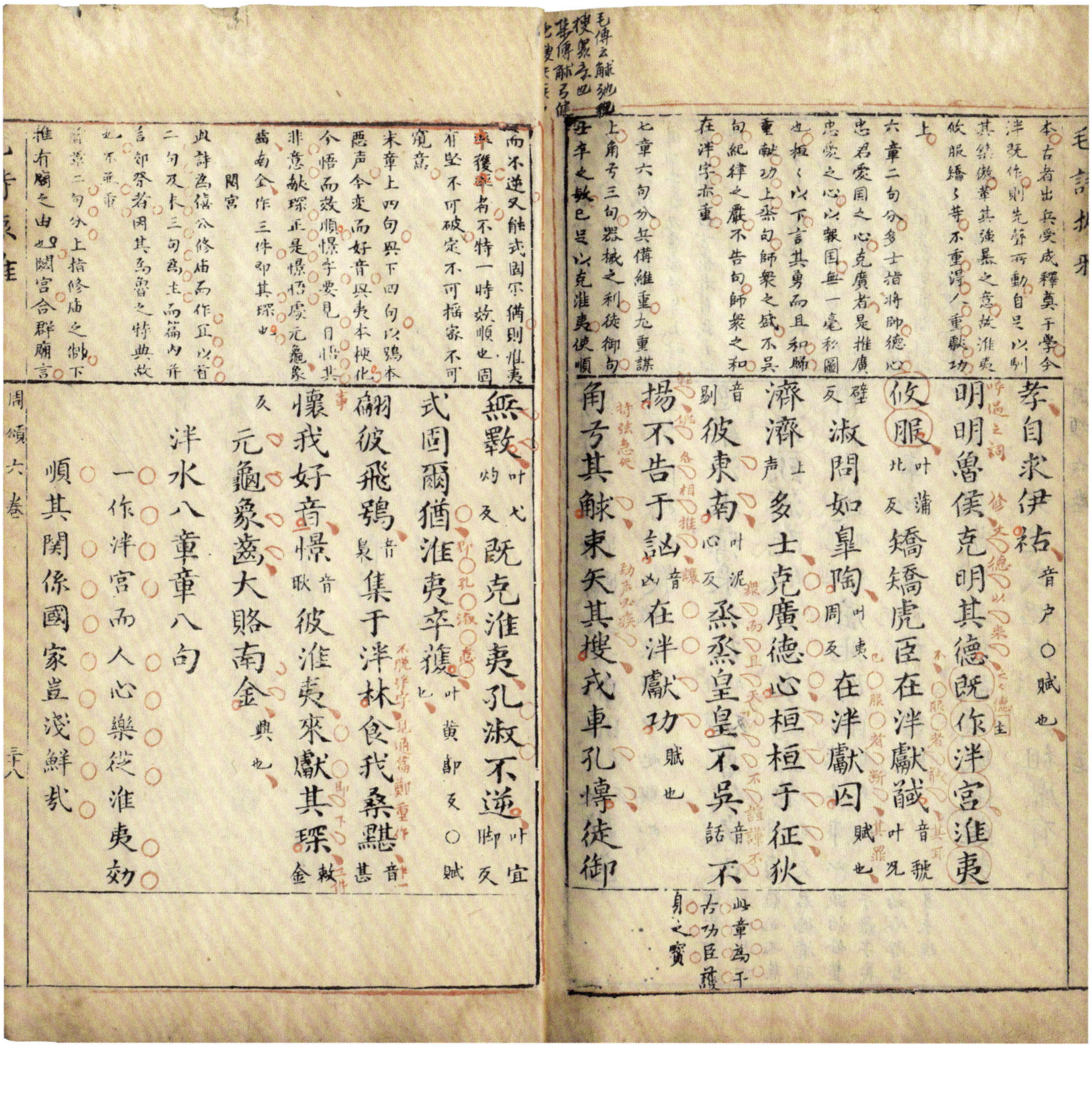

孝自求伊祜 音户 ○賦也

明明魯侯克明其德既作泮宮淮夷

攸服 叶蒲北反 矯矯虎臣在泮獻馘 音號 叶况璧反

淑問如皋陶 叶夷周反 在泮獻囚 賦也

濟濟 上声 多士克廣德心桓桓于征狄

彼東南 叶泥心反 烝烝皇皇不吳 音話 不

揚不告于訩 音凶 在泮獻功 賦也

角弓其觩束矢其搜戎車孔慱徒御

無斁 叶弋灼反 既克淮夷孔淑不逆 叶宜脚反

式固爾猶淮夷卒獲 叶黄郭反 ○賦

翩彼飛鴞集于泮林食我桑黮 音甚

懷我好音憬 音耿 彼淮夷來獻其琛 敕金反

元龜象齒大賂南金 賦也

泮水八章章八句

一作泮宮而人心樂從淮夷効

順其關係國家豈淺鮮哉

批點詩經振雅六卷　（明）張元芳、魏浣初撰　明版築居刻朱墨套印本　入選《河北省名錄》0008號

國風

古者太師陳詩以觀民風列國之風教往往各殊而民間亦漸以成俗其詩多龐雜而不醇總之徵治亂鏡得失亦頗有可采者豈必二南然王風降於邶鄘衛而曹檜之後有豳何也蓋王化之原本之祖席周之先用周南召南與東遷政教不行衛始壞先王之典章而恣行吞併故首列衛而次以王明王之不復爲諸侯主也鄭以畿內之侯敢

張君一先生毛詩微言二十卷

（明）張以誠撰　明萬曆刻本　入選《河北省名錄》0166號

是編所輯兹意具存而惟音韻之學未易晓暢姑採其議論附著蕳端圖則從削

雲間張以誠識

張君一先生毛詩微言卷一

三韓　楊芳興淳然父　參訂

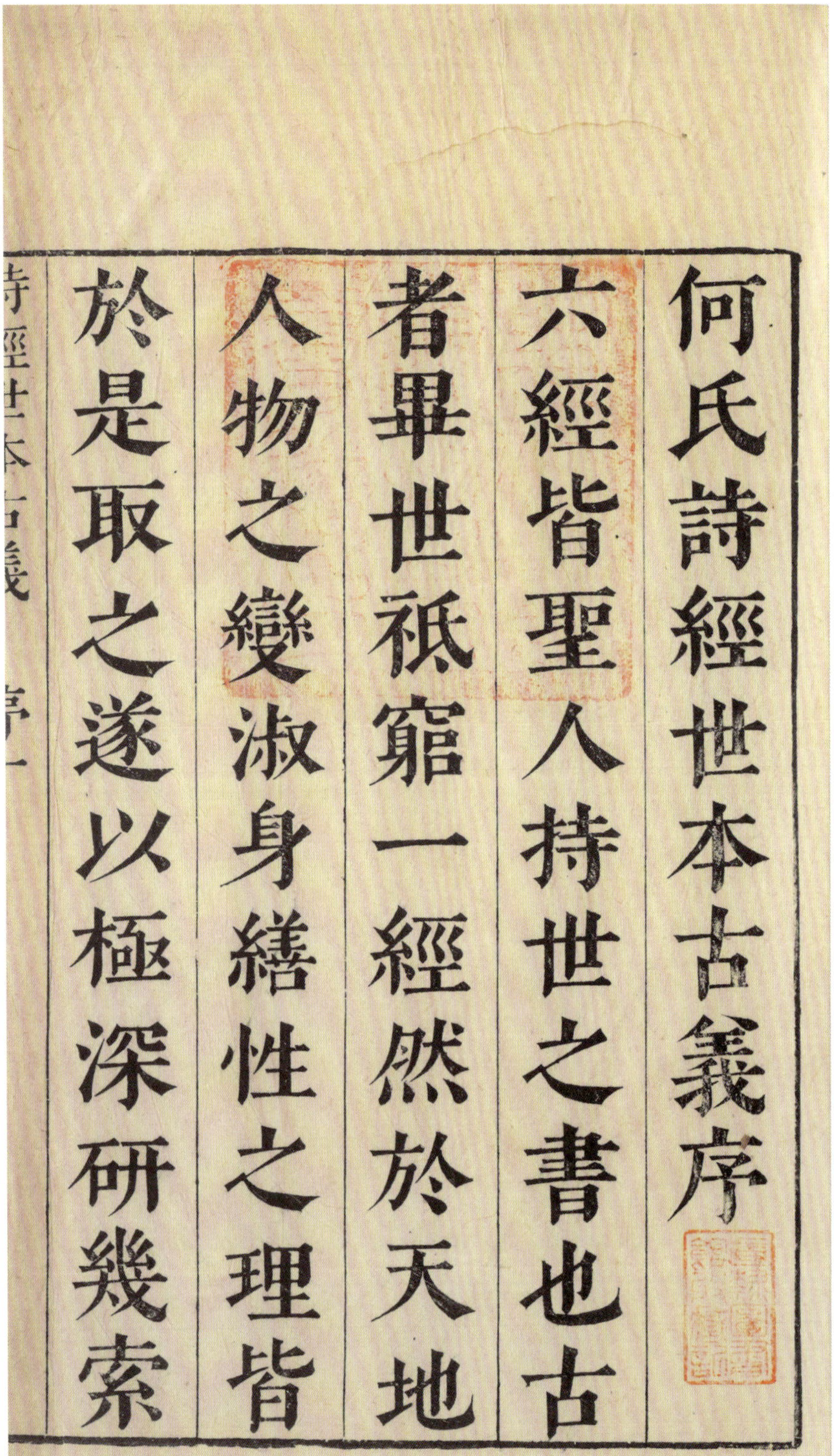

何氏詩經世本古義序

六經皆聖人持世之書也古者畢世祇窮一經然於天地人物之變淑身繕性之理皆於是取之遂以極深研幾索

詩經世本古義　序

詩經世本古義二十八卷首一卷末一卷　（明）何楷撰　明崇禎十四年刻本

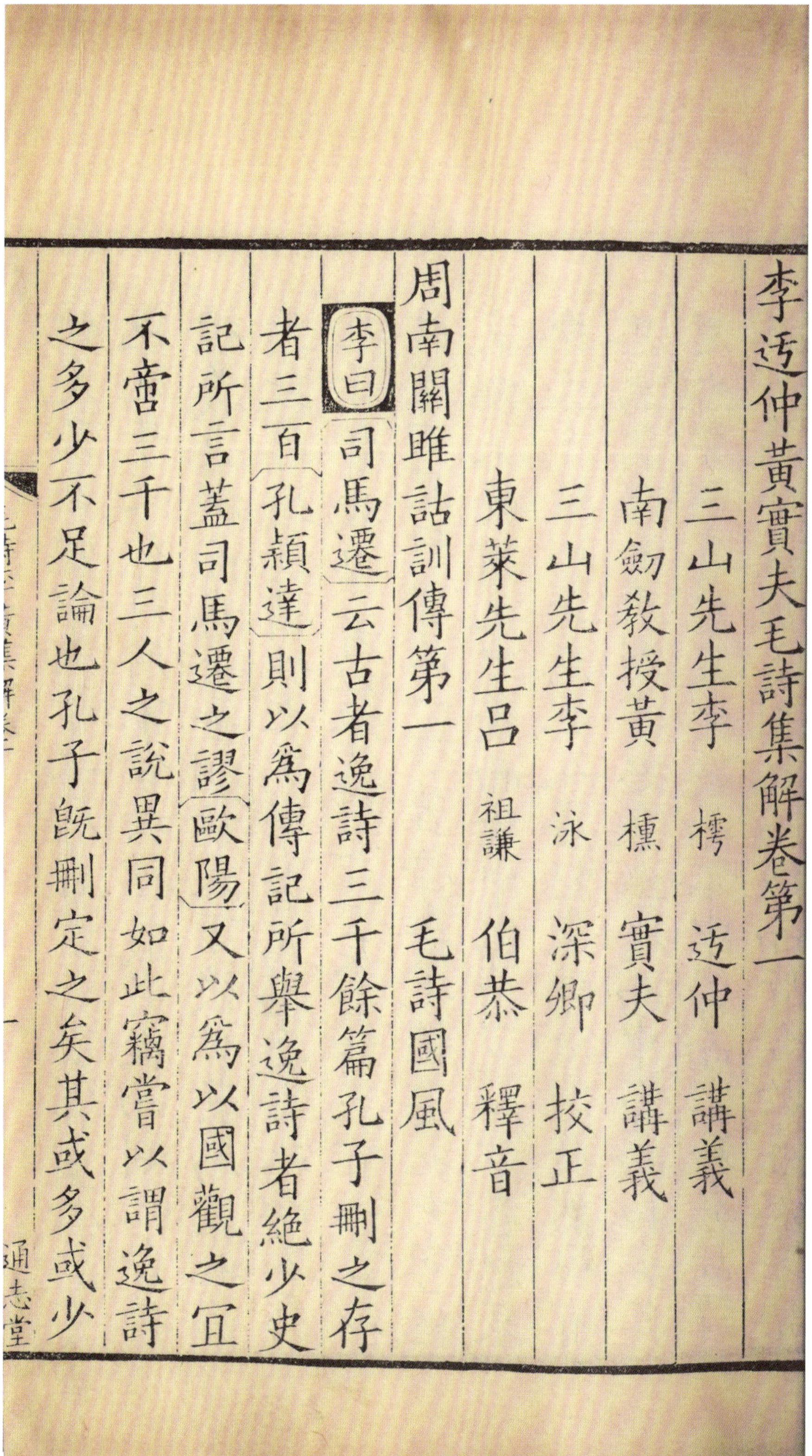

李迂仲黃實夫毛詩集解卷第一

三山先生李　樗　迂仲　講義

南劒教授黃　櫄　實夫　講義

三山先生李　泳　深卿　校正

東萊先生呂　祖謙　伯恭　釋音

周南關雎詁訓傳第一　　毛詩國風

李曰 司馬遷云古者逸詩三千餘篇孔子刪之存者三百 孔頴達 則以爲傳記所舉逸詩者絶少史記所言蓋司馬遷之謬 歐陽 又以爲以國觀之宜不啻三千也三人之説異同如此竊嘗以謂逸詩之多少不足論也孔子既刪定之矣其或多或少

毛詩李黃集解卷一　一　通志堂

李迂仲黃實夫毛詩集解四十二卷圖說總論一卷　（宋）李樗、黃櫄撰　李泳校正　呂祖謙釋音　清通志堂刻本

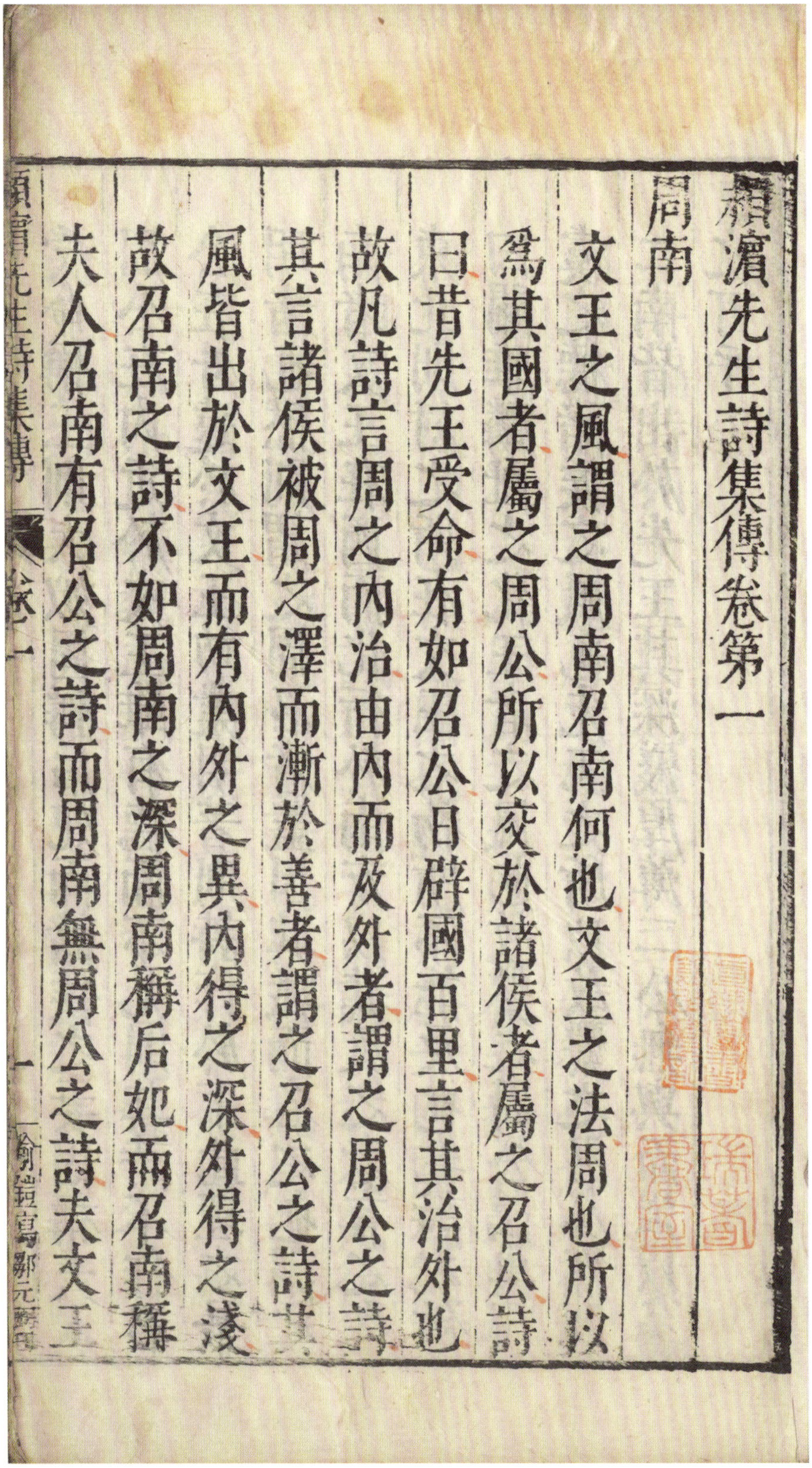

潁濵先生詩集傳卷第一

周南

文王之風謂之周南召南何也文王之法周也所以爲其國者屬之周公所以交於諸侯者屬之召公詩曰昔先王受命有如召公日辟國百里言其治外也故凡詩言周之内治由内而及外者謂之周公之詩其言諸侯被周之澤而漸於善者謂之召公之詩其風皆出於文王而有内外之異内得之深外得之淺故召南之詩不如周南之深周南稱后妃而召南稱夫人召南有召公之詩而周南無周公之詩夫文王

潁濵先生詩集傳　卷一　一

潁濵先生詩集傳十九卷　（宋）蘇轍撰　明刻本

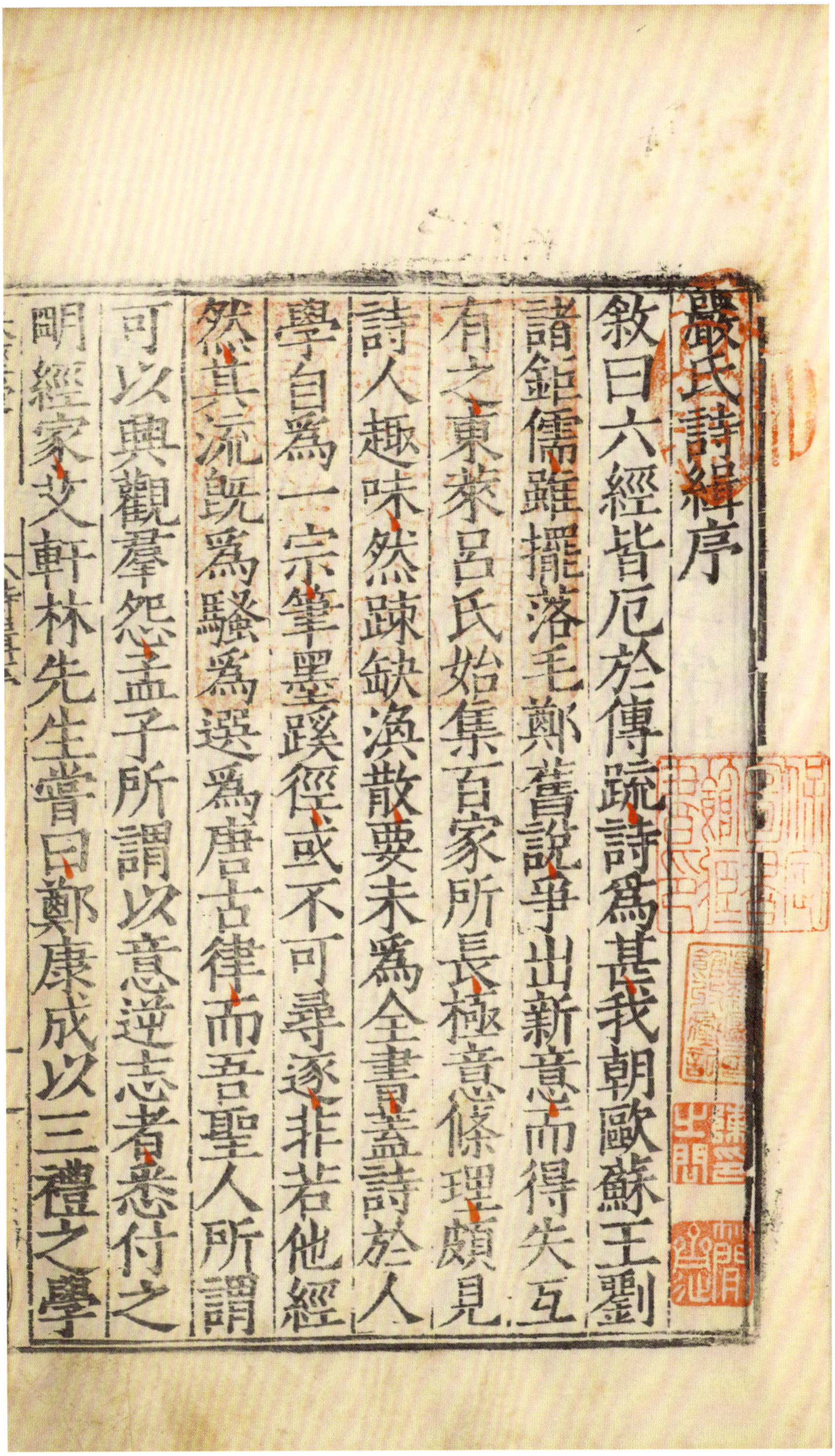
嚴氏詩緝序

敘曰六經皆厄於傳疏詩爲甚我朝歐蘇王劉諸鉅儒雖擺落毛鄭舊說爭出新意而得失互有之東萊呂氏始集百家所長極意條理頗見詩人趣味然疏缺渙散要未爲全書蓋詩於人學自爲一宗筆墨蹊徑或不可尋逐非若他經然其流既爲騷爲選爲唐古律而吾聖人所謂可以興觀羣怨孟子所謂以意逆志者悉付之明經家艾軒林先生嘗曰鄭康成以三禮之學

詩緝三十六卷　（宋）嚴粲撰　明嘉靖趙府味經堂刻本　入選《河北省名錄》0006號

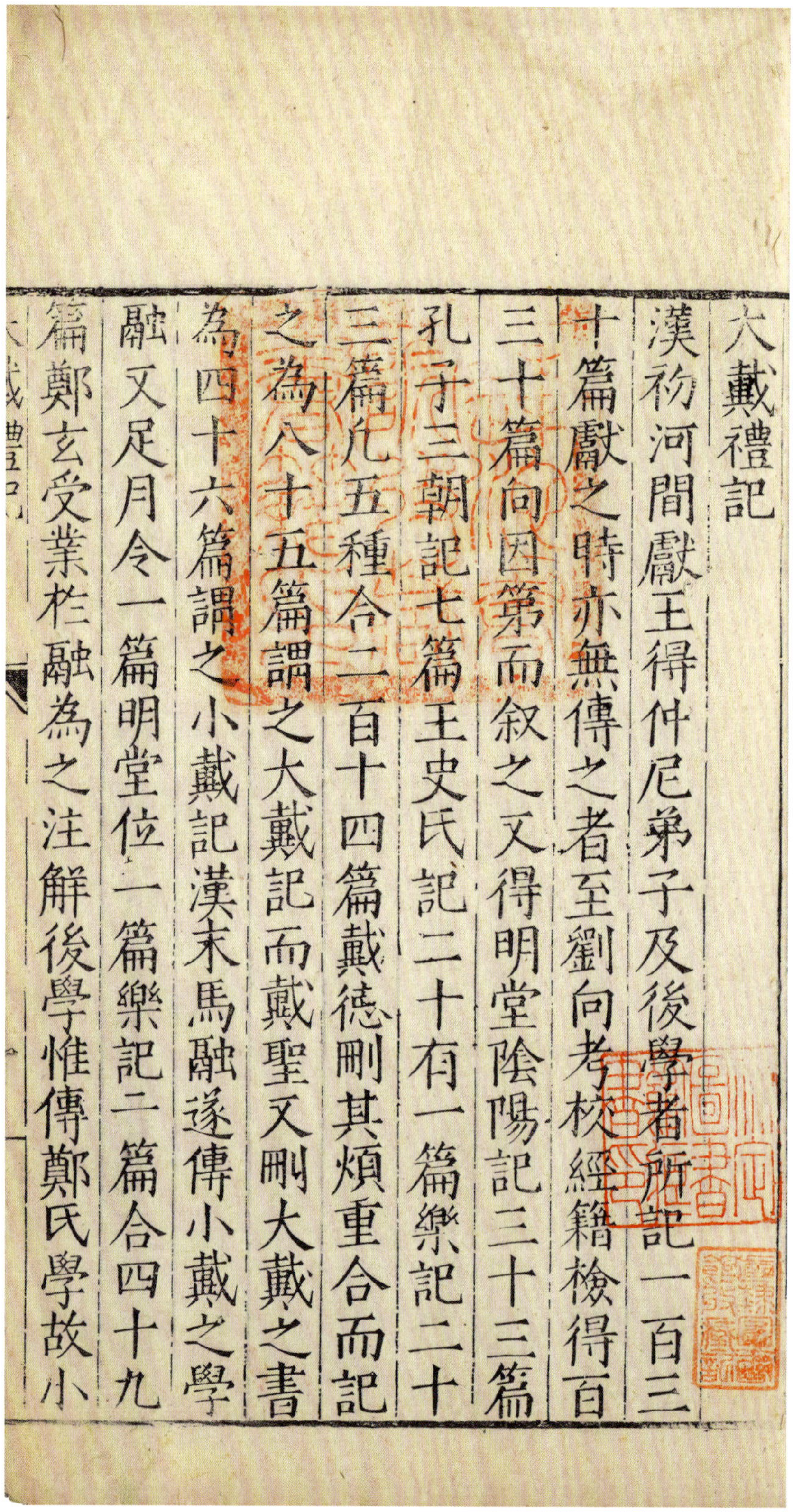

大戴禮記

漢初河間獻王得仲尼弟子及後學者所記一百三十篇獻之時亦無傳之者至劉向考校經籍檢得百三十篇向因第而敘之又得明堂陰陽記三十三篇孔子三朝記七篇王史氏記二十有一篇樂記二十三篇凡五種合二百十四篇戴德刪其煩重合而記之為八十五篇謂之大戴記而戴聖又刪大戴之書為四十六篇謂之小戴記漢末馬融遂傳小戴之學融又足月令一篇明堂位一篇樂記二篇合四十九篇鄭玄受業於融為之注解後學惟傳鄭氏學故小

大戴禮記

大戴禮記十三卷　（漢）戴德撰　明萬曆蔡文範校刻本　入選《河北省名錄》0010號

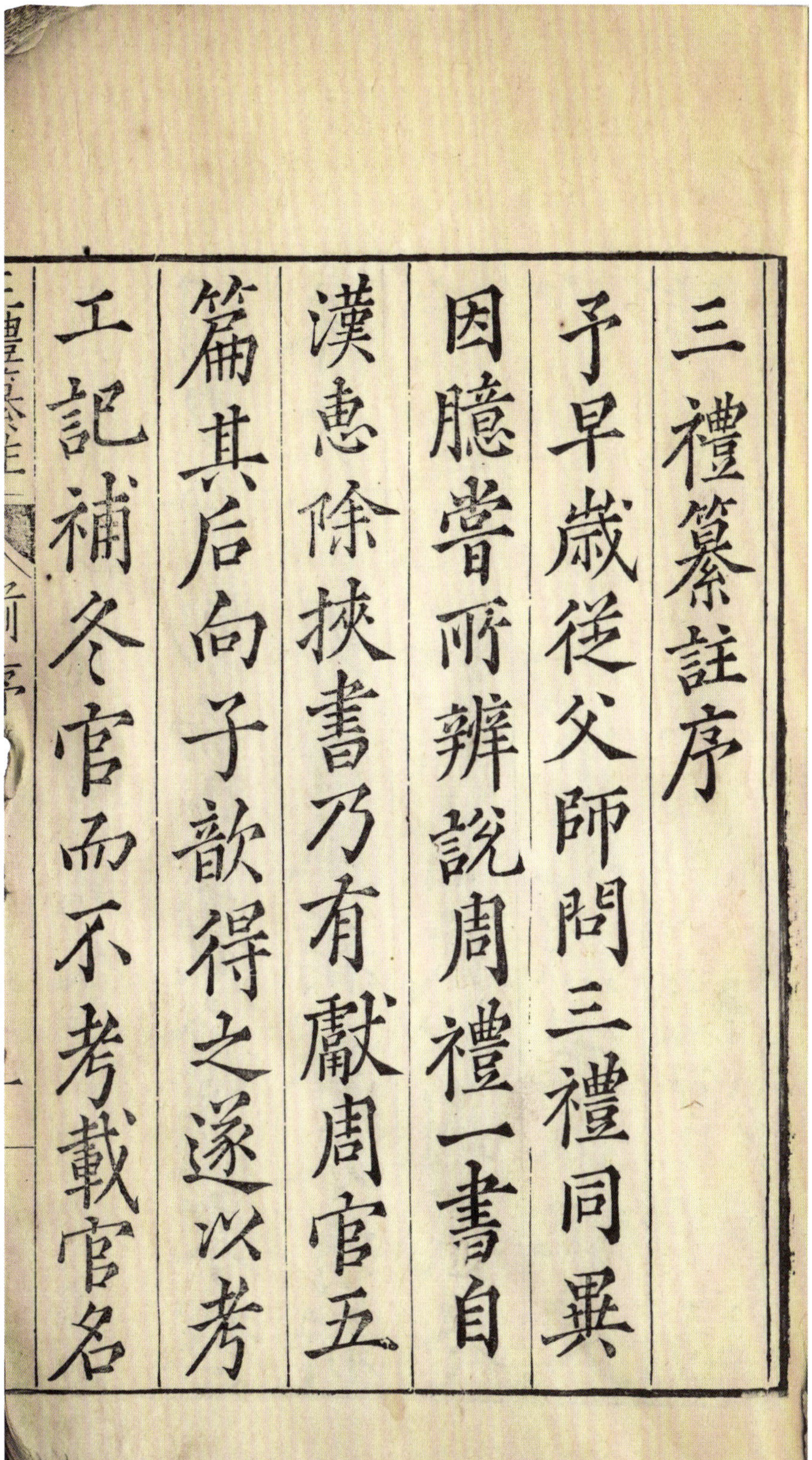

三禮纂註四十九卷　（明）貢汝成撰　明萬曆三年陳俊刻本

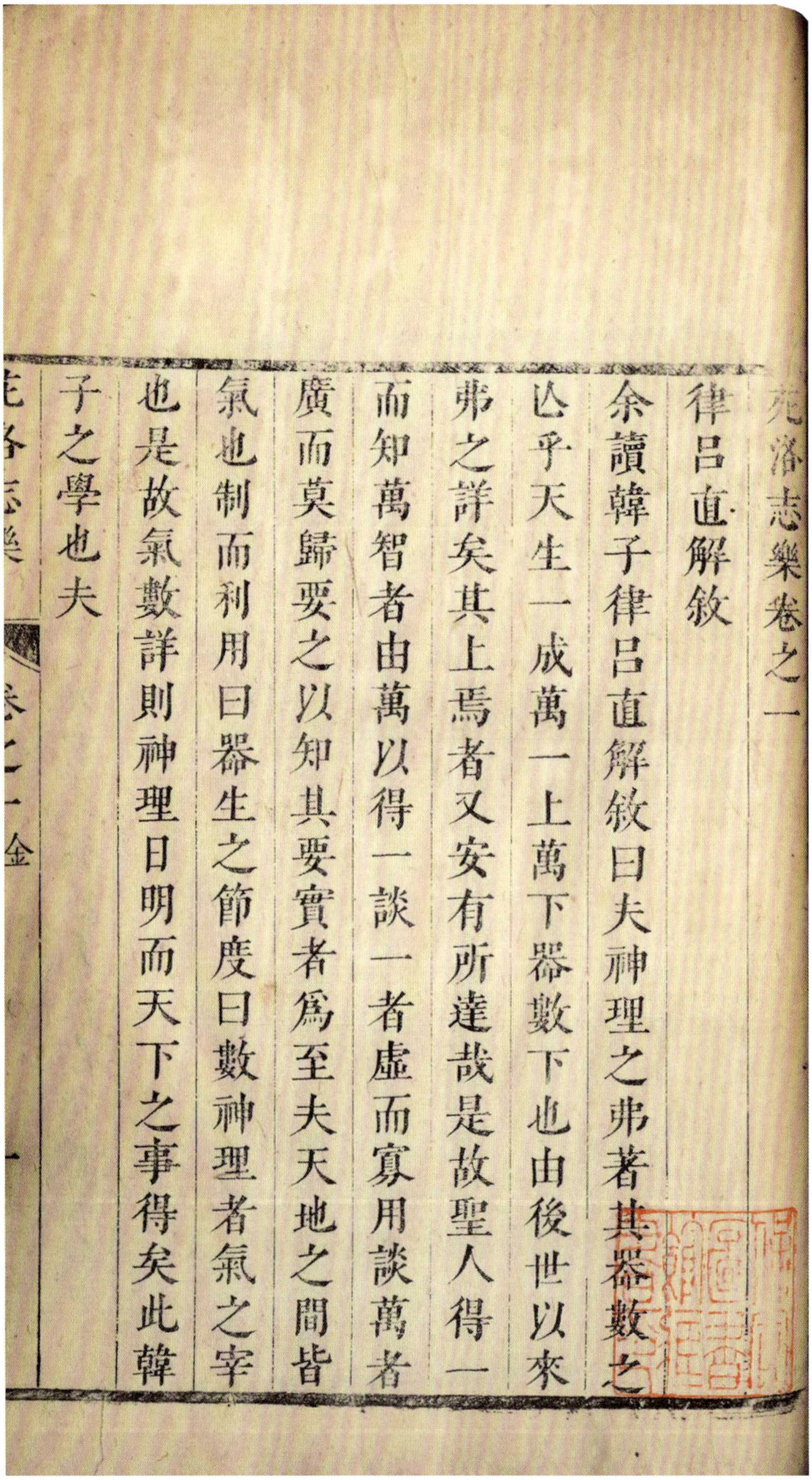
苑洛志樂卷之一

律呂直解敘

余讀韓子律呂直解敘曰夫神理之弗著其器數之亾乎天生一成萬一上萬下器數下也由後世以來弗之詳矣其上焉者又安有所達哉是故聖人得一而知萬智者由萬以得一談一者虛而寡用談萬者廣而莫歸要之以知其要實者爲至夫天地之間皆氣也制而利用曰器生之節度曰數神理者氣之宰也是故氣數詳則神理日明而天下之事得矣此韓子之學也夫

苑洛志樂十三卷　（明）韓邦奇撰　清康熙二十二年吳氏刻本

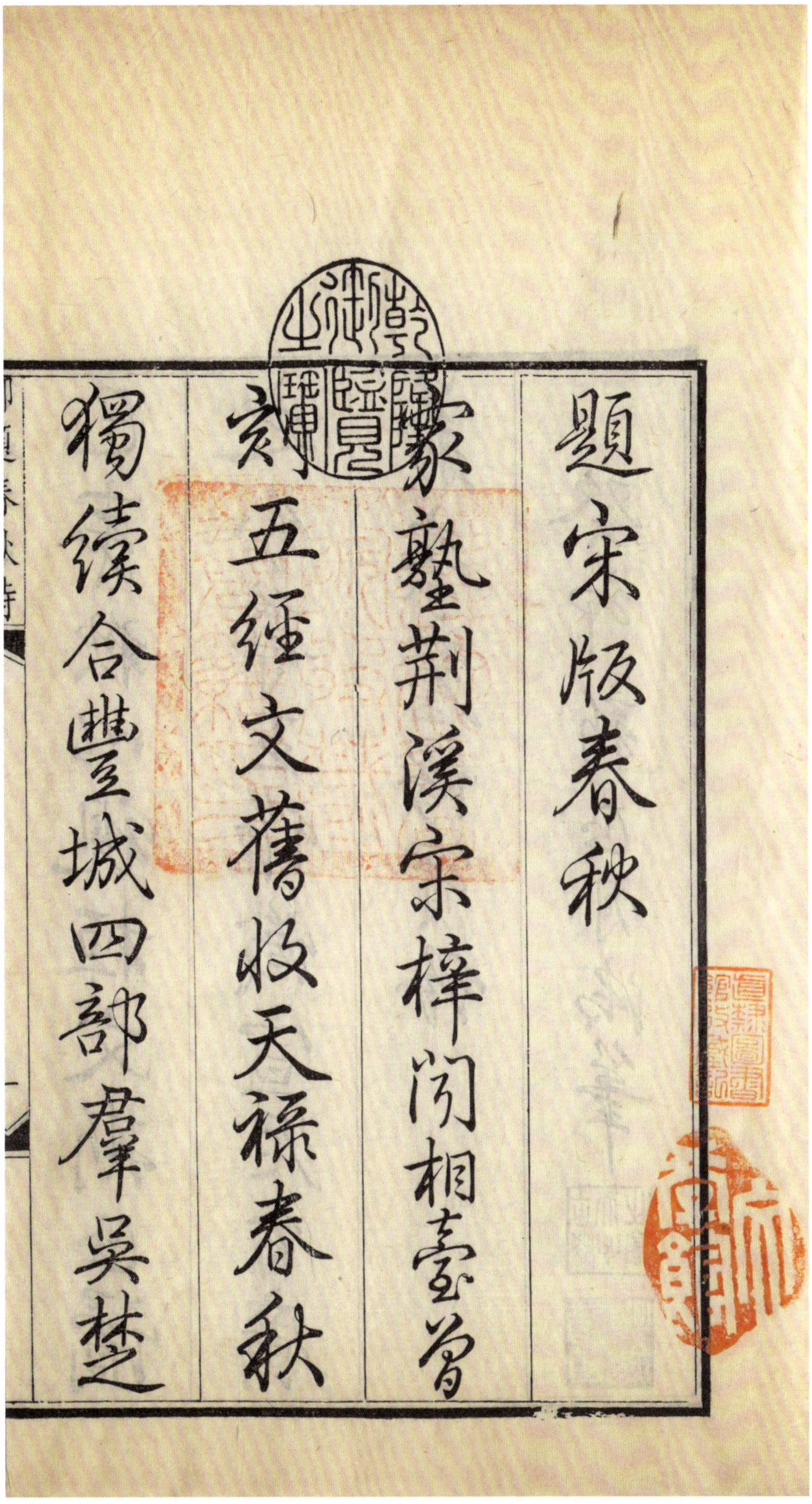

春秋經傳集解三十卷年表一卷　（晉）杜預撰　（唐）陸德明釋文　春秋名號歸一圖二卷　（蜀）馮繼先撰　清乾隆四十八年武英殿仿宋刻本

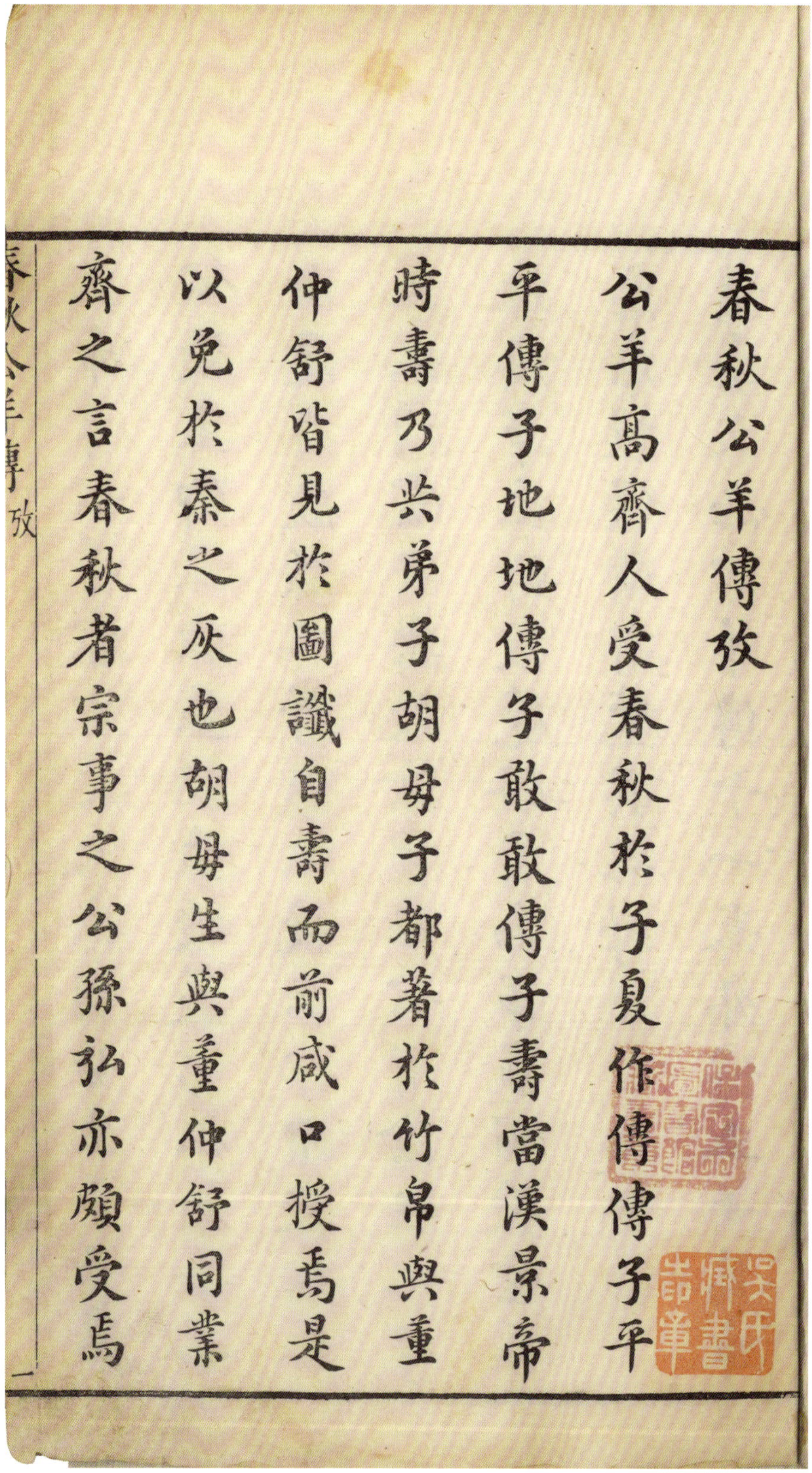

春秋公羊傳攷

公羊高齊人受春秋於子夏作傳傳子平平傳子地地傳子敢敢傳子壽當漢景帝時壽乃共弟子胡毋子都著於竹帛與董仲舒皆見於圖讖自壽而前咸口授焉是以免於秦之厄也胡毋生與董仲舒同業齊之言春秋者宗事之公孫弘亦頗受焉

春秋公羊傳　攷　一

春秋公羊傳十二卷春秋穀梁傳十二卷　（明）閔齊伋裁注　春秋公羊傳攷一卷春秋穀梁傳攷一卷　（明）閔齊伋撰　明天啟元年自刻套印本

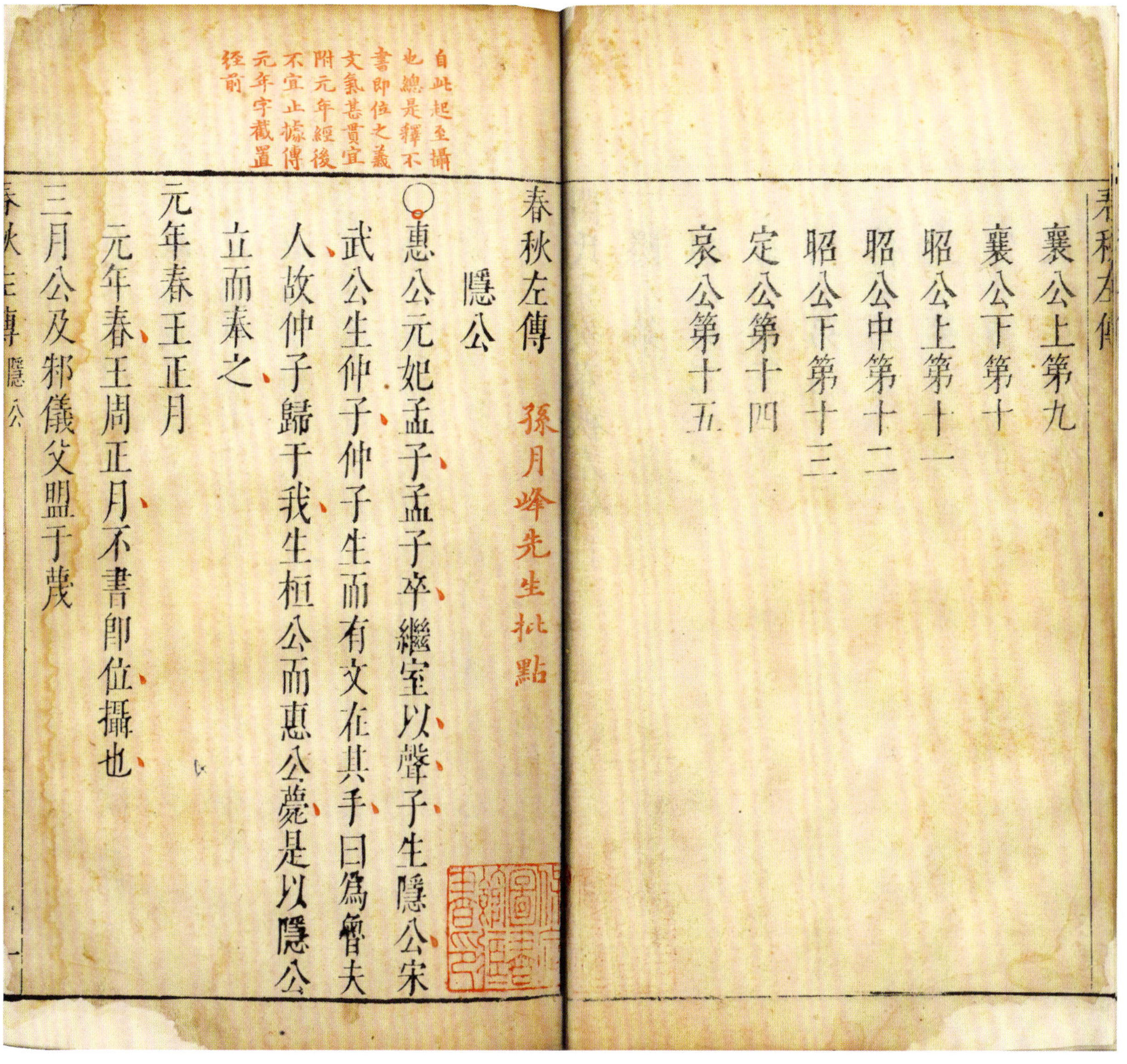

春秋左傳十五卷　（明）孫鑛批點　明萬曆四十四年閔齊伋刻朱墨套印本　入選《河北省名録》0011號

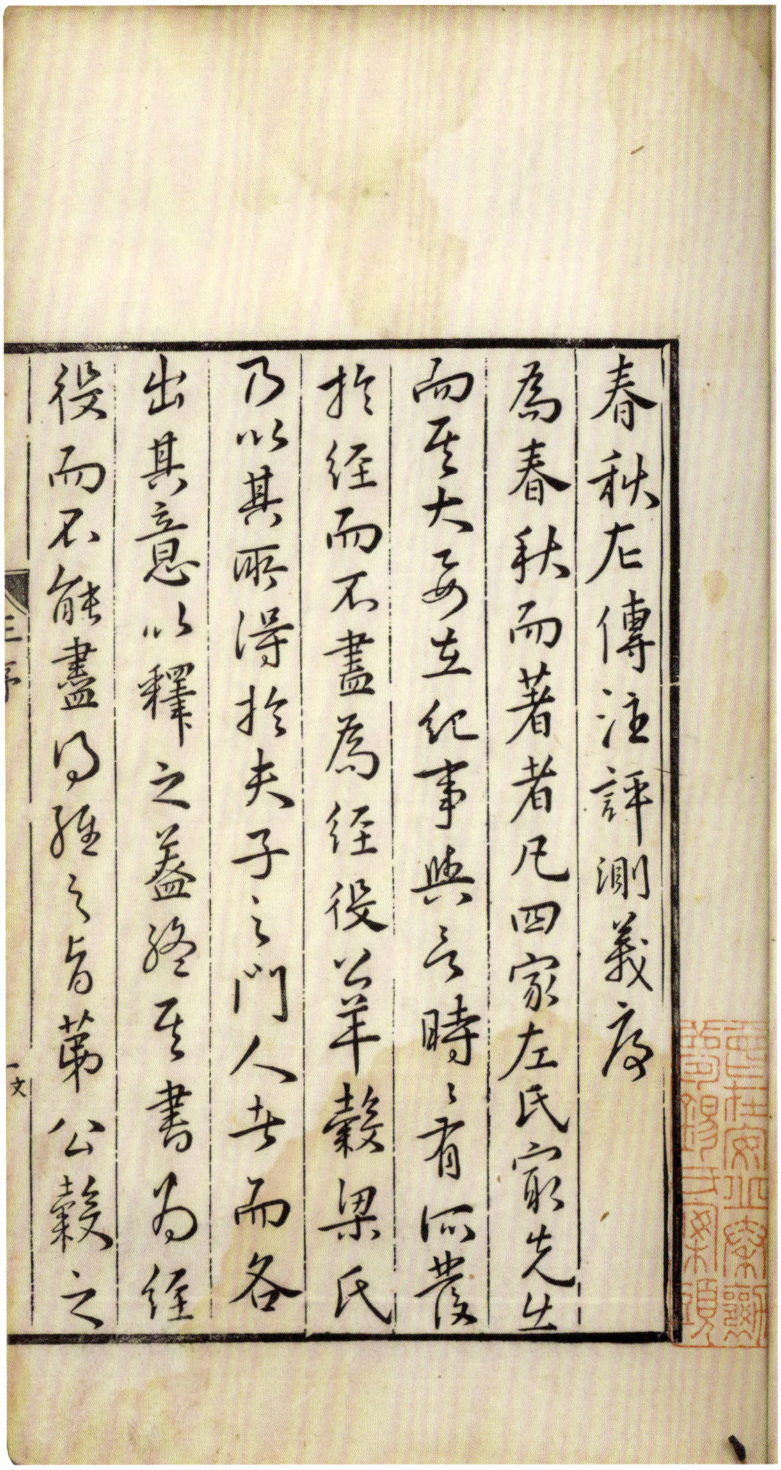
春秋左傳注評測義序
為春秋而著者凡四家左氏家先生
而至大要在紀事與之時之有所發
於經而不盡為經發公羊穀梁氏
乃以其所得於夫子之門人者而各
出其意以釋之蓋終至書為經
役而不能盡得經之旨第公穀之

春秋左傳註評測義七十卷春秋左傳世系譜一卷春秋左傳名號異稱便覽一卷春秋左傳地名配古籍一卷春秋列國東坡圖說一卷引用書目一卷姓氏一卷總評一卷　（明）凌稚隆撰　明萬曆十六年刻本　入選《河北省名錄》0173號

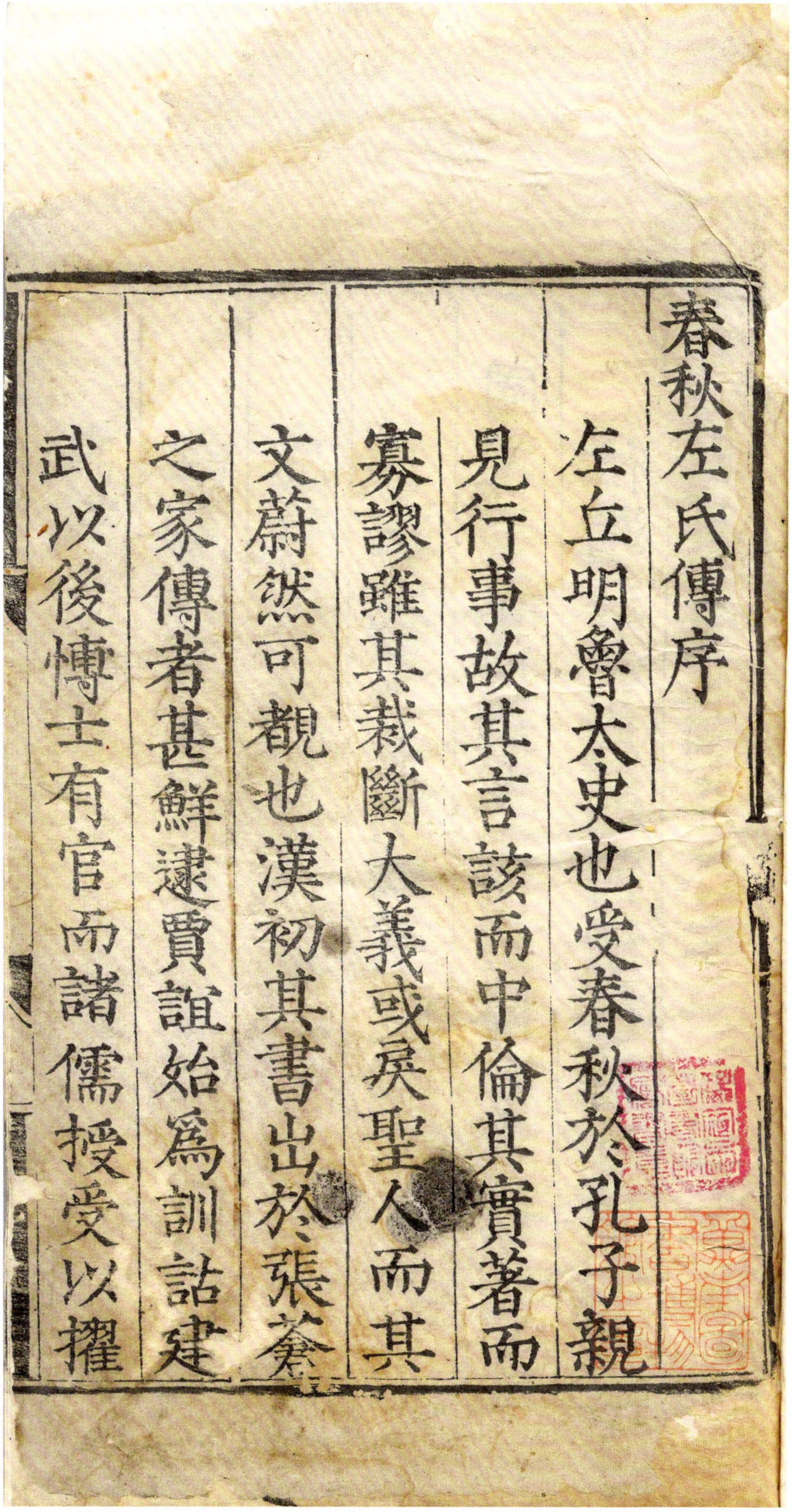

春秋左氏傳序

左丘明魯太史也受春秋於孔子親見行事故其言該而中倫其實著而寡謬雖其裁斷大義或戾聖人而其文蔚然可觀也漢初其書出於張蒼之家傳者甚鮮逮賈誼始爲訓詁建武以後博士有官而諸儒授受以擢

春秋左傳類解二十卷地譜世系一卷　（明）劉績撰　明嘉靖七年崇藩寶賢堂刻本

入選《國家名錄》03343號

四年新鐫

春秋輿圖

萬卷樓藏板

春秋輿圖目錄

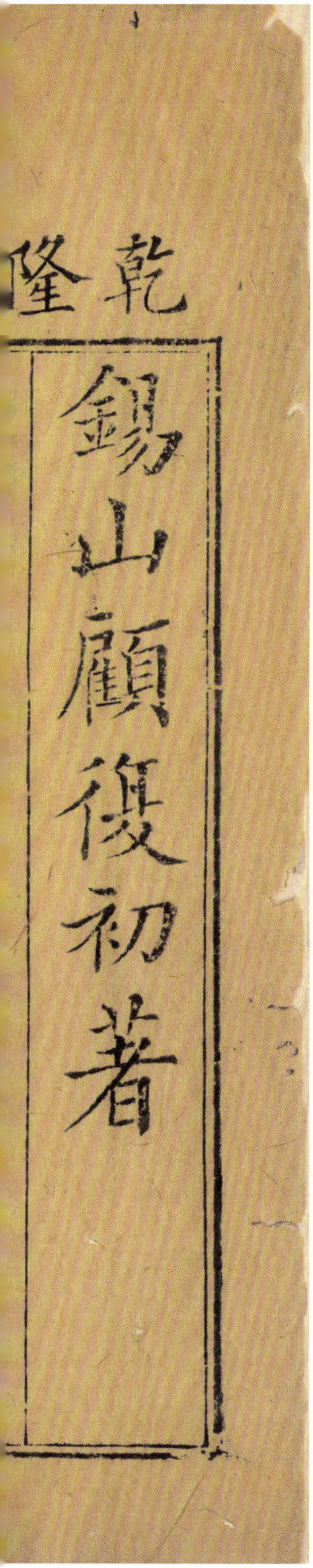

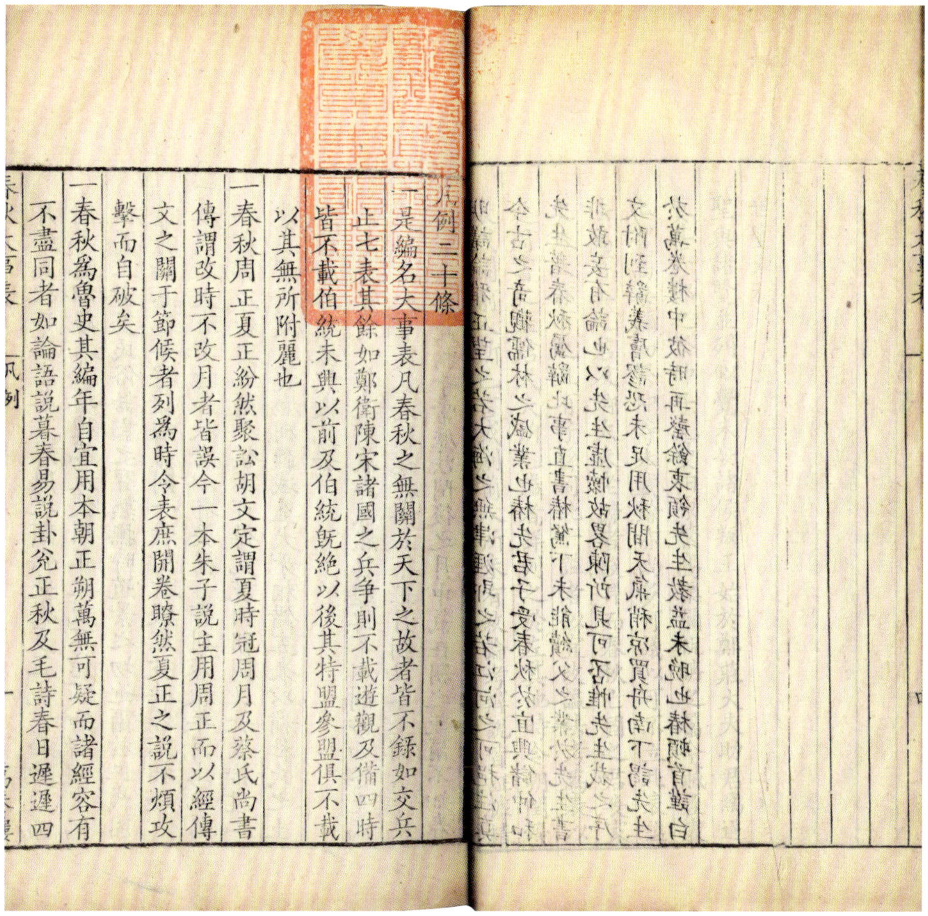

春秋大事表五十卷輿圖一卷附錄一卷　（清）顧棟高撰　清乾隆十七年萬卷樓刻本

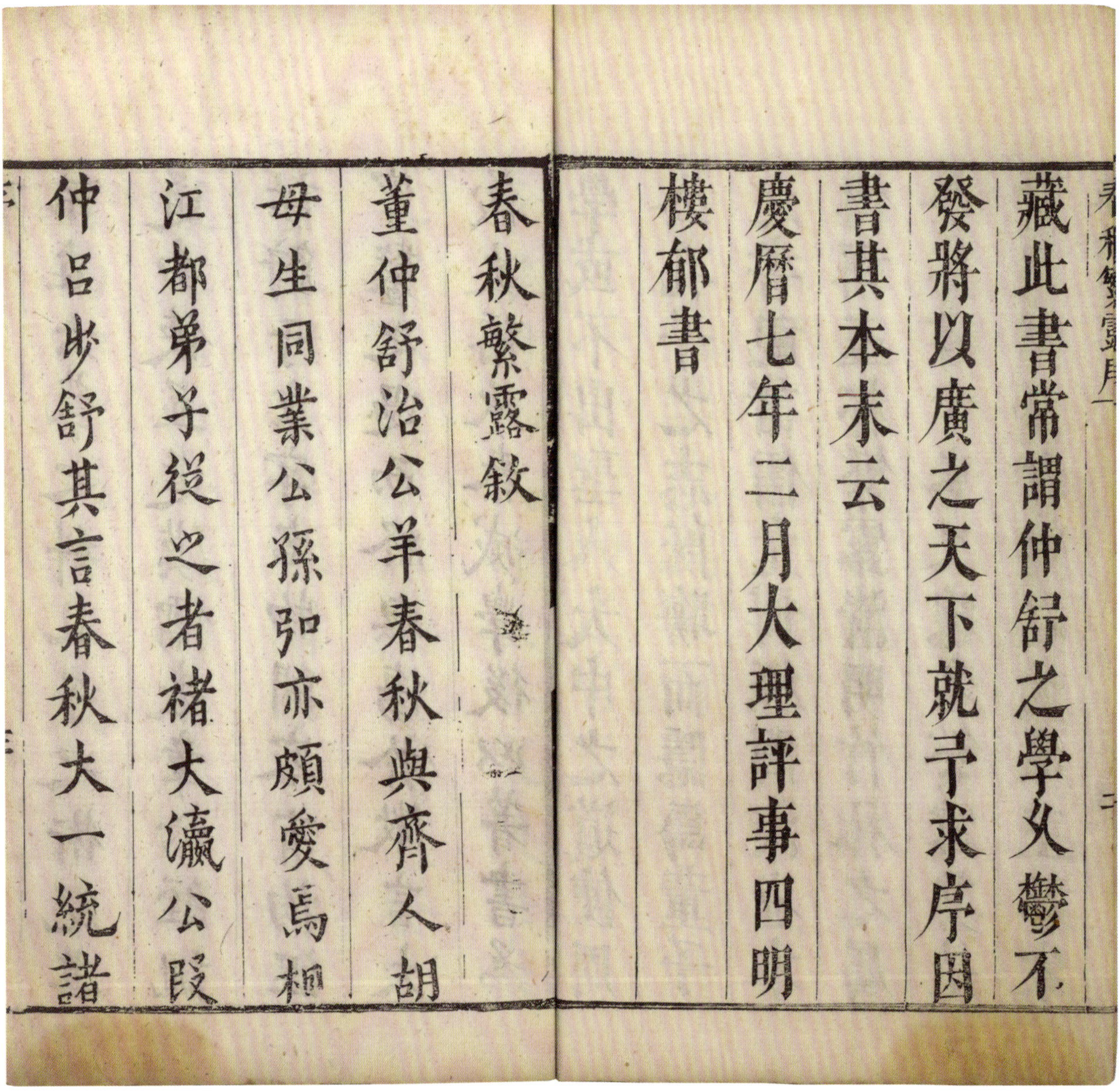

春秋繁露十七卷附錄一卷附刻三卷　（漢）董仲舒撰　（明）孫鑛等評　清康熙二十八年重刻本

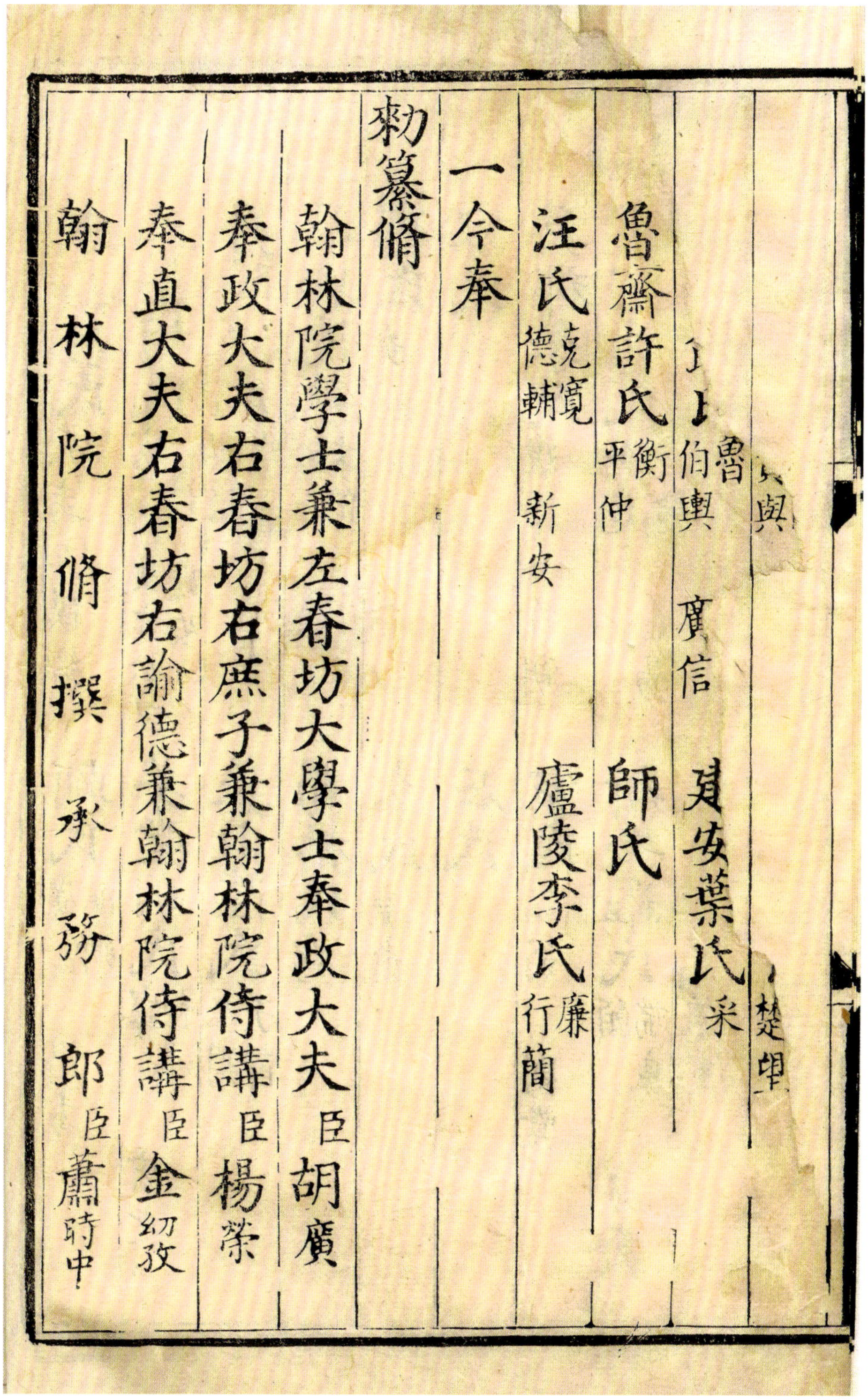

春秋集傳大全三十七卷序論一卷春秋二十國年表一卷諸國興廢説一卷春秋列國東坡圖説一卷東坡指掌春秋列國圖一卷　（明）胡廣等輯　明内府刻本　入選《河北省名録》0017號

序

孝經大全者西雒太傅忠節呂公所輯而嗣君孝芝之敬芝之爲排纘其先人之遺言槧版行世者也昔吾夫子志在春秋行在孝經因以春秋屬子夏孝經屬曾子葢春秋乃聖人之刑書孝經乃聖人之德教是二書之在孔門如左右手然相爲用也自漢唐盛世敦重經術孝經一書諸儒注者百家所言皆煌然若鼓

孝經大全　序　一

孝經大全二十八卷首一卷表一卷　（明）呂維祺撰　清康熙七年刻本

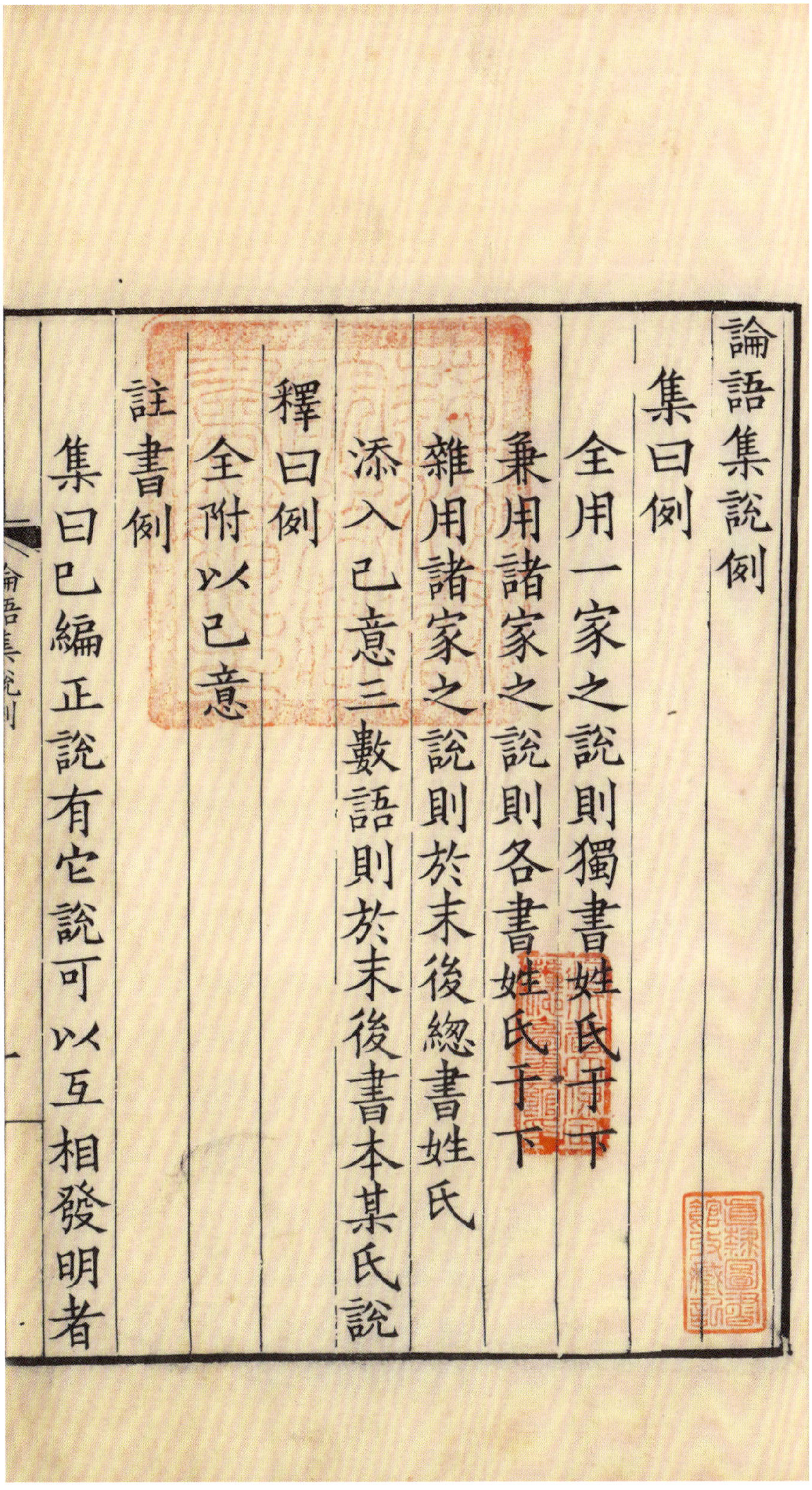

論語集說例

集曰例

全用一家之說則獨書姓氏于下

兼用諸家之說則各書姓氏于下

雜用諸家之說則於末後總書姓氏

添入己意三數語則於末後書本某氏說

釋曰例

全附以己意

註書例

集曰已編正說有它說可以互相發明者

論語集說例　一

論語集說十卷　（宋）蔡節撰　清刻本

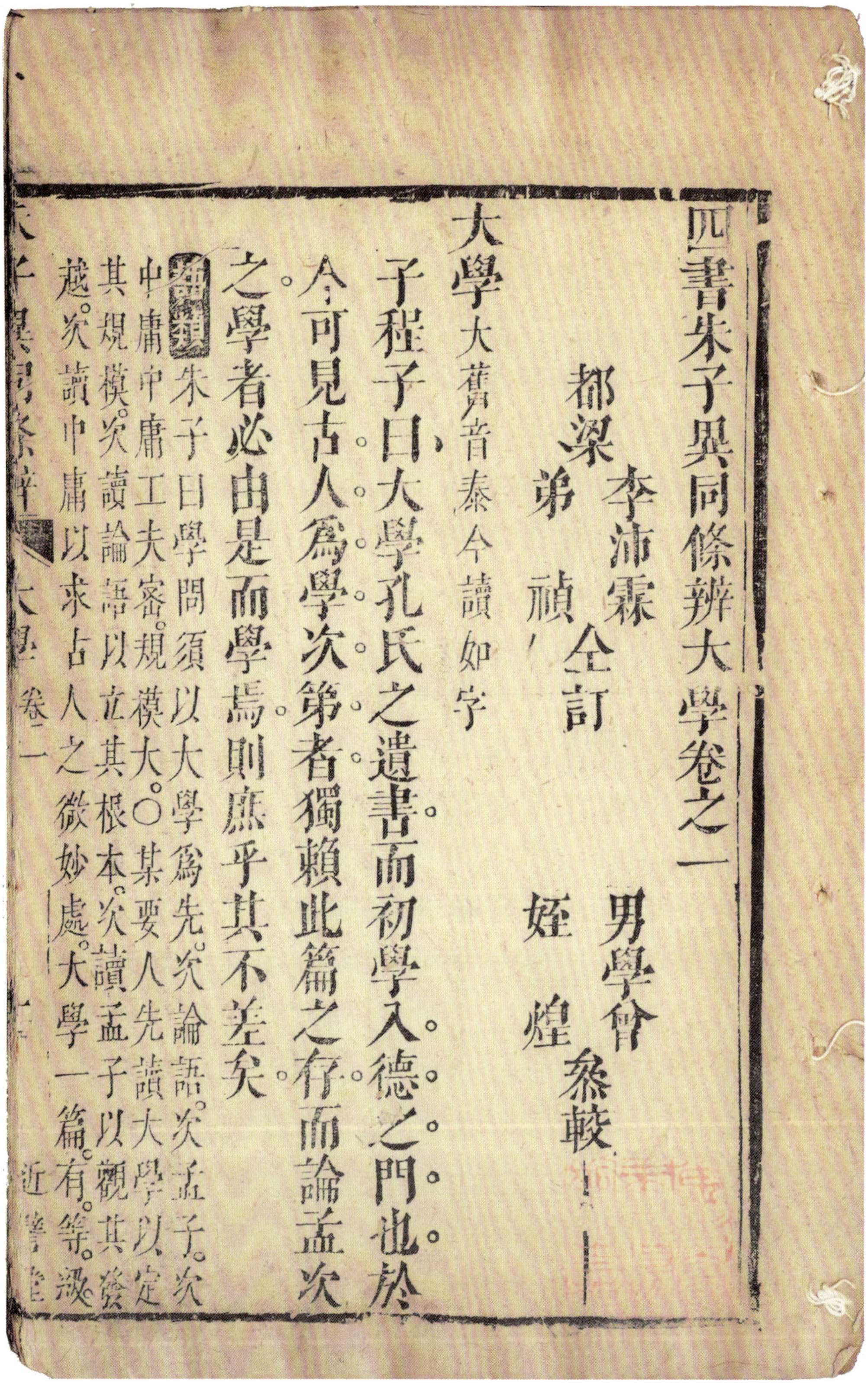

四書朱子異同條辨四十卷　（清）李沛霖、李禎撰　清康熙近譬堂刻本

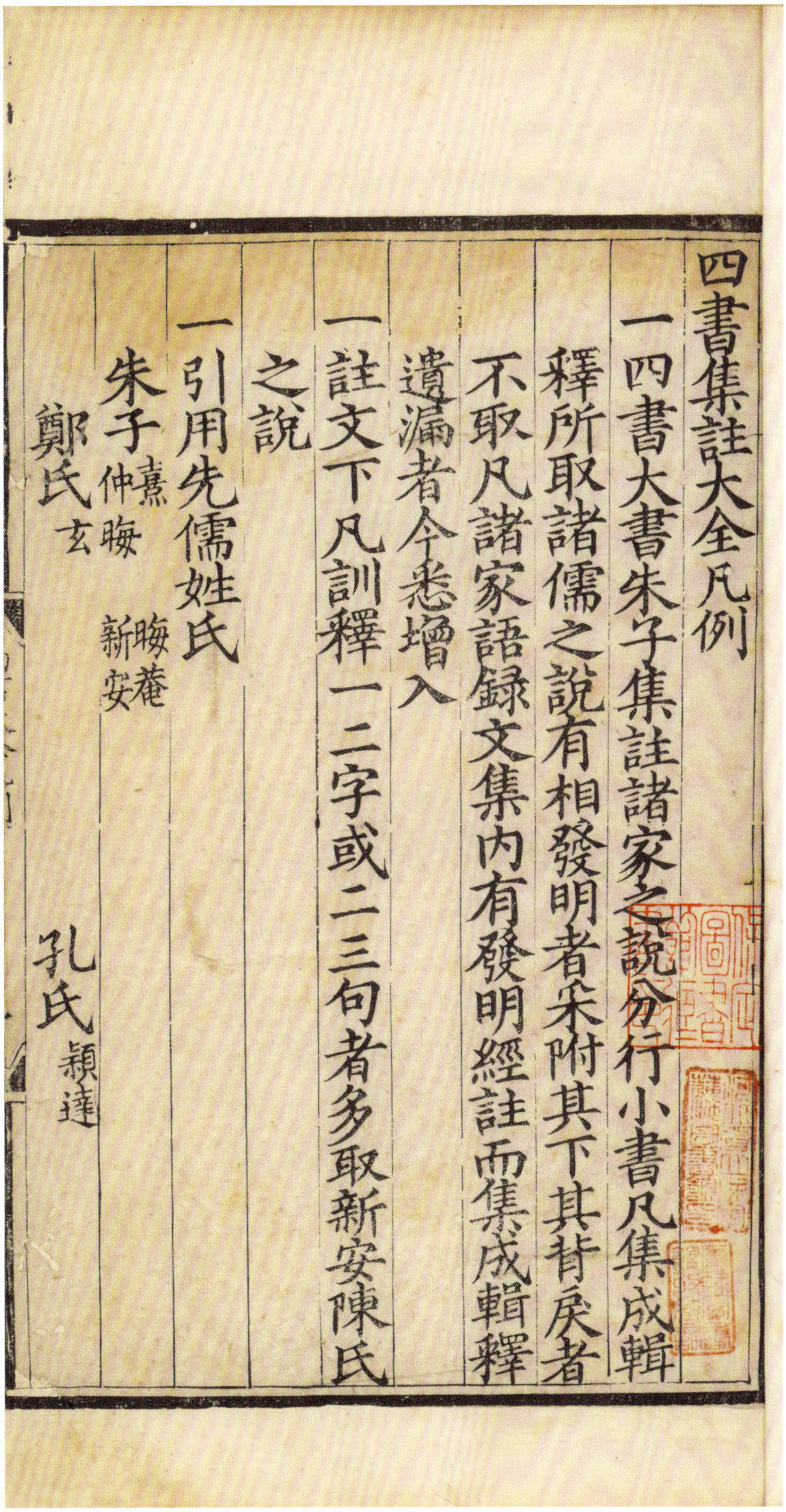
四書集註大全凡例

一四書大書朱子集註諸家之說分行小書凡集成輯釋所取諸儒之說有相發明者采附其下其背戾者不取凡諸家語録文集内有發明經註而集成輯釋遺漏者今悉增入

一註文下凡訓釋一二字或二三句者多取新安陳氏之說

一引用先儒姓氏

朱子熹仲晦晦菴新安

鄭氏玄　孔氏穎達

四書集註大全三十六卷　（明）胡廣等輯　明刻本　入選《河北省名録》0177號

余與族孫稼書居同里髫年即相契每過必竟日談即有不肯混同流俗求向上一着之志時父兄方以制藝課余兩人余始學爲文下筆亦能無阻滯然讀其文則瞠乎其後矣且周旋翔步動中規矩不尺寸失布袍草履簞瓢晏如儼然有道氣象里中前輩甚器之甲申鼎革余嬾親筆硯讀漆園文久之覺荒唐汗漫不可收拾乃讀周子太極圖略涉其藩籬無所得丁亥余就館湖中稼書亦赴武塘李氏約晤遂疎余又

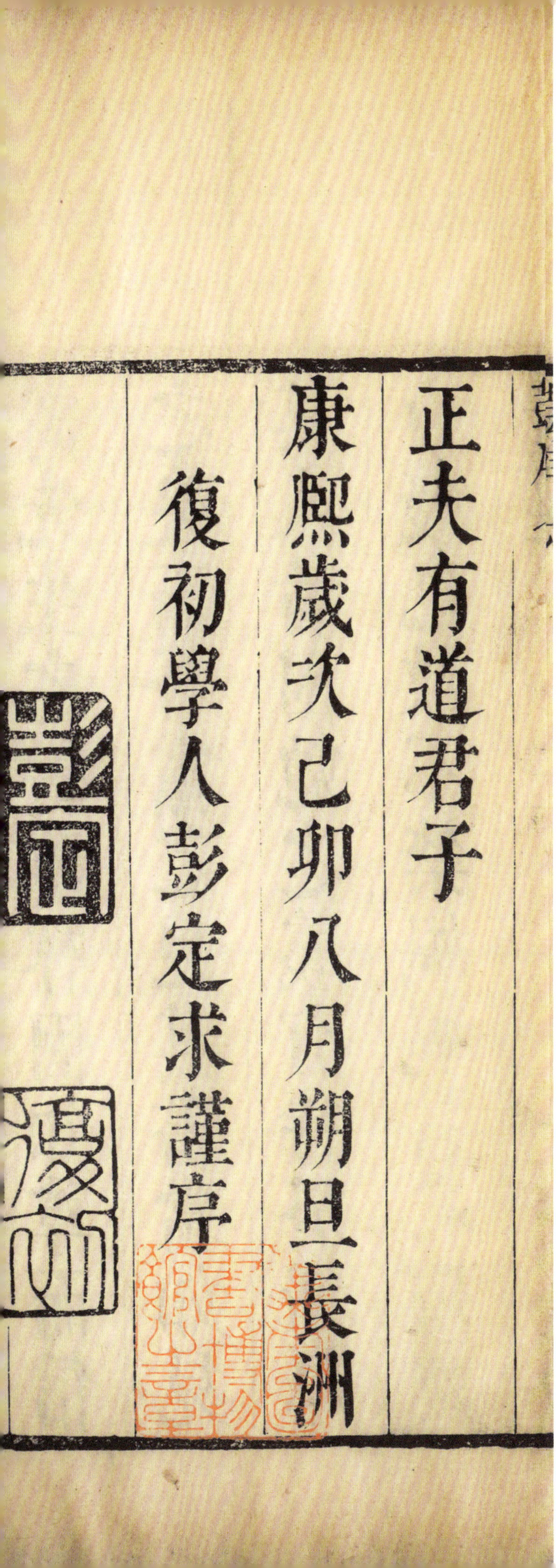
正夫有道君子
康熙歲次己卯八月朔旦長洲
復初學人彭定求謹序

四書講義困勉錄三十七卷四書講義續困勉錄六卷　（清）陸隴其纂輯　清康熙三十八年刻本

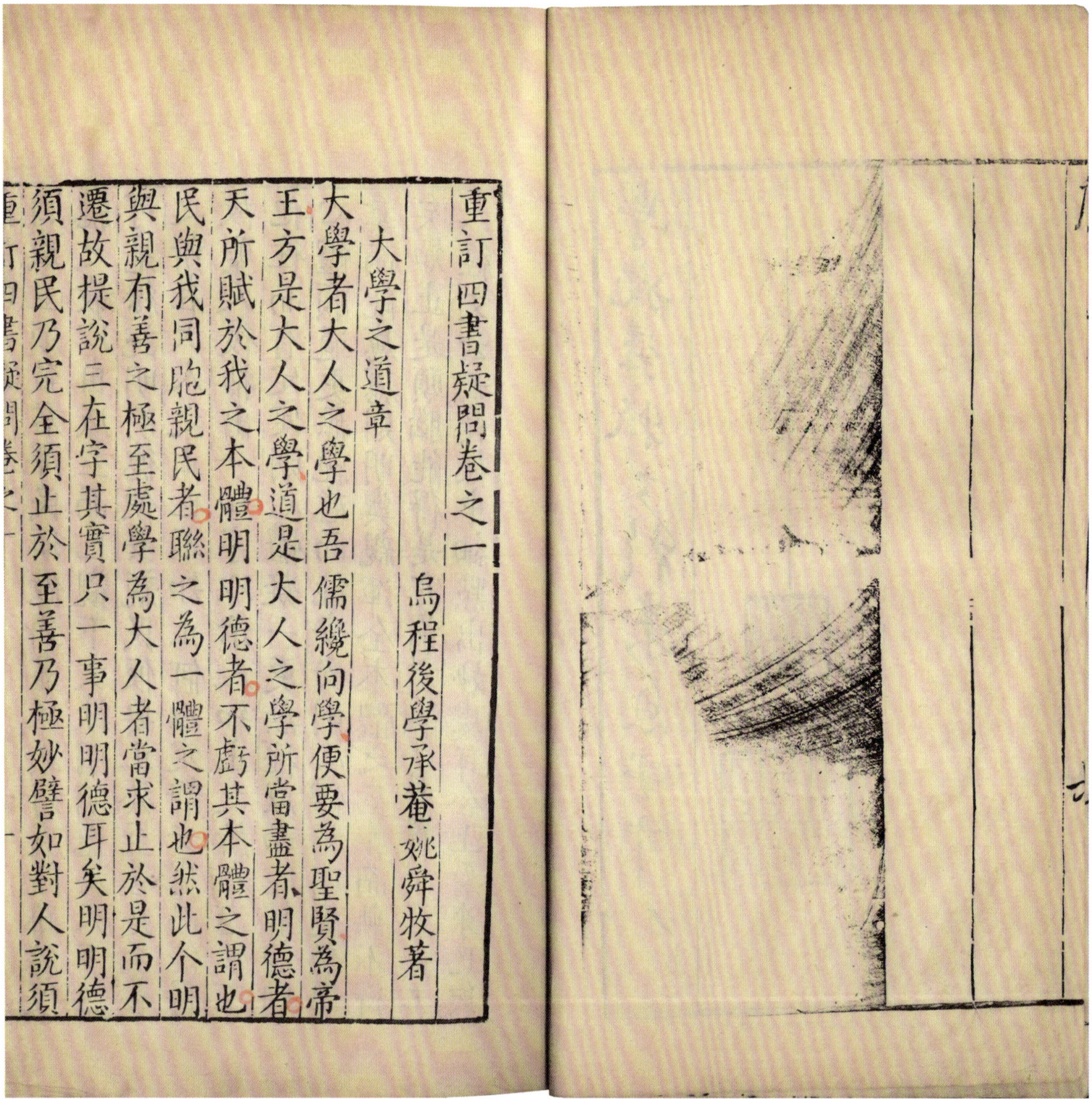
重訂四書疑問卷之一
大學之道章　　烏程後學承菴姚舜牧著
大學者大人之學也吾儒纔向學便要為聖賢為帝
王方是大人之學道是大人之學所當盡者明德者
天所賦於我之本體明明德者不虧其本體之謂也
民與我同胞親民者聯之為一體之謂也然此个明
與親有善之極至處學為大人者當求止於是而不
遷故提說三在字其實只一事明明德耳矣明明德
須親民乃完全須止於至善乃極妙譬如對人說須

重訂六經疑問七十一卷　（明）姚舜牧撰　明萬曆六經堂刻清順治十三年姚淳起校補本

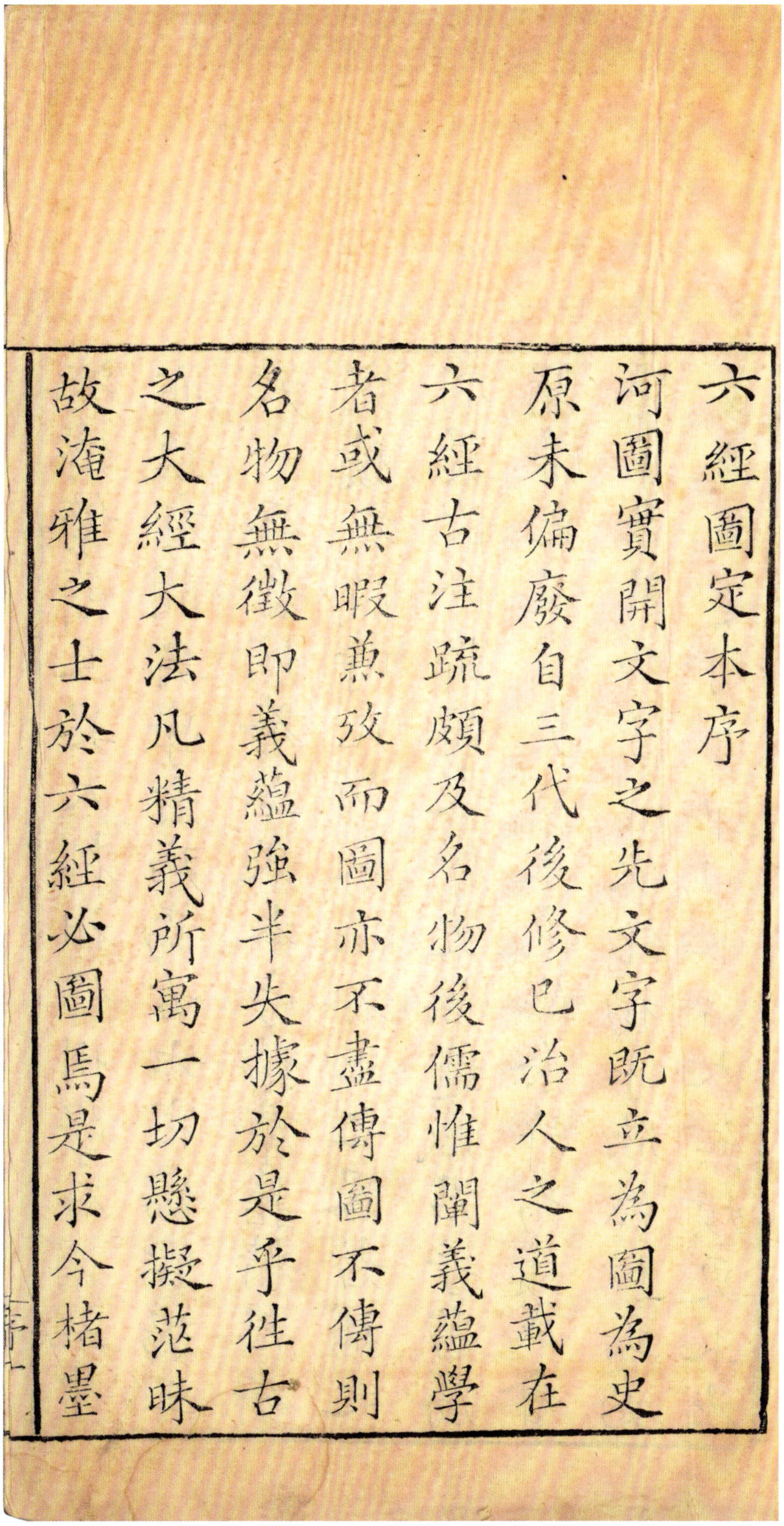
六經圖定本序
河圖實開文字之先文字既立為圖為史
原未偏廢自三代後修已治人之道載在
六經古注疏頗及名物後儒惟闡義蘊學
者或無暇兼攷而圖亦不盡傳圖不傳則
名物無徵即義蘊強半失據於是乎往古
之大經大法凡精義所寓一切懸擬茫昧
故淹雅之士於六經必圖焉是求今楮墨

六經圖六卷　（宋）楊甲撰　毛邦翰補　（清）王皜輯　清乾隆五年刻本

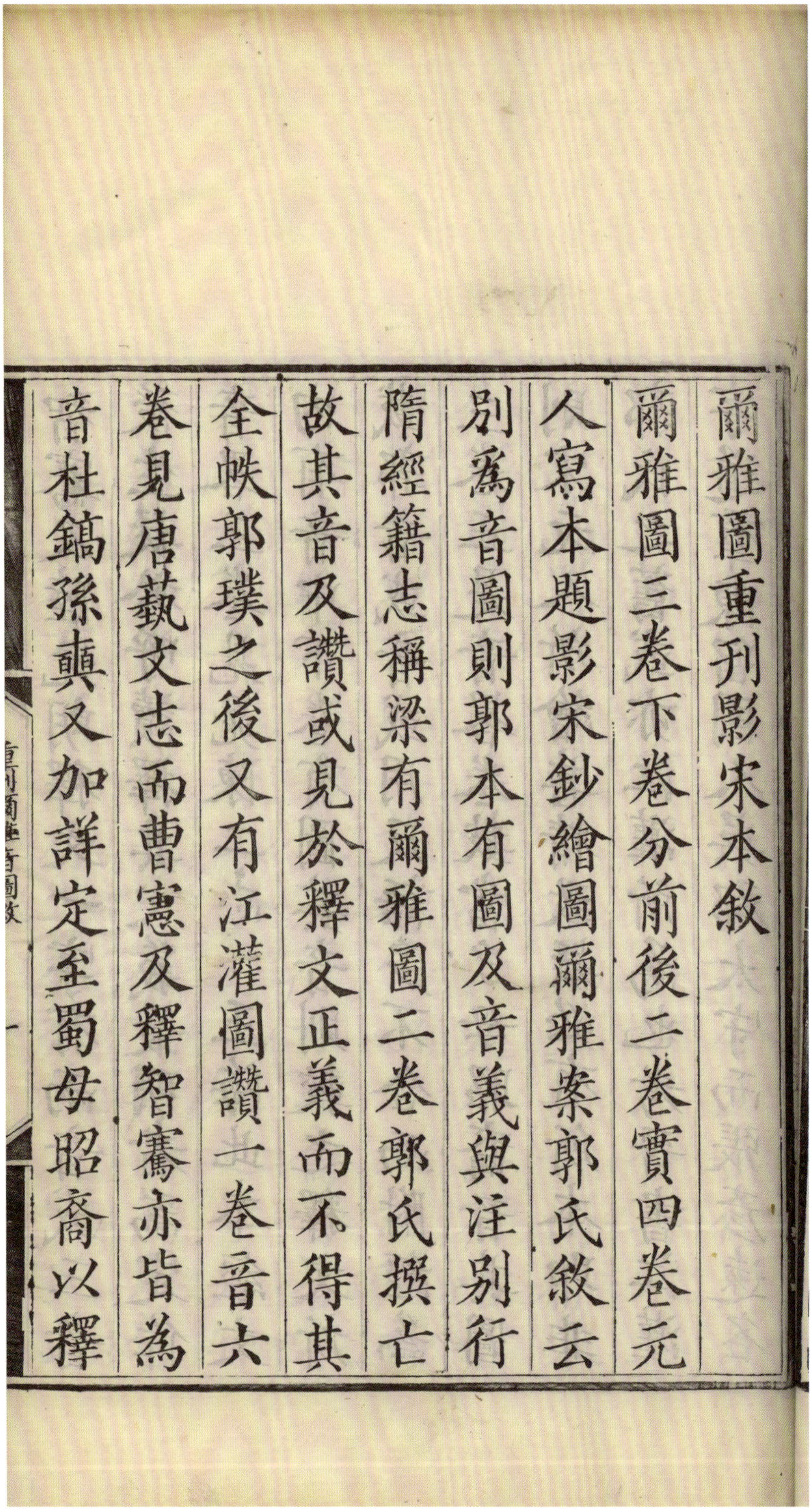

爾雅圖重刊影宋本敘

爾雅圖三卷下卷分前後二卷實四卷元人寫本題影宋鈔繪圖爾雅案郭氏敘云別爲音圖則郭本有圖及音義與注別行隋經籍志稱梁有爾雅圖二卷郭氏撰亡故其音及讚或見於釋文正義而不得其全帙郭璞之後又有江灌圖讚一卷音六卷見唐蓺文志而曹憲及釋智騫亦皆為音杜鎬孫奭又加詳定至蜀毋昭裔以釋

重刊爾雅音圖敘　一

爾雅音圖三卷　（晉）郭璞註　清道光二十九年影宋繪圖本重摹本

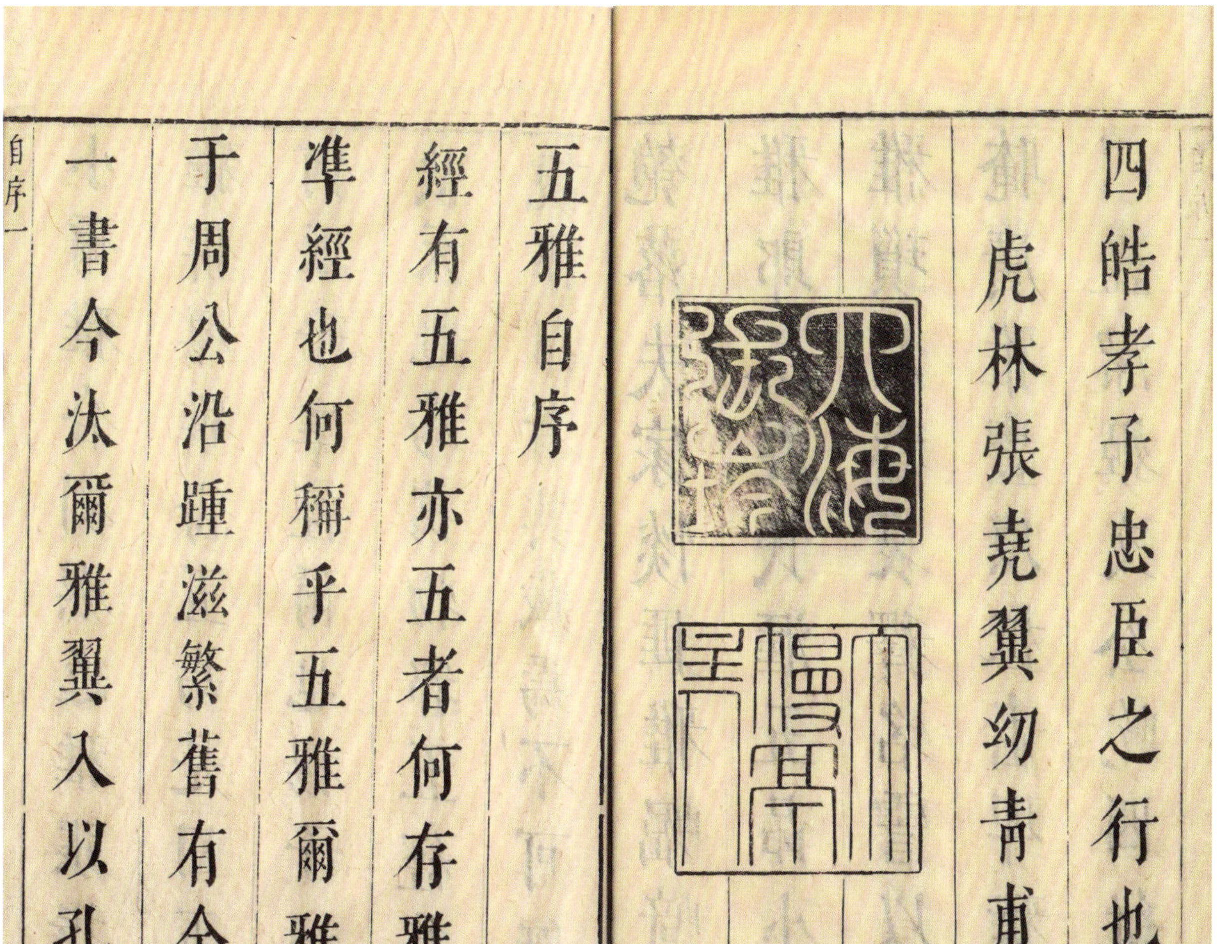

四皓孝子忠臣之行也
虎林張堯翼幼青甫題

五雅自序

經有五雅亦五五者何存雅以
準經也何稱乎五雅爾雅昉
于周公沿踵滋繁舊有全雅
一書今汰爾雅翼入以孔鮒

自序一

五雅全書五種四十一卷　（明）郎奎金輯　明武林堂策檻刻本

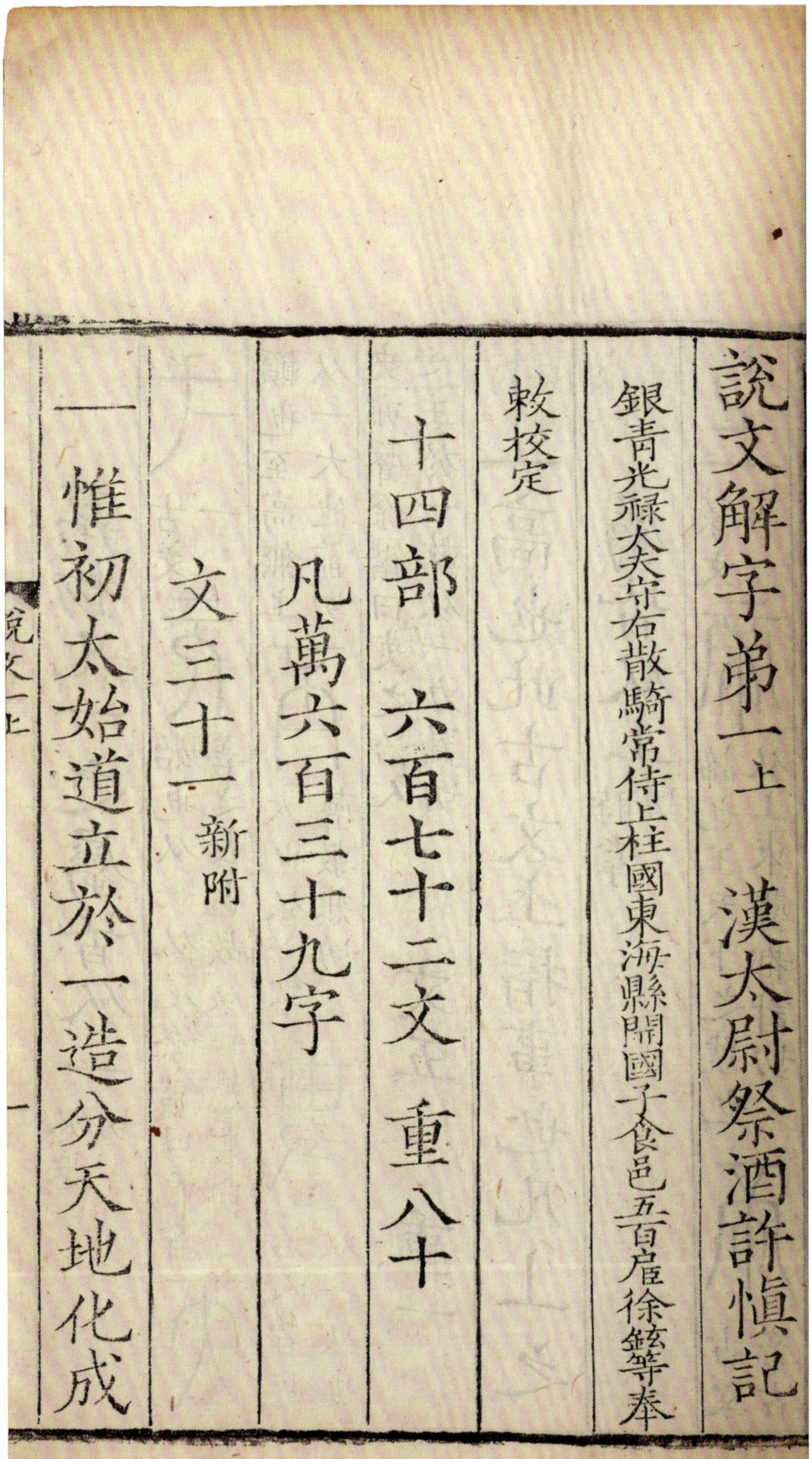

說文解字弟一上　漢太尉祭酒許愼記
銀青光祿大夫守右散騎常侍上柱國東海縣開國子食邑五百戶徐鉉等奉
敕校定
十四部　六百七十二文　重八十
凡萬六百三十九字
文三十一新附
一　惟初太始道立於一造分天地化成

說文一上　一

說文解字三十卷　（漢）許愼撰　（宋）徐鉉校定　清毛氏汲古閣刻本

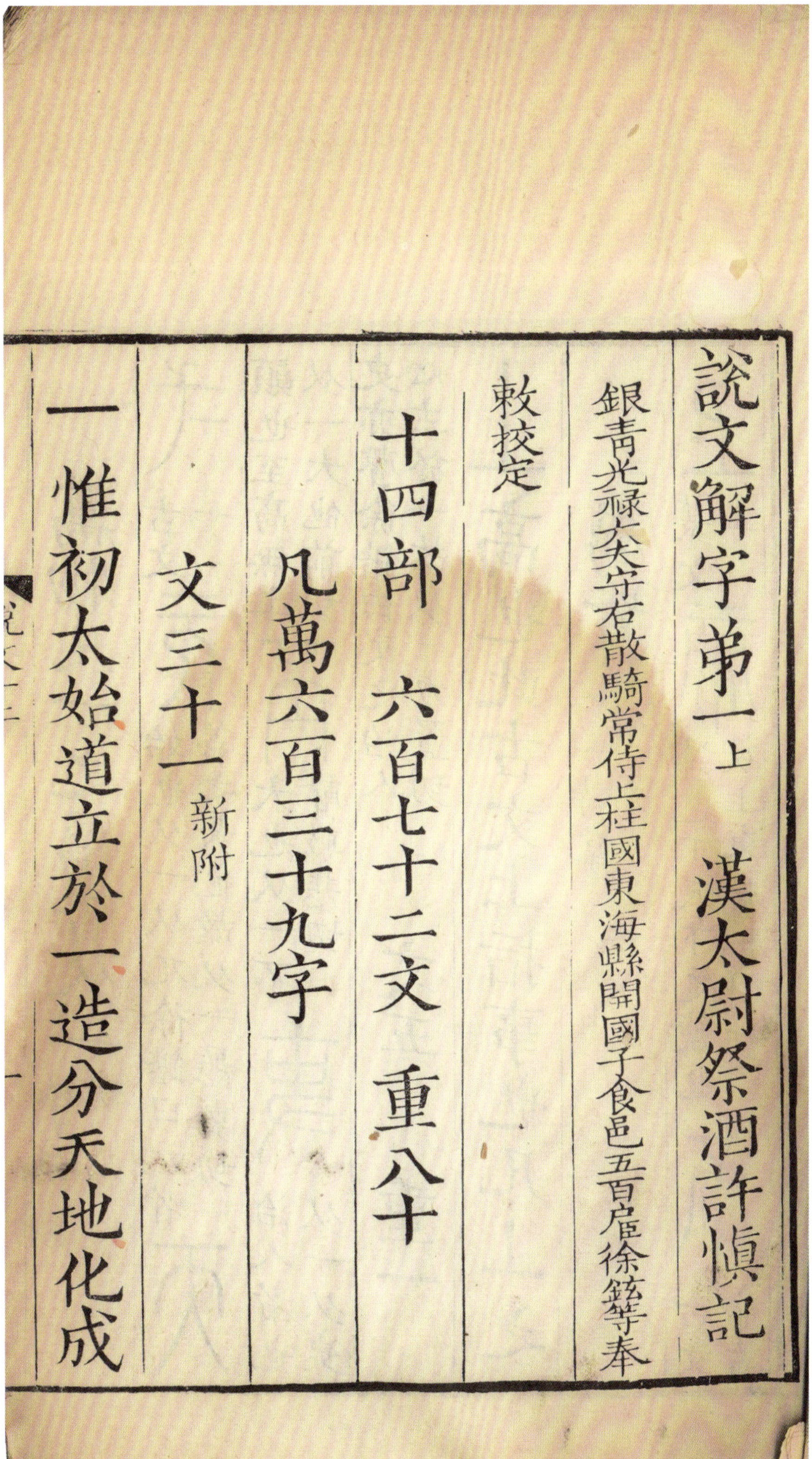
說文解字弟一上　漢太尉祭酒許慎記
銀青光祿大夫守右散騎常侍上柱國東海縣開國子食邑五百戶徐鉉等奉
敕校定
十四部　六百七十二文　重八十
凡萬六百三十九字
文三十一　新附
一　惟初太始道立於一造分天地化成

說文解字三十卷　（漢）許慎撰　（宋）徐鉉校定　清初毛氏汲古閣刻本

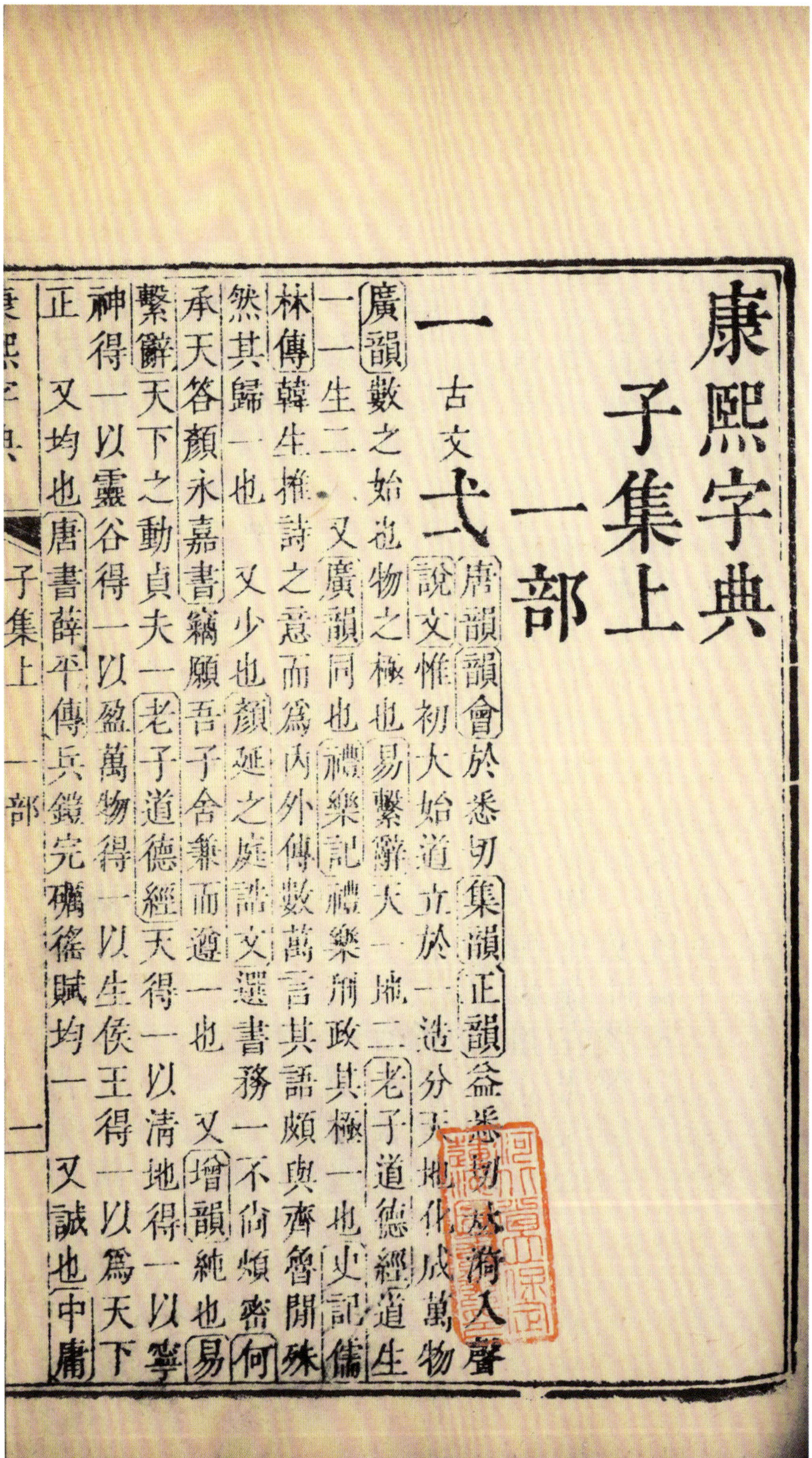

康熙字典十二集三十六卷總目一卷檢字一卷辨似一卷等韻一卷補遺一卷備考一卷

（清）張玉書、凌紹雯等纂修　清康熙五十五年内府刻本

新鐫
廖百子先生輯
正字通
弘文書院藏板

正字通十二集三十六卷舊本首一卷　（明）張自烈撰　廖文英輯　清康熙十年弘文書院刻本

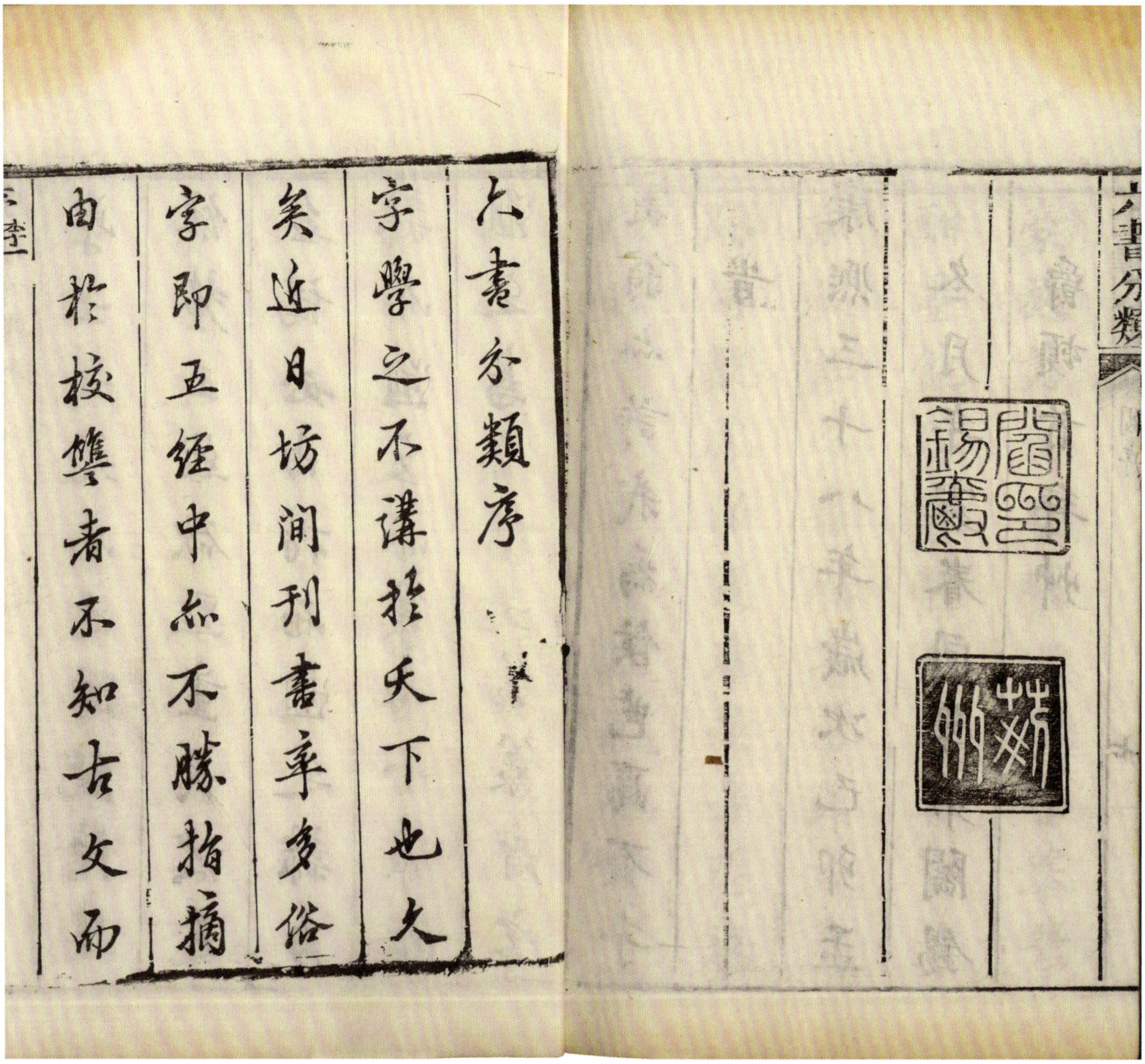

六書分類序
字學之不講於天下也久
矣近日坊間刊書率多俗
字即五經中亦不勝指摘
由於校讐者不知古文而

六書分類十二卷首一卷　（清）傅世垚撰　清康熙四十四年聽松閣刻本

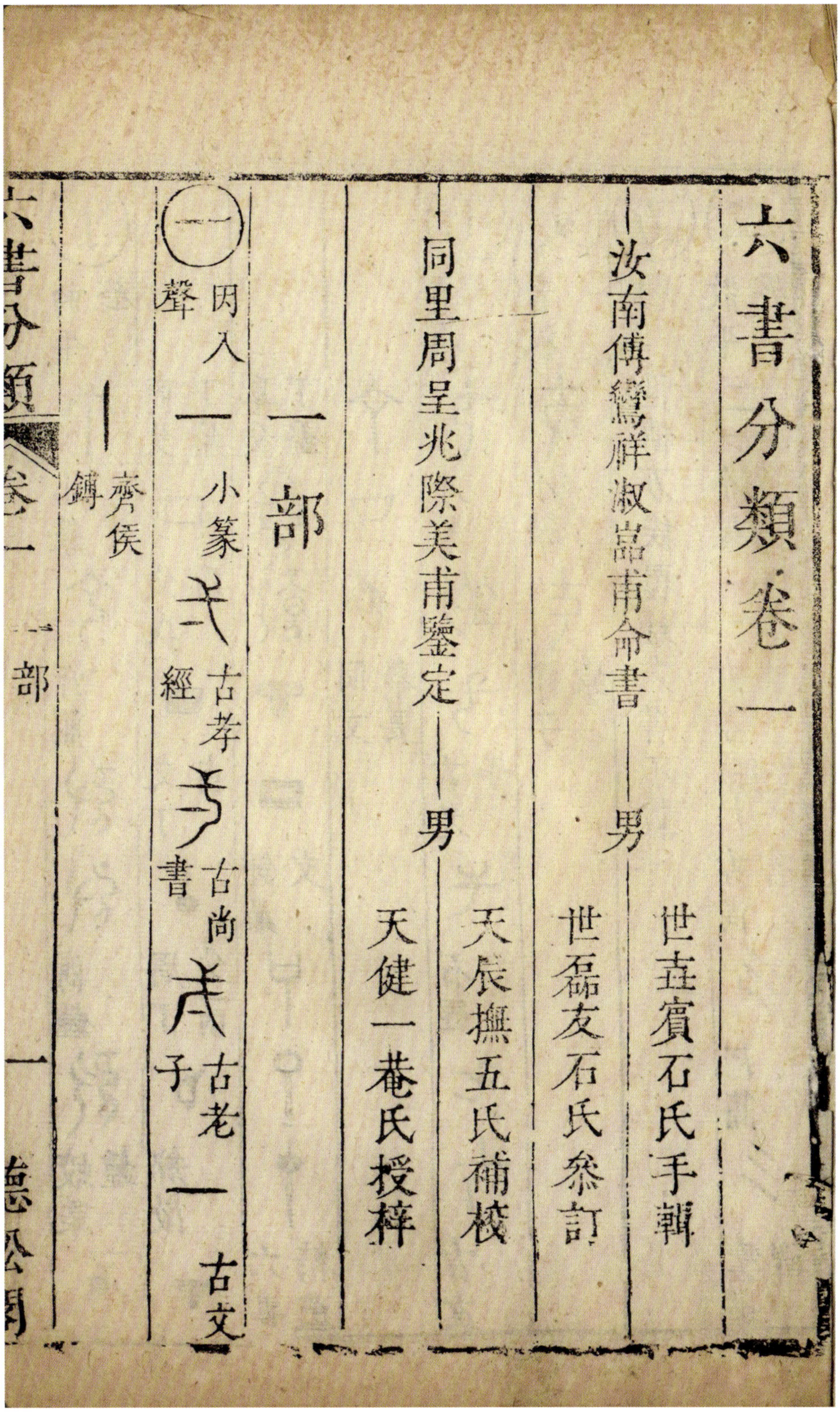
六書分類卷一

汝南傅鸞祥淑嵓甫命書　男　世垚賓石氏手輯

世磊友石氏參訂

同里周呈兆際美甫鑒定　男　天辰撫五氏補校

天健一菴氏授梓

一部

（一）因入聲　一　小篆　古孝經　古尚書　古老子　一　古文

丨　齊侯鎛

六書分類　卷一　一部　一　聽松閣

六書分類十二卷首一卷　（清）傅世垚撰　清康熙聽松閣刻本

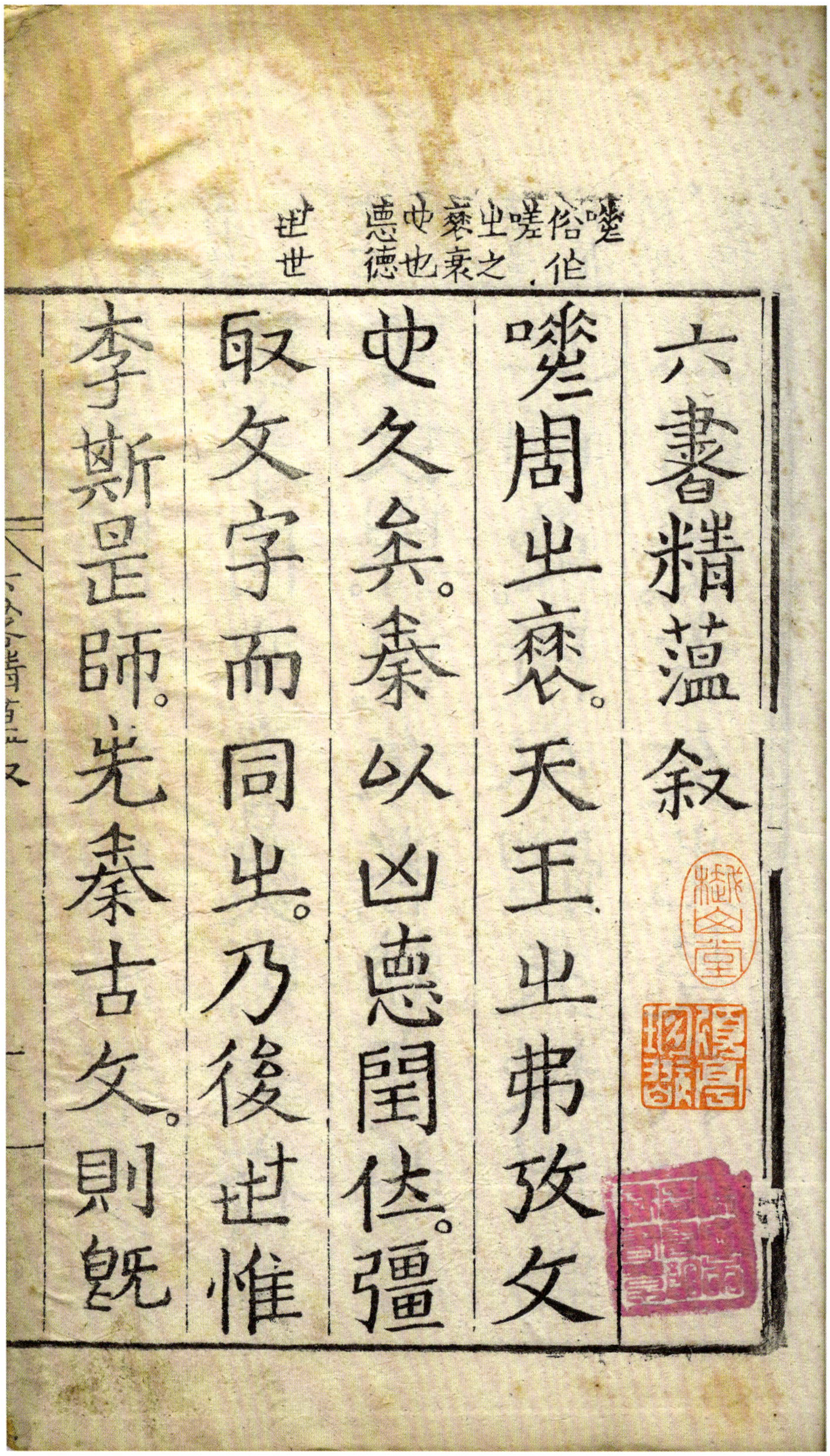

六書精蘊敘

嗟周㞢衰。天王㞢弗孜文也久矣。秦以凶悳閏位。彊取文字而同㞢。乃後世惟李斯是師。先秦古文。則既

六書精蘊六卷　（明）魏校撰　音釋舉要一卷　（明）徐官撰　明嘉靖十九年魏希明刻本　入選《河北省名錄》0023號

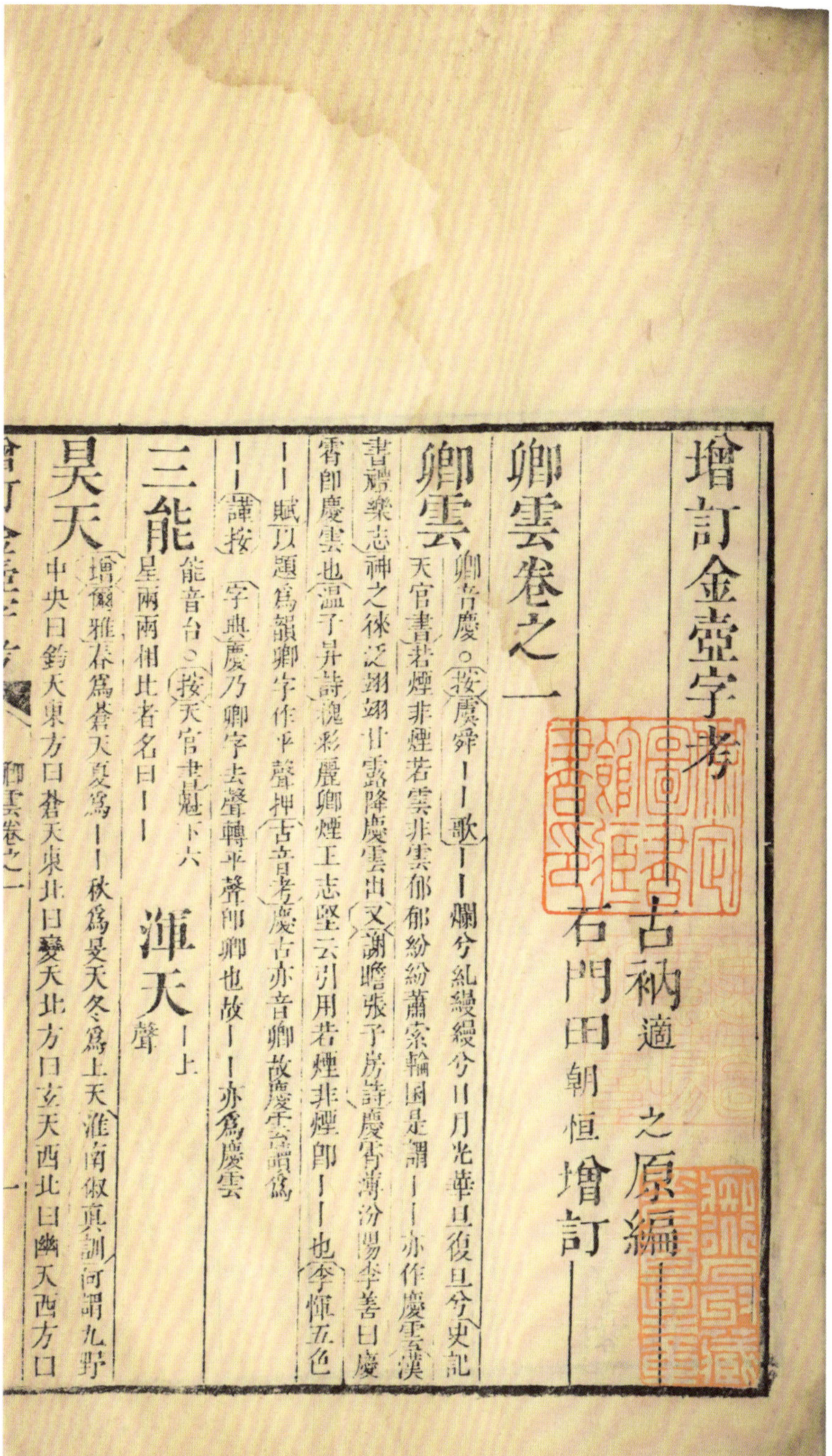
增訂金壺字考

古衲適之原編

石門田朝恒增訂

卿雲卷之一

卿雲 卿音慶。〔按〕慶舜||歌||爛兮糺縵縵兮日月光華旦復旦兮〔史記〕天官書若煙非煙若雲非雲郁郁紛紛蕭索輪囷是謂||亦作慶雲〔漢書禮樂志〕神之徠泛翊翊甘露降慶雲出〔又〕謝瞻張子房詩慶霄薄汾陽李善曰慶霄即慶雲也〔溫子昇詩〕魄彩麗卿煙王志堅云引用若煙非煙即||也〔李惲五色||賦〕以題爲韻卿字作平聲押〔古音考〕慶古亦音卿故慶雲亦謂爲||〔謹按〕〔字典〕慶乃卿字去聲轉平聲即卿也故||亦爲慶雲

三能 能音台。〔按〕天官書魁下六星兩兩相比者名曰||

渾天 ||上聲

昊天 〔增〕〔爾雅〕春爲蒼天夏爲||秋爲旻天冬爲上天〔淮南〕淑真訓何謂九野中央曰鈞天東方曰蒼天東北曰變天北方曰玄天西北曰幽天西方曰

增訂金壺字考　卿雲卷之一　一

增訂金壺字考十九卷　（宋）釋適之撰　（清）田朝恒增訂　金壺字考二集二十一卷補錄一卷補註一卷　（清）田朝恒續編　清乾隆二十七年貽安堂刻本

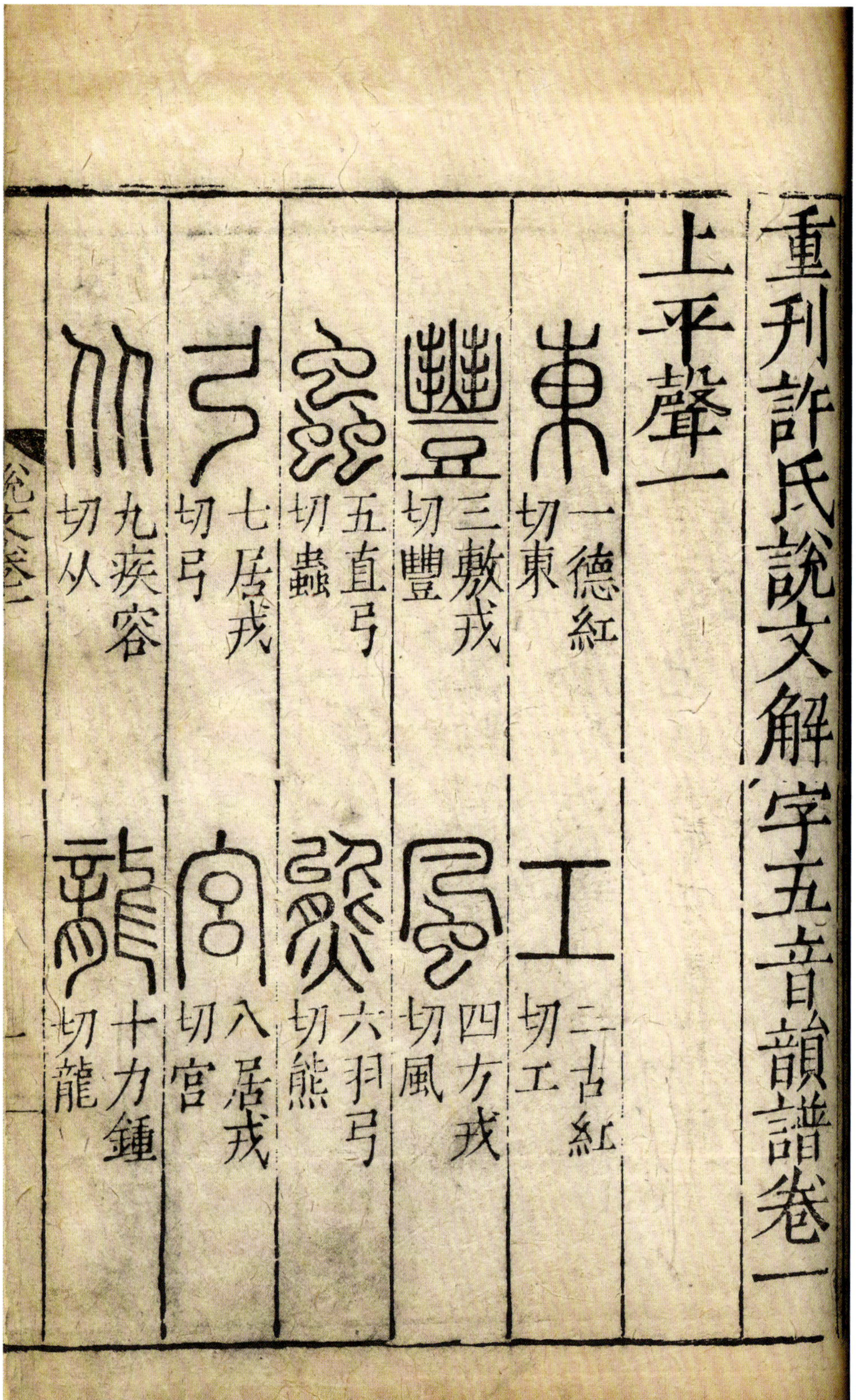

重刊許氏說文解字五音韻譜卷一

上平聲一

東 一德紅切東

工 二古紅切工

豐 三敷戎切豐

風 四方戎切風

蟲 五直弓切蟲

熊 六羽弓切熊

弓 七居戎切弓

宮 入居戎切宮

从 九疾容切从

龍 十力鍾切龍

說文卷一 一

重刊許氏說文解字五音韻譜十二卷　（宋）李燾撰　明天啟七年世裕堂刻本　入選《河北省名錄》0021號

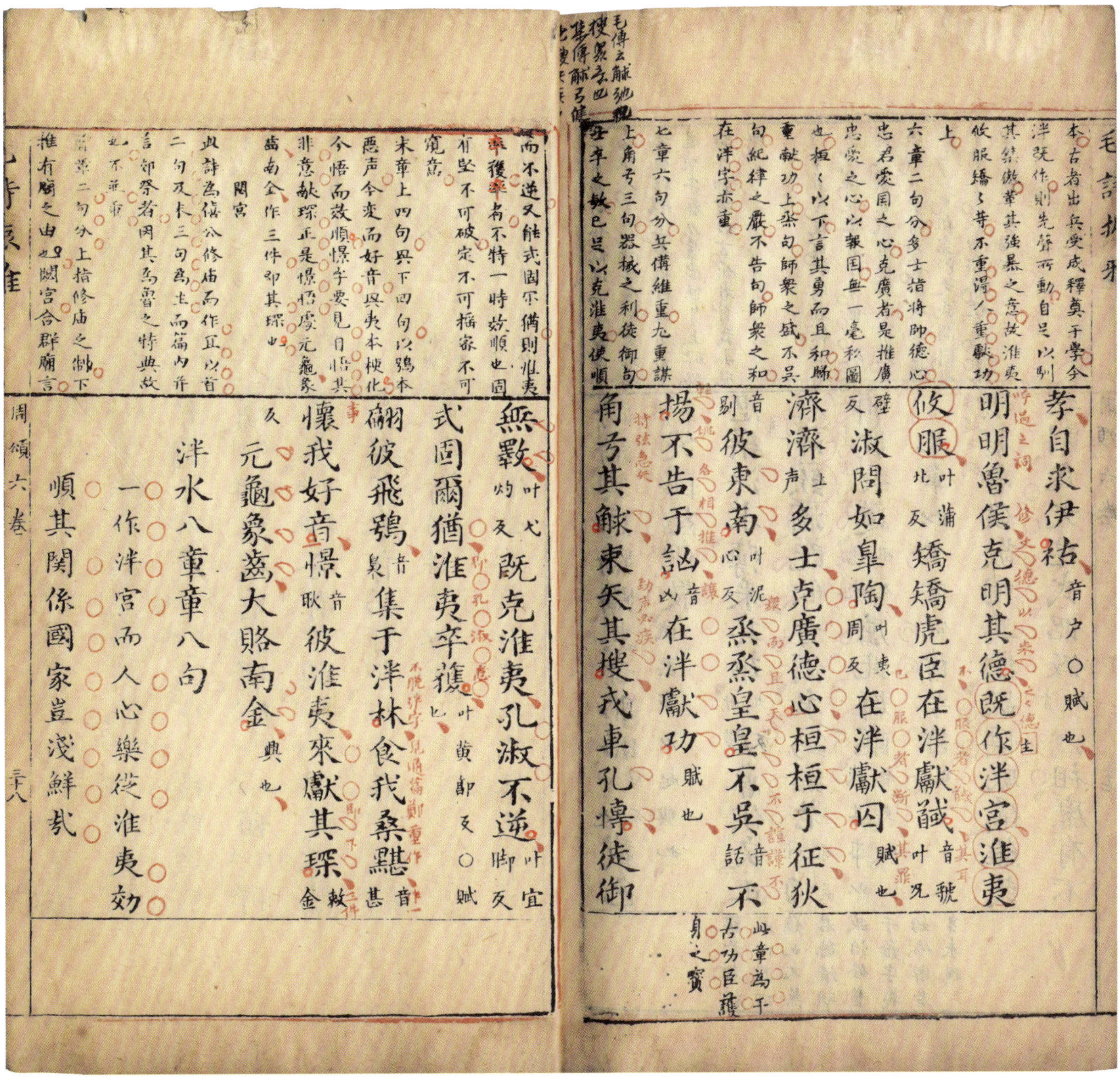
毛詩振雅

孝自求伊祜 音户 ○ 賦也
明明魯侯克明其德既作泮宮淮夷
攸服 叶蒲北反 矯矯虎臣在泮獻馘 音虢
淑問如皐陶 叶夷周反 在泮獻囚 賦也
濟濟 上声 多士克廣德心桓桓于征狄
彼東南 叶泥心反 烝烝皇皇不吳 音話 不
揚不告于訩 音凶 在泮獻功 賦也
角弓其觩束矢其搜戎車孔博徒御

無斁 叶弋灼反 既克淮夷孔淑不逆 叶宜脚反
式固爾猶淮夷卒獲 叶黄郭反 ○ 賦
翩彼飛鴞 音梟 集于泮林食我桑黮 音甚
懷我好音憬 音耿 彼淮夷來獻其琛 叶丑金反
元龜象齒大賂南金 賦也
泮水八章章八句
一作泮宮而人心樂從淮夷効
順其閟係國家豈淺鮮哉

周頌六卷 三十八

廣金石韻府五卷　（清）林尚葵撰　清康熙九年周亮工賴古堂刻朱墨套印本

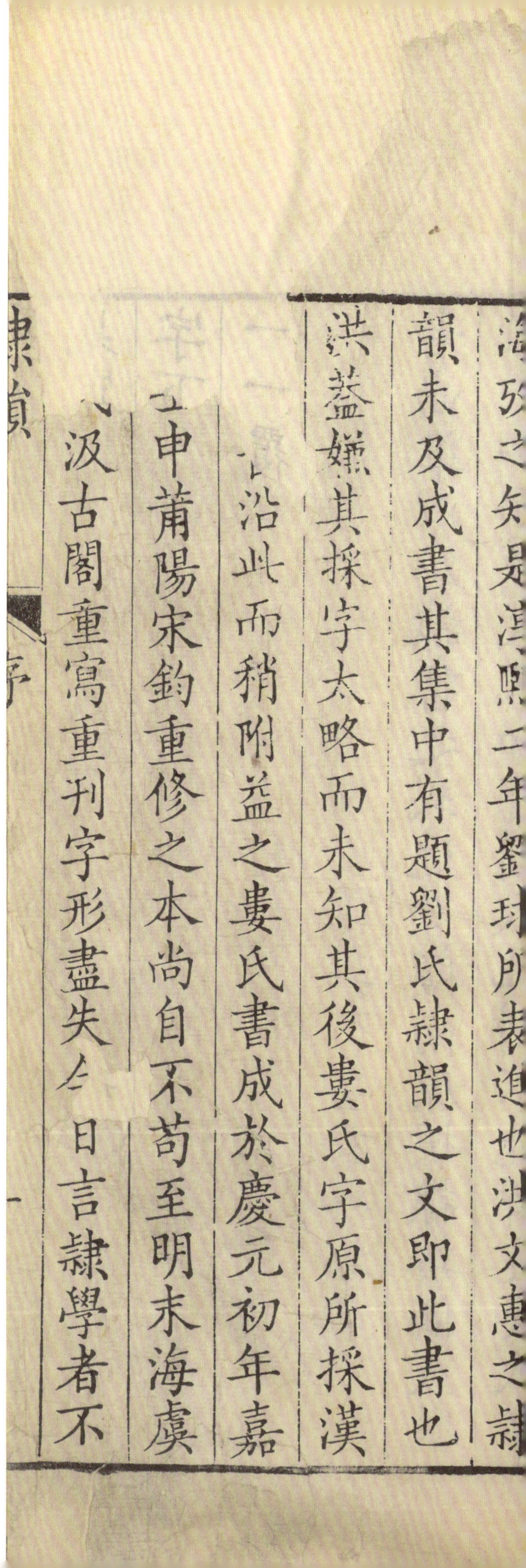
海弦之矣是淳熙二年劉球所表進也洪文惠之隸
韻未及成書其集中有題劉氏隸韻之文即此書也
洪蓋嫌其採字太略而未知其後婁氏字原所採漢
亦沿此而稍附益之婁氏書成於慶元初年嘉
壬申莆陽宋鈞重修之本尚自不苟至明末海虞
氏汲古閣重寫重刊字形盡失今日言隸學者不
隸韻　序　一

隸韻十卷考證二卷碑目一卷　（宋）劉球撰　清嘉慶十五年秦恩復刻本

宋石刻本

隸韻

劉球纂

碑目一卷攷證一卷附

重刻淳熙隸韻序

一字之次序依正韻一字致二三音至五大
有書爲不贅

六書通　上平聲　第一

海鹽畢弘述既明篆訂　苕溪閔章含貞、程昌煒赤文同校

一東

【東】東 建首動也从木官溥說从日在木中得紅切 東 古文 東 古孝經 東 穆公鼎

東 印藪龐東 太守章 東 東方賢 東 東里忠 東 東季 東 朱脩能印書 【附】

涷 說文水出發鳩山入於河德紅切 棟 極也多貢切 棟 闕○六書統云周市也作曹切○閔氏詮 【通】

次曰案說文之無變者三千餘字今各以類附於得

變者於以通其變焉他書不與也以後免說文二字

【冬】冬 說文四時盡也都宗切 冬 古文 冬 石經 冬 碧落碑 冬 存乂

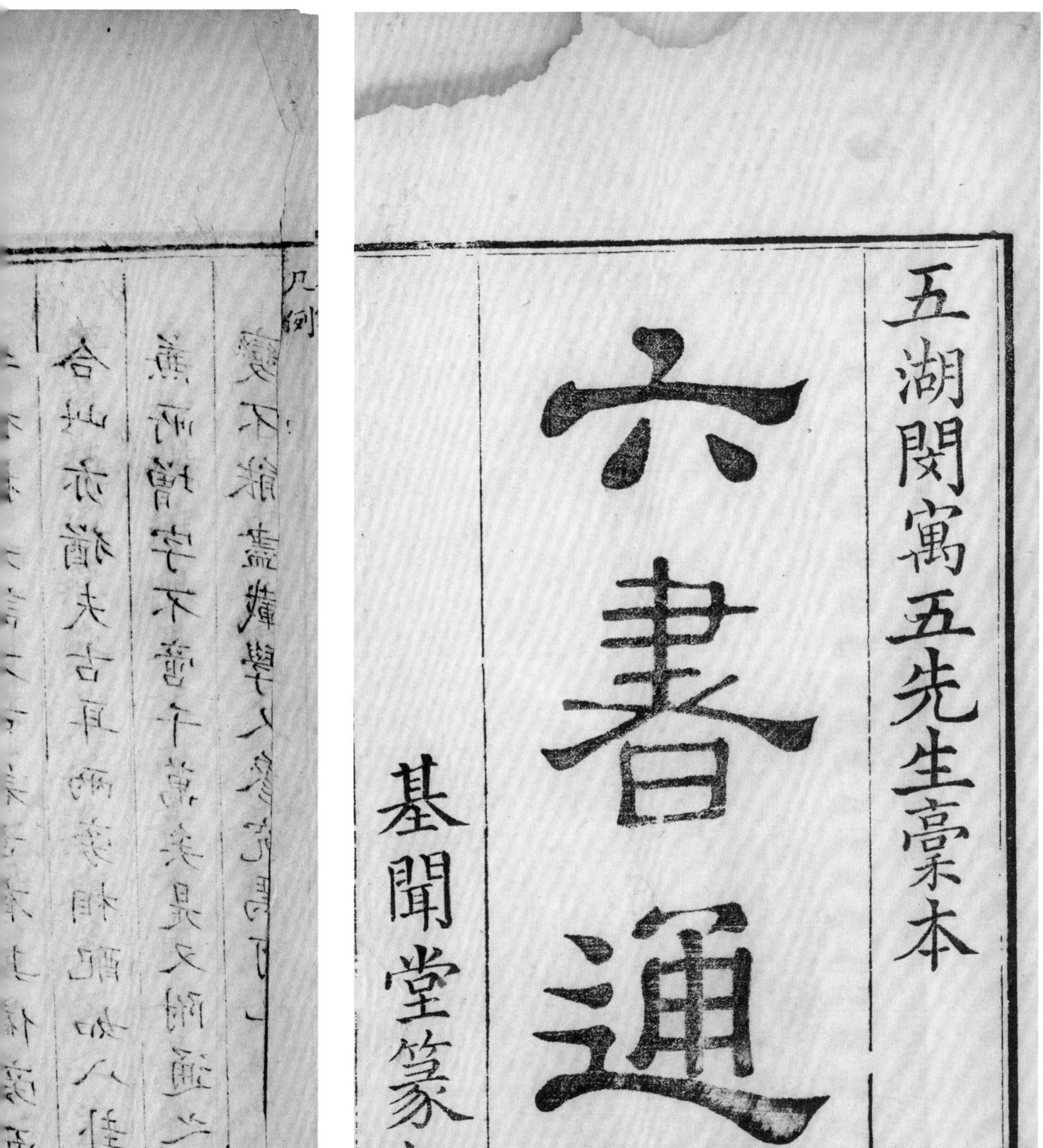

五湖閔寓五先生稾本

六書通

基聞堂篆訂

六書通十卷　（清）閔齊伋撰　清康熙五十九年基聞堂刻本

墜者殊重之力也第謂字當止
於説文之文而餘皆棄而不録
則非蒼史之意矣亦非天地鬼
神之意矣昔蒼史氏創爲五百
四十字天雨粟而鬼夜哭何爲

六書通十卷　（清）閔齊伋撰

清乾隆六十年刻本

六書通

蘇州文華堂藏板

六書通者何通六書之變也孰
通之通說文解字之孰也孰重

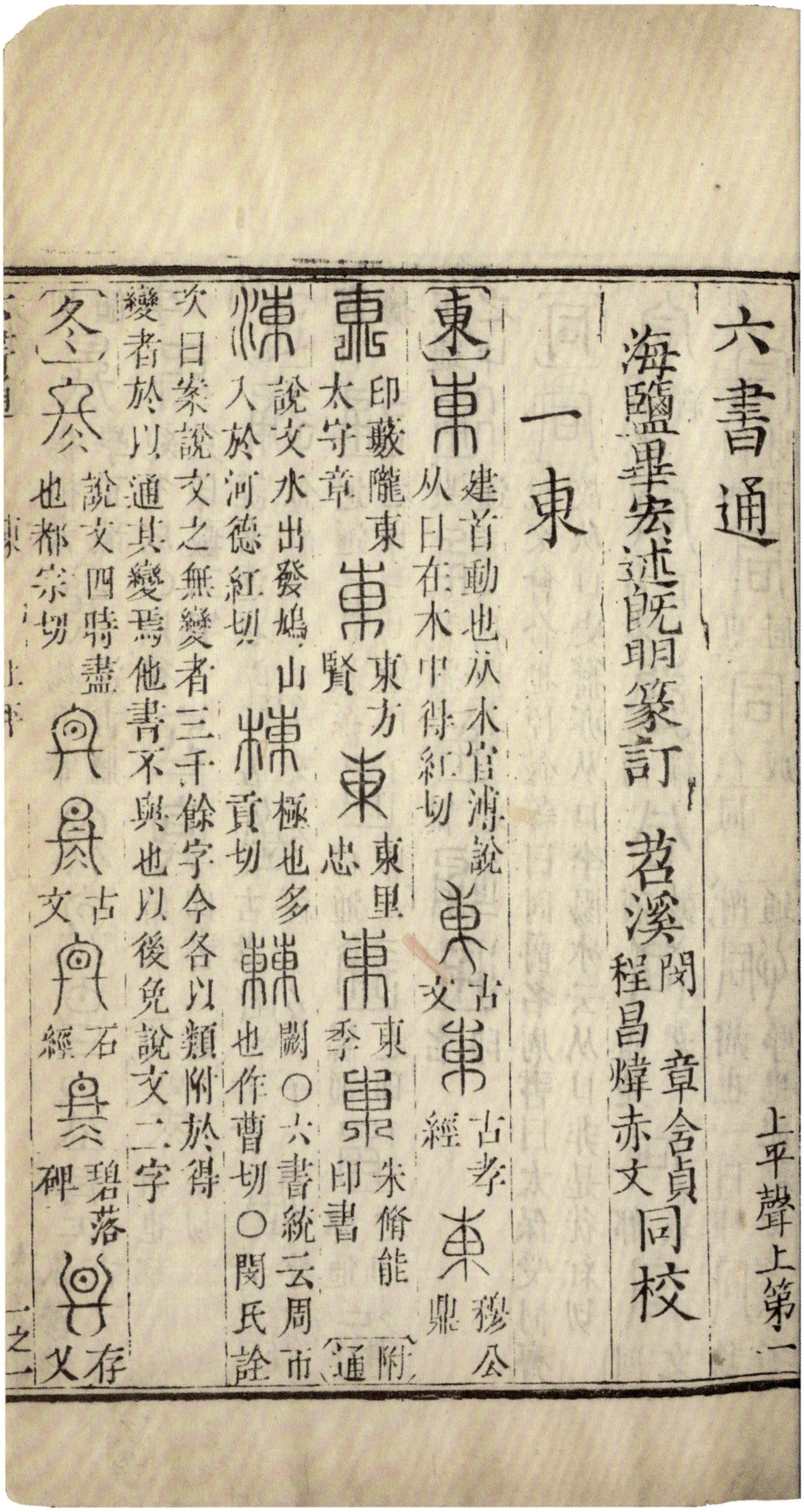

六書通　上平聲上第一

海鹽畢宏述旣明篆訂　苕溪閔章含貞　程昌煒赤文　同校

一東

東　建首動也从木官溥說从日在木中得紅切　古文　古經　古孝　穆公鼎

印藪　隴東　東方　東里　東　朱脩能　附

太守章　賢　忠　季　印書　通

凍　說文水出發鳩山入於河德紅切　棟　極也多貢切　蝀　螮蝀也　○六書統云周市　○閔氏詮

次日篆說文之無變者三千餘字今各以類附於得

變者於以通其變焉他書不與也以後免說文二字

冬　說文四時盡也都宗切　古文　石經　碑　碧落　存乂

六書通　一東　上平　一之一

六書通十卷　（清）閔齊伋撰　清乾隆六十年刻本

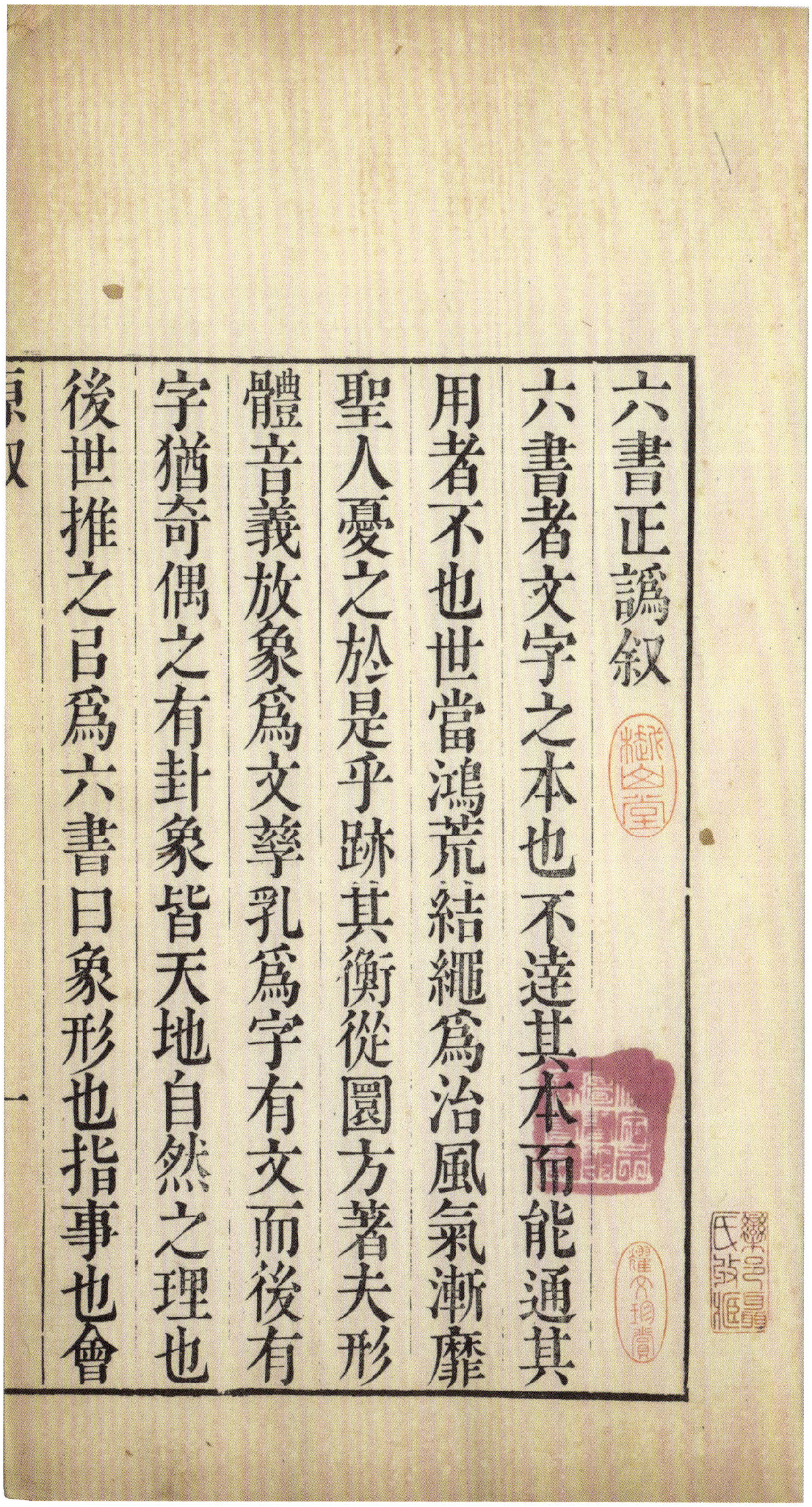
六書正譌叙

六書者文字之本也不達其本而能通其用者不也世世當鴻荒結繩爲治風氣漸靡聖人憂之於是乎跡其衡從圜方著夫形體音義放象爲文孳乳爲字有文而後有字猶奇偶之有卦象皆天地自然之理也後世推之㠯爲六書曰象形也指事也會

叙　一

六書正譌五卷　（元）周伯琦撰　（明）胡正言訂　明十竹齋刻本

律韻分部

平聲上平下平各十五部	上聲二十九部	去聲三十部	入聲十七部
一東獨用	一董獨用	一送獨用	一屋獨用
二冬鍾同用	二腫獨用	二宋用同用	二沃燭同用
三江獨用	三講獨用	三絳獨用	三覺獨用
四支脂之同用	四紙旨止同用	四寘至志同用	無入
五微獨用	五尾獨用	五未獨用	無入
六魚獨用	六語獨用	六御獨用	無入

韻學五卷　（清）王植撰　清雍正八年刻本

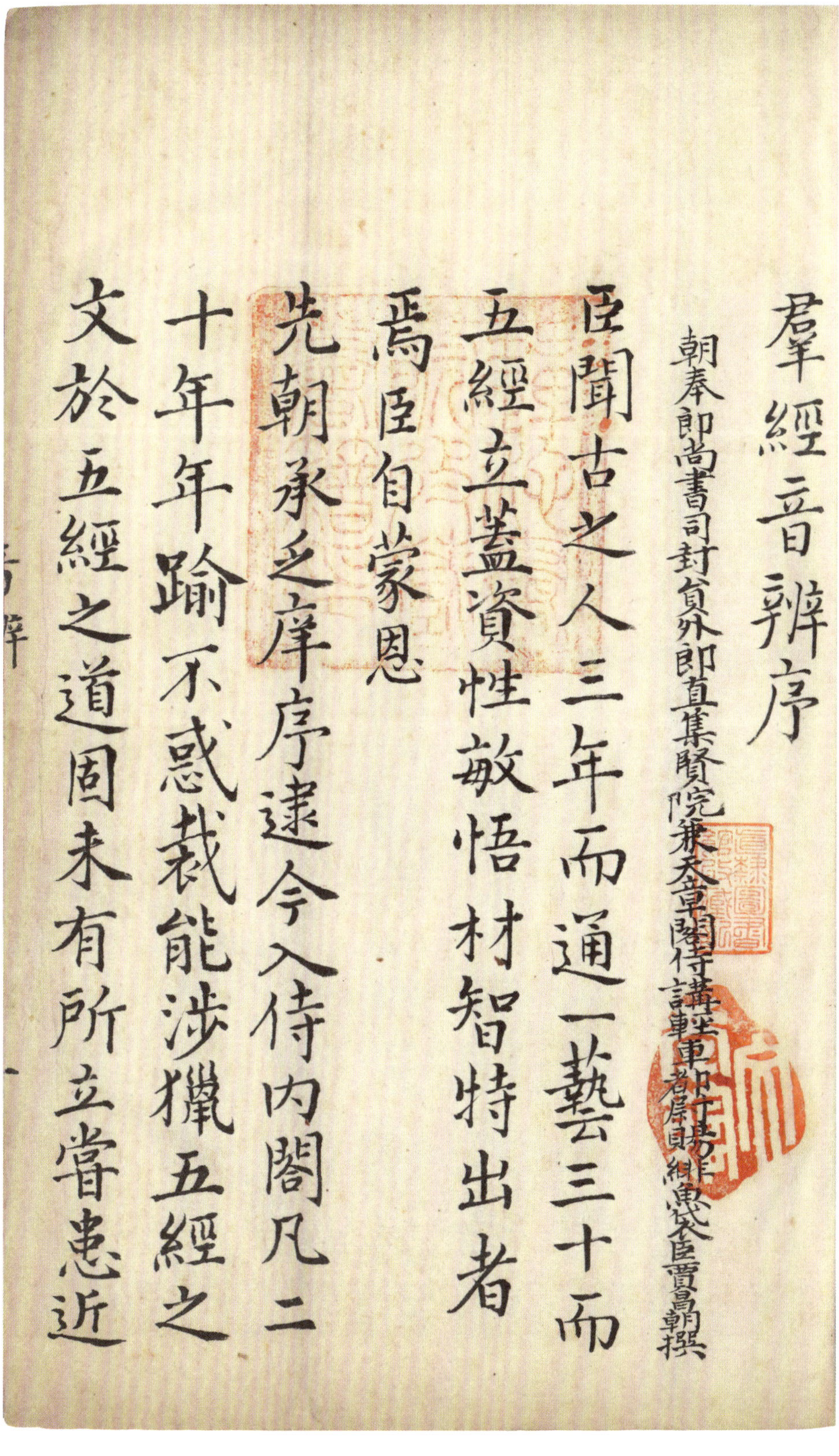

羣經音辨序

朝奉郎尚書司封員外郎直集賢院兼天章閣侍講輕車都尉賜緋魚袋臣賈昌朝撰

臣聞古之人三年而通一藝三十而五經立蓋資性敏悟材智特出者焉臣自蒙恩

先朝承乏之庠序逮今入侍內閣凡二十年年踰不惑裁能涉獵五經之文於五經之道固未有所立嘗患近

羣經音辨七卷　（宋）賈昌朝撰　清抄本

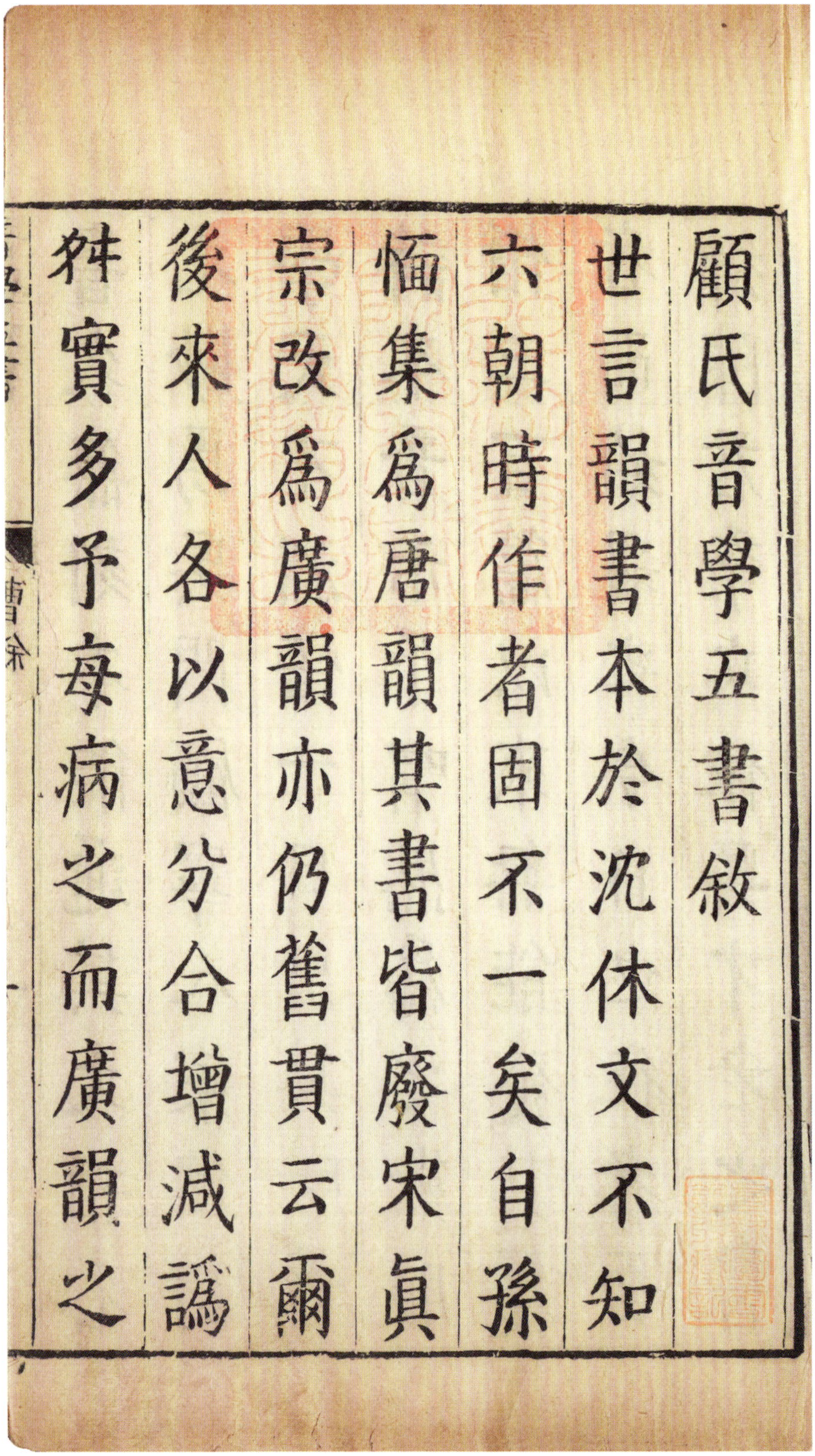

顧氏音學五書敘

世言韻書本於沈休文不知六朝時作者固不一矣自孫愐集爲唐韻其書皆廢宋眞宗改爲廣韻亦仍舊貫云爾後來人各以意分合增減譌舛實多予每病之而廣韻之

音學五書三十八卷附答李子德書一卷　（清）顧炎武撰　清康熙六年張弨符山堂刻本

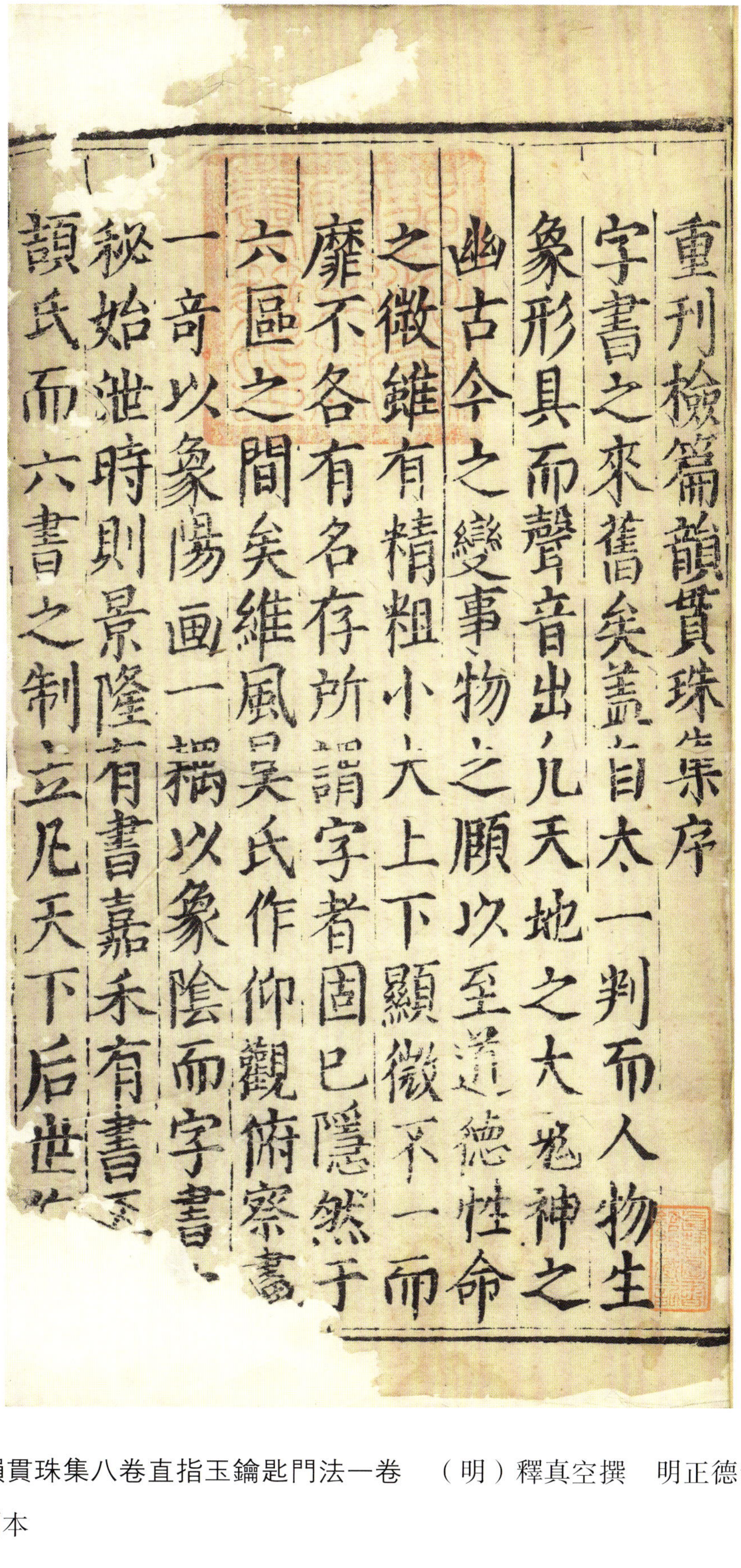
重刊檢篇韻貫珠集序
字書之來舊矣蓋自太一判而人物生
象形具而聲音出凡天地之大鬼神之
幽古今之變事物之賾以至道德性命
之微雖有精粗小大上下顯微不一而
靡不各有名存所謂字者固已隱然于
六區之間矣維風昊氏作仰觀俯察畫
一奇以象陽畫一耦以象陰而字書之
秘始泄時則景隆有書嘉禾有書至
頡氏而六書之制立凡天下后世之

新編篇韻貫珠集八卷直指玉鑰匙門法一卷　（明）釋真空撰　明正德十一年金臺衍法寺釋覺恒刻本

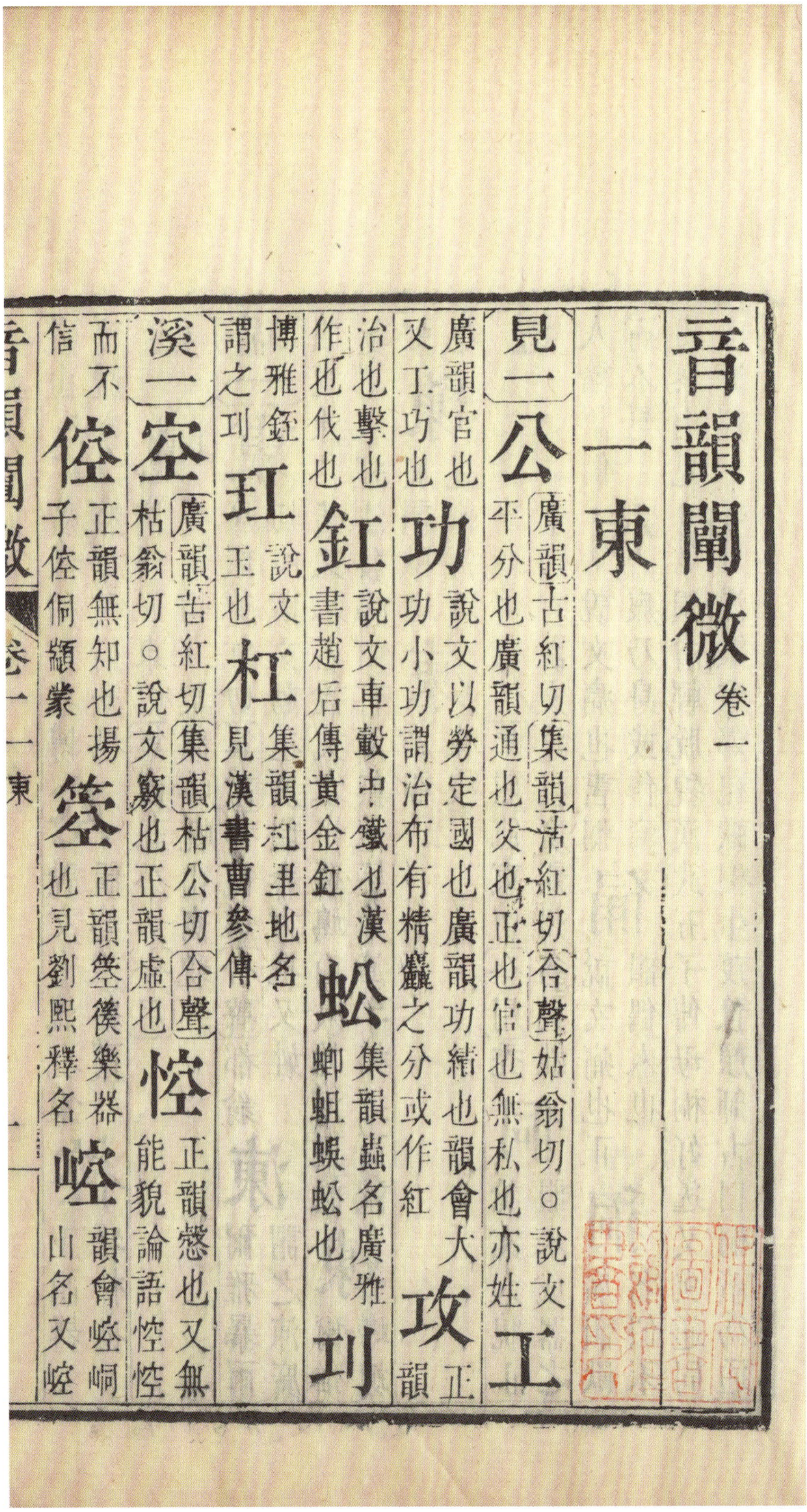

音韻闡微 卷一

一東

見一 **公** 廣韻古紅切集韻沽紅切合聲姑翁切。說文平分也廣韻通也父也正也官也無私也亦姓 **工** 廣韻官也又工巧也 **功** 說文以勞定國也廣韻功績也韻會大功小功謂治布有精麤之分或作紅 **攻** 正韻治也擊也作攻伐也 **釭** 說文車轂中鐵也漢書趙后傳黃金釭 **蚣** 集韻蟲名廣雅蝍蛆蜈蚣也 **[工刂]** 博雅釭謂之[工刂] **玒** 說文玉也 **杠** 集韻杠里地名見漢書曹參傳

溪一 **空** 廣韻苦紅切集韻枯公切合聲枯翁切。說文竅也正韻虛也 **悾** 正韻慤也又無能貌論語悾悾而不信 **倥** 正韻無知也揚子倥侗顓蒙 **箜** 正韻箜篌樂器也見劉熙釋名 **崆** 韻會崆峒山名又崆

音韻闡微十八卷　（清）李光地等撰　清雍正六年內府刻本

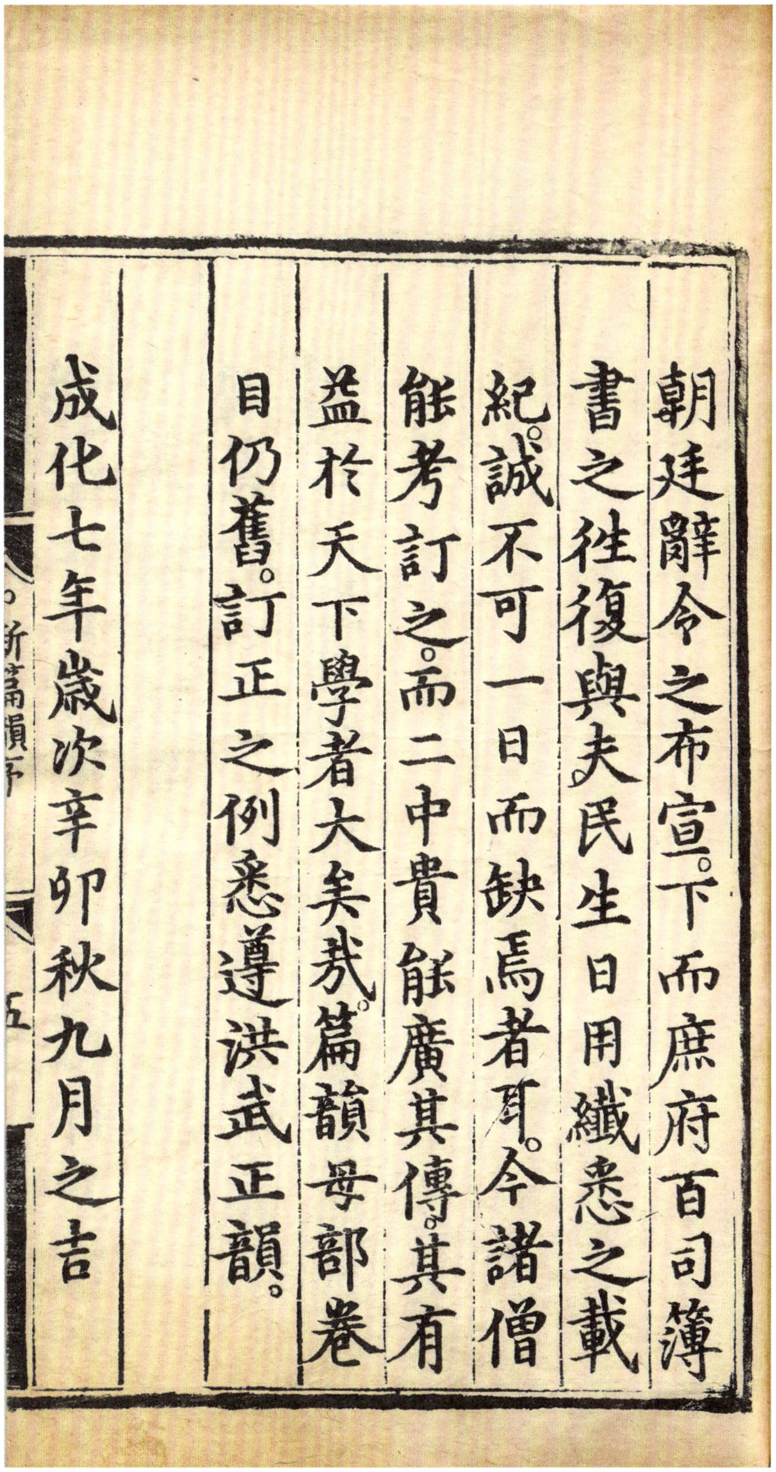
朝廷辭令之布宣。下而庶府百司簿
書之往復與夫民生日用纖悉之載
紀。誠不可一日而缺焉者耳。今諸僧
能考訂之。而二中貴能廣其傳。其有
益於天下學者大矣哉。篇韻毋部卷
目仍舊。訂正之例悉遵洪武正韻。

成化七年歲次辛卯秋九月之吉

新篇韻序　五

大明成化丁亥重刊改併五音類聚四聲篇十五卷　（金）韓道昭改併重編　新編經史正音切韻指南一卷　（元）劉鑑撰　新增篇韻拾遺併藏經字義附等韻指掌圖一卷　明弘治九年金臺釋子思宜重刻本　入選《河北省名錄》0027號

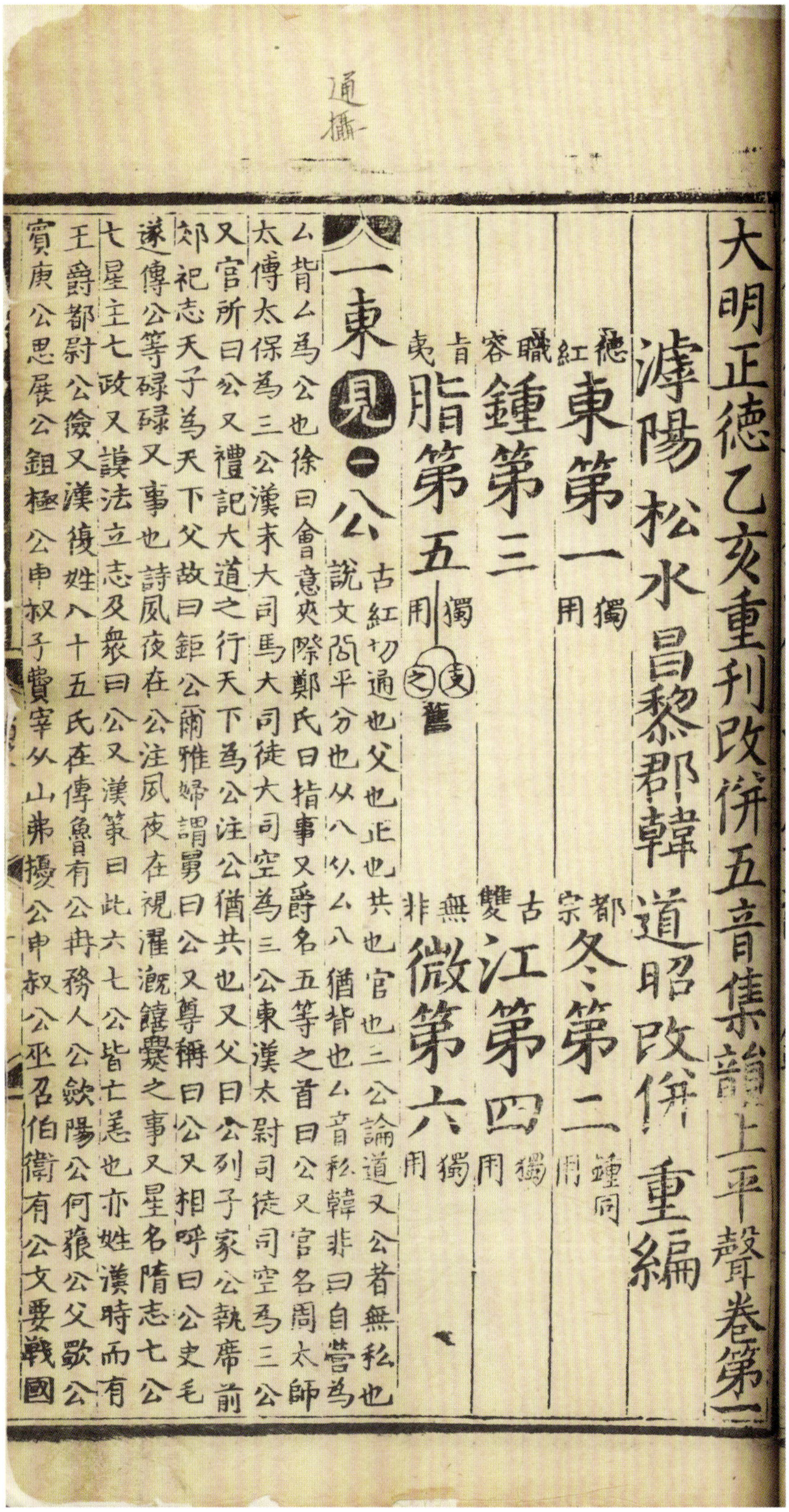

通攝一

大明正德乙亥重刊改併五音集韻上平聲卷第一

滹陽松水昌黎郡韓道昭改併重編

德紅 東第一 獨用　　都宗 冬第二 鍾同用

職容 鍾第三　　古雙 江第四 獨用

旨夷 脂第五 獨用 支之 舊　　無非 微第六 獨用

一東 見 一 公 古紅切通也父也正也共也官也三公論道又公者無私也厶背厶為公也徐曰會意兆際鄭氏曰指事又爵名五等之首曰公又官名周太師太傅太保為三公漢末大司馬大司徒大司空為三公東漢太尉司徒司空為三公又官所曰公又禮記大道之行天下為公注公猶共也又父曰公列子家公執席前鄭祀志天子為天下父故曰鉅公爾雅婦謂舅曰公又尊稱曰公又相呼曰公史毛遂傳公等碌碌又事也詩夙夜在公注夙夜在視濯溉饎爨之事又星名隋志七公七星主七政又讙法立志及衆曰公又漢箕曰此六七公皆亡恙也亦姓漢時有王爵都尉公儉又漢複姓八十五氏左傳魯有公冉務人公歛陽公何藐公父歜公賓庚公思展公鉏極公申叔子賈宰从山弗擾公申叔公巫召伯衛有公文要戰國

大明正德乙亥重刊改併五音集韻十五卷　（金）韓道昭改併重編　明正德十一年刻本　入選《河北省名錄》0188號

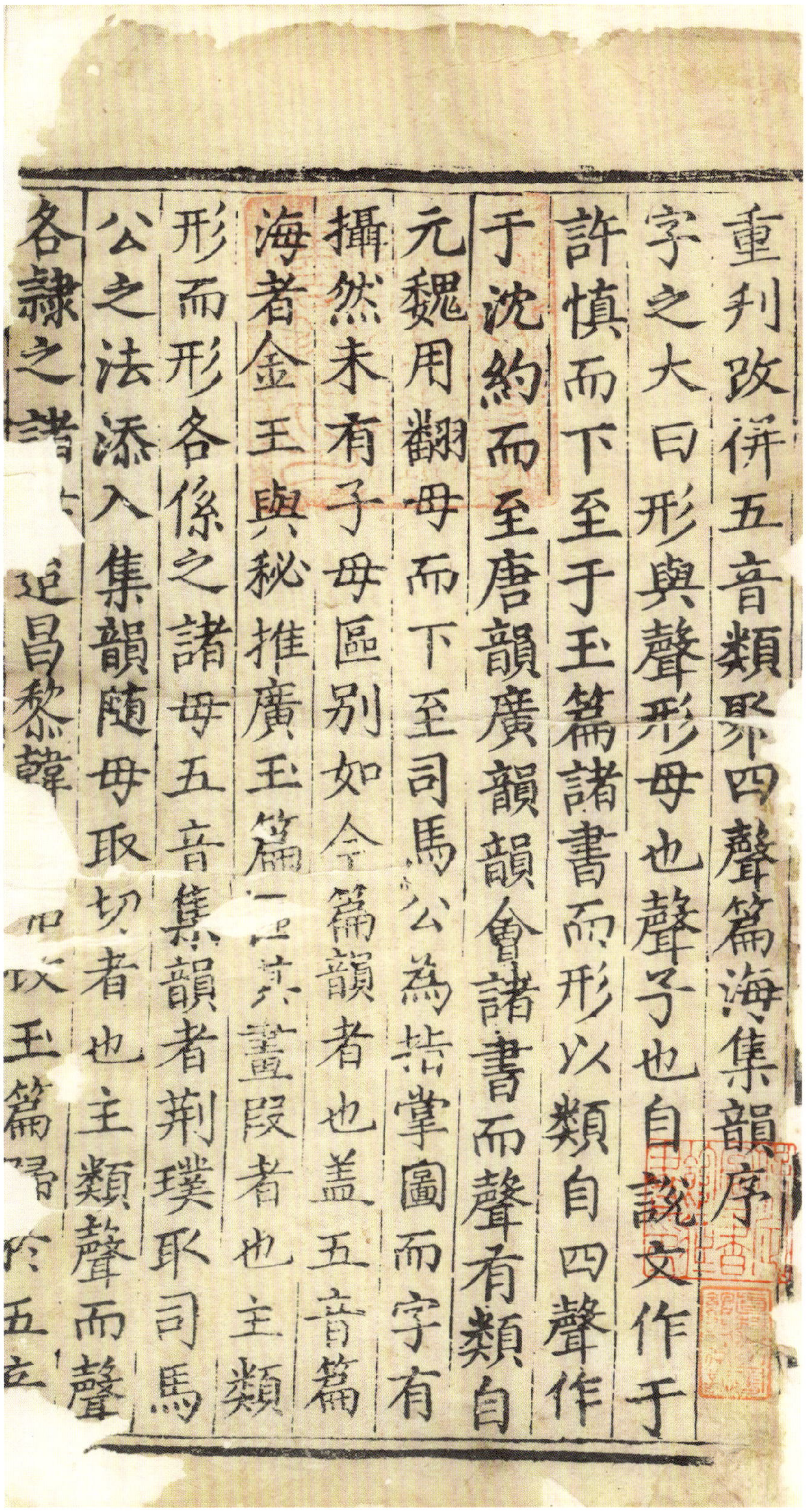
重刊改併五音類聚四聲篇海集韻序
字之大曰形與聲形母也聲子也自說文作于
許慎而下至于玉篇諸書而形以類自四聲作
于沈約而至唐韻廣韻韻會諸書而聲有類自
元魏用翻母而下至司馬公為指掌圖而字有
攝然未有子母區別如今篇韻者也盖五音篇
海者金王與秘推廣玉篇[illegible]畫段者也主類
形而形各係之諸母五音集韻者荆璞取司馬
公之法添入集韻隨母取切者也主類聲而聲
各隸之諸[illegible]迨昌黎韓[illegible]以玉篇[illegible]於五音

大明正德乙亥重刊改併五音類聚四聲篇十五卷　（金）韓道昭改併重編　明正德十五年金臺衍法寺釋覺恒募刻本　入選《河北省名錄》0190號

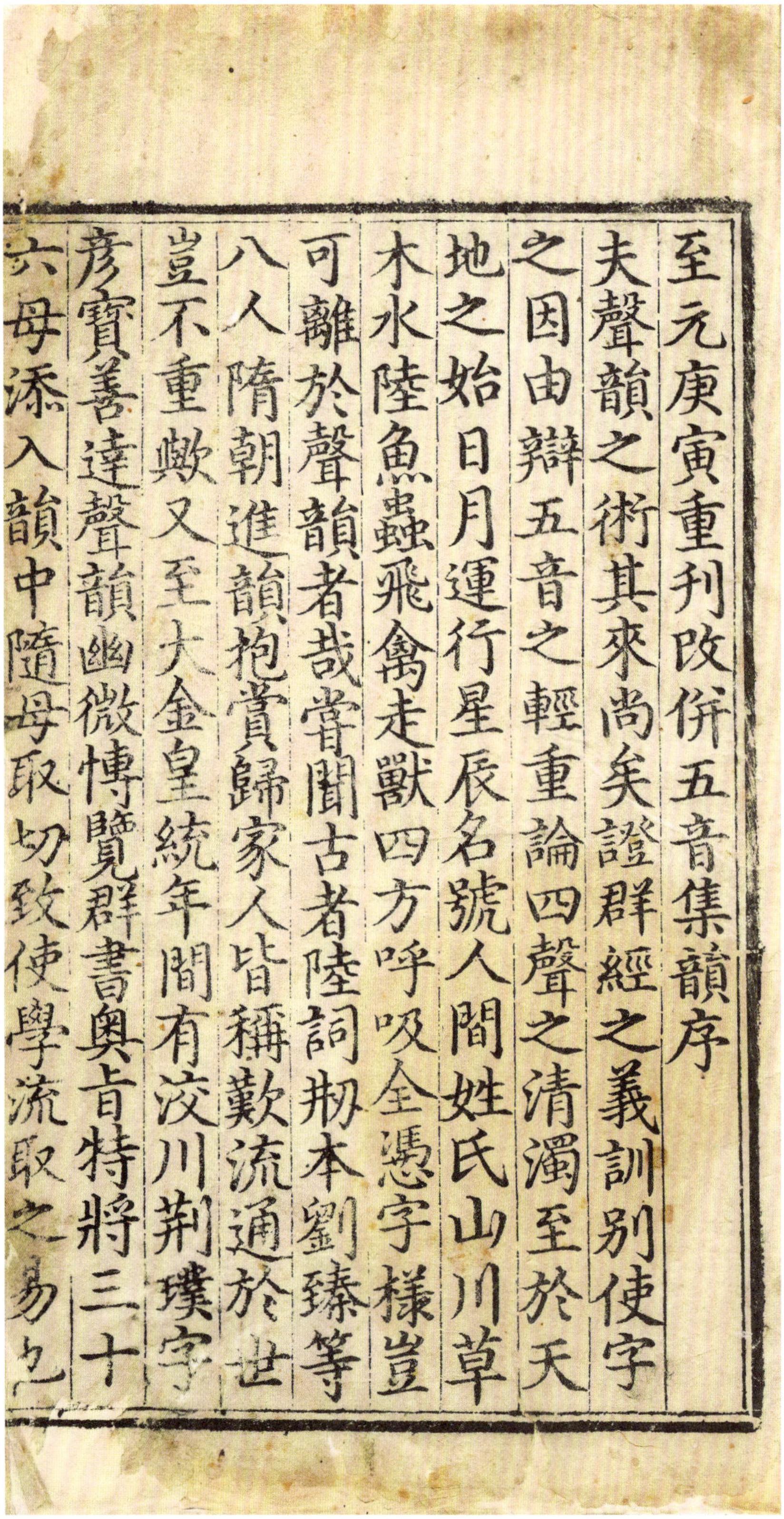

至元庚寅重刊改併五音集韻序
夫聲韻之術其來尚矣證群經之義訓別使字之因由辯五音之輕重論四聲之清濁至於天地之始日月運行星辰名號人間姓氏山川草木水陸魚蟲飛禽走獸四方呼吸全憑字樣豈可離於聲韻者哉嘗聞古者陸詞挒本劉臻等八人隋朝進韻抱賞歸家人皆稱歎流通於世豈不重歟又至大金皇統年間有洨川荊璞字彥寶善達聲韻幽微博覽群書奧旨特將三十六母添入韻中隨母取切致使學流取之易也

大明成化庚寅重刊改併五音集韻十五卷　（金）韓道昭改併重編　明成化刻本　入選《河北省名錄》0028號

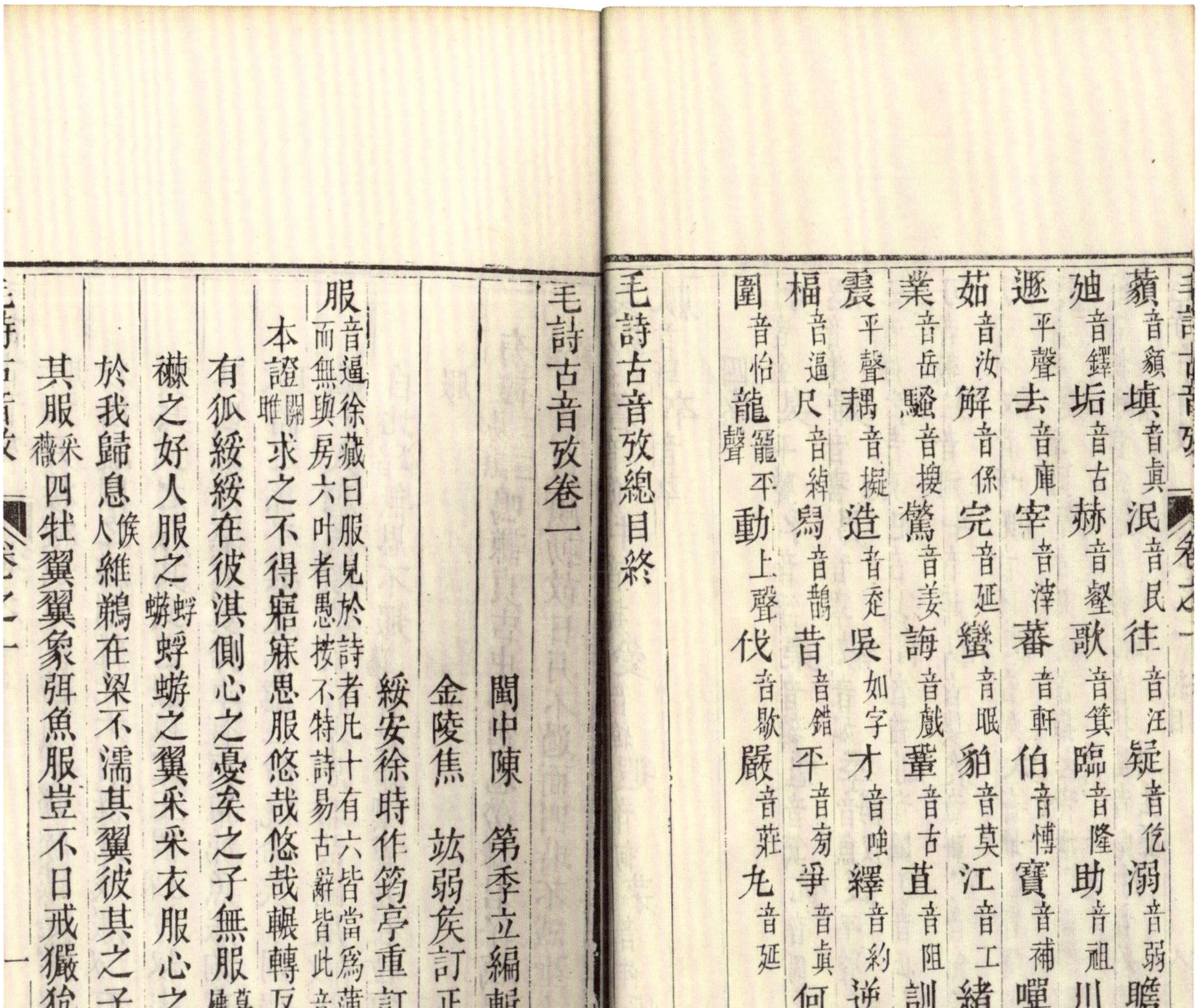

毛詩古音攷　卷之一

蘋音頻　填音眞　泯音民　往音汪　疑音仡　溺音弱　瞻音章
灺音鐸　垢音古　赫音壑　歌音箕　臨音隆　助音祖　川音春
遯平聲　去音庫　宰音滓　華音軒　伯音博　寶音補　嘽音顛
茹音汝　解音係　完音延　巒音眠　貊音莫　江音工　緒音渚
業音岳　騷音搜　驚音姜　誨音戲　蕈音古　苴音阻　訓音馴
震平聲　耦音擬　造音趍　吳如字　才音喚　繹音約　逆音愽
福音逼　尺音綽　舄音鵲　昔音錯　平音旁　爭音眞　何如字
圍音怡　龍寵平聲　動上聲　伐音歇　嚴音莊　允音延

毛詩古音攷總目終

毛詩古音攷卷一

閩中陳　第季立編輯

金陵焦　竑弱矦訂正

綏安徐時作筠亭重訂

服音逼徐藏曰服見於詩者凡十有六皆當爲蒲北切而無與房六叶者愚按不特詩易古辭皆此音

本證 關雎 求之不得寤寐思服悠哉悠哉輾轉反側 有狐 有狐綏綏在彼淇側心之憂矣之子無服 葛屨 要之襋之好人服之 蜉蝣 蜉蝣之翼采采衣服心之憂矣於我歸息 候人 維鵜在梁不濡其翼彼其之子不稱其服 采薇 四牡翼翼象弭魚服豈不日戒玁狁孔棘

毛詩古音攷　卷之一　一

毛詩古音攷四卷附讀詩拙言一卷屈宋古音義三卷　（明）陳第撰　清末武昌張氏校刻本

史　部

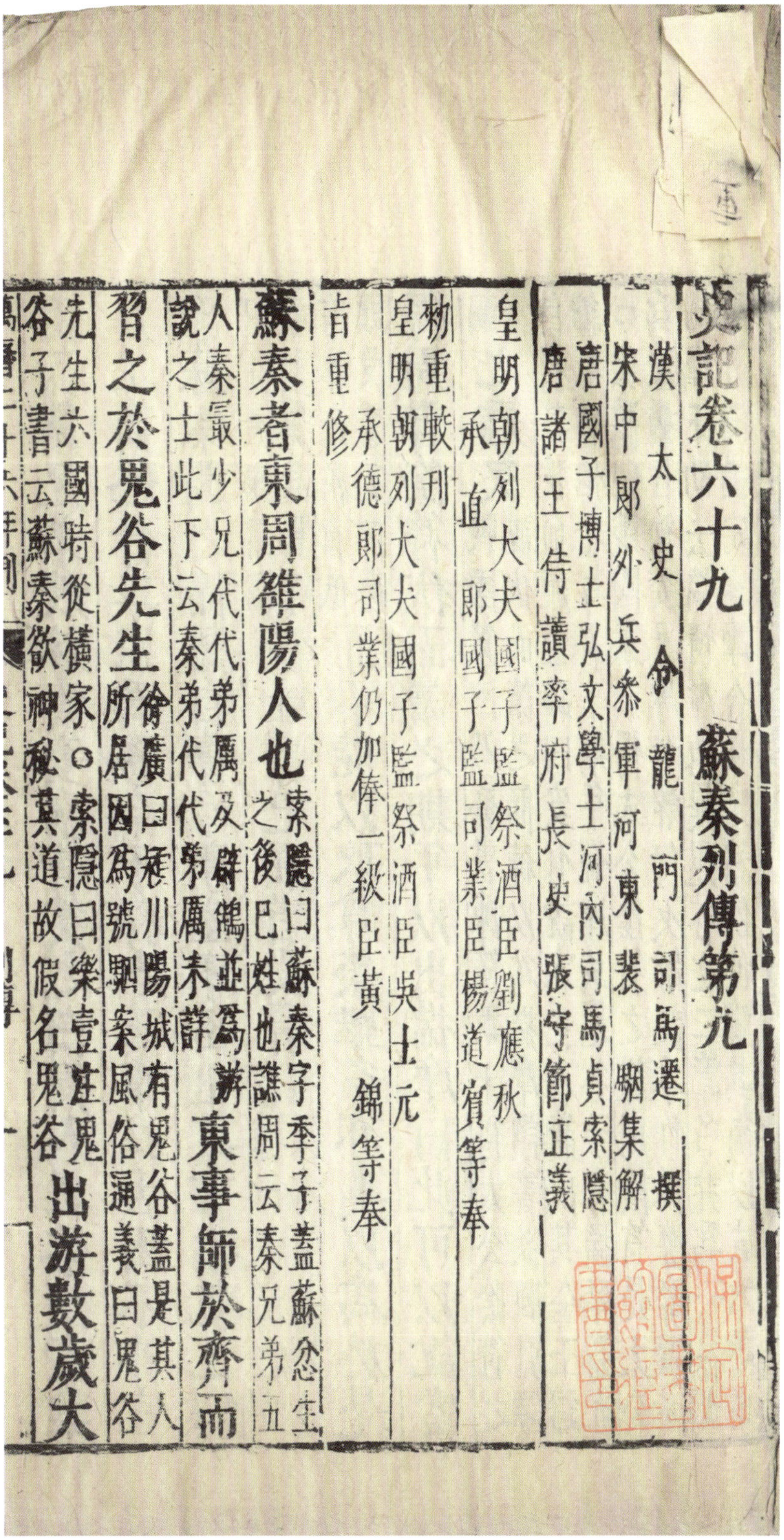

史記卷六十九　蘇秦列傳第九

漢　太　史　令　龍　門　司　馬　遷　撰

宋　中　郎　外　兵　參　軍　河　東　裴　駰　集解

唐　國子博士弘文學士河內司馬貞索隱

唐　諸王侍讀率府長史張守節正義

皇明朝列大夫國子監祭酒臣劉應秋

承直郎國子監司業臣楊道賓等奉

勑重較刊

皇明朝列大夫國子監祭酒臣吳士元

承德郎司業仍加俸一級臣黃　錦等奉

旨重修

蘇秦者東周雒陽人也索隱曰蘇秦字季子蓋蘇忿生之後已姓也譙周云秦兄弟五人秦最少兄代代弟厲及辟鵠並為遊說之士此下云秦弟代代弟厲未詳東事師於齊而習之於鬼谷先生徐廣曰潁川陽城有鬼谷蓋是其人所居因為號駰案風俗通義曰鬼谷先生六國時從橫家○索隱曰樂壹注鬼谷子書云蘇秦欲神秘其道故假名鬼谷出游數歲大

二十一史二千五百五十九卷　明萬曆北京國子監刻本

晉書二十九

志第十九

五行下

傳曰聽之不聰是謂不謀厥咎急厥罰恒寒厥極貧時則有鼓妖時則有魚孽時則有豕禍時則有耳痾時則有黑眚黑祥惟火沴水聽之不聰是謂不謀言上偏聽不聰下情隔塞而謀慮利害失在嚴急故其咎急也盛冬日短寒以殺物政促迫故其罰常寒也寒則不生百穀上下俱貧故其極貧也君嚴猛而閉下臣戰慄而塞耳則妄聞之氣發於音聲故有鼓妖寒氣動故有魚孽而龜能爲孽龜能陸處非極陰也魚去水而死極陰之孽也於易坎爲水爲豕豕大耳而不聰察聽氣毀故有豕禍也一曰寒歲豕多死爲怪亦是也及人則多病耳者故有耳痾水色黑故有黑眚黑

十七史一千五百七十四卷　（明）毛晉編　明崇禎至清顺治間琴川毛氏汲古閣刻本

弘簡錄卷之一

明刑部員外郎仁和邵經邦弘齋學

皇清翰林院侍講學士四世孫遠平校閱

天王 唐一之一

高祖皇帝姓李氏諱淵字叔德隴西成紀人七世祖暠當晉末
據秦涼是爲涼武昭王六世祖歆生重耳魏弘農太守是生皇
高祖熙任金門鎮將戍於武川因家焉皇曾祖天賜仕魏贈司
空皇祖虎魏太尉賜姓大野氏與李弼等八人佐周代魏有功
加柱國封唐國公卒謚曰襄皇考昞襲封任隋安州總管柱國
大將軍卒謚曰仁以周天和元年生高祖於長安體有三乳及
長倜儻豁達寬仁容衆襲封唐公母獨孤氏隋文帝后姊特見
親愛復其姓李初補千牛備身累轉譙隴岐三州刺史滎陽樓

弘簡錄二百五十四卷　（明）邵經邦撰　（清）邵遠平校閱　清康熙二十七年刻本

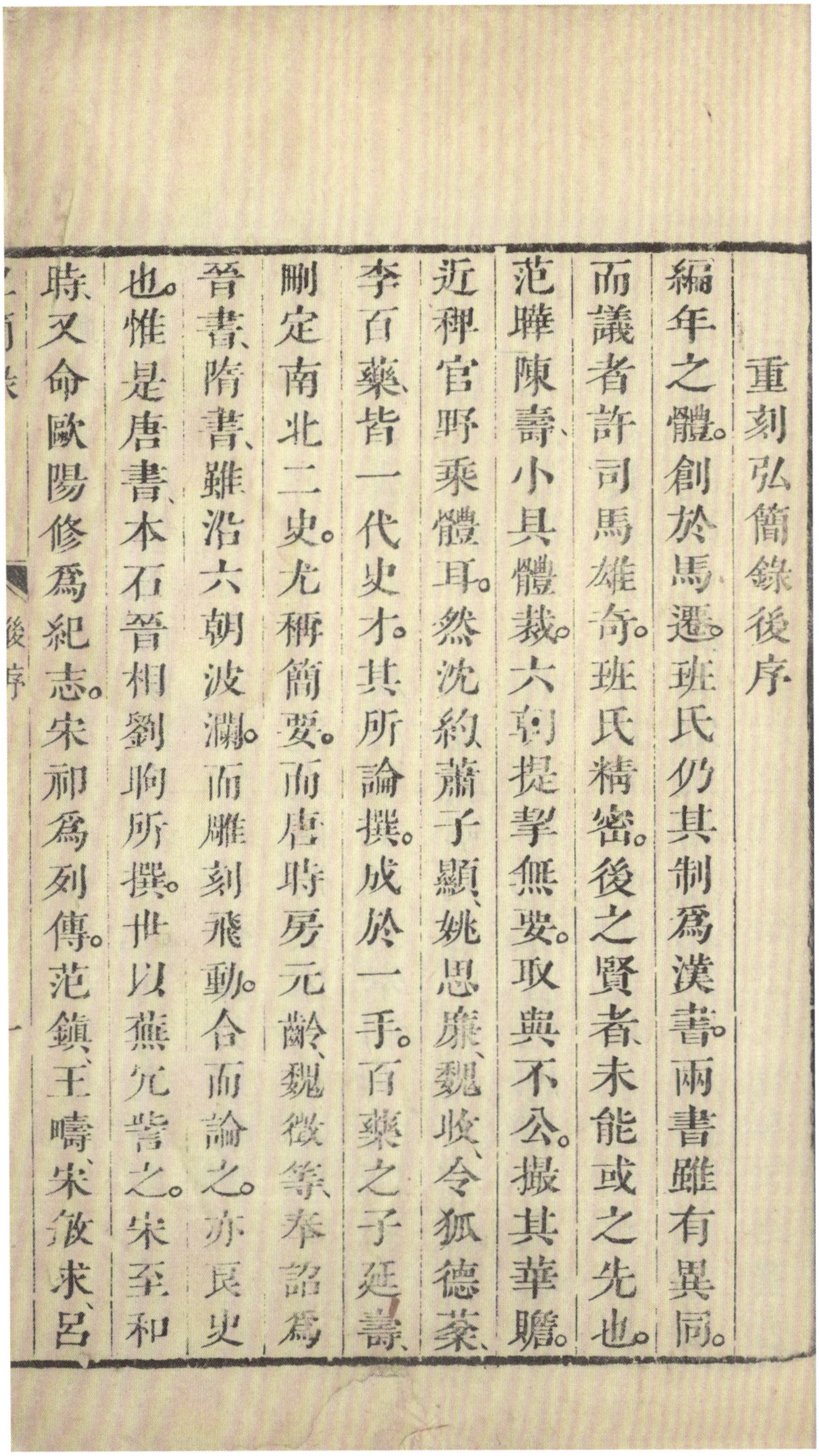

重刻弘簡錄後序

編年之體。創於馬遷。班氏仍其制爲漢書。兩書雖有異同。而議者許司馬雄奇。班氏精密。後之賢者。未能或之先也。范曄、陳壽、小具體裁。六朝提挈無要。取與不公。撮其華贍。近稗官野乘體耳。然沈約、蕭子顯、姚思廉、魏收、令狐德棻、李百藥、皆一代史才。其所論撰。成於一手。百藥之子延壽。刪定南北二史。尤稱簡要。而唐時房元齡、魏徵等奉詔爲晉書、隋書、雖沿六朝波瀾。而雕刻飛動。合而論之。亦良史也。惟是唐書、本石晉相劉昫所撰。世以蕪冗訾之。宋至和時。又命歐陽修爲紀志。宋祁爲列傳。范鎮、王疇、宋敏求、呂

弘簡錄　後序　一

弘簡錄二百五十四卷　（明）邵經邦撰　（清）邵遠平校閲　清乾隆重刻本

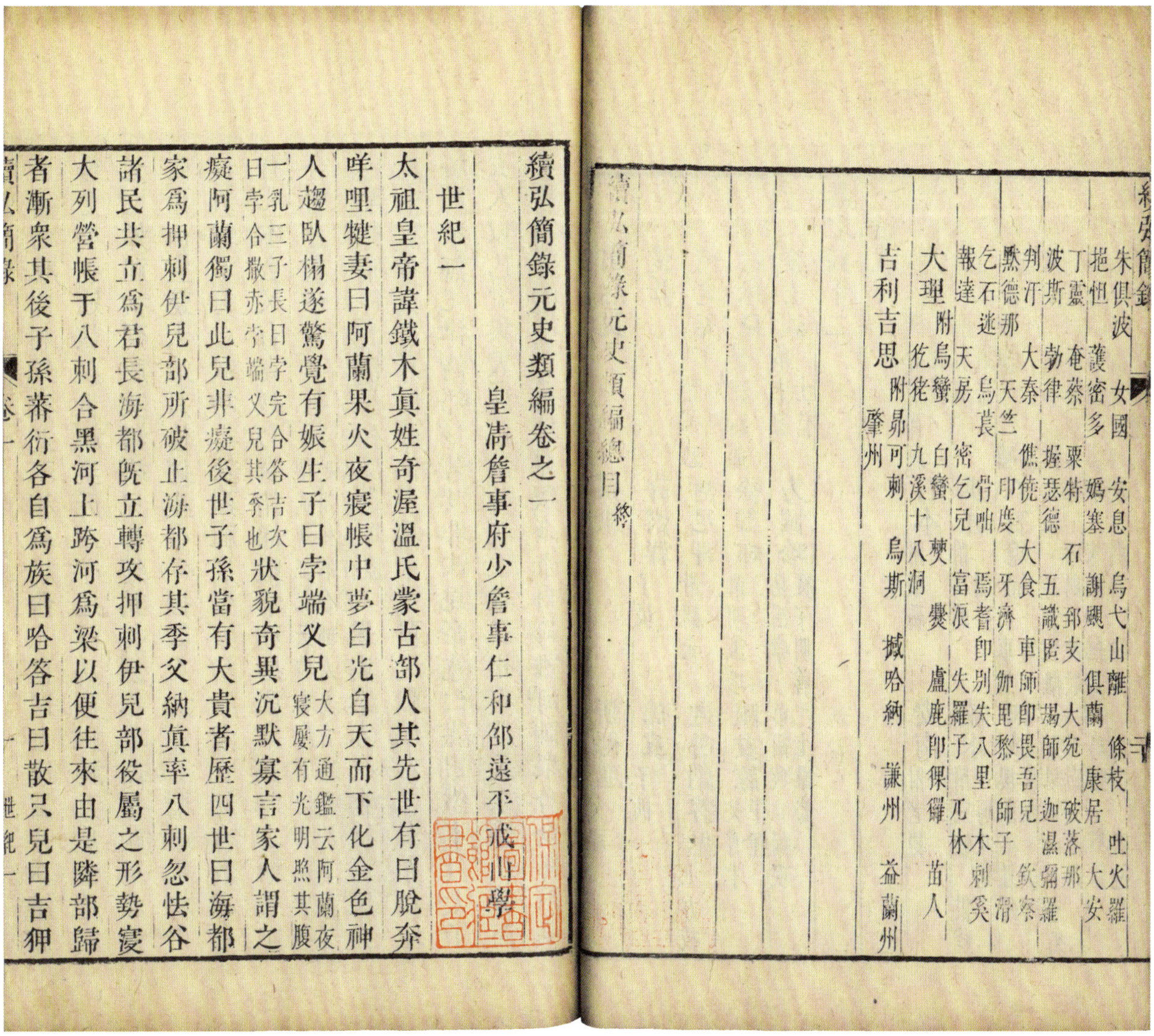

續弘簡録元史類編四十二卷　（清）邵遠平撰　清康熙四十五年刻本

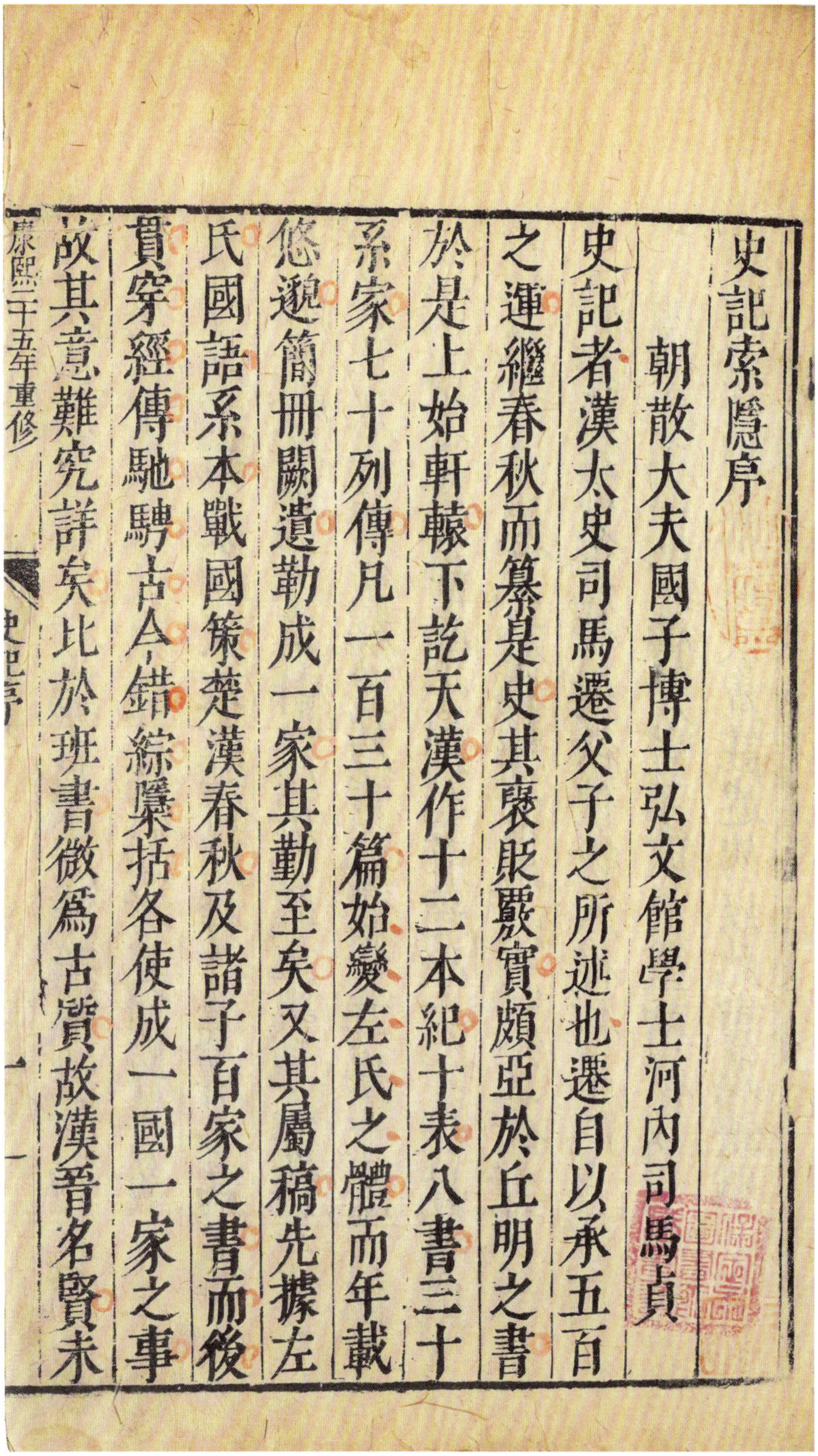
史記索隱序

朝散大夫國子博士弘文館學士河內司馬貞

史記者漢太史司馬遷父子之所述也遷自以承五百之運繼春秋而纂是史其褒貶覈實頗亞於丘明之書於是上始軒轅下訖天漢作十二本紀十表八書三十系家七十列傳凡一百三十篇始變左氏之體而年載悠邈簡冊闕遺勤成一家其勤至矣又其屬稿先據左氏國語系本戰國策楚漢春秋及諸子百家之書而後貫穿經傳馳騁古今錯綜櫽括各使成一國一家之事故其意難究詳矣比於班書微爲古質故漢晉名賢未

康熙二十五年重修　史記序　一

史記一百三十卷　（漢）司馬遷撰　（劉宋）裴駰集解　（唐）司馬貞索隱　張守節正義　明萬曆二十四年南京國子監刻明清遞修本

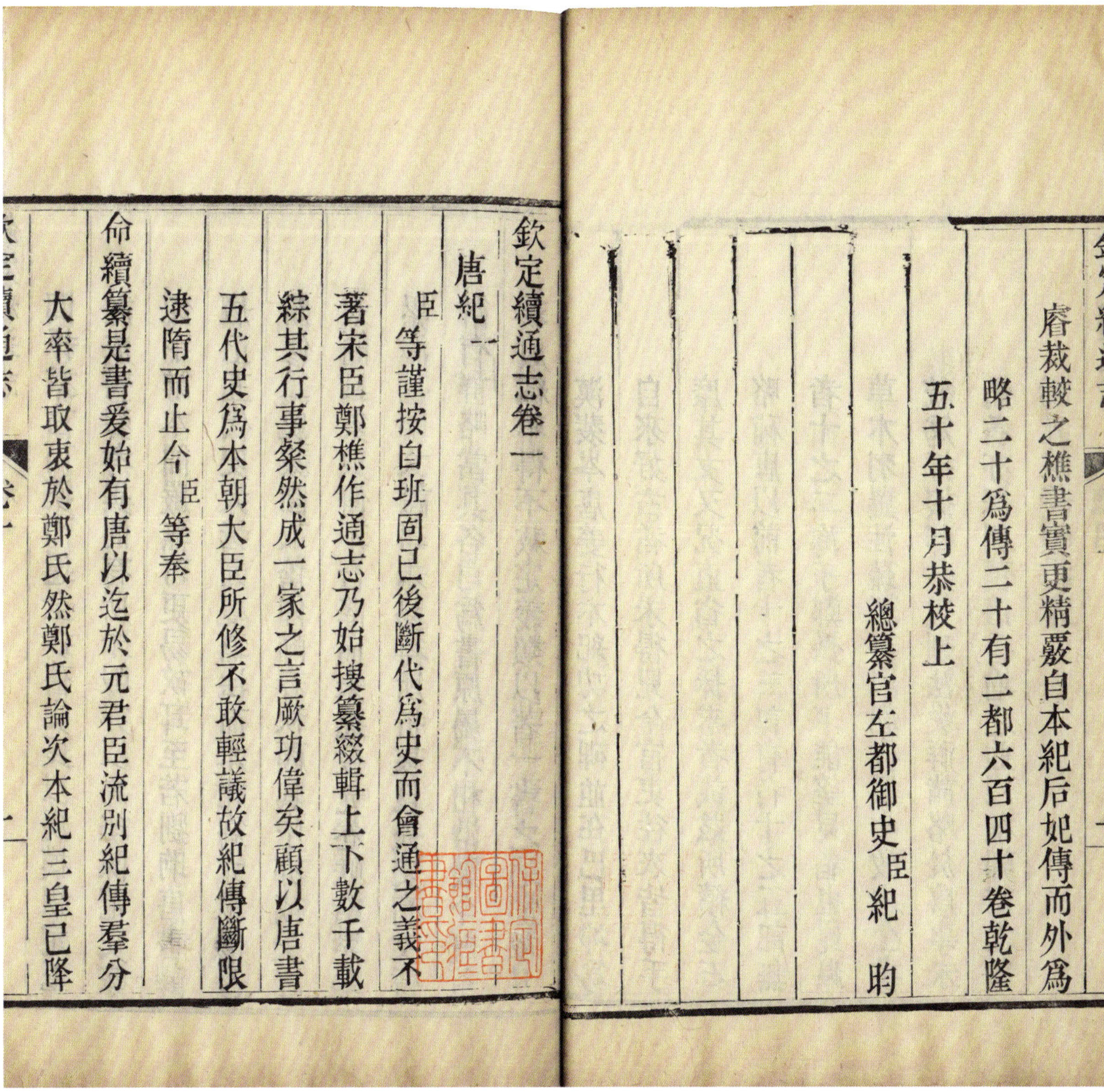
欽定續通志

睿裁較之樵書實更精覈自本紀后妃傳而外爲

略二十爲傳二十有二都六百四十卷乾隆

五十年十月恭校上

總纂官左都御史臣紀昀

欽定續通志卷一

唐紀一

臣等謹按自班固已後斷代爲史而會通之義不

著宋臣鄭樵作通志乃始搜纂綴輯上下數千載

綜其行事粲然成一家之言厥功偉矣顧以唐書

五代史爲本朝大臣所修不敢輕議故紀傳斷限

逮隋而止今臣等奉

命續纂是書爰始有唐以迄於元君臣流別紀傳羣分

大率皆取東於鄭氏然鄭氏論次本紀三皇已降

欽定續通志六百四十卷　（清）嵇璜 曹仁虎等纂修　清乾隆武英殿刻本

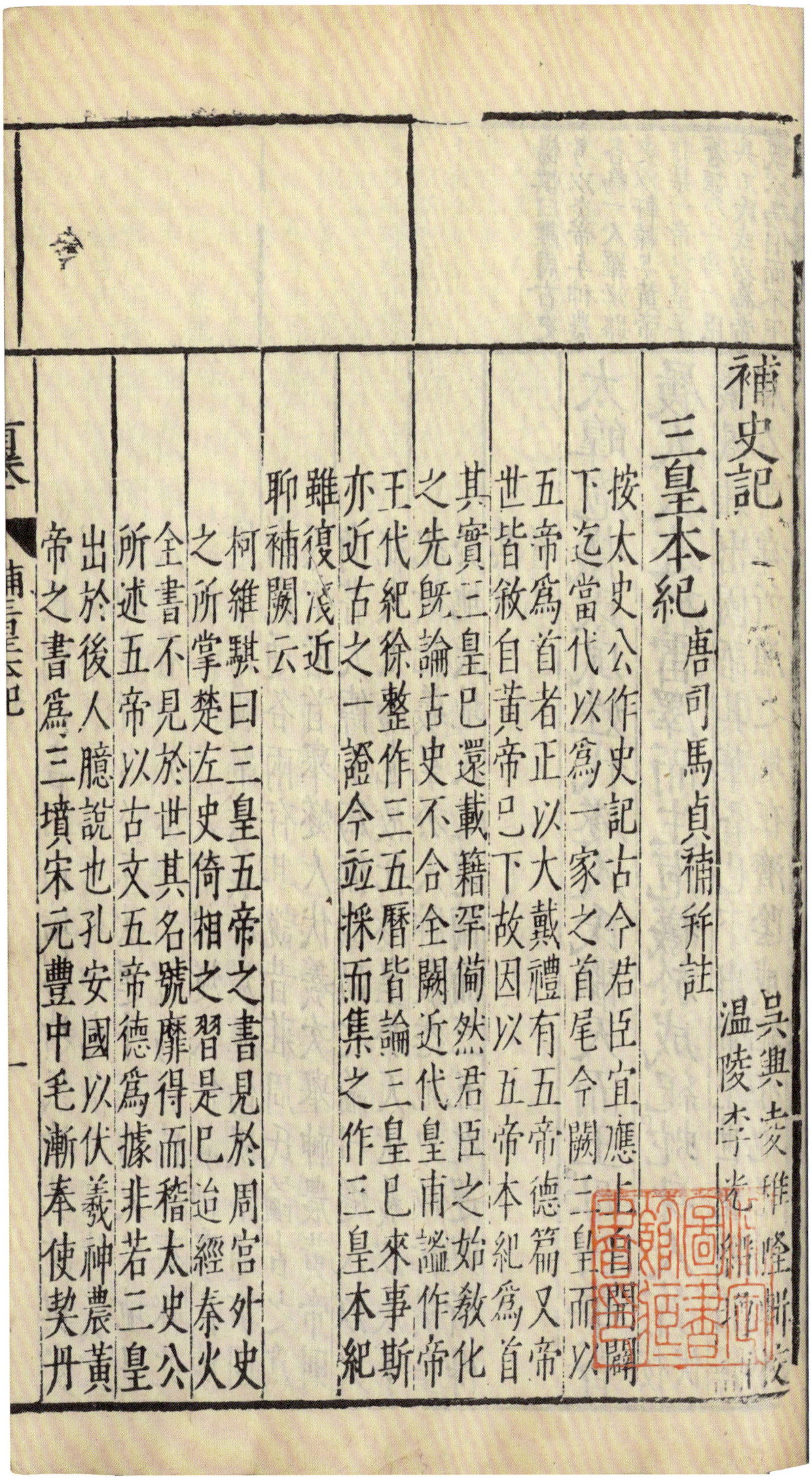

補史記

吳興凌稚隆輯校
温陵李光縉增補

三皇本紀　唐司馬貞補幷註

按太史公作史記古今君臣宜應上自開闢下迄當代以爲一家之首尾今闕三皇而以五帝爲首者正以大戴禮有五帝德篇又帝世皆敘自黃帝已下故因以五帝本紀爲首其實三皇已還載籍罕備然君臣之始教化之先既論古史不合全闕近代皇甫謐作帝王代紀徐整作三五曆皆論三皇已來事斯亦近古之一證今並採而集之作三皇本紀雖復淺近聊補闕云

柯維騏曰三皇五帝之書見於周官外史之所掌楚左史倚相之習是已迨經秦火全書不見於世其名號靡得而稽太史公所述五帝以古文五帝德爲據非若三皇出於後人臆說也孔安國以伏羲神農黃帝之書爲三墳宋元豐中毛漸奉使契丹

補三皇本紀　一

史記評林一百三十卷補史記一卷讀史總評一卷附史記短長說一卷　（明）凌稚隆輯　李光縉增補　明萬曆凌稚隆刻本

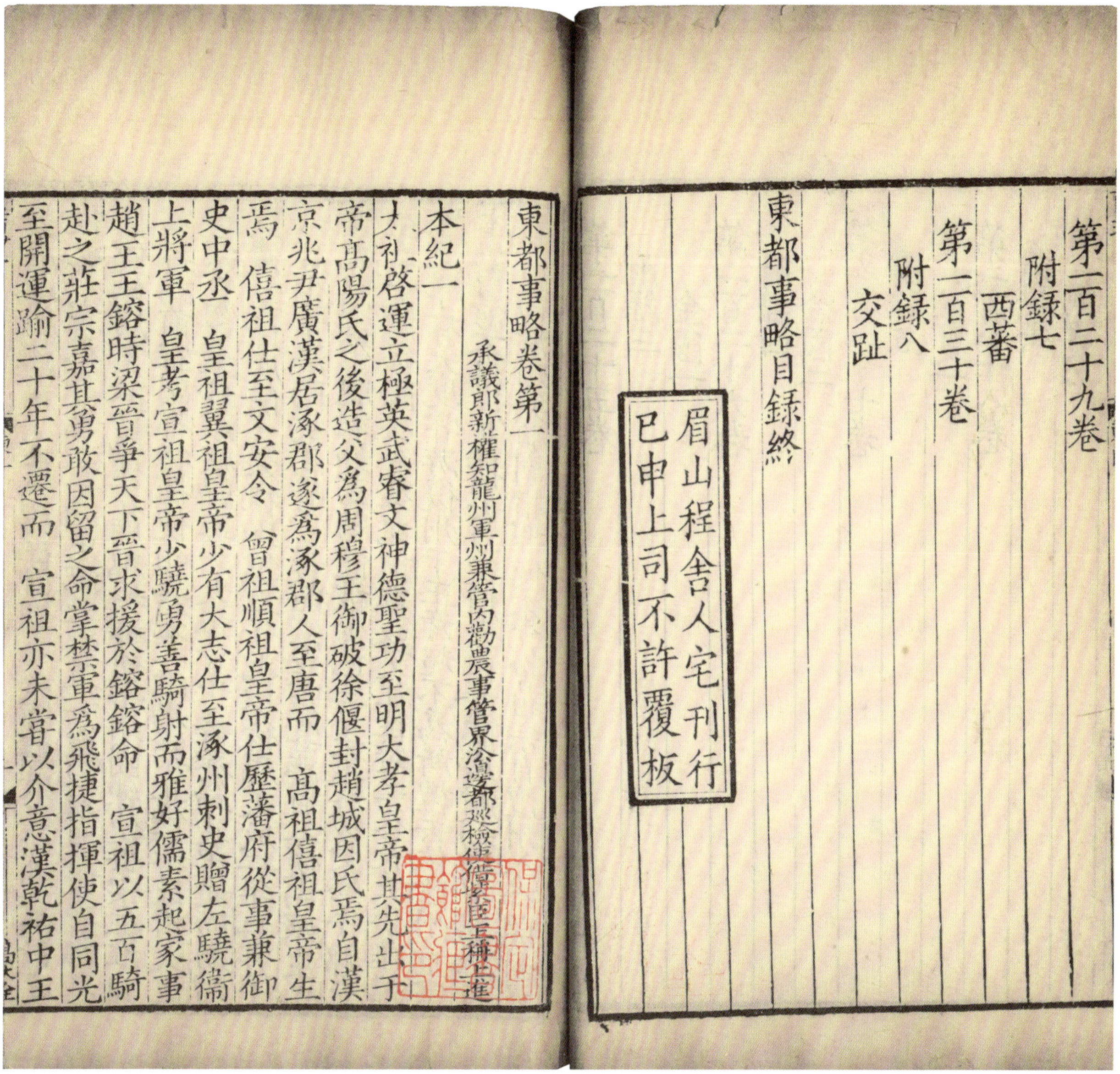

第一百二十九卷
附録七
西蕃
第一百三十卷
附録八
交趾
東都事略目録終

眉山程舍人宅刊行
已申上司不許覆板

東都事略卷第一
承議郎新權知龍州軍州兼管内勸農事管界沿邊都巡檢使臣王稱上進
本紀一
太祖啓運立極英武睿文神德聖功至明大孝皇帝其先出于帝高陽氏之後造父爲周穆王御破徐偃封趙城因氏焉自漢京兆尹廣漢居涿郡遂爲涿郡人至唐而焉　僖祖仕至文安令　曾祖順祖皇帝仕歷藩府從事兼御史中丞　皇祖翼祖皇帝少有大志仕至涿州刺史贈左驍衛上將軍　皇考宣祖皇帝少驍勇善騎射而雅好儒素起家事趙王王鎔時梁晉爭天下晉求援於鎔鎔命　宣祖以五百騎赴之莊宗嘉其勇敢因留之命掌禁軍爲飛捷指揮使自同光至開運踰二十年不遷而　宣祖亦未嘗以介意漢乾祐中王

東都事略一百三十卷　（宋）王稱撰　清寶華堂仿宋眉山程氏刻本

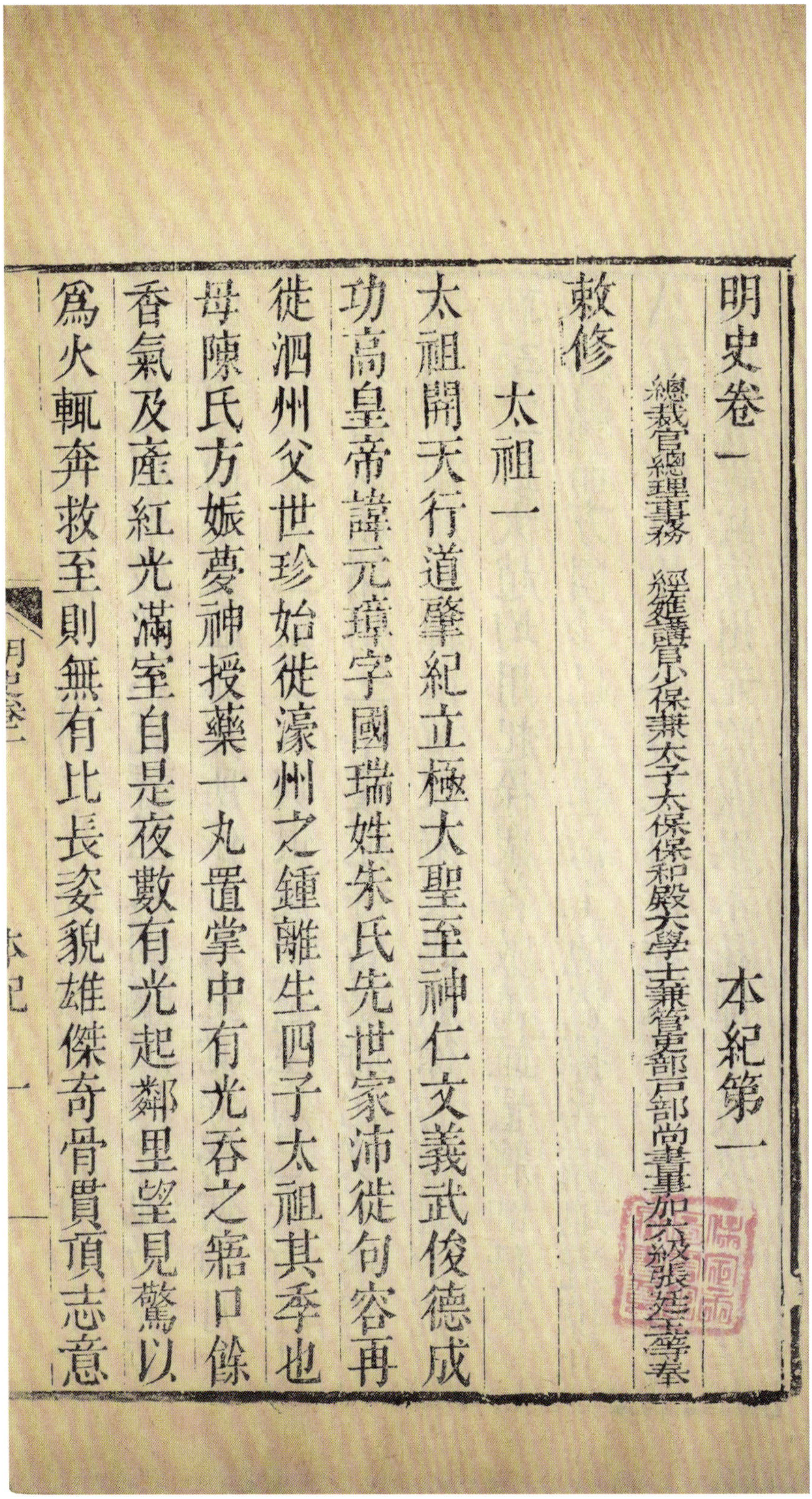

明史卷一　本紀第一

總裁官總理事務經筵講官少保兼太子太保保和殿大學士兼管吏部戶部尚書事加六級張廷玉等奉

敕修

太祖一

太祖開天行道肇紀立極大聖至神仁文義武俊德成功高皇帝諱元璋字國瑞姓朱氏先世家沛徙句容再徙泗州父世珍始徙濠州之鍾離生四子太祖其季也母陳氏方娠夢神授藥一丸置掌中有光吞之寤口餘香氣及產紅光滿室自是夜數有光起鄰里望見驚以爲火輒奔救至則無有比長姿貌雄傑奇骨貫頂志意

明史三百三十二卷目錄四卷　（清）張廷玉等撰　清乾隆刻本

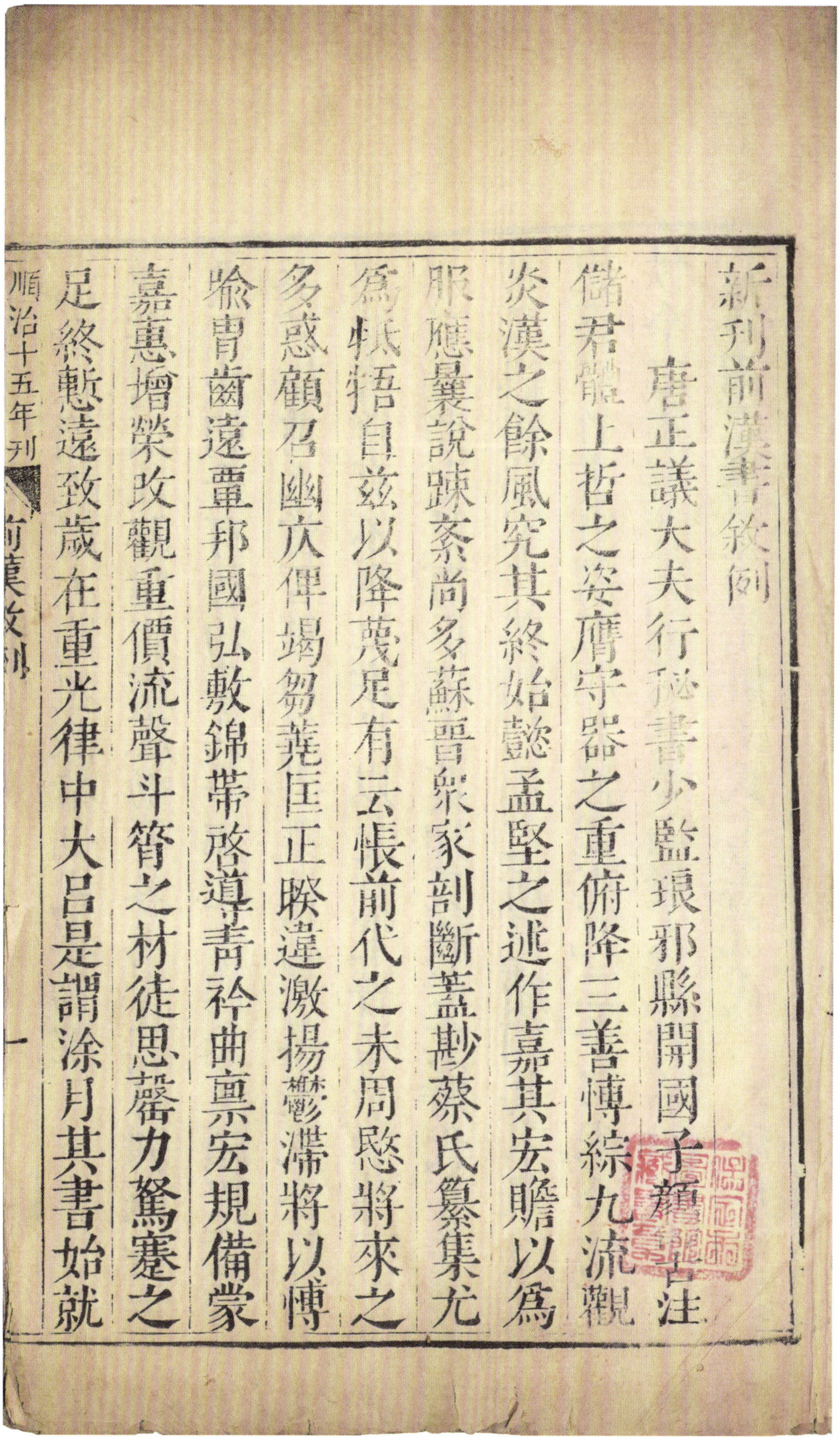

新刊前漢書敘例

唐正議大夫行秘書少監琅邪縣開國子顏師古注

儲君體上哲之姿膺守器之重俯降三善博綜九流觀炎漢之餘風究其終始懿孟堅之述作嘉其宏贍以為服應曩說疏紊尚多蘇晉衆家剖斷蓋尟蔡氏纂集尤為牴牾自茲以降蔑足有云悵前代之未周愍將來之多惑顧召幽仄俾竭芻蕘匡正睽違激揚鬱滯將以博喻冑齒遠覃邦國弘敷錦帶啓導青衿曲稟宏規備嘗嘉惠增榮改觀重價流聲斗筲之材徒思罄力駑蹇之足終慙遠致歲在重光律中大呂是謂涂月其書始就

順治十五年刊　前漢敘例　一

前漢書一百卷　（漢）班固撰　（唐）顏師古注　（明）張邦奇、江汝壁校　明萬曆十年南京國子監刻明清遞修本

河南布政使司　憲票轉蒙

廵撫部院正一品加四級董　憲牌康熙十八年五

月十七日准

禮部咨開儀制清吏司案呈奉本部送禮科抄出內

閣等衙門太子太傅戶部尚書保和殿大學士加一

級索　等題前事內開禮部題前事等因於康熙十

八年二月十二日題十四日奉

明書一百七十一卷　（清）傅維鱗撰　清康熙三十四年本誠堂刻本

靈壽傅少保著

明書

本誠堂藏板

河南直隸汝州正堂加三級劉　爲史書用垂法戒
編纂亟宜舉行請遴選儒臣特開史局以弘著述以

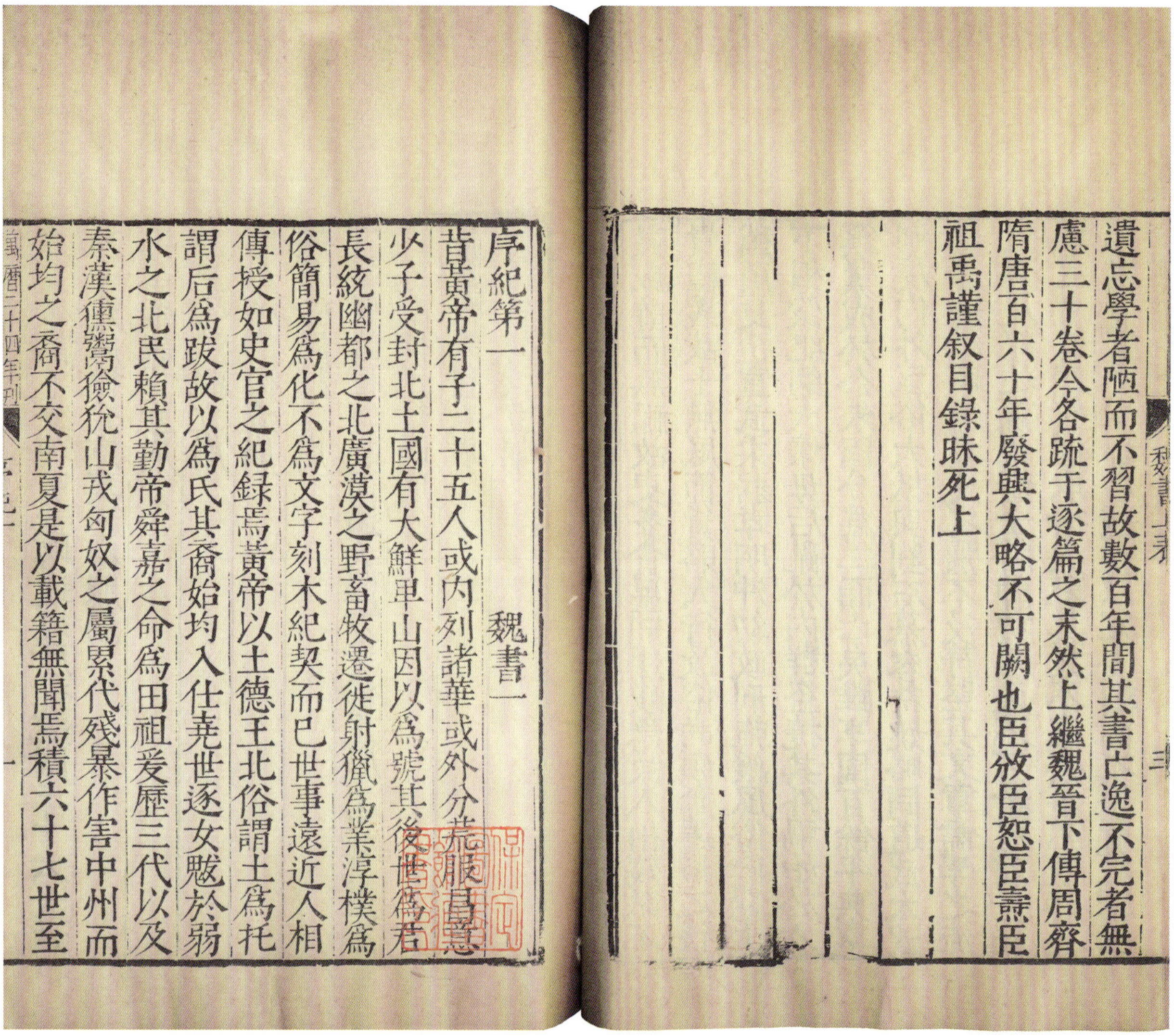

遺忘學者陋而不習故數百年間其書亡逸不完者無
慮三十卷今各疏于逐篇之末然上繼魏晉下傳周齊
隋唐百六十年廢興大略不可闕也臣攽臣恕臣燾臣
祖禹謹叙目録昧死上

序紀第一　　魏書一
昔黃帝有子二十五人或內列諸華或外分荒服昌意
少子受封北土國有大鮮卑山因以爲號其後世爲君
長統幽都之北廣漠之野畜牧遷徙射獵爲業淳樸爲
俗簡易爲化不爲文字刻木紀契而已世事遠近人相
傳授如史官之紀録焉黃帝以土德王北俗謂土爲托
謂后爲跋故以爲氏其裔始均入仕堯世逐女魃於弱
水之北民賴其勤帝舜嘉之命爲田祖爰歷三代以及
秦漢獯鬻獫狁山戎匈奴之屬累代殘暴作害中州而
始均之裔不交南夏是以載籍無聞焉積六十七世至

萬曆二十四年刊　序紀一　一

魏書一百十四卷　（北齊）魏收撰　明萬曆二十四年南京國子監刻明清遞修本

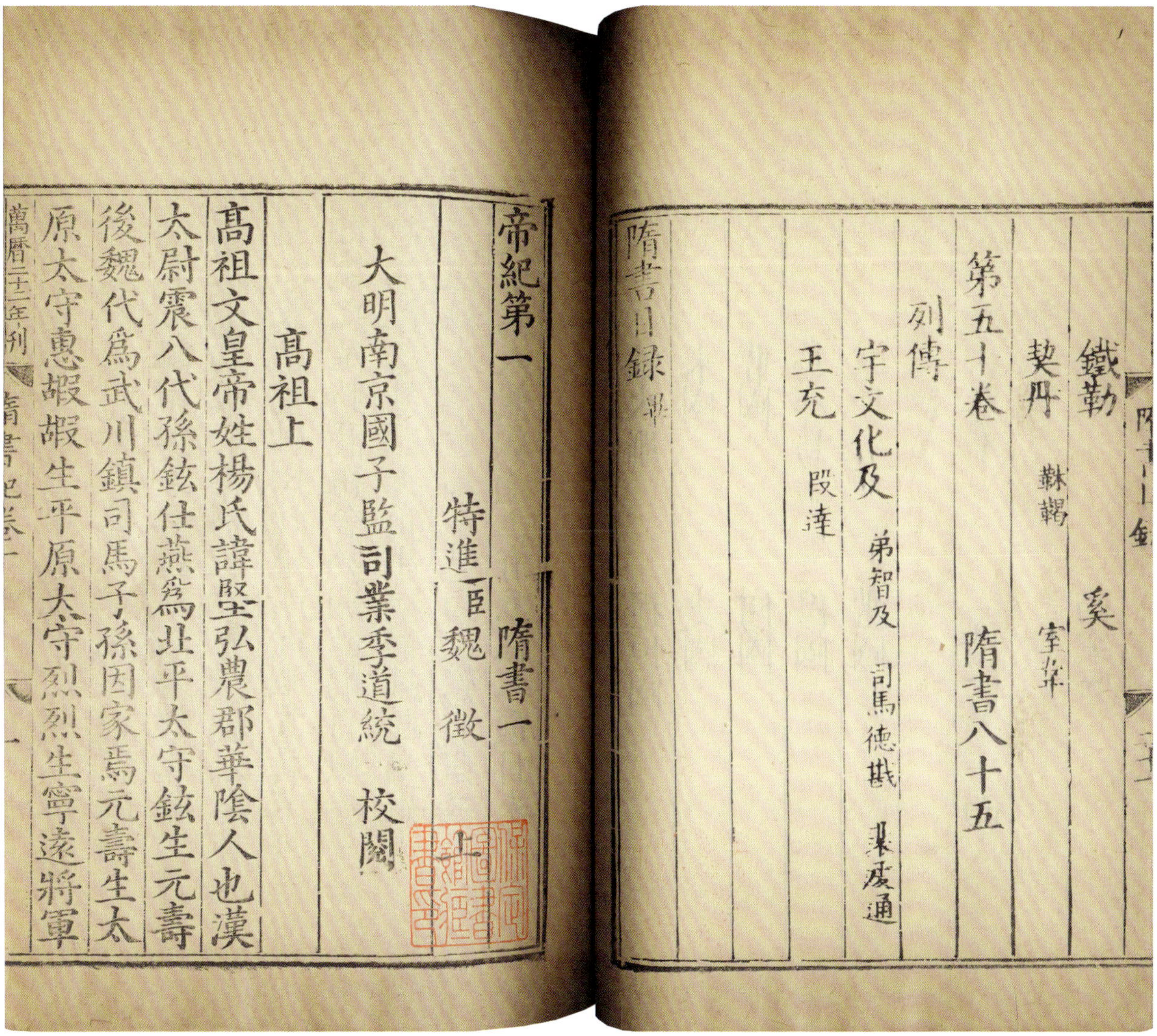
鐵勒 奚

契丹 靺鞨 室韋

第五十卷 隋書八十五

列傳

宇文化及 弟智及 司馬德戡 裴虔通

王充 段達

隋書目錄 畢

帝紀第一 隋書一

特進臣魏徵 上

大明南京國子監司業季道統 校閱

高祖上

高祖文皇帝姓楊氏諱堅弘農郡華陰人也漢
太尉震八代孫鉉仕燕爲北平太守鉉生元壽
後魏代爲武川鎮司馬子孫因家焉元壽生太
原太守惠嘏嘏生平原太守烈烈生寧遠將軍

萬曆二十二年刊 隋書紀卷一 一

隋書八十五卷　（唐）魏徵等撰　明萬曆二十二年南京國子監刻明清遞修本

班馬異同序

鄉先正宗倪文節公有班馬異同一書當时館閣極貴重之又得須溪先生評定遂使龍門蘭臺精神面目從故紙生動真讀

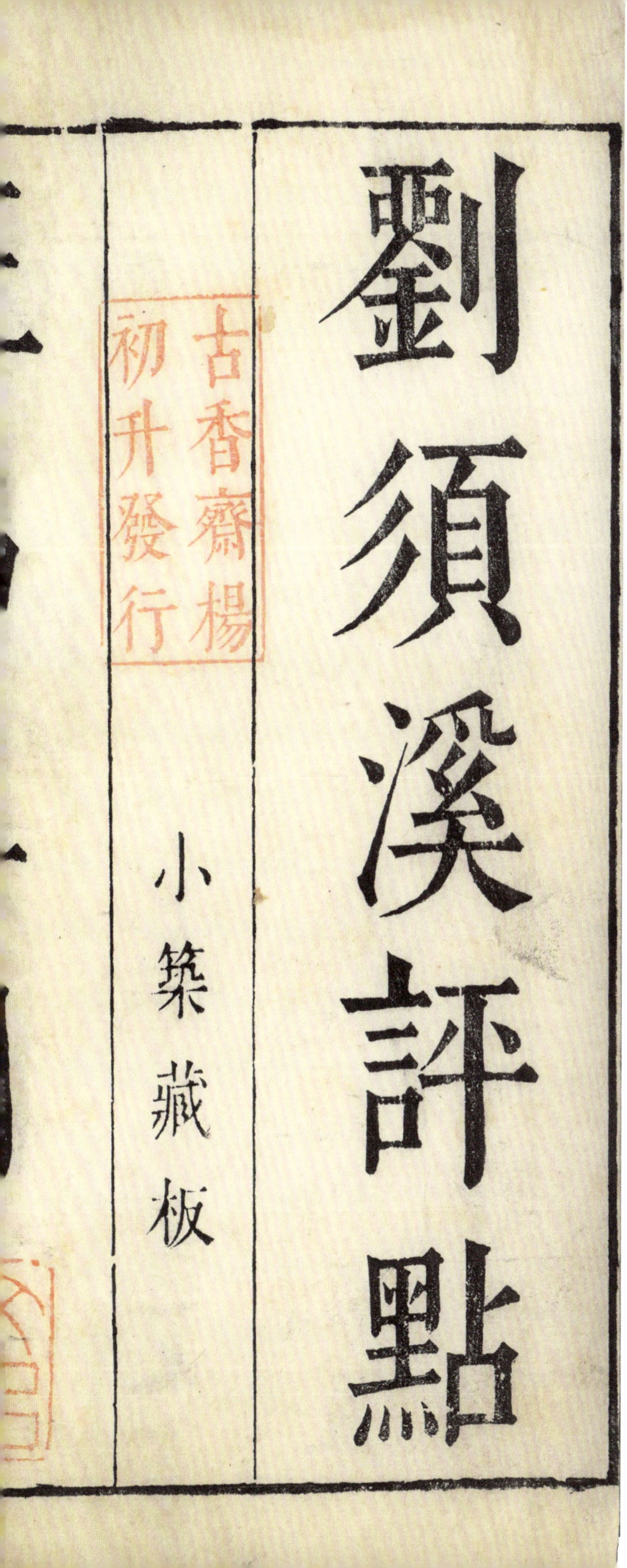
劉須溪評點
古香齋楊初升發行
小築藏板

班馬異同三十五卷　（宋）
倪思撰　劉辰翁評點　明刻本

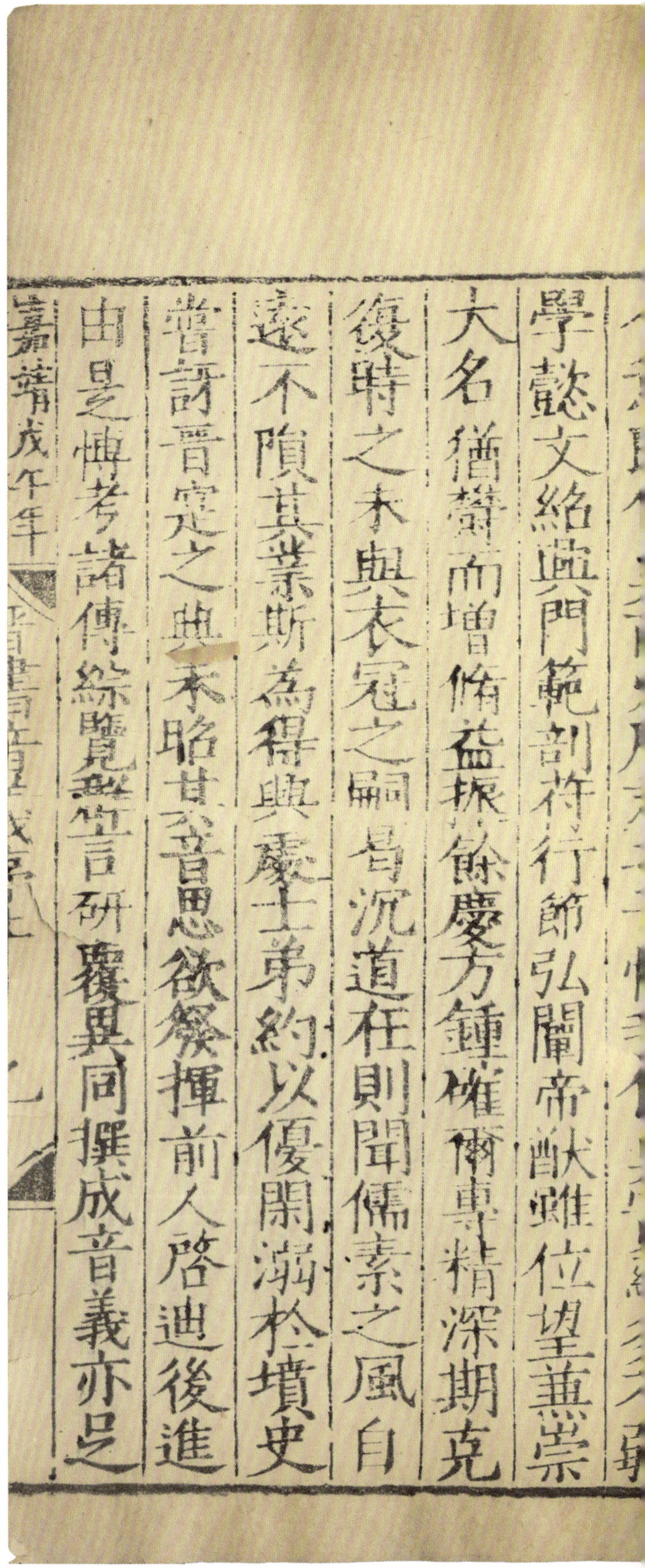
學懿文絲迪門範剖符行節弘闡帝猷雖位望兼崇
大名猶鬱而增脩益振餘慶方鍾確爾專精深期克
復時之本與衣冠之嗣昌沉道在則聞儒素之風自
遂不隕其業斯爲得與慶士弟約以優閑游於墳史
嘗評晋室之典未昭其旨思欲發揮前人啓迪後進
由是悼考諸傳綜覽羣言研覈異同撰成音義亦足
嘉靖戊午年

晉書一百三十卷　（唐）房玄齡等撰

音義三卷　（唐）何超撰　明萬曆十年南京國子監刻明清遞修本

第三十卷　　晉書一百三十

載記　夏

赫連勃勃

右晉十二世十五帝一百五十六年

中朝四帝都洛陽五十四年

江左十一帝都建康一百二年

有五涼四燕三秦二趙夏蜀十六國附其書起乙酉盡庚申

晉書目録終

晉書音義序

弘農楊　正衡　撰

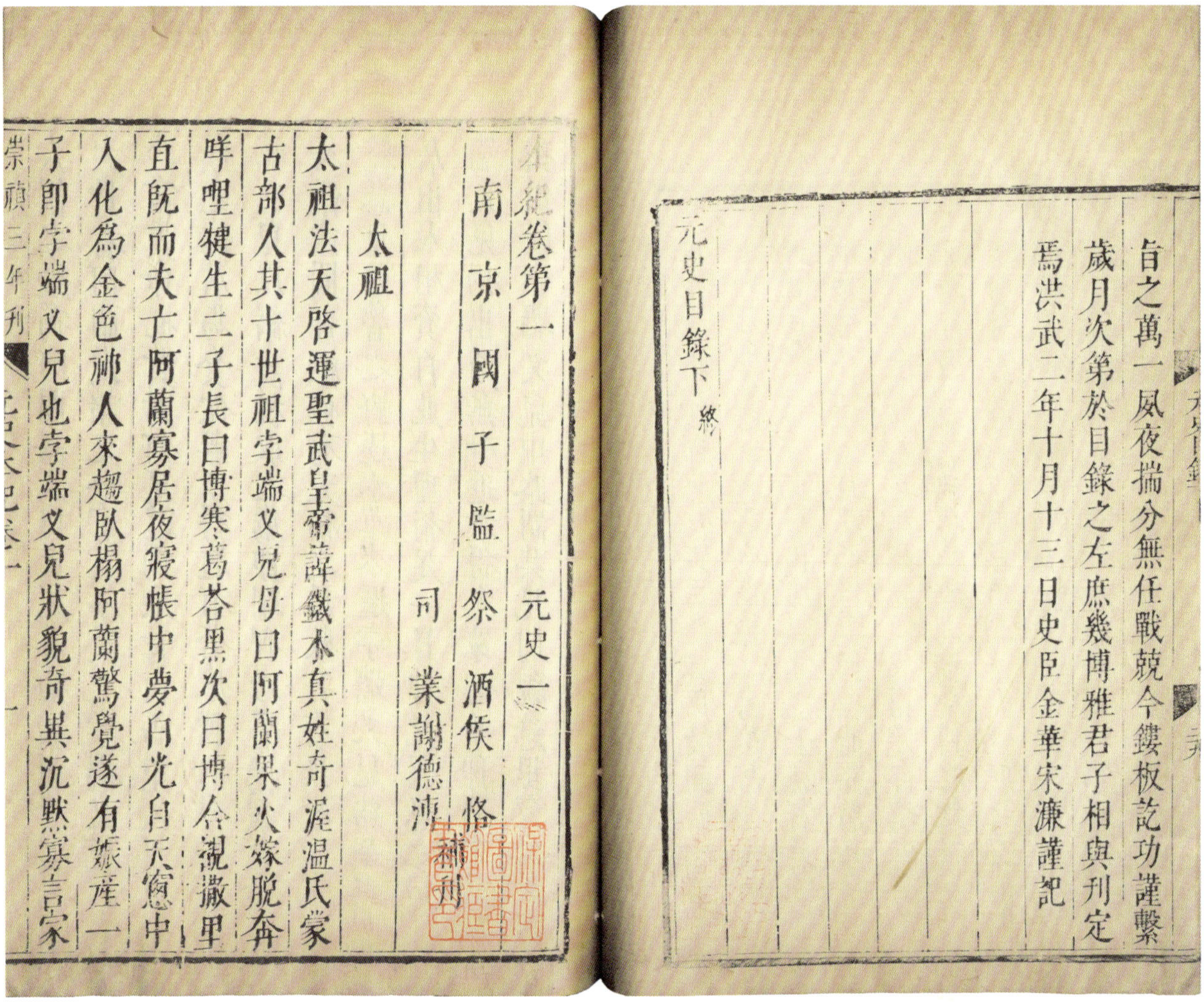

旨之萬一夙夜揣分無任戰兢今鏤板訖功謹繫
歲月次第於目錄之左庶幾博雅君子相與刊定
焉洪武二年十月十三日史臣金華宋濂謹記

元史目錄下　終

崇禎三年刊　元史本紀卷一　一

本紀卷第一　元史一

南京國子監祭酒侯恪
司業謝德溥
補刊

太祖

太祖法天啓運聖武皇帝諱鐵木真姓奇渥溫氏蒙
古部人其十世祖孛端叉兒母曰阿蘭果火嫁脫奔
咩哩犍生二子長曰博寒葛荅黑次曰博合覩撒里
直既而夫亡阿蘭寡居夜寢帳中夢白光自天窻中
入化爲金色神人來趨臥榻阿蘭驚覺遂有娠產一
子即孛端叉兒也孛端叉兒狀貌奇異沉默寡言家

元史二百十卷目錄二卷　（明）宋濂等撰　明洪武三年內府刻嘉靖萬曆遞修本

重校宋書跋

有宋運乘金行之缺歷符璧占之數億識
謝於隆代事亦雄於季朝顧自史推南北
淪彼常嗜人置宋魏鮮其專學譬之會流
泉鑿涇渭之源莫討委柢寒原枳橘之彩
旋貿遂令魚虎竄茲蟲鳥此馮公重爲表
章而士彝幸叨忝檢者也然夏五之書尚
存㬐載已三之誤寧易斯簡惟是八志上

宋書跋

宋書一百卷　（梁）沈約撰　明萬曆二十二年南京國子監刻明清遞修本

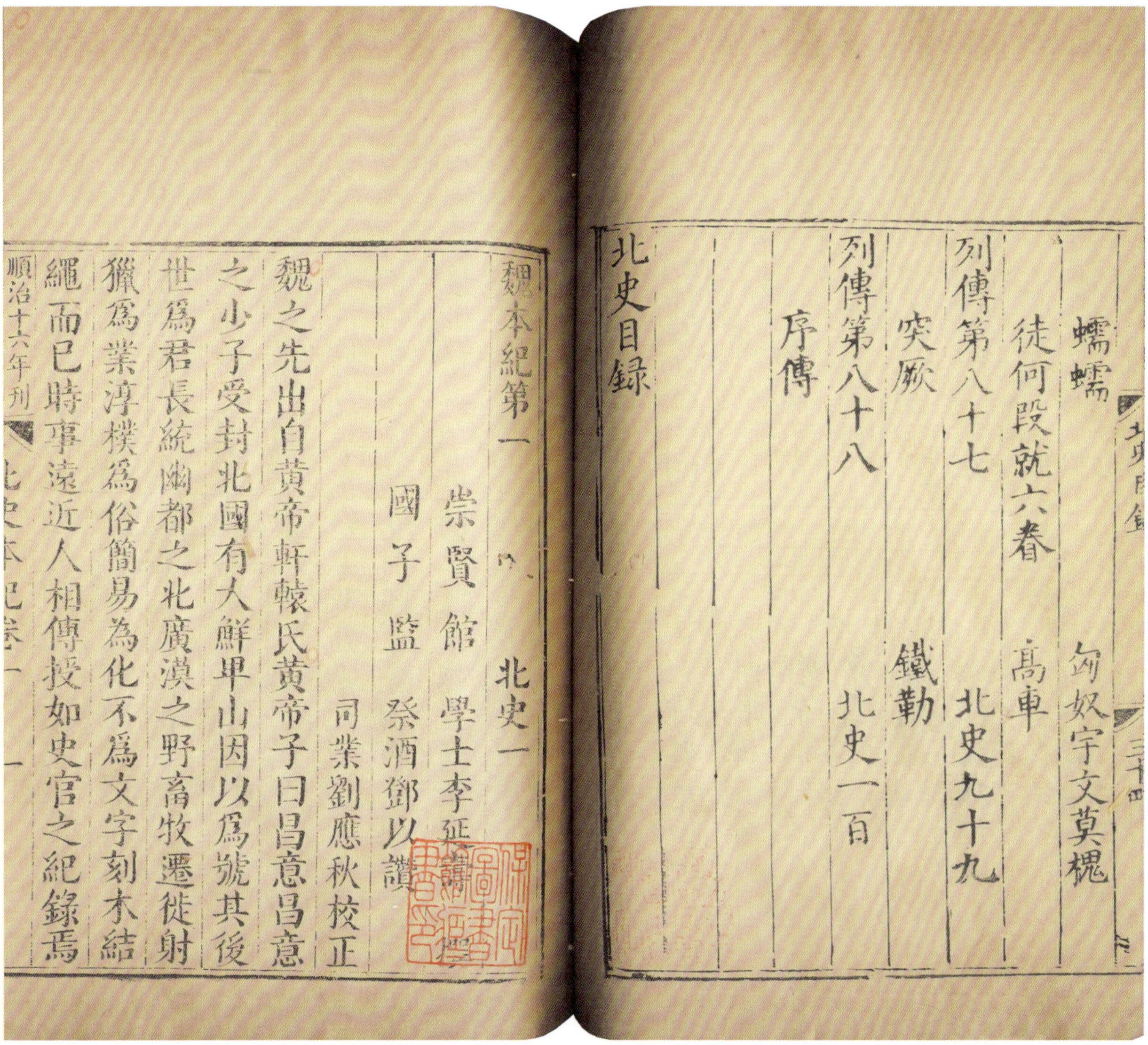

北史一百卷　（唐）李延壽撰　明萬曆二十一年南京國子監刻明清遞修本

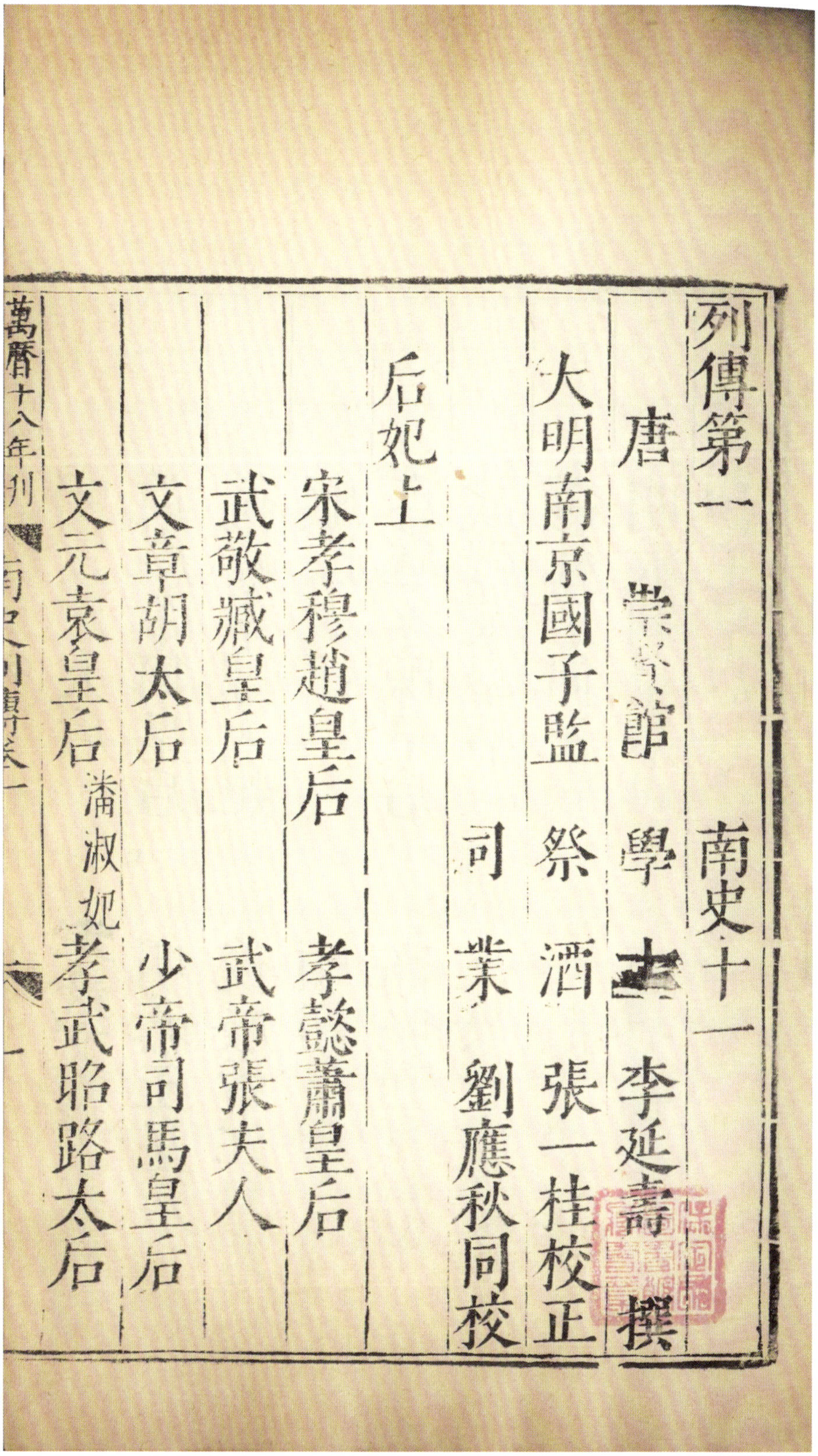

列傳第一　南史十一

唐　崇賢館學士　李延壽撰

大明南京國子監祭酒　張一桂校正

司業　劉應秋同校

后妃上

宋孝穆趙皇后　孝懿蕭皇后

武敬臧皇后　武帝張夫人

文章胡太后　少帝司馬皇后

文元袁皇后　潘淑妃　孝武昭路太后

萬曆十八年刊　南史列傳卷一　一

南史八十卷　（唐）李延壽撰　明萬曆十九年南京國子監刻明清遞修本

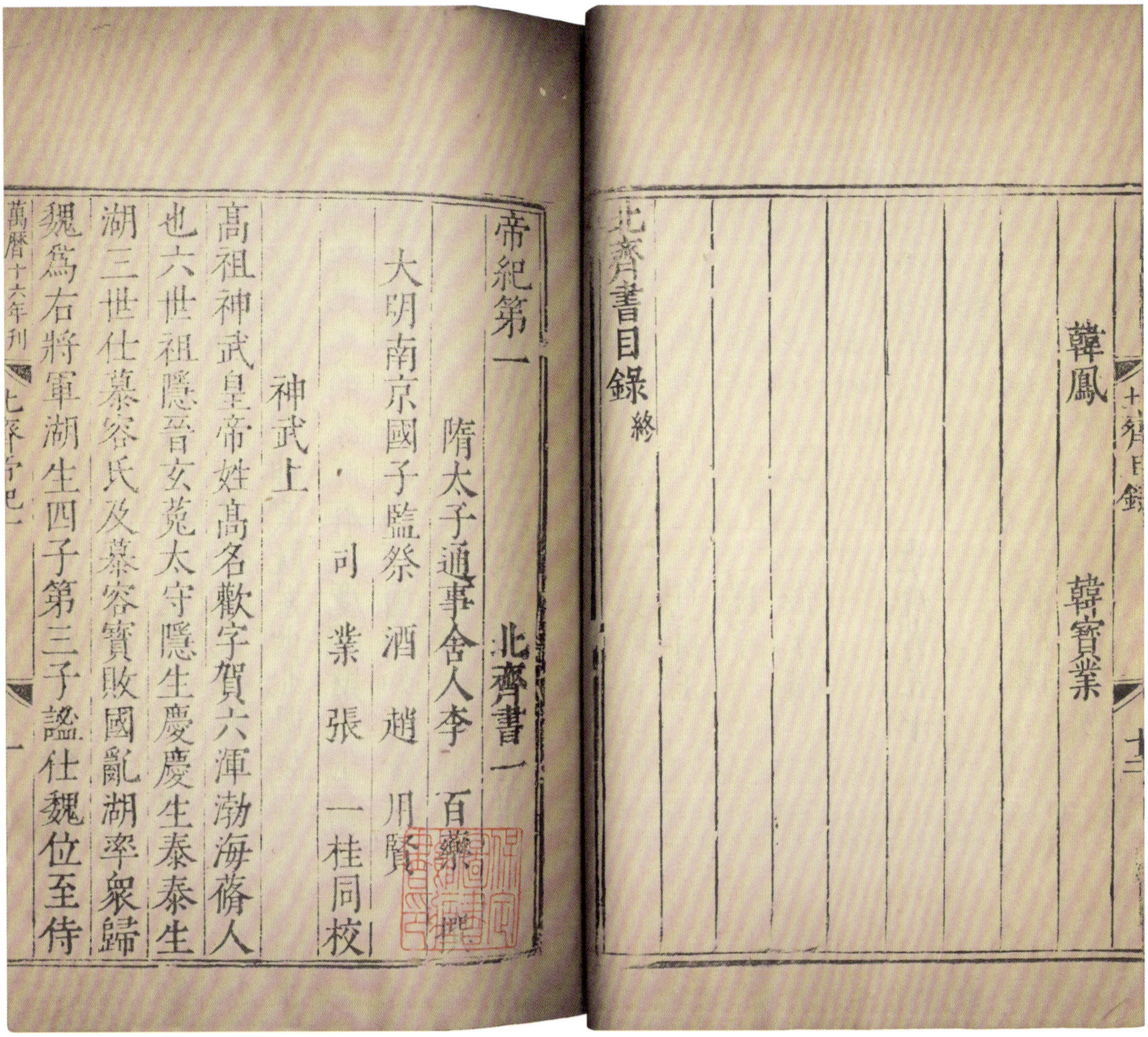
韓鳳　韓寶業

北齊書目錄終

帝紀第一　北齊書一

隋太子通事舍人李　百藥　撰

大明南京國子監祭　酒　趙　用賢

司　業　張　一桂同校

神武上

高祖神武皇帝姓高名歡字賀六渾渤海蓨人也六世祖隱晉玄菟太守隱生慶慶生泰泰生湖三世仕慕容氏及慕容寶敗國亂湖率衆歸魏爲右將軍湖生四子第三子謐仕魏位至侍

萬曆十六年刊　北齊紀一　一

北齊書五十卷　（隋）李百藥撰　明萬曆十六年南京國子監刻明清遞修本

陳書刻遺自

國初再修於嘉靖十年歲既久雖數經補綴然漫漶滋甚至脫漏不可句讀余至南雍逾數月乃加檢閱諸史中獨周陳二部最弊思欲重托之梓而剞劂之費苦無所資會侍御陳君邦科營繕郎崔君斗瞻榷稅龍江首捐少府稍入金來助因爲籌計工用獨陳書差易舉始付繕寫而大京兆石君應岳許君孚遠臺使彭君而珩孫君鳴治各舉所部鍰金相屬遂得授工鋟刻

萬曆十六年刊　陳書序　一

陳書三十六卷　（唐）姚思廉撰　明萬曆十六年南京國子監刻明清遞修本

紀第一　　梁書一

唐　散騎常侍　姚思廉　撰

大明南京國子監祭酒　余有丁校正

司業　周子義同校

武帝上

高祖武皇帝諱衍字叔達小字練兒南蘭陵中都里人漢相國何之後也何生酇定侯延延生侍中彪彪生公府掾章章生皓皓生仰仰生太傅望之望之生光祿大夫育育生御史中丞紹紹生光祿勳閎閎生濟陰太守闡闡生吳郡太守冰冰生中山相苞苞生博士周周生

肴丁志

是書之刻余適于役在途未得寓目也念掛名簡端誼不可虛乃覔禮部宋本及南史參校凡是正數百字其疑者則闕之不敢以巳意補入也丁丑春三月勾吳周子義志

梁書五十六卷

（唐）姚思廉撰　明萬曆二年南京國子監刻明清遞修本

南齊書序

南齊書八紀十一志四十列傳合五十九篇梁蕭子顯撰始江淹已爲十志沈約又爲齊紀而子顯自表武帝別爲此書臣等因校正其訛謬而叙其篇目曰將以是非得失興壞理亂之故而爲法戒則必得其所託而後能傳於久此史之所以作也然而所託不得其人則或失其意或亂其實或析理之不通或設辭之不善故雖有殊功韙德非常之迹將闇而不章鬱而不發

南齊書五十九卷　（梁）蕭子顯撰　明萬曆十八年南京國子監刻明清遞修本

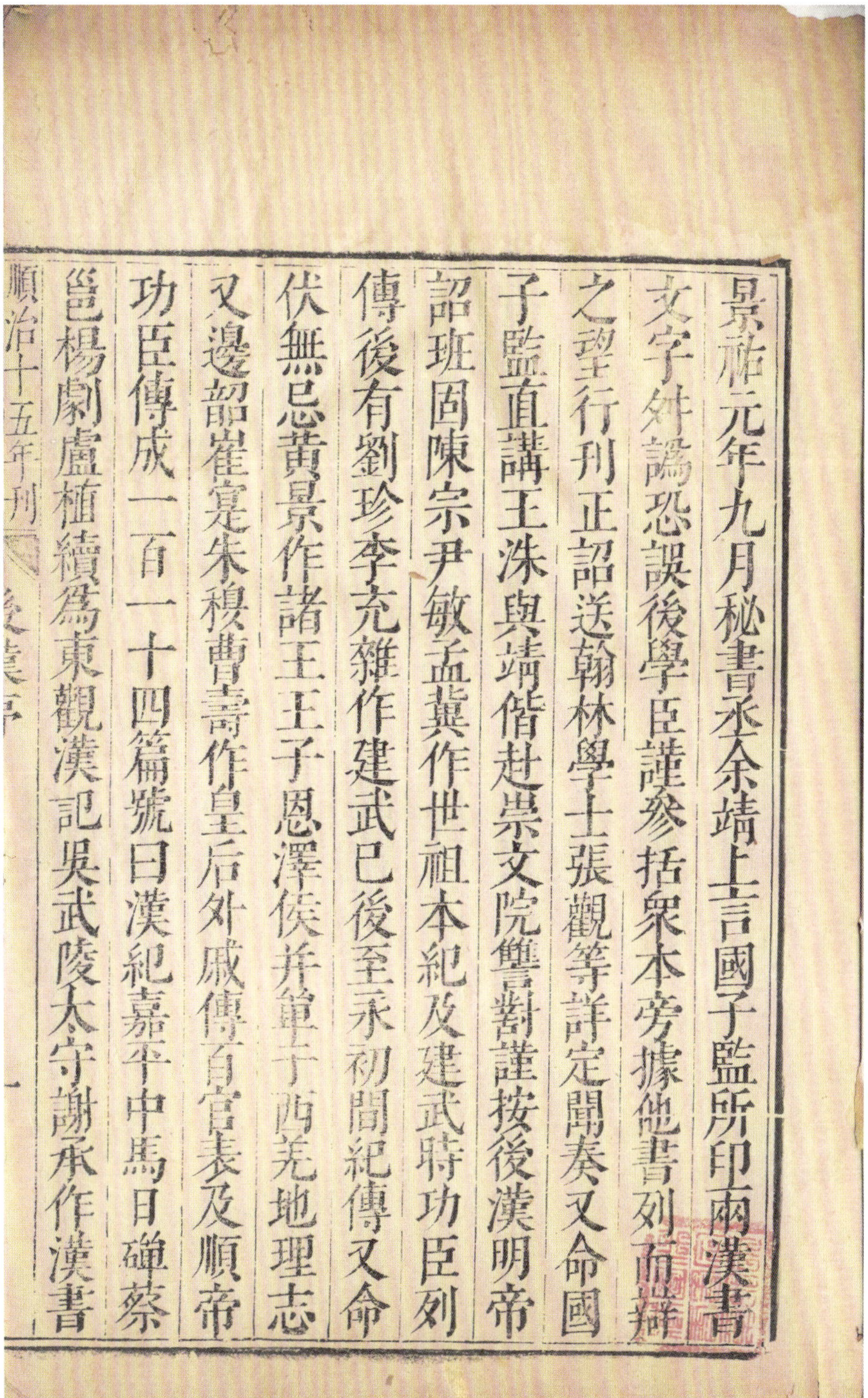
景祐元年九月秘書丞余靖上言國子監所印兩漢書文字舛譌恐誤後學臣謹參括衆本旁據他書列而辯之望行刊正詔送翰林學士張觀等詳定聞奏又命國子監直講王洙與靖偕赴崇文院讐對謹按後漢明帝詔班固陳宗尹敏孟冀作世祖本紀及建武時功臣列傳後有劉珍李充雜作建武已後至永初間紀傳又命伏無忌黄景作諸王王子恩澤侯并單于西羌地理志又邊韶崔寔朱穆曹壽作皇后外戚傳百官表及順帝功臣傳成一百一十四篇號曰漢紀嘉平中馬日磾蔡邕楊彪盧植續爲東觀漢記吴武陵太守謝承作漢書

順治十五年刊　後漢書序　一

後漢書九十卷　（劉宋）范曄撰　（唐）李賢注　（明）黄儒炳、葉燦修　後漢書志三十卷　（晉）司馬彪撰　（梁）劉昭注補　（明）黄儒炳、葉燦修　明天啟三年南京國子監重修明清遞修本

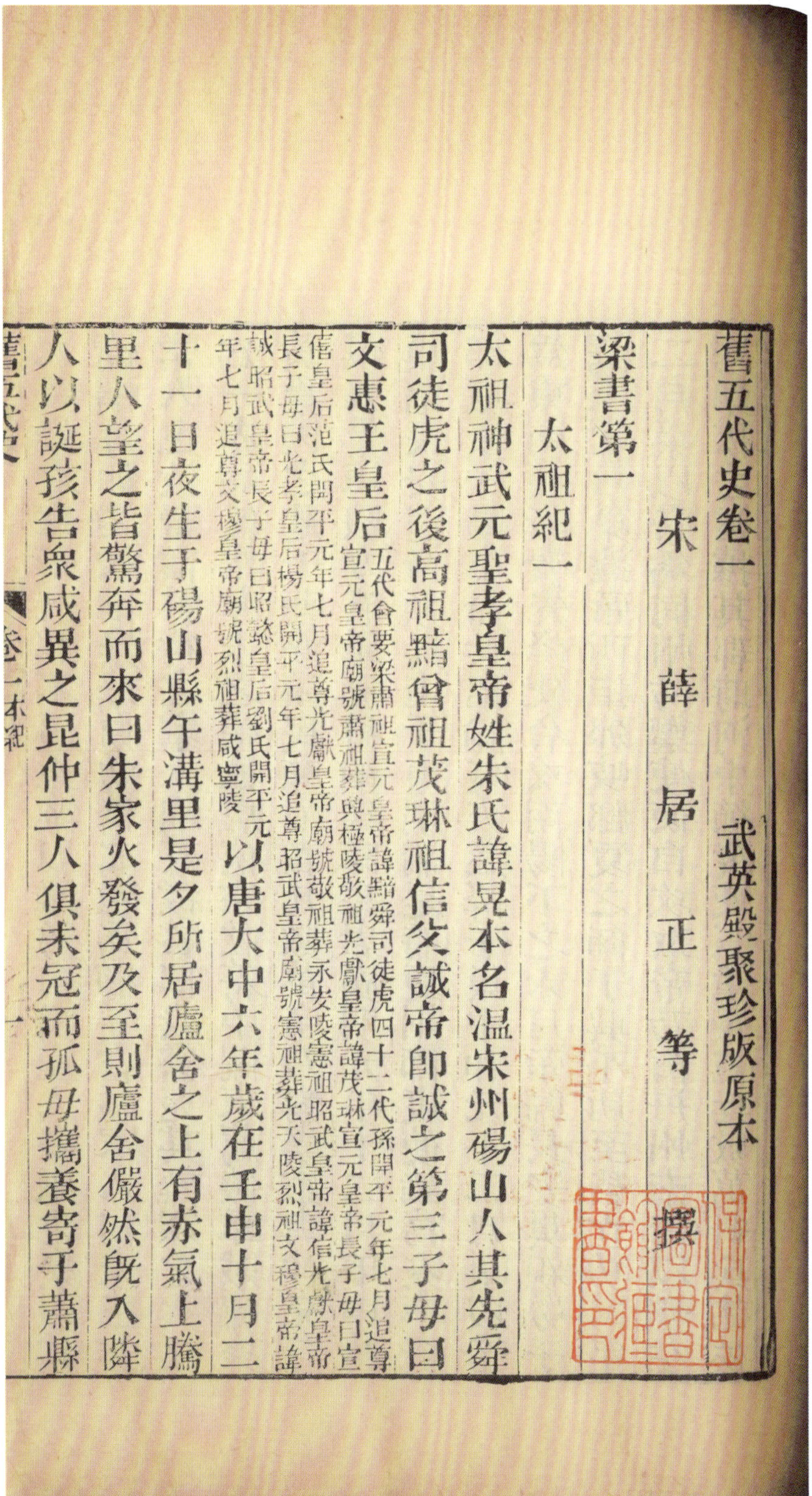

舊五代史卷一　武英殿聚珍版原本

宋　薛居正等撰

梁書第一

太祖紀一

太祖神武元聖孝皇帝姓朱氏諱晃本名温宋州碭山人其先舜司徒虎之後高祖黯曾祖茂琳祖信父誠帝卽誠之第三子母曰文惠王皇后（五代會要梁肅祖宣元皇帝諱黯舜司徒虎四十二代孫開平元年七月追尊宣元皇帝廟號肅祖葬興極陵敬祖光獻皇帝諱茂琳宣元皇帝長子母曰宣僖皇后范氏開平元年七月追尊光獻皇帝廟號敬祖葬永安陵憲祖昭武皇帝諱信光獻皇帝長子母曰光孝皇后楊氏開平元年七月追尊昭武皇帝廟號憲祖葬光天陵烈祖文穆皇帝諱誠昭武皇帝長子母曰昭懿皇后劉氏開平元年七月追尊文穆皇帝廟號烈祖葬咸寧陵）以唐大中六年歲在壬申十月二十一日夜生于碭山縣午溝里是夕所居廬舍之上有赤氣上騰里人望之皆驚奔而來曰朱家火發矣及至則廬舍儼然旣入隣人以誕孩告衆咸異之昆仲三人俱未冠而孤母攜養寄于蕭縣

舊五代史　卷一　本紀　一

舊五代史一百五十卷目錄二卷　（宋）薛居正等撰　清乾隆四十年刻武英殿聚珍本

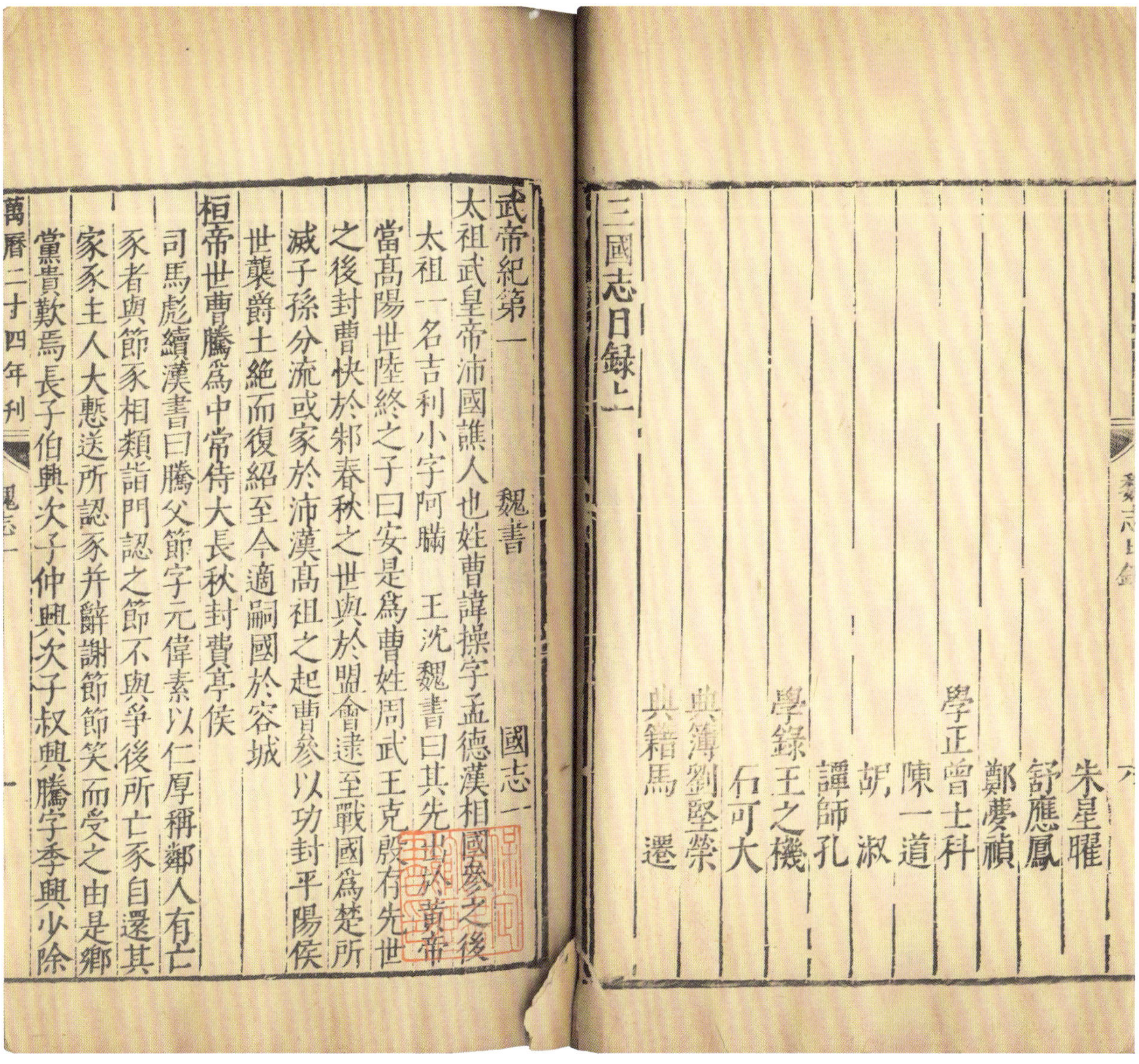
三國志目録
朱星曜
舒應鳳
鄭夢禎
學正曾士科
陳一道
胡淑
譚師孔
學録王之機
石可大
典簿劉堅榮
典籍馬遷

武帝紀第一　魏書　國志一
太祖武皇帝沛國譙人也姓曹諱操字孟德漢相國參之後
太祖一名吉利小字阿瞞　王沈魏書曰其先出於黄帝
當高陽世陸終之子曰安是爲曹姓周武王克殷存先世
之後封曹俠於邾春秋之世與於盟會逮至戰國爲楚所
滅子孫分流或家於沛漢高祖之起曹參以功封平陽侯
世襲爵土絶而復紹至今適嗣國於容城
桓帝世曹騰爲中常侍大長秋封費亭侯
司馬彪續漢書曰騰父節字元偉素以仁厚稱鄰人有亡
豕者與節豕相類詣門認之節不與爭後所亡豕自還其
家豕主人大慙送所認豕并辭謝節節笑而受之由是鄉
黨貴歎焉長子伯興次子仲興次子叔興騰字季興少除
萬曆二十四年刊　魏志一　一

三國志六十五卷　（晉）陳壽撰　明萬曆二十四年南京國子監刻明清遞修本

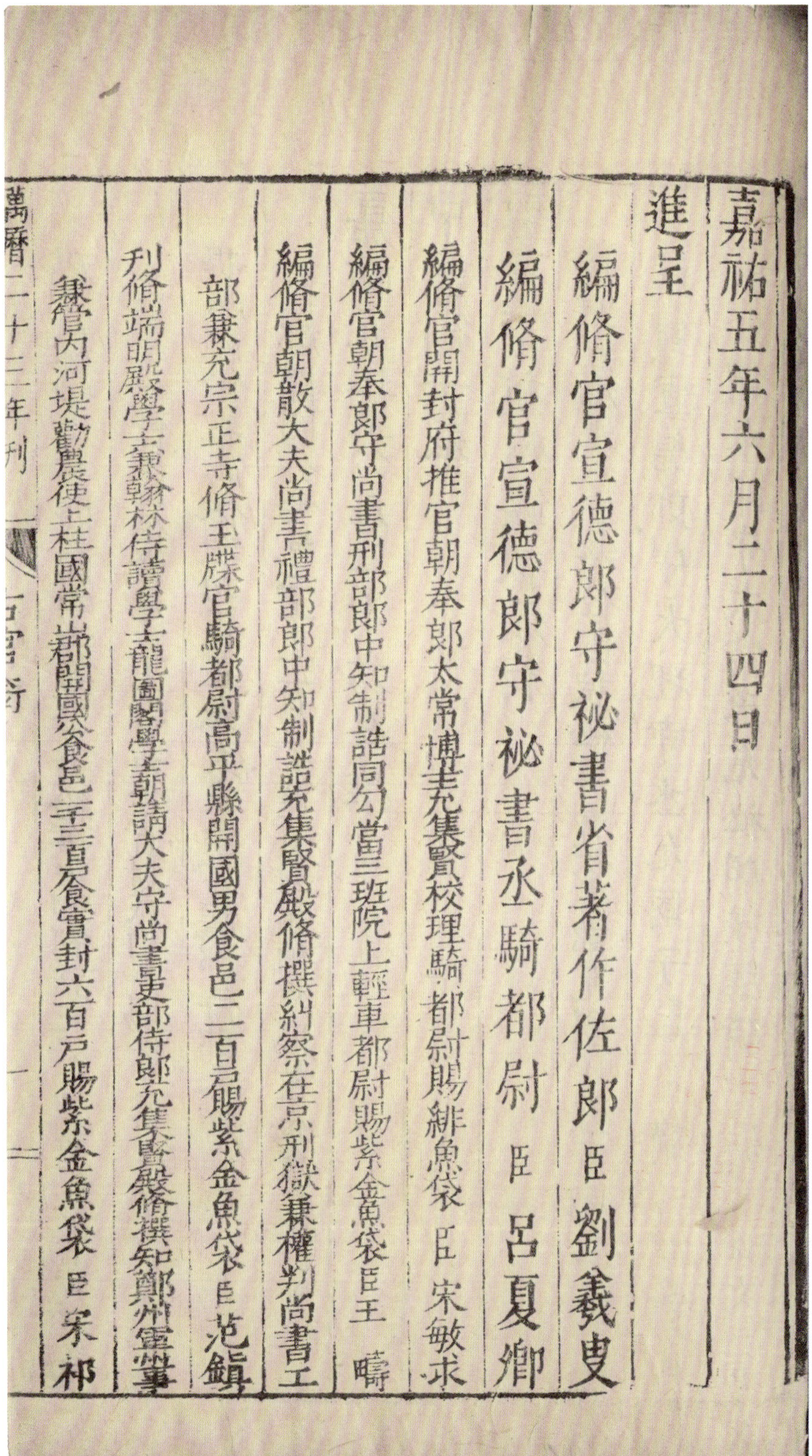

嘉祐五年六月二十四日

進呈

編修官宣德郎守祕書省著作佐郎臣劉羲叟

編修官宣德郎守祕書丞騎都尉臣呂夏卿

編修官開封府推官朝奉郎太常博士充集賢校理騎都尉賜緋魚袋臣宋敏求

編修官朝奉郎守尚書刑部郎中知制誥同公當三班院上輕車都尉賜紫金魚袋臣王疇

編修官朝散大夫尚書禮部郎中知制誥充集賢殿修撰糾察在京刑獄兼權判尚書工部兼充宗正寺修玉牒官騎都尉高平縣開國男食邑三百戶賜紫金魚袋臣范鎮

刊修端明殿學士兼翰林侍讀學士龍圖閣學士朝請大夫守尚書吏部侍郎充集賢殿修撰知鄭州軍州事兼管內河堤勸農使上柱國常山郡開國公食邑二千三百戶食實封六百戶賜紫金魚袋臣宋祁

萬曆二十二年刊

唐書二百二十五卷　（宋）歐陽修撰　明萬曆二十三年重刻本

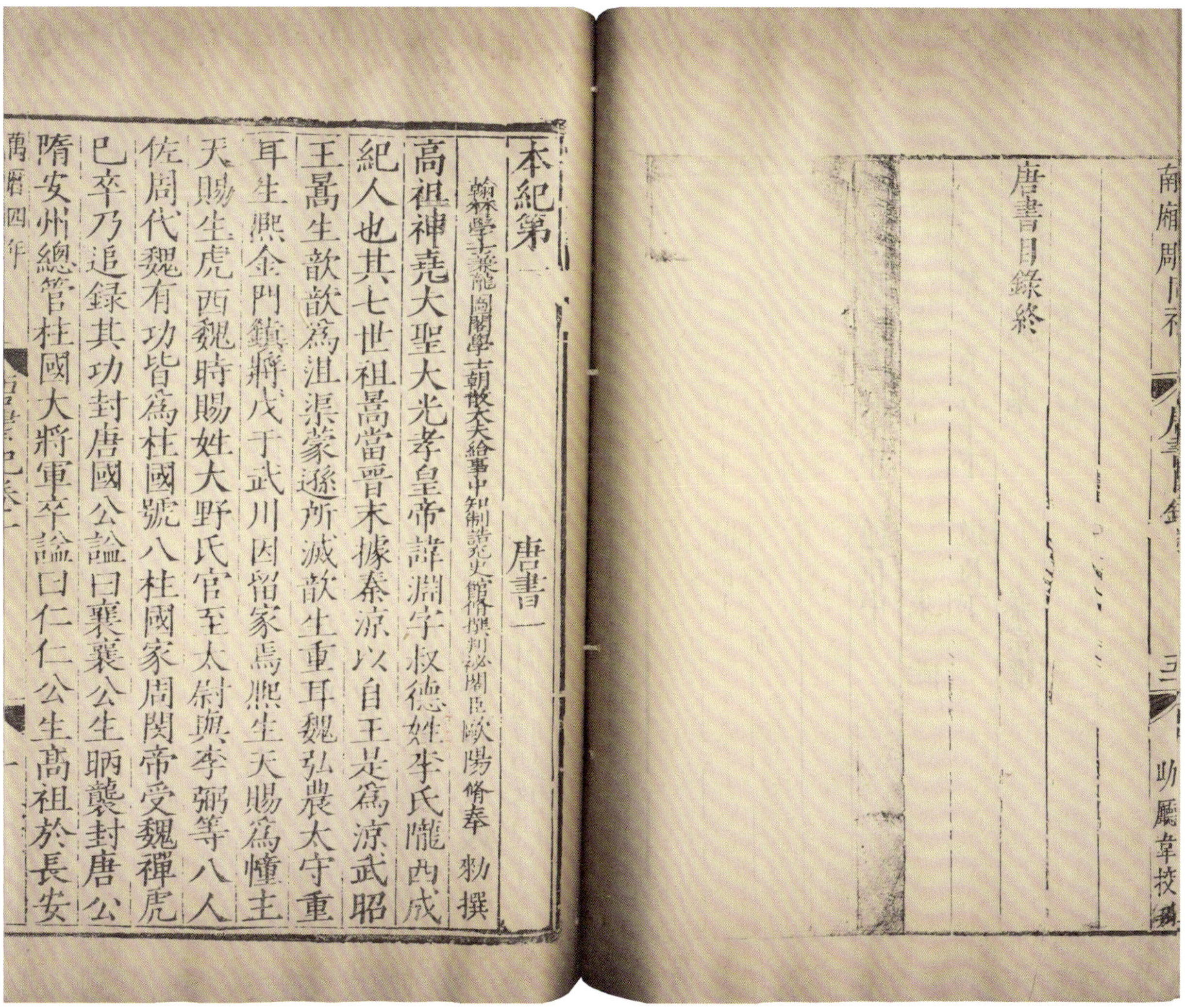
唐書目錄終

本紀第一　　唐書一

翰林學士兼龍圖閣學士朝散大夫給事中知制誥充史館修撰判秘閣臣歐陽脩奉　勑撰

高祖神堯大聖大光孝皇帝諱淵字叔德姓李氏隴西成紀人也其七世祖暠當晉末據秦涼以自王是爲涼武昭王暠生歆歆爲沮渠蒙遜所滅歆生重耳魏弘農太守重耳生熙金門鎮將戍于武川因留家焉熙生天賜爲幢主天賜生虎西魏時賜姓大野氏官至太尉與李弼等八人佐周代魏有功皆爲柱國號八柱國家周閔帝受魏禪虎已卒乃追録其功封唐國公謚曰襄襄公生昞襲封唐公隋安州總管柱國大將軍卒謚曰仁仁公生高祖於長安

唐書二百二十五卷　（宋）歐陽修撰　釋音二十五卷　（宋）董衝撰　明刻清遞修本

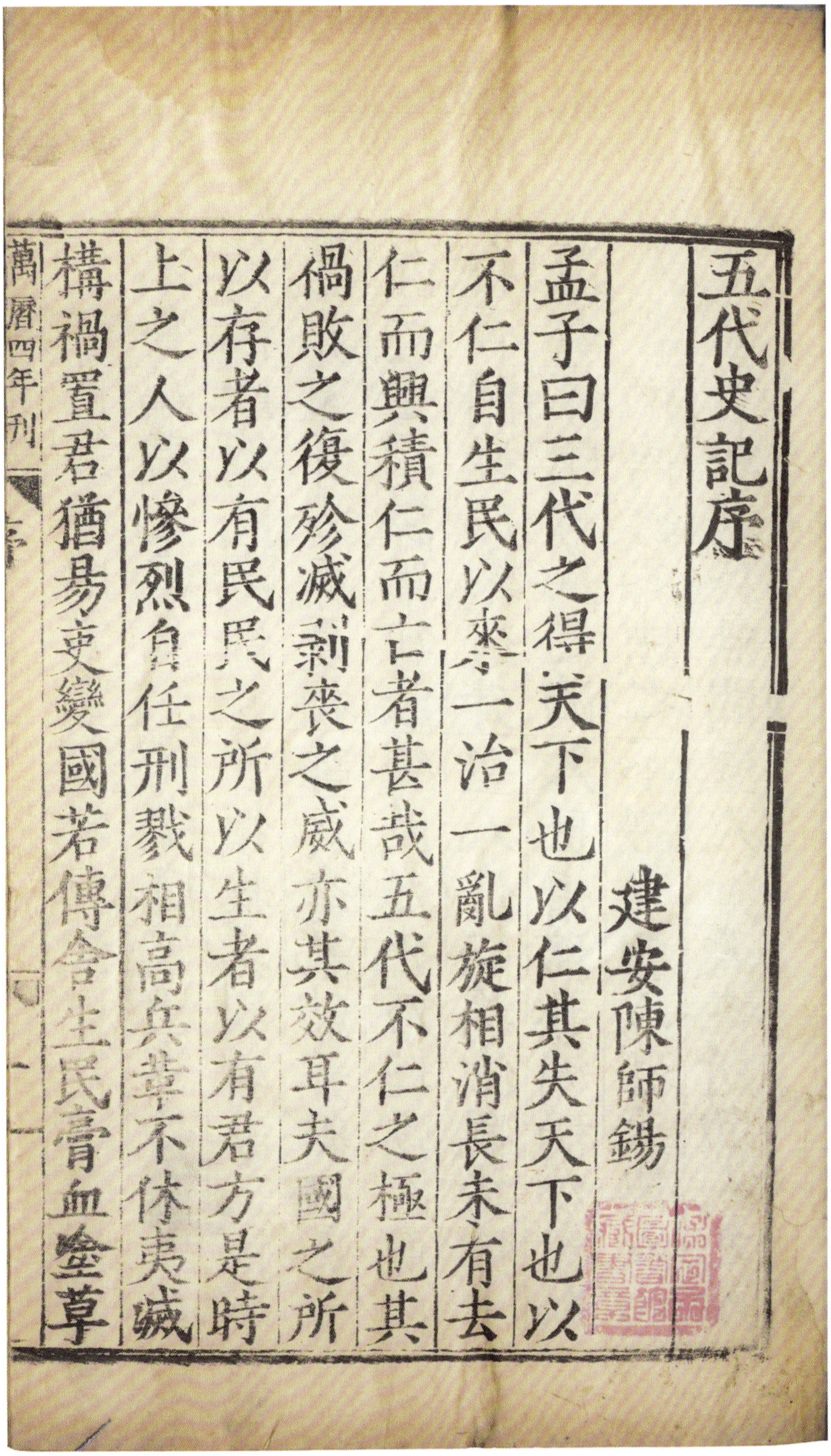

五代史記序

建安陳師錫

孟子曰三代之得天下也以仁其失天下也以
不仁自生民以來一治一亂旋相消長未有去
仁而興積仁而亡者甚哉五代不仁之極也其
禍敗之復殄滅剥喪之威亦其效耳夫國之所
以存者以有民民之所以生者以有君方是時
上之人以慘烈自任刑戮相高兵革不休夷滅
構禍置君猶易吏變國若傳舍生民膏血塗草

萬曆四年刊　序　一

五代史記七十四卷　（宋）歐陽修撰　徐無黨注　明萬曆四年南京國子監刻明清遞修本

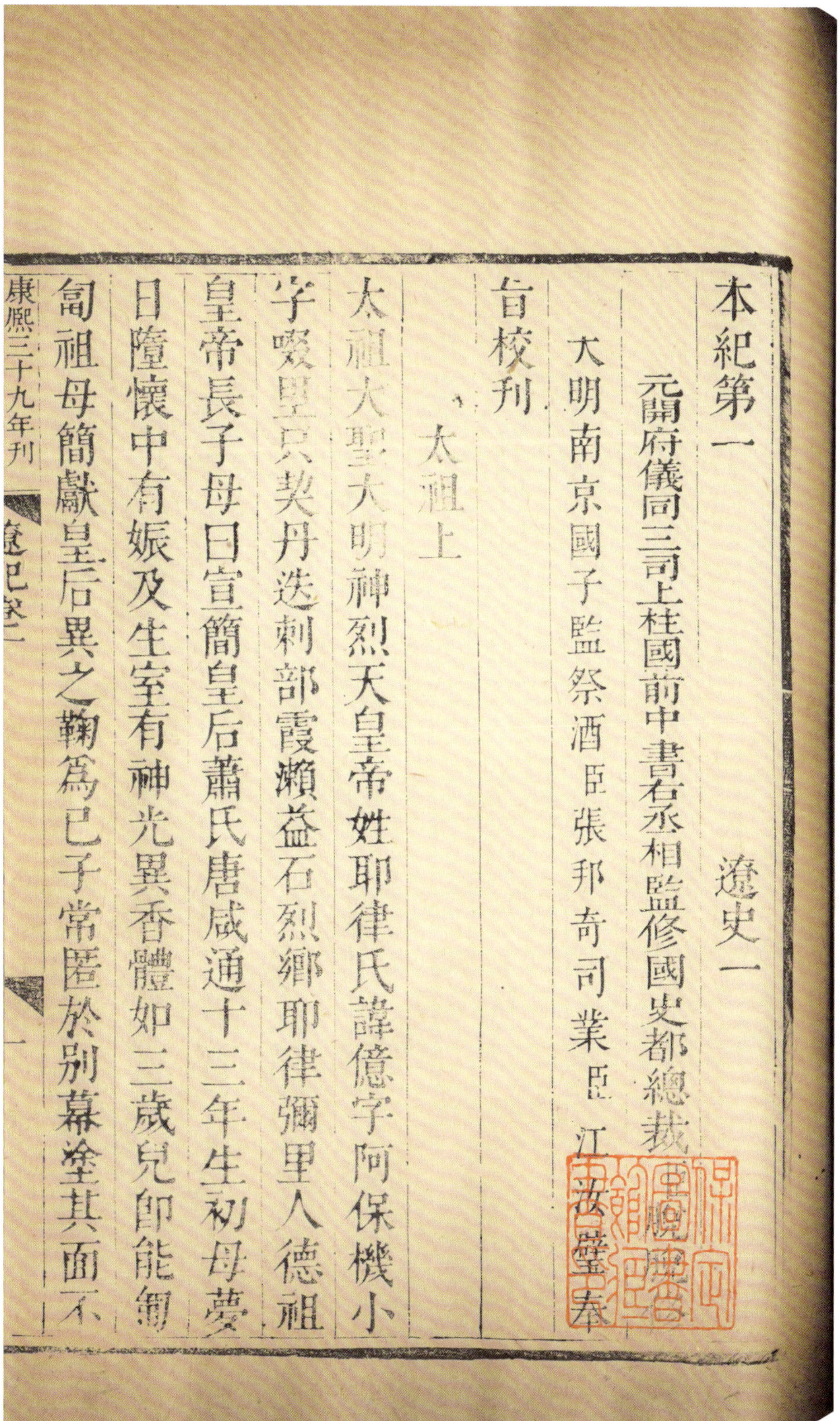

本紀第一　遼史一

元開府儀同三司上柱國前中書右丞相監修國史都總裁

大明南京國子監祭酒臣張邦奇司業臣江汝璧奉

旨校刊

太祖上

太祖大聖大明神烈天皇帝姓耶律氏諱億字阿保機小字啜里只契丹迭剌部霞瀨益石烈鄉耶律彌里人德祖皇帝長子母曰宣簡皇后蕭氏唐咸通十三年生初母夢日墮懷中有娠及生室有神光異香體如三歲兒即能匍匐祖母簡獻皇后異之鞠為己子常匿於別幕塗其面不

康熙三十九年刊　遼紀卷一　一

遼史一百十六卷　（元）脫脫等撰　明嘉靖八年南京國子監刻明清遞修本

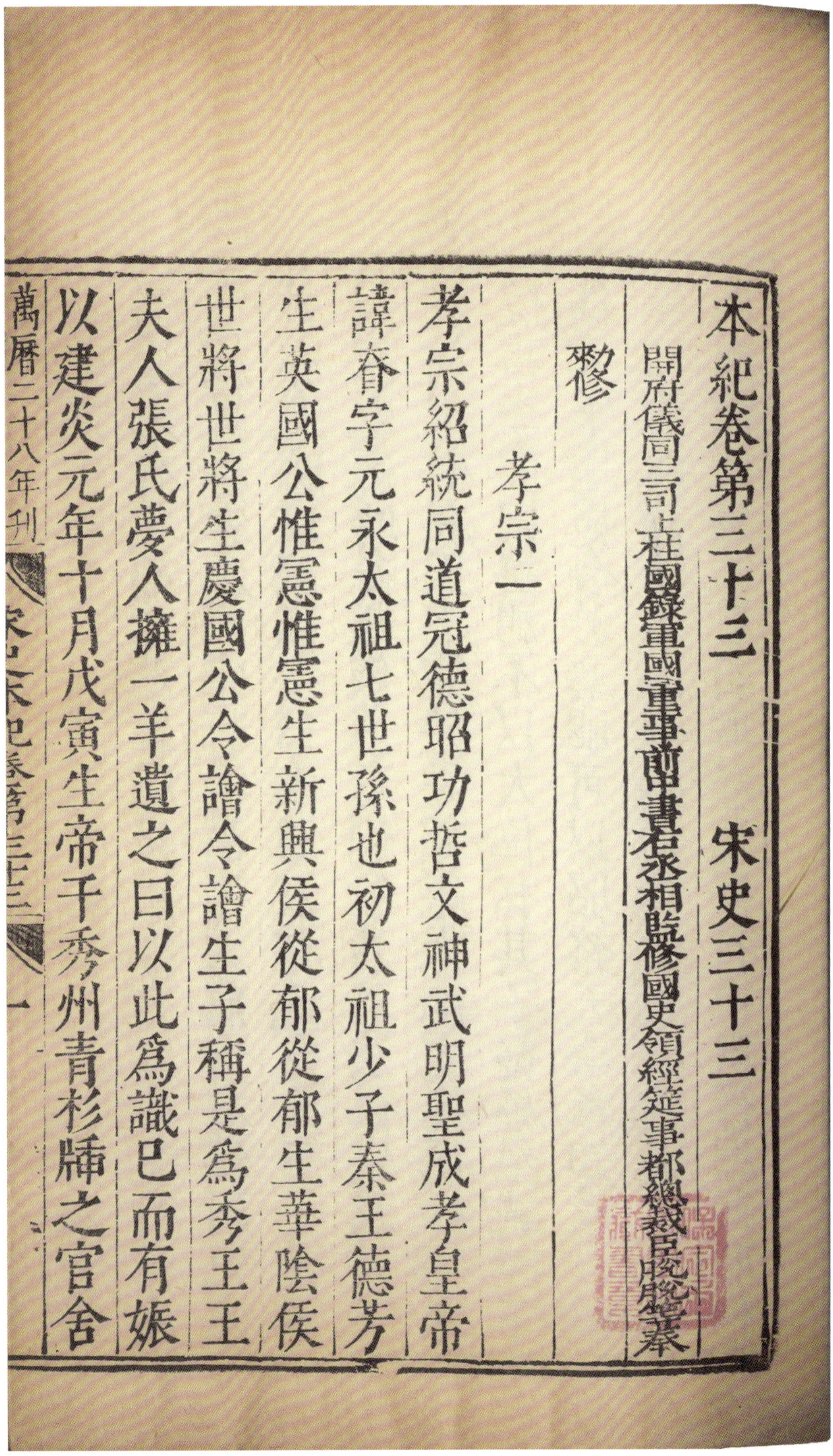
本紀卷第三十三　宋史三十三

開府儀同三司上柱國錄軍國重事中書右丞相監修國史領經筵事都總裁臣脫脫等奉

勑修

孝宗一

孝宗紹統同道冠德昭功哲文神武明聖成孝皇帝諱昚字元永太祖七世孫也初太祖少子秦王德芳生英國公惟憲惟憲生新興侯從郁從郁生華陰侯世將世將生慶國公令譮令譮生子偁是爲秀王王夫人張氏夢人擁一羊遺之曰以此爲識已而有娠以建炎元年十月戊寅生帝于秀州青杉牐之官舍

萬曆二十八年刊　宋史紀卷第三十三　一

宋史四百九十六卷目錄三卷　（元）脫脫等撰　明成化七至十六年朱英刻明清遞修本

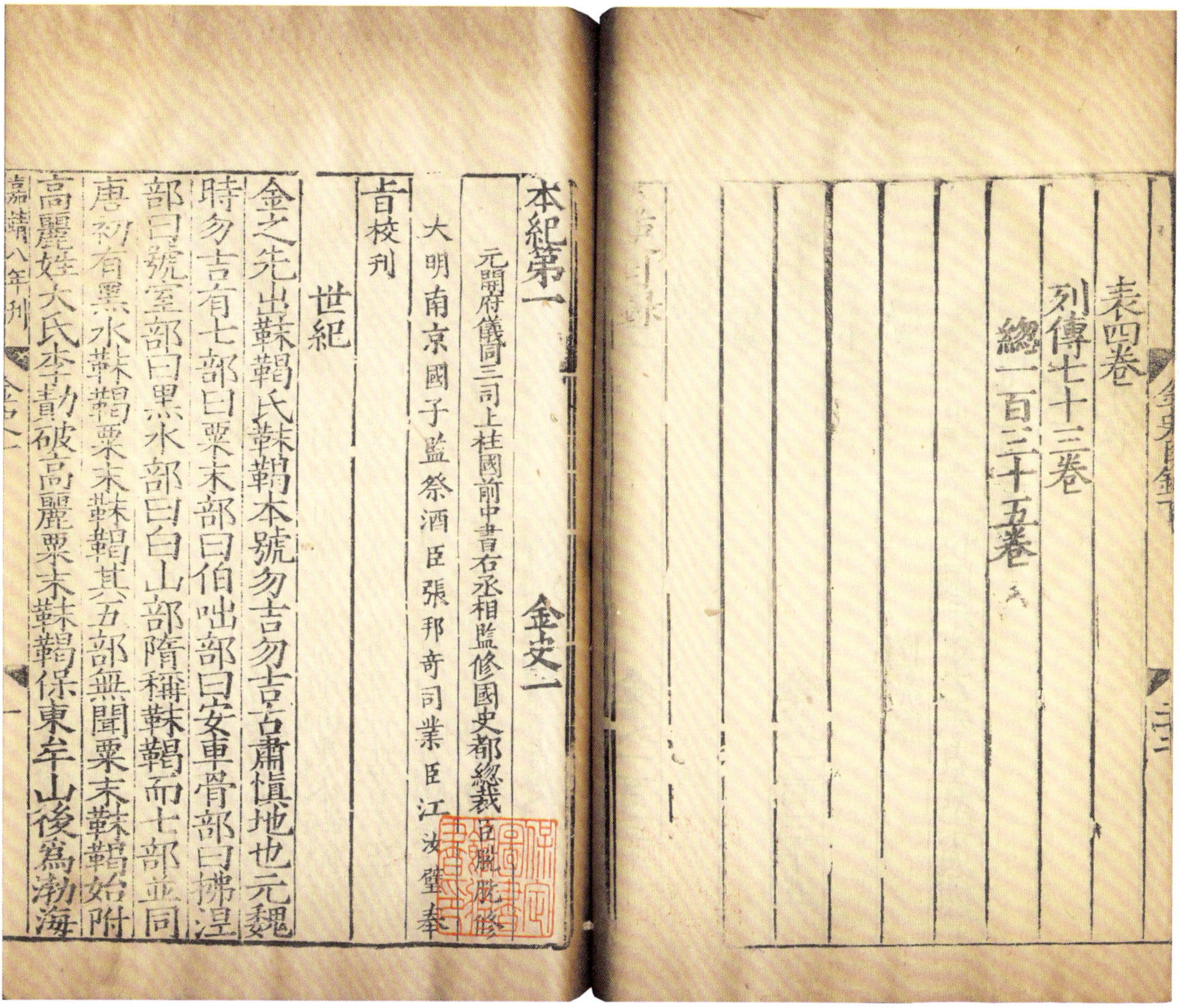

金史一百三十五卷目錄二卷　（元）脫脫等撰　明嘉靖八年南京國子監刻明清遞修本

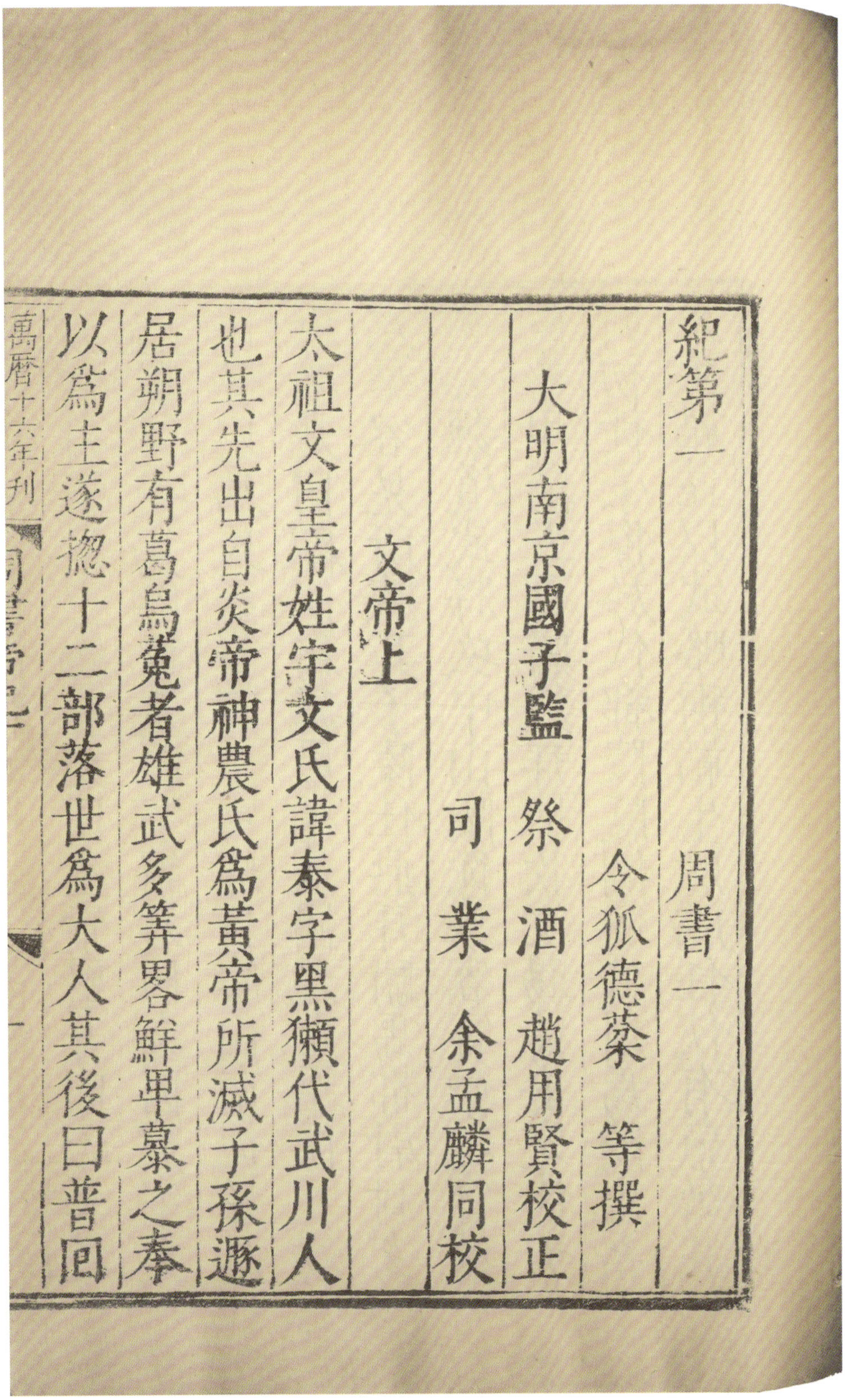
紀第一　周書一

令狐德棻　等撰

大明南京國子監　祭酒　趙用賢校正

司　業　余孟麟同校

文帝上

太祖文皇帝姓宇文氏諱泰字黑獺代武川人也其先出自炎帝神農氏爲黃帝所滅子孫遯居朔野有葛烏菟者雄武多筭畧鮮卑慕之奉以爲主遂總十二部落世爲大人其後曰普回

萬曆十六年刊　周書紀一　一

周書五十卷　（唐）令狐德棻等撰　明萬曆十六年南京國子監刻明清遞修本

御批資治通鑑綱目前編外紀卷首

三皇紀　索隱曰紀者記也本其事而記之故曰本紀帝王書稱紀者言為後代之綱紀[illegible]

總論　雙湖胡氏曰三皇之號昉於周禮外史[illegible]

五帝之書而不指其名其文則見於本[illegible]有

天皇地皇人皇之議秦去古未遠意三皇之稱[illegible]或

庶幾焉漢孔安國書序乃始以伏羲神農黃帝為三

皇少昊顓頊高辛堯舜為五帝不知果何所本蓋孔

子於家語自伏羲以下皆稱曰帝易大傳春秋內外

傳有黃帝炎帝之稱呂氏月令雖不可為據然有曰

帝太昊帝炎帝黃帝亦足以表先秦未嘗以伏羲

神農黃帝為三皇也至宋五峯胡氏直斷以孔子繫易

大傳以伏羲神農黃帝堯舜為五帝不信傳而信經

其論始定然三皇之號不可泯也則亦以天皇地皇

人皇言之但此三者本無所稽意混茫初闢先有天

而後有地既有天地則氣化而人生焉皇極經世書

以元經會所謂天開於子地闢於丑人生於寅至寅

始為開物之初意三皇之號由此而稱而所謂三墳

者亦必因文籍既生之後述上古之事而有定書大

抵鴻荒闊遠不可得而詳矣況夫子於書首唐

虞於易首伏羲伏羲以前皆未嘗道闕之可也

通鑑綱目全書一百八卷　清康熙宋犖奉勅校刊本

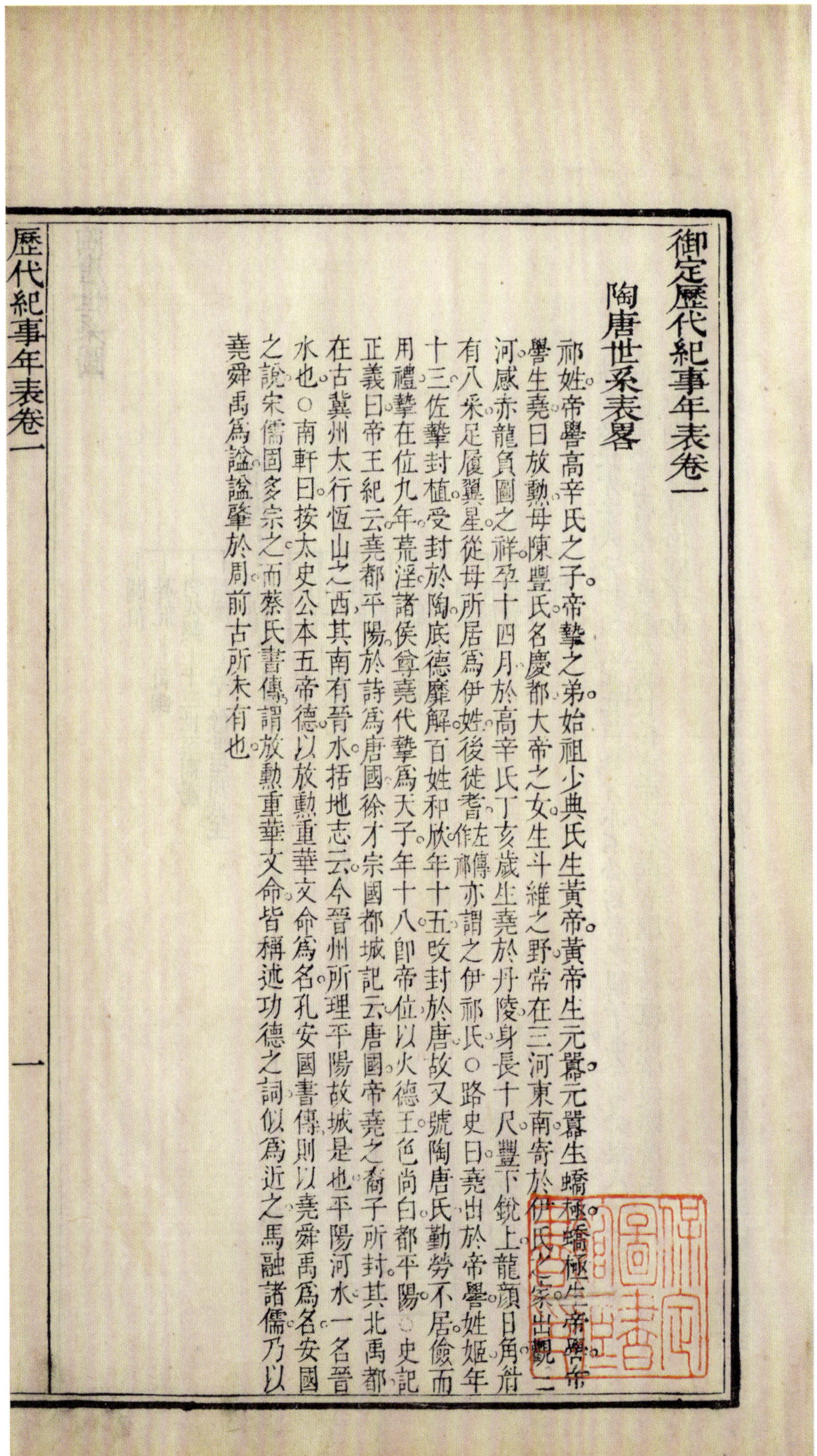

御定歷代紀事年表卷一

陶唐世系表略

祁姓。帝嚳高辛氏之子。帝摯之弟。始祖少典氏生黃帝。黃帝生元囂。元囂生蟜極。蟜極生帝嚳。帝嚳生堯曰放勳。母陳豐氏名慶都。大帝之女。生斗維之野。常在三河東南。寄於伊氏之家。出觀三河。感赤龍負圖之祥。孕十四月。於高辛氏丁亥歲生堯於丹陵。身長十尺。豐下銳上。龍顏日角。八眉有八彩。足履翼星。從母所居爲伊姓。後徙耆。作祁。左傳亦謂之伊祁氏。○路史曰。堯出於帝嚳。姓姬。年十三佐摯封植。受封於陶。底德靡解。百姓和欣。年十五。改封於唐。故又號陶唐氏。勤勞不居。儉而用禮。摯在位九年。荒淫。諸侯尊堯代摯爲天子。年十八。即帝位。以火德王。色尚白。都平陽。○史記正義曰。帝王紀云。堯都平陽。於詩爲唐國。徐才宗國都城記云。唐國。帝堯之裔子所封。其北。禹都在古冀州太行恆山之西。其南有晉水。括地志云。今晉州所理平陽故城是也。平陽河水一名晉水也。○南軒曰。按太史公本五帝德。以放勳重華文命爲名。孔安國書傳則以堯舜禹爲名。安國之說。宋儒固多宗之。而蔡氏書傳。謂放勳重華文命。皆稱述功德之詞。似爲近之。馬融諸儒乃以堯舜禹爲謚。謚肇於周。前古所未有也。

歷代紀事年表卷一　　一

御定歷代紀事年表一百卷　（清）王之樞撰　清康熙五十四年內府刻本

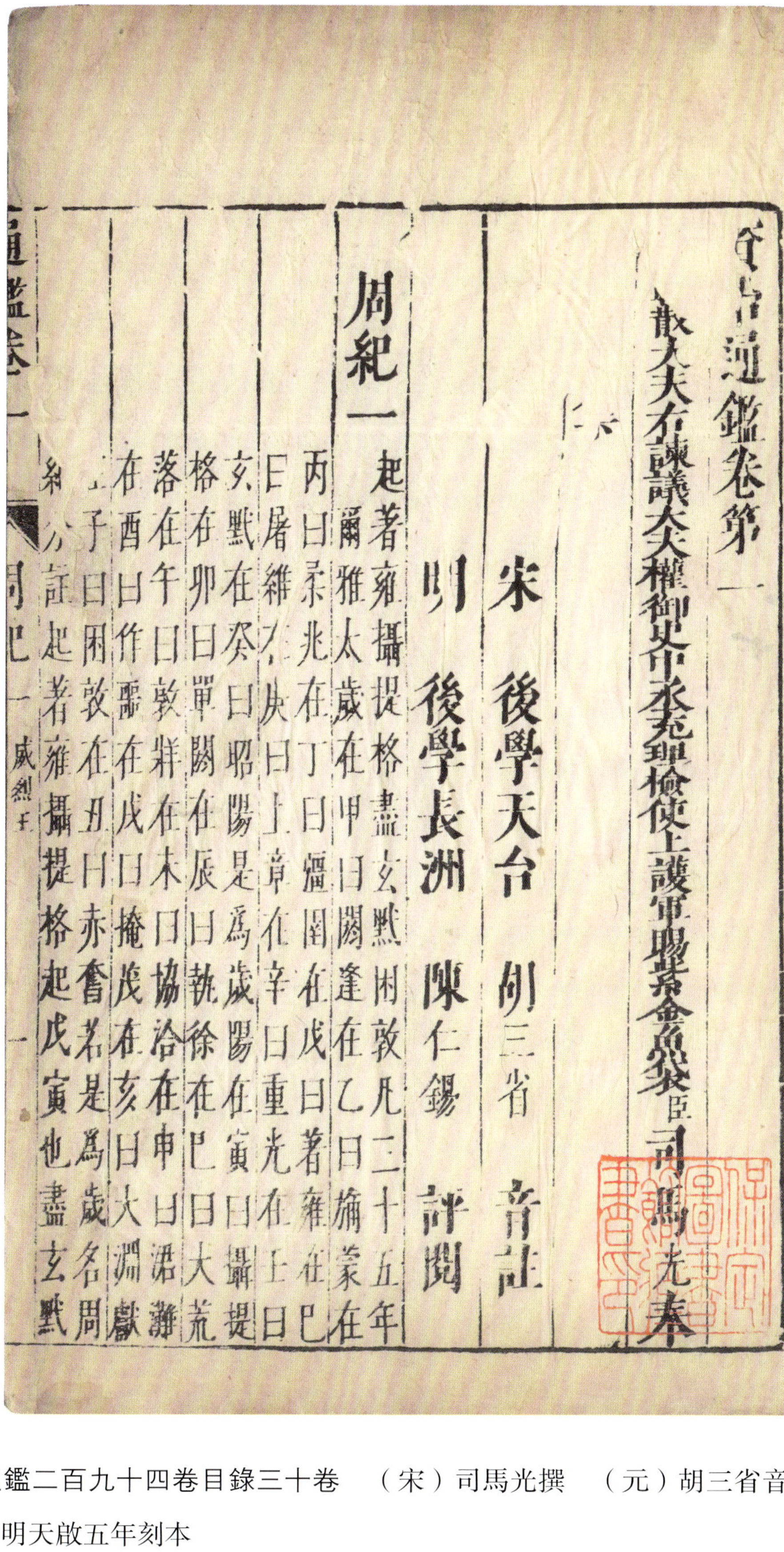

資治通鑑卷第一

朝散大夫右諫議大夫權御史中丞充理檢使上護軍賜紫金魚袋臣司馬光奉

宋　後學天台　胡三省　音註

明　後學長洲　陳仁錫　評閱

周紀一

起著雍攝提格盡玄黓困敦凡三十五年

爾雅太歲在甲曰閼逢在乙曰旃蒙在丙曰柔兆在丁曰彊圉在戊曰著雍在己曰屠維在庚曰上章在辛曰重光在壬曰玄黓在癸曰昭陽是爲歲陽在寅曰攝提格在卯曰單閼在辰曰執徐在巳曰大荒落在午曰敦牂在未曰協洽在申曰涒灘在酉曰作噩在戌曰閹茂在亥曰大淵獻在子曰困敦在丑曰赤奮若是爲歲名周紀分註起著雍攝提格起戊寅也盡玄黓

通鑑卷一　周紀一　威烈王　一

資治通鑑二百九十四卷目錄三十卷　（宋）司馬光撰　（元）胡三省音註　（明）陳仁錫評　明天啟五年刻本

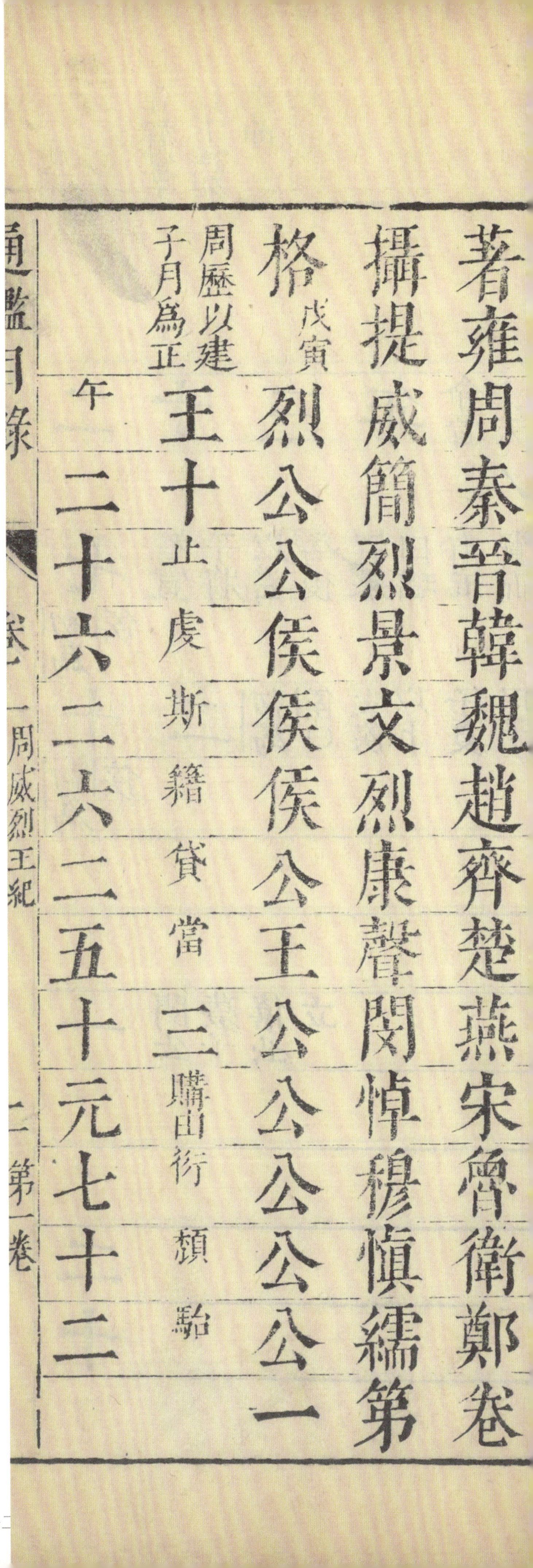
著雍周秦晉韓魏趙齊楚燕宋魯衛鄭卷
攝提威簡烈烈景文烈康聲閔悼穆傾繻第
格戊寅烈公公侯侯侯公王公公公公公一
周歷以建子月爲正王十止虔斯籍貸當三購由衍頹駘
午二十六二六二五十元七十二
通鑑目錄 卷之一周威烈王紀 第一卷

資治通鑑二百九十四卷目錄三十卷釋例一卷　（宋）司馬光撰　（元）胡三省音註（明）陳仁錫評　資治通鑑問疑一卷　（宋）劉羲仲纂集　明崇禎刻本

尊天

七政之變著於史者置於上方又編年之書襍記衆國之事參差不齊今倣司馬遷年表年經而國緯之列于下方又敘事之體太簡則首尾不可得而詳太煩則義理汨沒而難知今撮新書精要之語散於其間以爲目錄云

閱其所錄奏對以簡勝煩大有體要

資治通鑑目錄卷第一

宋翰林學士朝散大夫右諫議大夫知制誥兼侍講同提舉萬壽觀公事兼判集賢院上護軍河內

三皇五帝之說辨者紛如惟孔安國書序以伏羲神農黃帝之書爲三墳少昊顓頊高辛唐虞之書爲五典不區分皇帝之號其說較爲簡當

御批歷代通鑑輯覽卷之一

伏羲氏在位一百十五年。傳十五世。

太昊伏羲氏。

帝生于成紀。帝母居于華胥之渚。履巨人跡。意有所動。虹且繞之。因而始娠。生帝于成紀。華胥古國。寰宇記。藍田縣有華胥氏陵。成紀故城。在今甘肅秦州秦安縣。以木德繼天而王。故風姓。有聖德。象日月之明。故曰太昊。都陳。左傳。陳。太昊之墟。鄭樵通志。伏羲都陳。宛邱城是也。宛邱。今河南陳州府治是。

始畫八卦。

帝德洽上下。有龍馬。說文。龍。鱗虫之長。玉篇。馬。武獸也。此馬身而龍鱗。故曰龍馬。負圖出于河。孔安國書傳。伏羲氏王天下。龍馬出河。朱子河圖論。圖之位。一與六共宗而居乎北。二與七爲朋而居乎南。三與八同道而居乎東。四與九爲友而居乎西。五與十相守而居乎中。乃仰觀象

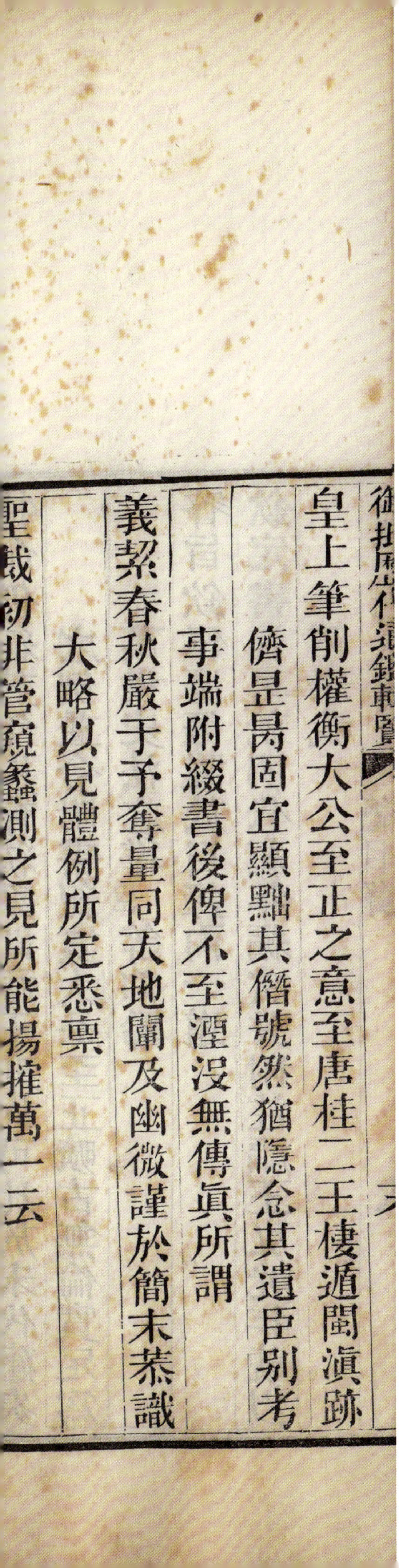

御批歷代通鑑輯覽

皇上筆削權衡大公至正之意至唐桂二王棲遁閩滇跡僭昰昺固宜顯黜其僭號然猶隱念其遺臣別考事端附綴書後俾不至湮沒無傳眞所謂義絜春秋嚴于予奪量同天地闡及幽微謹於簡末恭識大略以見體例所定悉稟聖裁初非管窺蠡測之見所能揚搉萬一云

御批歷代通鑑輯覽一百二十卷　（清）傅恒、楊述曾等纂修　清乾隆三十三年武英殿朱墨套印本

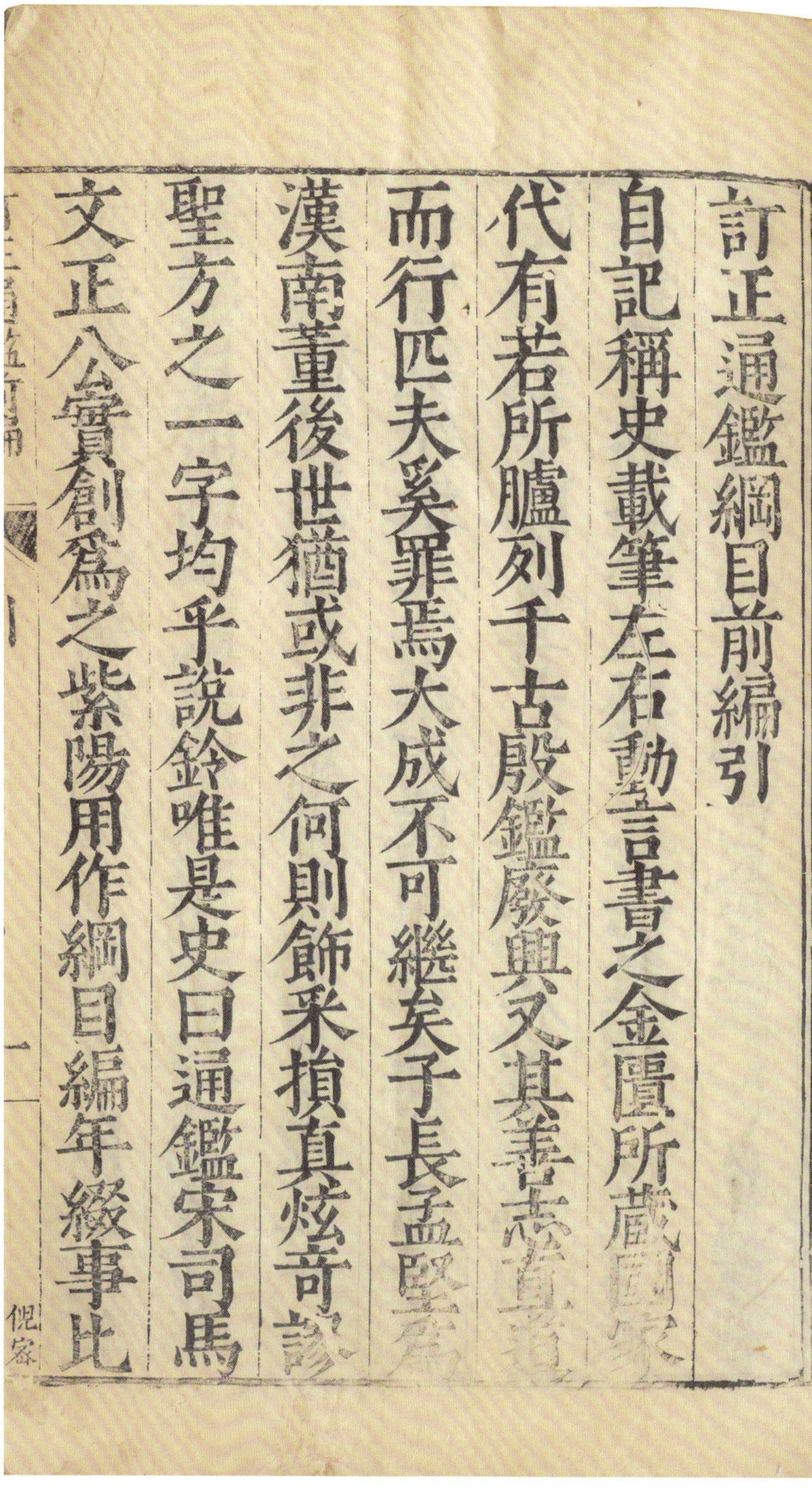
訂正通鑑綱目前編引
自記稱史載筆左右動言書之金匱所藏國家
代有若所臚列千古殷鑑廢興又其善志者著
而行匹夫奚罪焉大成不可繼矣子長孟堅爲
漢南董後世猶或非之何則飾釆損真炫奇詭
聖方之一字均乎説鈐唯是史曰通鑑宋司馬
文正公嘗創爲之紫陽用作綱目編年綴事比
訂正通鑑前編　一　倪容

訂正通鑑綱目前編二十五卷　（明）南軒撰　明萬曆二十三年刻本

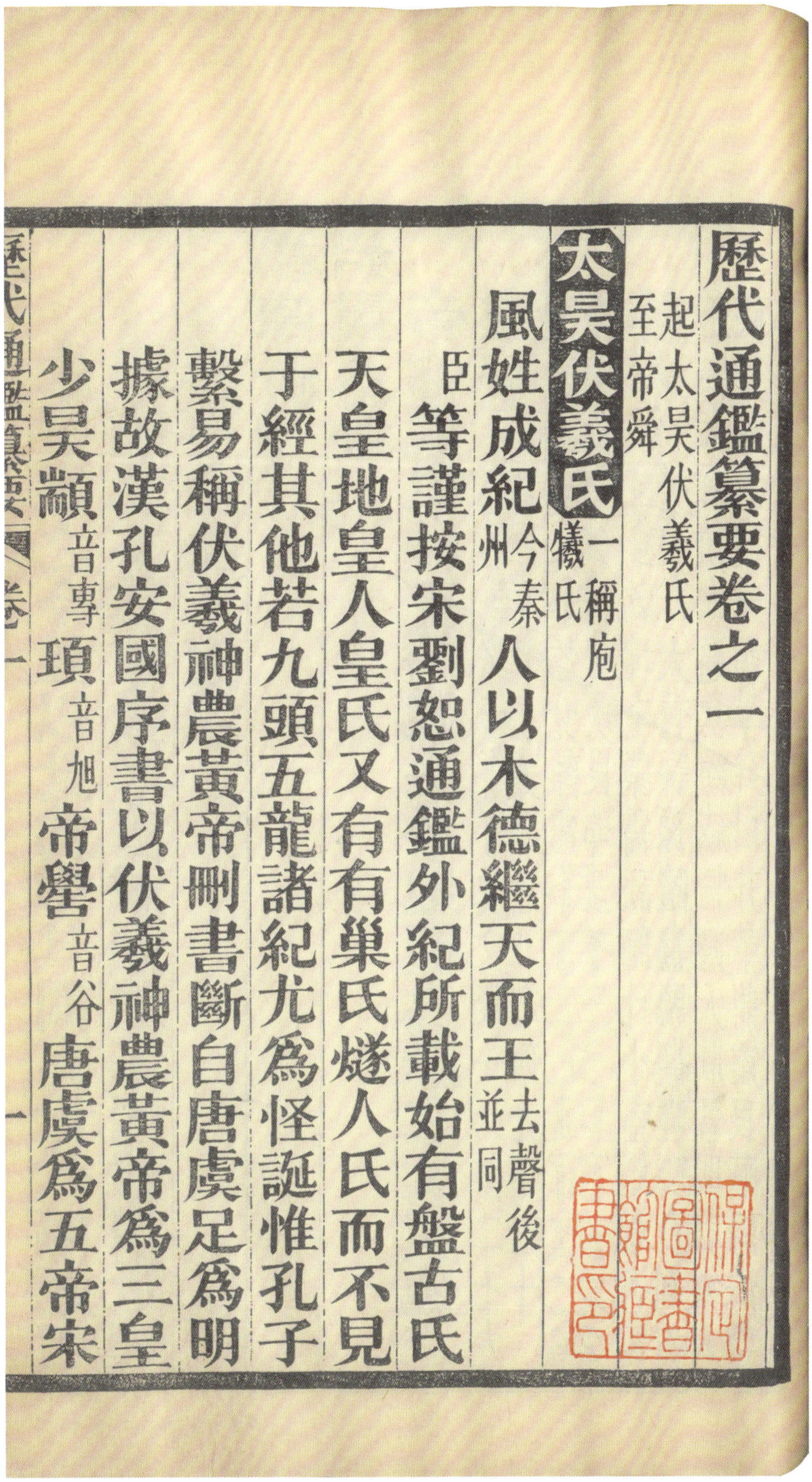

歷代通鑑纂要卷之一

起太昊伏羲氏至帝舜

太昊伏羲氏 一稱庖犧氏

風姓成紀今秦州人以木德繼天而王去聲後並同

臣等謹按宋劉恕通鑑外紀所載始有盤古氏天皇地皇人皇氏又有有巢氏燧人氏而不見于經其他若九頭五龍諸紀尤爲怪誕惟孔子繫易稱伏羲神農黃帝刪書斷自唐虞足爲明據故漢孔安國序書以伏羲神農黃帝爲三皇少昊顓音專頊音旭帝嚳音谷唐虞爲五帝宋

歷代通鑑纂要 卷一 一

歷代通鑑纂要九十二卷　（明）李東陽等撰　清光緒二十三年刻本

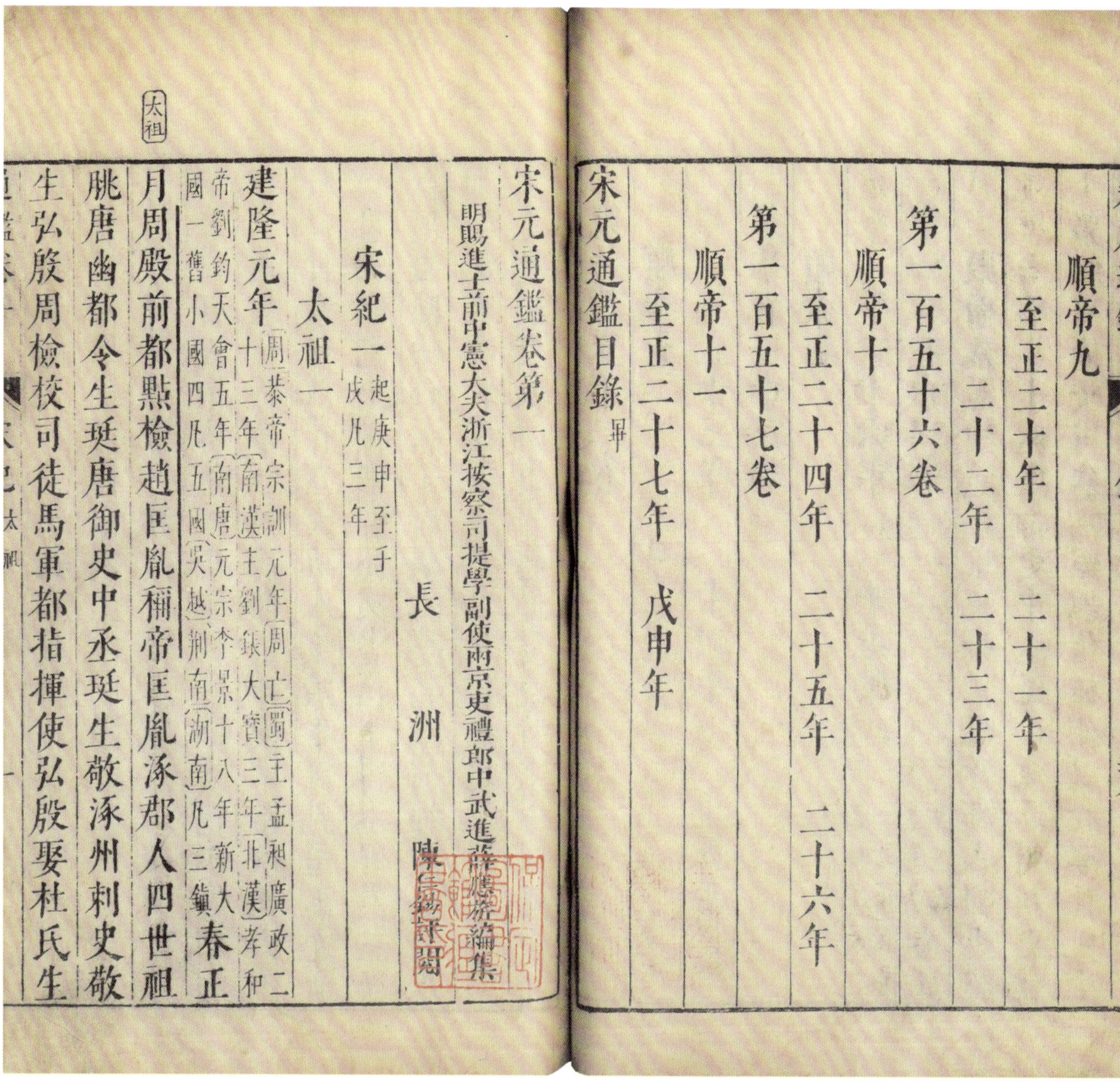

宋元通鑑一百五十七卷　（明）薛應旂撰　陳仁錫評　明天啟六年刻本　入選《河北省名錄》0196號

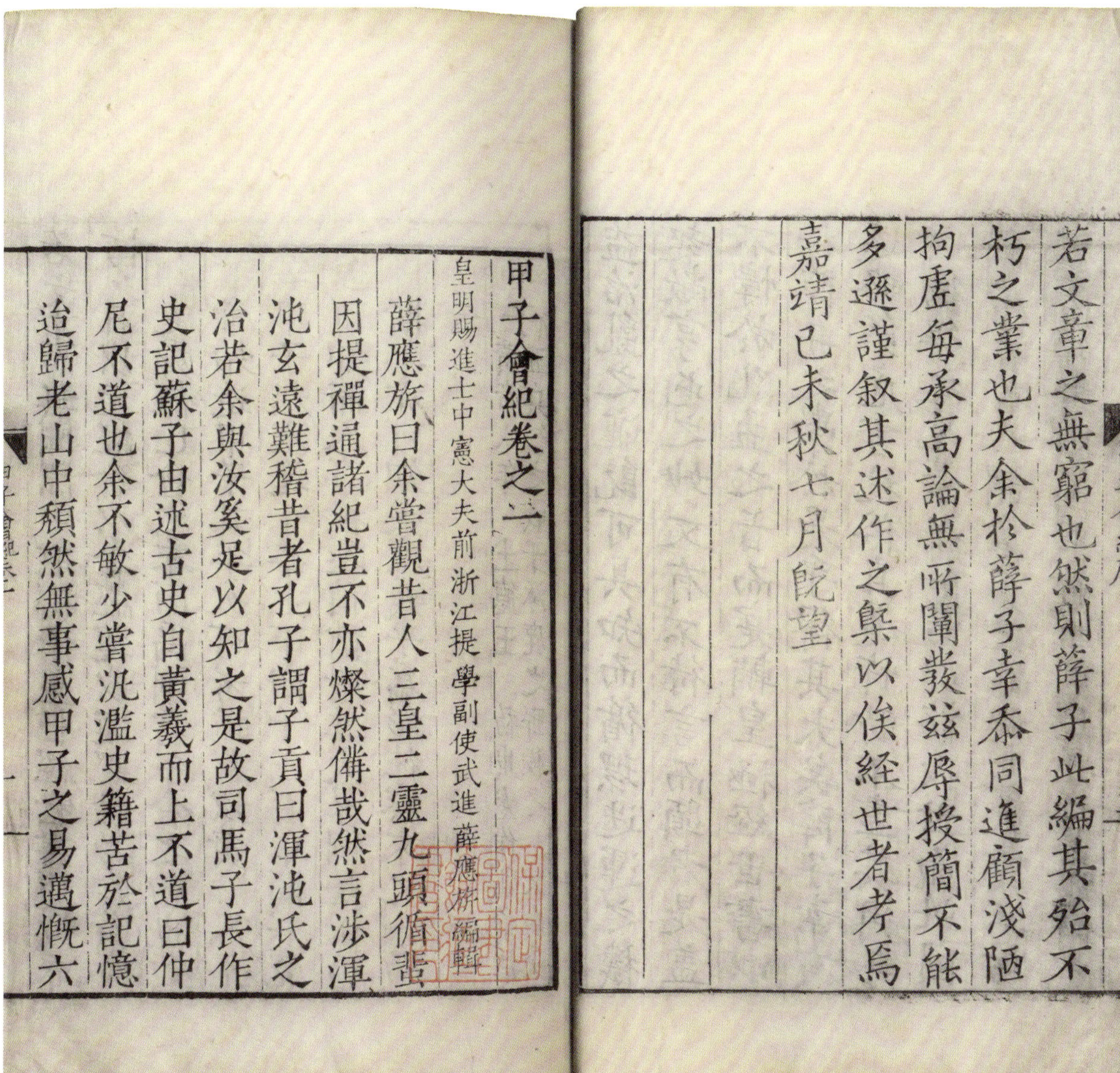
甲子會紀序　三

若文章之無窮也然則薛子此編其殆不
朽之業也夫余於薛子幸忝同進顧淺陋
拘虛每承高論無所闡裴茲辱授簡不能
多遜謹叙其述作之槩以俟經世者考焉
嘉靖己未秋七月既望

甲子會紀卷之一
皇明賜進士中憲大夫前浙江提學副使武進薛應旂編輯
薛應旂曰余嘗觀昔人三皇二靈九頭循蜚
因提禪通諸紀豈不亦燦然備哉然言涉渾
沌玄遠難稽昔者孔子謂子貢曰渾沌氏之
治若余與汝奚足以知之是故司馬子長作
史記蘇子由述古史自黃羲而上不道曰仲
尼不道也余不敏少嘗汎濫史籍苦於記憶
追歸老山中頹然無事感甲子之易遷慨六

甲子會紀卷一　一

甲子會紀五卷　（明）薛應旂撰　明嘉靖三十八年玄津草堂刻本　入選《國家名錄》03754號

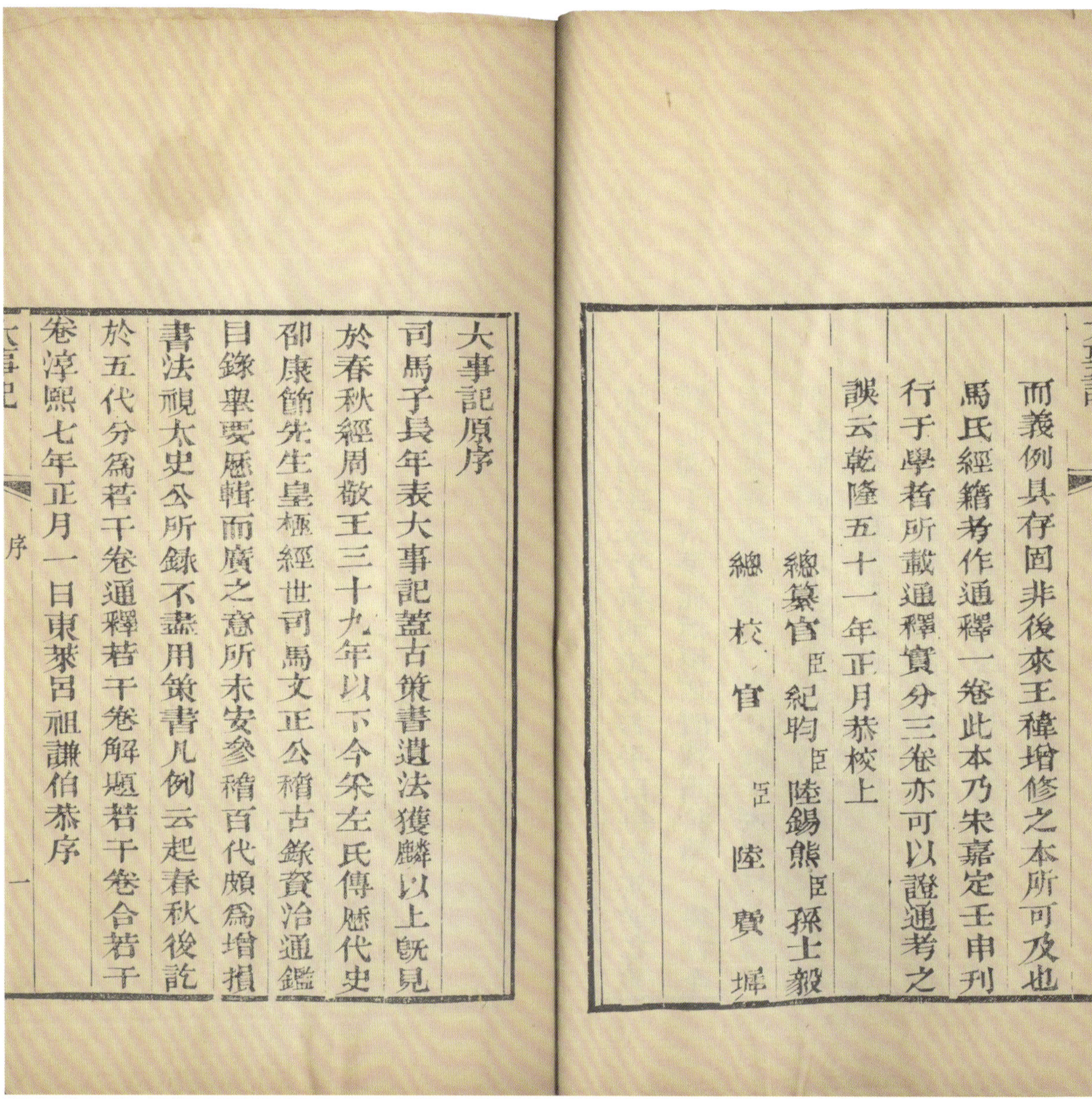

大事記

而義例具存固非後來王褘增修之本所可及也
馬氏經籍考作通釋一卷此本乃宋嘉定壬申刊
行于學者所載通釋實分三卷亦可以證通考之
誤云乾隆五十一年正月恭校上
總纂官臣紀昀臣陸錫熊臣孫士毅
總校官臣陸費墀

大事記原序

司馬子長年表大事記蓋古策書遺法獲麟以上既見於春秋經周敬王三十九年以下今采左氏傳歷代史卲康節先生皇極經世司馬文正公稽古錄資治通鑑目錄舉要歷輯而廣之意所未安參稽百代頗爲增損書法視太史公所錄不盡用策書凡例云起春秋後訖於五代分爲若干卷通釋若干卷解題若干卷合若干卷淳熙七年正月一日東萊呂祖謙伯恭序

大事記　序　一

大事記十二卷通釋三卷解題十二卷　（宋）呂祖謙撰　清乾隆五十一年武英殿聚珍本

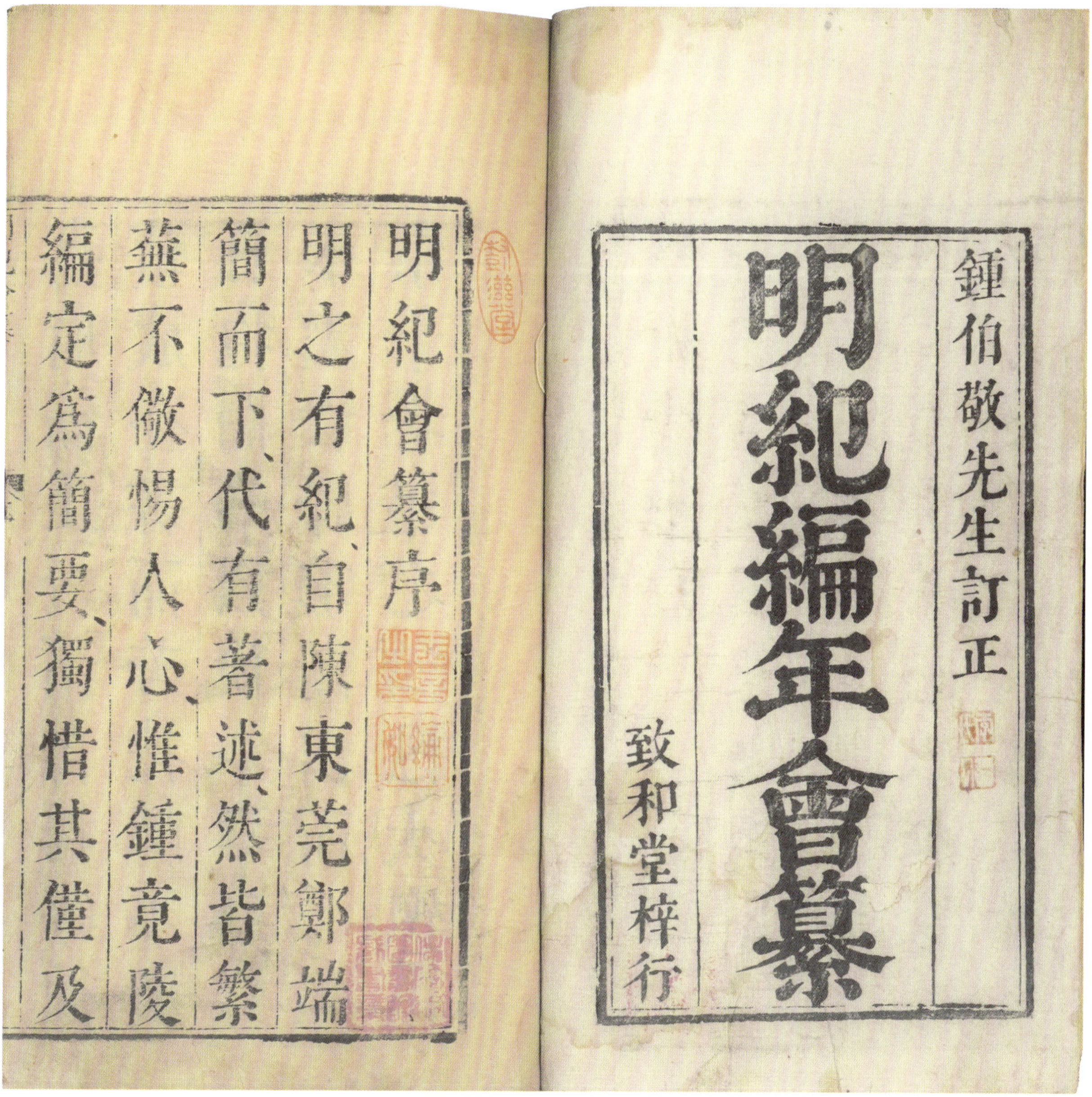

鍾伯敬先生訂正

明紀編年會纂

致和堂梓行

明紀會纂序

明之有紀、自陳東莞鄭端簡而下、代有著述、然皆繁蕪不徹愓人心、惟鍾竟陵編定爲簡要、獨惜其僅及

新刻明朝通紀會纂七卷　（明）王世貞會纂　清初致和堂刻本

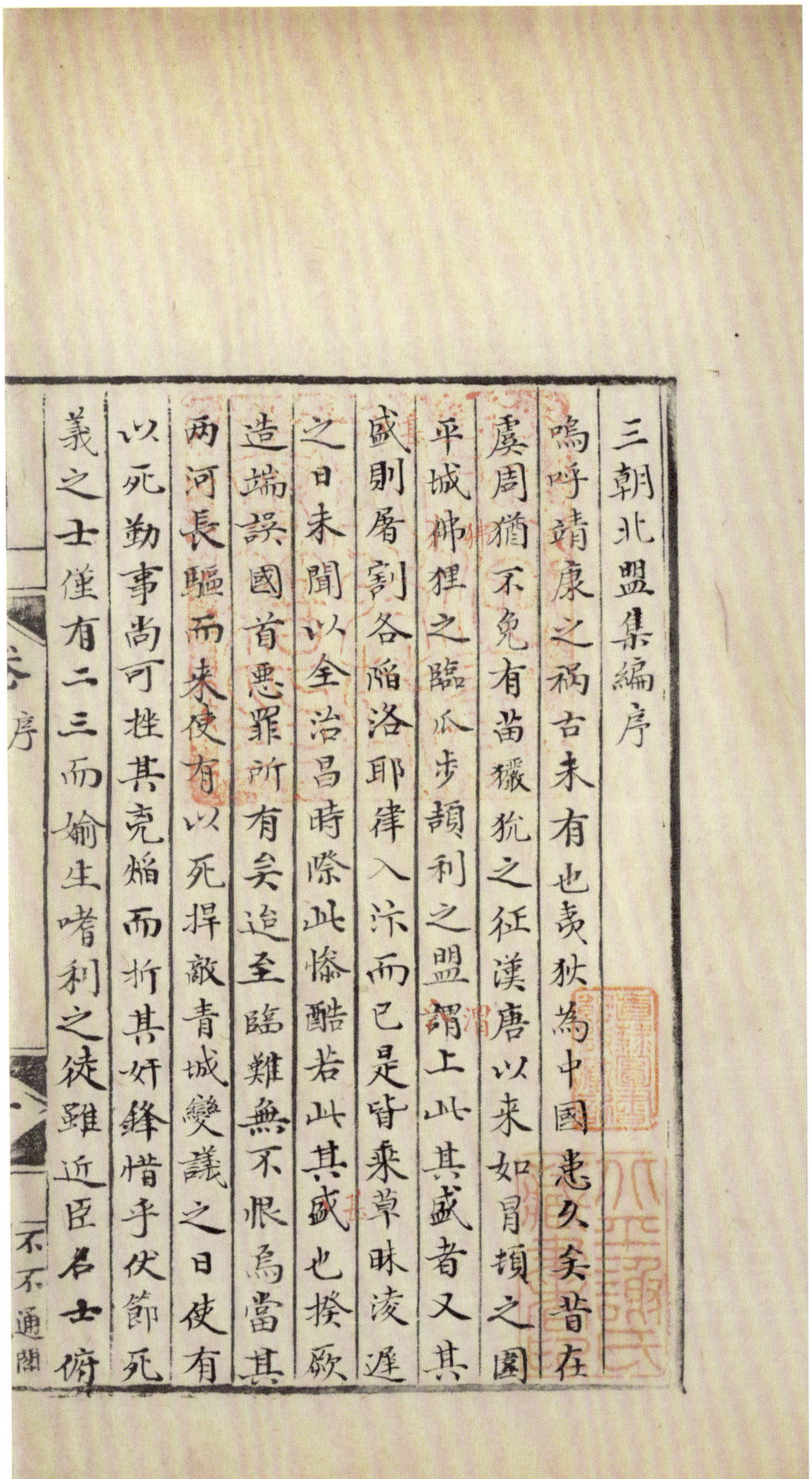
三朝北盟集編序

嗚呼靖康之禍古未有也夷狄為中國患久矣昔在虞周猶不免有苗玁狁之征漢唐以來如冐頓之圍平城彿狸之臨瓜步頡利之盟渭上此其盛者又其盛則屠割各陷洛耶律入汴而已是皆乘草昧凌遲之日未聞以全治昌時際此慘酷若此其盛也撥厥造端誤國首惡罪所有矣迨至臨難無不恨為當其兩河長驅而來使有以死捍敵青城變議之日使有以死勤事尚可挫其亢焰而折其奸鋒借手伏節死義之士僅有二三而偷生嗜利之徒雖近臣名士俯

三朝北盟會編二百五十卷　（宋）徐夢莘編　清初抄本　入選《國家名錄》07706號

後漢光武皇帝紀卷第一

袁宏

孝景帝生長沙定王發武帝世諸侯得分封子弟以長沙零道縣春陵封發中子買爲春陵節侯買生鬱林太守外外生鉅鹿都尉回回生南頓令欽欽生光武皇帝元帝時節侯之孫考侯以南方卑溼請徙南陽於是以蔡陽白水鄉爲春陵侯封邑而與從昆弟鉅鹿君及宗親俱徙焉湖陽人樊重女曰歸都自爲童兒不正容不出於房南頓君聘焉生齊武王縯魯哀王仲世祖新野寧平公主

世祖諱秀字文叔初南頓君爲濟陽令而世祖生夜有赤光室中皆明使卜者筮之曰貴不可言是歲嘉禾生

兩漢紀六十卷　清康熙蔣氏五峯閣重刻本

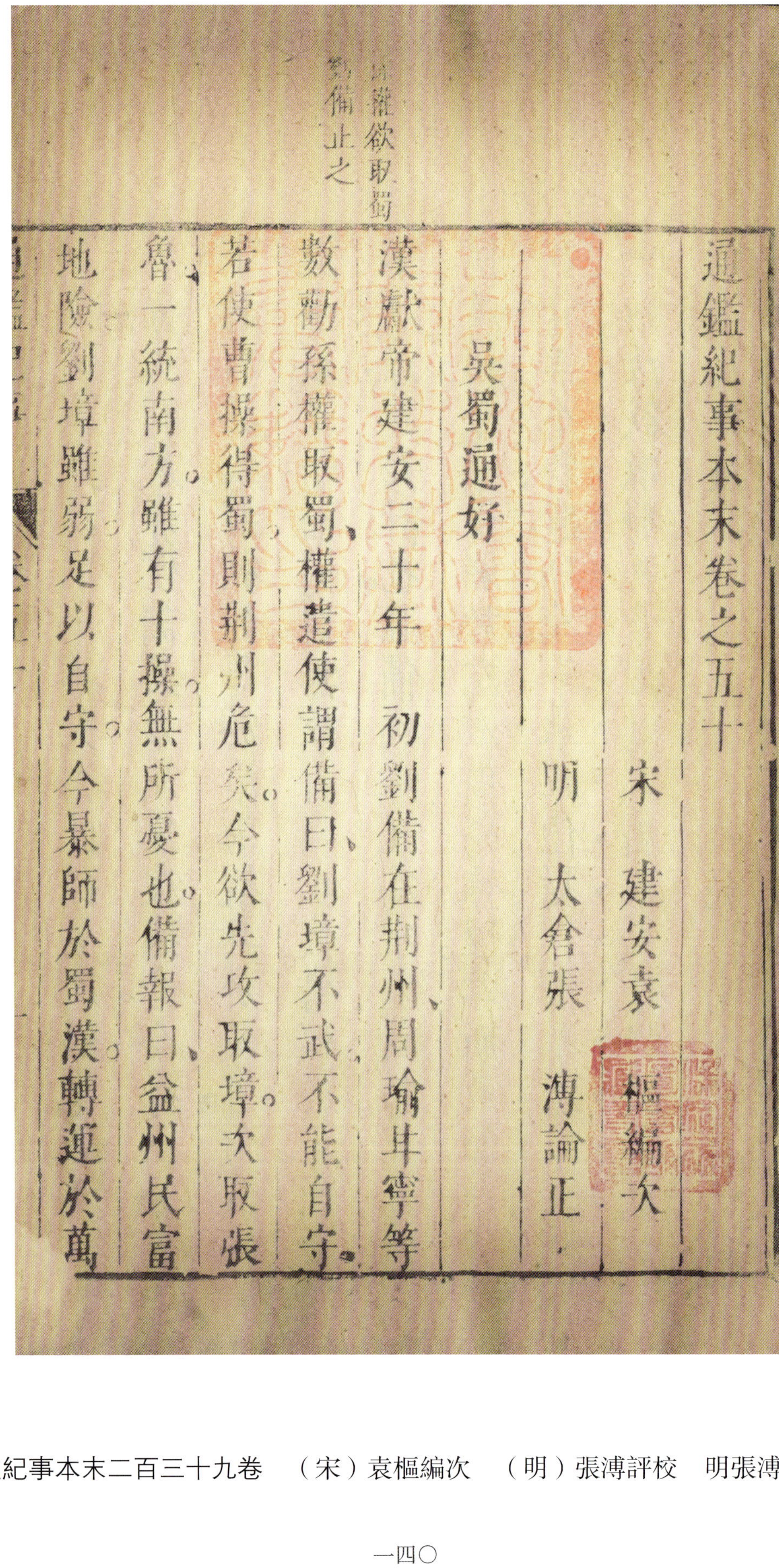

孫權欲取蜀劉備止之

通鑑紀事本末卷之五十

宋　建安袁　樞編次

明　太倉張　溥論正

吴蜀通好

漢獻帝建安二十年　初劉備在荆州周瑜甘寧等數勸孫權取蜀權遣使謂備曰劉璋不武不能自守若使曹操得蜀則荆州危矣今欲先攻取璋次取張魯一統南方雖有十操無所憂也備報曰益州民富地險劉璋雖弱足以自守今暴師於蜀漢轉運於萬

通鑑紀事本末二百三十九卷　（宋）袁樞編次　（明）張溥評校　明張溥刻本

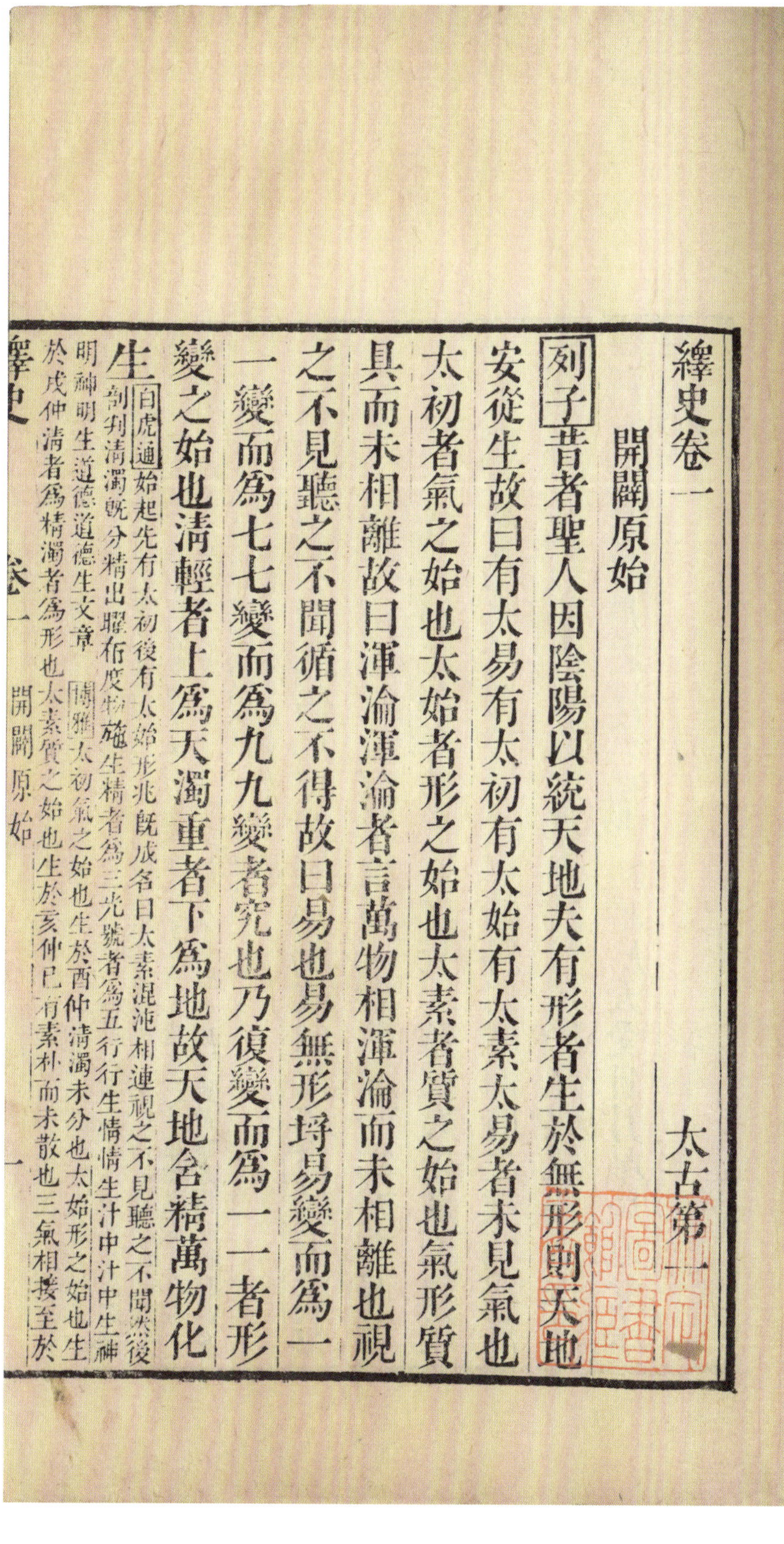

繹史卷一　　太古第一

開闢原始

列子昔者聖人因陰陽以統天地夫有形者生於無形則天地安從生故曰有太易有太初有太始有太素太易者未見氣也太初者氣之始也太始者形之始也太素者質之始也氣形質具而未相離故曰渾淪渾淪者言萬物相渾淪而未相離也視之不見聽之不聞循之不得故曰易也易無形埒易變而爲一一變而爲七七變而爲九九變者究也乃復變而爲一一者形變之始也清輕者上爲天濁重者下爲地故天地含精萬物化生白虎通始起先有太初後有太始形兆既成名曰太素混沌相連視之不見聽之不聞然後剖判清濁既分精出曜布度物施生精者爲三光號者爲五行行生情情生汁中汁中生神明神明生道德道德生文章博雅太初氣之始也生於酉仲清濁未分也太始形之始也生於戌仲清者爲精濁者爲形也太素質之始也生於亥仲已有素朴而未散也三氣相接至於

繹史　卷一　開闢原始　一

繹史一百六十卷世系圖一卷年表一卷　（清）馬驌撰　清康熙刻本

南渡錄四卷近見書賈鈔本魚目混珠俗而且謬丙午秋

得絳雲樓完本閱之出以前天閣之別謹籑錄之後加校定識者鑒焉

硯雲氏識

南渡錄卷之一

南燼紀聞錄上　宋辛棄疾述

靖康元年正月二十六日京師立春節先是太史局造土牛陳于迎春殿至是太常寺備樂迎而鞭碎之此常儀也是月初五宿衛守殿人聞殿中哭聲甚哀且擊撲之聲不絕移更乃止及明觀之句芒神面有泪痕識者知非吉兆也初九日邊報金人屯河朔猶豫兩持似欲渡犯京師上太上皇遂出南薰門往南京

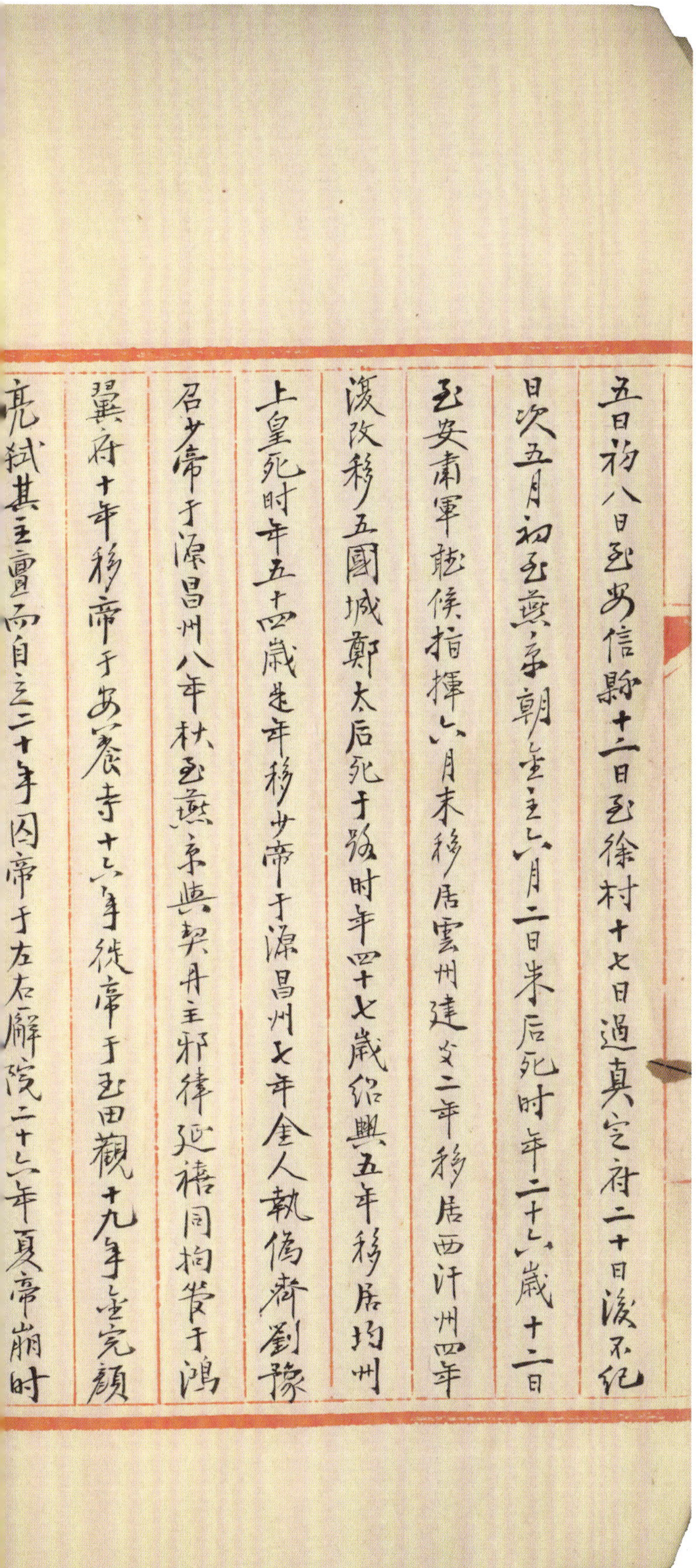
五日初八日至安信縣十二日至徐村十七日過真定府二十日後不紀
日次五月初至燕京朝金主六月二日朱后死時年二十六歲十二日
至安肅軍能侯指揮六月末移居雲州建炎二年移居西汴州四年
復改移五國城鄭太后死于設時年四十七歲紹興五年移居均州
上皇死時年五十四歲是年移少帝于源昌州七年金人執偽齊劉豫
居少帝于源昌州八年秋至燕京與契丹主耶律延禧同拘管于鴻
翼府十年移帝于安慶寺十六年徙帝于玉田觀十九年金完顏
亮弒其主亶而自立二十年因帝于左右廂院二十六年夏帝崩時

南渡錄四卷附阿計替傳一卷南燼紀聞錄二卷竊憤錄二卷　題（宋）辛棄疾撰　清硯雲氏重抄本

烈皇小識卷一

烈皇帝爲光廟第五子孝純劉太后所出初撫育

于李莊妃天啓二年九月冊封信王七年二月

出就外邸成婚冊妃周氏熹廟病危魏忠賢遣

腹奄涂文輔迎上入宮上時自危甚袖食物以

入不敢食宮中物是夜秉燭獨坐見一奄攜劍

過取之留置几上許給以賞慣邏者欲以酒食

問左右何從取給左右對宜取之光祿因傳令

旨遍犒之歡聲如雷周后在外邸禱卜無虛晷

烈皇小識八卷　（明）文秉撰　聖安皇帝本紀二卷　（清）顧炎武撰　清刻本

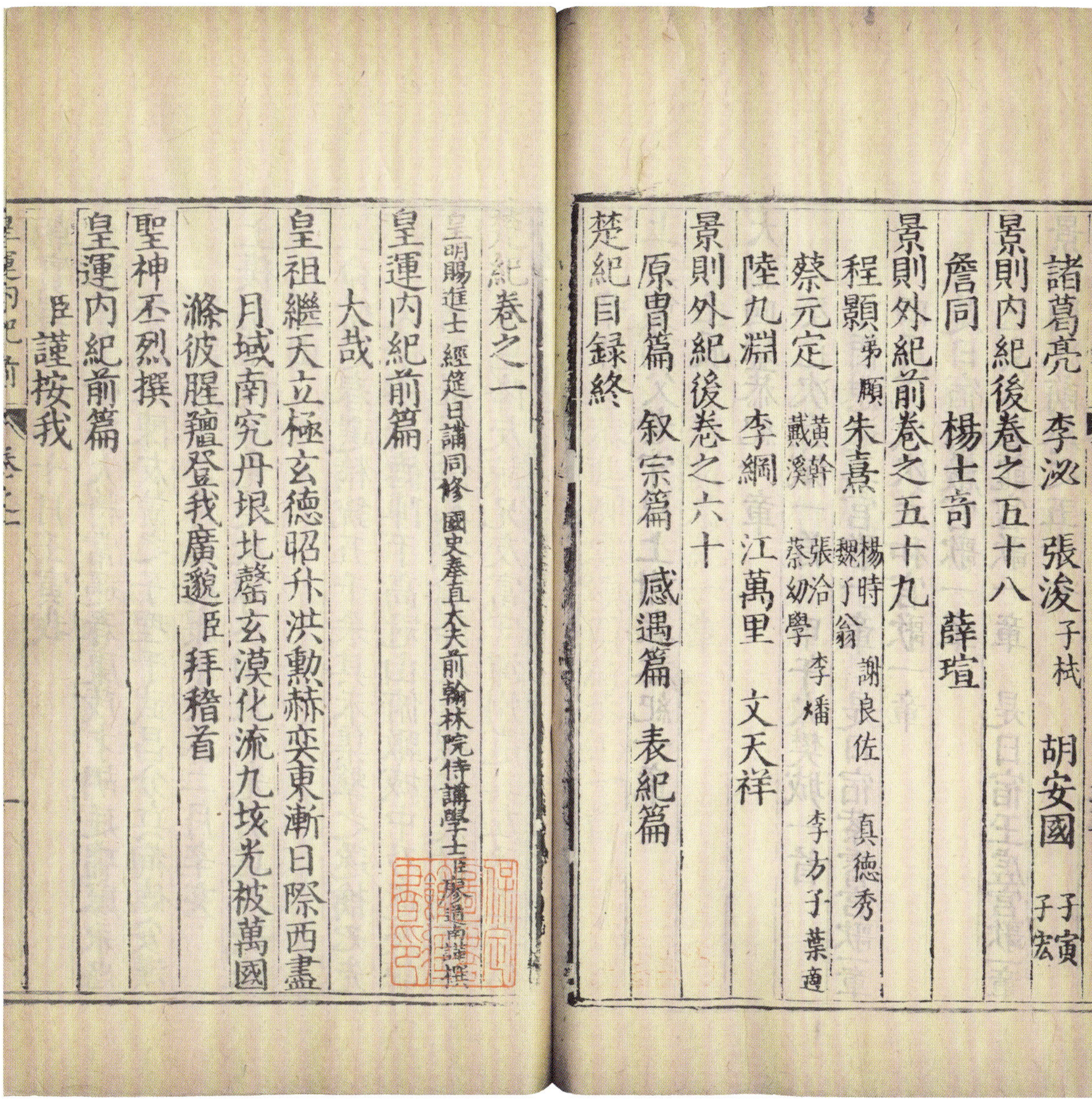
諸葛亮　李泌　張浚子栻　胡安國子寅　子宏
景則內紀後卷之五十八
詹同　楊士奇　薛瑄
景則外紀前卷之五十九
程顥弟頤　朱熹　楊時　魏了翁　謝良佐　真德秀
蔡元定　黃榦　戴溪　張洽　蔡幼學　李燔　李方子　葉適
陸九淵　李綱　江萬里　文天祥
景則外紀後卷之六十
原冒篇　敘宗篇　感遇篇　表紀篇
楚紀目錄終

楚紀卷之一
皇明賜進士經筵日講同修國史奉直大夫前翰林院侍講學士臣廖道南謹撰
皇運內紀前篇
大哉
皇祖繼天立極玄德昭升洪勳赫奕東漸日際西盡
月域南究丹垠北罄玄漠化流九垓光被萬國
滌彼腥羶登我廣邈臣　拜稽首
聖神丕烈撰
皇運內紀前篇
臣謹按我

楚紀六十卷　（明）廖道南撰　明萬曆二十四年重刻本　入選《河北省名錄》0043號

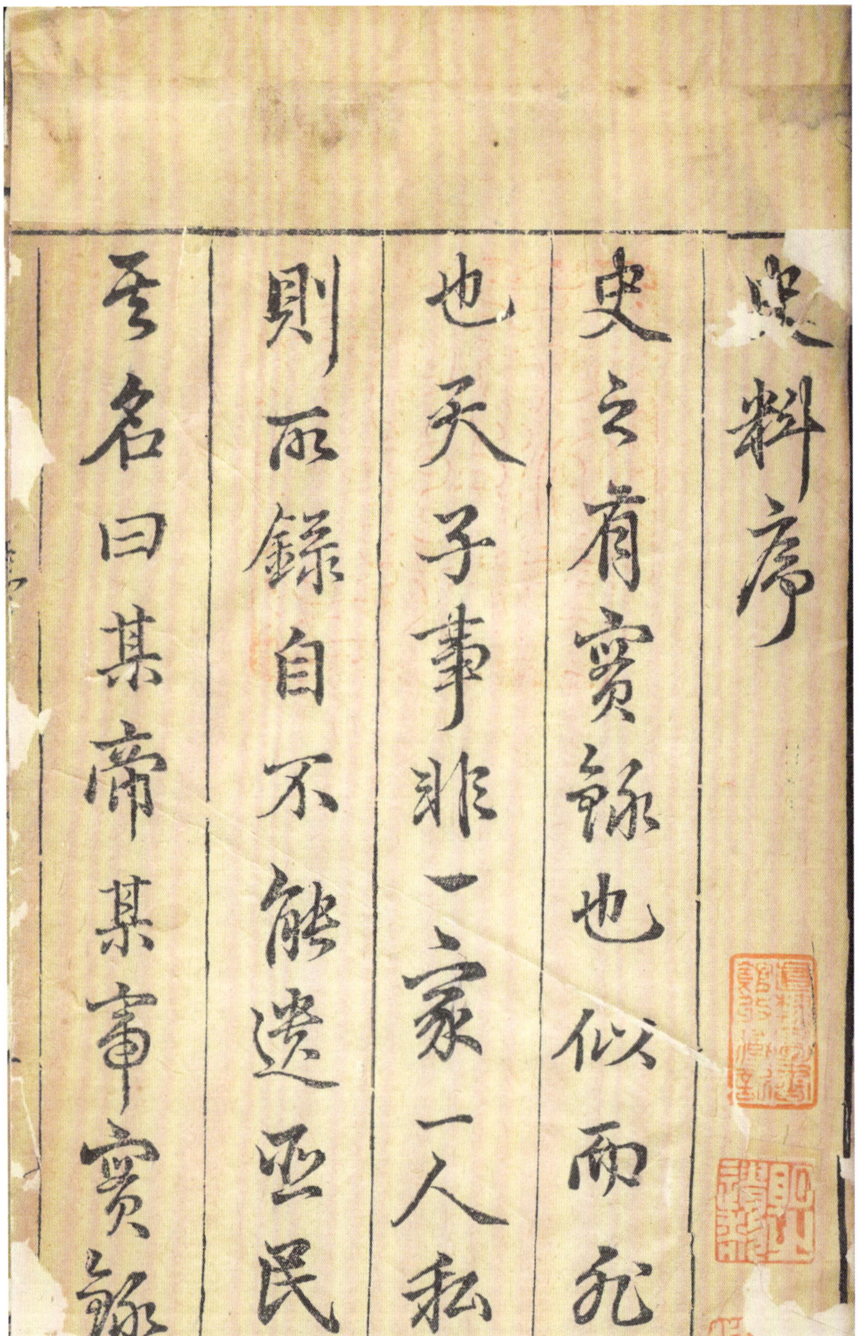

弇州史料前集三十卷後集七十卷　（明）王世貞撰　董復表編　明萬曆四十二年刻本　入選《河北省名錄》0044號

弇州史料前集卷之一

瑯琊王世貞纂撰　華亭後學董復表彙次

同姓諸王表序

旨哉班固之引詩曰价人維藩大宗維翰懷德維寧宗子維城夫豈直以昭展親敦睦之誼蓋將廣樹胏腑以夾輔王室有深長思焉然天子之號僅爲王王畿不過千里諸侯之殺也十之故以至親勛德無所周公而爵靳九命地裁百

弇州史料前集三十卷後集七十卷　（明）王世貞撰　董復表編　明萬曆刻本

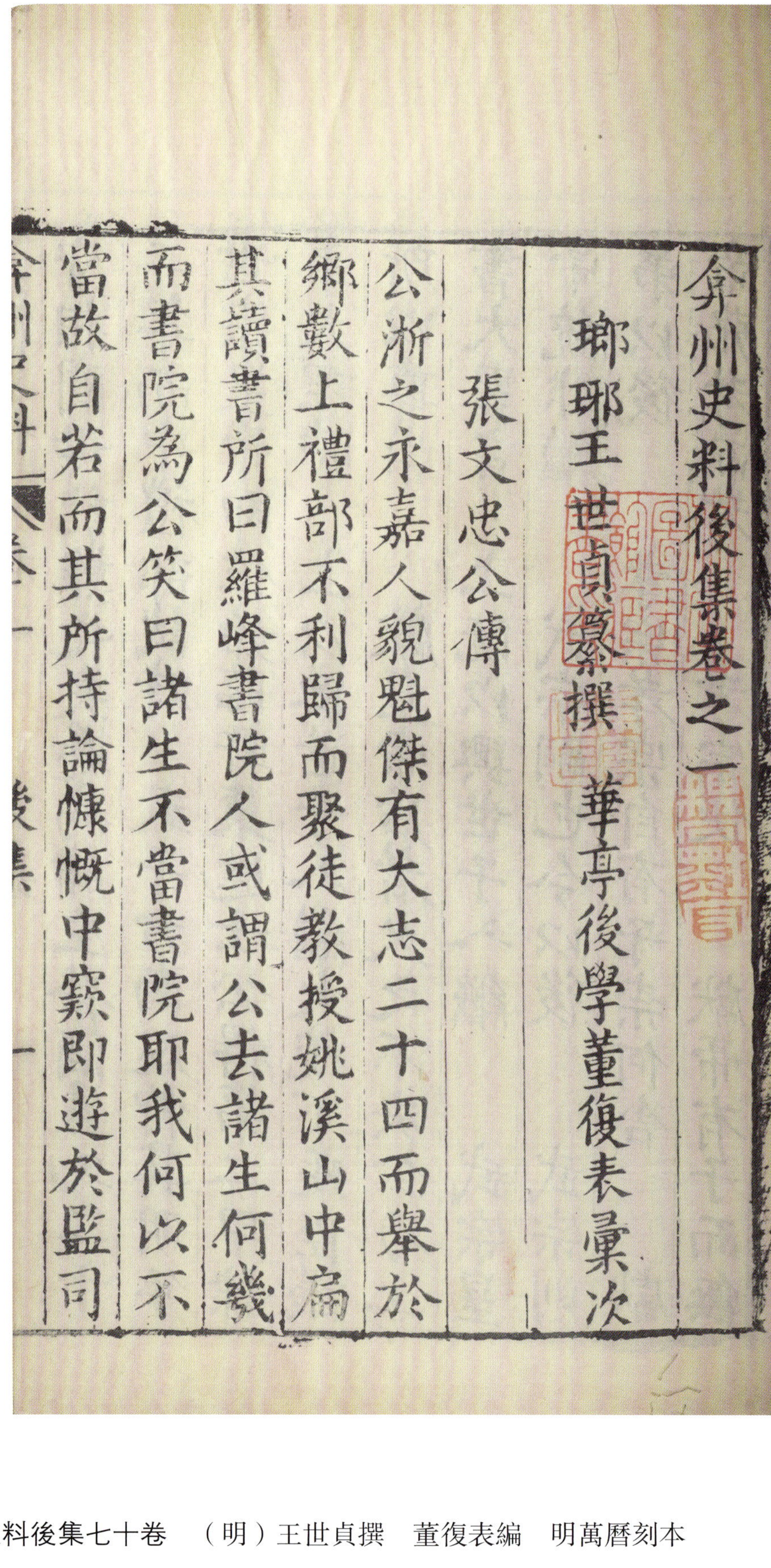
弇州史料後集卷之一
瑯琊王世貞纂撰　華亭後學董復表彙次
張文忠公傳
公浙之永嘉人貌魁傑有大志二十四而舉於
鄉數上禮部不利歸而聚徒教授姚溪山中扁
其讀書所曰羅峰書院人或謂公去諸生何幾
而書院為公笑曰諸生不當書院耶我何以不
當故自若而其所持論慷慨中窾即遊於監司
弇州史料　卷一　後集　一

弇州史料後集七十卷　（明）王世貞撰　董復表編　明萬曆刻本

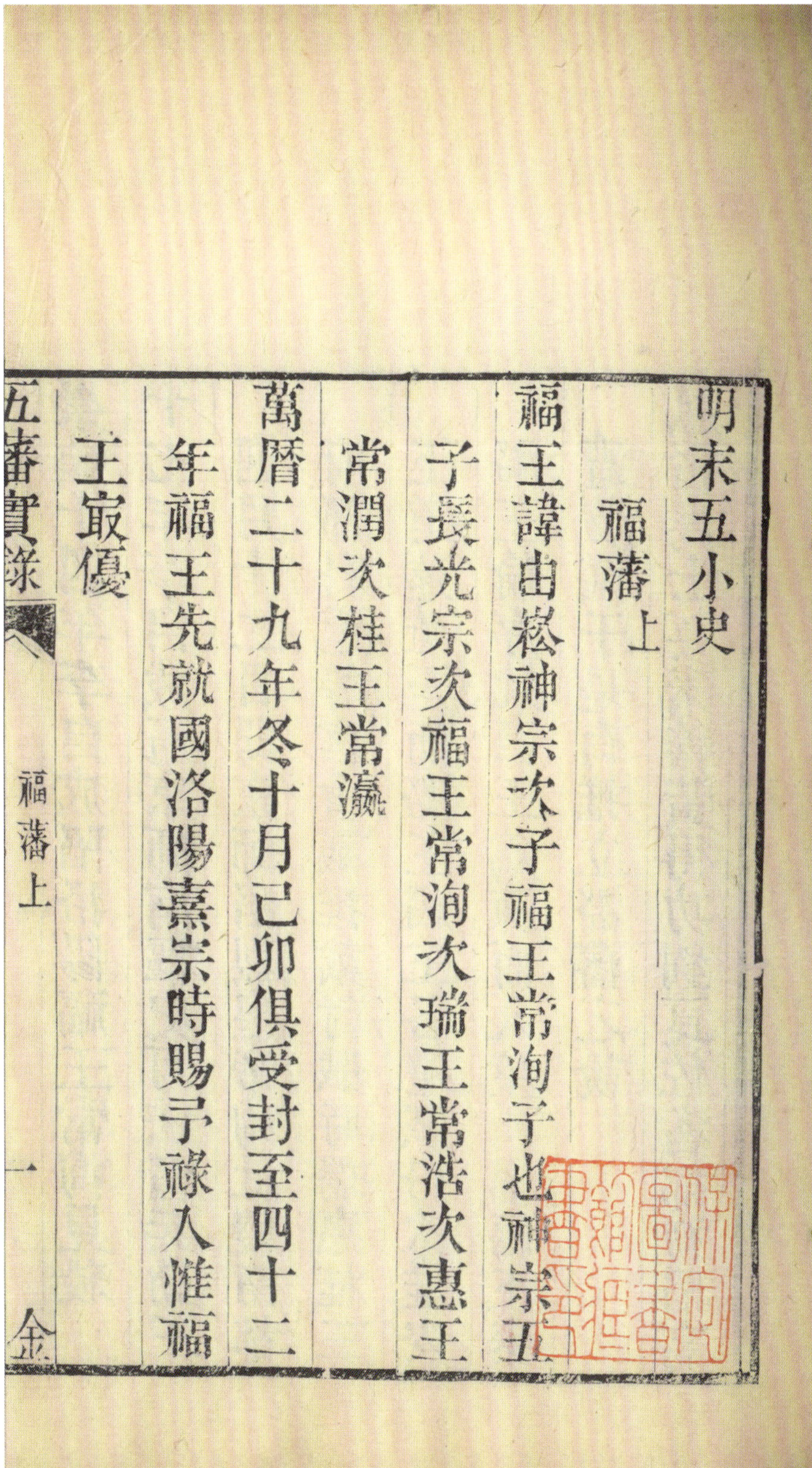

明末五小史

福藩上

福王諱由崧神宗次子福王常洵子也神宗五子長光宗次福王常洵次瑞王常浩次惠王常潤次桂王常瀛

萬曆二十九年冬十月己卯俱受封至四十二年福王先就國洛陽熹宗時賜予祿入惟福王寵優

五藩實録　福藩上　一

明末五小史八卷　（清）三餘氏撰　清道光京都琉璃廠巽史氏木活字本

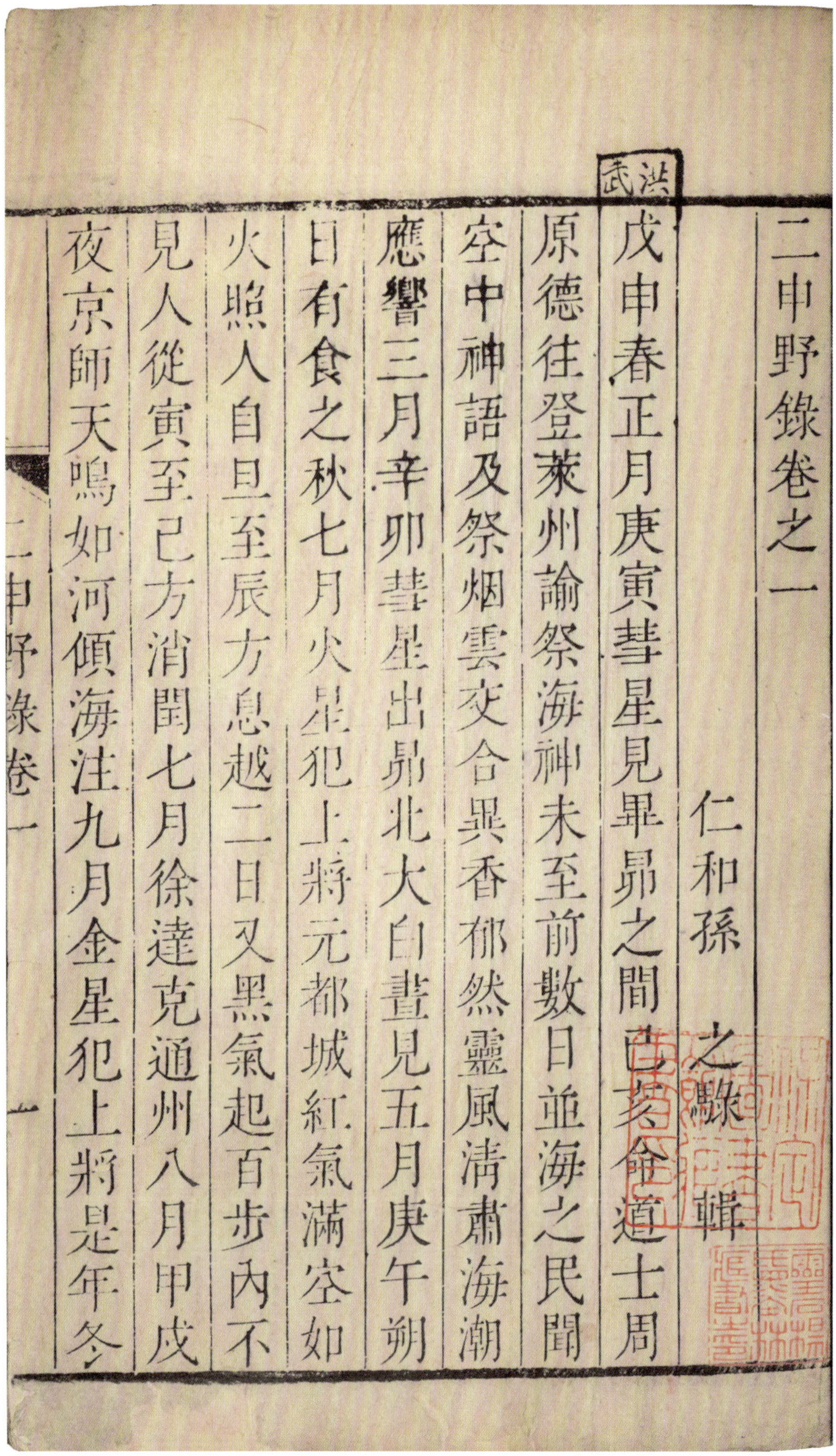

二申野錄卷之一

仁和孫　之騄輯

洪武

戊申春正月庚寅彗星見畢昴之間己亥命道士周原德往登萊州諭祭海神未至前數日並海之民聞空中神語及祭烟雲交合異香郁然靈風清肅海潮應響三月辛卯彗星出昴北大白晝見五月庚午朔日有食之秋七月火星犯上將元都城紅氣滿空如火照人自旦至辰方息越二日又黑氣起百步內不見人從寅至巳方消閏七月徐達克通州八月甲戌夜京師天鳴如河傾海注九月金星犯上將是年冬

二申野錄卷一　一

二申野錄八卷　（清）孫之騄輯　清雍正刻本

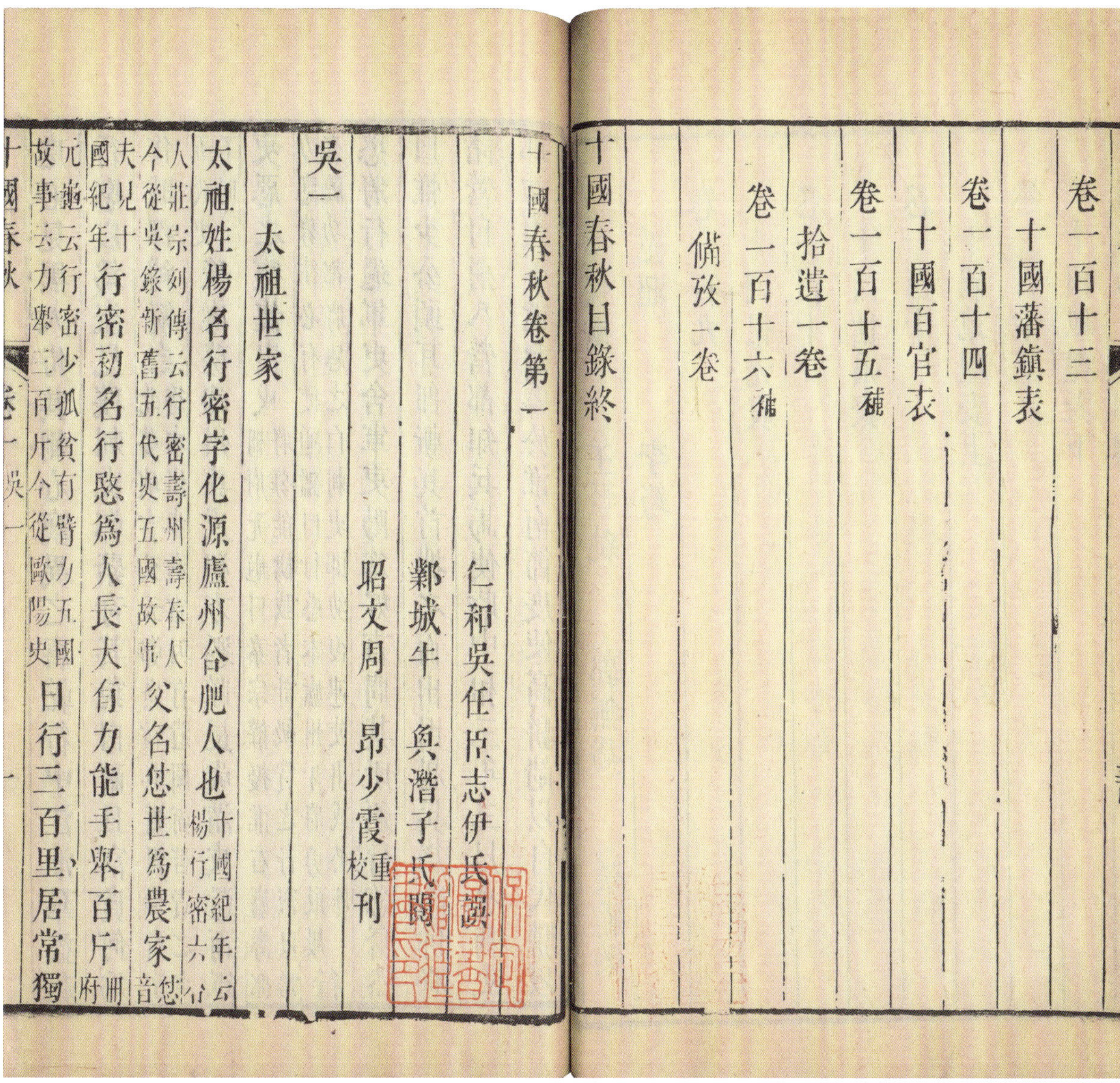

十國春秋

卷一百十三

十國藩鎮表

卷一百十四

十國百官表

卷一百十五補

拾遺一卷

卷一百十六補

備攷一卷

十國春秋目錄終

十國春秋卷第一

仁和吳任臣志伊氏譔

鄞城牛奐潛子氏閱

昭文周昂少霞校重刊

吳一　太祖世家

太祖姓楊名行密字化源廬州合肥人也（十國紀年云楊行密六合人莊宗列傳云行密壽州壽春人今從吳錄新舊五代史五國故事）父名怤世爲農家（怤音夫見十國紀年）行密初名行愍爲人長大有力能手舉百斤（冊府元龜云行密少孤貧有臂力五國故事云力舉三百斤今從歐陽史）日行三百里居常獨

十國春秋　卷一　吳一　一

十國春秋一百十六卷　（清）吳任臣撰　清乾隆五十八年刊嘉慶四年補刻本

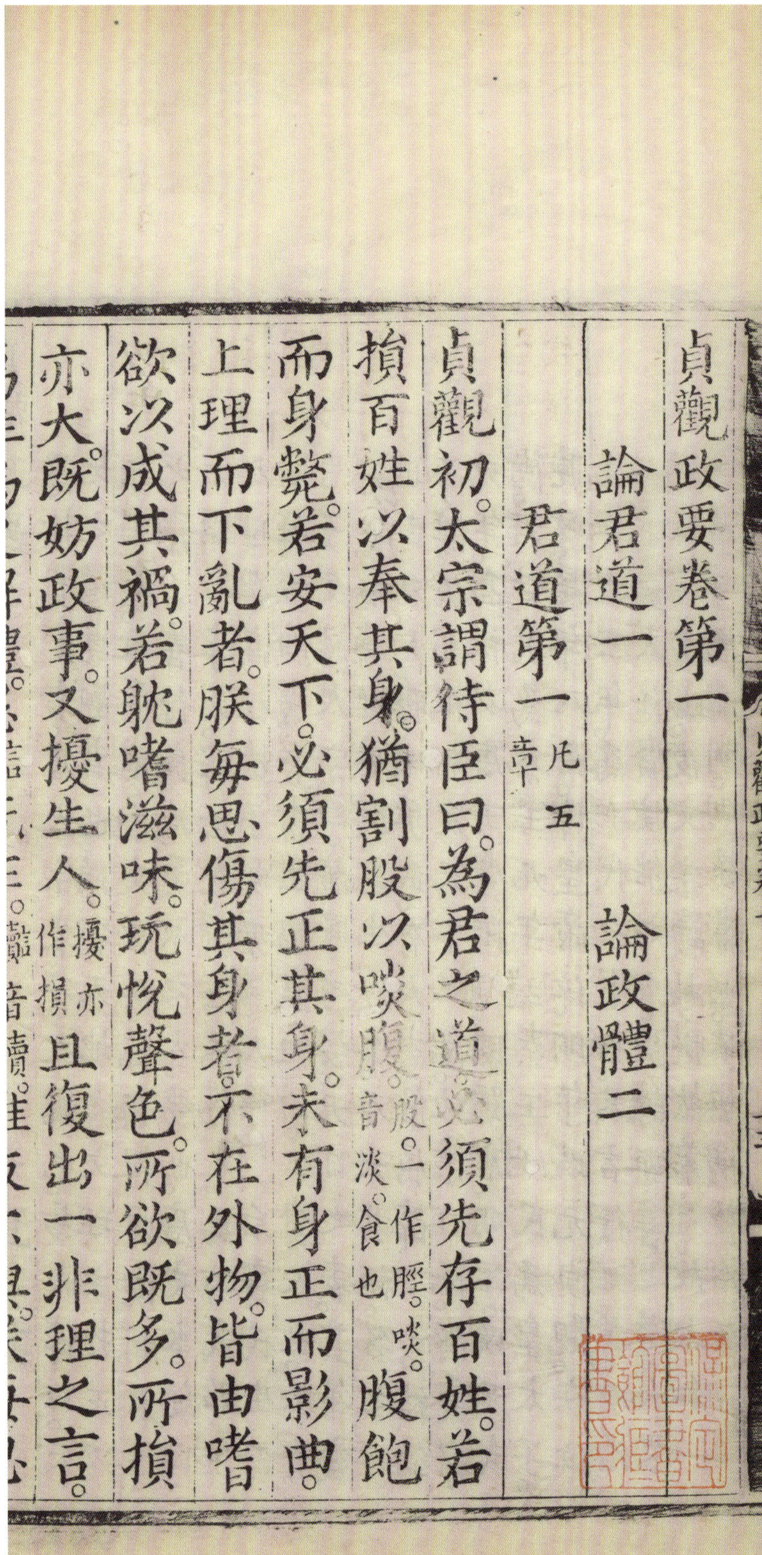

貞觀政要卷第一

論君道一　論政體二

君道第一 凡五章

貞觀初。太宗謂侍臣曰。為君之道。必須先存百姓。若損百姓以奉其身。猶割股以啖腹。股。一作脛。啖。音淡。食也 腹飽而身斃。若安天下。必須先正其身。未有身正而影曲。上理而下亂者。朕每思傷其身者。不在外物。皆由嗜欲以成其禍。若耽嗜滋味。玩悅聲色。所欲既多。所損亦大。既妨政事。又擾生人。擾亦作損 且復出一非理之言。

貞觀政要十卷　（唐）吳兢撰　（元）戈直集論　清康熙九年重刻本

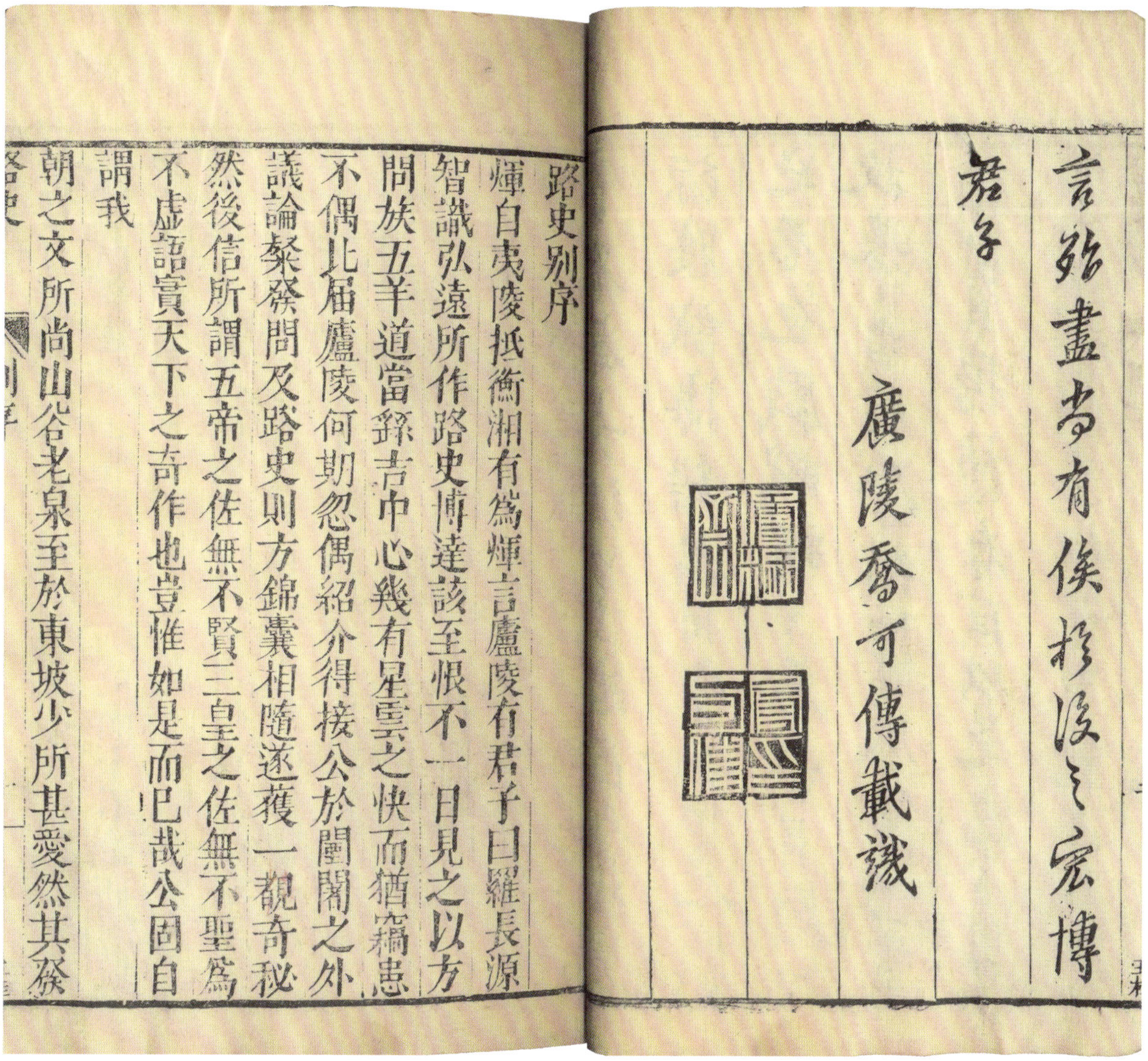

言然盡當有俟於後之宏博
君子
廬陵喬可傳載識

路史別序

煇自夷陵抵衡湘有爲煇言廬陵有君子曰羅長源智識弘遠所作路史博達該至恨不一日見之以方問族五羊道當錄吉巾心幾有星雲之快而猶竊患不偶比届廬陵何期忽偶紹介得接公於闤闠之外議論粲發問及路史則方錦囊相隨遂獲一覩奇秘然後信所謂五帝之佐無不賢三皇之佐無不聖爲不虛語實天下之奇作也豈惟如是而已哉公固自謂我

朝之文所尚山谷老泉至於東坡少所甚愛然其發

路史　別序

路史四十七卷　（宋）羅泌撰　清乾隆十一年五桂堂刻本

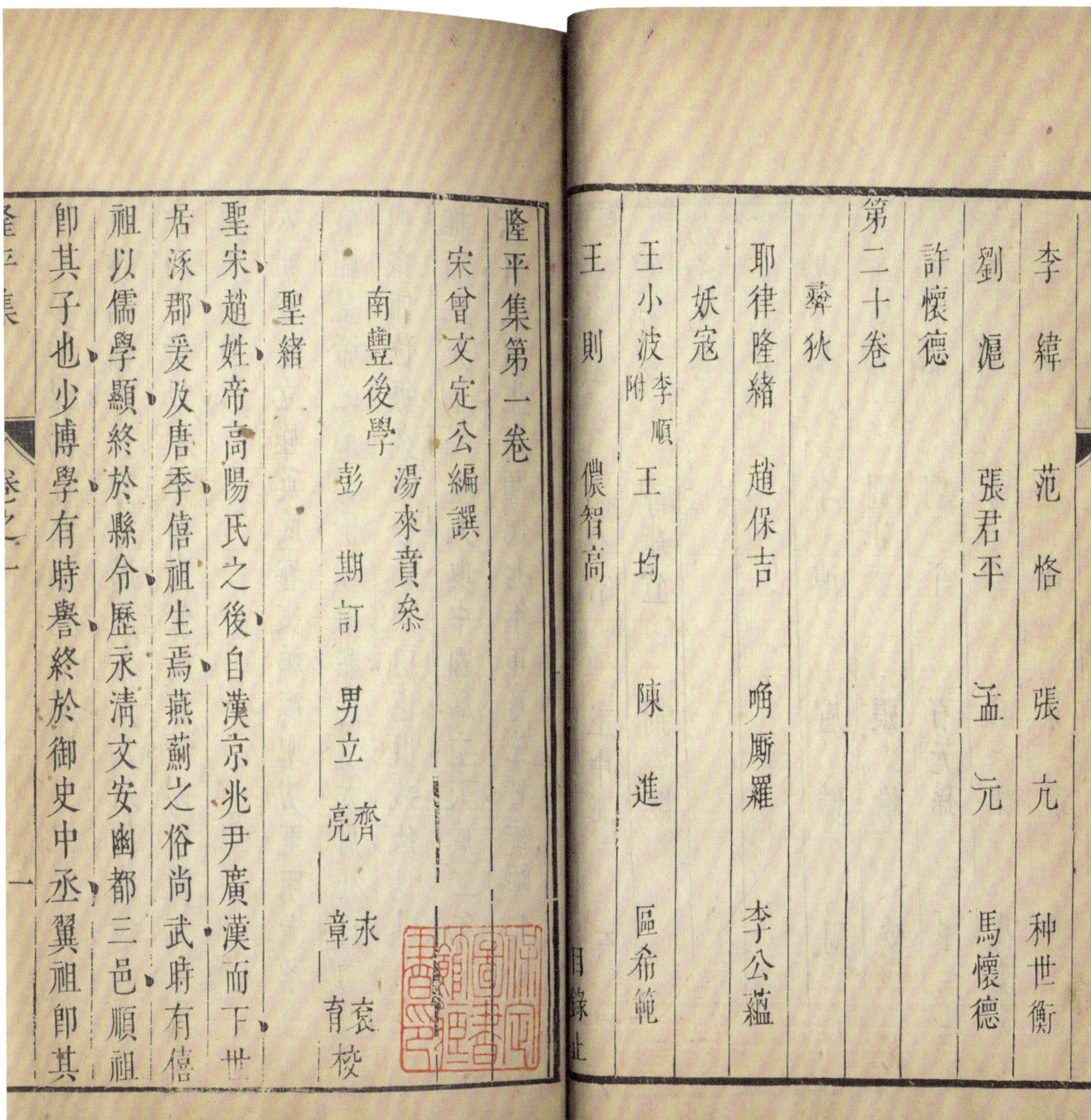
隆平集目錄

李緯　范恪　張亢　种世衡

劉滬　張君平　孟元　馬懷德

許懷德

第二十卷

夷狄

耶律隆緒　趙保吉　唃厮羅　李公藴

妖寇

王小波 附李順　王均　陳進　區希範

王則　儂智高

目錄止

隆平集第一卷

宋曾文定公編譔

湯來賁參

南豐後學　彭期訂

男立齊亮　永章　袞育　校

聖緒

聖宋趙姓帝高陽氏之後自漢京兆尹廣漢而下世居涿郡爰及唐季僖祖生焉燕薊之俗尚武時有僖祖以儒學顯終於縣令歷永清文安幽都三邑順祖即其子也少博學有時譽終於御史中丞翼祖即其

隆平集　卷之一　一

隆平集二十卷　（宋）曾鞏撰　清康熙四十七年彭期七業堂刻本

益於人心吏治著照所請行朕亦不敢謂朕之諭旨
可以有勞來匡直之功惟冀億萬臣民共知朕提撕
儆戒之苦心耳

康熙六十一年十一月
詔一道
奉
天承運
皇帝詔曰惟我國家受
天綏祚
太祖
太宗肇造區夏
世祖章皇帝統一疆隅我
皇考大行皇帝臨御六十一年德茂功高文經武緯海宇
寧謐曆數悠長不謂謝棄臣民遽升

上諭內閣一百五十九卷　（清）允祿撰　允祥等編　清乾隆刻本

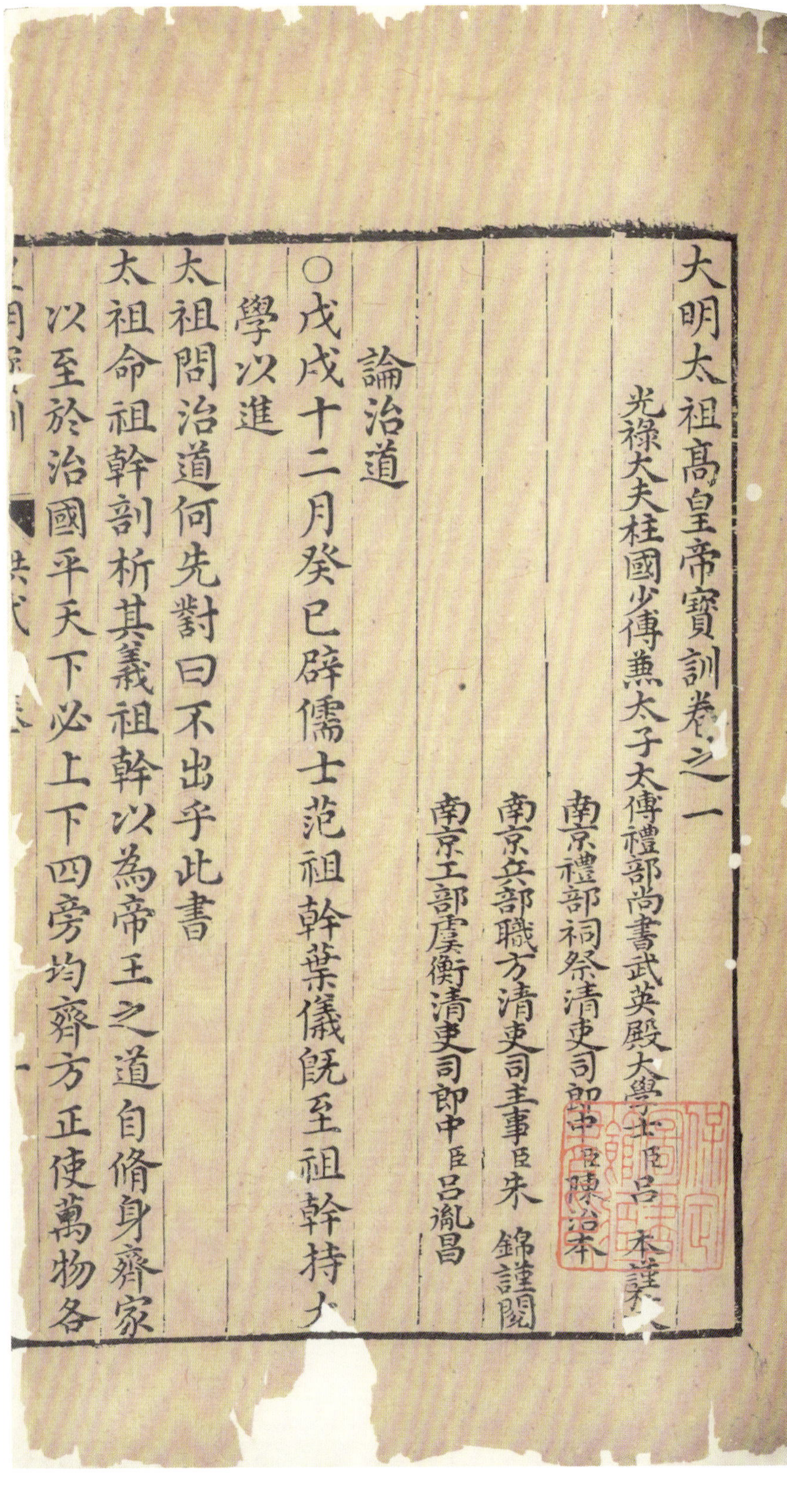
大明太祖高皇帝寶訓卷之一

光祿大夫柱國少傅兼太子太傅禮部尚書武英殿大學士臣呂本謹

南京禮部祠祭清吏司郎中臣陳治本

南京兵部職方清吏司主事臣朱錦謹閱

南京工部虞衡清吏司郎中臣呂胤昌

論治道

○戊戌十二月癸巳辟儒士范祖幹葉儀既至祖幹持大學以進

太祖問治道何先對曰不出乎此書

太祖命祖幹剖析其義祖幹以為帝王之道自脩身齊家以至於治國平天下必上下四旁均齊方正使萬物各

皇明寶訓四十卷　（明）呂本等輯　明萬曆三十年秣陵周氏大有堂刻本　入選《河北省名錄》0204號

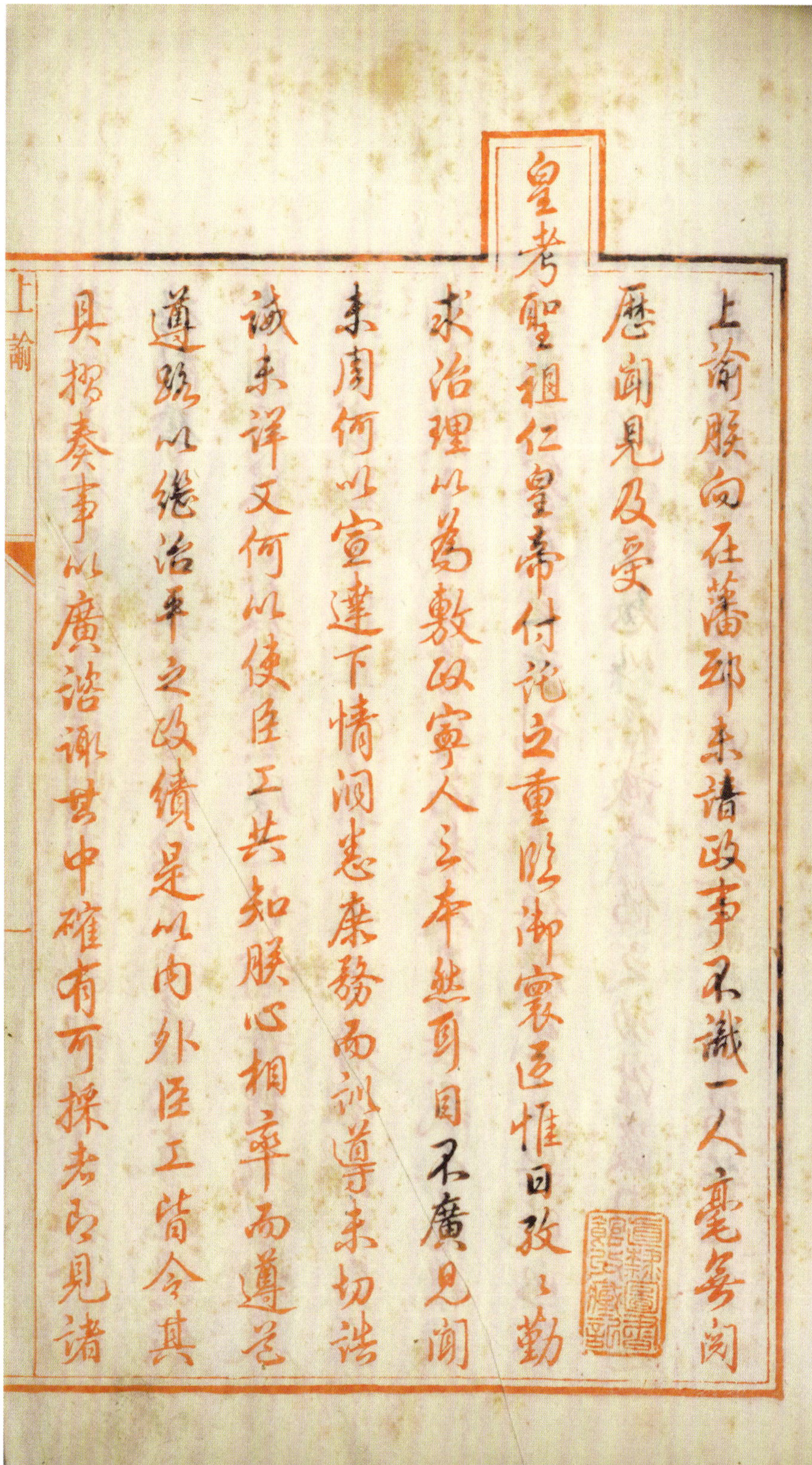
上諭朕向在藩邸未諳政事不識一人毫無閱

歷閱見及受

皇考聖祖仁皇帝付託之重臨御寰區惟日孜孜勤

求治理以為敷政寧人之本然耳目不廣見聞

未周何以宣達下情洞悉庶務而訓導未切誥

誡未詳又何以使臣工共知朕心相率而遵道

遵路以幾治平之政績是以內外臣工皆令其

具摺奏事以廣諮詢其中確有可採者即見諸

上諭 一

硃批諭旨不分卷　（清）鄂爾泰、張廷玉編　清乾隆三年內府刻朱墨套印本

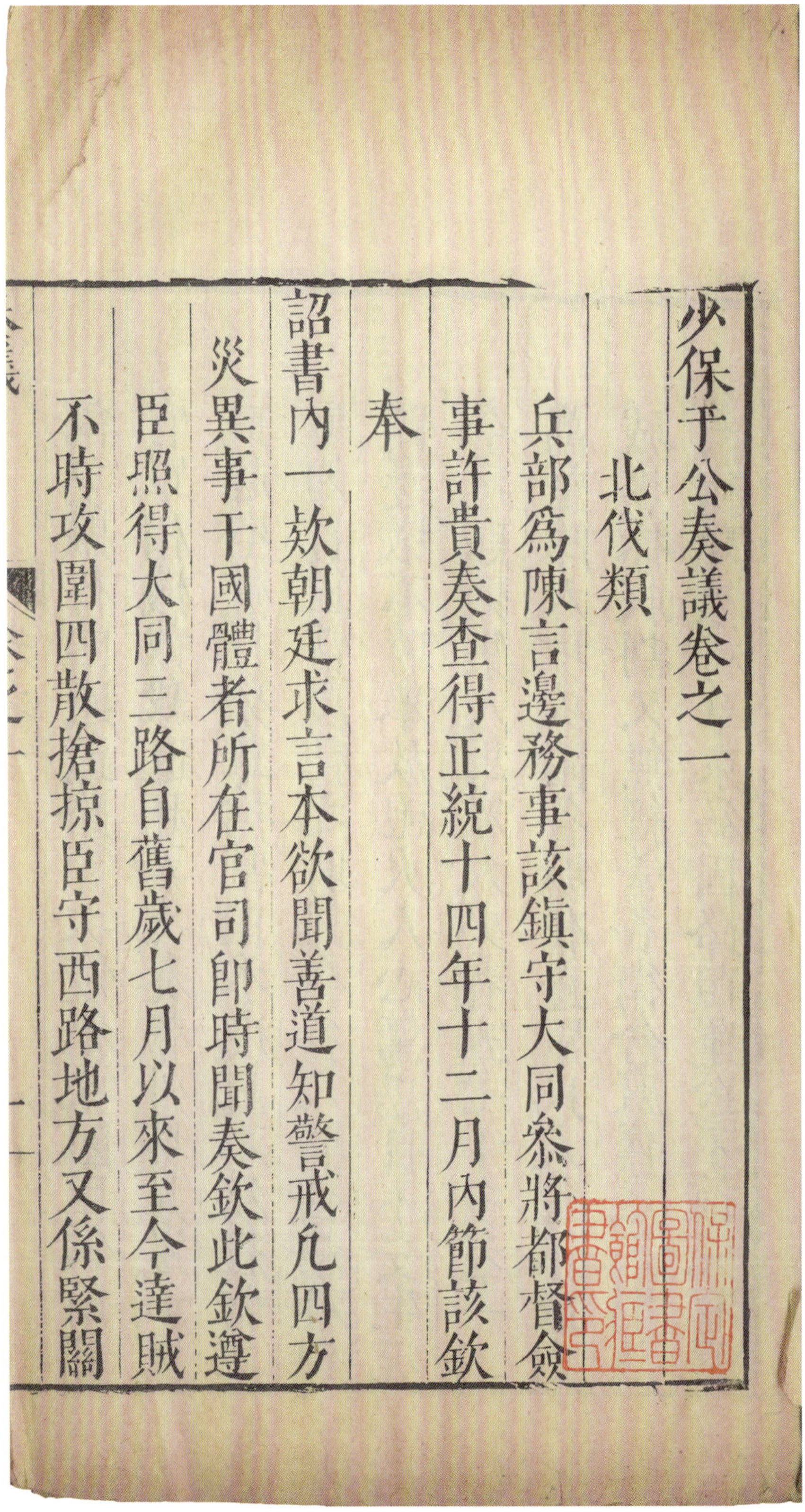
少保于公奏議卷之一

北伐類

兵部爲陳言邊務事該鎮守大同叅將都督僉事許貴奏查得正統十四年十二月内節該欽

奉

詔書内一款朝廷求言本欲聞善道知警戒凡四方災異事干國體者所在官司即時聞奏欽此欽遵

臣照得大同三路自舊歲七月以來至今達賊不時攻圍四散搶掠臣守西路地方又係緊關

奏議　卷之一　一

少保于公奏議十卷附錄一卷　（明）于謙撰　吳邦相重編　明萬曆四十一年刻本　入選《河北省名錄》0205號

文肅王公奏草卷之一

光祿大夫少保兼太子太保吏部尚書建極殿大學士王錫爵著

翰林院編修　男衡彙輯

尚寶司司丞　孫男時敏校梓

赴

召中途引疾疏

萬曆十三年　月　日

具官臣王　謹

奏為輿疾赴

王文肅公奏草二十三卷　（明）王錫爵撰　王衡彙輯　明天啟二年王時敏校刻本

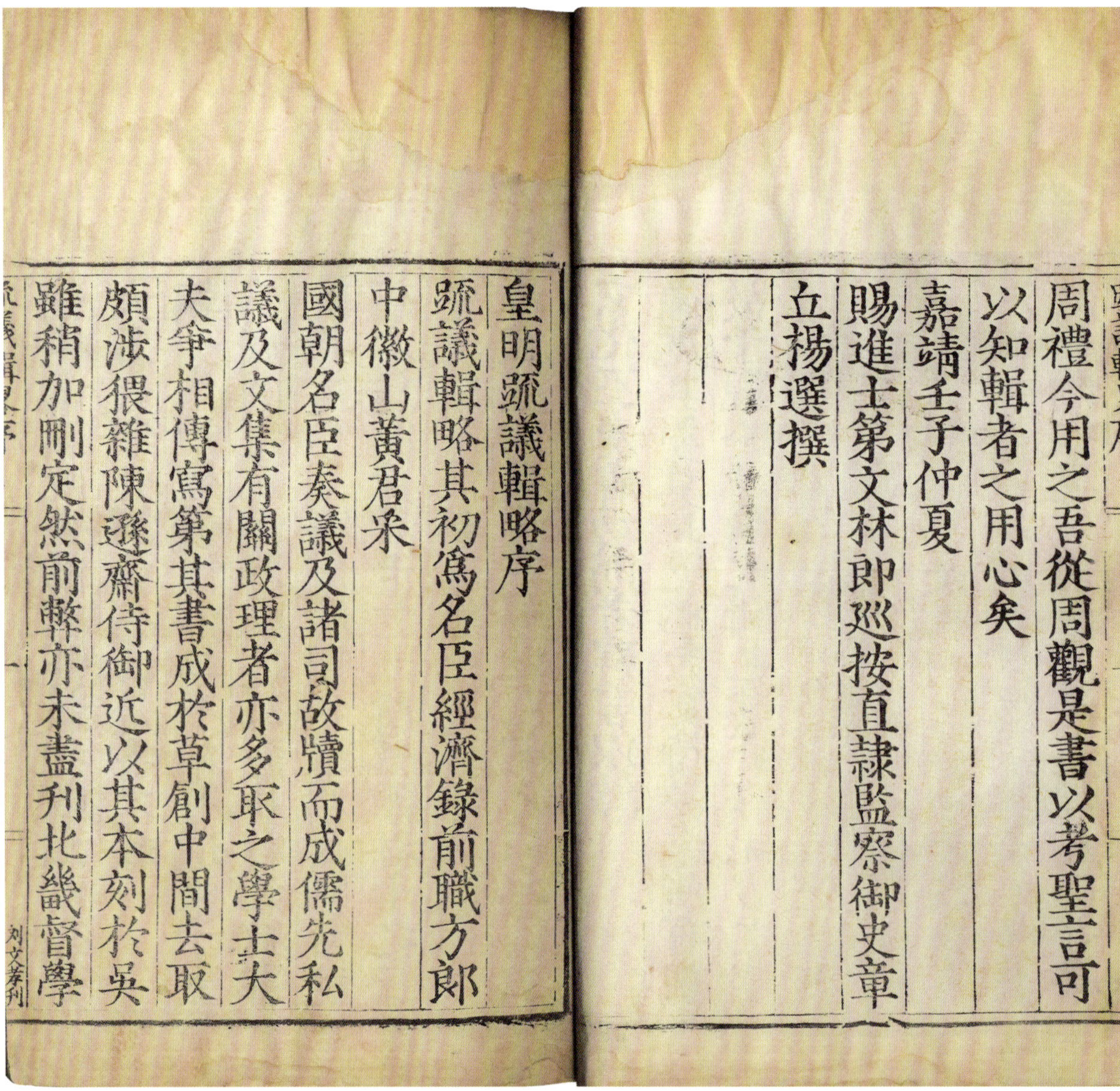

周禮今用之吾從周觀是書以考聖言可
以知輯者之用心矣
嘉靖壬子仲夏
賜進士第文林郎巡按直隸監察御史章
立揚選撰

皇明疏議輯畧序
疏議輯畧其初爲名臣經濟錄前職方郎
中徽山黃君采
國朝名臣奏議及諸司故牘而成儒先私
議及文集有關政理者亦多取之學士大
夫爭相傳寫第其書成於草創中間去取
頗涉猥雜陳遜齋侍御近以其本刻於吳
雖稍加刪定然前弊亦未盡刊北畿督學

皇明疏議輯畧三十七卷　（明）張瀚輯　明萬曆王汝訓雲萬世德刻本　入選《河北省名錄》0046號

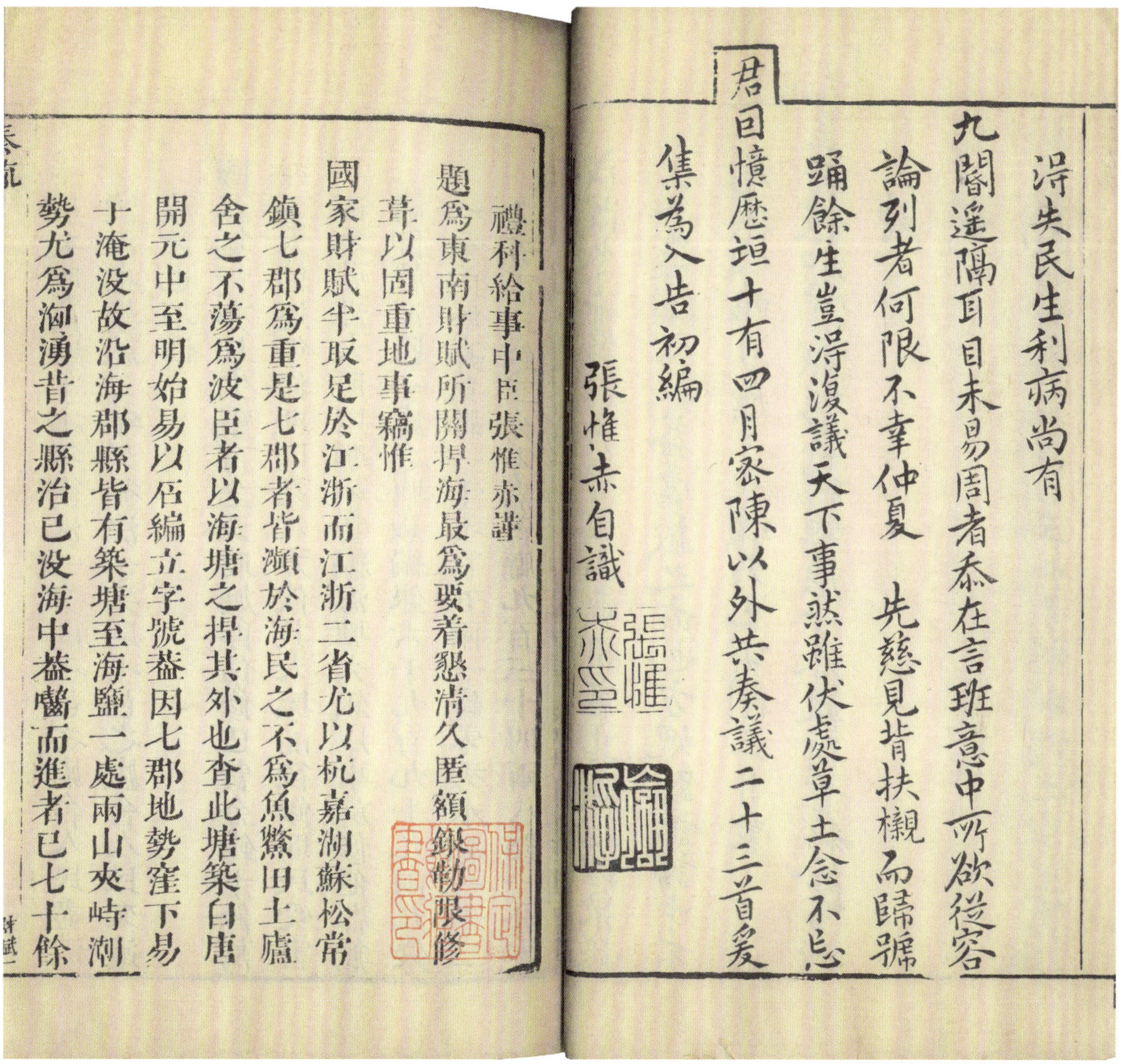

淂失民生利病尚有
九閽遥隔耳目未易周者忝在言班意中所欲從容
論列者何限不幸仲夏　先慈見背扶櫬而歸擗
踊餘生豈淂復議天下事然雖伏處草土念不忘
君曰憶歷垣十有四月密陳以外共奏議二十三首爰
集爲入告初編
張惟赤自識

禮科給事中臣張惟赤謹
題爲東南財賦所關捍海最爲要着懇淸久匱額銀敕限修
葺以固重地事竊惟
國家財賦半取足於江浙而江浙二省尤以杭嘉湖蘇松常
鎮七郡爲重是七郡者皆瀕於海民之不爲魚鱉田土廬
舍之不蕩爲波臣者以海塘之捍其外也査此塘築自唐
開元中至明始易以石編立字號葢因七郡地勢窪下易
于淹没故沿海郡縣皆有築塘至海鹽一處兩山夾峙潮
勢尤爲洶湧昔之縣治已没海中蓋齧而進者已七十餘

入告初編一卷二編一卷遺編一卷　（清）張惟赤撰　清順治刻康熙續刻本

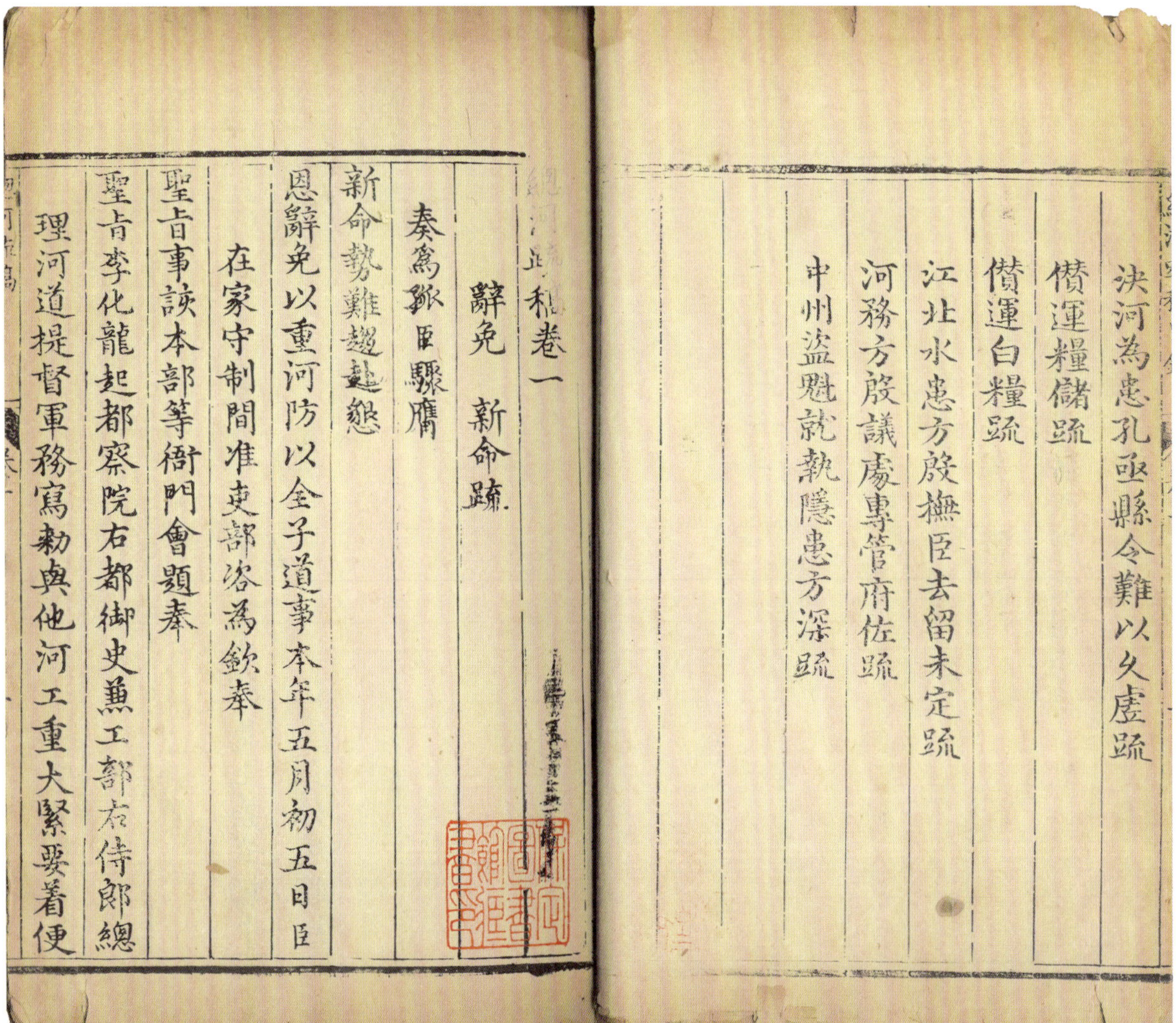
決河為患孔亟縣令難以久虛疏
儹運糧儲疏
儹運白糧疏
江北水患方殷撫臣去留未定疏
河務方殷議處專管府佐疏
中州盜魁就執隱患方深疏

總河疏稿卷一
辭免　新命疏
奏為孤臣驟膺
新命勢難趨赴懇
恩辭免以重河防以全子道事本年五月初五日臣
在家守制間准吏部咨為欽奉
聖旨事該本部等衙門會題奉
聖旨李化龍起都察院右都御史兼工部右侍郎總
理河道提督軍務寫勅與他河工重大緊要着便

總河疏稿四卷　（明）李化龍撰　明刻本

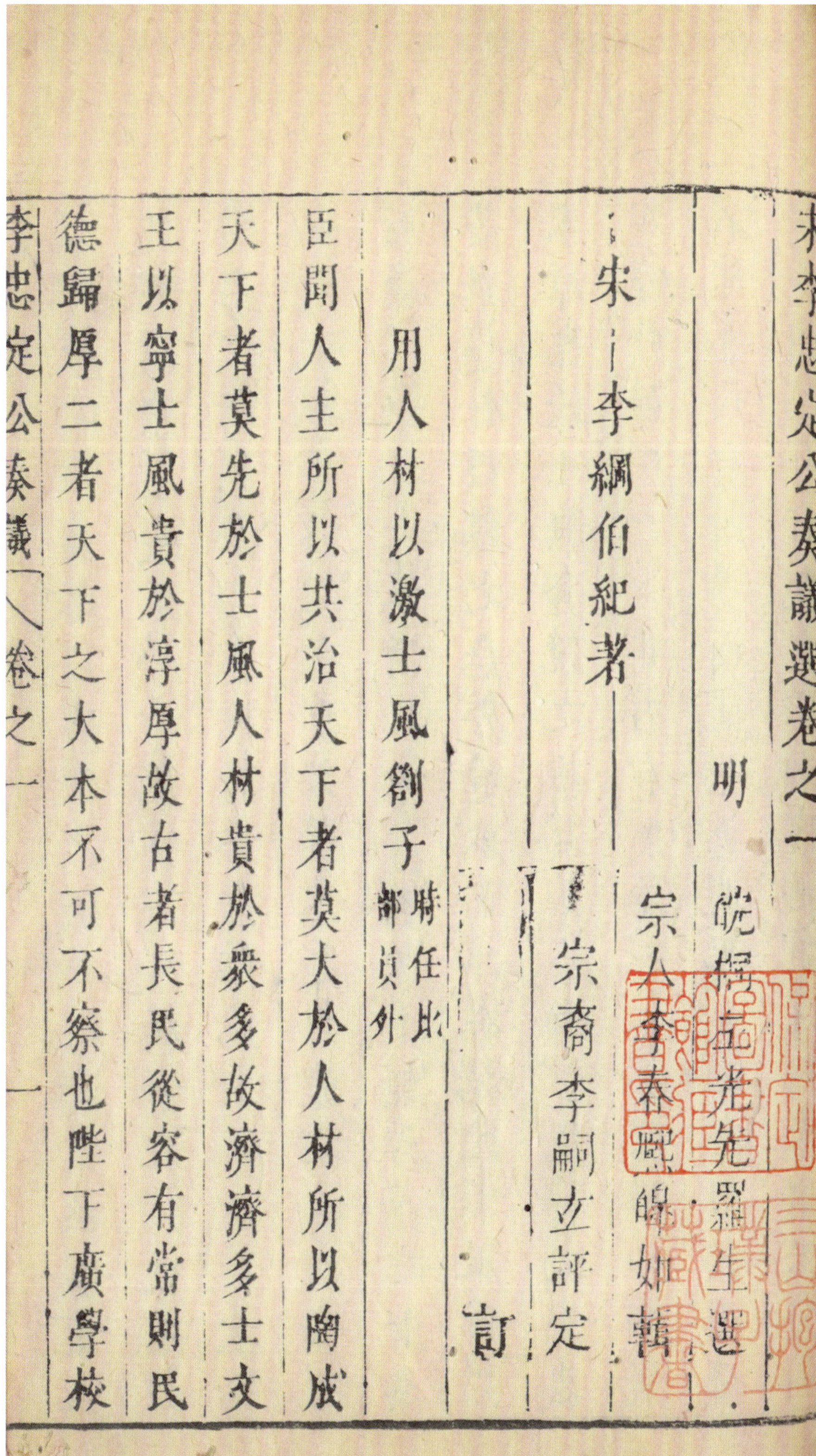
宋李忠定公奏議選卷之一

明　皖桐左光先羅生　選

宗人李春熙皡如　輯

宋　李綱伯紀著

宗裔李嗣立評定

訂

用人材以激士風劄子　時任比部員外

臣聞人主所以共治天下者莫大於人材所以陶成天下者莫先於士風人材貴於衆多故濟濟多士文王以寧士風貴於淳厚故古者長民從容有常則民德歸厚二者天下之大本不可不察也陛下廣學校

李忠定公奏議　卷之一　一

宋李忠定公奏議選十五卷　（宋）李綱撰　（明）左光先選　李春熙輯　明崇禎刻清康熙乾隆間修補本

督漕疏草

總督淮揚等處地方提督漕運海防軍務兼理糧餉兵部右侍郎兼都察院右副都御史臣董訥

己巳集

題報到任日期

題爲恭報微臣到任受事日期仰祈

睿鑒事竊臣一介庸愚遭逢

聖主二十餘年蒙

恩豢養曲

賜生成夙夜祗承隕越是懼復荷督漕之

題審查恒生被盜一案

題十六年青浦縣揚倉少折補叅督催職名

題承審丹陽縣降調知縣歸旗一案遲延

題太倉等州縣帶徵購米銀兩違限各職名

題徐旭被盜復叅文職

題承追靖江等縣十九年駁款無完各職名

督漕疏草二十二卷　（清）董訥撰　清康熙刻本

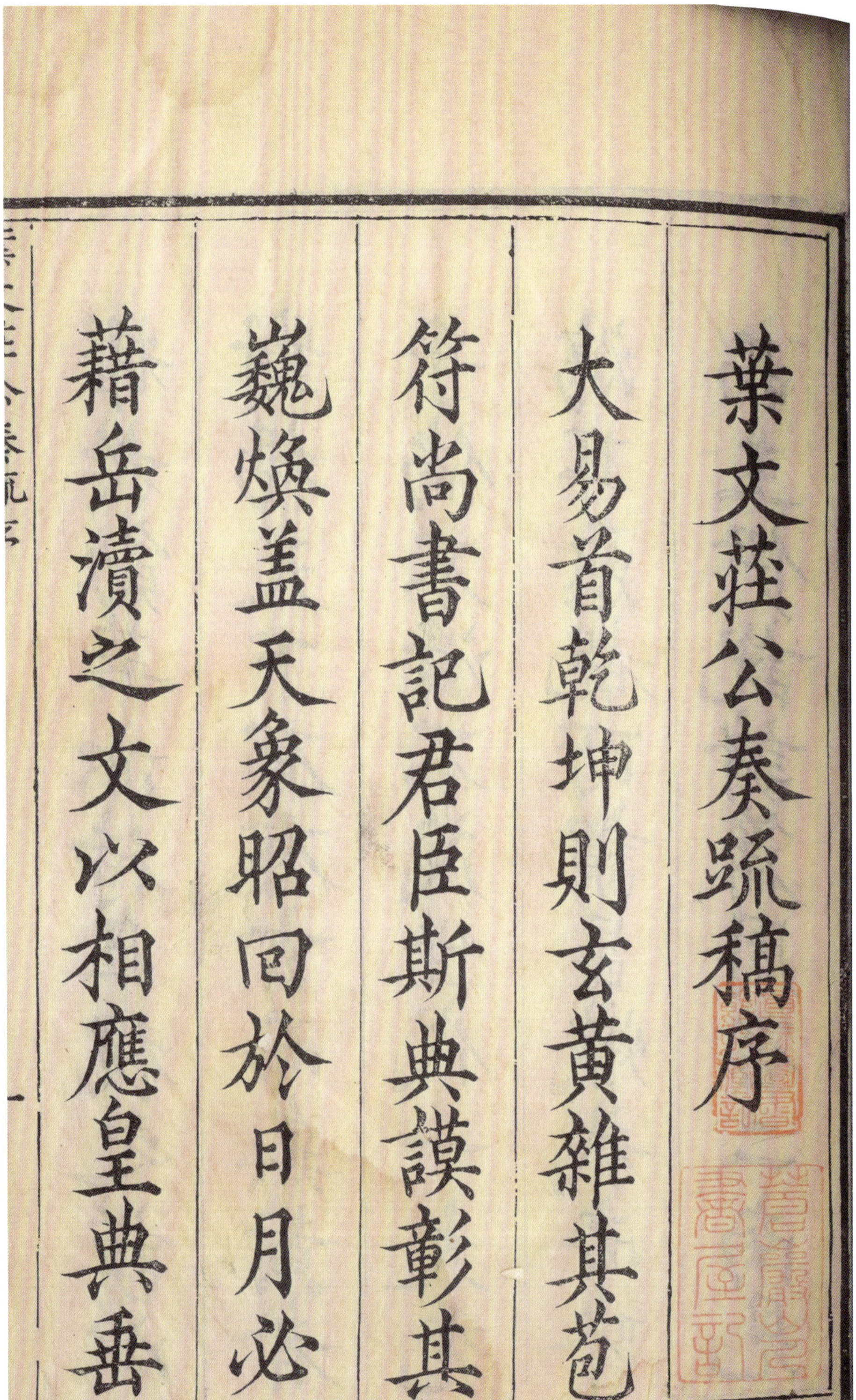

葉文莊公奏疏稿序

大易首乾坤則玄黄雜其苞

符尚書記君臣斯典謨彰其

巍煥蓋天象昭回於日月必

藉岳瀆之文以相應皇典垂

葉文莊公奏疏四十卷　（明）葉盛撰　明崇禎四年葉重華刻本　入選《河北省名錄》0207號

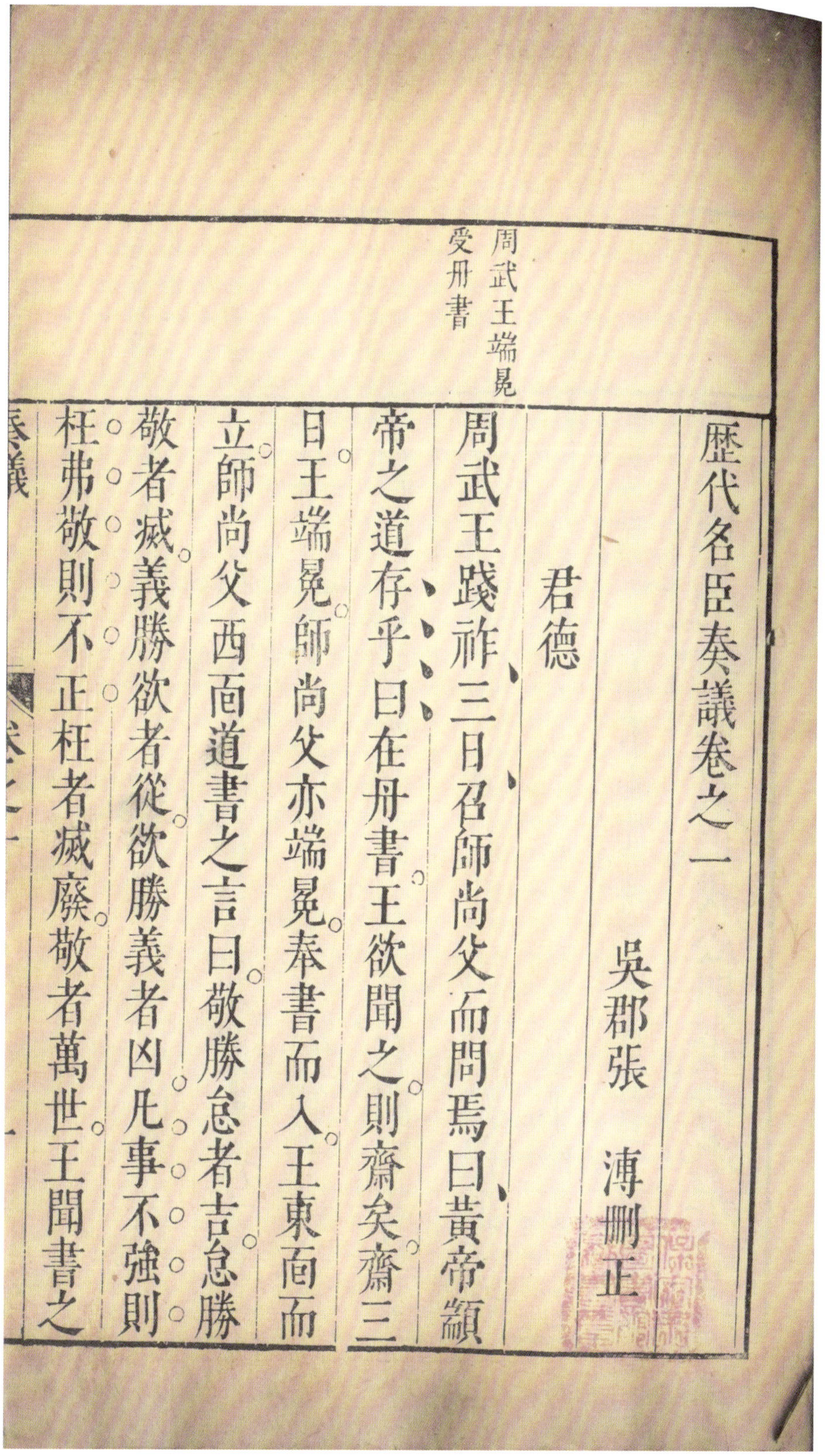

周武王端冕受丹書

歷代名臣奏議卷之一

吳郡張　溥刪正

君德

周武王踐祚三日召師尚父而問焉曰黄帝顓帝之道存乎曰在丹書王欲聞之則齋矣齋三日王端冕師尚父亦端冕奉書而入王東面而立師尚父西面道書之言曰敬勝怠者吉怠勝敬者滅義勝欲者從欲勝義者凶凡事不强則枉弗敬則不正枉者滅廢敬者萬世王聞書之

奏議　卷之一

歷代名臣奏議三百五十卷　（明）楊士奇等輯　張溥刪正　明崇禎東觀閣刻本

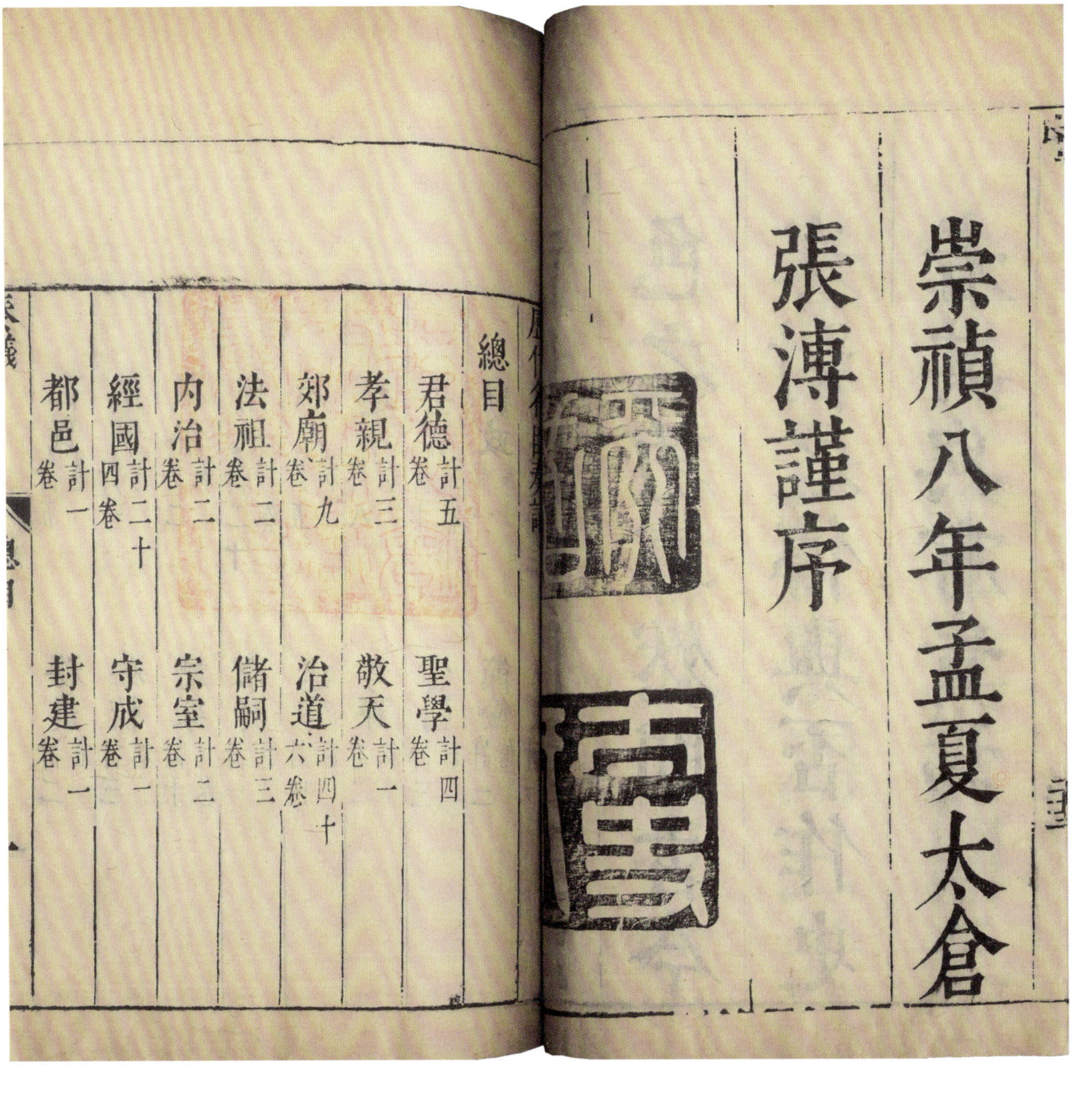

崇禎八年孟夏太倉

張溥謹序

總目

君德計五卷　聖學計四卷

孝親計三卷　敬天計一卷

郊廟計九卷　治道計四十六卷

法祖計二卷　儲嗣計三卷

内治計二卷　宗室計二卷

經國計二十四卷　守成計一卷

都邑計一卷　封建計一卷

歷代名臣奏議三百十九卷　（明）楊士奇等輯　張溥删正　明崇禎八年張永錫張玉衡等重校本

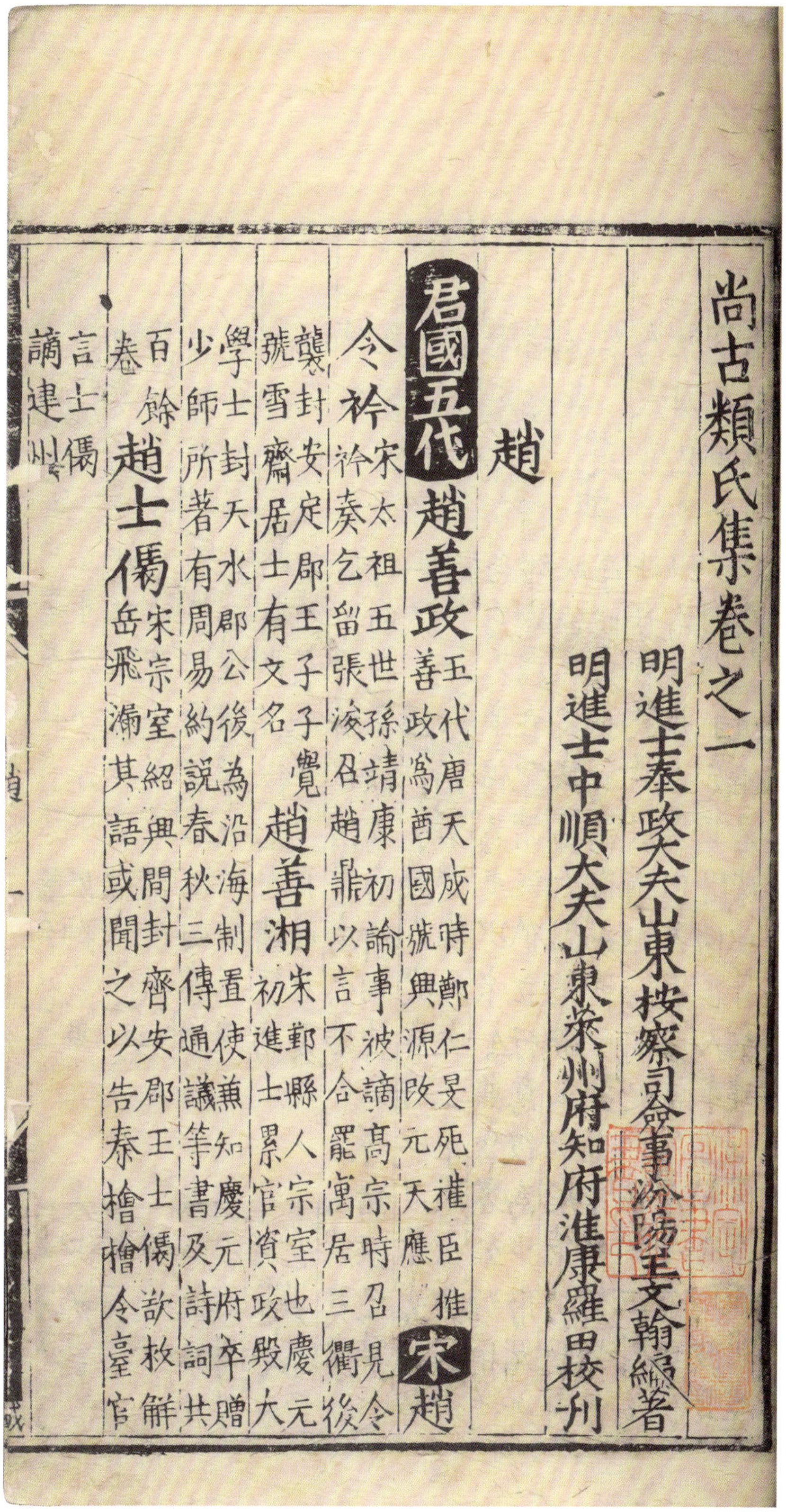
尚古類氏集卷之一

明進士奉政大夫山東按察司僉事汾陽王文翰編著

明進士中順大夫山東萊州府知府淮康羅田校刊

趙

君國五代 趙善政 五代唐天成時鄭仁旻死權臣推善政爲晋國號興源改元天應 宋 趙令衿 宋太祖五世孫靖康初論事被謫高宗時召見令衿奏乞留張浚召趙鼎以言不合罷寓居三衢後襲封安定郡王子子覺號雪齋居士有文名 趙善湘 宋鄞縣人宗室也慶元初進士累官資政殿大學士封天水郡公後爲沿海制置使兼知慶元府卒贈少師所著有周易約說春秋三傳通議筆書及詩詞共百餘卷 趙士㒞 宋宗室紹興間封齊安郡王士㒞欵救解岳飛謫其語或聞之以告秦檜檜令臺官言士㒞謫建州

尚古類氏集十二卷　（明）王文翰撰　明羅田刻本　入選《河北省名錄》0212號

釣於磻溪之上。欲干西伯。西伯自羑里歸。將出獵。命卜

有所獲否。卜者曰。所獲非龍非彲。非虎非羆。乃王霸之

輔。西伯喜。而獵。果遇尚於渭水之陽。與語大悅曰。吾先

君太公嘗曰。當有聖人興周。子其是耶。太公望子久矣。

故又號曰太公望。載與俱歸。時年八十有二。西伯尊之

百將圖傳二卷　（清）丁日昌撰　清同治九年江蘇書局刻本

呂尚　周

呂尚者東海上人本姓姜從其先祖封於呂故名呂尚字子牙尚抱經天緯地之才嘗著有六韜備言陰陽遂爲兵書之祖時值商紂暴虐避居東海之濱坐石磯垂

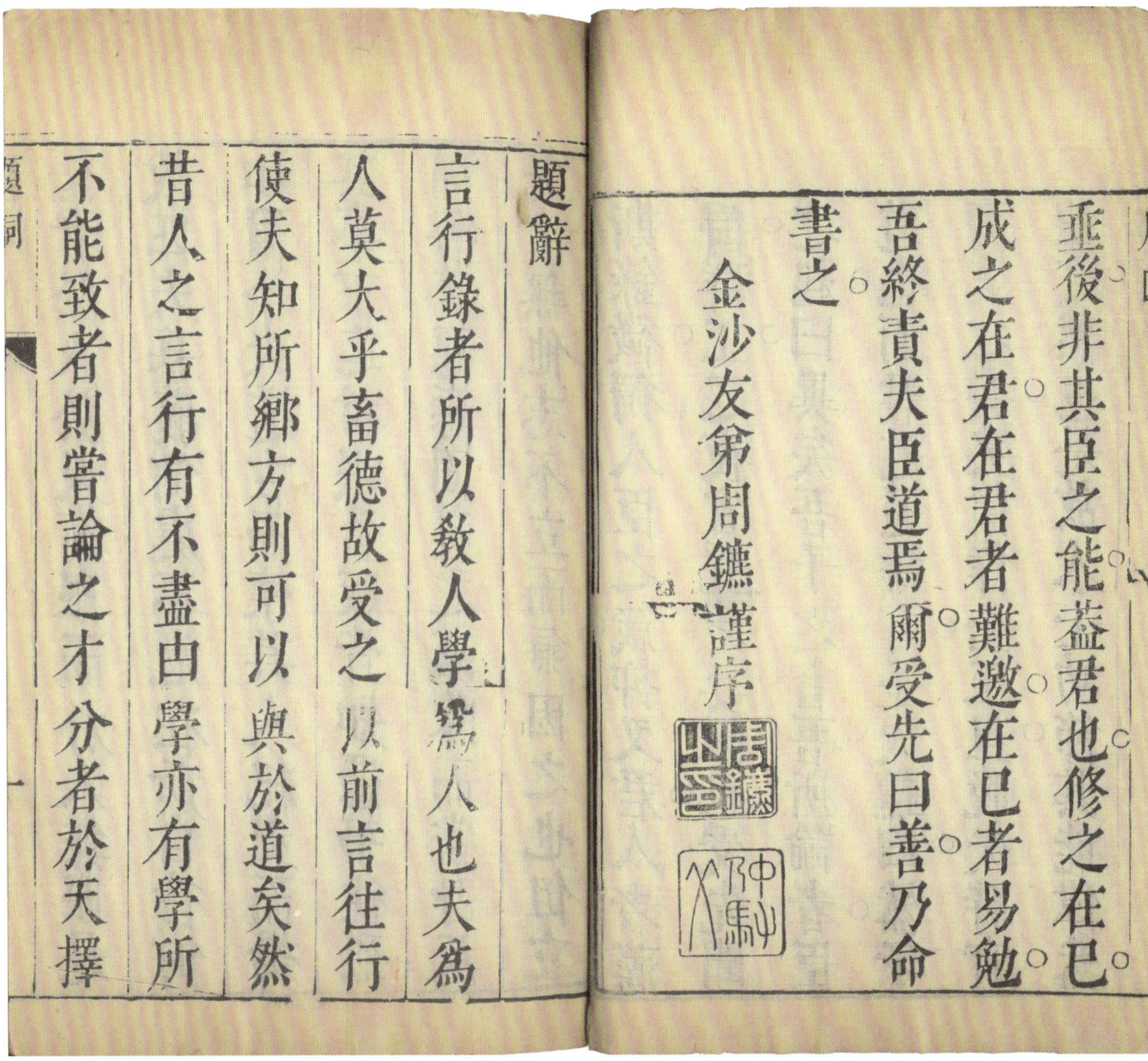

垂後非其臣之能蓋君也修之在巳
成之在君在君者難邀在巳者易勉
吾終責夫臣道焉爾受先曰善乃命
書之
金沙友弟周鑣謹序

題辭
言行錄者所以教人學爲人也夫爲
人莫大乎畜德故受之以前言往行
使夫知所鄉方則可以與於道矣然
昔人之言行有不盡由學亦有學所
不能致者則嘗論之才分者於天擇

名臣言行錄前集十卷後集十四卷　（宋）朱熹撰　續集八卷別集二十六卷外集十七卷　（宋）李幼武補　（明）張采評閱　明崇禎古吳聚錦堂刻本

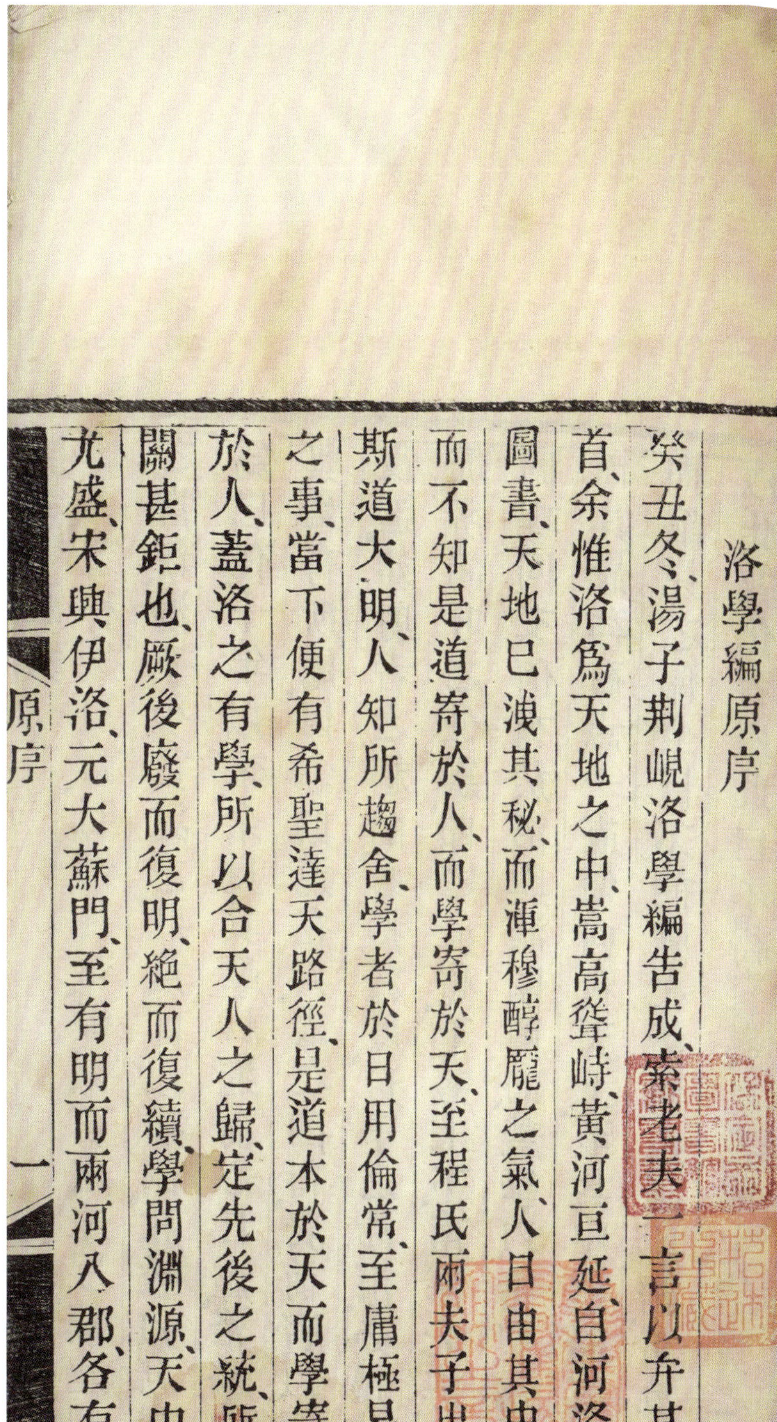
洛學編原序

癸丑冬湯子荆峴洛學編告成索老夫一言以弁其首余惟洛爲天地之中嵩高聳峙黃河亘延自河洛圖書天地已洩其秘而渾穆醇龎之氣人日由其中而不知是道寄於人而學寄於天至程氏兩夫子出斯道大明人知所趨舍學者於日用倫常至庸極易之事當下便有希聖達天路徑是道本於天而學寄於人蓋洛之有學所以合天人之歸定先後之統所關甚鉅也厥後廢而復明絶而復續學問淵源天中尤盛宋與伊洛元大蘇門至有明而兩河八郡各有

原序　一

洛學編六卷　（清）湯斌等撰　清道光三十年田俶重刻本

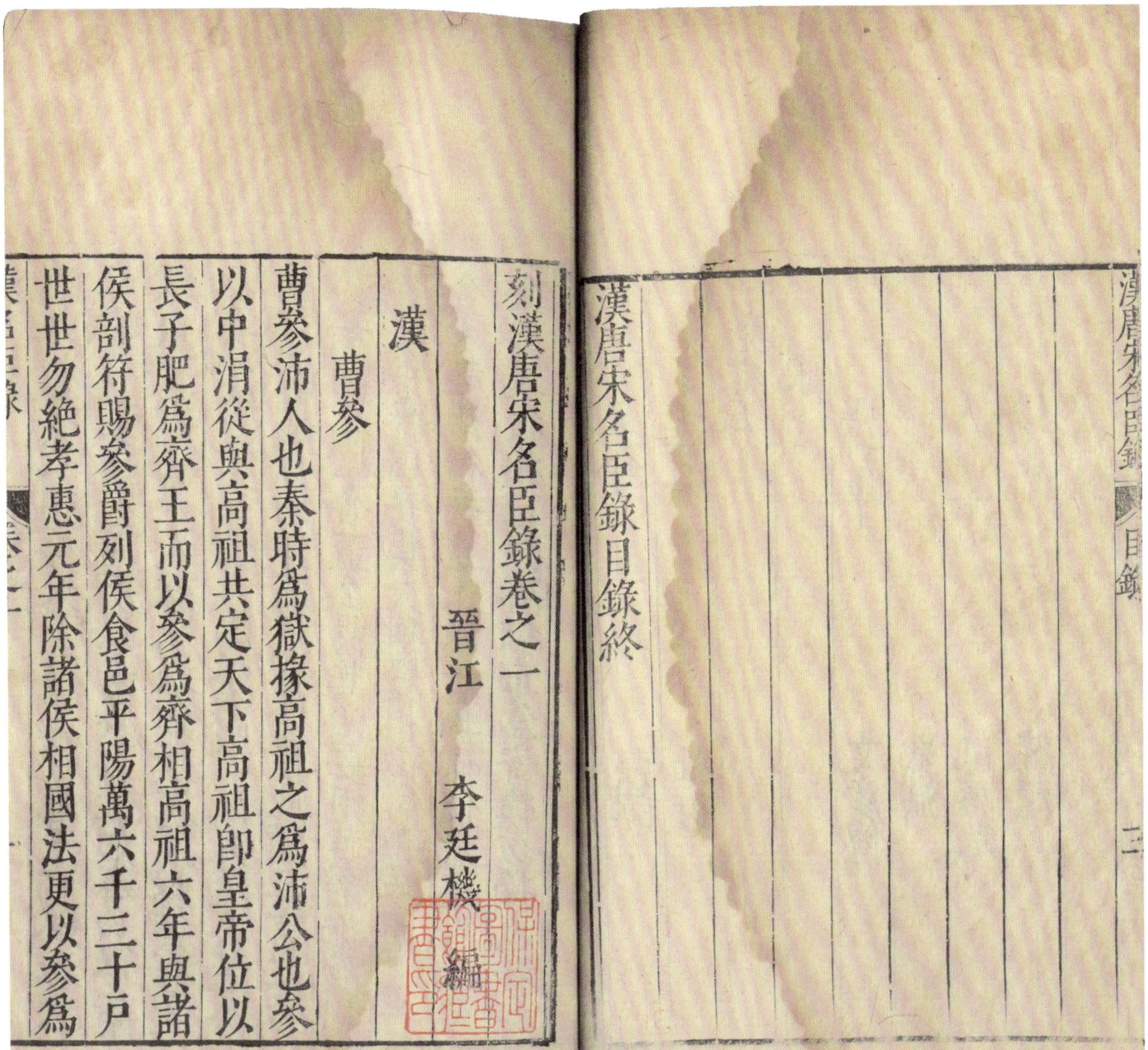

刻漢唐宋名臣錄五卷　（明）李廷機編　明萬曆三十四年刻本　入選《河北省名錄》0209號

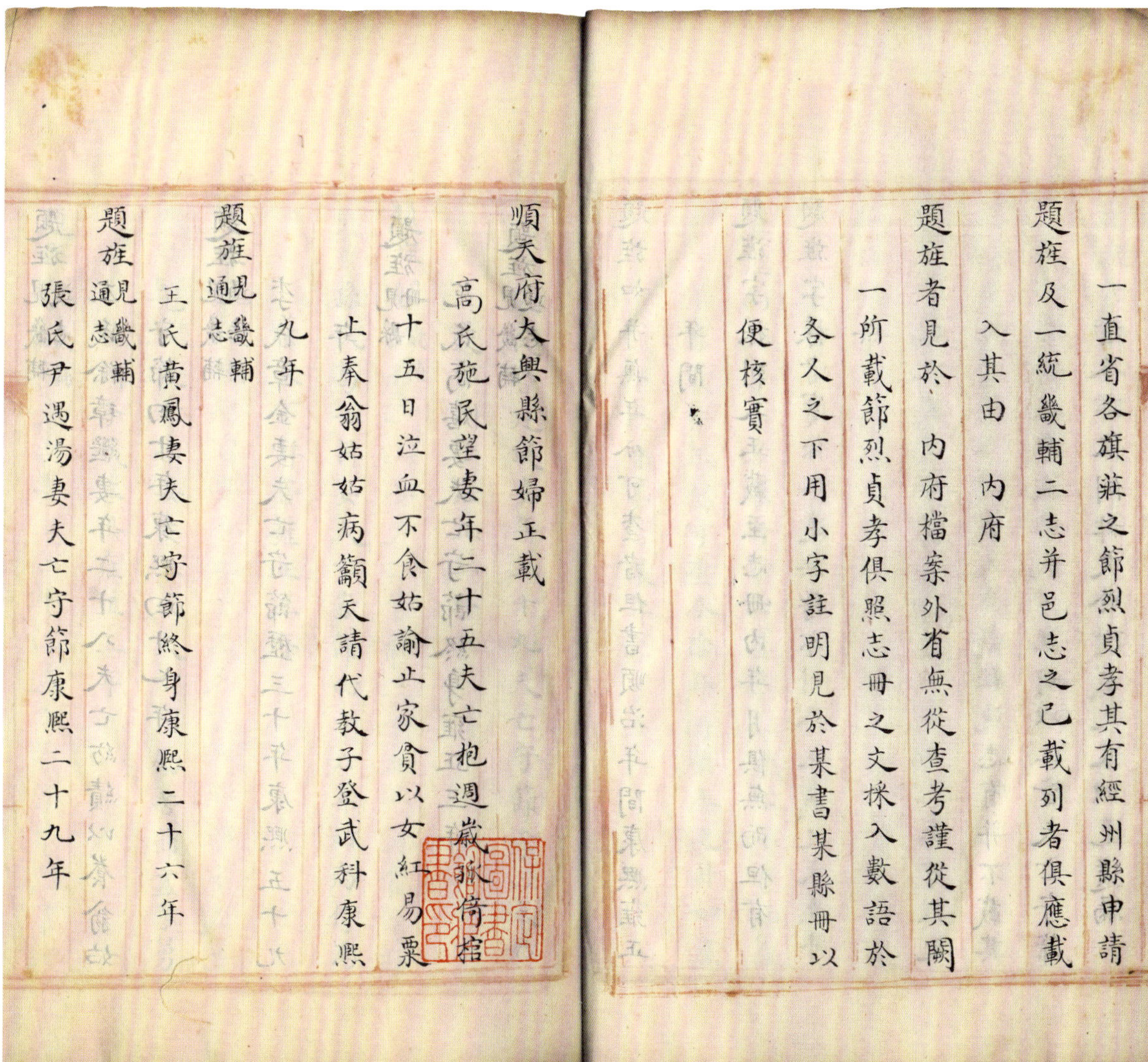

一直省各旗莊之節烈貞孝其有經州縣申請
題旌及一統畿輔二志并邑志之已載列者俱應載
入其由 内府
題旌者見於 内府檔案外省無從查考謹從其闕
一所載節烈貞孝俱照志冊之文採入數語於
各人之下用小字註明見於某書某縣冊以
便核實

順天府大興縣節婦正載
高氏施民望妻年二十五夫亡抱週歲孤倚棺十五日泣血不食姑諭止家貧以女紅易粟
止奉翁姑姑病籲天請代教子登武科康熙
九年
題旌見畿輔通志
王氏黄鳳妻夫亡守節終身康熙二十六年
題旌見畿輔通志
張氏尹遇湯妻夫亡守節康熙二十九年

直隸節烈貞孝冊不分卷　清抄本

諸賢是也至於三千之衆其爲湮沒
殆未易更僕數矣漢唐以來闡經名
儒代有其人咸以有功聖門從祀兩
廡自伊洛學興上接洙泗崇奉之盛

學宮輯畧六卷　（清）余丙輯　清乾隆終慕堂刻本

督學徐頌存河南省署

鈞臺余南宮校輯

館課餘談並請
頒書原呈附後

學宮輯畧

終慕堂藏板

序

漢司馬遷著孔子世家及弟子列傳

大抵採取論語經傳諸書言行

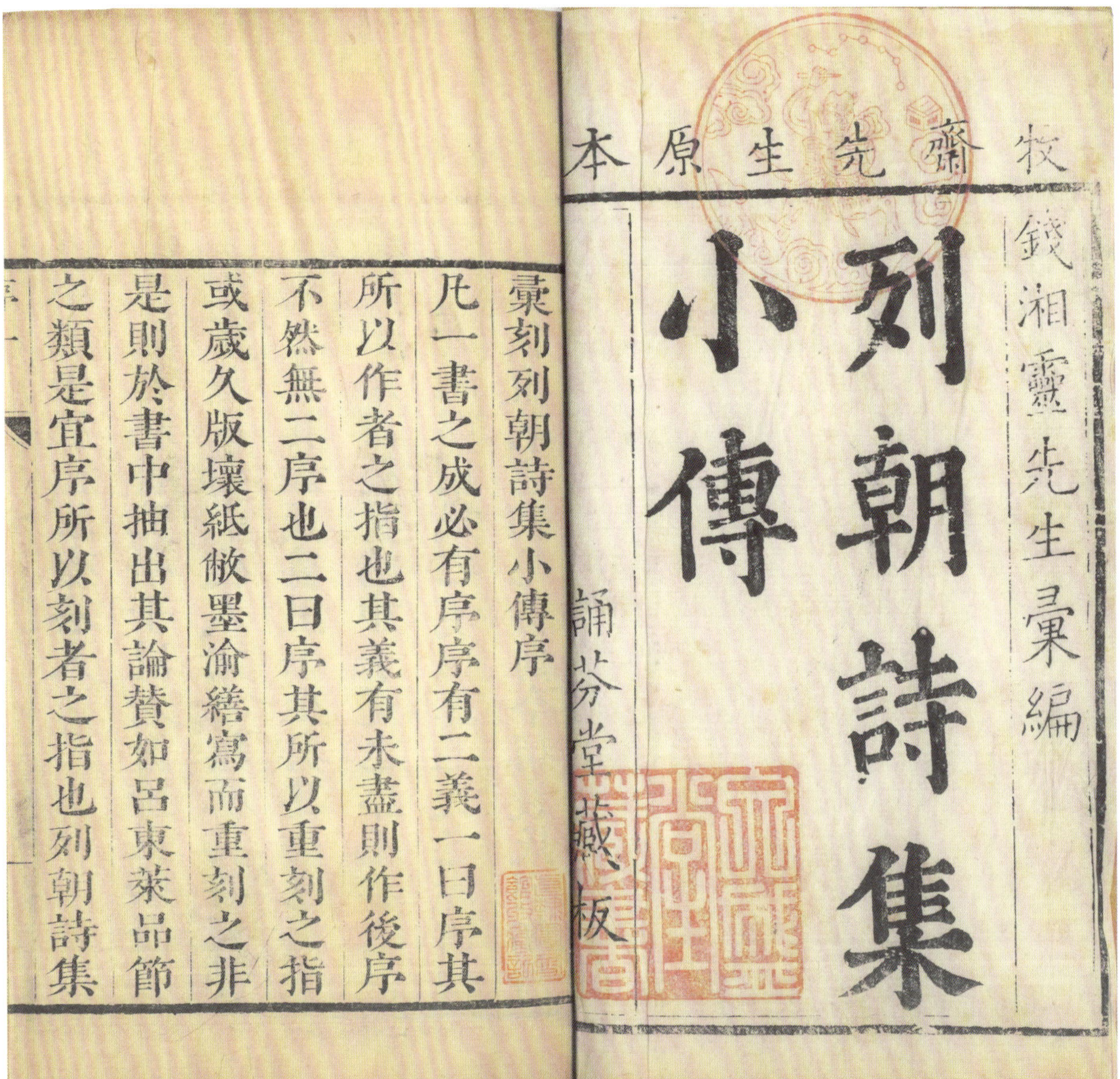
牧齋先生原本

錢湘靈先生彙編

列朝詩集小傳

誦芬堂藏板

彙刻列朝詩集小傳序

凡一書之成必有序序有二義一曰序其所以作者之指也其義有未盡則作後序不然無二序也二曰序其所以重刻之指或歲久版壞紙敝墨渝繕寫而重刻之非是則於書中抽出其論贊如呂東萊品節之類是宜序所以刻者之指也列朝詩集

列朝詩集小傳十卷　（清）錢謙益撰　清康熙三十七年誦芬堂刻本

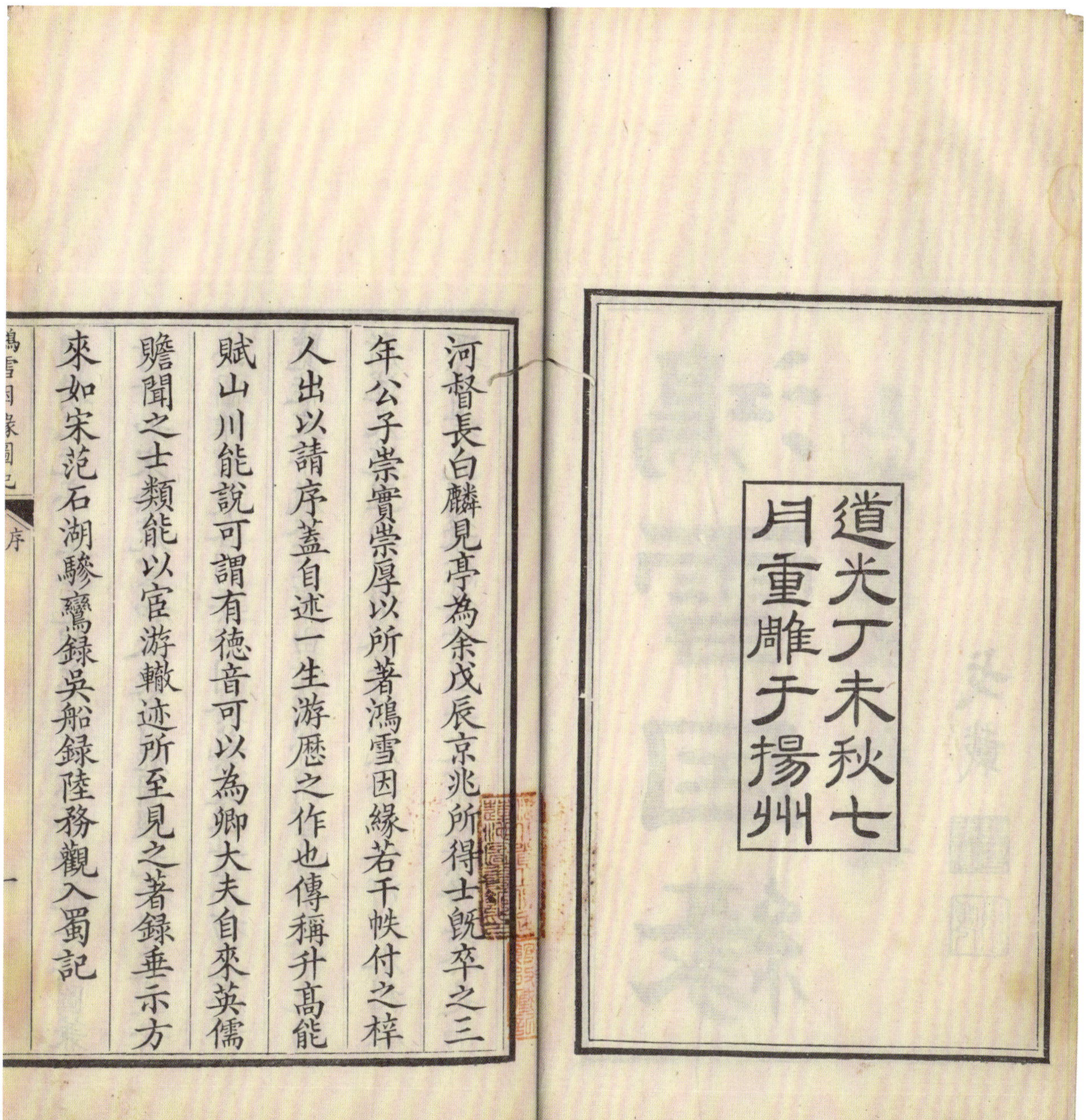

道光丁未秋七月重雕于揚州

河督長白麟見亭為余戊辰京兆所得士旣卒之三年公子崇實崇厚以所著鴻雪因緣若干帙付之梓人出以請序蓋自述一生游歷之作也傳稱升高能賦山川能說可謂有德音可以為卿大夫自來英儒贍聞之士類能以宦游轍迹所至見之著錄垂示方來如宋范石湖驂鸞録吳船録陸務觀入蜀記

鴻雪因緣圖記　序　一

鴻雪因緣圖記六卷　（清）麟慶撰　清道光二十九年刻本

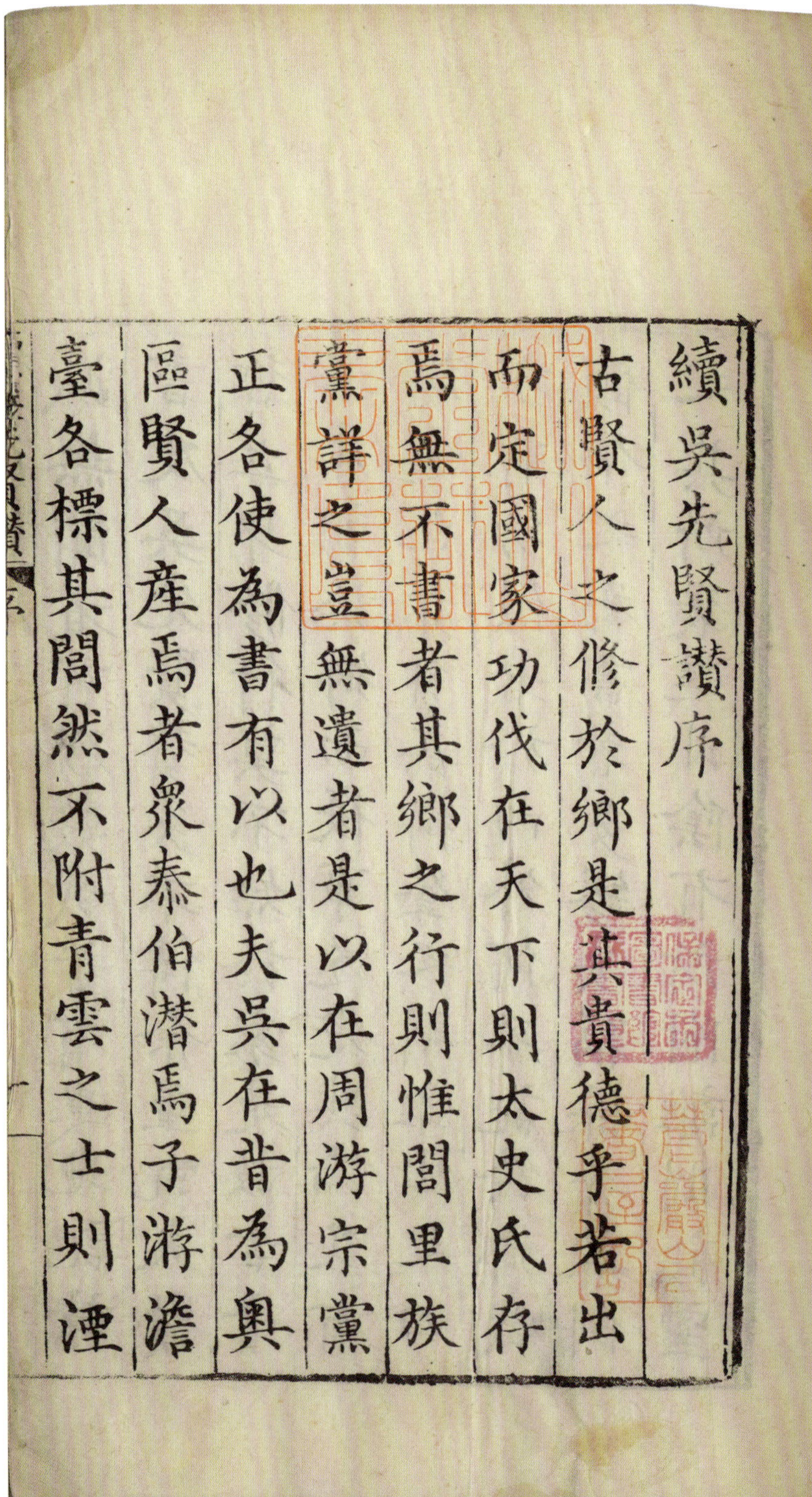
續吳先賢讚序
古賢人之修於鄉是其貴德乎若出
而定國家功伐在天下則太史氏存
焉無不書者其鄉之行則惟閭里族
黨詳之豈無遺者是以在周游宗黨
正各使為書有以也夫吳在昔為輿
區賢人産焉者衆泰伯潛焉子游澹
臺各標其閭然不附青雲之士則湮

續吳先賢讚十五卷　（明）劉鳳撰　明萬曆刻本 入選《河北省名錄》0049號

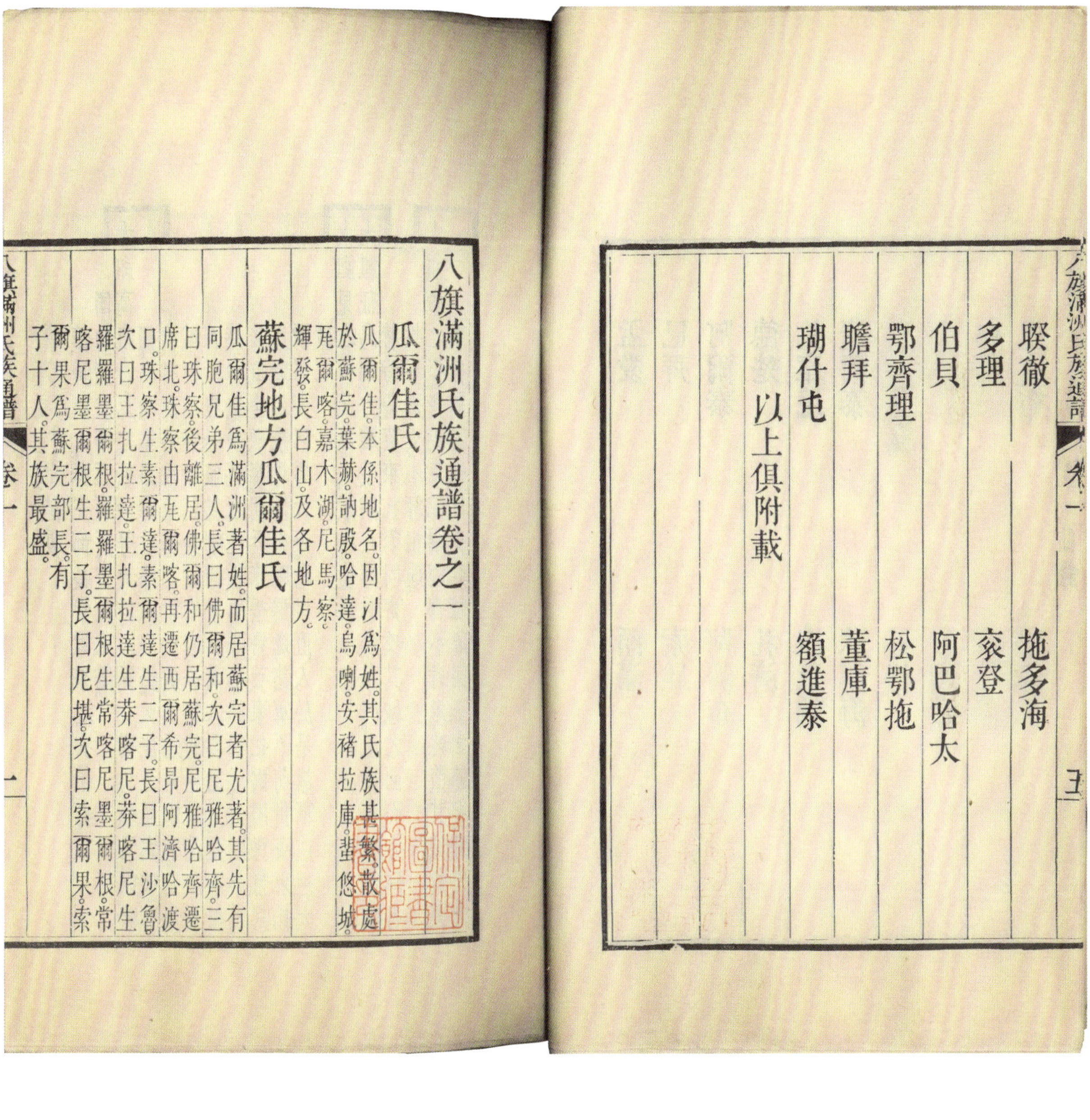

八旗滿洲氏族通譜 卷一 三

睽徹　掩多海
多理　衮登
伯貝　阿巴哈太
鄂齊理　松鄂掩
瞻拜　董庫
瑚什屯　額進泰
以上俱附載

八旗滿洲氏族通譜卷之一

瓜爾佳氏

瓜爾佳本係地名因以為姓其氏族甚繁散處於蘇完葉赫訥殷哈達烏喇安褚拉庫蜚悠城瓦爾喀嘉木湖尼馬察輝發長白山及各地方

蘇完地方瓜爾佳氏

瓜爾佳為滿洲著姓而居蘇完者尤著其先有同胞兄弟三人長曰佛爾和次曰尼雅哈齊三曰珠察後離居佛爾和仍居蘇完尼雅哈齊遷席北珠察由瓦爾喀再遷西爾希昂阿濟哈渡口珠察生素爾達素爾達生二子長曰王沙魯次曰王扎拉達王扎拉達生莽喀尼莽喀尼生羅羅墨爾根羅羅墨爾根生常喀尼墨爾根常喀尼墨爾根生二子長曰尼堪次曰索爾果索爾果為蘇完部長有子十人其族最盛

八旗滿洲氏族通譜 卷一 一

八旗滿洲氏族通譜八十卷　清乾隆九年武英殿初印毛裝本

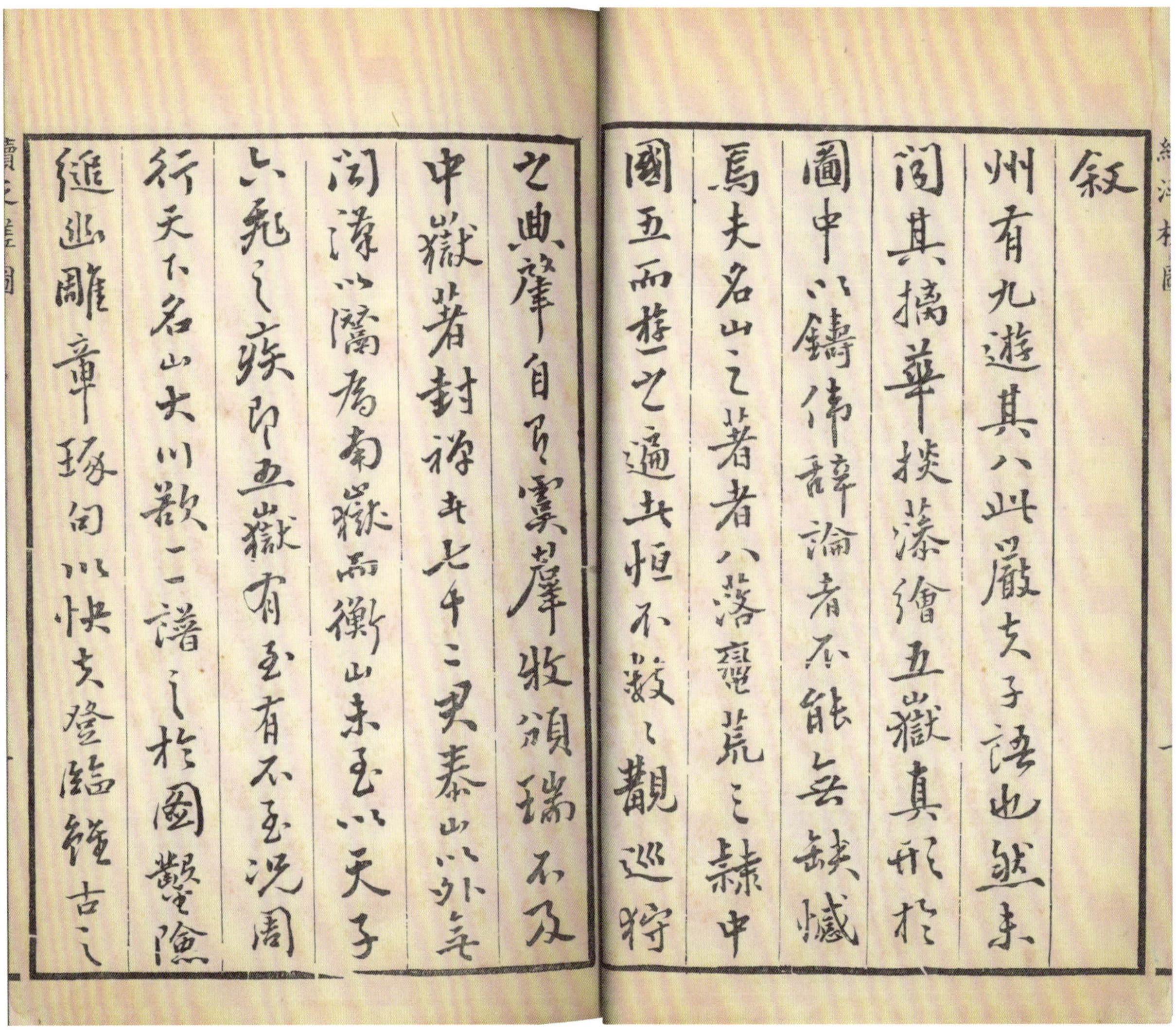

泛槎圖一卷續泛槎圖一卷　（清）張寶繪圖并撰詩文　清嘉慶二十五年羊城尚古齋張太古刻本

明洪武四年進士題名

賜進士及第第一甲三名

吳伯宗 江西撫州府金谿縣儒籍　郭翀 山西潞州壺關縣民籍

吳公達 浙江處州府麗水縣儒籍

賜進士出身第二甲一十七名

楊自立 江西吉安府泰和縣儒籍　趙友能 浙江紹興府會稽縣儒籍

仇敬 山西平陽府曲沃縣民籍　丁輔 江西吉安府吉水縣儒籍

吳鏞 江西饒州府鄱陽縣儒籍　黃載 江西南昌府奉新縣儒籍

王敬中 浙江明州府鄞縣民籍　陳信之 福建福州府懷安縣儒籍

劉寅 山西太原府崞縣儒籍　杜濬 江西吉安府泰和縣儒籍

國朝歷科題名碑錄不分卷明洪武至崇禎各科不分卷　（清）李周望輯　清雍正刻本

直隸統部名官

張存仁正黃旗世職順治七年總督直隸山東河南三省駐節大名榆園賊擾畿南發兵討平之嘗奏

詔考試屬員文藝有不能者降調之存仁曰我武臣不諳文事且諸君不皆由科目授官徒論一日長恐沮能吏心乃并考其居官能否第之時以為識大體康熙初崇祀名官見一統志

李蔭祖遼東人順治十一年總督三省正定西

湮而各志僅有

題准字樣者年月亦仍其闕

一蔚縣裁併蔚州魏縣裁併大名所有兩縣名

宦鄉賢俱歸入蔚州大名縣

一名宦鄉賢卷帙各為分纂篇首將某府州縣

另為標識以便查閱

直隸全省名宦鄉賢冊不分卷　清抄本

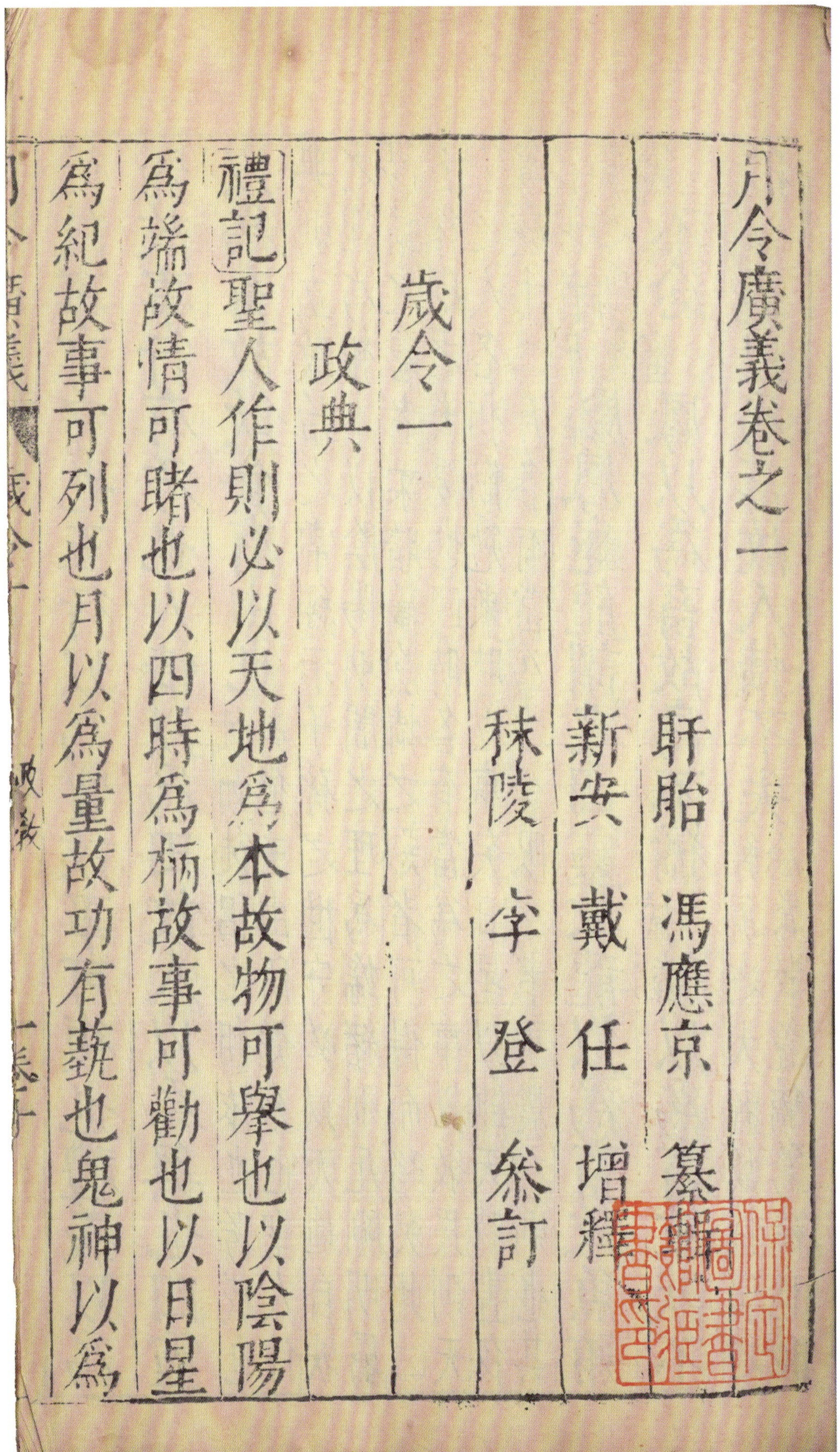
月令廣義卷之一
盱眙 馮應京 纂輯
新安 戴任 增釋
秣陵 李登 參訂
歲令一
政典
禮記聖人作則必以天地爲本故物可舉也以陰陽
爲端故情可睹也以四時爲柄故事可勸也以日星
爲紀故事可列也月以爲量故功有藝也鬼神以爲

月令廣義二十四卷卷首一卷附錄一卷　（明）馮應京輯　戴任增釋　李登參訂　明萬曆刻本

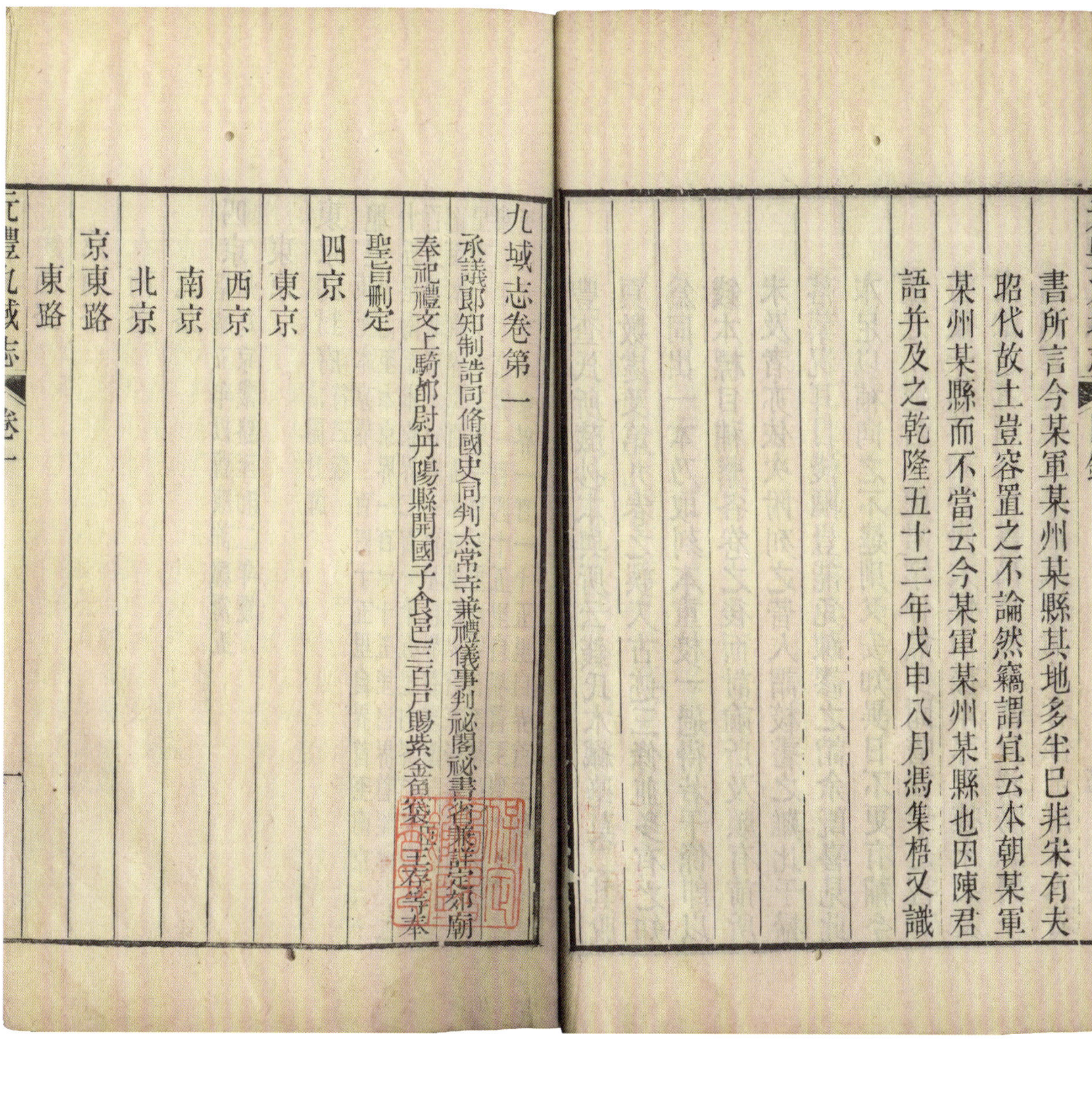

書所言今某軍某州某縣其地多半已非宋有夫
昭代故土豈容置之不論然竊謂宜云本朝某軍
某州某縣而不當云今某軍某州某縣也因陳君
語并及之乾隆五十三年戊申八月馮集梧又識

九域志卷第一
承議郎知制誥同脩國史同判太常寺兼禮儀事判祕閣祕書省兼詳定郊廟
奉祀禮文上騎都尉丹陽縣開國子食邑三百戸賜紫金魚袋臣王存等奉
聖旨刪定
四京
東京
西京
南京
北京
京東路
東路

元豐九域志十卷　（宋）王存等撰　清乾隆五十三年馮氏刻本

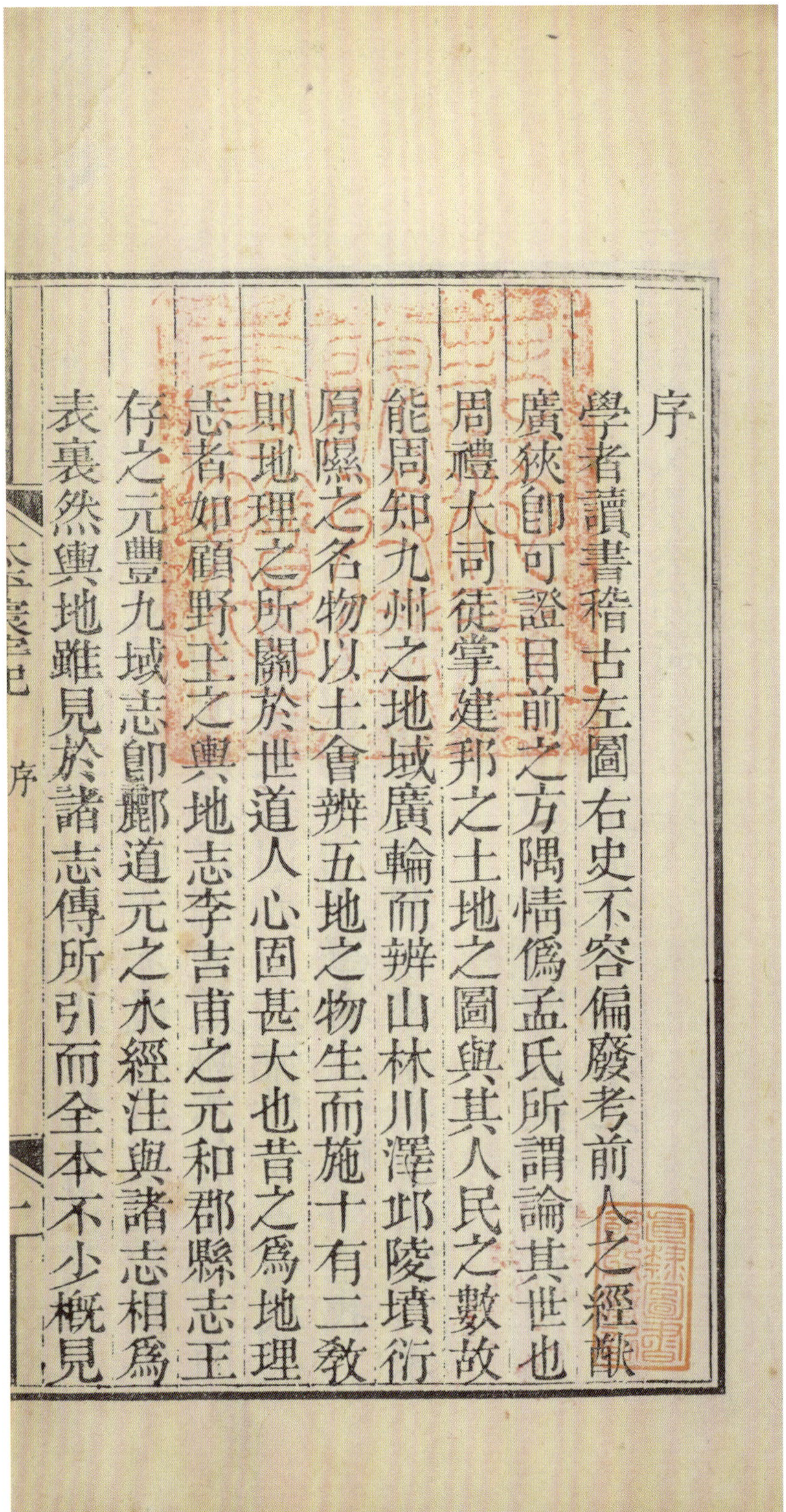

序

學者讀書稽古左圖右史不容偏廢考前人之經猷廣狹即可證目前之方隅情僞孟氏所謂論其世也周禮大司徒掌建邦之土地之圖與其人民之數故能周知九州之地域廣輪而辨山林川澤邱陵墳衍原隰之名物以土會辨五地之物生而施十有二教則地理之所關於世道人心固甚大也昔之爲地理志者如顧野王之輿地志李吉甫之元和郡縣志王存之元豐九域志即酈道元之水經注與諸志相爲表裏然輿地雖見於諸志傳所引而全本不少概見

寰宇記　序

太平寰宇記二百卷目録二卷　（宋）樂史纂　附大清一統志表　（清）徐午撰　清乾隆刻本

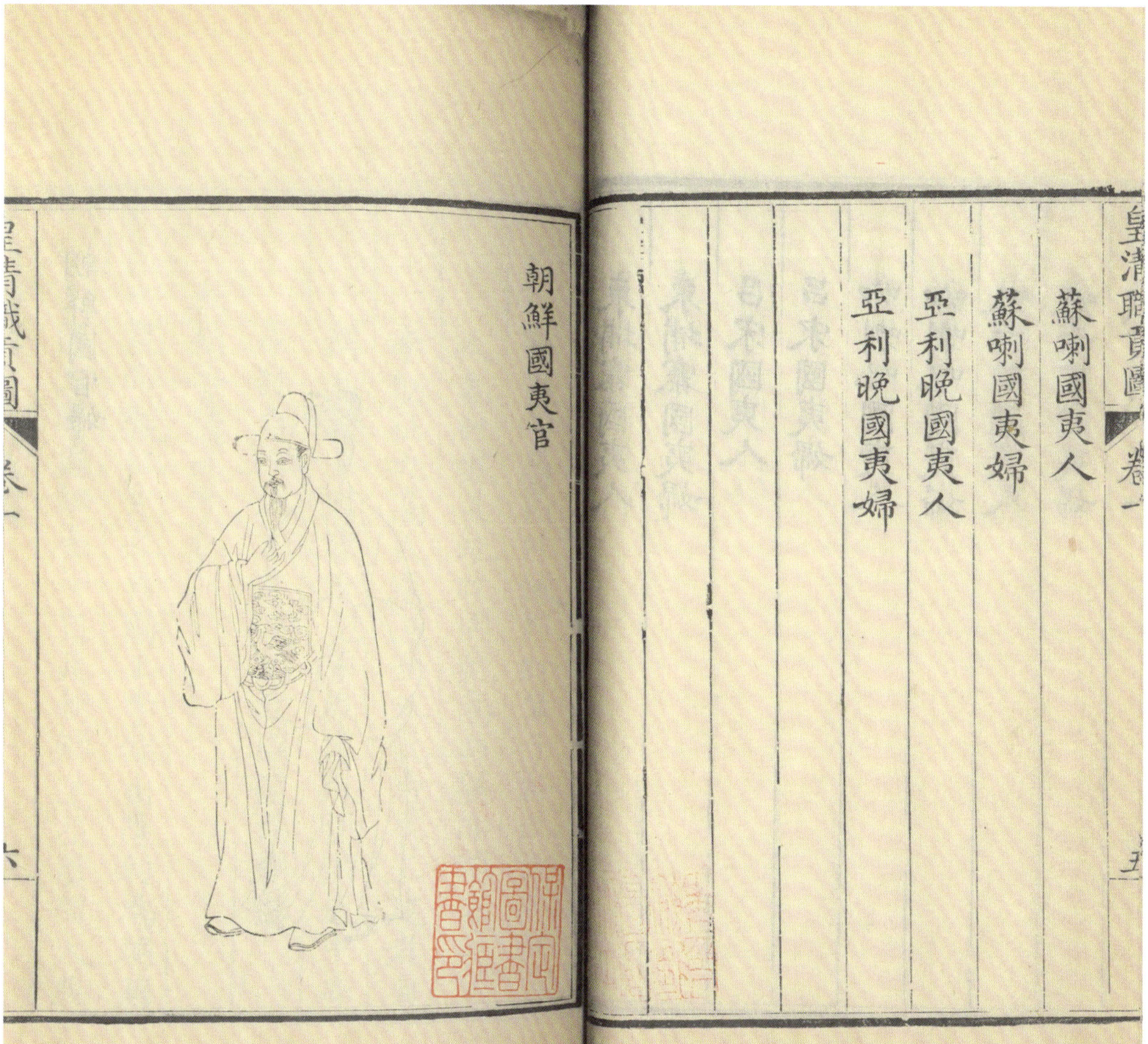
皇清職貢圖　卷一　五

蘇喇國夷人

蘇喇國夷婦

亞利晚國夷人

亞利晚國夷婦

皇清職貢圖　卷一　六

朝鮮國夷官

皇清職貢圖九卷　（清）傅恒等撰　清乾隆刻本

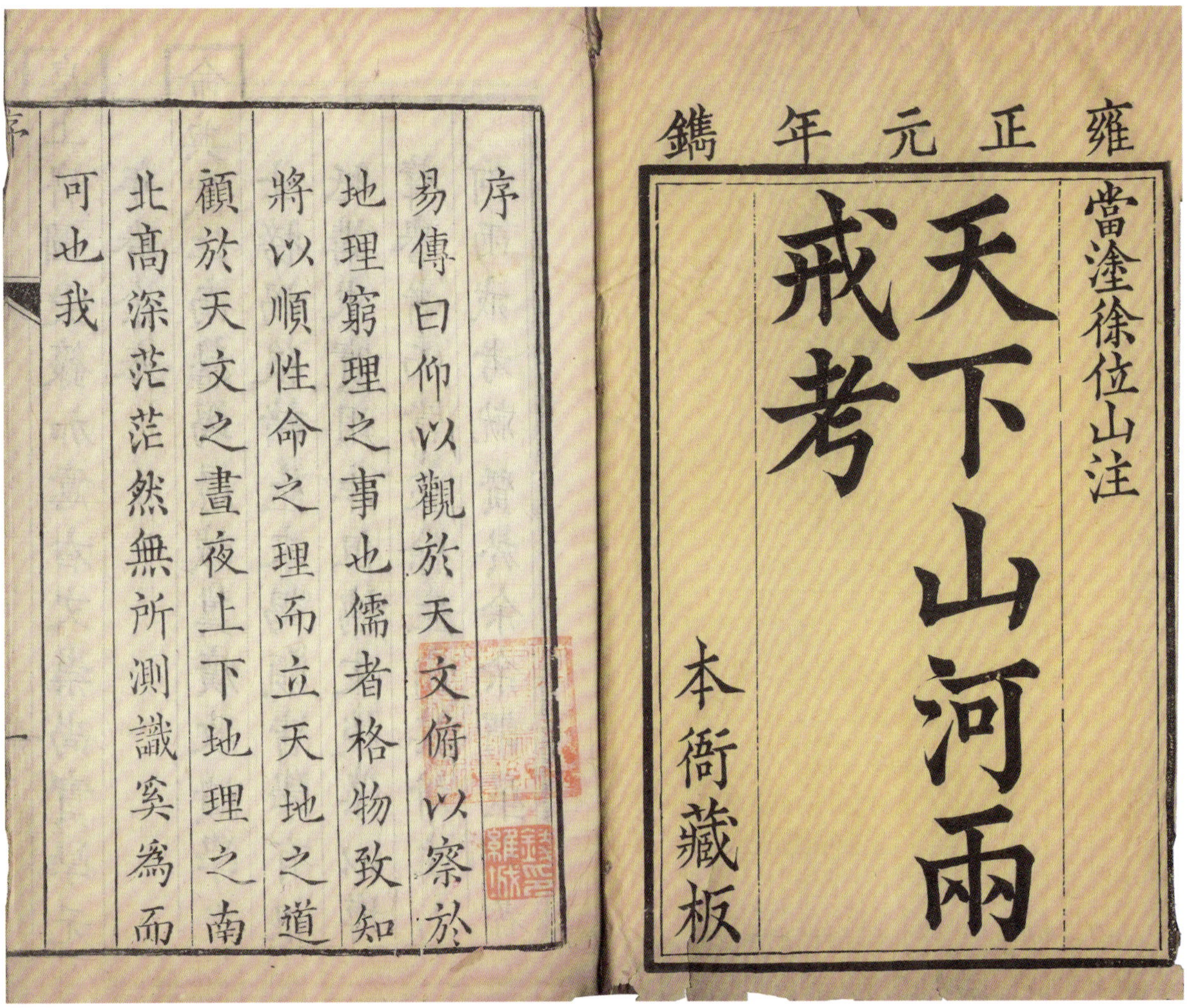

天下山河兩戒考十四卷　（清）徐文靖撰　清雍正元年刻本

歷代宅京記卷之一

總序上

伏羲氏都于陳今河南開封府陳州有太昊陵

春秋傳曰陳太昊之虛也

神農氏初都陳後居曲阜司馬貞三皇本紀註曰按今淮陽有神農井又左傳魯有大庭氏之庫是也今山東兗州府曲阜縣

水經注曰陳城故陳國也伏羲神農並都之城東北三十許里猶有義城實中

黃帝居軒轅之丘山海經曰在窮山之際西射之南邑于涿鹿之阿今直隷保安州遷徙往來無常處以師兵爲營衛

歷代宅京記二十卷　（清）顧炎武撰　清嘉慶十三年來賢堂刻本

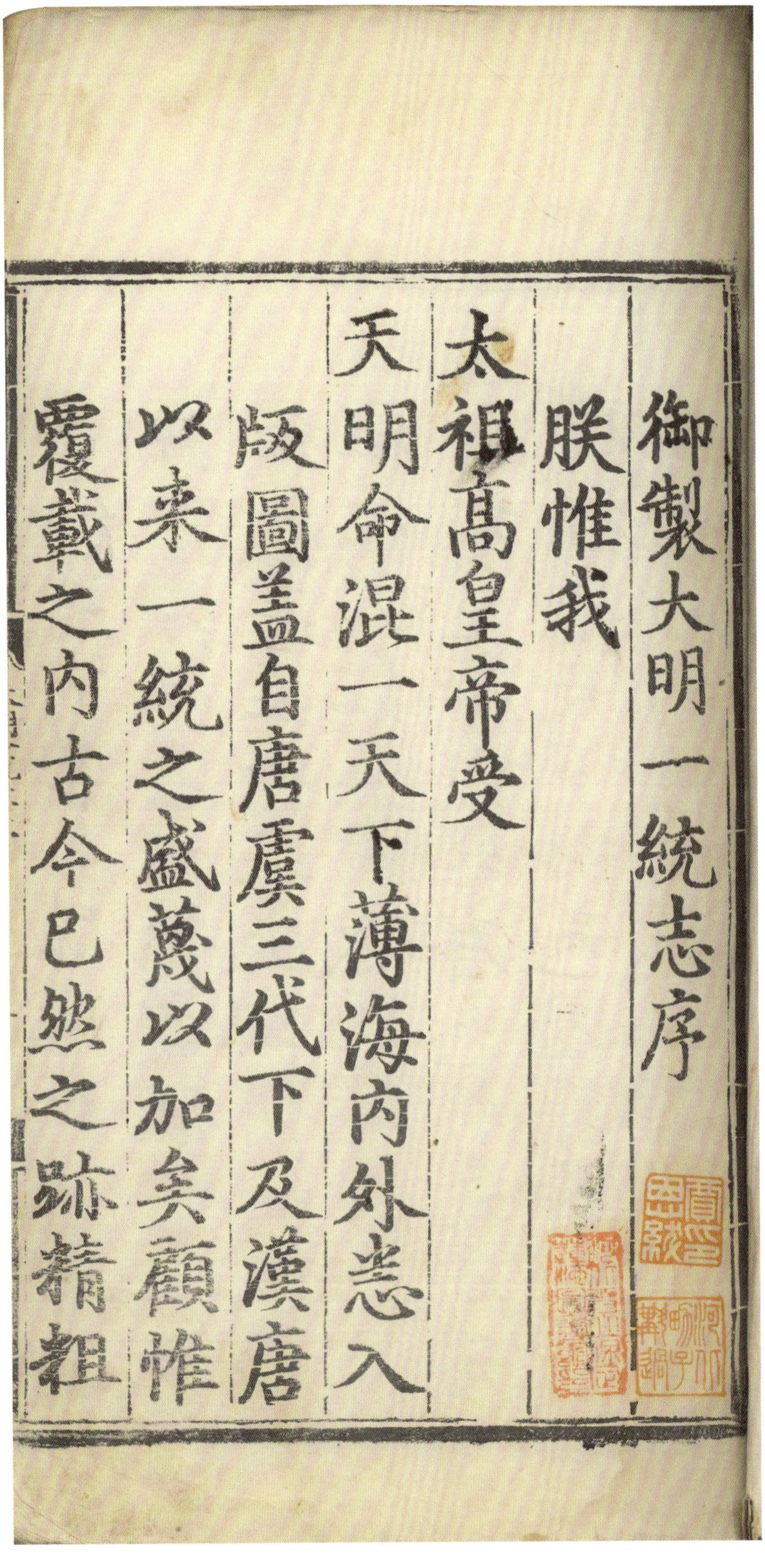

御製大明一統志序

朕惟我

太祖高皇帝受

天明命混一天下薄海內外悉入

版圖盖自唐虞三代下及漢唐

以來一統之盛蔑以加矣顧惟

覆載之內古今已然之跡粗

大明一統志九十卷　（明）李賢等纂修　明天順五年內府刻本　入選《國家名錄》04106號

廣輿記卷之一

雲間陸應陽伯生輯

北京

古幽薊之地左環滄海右擁太行北枕居庸南襟河濟形勝甲天下即遼金元舊都也明初爲北平布政司永樂中成祖遷都是爲北京

大清定鼎仍爲京師

城池京城 永樂七年拓元故城周四十里九門南曰正陽南之左曰崇文右曰宣武北之東曰安定西曰得勝東之北曰東直南曰朝陽西之北曰西直南曰阜城

山陵長陵 永樂天壽山正中 獻陵 洪熙長陵之右 景陵 宣德長陵之左 裕

廣輿記二十四卷圖一卷　（明）陸應陽撰　清初刻本

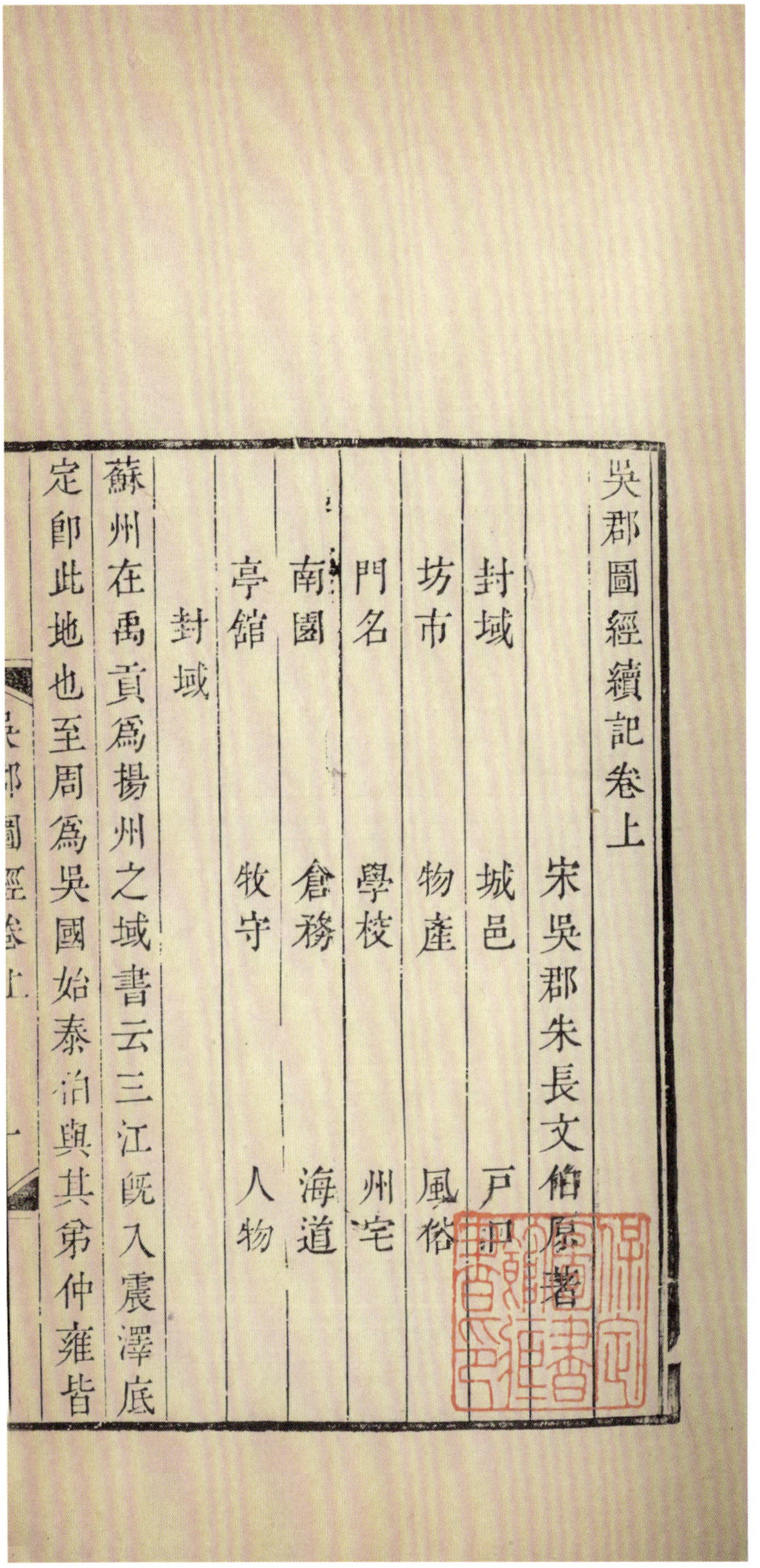

吳郡圖經續記卷上

宋吳郡朱長文伯原著

封域　城邑　戶口

坊市　物產　風俗

門名　學校　州宅

南園　倉務　海道

亭館　牧守　人物

封域

蘇州在禹貢爲揚州之域書云三江既入震澤底定即此地也至周爲吳國始泰伯與其弟仲雍皆

吳郡圖經續記三卷　（宋）朱長文纂修　清乾隆二十四年朱鑰明教堂刻本

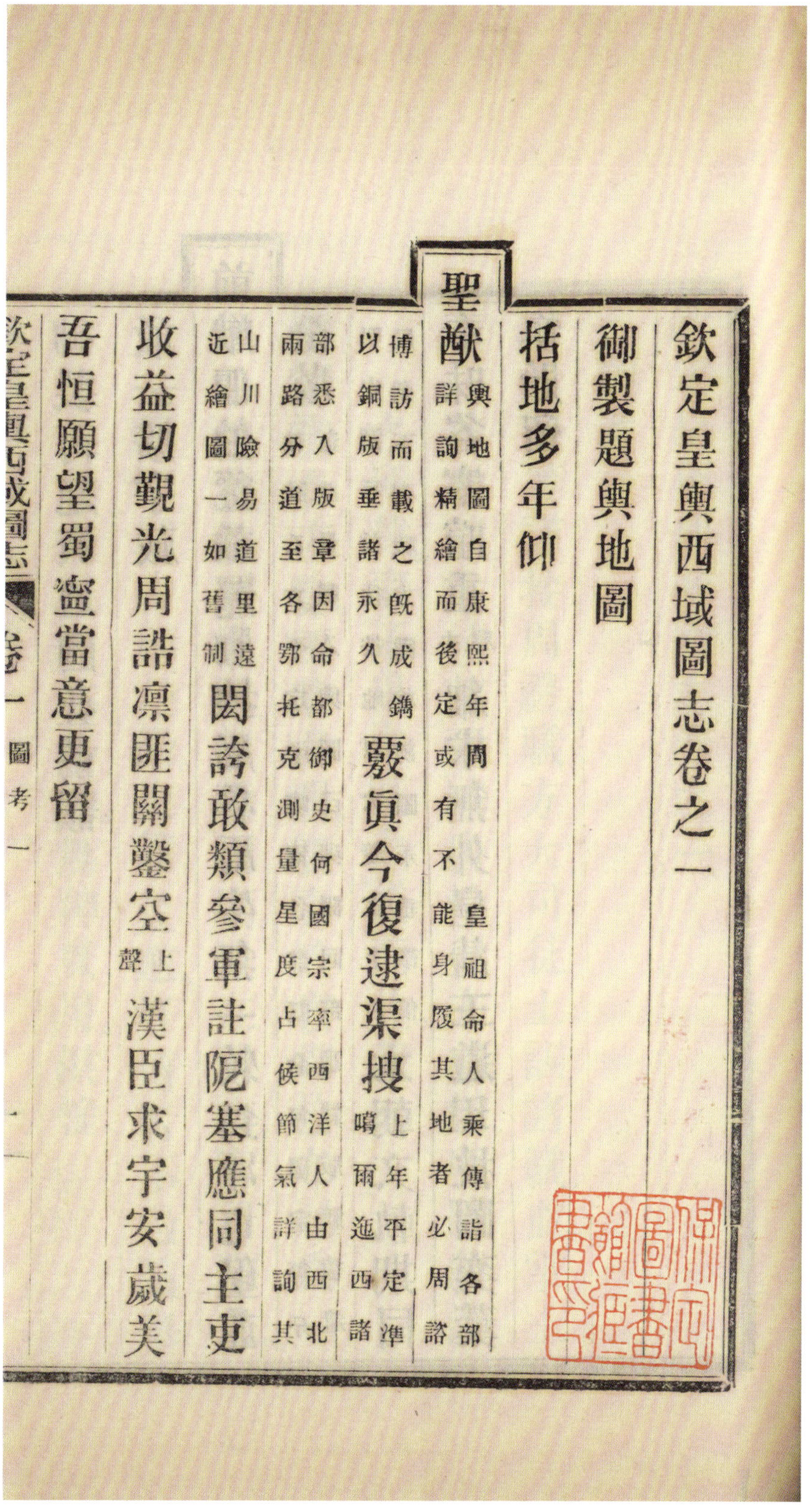

欽定皇輿西域圖志卷之一

御製題輿地圖

括地多年仰

聖猷輿地圖自康熙年間皇祖命人乘傳詣各部詳詢精繪而後定或有不能身履其地者必周諮博訪而載之既成鐫以銅版垂諸永久覈眞今復逮渠搜上年平定準噶爾迤西諸部悉入版章因命都御史何國宗率西洋人由西北兩路分道至各鄂托克測量星度占候節氣詳詢其山川險易道里遠近繪圖一如舊制閎誇敢類參軍註阸塞應同主吏收益切覲光周詣凜匪闕鑿空上聲漢臣求宇安歲美吾恒願望蜀盌當意更留

欽定皇輿西域圖志　卷一　圖考一　一

欽定皇輿西域圖志四十八卷首四卷　（清）劉統勳等奉敕撰　清石印本

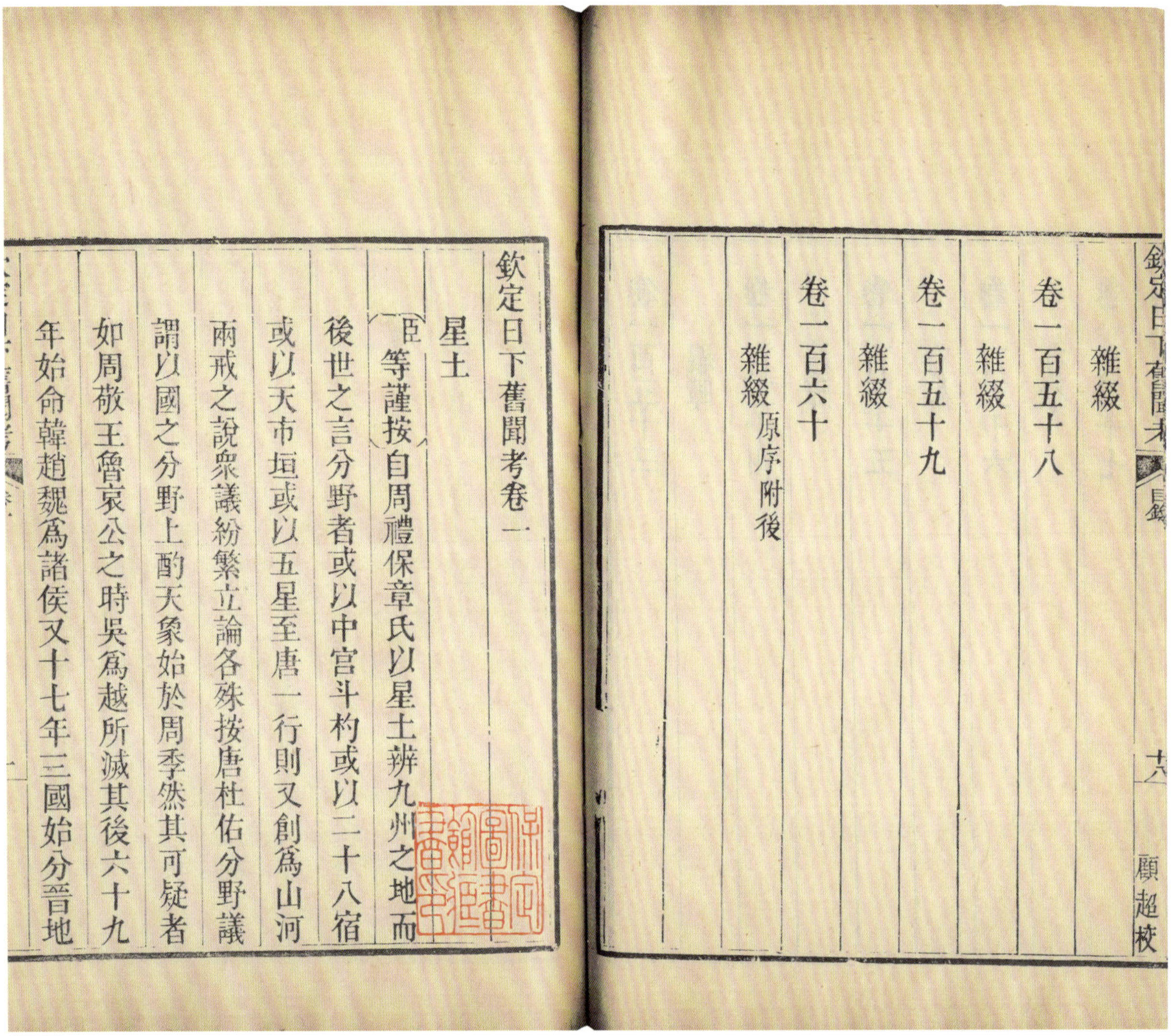

欽定日下舊聞考一百六十卷　（清）朱彝尊　朱昆田　于敏中等纂　清乾隆武英殿刻本

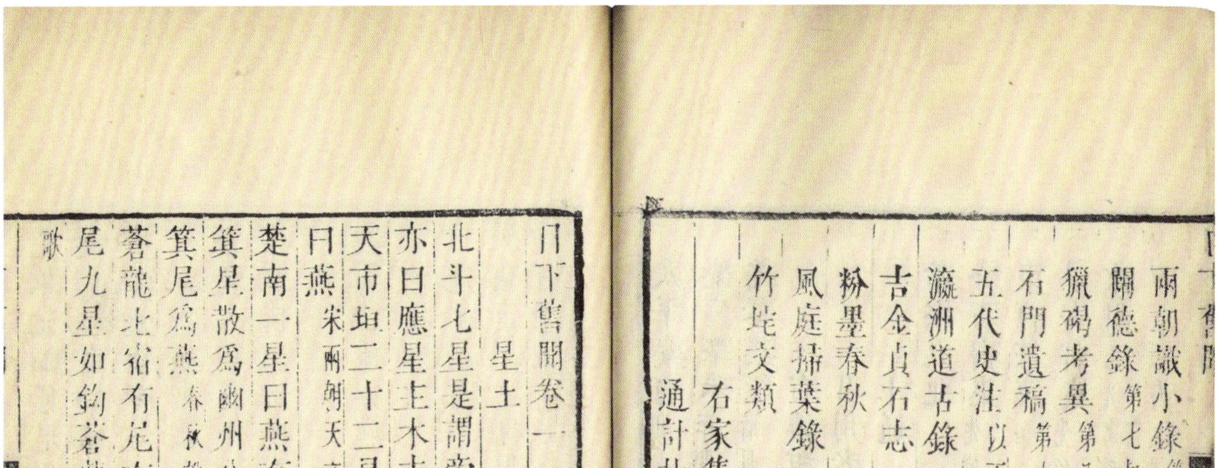
兩朝識小錄 第六叔父官生彝茂曜
歸德錄 第七叔父國子監生彝茂暘
獼碉考異 第八叔父儒學生彝茂晥
石門遺稿 第十三叔父國子監生彝茂昞
五代史注 以下皆彝尊纂述
瀛洲道古錄
吉金貞石志
粉墨春秋
風庭掃葉錄
竹垞文類
右家集一十六部
通計抄撮書一千三百一十五件

日下舊聞卷一
星土
北斗七星是謂帝車運乎中央而臨制四方六曰開陽亦曰應星主木主燕 大象列星圖
天市垣二十二星東西列各十一星其東垣南第三星曰燕 宋兩朝天文志
楚南一星曰燕有變動以其國占之 宋史天文志
箕星散爲幽州分爲燕國 春秋元命苞
箕尾爲燕 春秋說題辭
蒼龍七宿有尾有箕氏胸房腹箕所糞也 星經
尾九星如鉤蒼龍尾箕四星形狀如簸箕 丹元子步天歌

日下舊聞四十二卷　（清）朱彝尊撰　清康熙六峯閣刻本

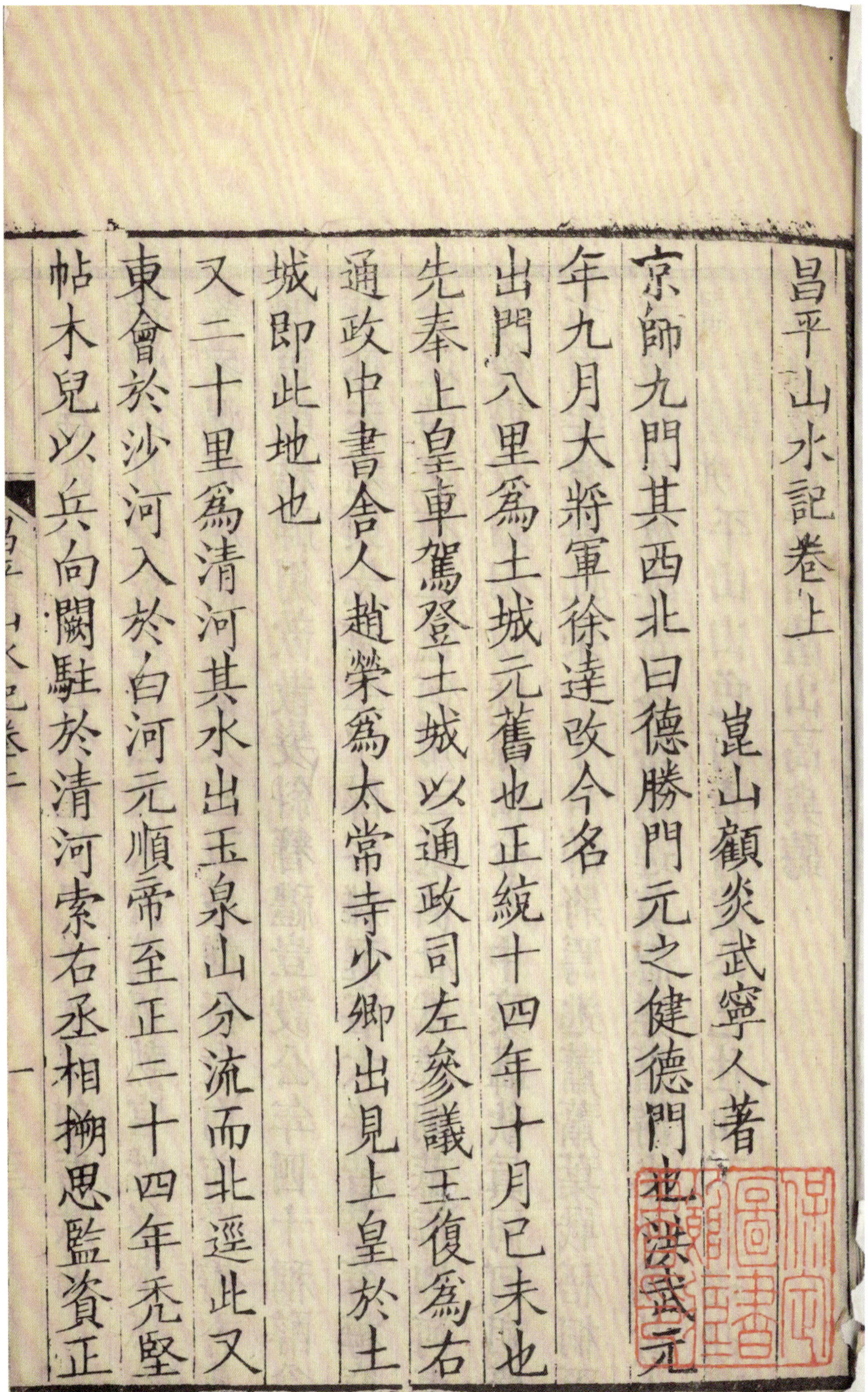

昌平山水記卷上

崑山顧炎武寧人著

京師九門其西北曰德勝門元之健德門也洪武元年九月大將軍徐達改今名

出門八里爲土城元舊也正統十四年十月己未也先奉上皇車駕登土城以通政司左參議王復爲右通政中書舍人趙榮爲太常寺少卿出見上皇於土城即此地也

又二十里爲清河其水出玉泉山分流而北逕此又東會於沙河入於白河元順帝至正二十四年秃堅帖木兒以兵向闕駐於清河索右丞相搠思監資正

昌平山水記卷上　一

昌平山水記二卷譎觚十事一卷顧氏譜系考一卷　（清）顧炎武撰　清刻本

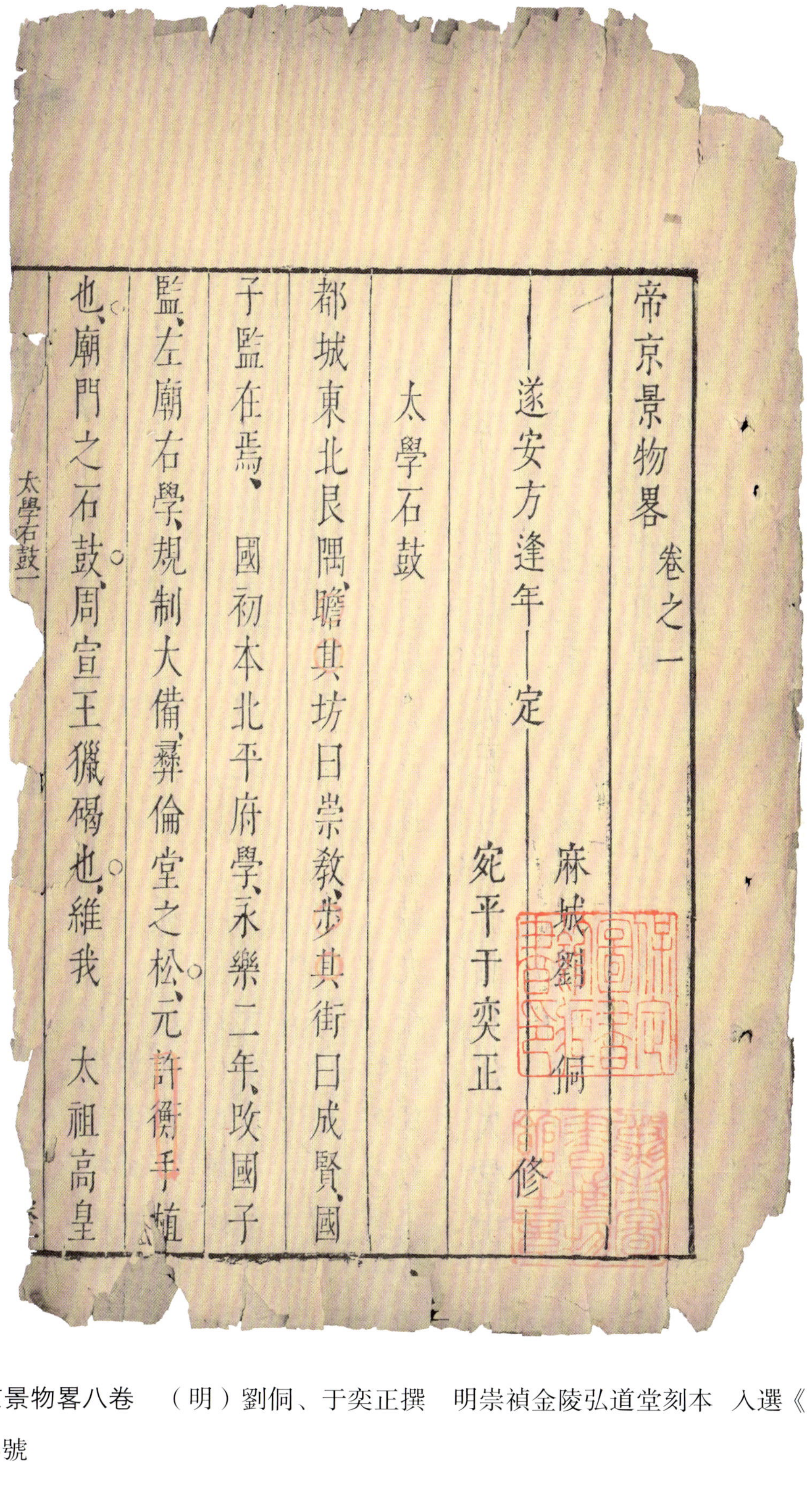

帝京景物畧　卷之一

麻城劉侗　修

遂安方逢年　定

宛平于奕正

太學石鼓

都城東北艮隅，瞻其坊曰崇教，步其街曰成賢，國子監在焉。國初本北平府學，永樂二年，改國子監，左廟右學，規制大備，彝倫堂之松，元許衡手植也。廟門之石鼓，周宣王獵碣也。維我　太祖高皇

太學石鼓　一

帝京景物畧八卷　（明）劉侗、于奕正撰　明崇禎金陵弘道堂刻本　入選《河北省名錄》0223號

金陵弘道堂藏板

敘

燕不可無書而難爲
書
本朝之制敦尚節儉

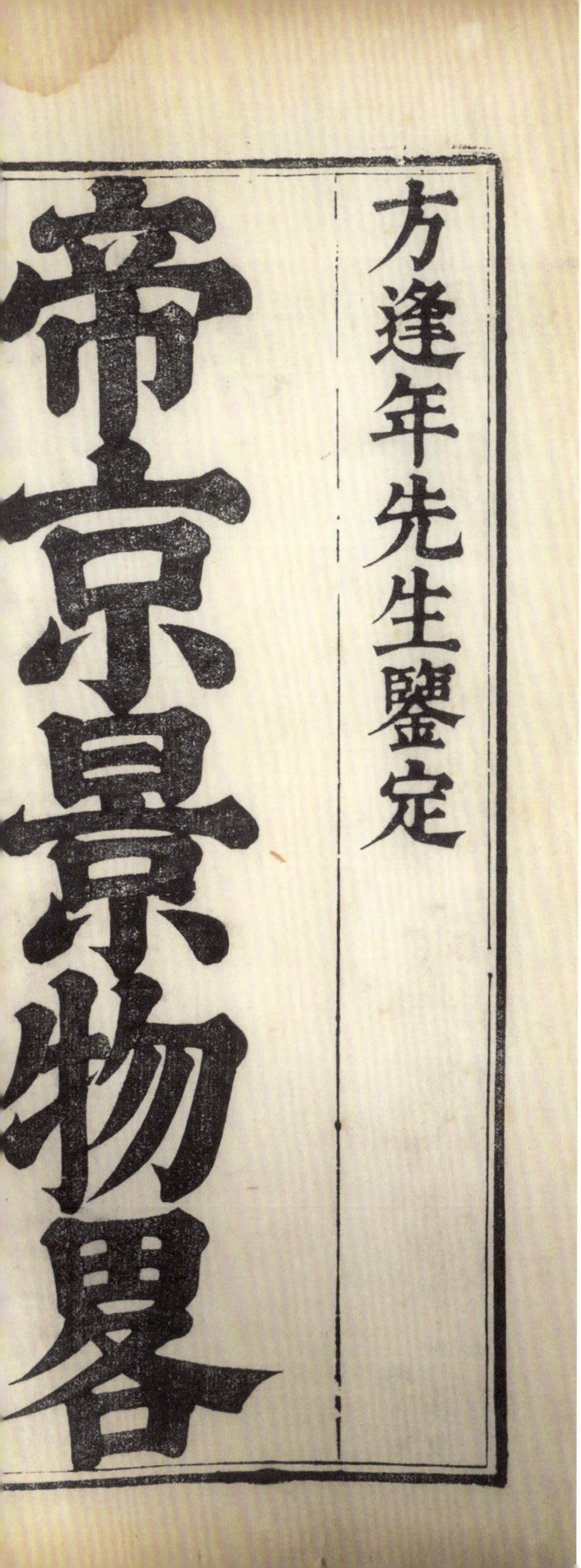
方逢年先生鑒定

帝京景物畧

帝京景物畧八卷　（明）劉侗、于奕正撰　明崇禎金陵弘道堂刻本

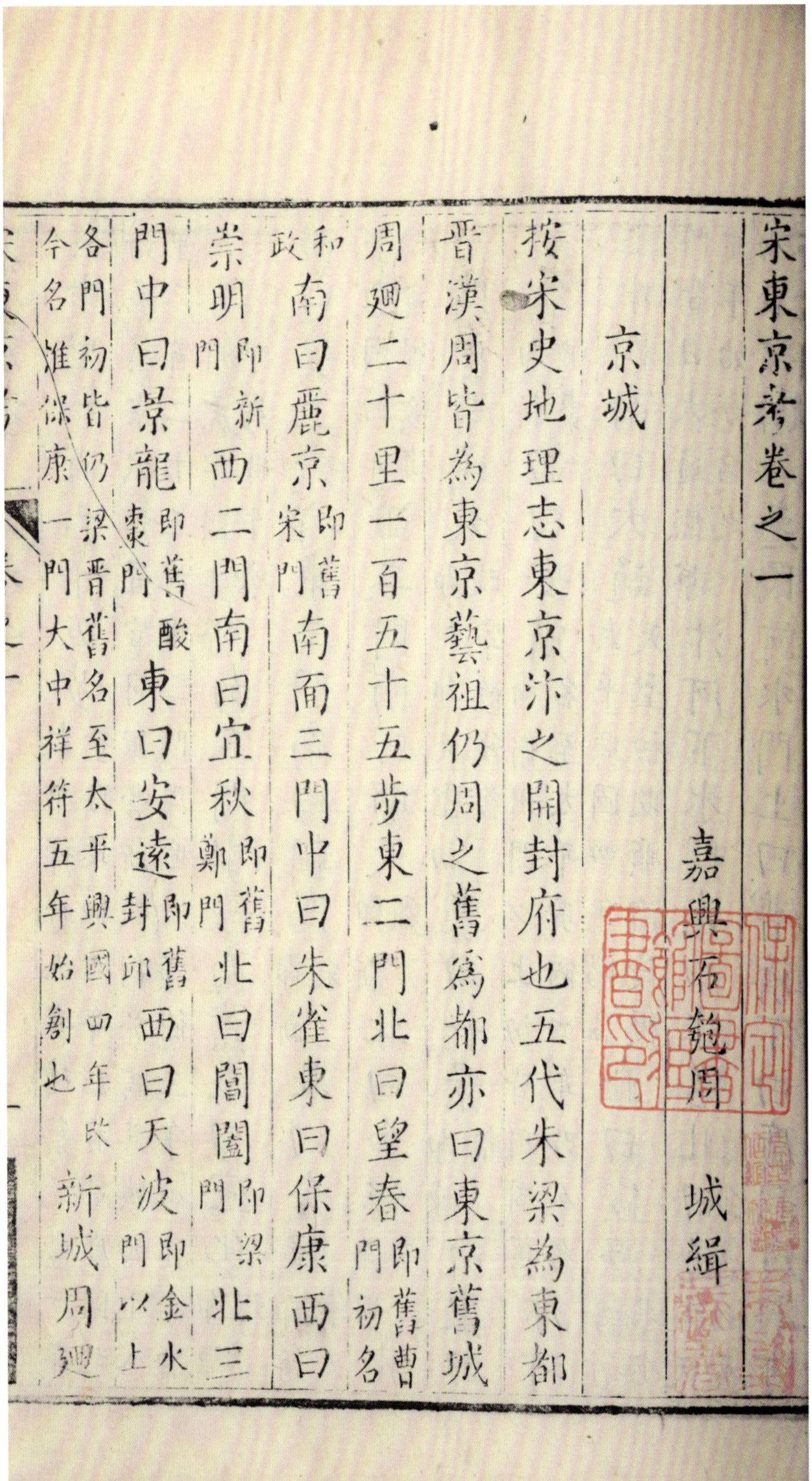

宋東京考卷之一

嘉興石匏周　城緝

京城

按宋史地理志東京汴之開封府也五代朱梁為東都晉漢周皆為東京藝祖仍周之舊為都亦曰東京舊城周廻二十里一百五十五步東二門北曰望春（即舊曹門初名和政）南曰麗京（即舊宋門）南面三門中曰朱雀東曰保康西曰崇明（即新門）西二門南曰宜秋（即舊鄭門）北曰閶闔（即梁門）北三門中曰景龍（即舊酸棗門）東曰安遠（即舊封邱門）西曰天波（即金水門以上各門初皆仍梁晉舊名至太平興國四年改今名惟保康一門大中祥符五年始創也）新城周廻

宋東京考二十卷　（清）周城撰　清乾隆三年刻本

鵝湖講學會編卷之一

後學潮陽鄭之僑東里編輯

受業門人同校

鵝湖書院圖

鵝湖山鉛之東北鎮山也諸峯聯絡若獅象犀猊最高三峯挺秀鄱陽記云山上有湖多生荷故名荷湖東晉人龔氏居山畜鵝其雙鵝育子數百羽翮成乃去更名鵝湖唐大曆中有禪名智孚者植錫山中雙鵝復還山麓有仁壽院亦禪所建今名鵝湖寺宋朱子與呂伯恭陸子壽陸子靜三先生於此講學遂建有鵝湖書院

鵝湖講學會編十二卷　（清）鄭之僑編輯　清乾隆九年鵝湖述堂刻本

名山勝槩記　卷之一

北直隸一

名山勝槩記四十八卷圖一卷附錄一卷　（明）何鏜等輯　明崇禎六年墨繪齋刻本

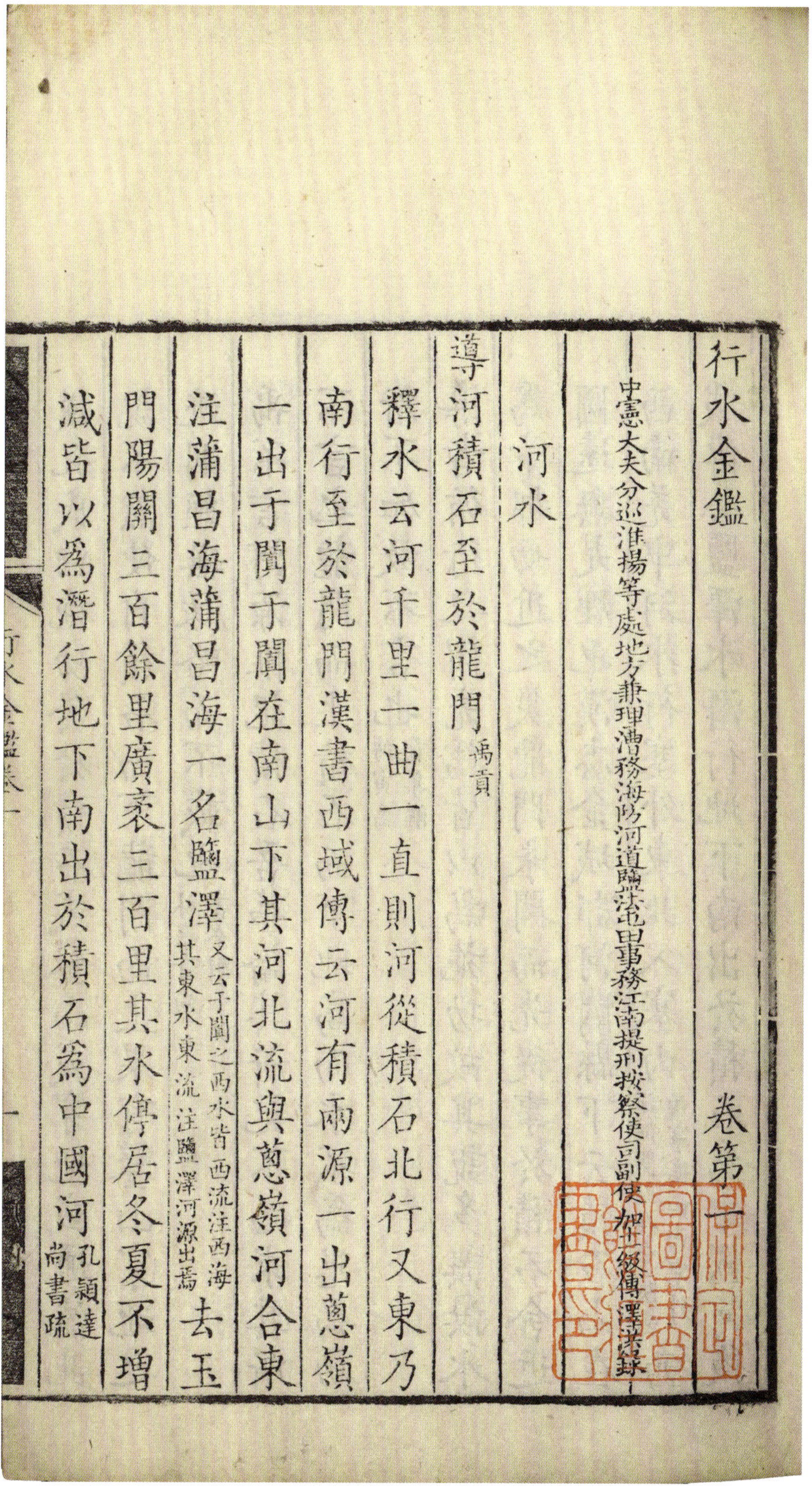
行水金鑑卷第一

中憲大夫分巡淮揚等處地方兼理漕務海防河道鹽法屯田事務江南提刑按察使司副使加一級傅澤洪錄

河水

導河積石至於龍門禹貢

釋水云河千里一曲一直則河從積石北行又東乃南行至於龍門漢書西域傳云河有兩源一出蔥嶺一出于闐于闐在南山下其河北流與蔥嶺河合東注蒲昌海蒲昌海一名鹽澤又云于闐之西水皆西流注西海其東水東流注鹽澤河源出焉去玉門陽關三百餘里廣袤三百里其水停居冬夏不增減皆以為潛行地下南出於積石為中國河孔穎達尚書疏

行水金鑑一百七十五卷首一卷　（清）傅澤洪撰　清雍正三年淮揚道署刻本

羅浮山志會編二十二卷首一卷

（清）宋廣業撰　清康熙五十六年刻本

孤青峯
大殿

路入文殊
水簾
洗心石
合掌岩
洒水池
通天岩
浣衣石

西湖志卷之一

水利一

西湖源出武林泉滙南北諸山之水而注於上下兩塘之河其流甚長其利斯溥唐宋以來屢經濬治而興廢不常

盛朝特重水利首及東南疏鑿之功爲前古未有恭紀

聖恩垂利萬世而歷代開濬始末悉詳著於篇志水利

西湖古稱明聖湖漢時有金牛見湖人言明聖之瑞因名又以其在錢塘故稱錢塘湖又以其輸委於

西湖志四十八卷　（清）李衛　傅王露等纂修　清雍正十三年刻本

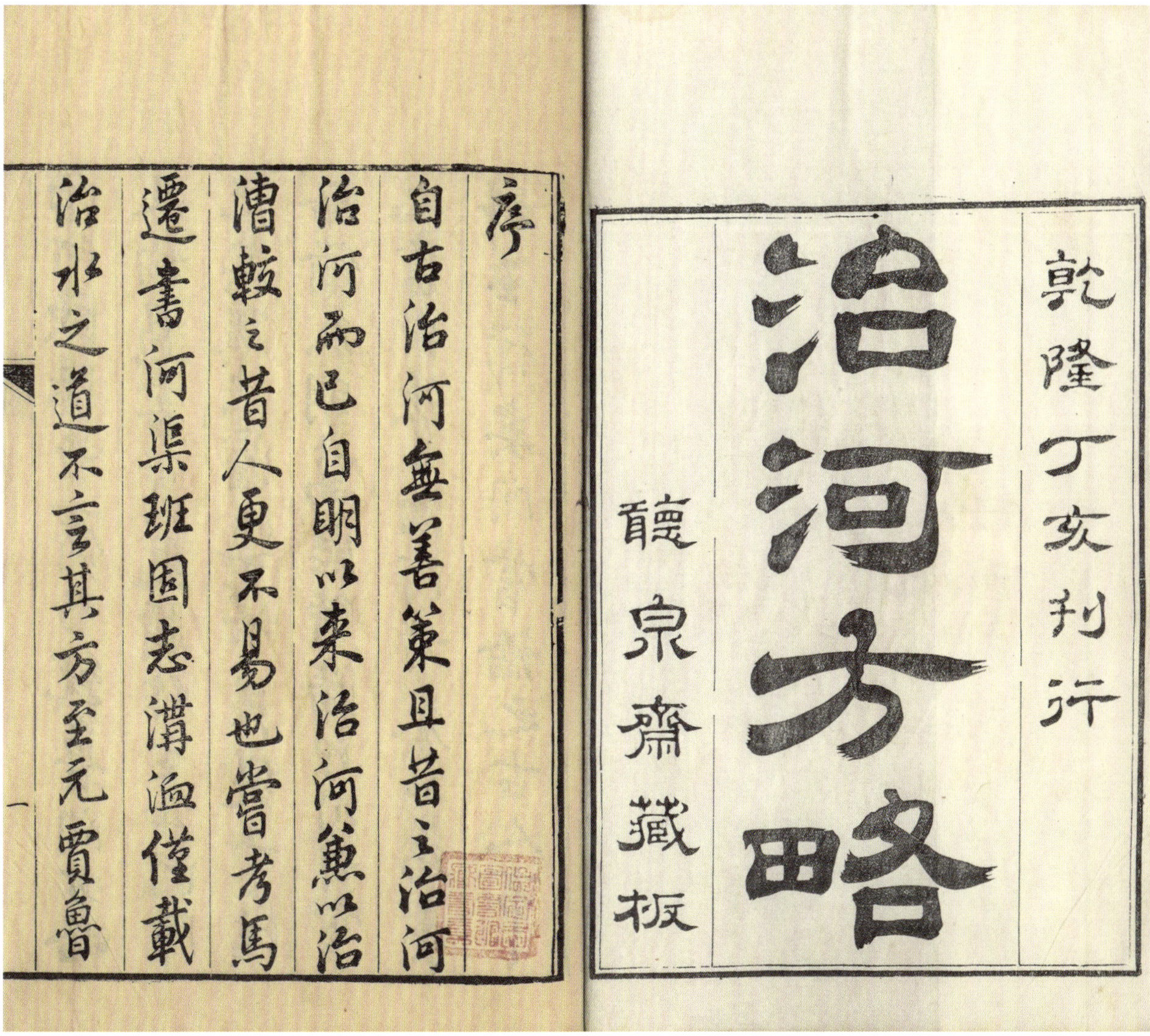

乾隆丁亥刊行

治河方略

聽泉齋藏板

序

自古治河無善策且昔之治河

治河而已自明以來治河兼以治

漕較之昔人更不易也嘗考馬

遷書河渠班固志溝洫僅載

治水之道不言其方至元賈魯

靳文襄公治河方略十卷首一卷　（清）靳輔撰、崔應階重編　清乾隆三十二年聽泉齋刻本

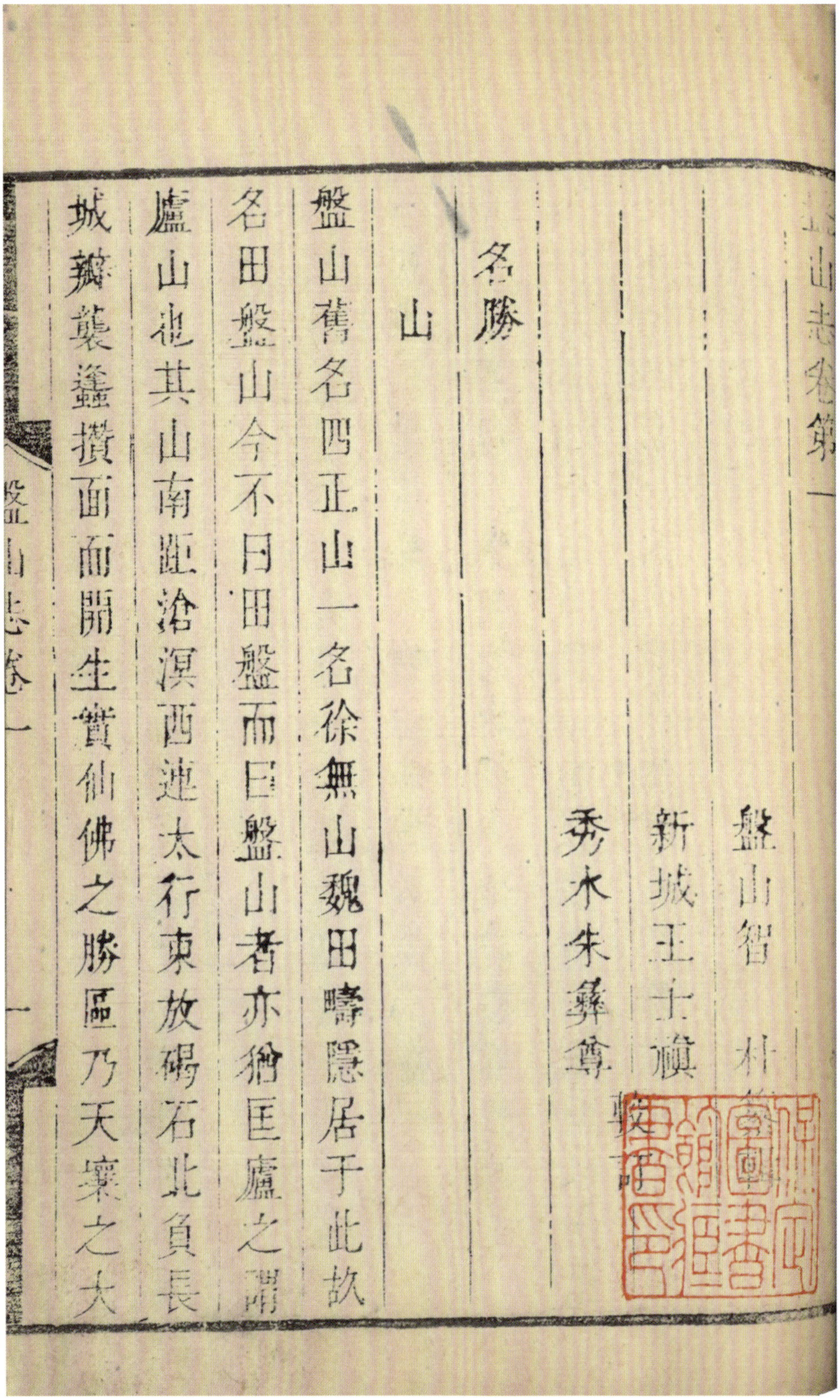

盤山志卷第一

盤山智朴[illegible]

新城王士禛　較訂

秀水朱彝尊

名勝

山

盤山舊名四正山一名徐無山魏田疇隱居于此故名田盤山今不曰田盤而曰盤山者亦猶匡廬之謂廬山也其山南距滄溟西連太行東放碣石北負長城巀襲蠭攢面而開生實仙佛之勝區乃天寀之大

盤山志卷一　一

盤山志十卷補遺四卷　（清）釋智朴纂修　王士禛、朱彝尊校訂　清康熙三十五年刻本

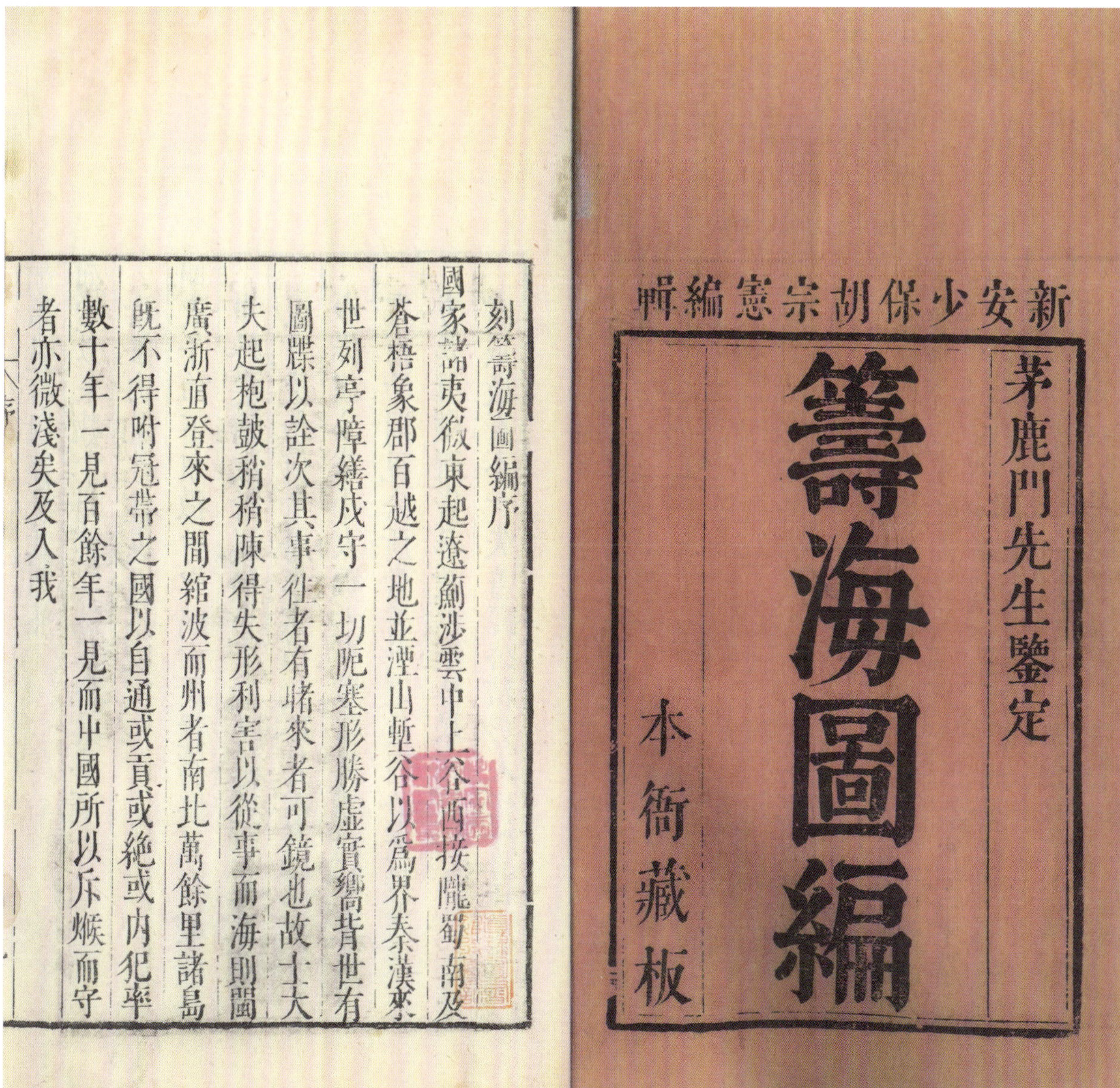
新安少保胡宗憲編輯

茅鹿門先生鑒定

籌海圖編

本衙藏板

刻籌海圖編序

國家諸夷徼東起遼薊涉雲中上谷西接隴蜀南及蒼梧象郡百越之地並湮山塹谷以爲界介秦漢來世列亭障繕戍守一切阨塞形勝虛實嚮背世有圖牒以詮次其事往者有睹來者可鏡也故士大夫起抱鼓稍稍陳得失形利害以從事而海則閩廣浙直登萊之間綰波而州者南北萬餘里諸島既不得附冠帶之國以自通或貢或絕或內犯率數十年一見百餘年一見而中國所以斥堠而守者亦微淺矣及入我

籌海圖編十三卷　（明）鄭若曾輯　明天啟四年胡維極刻本　入選《河北省名錄》0226號

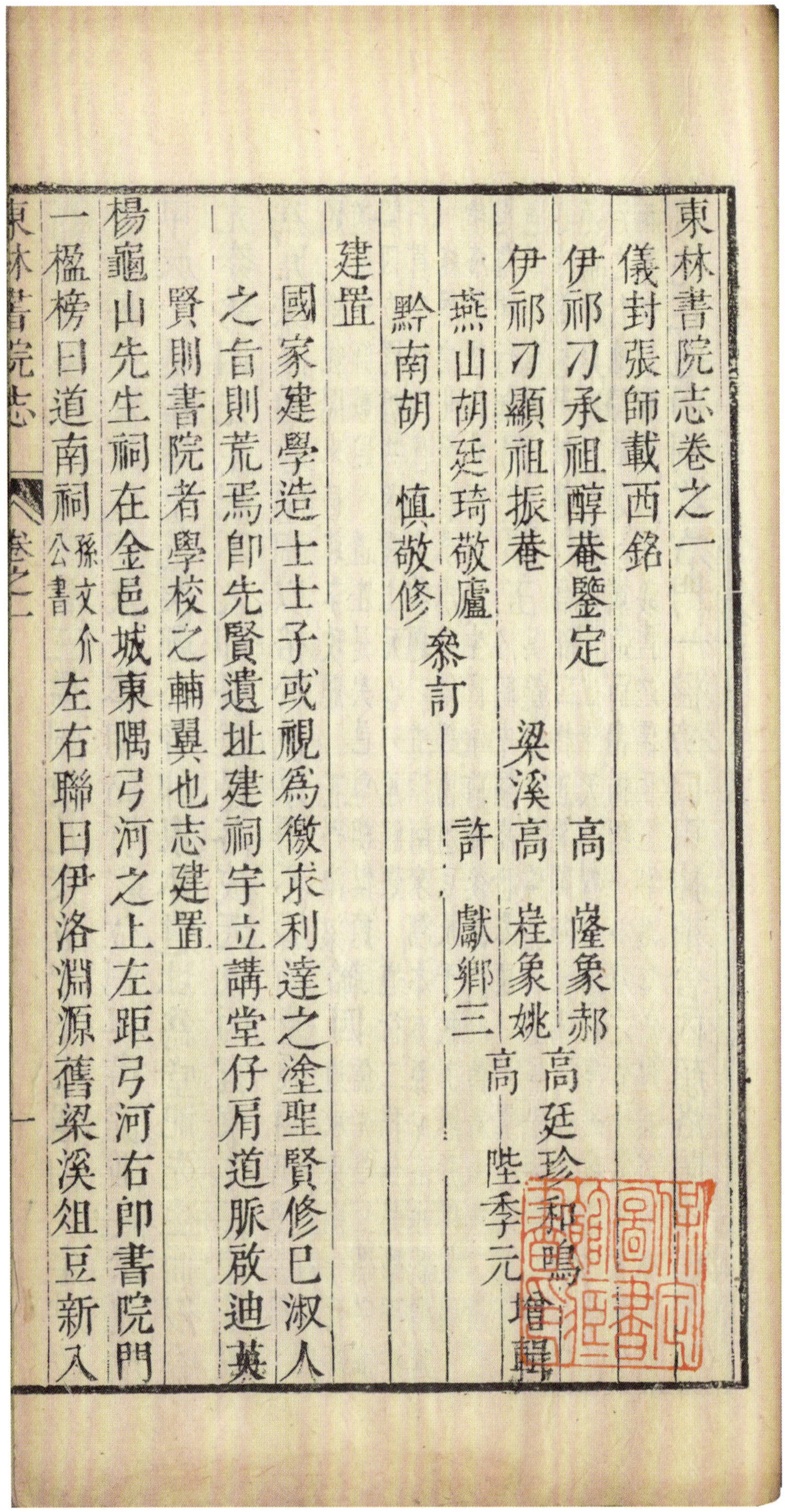

東林書院志卷之一

儀封張師載西銘

伊祁刁承祖醇菴鑒定　高　巑象郝

高廷珍和鳴

伊祁刁顯祖振菴　梁溪高　嵀象姚

高　陛季元增輯

燕山胡廷琦敬廬　許　獻鄉三

黔南胡　慎敬修參訂

建置

國家建學造士士子或視爲徼求利達之塗聖賢修巳淑人之旨則荒焉即先賢遺址建祠宇立講堂仔肩道脈啟迪英賢則書院者學校之輔翼也志建置

楊龜山先生祠在金邑城東隅弓河之上左距弓河右即書院門一楹榜曰道南祠（孫文介公書）左右聯曰伊洛淵源舊梁溪俎豆新入

東林書院志　卷之一　一

東林書院志二十二卷　（清）高廷珍等輯　清乾隆刻本

石柱記卷一

茝畦　鄭元慶　箋釋

荻溪　章廷宏　審定

湖州石柱記文字殘缺其存者僅可識讀考其所記不可詳也唯是筆畫奇偉非顏魯公不能書耳公忠義之節明若日月堅如金石自可以光後世傳無窮不待其書然後不朽然公所至必有遺跡故今處處有之唐人筆蹟見於今者唯公最多視其鉅書深刻或託於山厓其用意未嘗不爲無窮計也蓋亦有趣好所樂爾其在湖州所書爲世所傳者唯干祿字書放生池碑尚多見於人家而干

石柱記箋釋五卷　（清）鄭元慶撰　清康熙四十一年魚計亭刻本

欽定歷代職官表卷一

宗人府表

	周	秦	漢	後漢	三國	晉	宋齊梁陳	北魏	北齊	後周	隋	唐	五季	宋	遼	金	元	明
宗令	小宗伯 都宗人	宗正	宗伯	宗正卿	魏宗正卿	宗正卿	宗正卿	宗正卿	宗正卿	宗師中大夫	宗正卿	宗正寺卿	宗正卿	宗正寺卿 大宗正司知大宗正	大特哩袞司	大宗正府判大宗正事	大宗正府扎爾呼齊	宗人令
左宗正 右宗正														大宗正司同知大宗正	知特哩袞司事	同判大宗正事		左右宗正

欽定歷代職官表七十二卷首一卷　（清）紀昀等奉勅撰　清乾隆四十五年殿刻本

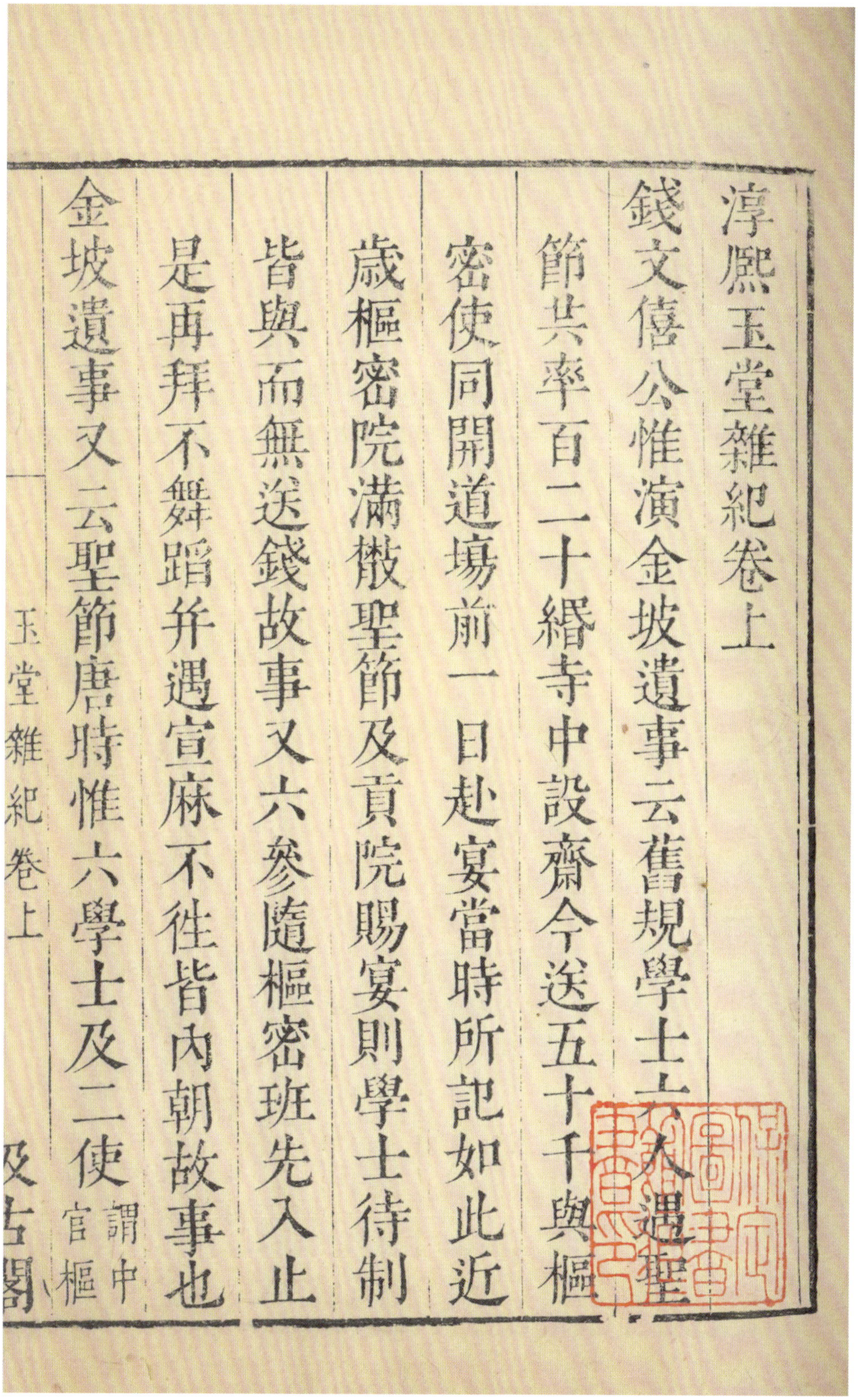
淳熙玉堂雜紀卷上

錢文僖公惟演金坡遺事云舊規學士六人遇聖節共率百二十緡寺中設齋令送五十千與樞密使同開道場前一日赴宴當時所記如此近歲樞密院滿散聖節及貢院賜宴則學士待制皆與而無送錢故事又六參隨樞密班先入止是再拜不舞蹈并遇宣麻不往皆内朝故事也

金坡遺事又云聖節唐時惟六學士及二使謂中官樞

玉堂雜紀　卷上　　汲古閣

玉堂雜紀三卷　（宋）周必大撰　清汲古閣刻本

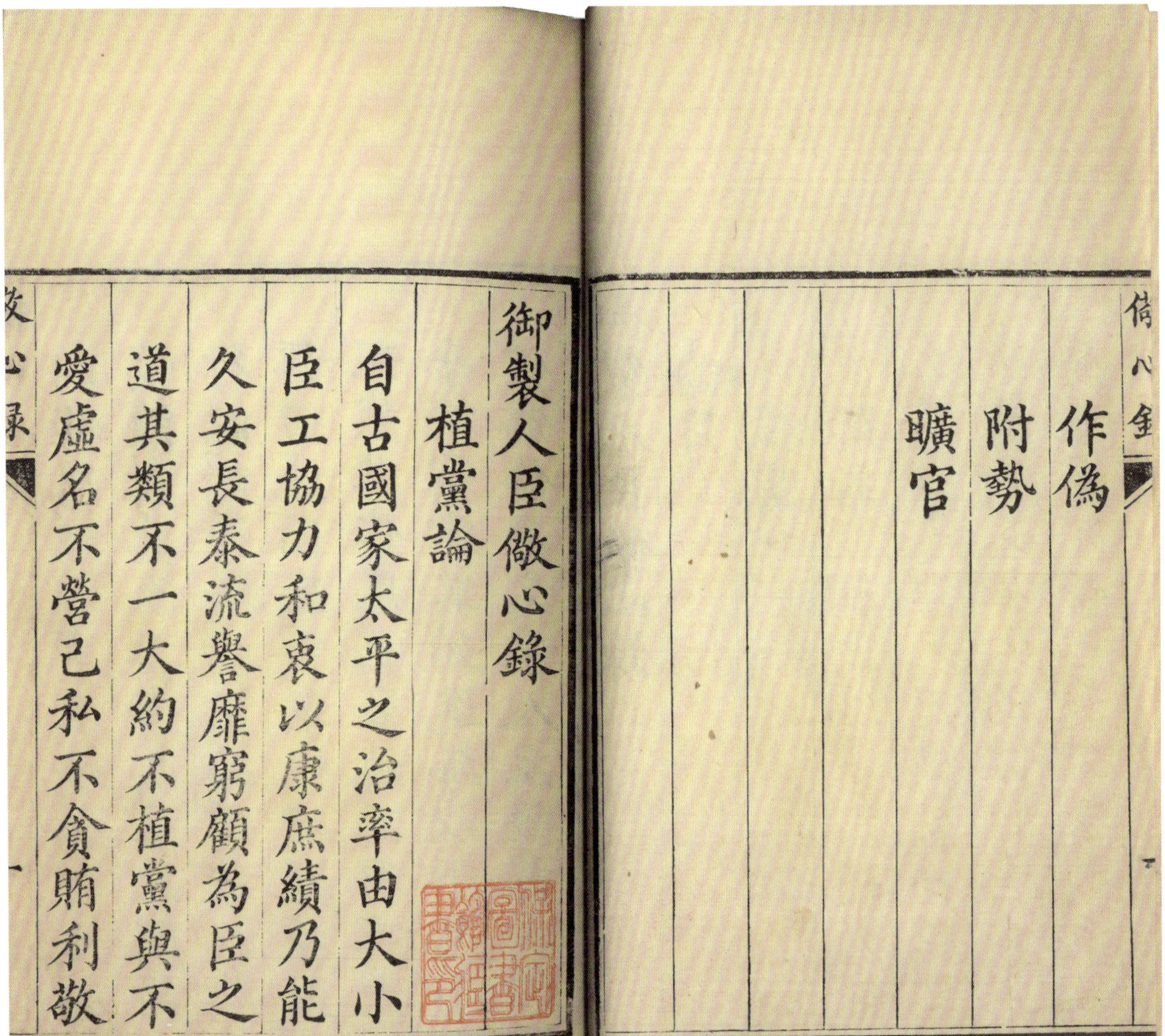

儆心錄

作僞

附勢

曠官

御製人臣儆心錄

植黨論

自古國家太平之治率由大小

臣工協力和衷以康庶績乃能

久安長泰流譽靡窮顧為臣之

道其類不一大約不植黨與不

愛虛名不營己私不貪賄利敬

儆心錄

御製人臣儆心錄不分卷　清世祖福臨撰　清順治十二年刻本　入選《河北省名錄》0064號

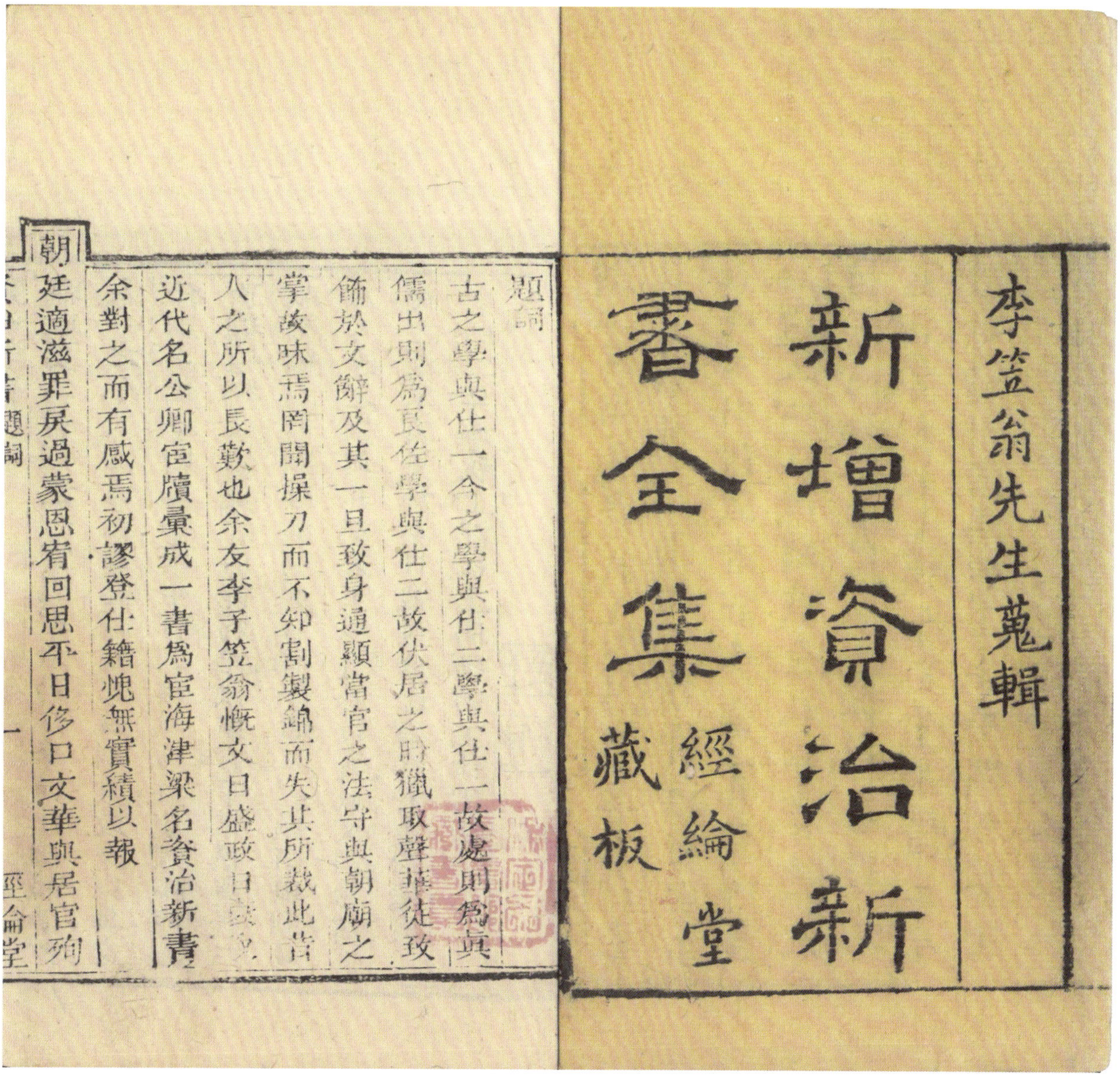

資治新書十四卷首一卷　（清）李漁撰　清康熙二年經綸堂刻本

欽定中樞政考卷之一　金部

職制

旗員品級

正一品。

領侍衛內大臣。　內大臣。　滿洲蒙古

漢軍都統。　外省將軍。　外省都統。

正二品。

前鋒統領。　護軍統領。　提督九門步

軍巡捕三營統領。　滿洲蒙古漢軍副都

統。　外省副都統。　鑾儀使。

欽定中樞政考三十一卷　（清）鄂爾泰等輯　清乾隆武英殿刻本

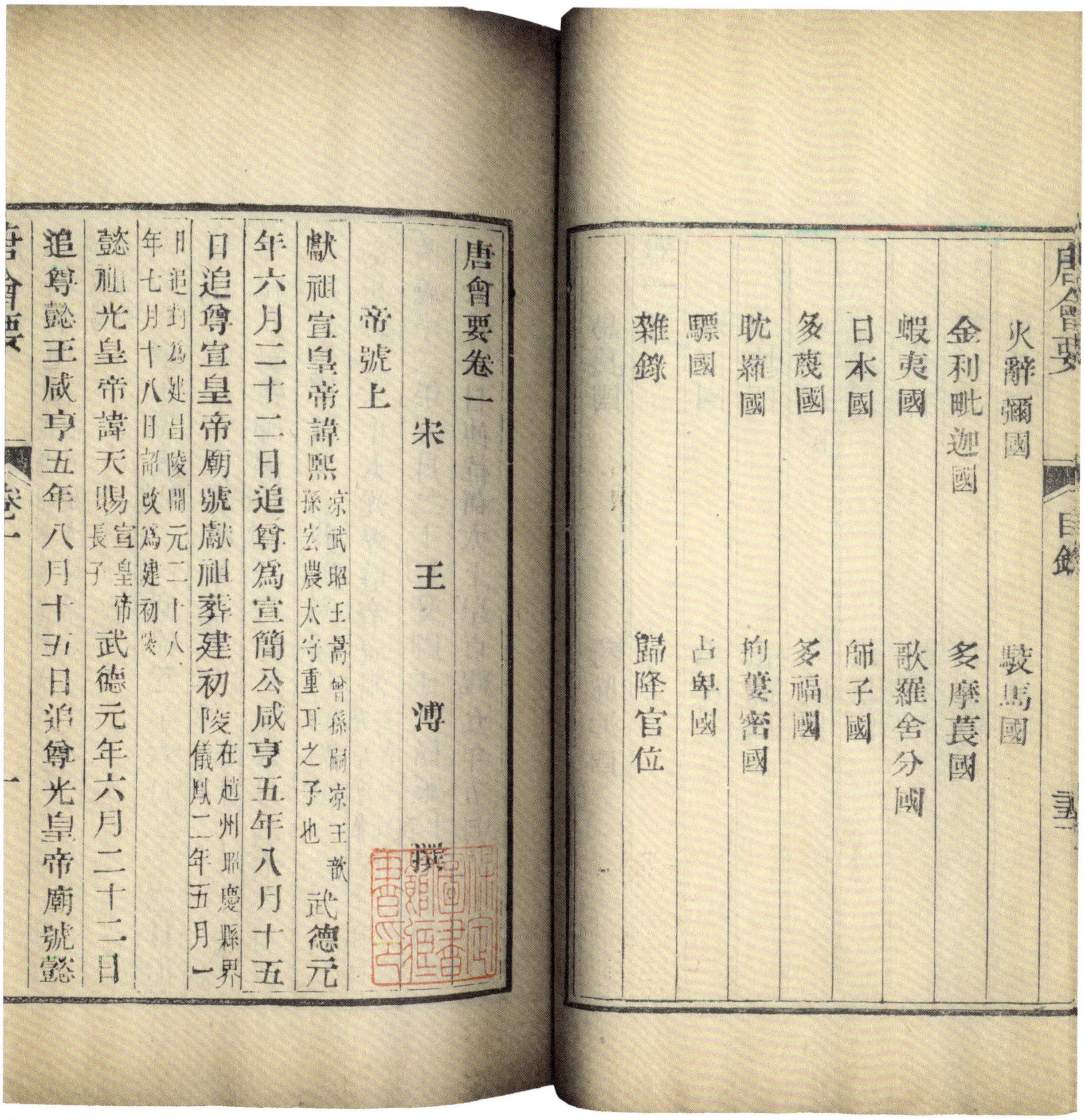

唐會要一百卷　（宋）王溥撰　清乾隆武英殿活字印聚珍版叢書本

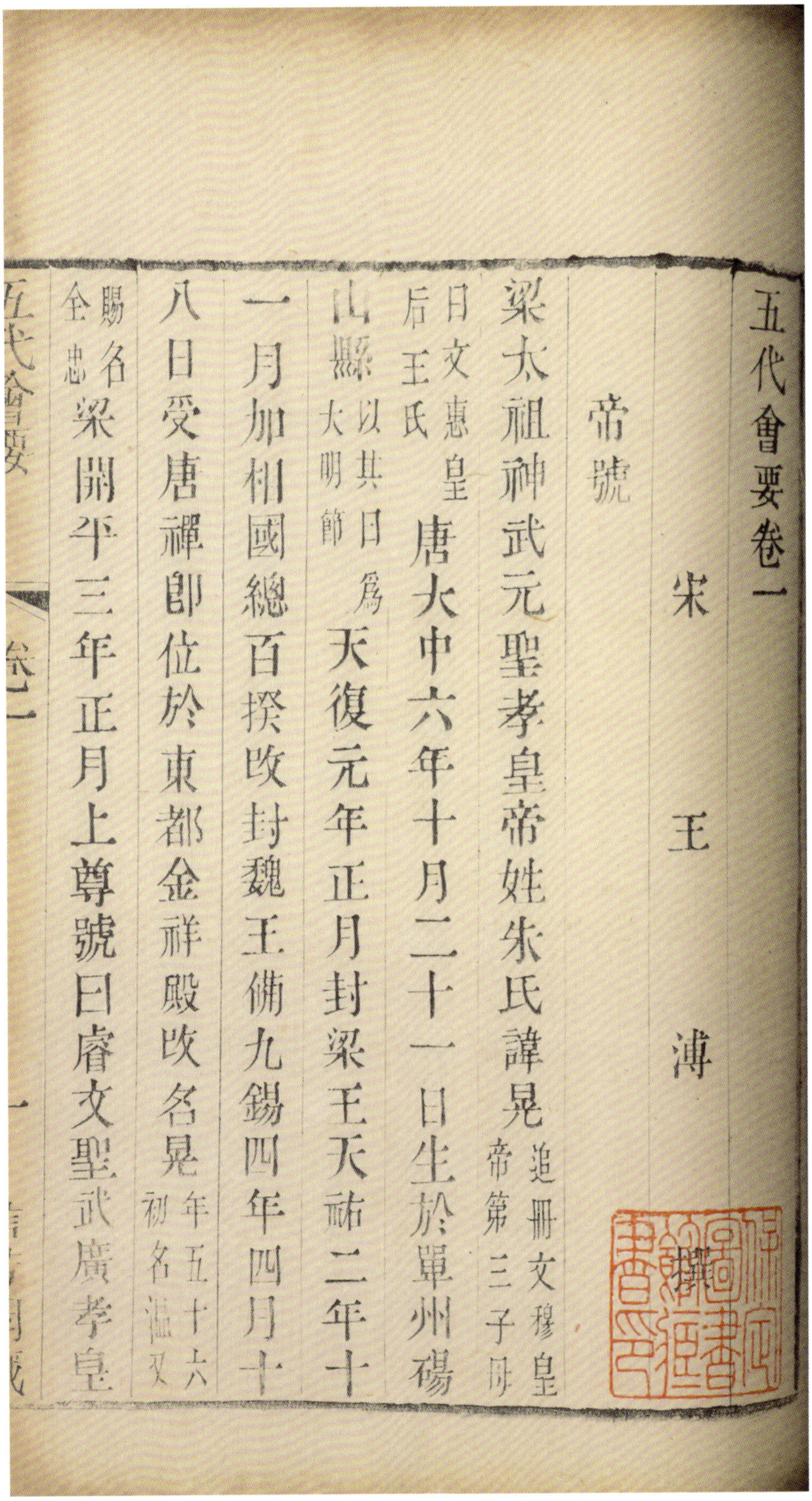
五代會要卷一

宋　王溥　撰

帝號

梁太祖神武元聖孝皇帝姓朱氏諱晃追冊文穆皇帝第三子母日文惠皇后王氏唐大中六年十月二十一日生於單州碭山縣以其日爲大明節天復元年正月封梁王天祐二年十一月加相國總百揆改封魏王備九錫四年四月十八日受唐禪即位於東都金祥殿改名晃年五十六初名溫又賜名全忠梁開平三年正月上尊號曰睿文聖武廣孝皇

五代會要　卷一　一　信芳閣藏

五代會要三十卷　（宋）王溥撰　清信芳閣活字印本

續文獻通考卷之一

皇明進士雲間王圻纂輯

田賦考　宋寧宗至金哀宗

宋

寧宗嘉定八年詔兩浙江淮路諭民雜種粟麥麻荳有司毋收其賦田主毋責其租　十一年詔常州嘉興府行經界青田縣主簿陳耆卿奏臣聞之孟軻曰行仁政必自經界始經界蓋良法也不幸而經界法壞則所信者簿書爾併簿書而不足信則何所取信哉且有田則有賦役此常理也田有多寡則賦役有輕重亦常理也今之世乃有田愈多而賦役愈輕者有無田而賦役反重

續文獻通考二百五十四卷　（明）王圻撰　明萬曆三十一年曹時聘、許維新刻本

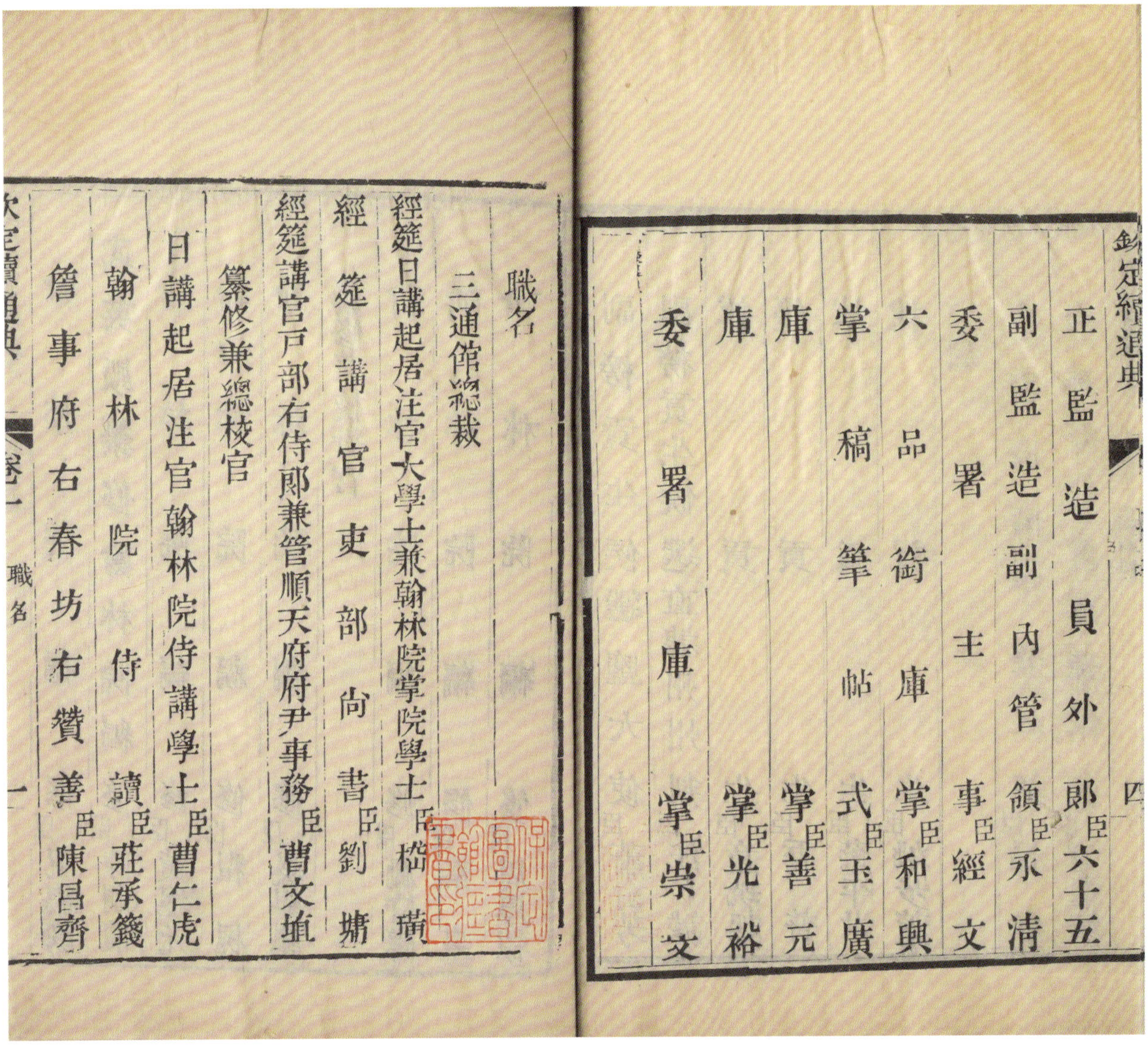
欽定續通典　卷一　四

正監造員外郎臣六十五
副監造副內管領臣永清
委署主事臣經文
六品銜庫掌臣和興
掌稿筆帖式臣玉廣
庫掌臣善元
庫掌臣光裕
委署庫掌臣崇文

欽定續通典　卷一　職名　一

職名
三通館總裁
經筵日講起居注官大學士兼翰林院掌院學士臣嵇璜
經筵講官吏部尚書臣劉墉
經筵講官戶部右侍郎兼管順天府府尹事務臣曹文埴
纂修兼總校官
日講起居注官翰林院侍講學士臣曹仁虎
翰林院侍讀臣莊承籛
詹事府右春坊右贊善臣陳昌齊

欽定續通典一百五十卷　（清）嵇璜、曹仁虎等纂修　清乾隆武英殿刻本

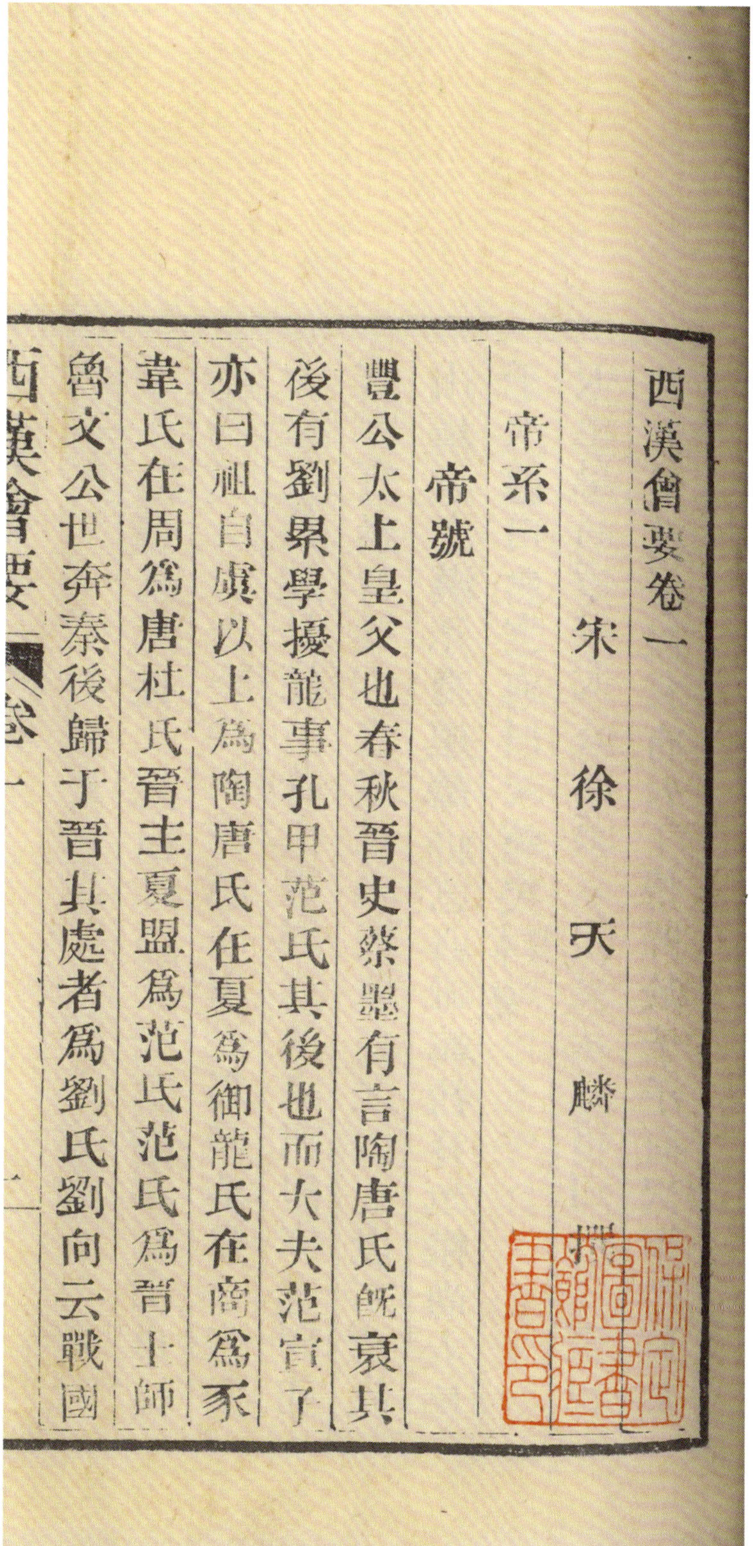
西漢會要卷一

宋　徐天麟　撰

帝系一

帝號

豐公太上皇父也春秋晉史蔡墨有言陶唐氏旣衰其後有劉累學擾龍事孔甲范氏其後也而大夫范宣子亦曰祖自虞以上爲陶唐氏在夏爲御龍氏在商爲豕韋氏在周爲唐杜氏晉主夏盟爲范氏范氏爲晉士師魯文公世奔秦後歸于晉其處者爲劉氏劉向云戰國

西漢會要　卷一　二

西漢會要七十卷　（宋）徐天麟撰　清乾隆武英殿活字印聚珍版叢書本

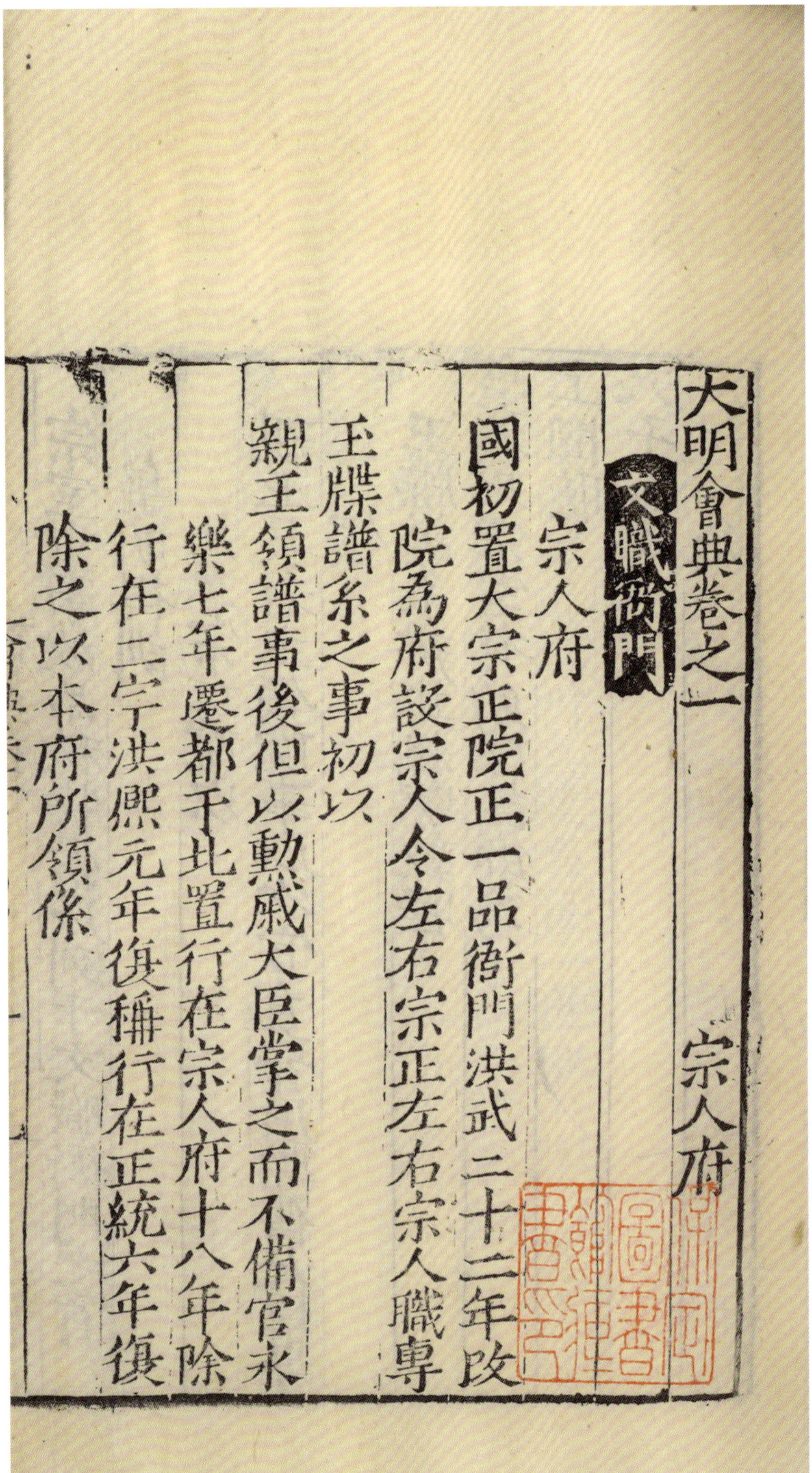

大明會典卷之一　宗人府

文職衙門

宗人府

國初置大宗正院正一品衙門洪武二十二年改
院爲府設宗人令左右宗正左右宗人職專
玉牒譜系之事初以
親王領譜事後但以勳戚大臣掌之而不備官永
樂七年遷都于北置行在宗人府十八年除
行在二字洪熙元年復稱行在正統六年復
除之以本府所領係

大明會典一百八十卷　（明）徐溥等纂修　明刻本

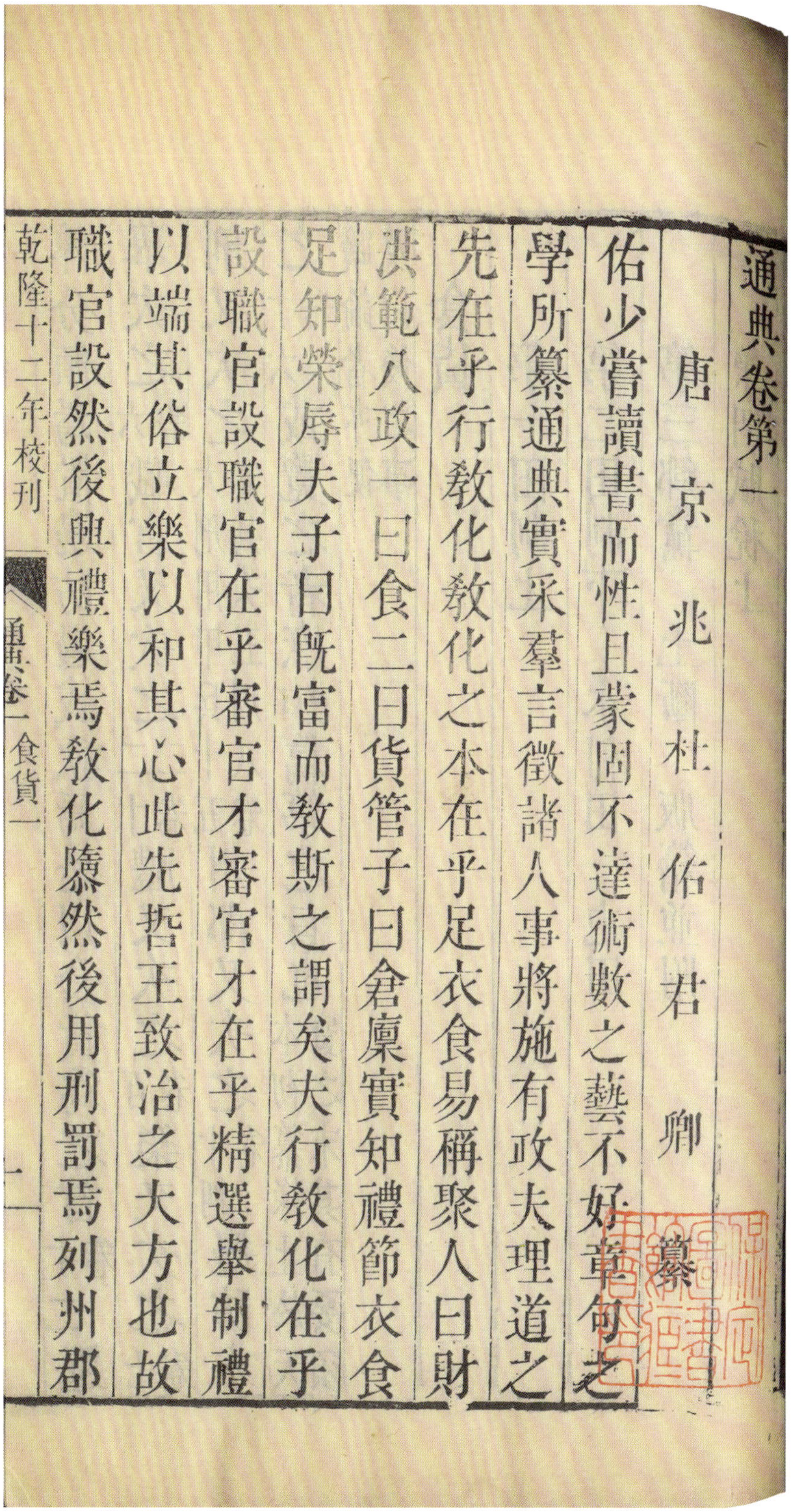
通典卷第一

唐　京兆　杜佑君卿　纂

佑少嘗讀書而性且蒙固不達術數之藝不好章句之學所纂通典實采羣言徵諸人事將施有政夫理道之先在乎行教化教化之本在乎足衣食易稱聚人曰財洪範八政一曰食二曰貨管子曰倉廩實知禮節衣食足知榮辱夫子曰既富而教斯之謂矣夫行教化在乎設職官設職官在乎審官才審官才在乎精選舉制禮以端其俗立樂以和其心此先哲王致治之大方也故職官設然後興禮樂焉教化隳然後用刑罰焉列州郡

乾隆十二年校刊　通典卷一　食貨一　一

通典二百卷　（唐）杜佑撰　清乾隆十二年武英殿重刻本

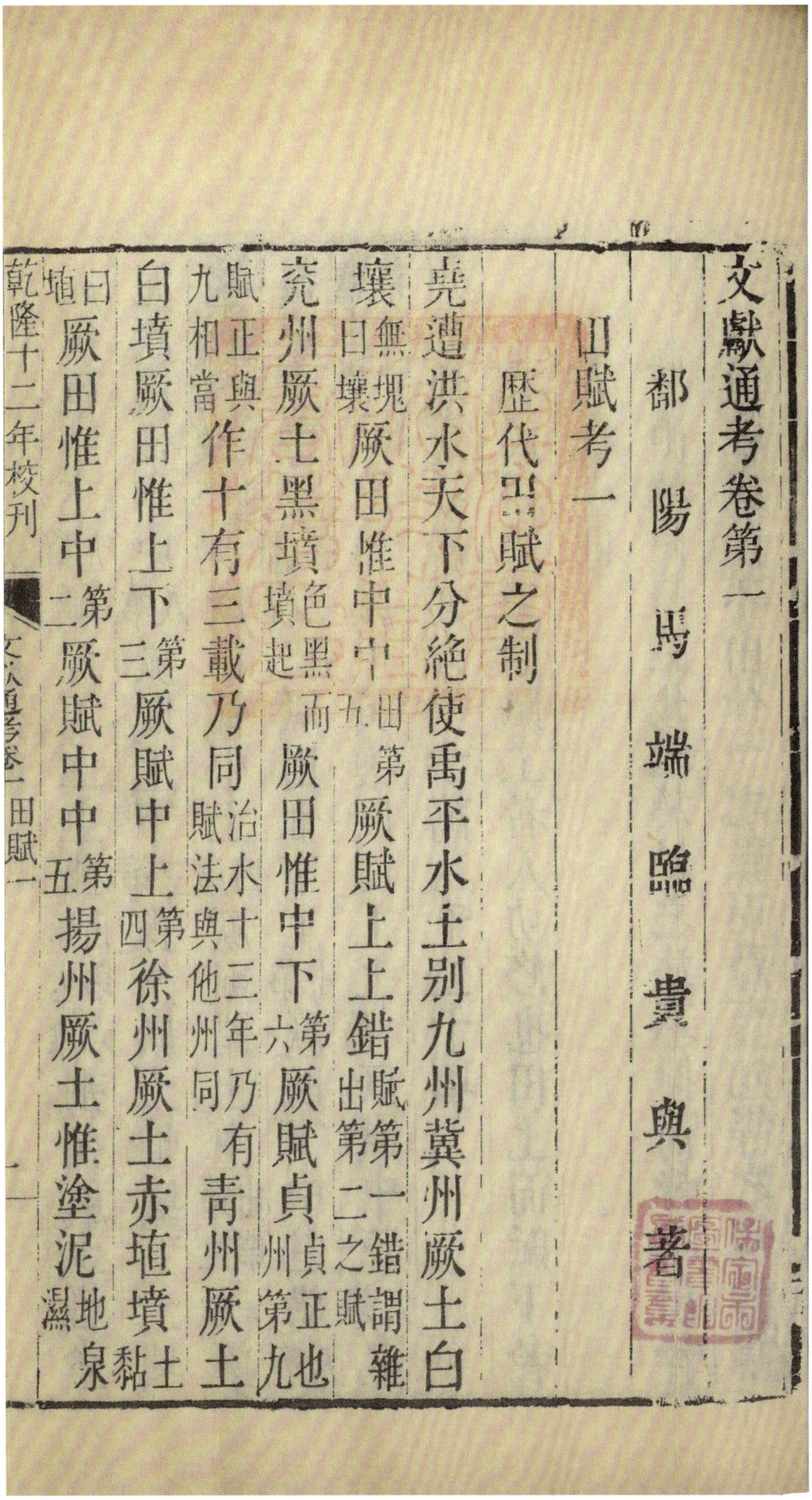

文獻通考卷第一

鄱陽馬端臨貴與著

田賦考一

歷代田賦之制

堯遭洪水天下分絶使禹平水土别九州冀州厥土白壤無塊曰壤厥田惟中中田第五厥賦上上錯賦第一錯謂雜出第二之賦兖州厥土黑墳色黑而墳起厥田惟中下第六厥賦貞州第九貞正也賦正與九相當作十有三載乃同治水十三年乃有賦法與他州同青州厥土白墳厥田惟上下第三厥賦中上第四徐州厥土赤埴墳土黏曰埴厥田惟上中第二厥賦中中第五揚州厥土惟塗泥地泉濕

乾隆十二年校刊

文獻通考卷一田賦一　一

文獻通考三百四十八卷　（元）馬端臨撰　清乾隆十二年武英殿刻本

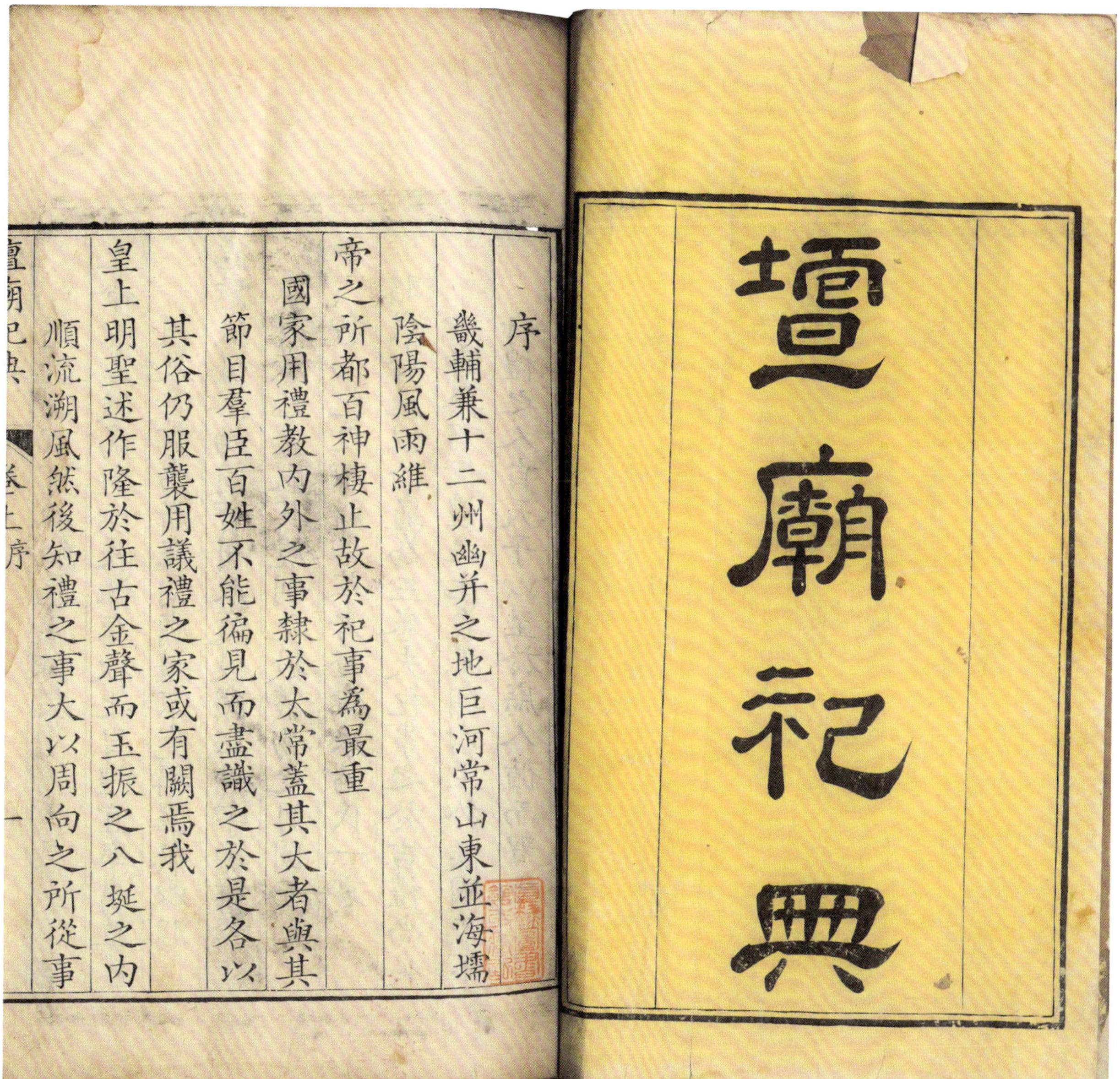
壇廟祀典

序

畿輔兼十二州幽并之地巨河常山東並海壖
陰陽風雨維
帝之所都百神棲止故於祀事爲最重
國家用禮教內外之事隸於太常蓋其大者與其
節目羣臣百姓不能徧見而盡識之於是各以
其俗仍服襲用議禮之家或有闕焉我
皇上明聖述作隆於往古金聲而玉振之八埏之內
順流溯風然後知禮之事大以周向之所從事

壇廟祀典　卷上　序　一

壇廟祀典三卷　（清）方觀承撰　清乾隆二十三年刻本

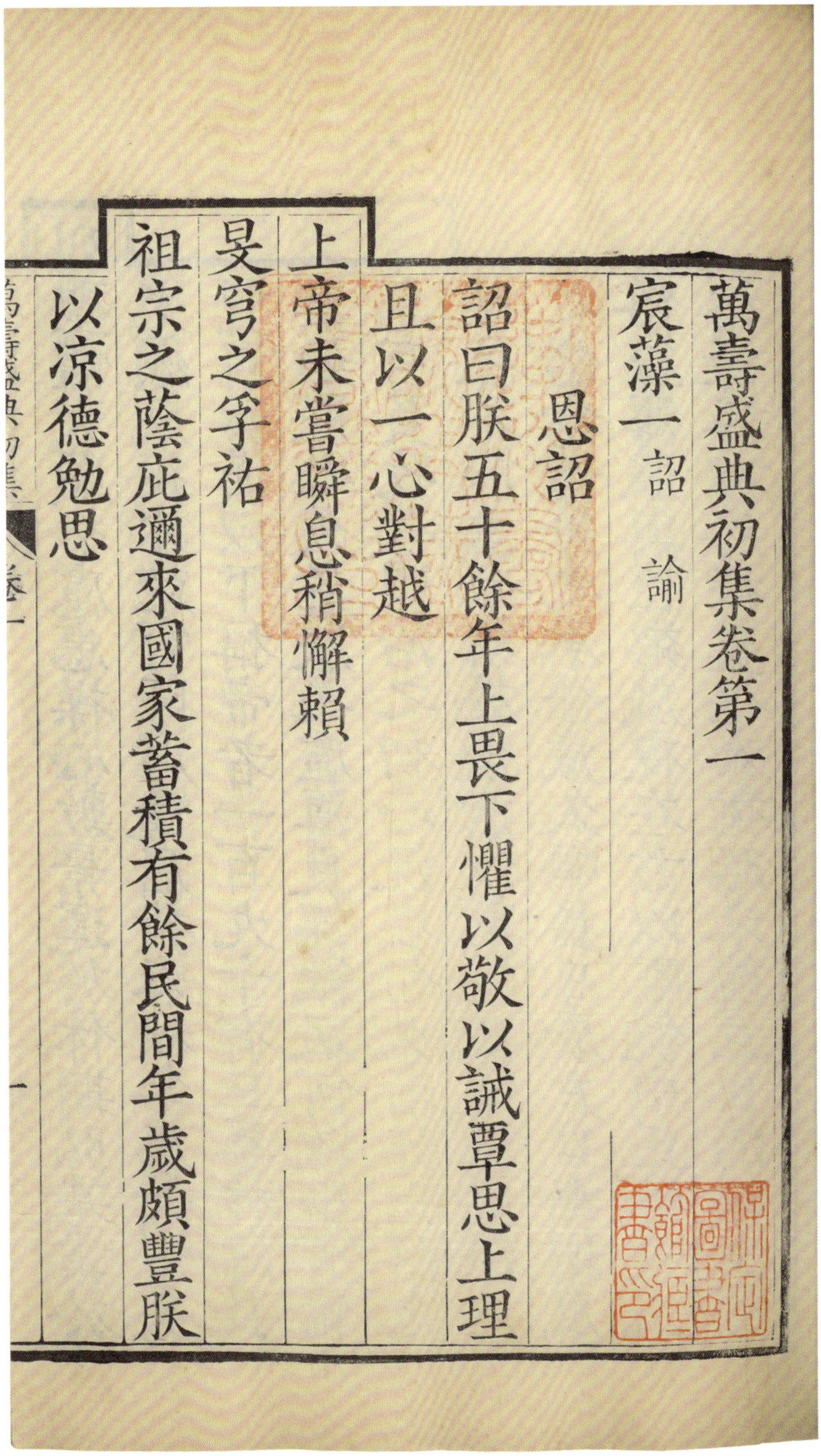
萬壽盛典初集卷第一

宸藻一　詔　諭

恩詔

詔曰朕五十餘年上畏下懼以敬以誠覃思上理

且以一心對越

上帝未嘗瞬息稍懈賴

旻穹之孚祐

祖宗之蔭庇邇來國家蓄積有餘民間年歲頗豐朕

以凉德勉思

萬壽盛典初集　卷一　一

萬壽盛典初集一百二十卷　（清）王原祁等纂修　清康熙五十六年内府刻本

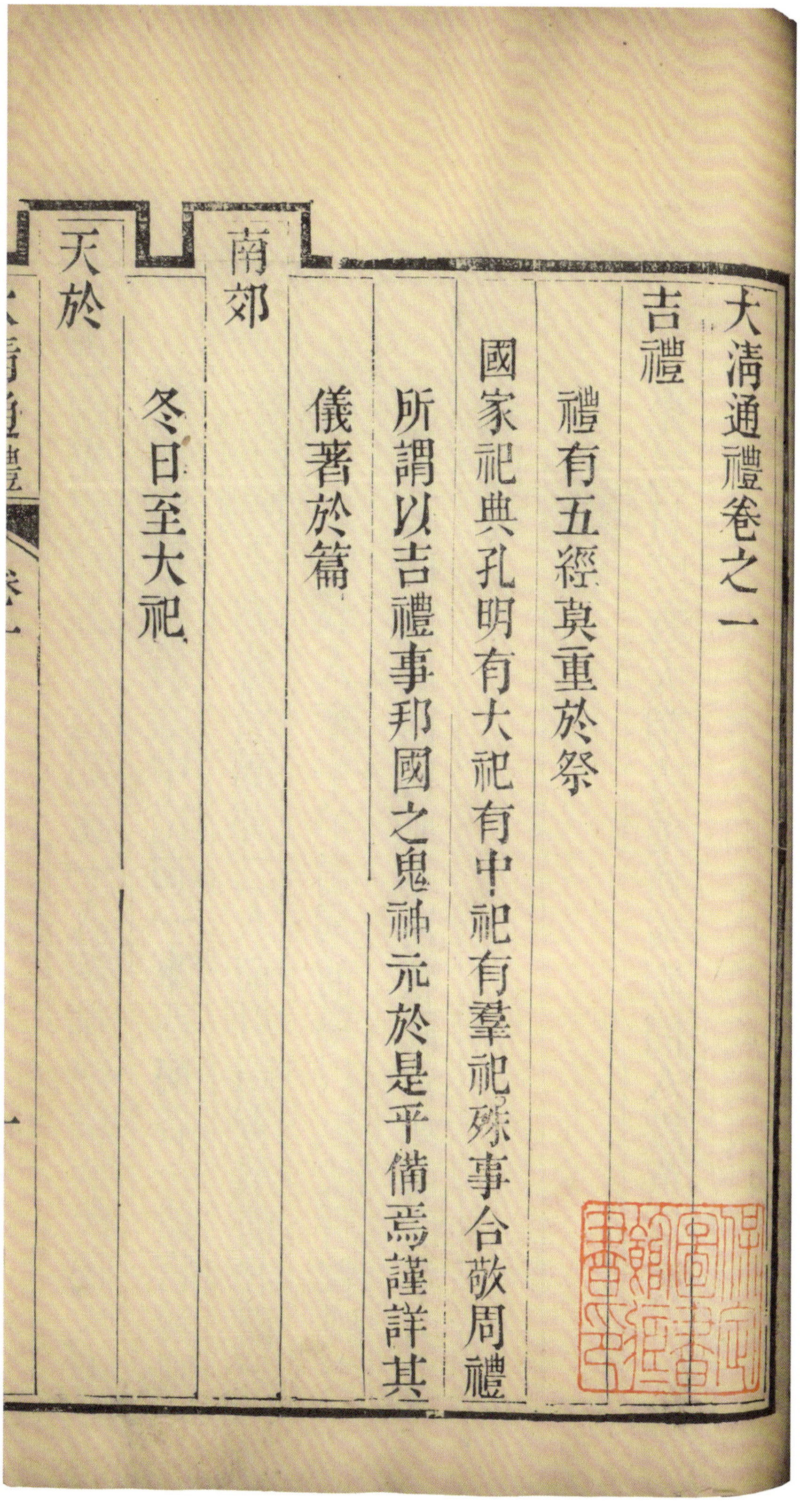

大清通禮卷之一

吉禮

禮有五經莫重於祭

國家祀典孔明有大祀有中祀有羣祀殊事合敬周禮

所謂以吉禮事邦國之鬼神示於是乎備焉謹詳其

儀著於篇

南郊

冬日至大祀

天於

大清通禮五十卷　（清）來保等纂修　清乾隆武英殿刻本

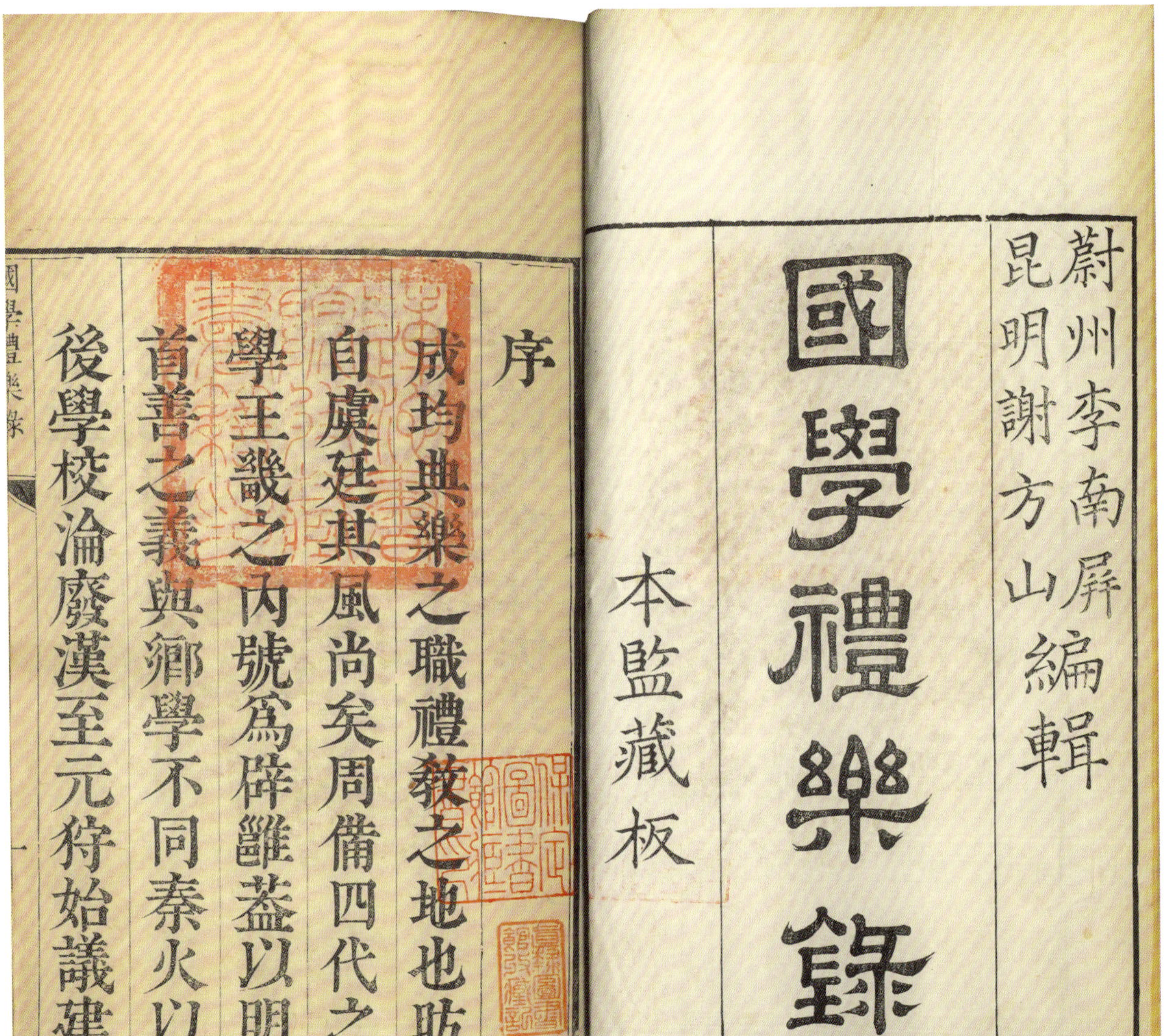

國學禮樂錄二十卷　（清）李周望、謝履忠輯　清康熙五十八年國子監刻本　入選《河北省名錄》0066號

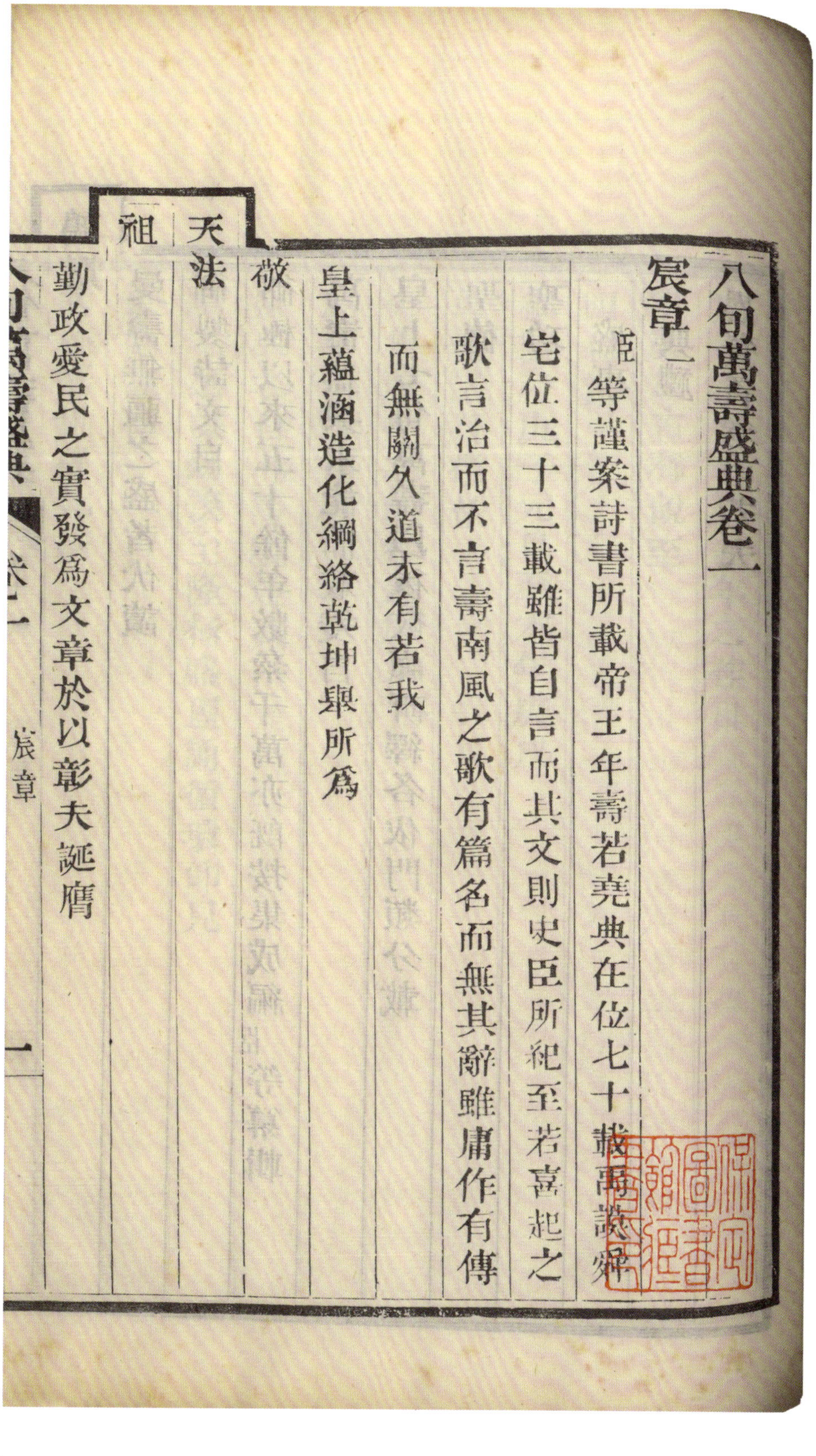

八旬萬壽盛典卷一

宸章一

臣等謹案詩書所載帝王年壽若堯典在位七十載高試舜宅位三十三載雖皆自言而其文則史臣所紀至若喜起之歌言治而不言壽南風之歌有篇名而無其辭雖庸作有傳而無關久道未有若我

皇上蘊涵造化綱絡乾坤舉所爲

敬

天法

祖

勤政愛民之實發爲文章於以彰夫誕膺

八旬萬壽盛典 卷一 宸章 一

八旬萬壽盛典一百二十卷首一卷　（清）阿桂等纂修　清乾隆五十七年武英殿活字印本

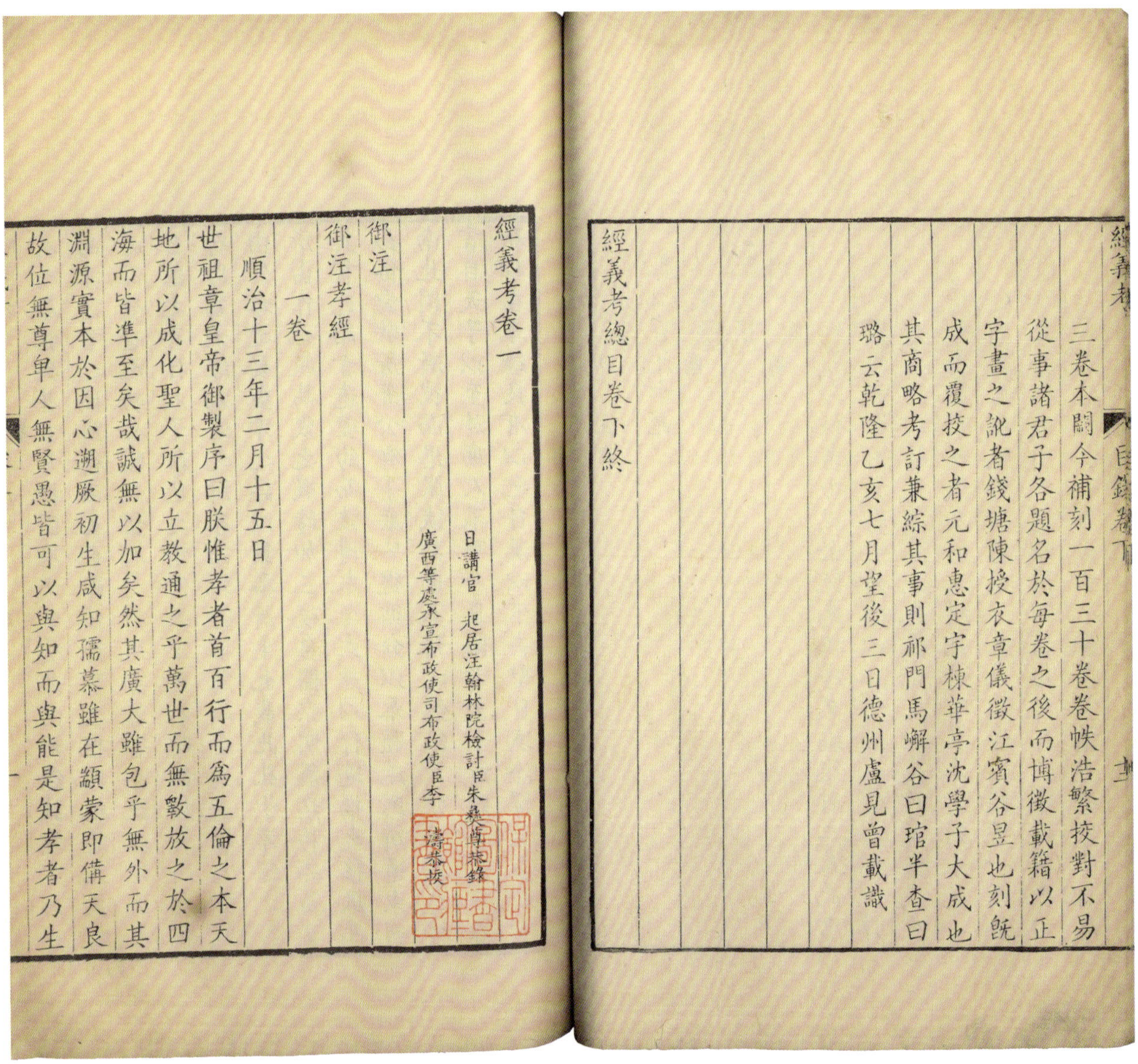

經義考三百卷目錄二卷　（清）朱彝尊撰　清乾隆二十年盧氏刻本　入選《河北省名錄》0227號

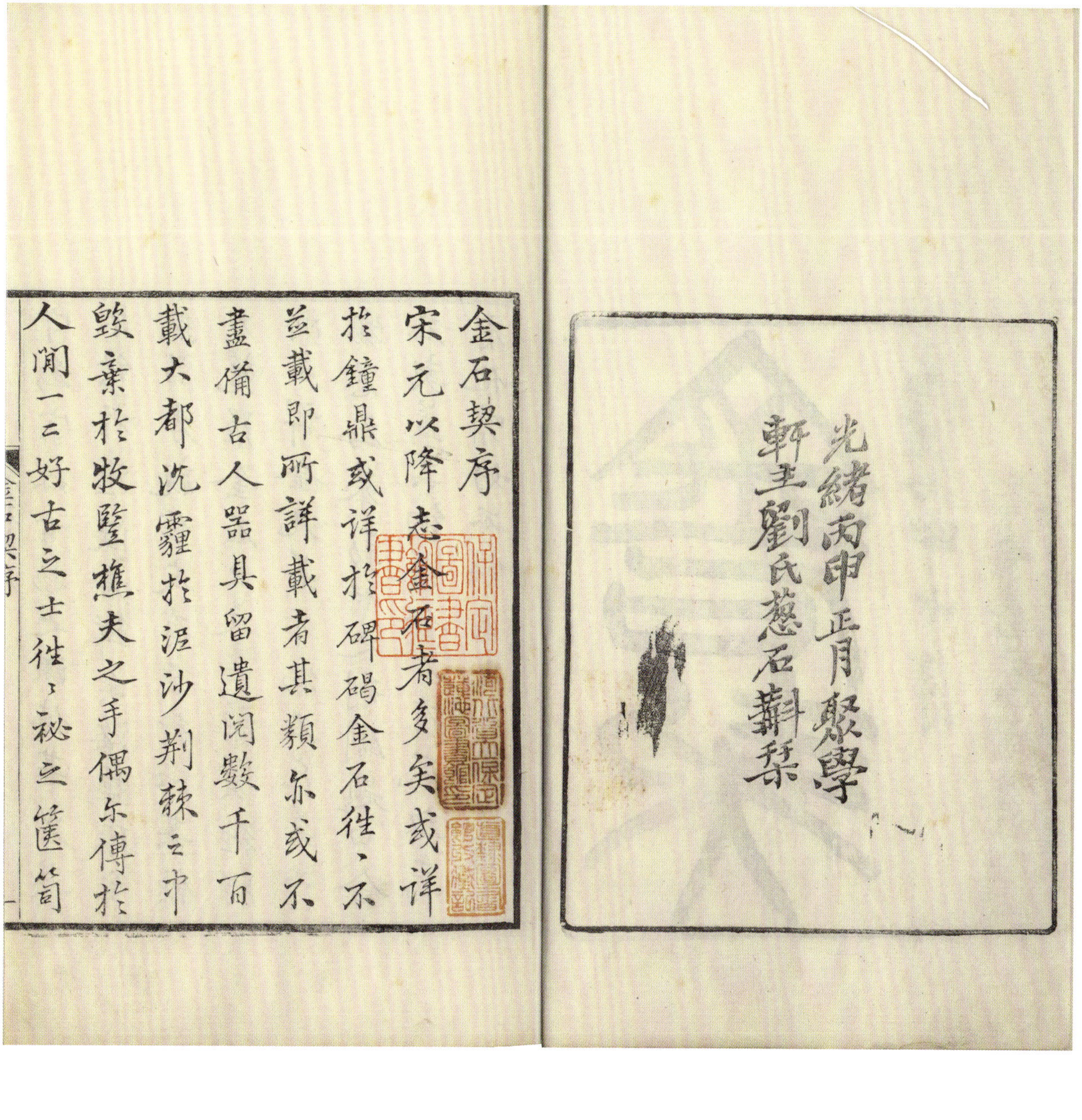
光緒丙申正月聚學軒主劉氏葱石斠槧

金石契序

宋元以降志金石者多矣或詳於鐘鼎或詳於碑碣金石併、不並載即所詳載者其類尔或不盡備古人器具留遺閲數千百載大都沈霾於泥沙荊棘之中毁棄於牧豎樵夫之手偶尔傳於人間一二好古之士往往祕之篋笥

金石契序　一

重定金石契不分卷　（清）張燕昌撰　清光緒二十二年聚學軒劉葱石重定本

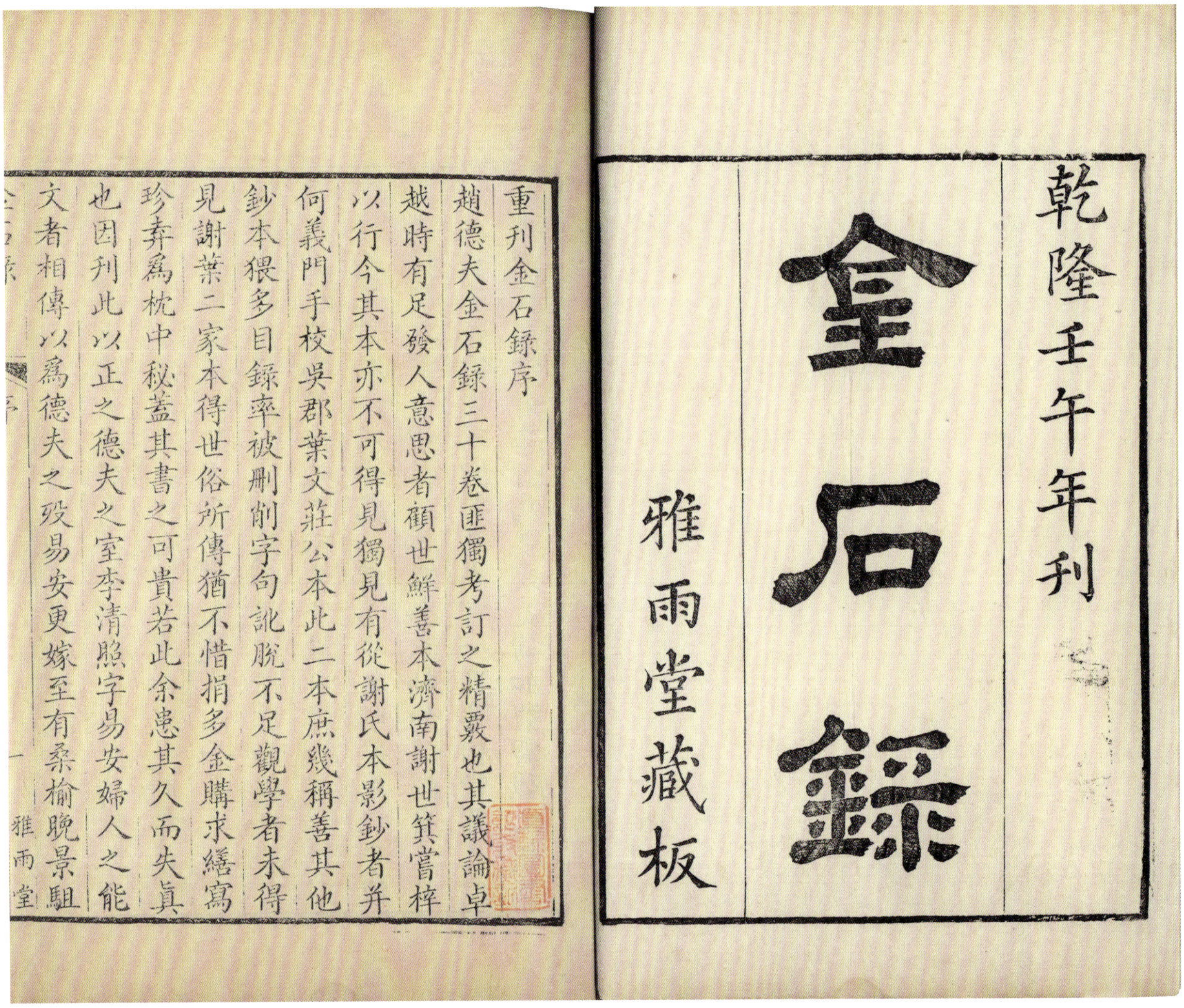

乾隆壬午年刊

金石錄

雅雨堂藏板

重刊金石錄序

趙德夫金石錄三十卷匪獨考訂之精覈也其議論卓越時有足發人意思者顧世鮮善本濟南謝世箕嘗梓以行今其本亦不可得見獨見有從謝氏本影鈔者并何義門手校吳郡葉文莊公本此二本庶幾稱善其他鈔本猥多目錄率被删削字句訛脫不足觀學者未得見謝葉二家本得世俗所傳猶不惜捐多金購求繕寫珍弆爲枕中秘蓋其書之可貴若此余患其久而失眞也因刊此以正之德夫之室李清照字易安婦人之能文者相傳以爲德夫之歿易安更嫁至有桑榆晚景駔

金石錄　序　一　雅雨堂

金石錄三十卷　（宋）趙明誠撰　清乾隆二十七年盧見曾刻雅雨堂叢書本

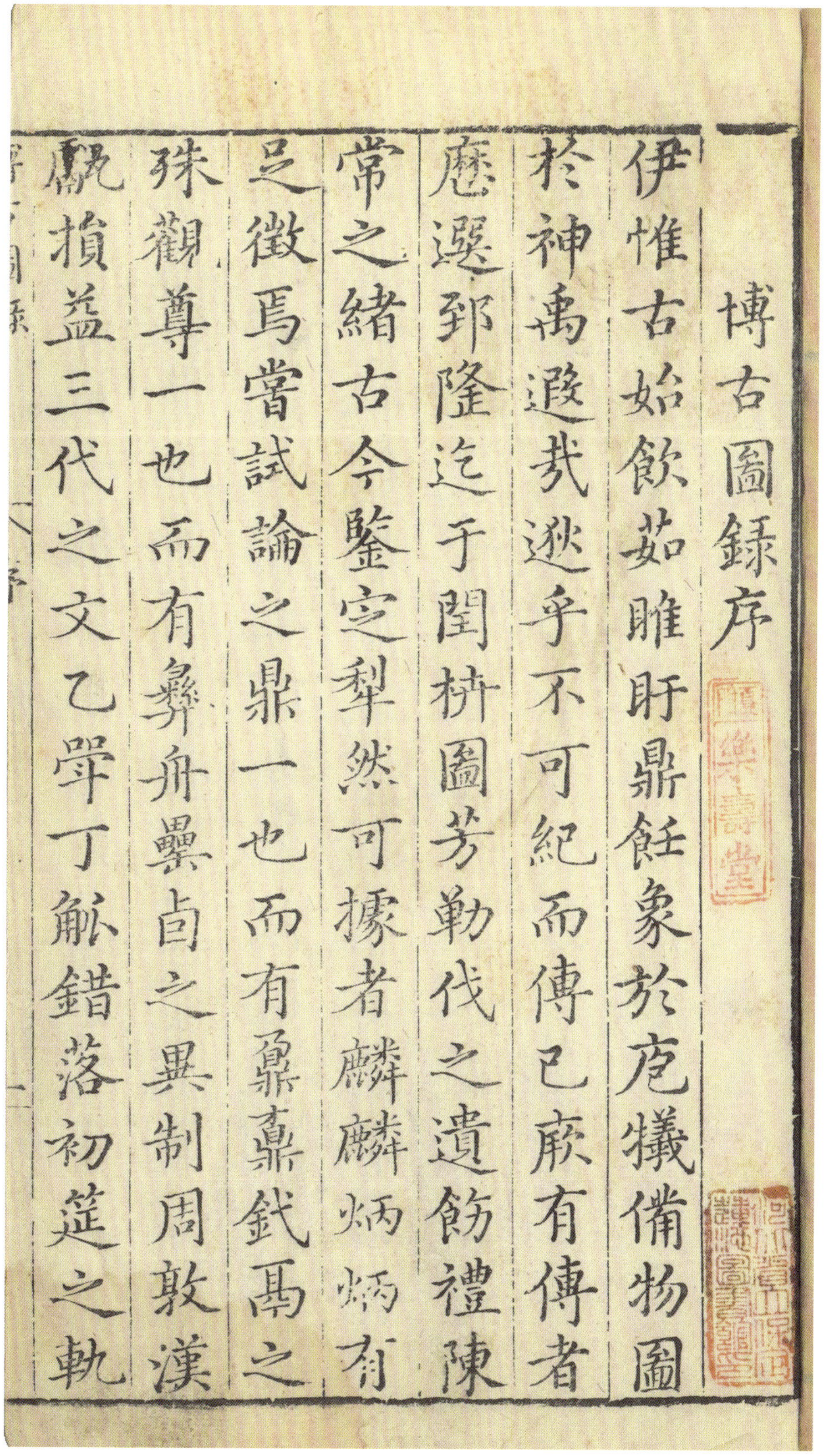

博古圖録序

伊惟古始飲茹雎盱鼎飪象於庖犧備物圖於神禹遐哉邈乎不可紀而傳已厥有傳者歷選郅隆迄于閏枅圖芳勒伐之遺飭禮陳常之緒古今鑒定犂然可據者麟麟炳炳有足徵焉嘗試論之鼎一也而有鼒鼐鉽鬲之殊觀尊一也而有彝舟罍卣之異制周敦漢甗損益三代之文乙斝丁觚錯落初筵之軌

泊如齋重修宣和博古圖録三十卷　（宋）王黼等撰　（明）劉季然書録　明萬曆十六年泊如齋刻本

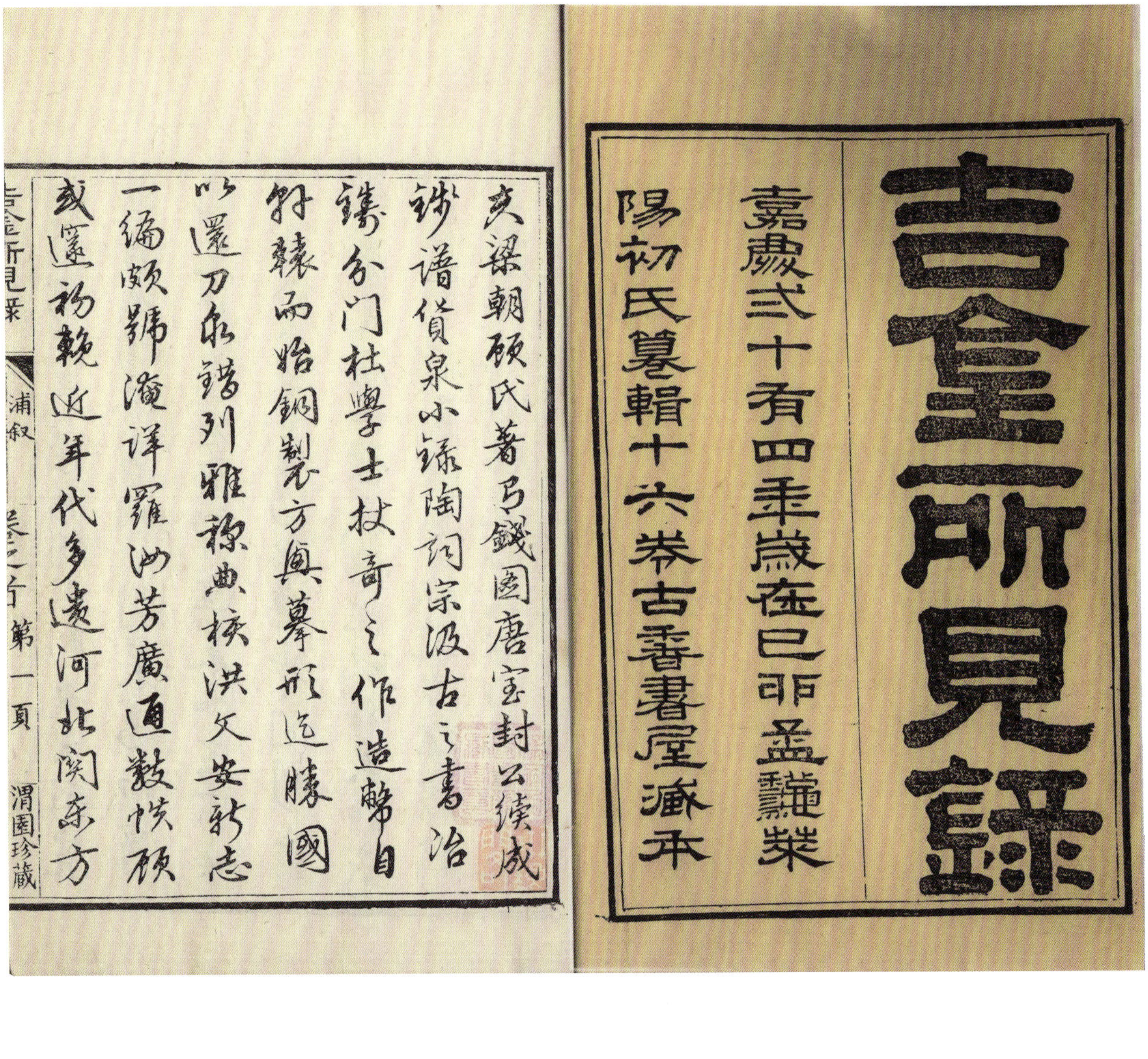

吉金所見錄十六卷首一卷末一卷　（清）初尚齡撰　清道光二十一年渭園刻本

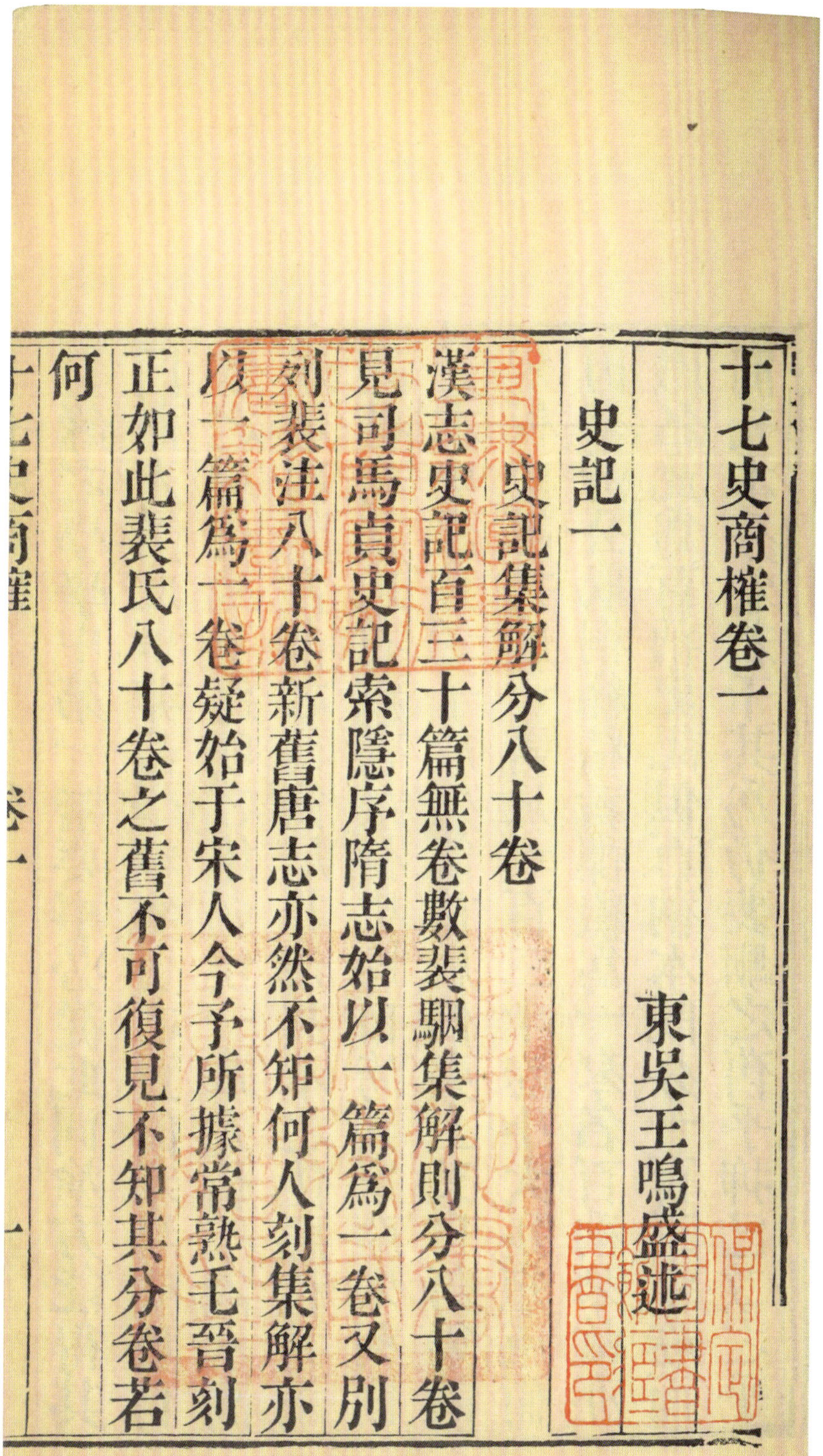
十七史商榷卷一
東吳王鳴盛述
史記一
史記集解分八十卷
漢志史記百三十篇無卷數裴駰集解則分八十卷見司馬貞史記索隱序隋志始以一篇爲一卷又別刻裴注八十卷新舊唐志亦然不知何人刻集解亦以一篇爲一卷疑始于宋人今予所據常熟毛晉刻正如此裴氏八十卷之舊不可復見不知其分卷若何
十七史商榷　卷一　一

十七史商榷一百卷　（清）王鳴盛撰　清乾隆五十二年洞涇艸堂刻本

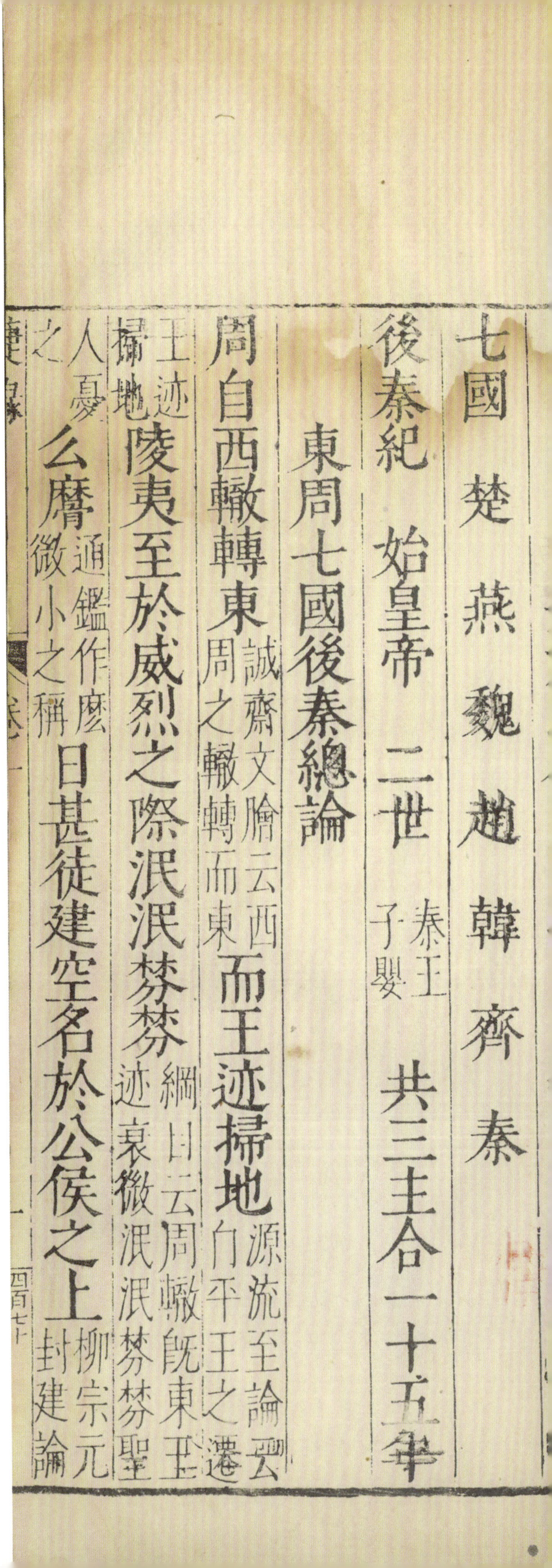

七國楚燕魏趙韓齊秦

後秦紀　始皇帝　二世　秦王子嬰　共三主合一十五年

東周七國後秦總論

周自西轍轉東（誠齋文膾云西周之轍轉而東）而王迹掃地（源流至論云自平王之遷王迹掃地）陵夷至於威烈之際泯泯棼棼（綱目云周轍既東王迹衰微泯泯棼棼聖人憂之）幺麼（通鑑作麼微小之稱）日甚徒建空名於公侯之上（柳宗元封建論）

重刻歷朝捷錄四卷　（明）顧充撰

明刻本

一五代比漢唐宋反加詳者詳通鑑之所不備也

一歷朝將相臣宰有事不可忽者俱於本朝帝王下附見之

一錄中用句有以本文用者有以援古用者有以借意用者有以變文用者有以斷章取義用者

一錄中用字悉倣來歷本文

一錄中褒貶悉倣先正中有已見處亦不甚異

一錄中除用通鑑綱目本文外大約採集古典間有不能考証者不及一一注釋觀者自得之

畢

重刻歷朝捷錄卷之一

東周紀　威烈　安王　烈王　顯王　慎靚王

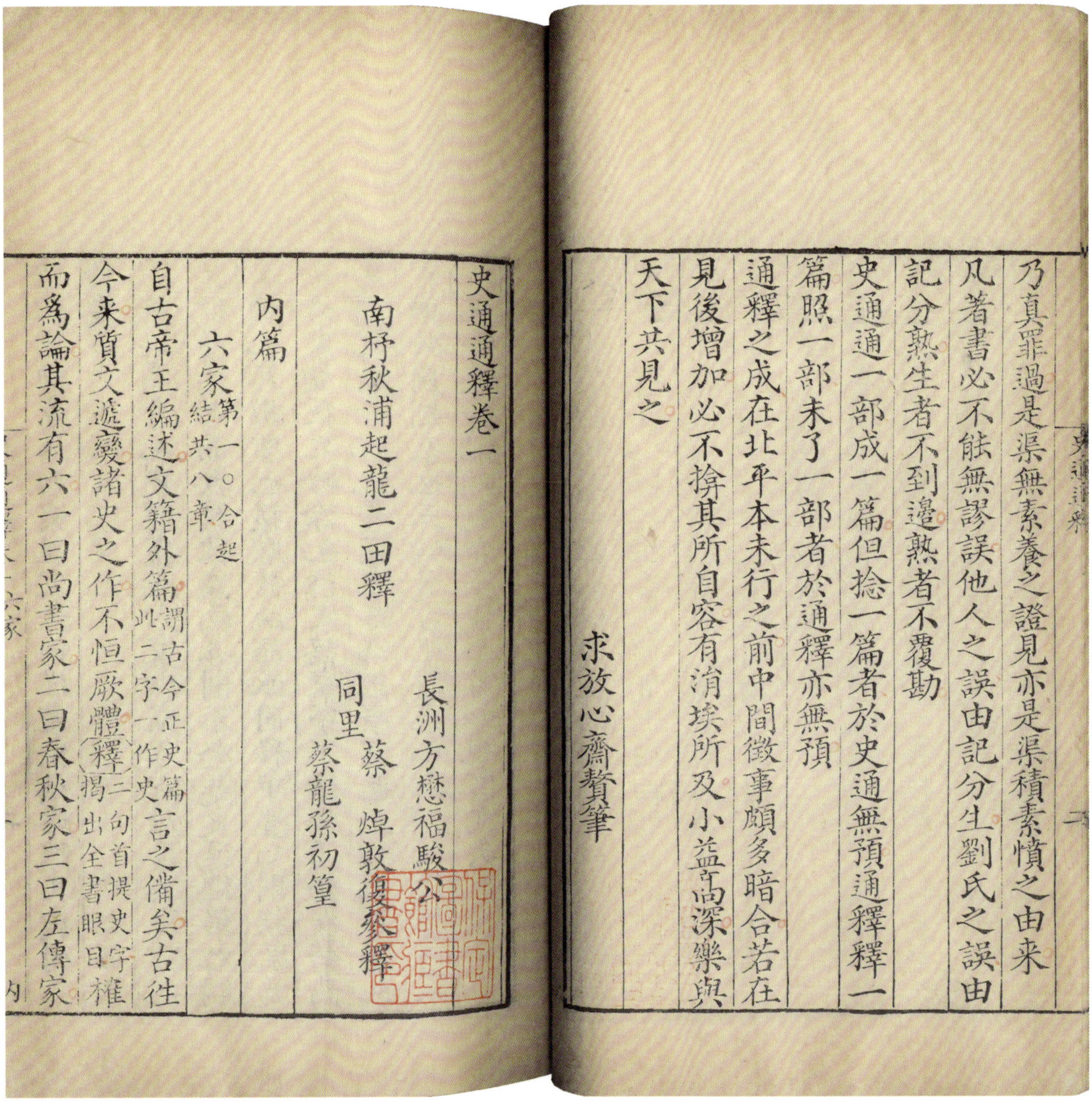

史通通釋二十卷附録一卷　（清）浦起龍撰　清乾隆十七年梁溪浦氏求放心齋刻本

入選《河北省名録》0231號

子　部

正修録纂例

先清端公一生自勉勉人祇以檢束身心爲務故平日所手録及余小子今所推廣者似於身心稍有裨益因而取名正修幼習大學章句便知欲修其身先正其心此學者口頭語意中事非獨理學家始可拈提也

名正修不名誠正者不敢附朱子平生所學止此四字也以切身心之言名正修因以切家國之言名齊治言齊治而不及平此書不爲有天下者言也言正修而不及誠致格此書不專講入微工夫也雖然知齊治矣平天下豈外是苟弗用格用致以底於誠亦豈可漫言正修哉

正修齊治二録偶爾取名非專發明大學宗旨妄作眞氏衍義丘氏衍義補之續閱者幸勿以前人之書相比論嗤其

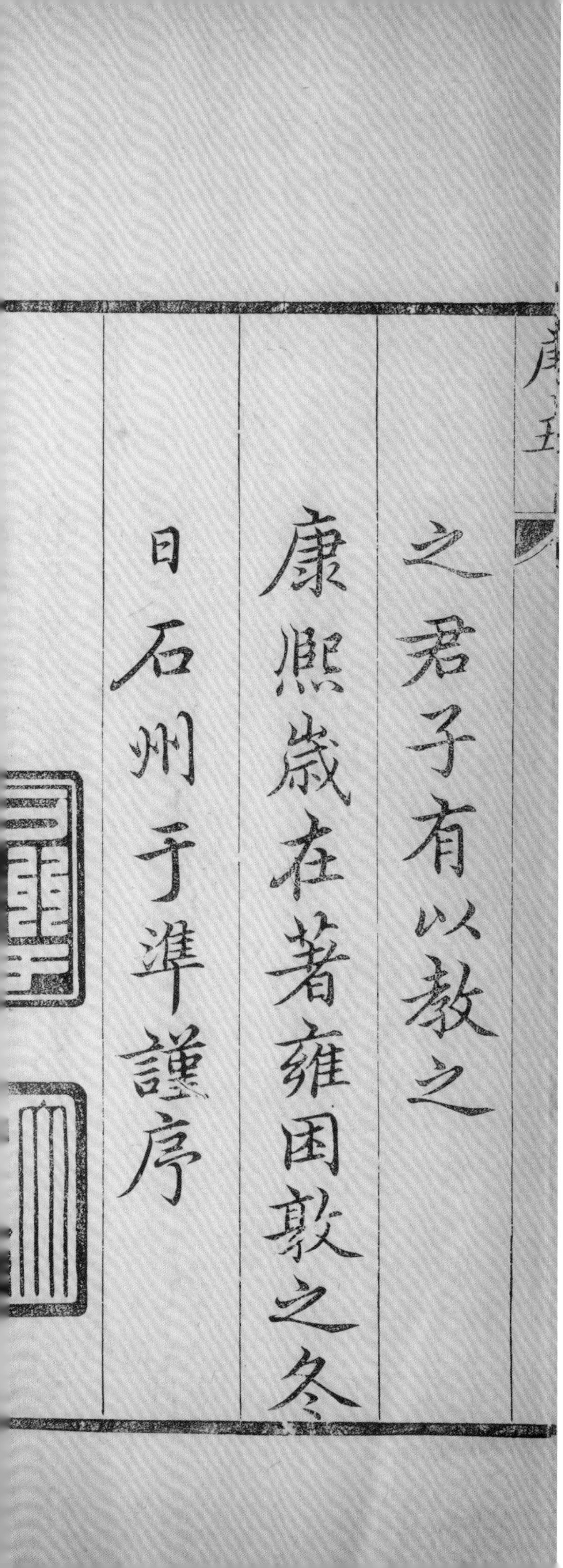
之君子有以教之
康熙歲在著雍困敦之冬
日石州于準謹序

先儒正修錄三卷先儒齊治錄三卷

（清）于準輯　清康熙刻本

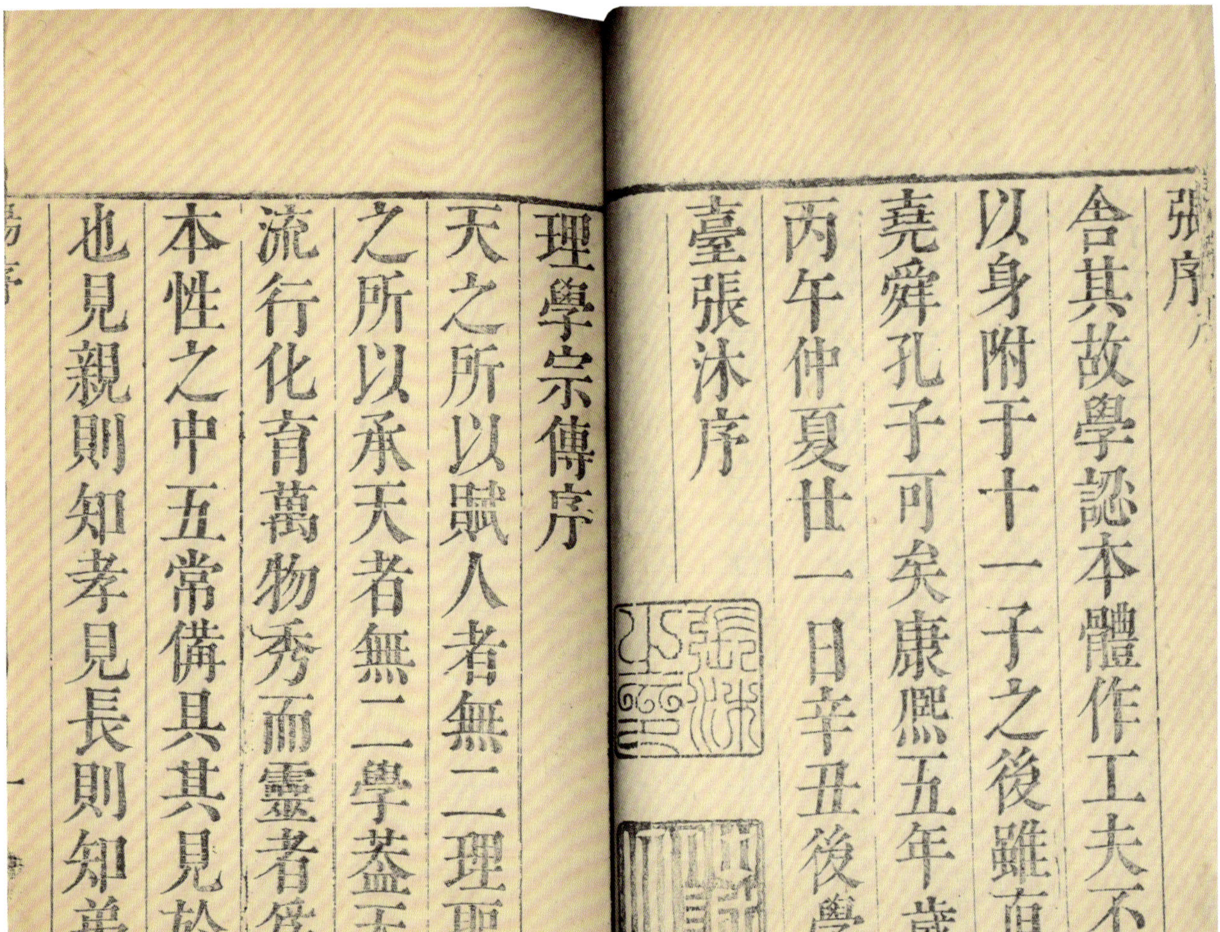
張序

舍其故學認本體作工夫不特以身附于十一子之後雖直為堯舜孔子可矣康熙五年歲次丙午仲夏廿一日辛丑後學耆臺張沐序

理學宗傳序

天之所以賦人者無二理聖人之所以承天者無二學蓋天命流行化育萬物秀而靈者為人本性之中五常備具其見於外也見親則知孝見長則知弟見

湯序　一

理學宗傳二十六卷　（清）孫奇逢輯　清康熙五年刻本

斯文正統卷之二

祁陽後學蒙吉刁　包選輯

從子再齋　較正

說

太極圖說　周敦頤

無極而太極。太極動而生陽。動極而靜。靜而生陰。靜極復動。一動一靜。互爲其根。分陰分陽。兩儀立焉。陽變陰合。而生水火木金土。五氣順布。四時行焉。五行一陰陽也。陰陽一太極也。太極本無極也。五行之生

一語集群聖之大成。繫辭云易有太極是生兩儀兩儀生四象此段發明

斯文正統十二卷　（清）刁包輯　清順治十一年金陵韓瑞甫刻本

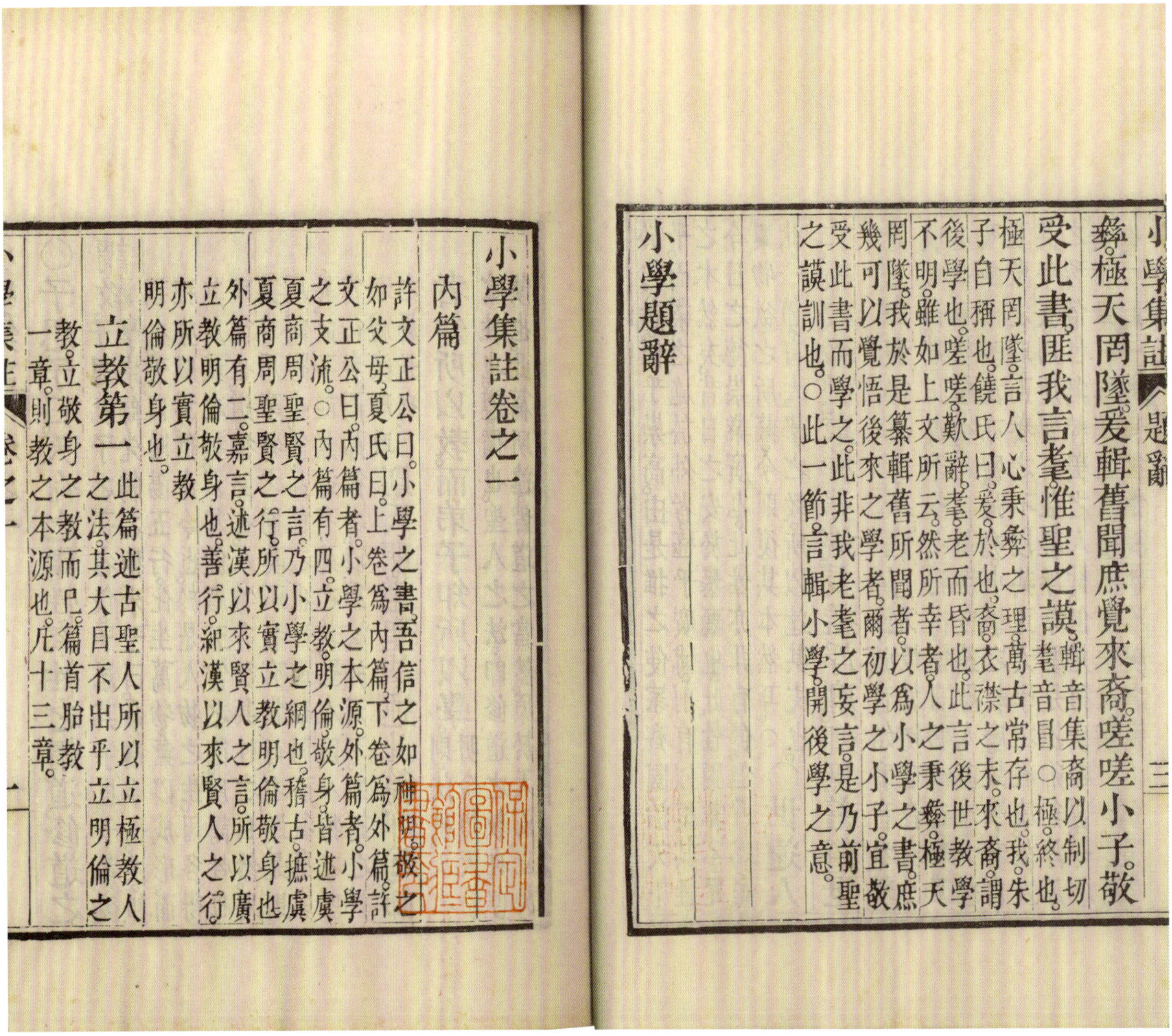

小學集註　題辭　三

彛極天罔墜爰輯舊聞庶覺來裔嗟嗟小子敬
受此書匪我言耄惟聖之謨輯音集裔以制切耄音冒○極終也
極天罔墜言人心秉彛之理萬古常存也我朱
子自稱也饒氏曰爰於也裔衣襟之末來裔謂
後學也嗟嗟歎辭耄老而昏也此言後世教學
不明雖如上文所云然所幸者人之秉彛極天
罔墜我於是纂輯舊所聞者以爲小學之書庶
幾可以覺悟後來之學者爾初學之小子宜敬
受此書而學之此非我老耄之妄言是乃前聖
之謨訓也○此一節言輯小學開後學之意

小學題辭

小學集註卷之一

內篇

許文正公曰小學之書吾信之如神明敬之
如父母夏氏曰上卷爲內篇下卷爲外篇許
文正公曰內篇者小學之本源外篇者小學
之支流○內篇有四立教明倫敬身皆述虞
夏商周聖賢之言乃小學之綱也稽古摭虞
夏商周聖賢之行所以實立教明倫敬身也
外篇有二嘉言述漢以來賢人之言所以廣
立教明倫敬身也善行紀漢以來賢人之行
亦所以實立教
明倫敬身也

立教第一此篇述古聖人所以立極教人
之法其大目不出乎立明倫之
教立敬身之教而已篇首胎教
一章則教之本源也凡十三章

小學集註　卷之一　一

小學集註六卷　（宋）朱熹撰　（明）陳選註　清雍正五年內府刻本

御纂性理精義卷第一

太極圖　周子作　朱子註

朱子曰河圖出而八卦畫洛書呈而九疇敘而孔子於斯文之興喪亦未嘗不推之於天自周衰孟軻氏没而此道之傳不屬更秦及漢歷晉隋唐以至於我有宋五星集奎實開文明之運而先生出焉不由師傳默契道體建圖屬書根極領要當時見而知之有程氏者遂擴大而推明之使夫天理之微人倫之著事物之衆鬼神之幽莫不洞然畢貫於一而周公孔子孟氏之傳煥然復明於當世有志之士得以探討服行而不失其正如出於三代之前者嗚呼盛哉非天所畀其孰能與於此

○又曰先生之學其妙具於太極一圖通書之言亦皆此圖之蘊而程先生兄弟語及性命之際亦未嘗不因其說觀通書之誠動靜理性命等章及程氏書李仲通

御纂性理精義十二卷　（清）李光地等撰　清康熙五十六年内府刻本

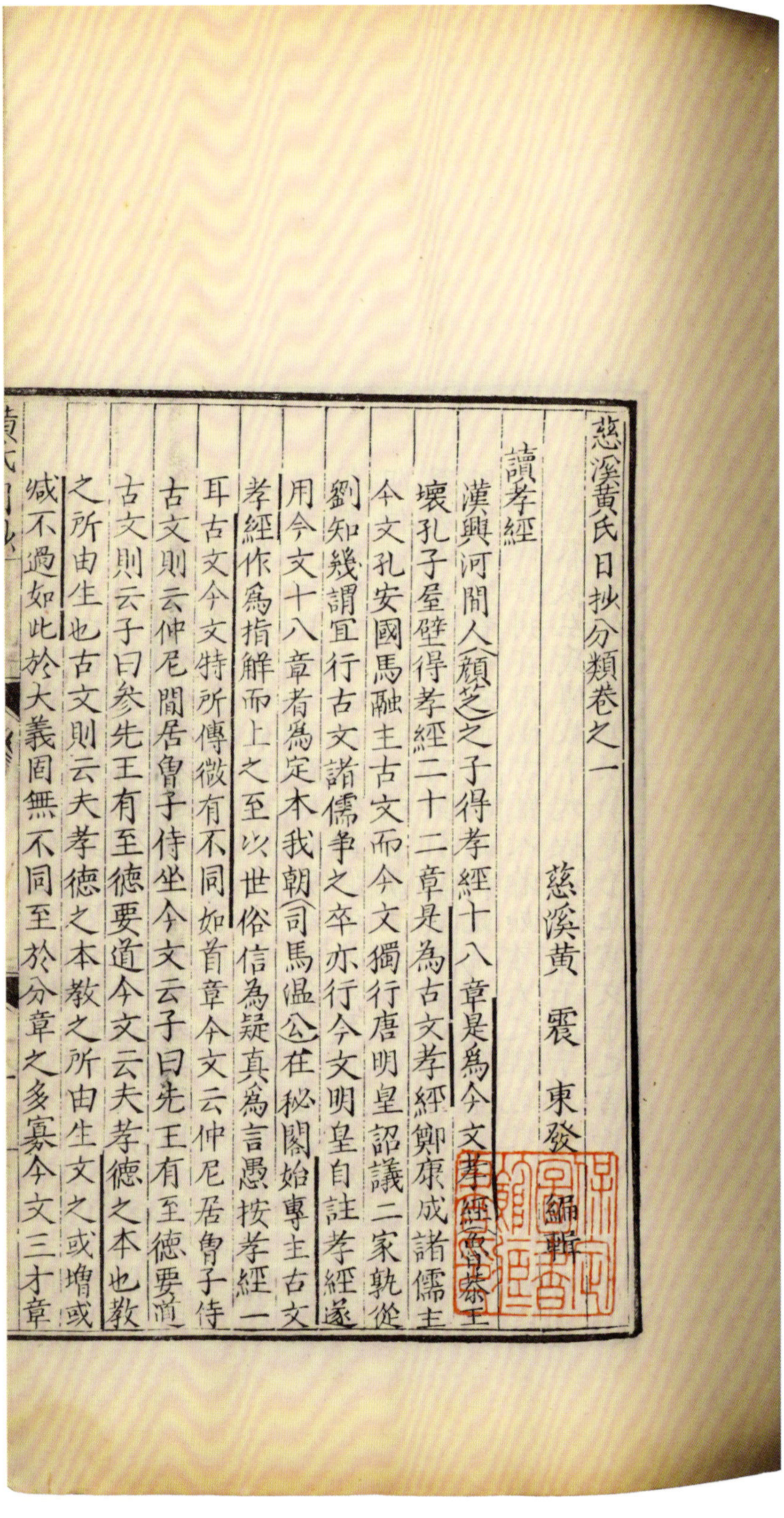

慈溪黃氏日抄分類卷之一

慈溪黃　震　東發　編輯

讀孝經

漢興河間人顏芝之子得孝經十八章是爲今文孝經魯恭王壞孔子屋壁得孝經二十二章是爲古文孝經鄭康成諸儒主今文孔安國馬融主古文而今文獨行唐明皇詔議二家孰從劉知幾謂宜行古文諸儒爭之卒亦行今文明皇自註孝經遂用今文十八章者爲定本我朝司馬溫公在秘閣始專主古文孝經作爲指解而上之至以世俗信爲疑眞爲言愚按孝經一耳古文今文特所傳微有不同如首章今文云仲尼居曾子侍古文則云仲尼閒居曾子侍坐今文云子曰先王有至德要道古文則云子曰參先王有至德要道今文云夫孝德之本也教之所由生也古文則云夫孝德之本教之所由生文之或增或減不過如此於大義固無不同至於分章之多寡今文三才章

慈溪黃氏日抄分類九十七卷附古今紀要十九卷　（宋）黃震編輯　清乾隆刻本

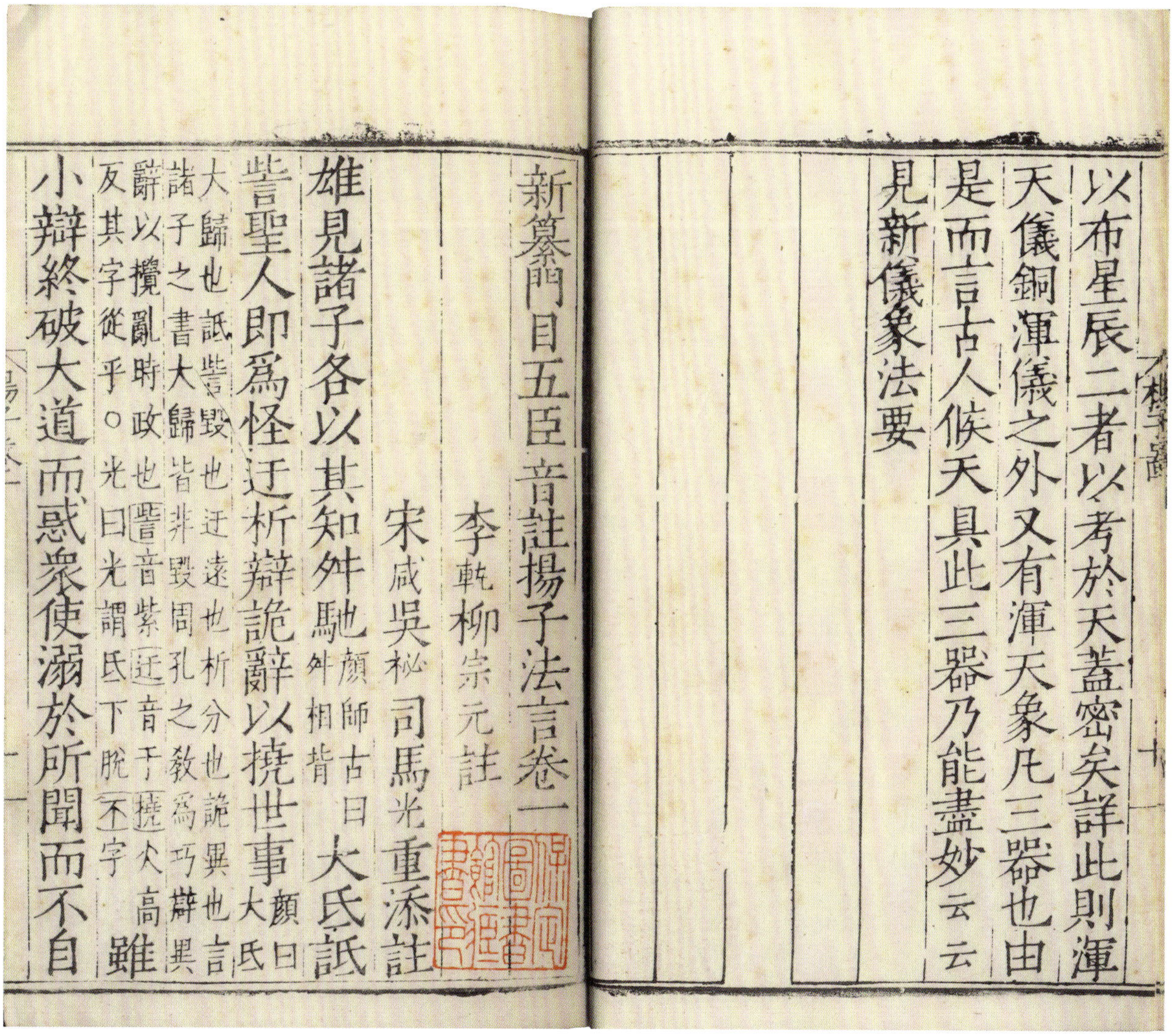

以布星辰二者以考於天蓋密矣詳此則渾
天儀銅渾儀之外又有渾天象凡三器也由
是而言古人候天具此三器乃能盡妙云云
見新儀象法要

新纂門目五臣音註揚子法言卷一
李軌柳宗元註
宋咸吳祕司馬光重添註
雄見諸子各以其知舛馳顏師古曰舛相背大氏詆
訾聖人即爲怪迂析辯詭辭以撓世事顏曰大氏
大歸也詆訾毀也迂遠也析分也詭異也言諸子之書大歸皆非毀周孔之教爲巧辯異
辭以攪亂時政也訾音紫迂音于撓火高反其字從乎○光曰光謂氏下脫不字雖
小辯終破大道而惑衆使溺於所聞而不自

新纂門目五臣音註揚子法言十卷　（漢）揚雄撰　（晉）李軌、（唐）柳宗元註　（宋）宋咸、吳祕、司馬光重添註　明刻本

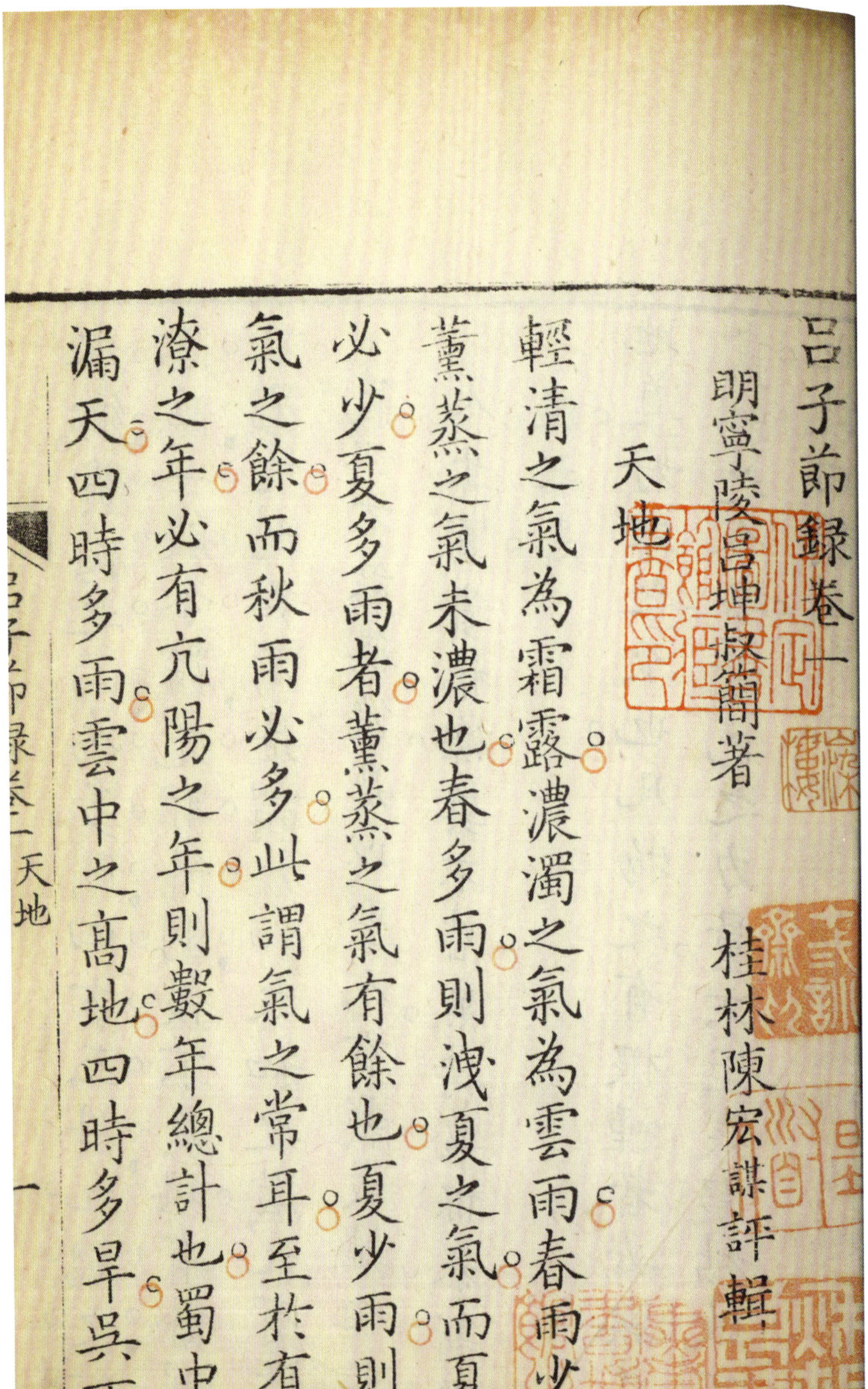

呂子節錄卷一

明寧陵呂坤叔簡著　桂林陳宏謀評輯

天地

輕清之氣為霜露濃濁之氣為雲雨春雨少者薰蒸之氣未濃也春多雨則洩夏之氣而夏雨必少夏多雨者薰蒸之氣有餘也夏少雨則積氣之餘而秋雨必多此謂氣之常耳至於有霪潦之年必有亢陽之年則數年總計也蜀中之漏天四時多雨雲中之高地四時多旱吳下之

呂子節錄卷一　天地　一

呂子節錄四卷補遺二卷　（明）呂坤撰　（清）陳宏謀評輯　清乾隆元年培遠堂刻本

大學衍義補卷之一

閣臣前國子監祭酒丘　濬進呈

明　經筵日講官左諭德陳仁錫評閱

治國平天下之要

正朝廷

總論朝廷之政

臣按宋儒眞德秀大學衍義格物致知之要。既有所謂審治體者矣。而此治國平天下之要。又有正朝廷而總論朝廷之政何也。蓋前之所審者治平之體。言其理也此

大學衍義補一百六十卷首一卷　（明）丘濬撰　陳仁錫評　明刻本

大學衍義補刪卷之一

明内閣大學士前禮部尚書國子監祭酒瓊山丘濬輯
清江南提學僉事前禮部儀制司員外郎西山張能鱗刪

治國平天下之要

正朝廷 總論朝廷之政其目五

按宋儒眞德秀大學衍義格物致知之要既有所謂審治體者言其理也此之所論者治平之政言其事也一主於知一主於行葢必知於前而後能行於後後之行者即所以實其前之知者也理與事知與行其實互相資焉

易曰天地之大德曰生聖人之大寶曰位何以守位曰仁何以

大學衍義補刪三十卷首一卷　（明）丘濬輯　清順治張能鱗刪刻本

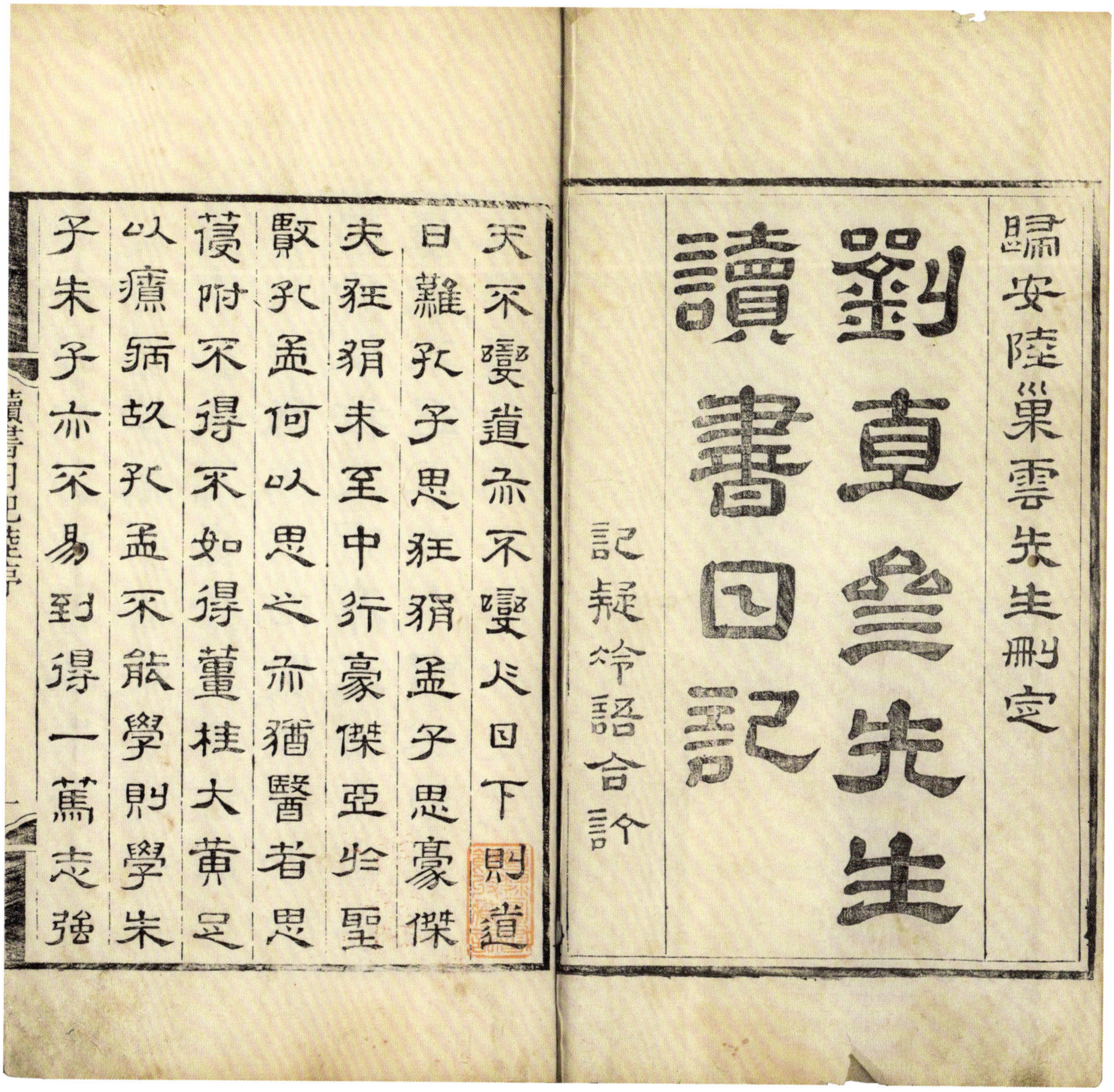
歸安陸巢雲先生删定

劉直亝先生

讀書日記

記疑坿語合訂

天不變道亦不變尽曰下則道

日雜孔子思狂狷孟子思豪傑

夫狂狷未至中行豪傑亞於聖

歟孔孟何以思之亦猶醫者思

蓡附不得不如得薑桂大黃足

以療病故孔孟不能學則學朱

子朱子亦不易到得一篤志強

讀書日記六卷補編二卷　（清）劉源淥撰　清雍正五年劉行秉家刻本

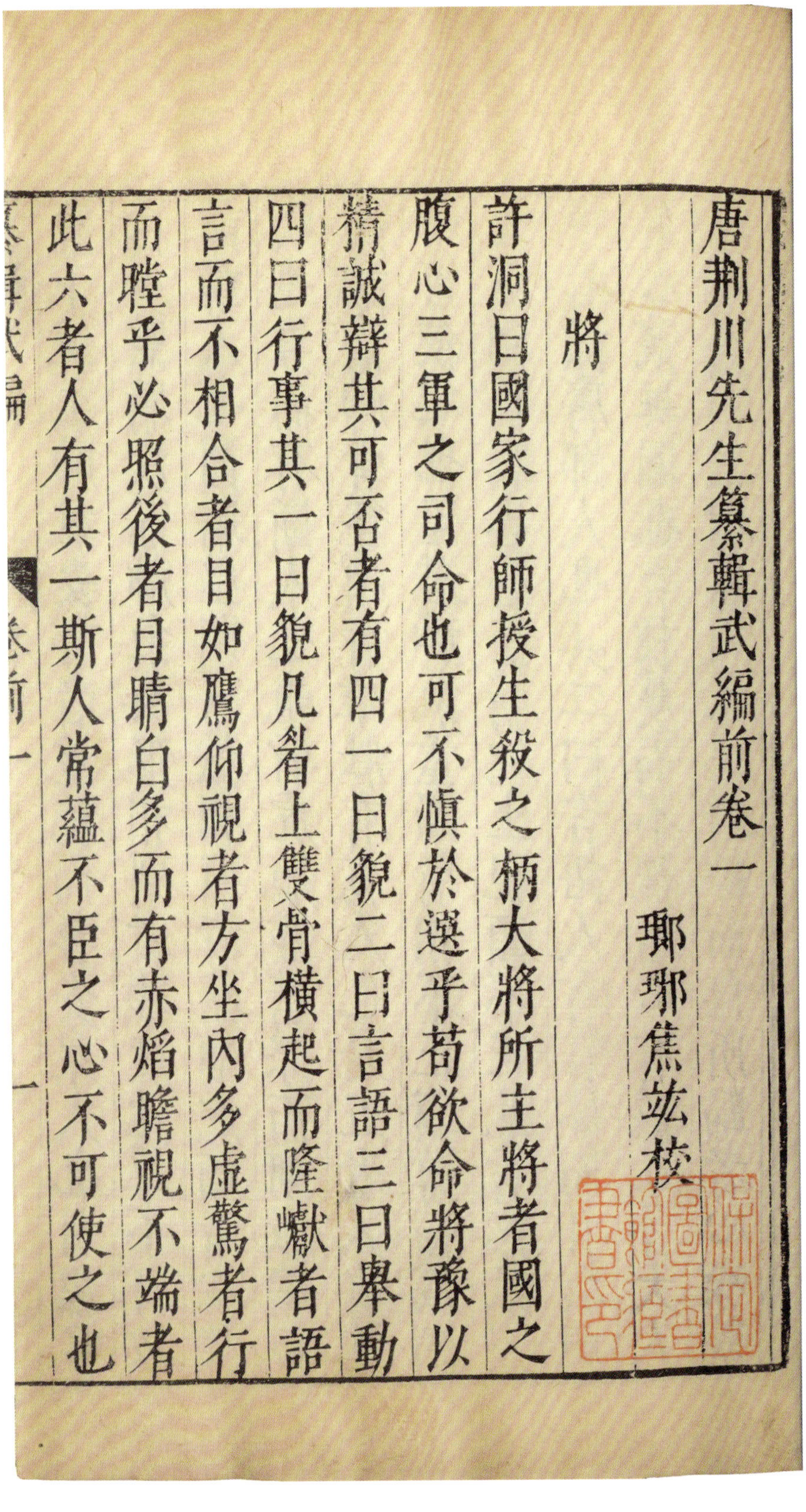

唐荊川先生纂輯武編前卷一

瑯琊焦竑校

將

許洞曰國家行師授生殺之柄大將所主將者國之腹心三軍之司命也可不慎於選乎苟欲命將豫以精誠辯其可否者有四一曰貌二曰言語三曰舉動四曰行事其一曰貌凡眥上雙骨横起而隆巘者語言而不相合者目如鷹仰視者方坐內多虛驚者行而瞠乎必照後者目睛白多而有赤焰瞻視不端者此六者人有其一斯人常蘊不臣之心不可使之也

纂輯武編　卷前一　一

唐荆川先生纂輯武編十二卷前集六卷　（明）唐順之撰　明萬曆徐象橒曼山館刻本

將

許洞曰國家行師授生殺之柄大將所主將者國之腹心三軍之司命也可不慎於選乎苟欲命將預以精誠辨其可否者有四一曰貌二曰言語三曰舉動四曰行事其一曰貌凡眉上雙骨橫起而隆巉者語言而不相合者目如鷹仰視者方坐內多虛驚者行而瞠乎必照後者黑精白多而有赤焰瞻視不端者此六者人有其一斯人常蓄不臣之心不可使之也豐上銳下神氣安詳者重德而善安衆人也目黑多白少點睛深而神氣與形相副者機度沉厚不可以許動人也圓睛瑩朗五岳相照者燕頷虎頭者心機

武編十二卷　（明）唐順之撰　清初抄本

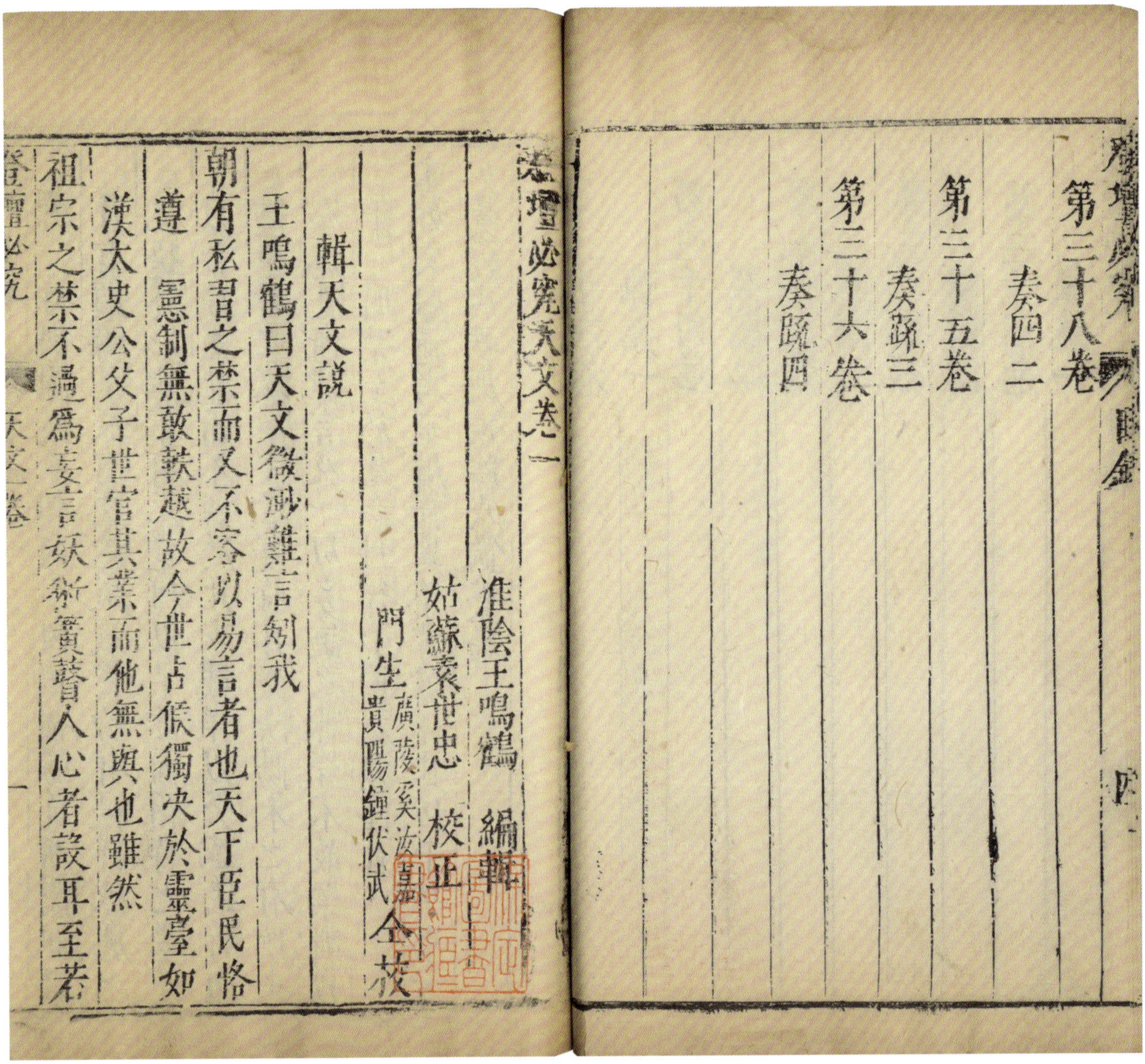

登壇必究目錄

第三十八卷

奏疏二

第三十五卷

奏疏三

第三十六卷

奏疏四

登壇必究天文卷之一

淮陰王鳴鶴 編輯

姑蘇袁世忠 校正

門生廣陵吳汝慕 貴陽鍾伏武 全校

輯天文說

王鳴鶴曰天文微渺難言刻我

朝有私習之禁而又不容以易言者也天下臣民恪

遵

憲制無敢輕越故今世占候獨决於靈臺如

漢太史公父子世官其業而他無與也雖然

祖宗之禁不過為妄言妖術簧鼓人心者設耳至若

登壇必究 天文一卷 一

登壇必究三十六卷　（明）王鳴鶴輯　明萬曆二十七年刻本

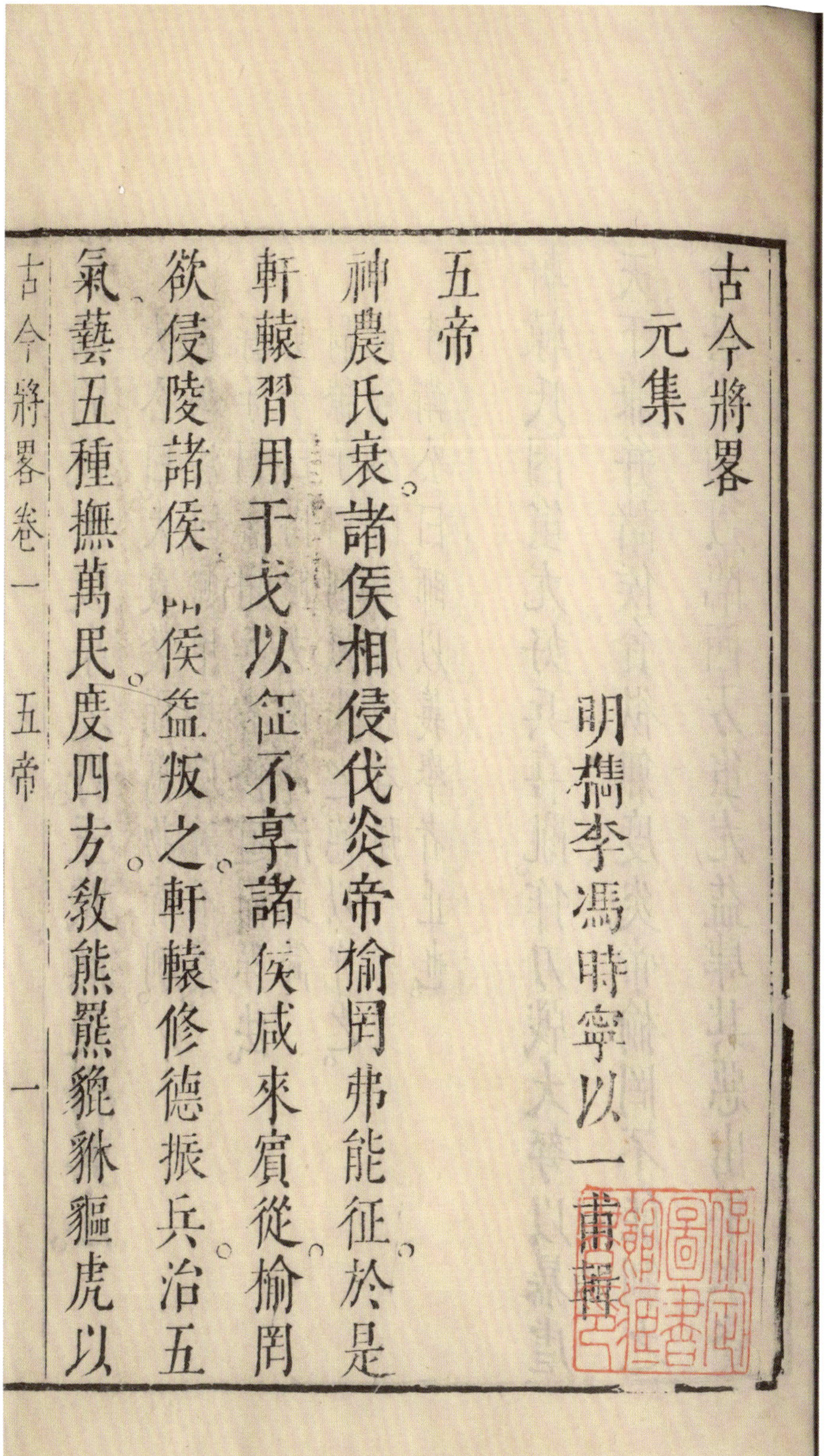

古今將畧

元集

明檇李馮時寧以一甫輯

五帝

神農氏衰。諸侯相侵伐炎帝揄罔弗能征。於是軒轅習用干戈以征不享。諸侯咸來賓從。揄罔欲侵陵諸侯。諸侯益叛之。軒轅修德振兵治五氣蓺五種撫萬民度四方。敎熊羆貔貅貙虎以

古今將畧卷一　五帝　一

古今將畧四卷　（明）馮時寧輯　明崇禎刻本　入選《河北省名錄》0210號

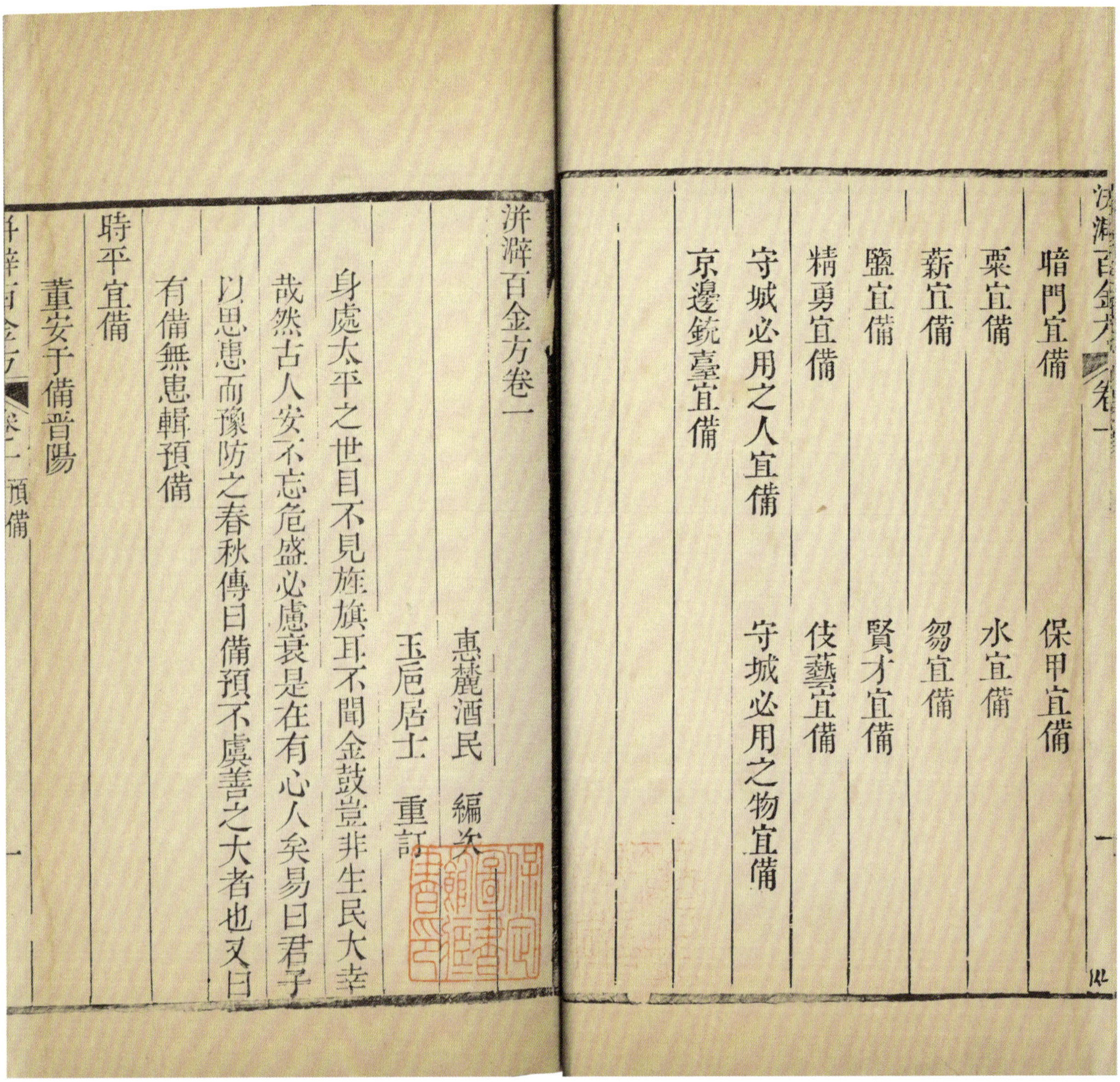

洴澼百金方 卷一

暗門宜備　保甲宜備

粟宜備　水宜備

薪宜備　芻宜備

鹽宜備　賢才宜備

精勇宜備　伎藝宜備

守城必用之人宜備　守城必用之物宜備

京邊銃臺宜備

洴澼百金方卷一

惠麓酒民　編次

玉卮居士　重訂

身處太平之世目不見旌旗耳不聞金鼓豈非生民大幸哉然古人安不忘危盛必慮衰是在有心人矣易曰君子以思患而豫防之春秋傳曰備預不虞善之大者也又曰有備無患輯預備

時平宜備

董安于備晉陽

洴澼百金方 卷一 預備 一

洴澼百金方十四卷　題惠麓酒民撰　清乾隆五十三年榕城嘉魚堂刻本

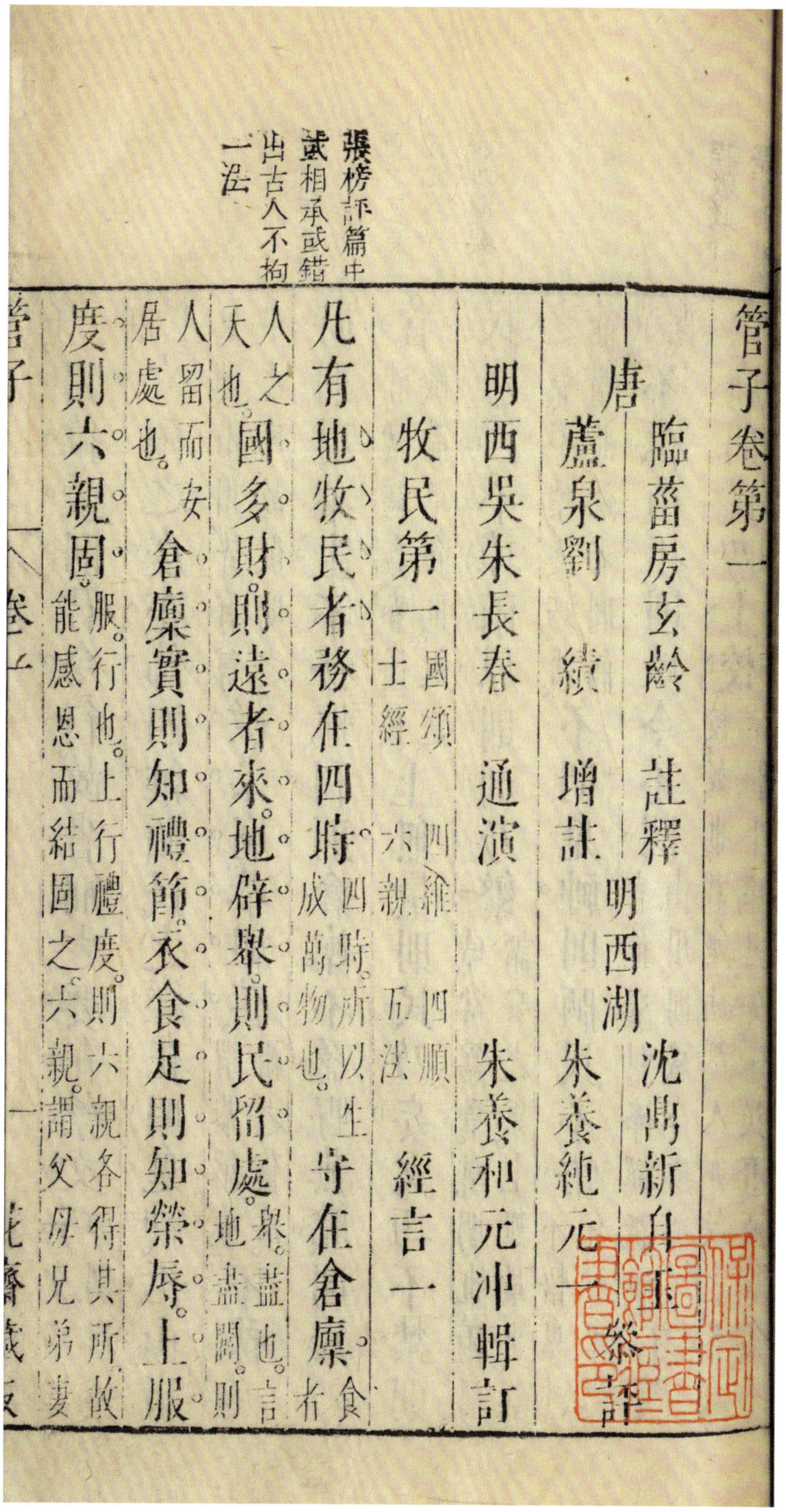

張榜評篇中
武相承或錯
出古人不拘
一法

管子卷第一
臨菑房玄齡　註釋　　沈鼎新自玉　參評
唐　蘆泉劉績　增註　明西湖　朱養純元一
明西吳朱長春　通演　朱養和元冲　輯訂
牧民第一　國頌　四維　四順　士經　六親　五法　經言一
凡有地牧民者務在四時四時所以生成萬物也守在倉廩食者人之天也國多財則遠者來地辟舉則民留處地盡墾也言地盡闢則人留而安居處也倉廩實則知禮節衣食足則知榮辱上服度則六親固服行也上行禮度則六親各得其所故能感恩而結固之六親謂父母兄弟妻

管子　卷一　一　花齋藏板

管子二十四卷　（周）管仲撰　（唐）房玄齡註　（明）劉績補註　明天啟五年朱養純花齋刻本　入選《河北省名錄》0240號

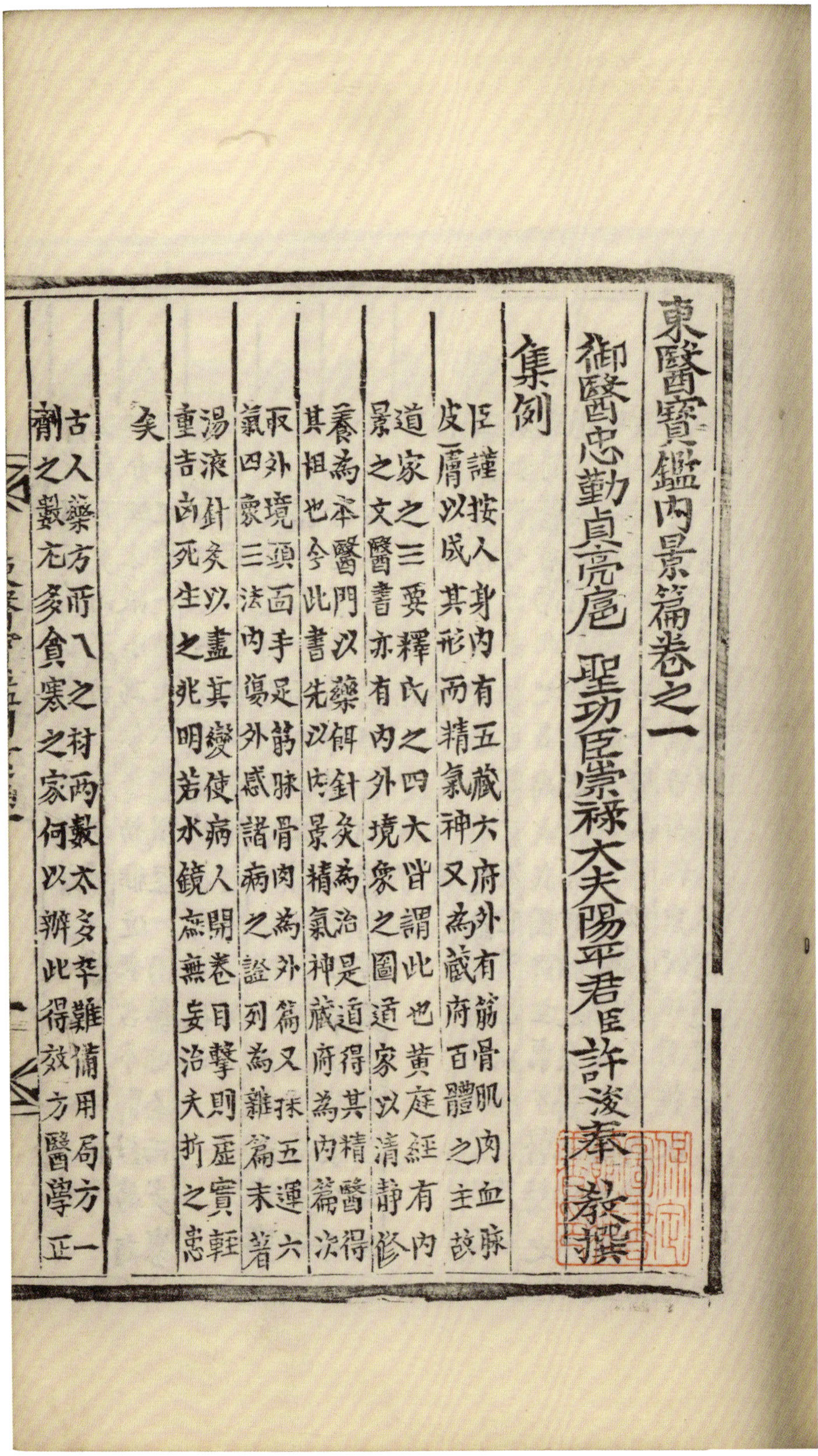

東醫寶鑑內景篇卷之一

御醫忠勤貞亮扈聖功臣崇祿大夫陽平君臣許浚奉教撰

集例

臣謹按人身內有五藏六府外有筋骨肌肉血脉皮膚以成其形而精氣神又為藏府百體之主故道家之三要釋氏之四大皆謂此也黃庭經有內景之文醫書亦有內外境象之圖道家以清靜修養為本醫門以藥餌針灸為治是道得其精醫得其粗也今此書先以內景精氣神藏府為內篇次取外境頭面手足筋脉骨肉為外篇又採五運六氣四象三法內傷外感諸病之證列為雜篇末著湯液針灸以盡其變使病人開卷目擊則虛實輕重吉凶死生之兆明若水鏡庶無妄治夭折之患矣

古人藥方所入之材兩數太多卒難備用局方一劑之數尤多貧寒之家何以辦此得效方醫學正

東醫寶鑑二十三卷　（朝鮮）許浚撰　明萬曆四十一年朝鮮內醫院刻本

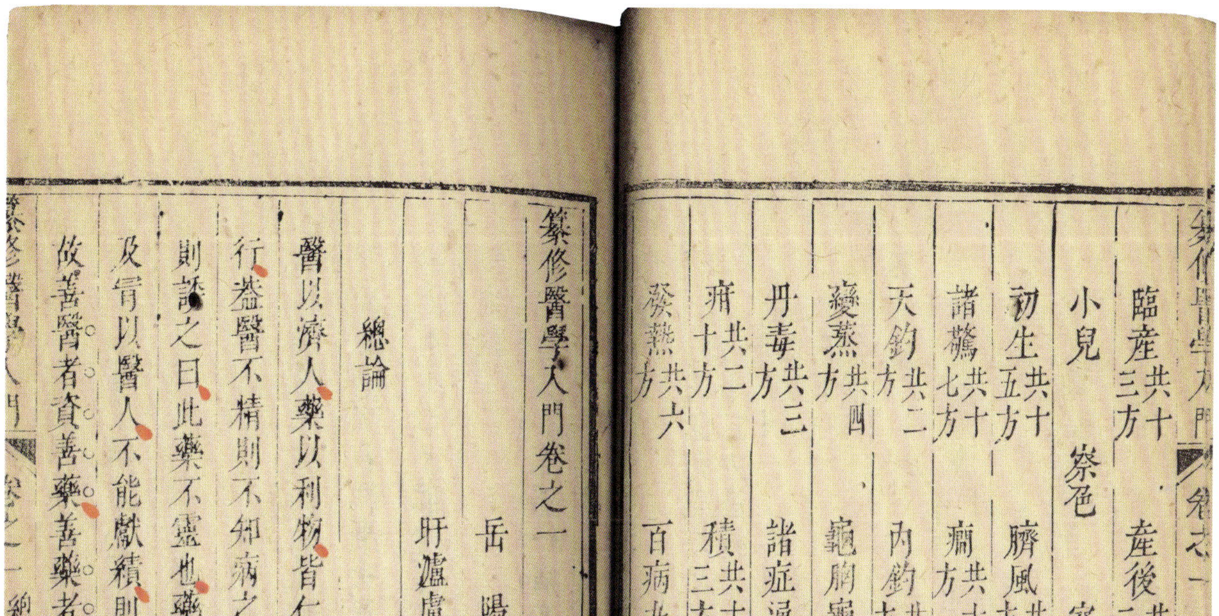

臨產共十三方　產後共二十三方
小兒　察色　察脉　形症　死症
初生共十五方　臍風共五方　胎驚夜啼共三方
諸驚共十七方　癎共十方　客忤一方
天釣共二方　內釣共六方　疝氣共二方
變蒸共四方　龜胸龜背共二方　五軟共八方五硬附
丹毒共三方　諸症通用共十一方　吐瀉共八方
疳共二十方　積共十三方　外感共四方
發熱共六方　百病丸方共二

纂修醫學入門卷之一

岳陽系屯子著

盱瀘盧共辰斗文氏編輯校梓

總論

醫以濟人藥以利物皆仁術也然必兩者皆精而後可行蓋醫不精則不知病之根源及冐於下藥不能奏效則誚之曰此藥不靈也藥不精則炮製失宜生產異地及冐以醫人不能獻績則又誚之曰此醫師識淺也是故善醫者資善藥善藥者資善醫兩相為濟而後仁術

纂修醫學入門　卷之一　總論　一

纂修醫學入門六卷　□系屯子撰　清乾隆三十九年漱古軒刻本

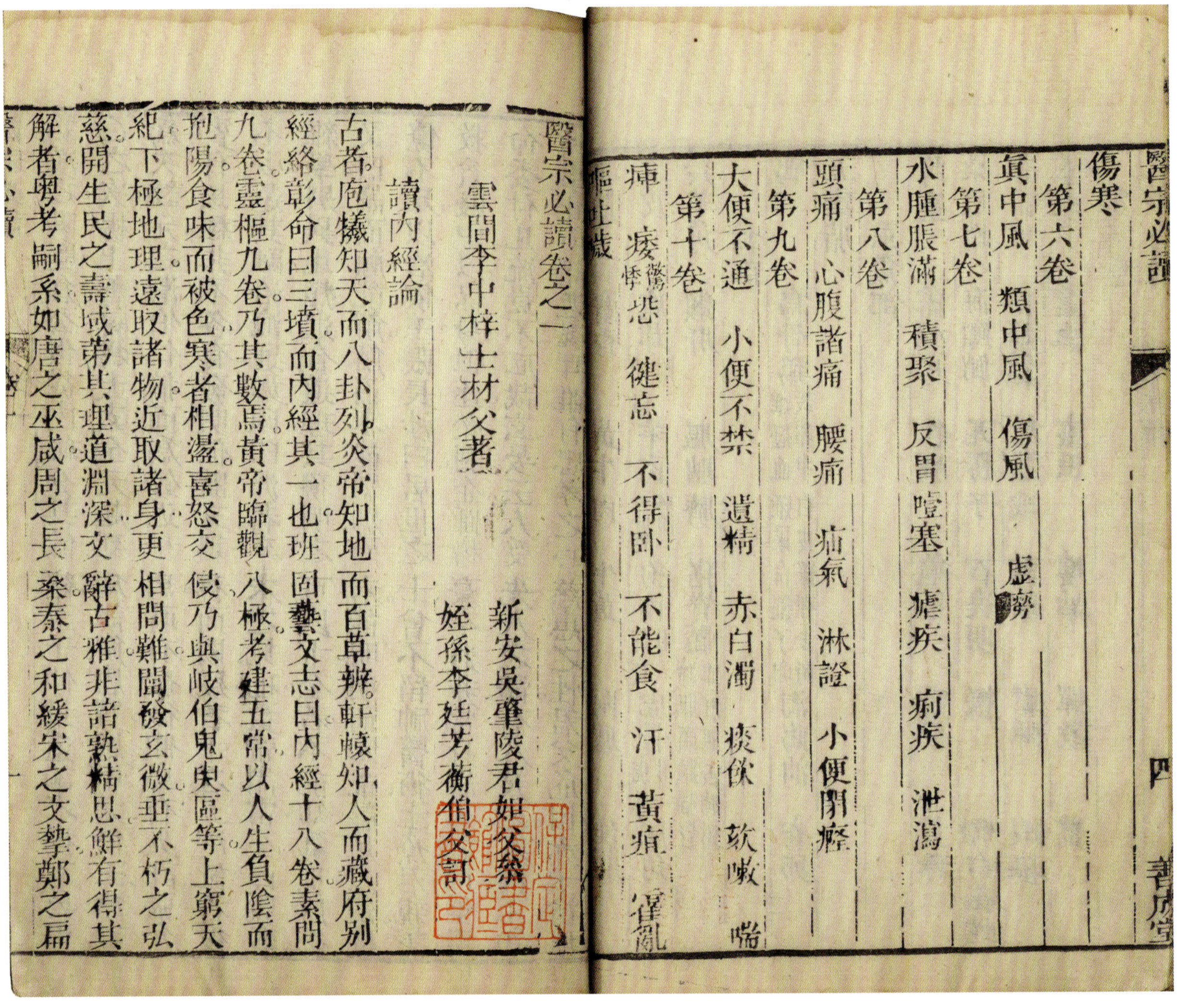

醫宗必讀　四　善成堂

傷寒

第六卷

眞中風　類中風　傷風　虛勞

第七卷

水腫脹滿　積聚　反胃噎塞　瘧疾　痢疾　泄瀉

第八卷

頭痛　心腹諸痛　腰痛　疝氣　淋證　小便閉癃

第九卷

大便不通　小便不禁　遺精　赤白濁　痰飲　欬嗽　喘

第十卷

痺　痿　驚悸恐　健忘　不得卧　不能食　汗　黃疸　霍亂

嘔吐噦

醫宗必讀卷之一

雲間李中梓士材父著

新安吳肇陵君如父參

姪孫李延芳蘅伯父訂

讀內經論

古者庖犧知天而八卦列炎帝知地而百草辨軒轅知人而藏府別經絡彰命曰三墳而內經其一也班固藝文志曰內經十八卷素問九卷靈樞九卷乃其數焉黃帝臨觀八極考建五常以人生負陰而抱陽食味而被色寒暑相盪喜怒交侵乃與岐伯鬼臾區等上窮天紀下極地理遠取諸物近取諸身更相問難闡發玄微垂不朽之弘慈開生民之壽域第其理道淵深文辭古雅非諳熟精思鮮有得其解者再考嗣系如唐之巫咸周之長桑秦之和緩宋之文摯鄭之扁

醫宗必讀　卷一　一

醫宗必讀十卷　（明）李中梓撰　清善成堂刻本

金壇　王肯堂宇泰輯

癰疽之源一

方書敘癰疽之源有五　一天行時氣　二七情內鬱　三體虛外感　四身熱搏於風冷　五食炙煿飲法酒服丹石等熱毒　總之不出於三因也

外因者運氣癰疽有四　一火熱助心爲瘡經云少陰所至爲瘡疹又云少陰司天熱氣下臨肺氣上從甚則瘡瘍又云少陰司天之政初之氣寒乃始陽氣鬱炎暑將起中外瘡瘍又云少陽所至爲瘡瘍又云少陽司天之政風熱參布太陰橫流寒乃時至民病寒中外發瘡瘍初之氣候乃太溫其病膚腠中瘡二

瘍醫準繩六卷　（明）王肯堂輯　清初九思堂刻本

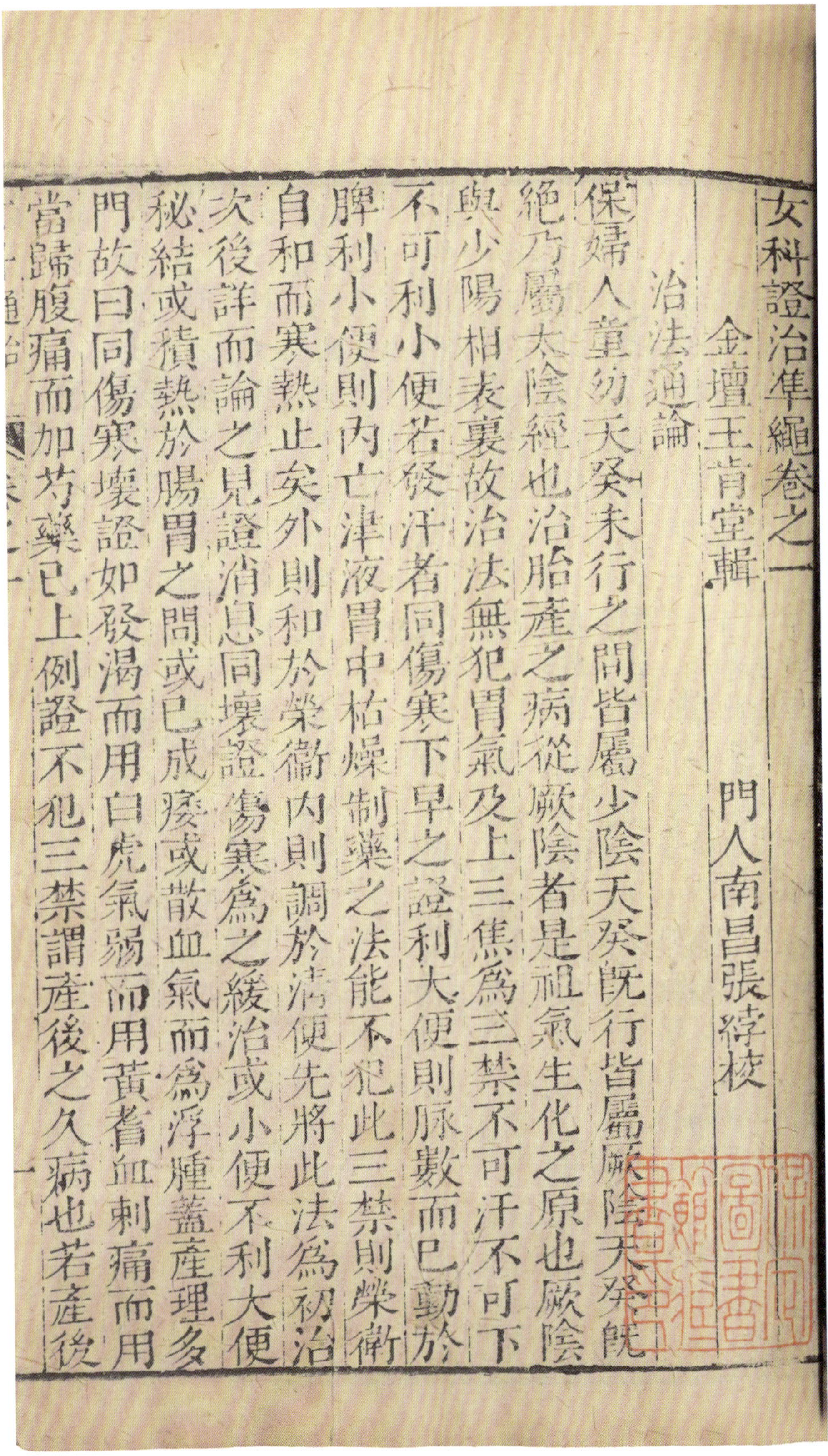

女科證治準繩卷之一

金壇王肯堂輯　門人南昌張綍校

治法通論

保婦人童幼天癸未行之間皆屬少陰天癸既行皆屬厥陰天癸既絶乃屬太陰經也治胎產之病從厥陰者是祖氣生化之原也厥陰與少陽相表裏故治法無犯胃氣及上三焦爲三禁不可汗不可下不可利小便若發汗者同傷寒下早之證利大便則脉數而已動於脾利小便則内亡津液胃中枯燥制藥之法能不犯此三禁則榮衛自和而寒熱止矣外則和於榮衛内則調於清便先將此法爲初治次後詳而論之見證消息同壞證傷寒爲之緩治或小便不利大便秘結或積熱於腸胃之間或已成痿或散血氣而爲浮腫蓋產理多門故曰同傷寒壞證如發渴而用白虎氣弱而用黃耆血刺痛而用當歸腹痛而加芍藥已上例證不犯三禁謂產後之久病也若產後

女科證治準繩五卷　（明）王肯堂輯　清初帶月樓刻本

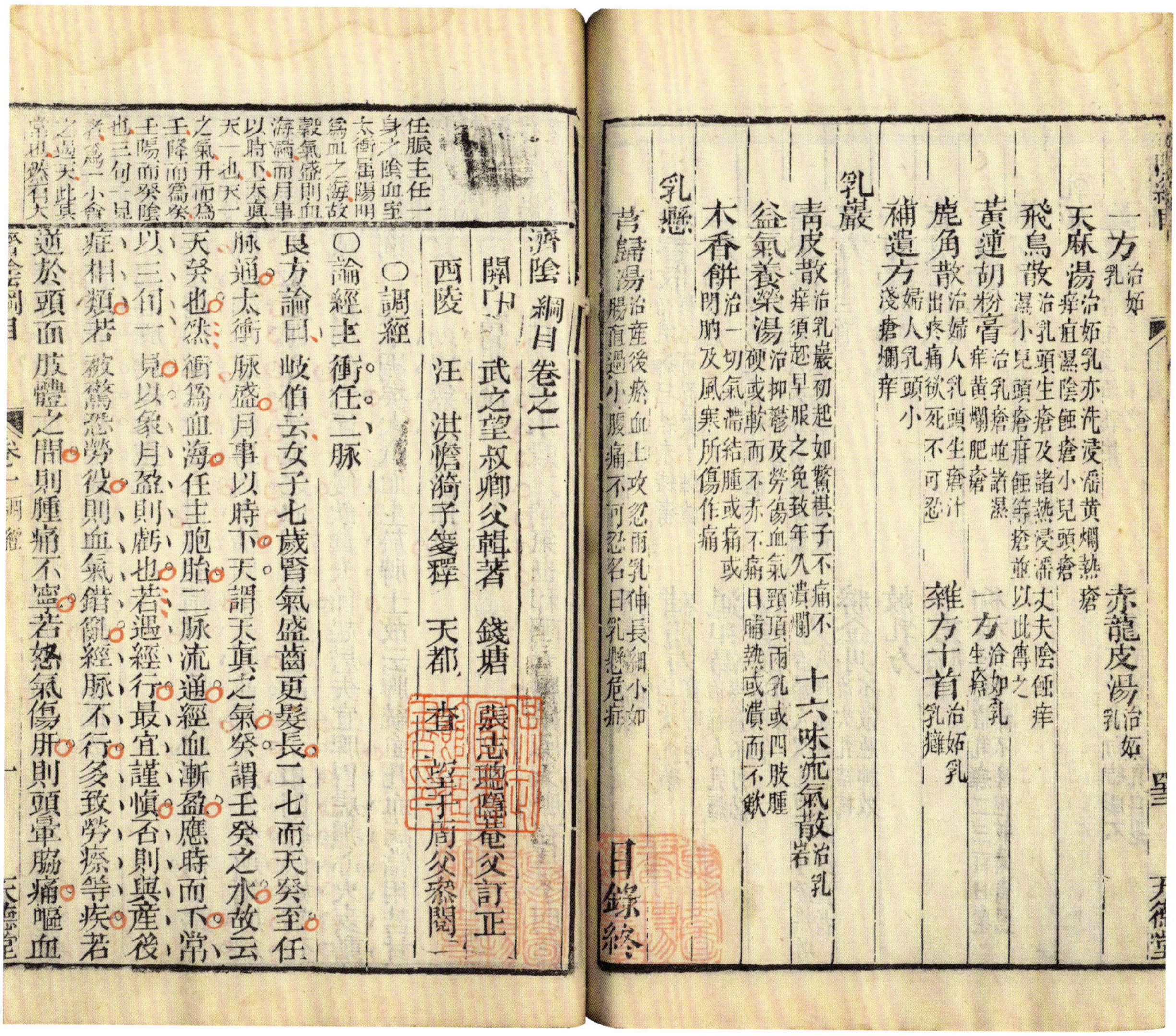

一方治妬乳　赤龍皮湯治妬乳
天麻湯治妬乳亦洗浸淫黃爛熱瘡痒疽濕陰蝕瘡小兒頭瘡
飛烏散治乳頭生瘡及諸熱浸淫丈夫陰蝕痒濕小兒頭瘡疳蝕等瘡並以此傅之
黃連胡粉膏治乳瘡嗌諸濕痒黃爛肥瘡　一方治妬乳生瘡
鹿角散治婦人乳頭生瘡汁出疼痛欲死不可忍　雜方十首治妬乳乳癰
補遺方婦人乳頭小淺瘡爛痒
乳巖
青皮散治乳巖初起如鱉棋子不痛不痒須趁早服之免致年久潰爛　十六味流氣散治乳岩
益氣養榮湯治抑鬱及勞傷血氣頸項兩乳或四肢腫硬或軟而不赤不痛日晡熱或潰而不歛
木香餅治一切氣滯結腫或痛或閃朒及風寒所傷作痛
乳懸
芎歸湯治產後瘀血上攻忽兩乳伸長細小如腸直過小腹痛不可忍名曰乳懸危症
目錄終

任脈主任一身之陰血室太衝屬陽明爲血之海故穀氣盛則血海滿而月事以時下天真天一也天一之氣升而爲壬降而爲癸壬陽而癸陰也三句一見者爲一小會之過天此其常也然有大

濟陰綱目卷之一
關中　武之望叔卿父輯著　錢塘　張志聰隱菴父訂正
西陵　汪　淇憺漪子箋釋　天都　查□周父參閱
○調經
○論經主衝任二脉
良方論曰岐伯云女子七歲腎氣盛齒更髮長二七而天癸至任脉通太衝脉盛月事以時下天謂天真之氣癸謂壬癸之水故云天癸也然衝爲血海任主胞胎二脉流通經血漸盈應時而下常以三旬一見以象月盈則虧也若遇經行最宜謹慎否則與産後症相類若被驚恐勞役則血氣錯亂經脉不行多致勞瘵等疾若逆於頭面肢體之間則腫痛不寧若怒氣傷肝則頭暈脇痛嘔血

濟陰綱目　卷一調經　一　天德堂

濟陰綱目十四卷　（清）武之望撰　江淇箋釋　保生碎事一卷　（清）汪淇撰　清雍正天德堂刻本

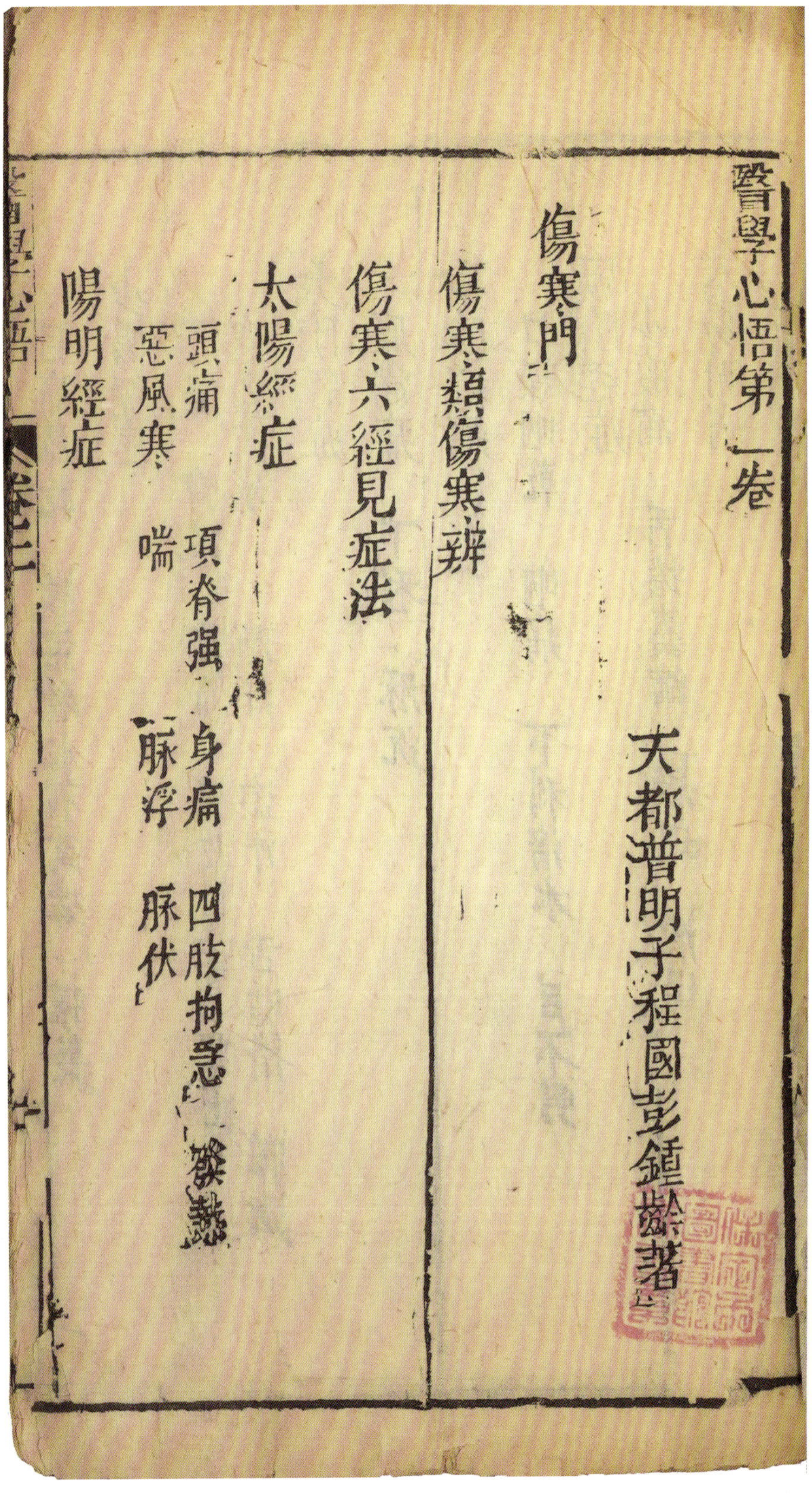
醫學心悟第一卷

天都普明子程國彭鍾齡著

傷寒門

傷寒類傷寒辨

傷寒六經見症法

太陽經症

頭痛　項脊強　身痛　四肢拘急　發熱

惡風寒　喘　脉浮　脉伏

陽明經症

醫學心悟五卷　（清）程國彭撰　清雍正十年刻本

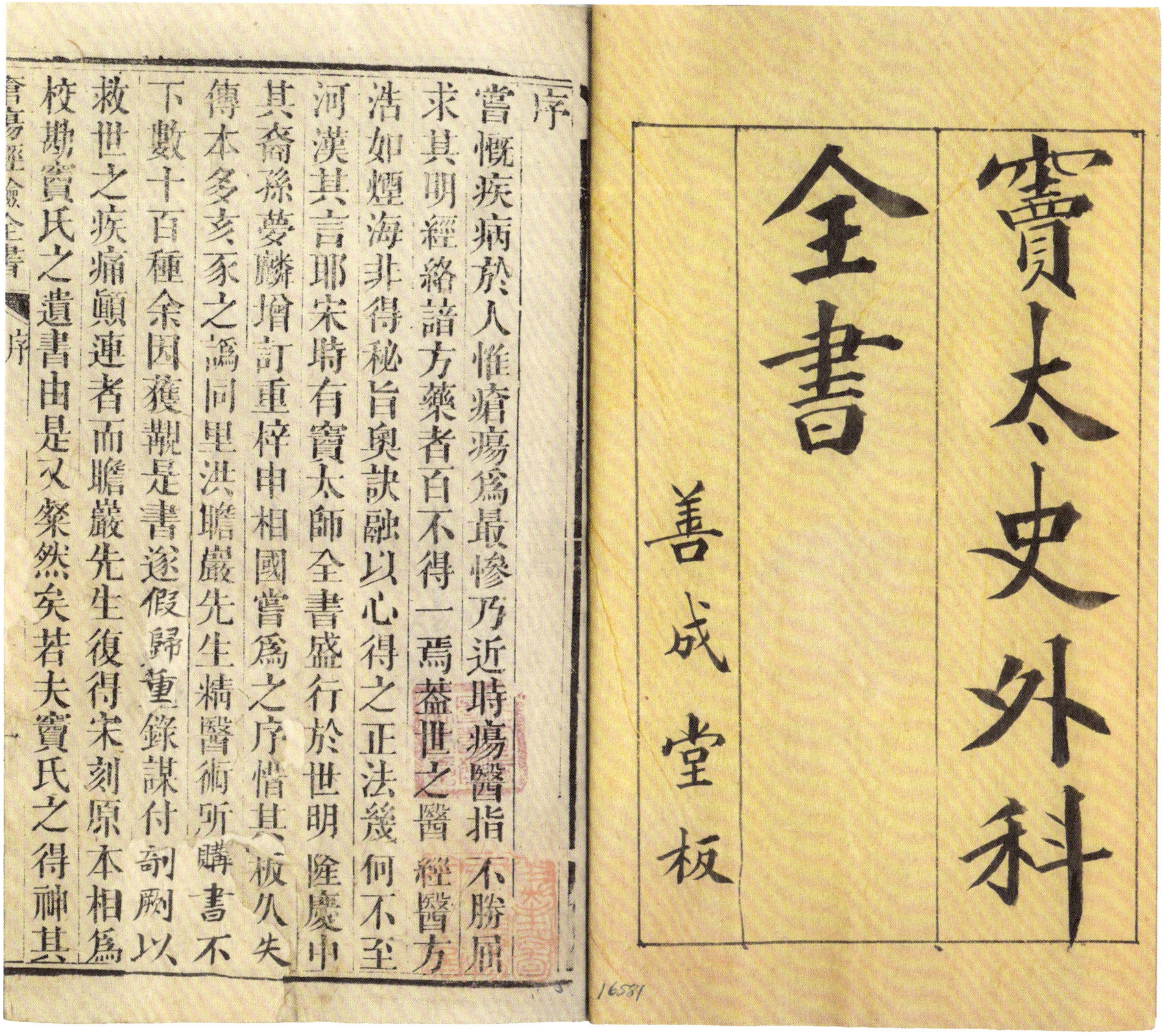

竇太史外科全書

善成堂板

序

嘗慨疾病於人惟瘡瘍爲最慘乃近時瘍醫指不勝屈求其明經絡諳方藥者百不得一焉葢世之醫經醫方浩如煙海非得秘旨奧訣融以心得之正法幾何不至河漢其言耶宋時有竇太師全書盛行於世明隆慶中其裔孫夢麟增訂重梓申相國嘗爲之序惜其板久失傳本多亥豕之譌同里洪瞻巖先生精醫術所購書不下數十百種余因獲覩是書遂假歸重錄謀付剞劂以救世之疾痛顛連者而瞻巖先生復得宋刻原本相爲校勘竇氏之遺書由是又粲然矣若夫竇氏之得神其

瘡瘍經驗全書　序　一

瘡瘍經驗全書六卷　（宋）竇漢卿撰　清康熙五十六年善成堂刻本

醫方集解卷之上

休寧訒菴汪　昂著輯

男　[illegible]端

弟殷武汪　桓參閱

姪　[illegible]　仝較

補眞陰陰百病

補養之劑 補者補其所不足也養者栽培之將護之使得生遂條達而不受戕賊之患也人之氣稟罕得其平有偏于陽而陰不足者有偏于陰而陽不足者故必假藥以滋助之而又須優游安舒假之歲月使氣血歸于和平乃能形神俱茂而疾病不生也經曰聖人不治已病治未病不治已亂治未亂夫病已成而後藥之亂已成而後治之譬猶渴而穿井鬬而鑄兵不亦晚乎故先補養然補養非旦夕可効故以丸劑居前湯劑居後

六味地黃丸 錢氏仲陽因仲景八味丸減去桂附以治小兒以小兒純陽故減桂附今用通治大小證 治肝腎不足眞陰虧損精血枯竭憔悴羸弱腰痛足痠自汗盜汗水泛爲痰 仲景曰氣虛有痰宜腎氣丸補而逐之丹溪曰久病陰火上升津液生痰不生血宜補血以制相火其痰自除 發熱咳嗽 腎虛則移熱于肺而咳嗽 按之至骨其熱烙手骨困不任爲腎熱 頭暈目眩 直指方云淫慾過度腎氣不能歸元此氣虛頭暈也 吐衄崩漏汗不攝血致血

醫方集解　補　卷上　六味地黃丸　一

醫方集解三卷　（清）汪昂撰　清康熙聚錦堂刻本

欽定四庫全書

脚氣治法總要卷上

宋　董汲　撰

汲嘗考諸經脚氣之疾其來久矣在黃帝時名爲厥兩漢之間名爲緩風宋齊之後謂爲脚弱至於大唐始名脚氣其號雖殊其實一也厥疾之由雖皆凝風毒濕氣中於肝腎脾經其脉起於足十指且風毒之氣者出於地寒暑風濕皆作蒸氣足常履之故内傳經絡因成腫痛攣弱乃名脚氣然感疾之由若在夏月久坐立於濕

脚氣治法總要

脚氣治法總要二卷　（宋）董汲撰　民國初年抄本

臨證指南醫案卷一

邵　銘新甫

古吳葉　桂天士先生著　錫山華南田岫雲同較

華廷輔德元

中風

肝腎虛內風動

錢　偏枯在左。血虛不榮筋骨。內風襲絡。脉左緩大。

製首烏四兩烘　枸杞子二兩去蒂　歸身二兩用獨枝者去梢

淮牛膝二兩蒸　明天麻二兩麵煨　三角胡麻二兩打碎水洗十次烘

黃甘菊三兩水煎汁　川石斛四兩水煎汁　小黑豆皮四兩煎汁

臨證指南醫案十卷　（清）葉桂撰　清乾隆三十三年衛生堂刻本

紫微垣

中宮北極紫微宮　北極五星在其中
大帝之坐第二珠　第三之星庶子居
第一號曰爲太子　四爲后宮五天樞
左右四星是四輔　天一太一當門路
左樞右樞夾南門　兩面營衛一十五
上宰少尉兩相對　少宰上輔次少輔
上衛少衛次上丞　後門東邊大贊府
門東喚作一少丞　以次却向前門數

紫微垣

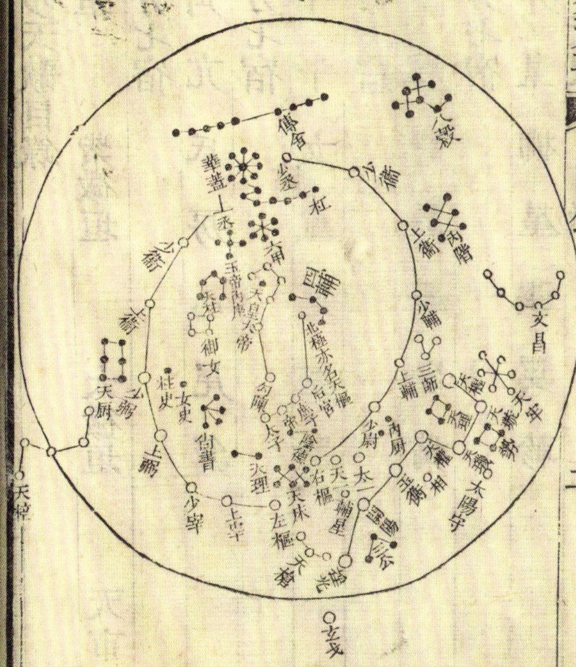

管窺輯要八十卷天文步天歌一卷　（清）黄鼎撰　清順治十年拱星堂刻本

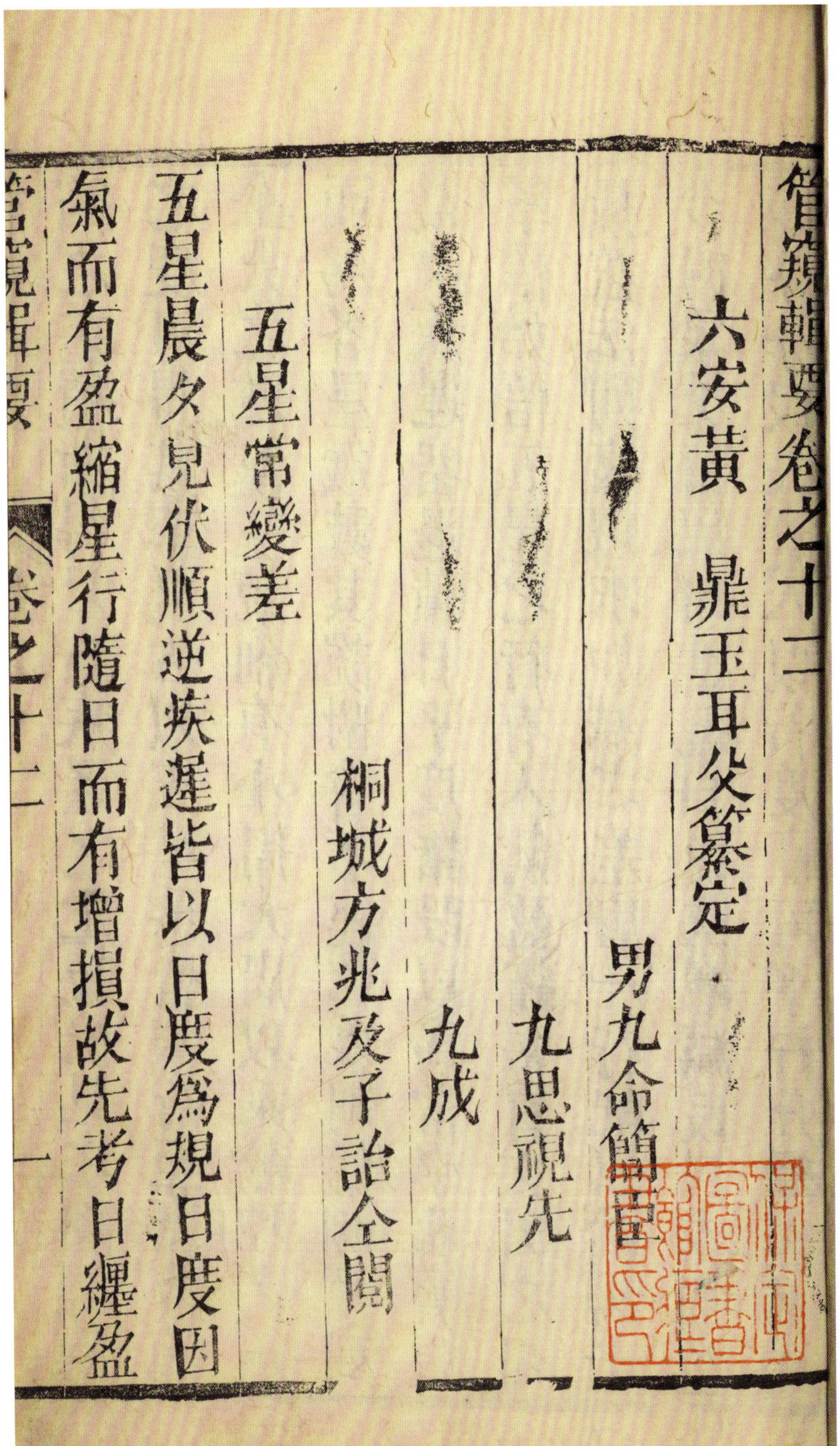
管窺輯要卷之十二

六安黃　鼎玉耳父纂定

男九命簡書

九思視先

九成

桐城方兆及子詒全閱

五星常變差

五星晨夕見伏順逆疾遲皆以日度爲規日度因

氣而有盈縮星行隨日而有增損故先考日纏盈

管窺輯要　卷之十二　一

管窺輯要八十卷　（清）黃鼎撰　清刻本

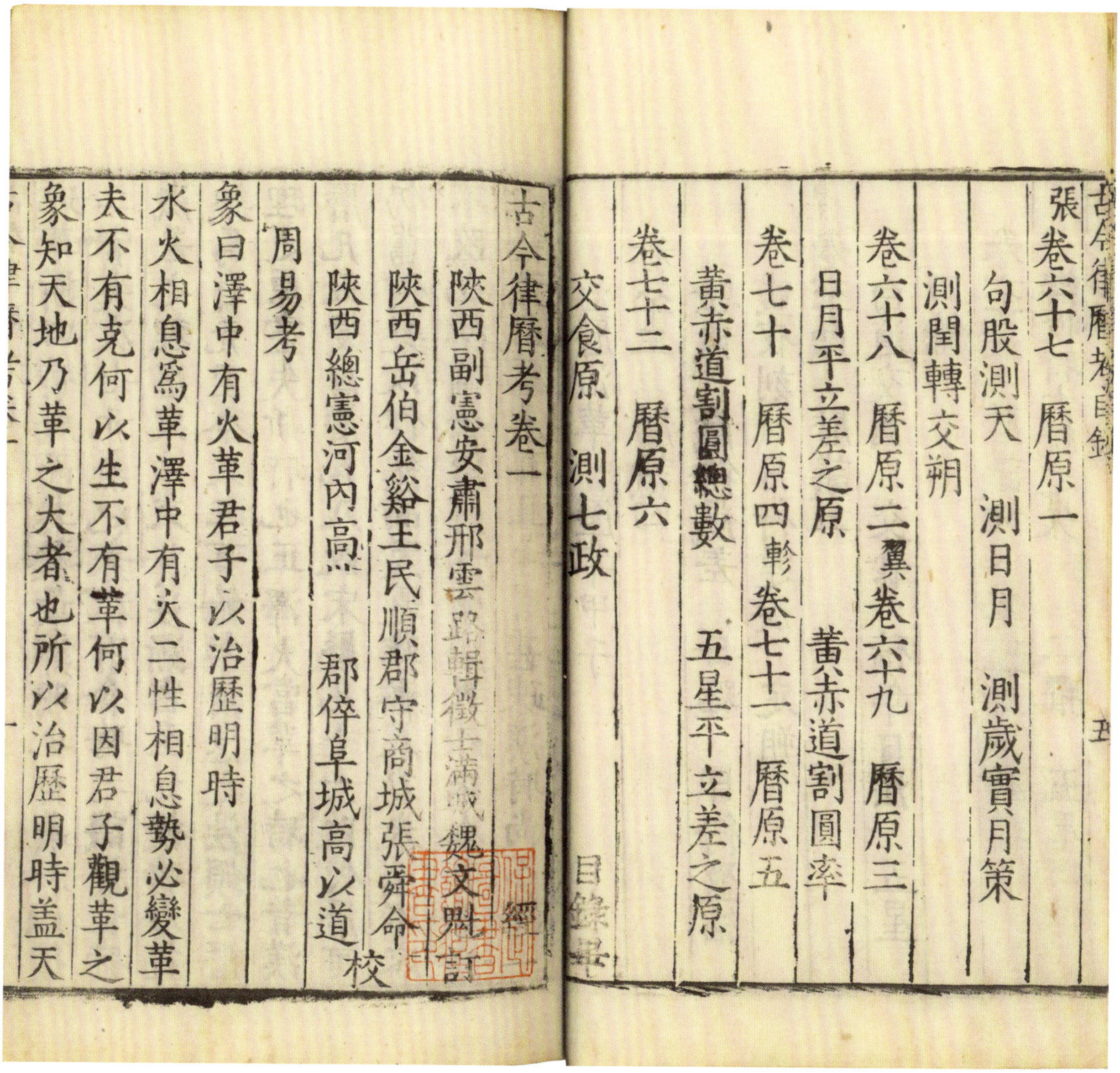

古今律曆考目錄

張卷六十七　曆原一

句股測天　測日月　測歲實月策

測閏轉交朔

卷六十八　曆原二翼卷六十九　曆原三

日月平立差之原　黃赤道割圓率

卷七十　曆原四軫卷七十一　曆原五

黃赤道割圓總數　五星平立差之原

卷七十二　曆原六

交食原　測七政

目錄畢

古今律曆考卷一

陝西副憲安肅邢雲路輯　徵士滿城魏文魁訂

陝西岳伯金谿王民順　郡守商城張舜命

陝西總憲河內高𤋮　郡倅阜城高以道　校

周易考

象曰澤中有火革君子以治歷明時

水火相息爲革澤中有火二性相息勢必變革

夫不有克何以生不有革何以因君子觀革之

象知天地乃革之大者也所以治歷明時盖天

古今律曆考七十二卷　（明）邢雲路輯　明萬曆刻本

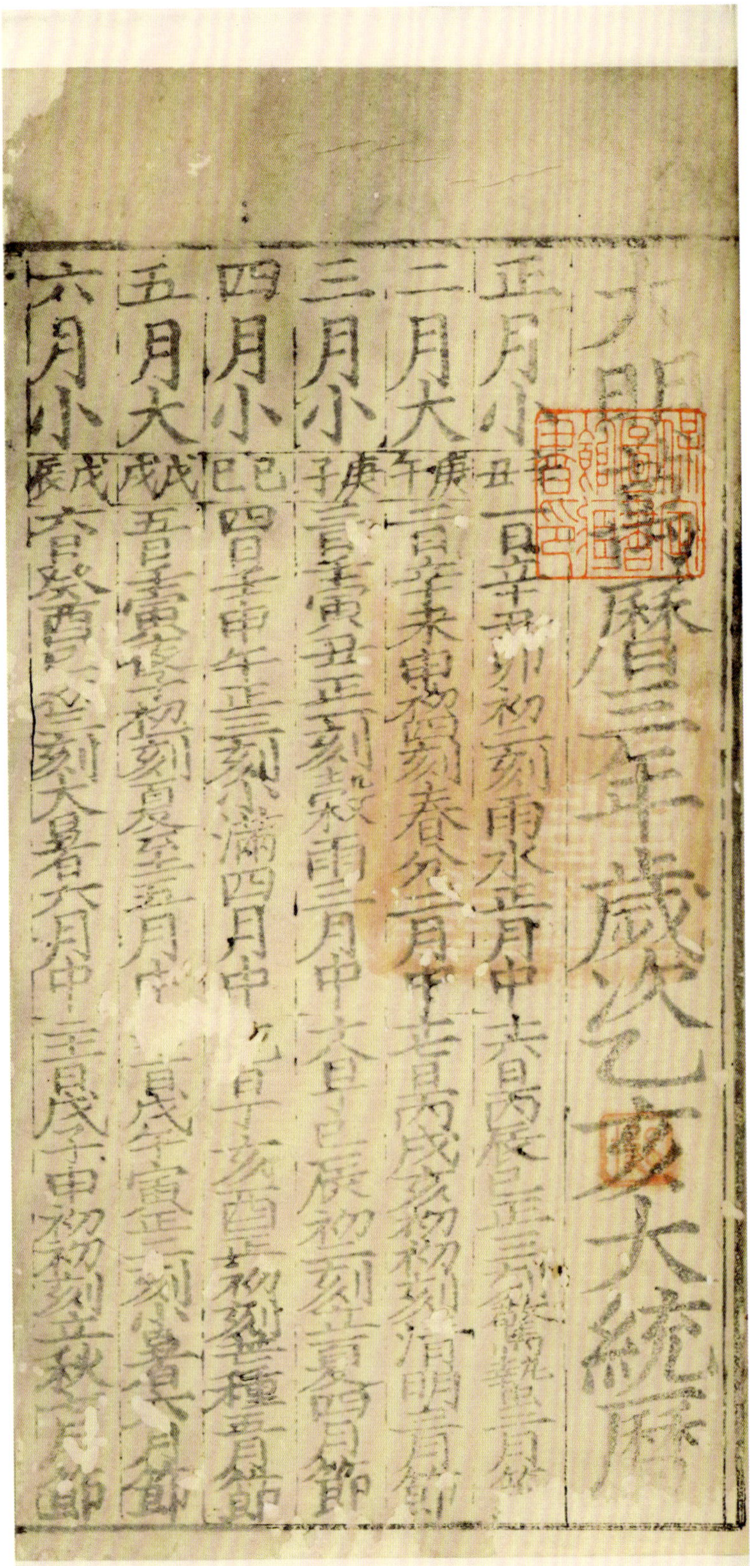

大明萬曆三年歲次乙亥大統曆

正月小 辛丑 初一日辛丑卯初初刻雨水正月中 十六日丙辰[illegible]驚蟄二月節

二月大 庚午 初二日辛未寅初初刻春分二月中 十七日丙戌亥初初刻清明三月節

三月小 庚子 初二日辛丑寅正一刻穀雨三月中 十八日丙辰[illegible]立夏四月節

四月小 己巳 初四日壬申午正三刻小滿四月中 二十日丁亥酉正初刻芒種五月節

五月大 戊戌 初五日壬寅[illegible]初刻夏至五月中 二十一日戊午寅正二刻小暑六月節

六月小 戊辰 初六日癸酉[illegible]刻大暑六月中 二十二日戊子申初初刻立秋七月節

大明萬曆三年歲次乙亥大統曆二卷　明萬曆刻本

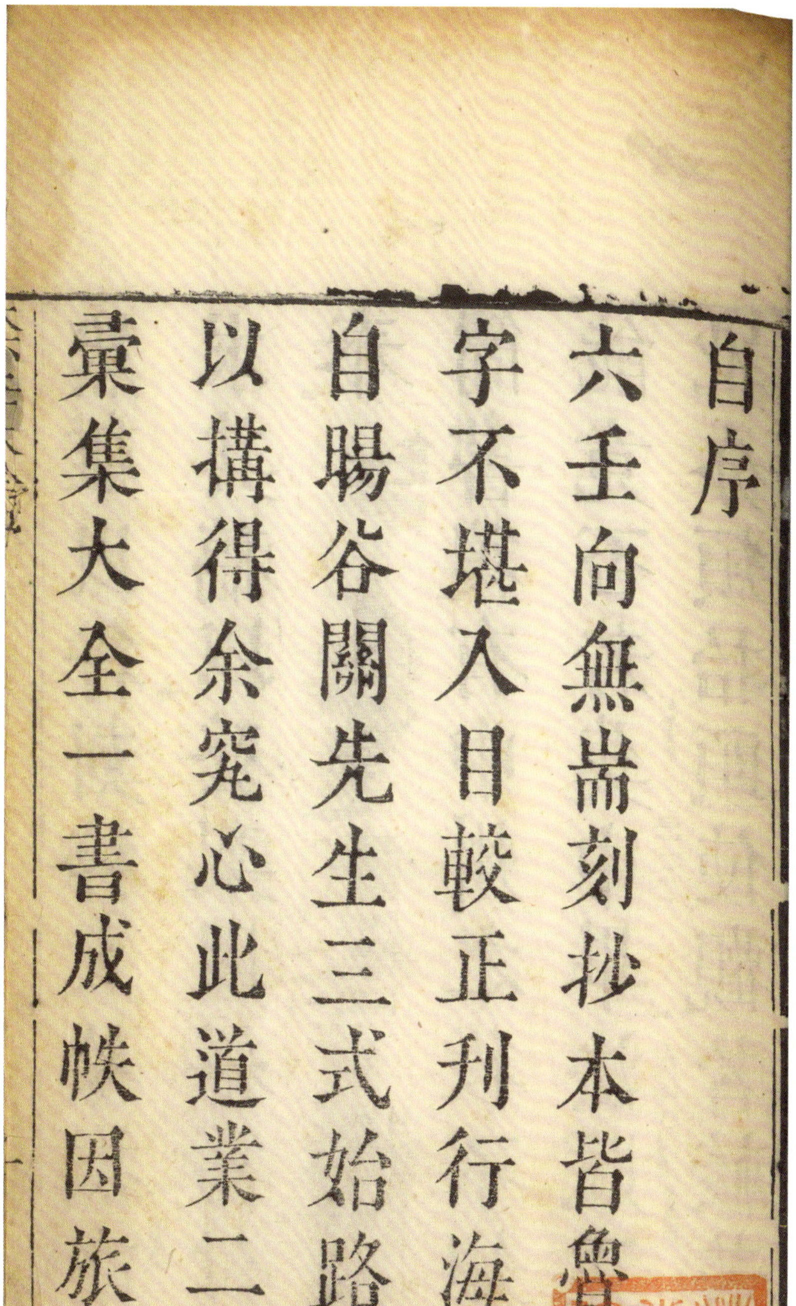

自序

六壬向無耑刻抄本皆魚魯[illegible]

字不堪入目較正刊行海內者

自暘谷關先生三式始路阻難

以搆得余寃心此道業二十年

彚集大全一書成帙因旅橐蕭

大六壬大全十三卷　（清）郭載騋校訂　清康熙四十三年懷慶楊衙刻本

穴法分受　　退思黃越際飛氏著

分受不明非穴說

陰來陽來之謂分在穴後入首處分所謂大八字也陽受陰受之謂受在穴中入手處受所謂小八字也不明匪穴不明人自不能明之非穴匪本無穴人所立之穴非穴也必欲其是穴在先明分受分受既明

穴法分受二卷　（清）黃越撰　清雍正三年光裕堂刊本

太乙統宗寶鑑卷之一

求太乙積年術令以上元甲子距昌泰二年辛未歲一千一十五萬五千三百六十七歲

置演上元甲子距大元大德七年癸卯歲積一千一十五萬五千二百一十九年上考往古每年減一下驗將来每年加一此太乙積年之筭

此演紀上元甲子乃七躍齊元之法也其法自

太乙統宗寶鑑二十四卷　題元曉山老人撰　清抄本

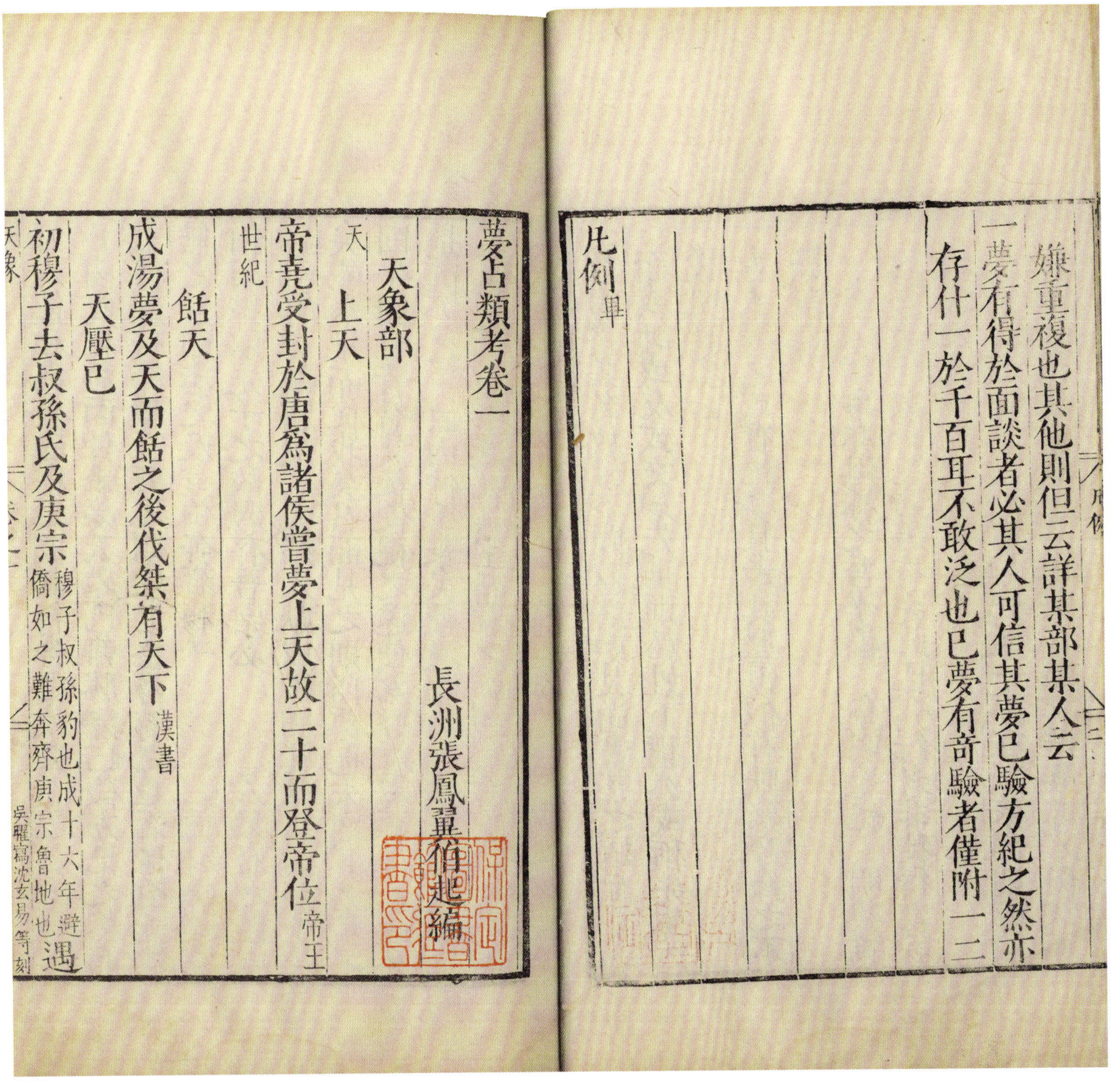

夢占類考十二卷　（明）張鳳翼撰　明萬曆十三年王祖嫡刻本　入選《河北省名錄》0241號

九五井洌寒泉食 洌音烈

傳 五以陽剛中正居尊位其才其德盡善盡美井洌寒泉食也洌謂甘潔也井泉以寒爲美甘潔之寒泉可爲人食也於井道爲至善也然而不言吉者井以上出爲成功未至於上未及用也故至上而後言元吉

本義 洌潔也陽剛中正功及於物故爲此象占者有其德則契其象也

象曰寒泉之食中正也

傳 寒泉而可食井道之至善者也九五中正之德爲至善之義

上六井收勿幕有孚元吉 收詩救反又如字

傳 井以上出爲用居井之上井道之成也收汲取也幕蔽覆也取而不蔽其利无

文學山房明刻集錦不分卷　江靜瀾編次　1953年剪輯裝訂本

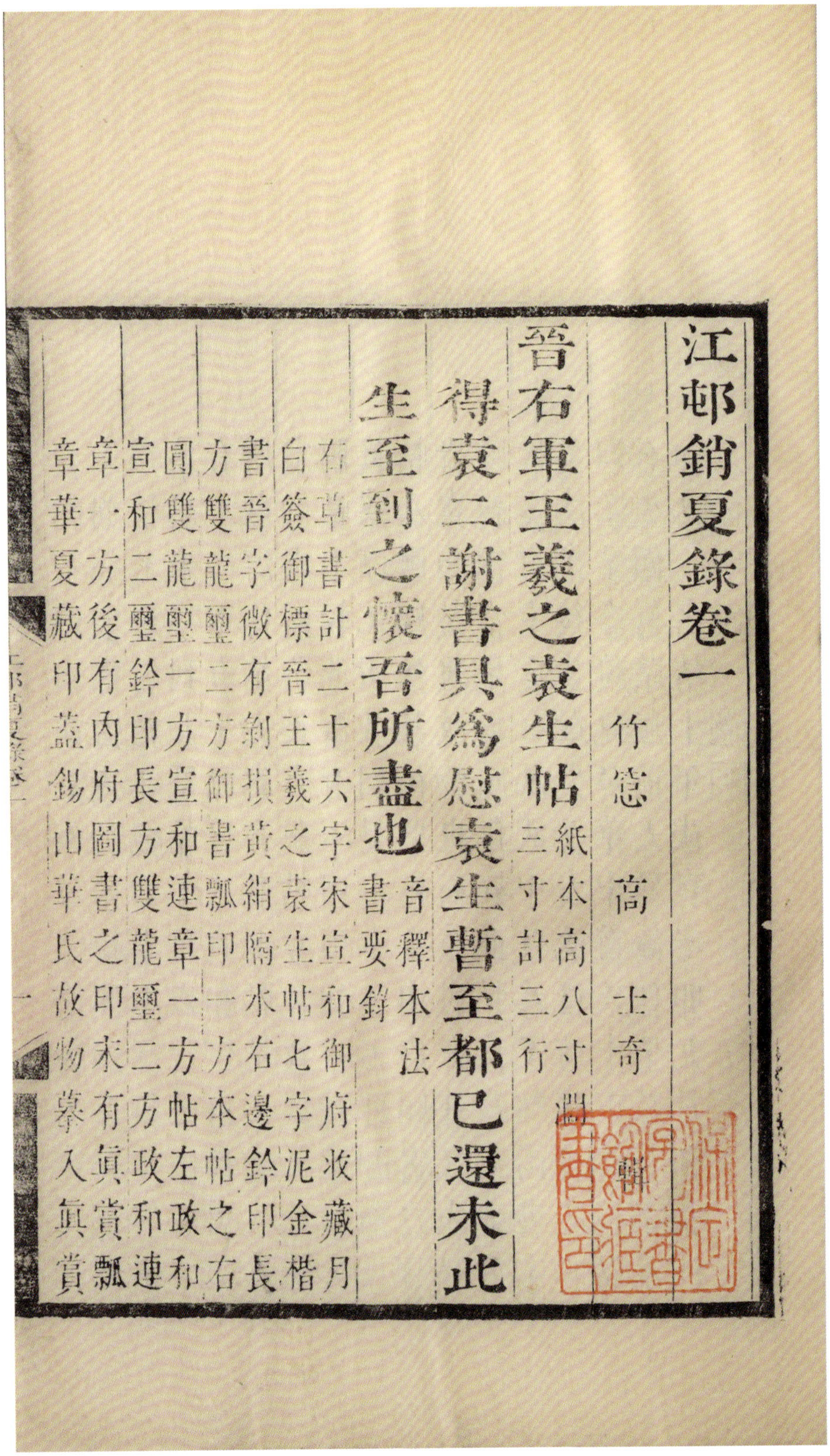

江邨銷夏錄卷一

竹窻　高士奇　輯

晉右軍王羲之袁生帖 紙本高八寸濶三寸計三行

得袁二謝書具爲慰袁生暫至都已還未此生至到之懷吾所盡也 音釋本法書要錄

右草書計二十六字宋宣和御府收藏月白簽御標晉王羲之袁生帖七字泥金楷書晉字微有剝損黄絹隔水右邊鈐印長方雙龍璽二方御書瓢印一方本帖之右圓雙龍璽一方宣和連章一方帖左政和連宣和二璽鈐印長方雙龍璽二方政和連章一方後有內府圖書之印末有貞賞瓢章華夏藏印蓋錫山華氏故物摹入眞賞

江邨銷夏錄卷一　一

江邨銷夏錄三卷　（清）高士奇輯　清康熙三十二年朗潤堂刻本

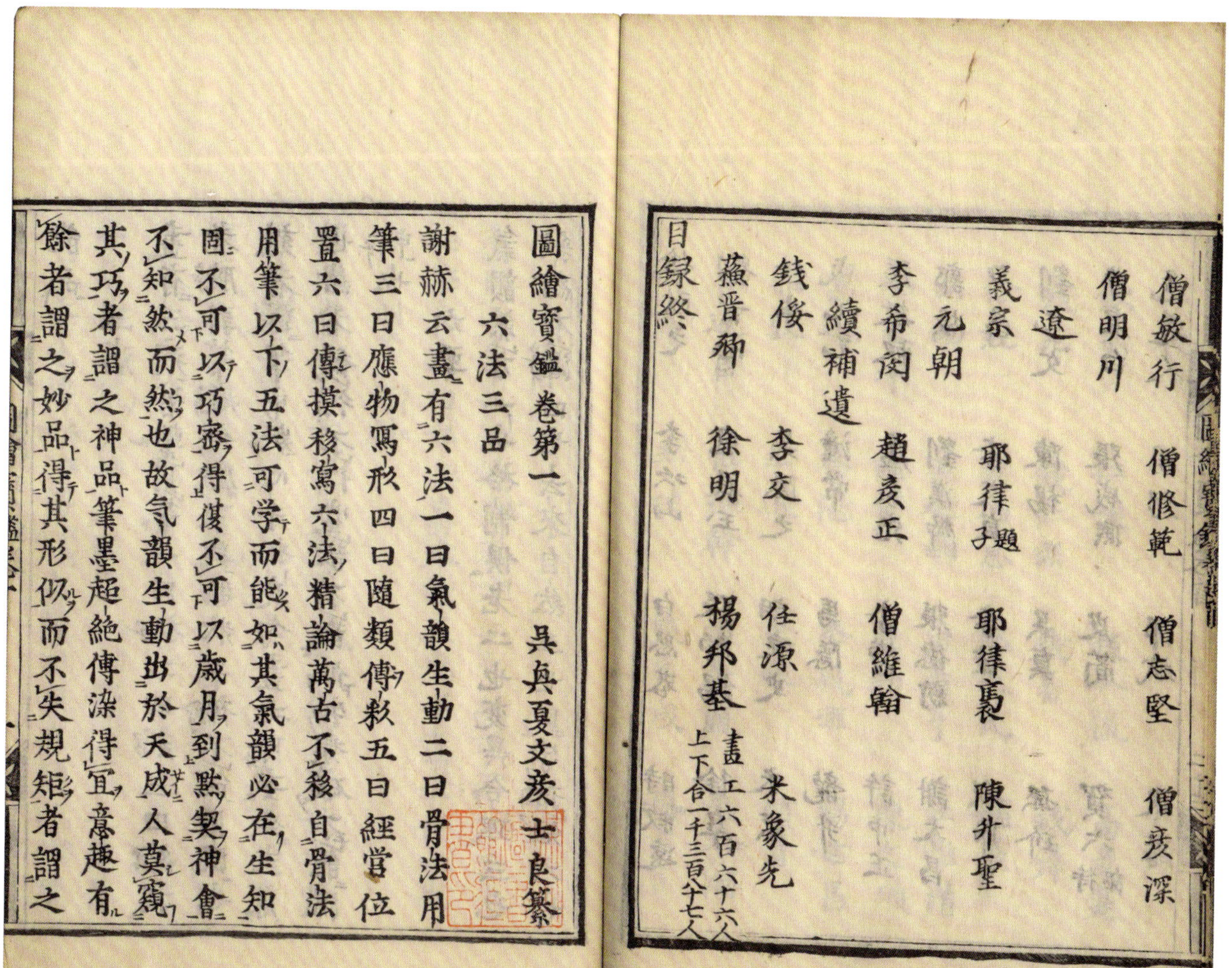
僧敏行　僧修範　僧志堅　僧彥深
僧明川
遼
義宗　耶律題子　耶律褭　陳升聖
元朝
李希閔　趙彥正　僧維翰
續補遺
錢俊　李文　任源　米象先
蘇晉卿　徐明　楊邦基　畫工六百六十六人　上下合一千三百八十七人
目録終

圖繪寶鑑卷第一　　呉興夏文彥士良纂
六法三品
謝赫云畫有六法一曰氣韻生動二曰骨法用筆三曰應物寫形四曰隨類傳彩五曰經營位置六曰傳摸移寫六法精論萬古不移自骨法用筆以下五法可学而能如其氣韻必在生知固不可以巧密得復不可以歲月到默契神會不知然而然也故氣韻生動出於天成人莫窺其巧者謂之神品筆墨超絕傳染得宜意趣有餘者謂之妙品得其形似而不失規矩者謂之

圖繪寶鑑五卷首一卷補遺一卷續補一卷增補一卷　（元）夏文彥撰　清初日本重刻元刻本

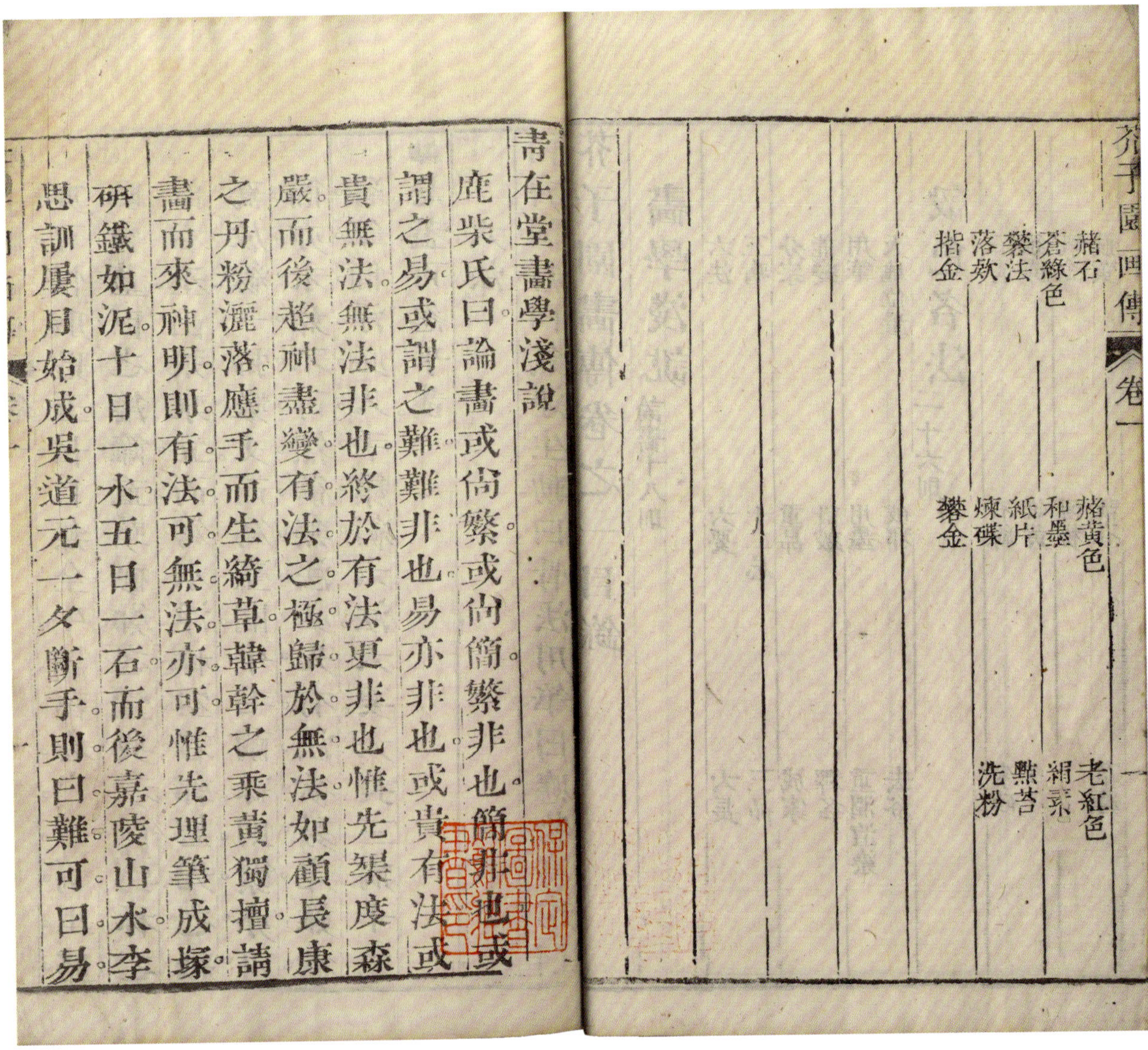

芥子園畫傳《卷一

赭石　藤黃色　老紅色
蒼綠色　和墨　絹素
礬法　紙片　點苔
落欵　煉碟　洗粉
揩金　礬金

青在堂畫學淺說

鹿柴氏曰論畫或尚繁或尚簡繁非也簡亦非也或謂之易或謂之難難非也易亦非也或貴有法或貴無法無法非也終於有法更非也惟先矩度森嚴而後超神盡變有法之極歸於無法如顧長康之丹粉灑落應手而生綺草韓幹之乘黃獨擅請畫而來神明則有法可無法亦可惟先埋筆成冢研鐵如泥十日一水五日一石而後嘉陵山水李思訓屢月始成吳道元一夕斷手則曰難可曰易

芥子園畫傳五卷　（清）王槩輯　清康熙十八年李漁刻套印本

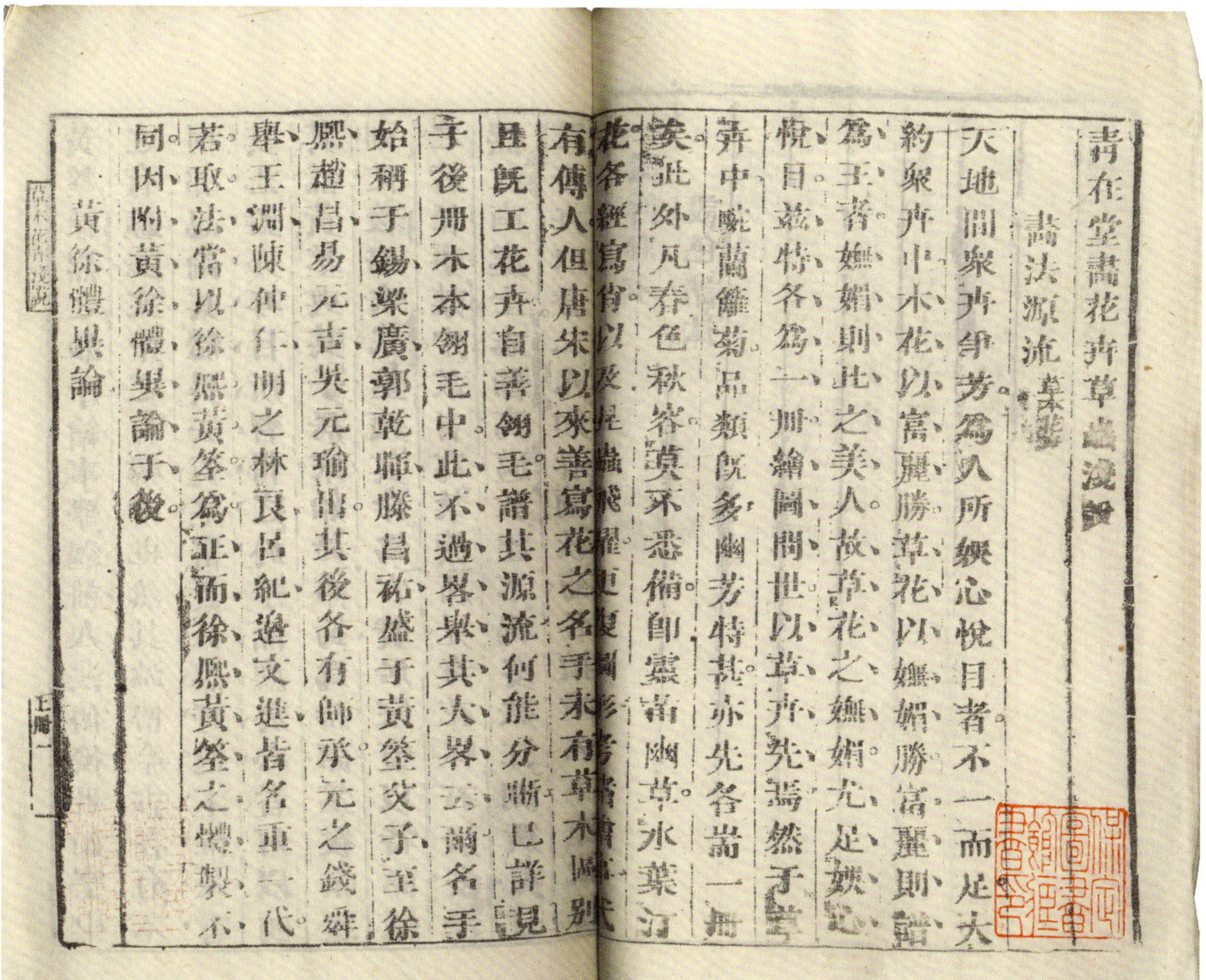
青在堂畫花卉草蟲淺說

畫法源流 草本花

天地間眾卉爭芳為人所娛心悅目者不一而足大約眾卉中木花以富麗勝草花以嫵媚勝富麗則貴為王者嫵媚則比之美人故草花之嫵媚尤足娛心悅目茲特各為一冊繪圖問世以草卉先焉然于草卉中蘭籬菊品類既多幽芳特甚亦先各當一冊矣此外凡春色秋容莫不悉備即靈苗幽草水葉汀花各經寫肖以及蜓蟲飛躍更復翩翩考諸畫譜草木別有傳人但唐宋以來善寫花之名手未有草木不兼工既工花卉自善翎毛譜其源流何能分晰已詳見于後冊木本翎毛中此不過略舉其大略姑舉名手始稱于錫梁廣郭乾暉滕昌祐盛于黃筌父子至徐熙趙昌易元吉吳元瑜由其後各有師承元之錢舜舉王淵陳仲仁明之林良呂紀邊文進皆名重一代若取法當以徐熙黃筌為正而徐熙黃筌之體製不同因附黃徐體異論于後

黃徐體異論

草本花譜淺說　上冊一

芥子園畫傳三集四卷末一卷　（清）王槩、王蓍、王臬輯　清康熙芥子園重刻套印本

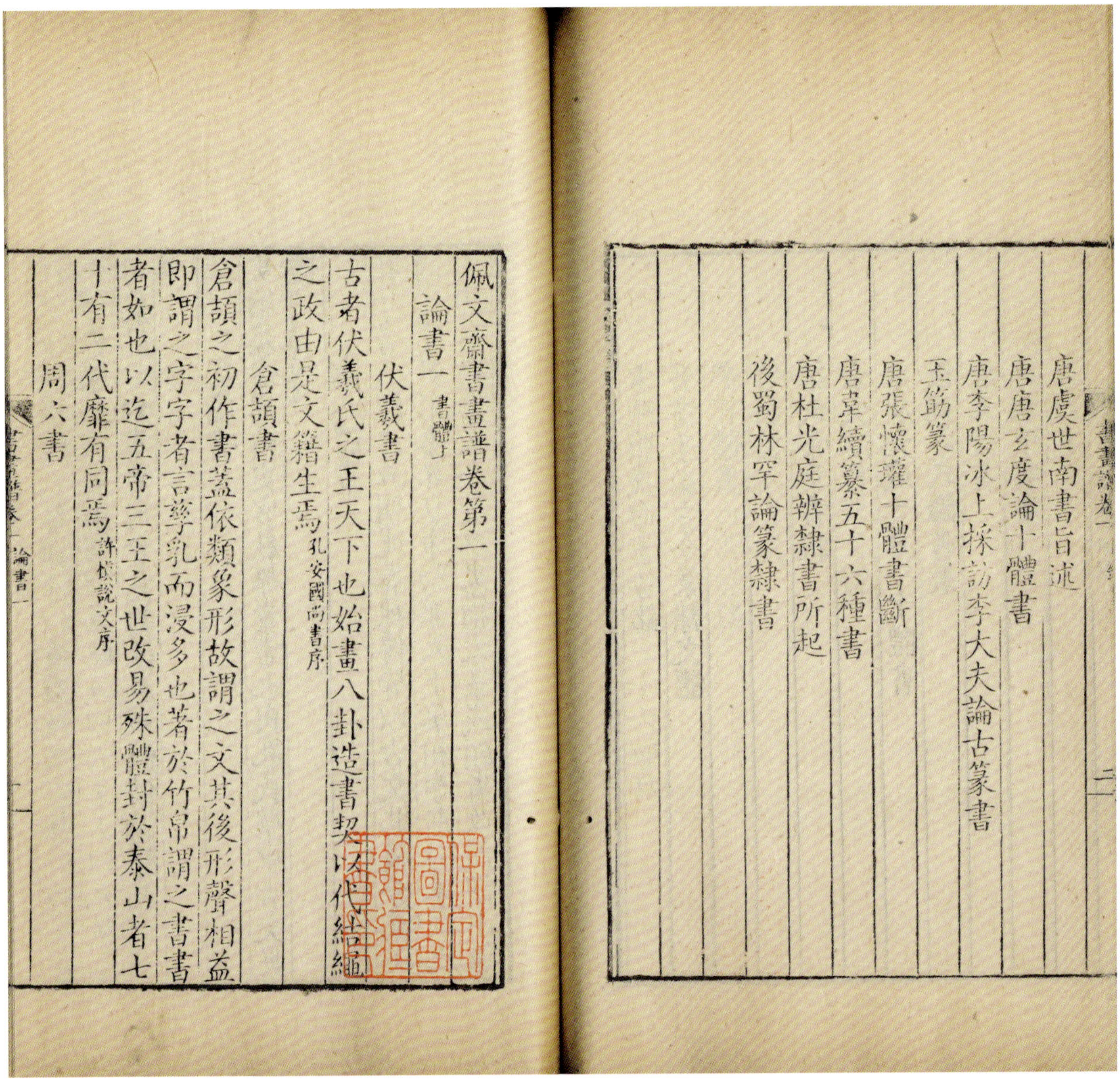
唐虞世南書旨述
唐唐玄度論十體書
唐李陽冰上採訪李大夫論古篆書
玉筯篆
唐張懷瓘十體書斷
唐韋續纂五十六種書
唐杜光庭辨隸書所起
後蜀林罕論篆隸書

佩文齋書畫譜卷第一
論書一 書體上
伏羲書
古者伏羲氏之王天下也始畫八卦造書契以代結繩之政由是文籍生焉 孔安國尚書序
倉頡書
倉頡之初作書蓋依類象形故謂之文其後形聲相益即謂之字字者言孳乳而浸多也著於竹帛謂之書書者如也以迄五帝三王之世改易殊體封於泰山者七十有二代靡有同焉 許愼說文序
周六書

佩文齋書畫譜一百卷　（清）孫岳頒等撰　清康熙靜永堂刻本

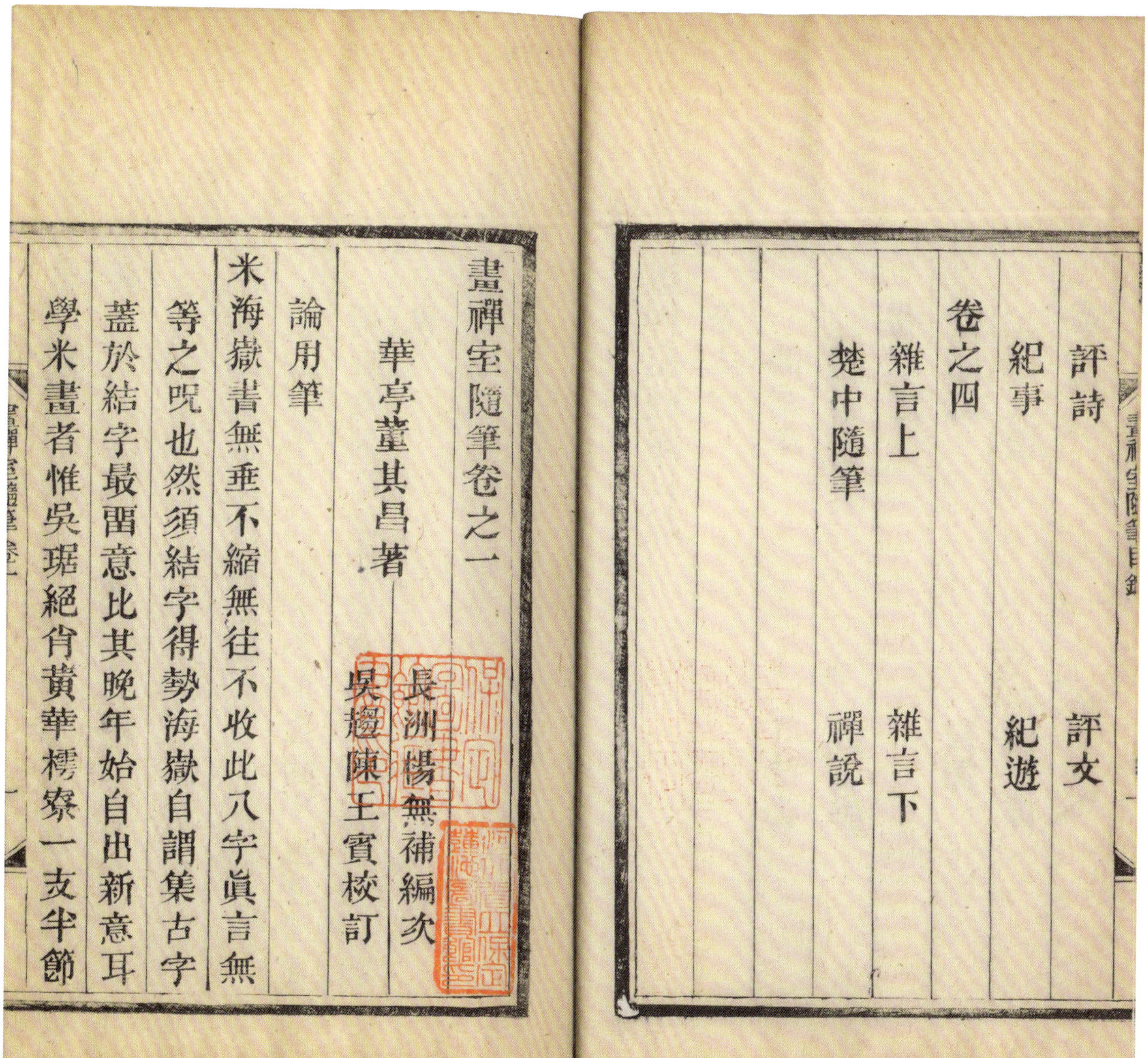

畫禪室隨筆目錄

評詩　評文

紀事　紀遊

卷之四

雜言上　雜言下

楚中隨筆　禪說

畫禪室隨筆卷之一

華亭董其昌著

長洲楊無補編次

吳趨陳王賓校訂

論用筆

米海嶽書無垂不縮無往不收此八字眞言無等之呪也然須結字得勢海嶽自謂集古字蓋於結字最留意比其晚年始自出新意耳

學米畫者惟吳琚絕肖黃華樗寮一支半節

畫禪室隨筆四卷　（明）董其昌撰　清康熙五十九年長洲楊氏刻本

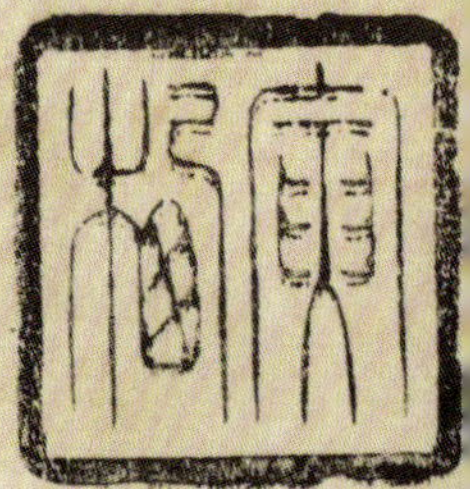

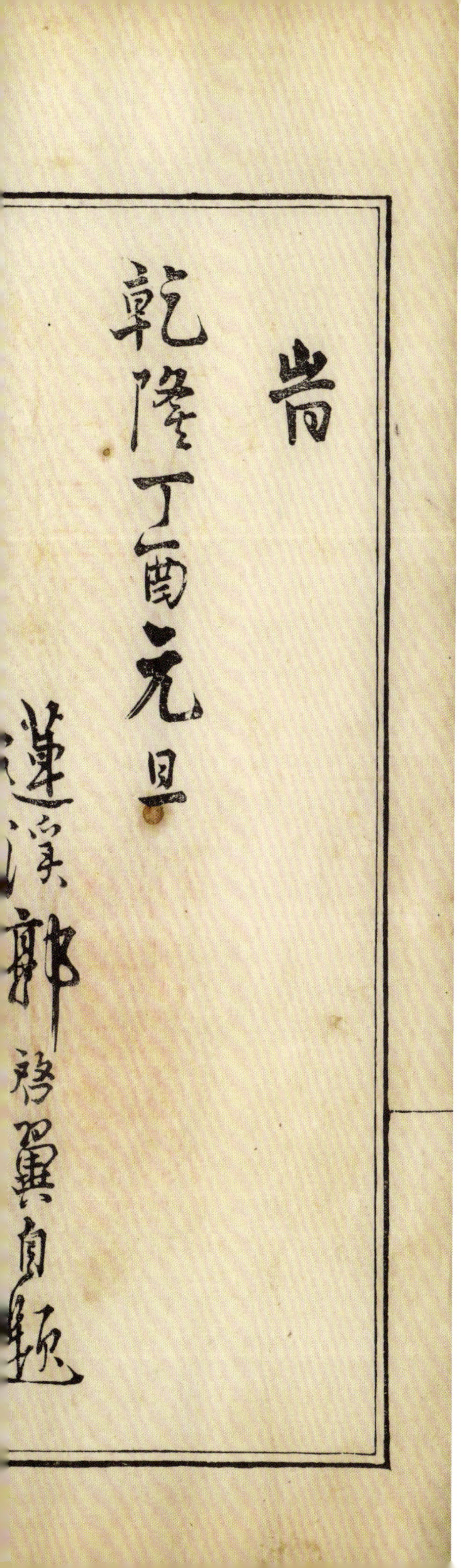
旹
乾隆丁酉元旦
漢溪郭啓翼自題

松雪堂印萃不分卷　（清）郭啓翼篆刻　清乾隆五十年印本

對山印稿　像贊　嗜鈔書齋

别致初集

對山印稿不分卷　（清）楊夔篆　楊森編輯　清道光六年印本

覆杯

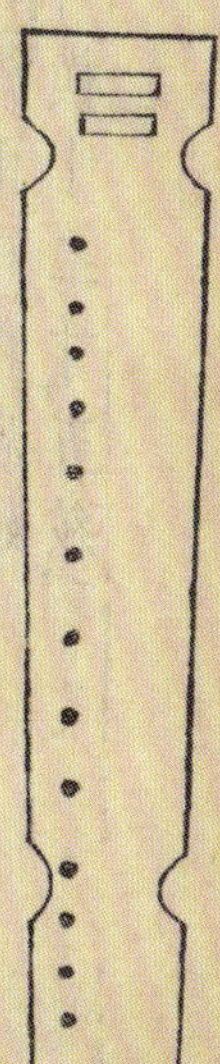

魏楊英作於兩肩腰間、爲飛尖勢、廣二寸、有霹靂聲、

鳳勢

趙胡言作於兩額間、爲亞額、出三寸、有大聲、備律呂之正變、

亞額

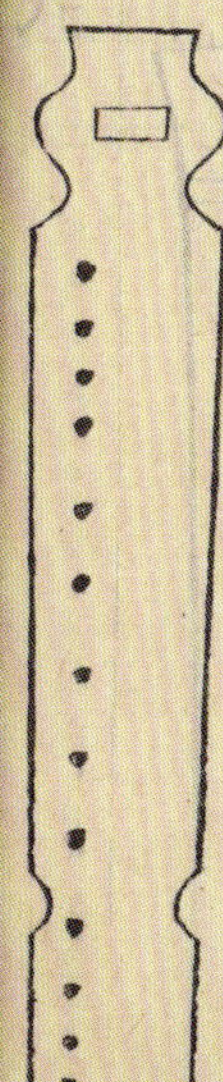

秦陳章作於腰下覆四月相向、妙作羽音、當大暑時、一鼓清風颯然、

神暉

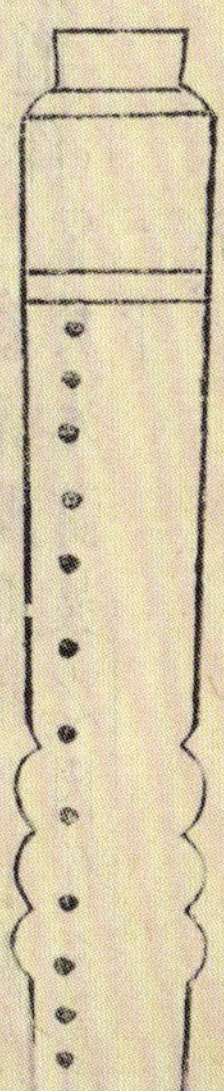

秦始皇作軫岳足尾、俱用黑碧玉爲之、取其所尚也、

秦琴

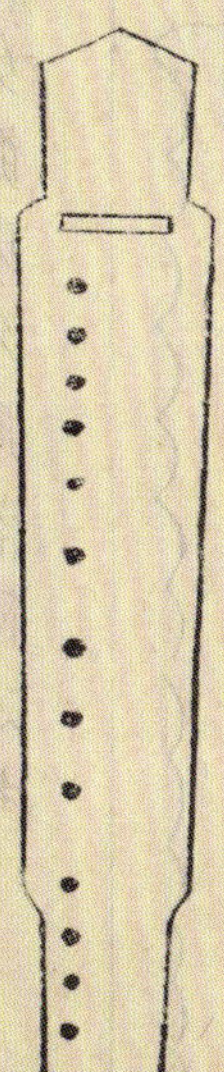

秦李斯作於鳳舌之上、圓增三寸、兩額間、收廣二寸半、作狡兎操、

德音堂琴譜十卷　（清）汪天榮輯　清康熙六十年有文堂刻本

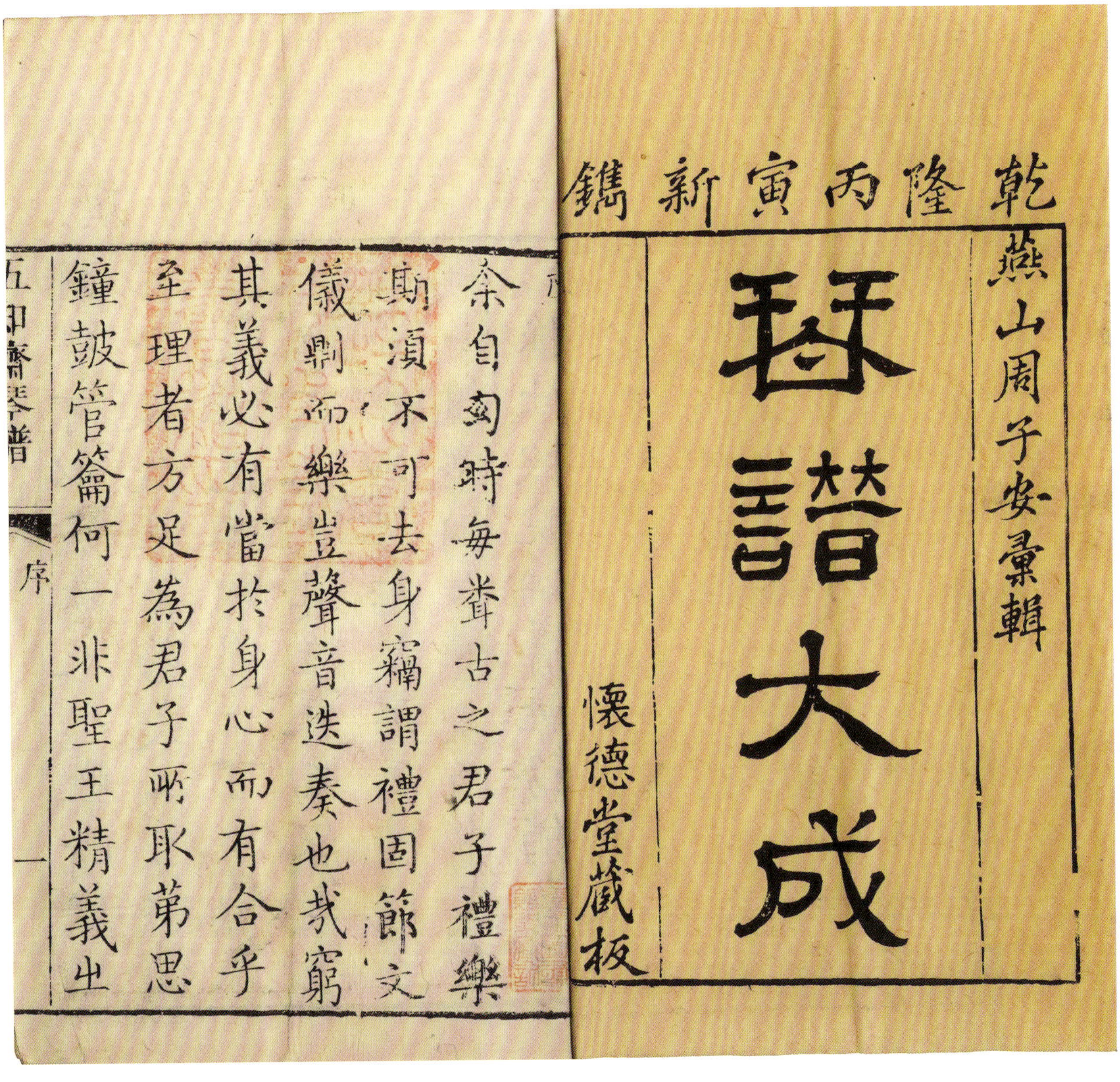

五知齋琴譜八卷　（清）周魯封輯　清乾隆十一年懷德堂重刻本

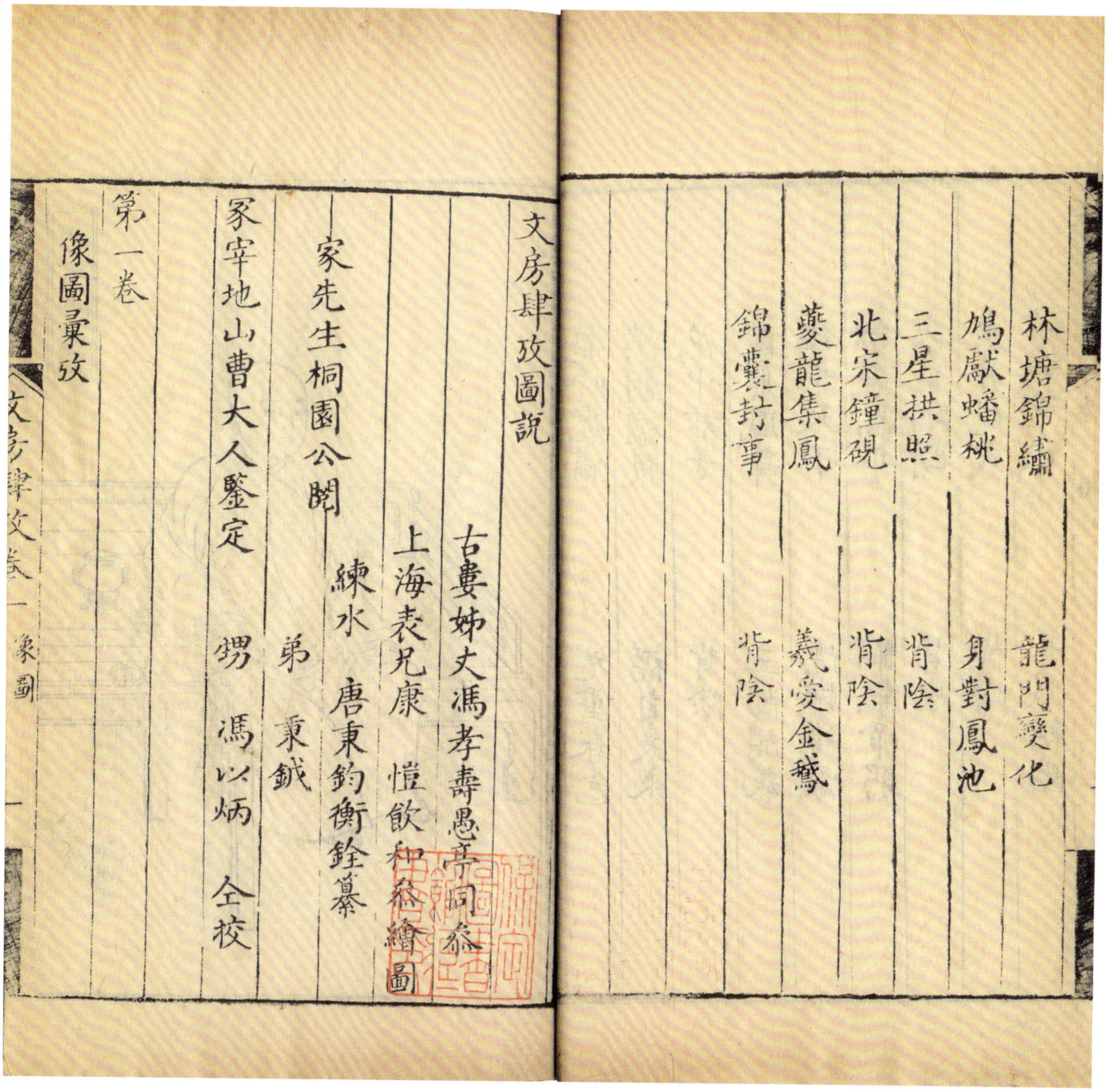

林塘錦繡　龍門變化

鳩獻蟠桃　月對鳳池

三星拱照　背陰

北宋鐘硯　背陰

夔龍集鳳　羲雯金鰲

錦囊封事　背陰

文房肆攷圖說

古婁姊丈馮孝壽愚亭同叅

上海表兄康愷飲和叅繪圖

家先生桐園公閱

練水唐秉鈞衡銓纂

弟秉鉞

冢宰地山曹大人鑒定

甥馮以炳仝校

第一卷

像圖彙攷

文房肆攷卷一　像圖　一

文房肆攷圖說八卷　（清）唐秉鈞撰　清乾隆四十三年唐氏竹暎山莊刻本

宋淳熙敕編古玉圖譜第一册

文林郎翰林院待詔兼畫學博士賜金帶臣劉松年奉敕寫圖

三代夏玉禹王治水元圭

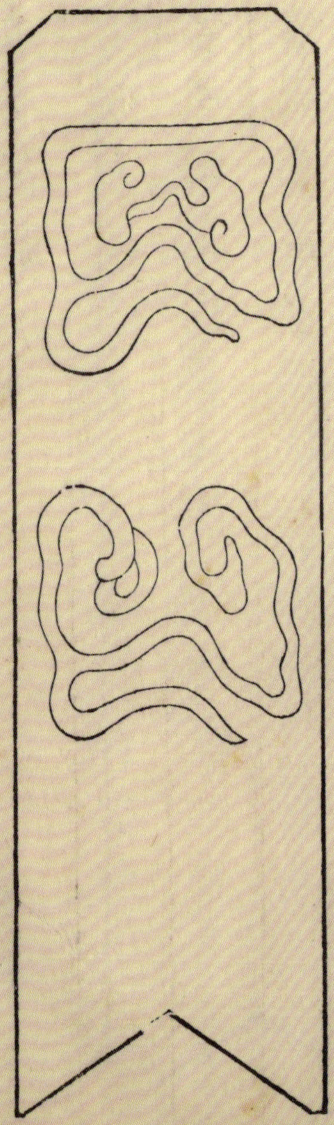

宋淳熙敕編古玉圖譜一百卷　（宋）龍大淵等撰　清乾隆四十四年江春康山草堂刻本

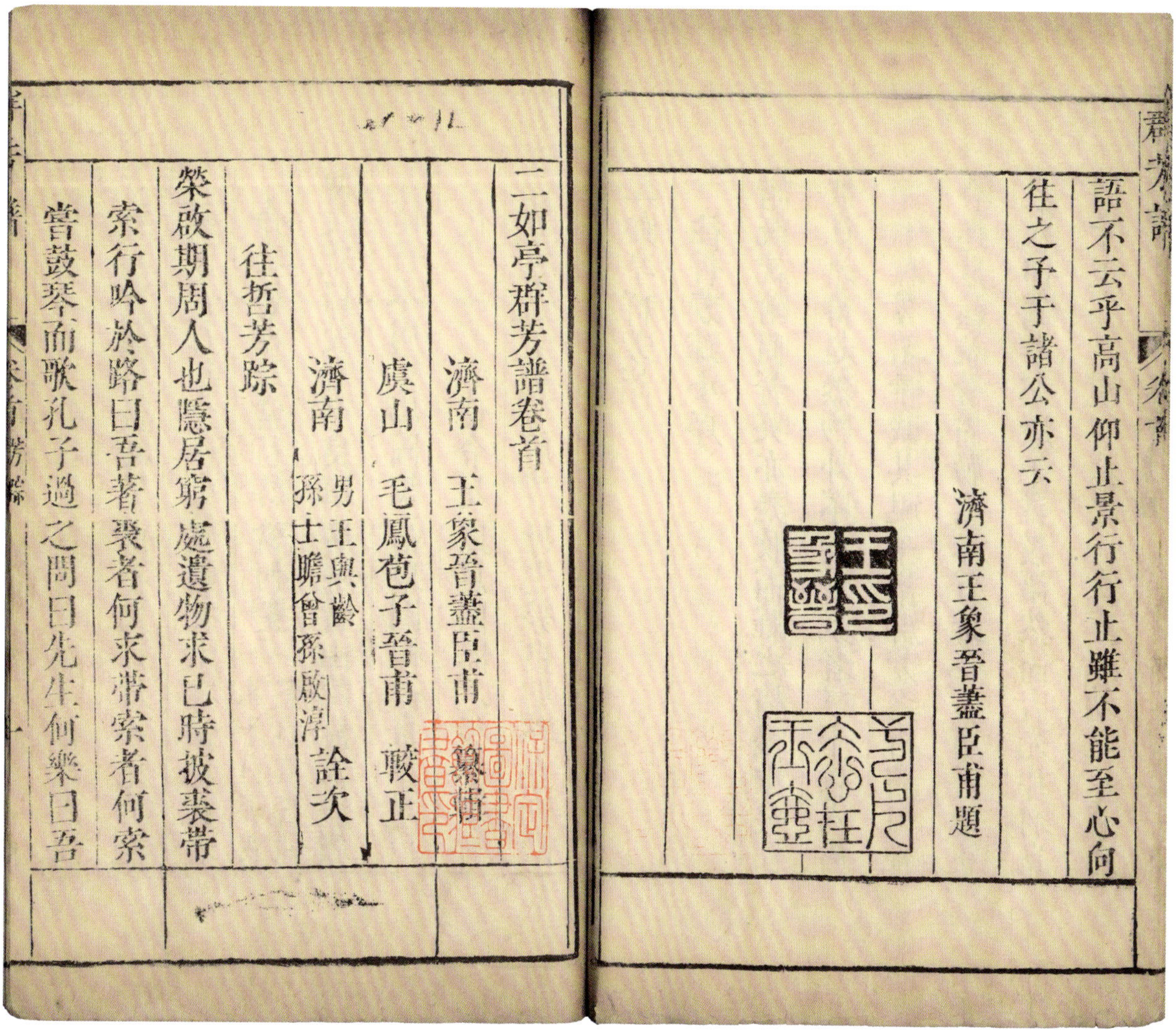
語不云乎高山仰止景行行止雖不能至心向往之予于諸公亦云
濟南王象晉藎臣甫題

二如亭群芳譜卷首
濟南　王象晉藎臣甫　纂輯
虞山　毛鳳苞子晉甫　較正
濟南　男王與齡　孫士䮾　曾孫啟淳　詮次
往哲芳踪
榮啟期周人也隱居窮處遺物求已時披裘帶索行吟於路曰吾著裘者何求帶索者何索嘗鼓琴而歌孔子過之問曰先生何樂曰吾

二如亭群芳譜二十九卷　（明）王象晉撰　明沙村草堂刻本

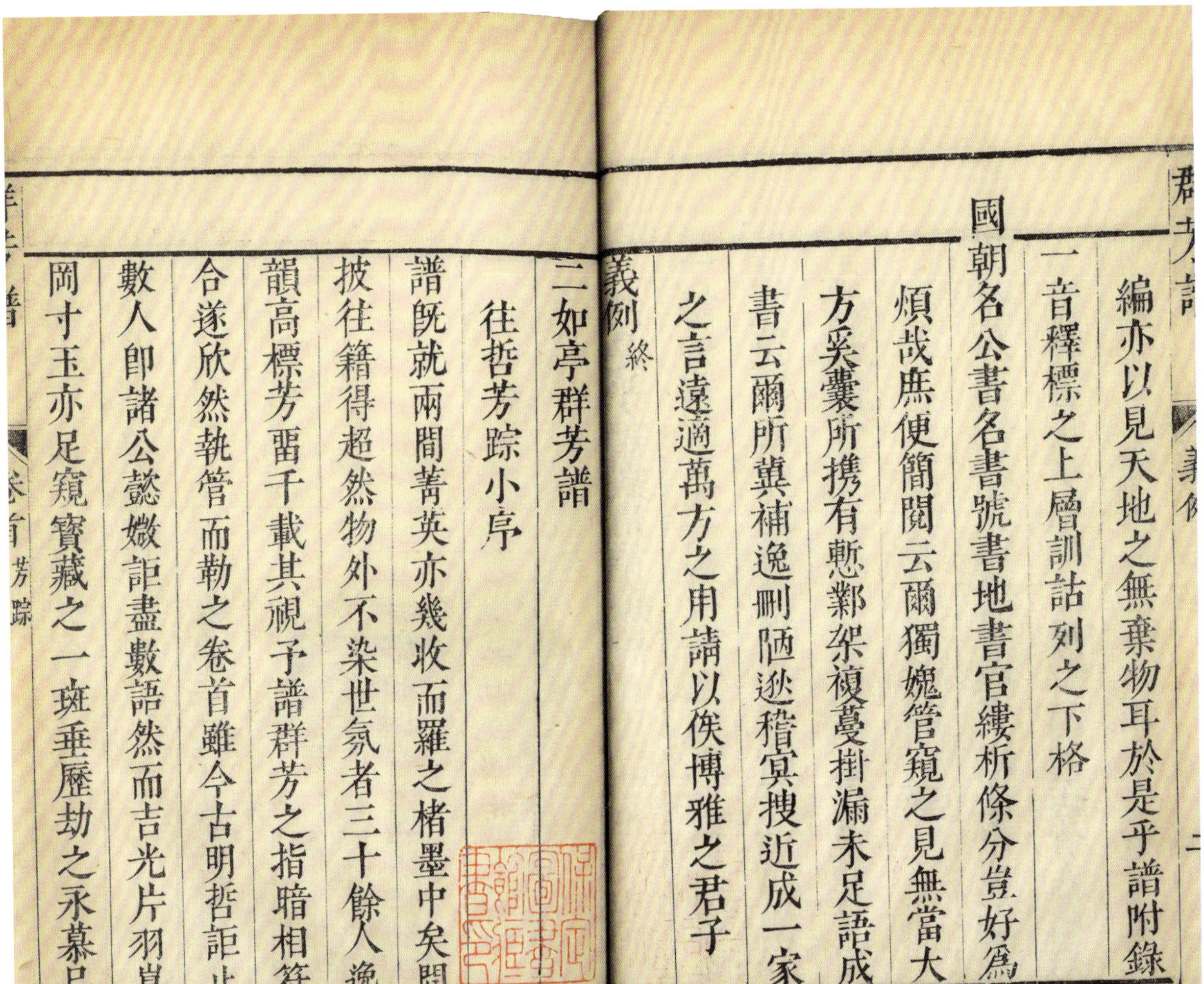

群芳譜　義例

編亦以見天地之無棄物耳於是乎譜附錄
一音釋標之上層訓詁列之下格
國朝名公書名書號書地書官縷析條分豈好爲
煩哉庶便簡閱云爾獨媿管窺之見無當大
方奚囊所携有慙鄴架複蔓掛漏未足語成
書云爾所冀補逸刪陋逖稽冥搜近成一家
之言遠適萬方之用請以俟博雅之君子
義例終

二如亭群芳譜
往哲芳踪小序
譜既就兩閭菁英亦幾收而羅之楮墨中矣閭
披往籍得超然物外不染世氛者三十餘人逸
韻高標芳留千載其視予譜群芳之指暗相符
合遂欣然執管而勒之卷首雖今古明哲詎止
數人即諸公懿蹟詎盡數語然而吉光片羽崑
岡寸玉亦足窺寶藏之一斑垂歷劫之永慕已

群芳譜　卷首　芳踪

二如亭群芳譜二十九卷　（明）王象晉撰　明末刻清修本

諸子奇賞卷之一

古吳陳仁錫明卿父評選

黄石子

原始章

夫道德仁義禮五者一體也道者人之所蹈使萬物不知其所由德者人之所得使萬物各得其所欲仁者人之所親有慈惠惻隱之心以遂其生成義者人之所宜賞善罰惡以立功立事禮者人之所履夙興夜寐以成人倫之序夫欲爲人之本不可無一焉賢

諸子奇賞六十卷　（明）陳仁錫評選　明天啟六年刻本

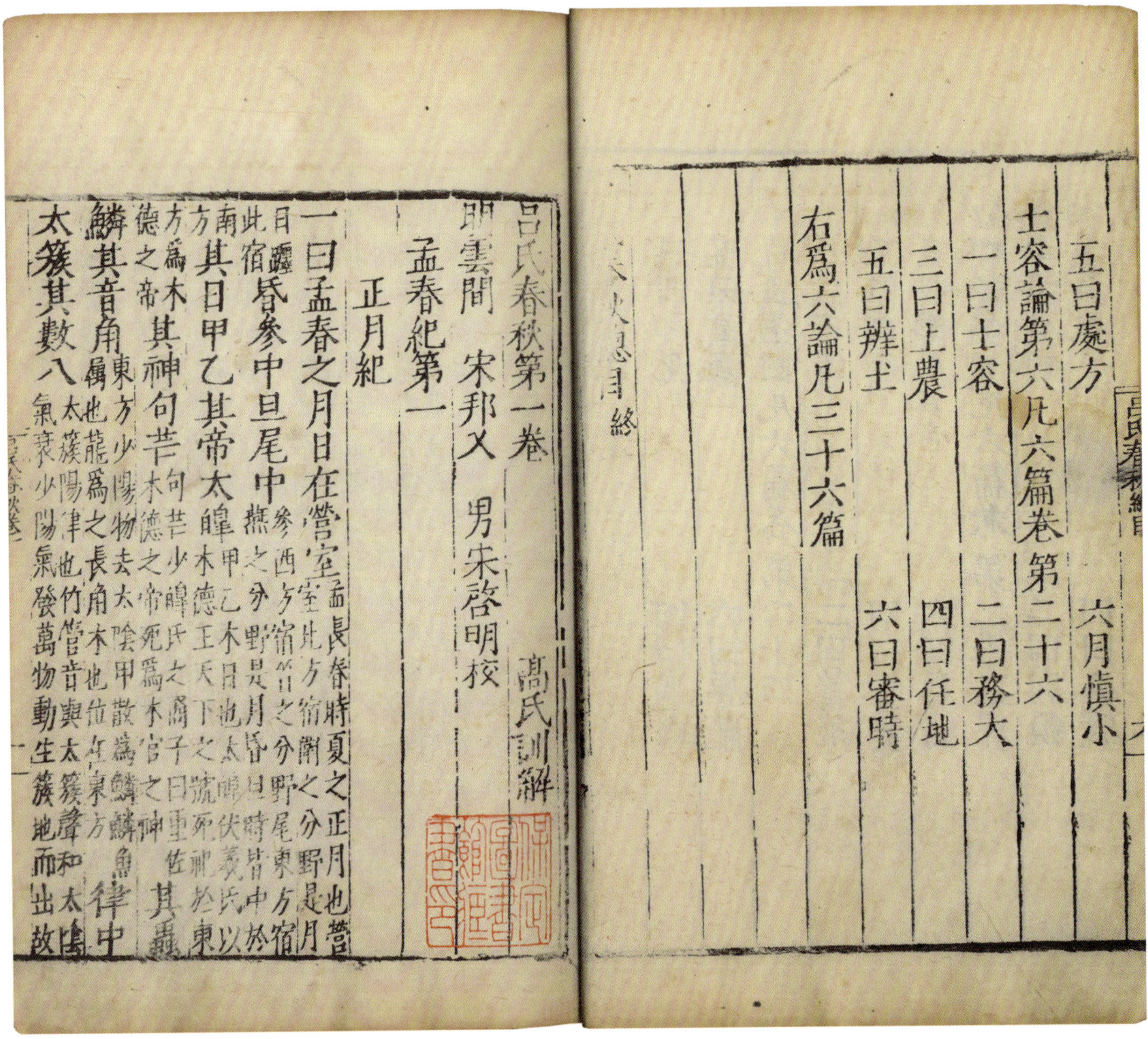

呂氏春秋二十六卷　（漢）高誘訓解　明萬曆宋邦義刻本　入選《河北省名錄》0245號

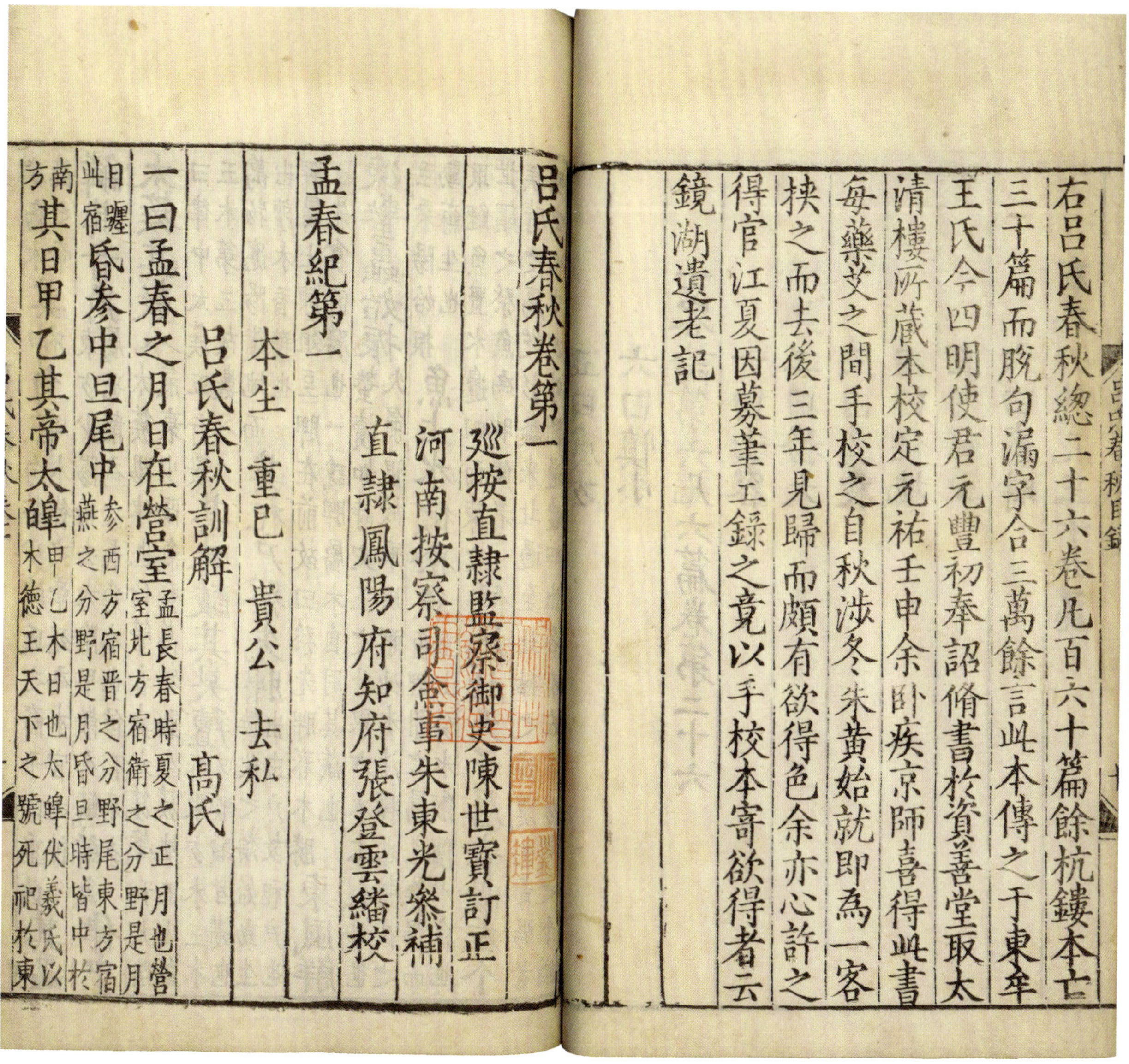

右呂氏春秋總二十六卷凡百六十篇餘杭鏤本亡三十篇而脱句漏字合三萬餘言此本傳之于東牟王氏今四明使君元豐初奉詔脩書於資善堂取太清樓所藏本校定元祐壬申余卧疾京師喜得此書每藥艾之間手校之自秋涉冬朱黄始就即為一客挾之而去後三年見歸而頗有欲得色余亦心許之得官江夏因募筆工録之竟以手校本寄欲得者云

鏡湖遺老記

呂氏春秋卷第一

巡按直隸監察御史陳世寶訂正

河南按察司僉事朱東光參補

直隸鳳陽府知府張登雲繙校

孟春紀第一

本生　重己　貴公　去私

呂氏春秋訓解　高氏

一曰孟春之月日在營室孟長春時夏之正月也營室北方宿衛之分野是月日躔此宿昏參中旦尾中參西方宿晉之分野尾東方宿燕之分野是月昏旦時皆中於南方其日甲乙其帝太皞甲乙木日也太皞伏羲氏以木德王天下之號死祀於東

呂氏春秋二十六卷　（漢）高誘訓解　明萬曆張登雲刻本

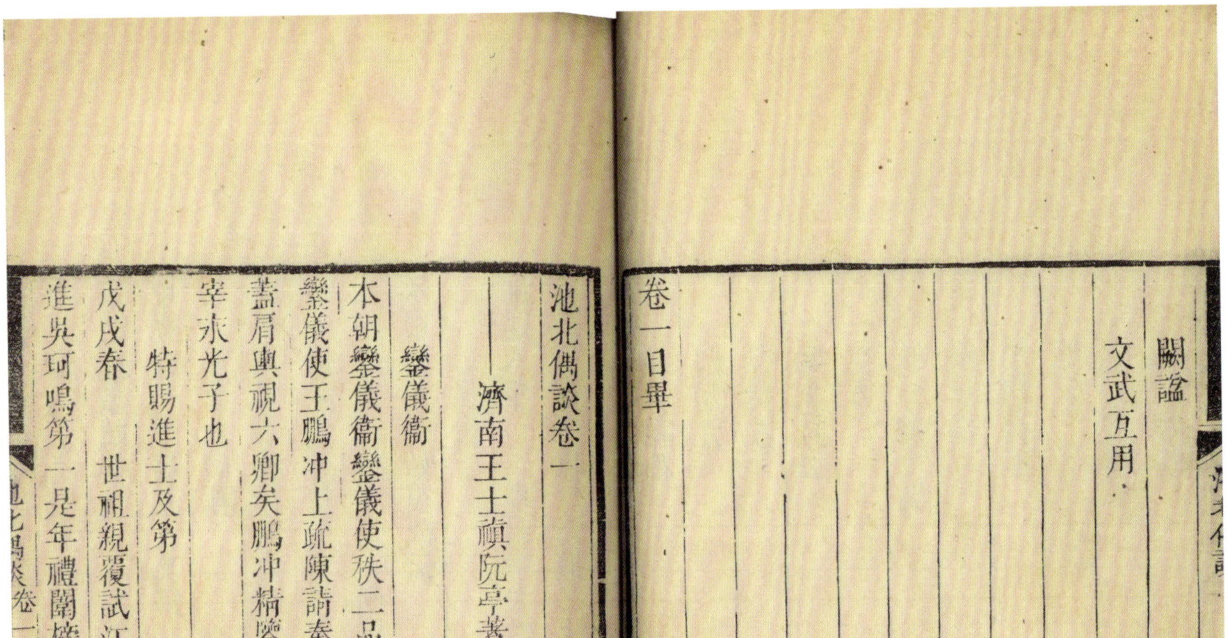
闕謚　歐陽從祀
文武互用　學士贈尚書
卷一目畢

池北偶談卷一　談故
濟南王士禛阮亭著　高都姪廷掄簡菴較
鑾儀衛
本朝鑾儀衛鑾儀使秩二品朝制武臣不乘肩輿康熙六年鑾儀使王鵬冲上疏陳請奉　旨王鵬冲著與尚書等遂張蓋肩輿視六卿矣鵬冲精鑒別書畫古器直隸長垣人前冢宰永光子也
特賜進士及第
戊戌春　世祖親覆試江南丁酉貢士以古文詩賦拔武進吳珂鳴第一是年禮闈榜後　上諭特賜珂鳴進士與

池北偶談二十六卷　（清）王士禛撰　清康熙文粹堂刻本

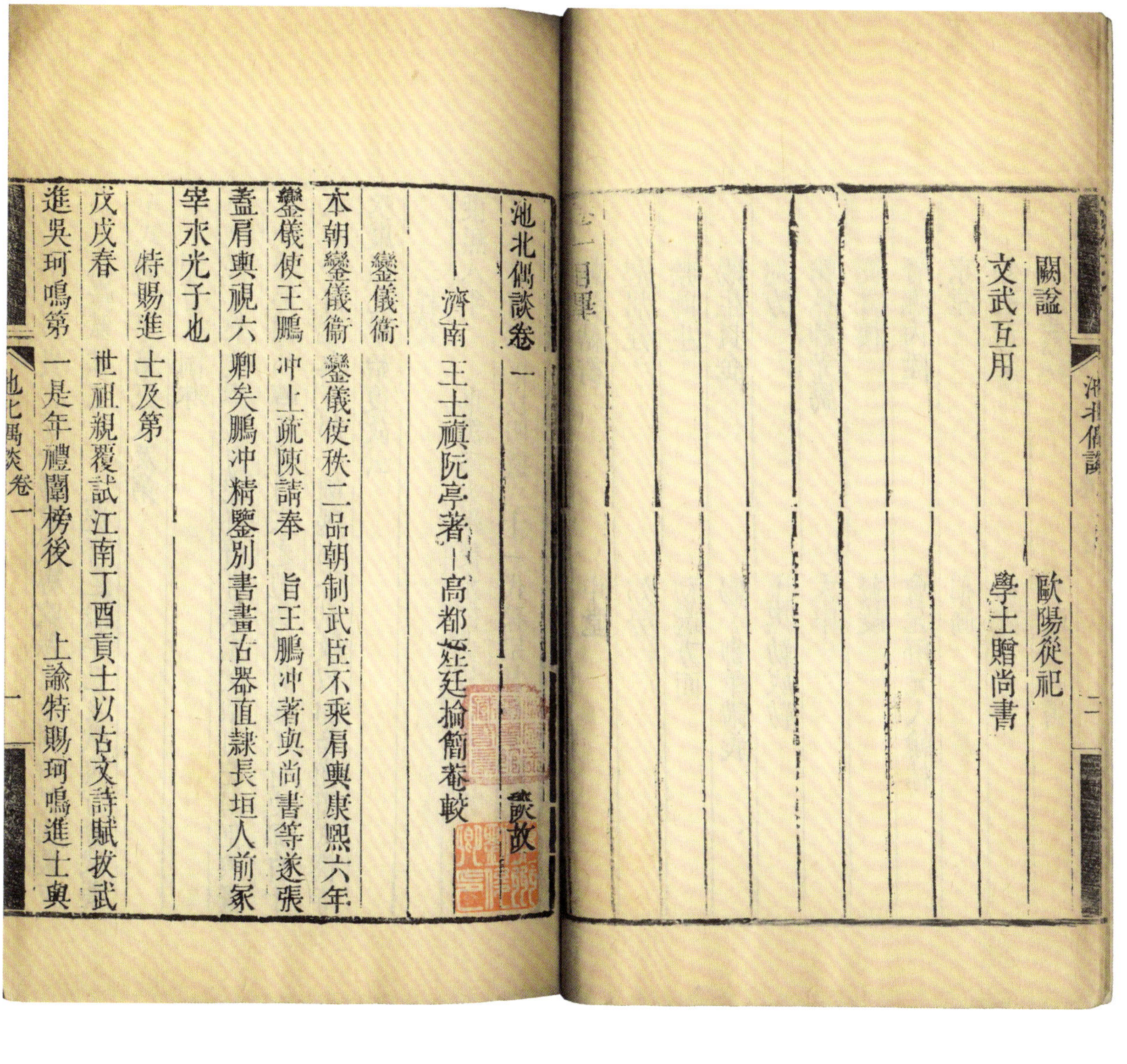

池北偶談卷一　談故

濟南　王士禛阮亭著　高郵夏廷掄簡菴較

鑾儀衛

本朝鑾儀衛鑾儀使秩二品朝制武臣不乘肩輿康熙六年鑾儀使王鵬冲上疏陳請奉　旨王鵬冲著與尚書等遂張蓋肩輿視六卿矣鵬冲精鑒別書畫古器直隸長垣人前冢宰永光子也

特賜進士及第

戊戌春　世祖親覆試江南丁酉貢士以古文詩賦拔武進吳珂鳴第一是年禮闈榜後　上諭特賜珂鳴進士與

闕諡　歐陽從祀

文武互用　學士贈尚書

池北偶談二十六卷　（清）王士禛撰　清康熙刻本

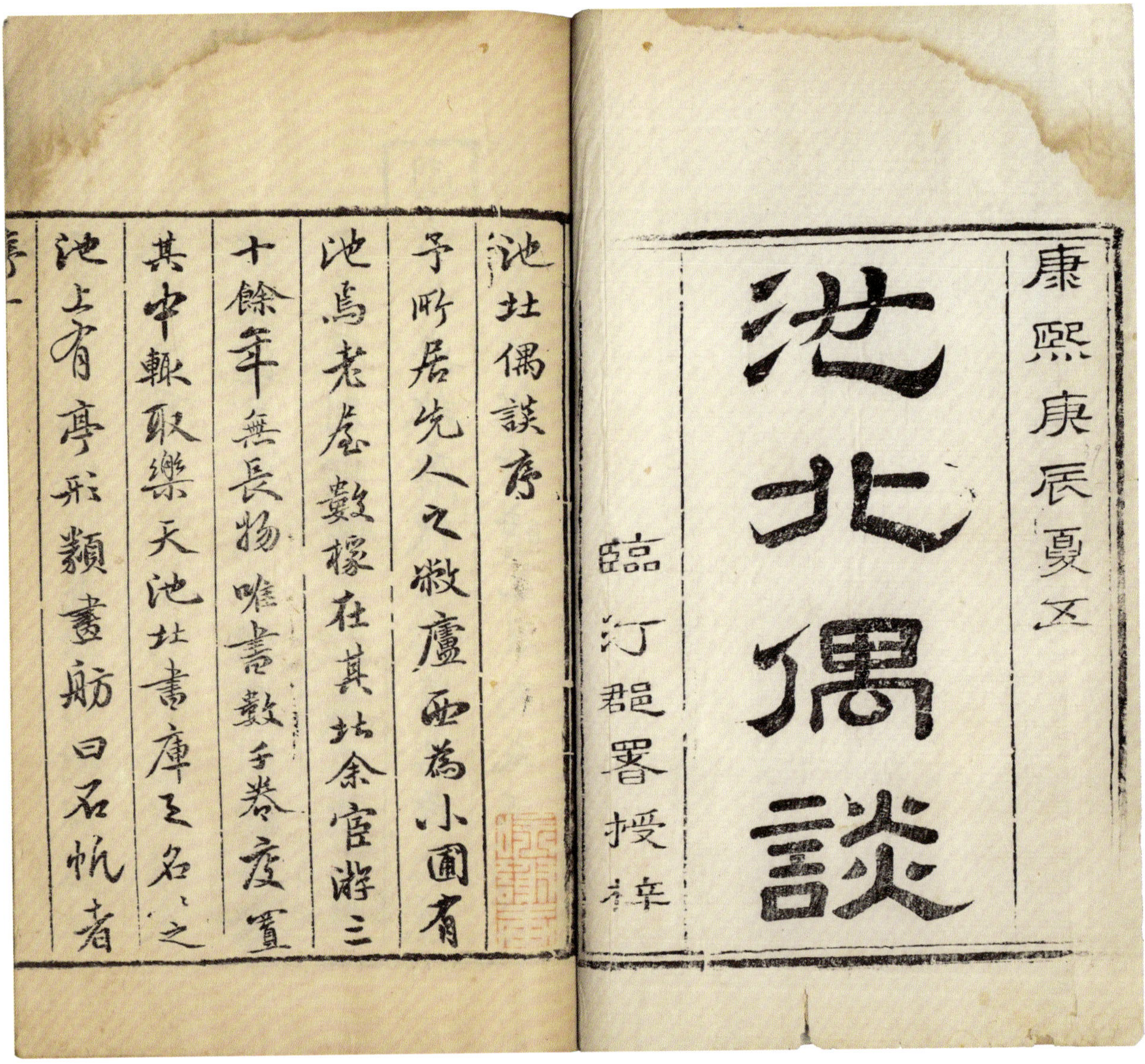

池北偶談二十六卷　（清）王士禛撰　清康熙臨汀郡署刻本

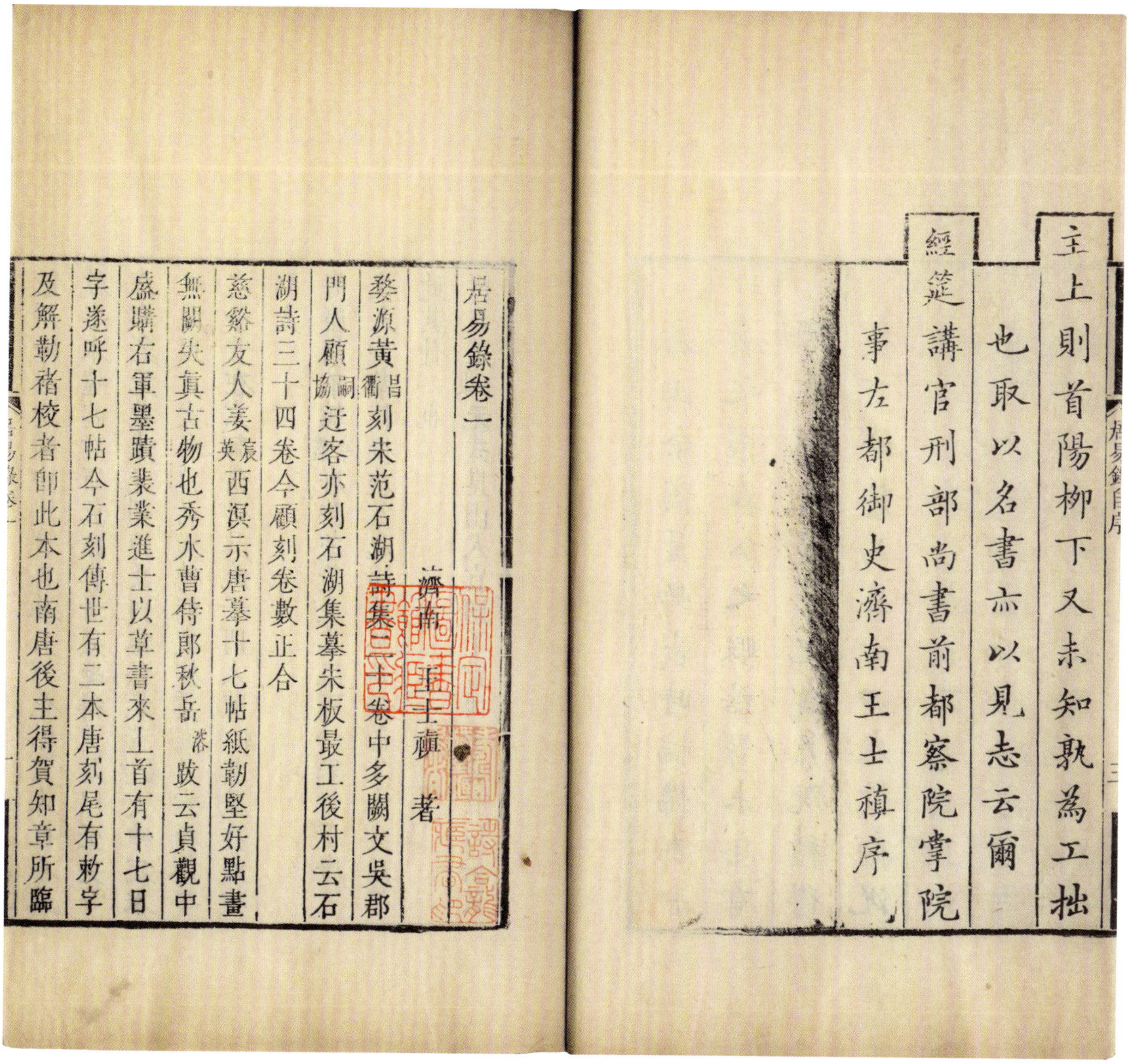
主上則首陽柳下又未知孰為工拙
也取以名書亦以見志云爾
經筵講官刑部尚書前都察院掌院
事左都御史濟南王士禛序

居易錄卷一　濟南王士禛著
婺源黃昌衢刻宋范石湖詩集三十卷中多闕文吳郡
門人顧嗣協迂客亦刻石湖集摹宋板最工後村云石
湖詩三十四卷今顧刻卷數正合
慈谿友人姜宸英西溟示唐摹十七帖紙韌堅好點畫
無闕失真古物也秀水曹侍郎秋岳溶跋云貞觀中
盛購右軍墨蹟裴業進士以草書來上首有十七日
字遂呼十七帖今石刻傳世有二本唐刻尾有敕字
及解勒褚校者即此本也南唐後主得賀知章所臨

居易錄三十四卷　（清）王士禛撰　清初刻本

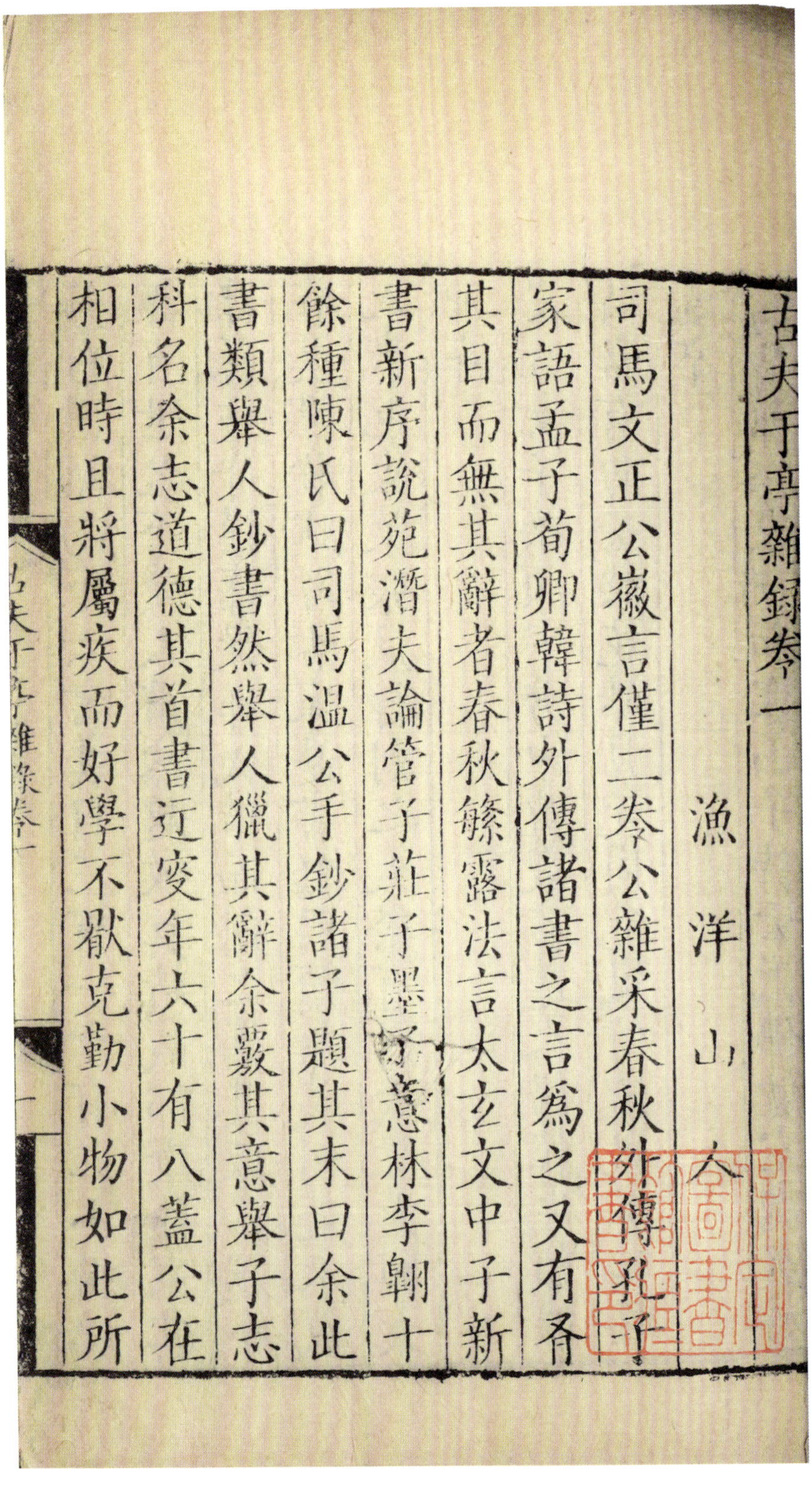
古夫于亭雜錄卷一

漁洋山人

司馬文正公徽言僅二卷公雜采春秋外傳孔子家語孟子荀卿韓詩外傳諸書之言爲之又有存其目而無其辭者春秋緐露法言太玄文中子新書新序說苑潛夫論管子莊子墨子意林李翺十餘種陳氏曰司馬溫公手鈔諸子題其末曰余此書類舉人鈔書然舉人獵其辭余覈其意舉子志科名余志道德其首書迂叟年六十有八蓋公在相位時且將屬疾而好學不勌克勤小物如此所

古夫于亭雜錄卷一　一

古夫于亭雜録五卷　（清）王士禛撰　清康熙六十年刻本

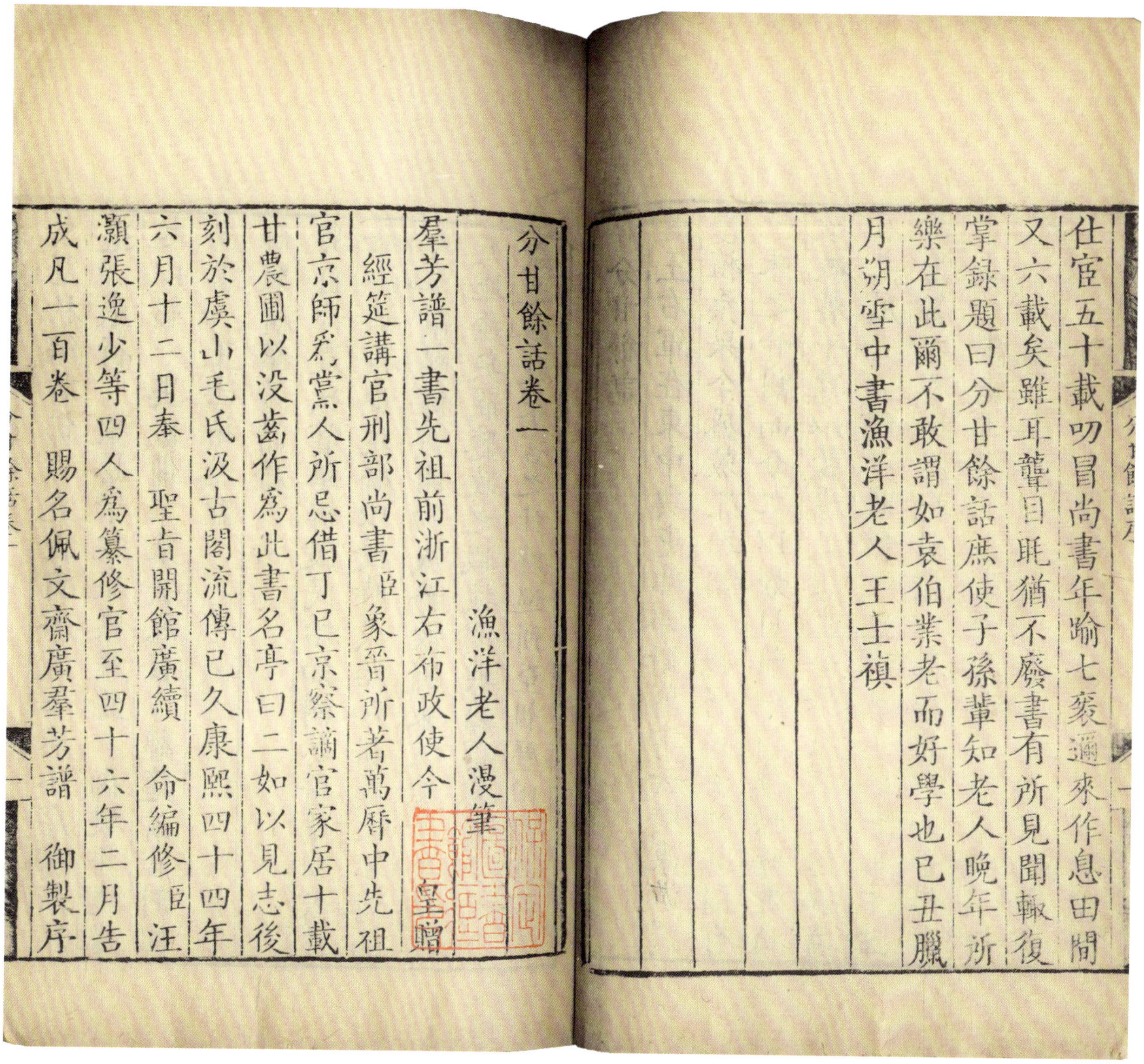

仕宦五十載叨冒尚書年踰七袞邇來作息田間
又六載矣雖耳聾目眊猶不廢書有所見聞輙復
掌錄題曰分甘餘話庶使子孫輩知老人晚年所
樂在此爾不敢謂如袁伯業老而好學也已丑臘
月朔雪中書漁洋老人王士禛

分甘餘話卷一
漁洋老人漫筆
羣芳譜一書先祖前浙江右布政使今
經筵講官刑部尚書臣象晉所著萬厯中先祖
官京師忤璫黨人所忌借丁巳京察謫官家居十載
甘農圃以沒齒作爲此書名亭曰二如以見志後
刻於虞山毛氏汲古閣流傳已久康熙四十四年
六月十二日奉 聖旨開館廣續 命編修臣汪
灝張逸少等四人爲纂修官至四十六年二月告
成凡一百卷 賜名佩文齋廣羣芳譜 御製序

分甘餘話四卷　（清）王士禛撰　清康熙四十九年刻本

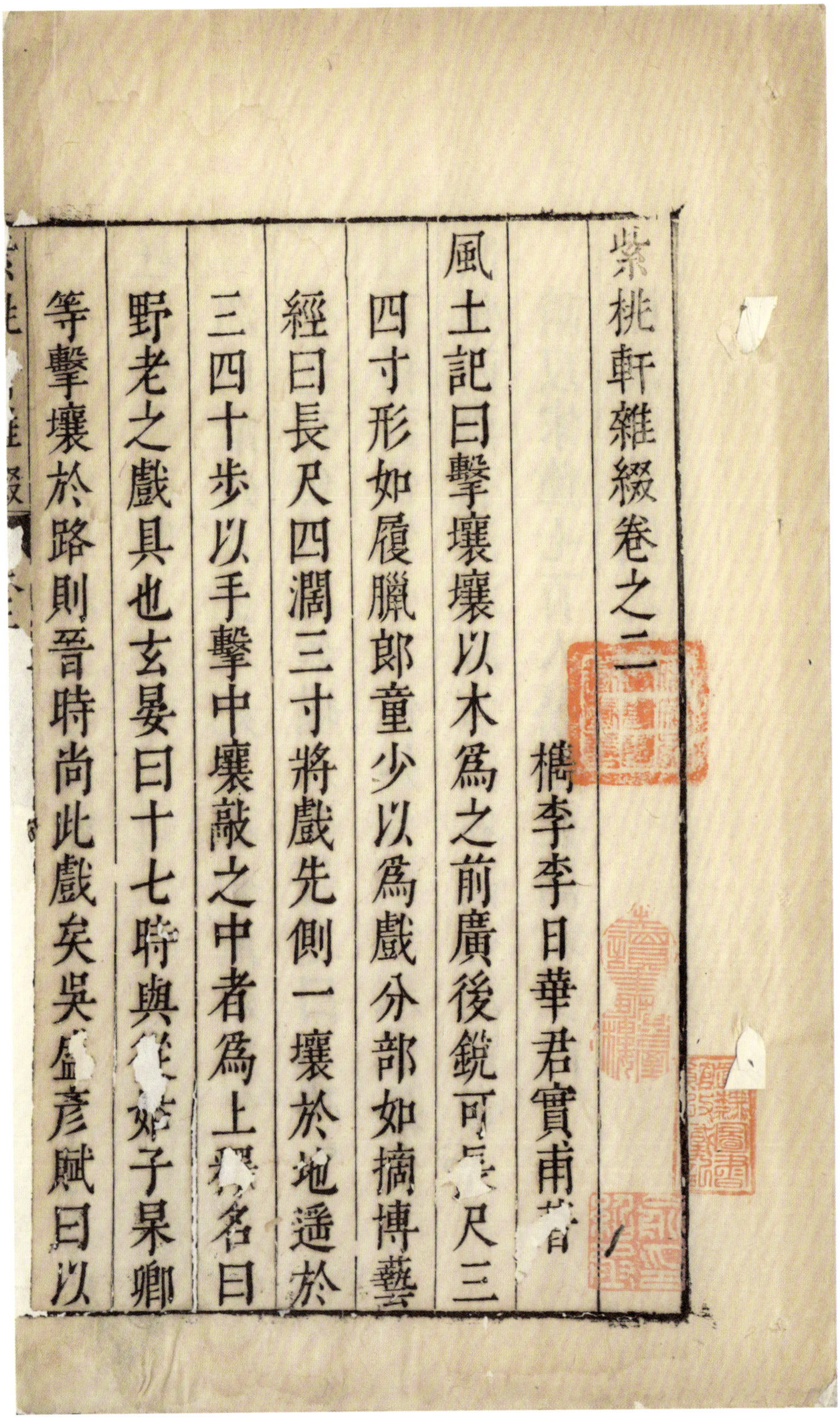
紫桃軒雜綴卷之二

槜李李日華君實甫著

風土記曰擊壤壤以木爲之前廣後銳可長尺三四寸形如履臘郎童少以爲戲分部如摘博藝經曰長尺四濶三寸將戲先側一壤於地遥於三四十步以手擊中壤敲之中者爲上[illegible]名曰野老之戲具也玄晏曰十七時與從姊子杲卿等擊壤於路則晉時尚此戲矣吳盛彥賦曰以

紫桃軒雜綴三卷又綴三卷　（明）李日華撰　明萬曆鶴夢軒刻本

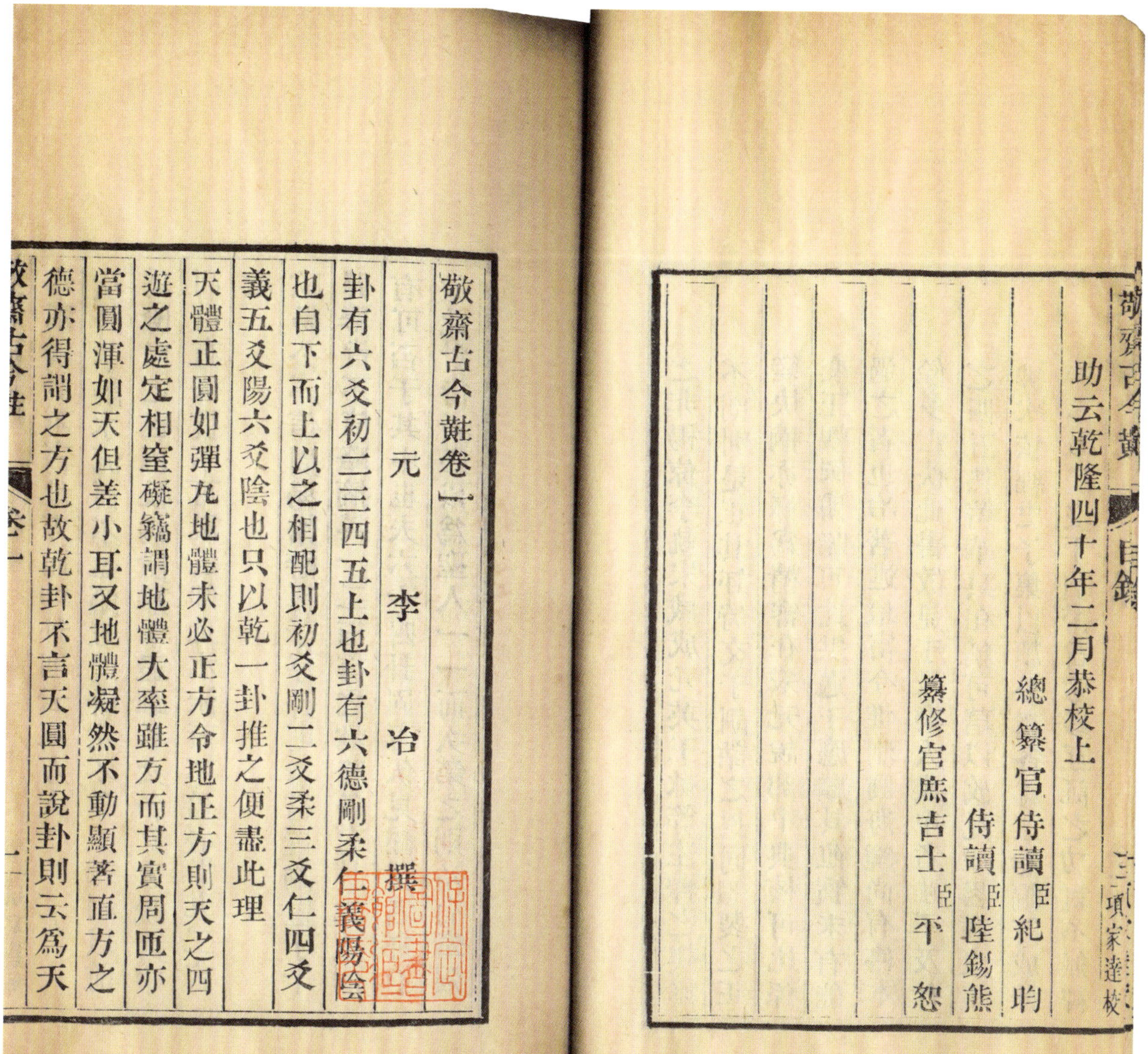
敬齋古今黈 目錄
助云乾隆四十年二月恭校上
總纂官侍讀臣紀昀
侍讀臣陸錫熊
纂修官庶吉士臣平恕

敬齋古今黈卷一
元 李冶 撰
卦有六爻初二三四五上也卦有六德剛柔仁義陽陰
也自下而上以之相配則初爻剛二爻柔三爻仁四爻
義五爻陽六爻陰也只以乾一卦推之便盡此理
天體正圓如彈丸地體未必正方令地正方則天之四
遊之處定相窒礙鑛謂地體大率雖方而其實周匝亦
當圓渾如天但差小耳又地體凝然不動顯著直方之
德亦得謂之方也故乾卦不言天圓而說卦則云爲天

敬齋古今黈八卷　（元）李冶撰　清影刻武英殿聚珍版本

簷曝雜記卷一

陽湖　趙翼　雲松

軍機處

軍機處本內閣之分局　國初承前明舊制機務出納悉關內閣其軍事付議政王大臣議奏康熙中　諭旨或有令南書房翰林撰擬是時南書房最爲親切地如唐翰林學士掌內制也雍正年間用兵西北兩路以內閣在太和門外儤直者多慮漏泄事機始設軍需房於隆宗門內選內閣中書之謹密者入直繕寫後名軍機處地近宫庭便於宣召爲軍機大臣者皆親臣重臣於是承旨出政皆在於此矣直廬初僅板屋數間

簷曝雜記六卷　（清）趙翼撰　清初刻本

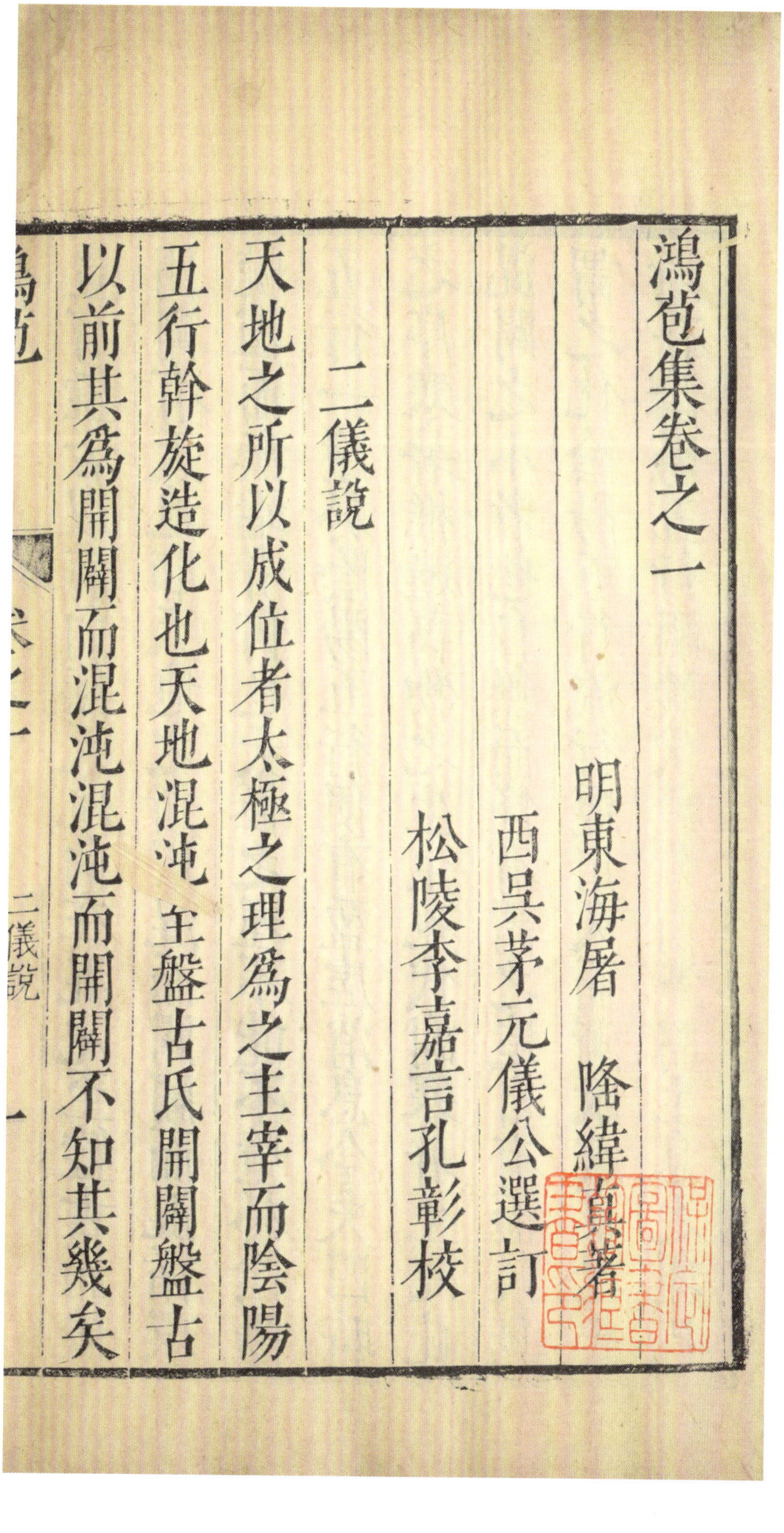

鴻苞集卷之一

明東海屠　隆緯眞著

西吳茅元儀公選訂

松陵李嘉言孔彰校

二儀說

天地之所以成位者太極之理爲之主宰而陰陽五行斡旋造化也天地混沌　盤古氏開闢盤古以前其爲開闢而混沌混沌而開闢不知其幾矣

鴻苞　卷之一　二儀說　一

鴻苞集四十八卷　（明）屠隆撰　明萬曆三十八年茅元儀刻本

通雅卷之一

桐山方以智密之輯著

同里姚文燮經三較訂

疑始　專論古篆古音

副墨洛誦。推至疑始。始作此者。自有其故。不可不知。不可不疑也。世變遠矣。字變則易。形音變者轉也。變極反本。且以今日之音。徵唐宋。徵兩漢。徵三代。古人多引方言。以左證經傳。方言者。自然之氣也。以音通古義之原也。若後世已成之義。則諸儒辯難。已著典要。但須考耳。

古寤卽悟。○悟字不見六經。昉于西乾乎。黃帝經云。神乎神耳不聞。目不明。心開而志光。慧然獨悟。若風吹雲。然不必此也。子思曰。吾嘗深有思而莫之得也。于學則寤焉。寤卽悟也。悟者吾

通雅五十二卷首三卷　（清）方以智撰　姚文燮校訂　清康熙浮山此藏軒刻本

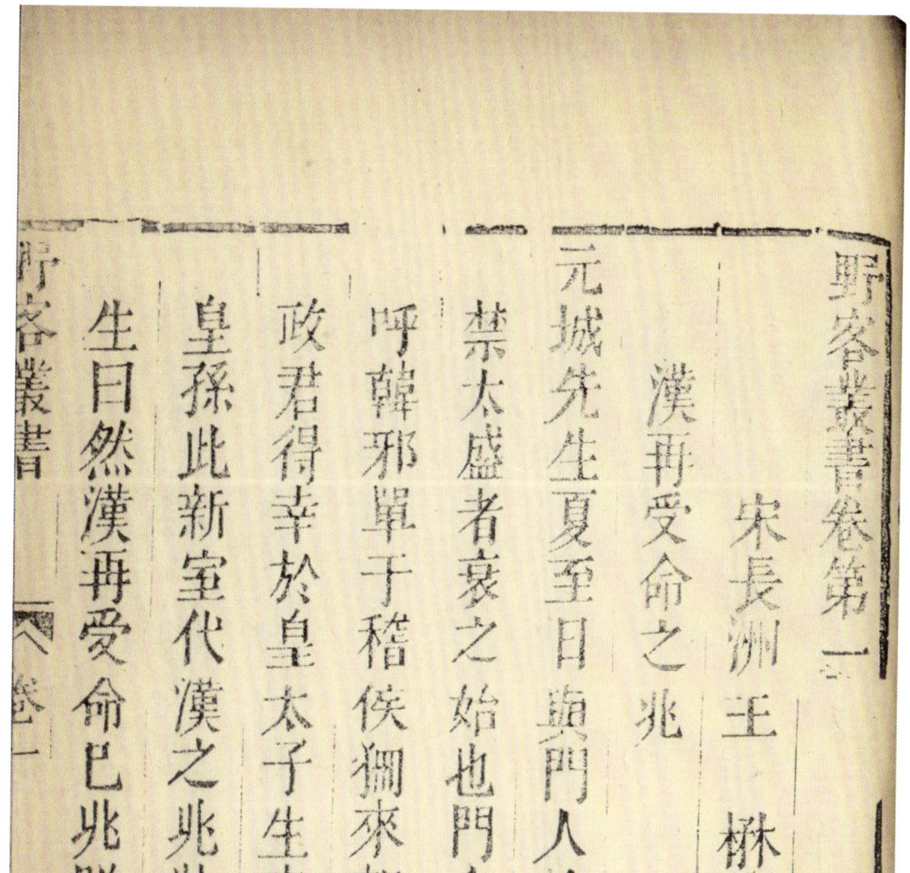

野客叢書卷第一

宋長洲王　楙

漢再受命之兆

元城先生夏至日與門人論陰陽消長之理以謂物禁太盛者衰之始也門人因曰漢宣帝甘露三年呼韓邪單于稽侯狦來朝此漢極盛時也是年王政君得幸於皇太子生帝驁於甲觀畫室爲世適皇孫此新室代漢之兆此正夏至生一陰之時先生曰然漢再受命已兆朕於景帝生長沙定王發

野客叢書　卷一　一

野客叢書三十卷附野老記聞一卷　（宋）王楙撰　明刻本

管城碩記卷之一

當塗徐文靖位山著

男榮樞校字

易一

周易本義曰周代名也易書名也其卦本伏羲所畫有交易變易之義故謂之易其辭則文王周公所繫故繫之周

按周禮太卜掌三易賈公彥曰連山歸藏皆不言地號以義名易則周非地號以周易以乾爲首乾

管城碩記三十卷　（清）徐文靖撰　清乾隆九年徐氏志寧堂刻本

畏壘筆記卷一

長洲 徐 昂發 大臨

予少讀書無所師承隨讀隨忘無益愚蔽年已遲暮不勝其悔自己丑庚寅間始隨筆劄記雖古人成說有裨聞見增長智識者咸掇錄焉間參以臆見用備遺忘無或再使月悔朔日悔昨云爾康熙戊戌七月十八日重錄弁書

太史公

畏壘筆記四卷　（清）徐昂發撰　清康熙五十七年刻本

史大夫云上公周太保副相漢司空按漢百官公
卿表御史大夫秦官掌副丞相故曰副相成帝曾
更名大司空哀帝末亦爲大司空蓋漢司空即御
史大夫也至宋之問晦日幸昆明池云鎬飲周文
樂汾歌漢武才出文對武何等工然毛詩魚藻刺
幽王也王在在鎬豈樂飲酒乃古之武王事於文
無涉王維欲笑周文歌燕鎬還輕漢武樂横汾此

潛邱劄記六卷　（清）閻若璩撰　左汾近稾一卷　（清）閻詠撰

清乾隆大成齋重刻本

學林按劄記卷一至卷六乃先大父有疑卽錄自爲問難之書其中有已校訂者有止存舊說而未校訂者或謂林曰已校訂者自當付梓未校訂者乃古人舊說似宜刪去林對曰是皆先人疑而未訂之義雖存舊說正多創論補前人所不及何敢妄加去取至卷五一冊乃仲弟學機竭數年之力於夙昔往來問難之家尋先人手跡陸續成帙若分門別類林幼而失學不敢漫爲分晰惟依笥中原本付梓開雕以成先志云爾乾隆九年歲在甲子仲冬旣望孫男學林謹識

左汾近稾

詩話一条

太原閻詠復申遺稾

岑川程崟夔州校梓

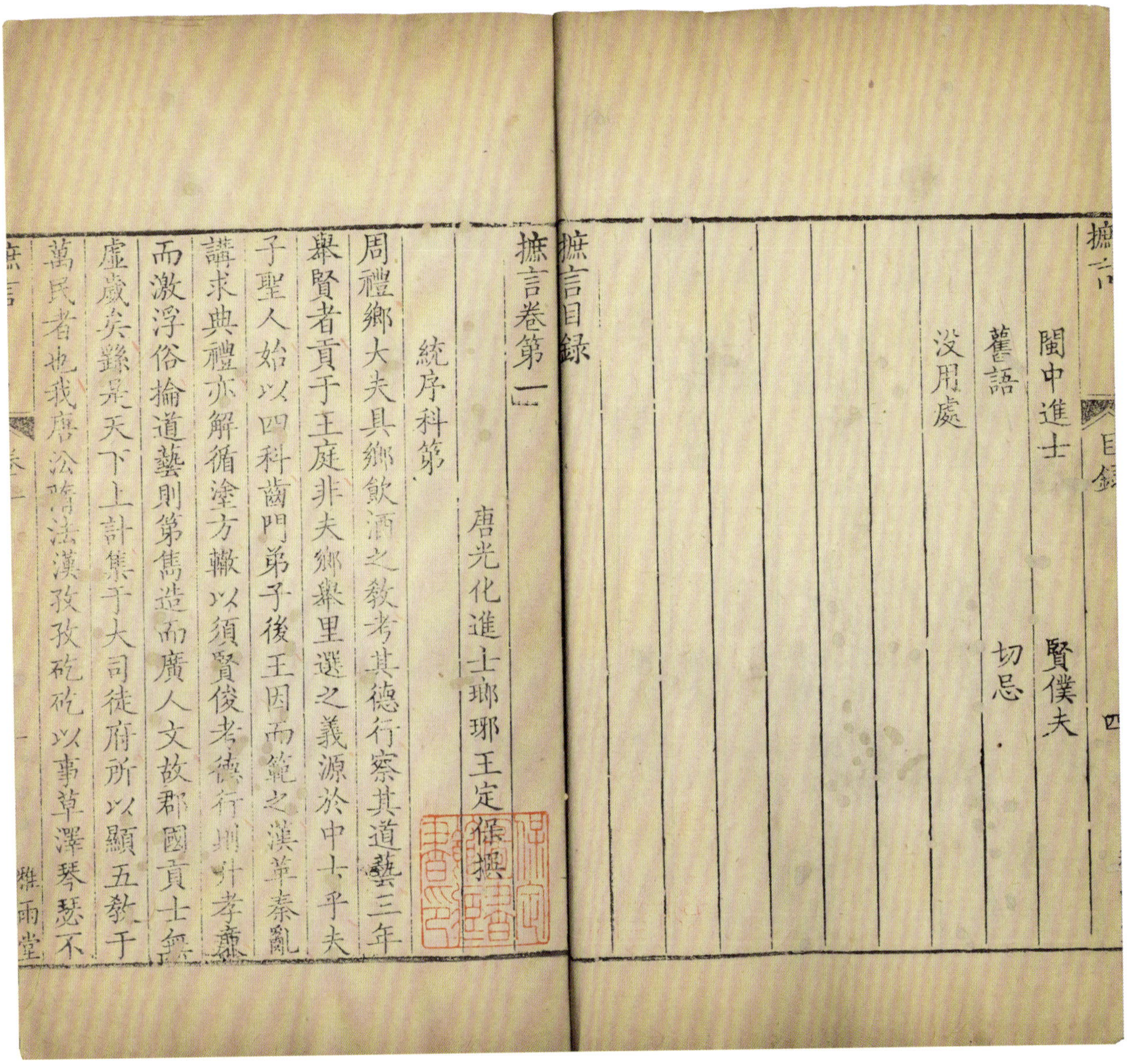

唐摭言十五卷　（五代）王定保撰　清乾隆二十一年盧見曾刻雅雨堂叢書本

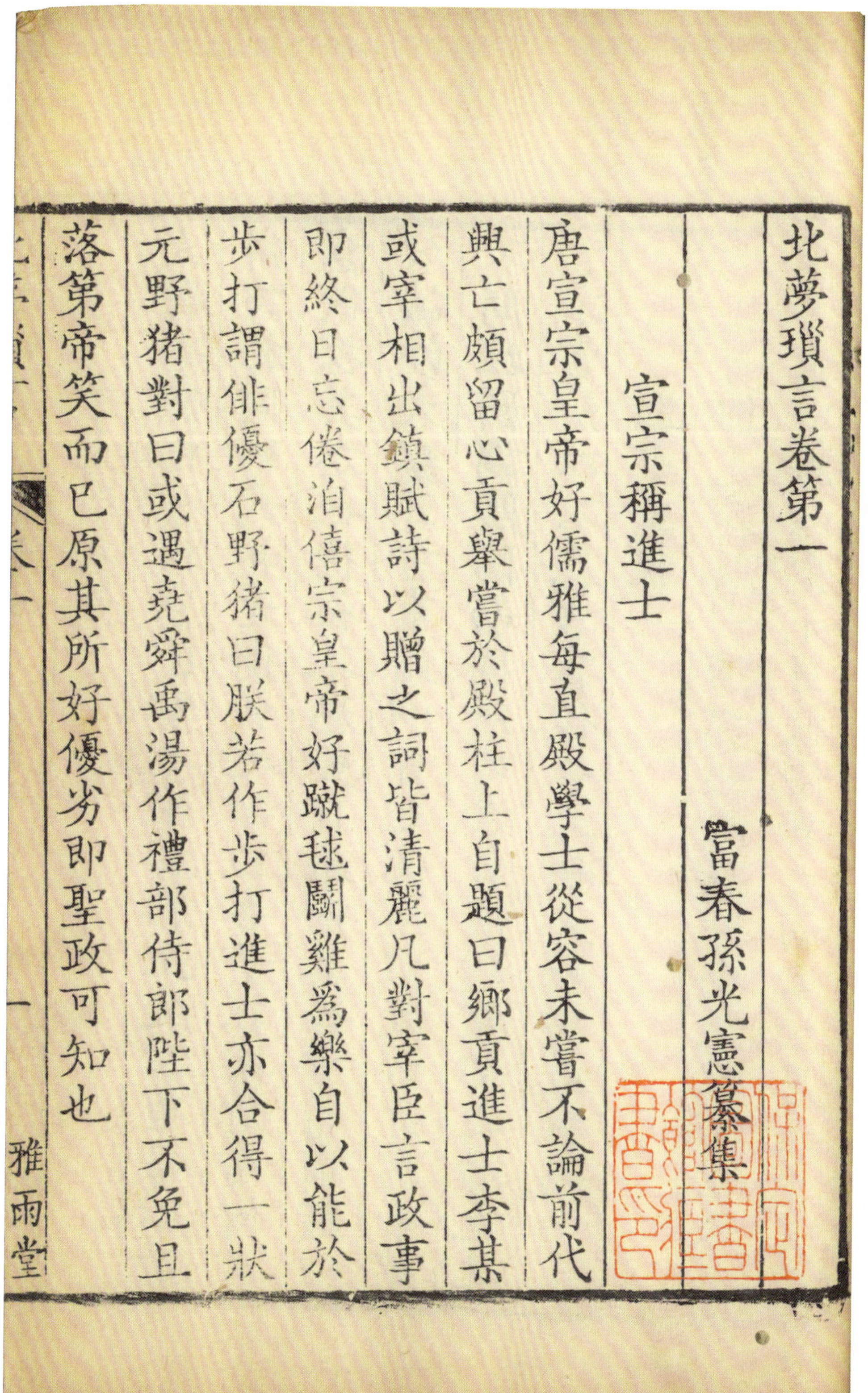
北夢瑣言卷第一

富春孫光憲纂集

宣宗稱進士

唐宣宗皇帝好儒雅每直殿學士從容未嘗不論前代興亡頗留心貢舉嘗於殿柱上自題曰鄉貢進士李某或宰相出鎮賦詩以贈之詞皆清麗凡對宰臣言政事即終日忘倦洎僖宗皇帝好蹴毬鬬雞爲樂自以能於步打謂俳優石野豬曰朕若作步打進士亦合得一狀元野豬對曰或遇堯舜禹湯作禮部侍郎陛下不免且落第帝笑而已原其所好優劣即聖政可知也

北夢瑣言　卷一　一　雅雨堂

北夢瑣言二十卷　（宋）孫光憲撰　清乾隆二十一年雅雨堂刻本

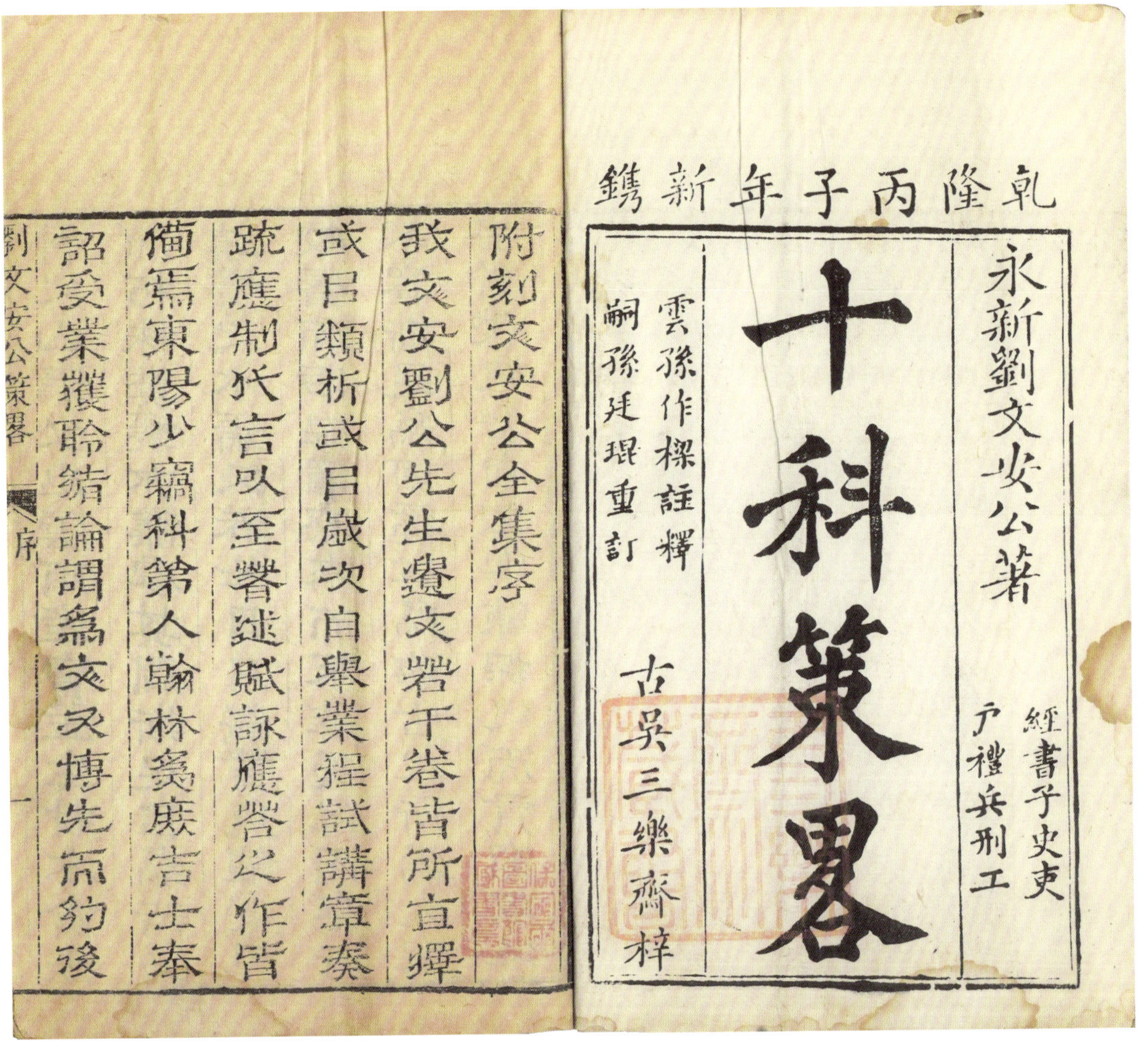

十科策畧箋釋十卷 （明）劉定之撰 呆齋公年譜一卷 （清）劉作樑撰 清乾隆二十一年古吳樂齋重刻本

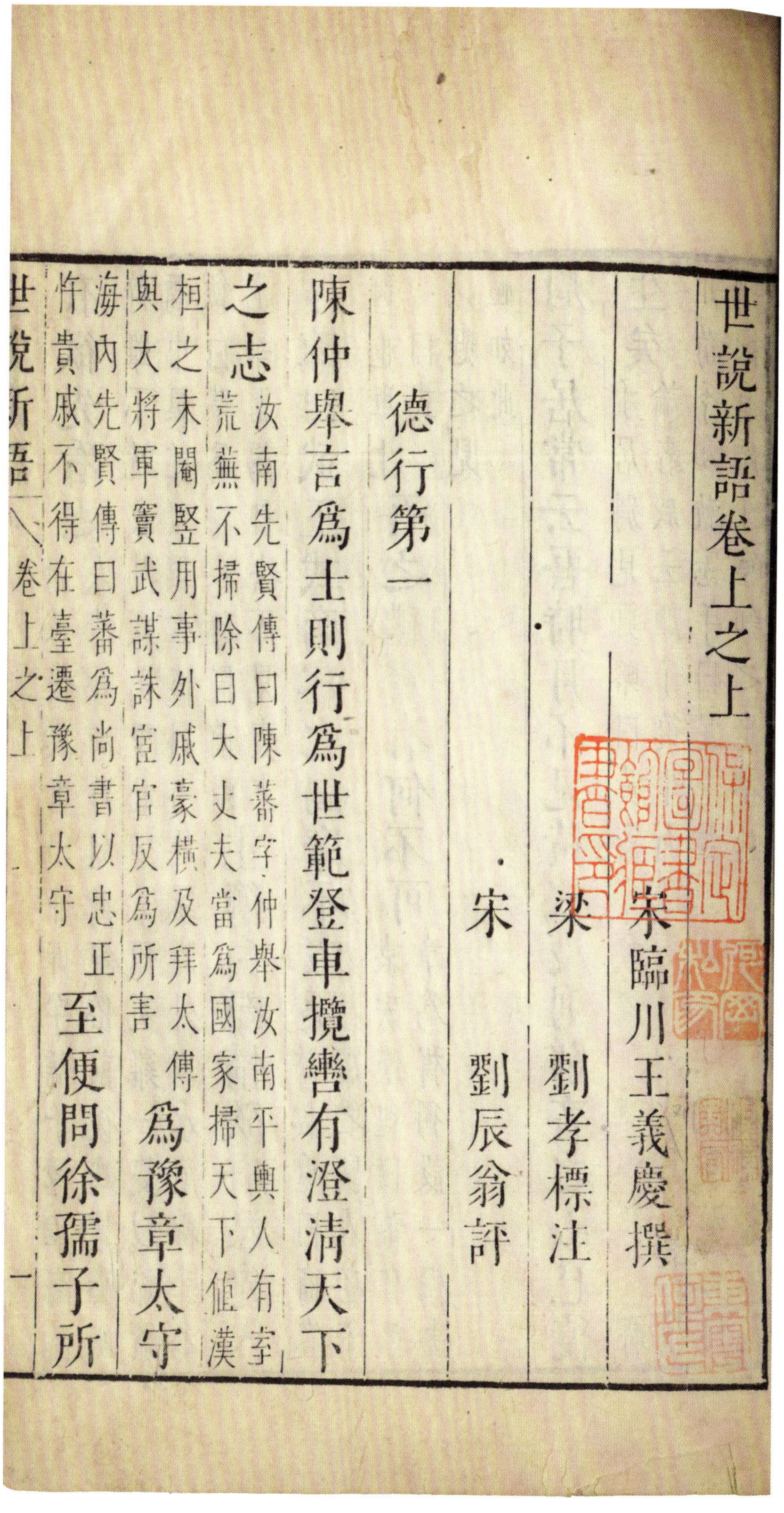

世說新語卷上之上

宋臨川王義慶撰

梁　劉孝標注

宋　劉辰翁評

德行第一

陳仲舉言爲士則行爲世範登車攬轡有澄清天下之志（汝南先賢傳曰陳蕃字仲舉汝南平輿人有室荒蕪不掃除曰大丈夫當爲國家掃天下值漢桓之末閹豎用事外戚豪横及拜太傅與大將軍竇武謀誅宦官反爲所害）爲豫章太守（海內先賢傳曰蕃爲尚書以忠正忤貴戚不得在臺遷豫章太守）至便問徐孺子所

世說新語　卷上之上　一

世說新語三卷　（劉宋）劉義慶撰　（梁）劉孝標注　（宋）劉辰翁評　明刻本

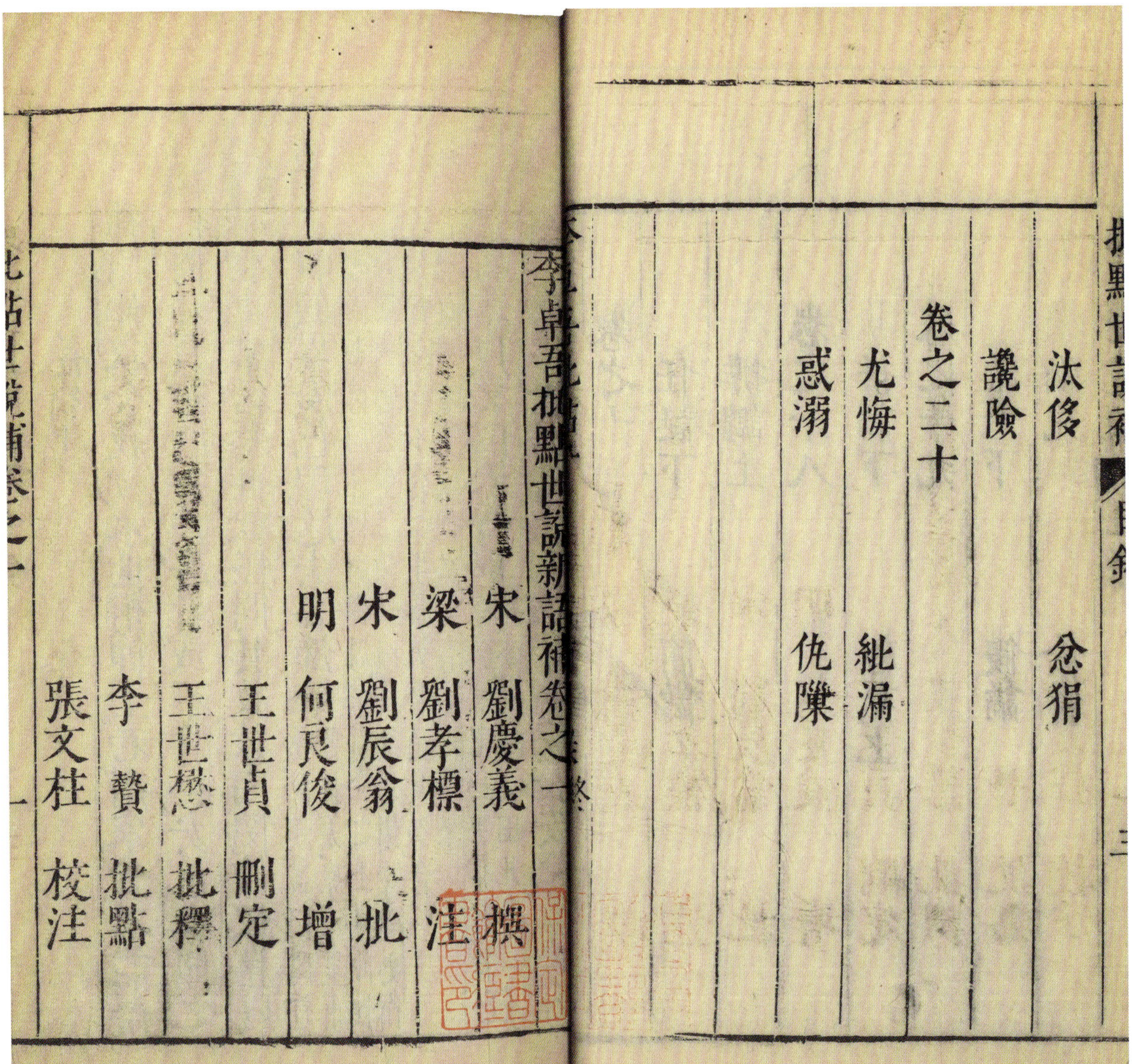
批點世說補　目錄

汰侈　忿狷

讒險

卷之二十

尤悔　紕漏

惑溺　仇隟

李卓吾批點世說新語補卷之一

宋　劉慶義　撰

梁　劉孝標　注

宋　劉辰翁　批

明　何良俊　增

王世貞　删定

王世懋　批釋

李　贄　批點

張文柱　校注

李卓吾批點世說新語補二十卷　（梁）劉孝標注　（宋）劉辰翁批　（明）何良俊增　王世貞删定　王世懋批釋　李贄批點　張文柱校注　附釋名一卷　明刻本

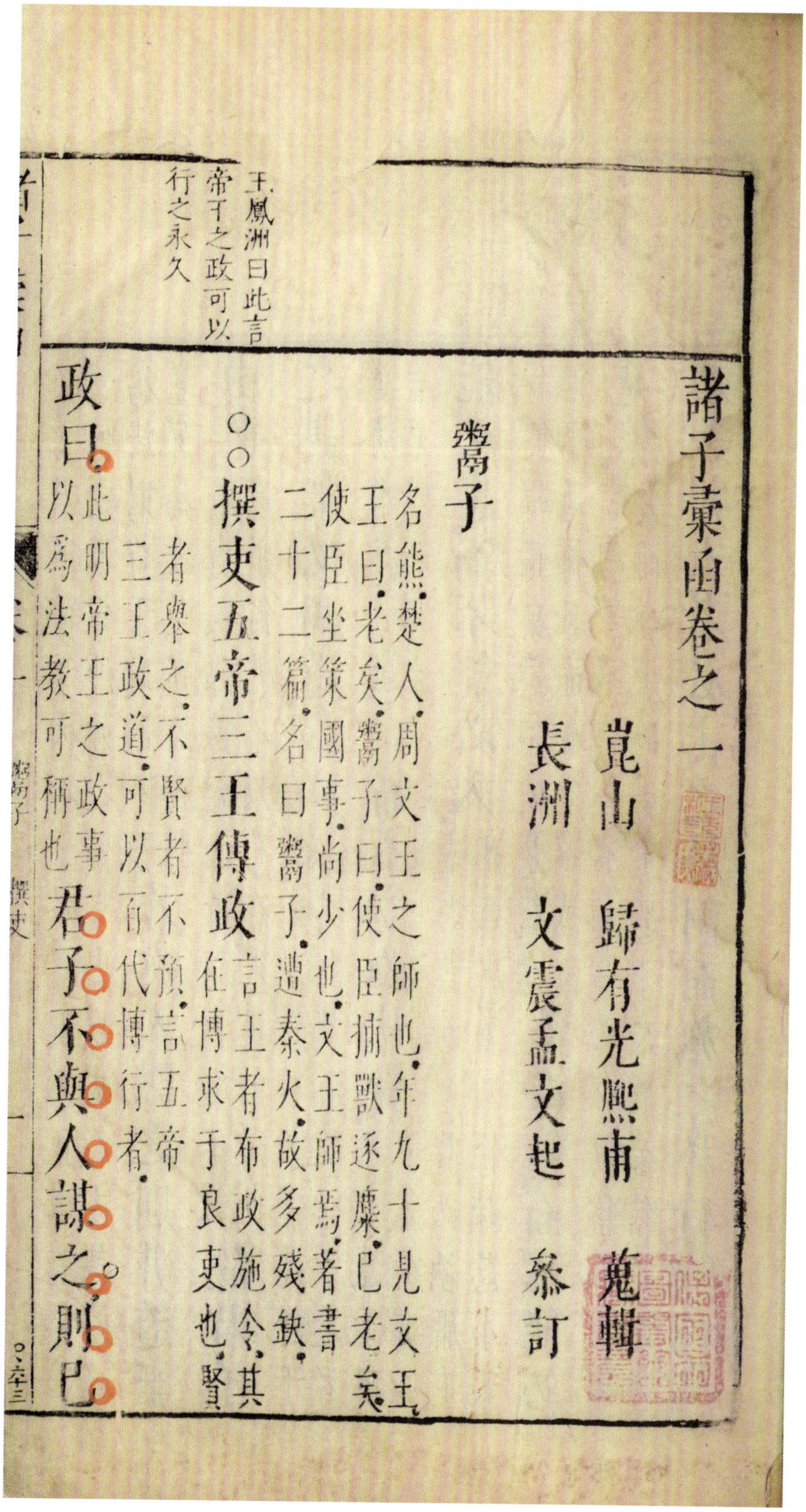

王鳳洲曰此言帝王之政可以行之永久

諸子彙函卷之一

崑山　歸有光熙甫　蒐輯

長洲　文震孟文起　叅訂

鬻子

名熊楚人周文王之師也年九十見文王王曰老矣鬻子曰使臣捕獸逐麋已老矣使臣坐策國事尚少也文王師焉著書二十二篇名曰鬻子遭秦火故多殘缺

○○撰吏五帝三王傳政

言王者布政施令其在博求于良吏也賢者舉之不賢者不預言五帝三王政道可以百代博行者

政曰此明帝王之政事以為法教可稱也君子不與人謀之則已

諸子彙函二十六卷　（明）歸有光輯　文震孟叅訂　明末刻本

新增格古要論卷之一

雲間曹昭　明仲著
雲間舒敏　志學編
吉水王佐　功載校增
新都黃正位　黃叔重校

古琴論

斷紋琴

古琴以斷紋爲證不歷數百年其紋不斷然斷紋有數等類　有蛇腹斷其紋橫截琴面相去或寸許或寸半（一作半寸）　有細紋斷如髮千百條　或有背面皆

增者註曰後增其新增者註曰新增或只註增
字舊本則不註

一金石珎寶器物之類亦各隨所見聞以類增入

一是編自景泰七年丙子夏四月中旬得李孫二公
舊本至其秋七月考校增完又至天順三年己
卯夏四月上旬欲命工鋟梓點校始完

新增格古要論十三卷　（明）曹昭撰　王佐增補　明黃正位刻清淑躳堂重修本

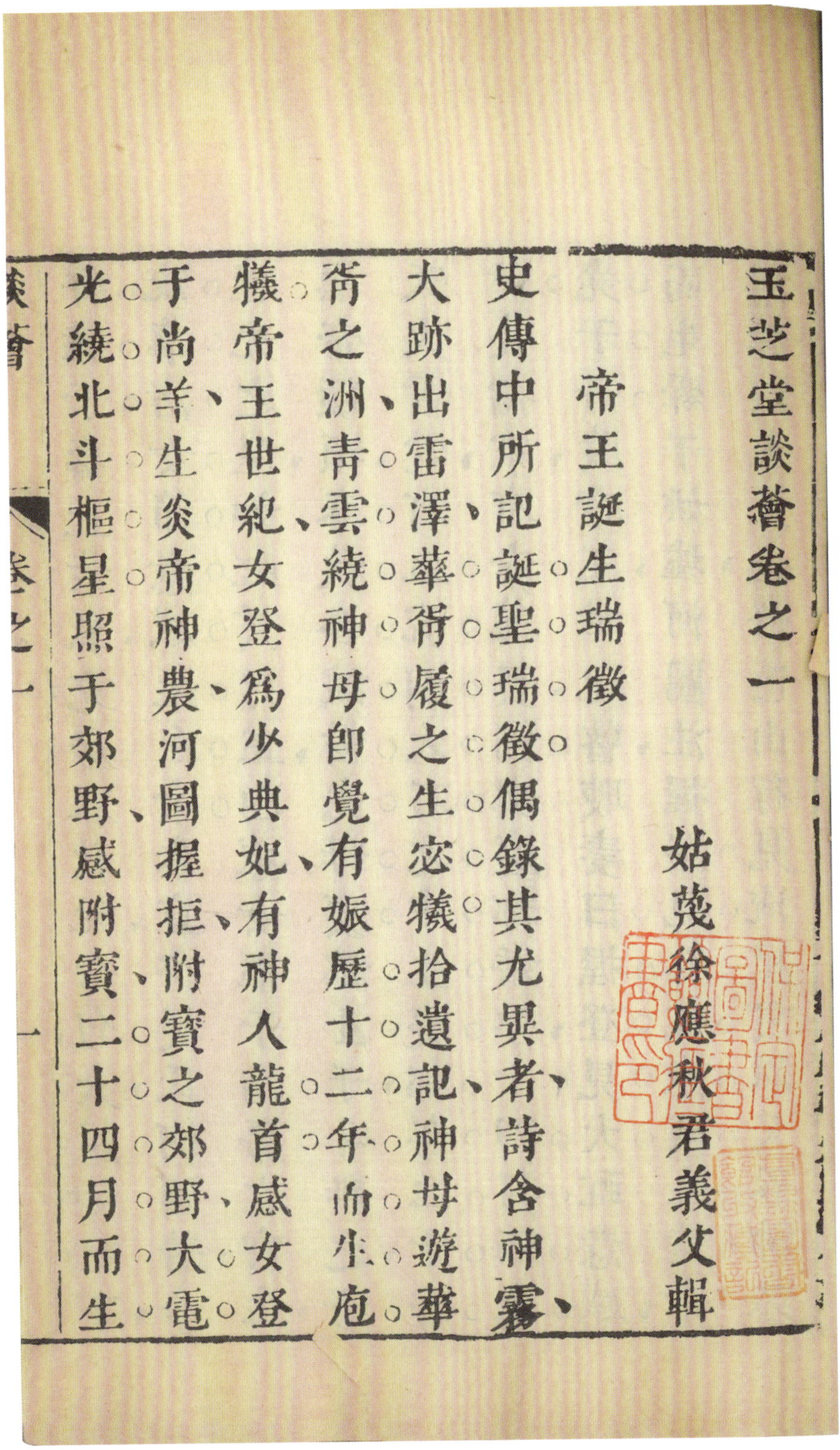
玉芝堂談薈卷之一
姑蔑徐應秋君義父輯
帝王誕生瑞徵
史傳中所記誕聖瑞徵偶錄其尤異者詩含神霧
大跡出雷澤華胥履之生宓犧拾遺記神母遊華
胥之洲青雲繞神母即覺有娠歷十二年而生庖
犧帝王世紀女登爲少典妃有神人龍首感女登
于尚羊生炎帝神農河圖握拒附寶之郊野大電
光繞北斗樞星照于郊野感附寶二十四月而生
談薈　卷之一　一

玉芝堂談薈三十六卷　（明）徐應秋輯　明末徐氏蒨園刻本

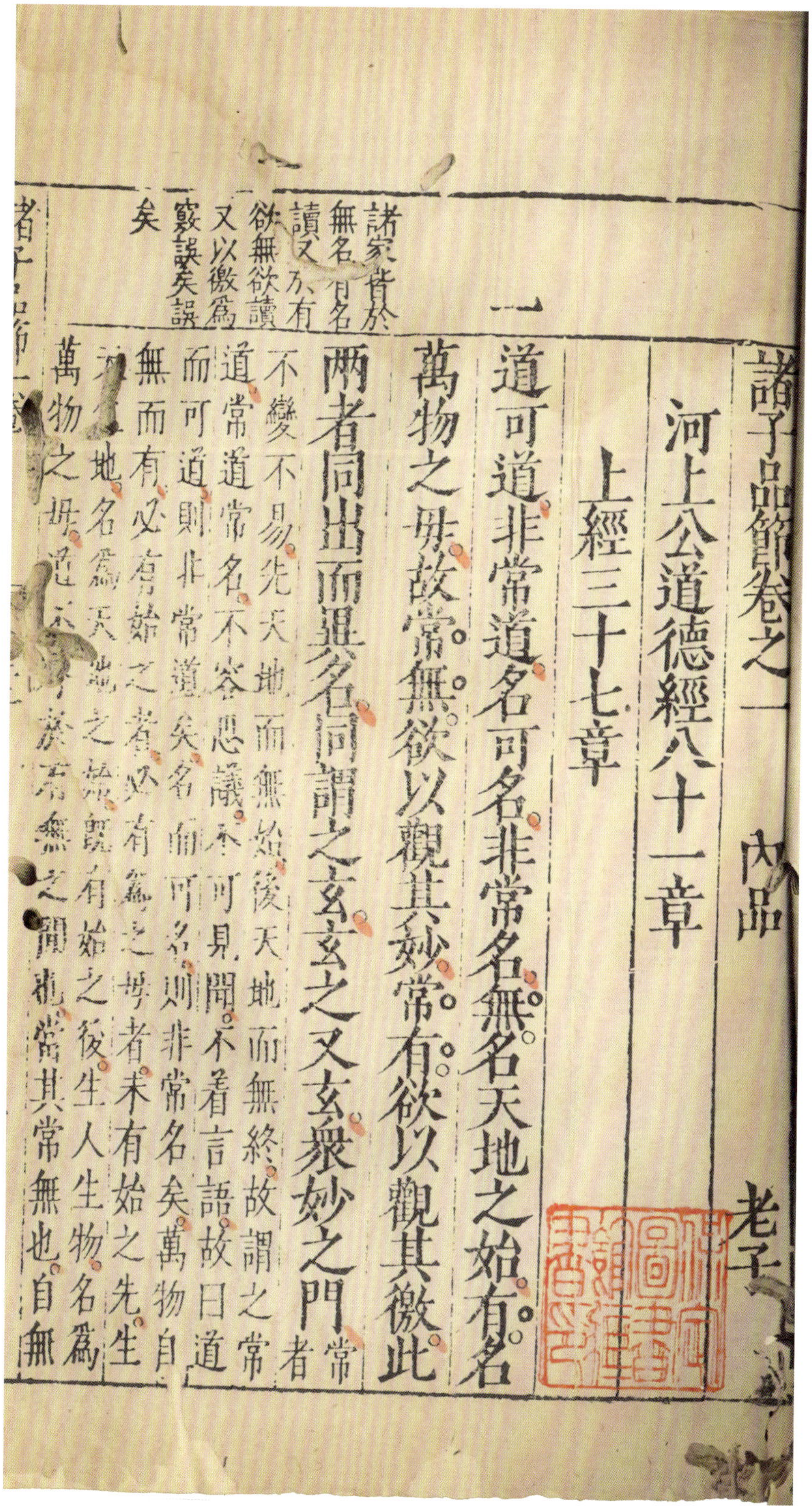

諸子品節卷之一　內品　老子

河上公道德經八十一章

上經三十七章

諸家皆於無名有名讀又於有欲無欲讀又以徼爲竅誤矣誤矣

一　道可道非常道名可名非常名無名天地之始有名萬物之母故常無欲以觀其妙常有欲以觀其徼此兩者同出而異名同謂之玄玄之又玄衆妙之門

常者不變不易先天地而無始後天地而無終故謂之常道常道常名不容思議不可見聞不着言語故曰道而可道則非常道矣名而可名則非常名矣萬物自無而有必有始之者必有爲之母者未有始之先生天地名爲天地之始既有始之後生人生物名爲萬物之母道不[illegible]於常無之間也當其常無也自無

諸子品節卷一

諸子品節五十卷　（明）陳深輯　明萬曆刻本

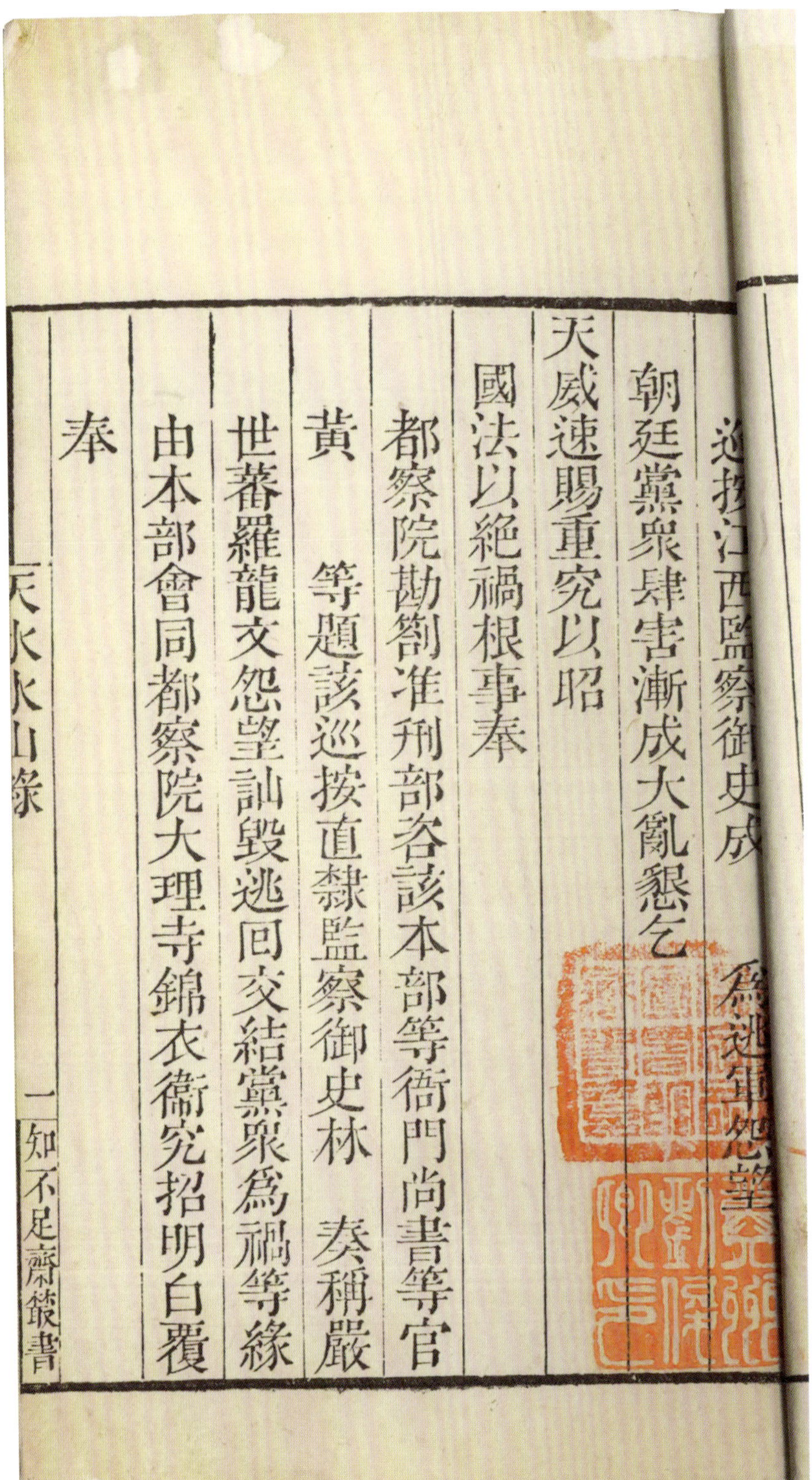

巡按江西監察御史成　爲逆[illegible]怨望
朝廷黨衆肆害漸成大亂懇乞
天威速賜重究以昭
國法以絶禍根事奉
都察院勘劄准刑部咨該本部等衙門尚書等官
黃　等題該巡按直隸監察御史林　奏稱嚴
世蕃羅龍文怨望訕毁逃回交結黨衆爲禍等緣
由本部會同都察院大理寺錦衣衛究招明白覆
奉

天水冰山録　一　知不足齋叢書

天水冰山錄不分卷附錄一卷　（明）□□撰　鈐山堂書畫記一卷　（明）文嘉撰

清乾隆五十一年刻知不足齋叢書本

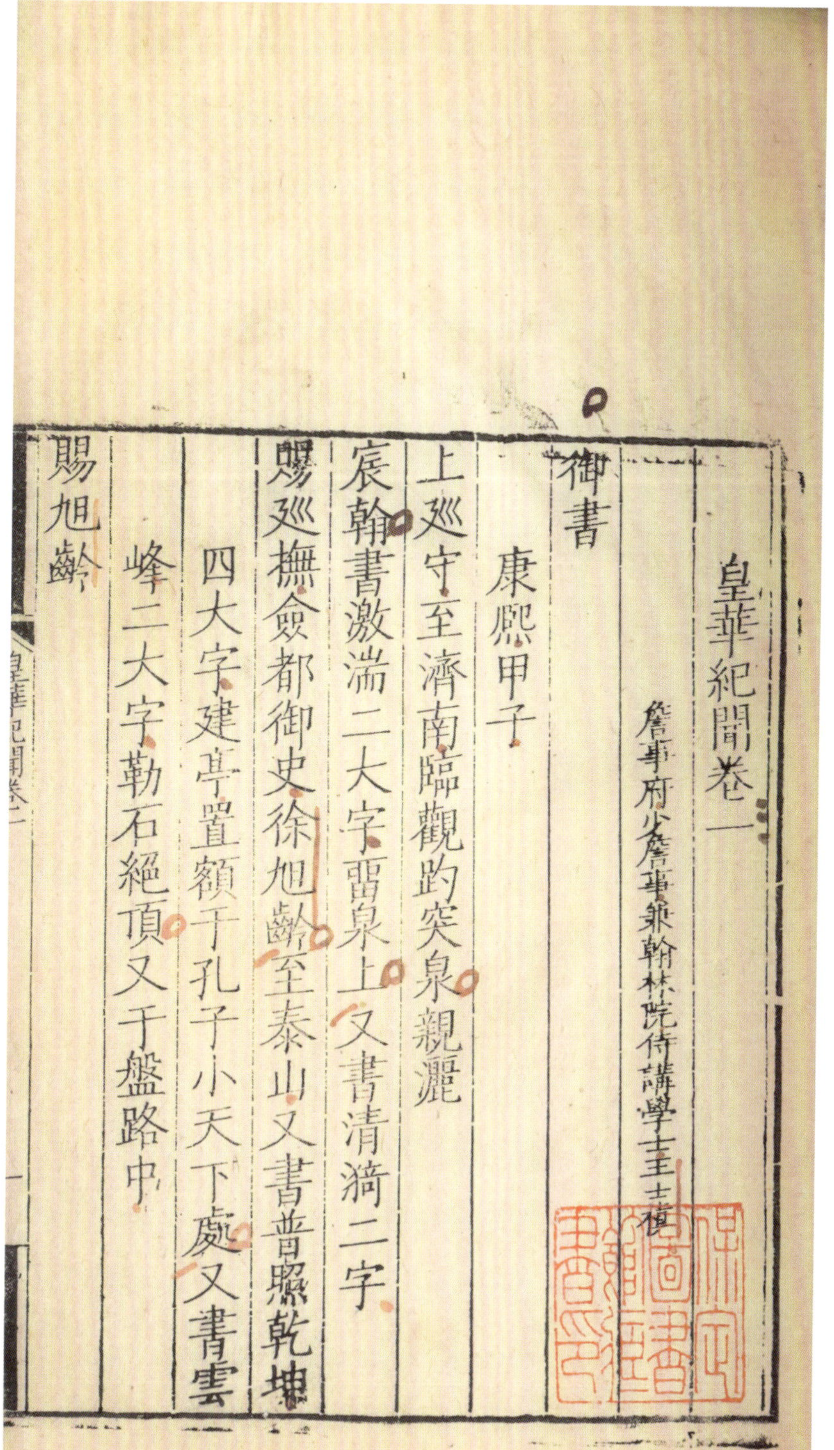

皇華紀聞卷一

詹事府少詹事兼翰林院侍講學士王士禛

御書

康熙甲子

上巡守至濟南臨觀趵突泉親灑

宸翰書激湍二大字置泉上又書清漪二字

賜巡撫僉都御史徐旭齡至泰山又書普照乾坤

四大字建亭置額于孔子小天下處又書雲

峰二大字勒石絕頂又于盤路中

賜旭齡

皇華紀聞四卷　（清）王士禛撰　清康熙二十九年刻本

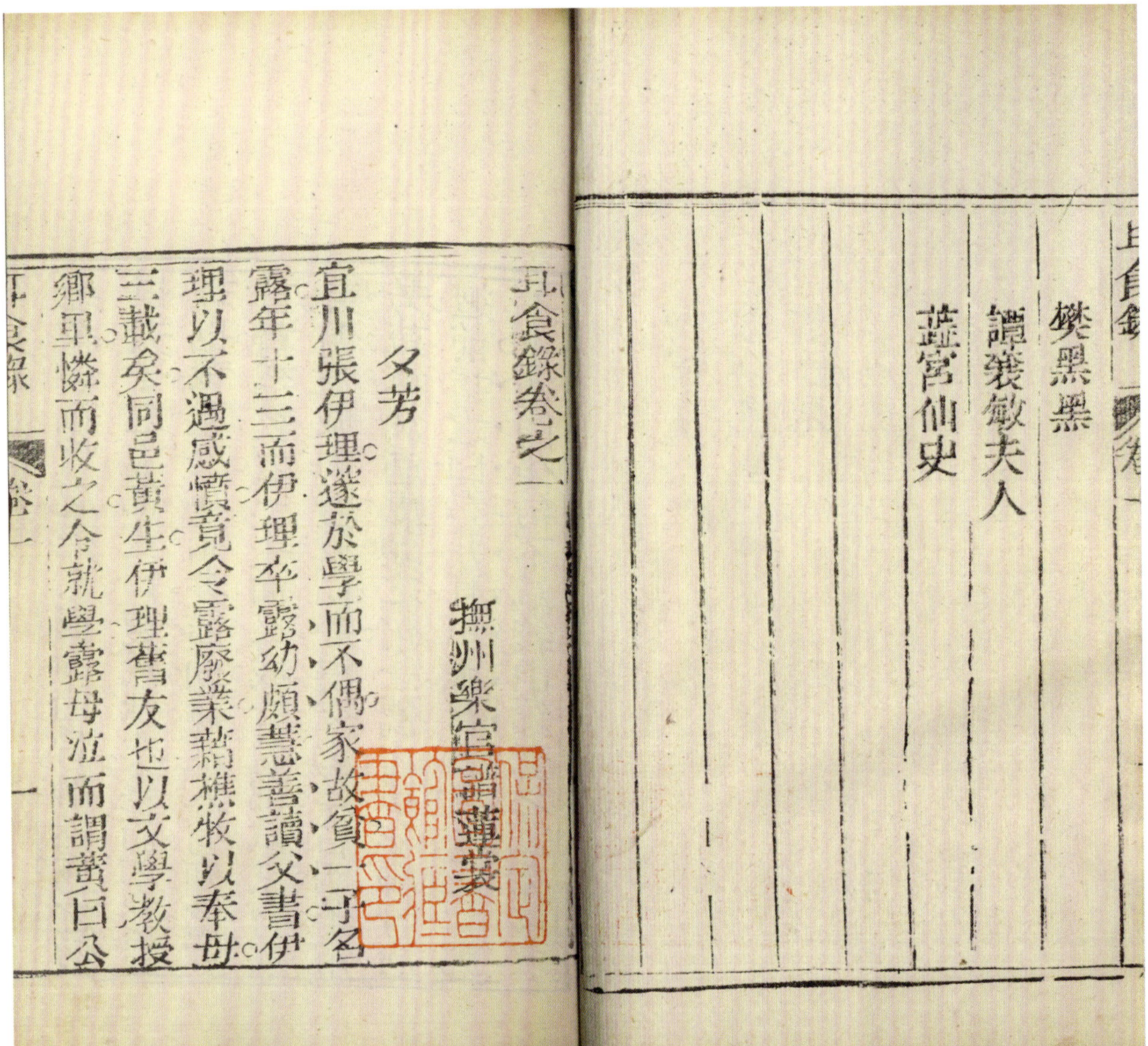

耳食錄　卷一

樊黑黑

譚襄敏夫人

蓮宮仙史

耳食錄卷之一

撫州樂宮譜蓮裳

夕芳

宜川張伊理遂於學而不偶家故貧一子名露年十三而伊理卒露幼頗慧善讀父書伊理以不過感憤竟令露廢業藉樵牧以奉母三載矣同邑黃生伊理舊友也以文學教授鄉里憐而收之令就塾露母泣而謂黃曰公

耳食錄　卷一　一

耳食錄十二卷　（清）樂鈞撰　清乾隆五十七年夢花樓刻本

小窗艷紀

延陵吳從先批選　古婁施金昌

武林何偉然參定　江都何士傑　校閱

論部

予嘗謂策如山。論如水。蓋以一定之策。雖大勇不能拔。一往之勢。即大智不能阻也。故論以快利為主。一言非。不難將千古人物。隨筆抹殺。一言是。而九淵者。忽登之九天。月旦春秋。古今士

艷紀　論

小窗艷紀十四卷　（明）吳從先撰　明刻本

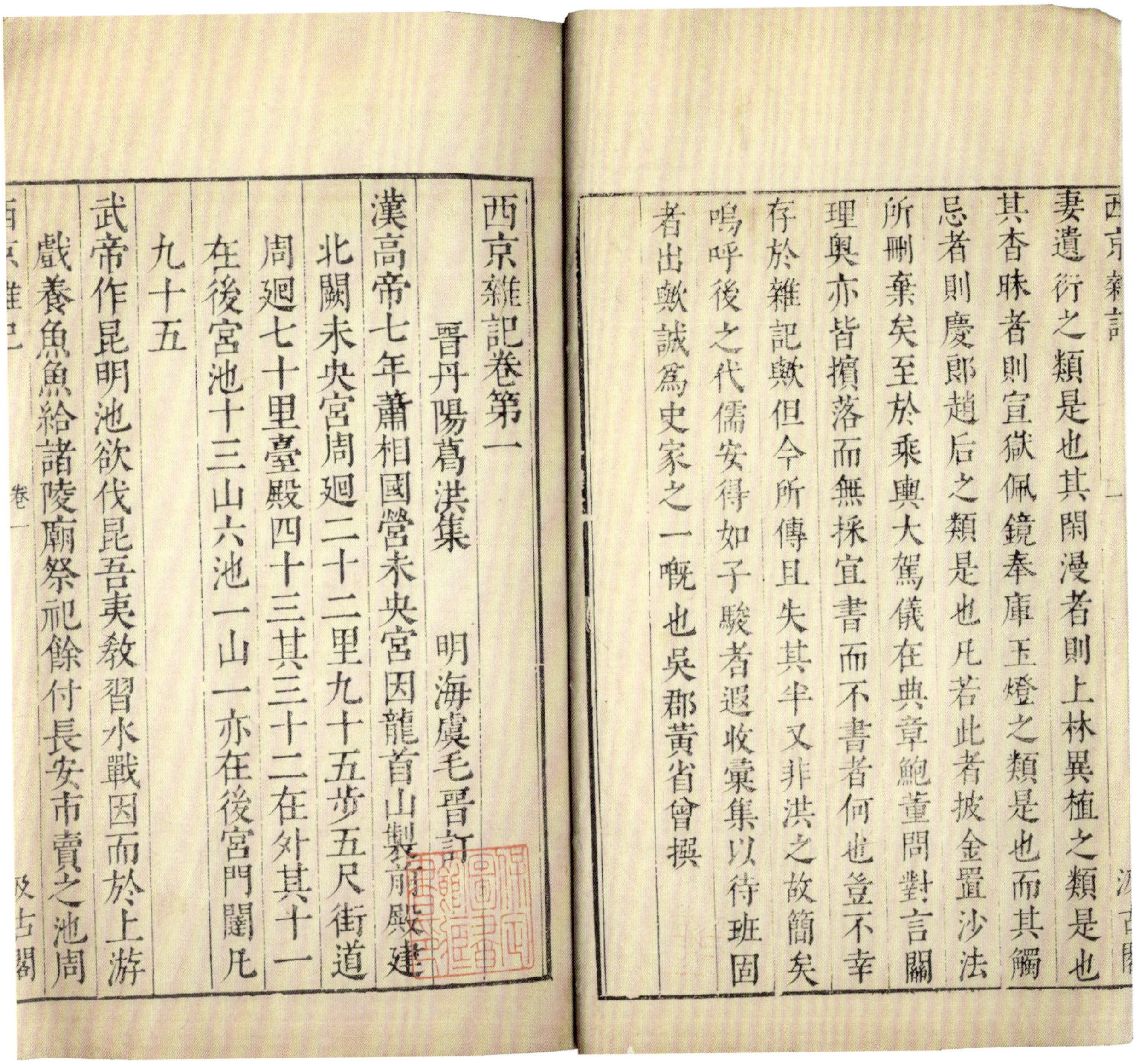

西京雜記　一　汲古閣

妻遺衍之類是也其閑漫者則上林異植之類是也其杳昧者則宣獄佩鏡奉庫玉燈之類是也而其觸忌者則慶郎趙后之類是也凡若此者披金置沙法所删棄矣至於乘輿大駕儀在典章鮑董問對言關理奥亦皆擯落而無採宜書而不書者何也豈不幸存於雜記歟但今所傳且失其半又非洪之故簡矣嗚呼後之代儒安得如子駿者遐收彙集以待班固者出歟誠爲史家之一慨也吳郡黃省曾撰

西京雜記卷第一

晉丹陽葛洪集　明海虞毛晉訂

漢高帝七年蕭相國營未央宮因龍首山製前殿建北闕未央宮周廻二十二里九十五步五尺街道周廻七十里臺殿四十三其三十二在外其十一在後宮池十三山六池一山一亦在後宮門闥凡九十五

武帝作昆明池欲伐昆吾夷教習水戰因而於上游戲養魚魚給諸陵廟祭祀餘付長安市賣之池周

西京雜記　卷一　汲古閣

西京雜記六卷　（晉）葛洪撰　明末汲古閣刻本

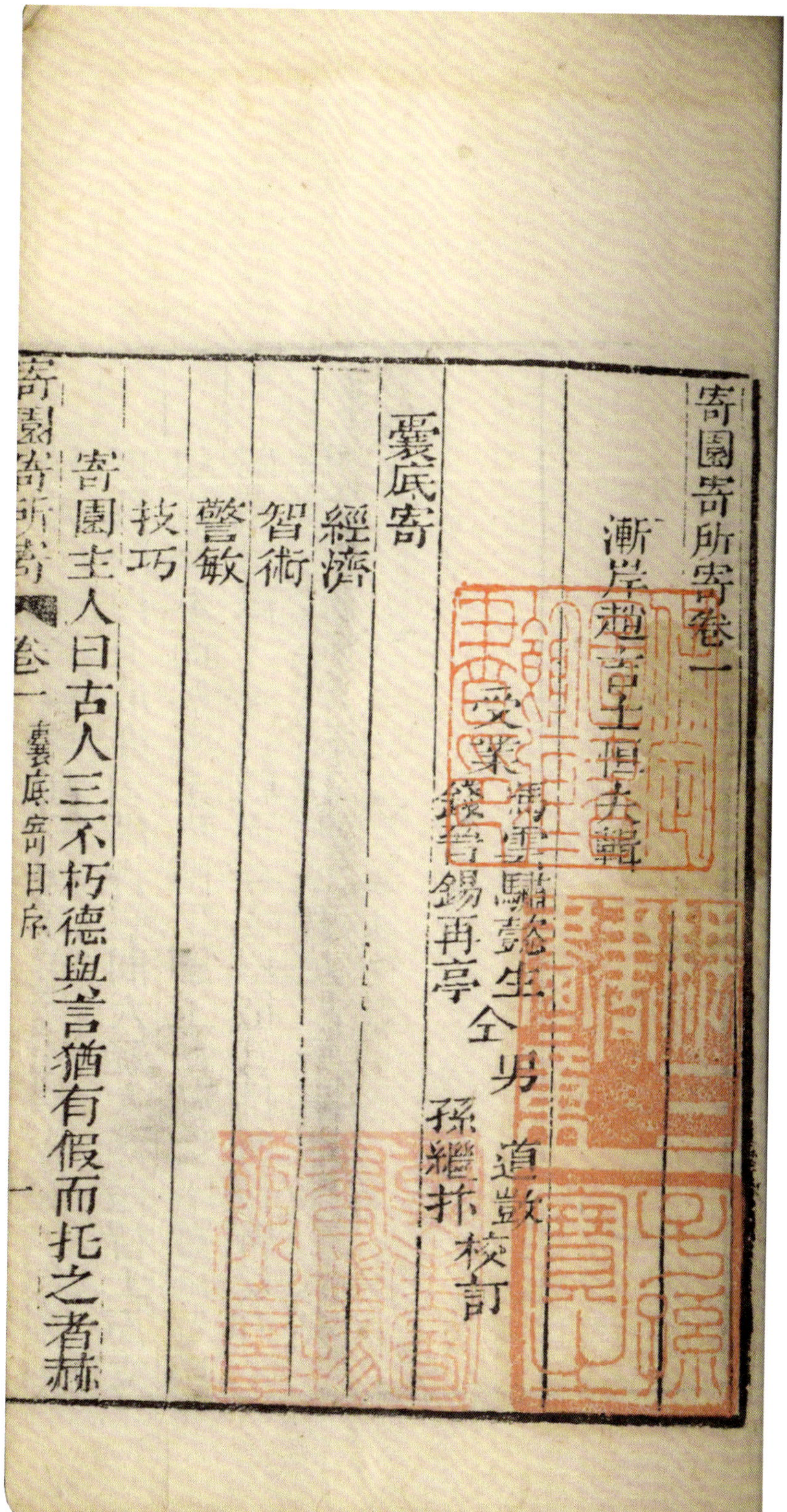
寄園寄所寄卷一

漸岸趙吉士恒夫輯

受業泖東驌懿生　仝男　道數

錢塘錫再亭　孫　繼抃　校訂

囊底寄

經濟

智術

警敏

技巧

寄園主人曰古人三不朽德與言猶有假而托之者赫

寄園寄所寄　卷一　囊底寄目序　一

寄園寄所寄十二卷　（清）趙吉士撰　清康熙三十四年刻本

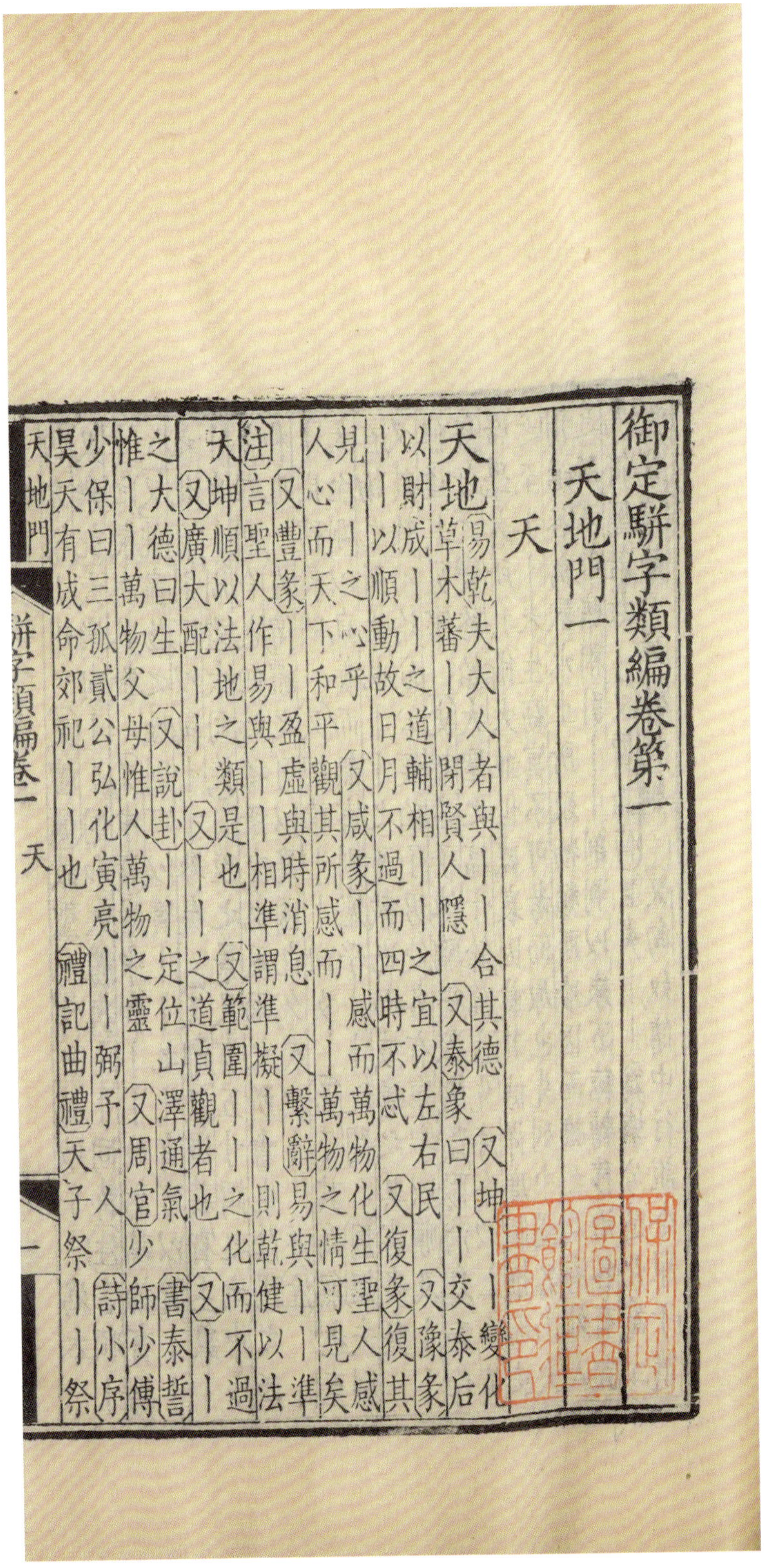
御定駢字類編卷第一

天地門一

天

天地 易乾夫大人者與丨丨合其德 又坤丨丨變化草木蕃丨丨閉賢人隱 又泰象曰丨丨交泰后以財成丨丨之道輔相丨丨之宜以左右民 又豫象丨丨以順動故日月不過而四時不忒 又復象復其見丨丨之心乎 又咸象丨丨感而萬物化生聖人感人心而天下和平觀其所感而丨丨萬物之情可見矣 又豐象丨丨盈虛與時消息 又繫辭易與丨丨準注言聖人作易與丨丨相準謂準擬丨丨則乾健以法天坤順以法地之類是也 又範圍丨丨之化而不過 又廣大配丨丨 又丨丨之道貞觀者也 又丨丨之大德曰生 又說卦丨丨定位山澤通氣 書泰誓惟丨丨萬物父母惟人萬物之靈 又周官少師少傅少保曰三孤貳公弘化寅亮丨丨弼予一人 詩小序昊天有成命郊祀丨丨也 禮記曲禮天子祭丨丨祭

天地門　駢字類編卷一　天　一

御定駢字類編二百四十卷　（清）康熙五十八年官撰　清雍正四年武英殿刻本

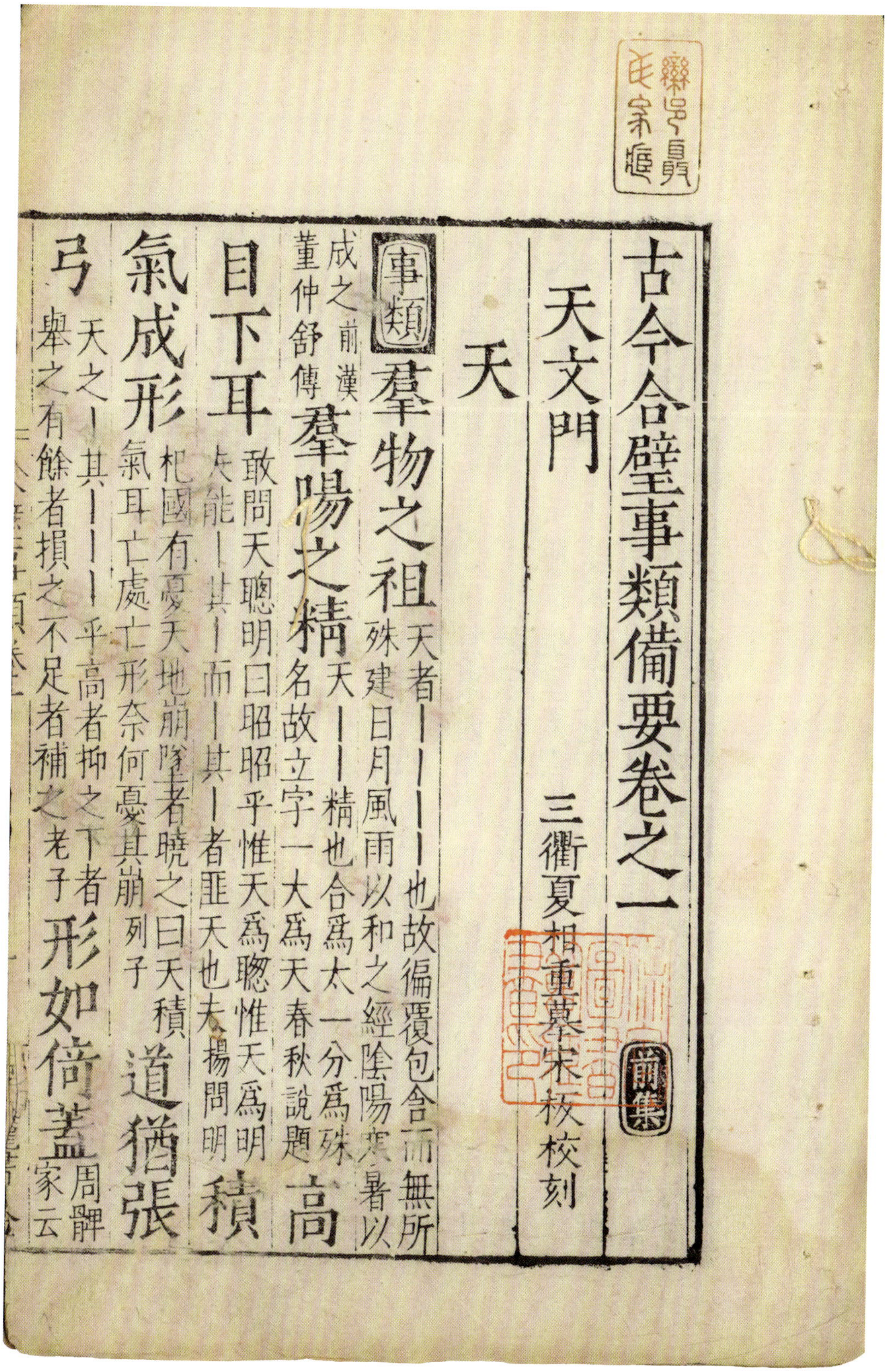
古今合璧事類備要卷之一　前集

天文門　　三衢夏相重摹宋板校刻

天

事類　羣物之祖天者｜｜｜｜也故偏覆包含而無所殊建日月風雨以和之經陰陽寒暑以成之前漢董仲舒傳　羣陽之精天｜｜精也合爲太一分爲殊名故立字一大爲天春秋說題　高目下耳敢問天聰明曰昭昭乎惟天爲聰惟天爲明夫能｜其｜而｜其｜者匪天也夫揚問明　積氣成形杞國有憂天地崩墜者曉之曰天積氣耳亡處亡形奈何憂其崩列子　道猶張弓天之｜其｜｜｜乎高者抑之下者舉之有餘者損之不足者補之老子　形如倚蓋周髀家云

古今合璧事類備要前集六十九卷後集八十一卷續集五十六卷　（宋）謝維新撰　別集九十四卷外集六十六卷　（宋）虞載撰　明嘉靖三十五年衢州夏氏刻本

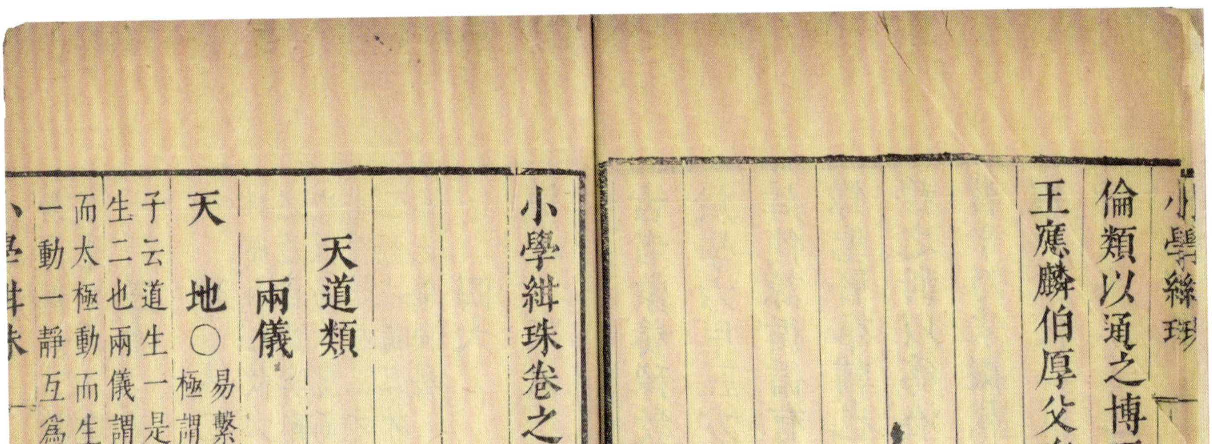

小學紺珠　一　汲古閣

倫類以通之博不雜約不陋可謂善學也已浚儀

王應麟伯厚父自序

小學紺珠卷之一

宋　浚儀王應麟

明　海虞毛　晉　訂

天道類

兩儀

天　地　○　易繫辭易有太極是生兩儀正義云太極謂天地未分之前元氣混而爲一老子云道生一是也混元既分即有天地老子云一生二也兩儀謂兩體容儀　周子太極圖云無極而太極動而生陽動極而靜靜而生陰靜極復動一動一靜互爲其根分陰分陽兩儀立焉此以陰

小學紺珠　一　卷之一　汲古閣

小學紺珠十卷　（宋）王應麟撰　明汲古閣刻本

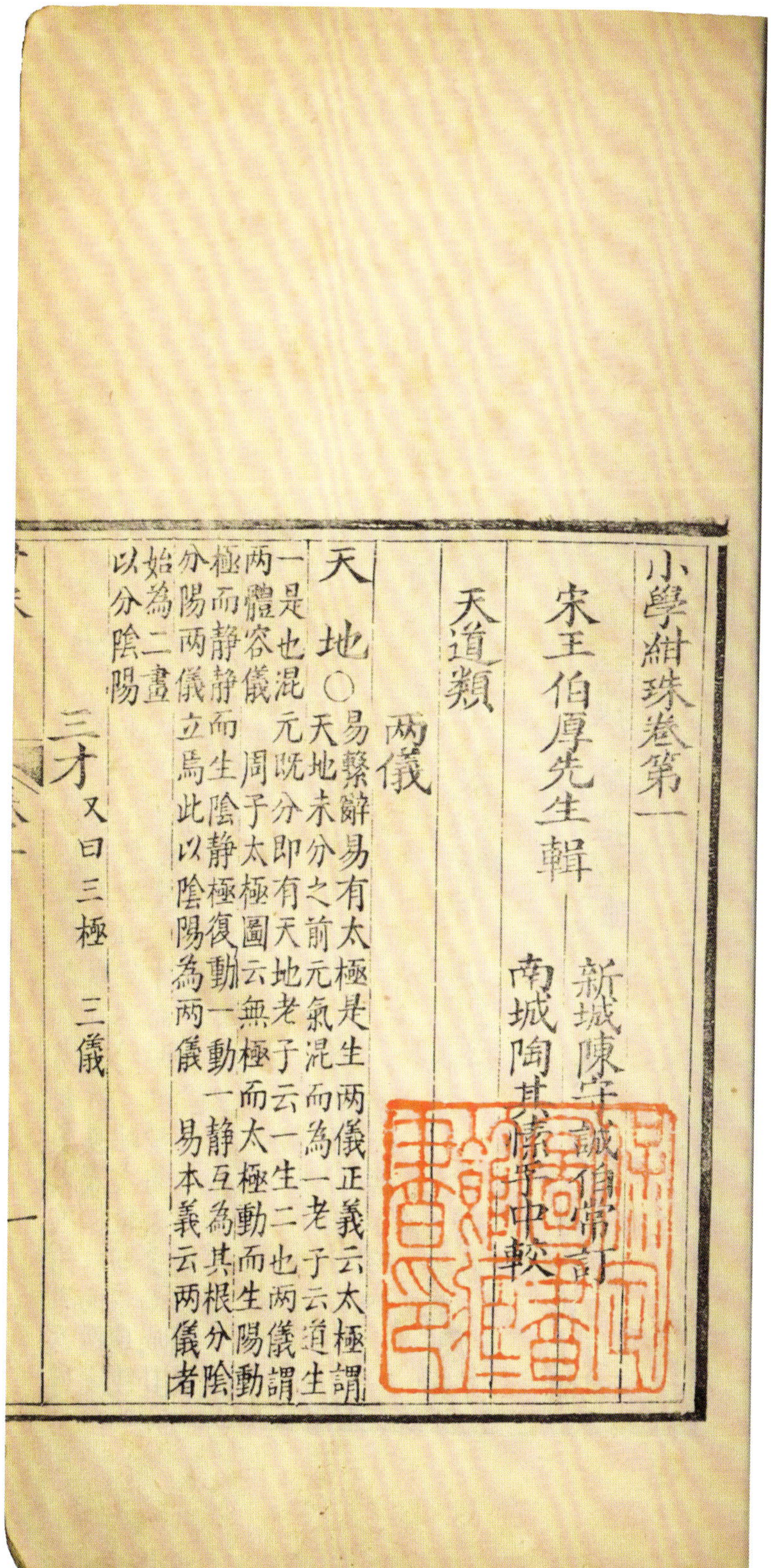
小學紺珠卷第一

宋王伯厚先生輯　新城陳宇誠伯甫訂

南城陶其愫守中較

天道類

兩儀　天地○　易繫辭易有太極是生兩儀正義云太極謂天地未分之前元氣混而為一老子云道生一是也混元既分即有天地老子云一生二也兩儀謂兩體容儀　周子太極圖云無極而太極動而生陽動極而靜靜而生陰靜極復動一動一靜互為其根分陰分陽兩儀立焉此以陰陽為兩儀　易本義云兩儀者始為二畫以分陰陽

三才　又曰三極　三儀

小學紺珠十卷　（宋）王應麟撰　清乾隆十七年恕堂刻袖珍本

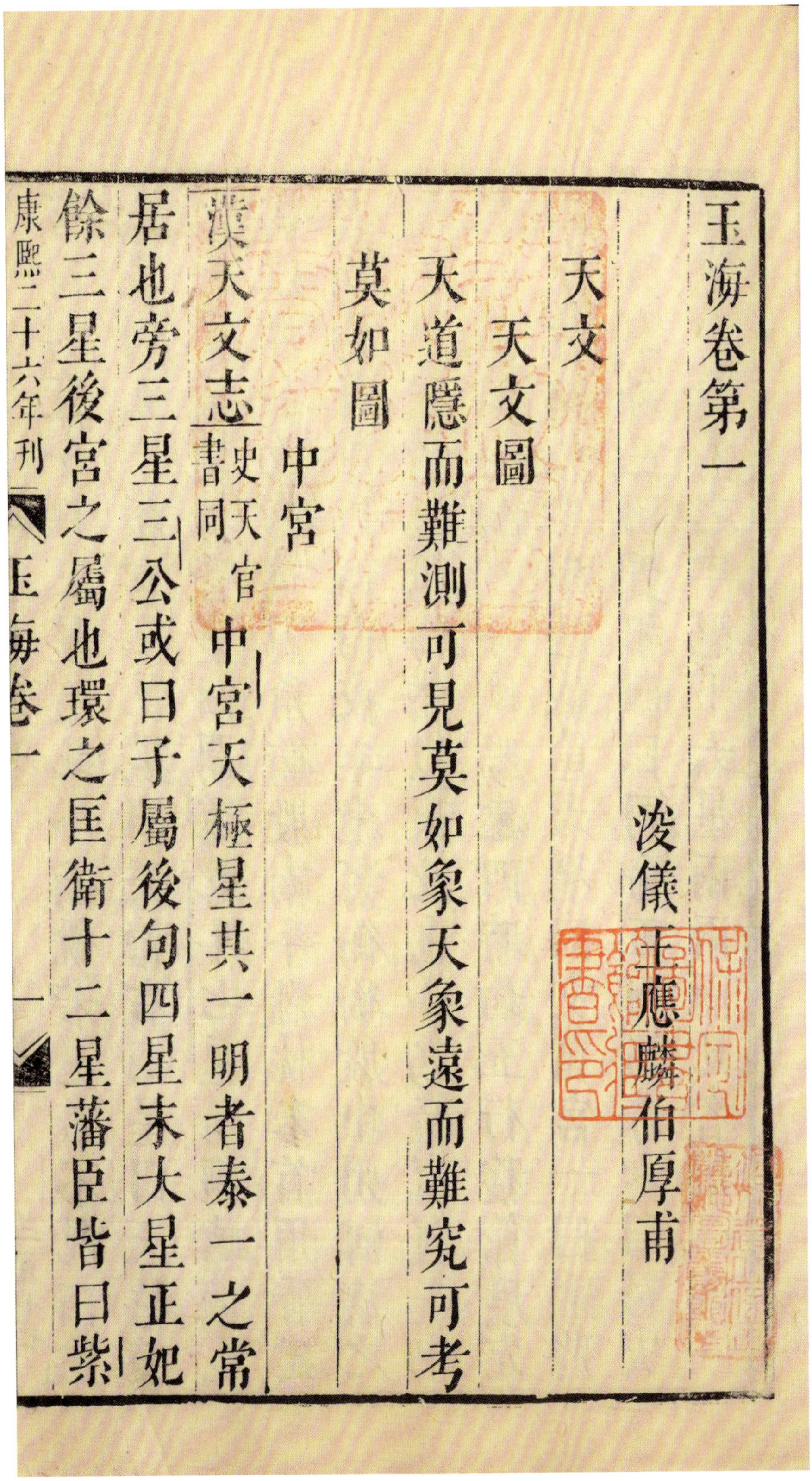

玉海二百卷附十四種六十五卷　（宋）王應麟撰　元至元六年慶元路儒學刻元明清遞修本

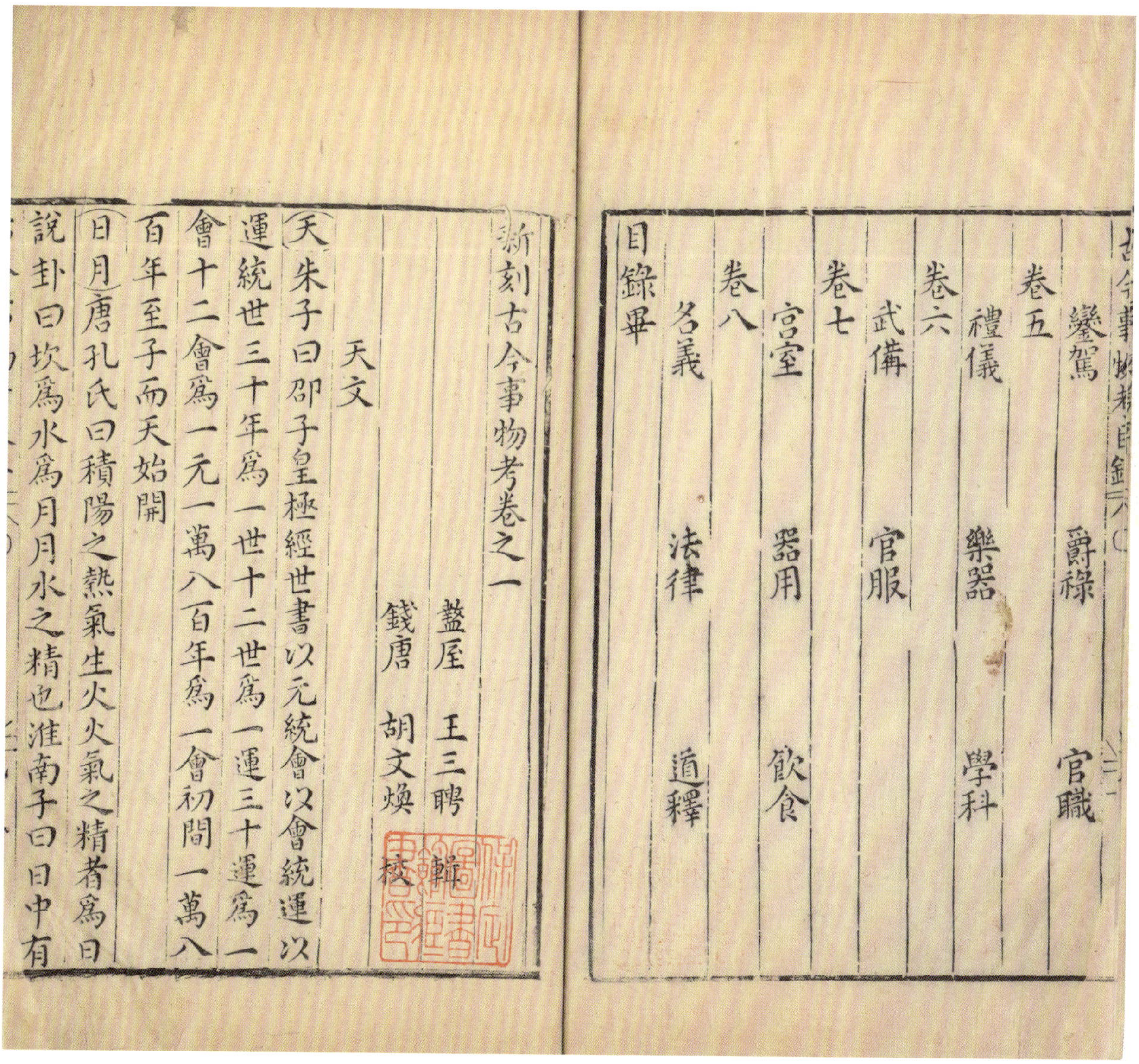

鑾駕　爵祿　官職

卷五

禮儀　樂器　學科

卷六

武備　官服

卷七

宮室　器用　飲食

卷八

名義　法律　道釋

目錄畢

新刻古今事物考卷之一

盩厔　王三聘　輯

錢唐　胡文煥　校

天文

（天）朱子曰邵子皇極經世書以元統會以會統運以運統世三十年爲一世十二世爲一運三十運爲一會十二會爲一元一萬八百年爲一會初間一萬八百年至子而天始開

（日月）唐孔氏曰積陽之熱氣生火火氣之精者爲日說卦曰坎爲水爲月月水之精也淮南子曰日中有

新刻古今事物考八卷　（明）王三聘輯　胡文煥校　明刻本

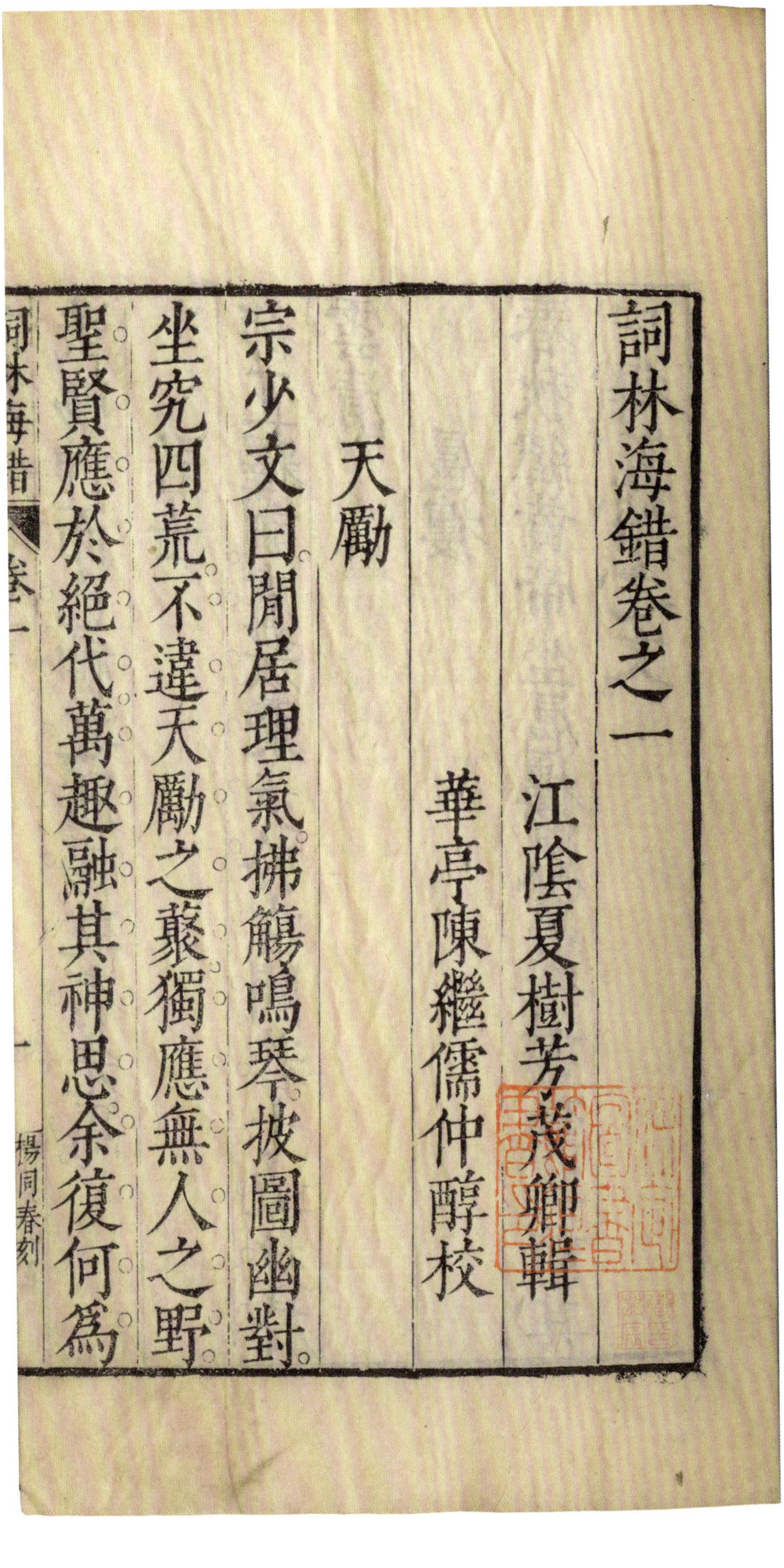
詞林海錯卷之一

江陰夏樹芳茂卿輯

華亭陳繼儒仲醇校

天勵

宗少文曰閒居理氣拂觴鳴琴披圖幽對坐究四荒不違天勵之藪獨應無人之野聖賢應於絕代萬趣融其神思余復何爲

詞林海錯　卷一　一　楊同春刻

詞林海錯十二卷　（明）夏樹芳輯　明萬曆刻本

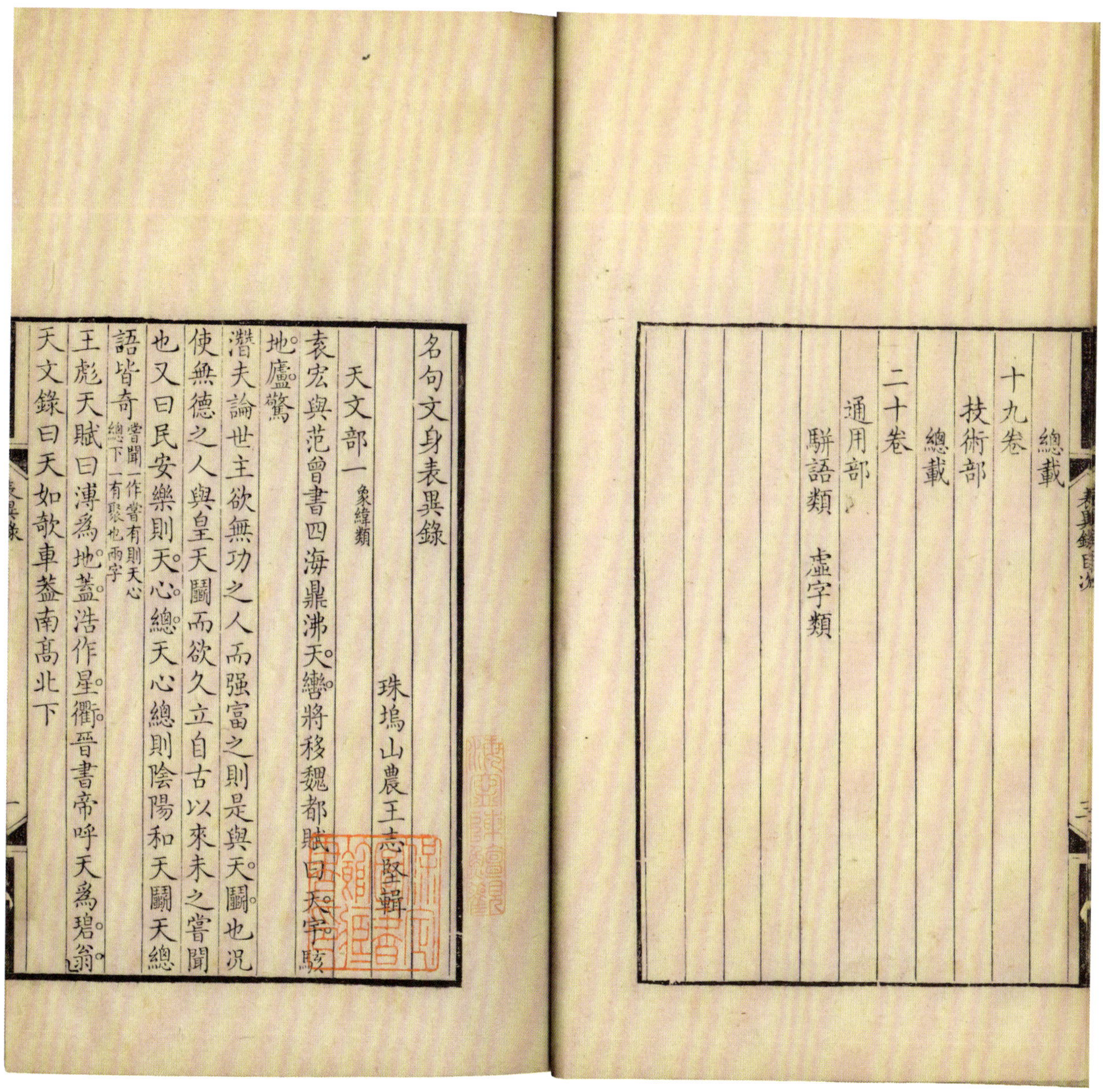

總載
十九卷
技術部
總載
二十卷
通用部
駢語類　虛字類

名句文身表異錄
珠塢山農王志堅輯
天文部一　象緯類
袁宏與范曾書四海鼎沸天轡將移魏都賦曰天宇駭地廬驚
潛夫論世主欲無功之人而强富之則是與天鬬也況使無德之人與皇天鬬而欲久立自古以來未之嘗聞也又曰民安樂則天心總天心總則陰陽和天鬬天總語皆奇嘗聞一作嘗有則天心總下一有聚也兩字
王彪天賦曰溥爲地蓋浩作星衢晉書帝呼天爲碧翁
天文錄曰天如欹車蓋南高北下

名句文身表異錄二十卷　（明）王志堅輯　清康熙四十七年重刻本

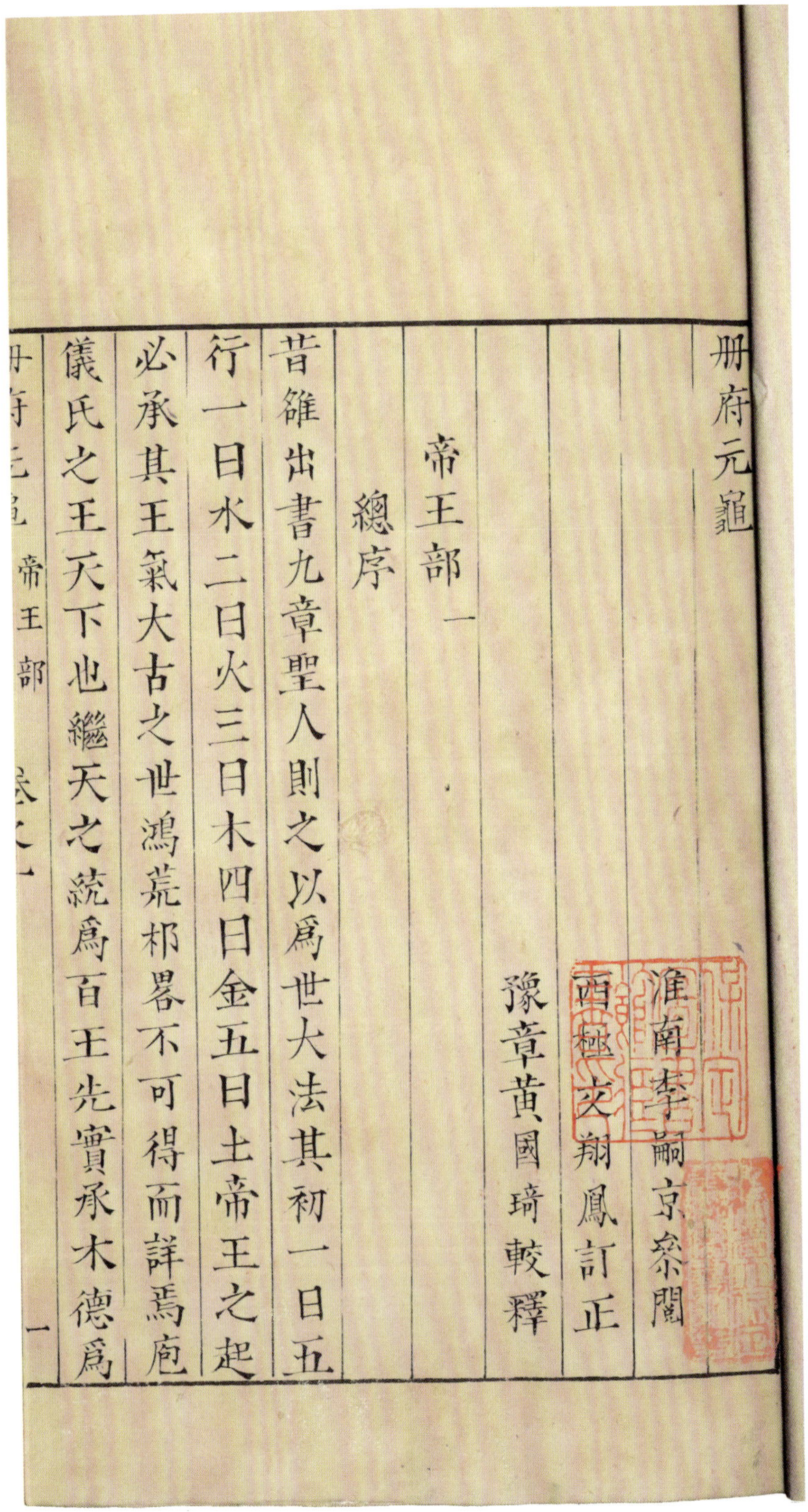
冊府元龜

淮南李嗣京參閱
西極文翔鳳訂正
豫章黃國琦較釋

帝王部一

總序

昔雒出書九章聖人則之以爲世大法其初一曰五行一曰水二曰火三曰木四曰金五曰土帝王之起必承其王氣大古之世鴻荒朴畧不可得而詳焉庖儀氏之王天下也繼天之統爲百王先實承木德爲

冊府元龜　帝王部　卷之一　一

冊府元龜一千卷目錄十卷　（宋）王欽若等輯　明崇禎十五年黃國琦刻本

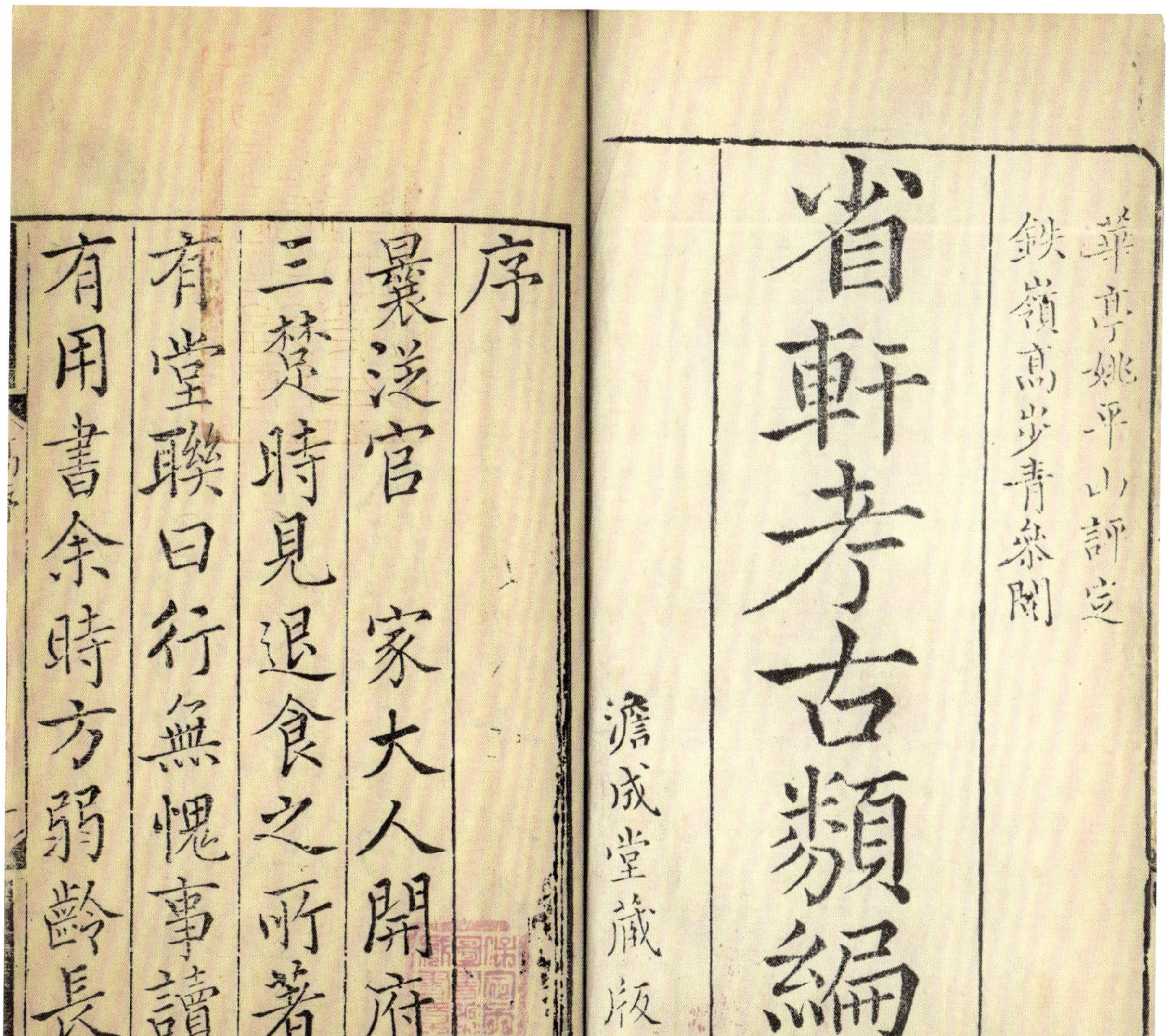
華亭姚平山評定
鉄嶺高岑青參閲

省軒考古類編

澹成堂藏版

序
曩從宦　家大人開府
三楚時見退食之所著
有堂聯曰行無愧事讀
有用書余時方弱齡長

省軒考古類編十二卷　（清）柴紹炳撰　清雍正四年澹成堂刻本

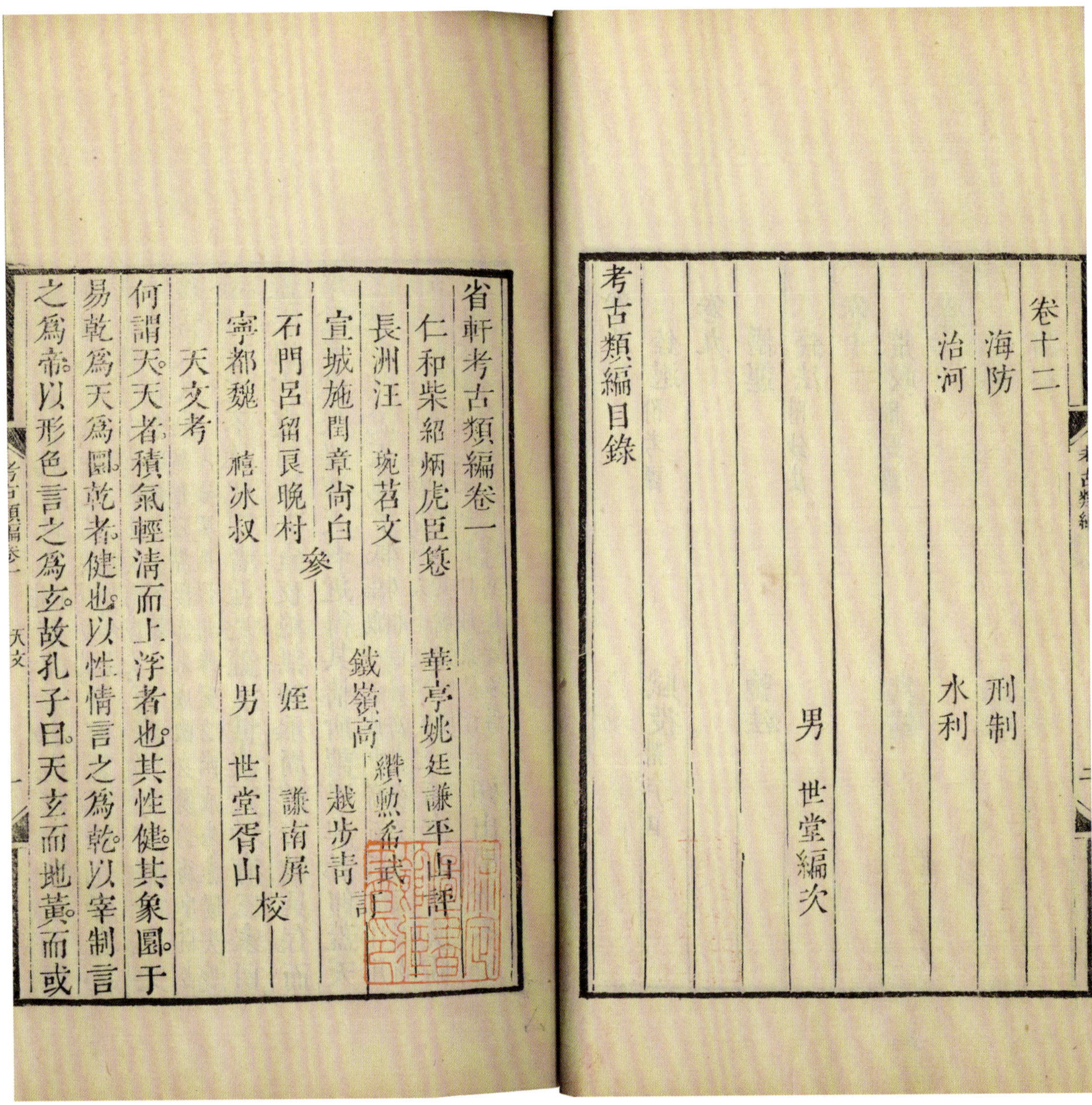
卷十二

海防　刑制

治河　水利

男　世堂編次

考古類編目錄

省軒考古類編卷一

仁和柴紹炳虎臣甃　華亭姚廷謙平山評

長洲汪琬苕文　鐵嶺高纘勳希武訂

宣城施閏章尚白　越步青

石門呂留良晚村　參　姪　謙南屏

寧都魏禧冰叔　男　世堂胥山　校

天文考

何謂天天者積氣輕清而上浮者也其性健其象圜于易乾爲天爲圜乾者健也以性情言之爲乾以宰制言之爲帝以形色言之爲玄故孔子曰天玄而地黃而或

考古類編卷一　天文　一

省軒考古類編十二卷　（清）柴紹炳撰　清雍正三年刻本

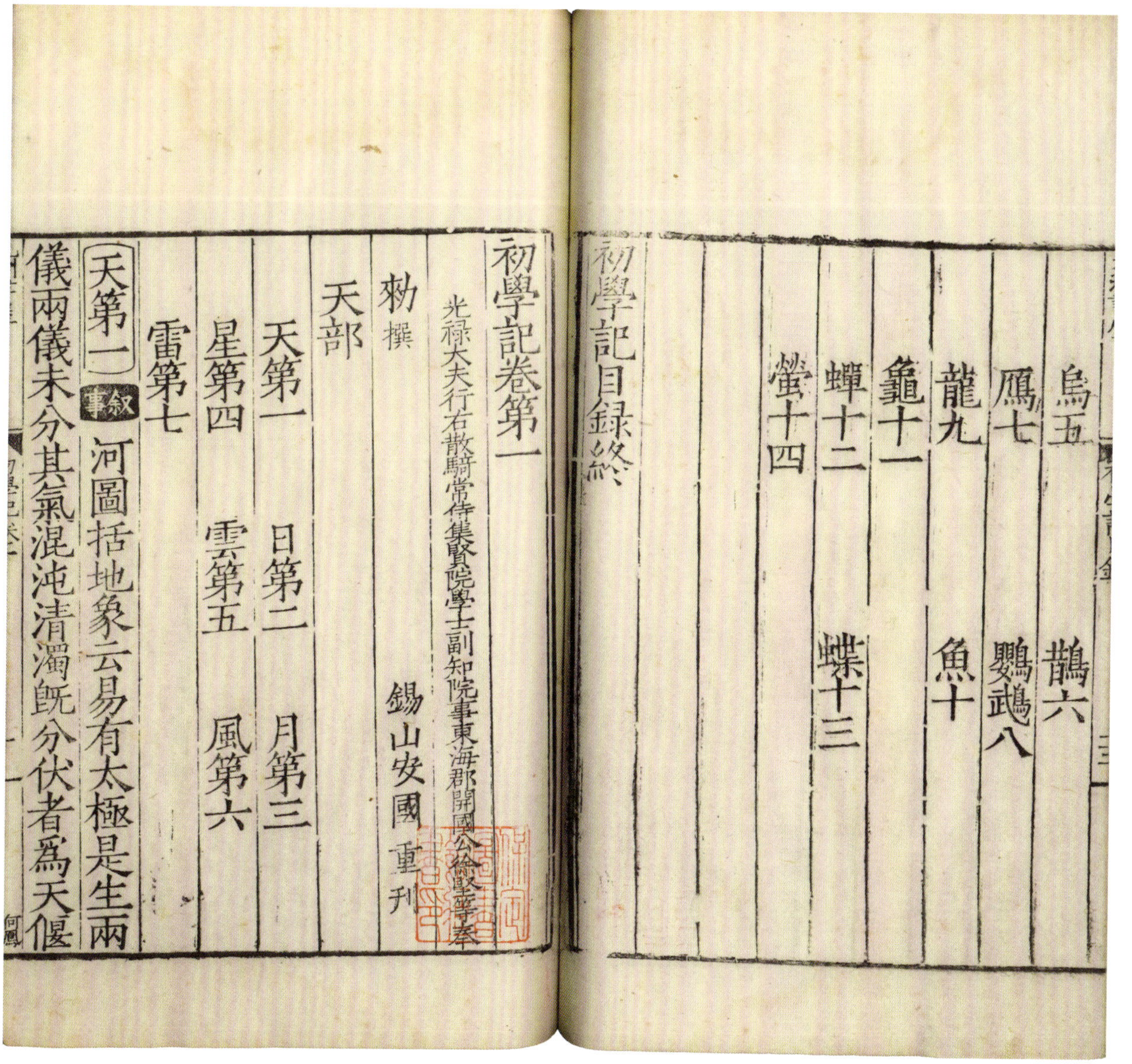

初學記三十卷　（唐）徐堅等輯　明嘉靖十年楊九洲書屋刻本　入選《河北省名錄》0253號

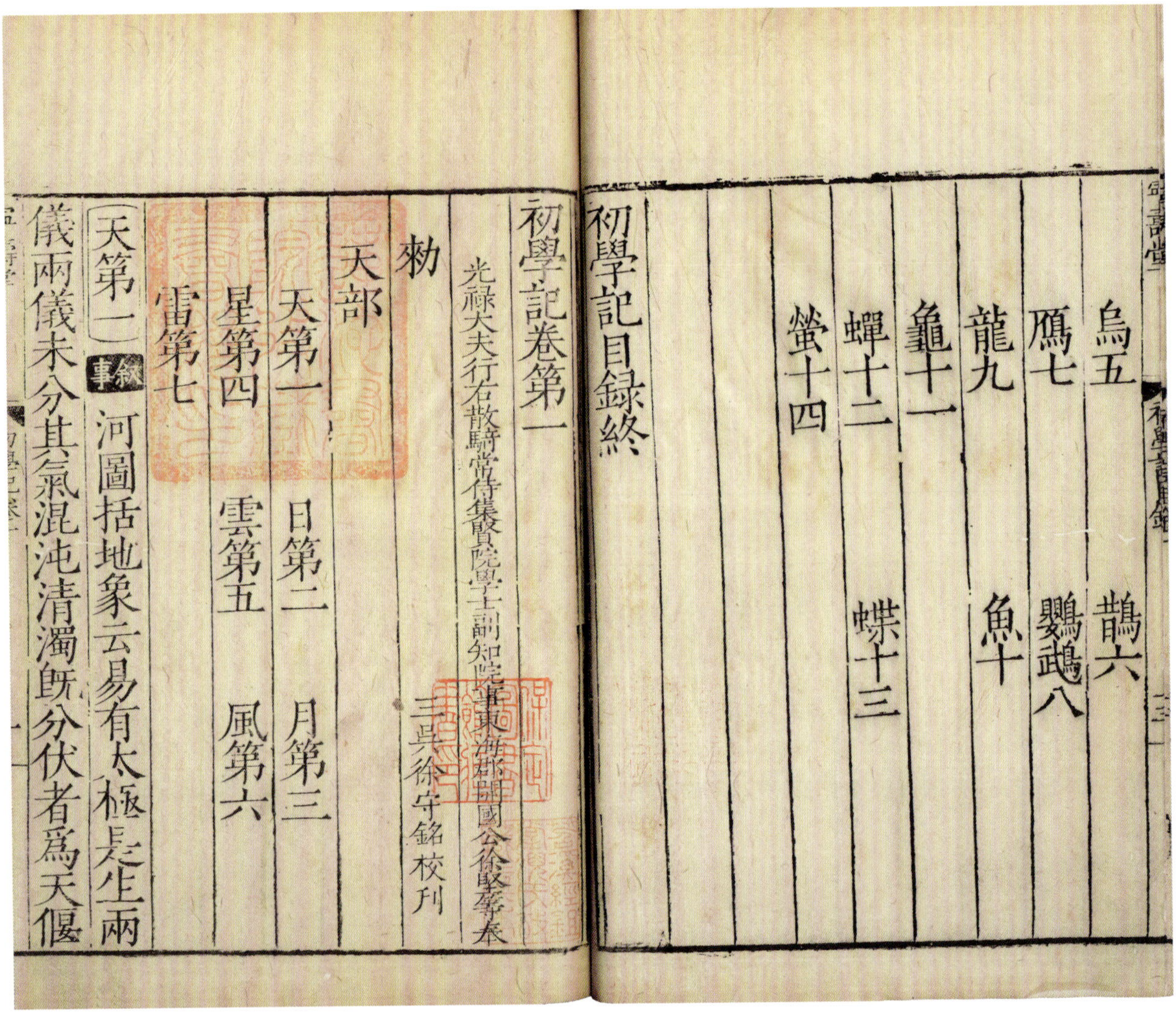

烏五　鵲六
鴈七　鸚鵡八
龍九　魚十
龜十一
蟬十二　蝶十三
螢十四
初學記目錄終

初學記卷第一
光祿大夫行右散騎常侍集賢院學士副知院事東海郡開國公徐堅等奉
三吳徐守銘校刊
勑
天部
天第一　日第二　月第三
星第四　雲第五　風第六
雷第七
天第一　敘事　河圖括地象云易有太極是生兩儀兩儀未分其氣混沌清濁既分伏者爲天偃

初學記三十卷　（唐）徐堅等輯　明萬曆十五年徐守銘寧壽堂刻本

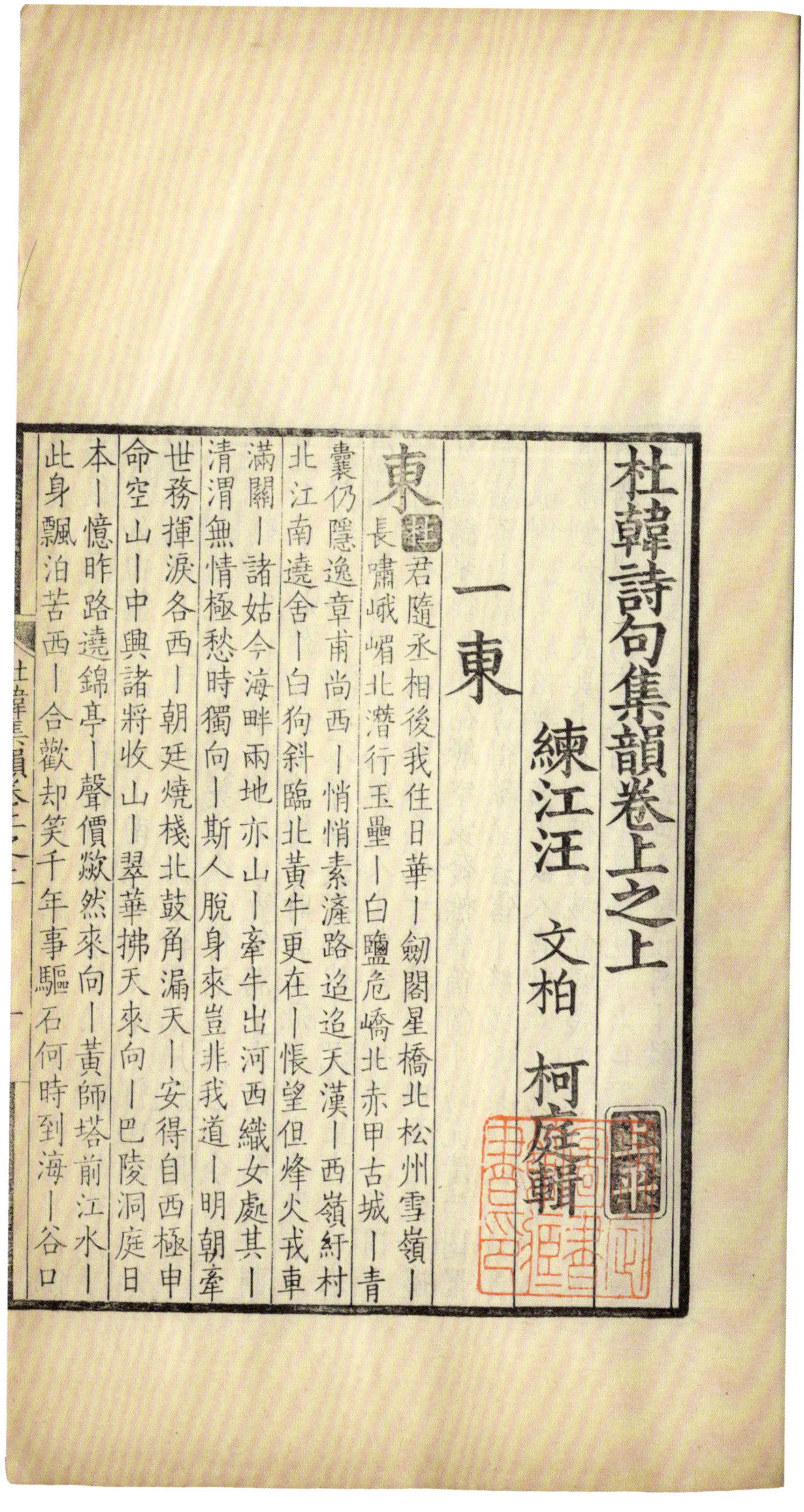
杜韓詩句集韻卷上之上

練江汪　文柏　柯庭輯

一東

東杜君隨丞相後我住日華｜劒閣星橋北松州雪嶺｜長嘯峨嵋北潛行玉壘｜白鹽危嶠北赤甲古城｜青囊仍隱逸章甫尚西｜悄悄素滻路迢迢天漢｜西嶺紆村北江南遠舍｜白狗斜臨北黄牛更在｜悵望但烽火戎車滿關｜諸姑今海畔兩地亦山｜牽牛出河西織女處其｜清渭無情極愁時獨向｜斯人脫身來豈非我道｜明朝牽世務揮淚各西｜朝廷燒棧北鼓角漏天｜安得自西極申命空山｜中興諸將收山｜翠華拂天來向｜巴陵洞庭日本｜憶昨路遶錦亭｜聲價欻然來向｜黄師塔前江水｜此身飄泊苦西｜合歡却笑千年事驅石何時到海｜谷口

杜韓詩句集韻三卷　（清）汪文柏撰　清康熙四十六年汪氏古香樓刻本

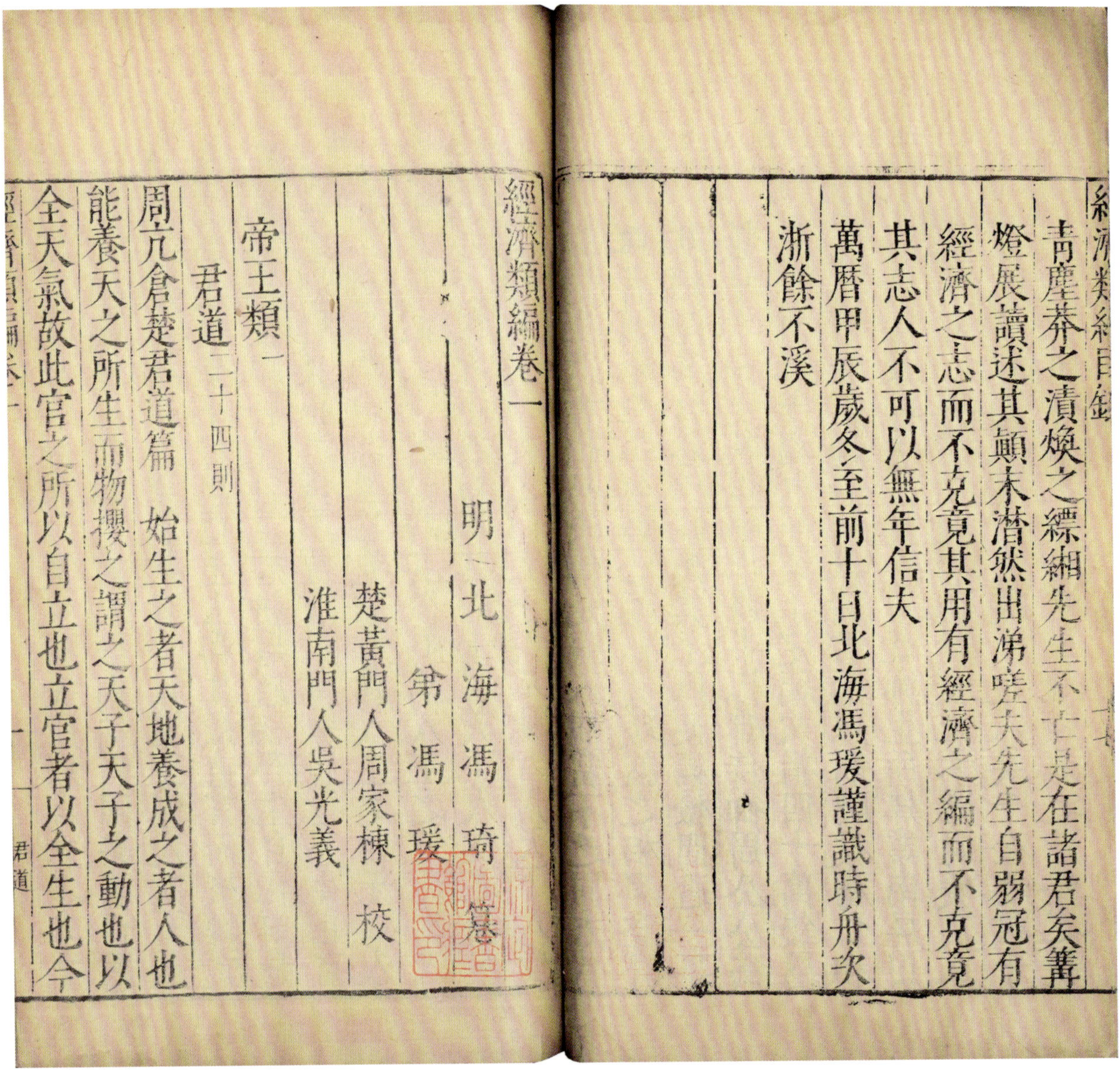
經濟類編目錄
青塵莽之漬煥之縹緗先生不古是在諸君矣篝
燈展讀述其顛末潸然出涕嗟夫先生自弱冠有
經濟之志而不克竟其用有經濟之編而不克竟
其志人不可以無年信夫
萬曆甲辰歲冬至前十日北海馮瑗謹識時舟次
淛餘不溪

經濟類編卷一
明　北　海　馮　琦　纂
　　　　弟　馮　瑗
楚黃門人周家棟　校
淮南門人吳光義
帝王類一
君道二十四則
周凢倉楚君道篇　始生之者天地養成之者人也
能養天之所生而物攖之謂之天子天子之動也以
全天氣故此官之所以自立也立官者以全生也今
經濟類編卷一　一　君道

經濟類編一百卷　（明）馮琦撰　明萬曆三十二年吳光義等校刻本　入選《河北省名錄》0258號

洪武正韻

上平聲

一東

東湅蝀冬𩂓〇通侗恫俑桐蓪〇同仝童僮侗㼿朣
瞳銅峒桐穜絧罿艟筒筩種種重潼衕鮦犝穜酮挏
氃詷戙艟彤佟𢥞鼕浵〇龍攏籠櫳襲襱聾嚨曨朧
襱鑨瓏礱龐籠䈶瀧鑨〇隆癃隆𪔵窿隆〇蓬芃韸䩬
逢髼夆莑塳〇蒙冡幪幪髳濛雺霿矇朦艨矇饛罞
懵夢瞢懞〇悤囱怱蔥䡯聰𢉖璁驄樅鏦從蓯〇宗
㚇猣騣鬉豵稯椶稯緵總揔嵕蓯𨎮䍟艐朡葼〇縱

洪武正韻　一

五車韻瑞一百六十卷目錄一卷洪武正韻一卷　（明）凌稚隆撰　明刻本

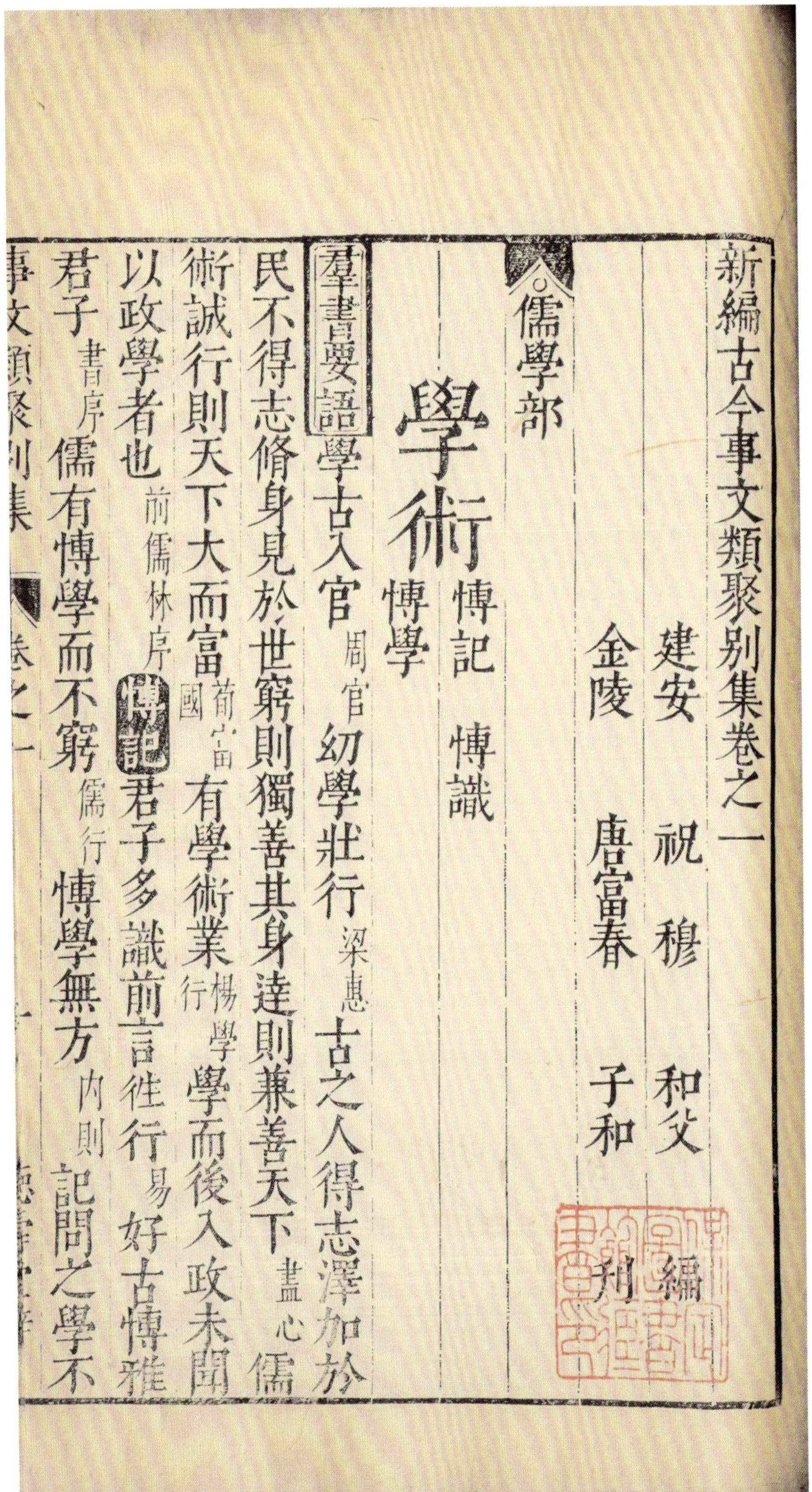

新編古今事文類聚別集卷之一

建安　祝穆　和父　編

金陵　唐富春　子和　刊

儒學部

學術　博記　博識

博學

羣書要語　學古入官周官　幼學壯行梁惠　古之人得志澤加於民不得志脩身見於世窮則獨善其身達則兼善天下盡心　儒術誠行則天下大而富荀富國　有學術業揚學行　學而後入政未聞以政學者也前儒林序

博記　君子多識前言往行易　好古博雅君子書序　儒有博學而不窮儒行　博學無方內則　記問之學不

事文類聚別集　卷之一

新編古今事文類聚別集三十二卷　（宋）祝穆撰　明德壽堂刻本

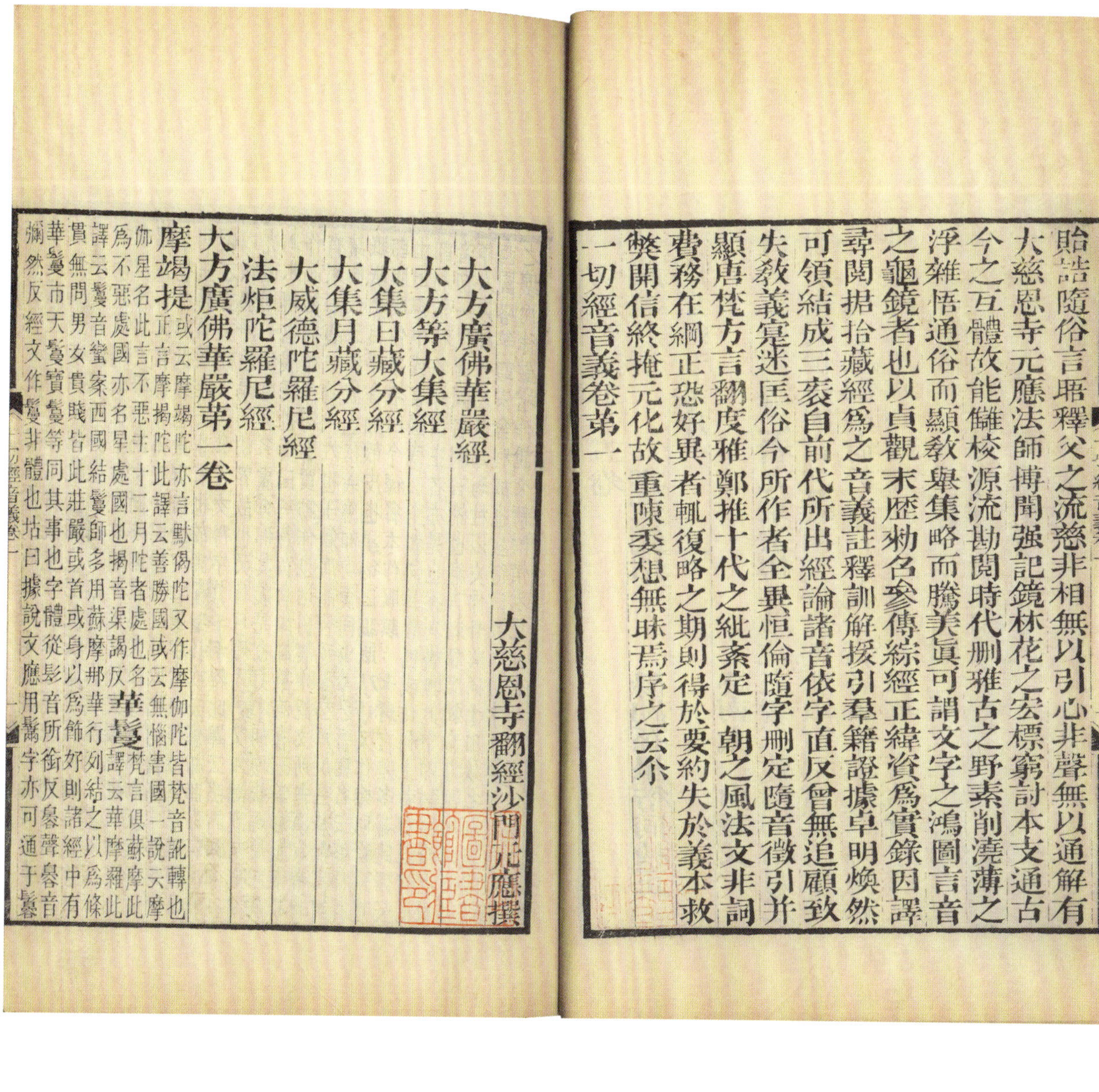
貽誥隨俗言晤釋父之流慈非相無以引心非聲無以通解有
大慈恩寺元應法師博聞强記鏡林花之宏標窮討本支通古
今之互體故能讎校源流勘閲時代刪雅古之野素削澆薄之
浮雜悟通俗而顯教舉集略而騰美眞可謂文字之鴻圖言音
之龜鏡者也以貞觀末歷勑名參傳綜經正緯資爲實錄因譯
尋閲捃拾藏經爲之音義註釋訓解援引羣籍證據卓明煥然
可領結成三袠自前代所出經論諸音依字直反曾無追顧致
失教義寔迷匡俗今所作者全異恒倫隨字刪定隨音徵引并
顯唐梵方言翻度雅鄭推十代之紕紊定一朝之風法文非詞
費務在綱正恐好異者輒復略之期則得於要約失於義本救
弊開信終掩元化故重陳委想無昧焉序之云尒

一切經音義卷第一

大慈恩寺翻經沙門元應撰

大方廣佛華嚴經
大方等大集經
大集日藏分經
大集月藏分經
大威德陀羅尼經
法炬陀羅尼經

大方廣佛華嚴經第一卷

摩竭提 或云摩竭陀亦言默偈陀又作摩伽陀皆梵音訛轉也正言摩揭陀此譯云善勝國或云無惱害國一說云摩伽星名此言不惡主十二月陀者處也名此爲不惡處國亦名星處國也揭音渠謁反

華鬘 梵言俱蘇摩此譯云華摩羅此云鬘音蠻案西國結鬘師多用蘇摩那華行列結之以爲條貫無問男女貴賤皆此莊嚴或首或身以爲飾好則諸經中有華鬘市天鬘寶鬘等同其事也字體從髟音所銜反㝵聲㝵音彌然反經文作鬘非體也㚙曰據說文應用鬗字亦可通于鬘

一切經音義二十五卷　（唐）釋玄應撰　（清）莊炘等校　補訂新譯大方廣佛華嚴經音義二卷　（唐）釋慧苑撰　清同治八年刻本

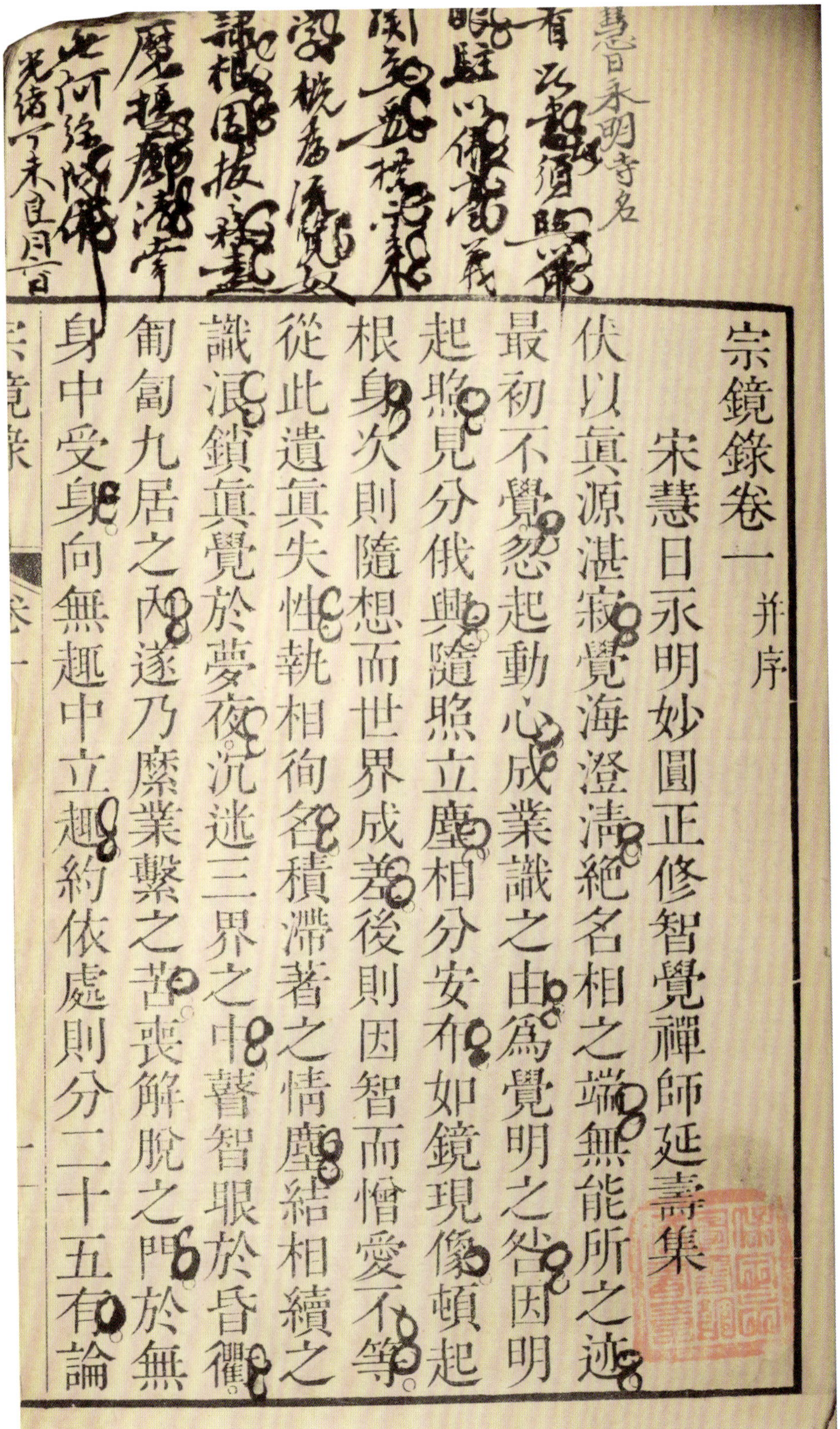

慧日永明寺名

宗鏡錄卷一 并序

宋慧日永明妙圓正修智覺禪師延壽集

伏以眞源湛寂覺海澄淸絕名相之端無能所之迹最初不覺忽起動心成業識之由爲覺明之咎因明起照見分俄興隨照立塵相分安布如鏡現像頓起根身次則隨想而世界成差後則因智而憎愛不等從此遺眞失性執相徇名積滯著之情塵結相續之識浪鎖眞覺於夢夜沉迷三界之中瞽智眼於昏衢匍匐九居之內遂乃縻業繫之苦喪解脫之門於無身中受身向無趣中立趣約依處則分二十五有論

宗鏡錄　卷一　一

宗鏡錄一百卷　（宋）釋延壽撰　清雍正十三年內府刻本

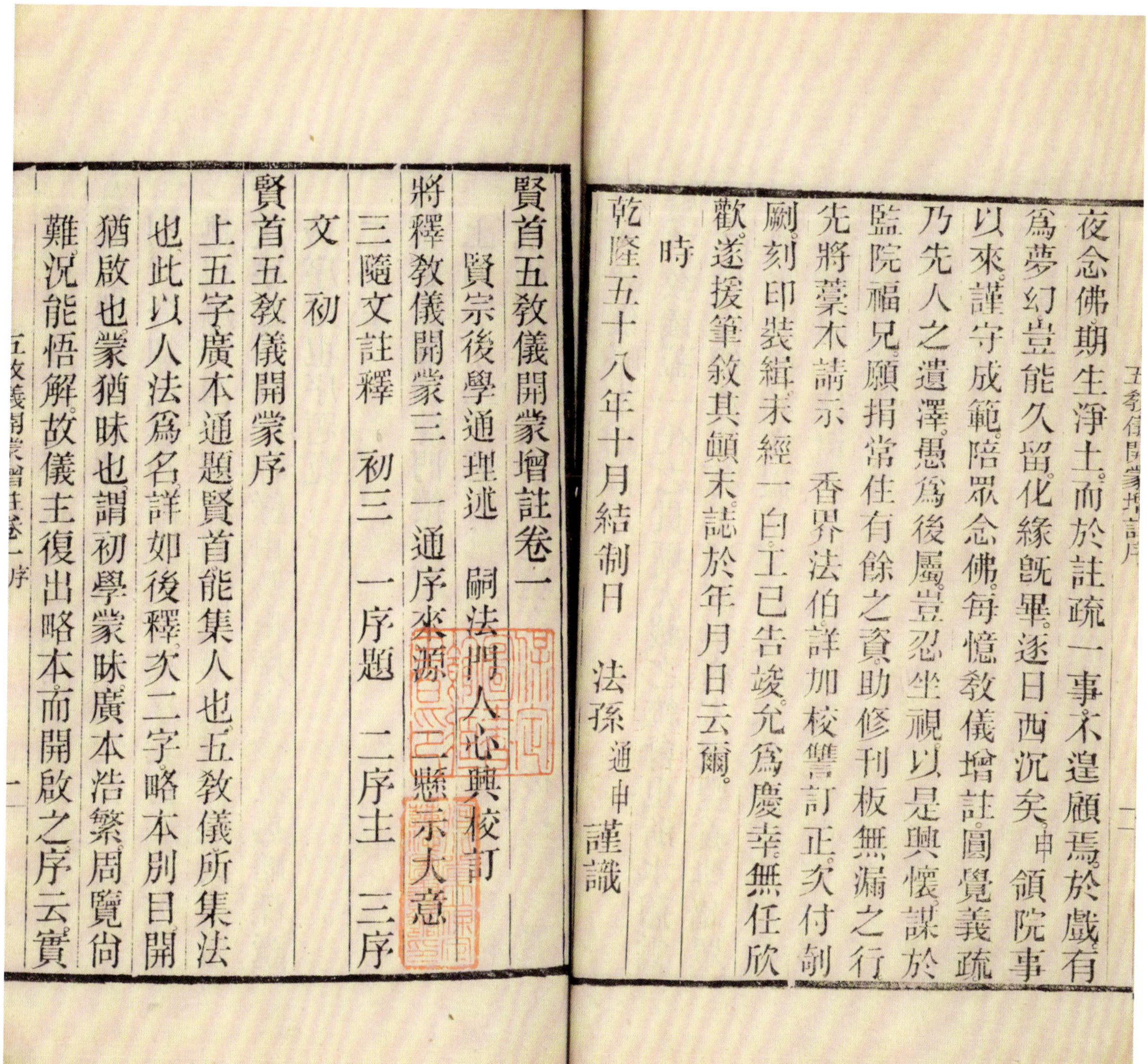
夜念佛期生淨土。而於註疏一事不遑顧焉。於戲。有爲夢幻豈能久留。化緣既畢。遂日西沉矣。申領院事以來。謹守成範。陪衆念佛。每憶教儀增註。圓覺義疏乃先人之遺澤。愚爲後屬。豈忍坐視。以是興懷。謀於監院福兄。願捐常住有餘之資。助修刊板無漏之行先將藁本請示　香界法伯詳加校讐訂正。次付剞劂。刻印裝緝未經一白。工已告竣。允爲慶幸。無任欣歡。遂援筆敘其顛末。誌於年月日云爾。

時

乾隆五十八年十月結制日　法孫通申謹識

賢首五教儀開蒙增註卷一

賢宗後學通理述　嗣法門人心興校訂

將釋教儀開蒙三　一通序來源　二懸示大意　三隨文註釋　初三　一序題　二序主　三序文　初

賢首五教儀開蒙序

上五字廣本通題。賢首能集人也。五教儀所集法也。此以人法爲名。詳如後釋。次二字略本別目。開猶啟也。蒙猶昧也。謂初學蒙昧。廣本浩繁。周覽尚難。況能悟解。故儀主復出略本而開啟之。序云。實

賢首五教儀開蒙增註四卷　（清）釋通理述　心興校訂　清乾隆五十八年刻本

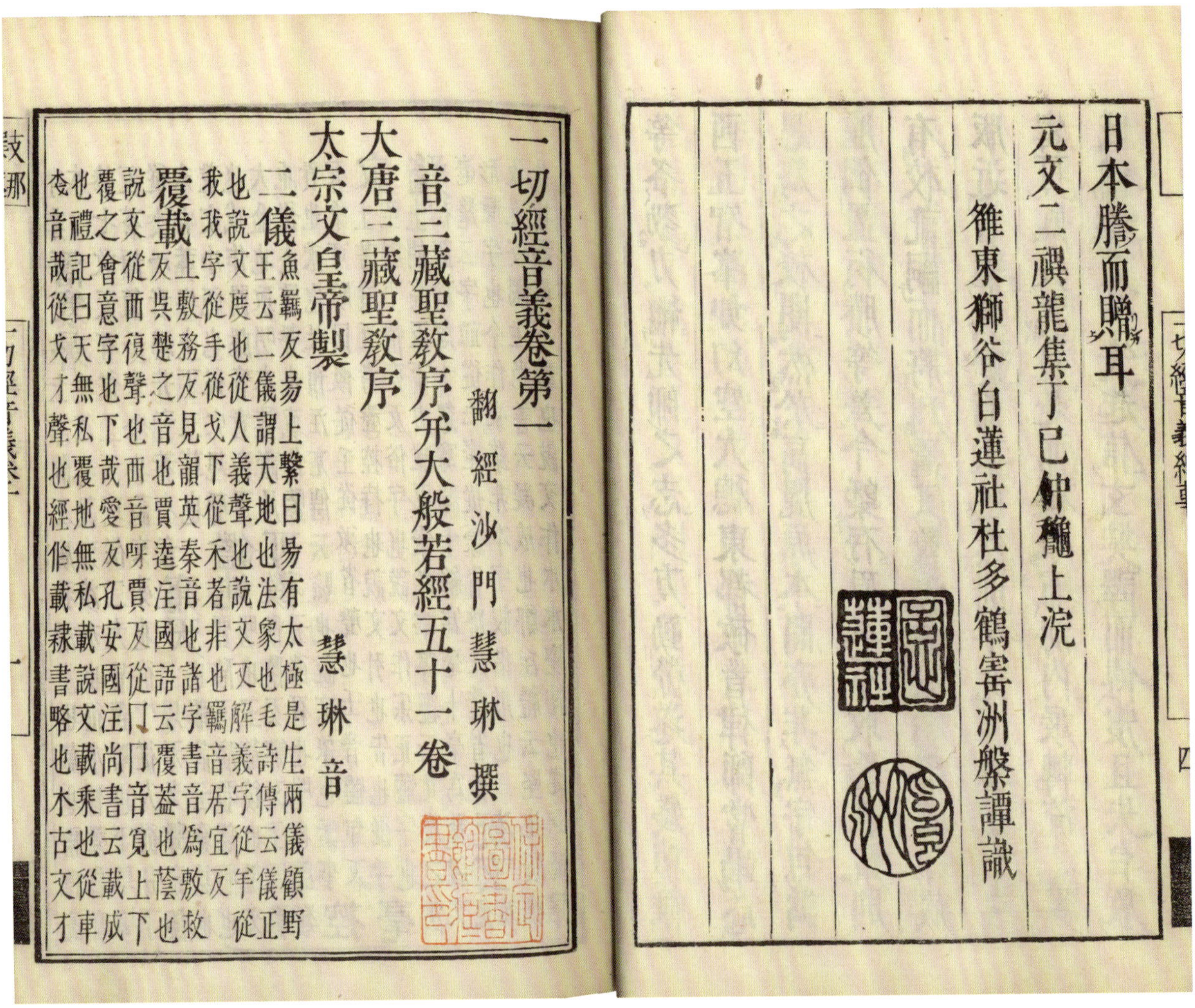

一切經音義一百卷　（唐）釋慧琳撰　日本元文二年刻本　續一切經音義十卷（唐）釋希麟撰　日本延享三年刻本

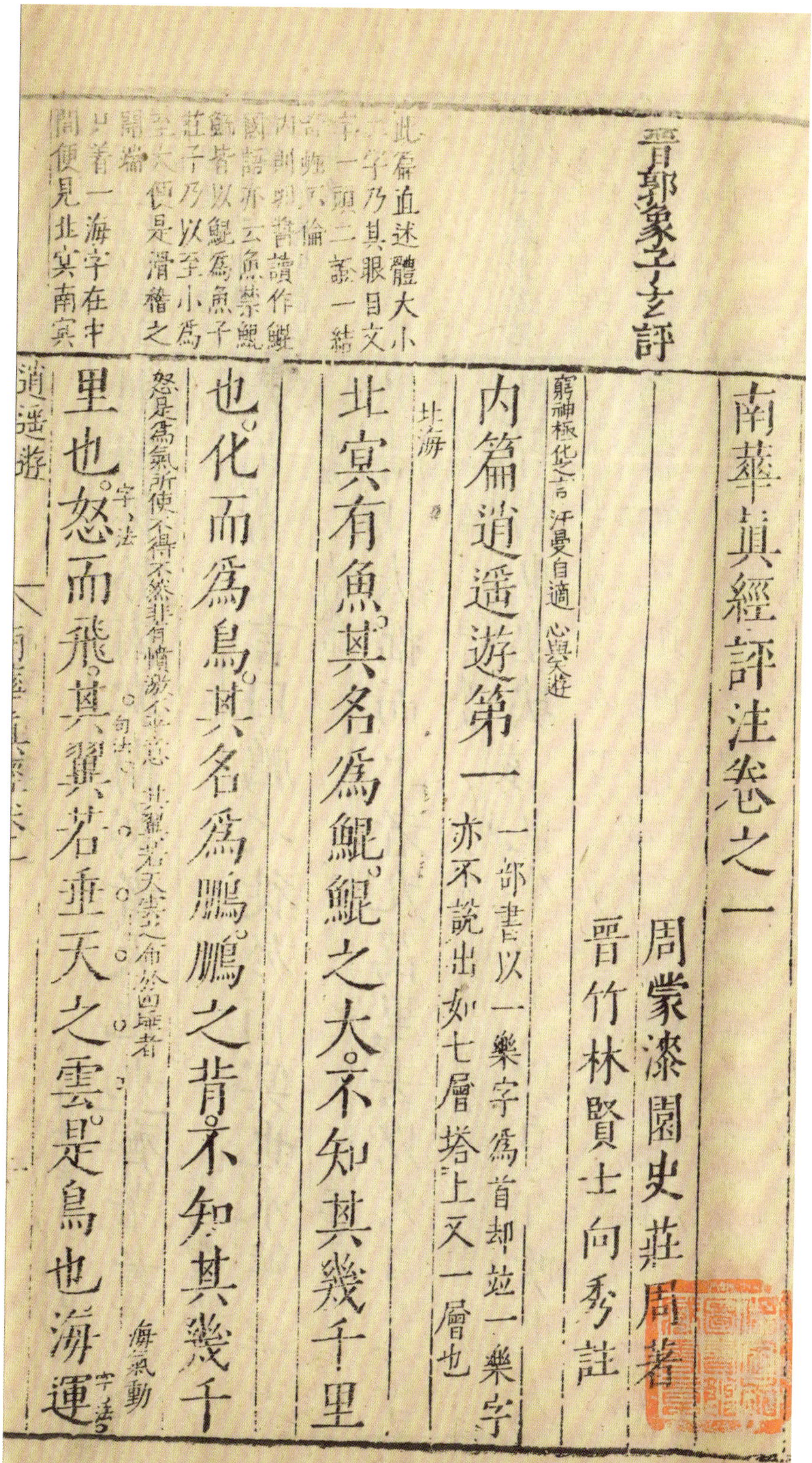
晉郭象子玄評

此篇直述體大小
二字乃其眼目文
字一頭二[illegible]一結
內則□音讀作鯤
爾雅亦云魚禁鯤
鯤者以鯤爲魚子
莊子乃以至小爲
至大便是滑稽之
開端
只着一海字在中
間便見北冥南冥

南華真經評注卷之一

周蒙漆園史莊周著

晉竹林賢士向秀註

窮神極化之言 汗漫自適 心與天遊

內篇逍遙遊第一 一部書以一樂字爲首却並一樂字亦不說出如七層塔上又一層也

北海

北冥有魚。其名爲鯤。鯤之大。不知其幾千里也。化而爲鳥。其名爲鵬。鵬之背。不知其幾千里也。字法 怒而飛。其翼若垂天之雲。是鳥也。海運 字法

怒是爲氣所使不得不然非有憤激不平之意 其翼若天雲之垂於四垂者 句法 海氣動

逍遙遊 南華真經卷之一

南華真經評注五卷　（周）莊周撰　（晉）向秀註　郭象評　明大盛堂刻本

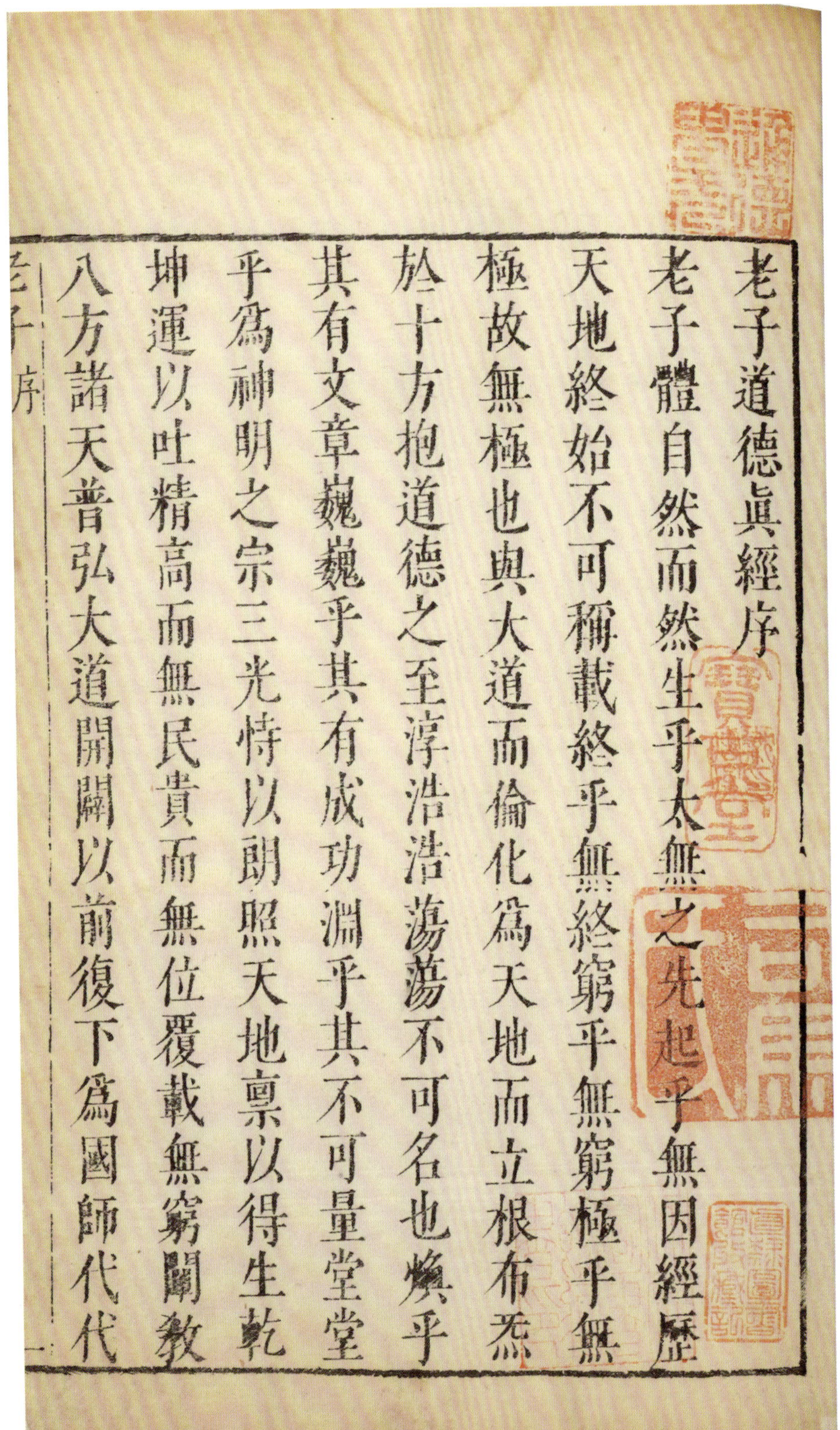
老子道德眞經序
老子體自然而然生乎太無之先起乎無因經歷天地終始不可稱載終乎無終窮乎無窮極乎無極故無極也與大道而倫化爲天地而立根布炁於十方抱道德之至淳浩浩蕩蕩不可名也煥乎其有文章巍巍乎其有成功淵乎其不可量堂堂乎爲神明之宗三光恃以朗照天地稟以得生乾坤運以吐精高而無民貴而無位覆載無窮闡教八方諸天普弘大道開闢以前復下爲國師代代

老子　序　一

三子合刊十六卷　（明）閔齊伋輯　明閔氏刻朱墨套印本　入選《國家名錄》04981號

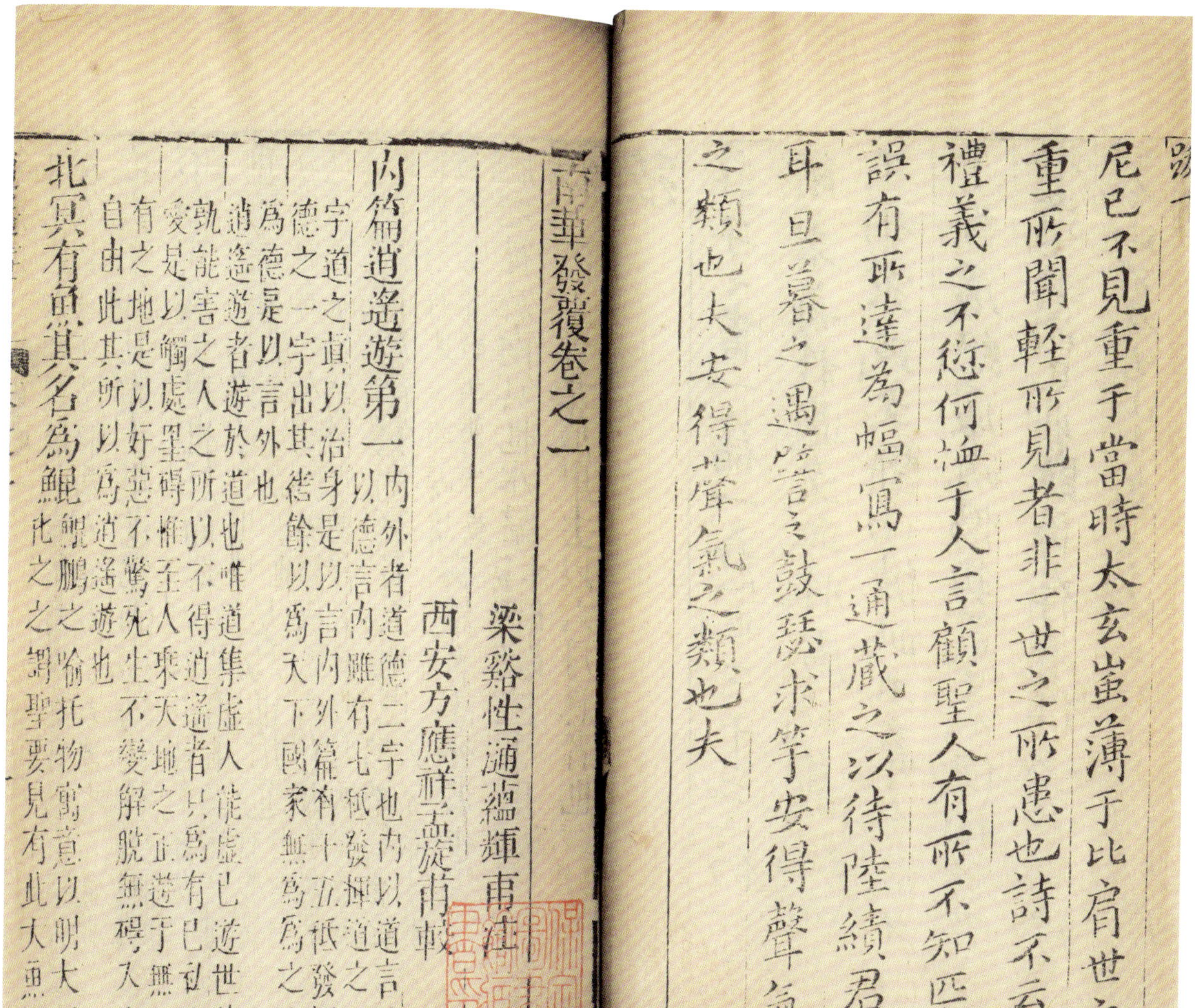

尼已不見重于當時太玄崑薄于比肩世之
重所聞輕所見者非一世之所患也詩不云乎
禮義之不愆何恤于人言顧聖人有所不知匹夫
誤有所達爲幅寫一通藏之以待陸績君山
耳旦暮之遇嗒嗒之鼓瑟求竽安得聲氣
之類也夫安得聲氣之類也夫

南華發覆卷之一
梁谿性通蘊輝甫注
西安方應祥孟旋甫較
内篇逍遙遊第一 内外者道德二字也内以道言外以德言内雖有七祇發揮道之一字道之真以治身是以言内外篇有十五祇發揮德之一字出其緒餘以爲天下國家無爲爲之之爲德是以言外也
逍遙遊者遊於道也唯道集虛人能虛己遊世其孰能害之人之所以不得逍遙者只爲有己有己則愛是以觸處罣碍惟至人乘天地之正遊于無何有之地是以好惡不驚死生不變解脫無碍入出自由此其所以爲逍遙遊也
北冥有魚其名爲鯤 鯤鵬之喻托物寓意以明大而化之之謂聖要見有此大無始

南華發覆八卷　（明）釋性涌註　明天啟崇禎間刻本

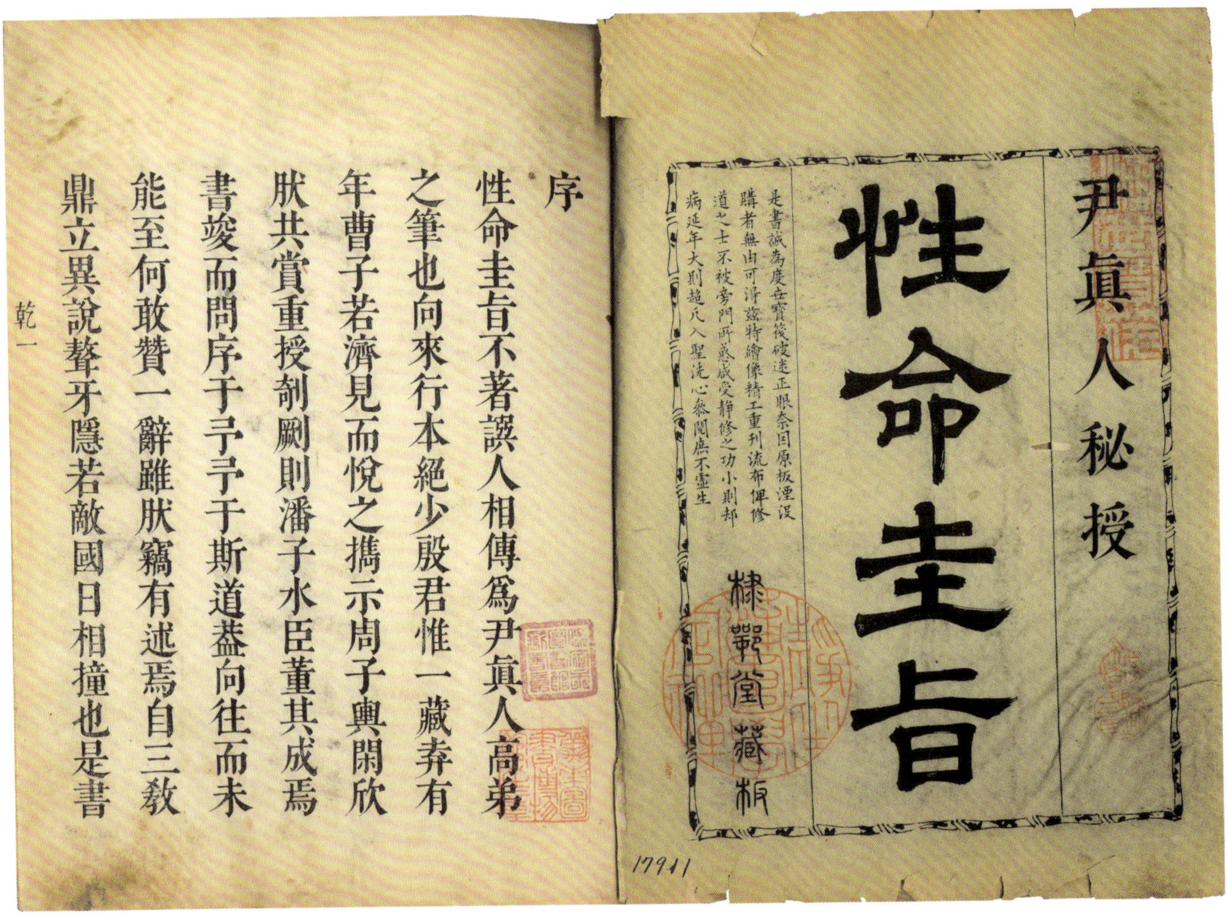

尹眞人秘授

性命圭旨

棣鄂堂藏板

序

性命圭旨不著譔人相傳爲尹眞人高弟之筆也向來行本絕少殷君惟一藏弆有年曹子若濟見而悅之攜示周子興閑欣然共賞重授剞劂則潘子水臣董其成焉書竣而問序于予予于斯道葢向往而未能至何敢贊一辭雖然竊有述焉自三教鼎立異說蜂牙隱若敵國日相撞也是書

乾一

性命圭旨四卷　（明）尹眞人秘授　清康熙棣鄂堂重刻本

保定蓮池書院善本圖録

下册

保定蓮池書院善本圖録編委會　編

國家圖書館出版社

集　　部

楚辭卷之一

漢劉向編集

王逸章句

離騷經章句第一

離騷經者屈原之所作也屈原與楚同姓仕於懷王爲三閭大夫三閭之職掌王族三姓曰昭屈景屈原序其譜屬率其賢良以厲國士入則與王圖議政事決定嫌疑

楚辭十七卷疑字直音補一卷　（漢）劉向編集　王逸章句　明刻本

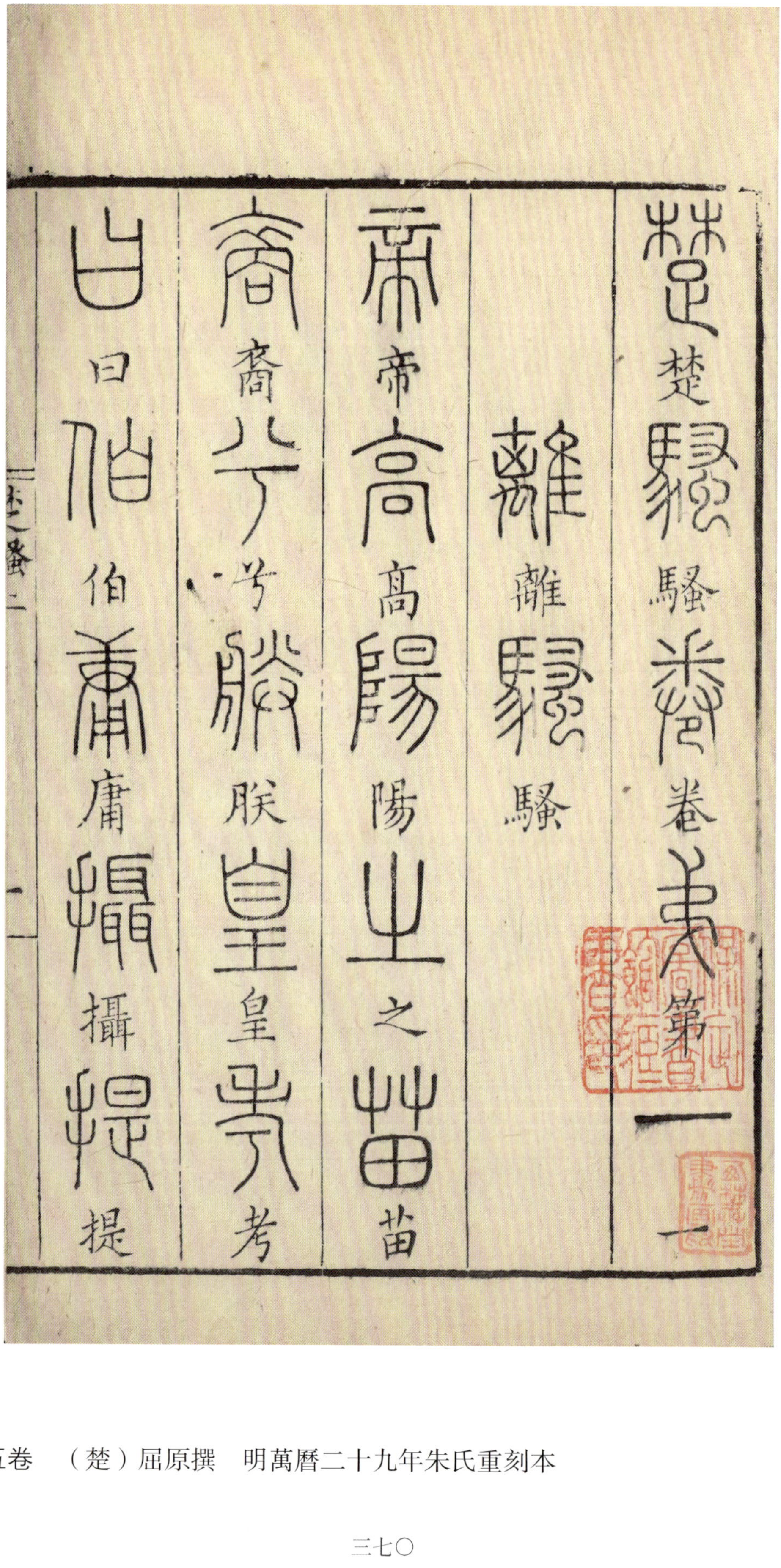
楚騷卷之第一
離騷
帝高陽之苗
裔兮朕皇考
曰伯庸攝提

楚騷五卷　（楚）屈原撰　明萬曆二十九年朱氏重刻本

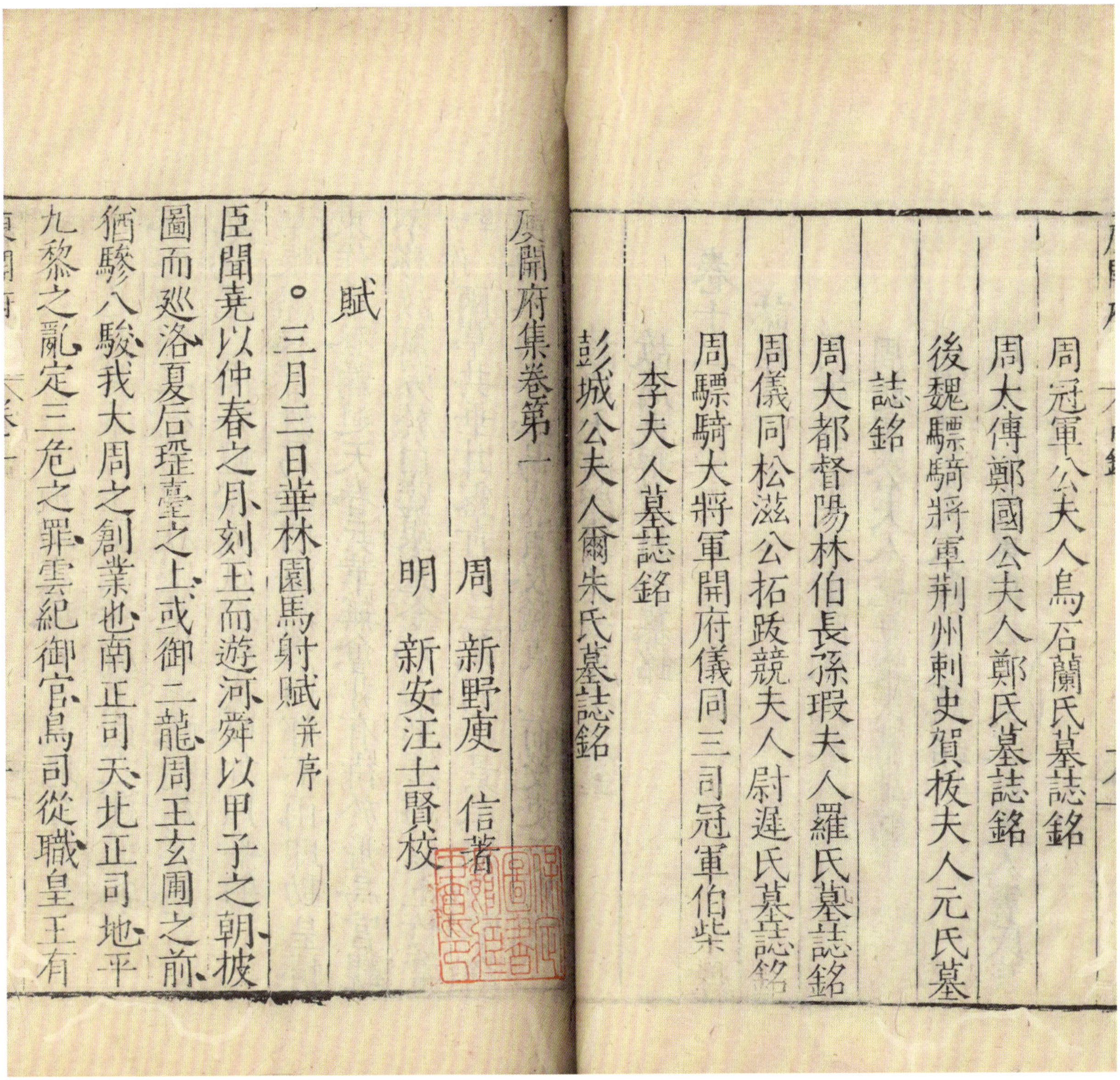

周冠軍公夫人烏石蘭氏墓誌銘
周太傅鄭國公夫人鄭氏墓誌銘
後魏驃騎將軍荆州刺史賀拔夫人元氏墓
誌銘
周大都督陽林伯長孫瑕夫人羅氏墓誌銘
周儀同松滋公拓䟦競夫人尉遲氏墓誌銘
周驃騎大將軍開府儀同三司冠軍伯柴
李夫人墓誌銘
彭城公夫人爾朱氏墓誌銘

庾開府集卷第一
周　新野庾　信著
明　新安汪士賢校
賦
○三月三日華林園馬射賦并序
臣聞堯以仲春之月刻玉而遊河舜以甲子之朝披
圖而巡洛夏后瑶臺之上或御二龍周王玄圃之前
猶驂八駿我大周之創業也南正司天北正司地平
九黎之亂定三危之罪雲紀御官烏司從職皇王有

庾開府集十二卷　（北周）庾信撰　明汪士賢校刊本

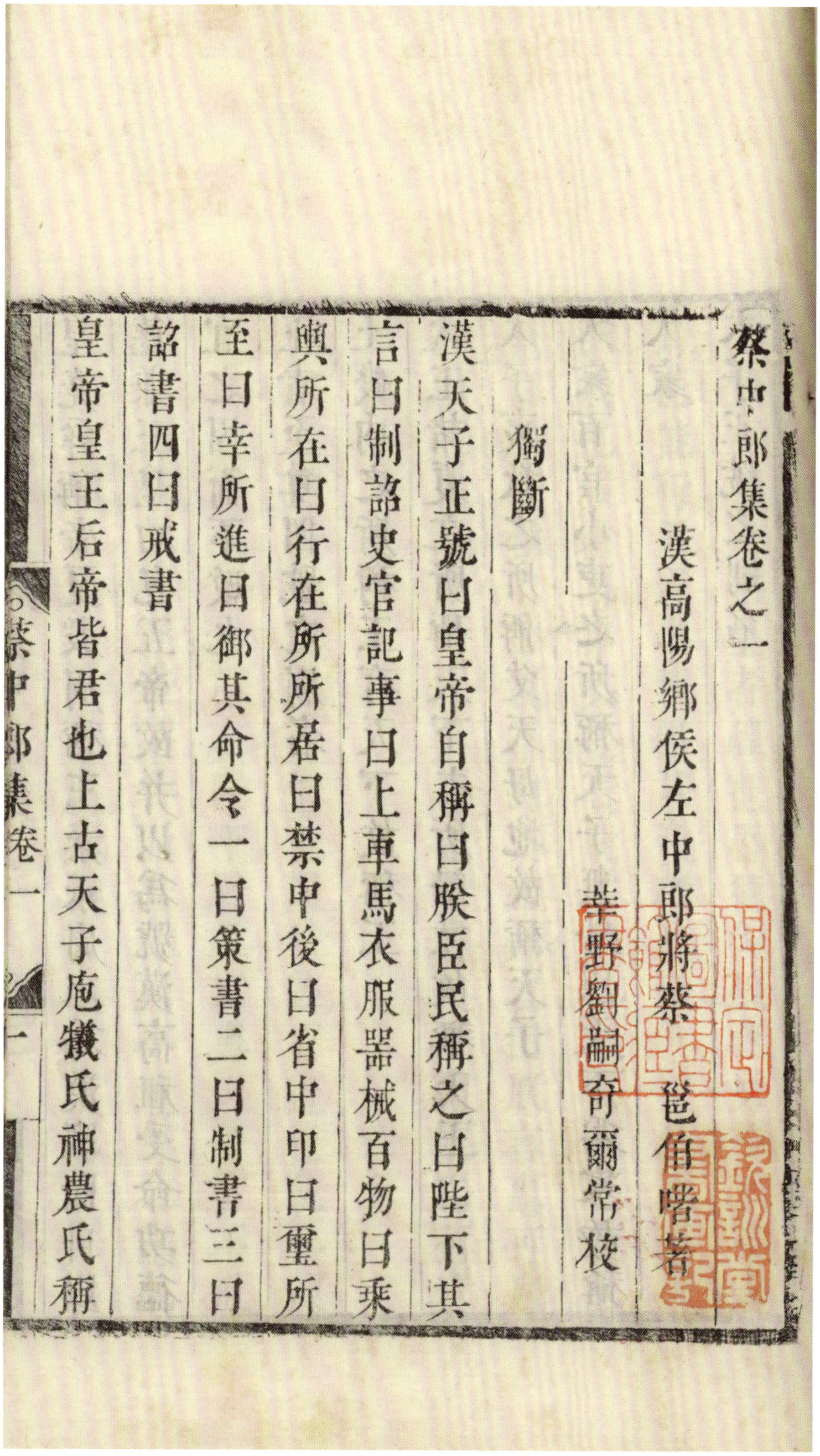
蔡中郎集卷之一

漢高陽鄉侯左中郎將蔡　邕伯喈著

華野劉嗣奇爾常校

獨斷

漢天子正號曰皇帝自稱曰朕臣民稱之曰陛下其言曰制詔史官記事曰上車馬衣服器械百物曰乘輿所在曰行在所所居曰禁中後曰省中印曰璽所至曰幸所進曰御其命令一曰策書二曰制書三曰詔書四曰戒書

皇帝皇王后帝皆君也上古天子庖犧氏神農氏稱

蔡中郎集卷一　一

蔡中郎集六卷補遺一卷　（漢）蔡邕撰　清雍正刻本

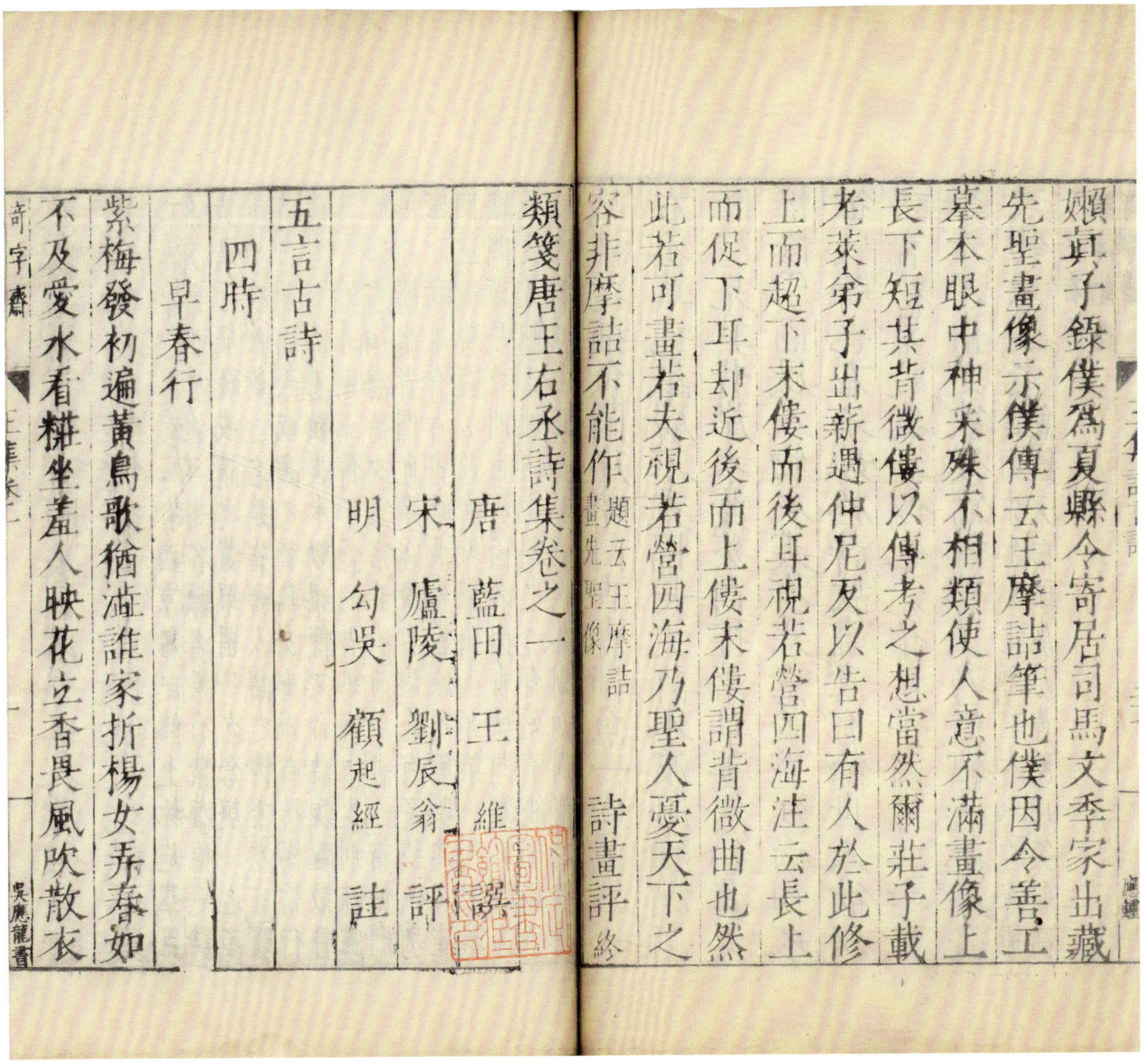

類箋唐王右丞詩集十卷文集四卷外編一卷　（唐）王維撰　（明）顧起經輯並註　年譜一卷　（明）顧起經撰　唐諸家同詠集一卷贈題集一卷歷朝諸家評王右丞詩畫鈔一卷　（明）顧起經撰　明嘉靖三十五年無錫顧氏奇字齋刻本

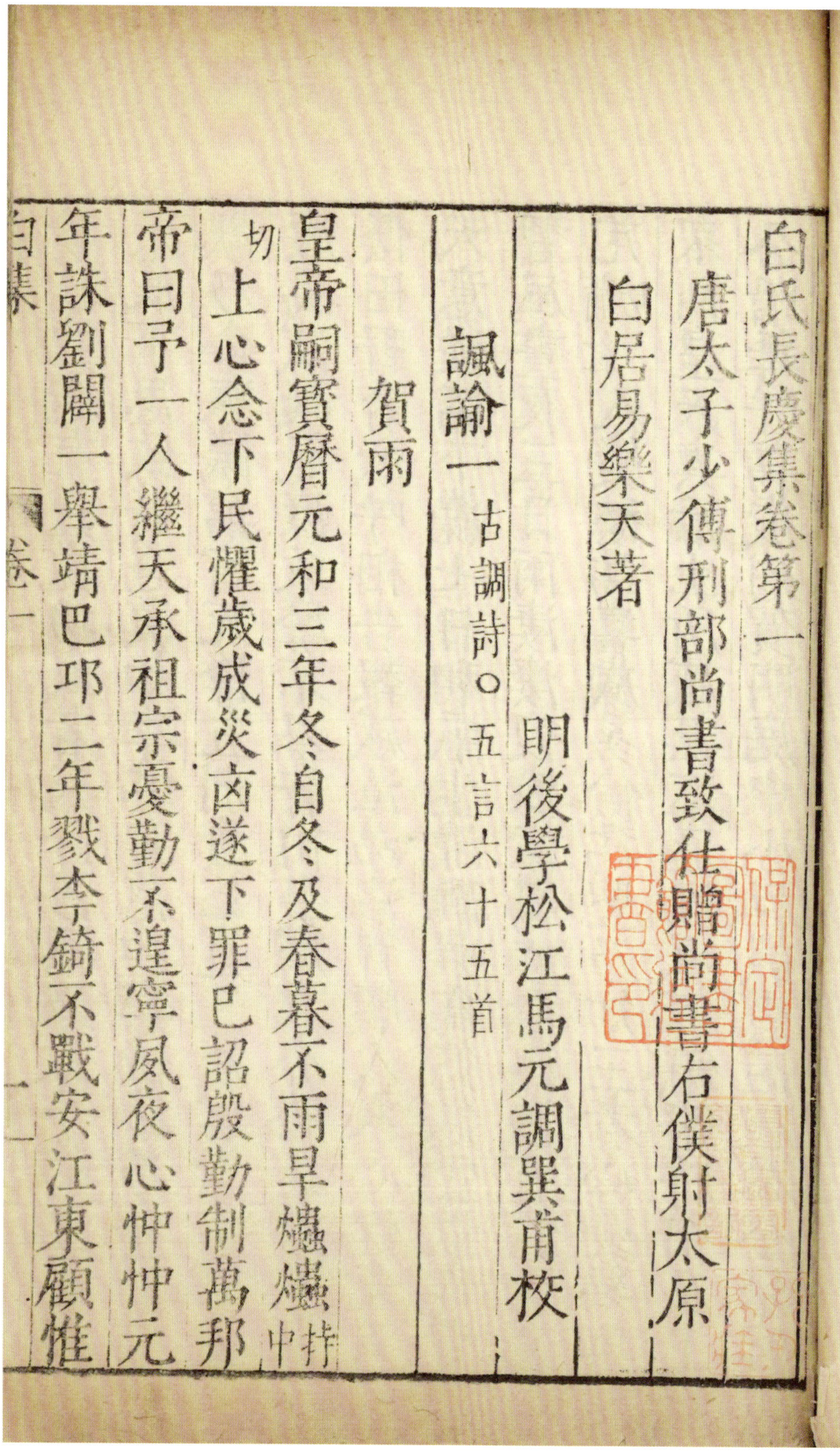
白氏長慶集卷第一

唐太子少傅刑部尚書致仕贈尚書右僕射太原

白居易樂天著

明後學松江馬元調巽甫校

諷諭一 古調詩○五言六十五首

賀雨

皇帝嗣寶曆元和三年冬自冬及春暮不雨旱爞爞（持中切）上心念下民懼歲成災凶遂下罪己詔殷勤制萬邦帝曰予一人繼天承祖宗憂勤不遑寧夙夜心忡忡元年誅劉闢一舉靖巴邛二年戮李錡不戰安江東顧惟

白集　卷一　二

白氏長慶集七十一卷目録二卷　（唐）白居易撰　附録一卷　明萬曆三十四年馬元調刻本

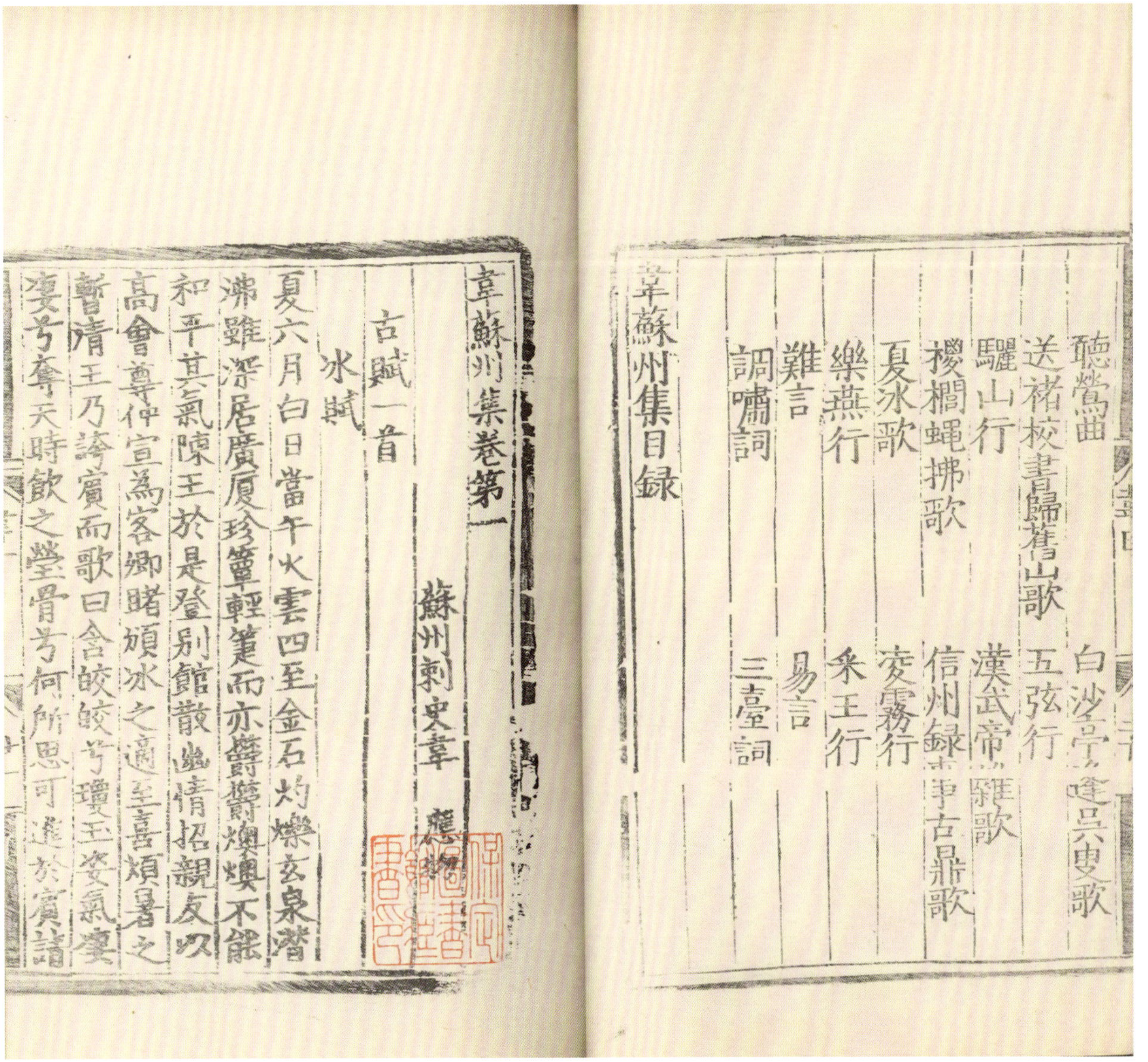

韋蘇州集十卷拾遺一卷　（唐）韋應物撰　明弘治九年李瀚劉玘刻遞修本　入選《國家名録》05209號

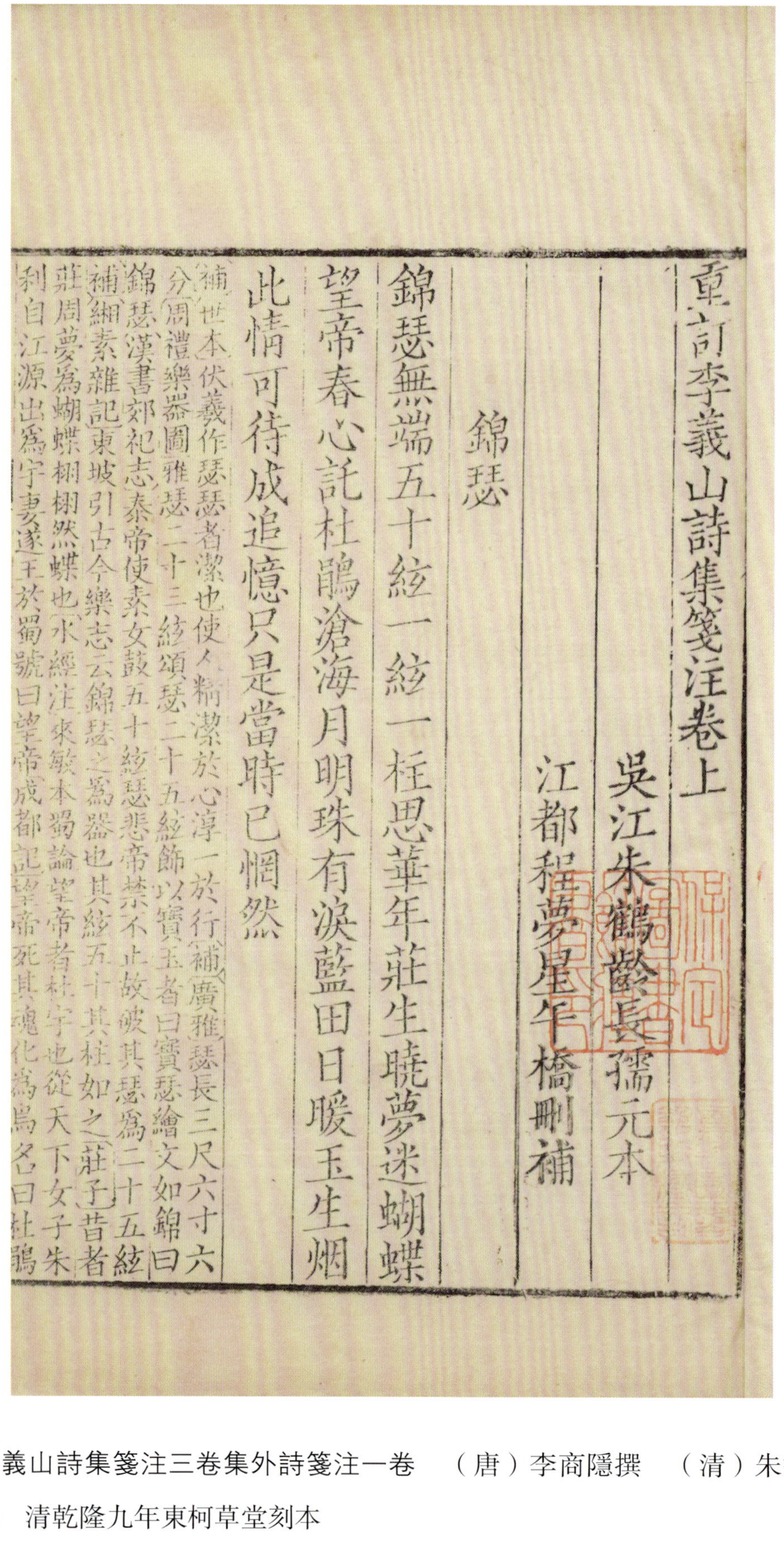
重訂李義山詩集箋注卷上

吳江朱鶴齡長孺元本

江都程夢星午橋删補

錦瑟

錦瑟無端五十絃一絃一柱思華年莊生曉夢迷蝴蝶望帝春心託杜鵑滄海月明珠有淚藍田日暖玉生烟此情可待成追憶只是當時已惘然

補世本伏羲作瑟瑟者潔也使人精潔於心淳一於行補廣雅瑟長三尺六寸六分周禮樂器圖雅瑟二十三絃頌瑟二十五絃飾以寶玉者曰寶瑟繪文如錦曰錦瑟漢書郊祀志泰帝使素女鼓五十絃瑟悲帝禁不止故破其瑟爲二十五絃補緗素雜記東坡引古今樂志云錦瑟之爲器也其絃五十其柱如之莊子昔者莊周夢爲蝴蝶栩栩然蝶也水經注來敏本蜀論望帝者杜宇也從天下女子朱利自江源出爲宇妻遂王於蜀號曰望帝成都記望帝死其魂化爲鳥名曰杜鵑

重訂李義山詩集箋注三卷集外詩箋注一卷　（唐）李商隱撰　（清）朱鶴齡箋注　程夢星删補　清乾隆九年東柯草堂刻本

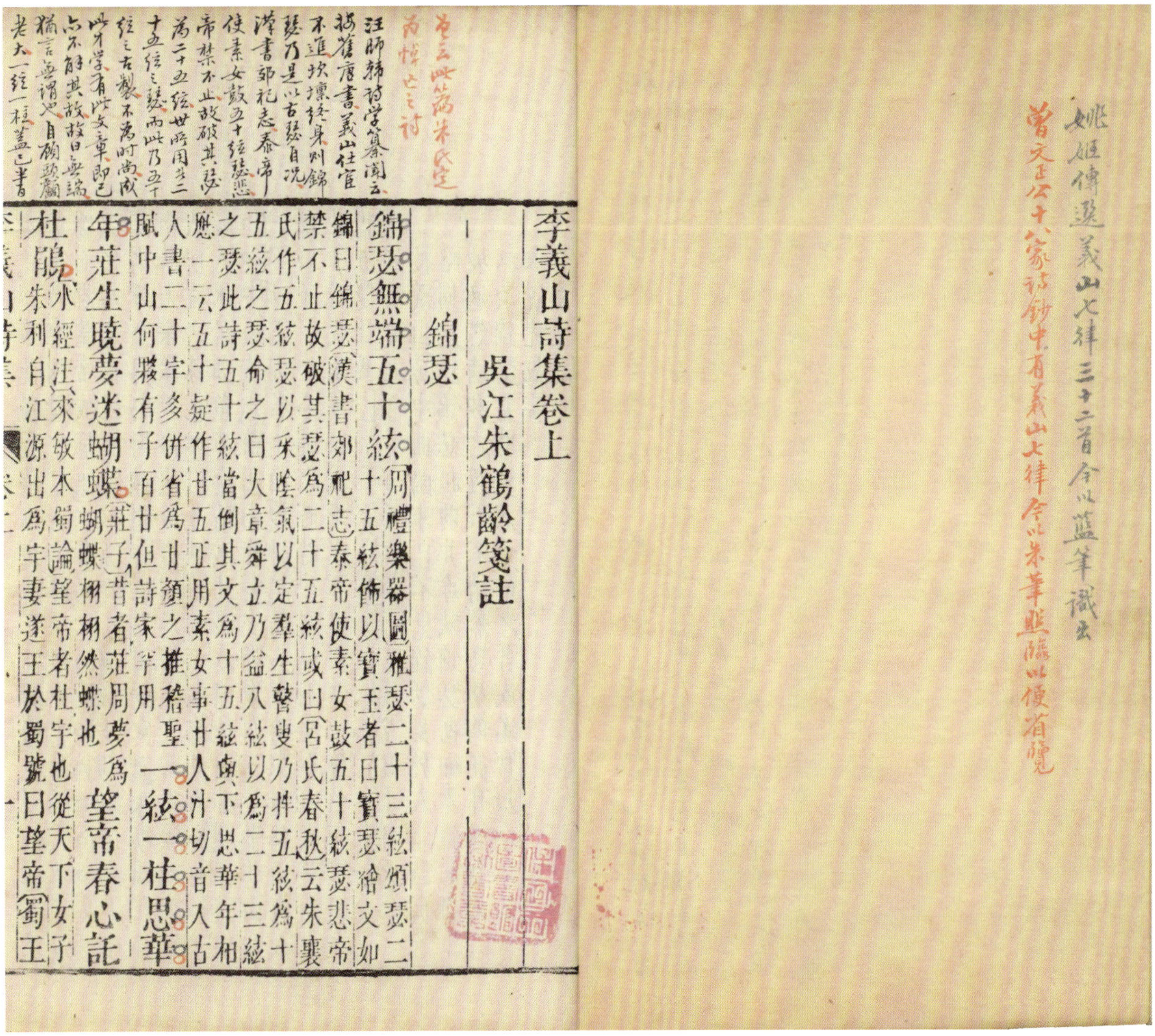

李義山詩集三卷　（唐）李商隱撰　（清）朱鶴齡箋註　詩譜一卷諸家詩評一卷

清順治十六年素位堂刻本佚名朱墨批點題識

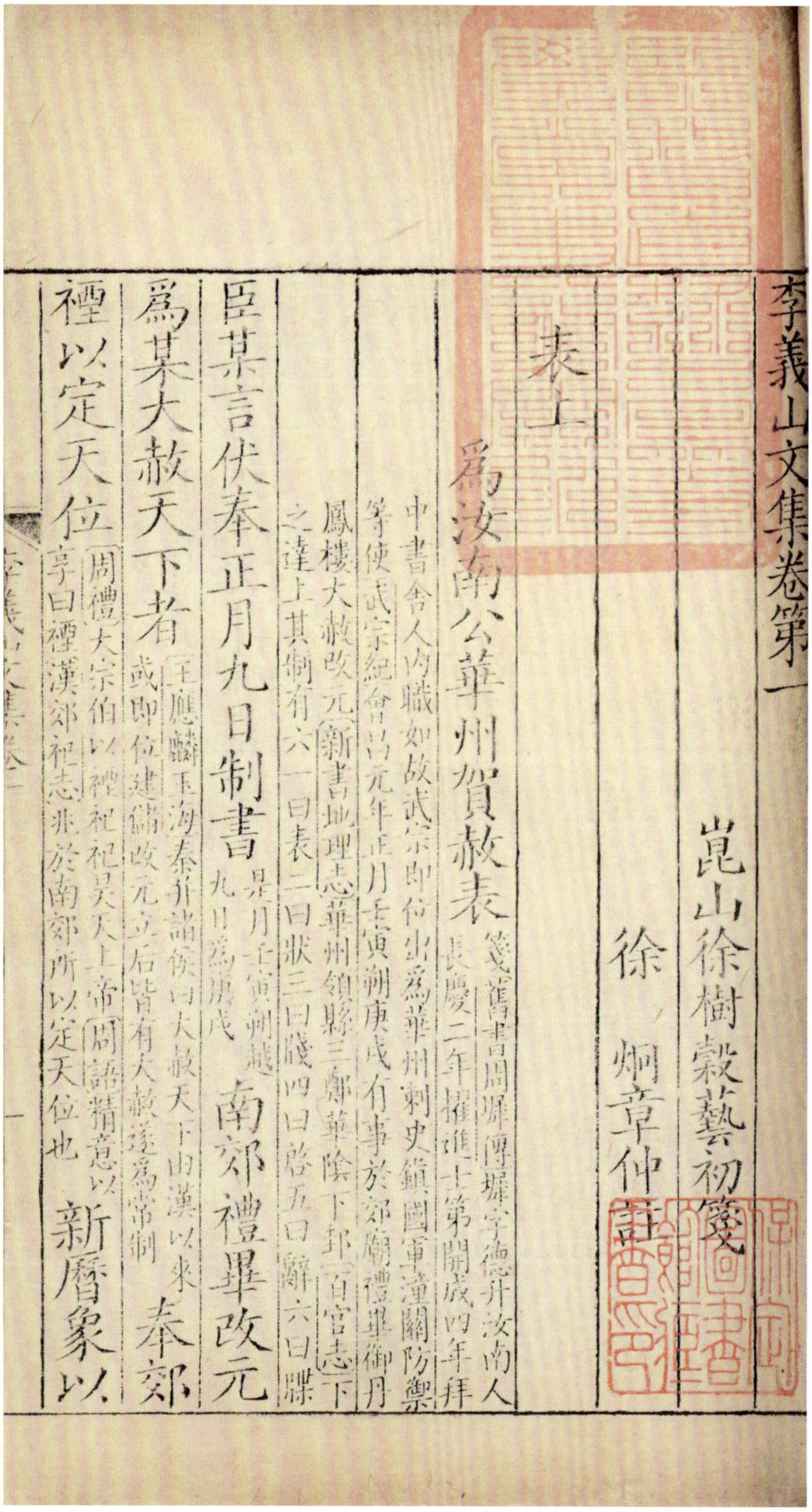

李義山文集卷第一

崑山徐樹穀藝初箋

徐　炯章仲註

表上

爲汝南公華州賀赦表　箋舊書周墀傳墀字德升汝南人長慶二年擢進士第開成四年拜中書舍人內職如故武宗即位出爲華州刺史鎮國軍潼關防禦等使武宗紀會昌元年正月壬寅朔庚戌有事於郊廟禮畢御丹鳳樓大赦改元新書地理志華州領縣三鄭華陰下邽百官志下之達上其制有六一曰表二曰狀三曰牋四曰啓五曰辭六曰牒

臣某言伏奉正月九日制書　是月壬寅朔越九日爲庚戌　南郊禮畢改元爲某大赦天下者　王應麟玉海秦幷諸侯曰大赦天下由漢以來或即位建儲改元立后皆有大赦遂爲常制　奉郊禋以定天位　周禮大宗伯以禋祀祀昊天上帝周語精意以享曰禋漢郊祀志兆於南郊所以定天位也　新曆象以

李義山文集十卷　（唐）李商隱撰　（清）徐樹穀箋　徐炯註　清康熙四十七年徐氏花谿草堂刻本

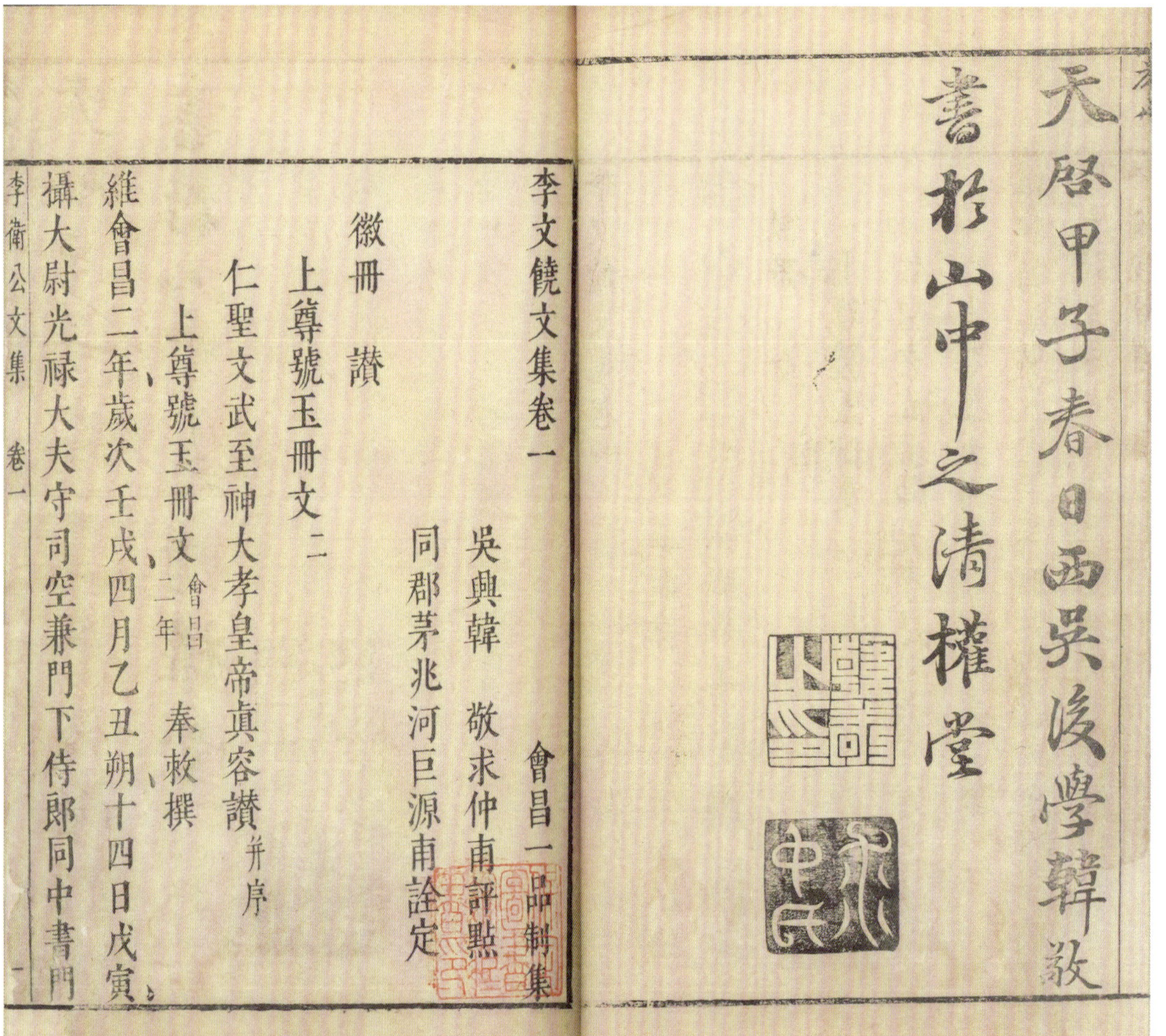

李文饒文集二十卷　（唐）李德裕撰　（明）韓敬評點　茅兆河詮定　明天啟四年吳興茅氏刻本　入選《河北省名錄》0264號

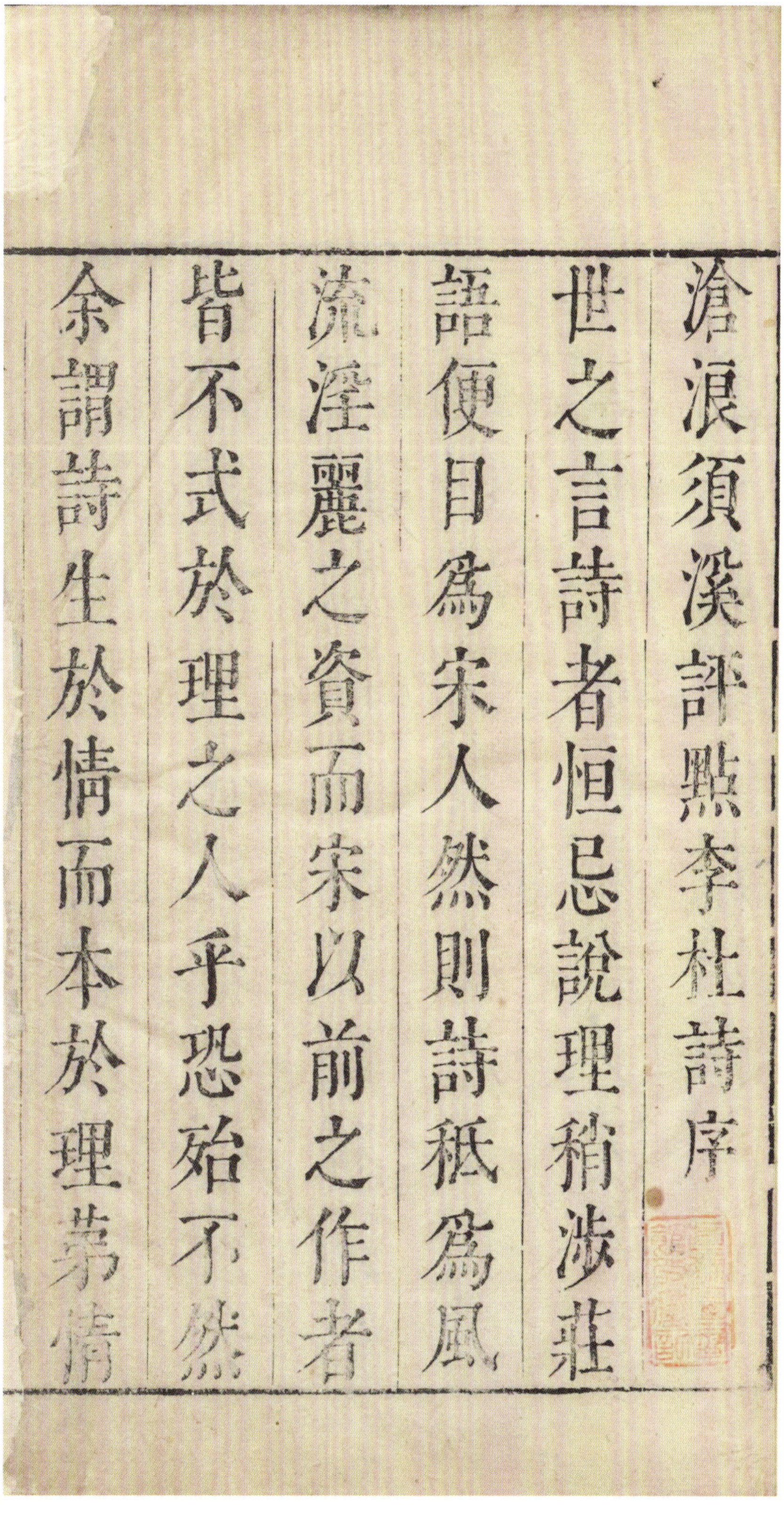
滄浪須溪評點李杜詩序
世之言詩者恒忌說理稍涉莊
語便目爲宋人然則詩秖爲風
流淫麗之資而宋以前之作者
皆不式於理之人乎恐殆不然
余謂詩生於情而本於理苐情

李太白詩集二十二卷　（唐）李白撰　（宋）嚴羽評點　明末刻本

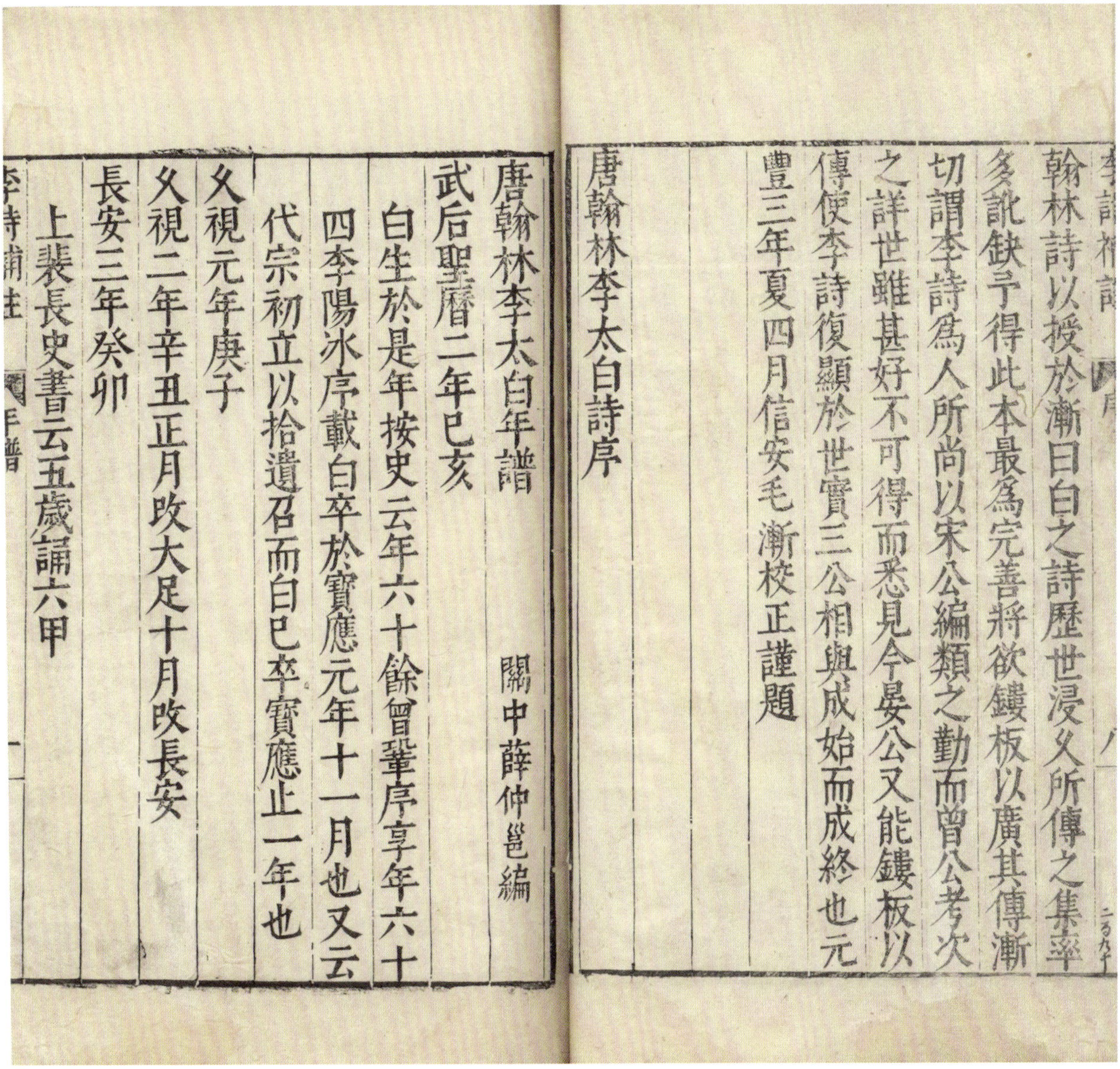

李詩補註 序 八

翰林詩以授於漸曰白之詩歷世浸久所傳之集率多訛缺予得此本最爲完善將欲鏤板以廣其傳漸切謂李詩爲人所尚以宋公編類之勤而曾公考次之詳世雖甚好不可得而悉見今晏公又能鏤板以傳使李詩復顯於世實三公相與成始而成終也元豐三年夏四月信安毛漸校正謹題

唐翰林李太白詩序

唐翰林李太白年譜

閼中薛仲邕編

武后聖曆二年巳亥

白生於是年按史云年六十餘曾鞏序享年六十四李陽冰序載白卒於寶應元年十一月也又云代宗初立以拾遺召而白已卒寶應止一年也

久視元年庚子

久視二年辛丑正月改大足十月改長安

長安三年癸卯

上裴長史書云五歲誦六甲

李詩補註 年譜 一

分類補註李太白詩二十五卷　（唐）李白撰　（宋）楊齊賢集註　（元）蕭士贇補註　（明）許自昌校　唐翰林李太白年譜一卷　（宋）薛仲邕撰　明萬曆三十年許自昌刻合刻李杜詩集本

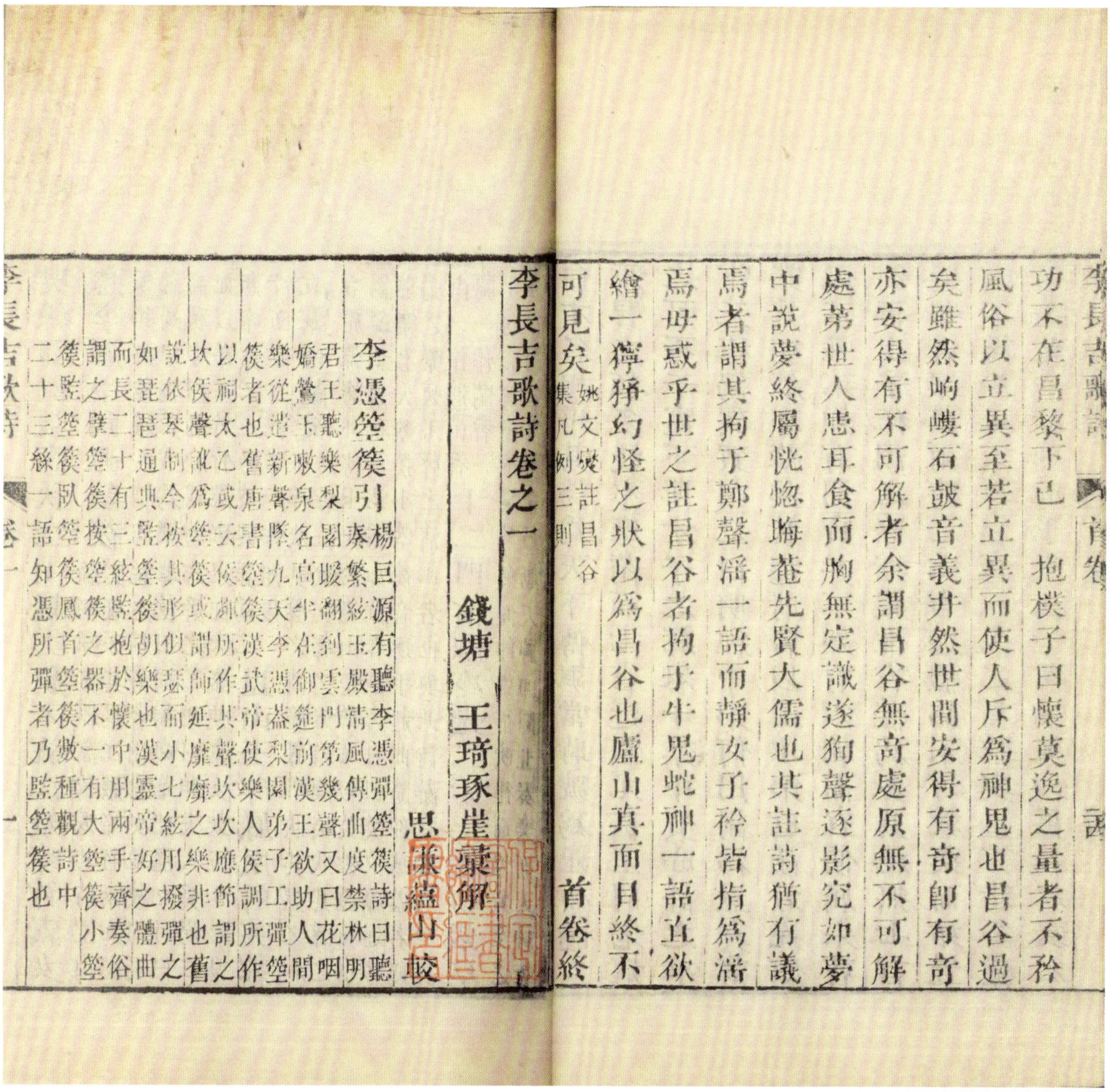

李長吉歌詩 首卷

功不在昌黎下已 抱樸子曰懷英逸之量者不矜
風俗以立異至若立異而使人斥爲神鬼也昌谷過
矣雖然峋嶁石鼓音義昇然世間安得有奇卽有奇
亦安得有不可解者余謂昌谷無奇處原無不可解
處第世人患耳食而胸無定識遂狗聲逐影究如夢
中說夢終屬恍惚晦菴先賢大儒也其註詩猶有譏
焉者謂其拘于鄭聲滛一語而靜女子衿皆指爲滛
焉毋惑乎世之註昌谷者拘于牛鬼蛇神一語直欲
繪一獰狰幻怪之狀以爲昌谷也廬山眞面目終不
可見矣 姚文燮註昌谷集凡例三則

首卷終

李長吉歌詩卷之一

錢塘 王琦琢崖彙解

思□兼蘊山校

李憑箜篌引 楊巨源有聽李憑彈箜篌詩曰聽奏繁絃玉殿清風傳曲度禁林明
君王聽樂梨園暖翻到雲門第幾聲又曰花咽
嬌鶯玉嗽泉名高半在御筵前漢王欲助人間
樂從遣新聲墜九天李憑梨園弟子工彈箜
篌者也舊唐書箜篌漢武帝使樂人侯調所作
以祠太乙或云侯輝所作其聲坎坎應節謂之
坎侯聲訛爲箜篌或謂師延靡靡之樂非也舊
說依琴制今按其形似瑟而小七絃用撥彈之
如琵琶通典竪箜篌胡樂也漢靈帝好之體曲
而長二十有三絃竪抱於懷中用兩手齊奏俗
謂之擘箜篌按箜篌之器不一有大箜篌小箜
篌竪箜篌臥箜篌鳳首箜篌數種觀詩中
二十三絲一語知憑所彈者乃竪箜篌也

李長吉歌詩 卷一 一

李長吉歌詩四卷首一卷外集一卷　（唐）李賀撰　（清）王琦彙解　清乾隆二十五年王氏寶笏樓刻本

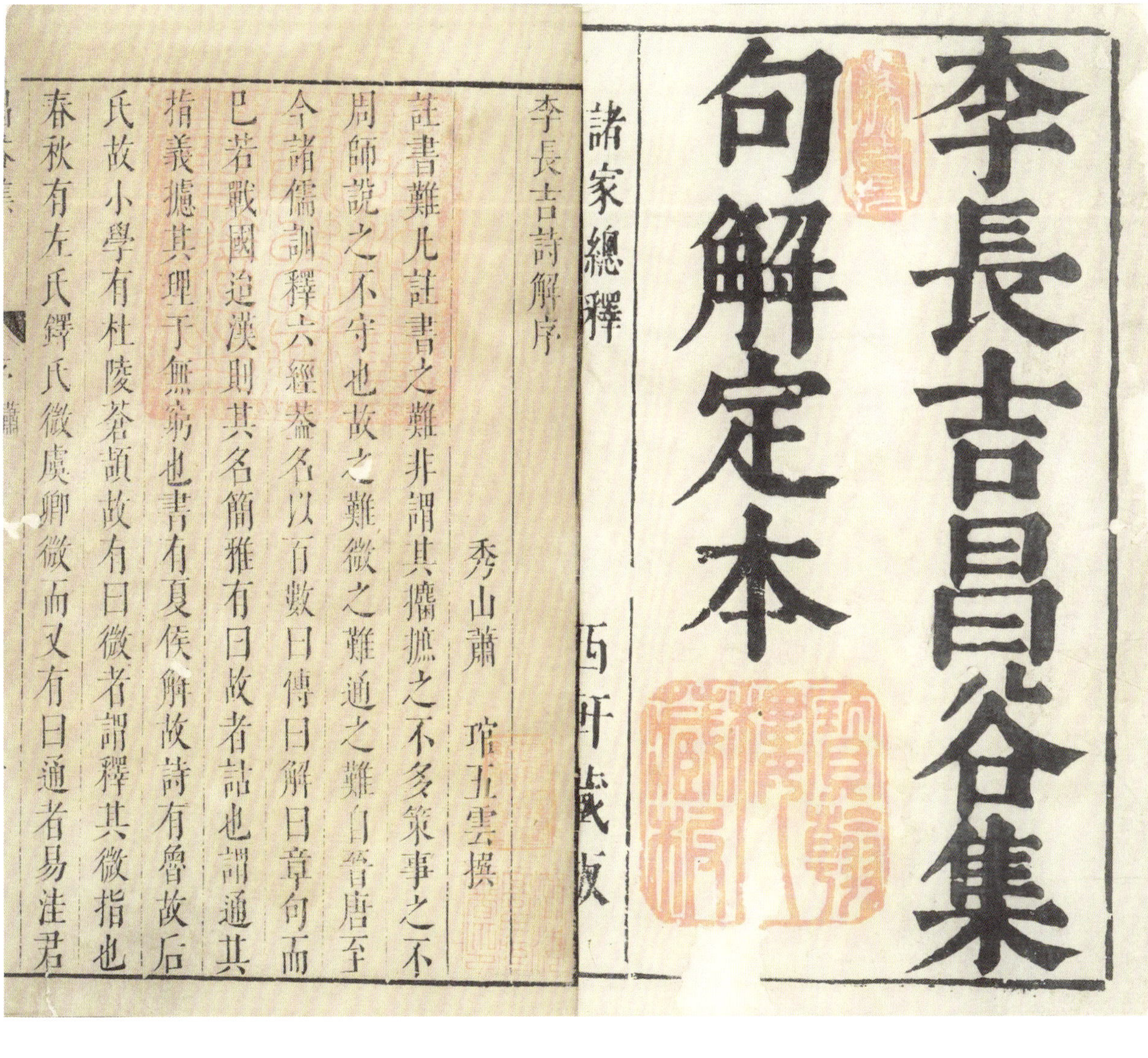

李長吉昌谷集句解定本四卷　（唐）李賀撰　（清）姚佺箋　陳愫、丘象隨辯註

清初丘象隨西軒刻寶翰樓印本

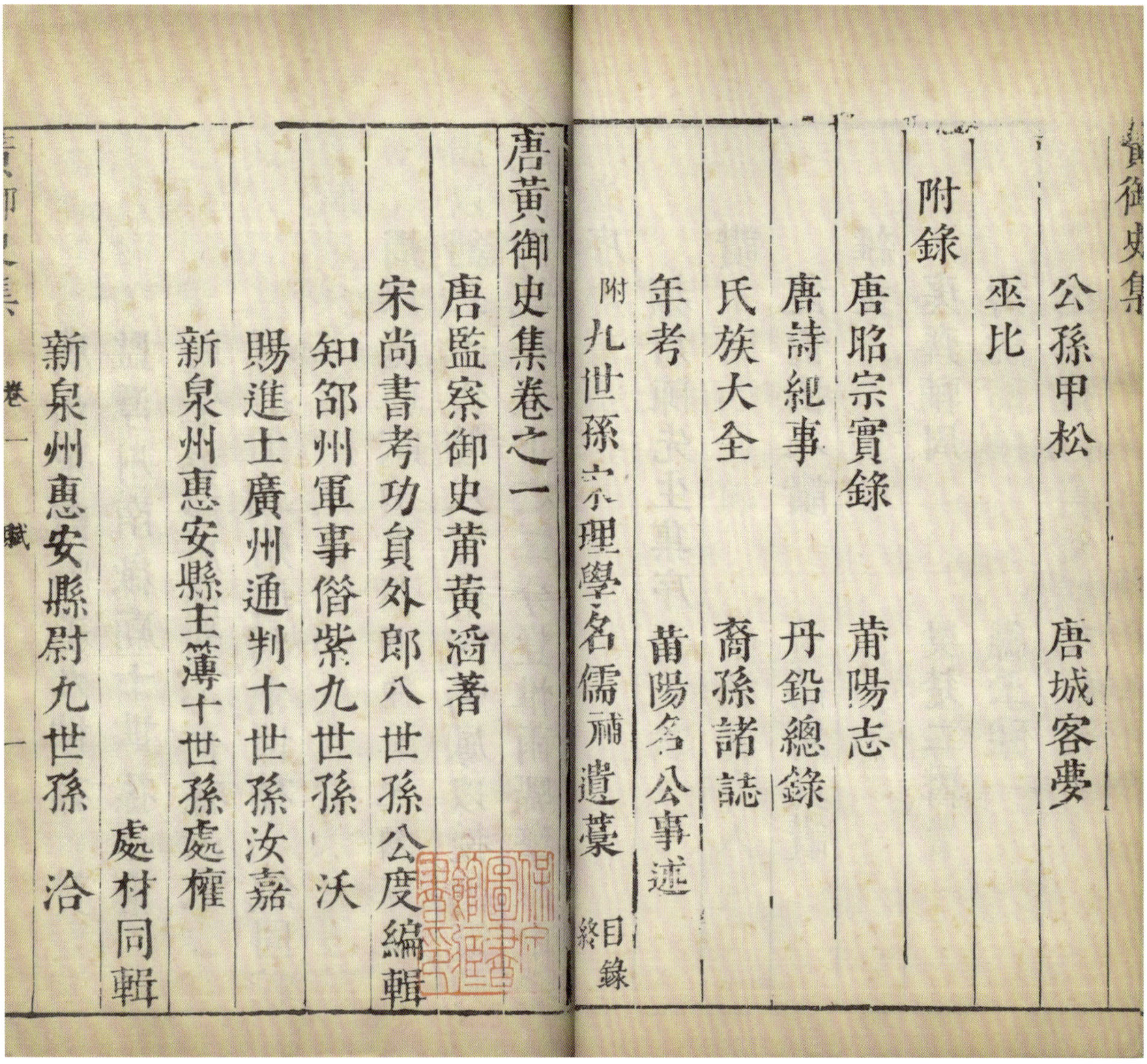

黃御史集

公孫甲松　唐城客夢

巫比

附錄

唐昭宗實錄　莆陽志

唐詩紀事　丹鉛總錄

氏族大全　裔孫諸誌

年考　莆陽名公事迹

附 九世孫宗理學名儒補遺槀

目錄終

唐黃御史集卷之一

唐監察御史莆黃滔著

宋尚書考功員外郎八世孫公度編輯

知邵州軍事僉紫九世孫　沃

賜進士廣州通判十世孫汝嘉

新泉州惠安縣主簿十世孫處權

處材同輯

新泉州惠安縣尉九世孫　洽

黃御史集　卷一　賦　一

唐黃御史集八卷附錄一卷　（唐）黃滔撰　明崇禎十一年黃氏刻本

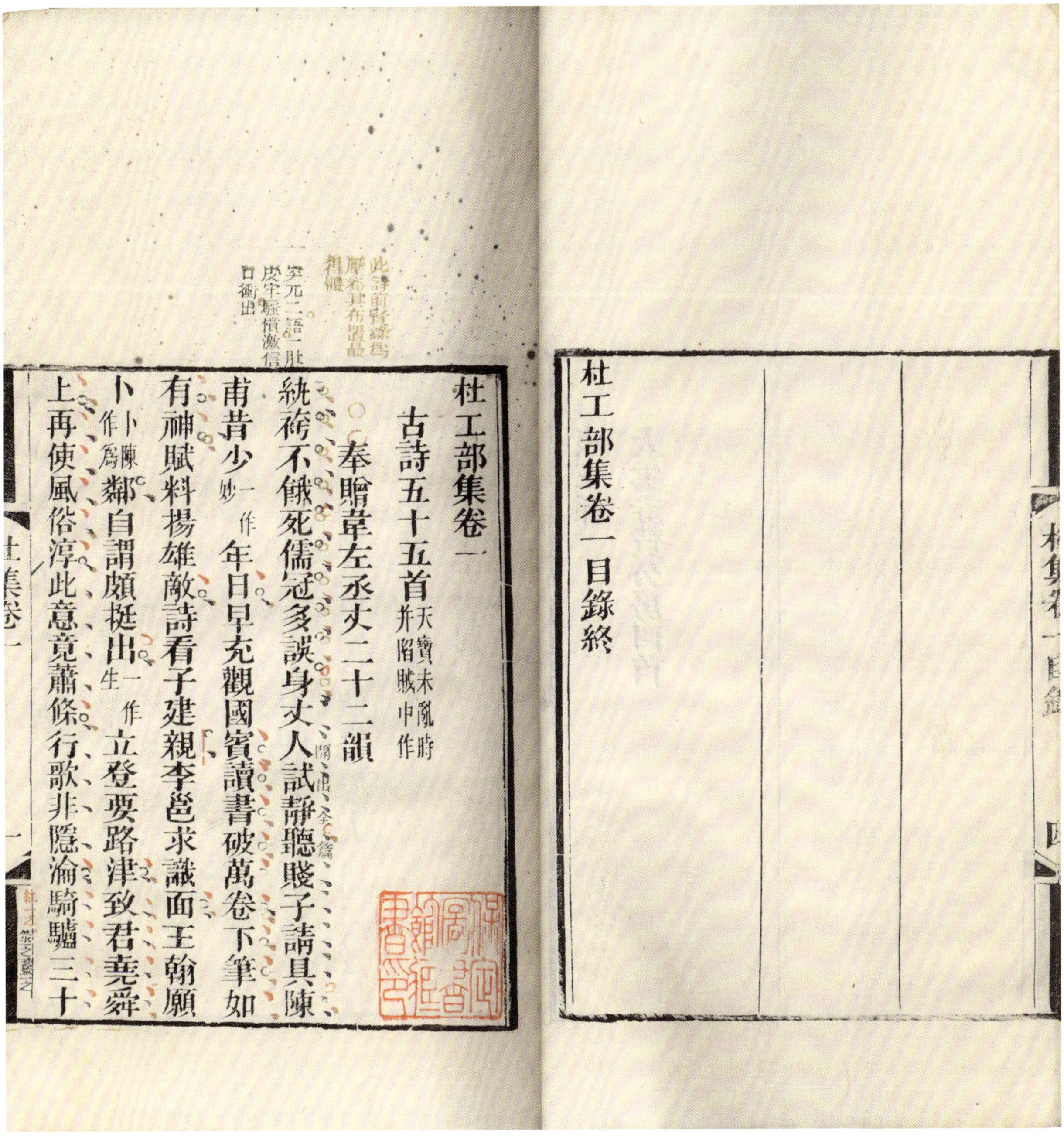

杜工部集二十卷首一卷　（唐）杜甫撰　（明）王世貞等五家評點　清光緒二年廣東翰墨園刻六色套印本

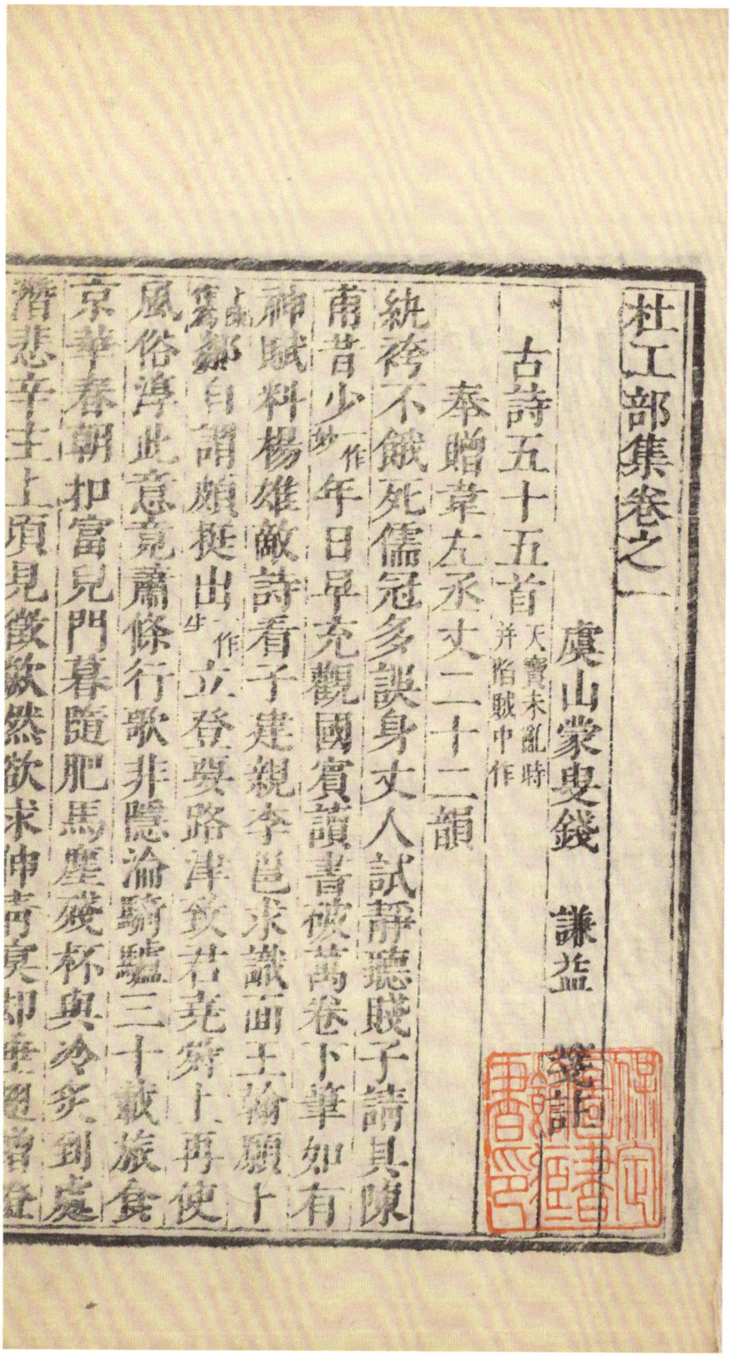

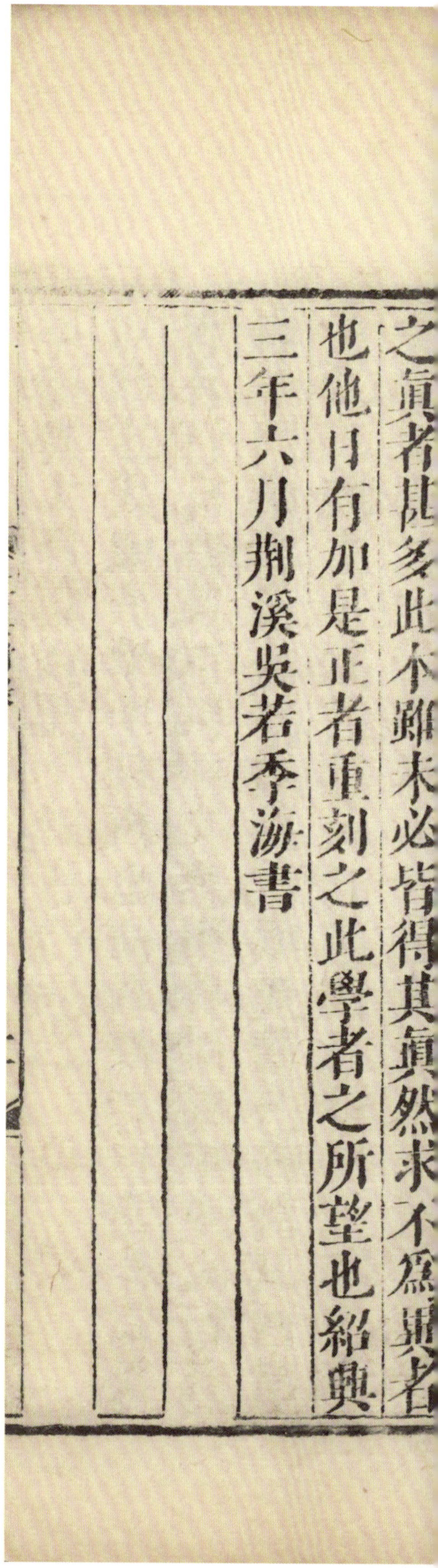

杜工部集二十卷　（唐）杜甫撰　（清）錢謙益箋註　年譜一卷諸家詩話一卷唱酬題咏附録一卷附録一卷　清康熙六年季氏靜思堂刻本

杜工部集後記　　吳若

右杜集建康府學所刻板也初教授劉亘常今當兵火殘礫之餘便欲刻印文籍得府帥端明李公行其言繼而樞密趙公不廢其說未幾趙公移帥江西常今亦以病丐罷屬府倅吳公才德充察推王聞伯言嗣成之德充伯言爲求工外邑付學正張巽學錄李鼎要以必成踰半年教授錢壽朋耆朋來乃克成焉蓋方督府宣司鼎來百工奔走趨命不暇刀板在手奪去者屢矣一集之微更歲歷十餘君子始就嗚呼儒業之難興如此常今初得李端明本以爲善又得撫屬姚寬令威所傳故吏部鮑欽止本校足之末得

若本以爲無恨焉凡稱樊者樊晃小集也稱晉者開運二年官書也稱荆者王介甫四選也稱宋者宋景文也稱陳者陳無已也稱刋及一作者黄魯直晁以道諸本也雖然子美詩如五穀六牲人皆知味而鮮

立秋後題

牽牛織女

九日寄岑參

新婚別

五言古詩

北征

皇帝二載秋閏八月初吉杜子將北征蒼茫問家室維時遭艱虞朝野少暇日顧慚恩私被詔許歸蓬蓽拜辭詣闕下怵惕久未出雖乏諫諍姿恐君有遺失君誠中興主經緯固密勿東胡反未已臣甫憤所切揮涕戀行在道途猶恍惚乾坤含瘡痍憂虞何時畢靡靡逾阡陌人煙眇蕭瑟所遇多被傷呻吟更流血回首鳳翔縣旌旗晚明滅前登寒山重屢得飲馬窟

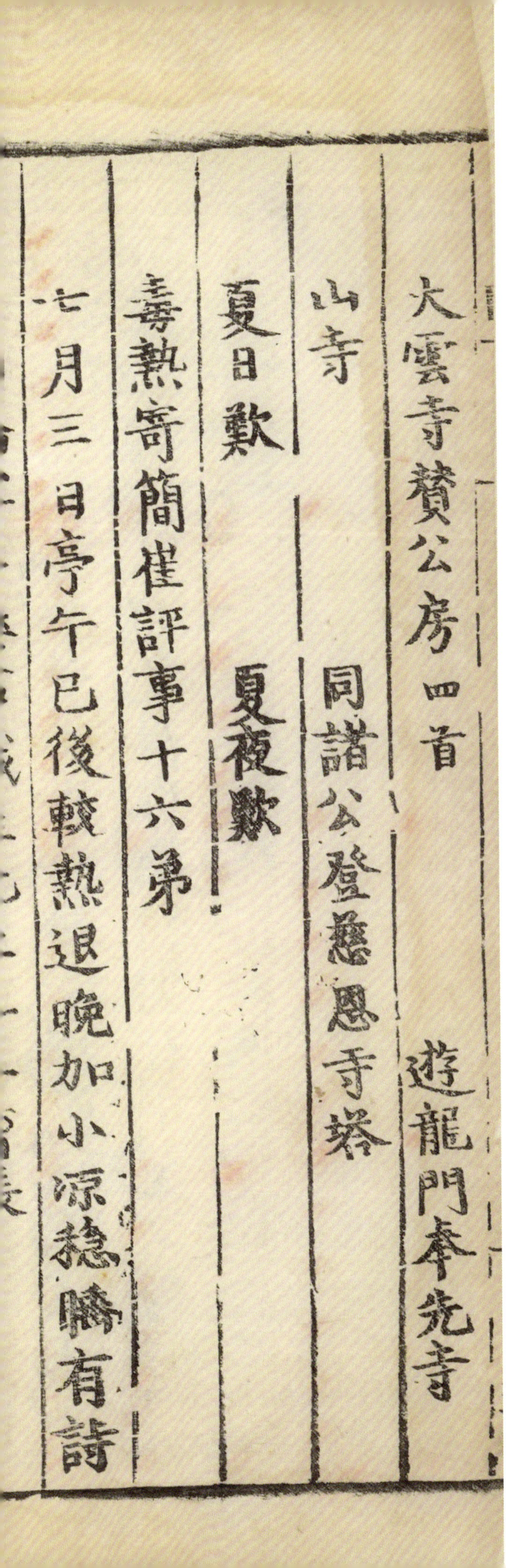
大雲寺贊公房四首　遊龍門奉先寺
山寺　同諸公登慈恩寺塔
夏日歎　夏夜歎
毒熱寄簡崔評事十六弟
七月三日亭午已後較熱退晚加小凉穩睡有詩

杜少陵集十卷　（唐）杜甫撰　明刻本　佚名硃墨批點

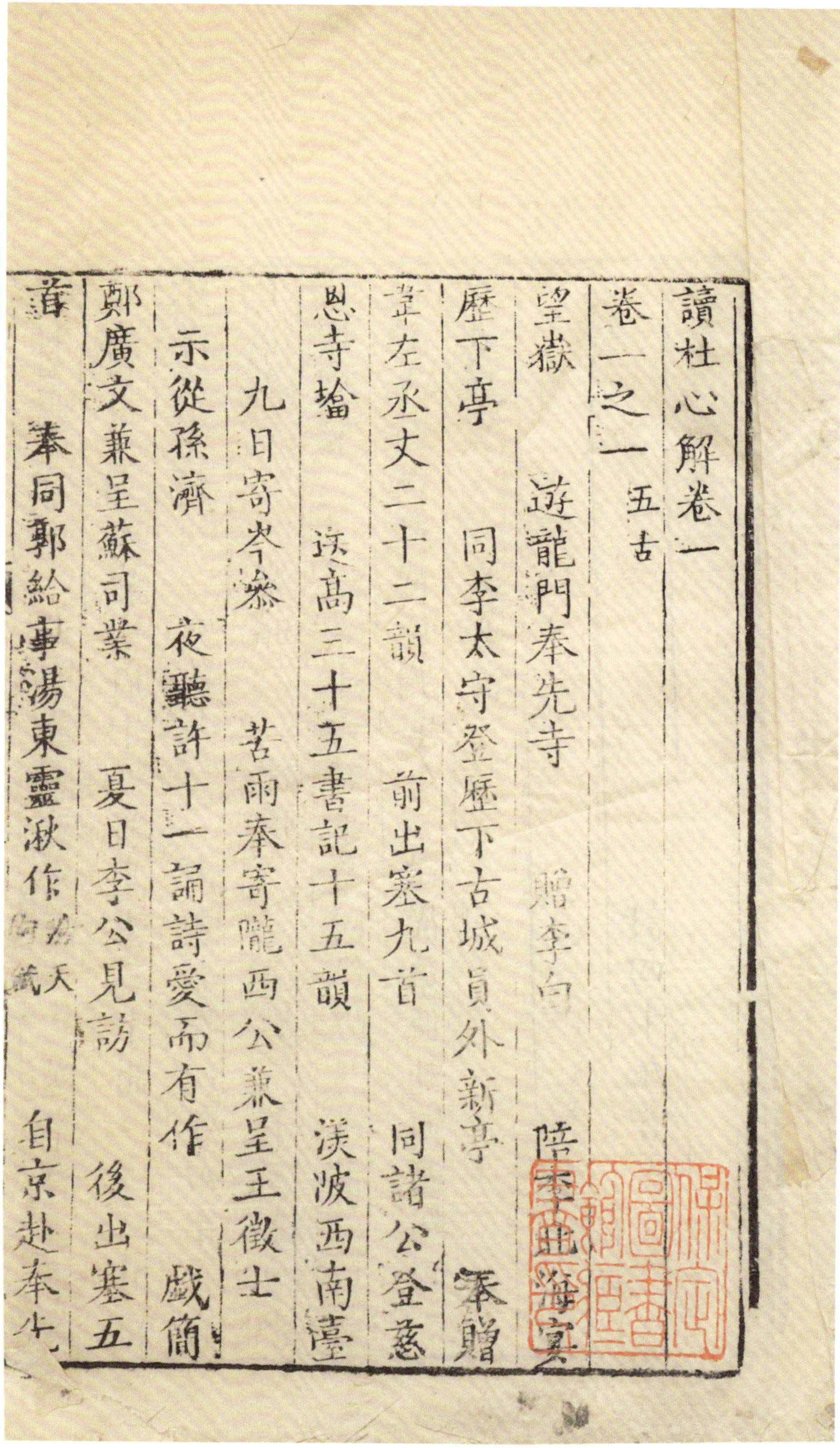
讀杜心解卷一
卷一之一　五古
望嶽　遊龍門奉先寺　贈李白　陪李北海宴
歷下亭　同李太守登歷下古城員外新亭　奉贈
韋左丞丈二十二韻　前出塞九首　同諸公登慈
恩寺塔　送高三十五書記十五韻　渼陂西南臺
九日寄岑參　苦雨奉寄隴西公兼呈王徵士
示從孫濟　夜聽許十一誦詩愛而有作　戲簡
鄭廣文兼呈蘇司業　夏日李公見訪　後出塞五
首　奉同郭給事湯東靈湫作　自京赴奉先

讀杜心解六卷首二卷　（唐）杜甫撰　（清）浦起龍解　清雍正二年浦氏寧我齋刻本

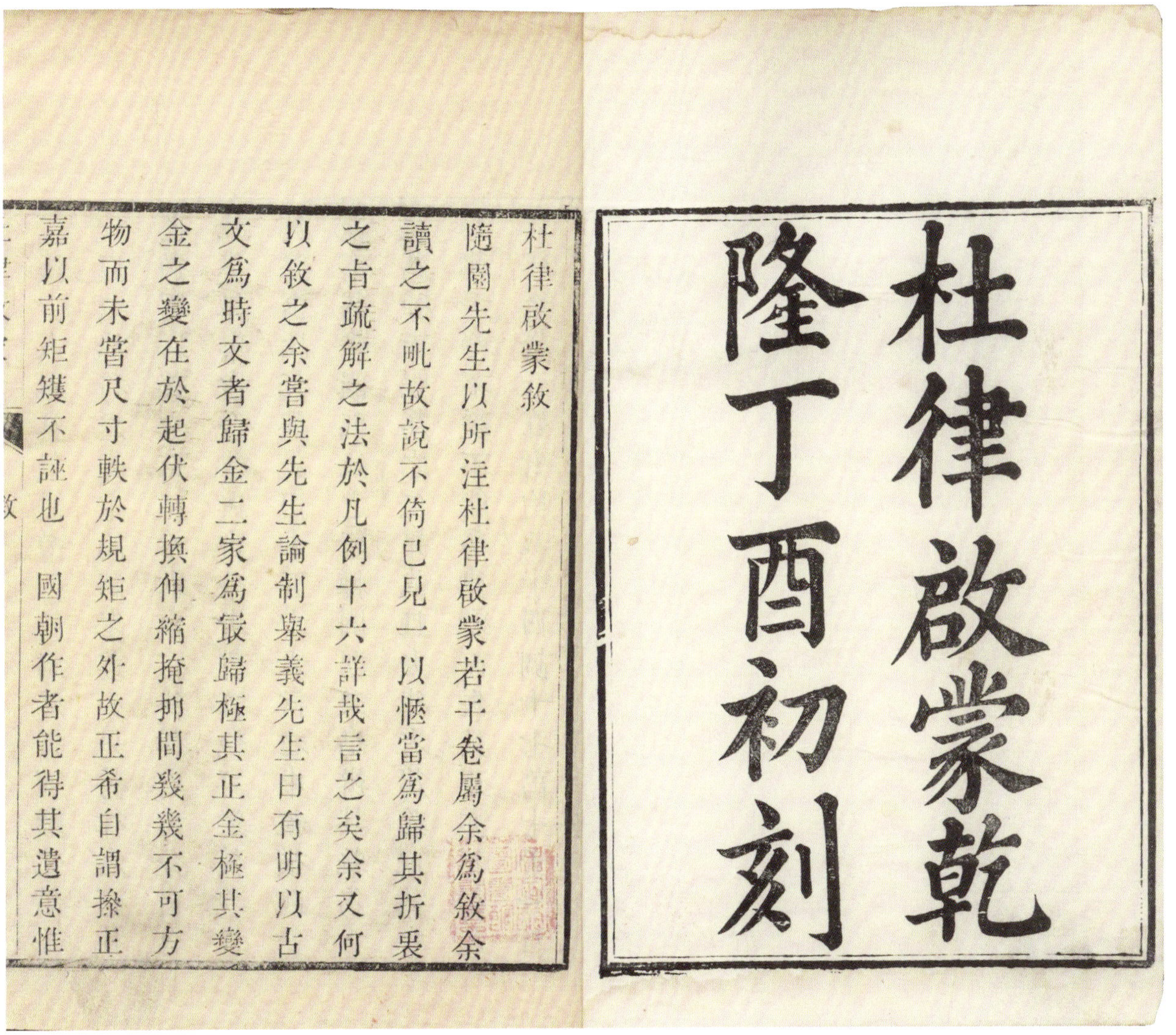

杜律啟蒙乾
隆丁酉初刻

杜律啟蒙敘
隨園先生以所注杜律啟蒙若干卷屬余爲敘余
讀之不毗故說不倚已見一以愜當爲歸其折衷
之旨疏解之法於凡例十六詳哉言之矣余又何
以敘之余嘗與先生論制舉義先生曰有明以古
文爲時文者歸金二家爲最歸極其正金極其變
金之變在於起伏轉換伸縮掩抑間幾幾不可方
物而未嘗尺寸軼於規矩之外故正希自謂撩正
嘉以前矩矱不誣也　國朝作者能得其遺意惟

杜律啟蒙十二卷年譜一卷　（唐）杜甫撰　（清）邊連寶集註　清乾隆四十二年初刻本

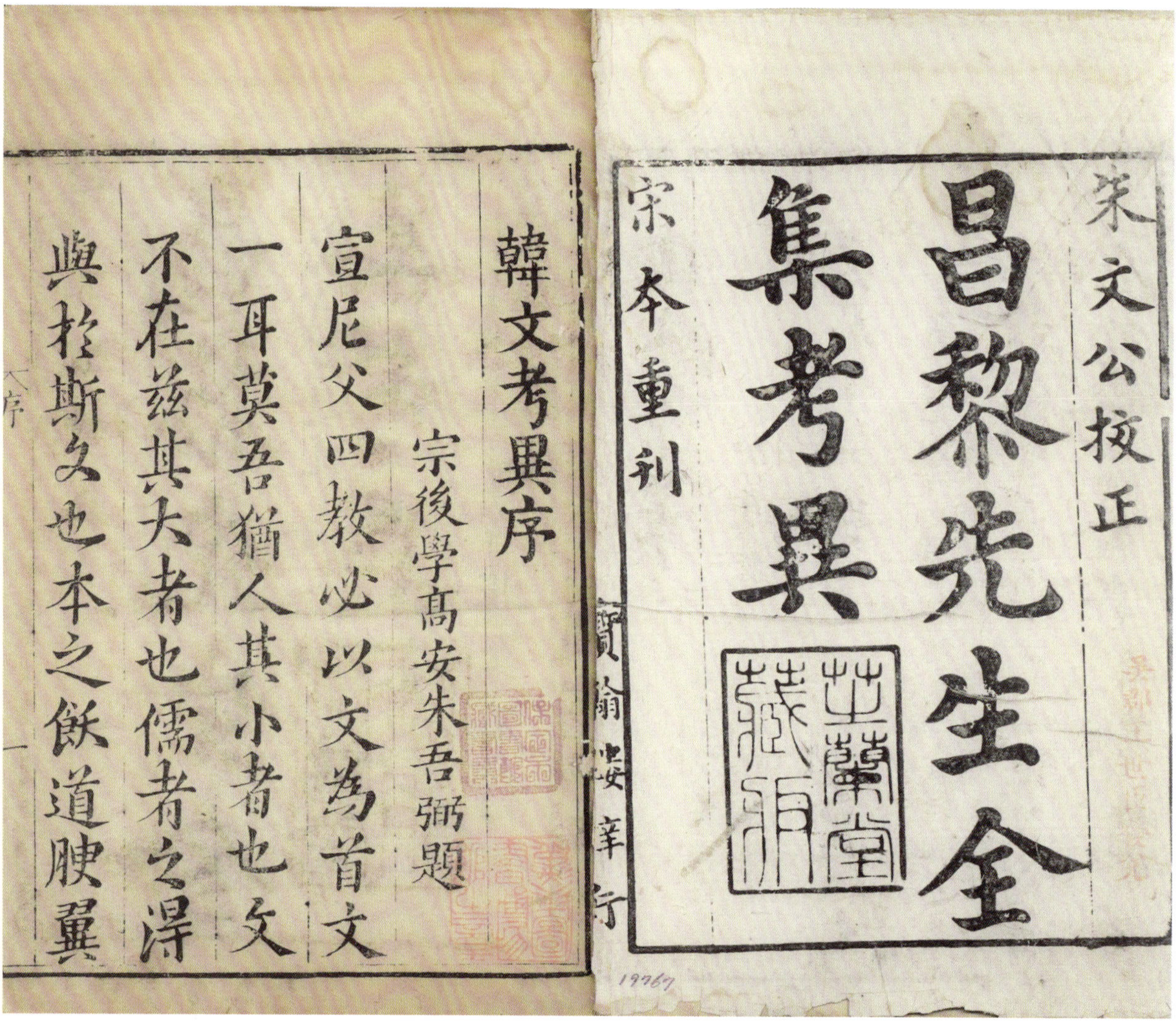
朱文公校正

昌黎先生全集考異

宋本重刊

韓文考異序

宗後學高安朱吾弼題

宣尼父四教必以文為首文一耳莫吾猶人其小者也文不在茲其大者也儒者之得與於斯文也本之餙道腴翼

序 一

朱文公校昌黎先生文集四十卷外集十卷遺文一卷　集傳一卷　（唐）韓愈撰（宋）朱熹考異　王伯大音釋　明萬曆三十三年朱崇沐刻本

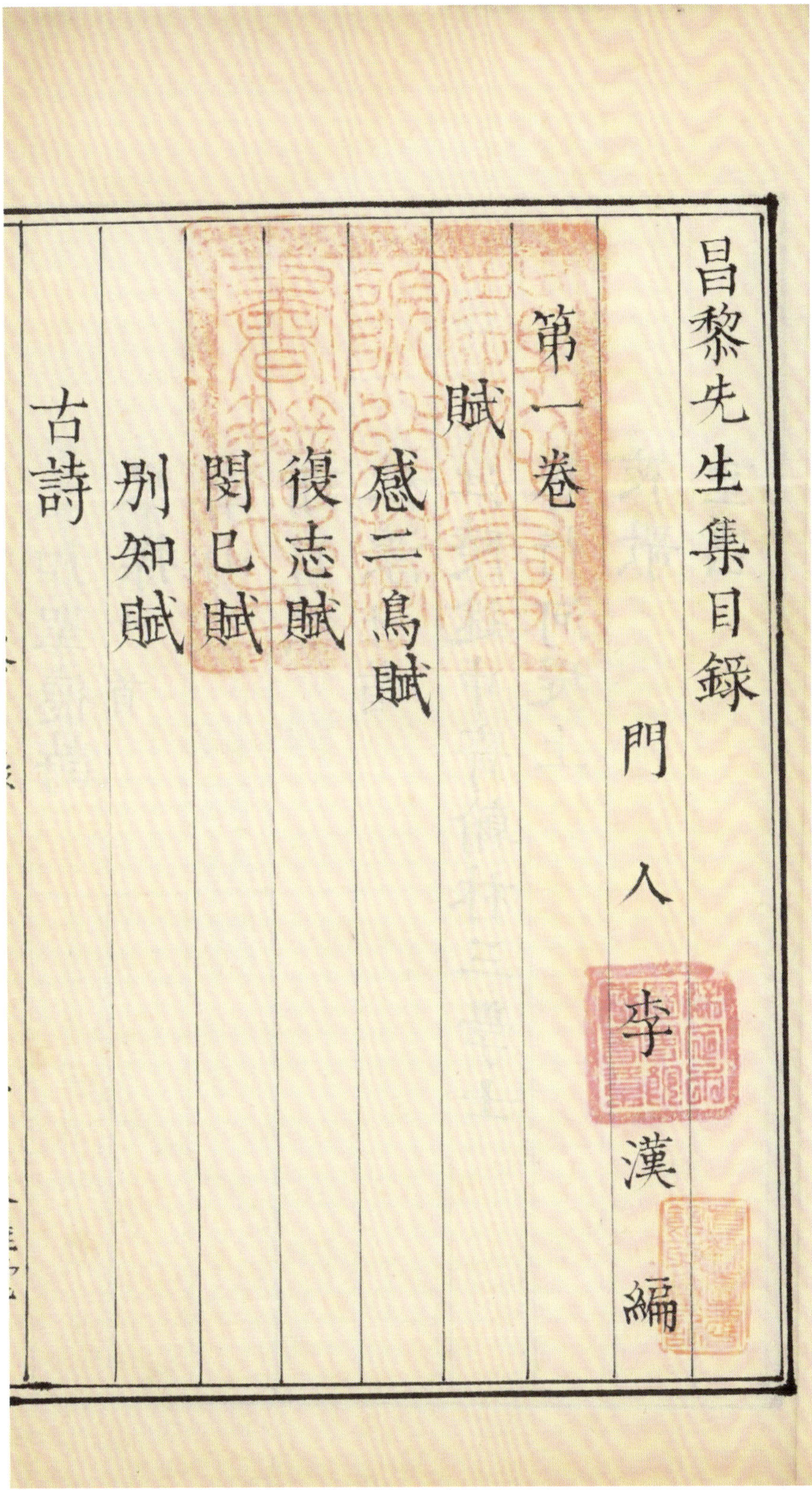
昌黎先生集目錄

門人李漢編

第一卷

賦

感二鳥賦

復志賦

閔已賦

別知賦

古詩

昌黎先生集四十卷外集十卷遺文一卷　（唐）韓愈撰　（宋）廖瑩中校正　朱子校昌黎先生集傳一卷　明萬曆東吳徐氏東雅堂刻本　入選《河北省名錄》0263號

重刊校正笠澤藂書

藂書甲

陸魯望文集序

唐賢陸龜蒙字魯望三吳人也幼而聰悟通六籍尤長於春秋常體江謝賦事名振江右與顏蕘皮日休羅隱吳融為友性高潔家貧親老屈與張搏爲湖蘇二郡佐嘗至饒州三月無所詣剌史率官屬就見之龜蒙不樂拂衣去居松江甫里多所論譔著吳興實錄四十卷松陵集十

重刊校正笠澤叢書四卷補遺詩一卷續補遺一卷　（唐）陸龜蒙撰　清大疊山房刻本

唐陸宣公集卷第一

後學雙峰年羹堯重訂

金壇王汝驤
太倉張泰基　同校

制誥赦宥上

奉天改元大赦制平朱泚後改建中五年為興元元年

門下致理興化必在推誠忘己濟人不吝改過朕嗣守丕構君臨萬方失守宗祧越在草莽不念率德誠莫追於既往永言思咎期有復於將來明徵厥初以示天下惟我烈祖邁德庇人致俗化於和平拯生靈於塗炭重熙積慶垂二百年伊爾卿尹庶官洎億兆

唐陸宣公集二十二卷　（唐）陸贄撰　清雍正元年年羹堯積雪齋刻本

唐陸宣公集二十二卷　（唐）陸贄撰　清雍正元年年羹堯積雪齋刻本

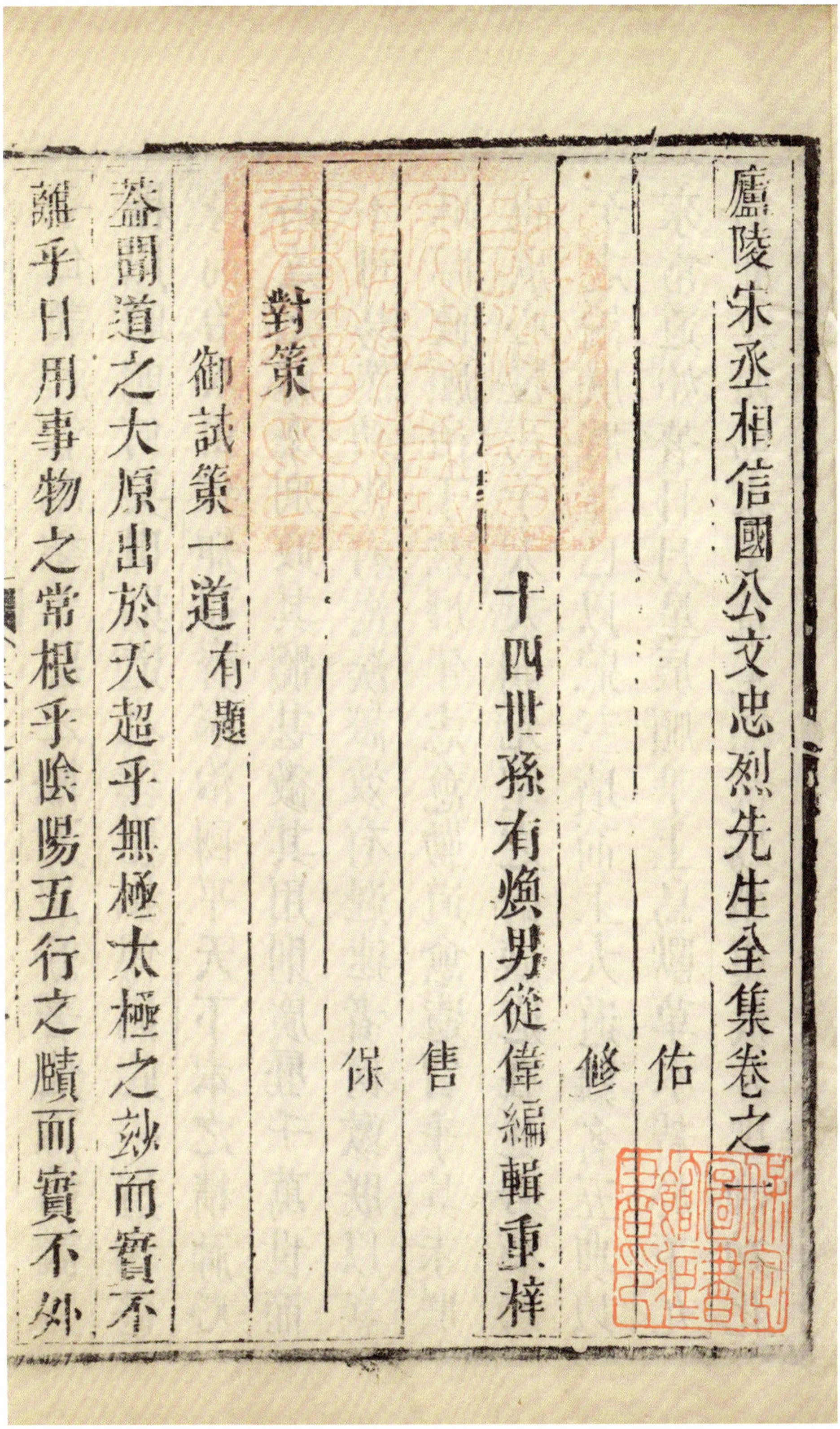

廬陵宋丞相信國公文忠烈先生全集卷之一

佑

修

十四世孫有煥男從偉編輯重梓

售

保

對策

御試策一道 有題

蓋聞道之大原出於天超乎無極太極之玅而實不

離乎日用事物之常根乎陰陽五行之賾而實不外

廬陵宋丞相信國公文忠烈先生全集十六卷　（宋）文天祥撰　清雍正三年文有煥等五桂堂刻乾隆重修本

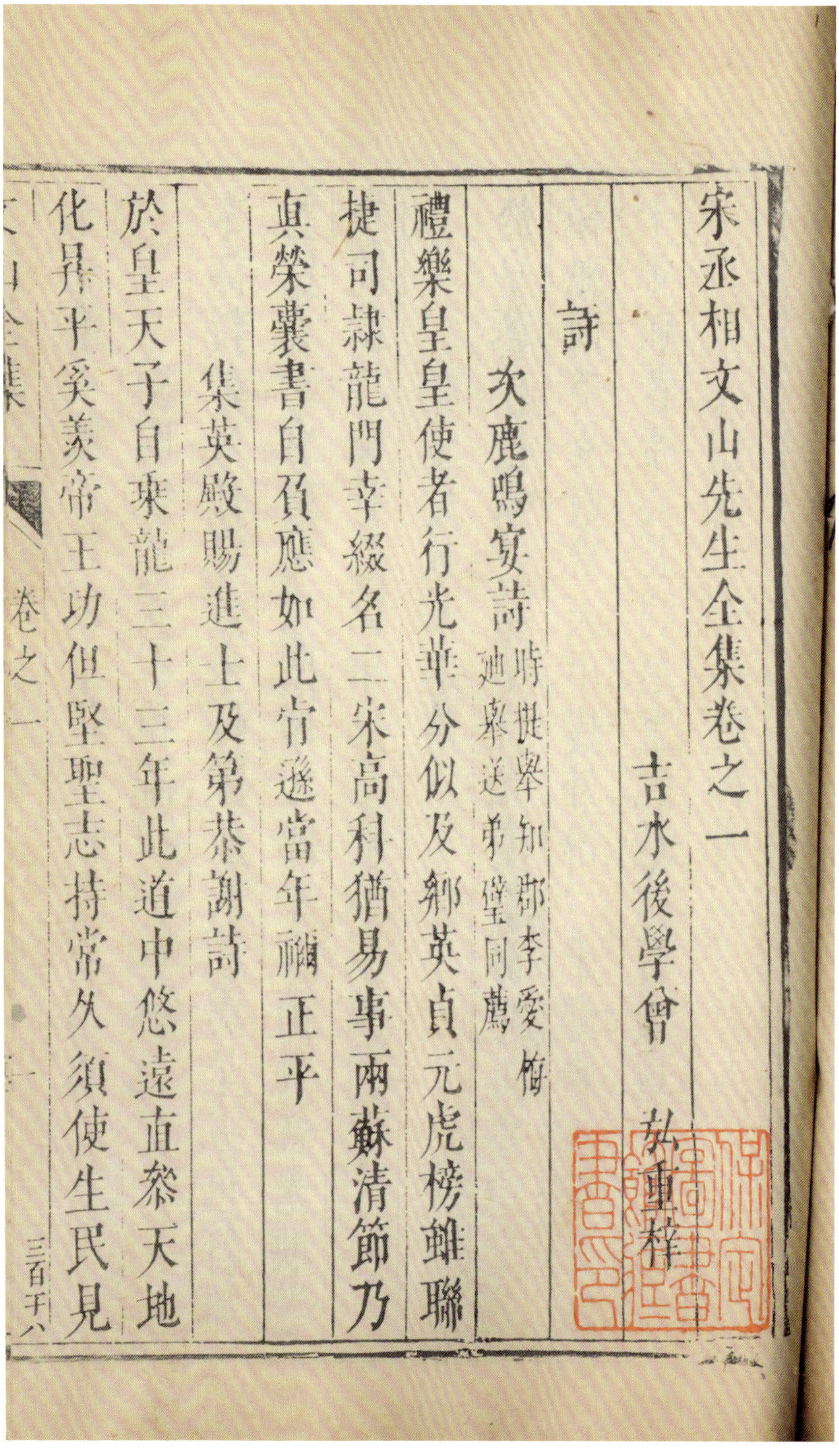

宋丞相文山先生全集卷之一

吉水後學曾　弘重梓

詩

次鹿鳴宴詩 時提舉知郡李愛侮廸舉送弟璧同薦

禮樂皇皇使者行光華分似及鄉英貞元虎榜雖聯
捷司隸龍門幸綴名二宋高科猶易事兩蘇清節乃
真榮囊書自負應如此肯遂當年禰正平

集英殿賜進士及第恭謝詩

於皇天子自乘龍三十三年此道中悠遠直參天地
化昇平奚羡帝王功但堅聖志持常久須使生民見

文山全集　卷之一　三百十八

宋丞相文山先生全集二十卷　（宋）文天祥撰　清康熙十二年曾弘重刻本

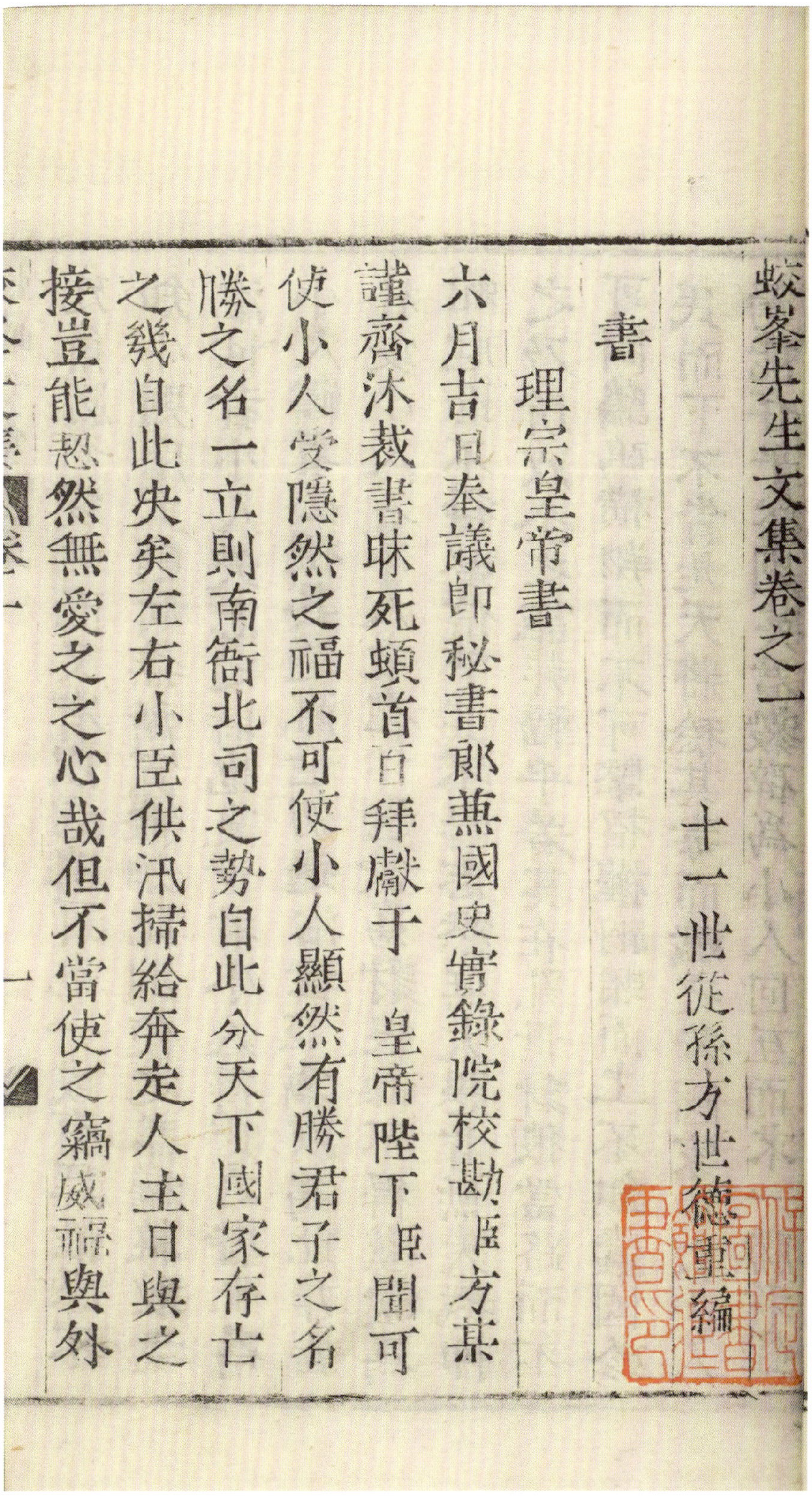
蛟峯先生文集卷之一
十一世從孫方世德重編
書
理宗皇帝書
六月吉日奉議郎秘書郎兼國史實錄院校勘臣方某
謹齋沐裁書昧死頓首百拜獻于 皇帝陛下臣聞可
使小人受隱然之福不可使小人顯然有勝君子之名
勝之名一立則南衙北司之勢自此分天下國家存亡
之幾自此決矣左右小臣供汛掃給奔走人主日與之
接豈能恝然無愛之之心哉但不當使之竊威福與外

蛟峯先生文集十卷外集三卷山房先生遺文一卷　（宋）方逢辰撰　明活字印本　入選《國家名錄》08966號

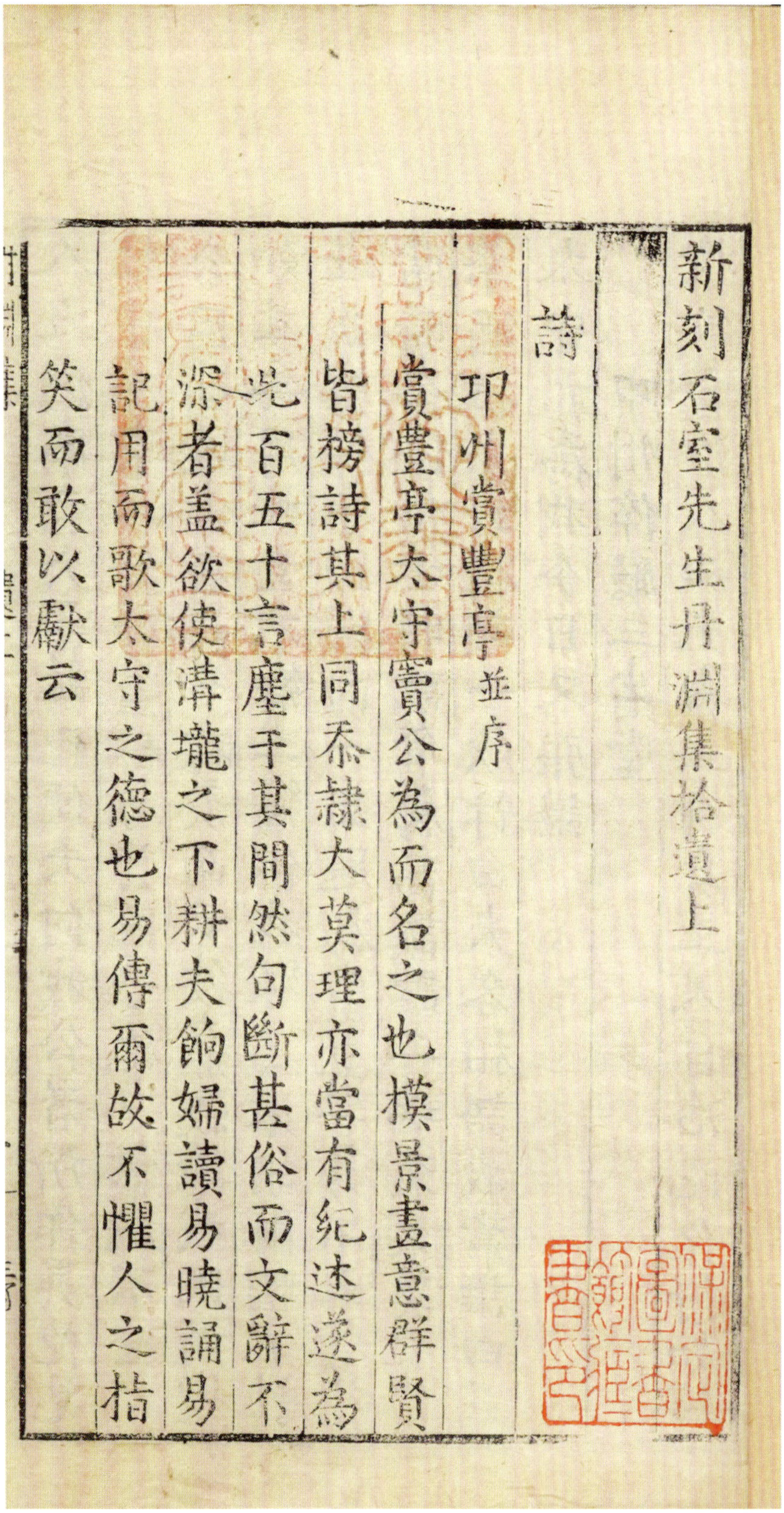
新刻石室先生丹淵集拾遺上

詩

邛州賞豐亭并序

賞豐亭太守竇公為而名之也模景畫意群賢皆榜詩其上同忝隷大莫理亦當有紀述遂為此百五十言塵于其間然句斷甚俗而文辭不深者盖欲使溝壠之下耕夫餉婦讀易曉誦易記用而歌太守之德也易傳爾故不懼人之指笑而敢以獻云

新刻石室先生丹淵集四十卷拾遺二卷　（宋）文同撰　年譜一卷　（宋）家誠之撰　續編諸公書翰詩文一卷雜紀一卷　明萬曆四十年蒲以懌刻本　入選《國家名錄》10621號

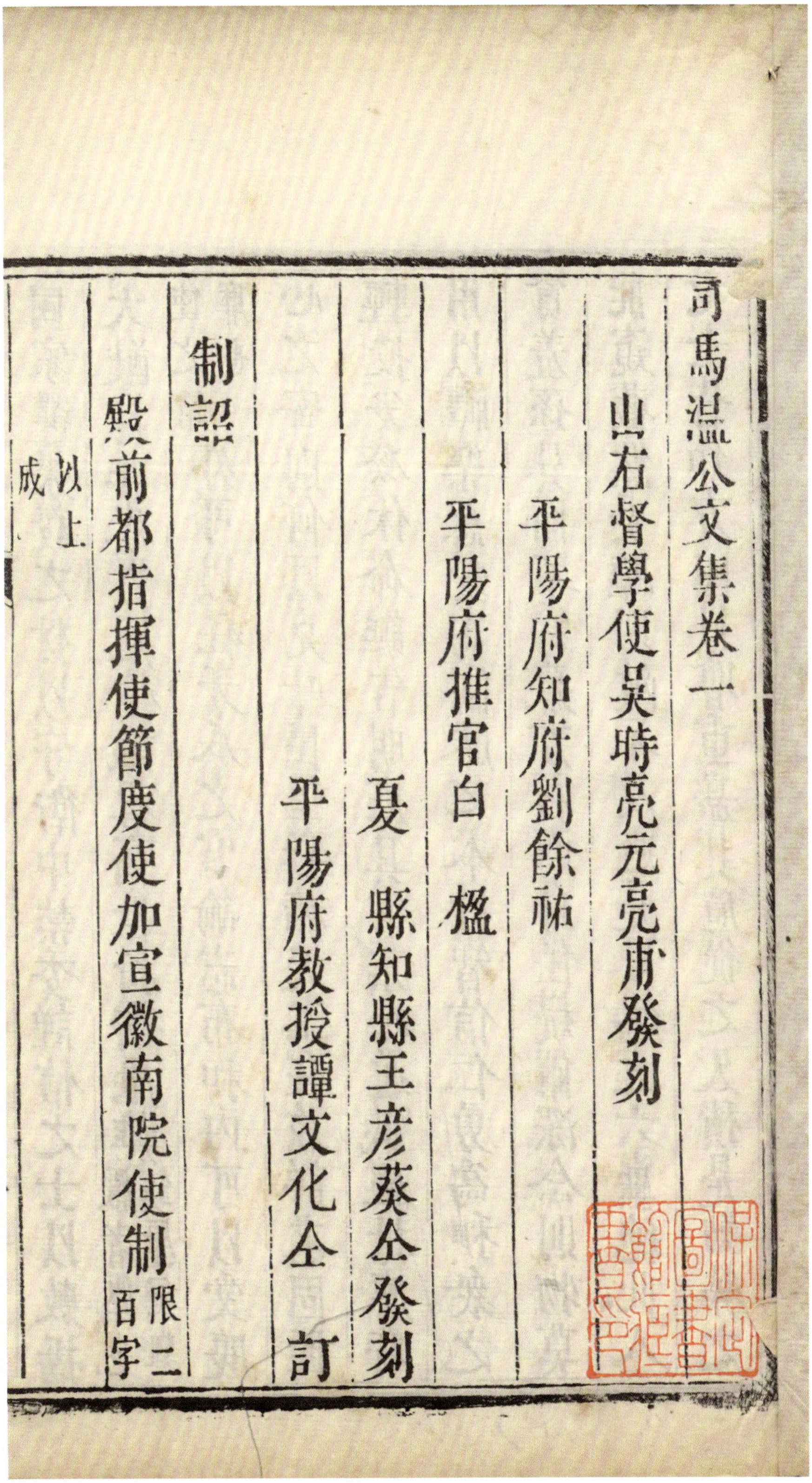

司馬温公文集卷一

山右督學使吳時亮元亮甫發刻

平陽府知府劉餘祐

平陽府推官白　楹

夏　縣知縣王彦蔡仝發刻

平陽府教授譚文化仝　訂

制詔

殿前都指揮使節度使加宣徽南院使制　限二百字

以上

成

司馬溫公文集八十二卷　（宋）司馬光撰　明崇禎元年吳時亮刻本

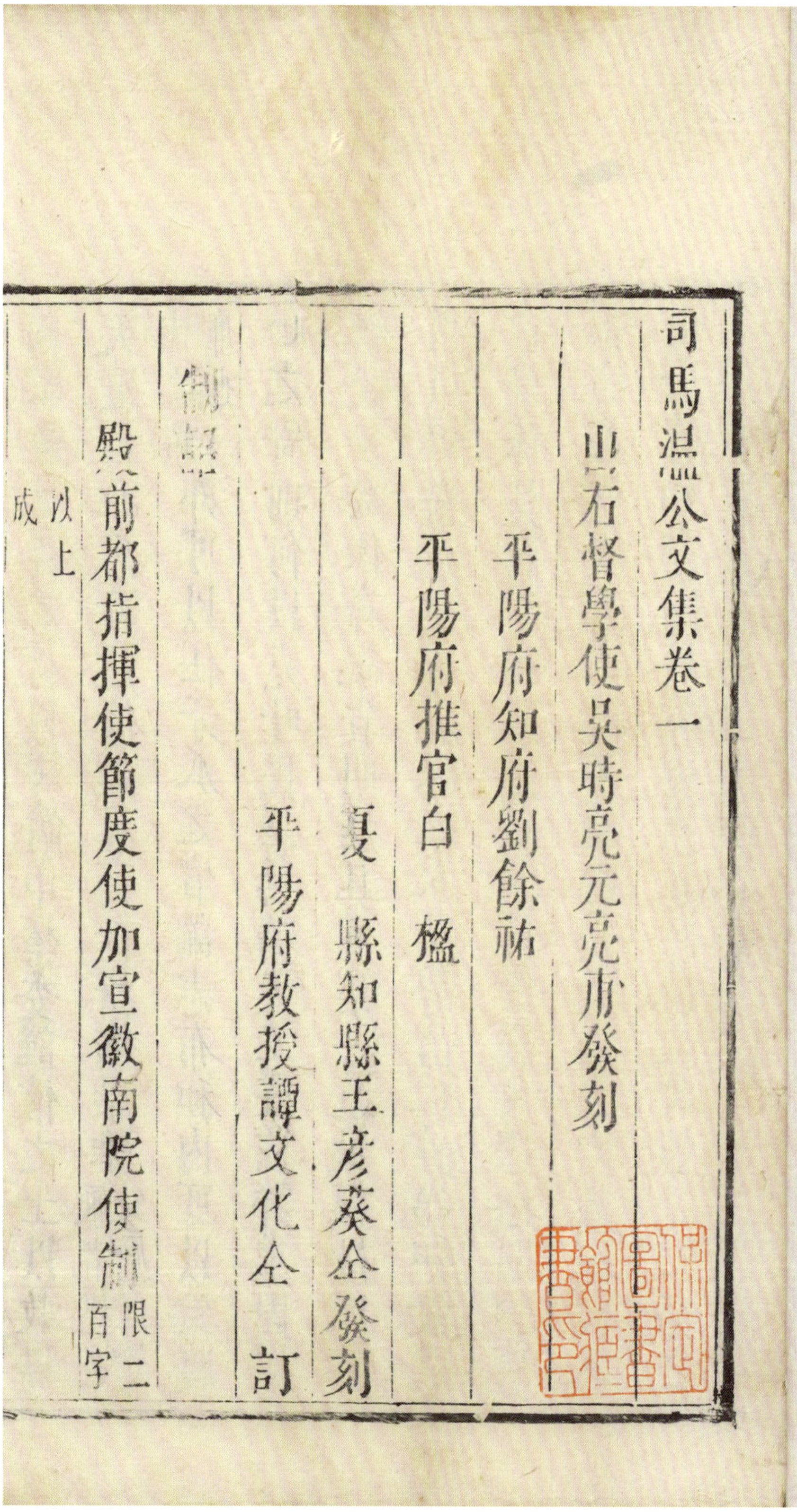

司馬溫公文集卷一

山右督學使吳時亮元亮甫發刻

平陽府知府劉餘祐

平陽府推官白　楹

夏　縣知縣王彥葵仝發刻

平陽府教授譚文化仝　訂

御製

殿前都指揮使節度使加宣徽南院使制 限二百字

以上成

司馬溫公文集八十二卷　（宋）司馬光撰　明崇禎元年吳時亮刻清康熙四十七年蔣起龍修補本

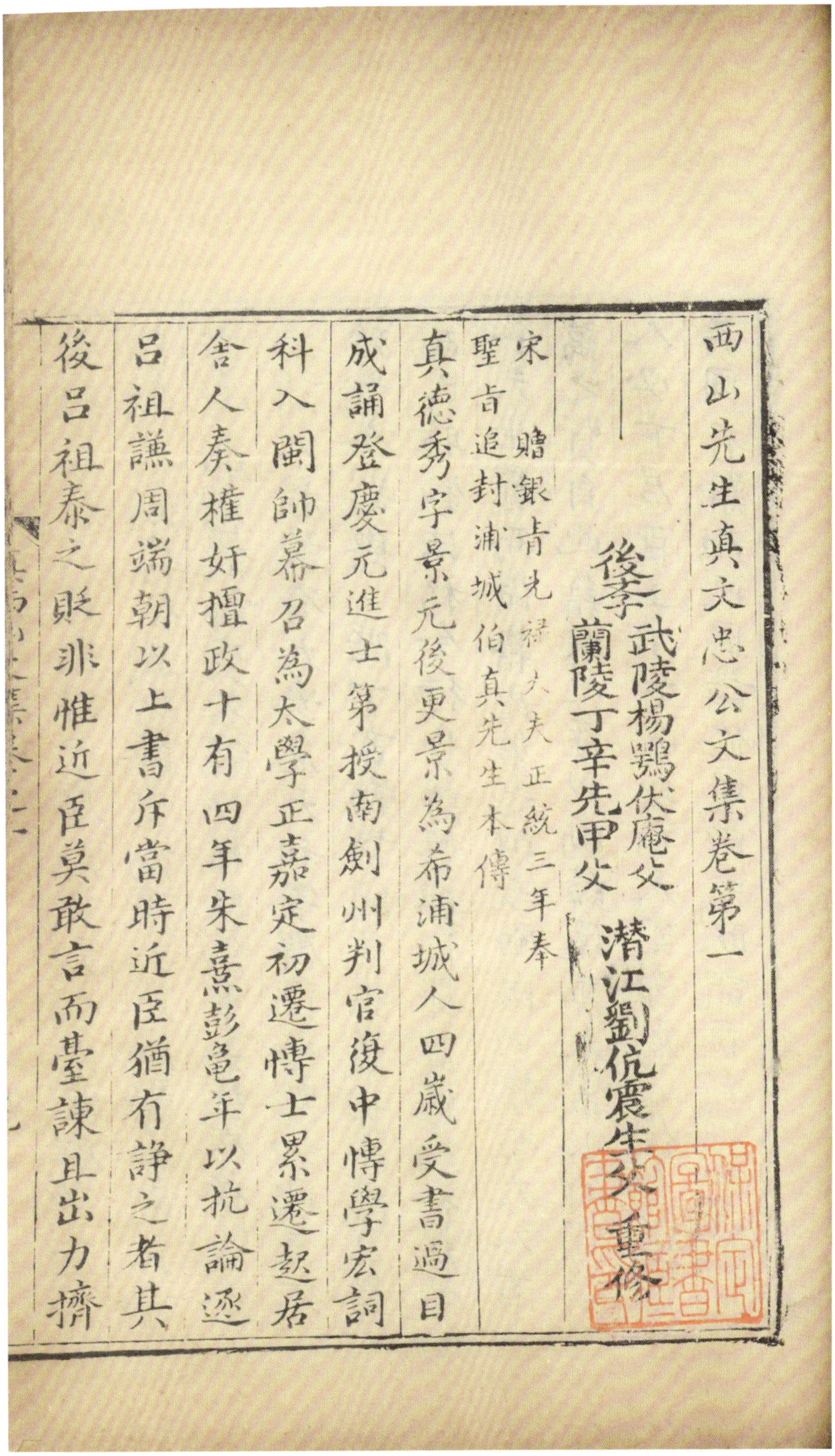
西山先生真文忠公文集卷第一

後學 武陵楊鶚伏庵父 蘭陵丁辛先甲父 潛江劉佑震生父重修

宋 贈銀青光祿大夫正統三年奉

聖旨追封浦城伯真先生本傳

真德秀字景元後更景希浦城人四歲受書過目成誦登慶元進士第授南劍州判官復中博學宏詞科入閩帥幕召為太學正嘉定初遷博士累遷起居舍人奏權奸擅政十有四年朱熹彭龜年以抗論逐呂祖謙周端朝以上書斥當時近臣猶有諍之者其後呂祖泰之貶非惟近臣莫敢言而臺諫且出力擠

西山先生真文忠公文集五十五卷目録二卷　（宋）真德秀撰　明萬曆二十五年景賢堂刻清康熙四年重修本

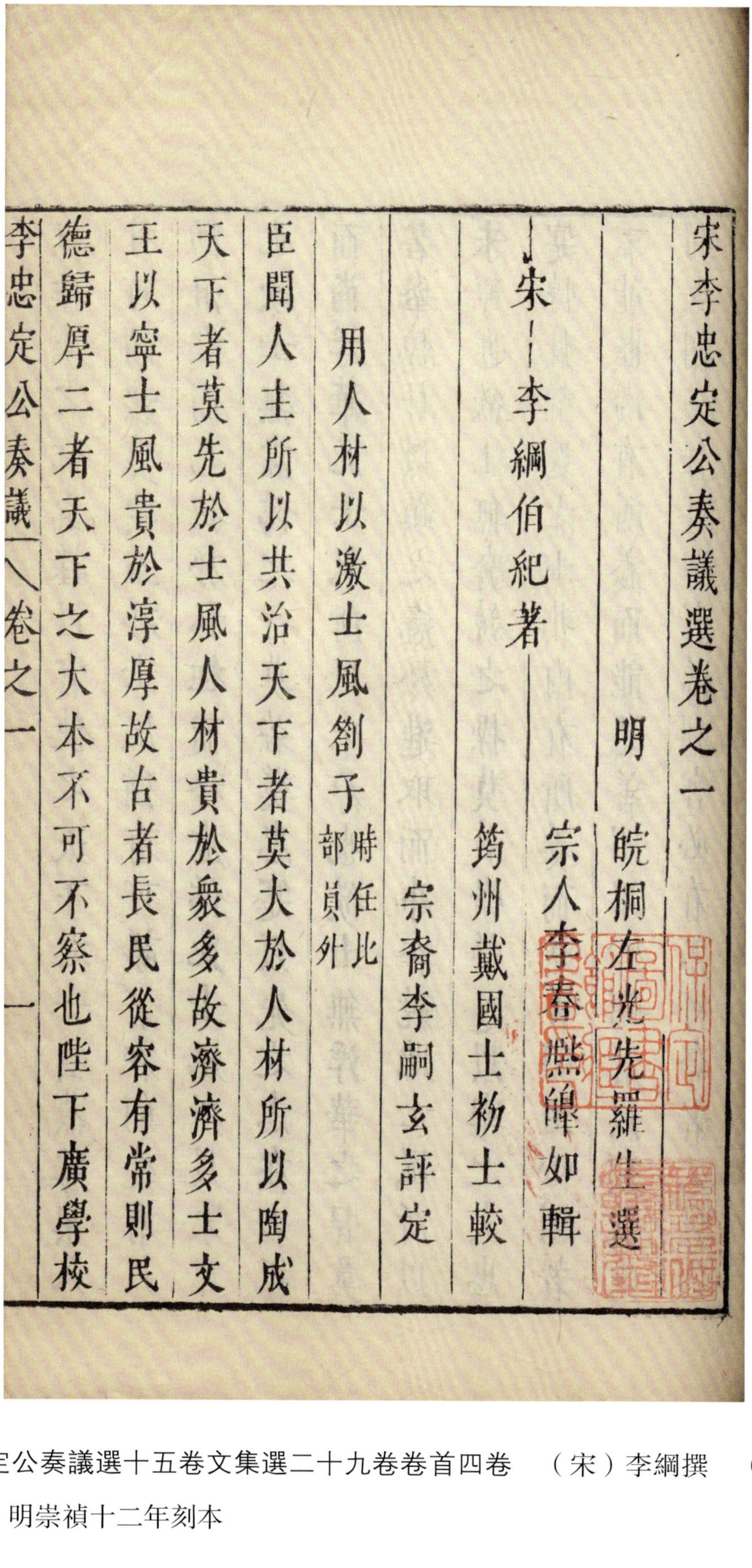

宋李忠定公奏議選卷之一

明　皖桐左光先羅生選

宋　李綱伯紀著　　宗人李春熙皡如輯

筠州戴國士枌士較

宗裔李嗣玄評定

用人材以激士風劄子　時任比部員外

臣聞人主所以共治天下者莫大於人材所以陶成天下者莫先於士風人材貴於衆多故濟濟多士文王以寧士風貴於淳厚故古者長民從容有常則民德歸厚二者天下之大本不可不察也陛下廣學校

李忠定公奏議〈卷之一　一

宋李忠定公奏議選十五卷文集選二十九卷卷首四卷　（宋）李綱撰　（明）左光先李春熙等輯　明崇禎十二年刻本

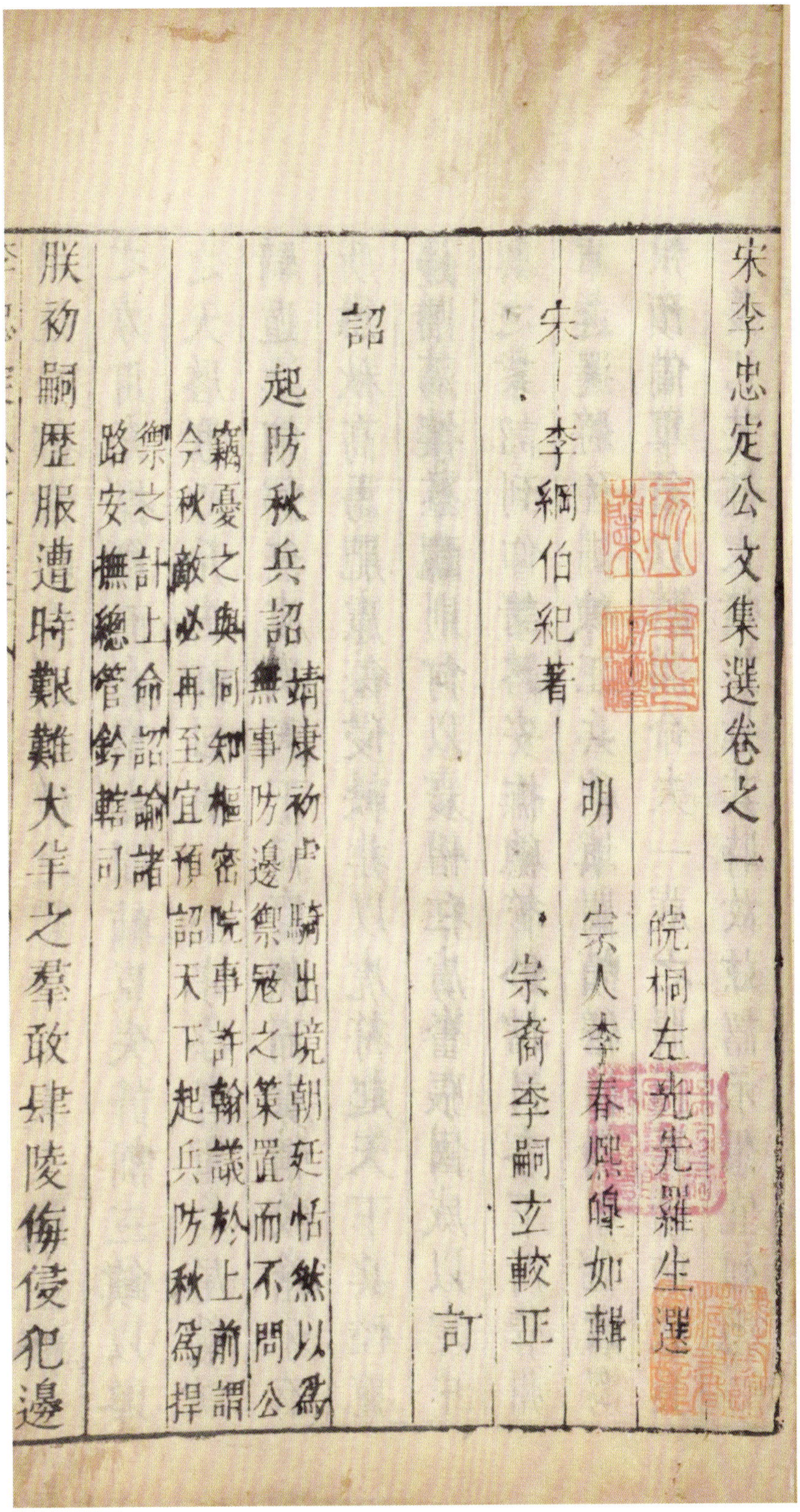

宋李忠定公文集選卷之一
皖桐左光先羅生選
明　宗人李春熙皡如輯
宋　李綱伯紀著　宗裔李嗣立較正
訂

詔

起防秋兵詔　靖康初虜騎出境朝廷恬然以爲無事防邊禦寇之策置而不問公竊憂之與同知樞密院事許翰議於上前謂今秋敵必再至宜預詔天下起兵防秋爲捍禦之計上命公詔諭諸路安撫總管鈐轄司

朕初嗣歷服遭時艱難犬羊之羣敢肆陵侮侵犯邊

宋李忠定公奏議選十五卷文集選二十九卷卷首四卷　（宋）李綱撰　（明）左光先李春熙等輯　明末刻本

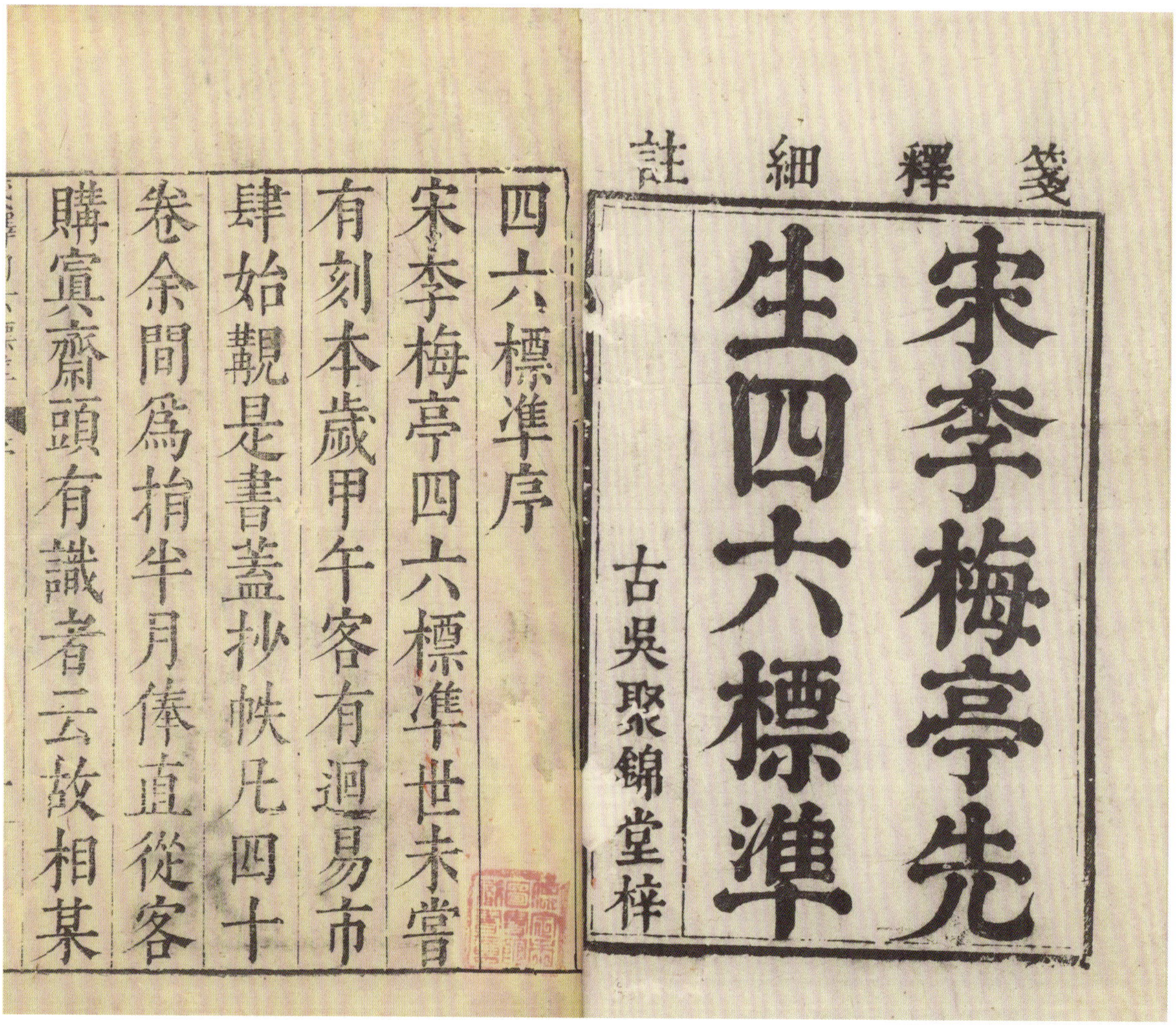

箋釋梅亭先生四六標準四十卷　（宋）李劉撰　（明）孫雲翼箋　明萬曆四十四年金陵唐鯉飛刻本

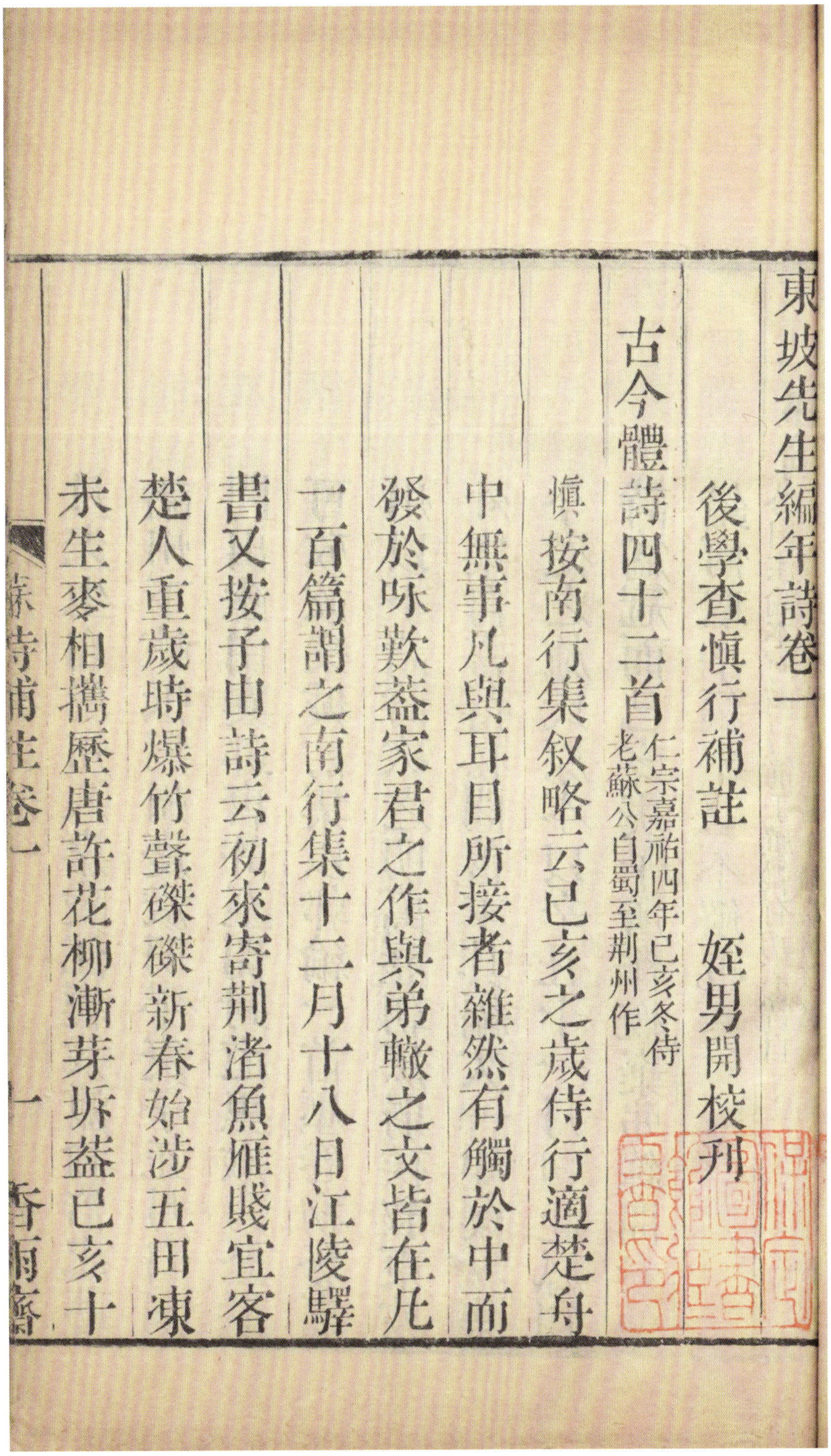
東坡先生編年詩卷一
後學查慎行補註　姪男開校刊
古今體詩四十二首 仁宗嘉祐四年己亥冬侍老蘇公自蜀至荆州作
慎按南行集叙略云已亥之歲侍行適楚舟中無事凡與耳目所接者雜然有觸於中而發於咏歎蓋家君之作與弟轍之文皆在凡一百篇謂之南行集十二月十八日江陵驛書又按子由詩云初來寄荆渚魚雁賤宜客楚人重歲時爆竹聲磔磔新春始涉五田凍未生麥相攜歷唐許花柳漸芽坼蓋已亥十
蘇詩補註卷一　一　香雨齋

東坡先生編年詩補註五十卷年表一卷　（清）查慎行撰　清乾隆二十六年查開香雨齋刻本

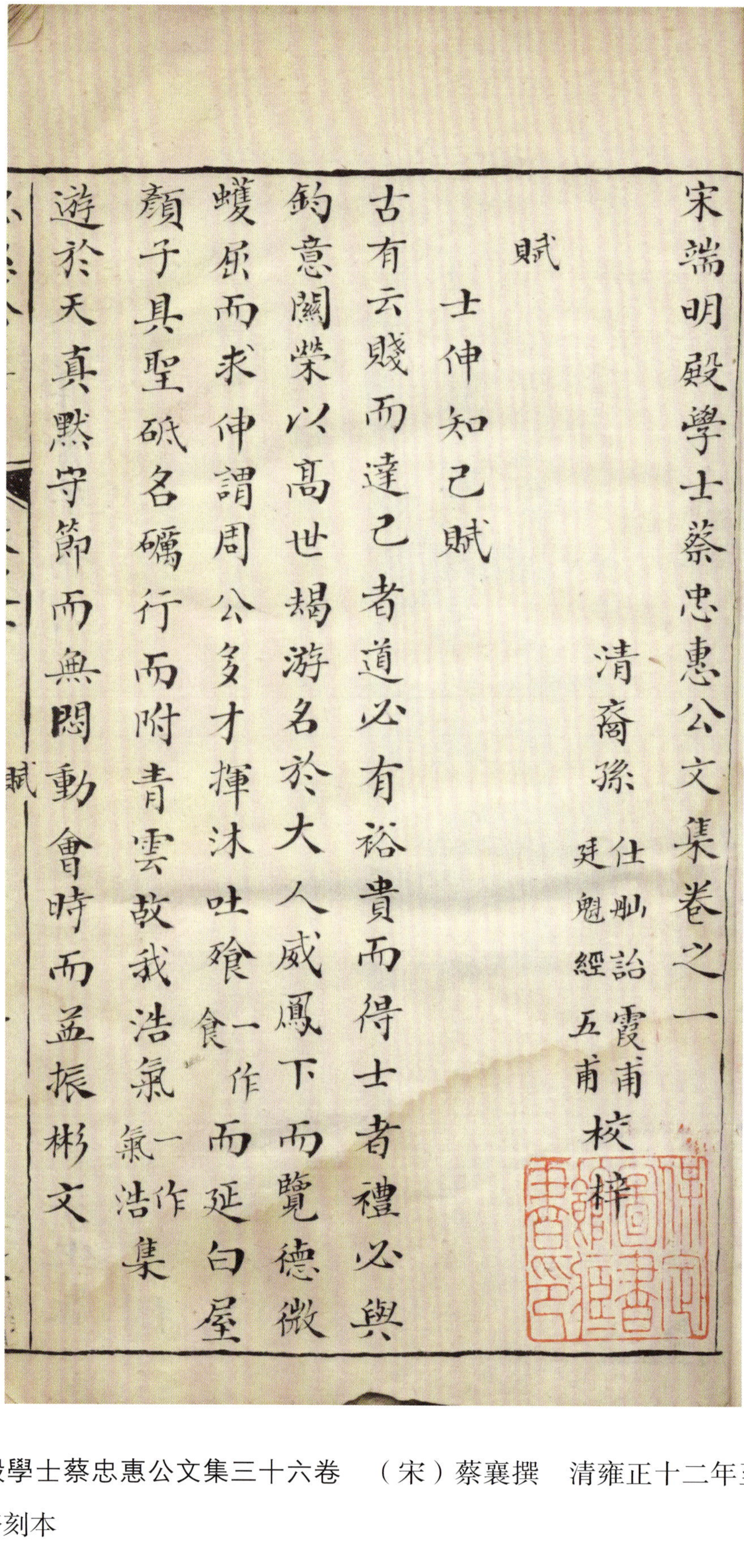

宋端明殿學士蔡忠惠公文集卷之一

清裔孫　仕朏詒霞甫　廷魁經五甫　校梓

賦

士伸知己賦

古有云賤而達己者道必有裕貴而得士者禮必與鈞意闕榮以高世揭游名於大人威鳳下而覽德微蠖屈而求伸謂周公多才揮沐吐飡一作食而延白屋顏子具聖砥名礪行而附青雲故我浩氣一作氣浩集遊於天真默守節而無悶動會時而益振彬文

宋端明殿學士蔡忠惠公文集三十六卷　（宋）蔡襄撰　清雍正十二年至清乾隆五年間蔡氏遜敏齋刻本

蘇學士文集卷第一

感興三首

後寢藏衣冠前廟宅神主吾聞諸禮經此制由中古秦嬴食先法乃復祭於墓漢衣以月遊於道蓋無取宣帝尊祖廟失制偏九土孝元酌前文一旦悉除去魏帝樂銅臺遺令平置歌舞昏嗣竟從之此事狂夫阻唐制益紛華諸陵銷嬪御曠女日哀吟於先亦奚補吾朝三聖人乘雲不可覩威靈已霄漢嗣皇念宗祖繪事移天光刻象肖神武徧敕舊遊地輸材起宮宇階墄釦以金牆壁衣之黼功既即奉迎法仗疊簫鼓玩好擇珍奇目奪

蘇學士文集十六卷　（宋）蘇舜欽撰　清康熙三十七至三十八年徐氏白華書屋刻本

蘇學士文集卷第一

感興三首

後寢藏衣冠前廟宅神主吾聞諸禮經此制出中古秦嬴食先法乃復祭於墓漢衣以月遊於道蓋無取宣帝尊祖廟失制偏九土孝元酌前文一旦悉除去魏帝樂銅臺遺令（平）置歌舞昏嗣竟從之此事狂夫阻唐制益紛華諸陵銷嬪御曠女日哀吟於先亦奚補吾朝三聖人乘雲不可覩威靈已霄漢嗣皇念宗祖繪事移天光刻象肖神武徧敕舊遊地輸材起宫宇階墄釦以金牆壁衣之黼功既即奉迎法仗疊簫鼓玩好擇珍奇目奪

蘇學士文集十六卷　（宋）蘇舜欽撰　清康熙三十七至三十八年徐氏白華書屋重刻本

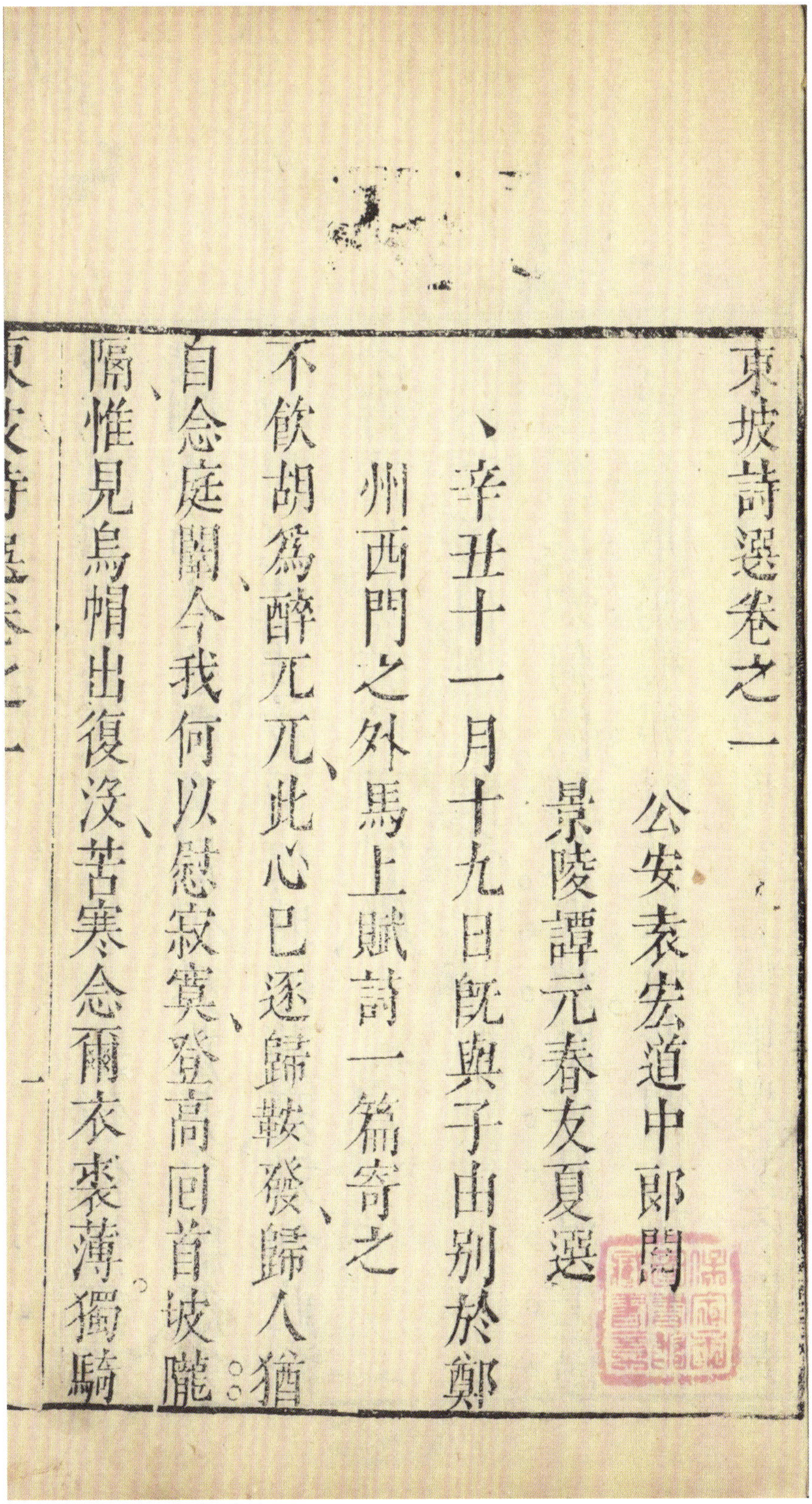
東坡詩選卷之一
公安袁宏道中郎閱
景陵譚元春友夏選
辛丑十一月十九日既與子由別於鄭
州西門之外馬上賦詩一篇寄之
不飲胡爲醉兀兀此心已逐歸鞍發歸人猶
自念庭闈今我何以慰寂寞登高回首坡隴
隔惟見烏帽出復沒苦寒念爾衣裘薄獨騎
東坡詩選卷之一　一

東坡詩選十二卷附本傳　（宋）蘇軾撰　（明）譚元春選　東坡先生年譜一卷（宋）王宗稷撰　明天啟元年文盛堂刻本

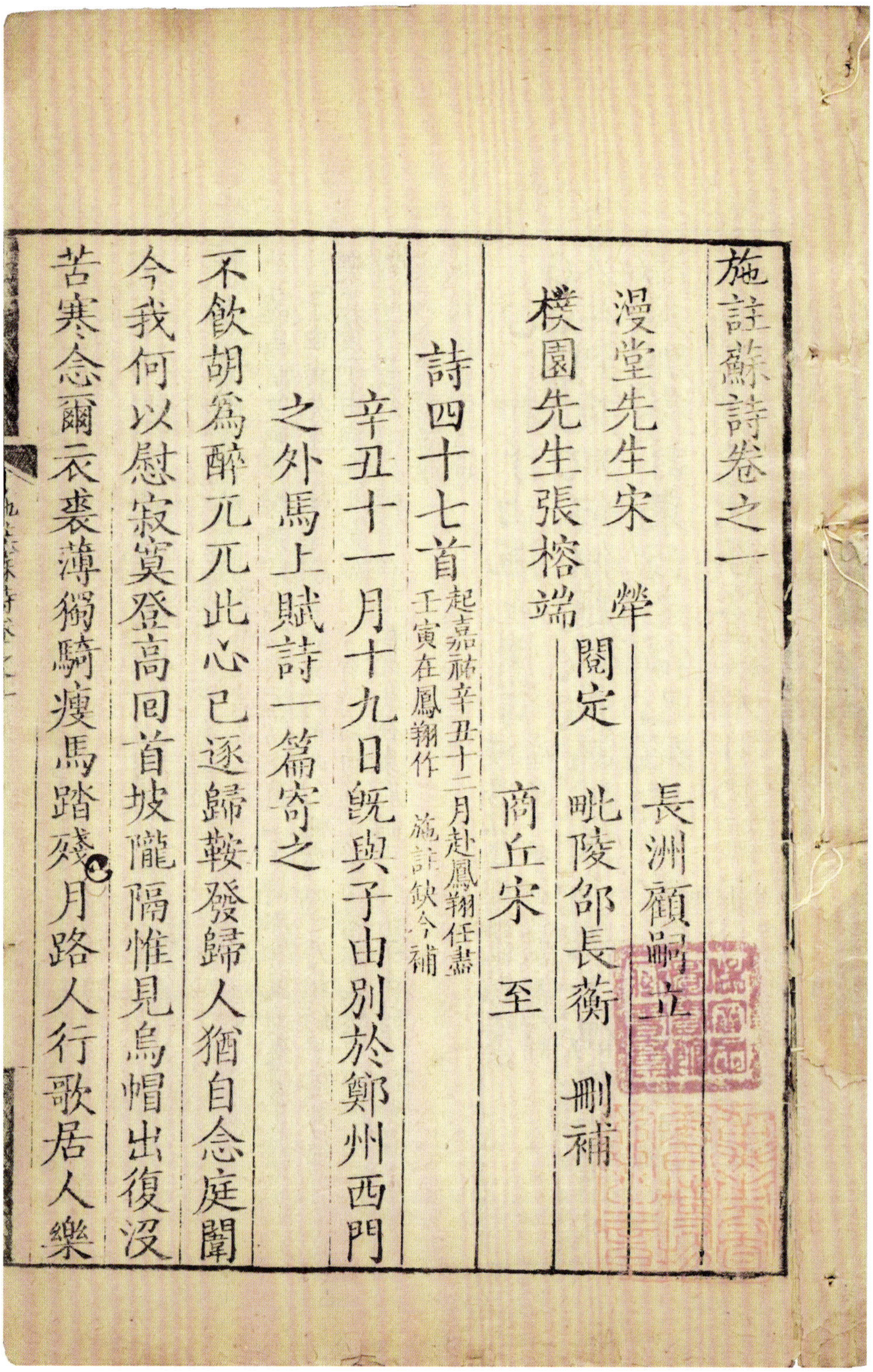
施註蘇詩卷之一

漫堂先生宋　犖
樸園先生張榕端　閲定

長洲顧嗣立
毗陵邵長蘅　刪補
商丘宋　至

詩四十七首起嘉祐辛丑十一月赴鳳翔任盡壬寅在鳳翔作　施註缺今補

辛丑十一月十九日既與子由別於鄭州西門之外馬上賦詩一篇寄之

不飲胡爲醉兀兀此心已逐歸鞍發歸人猶自念庭闈今我何以慰寂寞登高回首坡隴隔惟見烏帽出復沒苦寒念爾衣裘薄獨騎瘦馬踏殘月路人行歌居人樂

施註蘇詩四十二卷　（宋）蘇軾撰　施元之　顧禧註　（清）邵長蘅　顧嗣立　宋至刪補　蘇詩續補遺二卷　（清）馮景補註　王註正譌一卷　（清）邵長蘅撰　東坡先生年譜一卷　（宋）王宗稷撰　清康熙三十八年宋犖刻本

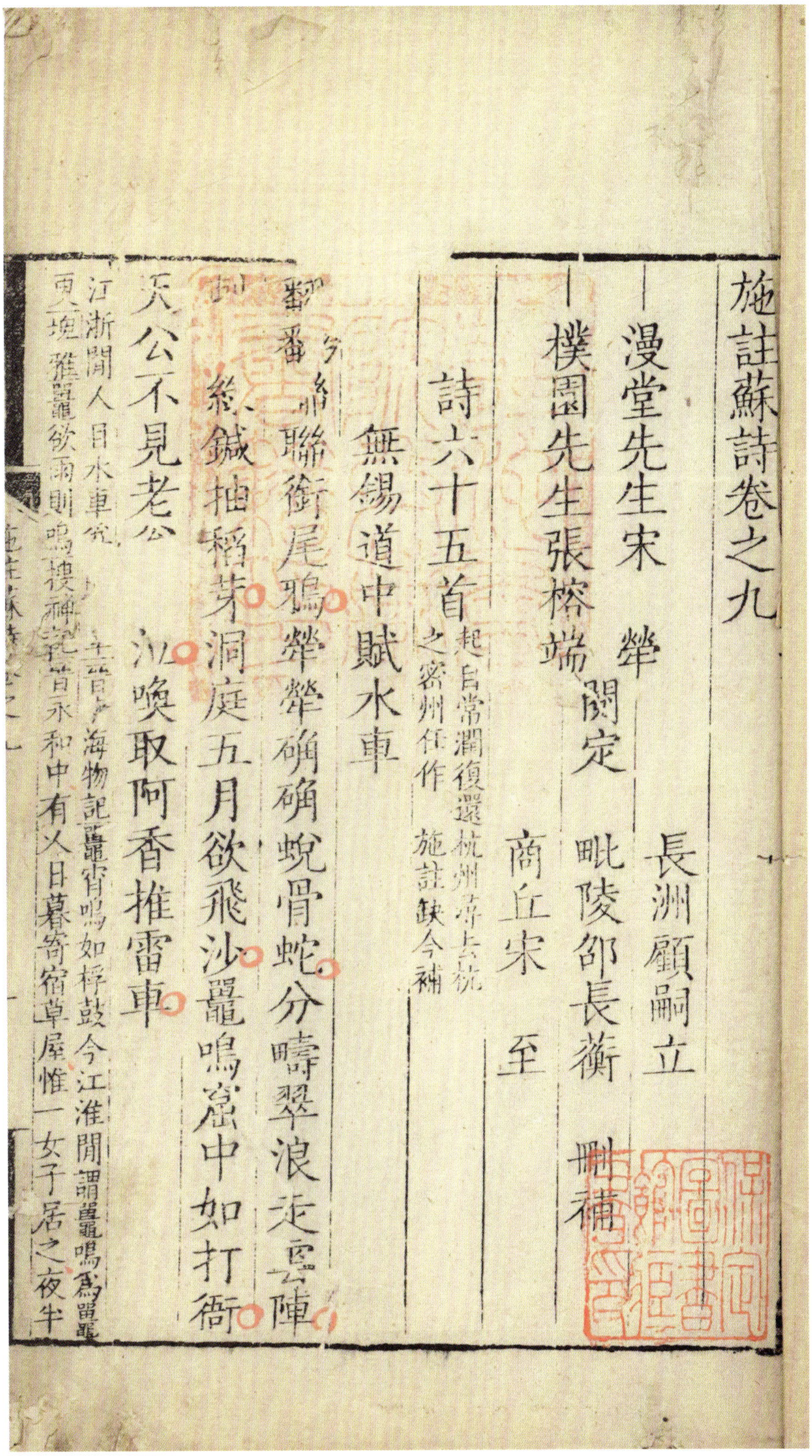
施註蘇詩卷之九

漫堂先生宋　犖　　長洲顧嗣立

樸園先生張榕端閱定　毗陵邵長蘅　刪補

商丘宋　至

詩六十五首 起自常潤復還杭州至去杭之密州任作　施註缺今補

無錫道中賦水車

翻翻聯聯銜尾鴉犖犖确确蛻骨蛇分疇翠浪走雲陣刺水綠鍼抽稻芽洞庭五月欲飛沙鼉鳴窟中如打衙天公不見老翁泣喚取阿香推雷車

江浙間人目水車爲翻車　臨海異物記鼉宵鳴如桴鼓今江淮間謂鼉鳴爲鼉更又埤雅鼉欲雨則鳴搜神記晉永和中有人日暮寄宿草屋惟一女子居之夜半

施註蘇詩四十二卷　（宋）蘇軾撰　施元之　顧禧註　（清）邵長蘅　顧嗣立　宋至刪補　蘇詩續補遺二卷　（清）馮景補註　王註正譌一卷　（清）邵長蘅撰　東坡先生年譜一卷　（宋）王宗稷撰　清康熙三十八年宋犖刻本

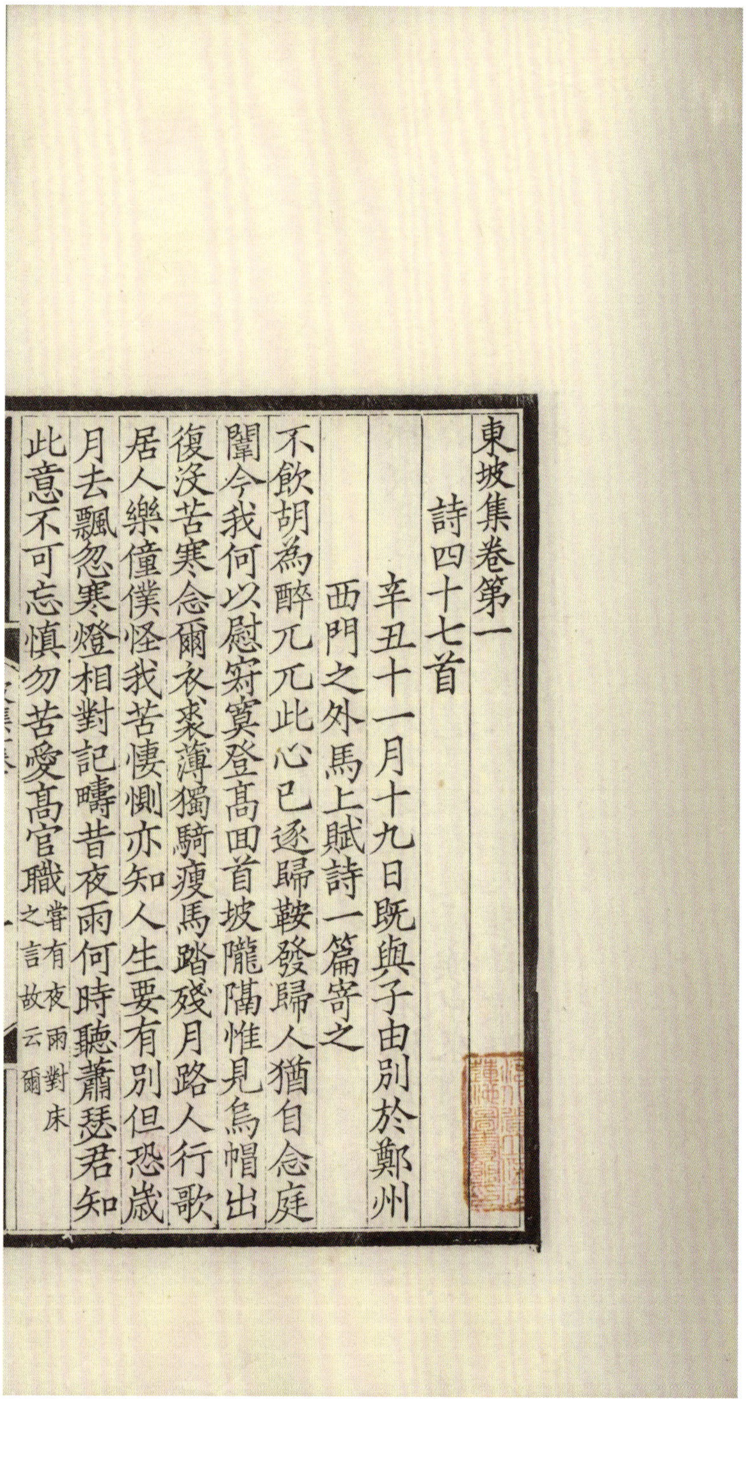
東坡集卷第一

詩四十七首

辛丑十一月十九日既與子由別於鄭州

西門之外馬上賦詩一篇寄之

不飲胡爲醉兀兀此心已逐歸鞍發歸人猶自念庭

闈今我何以慰寂寞登高回首坡隴隔惟見烏帽出

復沒苦寒念爾衣裘薄獨騎瘦馬踏殘月路人行歌

居人樂僮僕怪我苦悽惻亦知人生要有別但恐歲

月去飄忽寒燈相對記疇昔夜雨何時聽蕭瑟君知

此意不可忘愼勿苦愛高官職嘗有夜雨對床之言故云爾

東坡集四十卷奏議十五卷後集二十卷內制集十卷樂語一卷外制集三卷應詔集十卷續集十二卷　（宋）蘇軾撰　東坡先生年譜一卷　（宋）王宗稷撰　東坡先生墓誌銘一卷　（宋）蘇轍撰　校記二卷　（清）繆荃孫撰　清宣統元年端方寶華盦重刊明成化刻本繆荃孫校并跋

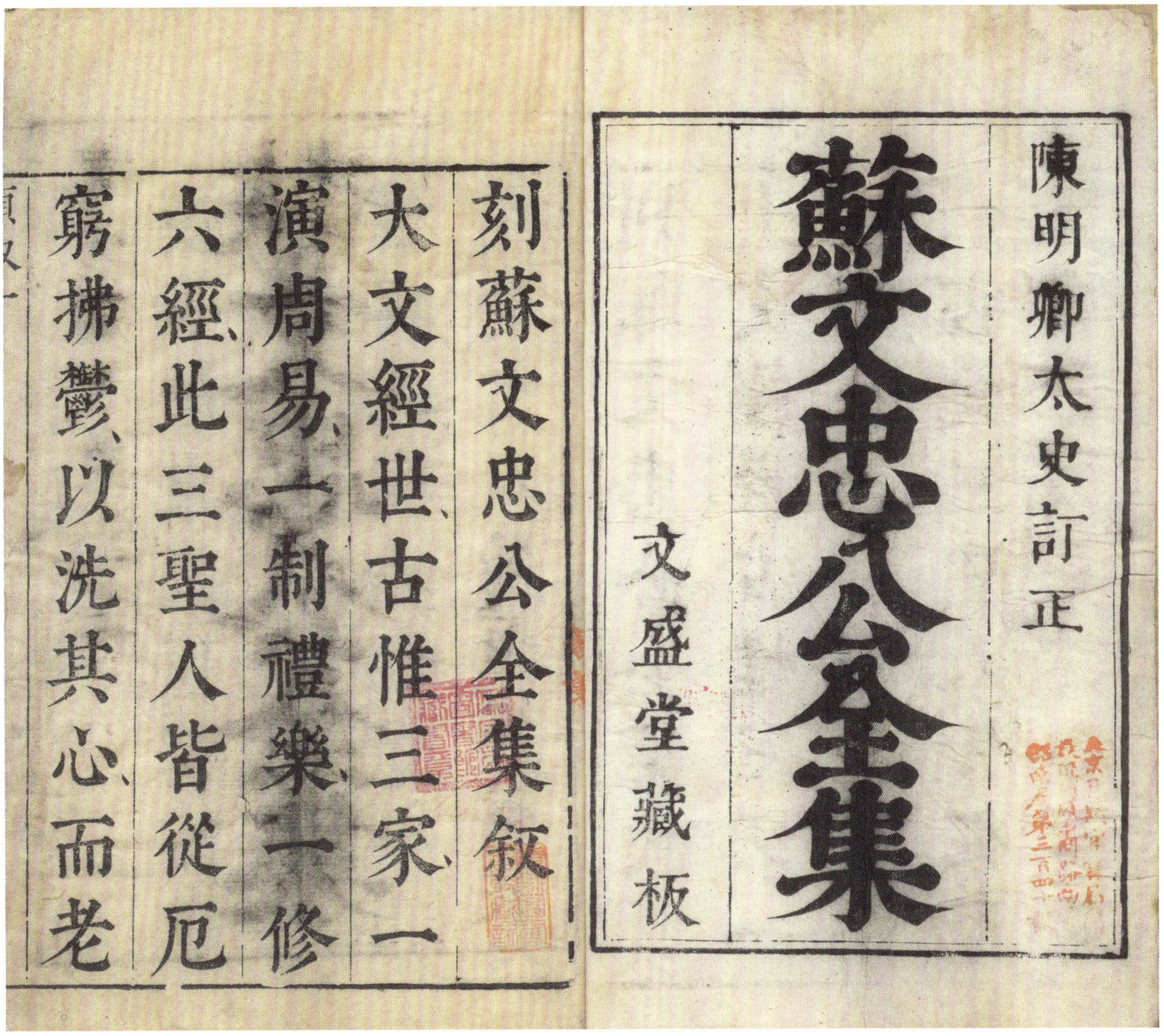
陳明卿太史訂正

蘇文忠公全集

文盛堂藏板

刻蘇文忠公全集敘

大文經世、古惟三家、一演周易、一制禮樂、一修六經、此三聖人皆從厄窮拂鬱、以洗其心、而老

東坡先生全集七十五卷　（宋）蘇軾撰　（明）陳明卿訂正　明末文盛堂刻本

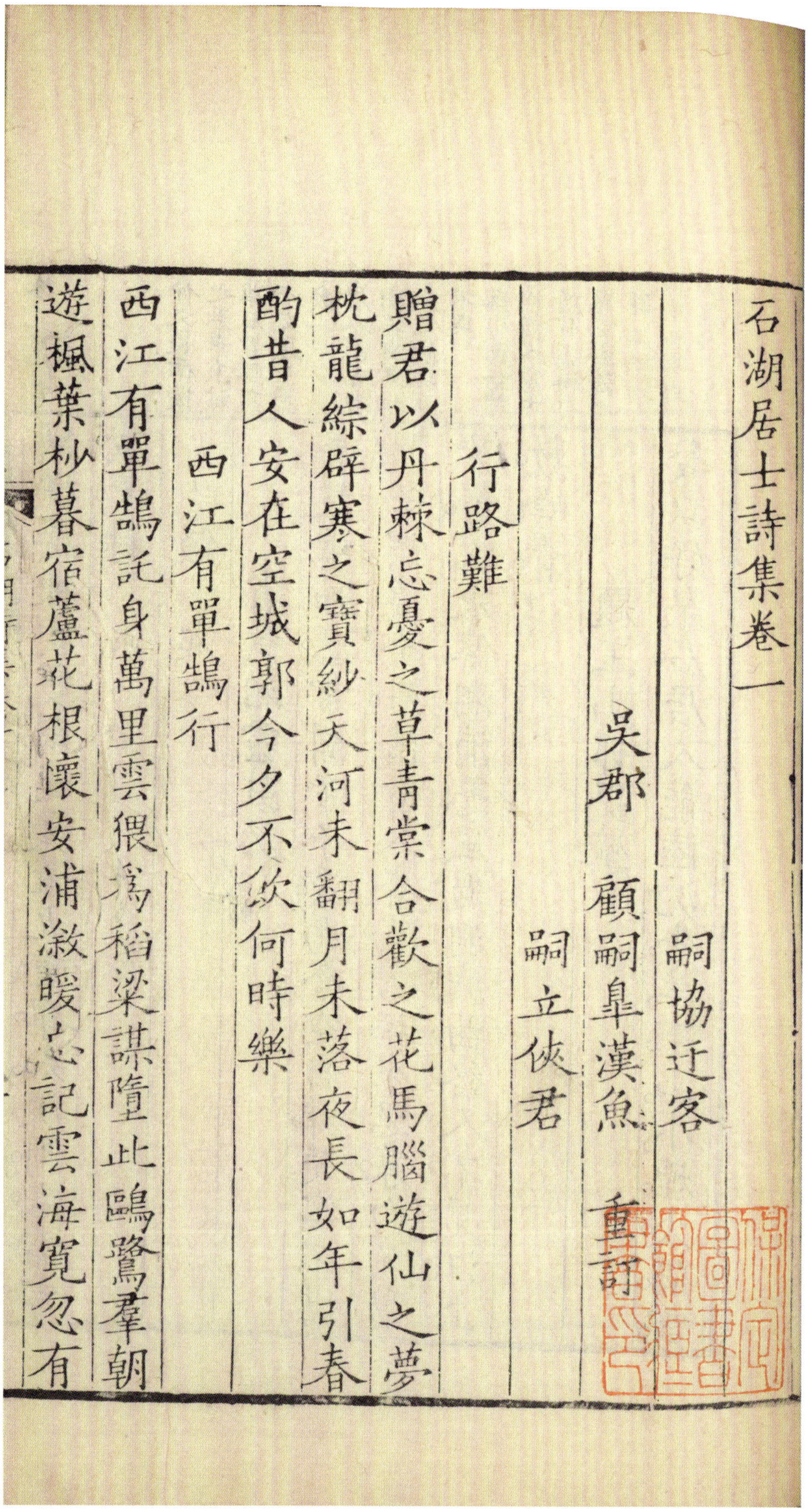
石湖居士詩集卷一

嗣協迂客

吴郡　顧嗣臯漢魚　重訂

嗣立俠君

行路難

贈君以丹棘忘憂之草青棠合歡之花馬腦遊仙之夢枕龍綜辟寒之寶紗天河未翻月未落夜長如年引春酌昔人安在空城郭今夕不飲何時樂

西江有單鵠行

西江有單鵠託身萬里雲偎爲稻粱謀墮此鷗鷺羣朝遊楓葉杪暮宿蘆花根懷安浦溆暖忘記雲海寬忽有

石湖居士三十四卷　（宋）范成大撰　（清）顧嗣立等重訂　清康熙二十七年顧氏依園刻本

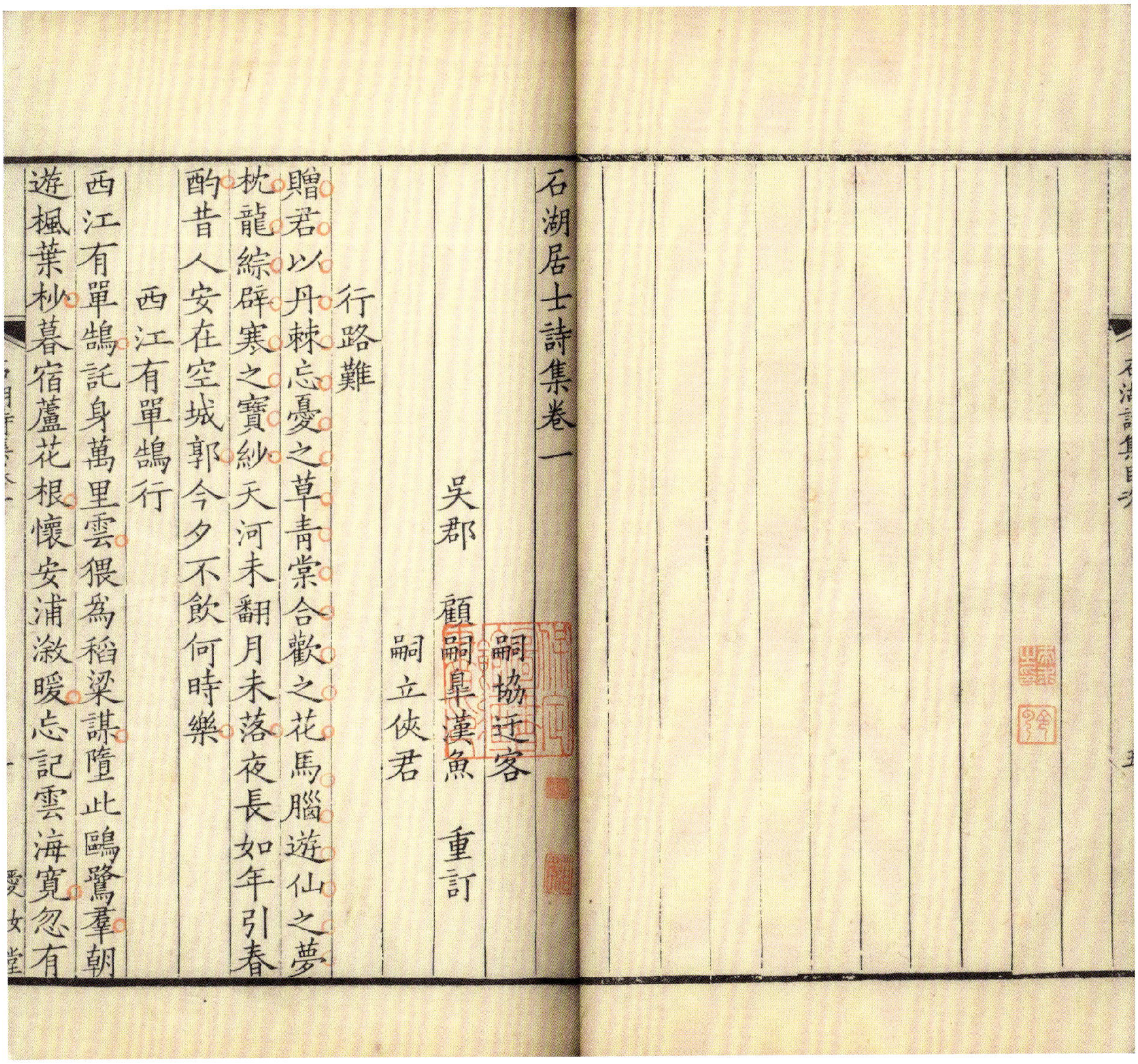
石湖居士詩集卷一

吴郡　顧嗣協迂客
　　　　嗣皋漢魚　重訂
　　　　嗣立俠君

行路難

贈君以丹棘忘憂之草青棠合歡之花馬腦遊仙之夢
枕龍綜辟寒之寶紗天河未翻月未落夜長如年引春
酌昔人安在空城郭今夕不飲何時樂

西江有單鵠行

西江有單鵠託身萬里雲猥爲稻粱謀墮此鷗鷺羣朝
遊楓葉杪暮宿蘆花根懷安浦漵暖忘記雲海寬忽有

石湖居士詩集三十四卷　（宋）范成大撰　（清）顧嗣立等重訂　清康熙愛汝堂刻本　佚名圈點

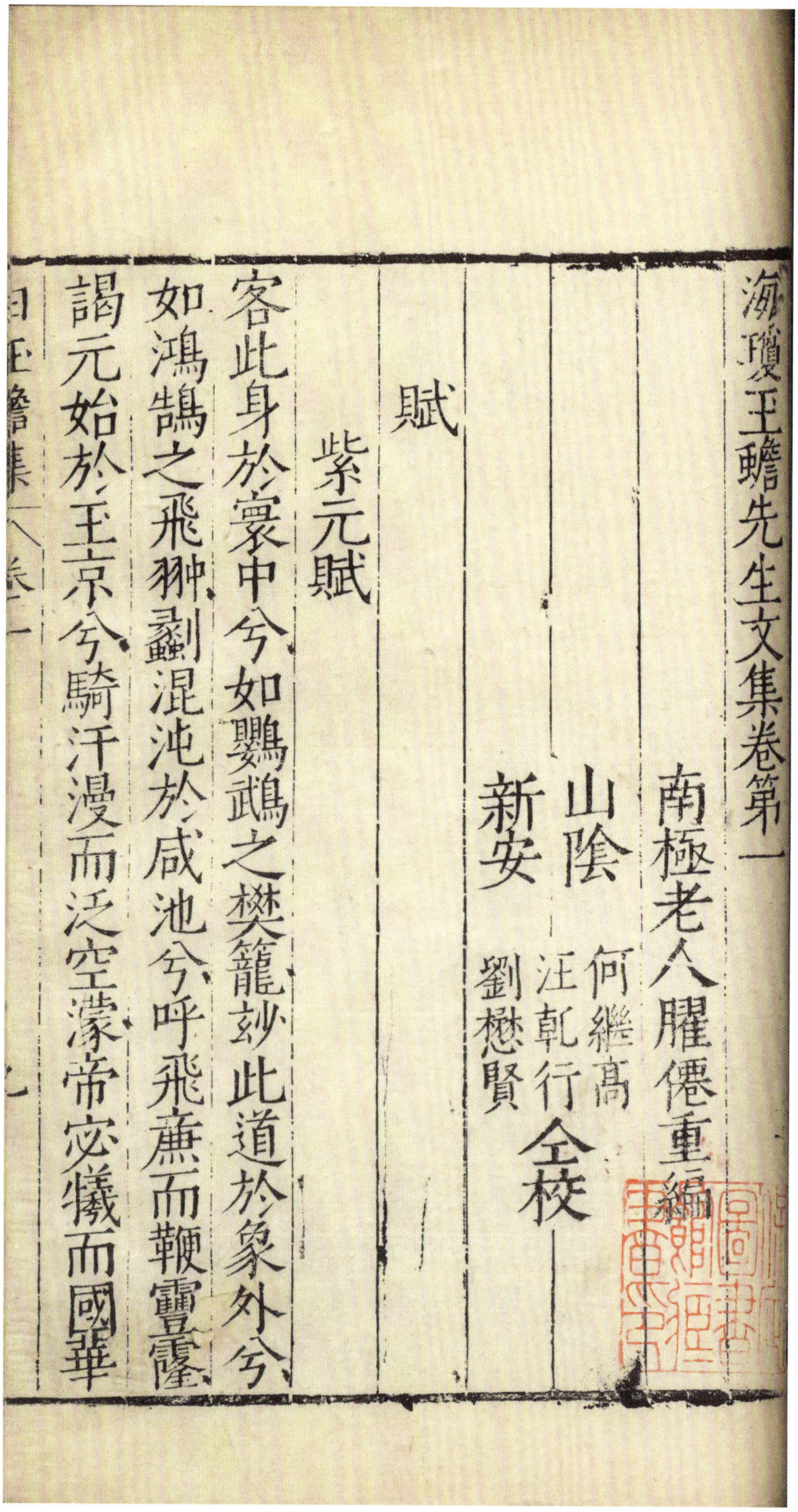
海瓊玉蟾先生文集卷第一
南極老人臞僊重編
山陰　何繼高
汪乾行　仝校
新安　劉懋賢
賦
紫元賦
客此身於寰中兮如鸚鵡之樊籠眇此道於象外兮如鴻鵠之飛翀劉混沌於咸池兮呼飛廉而鞭豐隆謁元始於玉京兮騎汗漫而泛空濛帝宓犧而國華

海瓊玉蟾先生文集六卷續集二卷　（宋）葛長庚撰　（明）朱權重編　明萬曆何繼高等校刻本　入選《河北省名録》0117號

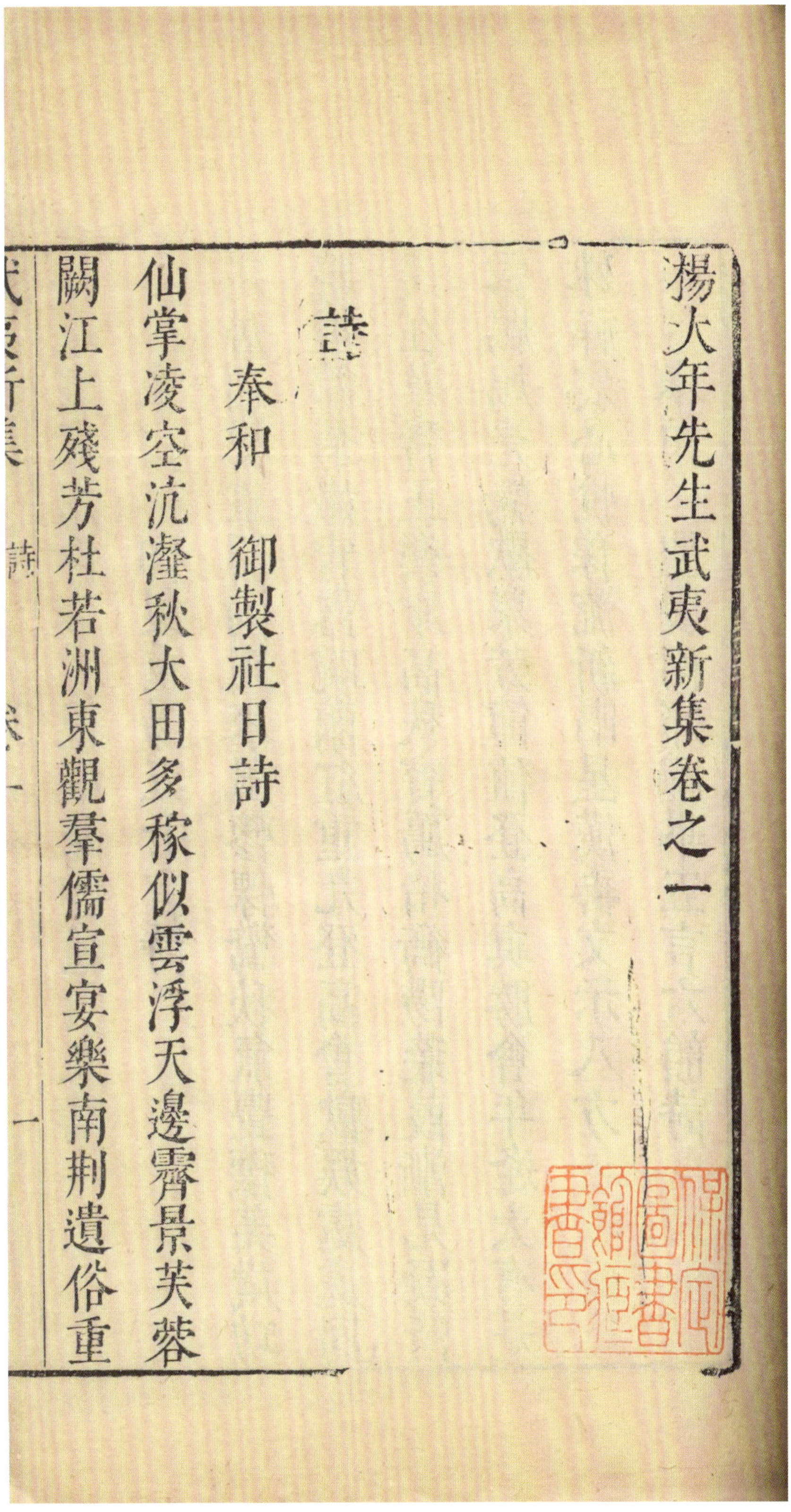

楊大年先生武夷新集卷之一

詩

奉和　御製社日詩

仙掌凌空沆瀣秋大田多稼似雲浮天邊霽景芙蓉

闕江上殘芳杜若洲東觀羣儒宣宴樂南荆遺俗重

武夷新集　詩　卷一　一

楊大年先生武夷新集二十卷　（宋）楊億撰　清康熙楊氏刻本

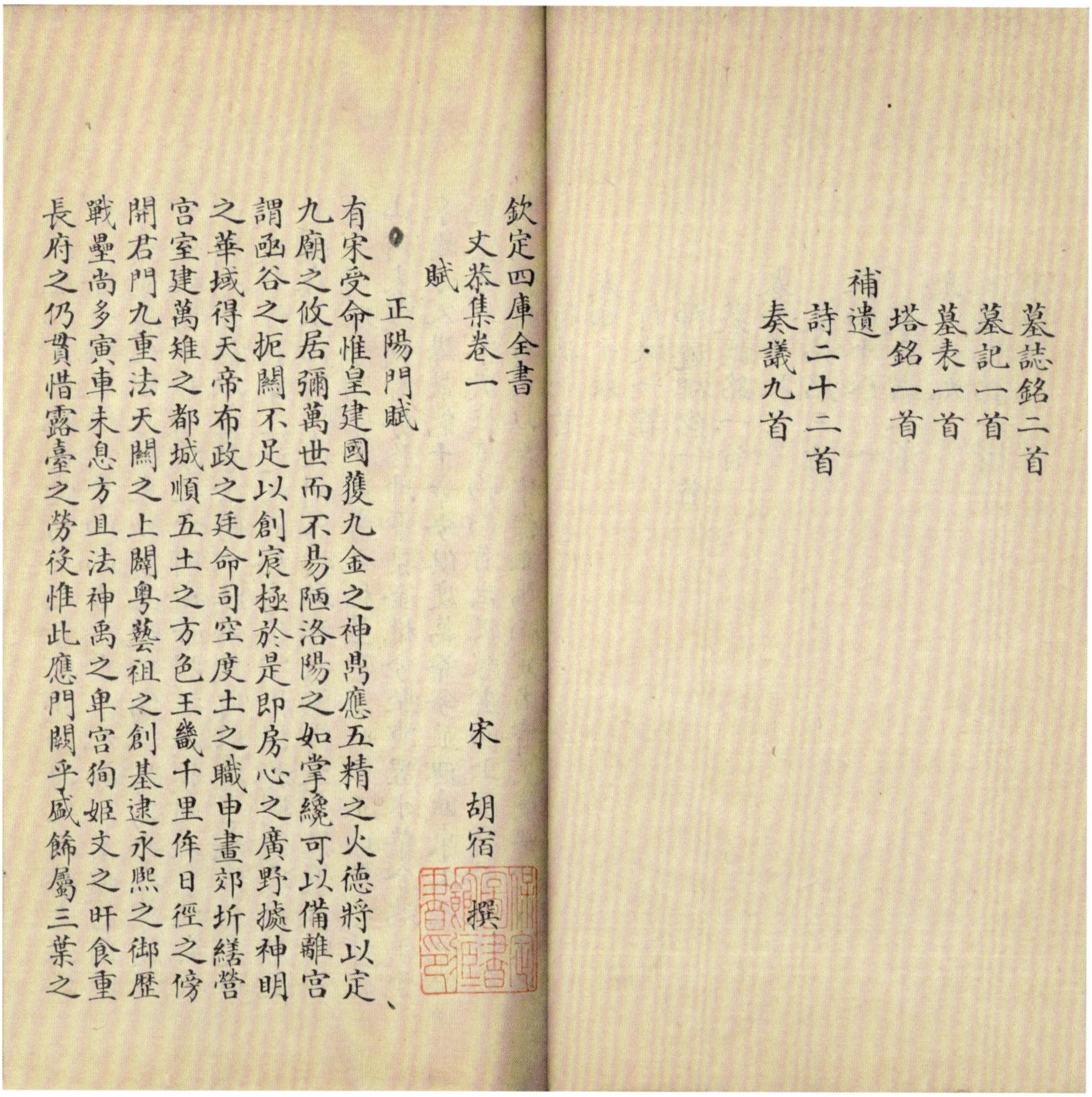
墓誌銘二首
墓記一首
墓表一首
塔銘一首
補遺
詩二十二首
奏議九首

欽定四庫全書
文恭集卷一　宋　胡宿　撰
賦
正陽門賦
有宋受命惟皇建國獲九金之神禺應五精之火德將以定九廟之攸居彌萬世而不易陋洛陽之如掌繞可以備離宮謂函谷之扼關不足以創宸極於是即房心之廣野攄神明之華域得天帝布政之廷命司空度土之職申畫郊圻繕營宮室建萬雉之都城順五土之方色王畿千里倅日徑之倍開君門九重法天闕之上闢粵藝祖之創基逮永熙之御歷戰壘尚多寅車未息方且法神禹之卑宮徇姬文之旰食重長府之仍貫惜露臺之勞役惟此應門闕乎盛飾屬三葉之

文恭集五十卷補遺一卷　（宋）胡宿撰　清抄本

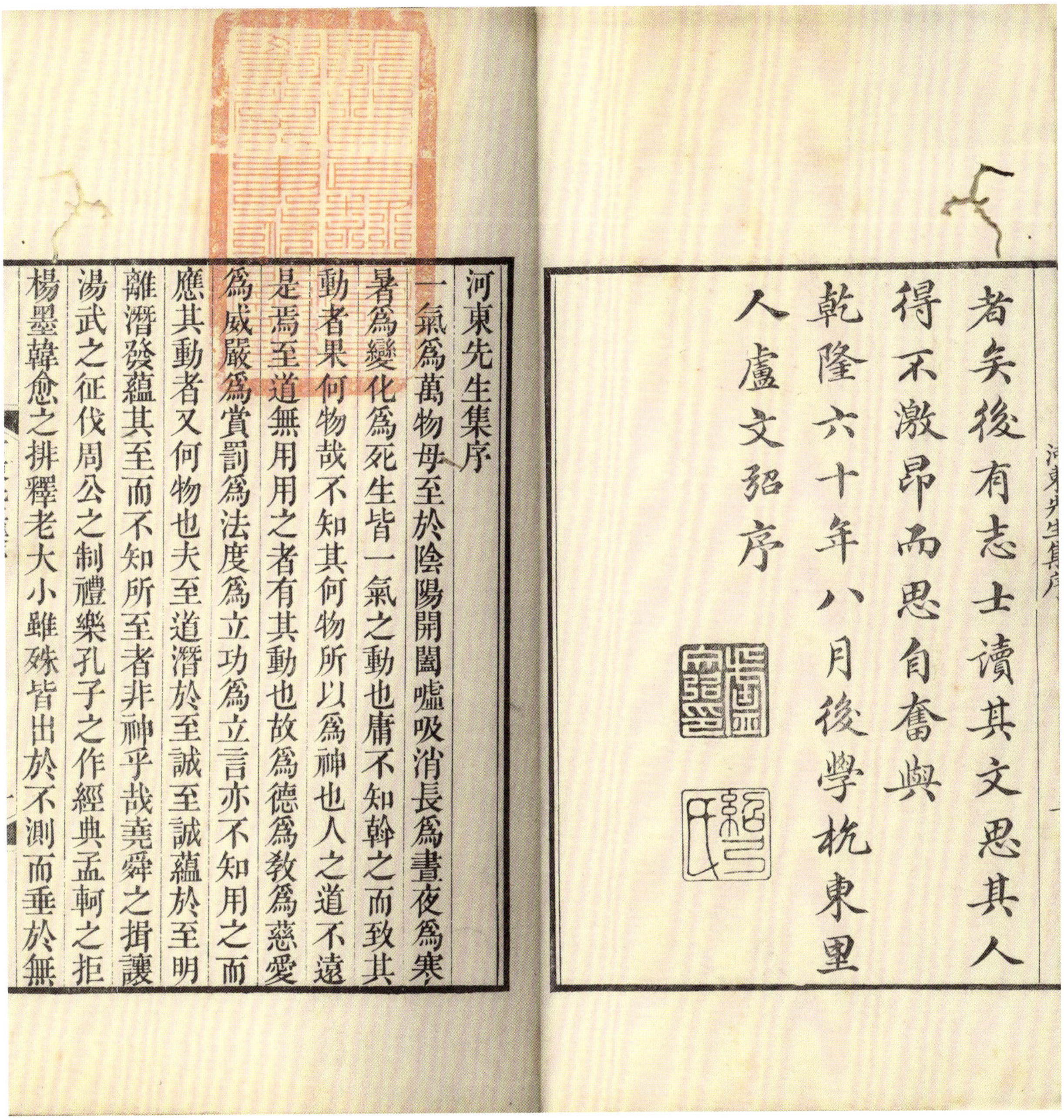

者矣後有志士讀其文思其人
得不激昂而思自奮與
乾隆六十年八月後學杭東里
人盧文弨序

河東先生集序
一氣爲萬物母至於陰陽開闔嘘吸消長爲晝夜爲寒
暑爲變化爲死生皆一氣之動也庸不知斡之而致其
動者果何物哉不知其何物所以爲神也人之道不遠
是焉至道無用用之者有其動也故爲德爲教爲慈愛
爲威嚴爲賞罰爲法度爲立功爲立言亦不知用之而
應其動者又何物也夫至道潛於至誠至誠藴於至明
離潛發藴其至而不知所至者非神乎哉堯舜之揖讓
湯武之征伐周公之制禮樂孔子之作經典孟軻之拒
楊墨韓愈之排釋老大小雖殊皆出於不測而垂於無

河東先生集十五卷　（宋）柳開撰　行狀一卷　（宋）張景撰　清乾隆六十年文印堂刻本

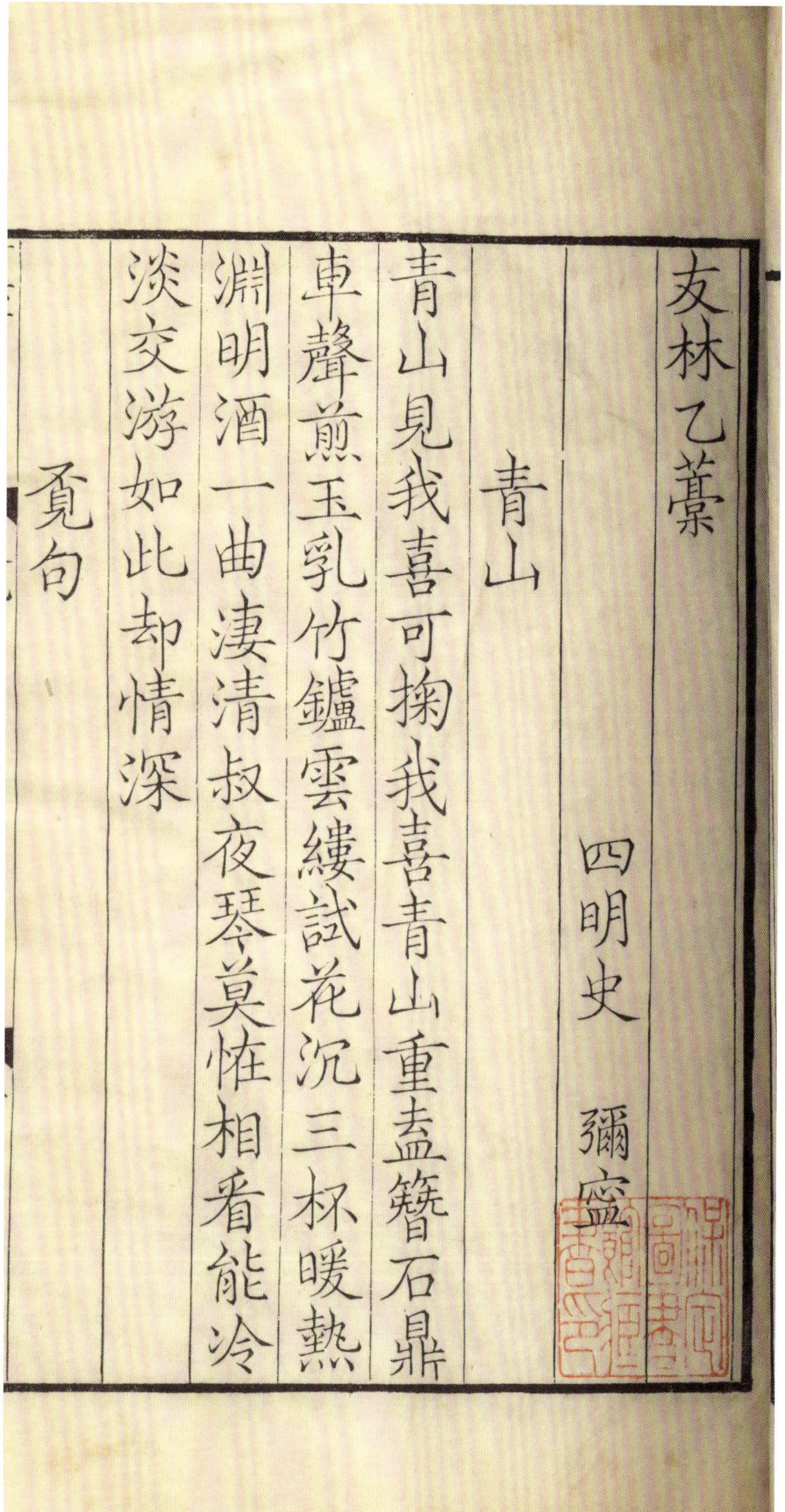

友林乙藁

四明史　彌寧

青山

青山見我喜可掬我喜青山重盍簪石鼎車聲煎玉乳竹鑪雲縷試花沉三杯暖熱淵明酒一曲凄清叔夜琴莫怪相看能冷淡交游如此却情深

覔句

友林乙藁一卷　（宋）史彌寧撰　清影宋刻本

淮海集卷之一

宋高郵秦　觀少游著　新安余　泰公安

清三韓劉　顥爵笠庵校　淮陰毛之鵬省齋

辭賦

浮山堰賦并引

梁武帝天監十三年用魏降人王足計欲以淮水灌壽陽乃假太子右衛康絢節督卒二十萬作浮山堰於鍾離而淮流湍駛漂疾將合復潰或曰淮有蛟龍喜乘風雨壞岸其性惡鐵絢以爲然乃引東西冶鐵器數千萬

淮海集四十卷後集六卷長短句三卷　（宋）秦觀撰　清康熙二十八年重刻本

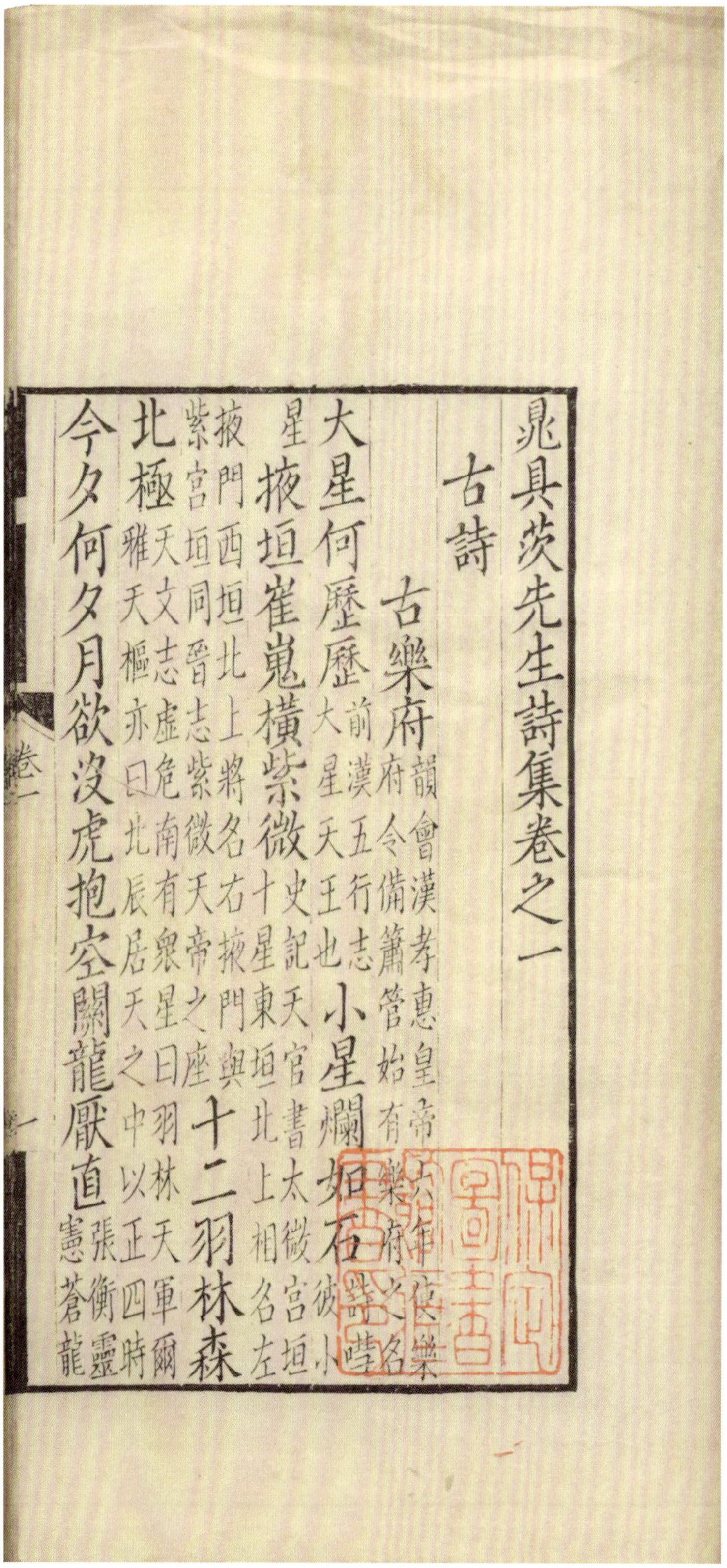

晁具茨先生詩集卷之一

古詩

古樂府韻會漢孝惠皇帝六年使樂府令備簫管始有樂府之名

大星何歷歷前漢五行志大星天王也小星爛如石詩嘒彼小星掖垣崔嵬橫紫微史記天官書太微宮垣十星東垣北上相名左掖門西垣北上將名右掖門與紫宮垣同晉志紫微天帝之座十二羽林森北極天文志虛危南有衆星曰羽林天軍爾雅天樞亦曰北辰居天之中以正四時今夕何夕月欲沒虎抱空關龍厭直張衡靈憲蒼龍

晁具茨先生詩集十五卷　（宋）晁冲之撰　明刻巾箱本

全篇見聖人之道一而已矣

宋儒贈齊國公謚文靖通判興化劉子翬彥沖屏山先生著　卷一

裔孫

三異　四岳秉鉠有聲　四箴秉鎬振西　秉鐸振木文　秉鎮瑞五　秉銘期新

治希唐　瀾观海　清源潔　洙源遠文　潮如韓　涵廣量　洸定侯

滋　湯若尹　漢士豪　澄聿清　藻公拔　汪浩如　江

謨　謨　業　誼　樹勳公刑鐫　猷　烈　恩　義

堯舜論

道之不明也，闡之者晦之也；道之不行也，執之者拘之也。聖人既沒，步驟聖人者日益衆，此甲彼乙，不能相統，心心有主，喙喙爭鳴，承舛聽訛，浸失其本。聖人之道，散於百家，蕩於末流，匿於學者見聞之外。有容知其旨者，發而揚之，衆必愕眙非詆而

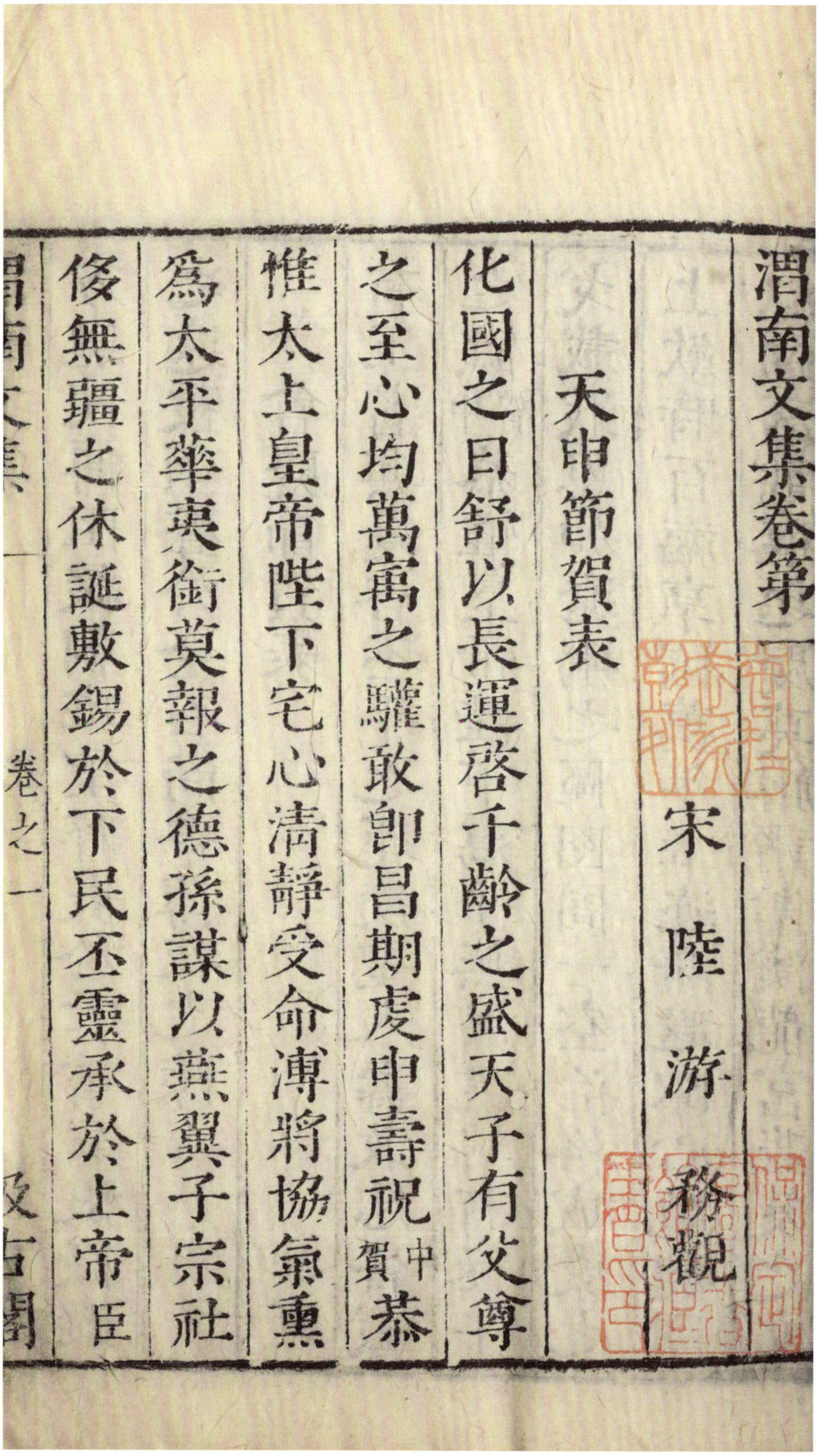
渭南文集卷第一

宋　陸游　務觀

天申節賀表

化國之日舒以長運啓千齡之盛天子有父尊之至心均萬寓之驩敢卽昌期虔申壽祝中賀恭惟太上皇帝陛下宅心淸靜受命溥將協氣熏爲太平華夷銜莫報之德孫謀以燕翼子宗社侈無疆之休誕敷錫於下民丕靈承於上帝臣

渭南文集　卷之一　汲古閣

渭南文集五十卷　（宋）陸游撰　明末毛氏汲古閣刻本

劍南詩稾卷第一

宋　陸游　務觀

別曾學士

兒時聞公名謂在千載前稍長誦公文雜之韓
杜編夜輒夢見公皎若月在天起坐三歎息欲
見亡繇緣忽聞高軒過驩喜忘食眠袖書拜轅
下此意私自憐道若九達衢小智妄鑿穿所願
瞻德容頑固或少痊公不謂狂疎屈體與周旋

劍南詩稾八十五卷　（宋）陸游撰　明汲古閣刻本

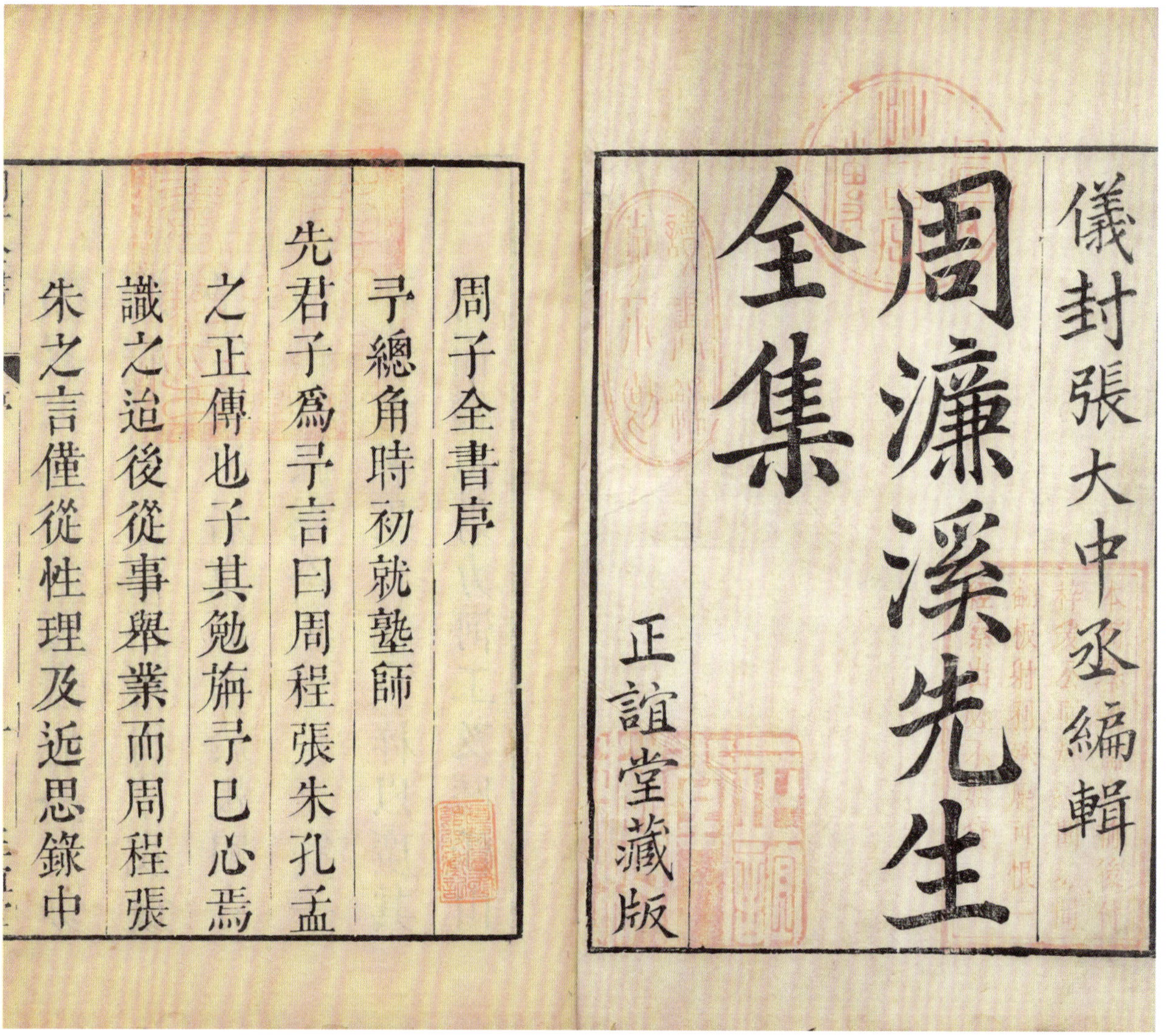

周濂溪先生全集十三卷　（宋）周敦頤撰　（清）張伯行輯　清康熙四十七年張伯行正誼堂刻本

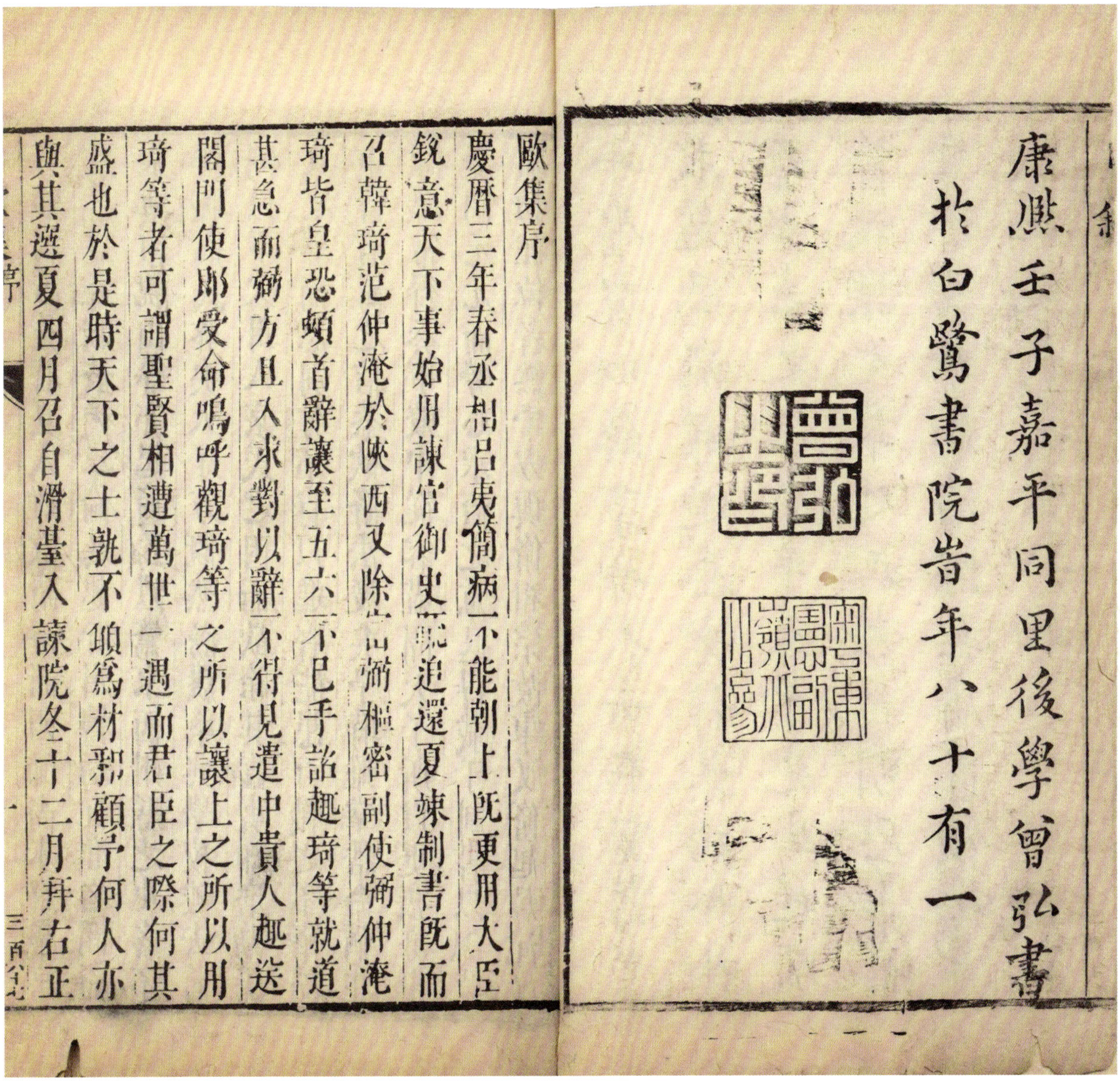

康熙壬子嘉平同里後學曾弘書
於白鷺書院時年八十有一

歐集序
慶曆三年春丞相呂夷簡病不能朝上既更用大臣
銳意天下事始用諫官御史既追還夏竦制書既而
召韓琦范仲淹於陝西又除官爲樞密副使彌仲淹
琦皆皇恐頓首辭讓至五六不已手詔趣琦等就道
甚急而彌方且入求對以辭不得見遣中貴人趣送
閤門使即受命嗚呼觀琦等之所以讓上之所以用
琦等者可謂聖賢相遭萬世一遇而君臣之際何其
盛也於是時天下之士孰不願爲材邪顧予何人亦
與其選夏四月召自滑臺入諫院冬十二月拜右正

歐陽文忠公全集一百零五卷　（宋）歐陽修撰　年譜一卷　（宋）胡柯撰　清康熙十一年曾弘校刊本

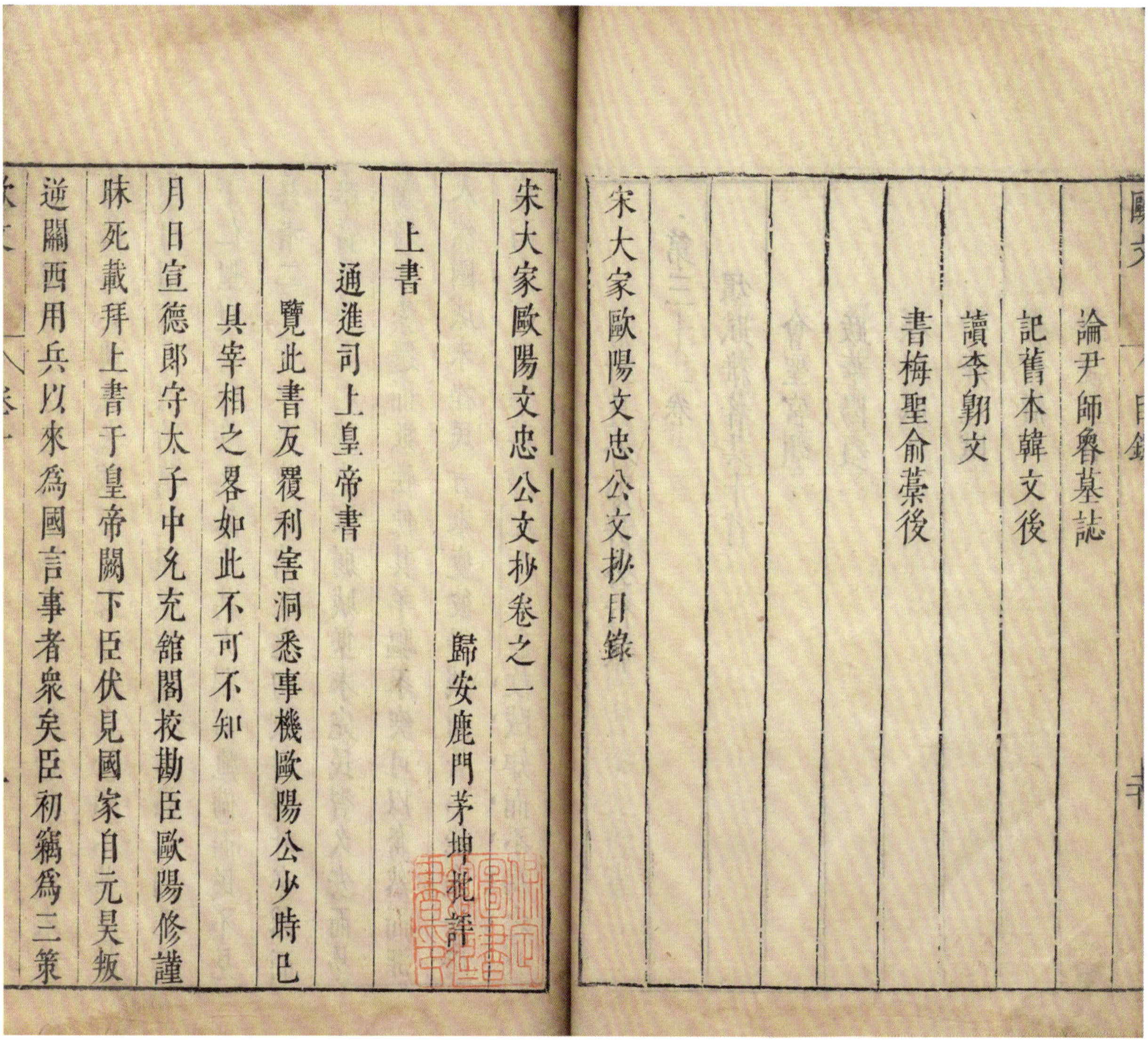
歐文　目錄

論尹師魯墓誌

記舊本韓文後

讀李翺文

書梅聖俞藁後

宋大家歐陽文忠公文抄目錄

宋大家歐陽文忠公文抄卷之一

歸安鹿門茅坤批評

上書

通進司上皇帝書

覽此書反覆利害洞悉事機歐陽公少時已具宰相之畧如此不可不知

月日宣德郎守太子中允充館閣校勘臣歐陽修謹昧死載拜上書于皇帝闕下臣伏見國家自元昊叛逆關西用兵以來爲國言事者衆矣臣初竊爲三策

宋大家歐陽文忠公文抄三十二卷　（宋）歐陽修撰　（明）茅坤評　明刻本

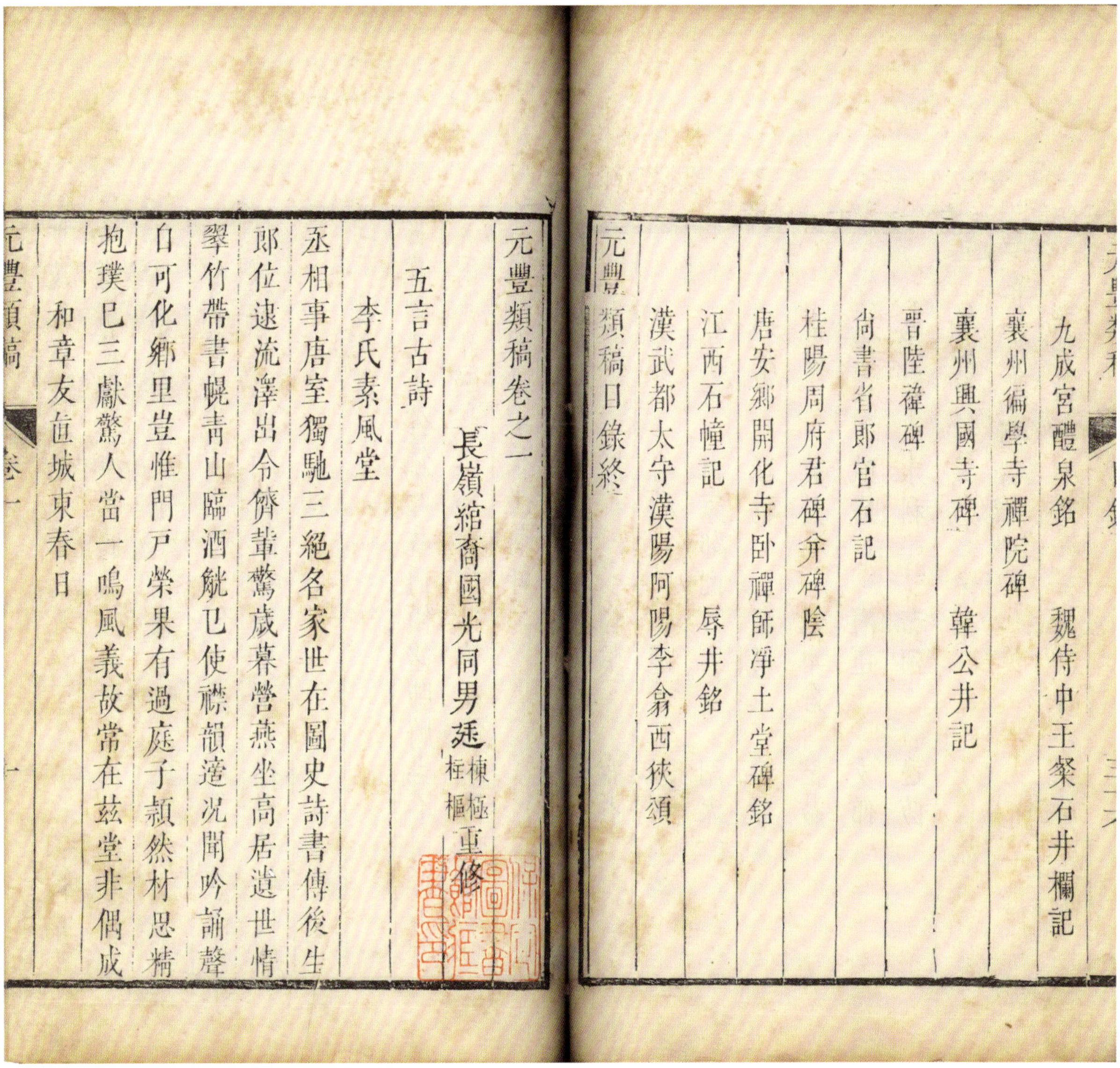

元豐類稿五十卷　（宋）曾鞏撰　清康熙四十九年曾國光重修本

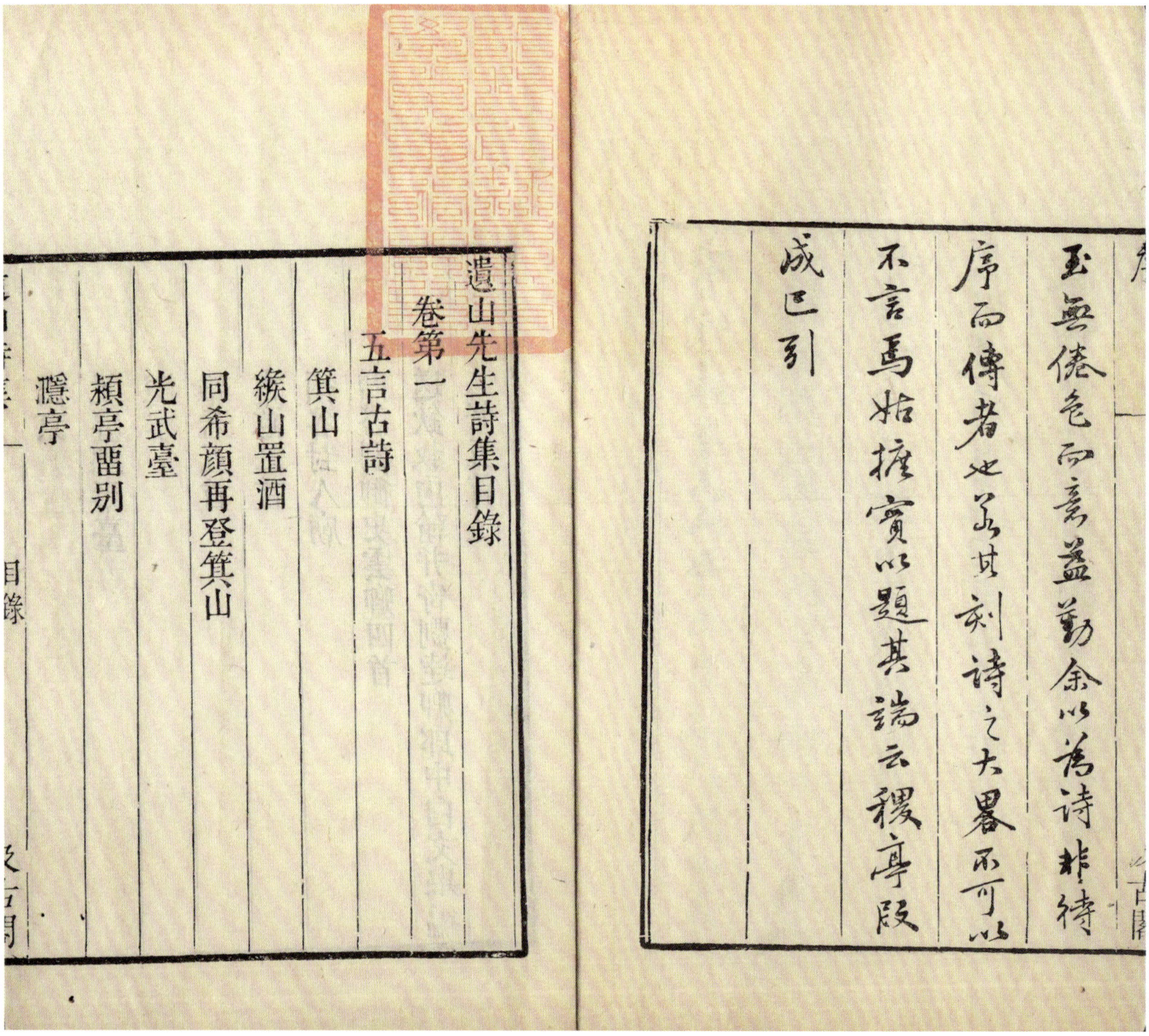

玉無倦色而言益勤余以爲詩非待序而傳者也姑其刻詩之大畧不可以不言焉姑摭實以題其端云稷亭段成己引

遺山先生詩集目錄
卷第一
五言古詩
箕山
緱山置酒
同希顔再登箕山
光武臺
潁亭留別
隱亭

遺山先生詩集二十卷　（金）元好問撰　明崇禎十一年毛氏汲古閣元人集十種刻本

楊仲宏集卷之一

元楊載撰　　長樂梁章鉅　浦城祝昌泰　仝較刊

雪軒

北風海上來大雪何壯哉上下九萬里洗淨無纖埃君家十二樓軒窗洞然開吹笙擊鳴鼓呼賓與銜盃名言落四座大笑聲如雷舉頭望長空高興驚冥鴻仙人五六輩飛下白雲中粲粲明珠袍相從萬玉童問君何所事未就丹鼎功翩然卻攜手共入蓬萊宮

次方韶父遊九鎖山韻

平生一枝筇畏踏市朝路出門見青山如鶻追狡兎茲晨正

楊仲宏集八卷　（元）楊載撰　清嘉慶十五年祝昌泰留香室刻浦城遺書本

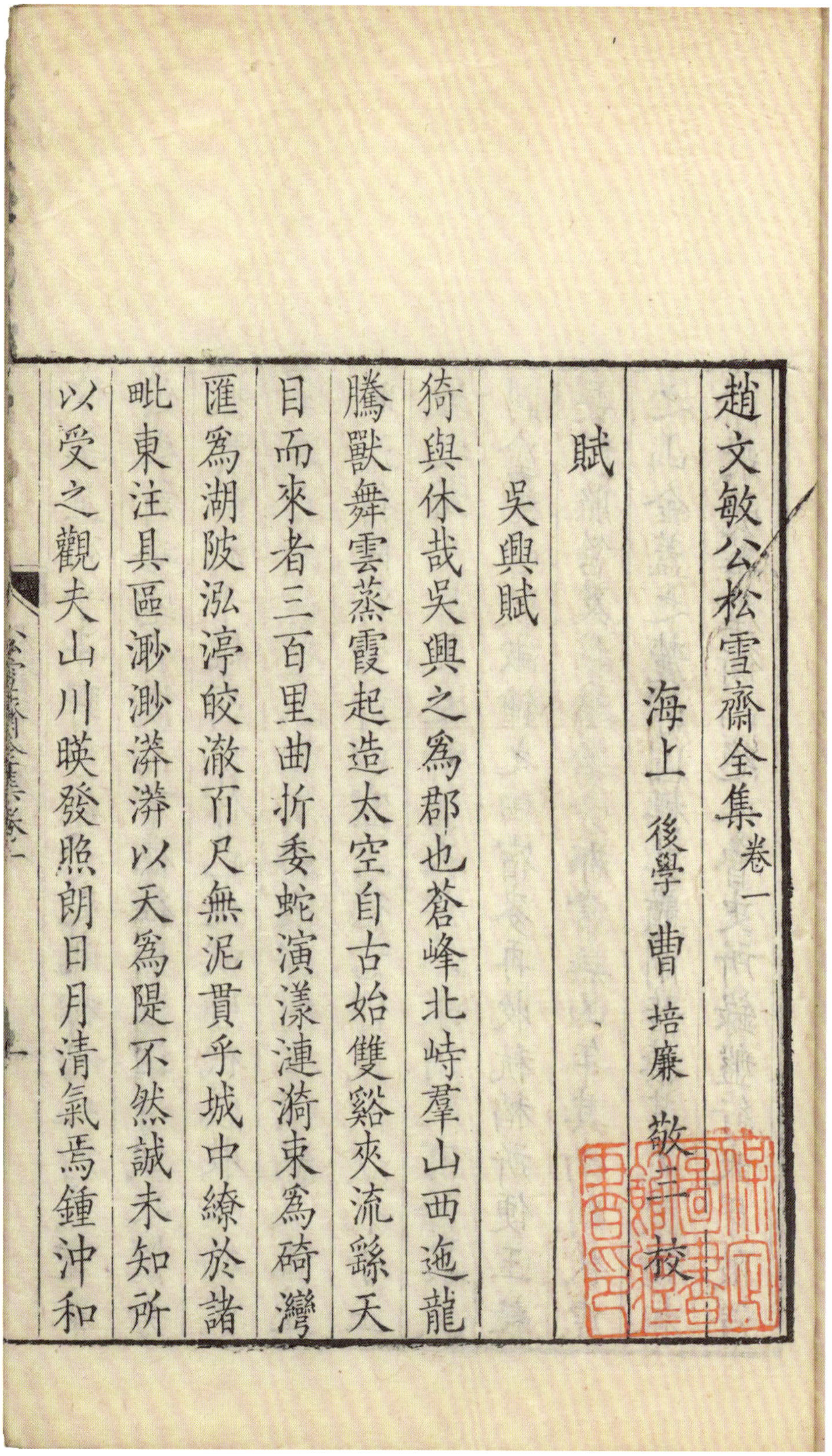

趙文敏公松雪齋全集卷一

海上後學曹培廉敬一校

賦

吳興賦

猗與休哉吳興之爲郡也蒼峰北峙羣山西迤龍騰獸舞雲蒸霞起造太空自古始雙谿夾流縣天目而來者三百里曲折委蛇演漾漣漪東爲碕灣匯爲湖陂泓渟皎澈百尺無泥貫乎城中繚於諸毗東注具區渺渺漭漭以天爲隄不然誠未知所以受之觀夫山川暎發照朗日月清氣焉鍾沖和

趙文敏公松雪齋全集十卷外集一卷續集一卷　（元）趙孟頫撰　（清）曹培廉校　附行狀謚文一卷　清康熙五十二年曹培廉城書室刻本

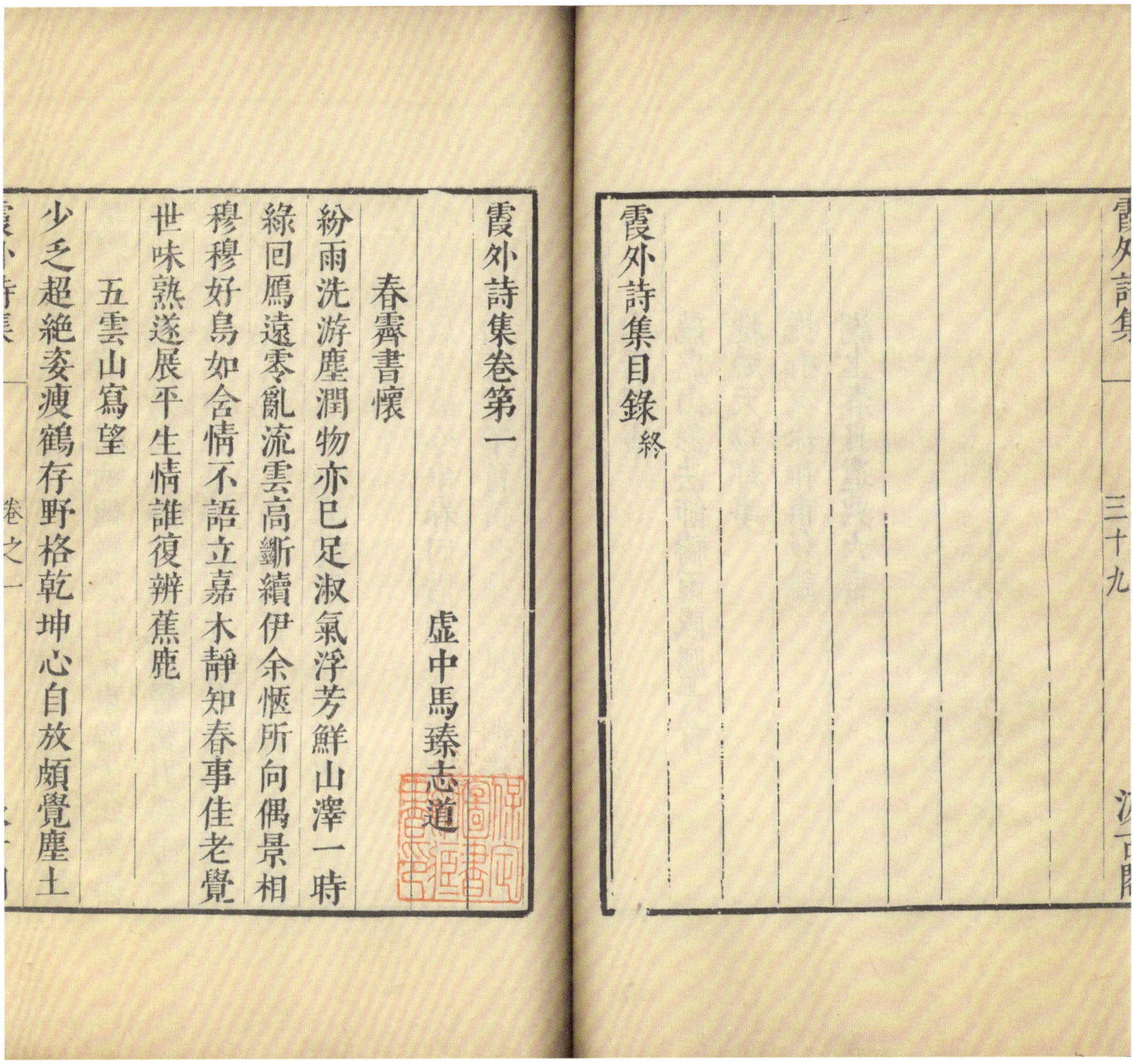

霞外詩集　三十九　汲古閣

霞外詩集目錄終

霞外詩集卷第一

虛中馬臻志道

春霽書懷

紛雨洗游塵潤物亦已足淑氣浮芳鮮山澤一時綠回鴈遠零亂流雲高斷續伊余愜所向偶景相穆穆好鳥如含情不語立嘉木靜知春事佳老覺世味熟遂展平生情誰復辨蕉鹿

五雲山寫望

少乏超絕姿瘦鶴存野格乾坤心自放頗覺塵土

霞外詩集　卷之一

霞外詩集十卷　（元）馬臻撰　句曲外史集三卷補遺三卷附一卷　（元）張雨撰　張伯雨集外詩一卷　（明）毛晉訂　明末海虞毛氏汲古閣刻元人十種詩本

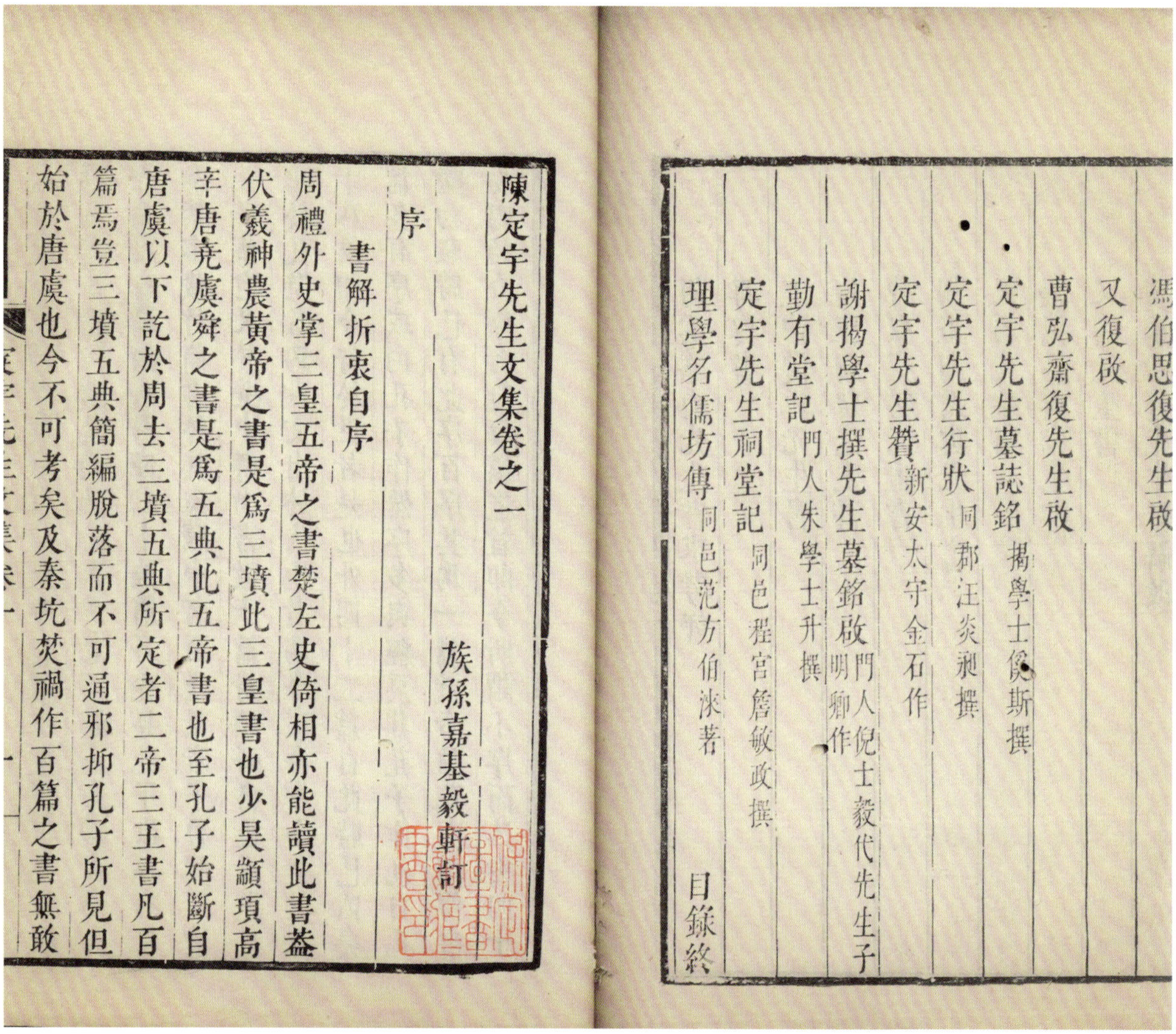

馮伯思復先生啟
又復啟
曹弘齋復先生啟
定宇先生墓誌銘 揭學士傒斯撰
定宇先生行狀 同郡汪炎昶撰
定宇先生贊 新安太守金石作
謝揭學士撰先生墓銘啟 門人倪士毅代先生子明卿作
勤有堂記 門人朱學士升撰
定宇先生祠堂記 同邑程宮詹敏政撰
理學名儒坊傳 同邑范方伯淶著
目錄終

陳定宇先生文集卷之一
族孫嘉基毅軒訂
序
書解折衷自序
周禮外史掌三皇五帝之書楚左史倚相亦能讀此書蓋伏羲神農黃帝之書是爲三墳此三皇書也少昊顓頊高辛唐堯虞舜之書是爲五典此五帝書也至孔子始斷自唐虞以下訖於周去三墳五典所定者二帝三王書凡百篇焉豈三墳五典簡編脫落而不可通邪抑孔子所見但始於唐虞也今不可考矣及秦坑焚禍作百篇之書無敢

陳定宇先生文集十六卷別集一卷　（元）陳櫟撰　（清）陳嘉基訂　清康熙三十五年珠谿敦倫堂刻本

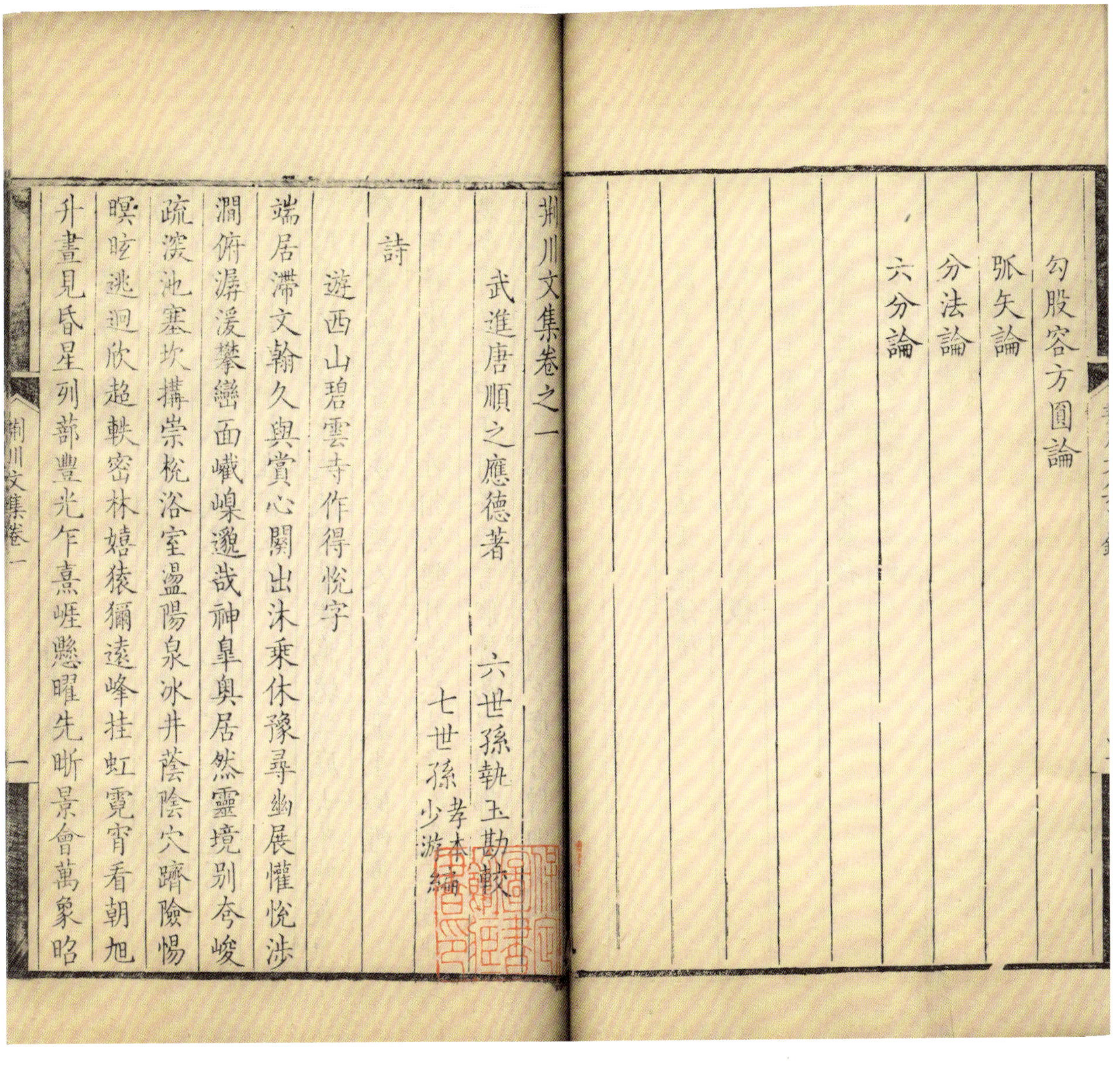

勾股容方圓論
弧矢論
分法論
六分論

荆川文集卷之一

武進唐順之應德著

六世孫執玉勘較

七世孫孝本 少游編

詩

遊西山碧雲寺作得悦字

端居滯文翰久與賞心闊出沐乘休豫尋幽展懽悦涉澗俯潺湲攀巒面巇嵲邈哉神皐奥居然靈境别夸峻疏潨池塞坎搆崇梲浴室盪陽泉冰井蔭陰穴躋險惕瞑眩逃迴欣超軼窗林嬉猿獮遠峰挂虹霓宵看朝旭升晝見昏星列蔀豐光午熹崕懸曜先晣景會萬象昭

荆川文集卷一　一

荆川文集十八卷　（明）唐順之撰　清康熙五十一年唐執玉刻本

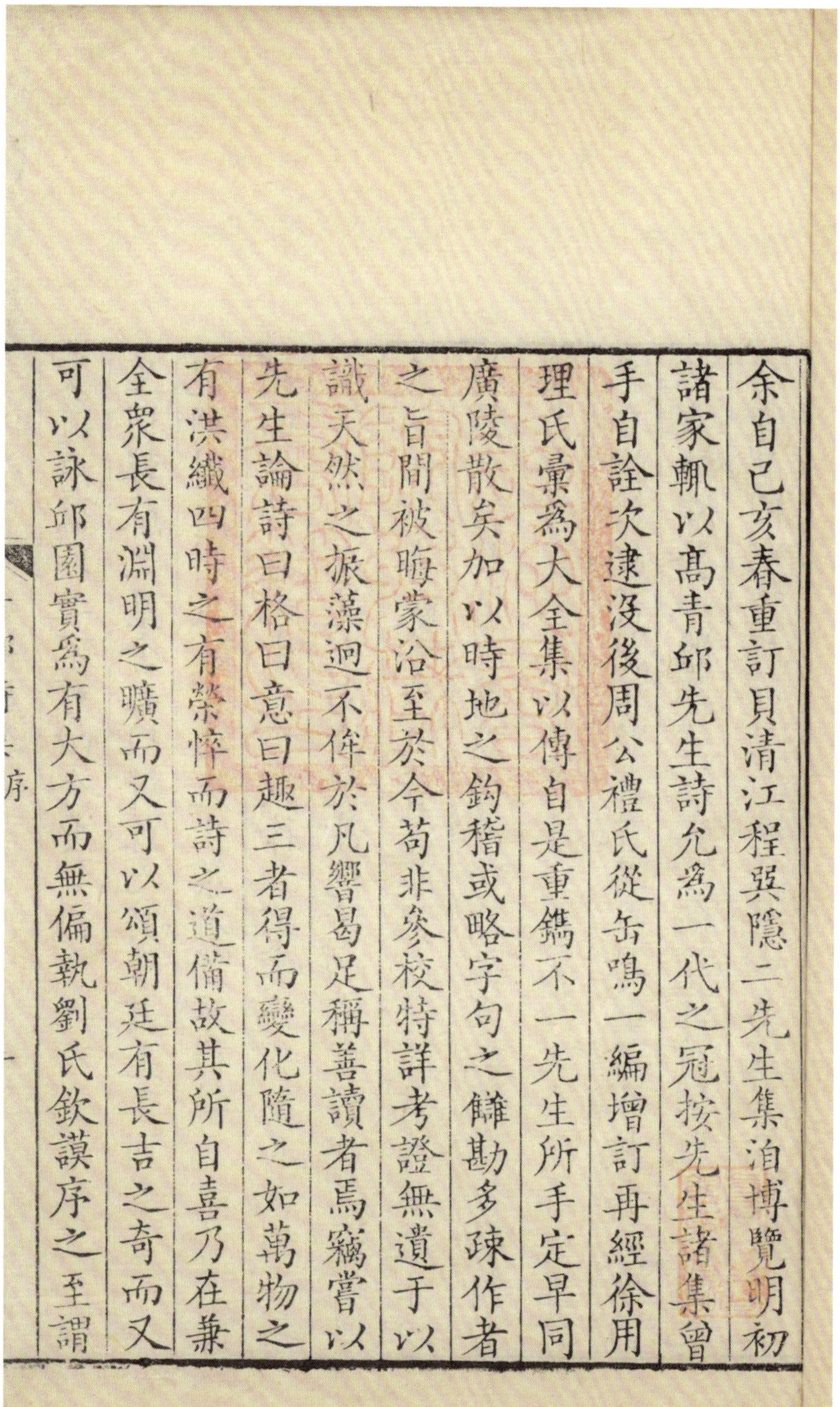

余自己亥春重訂貝清江程巽隱二先生集泊博覽明初諸家輒以高青邱先生詩允爲一代之冠按先生諸集曾手自詮次逮没後周公禮氏從缶鳴一編增訂再經徐用理氏彙爲大全集以傳自是重鐫不一先生所手定早同廣陵散矣加以時地之鉤稽或略字句之讎勘多疎作者之旨間被晦蒙沿至於今苟非參校特詳考證無遺于以識天然之振藻迴不侔於凡響曷足稱善讀者焉竊嘗以先生論詩曰格曰意曰趣三者得而變化隨之如萬物之有洪纖四時之有榮悴而詩之道備故其所自喜乃在兼全衆長有淵明之曠而又可以頌朝廷有長吉之奇而又可以詠邱園實爲有大方而無偏執劉氏欽謨序之至謂

青邱高季迪先生詩集十八卷遺詩一卷　（明）高啓撰　（清）金檀輯註　扣舷集一卷附録一卷鳧藻集五卷　（清）金檀輯　青邱高季迪先生年譜一卷　（清）金檀撰　清雍正六年刻本鳧藻集卷五末頁爲手抄配葉

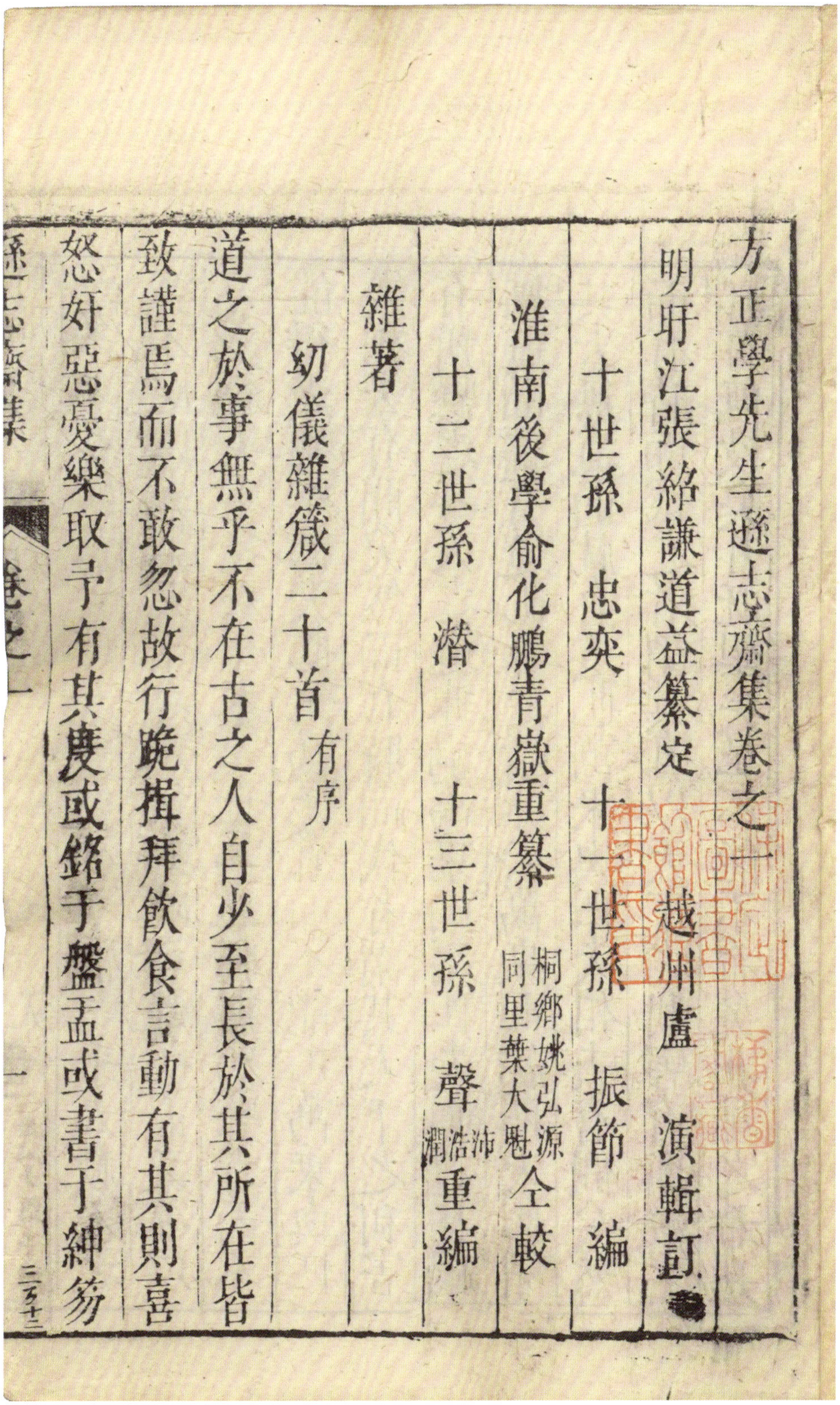
方正學先生遜志齋集卷之一

明盱江張紹謙道益纂定　越州盧　演輯訂

十世孫　忠奕　十一世孫　振節　編

淮南後學俞化鵬青嶽重纂　桐鄉姚弘源　同里葉大魁　仝較

十二世孫　潛　十三世孫　聲　沛　浩　潤　重編

雜著

幼儀雜箴二十首　有序

道之於事無乎不在古之人自少至長於其所在皆致謹焉而不敢忽故行跪揖拜飲食言動有其則喜怒好惡憂樂取予有其度或銘于盤盂或書于紳笏

遜志齋集　卷之一　一

方正學先生遜志齋集二十四卷　（明）方孝孺撰　盧演輯　方正學先生遜志齋集年譜一卷拾補一卷外紀一卷　（明）張紹謙　盧演輯纂　清康熙四十四年刻本

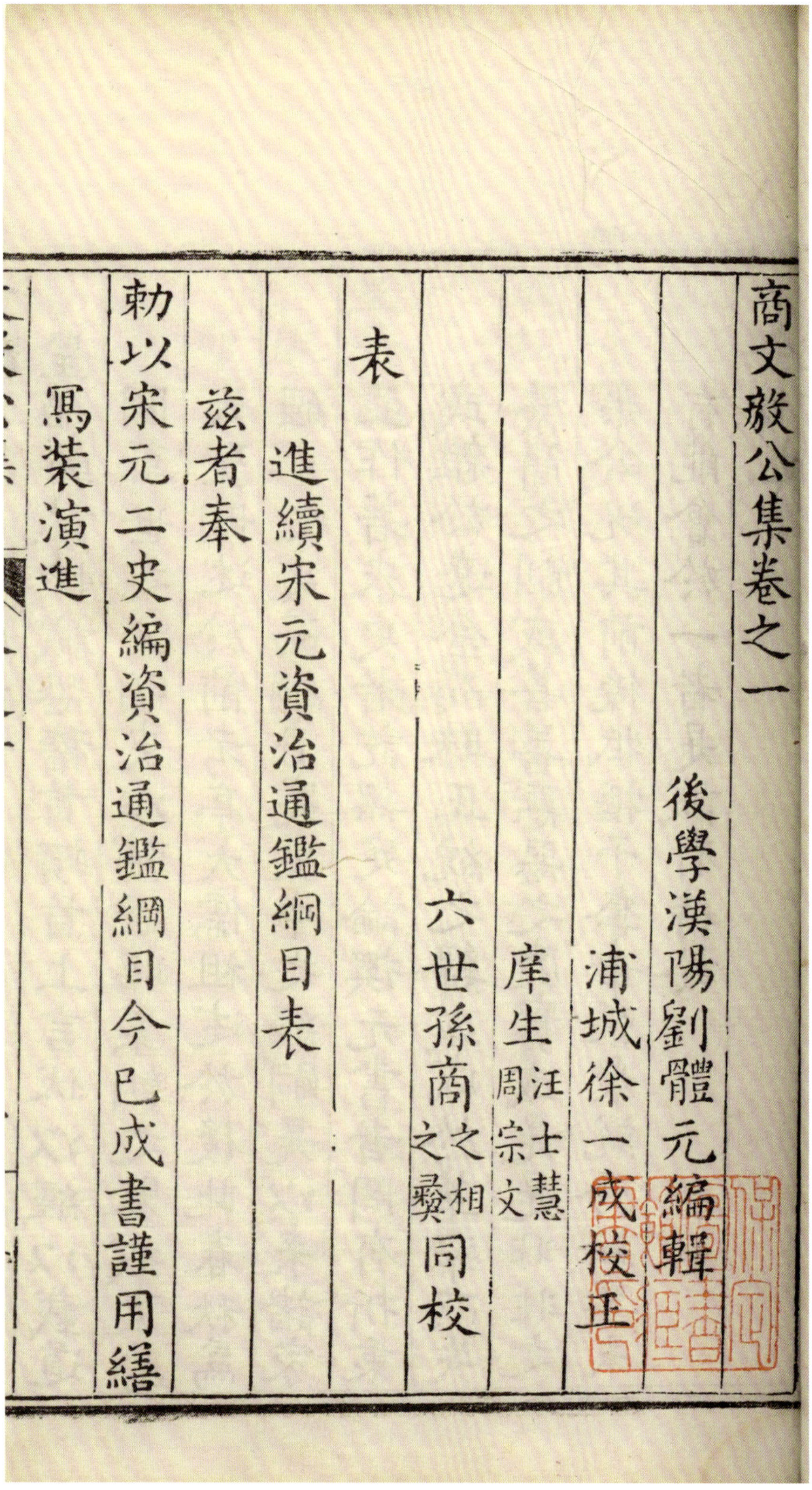
商文毅公集卷之一

後學漢陽劉體元編輯

浦城徐一成校正

庠生汪士慧 周宗文

六世孫商之相 之夔 同校

表

進續宋元資治通鑑綱目表

兹者奉

勅以宋元二史編資治通鑑綱目今已成書謹用繕

寫裝潢進

商文毅公集十卷　（明）商輅撰　明萬曆三十一年劉體元刻本　入選《河北省名錄》0120號

夏桂洲先生文集卷之一

閩清漳後學林日瑞廷輯甫彙編

後學鄭大環斐君訂閱

外孫吳一璘淑采較刊

賦一十四篇

恭和御製西苑視穀祇先蠶壇位賦

惟皇勤一身兮爲萬國先志存復古兮追三代前念農耕與蠶織兮實爲衣食之本原彼男情於外而女情於內兮孰非良民者弗率之爲愆惟吾皇之克振舉兮闕典以全卽西苑而舉趾以倣載

夏桂洲先生文集十八卷年譜一卷　（明）夏言撰　明崇禎十一年吳一璘刻本

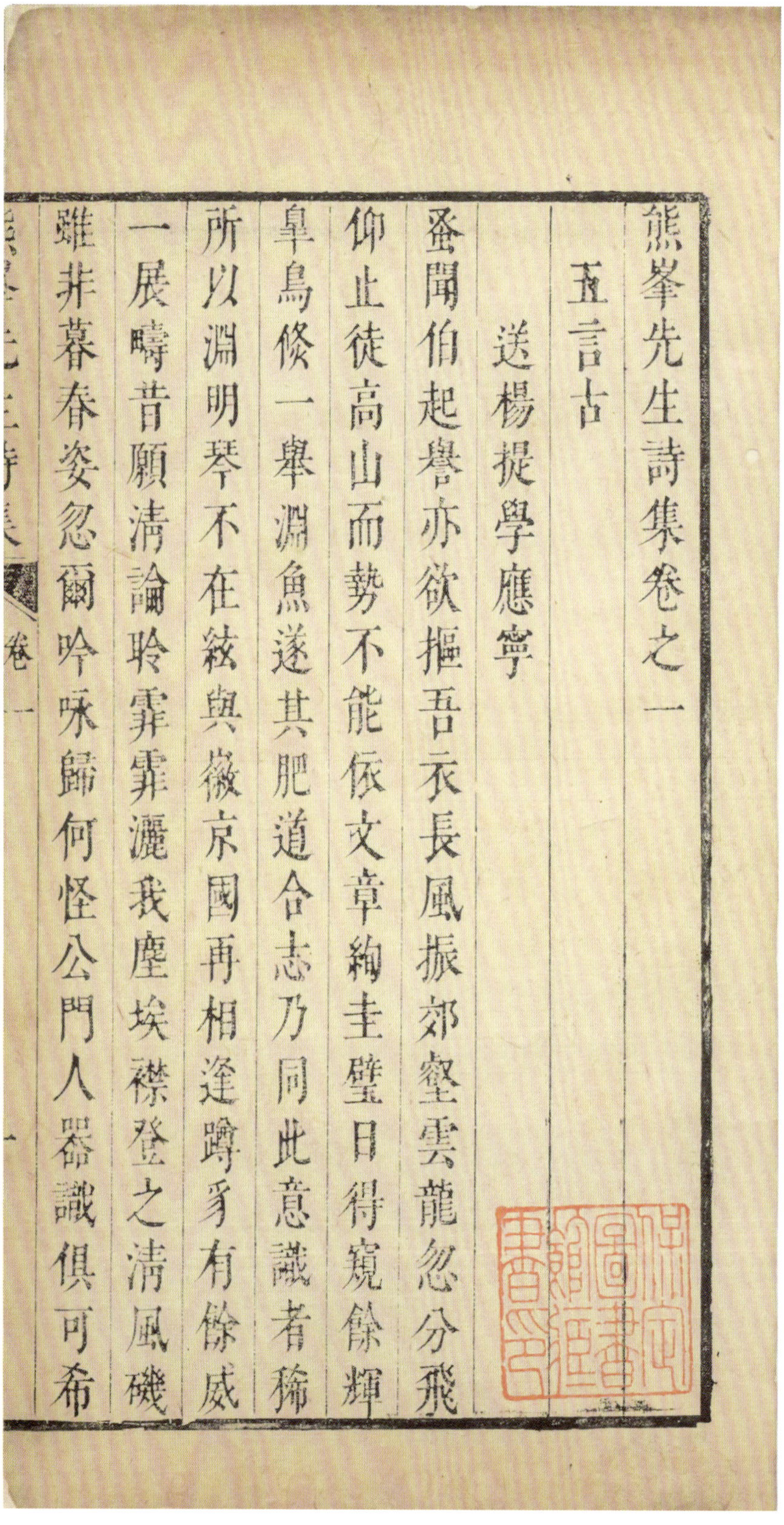

熊峯先生詩集卷之一

五言古

送楊提學應寧

蚤聞伯起譽亦欲攄吾衣長風振郊壑雲龍忽分飛
仰止徒高山而勢不能依文章絢圭璧日得窺餘輝
皐鳥倏一舉淵魚遂其肥道合志乃同此意識者稀
所以淵明琴不在絃與徽京國再相逢蹲豸有餘威
一展疇昔願清論聆霏霏灑我塵埃襟登之清風磯
雖非暮春姿忽爾吟咏歸何怪公門人器識俱可希

熊峯先生詩集　卷一　一

熊峯先生詩集十卷　（明）石珤撰　清康熙九年孫光㷆刻本

龍谿王先生全集卷之一

門人嘉善丁　賓編

後學秀水黄承玄

山陰張汝霖校

語録

天泉證道紀

陽明夫子之學以良知爲宗每與門人論學提四句爲教法無善無惡心之體有善有惡意之動知善知惡是良知爲善去惡是格物學者循此用功各有所得緒山錢子謂此是師門教人定本一毫不可更易

龍谿王先生全集二十二卷　（明）王畿撰　明萬曆四十三年丁賓張汝霖刻本

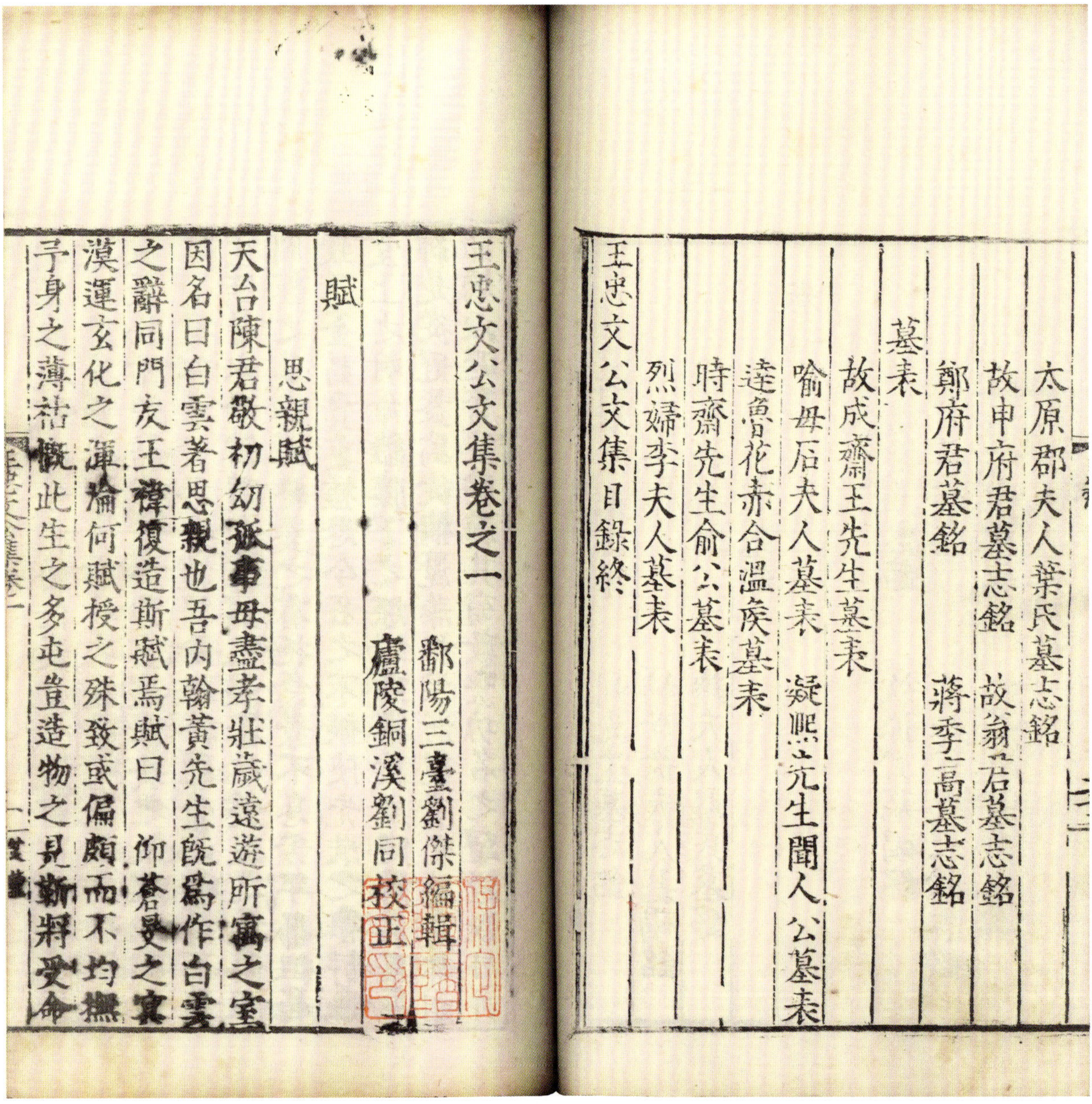

王忠文公文集二十四卷　（明）王禕撰　明嘉靖元年張齊刻本　入選《國家名錄》05832號

王忠文集序

聖朝定鼎英彥鱗集而藻坫儒宗則宋景濂王子克爲之冠

高皇帝嘗有云學問之博

王忠文公集四十六卷　（明）王褘撰　附録一卷　（明）鄭濟等撰　明崇禎十二年刻本

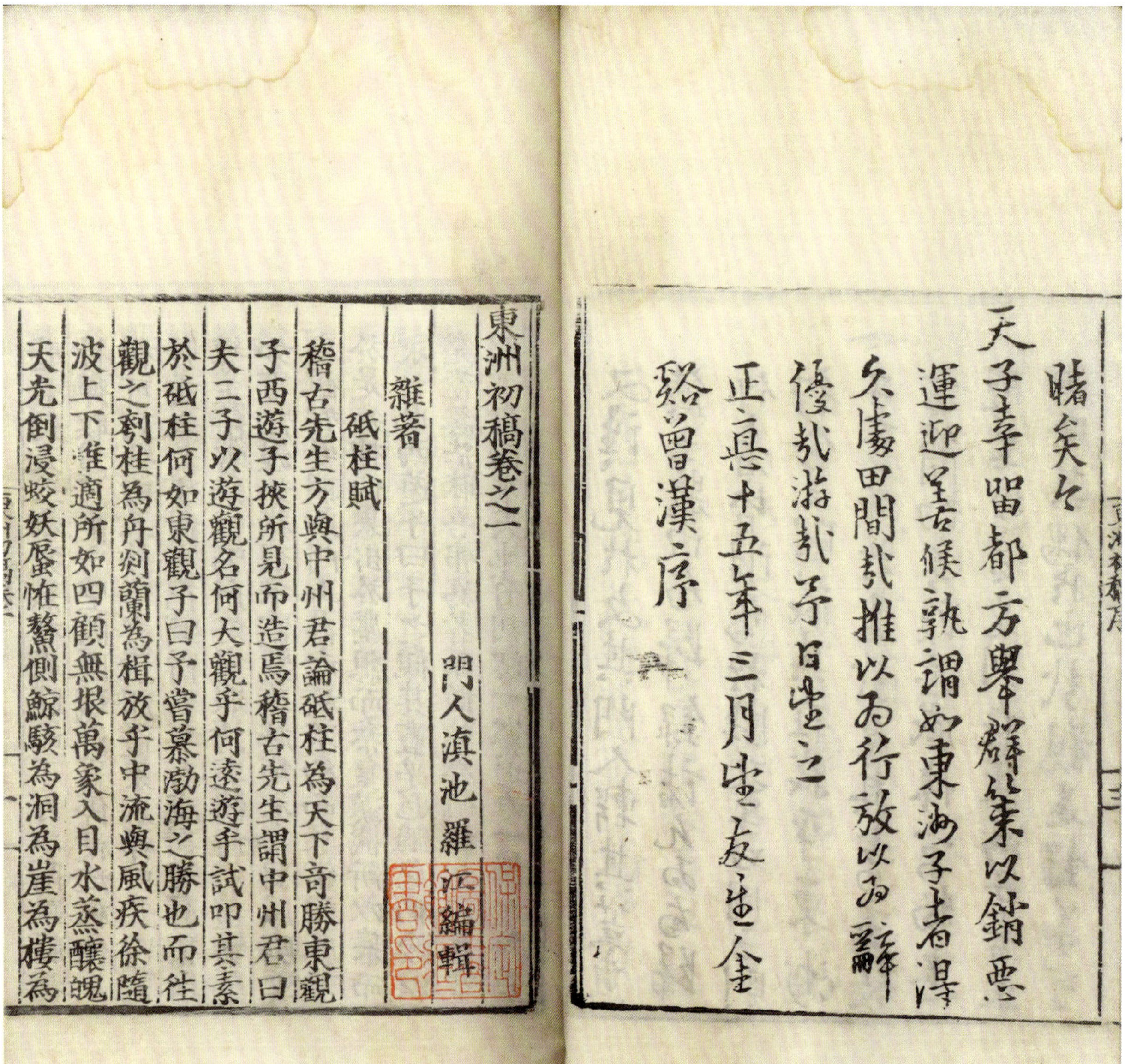
睹矣々
天子幸留都方舉群策以銷悪
運迎呈吉候孰謂如東洲子者得
久處田間哉推以為行放以為辭
優哉游哉予日望之
正德十五年三月望友生金
谿曾漢序

東洲初稿卷之一
門人滇池羅江編輯
雜著
砥柱賦
稽古先生方與中州君論砥柱為天下奇勝東觀
子西遊子挾所見而造焉稽古先生謂中州君曰
夫二子以遊觀名何大觀乎何遠遊乎試叩其素
於砥柱何如東觀子曰予嘗慕渤海之勝也而往
觀之刳桂為舟剡蘭為楫放乎中流與風疾徐隨
波上下惟適所如四顧無垠萬家入目水蒸釀魄
天光倒浸蛟妖蜃恠鰲側鯨駭為洞為崖為樓為

東洲初稿十四卷　（明）夏良勝撰　羅江輯　明正德十五年刻本　入選《國家名錄》06029號

王文端公尺牘卷之二

山陰劉南王家屏著

定襄門人傅新德校

啓

上晉王賀冊封

仰惟殿下溫文成性敬慎禔躬養正於蒙夙稟刑家之訓承祧惟震式符當璧之祥肆啓介藩光膺顯冊禹宅下土首開晉冀之疆周篤懿親爰建叔虞之宇執桐圭而作寶分玉輅以疏榮慶叶三靈懽騰四履某忝依封部幸隸編甿朱芾斯皇乂企宜王之度華

尺牘　卷之二　一

王文端公詩集二卷尺牘八卷　（明）王家屏撰　明萬曆四十年至四十五年刻本

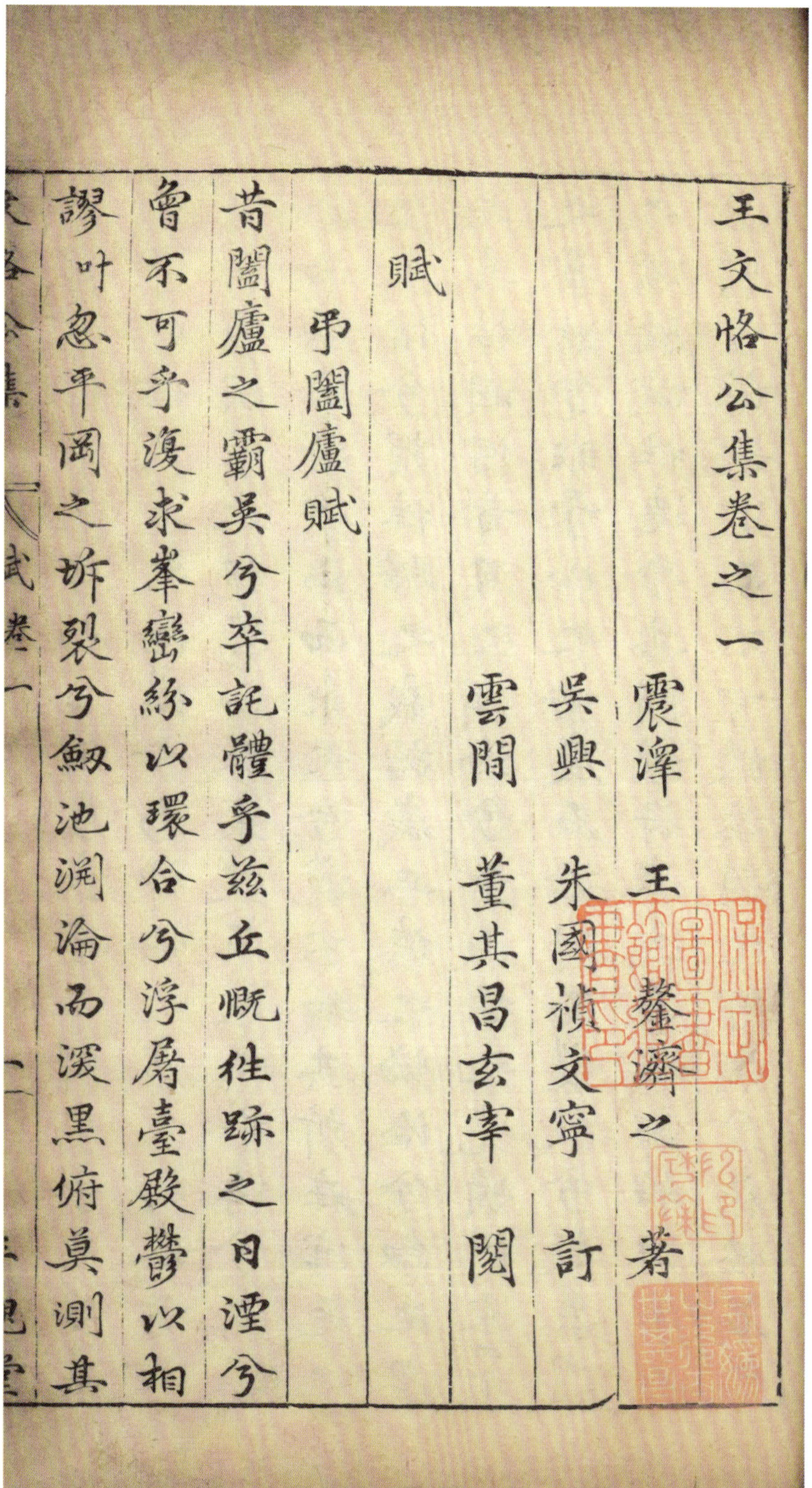

王文恪公集卷之一

震澤　王鏊濟之　著

吳興　朱國禎文寧　訂

雲間　董其昌玄宰　閱

賦

弔闔廬賦

昔闔廬之霸吳兮卒託體乎茲丘慨往跡之日湮兮曾不可乎復求峯巒紛以環合兮浮屠臺殿欝以相謬叶忽平岡之坼裂兮歛池淵淪而溪黑俯莫測其

文恪公集　賦卷之一　一　三槐堂

王文恪公集三十六卷　（明）王鏊撰　名公筆記一卷　（明）吳廷舉等撰　明三槐堂刻本

張文定公環碧堂集卷之一

書柬 三十三首

與余子華

久不接誨言殊甚企思恨兄居城市不得時時過訪鄉村邇正月人事稍簡得以潛心義理杜門凝坐浩然自足廣居正位真不藉一毫於性分外也聞吾兄又遭人言不免爲時俗一嘅鴻鵠斥鷃其知固不相及然不圖一至此也天下事其當柰何易曰困德之辨也又曰困以寡怨當此正可自驗承諭愈益自責足見學力然不可徔付口語也日用不給儀亦坐此制節謹度之外更

張文定公環碧堂集十八卷　（明）張邦奇撰　明刻本

新刻張太岳先生詩集卷之一

江陵　叔大張居正著

後學　雷思霈
　　　馬啟圖　校

繡谷唐國達　梓

五言古

恭述　祖德詩

赫赫我　太祖應運開鴻基仗劍起濠梁羣雄摧若
遺威德加四海混沌分兩儀勳華信巍煥典則仍貽
垂　成祖靖內難桓桓東征師奠鼎卜燕月[illegible]庭掃

新刻張太岳先生集四十七卷　（明）張居正撰　明萬曆四十年刻本

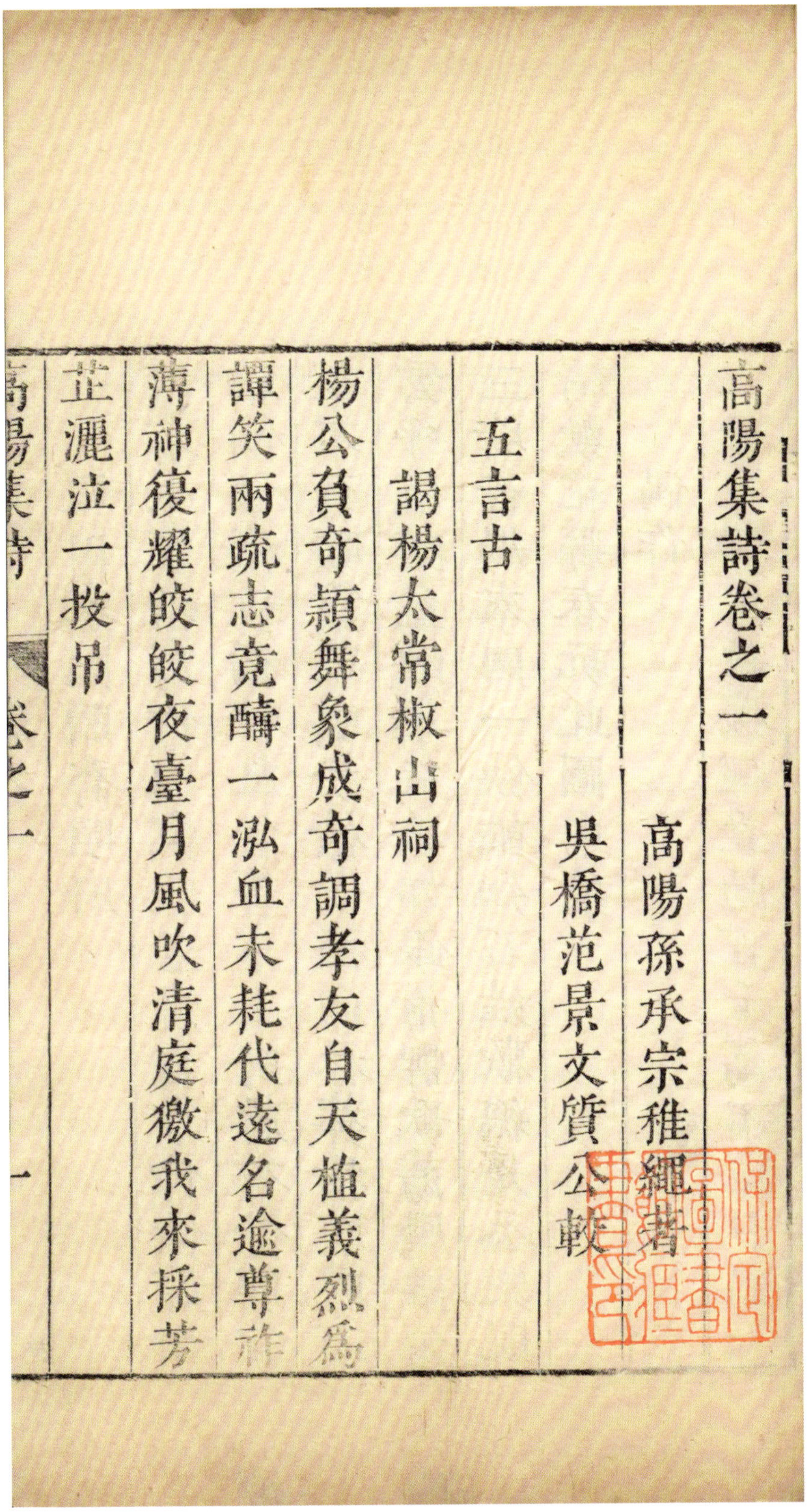

高陽集詩卷之一

高陽孫承宗稚繩著

吳橋范景文質公較

五言古

謁楊太常椒山祠

楊公負奇穎舞象成奇調孝友自天植義烈爲
譚笑兩疏志竟醻一泓血未耗代遠名逾尊祚
薄神禝耀皎皎夜臺月風吹清庭徼我來採芳
芷灑泣一掇吊

高陽集詩　卷之一　一

高陽集十八卷　（明）孫承宗撰　清順治十二年孫之澇刻本

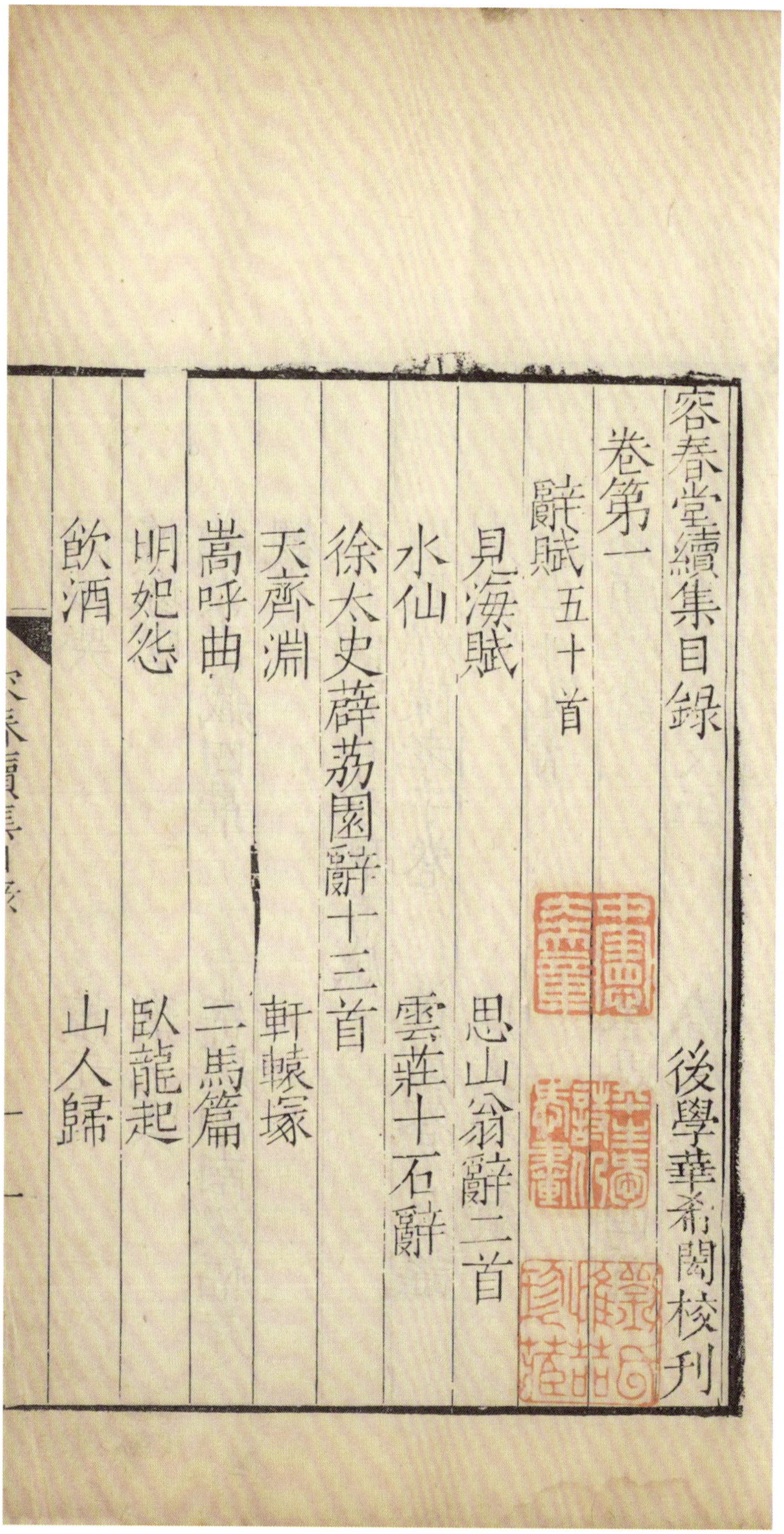
容春堂續集目録　後學華希閔校刊

卷第一

辭賦五十首

見海賦　思山翁辭二首

水仙　雲莊十石辭

徐太史薛荔園辭十三首

天齊淵　軒轅冢

嵩呼曲　二馬篇

明妃怨　卧龍起

飲酒　山人歸

容春堂續集十八卷別集九卷　（明）邵寶撰　明正德刻本

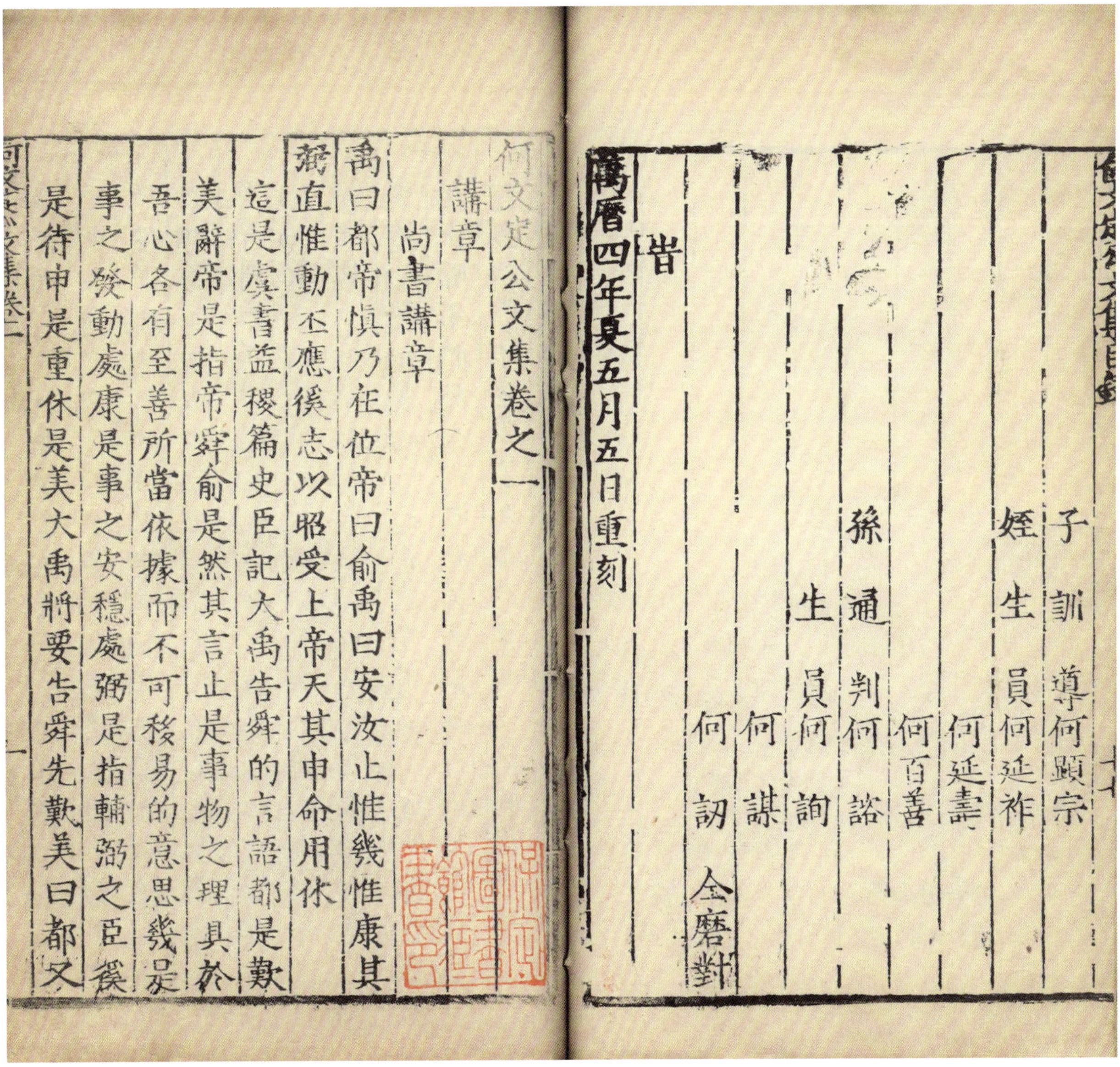
萬曆四年夏五月五日重刻

皆

何訒 仝磨對

何諶

生員何詢

孫 通判何諮

何百善

何延壽

姪 生員何延祚

子 訓導何顯宗

何文定公文集卷之一

講章

尚書講章

禹曰都帝慎乃在位帝曰俞禹曰安汝止惟幾惟康其弼直惟動丕應徯志以昭受上帝天其申命用休

這是虞書益稷篇史臣記大禹告舜的言語都是歎美辭帝是指帝舜俞是然其言止是事物之理具於吾心各有至善所當依據而不可移易的意思幾是事之發動處康是事之安穩處弼是指輔弼之臣徯是待申是重休是美大禹將要告舜先歎美曰都又

何文定公文集卷之一　一

何文定公文集十一卷　（明）何瑭撰　明萬曆四年賈待問等刻本

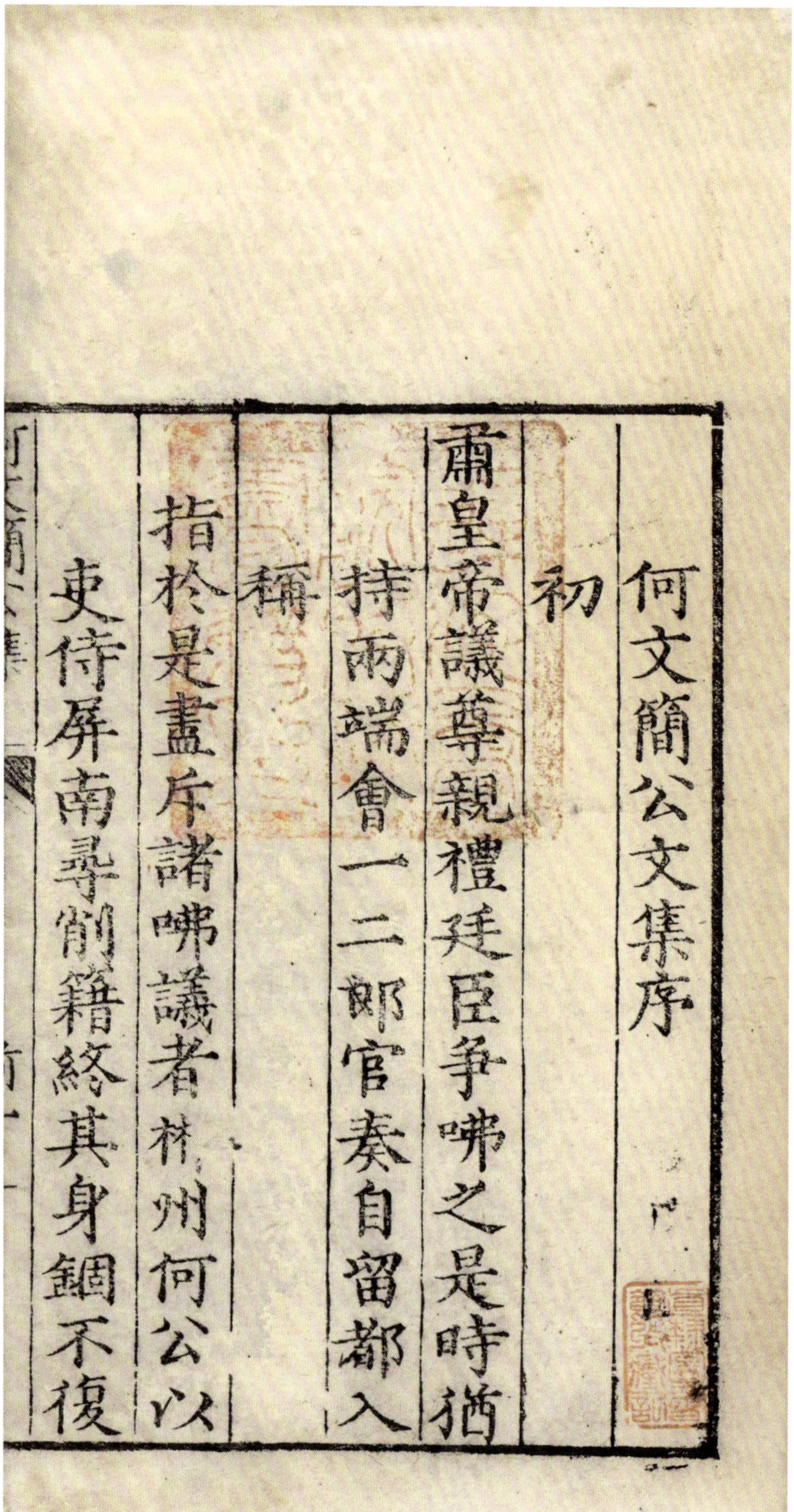

何文簡公文集十八卷　（明）何孟春撰　明萬曆郭崇嗣邵城刻本　入選《河北省名録》0125號

淩谿先生集叙

嘉議大夫都察院右副都御史門人西京許宗魯撰

正德辛未凌谿先生視學關中魯時為諸生益親炙先生之教者也先生同人無我擊蒙弗事日進諸生講德課藝賞其善而矜其不及誠得循循善誘之旨故一時士類興行懋學彬彬然盛矣逮至今論視學關中者曰邃庵馬谷凌谿稱三先生云先生賦質亢爽摻行貞純常其氣合則忘形吐衷無所愛吝乃

凌谿先生集十八卷　（明）朱應登撰　明刻清遞修本

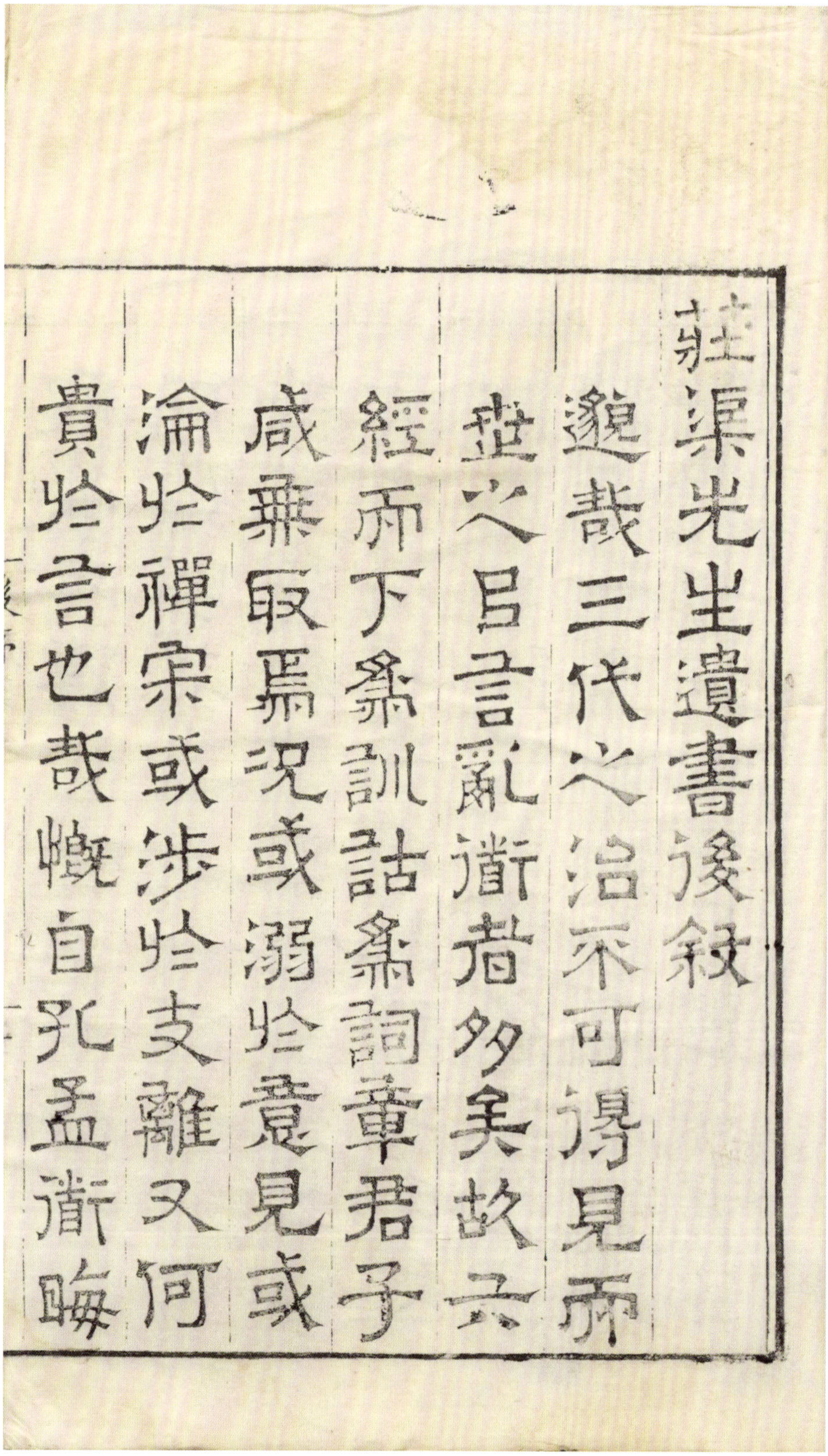

莊渠先生遺書後敘

邈哉三代之治不可得見而世之以言亂術者多矣故六經而下爲訓詁爲詞章君子咸兼取焉況或溺於意見或淪於禪宗或涉於支離又何貴於言也哉慨自孔孟術晦

莊渠先生遺書十六卷　（明）魏校撰　明嘉靖四十二年王道行張焯刻本　入選《國家名錄》06013號

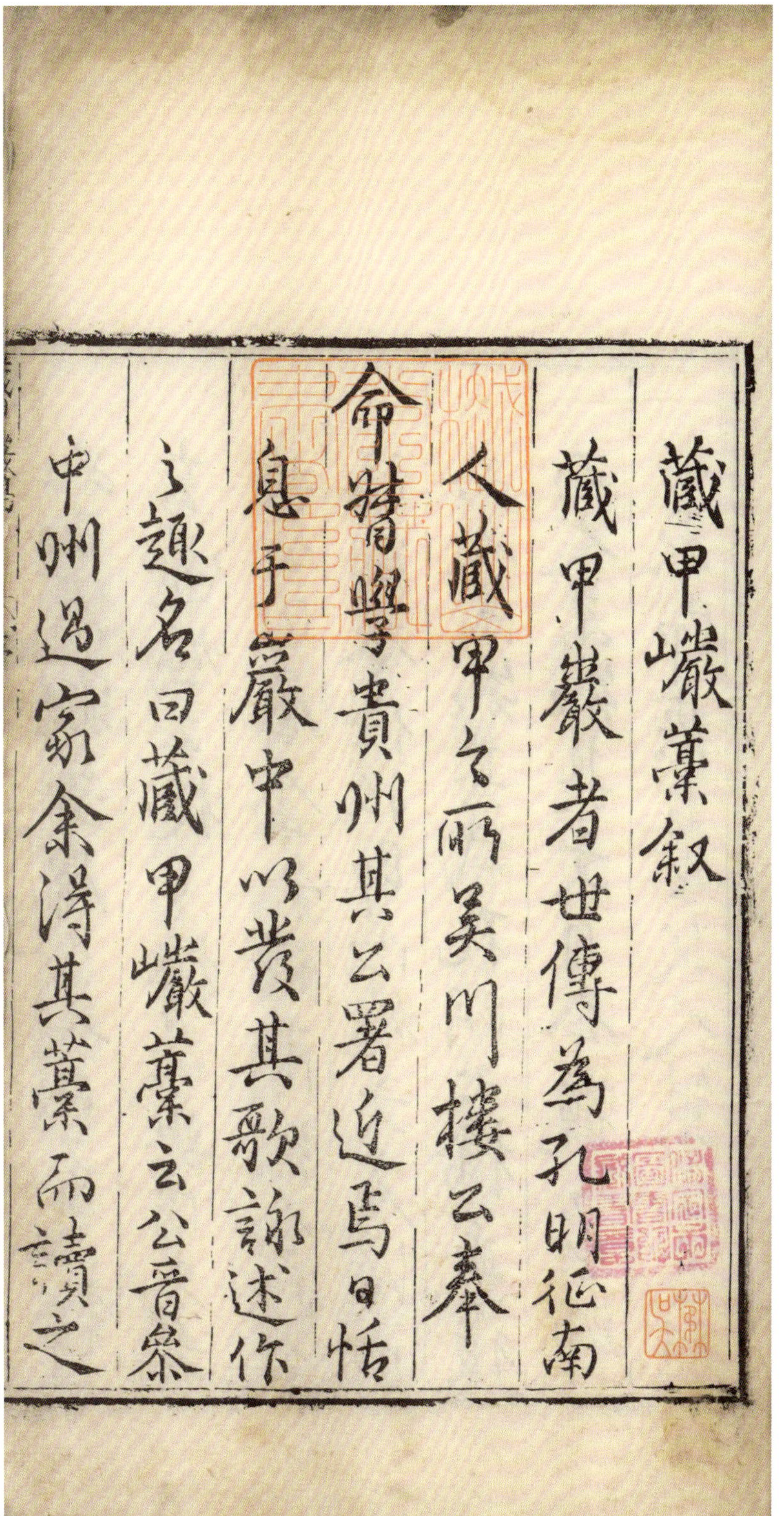
藏甲巗藁敘
藏甲巖者世傳為孔明征南
人藏甲之所吳門樓公奉
命督學貴州其公署近焉曰恬
息于巖中以發其歌詠述作
之趣名曰藏甲巗藁云公晉參
中州過家余得其藁而讀之

藏甲巗藁六卷　（明）吳國倫撰　明萬曆二年唐汝禮刻本 入選《河北省名錄》0136號

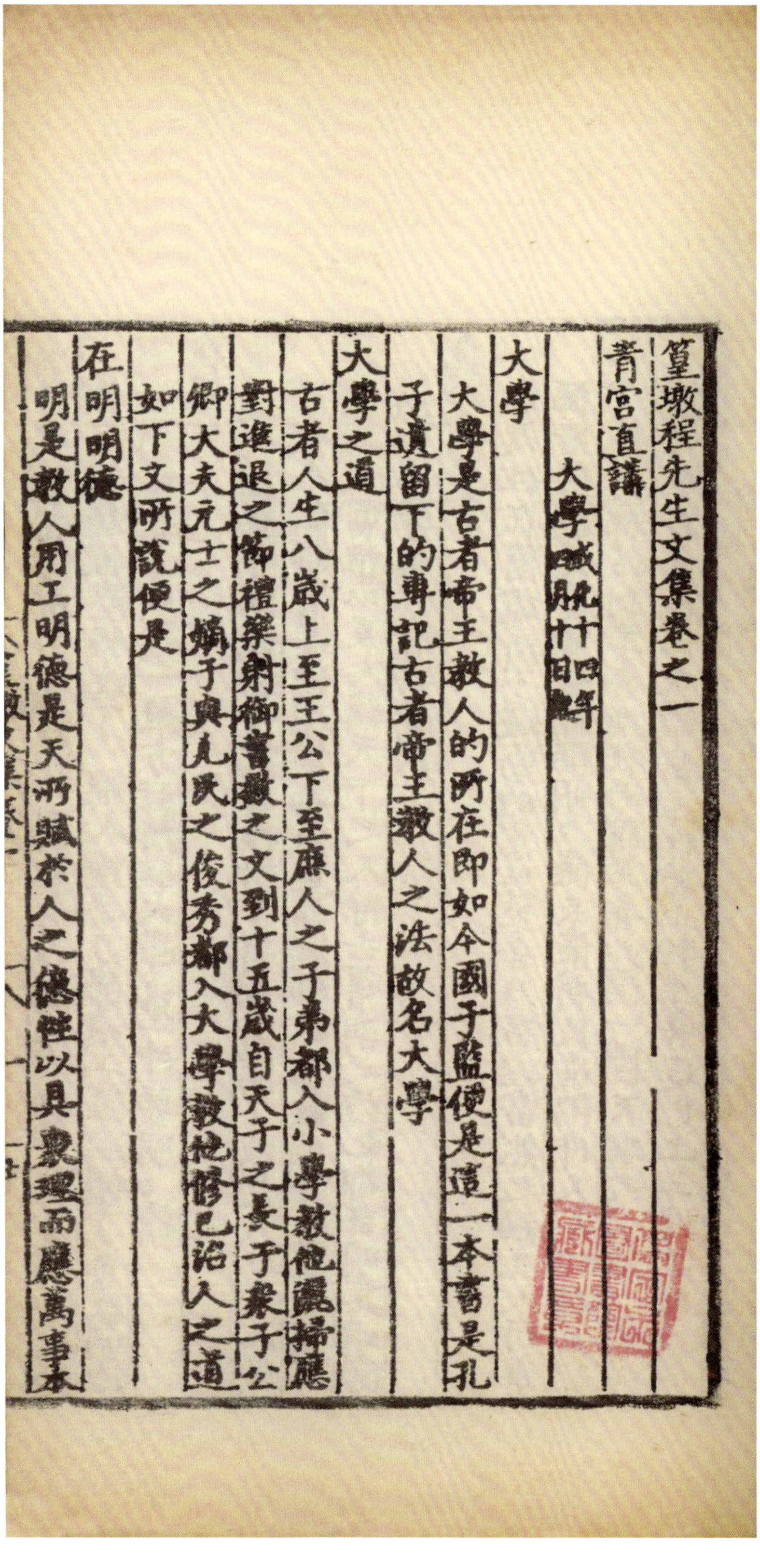

篁墩程先生文集卷之一

青宫直講

大學成化十四年[illegible]日講

大學

大學是古者帝王教人的所在即如今國子監便是這一本書是孔子遺留下的專記古者帝王教人之法故名大學

大學之道

古者人生八歲上至王公下至庶人之子弟都入小學教他灑掃應對進退之節禮樂射御書數之文到十五歲自天子之長子衆子公卿大夫元士之嫡子與凡民之俊秀都入大學教他脩己治人之道如下文所說便是

在明明德

明是教人用工明德是天所賦於人之德性以具衆理而應萬事本

篁墩程先生文集九十三卷拾遺一卷　（明）程敏政撰　明正德二年何歆刻本　入選《國家名録》09074號

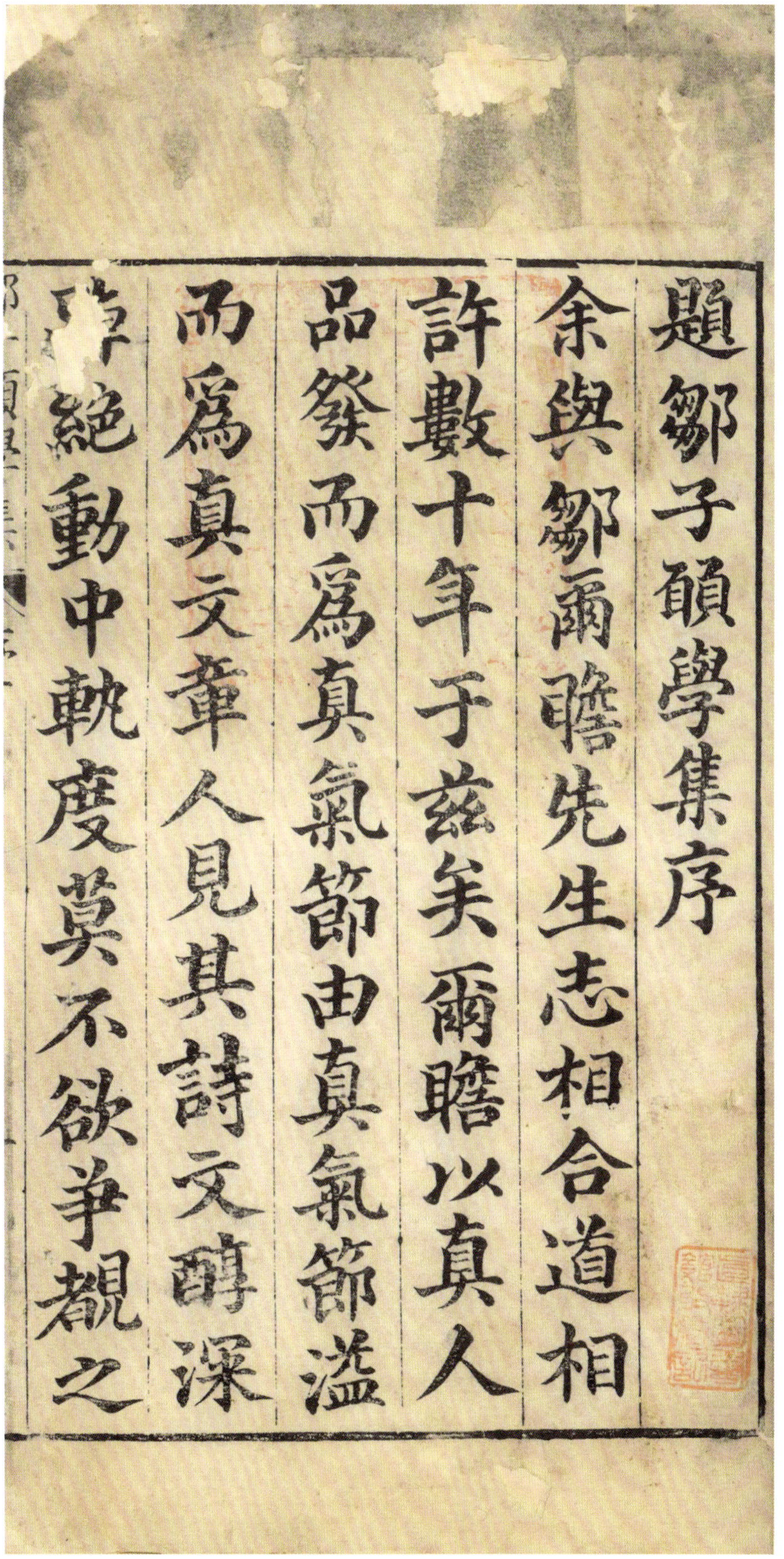
題鄒子頥學集序
余與鄒爾瞻先生志相合道相
許數十年于茲矣爾瞻以真人
品發而爲真氣節由真氣節溢
而爲真文章人見其詩文醇深
[illegible]絶動中軌度莫不欲爭覩之

鄒子願學集八卷　（明）鄒元標撰　明萬曆四十七年龍過奇、郭一鶚刻本　入選《河北省名録》0277號

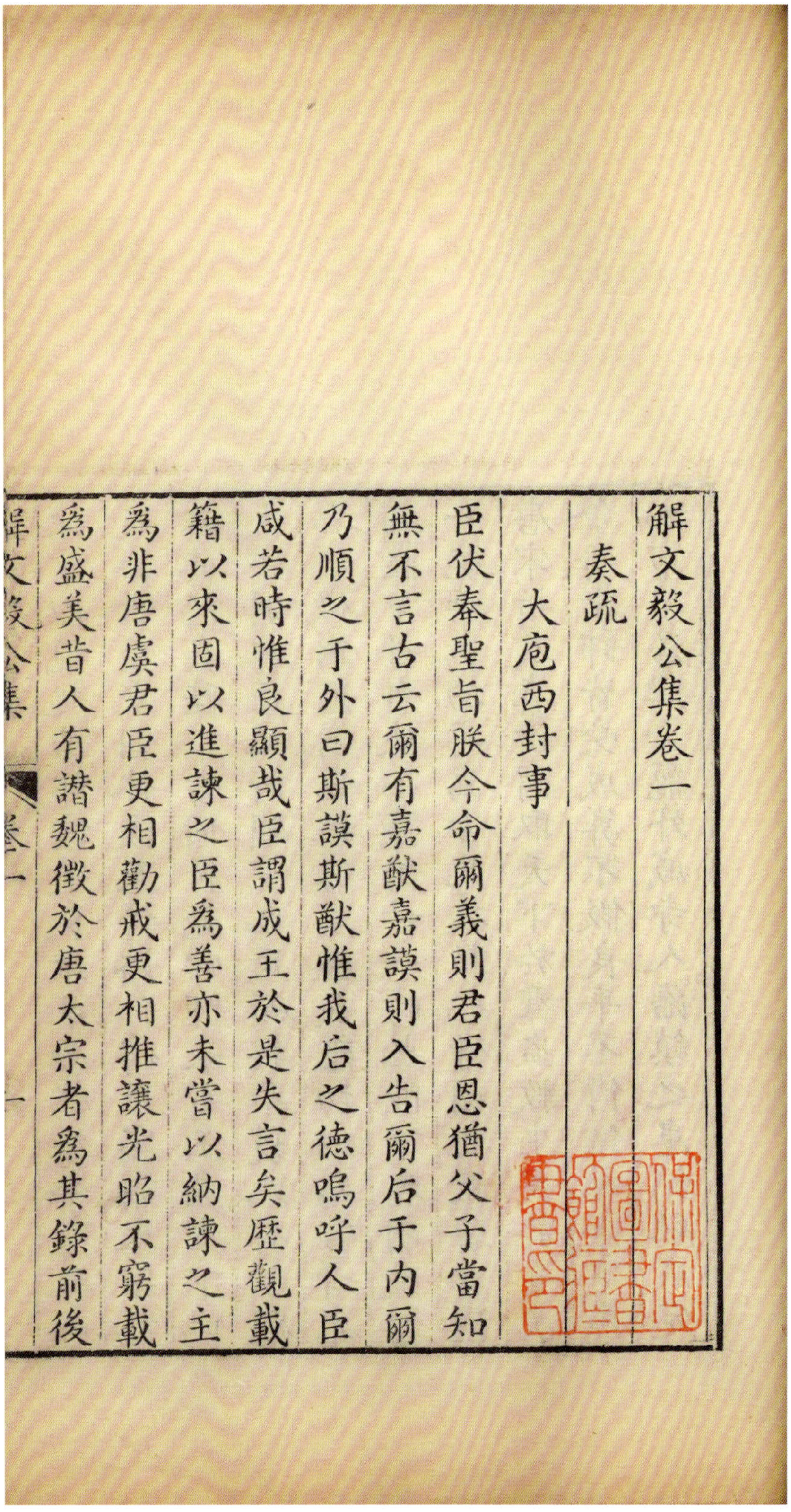

解文毅公集卷一

奏疏

大庖西封事

臣伏奉聖旨朕今命爾義則君臣恩猶父子當知無不言古云爾有嘉猷嘉謨則入告爾后于内爾乃順之于外曰斯謨斯猷惟我后之德嗚呼人臣咸若時惟良顯哉臣謂成王於是失言矣歷觀載籍以來固以進諫之臣爲善亦未嘗以納諫之主爲非唐虞君臣更相勸戒更相推讓光昭不窮載爲盛美昔人有譖魏徵於唐太宗者爲其錄前後

解文毅公集　卷一　一

解文毅公集十六卷首一卷　（明）解縉撰　附録一卷　清乾隆三十二年解韜敦仁堂重刻本

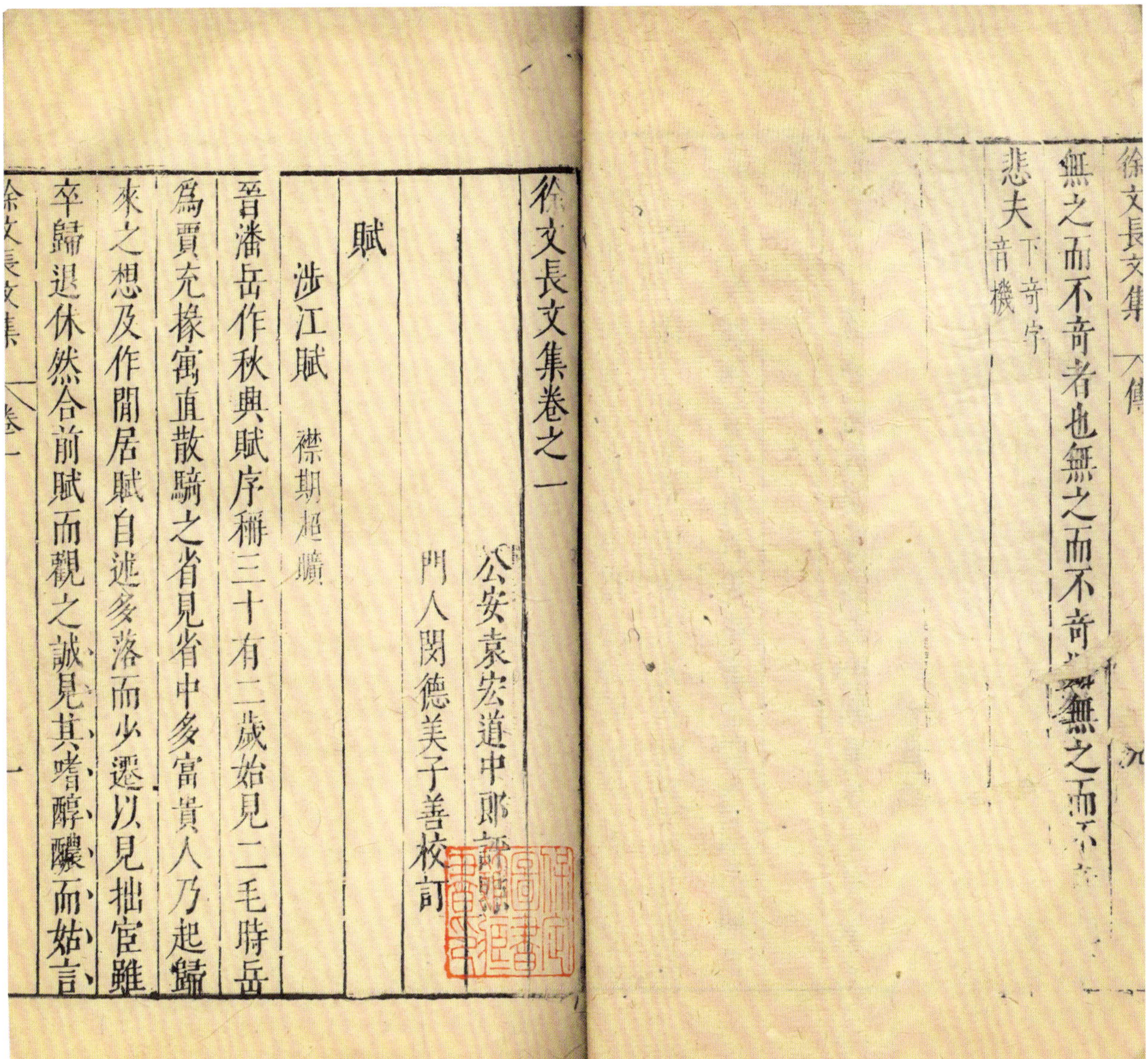

徐文長文集三十卷補遺一卷　（明）徐渭撰　袁宏道評點　徐文長傳一卷　明萬曆四十二年刻本　入選《河北省名錄》0275號

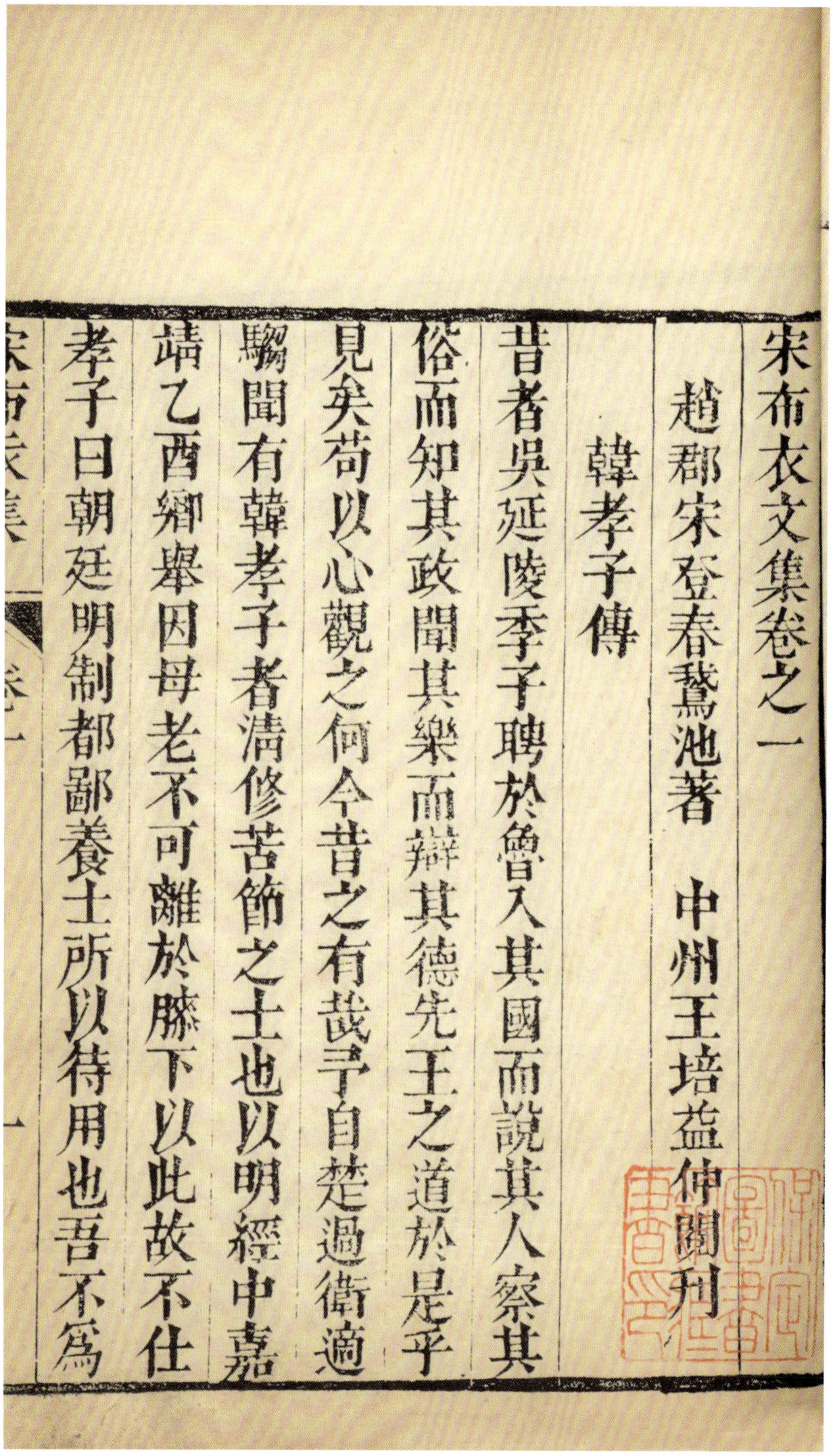

宋布衣文集卷之一

趙郡宋登春鵞池著　中州王培益仲開刊

韓孝子傳

昔者吳延陵季子聘於魯入其國而說其人察其俗而知其政聞其樂而辯其德先王之道於是乎見矣苟以心觀之何今昔之有哉予自楚過衛適騶聞有韓孝子者清修苦節之士也以明經中嘉靖乙酉鄉舉因母老不可離於膝下以此故不仕孝子曰朝廷明制都郡養士所以待用也吾不爲

宋布衣集　卷一　一

宋布衣文集二卷詩集一卷　（明）宋登春撰　清平閣倡和詩一卷　（明）宋登春、李先芳等撰　清乾隆二十一年誠意堂刻本

清朝政疏

爲逃犯冒濫顯秩竊弄威權懇乞聖明亟賜正法以杜倖門以清朝政事臣查得錦衣衛指揮同知徐爵在嘉靖年間曾犯罪問發潛逃在京百計夤緣濫叨武職竊惟穿窬盜行既負重罪於先朝鑽刺冒功遂致通顯於今日不能改慮從善以掩其漏網之愆乃復倚勢張威以恣其彌天之惡如王國光之欺侮陛下黜之爵乃揚言於外曰是我言之於馮司禮者天子作威之柄假之爲已之威矣梁夢龍之謙謹陛下用之爵乃揚言於外曰是我薦之於馮司禮者天子作福之柄假之爲已之

瑞陽阿集十卷　（明）江東之撰　清乾隆八年東皐堂重刻本

空同子集　卷之一

北郡李夢陽撰　東莞鄧雲霄歙潘之恒蒐校

賦類一之一

疑賦　鈍賦

思賦　述征賦

省愆賦　宣歸賦

緒寓賦　寄兒賦

矦軒子賦　竹石賦

右次賦一十首

賦一

擬李古風五七言淸之而名家篇體將毋傳乎一
升之一別之各為一卷總成三十七卷此可貢諸先
業而毋不敢謂僭也序法本季札觀樂自左氏
以下無此音先業式情作者苦心具見予有感
於真詩之言而慨世之務相矜詡也庶上海翁生
一瑧手書揭諸首簡為後來指南云

空同子集六十六卷目錄三卷附錄二卷　（明）李夢陽撰　明萬曆三十年鄧雲霄刻本　入選《河北省名錄》0270號

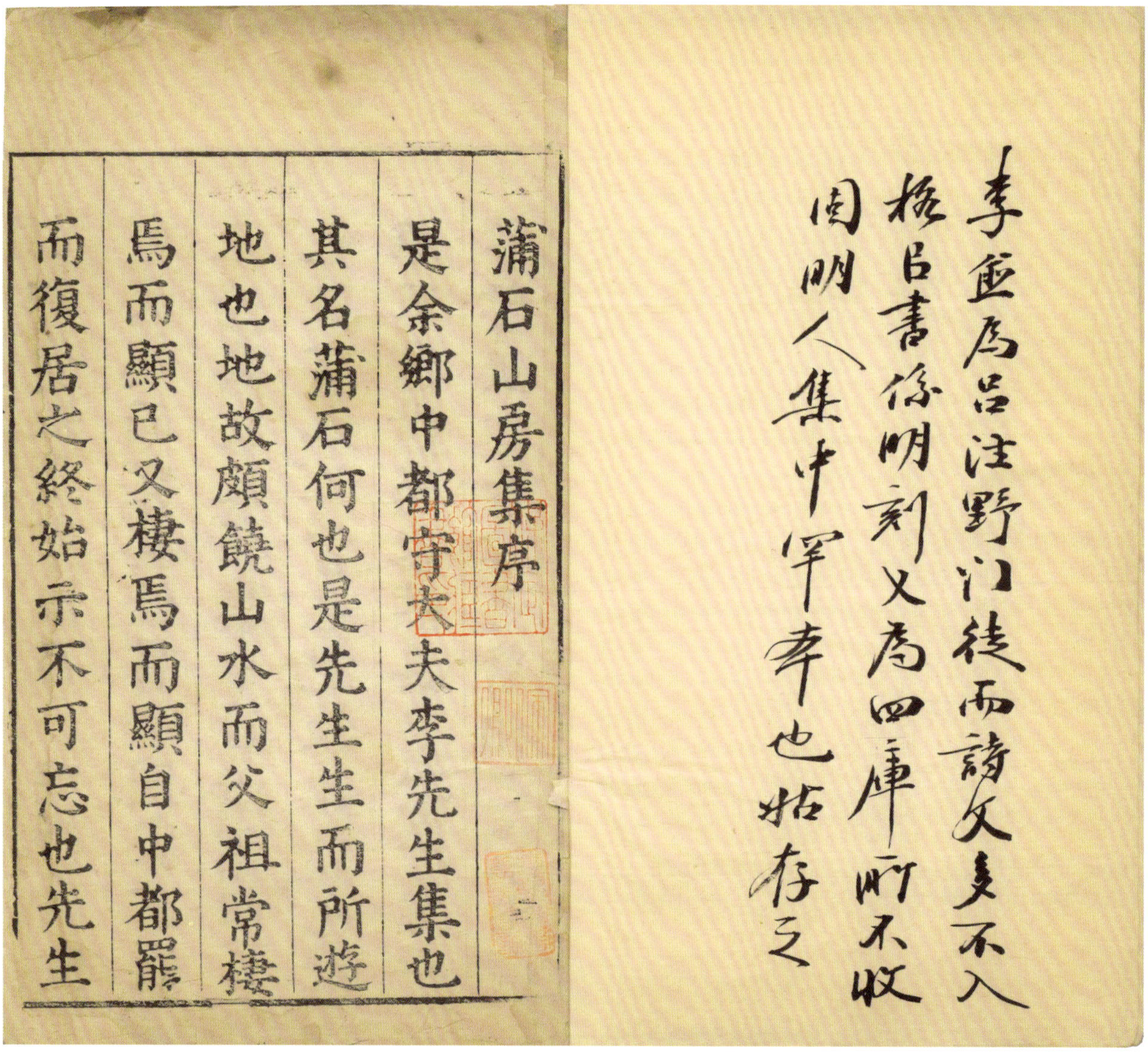

蒲石山房集五卷　（明）李愈撰　明萬曆三十九年李棨家刻本　入選《河北省名錄》0133號

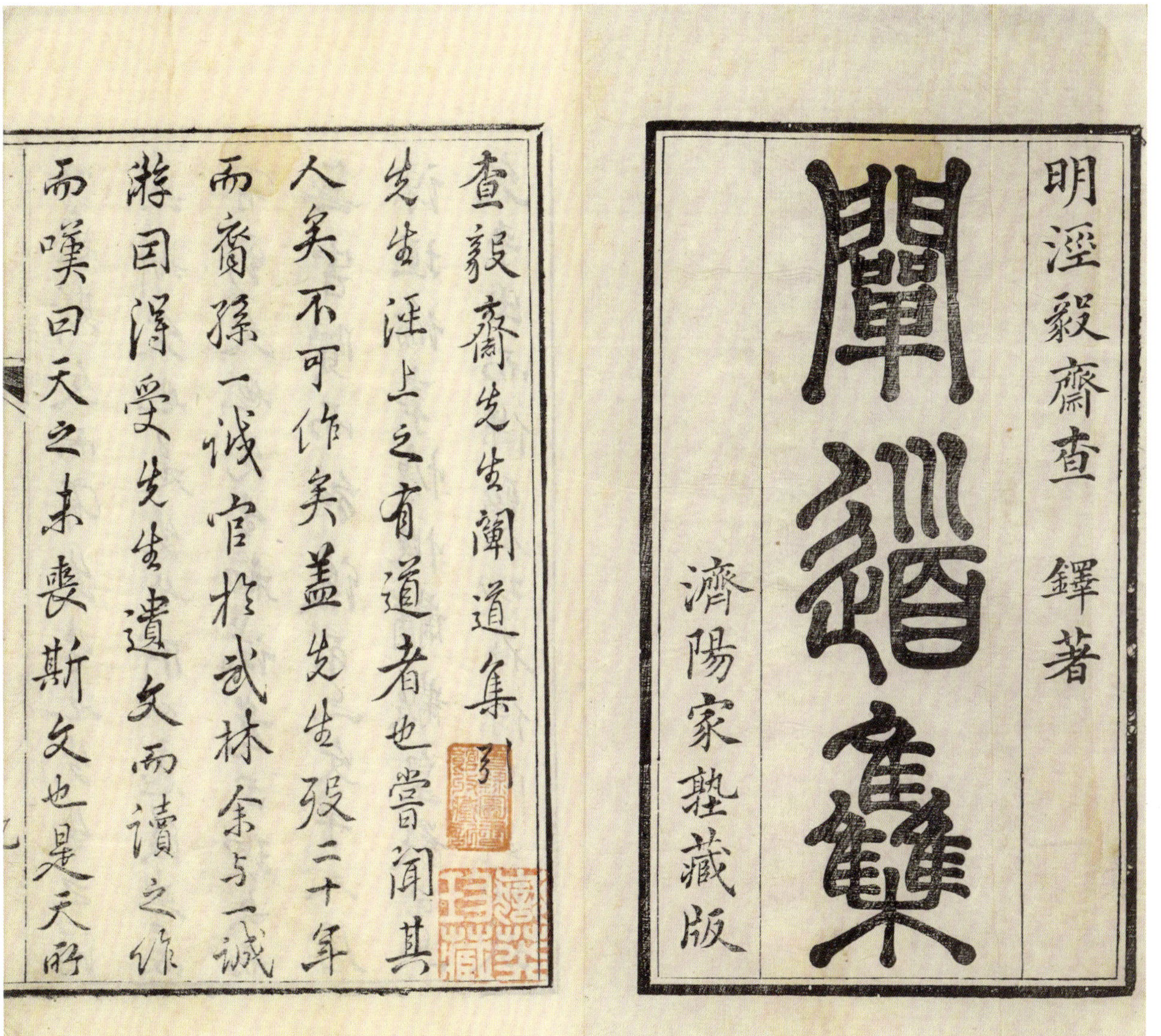

明涇毅齋查　鐸著

闡道集

濟陽家塾藏版

查毅齋先生闡道集引

先生涇上之有道者也嘗聞其人矣不可作矣蓋先生歿二十年而裔孫一峨官於武林余与一誠游因得受先生遺文而讀之作而嘆曰天之未喪斯文也是天將

毅齋查先生闡道集十卷首一卷附一卷　（明）查鐸撰　清乾隆濟陽家塾刻本

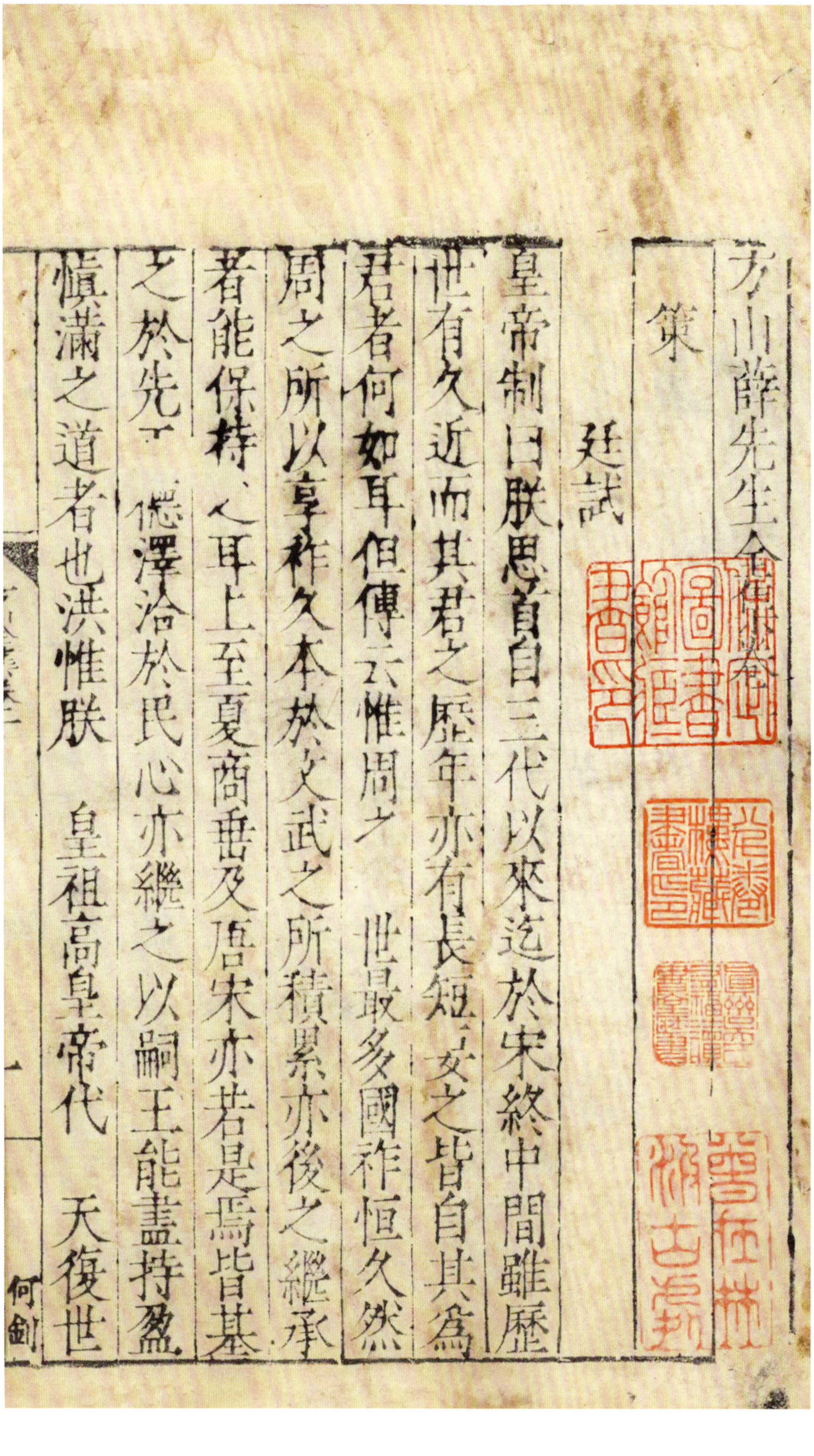

方山薛先生全

策

廷試

皇帝制曰朕思自三代以來迄於宋終中間雖歷世有久近而其君之歷年亦有長短要之皆自其爲君者何如耳但傳云惟周之世最多國祚恒久然周之所以享祚久本於文武之所積累亦後之繼承者能保持之耳上至夏商垂及唐宋亦若是焉皆基之於先王德澤洽於民心亦繼之以嗣王能盡持盈慎滿之道者也洪惟朕 皇祖高皇帝代 天復世

何劍

方山薛先生全集六十八卷　（明）薛應旂撰　明嘉靖刻本　入選《國家名錄》06104號

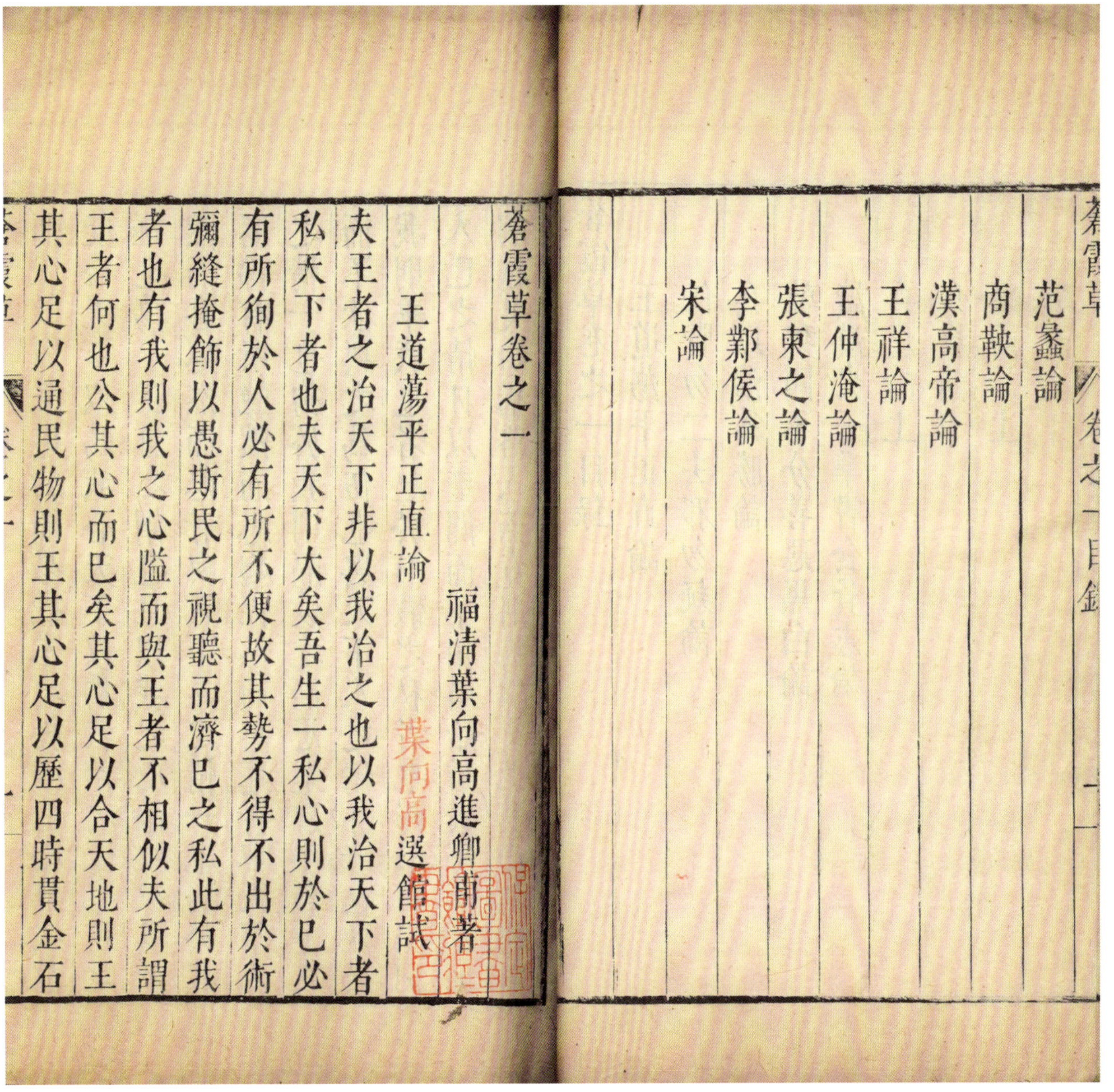

蒼霞草卷之一目錄

蒼霞草卷之一

福清葉向高進卿甫著

王道蕩平正直論　葉向高選館試

夫王者之治天下非以我治之也以我治天下者私天下者也夫天下大矣吾生一私心則於己必有所徇於人必有所不便故其勢不得不出於術彌縫掩飾以愚斯民之視聽而濟己之私此有我者也有我則我之心隘而與王者不相似夫所謂王者何也公其心而已矣其心足以合天地則王其心足以通民物則王其心足以歷四時貫金石

蒼霞草二十卷詩八卷續草二十二卷　（明）葉向高撰　明萬曆刻本

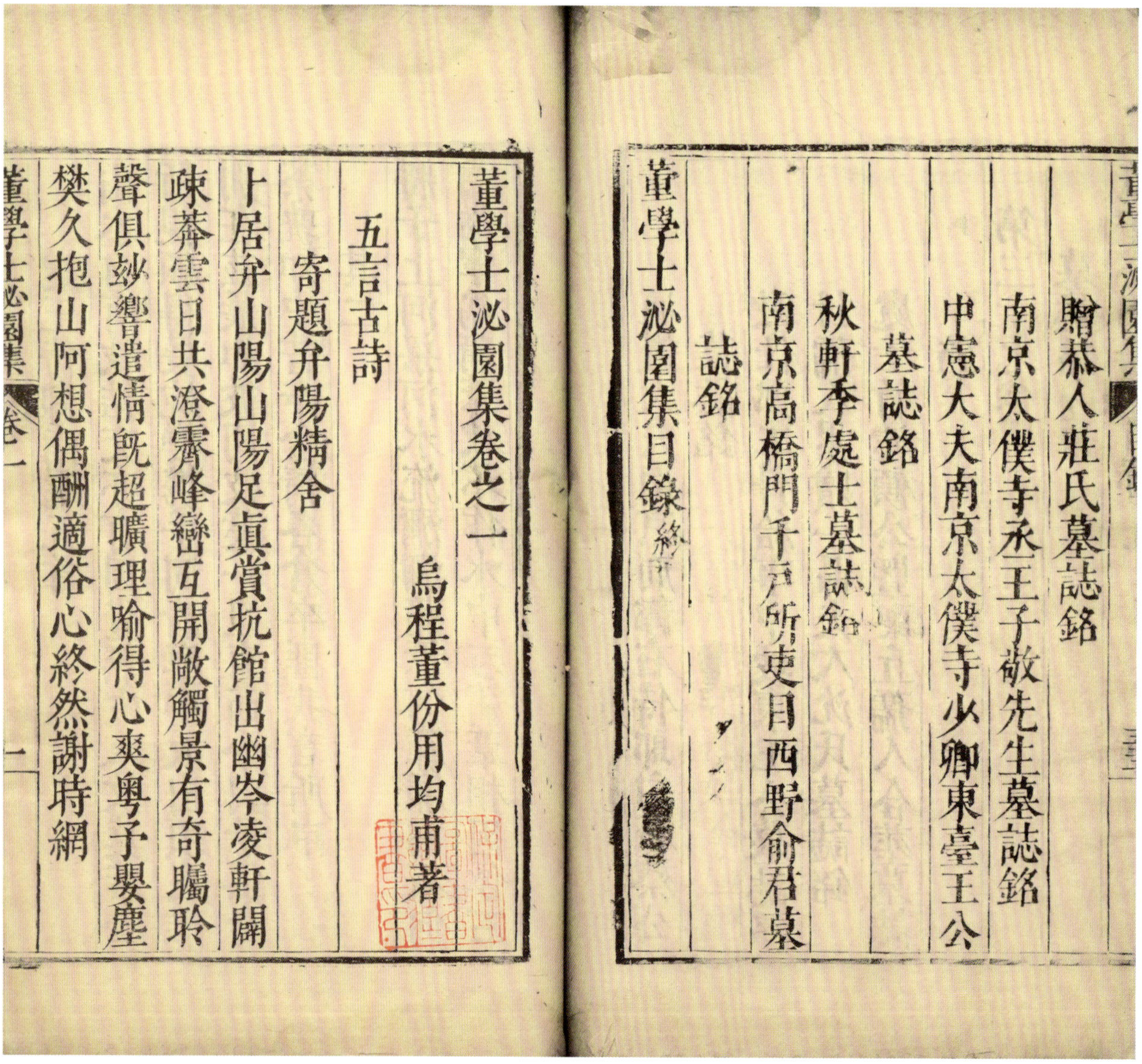

贈恭人莊氏墓誌銘

南京太僕寺丞王子敬先生墓誌銘

中憲大夫南京太僕寺少卿東臺王公墓誌銘

秋軒季處士墓誌銘

南京高橋門千戶所吏目西野俞君墓誌銘

董學士泌園集目錄終

董學士泌園集卷之一

烏程董份用均甫著

五言古詩

寄題弁陽精舍

卜居弁山陽山陽足眞賞抗館出幽岑凌軒闢疎莽雲日共澄霽峰巒互開敞觸景有奇矚聆聲俱竗響遺情旣超曠理喻得心爽粤子嬰塵樊久抱山阿想偶酬適俗心終然謝時網

董學士泌園集三十七卷　（明）董份撰　董黃門稿一卷　（明）董道醇撰　明萬曆董嗣茂刻本

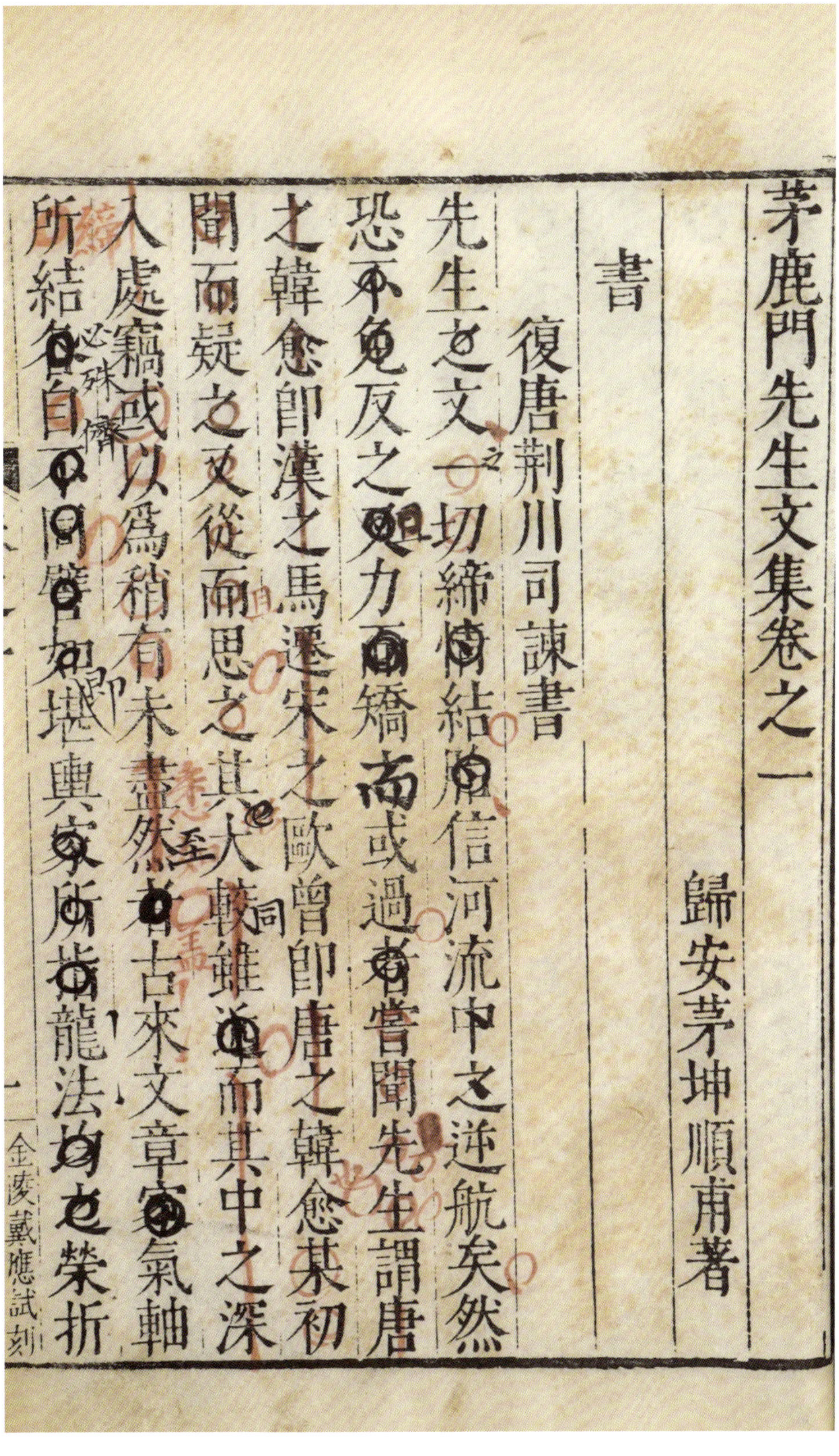

茅鹿門先生文集卷之一

歸安茅坤順甫著

書

復唐荊川司諫書

先生之文一切締情結胸信河流中之逆航矣然恐不免反之短力而矯而或過者嘗聞先生謂唐之韓愈即漢之馬遷宋之歐曾即唐之韓愈某初聞而疑之久從而思之其大較雖是而其中之深入處竊或以爲稍有未盡然者古來文章家氣軸所結各自不同譬如堪輿家所指龍法均之榮折

一

金陵戴應試刻

茅鹿門先生文集三十六卷　（明）茅坤撰　明萬曆刻本

三代以下惟恐不好名解

人主廣大人臣節儉訓

許王仲淹續經得失

建州女直考

答友人論靜躁巧拙勞逸苦樂諸情趣不

一書

敬天勤民箴

擬上君臣交警脩實以弭灾異疏

韓文恪公文集卷之首

男宗騋編次

擬

御製文

泰山天仙金闕碑文

朕自御極以来嶽瀆百神祀典咸秩矧泰岱為群嶽長鎮我東方斯萬物始交之地凡昭姓考瑞登封降禪咸兹在焉碧霞元君名號所從來遠相傳黃帝肇建岱嶽觀命元君雲冠羽衣迓西崑真人

韓文恪公文集二十一卷首二卷末一卷詩集十卷　（明）韓日纘撰　明崇禎刻本

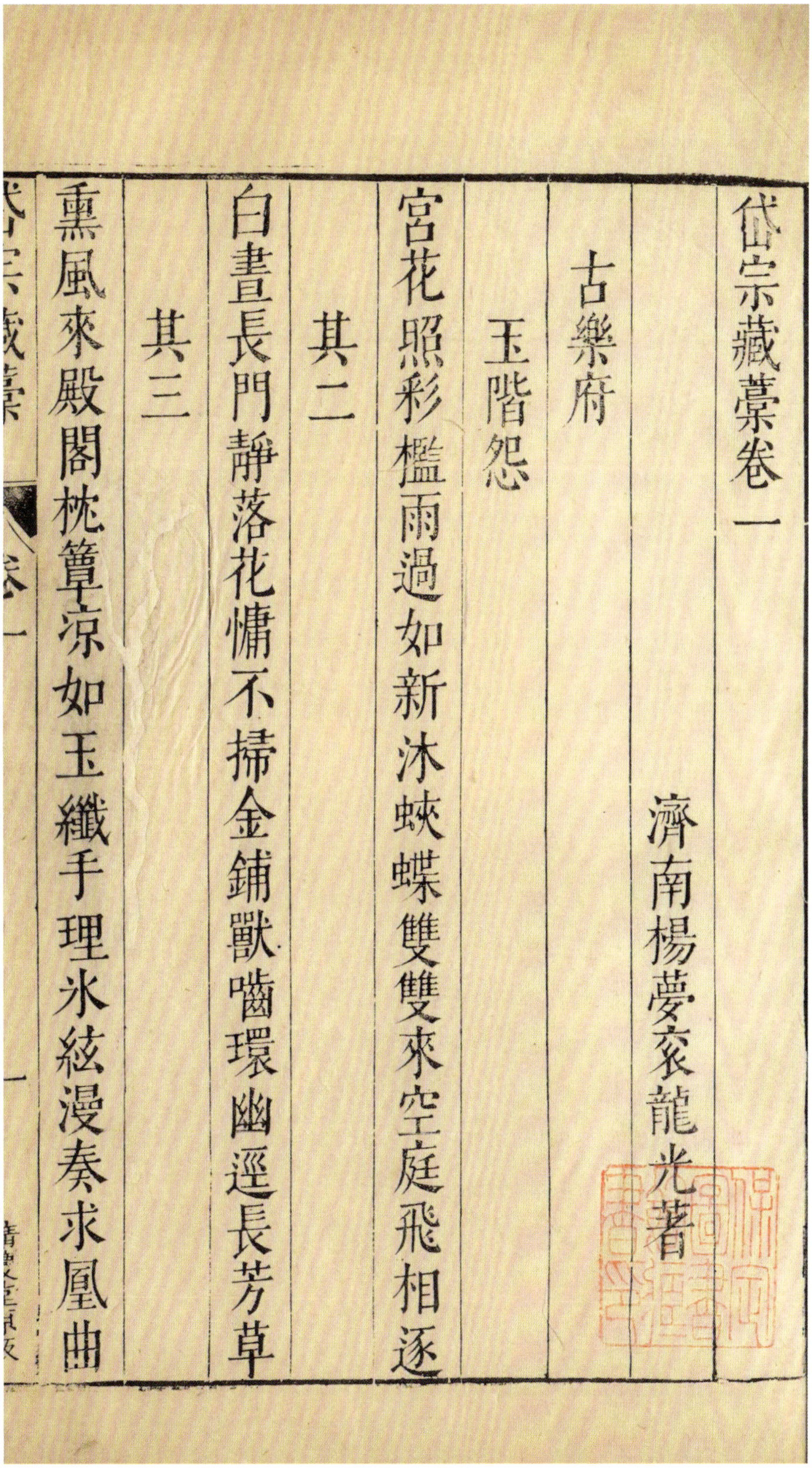

岱宗藏藁卷一

濟南楊夢衮龍光著

古樂府

玉階怨

宮花照彩檻雨過如新沐蛺蝶雙雙來空庭飛相逐

其二

白晝長門靜落花慵不掃金鋪獸嚙環幽逕長芳草

其三

熏風來殿閣枕簟凉如玉纖手理氷絃漫奏求凰曲

岱宗藏藁　卷一　一

岱宗藏藁五十卷　（明）楊夢衮撰　明天啓秣陵廣慶堂刻本（卷五十第九、十葉爲手抄配葉）　入選《河北省名錄》0278號

一字曲贈張太僕　皖公門贈林郡丞
龍山高贈何郡倅　崔將軍歌
王令尹辭　自君之出矣三首
蝗來贈陳武定
辭一首
江防亭辭
歌二首
送閻允中西還歌
果山歌哀張孺人
調一首
擬賀平寧賊

賦
西征賦
蜀盜起蜀人輕之既而滋蔓焰熾勃不可制巴山主
人過閬苑子而告曰若知夫盜乎航水梯山電來焱
至陽陷陰吞夜奔晝伺方將窺吾壘以驕矜豈直蹂
吾疆而恣肆人無所歸吾將焉恃吾與汝胡不東處
於海胡爲惴惴閬苑子曰吁吾有父母妻子四無所
止吾將何適吾寧與賊死乃相顧夷猶憂切唇齒明
日有持檄至閬者曰彭少保至矣又明日彭少保至
自京師閱兵於閬數日閬苑子走報於巴山主人曰
君亡悶吾屬亡患矣主人曰蜀不練兵兵不躭戰戰

可泉辛巳集十二卷　（明）胡纘宗撰　明嘉靖四年刻本　入選《國家名錄》09168號

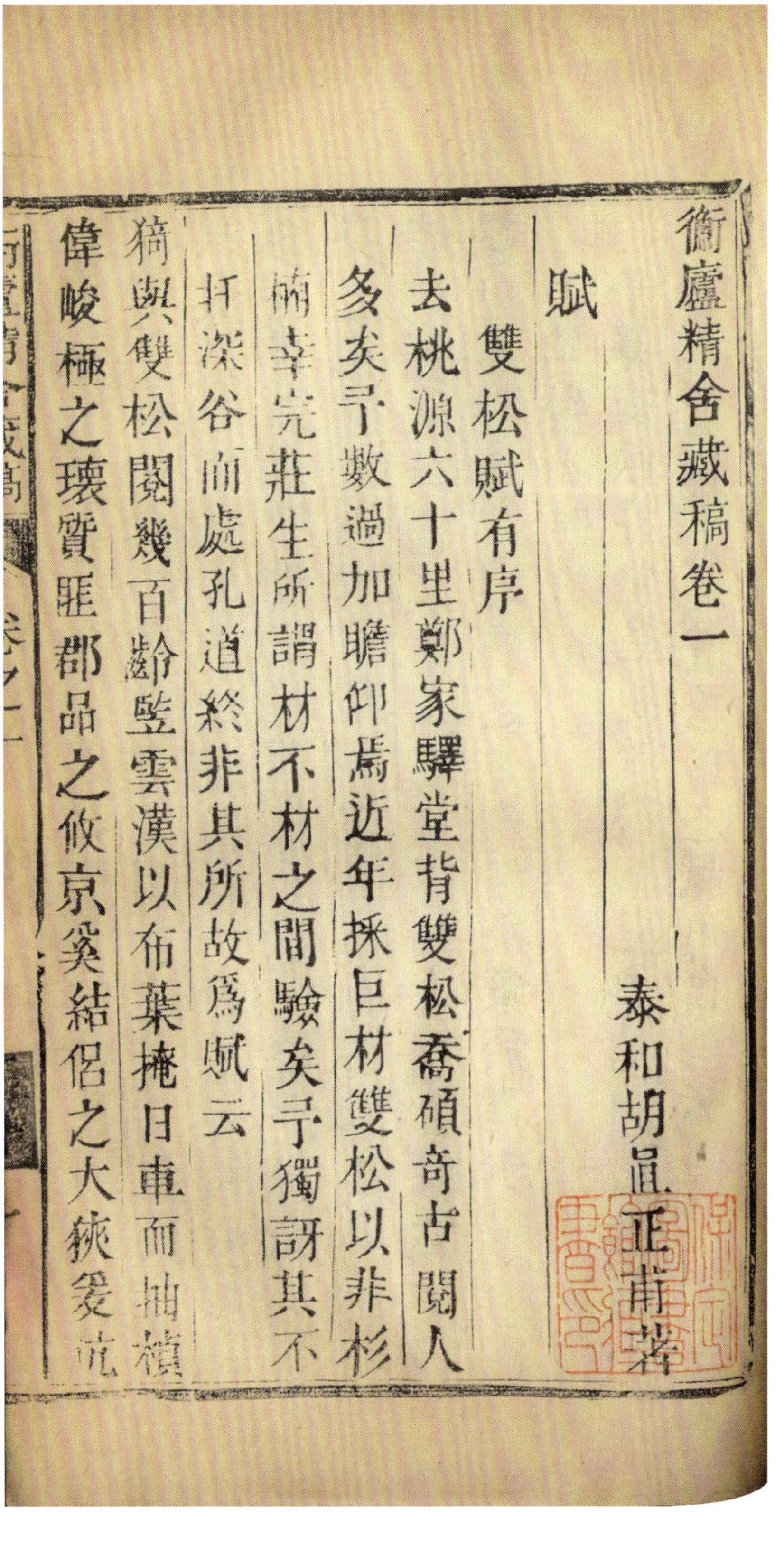
衡廬精舍藏稿卷一

泰和胡直正甫著

賦

雙松賦有序

去桃源六十里鄭家驛堂背雙松喬碩奇古閲人多矣予數過加瞻仰焉近年採巨材雙松以非杉楠幸完莊生所謂材不材之間驗矣予獨訝其不抒深谷而處孔道終非其所故爲賦云

猗歟雙松閲幾百齡監雲漢以布葉掩日車而抽櫝偉峻極之瓌質毘郡品之攸京奚結侶之大[illegible]爰亢

衡廬精舍藏稿三十卷　（明）胡直撰　明萬曆郭子章等補刻本　入選《河北省名錄》0274號

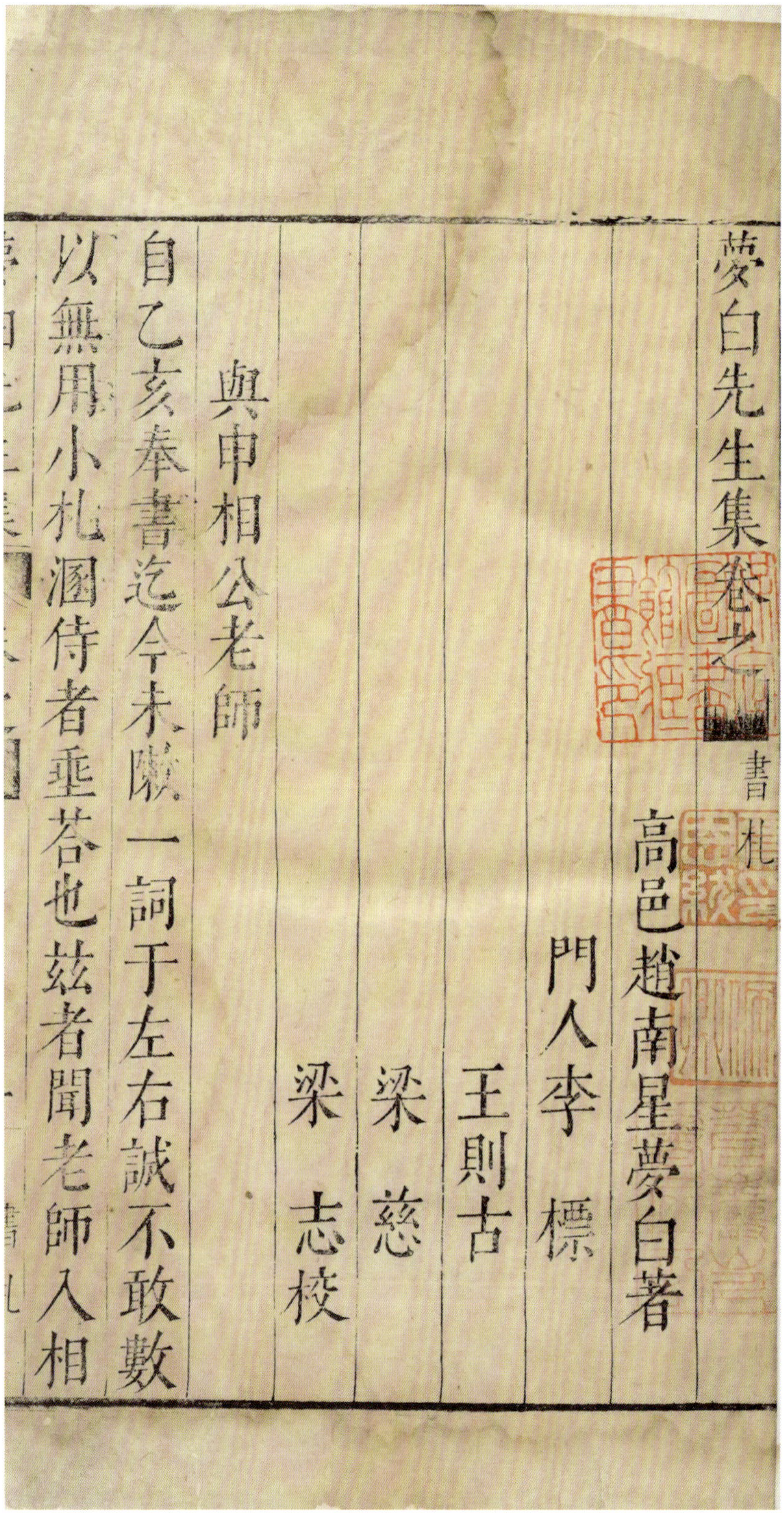
夢白先生集卷之 書札

高邑趙南星夢白著

門人李　標

王則古

梁　慈

梁　志校

與申相公老師

自乙亥奉書迄今未嘗一詞于左右誠不敢數以無用小札溷侍者垂荅也茲者聞老師入相

夢白先生集二卷　（明）趙南星撰　明挹霞閣刻本

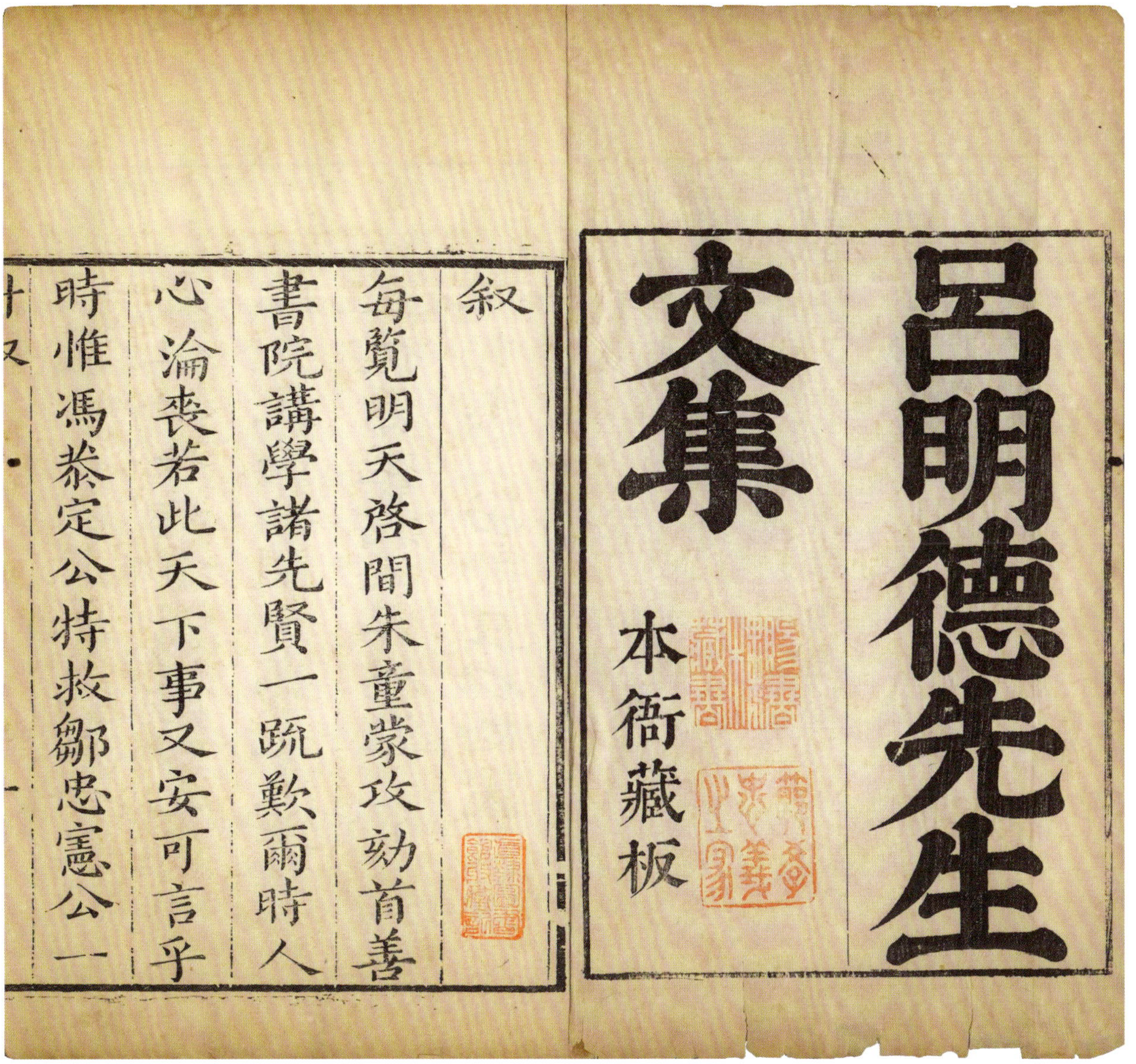

明德先生文集二十六卷制藝一卷　（明）呂維祺撰　附新安定變全城記一卷（明）張鼎延撰　清康熙二年呂兆璜、呂兆琳刻本

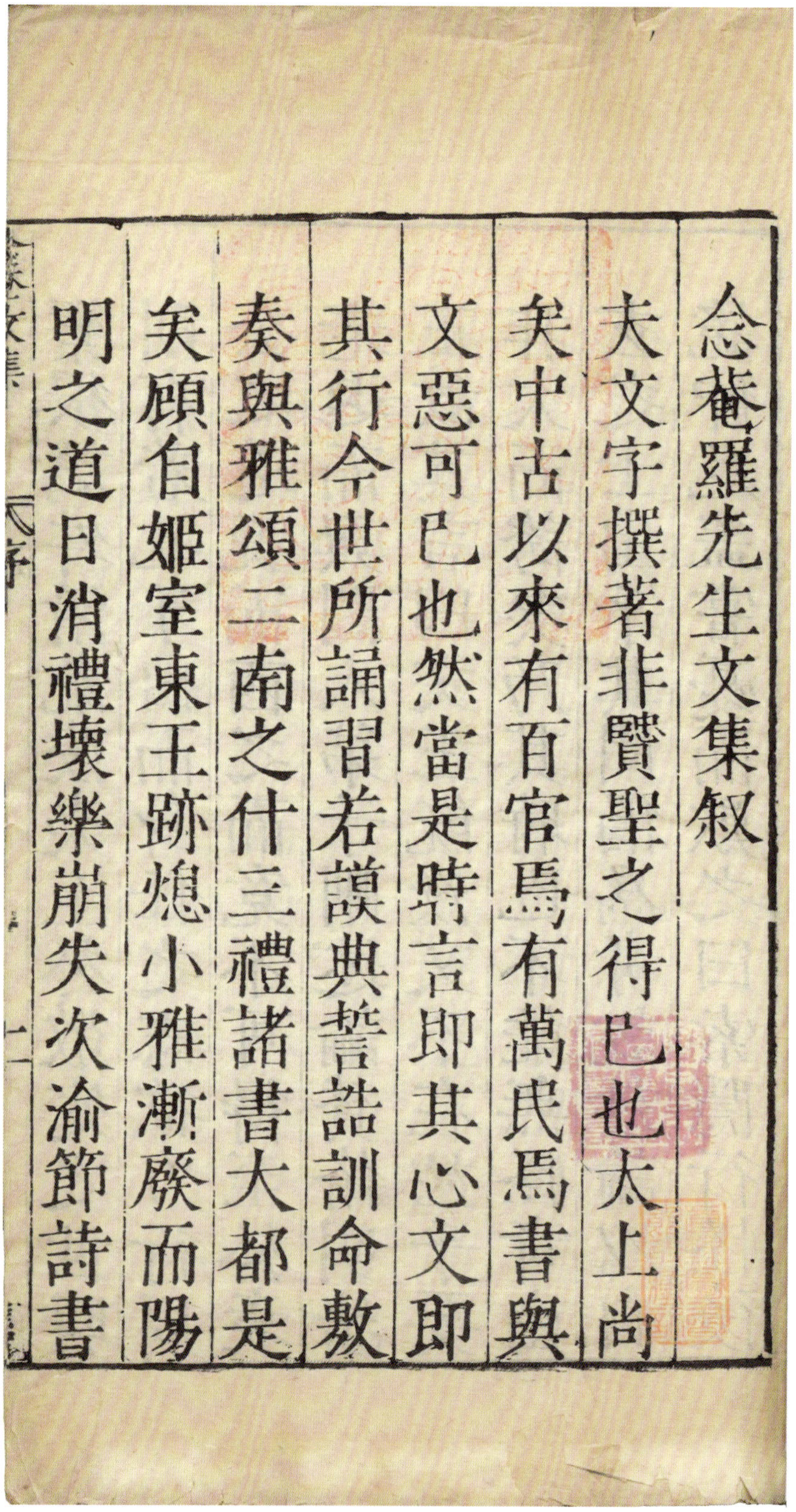
念菴羅先生文集叙
夫文字撰著非賢聖之得已也太上尚
矣中古以來有百官焉有萬民焉書與
文惡可已也然當是時言即其心文即
其行今世所誦習若謨典誓誥訓命敷
奏與雅頌二南之什三禮諸書大都是
矣顧自姬室東王跡熄小雅漸廢而陽
明之道日消禮壞樂崩失次渝節詩書

念菴羅先生集十二卷　（明）羅洪先撰　明嘉靖四十二年刻本　入選《河北省名錄》0132號

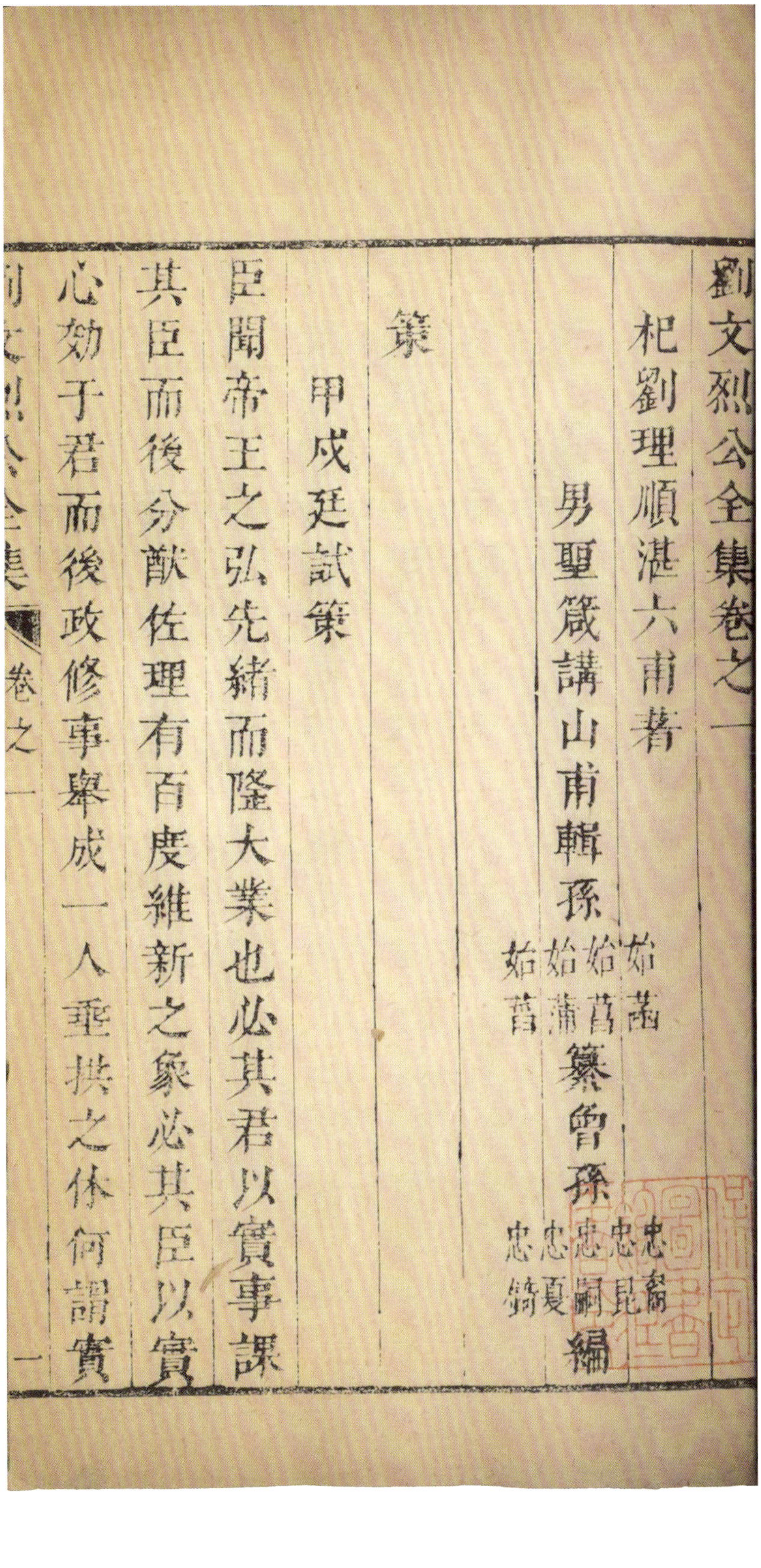

劉文烈公全集卷之一

杞劉理順湛六甫著

男聖箴講山甫輯　孫始菡　始莒　始蒲　始菩纂　曾孫忠裔　忠昆　忠嗣　忠夏　忠錡編

策

甲戌廷試策

臣聞帝王之弘先緒而隆大業也必其君以實事課其臣而後分猷佐理有百度維新之象必其臣以實心効于君而後政修事舉成一人垂拱之休何謂實

劉文烈公全集　卷之一　一

劉文烈公全集十二卷　（明）劉理順撰　清順治十七年刻本

太師誠意伯劉文成公集卷之一

裔孫孤嶼廷奇重梓

御書

御製慰書

今日聞知老先生尊堂辭世去矣壽八十餘歲人生在世能有幾箇如此先生聞知莫不思歸否先生既來助我事業未成若果思歸必當且寬於禮我正當不合解先生休去爲何此一小城中我掌綱常正宜教人忠孝御不當當先生歸去昔日徐庶助劉先主母被曹操操將去庶云方寸亂矣乞放我歸先主容去使致子母團圓然此先生之母若生而他處

太師誠意伯劉文成公集二十卷首一卷　（明）劉基撰　清雍正果育堂刻本

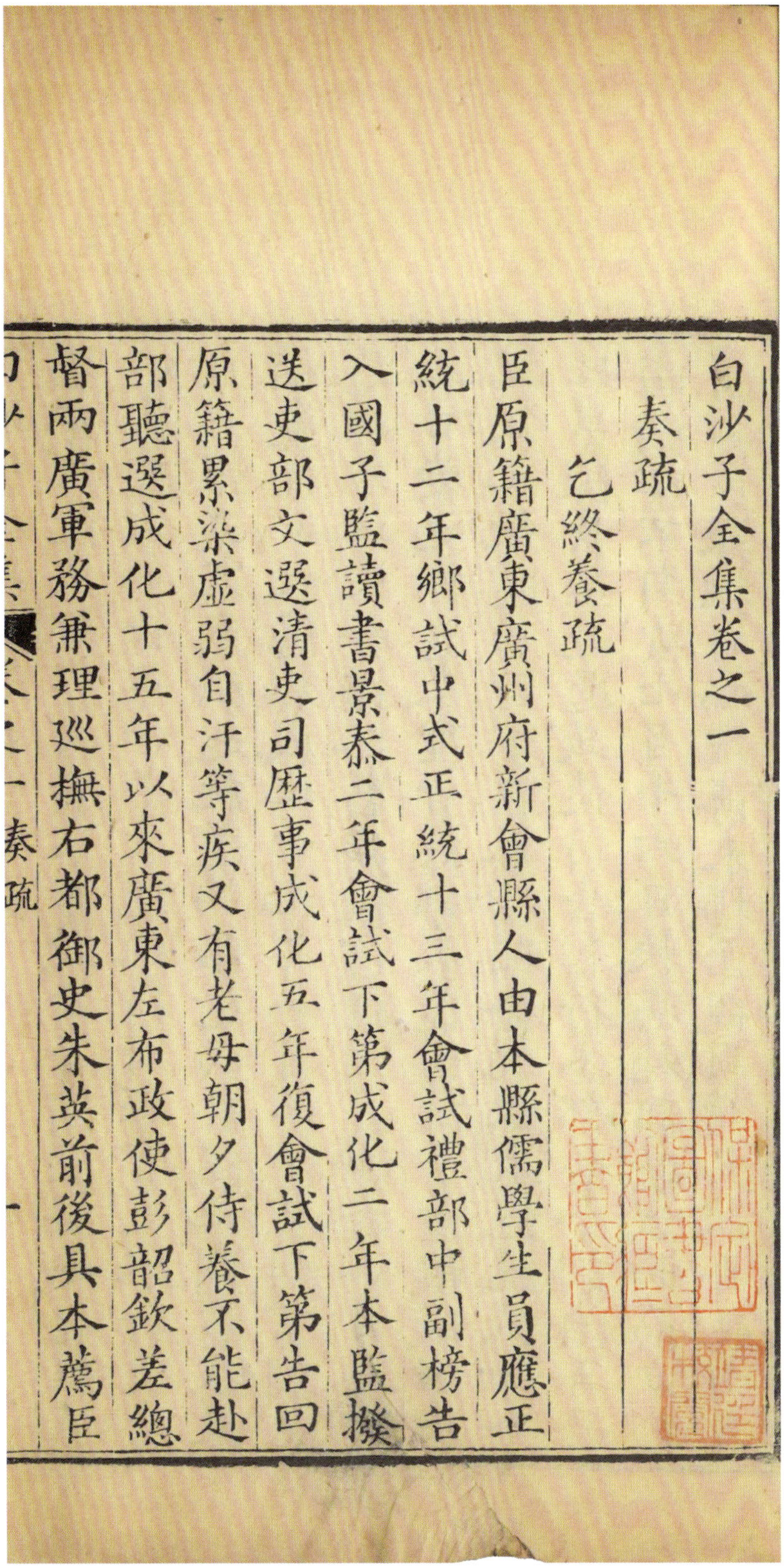
白沙子全集卷之一

奏疏

乞終養疏

臣原籍廣東廣州府新會縣人由本縣儒學生員應正
統十二年鄉試中式正統十三年會試禮部中副榜告
入國子監讀書景泰二年會試下第成化二年本監撥
送吏部文選清吏司歷事成化五年復會試下第告回
原籍累染虛弱自汗等疾又有老母朝夕侍養不能赴
部聽選成化十五年以來廣東左布政使彭韶欽差總
督兩廣軍務兼理巡撫右都御史朱英前後具本薦臣

白沙子全集十卷首一卷末一卷白沙子古詩教解二卷　（明）陳獻章撰　清乾隆三十六年碧玉樓重刻本

選陳眉公先生小品敘

鶴怨猿驚寂矣北山泉石咼沉鳳杳卑哉南國文章趨捷徑則簿書俗我胃腸守寒氊則呫嗶消其意氣

翠娱閣評選陳眉公先生小品二卷　（明）陳繼儒撰　陸雲龍評　明崇禎崢霄館刻本

天啟宮詞

常熟　陳悰　次杜

閹孤憑寵牝雞煽焰熹廟在宥之年何一而非在野之臣所心憂也若乃薄海快覩國史大書知之似熟言之似贅惟夫禁掖之地婦寺之儔寢食之恒器物之瑣或事穢僅資諧謔或情寃堪激忠憤或驕奢踰縱疑帝疑天或幽艷瓌奇可歌可舞諸如此類豈無朝政相為表裏君恩由茲成敗

天啟宮詞一卷　（明）陳悰撰　清初刻本

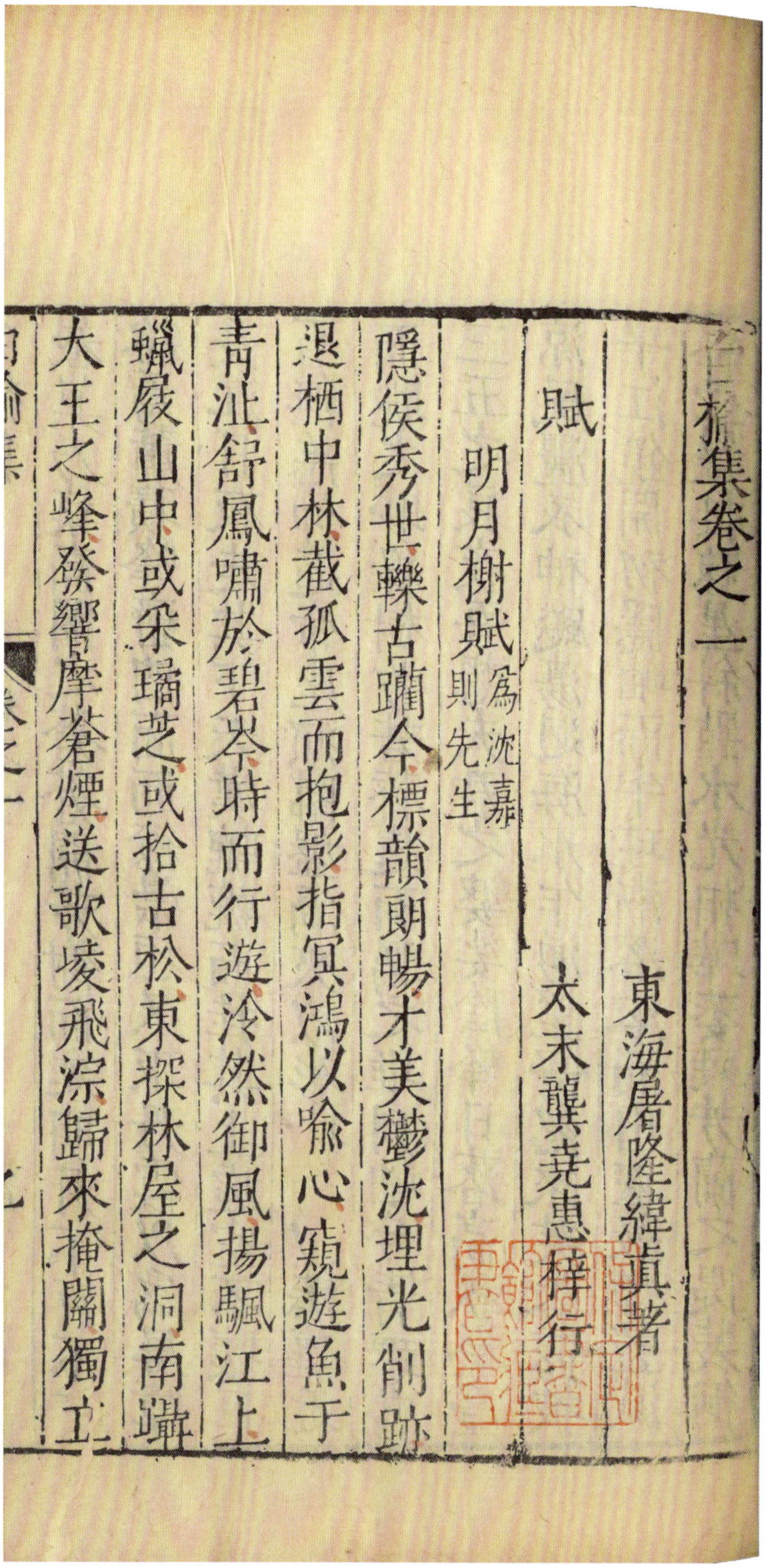

白榆集卷之一

東海屠隆緯真著

賦　　太末龔堯惠梓行

明月榭賦爲沈嘉則先生

隱侯秀世轢古躪今標韻朗暢才美鬱沈埋光削跡退棲中林截孤雲而抱影指冥鴻以喻心窺遊魚于青沚舒鳳嘯於碧岑時而行遊泠然御風揚飄江上躡屐山中或采璚芝或拾古松東探林屋之洞南躋大王之峰發響摩蒼煙送歌凌飛淙歸來掩關獨立

白榆集詩八卷文二十卷　（明）屠隆撰　明萬曆二十八年龔堯惠刻本

竹素園詩鈔卷一

東吴許廷鑅子遜

聖人出

聖人出日重輪光四表開天門鳳皇来儀離哉翻同和九奏黄雲縕引之仁壽徐而轃聖人哉宜天子熈熈擊壤樂甫始甘露降豐其美

上之回

上之回歷諸國流聲教遠自北以承甘泉宫明主德陟蕭關馳道直朝烏孫獻重譯我弓既櫜我戈戢西指崑崙樹暦闕

竹素園詩鈔八卷　（清）許廷鑅撰　清乾隆二十七年刻本

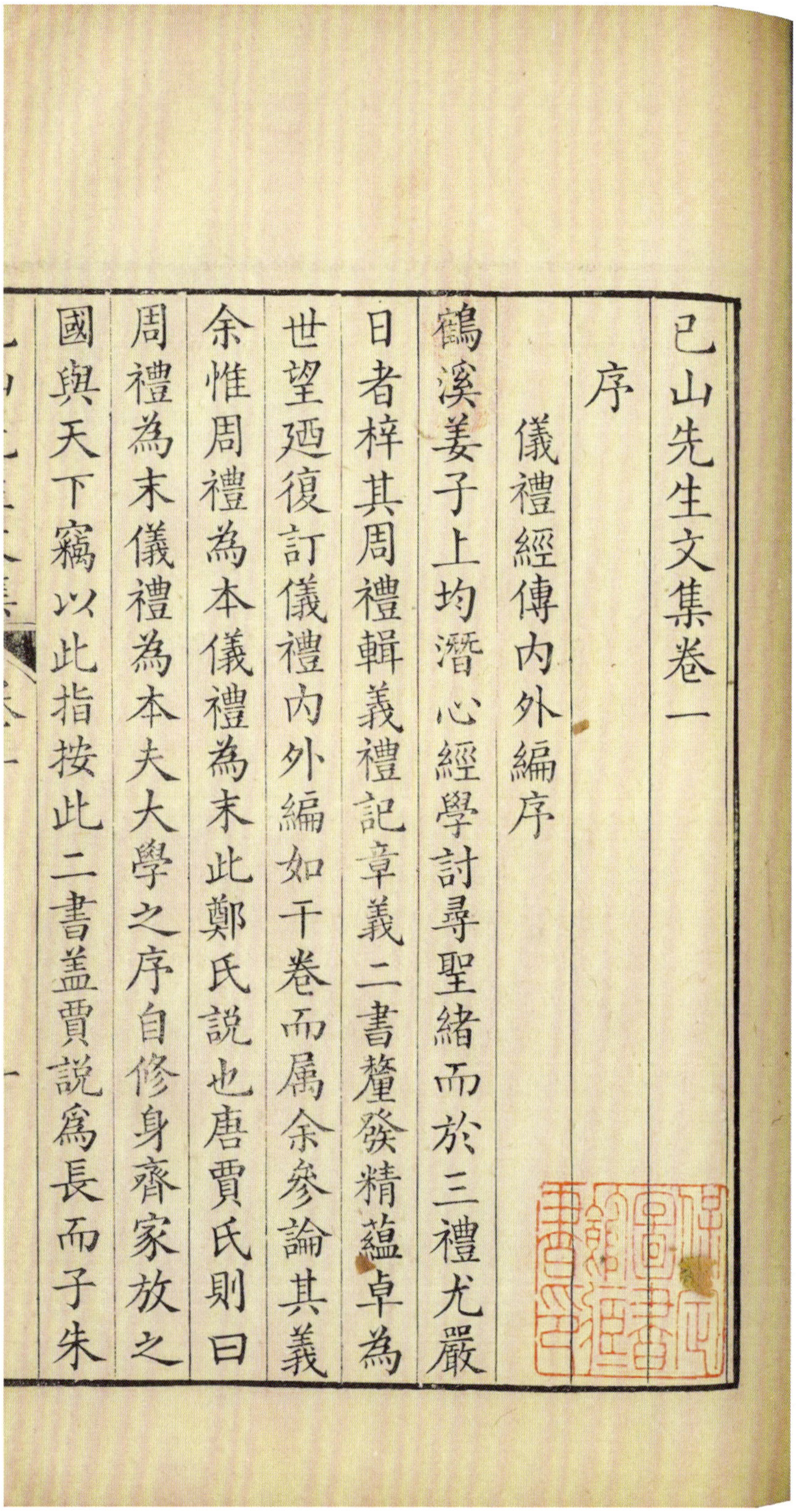
已山先生文集卷一

序

儀禮經傳内外編序

鶴溪姜子上均潛心經學討尋聖緒而於三禮尤嚴日者梓其周禮輯義禮記章義二書釐發精蘊卓為世望迺復訂儀禮内外編如干卷而屬余參論其義余惟周禮為本儀禮為末此鄭氏說也唐賈氏則曰周禮為末儀禮為本夫大學之序自修身齊家放之國與天下竊以此指按此二書蓋賈說爲長而子朱

已山先生文集十卷别集四卷　（清）王步青撰　傳一卷　（清）陳弘謀等撰　清乾隆敦復堂刻本

青箱堂文集卷一

宛平王崇簡著

遵諭諮察疏 時任侍讀學士

臣捧讀內院恭奉

聖諭明末寇陷都城君死社稷當時文武諸臣豈無一二殉君死難者幽忠難泯大節可風着禮部會同院部等衙門堂上官詳諮確察死節職名并實蹟具奏勿遺勿濫內三院即行傳知欽此

仰見我

皇上堯舜之德嘉意作忠雖異代之臣猶惓惓矜憫

臣既有聞於昔日敢不仰陳於 聖時 臣都

青箱堂文集十二卷遺稿續刻一卷附年譜一卷 （清）王崇簡撰 清康熙十五年刻本

戊戌草二百二十六首

卷之三十四

感興篇七言絶九十三首

又補遺詩七十首

豐川續集目錄終

豐川續集卷之一

豐川王心敬爾緝甫著

男　功　勷　勍　謹錄

平湖後學陸綸懷雅

黃岡門人靖道謨誠合　同校

語錄

原學

論造詣須以孔曾思孟爲準極論學術須以明新止善爲會歸程子曰言人必以聖爲志言學必以道爲志又

豐川續集三十四卷　（清）王心敬撰　陳弘謀訂　清乾隆十六年刻本

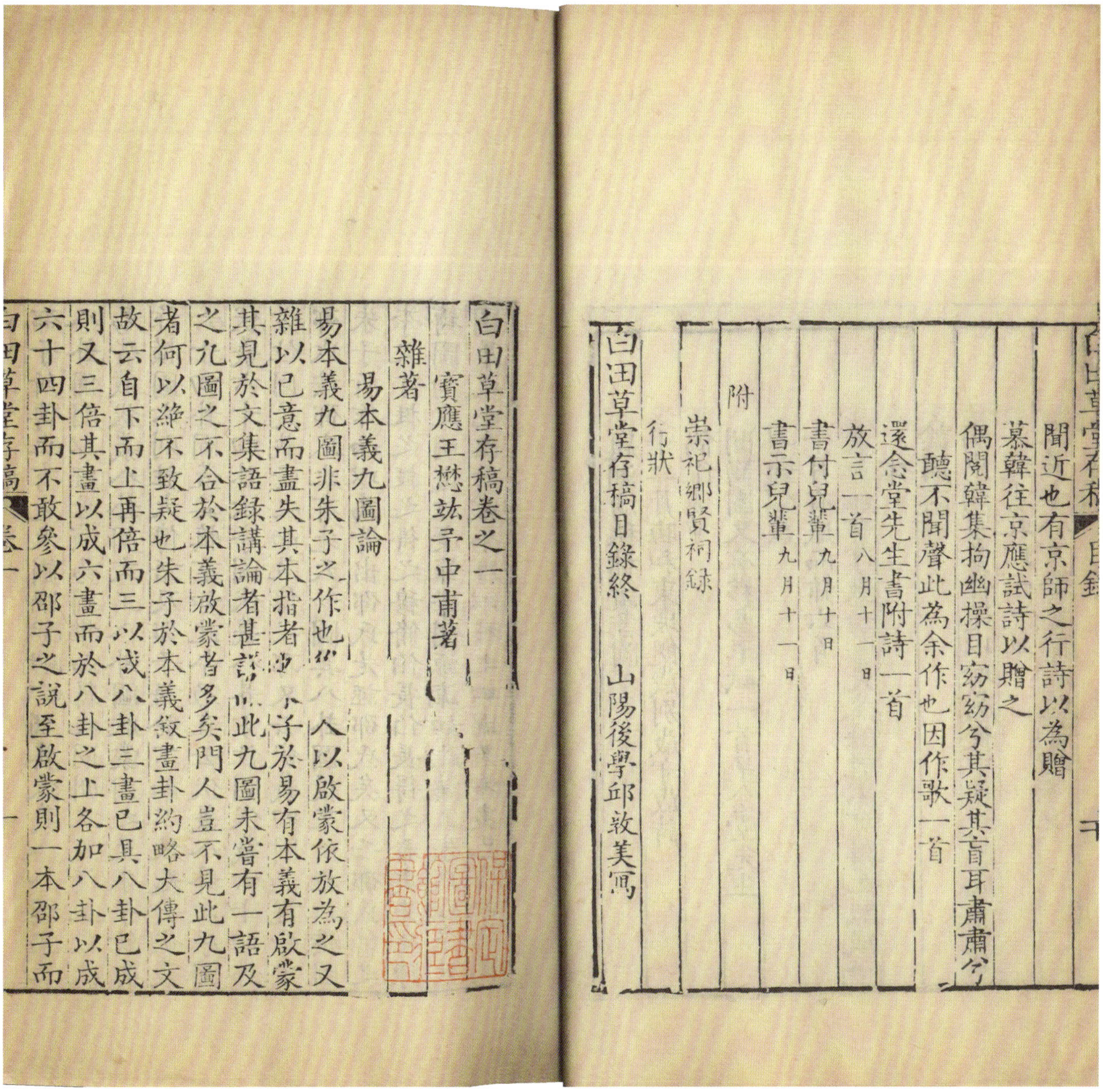
白田草堂存稿　目錄　十

聞近也有京師之行詩以為贈

慕韓往京應試詩以贈之

偶閱韓集拘幽操目窈窈兮其疑其盲耳肅肅兮

聽不聞聲此為余作也因作歌一首

還念堂先生書附詩一首

放言一首 八月十一日

書付兒輩 九月十日

書示兒輩 九月十一日

附

崇祀鄉賢祠録

行狀

白田草堂存稿目錄終　　山陽後學邱敦美寫

白田草堂存稿卷之一

寶應王懋竑予中甫著

雜著

易本義九圖論

易本義九圖非朱子之作也[illegible]人以啟蒙依放為之又雜以己意而盡失其本指者也[illegible]子於易有本義有啟蒙其見於文集語録講論者甚詳[illegible]此九圖未嘗有一語及之九圖之不合於本義啟蒙皆多矣門人豈不見此九圖者何以絕不致疑也朱子於本義敘畫卦約略大傳之文故云自下而上再倍而三以成八卦三畫已具八卦已成則又三倍其畫以成六畫而於八卦之上各加八卦以成六十四卦而不敢參以邵子之說至啟蒙則一本邵子而

白田草堂存稿　卷一　一

白田草堂存稿二十四卷　（清）王懋竑撰　附崇祀鄉賢録一卷行狀一卷　清乾隆刻本

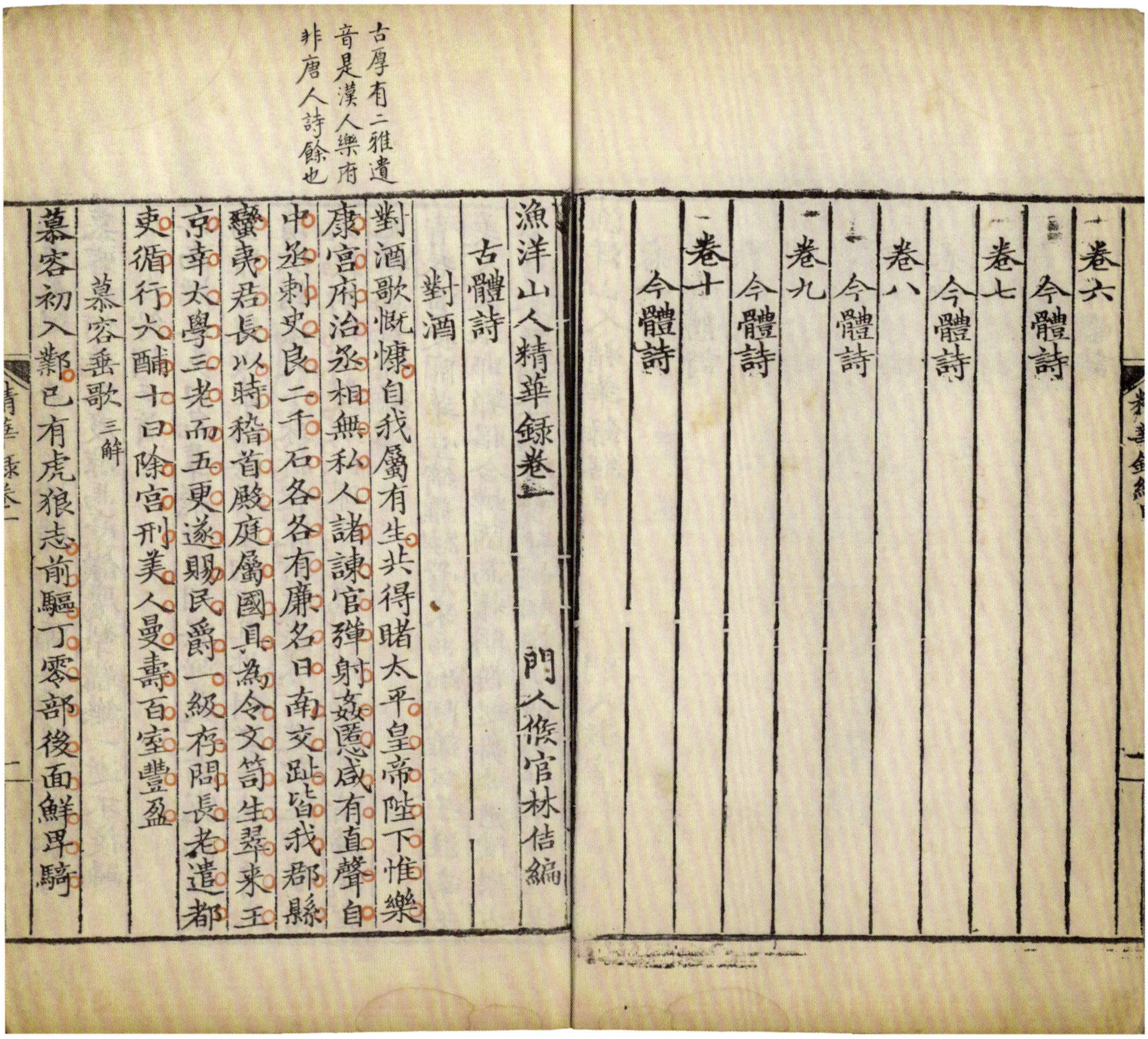
卷六
今體詩
卷七
今體詩
卷八
今體詩
卷九
今體詩
卷十
今體詩

古厚有二雅遺音是漢人樂府非唐人詩餘也

漁洋山人精華録卷一
門人候官林佶編
古體詩
對酒
對酒歌慨慷自我屬有生共得睹太平皇帝陛下惟樂康宮府治丞相無私人諸諫官彈射姦慝咸有直聲自中丞刺史良二千石各各有廉名日南交趾皆我郡縣蠻夷君長以時稽首殿庭屬國具為令文笥生犛來王京幸太學三老而五更遂賜民爵一級存問長老遣都吏循行大酺十日除宮刑美人曼壽百室豐盈
慕容垂歌 三解
慕容初入鄴已有虎狼志前驅丁零部後面鮮卑騎

漁洋山人精華録十卷　（清）王士禛撰　清康熙林佶寫刻本

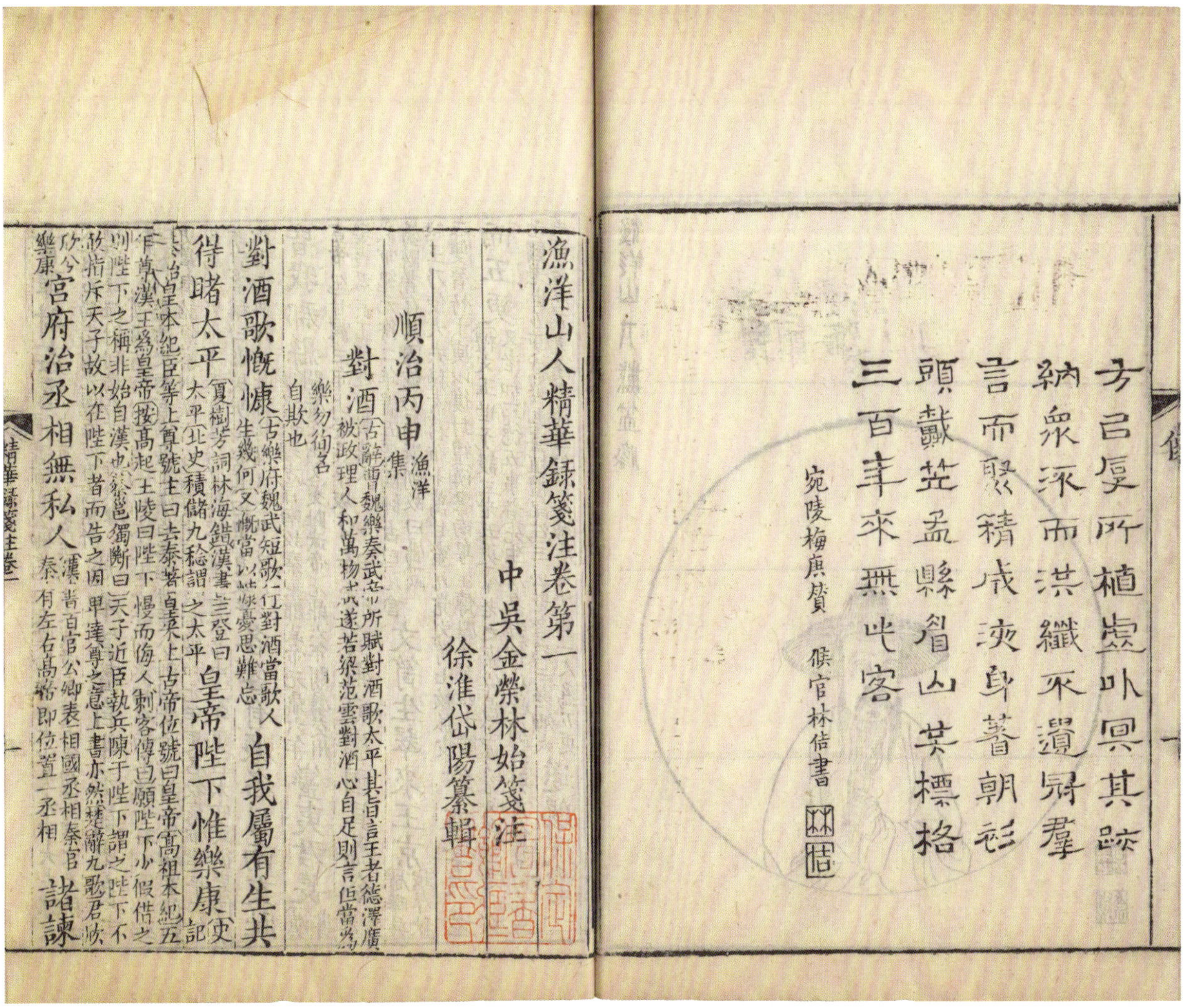

漁洋山人精華録箋注十二卷補一卷年譜一卷　（清）王士禛撰　（清）金榮箋注

清鳳翽堂刻本

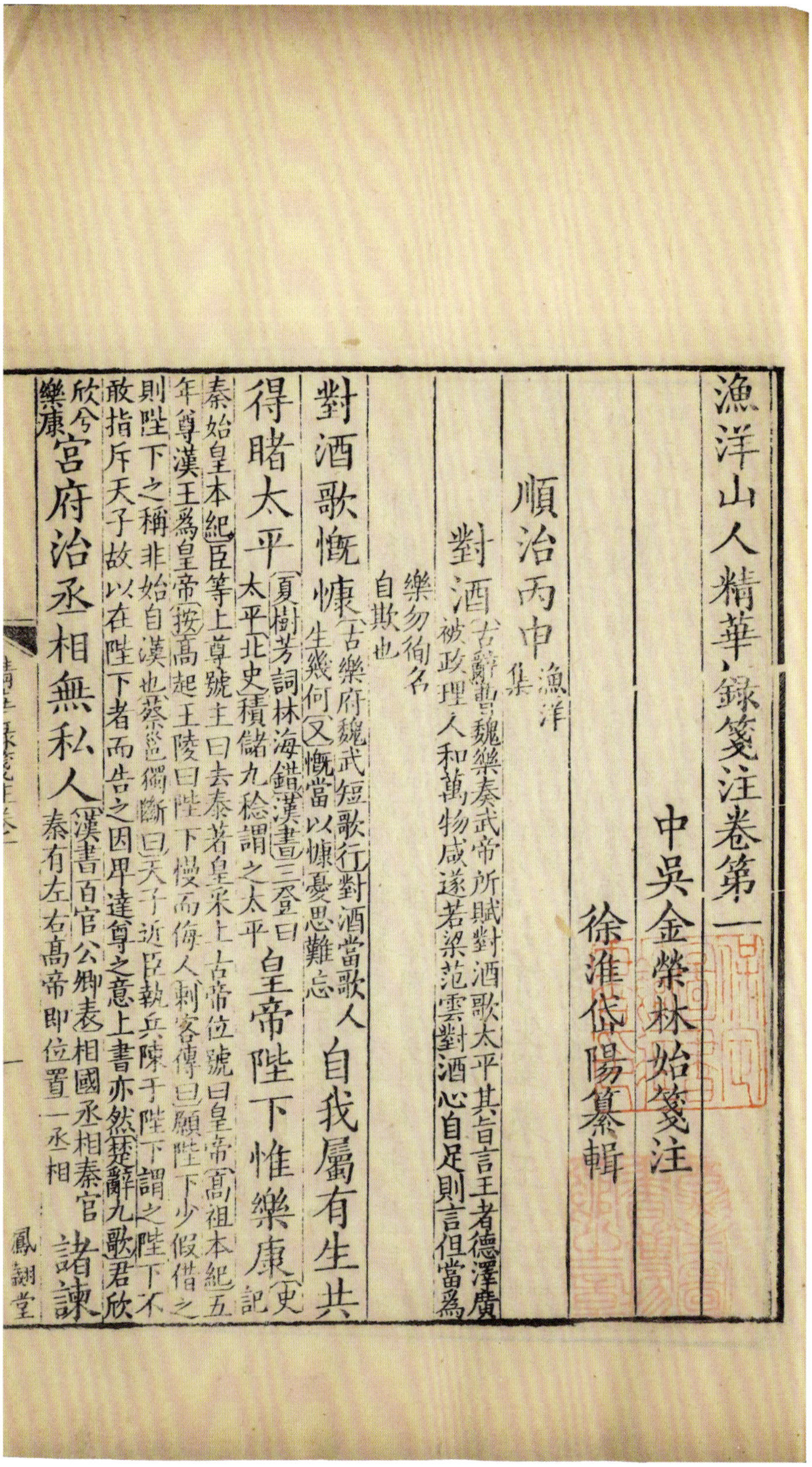

漁洋山人精華録箋注卷第一

中吳金榮林始箋注

徐淮佸陽纂輯

順治丙申集 漁洋

對酒〔古辭曹魏樂奏武帝所賦對酒歌太平其旨言王者德澤廣被政理人和萬物咸遂若梁范雲對酒心自足則言但當爲樂勿徇名自欺也〕

對酒歌慨慷〔古樂府魏武短歌行對酒當歌人生幾何又慨當以慷憂思難忘〕自我屬有生共得睹太平〔夏樹芳詞林海錯漢書三登曰太平北史積儲九稔謂之太平〕皇帝陛下惟樂康〔史記秦始皇本紀臣等上尊號王曰去泰著皇采上古帝位號曰皇帝高祖本紀五年尊漢王爲皇帝按高起王陵曰陛下慢而侮人刺客傳曰願陛下少假借之蔡邕獨斷曰天子近臣執兵陳于陛下謂之陛下不敢指斥天子故以在陛下者而告之因卑達尊之意上書亦然楚辭九歌君欣欣兮樂康〕宮府治丞相無私人〔漢書百官公卿表相國丞相秦官秦有左右高帝即位置一丞相〕諸諫

鳳翽堂

漁洋山人精華録箋注十二卷補一卷年譜一卷附録一卷　（清）王士禛撰　（清）金榮箋注　清初金氏鳳翽堂刻乾隆二年續刻本

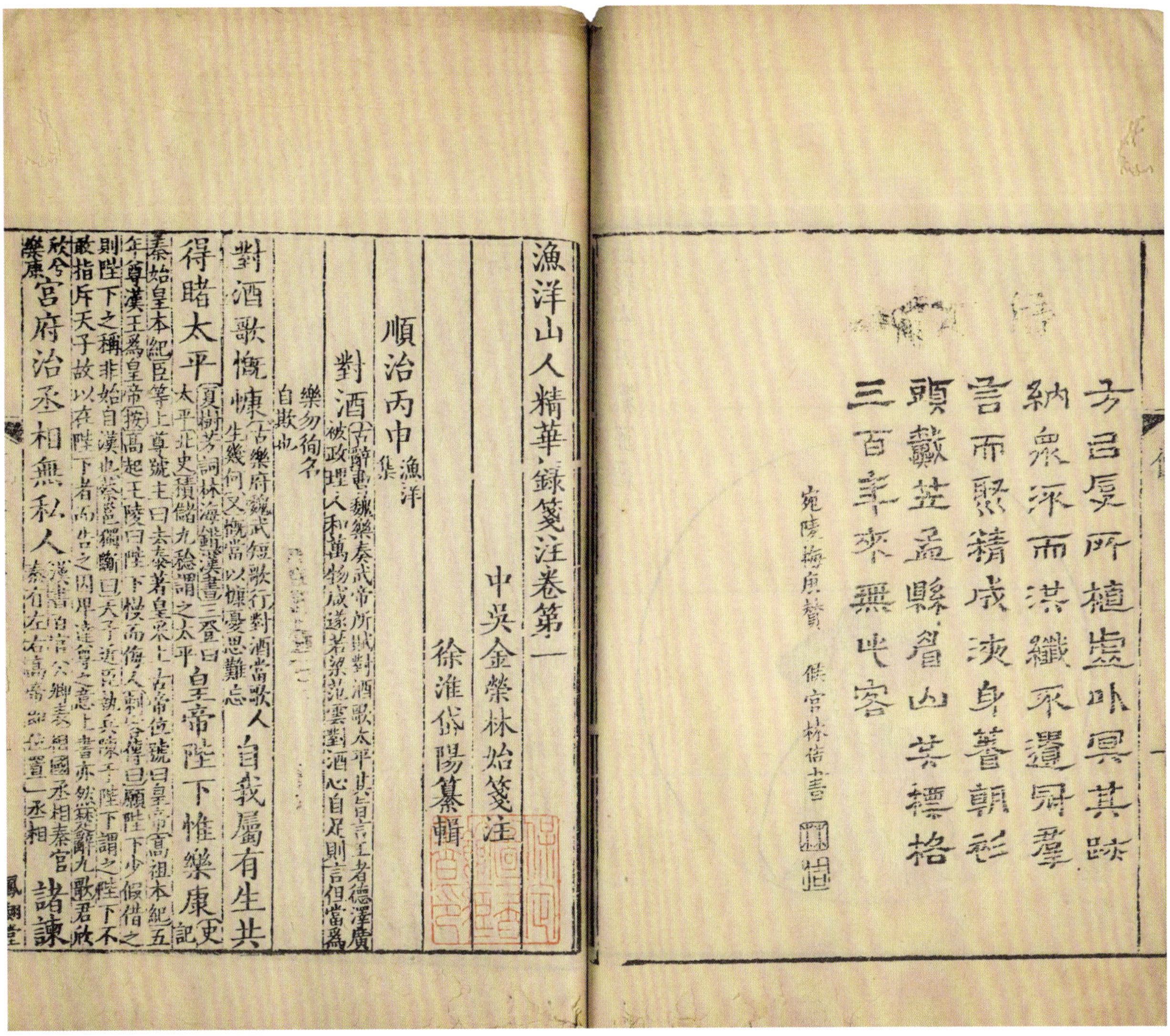
方吕戛所植蘆以冥其跡納衆流而洪纖不遺舉言而聚精成液身著朝衫頭戴笠爲縣眉山苦標格三百年來無此客

宛陵梅庚贊　侯官林佶書

漁洋山人精華録箋注卷第一

中吳金榮林始箋注

徐淮岱陽纂輯

順治丙申　漁洋集

對酒（古辭曹魏樂奏武帝所賦對酒歌太平其旨言王者德澤廣被政理人和萬物咸遂若梁范雲對酒心自足則言但當爲樂勿徇名自欺也）

對酒歌慨慷（古樂府魏武短歌行對酒當歌人生幾何又慨當以慷憂思難忘）人自裁屬有生共得睹太平（夏駰芳詞林海錯漢書三登曰太平北史積儲九稔謂之太平）皇帝陛下惟樂康（史記秦始皇本紀臣等上尊號王曰泰皇……）官府治丞相無私人（……）諸諫

漁洋山人精華録箋注十二卷補一卷年譜一卷　（清）王士禛撰　（清）金榮箋注

清初金氏鳳翽堂刻乾隆二年續刻本

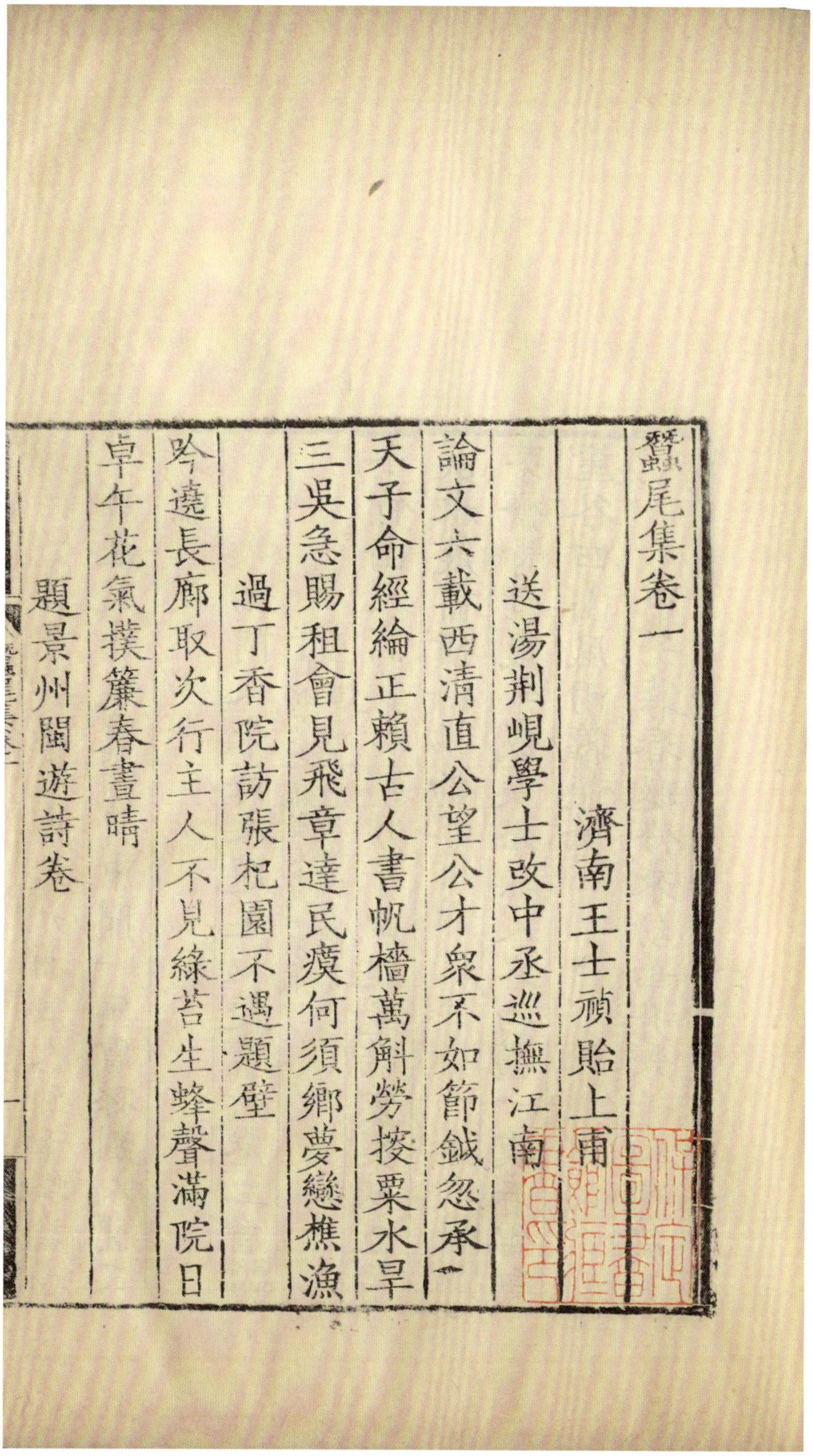

蠶尾集卷一

濟南王士禛貽上甫

送湯荊峴學士改中丞巡撫江南

論文六載西清直公望公才衆不如節鉞忽承
天子命經綸正賴古人書帆檣萬斛勞挼粟水旱
三吳急賜租會見飛章達民瘼何須鄉夢戀樵漁

過丁香院訪張杞園不遇題壁

吟遶長廊取次行主人不見綠苔生蜂聲滿院日
卓午花氣撲簾春晝晴

題景州閵遊詩卷

蠶尾集十卷蠶尾續集二卷蠶尾後集二卷　（清）王士禛撰　清康熙刻本

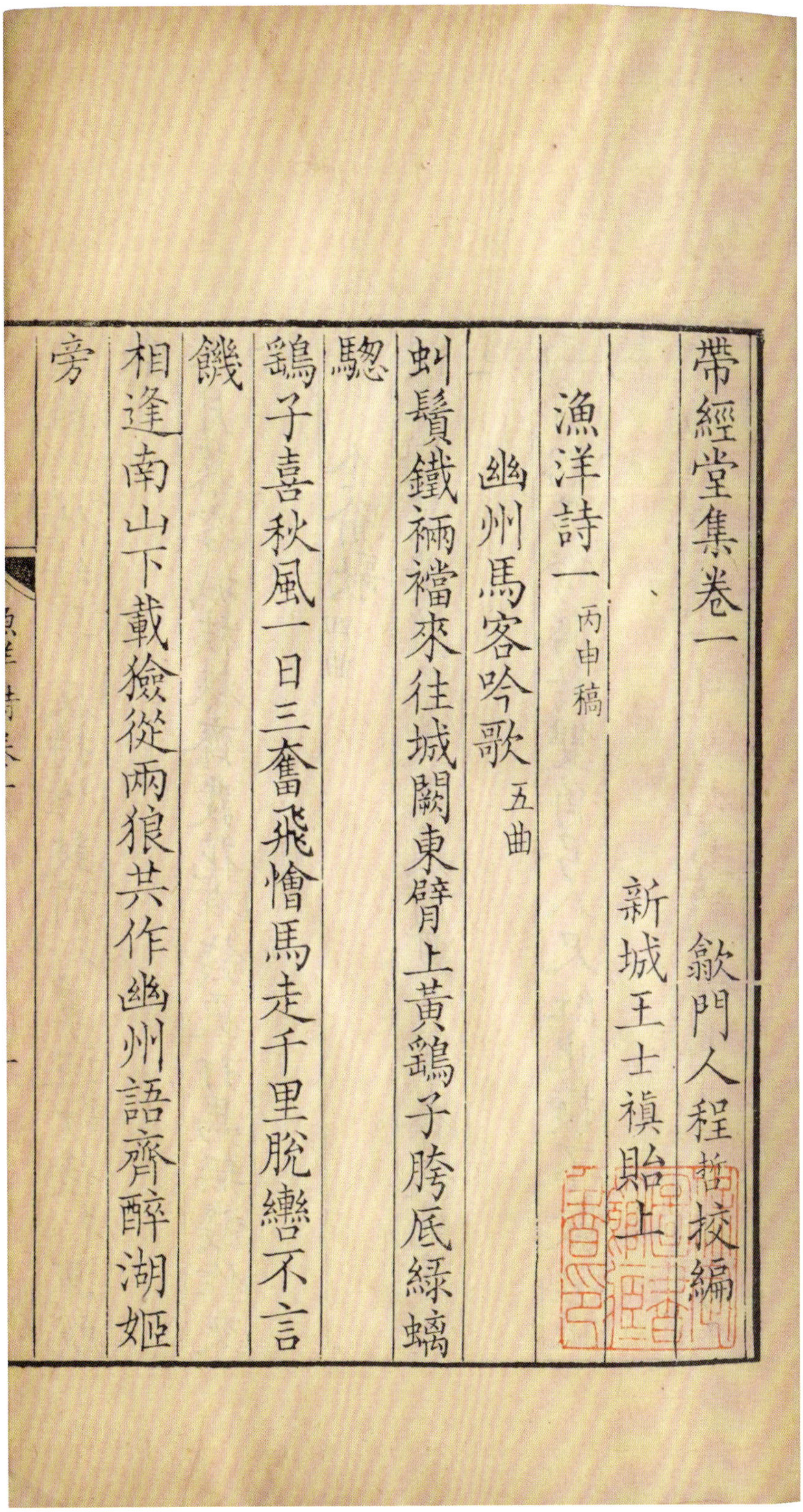
帶經堂集卷一

歙門人程哲校編

新城王士禛貽上

漁洋詩一 丙申稿

幽州馬客吟歌 五曲

虯鬚鐵裲襠來往城闕東臂上黃鷂子胯底綠螭驄

鷂子喜秋風一日三奮飛憎馬走千里脫轡不言饑

相逢南山下載獫從兩狼共作幽州語齊醉湖姬旁

帶經堂集九十二卷　（清）王士禛撰　（清）程哲校編　清康熙四十九至五十年程氏七略書堂刻本

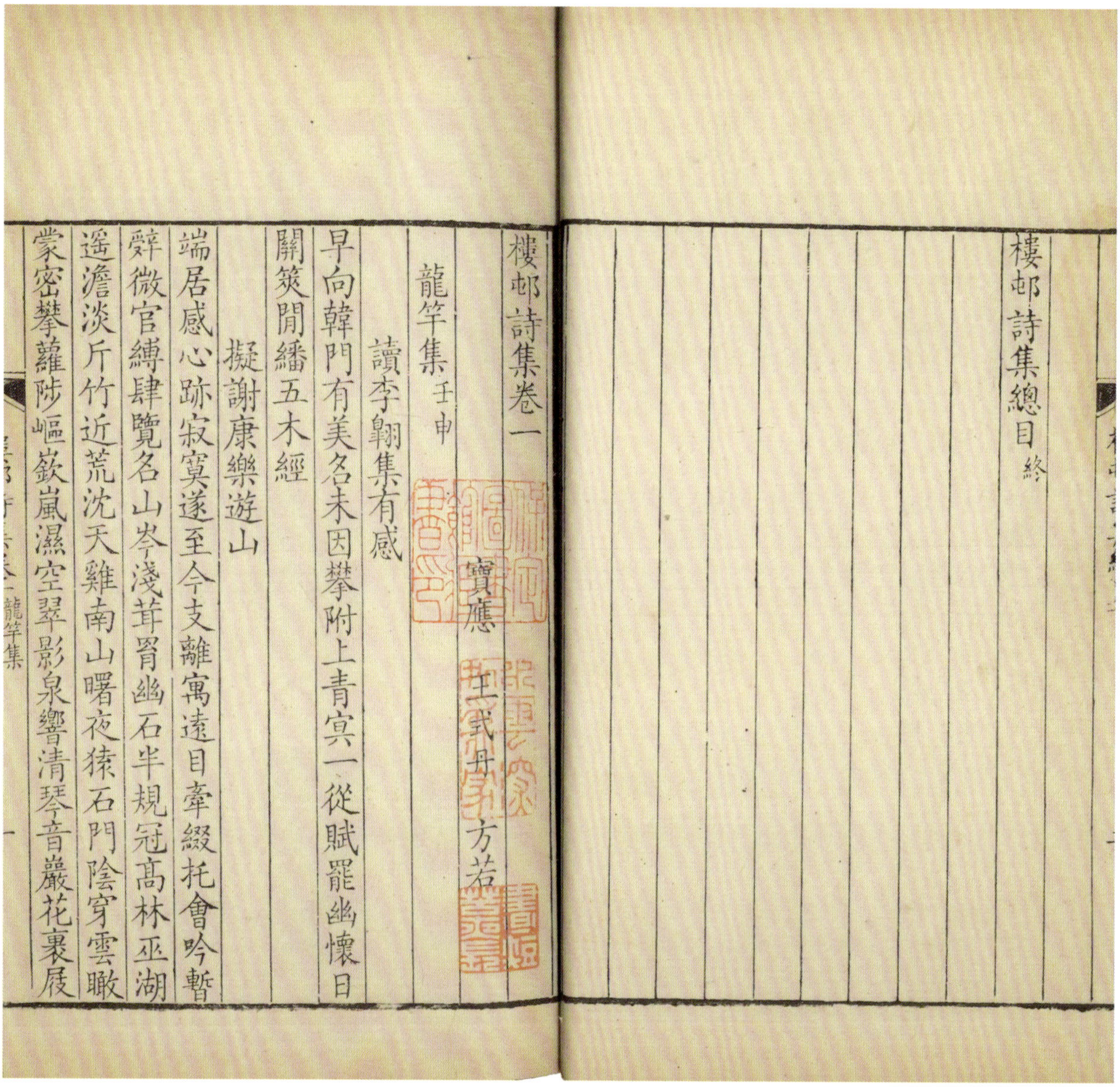
樓邨詩集總目 終

樓邨詩集卷一

寶應 王式丹方若

龍竿集 壬申

讀李翺集有感

早向韓門有美名未因攀附上青冥一從賦罷幽懷日
關筴閒繙五木經

擬謝康樂遊山

端居感心跡寂寞遂至今支離寓遠目牽綴托會吟暫
辟微官縛肆覽名山岑淺芊胥幽石半規冠高林巫湖
遥澹淡斤竹近荒沈天雞南山曙夜猿石門陰穿雲瞰
蒙密攀蘿陟嶇嶔嵐濕空翠影泉響清琴音巖花裏展

樓邨詩集二十五卷　（清）王式丹撰　清雍正四年王懋訥刻本

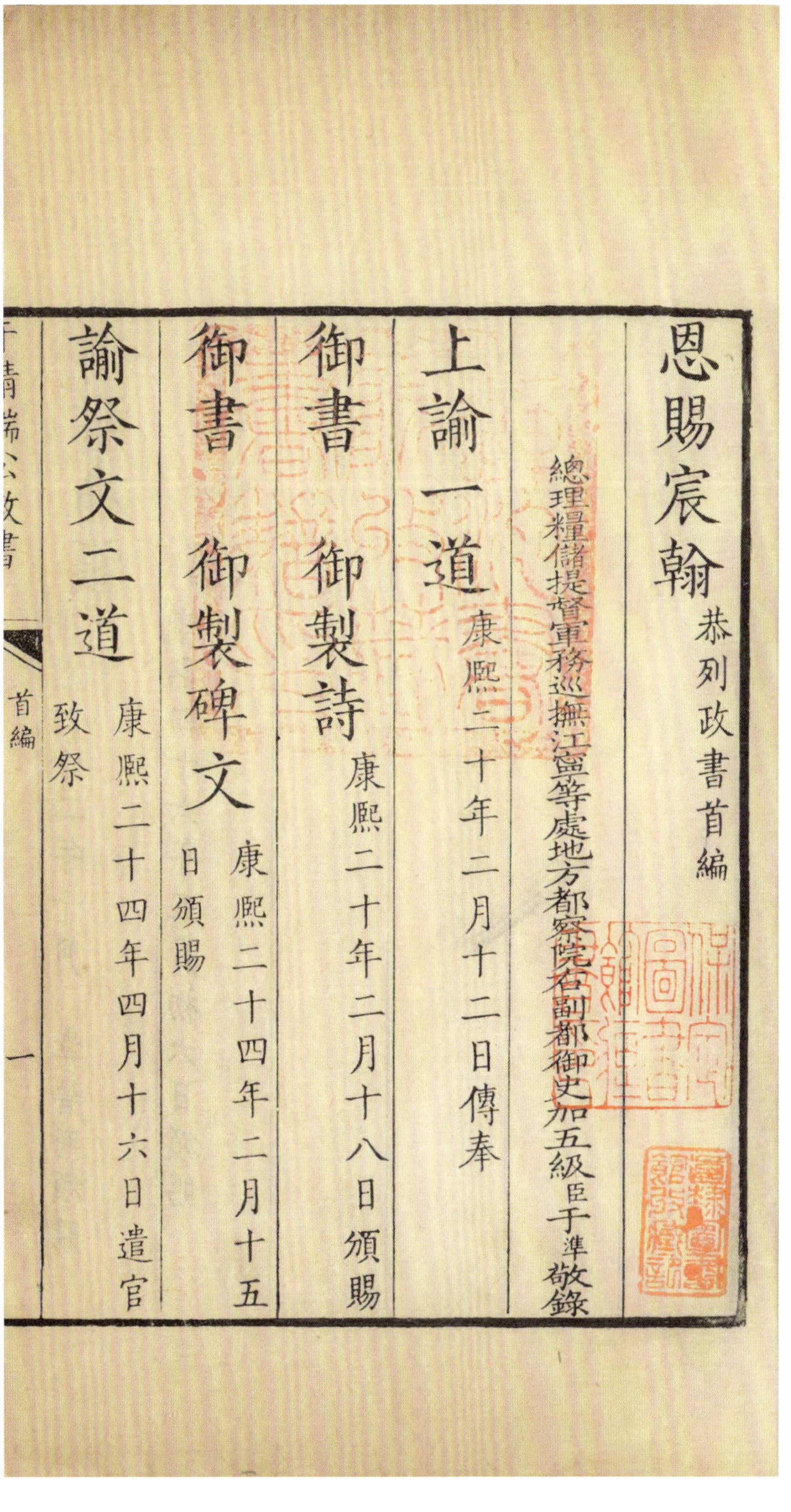
恩賜宸翰 恭列政書首編

總理糧儲提督軍務巡撫江寧等處地方都察院右副都御史加五級臣于準敬錄

上諭一道 康熙二十年二月十二日傳奉

御書 御製詩 康熙二十年二月十八日頒賜

御書 御製碑文 康熙二十四年二月十五日頒賜

諭祭文二道 康熙二十四年四月十六日遣官致祭

于清端公政書 首編 一

于清端公政書八卷首編一卷外集一卷 （清）于成龍撰 蔡方炳、諸匡鼎編次 清康熙四十六年于準刻本

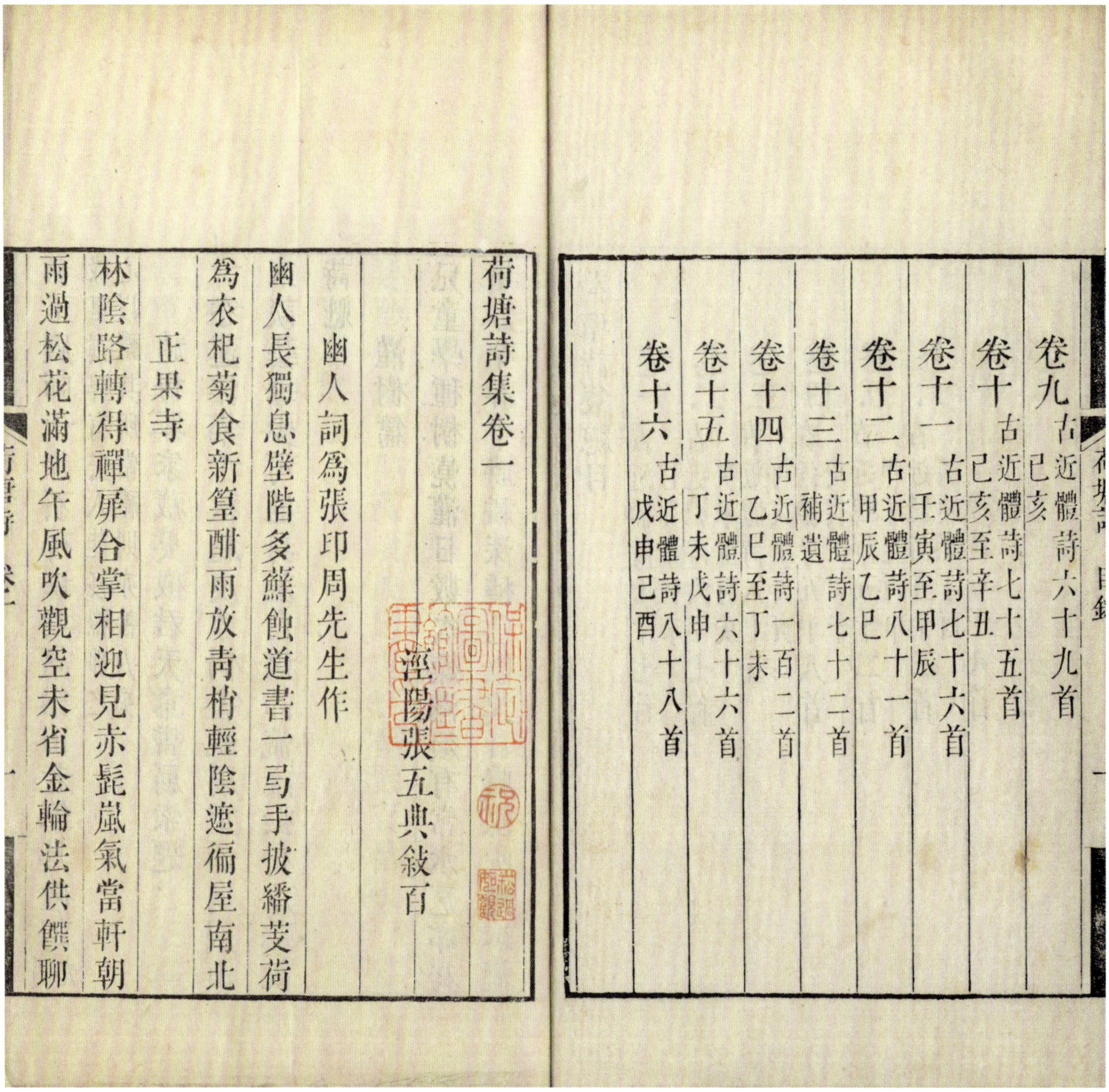

荷塘詩　目錄　一

荷塘詩集卷一

涇陽張五典敘百

幽人詞爲張印周先生作

幽人長獨息壁階多蘚蝕道書一弓手披緇芰荷爲衣杞菊食新篁酣雨放青梢輕陰遮徧屋南北

正果寺

林陰路轉得禪扉合掌相迎見赤髭嵐氣當軒朝雨過松花滿地午風吹觀空未省金輪法供饌聊

荷塘詩　卷一　一

荷塘詩集十六卷　（清）張五典撰　清乾隆五十三年刻本

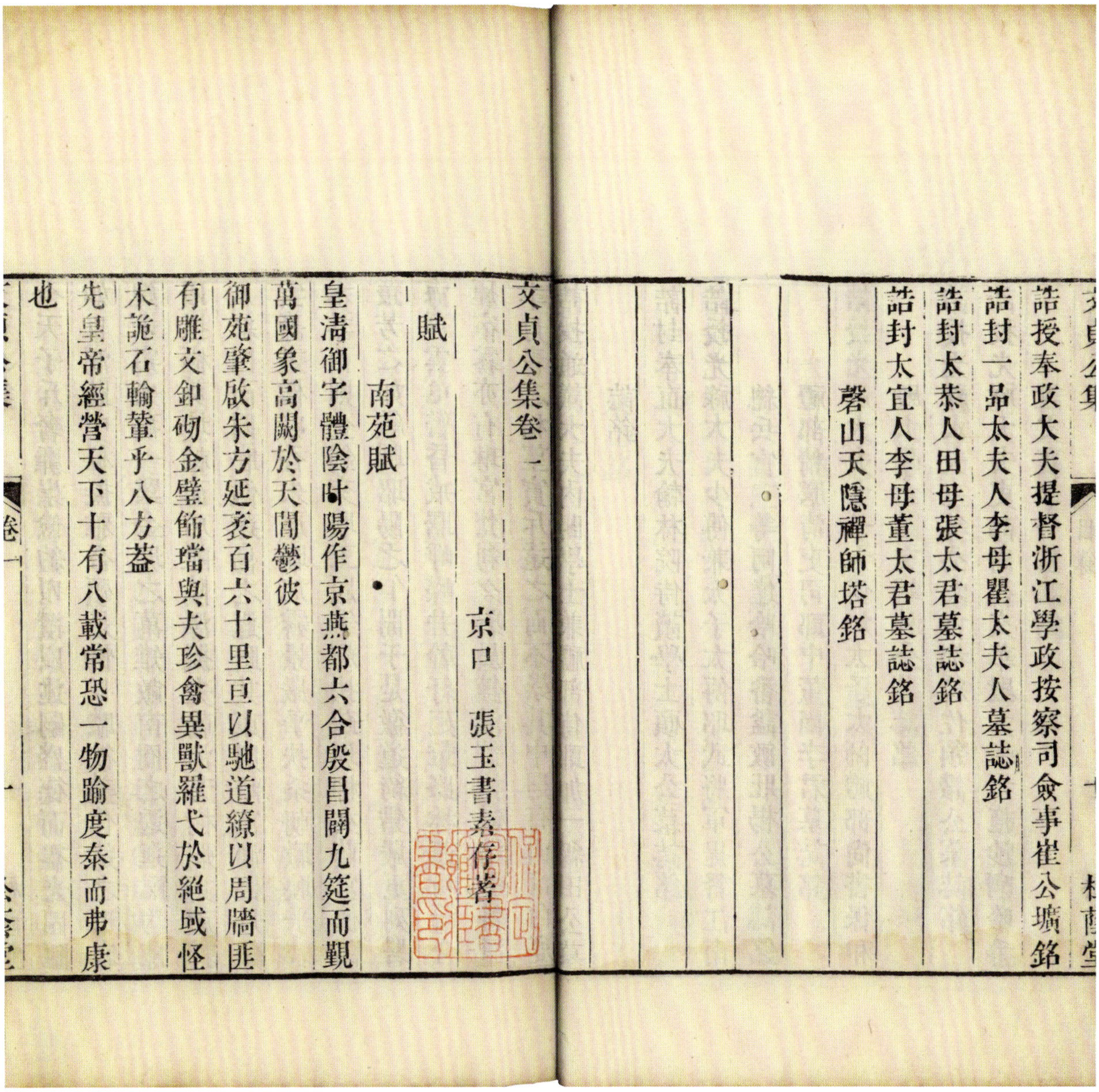

誥授奉政大夫提督浙江學政按察司僉事崔公壙銘

誥封一品太夫人李母瞿太夫人墓誌銘

誥封太恭人田母張太君墓誌銘

誥封太宜人李母董太君墓誌銘

磬山天隱禪師塔銘

文貞公集卷一

京口　張玉書素存著

賦

南苑賦

皇清御宇體陰叶陽作京燕都六合殷昌闢九逵而覲萬國象高闕於天閶鬱彼御苑肇啟朱方延袤百六十里亘以馳道繚以周牆匪有雕文釦砌金璧飾璫與夫珍禽異獸羅弋於絕域怪木詭石輸輦乎八方蓋先皇帝經營天下十有八載常恐一物踰度泰而弗康也

文貞公集十二卷　（清）張玉書撰　清乾隆五十七年張護松蔭堂刻本

依水園文集前集

河北張縉彥坦公艸藁

閩中黃文焕維章選定

楚黃門人盧紘元度評校

百泉開科碑記

十五年壬午郡國士咸以計偕上春官會冦湮汴省罷豫闈十六年蘇公爲監察御史紀綱明察文教誕敷余上補科議邀俞肯下所司議時以財絀費重難之公廼謀藩司張公抱一慨然

依水園文集　前集卷一　一　旌德劉華宇刻

依水園文集前集二卷後集二卷　（清）張縉彥撰　（清）錢謙益、吴若谷評定　清順治大雅堂刻本

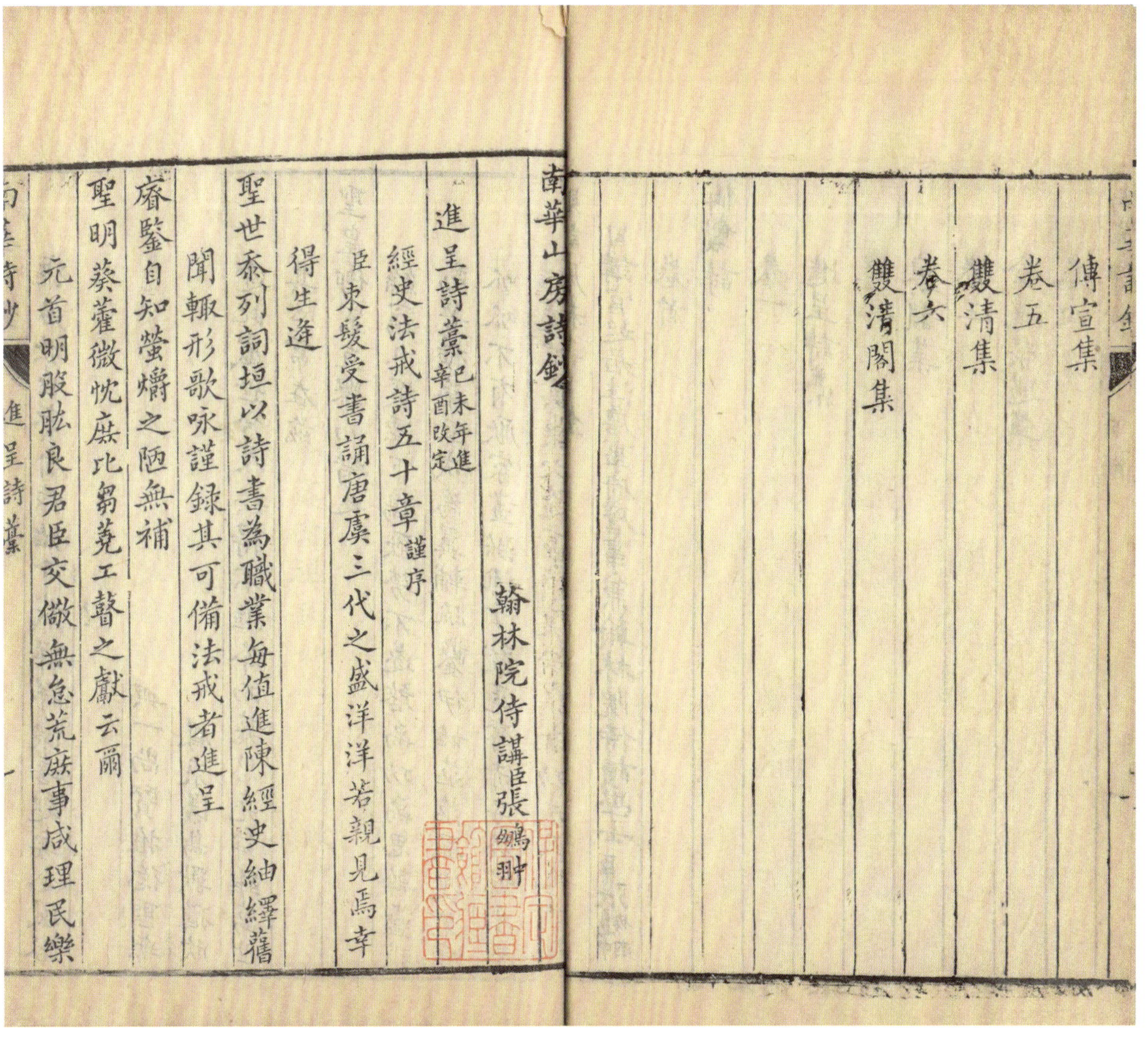

傳宣集

卷五

雙清集

卷六

雙清閣集

南華山房詩鈔　翰林院侍講臣張鵬翀

進呈詩藁己未年進辛酉改定

經史法戒詩五十章謹序

臣束髮受書誦唐虞三代之盛洋洋若親見焉幸

得生逢

聖世忝列詞垣以詩書為職業每值進陳經史紬繹舊

聞輒形歌咏謹錄其可備法戒者進呈

睿鑒自知螢爝之陋無補

聖明葵藿微忱庶比芻蕘工瞽之獻云爾

元首明股肱良君臣交儆無怠荒庶事咸理民樂

南華詩鈔　進呈詩藁　一

南華山房詩鈔六卷賦一卷南華山人詩鈔十六卷　（清）張鵬翀撰　清乾隆刻本

御製文初集序

于敏中排次數年来所爲御製文初集成而以序爲請夫序者所以敘陳經旨故孔子作書序子夏作詩序未聞自序其文也自序其文蓋漢唐

御製序　一

御製文初集三十卷　（清）高宗弘曆撰　清乾隆二十九年刻本

御製文二集卷之一

經筵御論

因民之所利而利之

天子以四海為家則四海之民皆吾一家之赤子也保赤之心既切因利之政當求制田里教樹畜使之知節儉務耕桑因五方之財阜萬民之產斯所謂不費之惠耳博施濟衆堯舜猶病蓋孔子訓子貢以為仁之方非謂不捐已財以與人也且天子何得有已財乎

御製文二集四十四卷　（清）高宗弘曆撰　清乾隆五十一年刻本

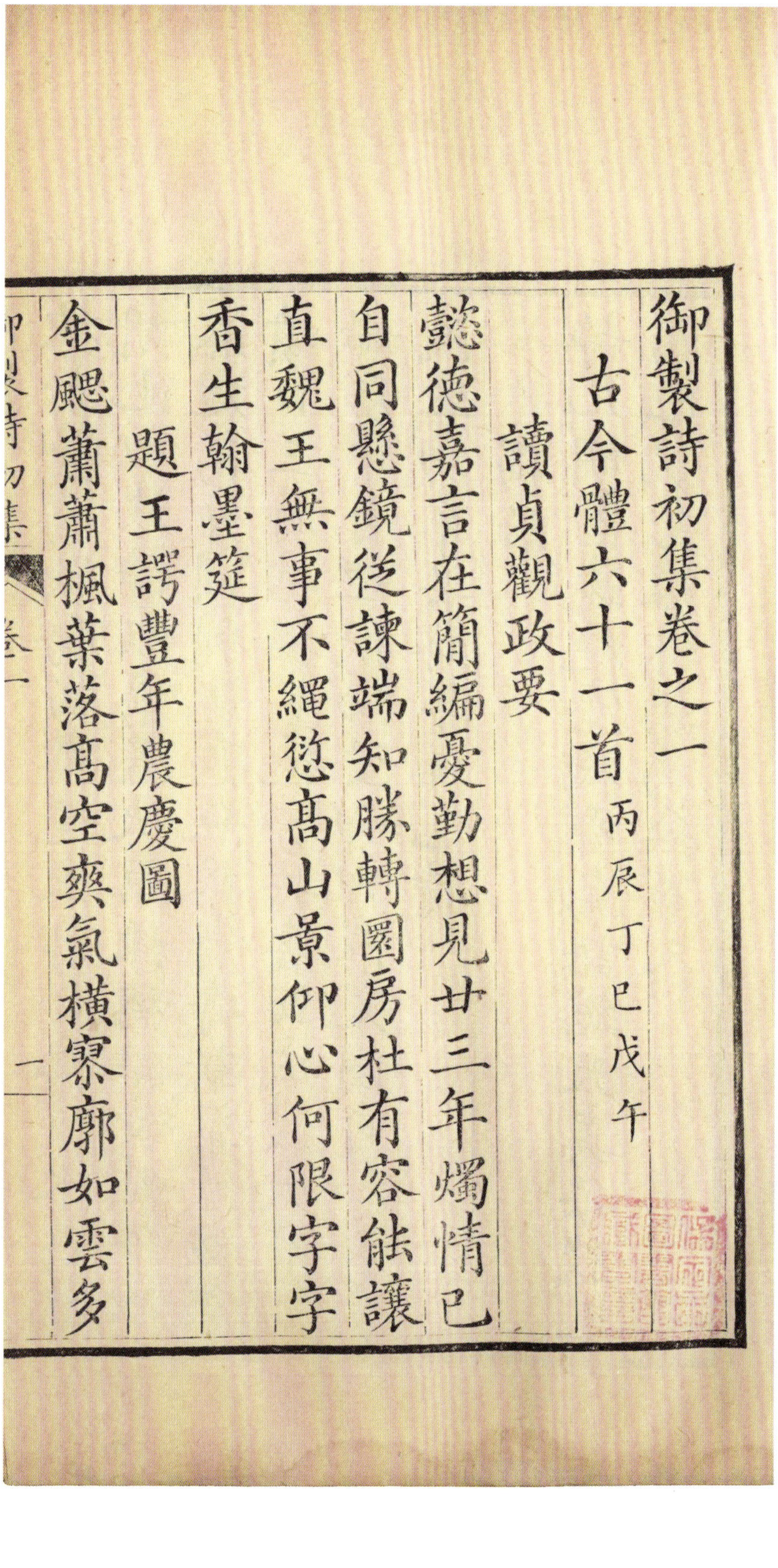

御製詩初集卷之一

古今體六十一首 丙辰丁巳戊午

讀貞觀政要

懿德嘉言在簡編憂勤想見廿三年燭情已自同懸鏡從諫端知勝轉圜房杜有容能讓直魏王無事不繩愆高山景仰心何限字字香生翰墨筵

題王翬豐年農慶圖

金飈蕭蕭楓葉落高空爽氣橫寥廓如雲多

御製詩初集四十四卷目錄四卷　（清）高宗弘曆撰　清乾隆十四年刻本

太子少保東閣大學士戶部尚書臣蔣溥謹

奏為恭刻

聖製二集以光文治事欽惟

皇上天亶聰明日新學問萬幾餘暇寓意詩篇自

御極以来歲盈卷什丁卯之春始取丙辰後一紀所作

詩四千餘首訂為初集命翰林諸臣中字畫端楷

者分卷抄録藏之

内殿不令付梓羣臣請鐫皆未許允臣溥不揣愚陋

輙自校刻以進凡海宇遠近得窺

御製詩二集九十卷目錄十卷　（清）高宗弘曆撰　清乾隆二十四年内府刻本

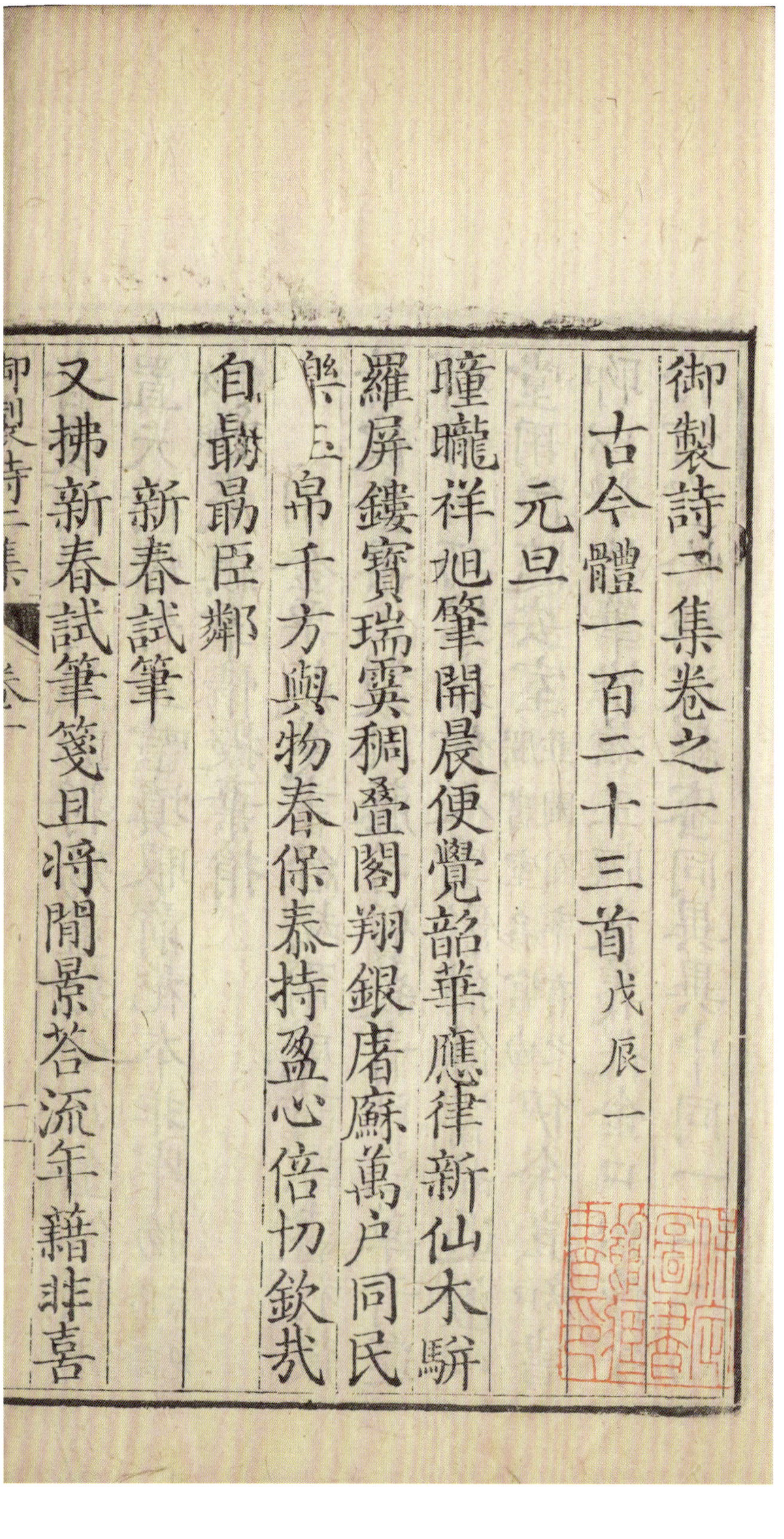
御製詩二集卷之一

古今體一百二十三首戊辰一

元旦

曈曨祥旭肇開晨便覺韶華應律新仙木騈羅屏鏤寶瑞霙稠疊閣翔銀屠蘇萬户同民樂玉帛千方與物春保泰持盈心倍切欽哉自勗勗臣鄰

新春試筆

又拂新春試筆箋且將閒景答流年藉非喜

御製詩二集　卷一　一

御製詩二集九十卷目錄十卷　（清）高宗弘曆撰　清乾隆刻本

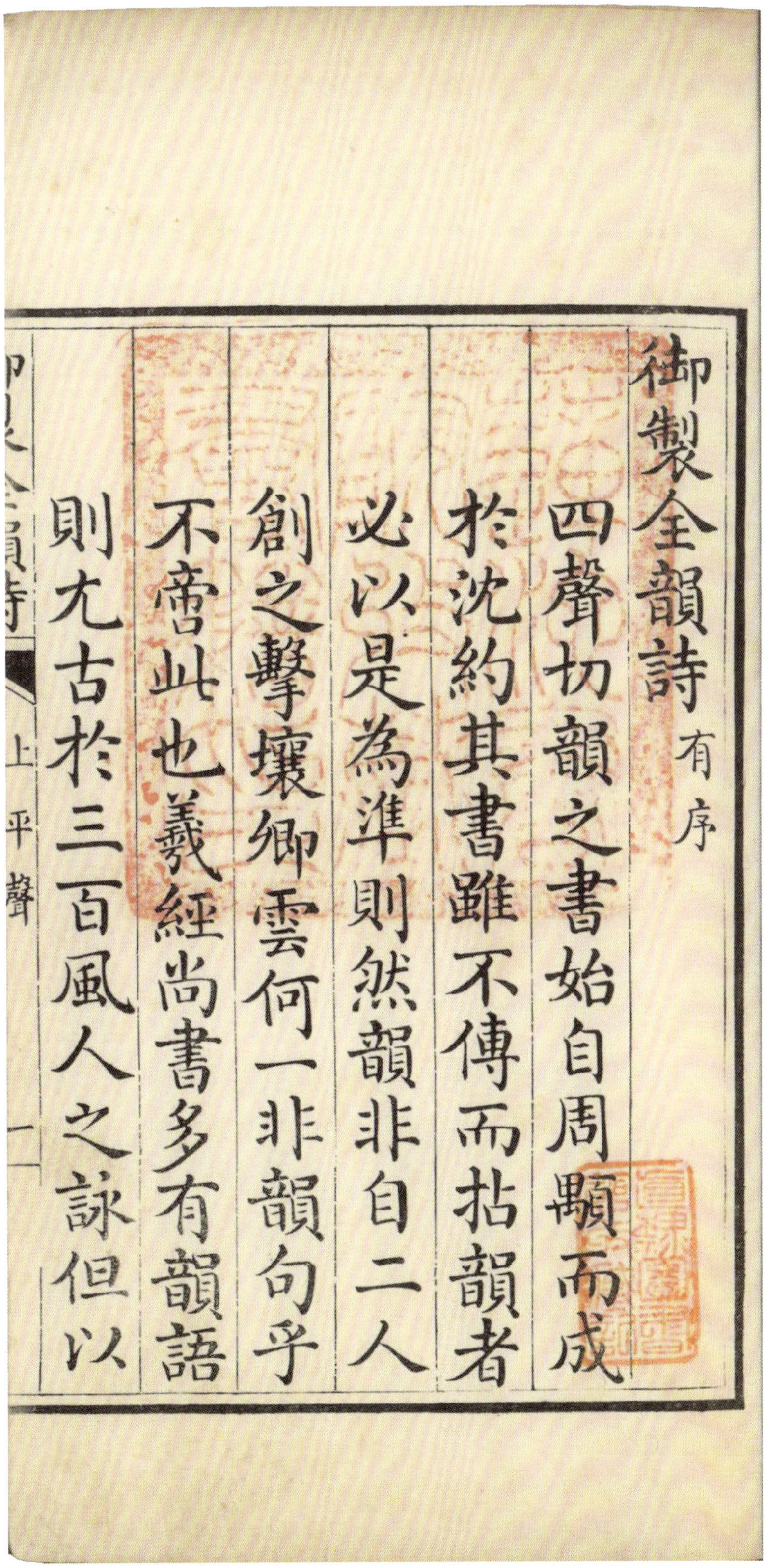

御製全韻詩有序

四聲切韻之書始自周顒而成於沈約其書雖不傳而拈韻者必以是為準則然韻非自二人創之擊壤卿雲何一非韻句乎不啻此也義經尚書多有韻語則尤古於三百風人之詠但以

御製全韻詩　上平聲　一

御製全韻詩五卷　（清）高宗弘曆撰　清乾隆于敏中寫刻本

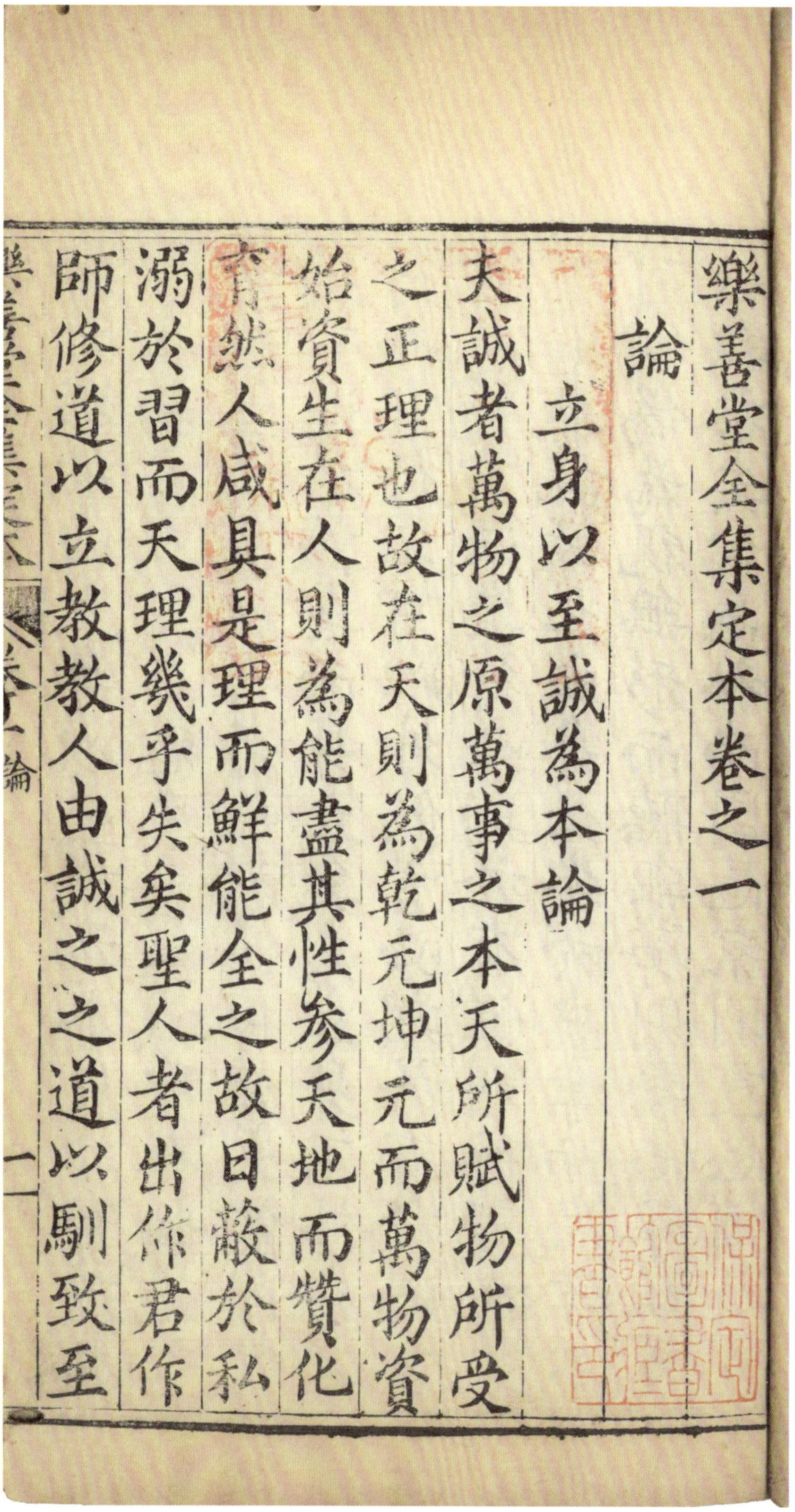
樂善堂全集定本卷之一

論

立身以至誠為本論

夫誠者萬物之原萬事之本天所賦物所受之正理也故在天則為乾元坤元而萬物資始資生在人則為能盡其性參天地而贊化育然人咸具是理而鮮能全之故曰蔽於私溺於習而天理幾乎失矣聖人者出作君作師修道以立教教人由誠之之道以馴致至

樂善堂全集定本　卷一　論　一

樂善堂全集定本三十卷　（清）高宗弘曆撰　清乾隆刻本

毛翰林集

蕭山毛奇齡字大可又字于稿
劉達非闇
姜兆熊夢得較

二韻 五言絕句一

西河五絕有江行數十首似倣錢吳興者今不存惟越遊數章而已其絕句刻本惟越選數章而巳其他悉從空居日抄與鴻路堂本樂府題從唐者皆作絕句唐人本爾也其從古調者列前集樂府卷

張繩隱評曰結體雖促留音彌長緣情深而文明故思婉而氣訣

王孫遊

桂樹他鄉少。王孫故國稀。天涯春草遍。處處待人歸。

毛翰林集五十四卷　（清）毛奇齡撰　清康熙刻本

杜詩闡卷之一

同學王日藻郝非氏閱

華亭盧元昌文子氏述

武林弟　璉漢華氏訂

遊兖州及東都齊州詩 開元末年至天寶五載

登兖州城樓

時公父閑爲兖州司馬公省親之兖因而登樓

東郡趨庭日南樓縱目初領末至浮雲連海岱平野入青徐孤嶂秦碑在荒城魯殿餘四句縱目含古意從來多古意臨眺獨躊躇挽登字結

杜詩闡卷之一　一

杜詩闡三十三卷　（清）盧元昌撰　佚名圈點　清康熙思美廬刻本

石道人詩

宿棗園頭阻雨

爛泥春雨頓成秋、十里閭閻不可謀、誰把仁顏勉、
鷇聲非惡農夫起、一枕偷安客子羞、
園頭、

癸未二月四日哭兄

今日年時薦韭芽、嘗新喜
爲弟加病間頓吟荼似薺、卧
愴望槎、

弔范壟雲二首

傅山詩文集不分卷　（清）傅山撰　清抄本

存研樓文集卷一

宜興儲大文六雅著

受業 張耀先思孝 瞿源洙時夏 編校

男 思淳定伯校字

頌 表

聖壽無疆頌謹序

詩大序曰頌者美盛德之形容以告成功者也蓋六義與指于斯爲盛自漢以降始與箴銘贊辭並列雜文限於古律而不能騁者又多倣序議格去

存研樓文集十六卷　（清）儲大文撰　（清）張耀先、瞿源洙編校　清乾隆九年自刻本

受宜堂集卷一

納蘭常安履坦著　　男珉仝校

琦

琇

論一

擬太極西銘通書正蒙總論

昔孔子罕言命與仁而性與天道雖及門之士有不可得而聞者顧獨繫易有曰易有太極又嘗對哀公之問有曰仁人之事天如事親事親如事天此理自

受宜堂集四十卷　（清）納蘭常安撰　清雍正十三年自刻本

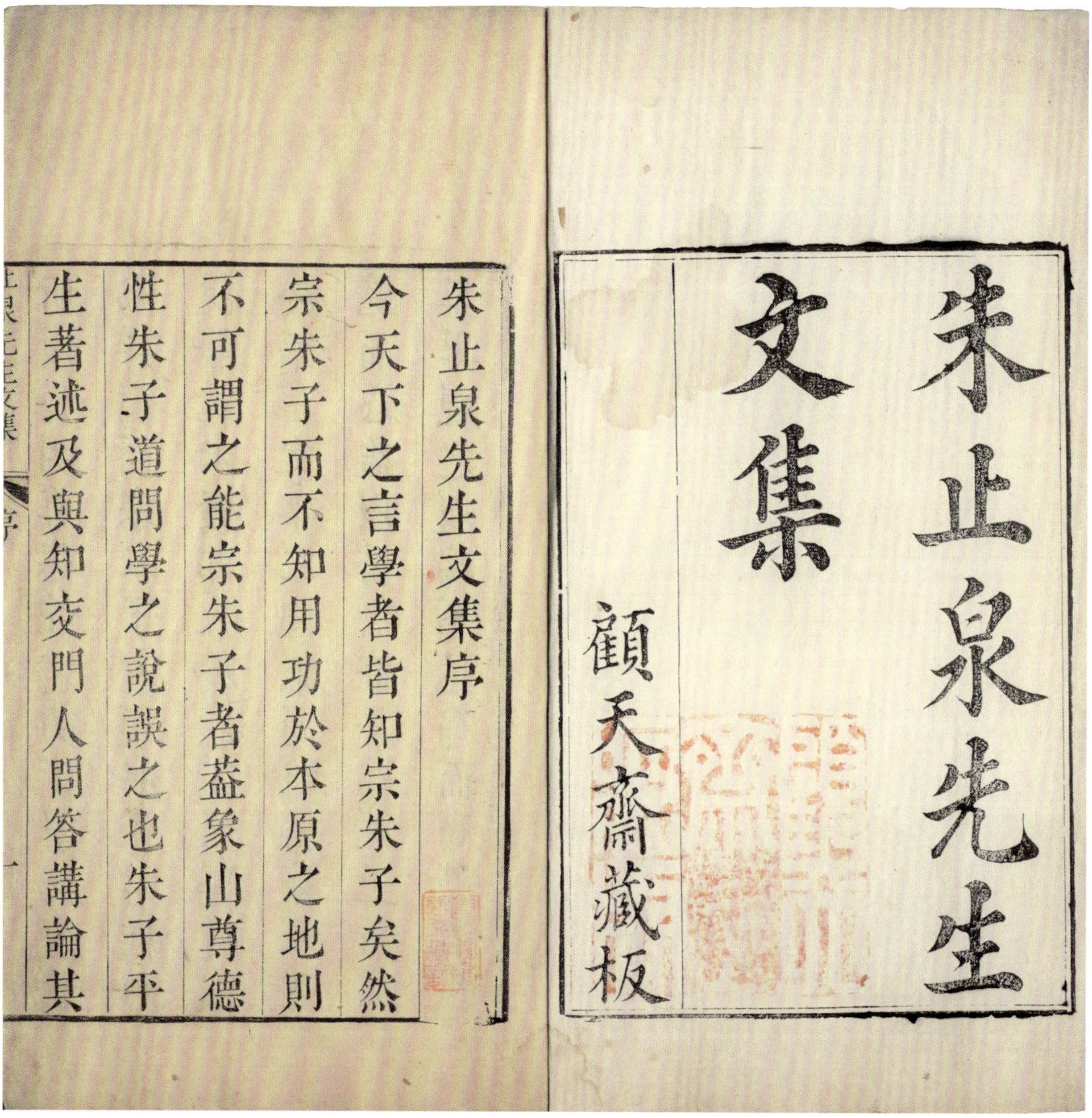
朱止泉先生文集

顧天齋藏板

朱止泉先生文集序

今天下之言學者皆知宗朱子矣然宗朱子而不知用功於本原之地則不可謂之能宗朱子者蓋象山尊德性朱子道問學之說誤之也朱子平生著述及與知交門人問答講論其

止泉先生文集　序　一

朱止泉先生文集八卷　（清）朱澤澐撰　止泉先生朱公行狀一卷　（清）王箴傳撰

清乾隆顧天齋刻本

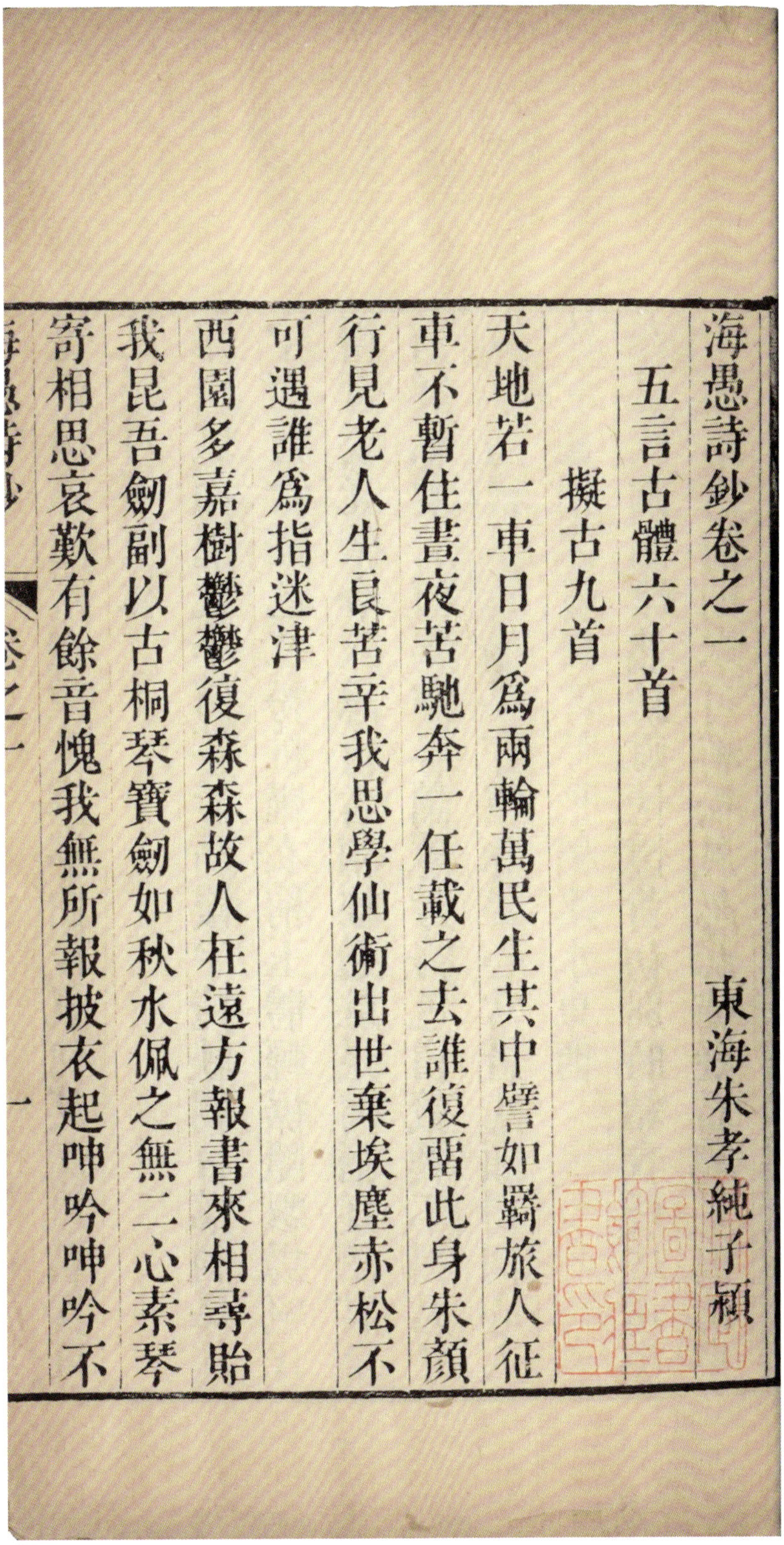

海愚詩鈔卷之一　　東海朱孝純子穎

五言古體六十首

擬古九首

天地若一車日月爲兩輪萬民生其中譬如羇旅人征
車不暫住晝夜苦馳奔一任載之去誰復留此身朱顏
行見老人生良苦辛我思學仙術出世棄埃塵赤松不
可遇誰爲指迷津
西園多嘉樹鬱鬱復森森故人在遠方報書來相尋貽
我昆吾劍副以古桐琴寶劍如秋水佩之無二心素琴
寄相思哀歎有餘音愧我無所報披衣起呻吟呻吟不

海愚詩鈔　卷之一　一

海愚詩鈔十二卷　（清）朱孝純撰　清乾隆五十九年刻本

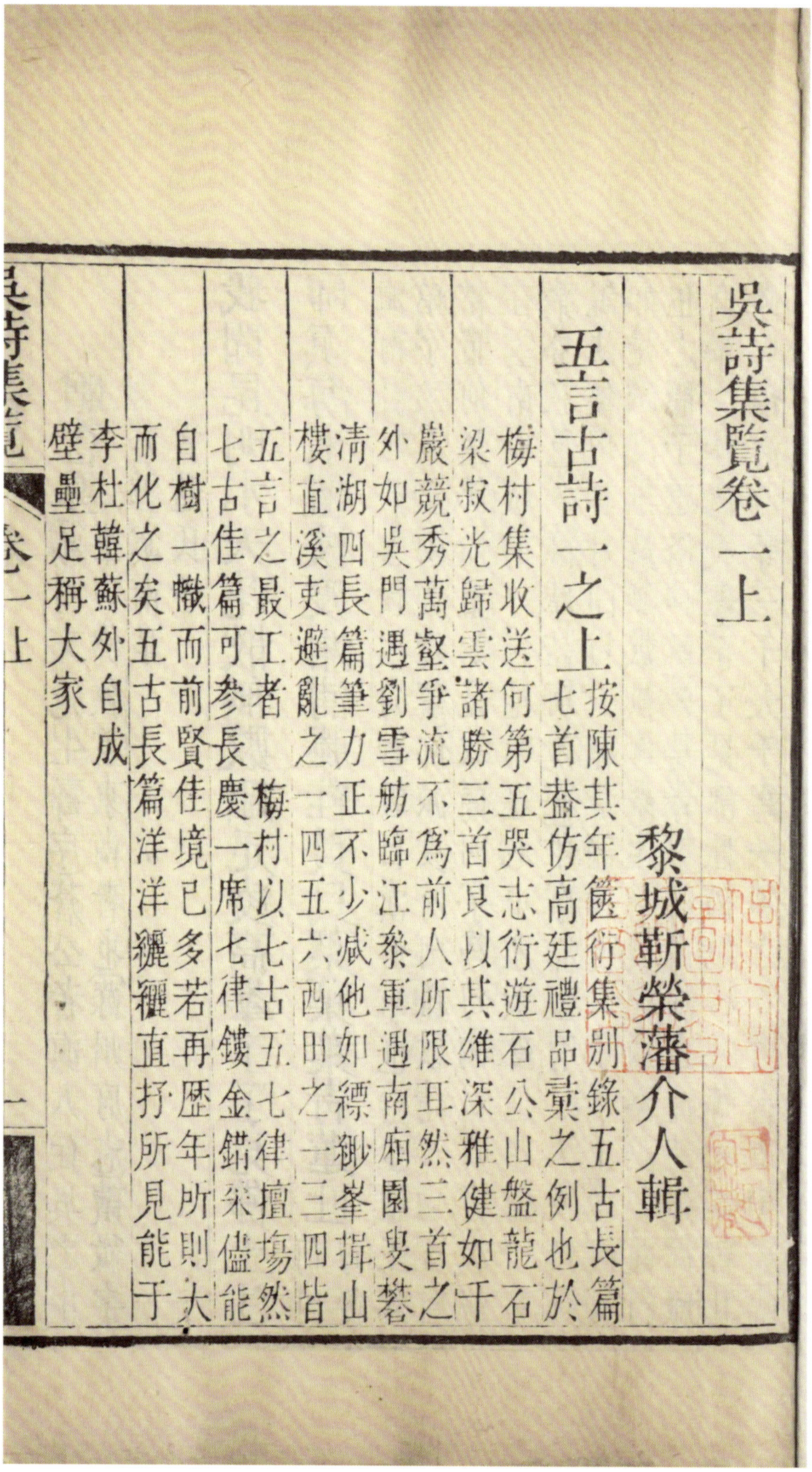
吳詩集覽卷一上

黎城靳榮藩介人輯

五言古詩一之上 按陳其年篋衍集所錄五古長篇七首蓋仿高廷禮品彙之例也於梅村集收送何第五哭志衍遊石公山盤龍石梁寂光歸雲諸勝三首真以其雄深雅健如千巖競秀萬壑爭流不爲前人所限耳然三首之外如吳門遇劉雪舫臨江參軍遇南廂園叟贅清湖四長篇筆力正不少減他如縹緲峯揖山樓直溪吏避亂之一四五六西田之一三四皆五言之最工者 梅村以七古五七律擅場然七古佳篇可參長慶一席七律鏤金錯采儘能自樹一幟而前賢佳境已多若再歷年所則大而化之矣五古長篇洋洋灑灑直抒所見能于李杜韓蘇外自成壁壘足稱大家

吳詩集覽 卷一上 一

吳詩集覽二十卷補註二十卷 （清）吳偉業撰 （清）靳榮藩補註 談藪二卷拾遺一卷 （清）靳榮藩輯 清乾隆凌雲亭刻本

林蕙堂全集卷七

男　壽潛彤本　威喜木華　較訂

延陵吳　綺園次著

承烈恢祖　賡祚

孫　芑畝豐燕　承訓守曾　援質　編輯

序

送王阮亭司李維揚詩序

郡司李貽上王公瑯琊名胄歷下才人東郡相誇群推

林蕙堂全集二十六卷　（清）吳綺撰　清康熙三十九年刻本

白華前稿卷第一

南滙　吳省欽　沖之

摺　後跋

平定金川賀摺

欽惟我

皇上當陽貫極函夏承流拓閶河萬里而遙算參亥步

讋撣國三江以外環拱　辰居越促浸趲拉之酋在滴

博蓬婆之境領　天朝之符號險著丟烏廁土舍之班

聯妖憑札達昔蹈防風之律終邀覆露之慈方期鳥雀

銜恩豈謂駏蛩倚勢吠紛蜀犬罔知雪日之輝貪逞巴

白華前稿六十卷　（清）吳省欽撰　清乾隆四十八年刻本

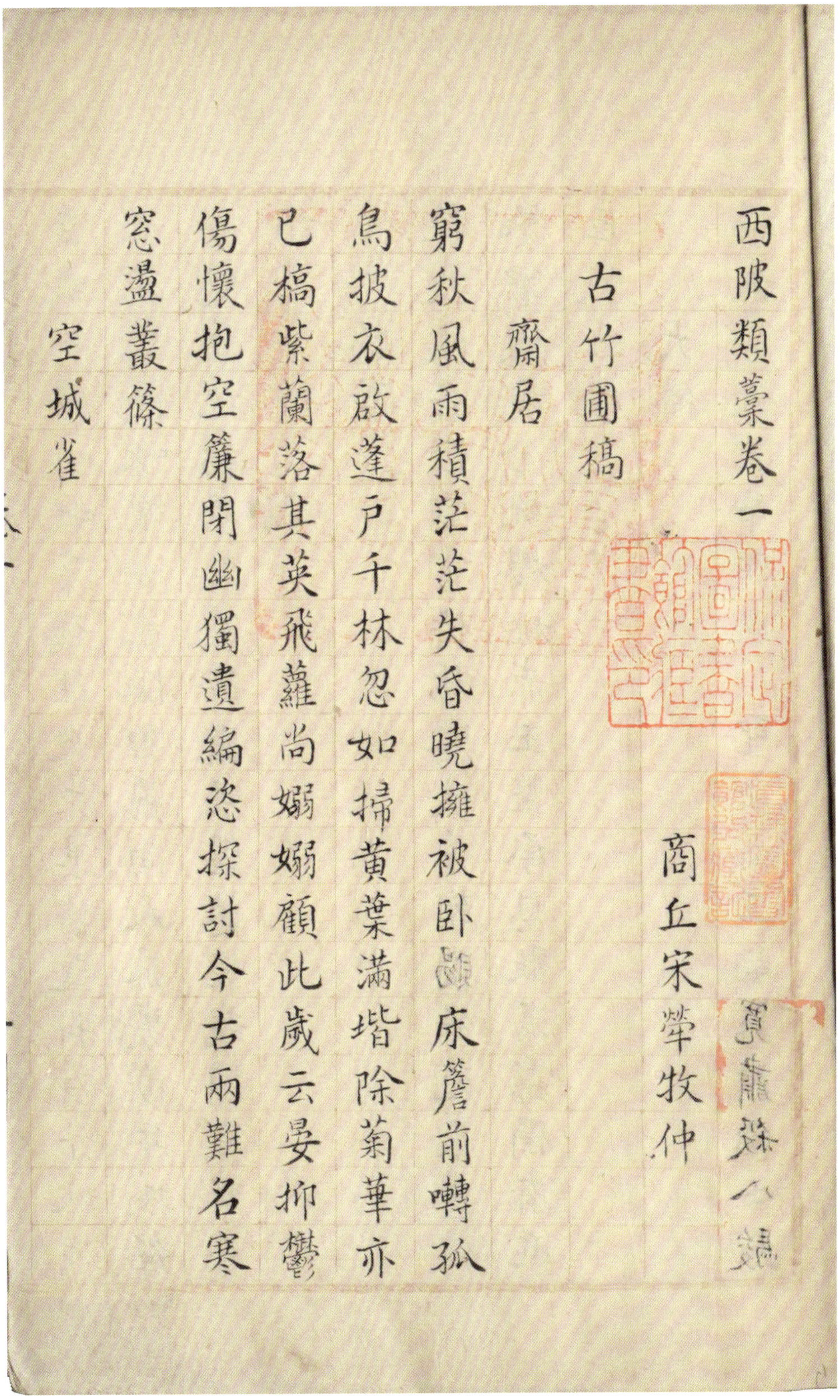
西陂類藁卷一

古竹圃稿　　商丘宋犖牧仲

齋居

窮秋風雨積茫茫失昏曉擁被卧匡床簷前囀孤鳥披衣啟蓬户千林忽如掃黄葉滿堦除菊華亦已槁紫蘭落其英飛蘿尚嫋嫋顧此歲云晏抑鬱傷懷抱空簾閑幽獨遺編恣探討今古兩難名寒窓盪叢篠

空城雀

西陂類藁五十卷　（清）宋犖撰　清抄本

綿津山人詩集卷一

商丘宋　犖　牧仲

古竹圃稿

擬古五首

鳳凰覽德輝羽翼昭文章五雲橫清漢千仞恣翺翔梧桐始一棲竹實始一嘗秉身既有德豈在荊棘傍紛紛雞與鶩徒知謀稻粱

人生宇宙間譬若地上蓬飄摇無根蒂到處隨天風莊周古達士栩栩觀無窮一身忽變化萬事孰要終飲酒被紈素長嘯脫樊籠

綿津山人詩集二十二卷楓香詞一卷　（清）宋犖撰　清康熙精刻本

佳山堂詩集卷之一

益都馮溥易齋著

門人 西河毛奇齡大可 陽羨陳維崧其年 仝較

樂府

明堂篇

禮樂被八荒

天子坐明堂東封長白山南諭交趾王懷柔編北極渥洼入西凉直諫四門闢璽書徵賢良漸陸無逸羽乞言羅酒漿騷人賦兩都國體重栢梁慨焉

佳山堂詩集十卷二集九卷　（清）馮溥撰　清康熙刻本

祓園集

真定　梁清遠　著

文一

捕逃事宜疏

臣等奉　命審理逃人欽遵題定新例矣公矢慎近來緝獲逃人頗多臣等似可以無言但念捕逃之法固不可不嚴而治逃之罪尤不可不當據臣等一得之愚列有九欵請　旨定奪施行一各省首有逃人各省皆有撫道有司一遇逃人之事奉法過慎不論証犯虛實概行解部及至臣部審明

祓園集卷之一　一

祓園集文四卷詩四卷詞一卷　（清）梁清遠撰　清康熙二十七年梁允桓刻本

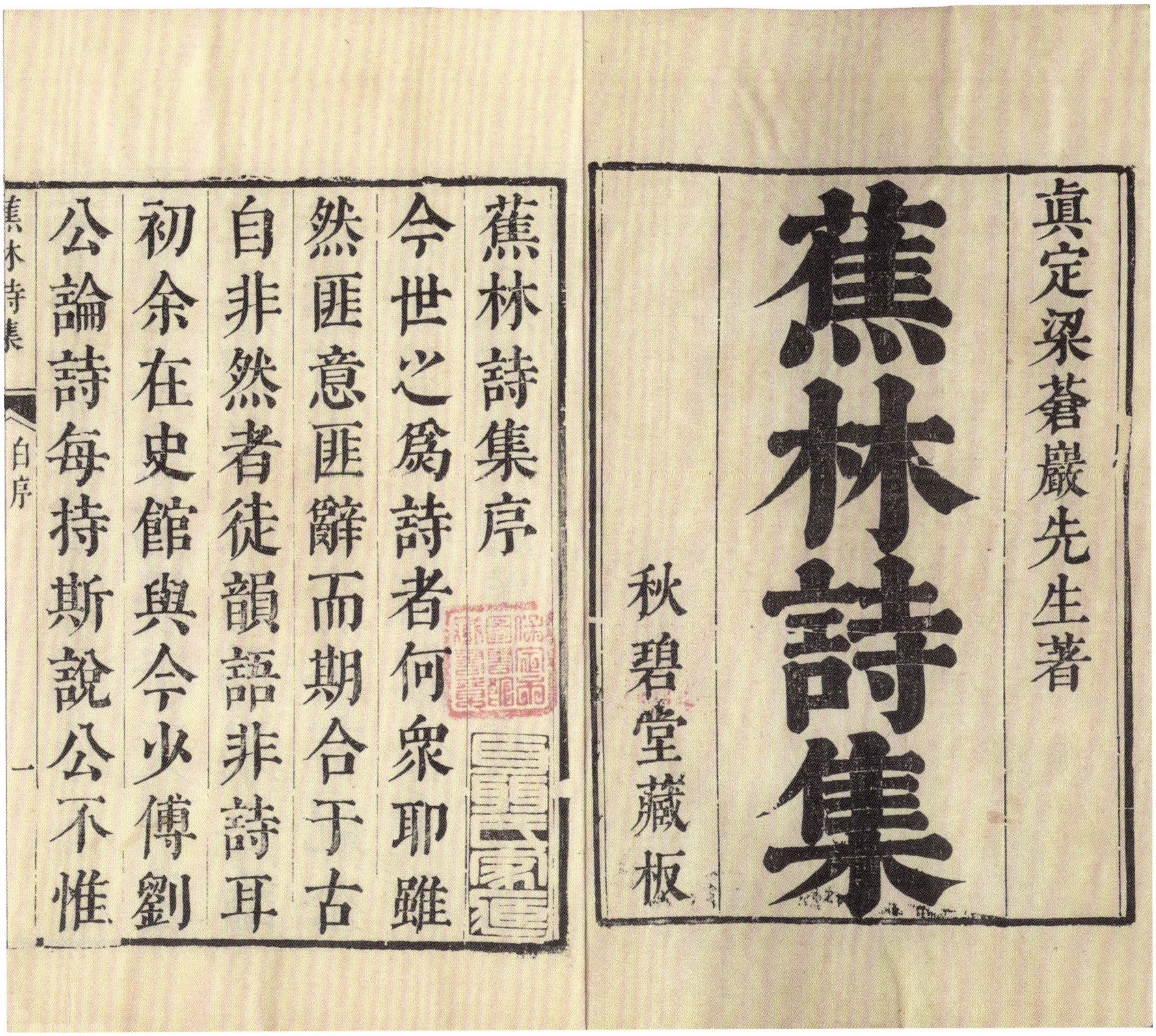

真定梁蒼巖先生著

蕉林詩集

秋碧堂藏板

蕉林詩集序

今世之爲詩者何衆耶雖
然匪意匪辭而期合于古
自非然者徒韻語非詩耳
初余在史館與今少傅劉
公論詩每持斯說公不惟

蕉林詩集　自序　一

蕉林詩集十八卷　（清）梁清標撰　清康熙十七年秋碧堂刻本

歸愚詩鈔卷一

長洲沈德潛碻士

古樂府

梁父吟

曾子耕泰山之下值天大雨雪不得歸思念其母作梁父吟以見志樂苑載其事亡其辭擬古辭以補之

力農于野泰山之側雪閉川原欲歸不得解一欲歸不得眷念我母我母念我悵望隴畆誠通境隔中心何有解二祿養由命色養由人豈因賤貧莫侍饔

沈歸愚全集七十五卷　（清）沈德潛撰　清乾隆教忠堂刻本

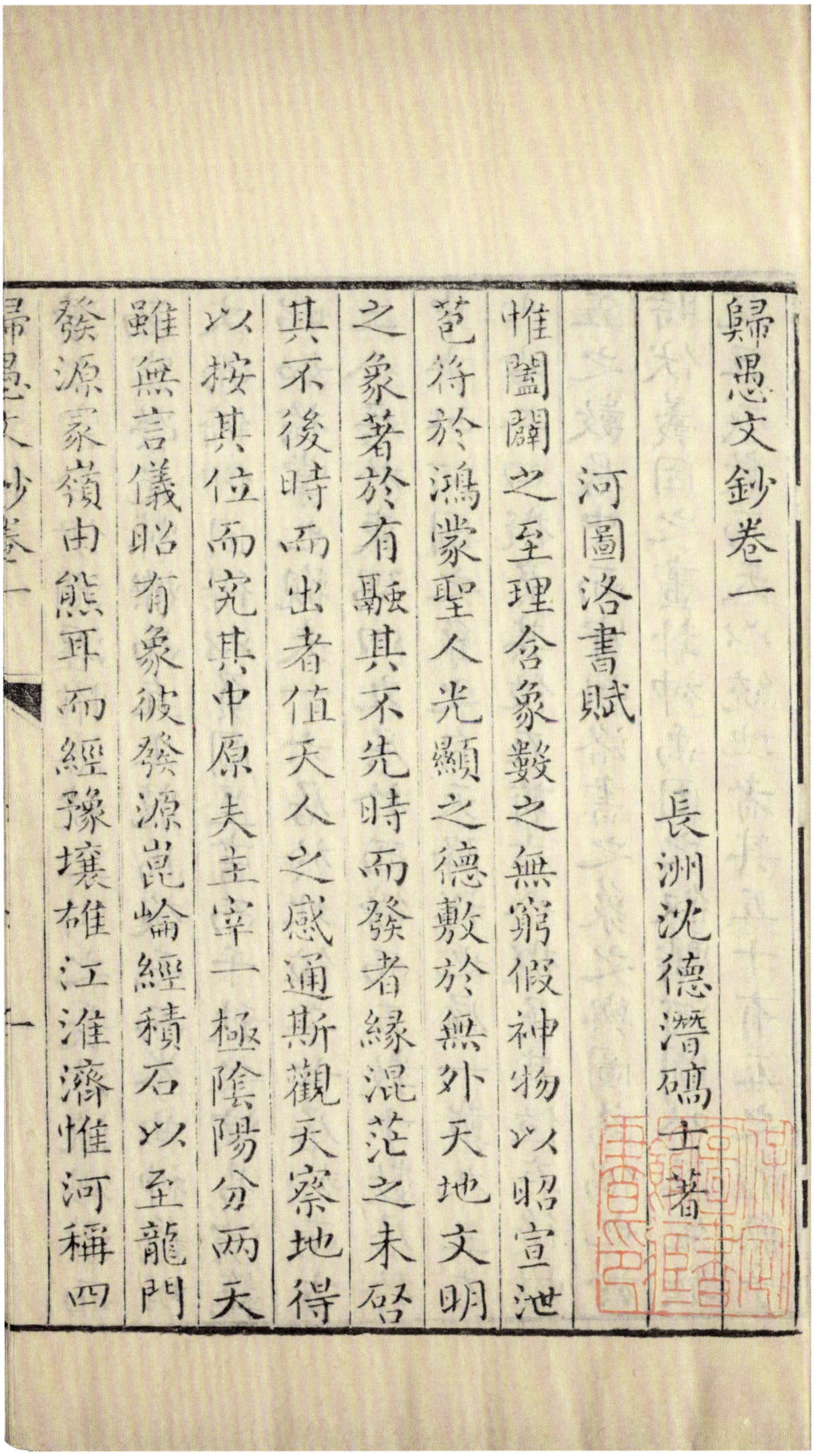

歸愚文鈔卷一

長洲沈德潛確士著

河圖洛書賦

惟闓闢之至理含象數之無窮假神物以昭宣泄苞符於鴻濛聖人光顯之德敷於無外天地文明之象著於有驗其不先時而發者緣混茫之未啓其不後時而出者值天人之感通斯觀天察地得以按其位而究其中原夫主宰一極陰陽分兩天雖無言儀昭有象彼發源崑崙經積石以至龍門發源冢嶺由熊耳而經豫壤雄江淮濟惟河稱四

歸愚文鈔二十卷歸愚文鈔餘集八卷歸愚詩餘一卷黃山遊草一卷台山遊草一卷南巡詩一卷　（清）沈德潛撰　清乾隆刻本

歸愚詩鈔卷一

長洲沈德潛確士

古樂府

梁父吟

曾子耕泰山之下值天大雨雪不得歸思念其母作梁父吟以見志樂苑載其事亡其辭擬古辭以補之

力農于野泰山之側雪閉川原欲歸不得一解欲歸不得眷念我母我母念我悵望隴畝誠通境隔中心何有二解祿養由命色養由人豈因賤貧莫待饔

歸愚詩鈔二十卷自訂年譜一卷　（清）沈德潛撰　清乾隆教忠堂刻本

湯子遺書卷一

睢陽 湯 斌 潛菴

語錄

仁和門人沈 佳 柘城竇克勤 鞏縣姚爾申

手述 二十三條

人皆可以爲堯舜要體察我之可爲堯舜者何在識得工夫自不容已

問喜怒哀樂未發曰當於人欲淨盡時驗之既而曰先儒教人看未發前氣象正是教人下手做工夫最親切處

古吳范稼菴寫

湯子遺書十卷附錄一卷　（清）湯斌撰　清康熙四十二年王廷燦刻本

隨園詩草卷之一

任邱邊連寶肇畛

琴操十首 有序

琴曲有暢有操有弄有引案琴論曰和樂而作命之曰暢言達則兼濟天下美暢其道也憂愁而作命之曰操言窮則獨善其身而不失其操也若然越裳何以名操蓋操者亦琴曲之統稱耳琴操古辭率淺薄無意義要皆琴工僞譔惟唐昌黎韓氏十

隨園詩草八卷附一卷 （清）邊連寶撰 清乾隆四十年刻本

竹巖詩草　上卷

任邱邊中寶適畛

即事咏懷兼呈馬扶東舅

淹蹇由來笑腐儒荒村作客惠連俱三年獻賦雄心阻百里傭書生計迂老母鬢斑親井臼諸昆星散累妻孥渭陽咫尺能相訪差喜詩瓢興不孤

贈軒中竹

同人異地嘆飛蓬客裏聯交竹一叢三載依君牕牖下五更酬我兩風中凌雲未遂節先直出土由

竹巖詩草　上卷　一

竹巖詩草二卷　（清）邊中寶撰　清乾隆四十年刻本

銅鼓書堂遺槀卷一

宛平　查禮　恂叔

甲寅

春日郊遊

野馬田閒路悠悠遠世情荒原殘碣臥古墓朽株橫農圃非家學巖阿負隱名佇看煙景召花事競春城

落盡殘梅處無鶯拂柳條溪陰氷未解徑滑雪初消飢鵲窺芳檣疲驢怯板橋一聲清磬響隔水寺非遙

亥市囂塵散芳津煙靄中帘斜村店靜岸闊夕陽空蘭茝安初服園廛得古風漁樵舒嘯傲誰許話窮通

登臨非有意來去更何期蟾影穿疎樹尨聲出短籬興闌歸覺晚境僻轉忘疲欲待桑麻長還將筆硯隨

銅鼓書堂遺槀三十二卷　（清）查禮撰　清乾隆查淳刻本

笠翁文集卷之三

湖上李　漁著　　壻沈心友因伯　仝訂
男將舒莊南

書

與王湯谷直指

昨方伯公口傳德意，謂明公好賢之切，不減緇衣。衹以烏府森嚴，未便擯客，即日挨臨東越，訂漁拜晤於舟中。此禮賢異格也。漁何人斯，亦獲蒙此。方伯公又慮隨從諸員役不知漁爲應召而來也，或擯斥不傳

笠翁文集　卷之三　一　芥子園

笠翁一家言全集十六卷　（清）李漁撰　清雍正八年芥子園刻本

二曲集卷之一

悔過自新說

盩厔李顒中孚著

天地之性人爲貴人也者稟天地之氣以成身卽得天地之理以爲性此性之量本與天地同其大此性之靈本與日月合其明本至善無惡至粹無瑕人多爲氣質所蔽情慾所牽習俗所囿時勢所移知誘物化旋失厥初漸剝漸蝕遷流弗覺以致卑鄙乖謬甘心墮落於小人之歸甚至雖具人形而

二曲集二十六卷　（清）李顒撰　清康熙刻本

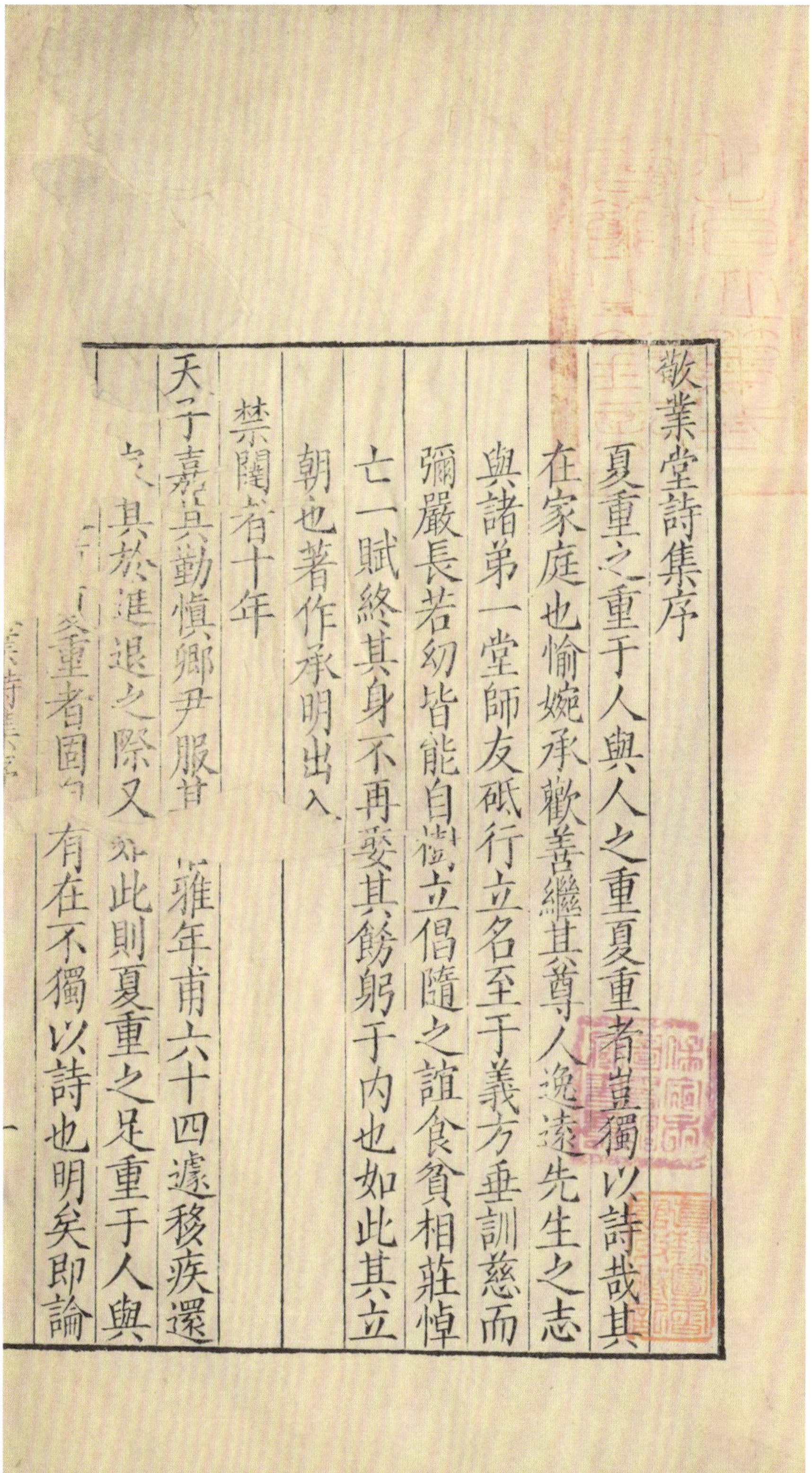
敬業堂詩集序

夏重之重于人與人之重夏重者豈獨以詩哉其在家庭也愉婉承歡善繼其尊人逸遠先生之志與諸弟一堂師友砥行立名至于義方垂訓慈而彌嚴長若幼皆能自樹立倡隨之誼食貧相莊悼亡一賦終其身不再娶其飭躬于內也如此其立朝也著作承明出入

禁闥者十年

天子嘉其勤慎鄉尹服其[illegible]雅年甫六十四遽移疾還[illegible]其於進退之際又[illegible]此則夏重之足重于人與[illegible]重者固[illegible]有在不獨以詩也明矣即論

敬業堂詩集五十卷續集六卷　（清）查慎行撰　佚名批點　清康熙五十八年刻雍正增修本

敬業堂詩集卷一

海寧　查慎行　悔餘

慎旃集上　盡己未一年

己未夏同邑楊以齋先生以副憲出撫黔陽招余入幕時西南餘寇未殄警急烽烟傳聞不一而余忽爲萬里之行其在陟岵之詩曰尚慎旃哉由來無棄夫當行役之時不忘父母兄弟而終以危苦之辭讀其詩者傷其志焉余不幸早失怙恃終遠兄弟麻衣被體瞻望漣洏因取慎旃以命集自勵也亦以慰予季也自己未迄壬戌首尾三年凡如干首釐爲三卷

敬業堂詩集卷一　一

敬業堂詩集五十卷　（清）查慎行撰　清康熙五十八年刻雍正增修本

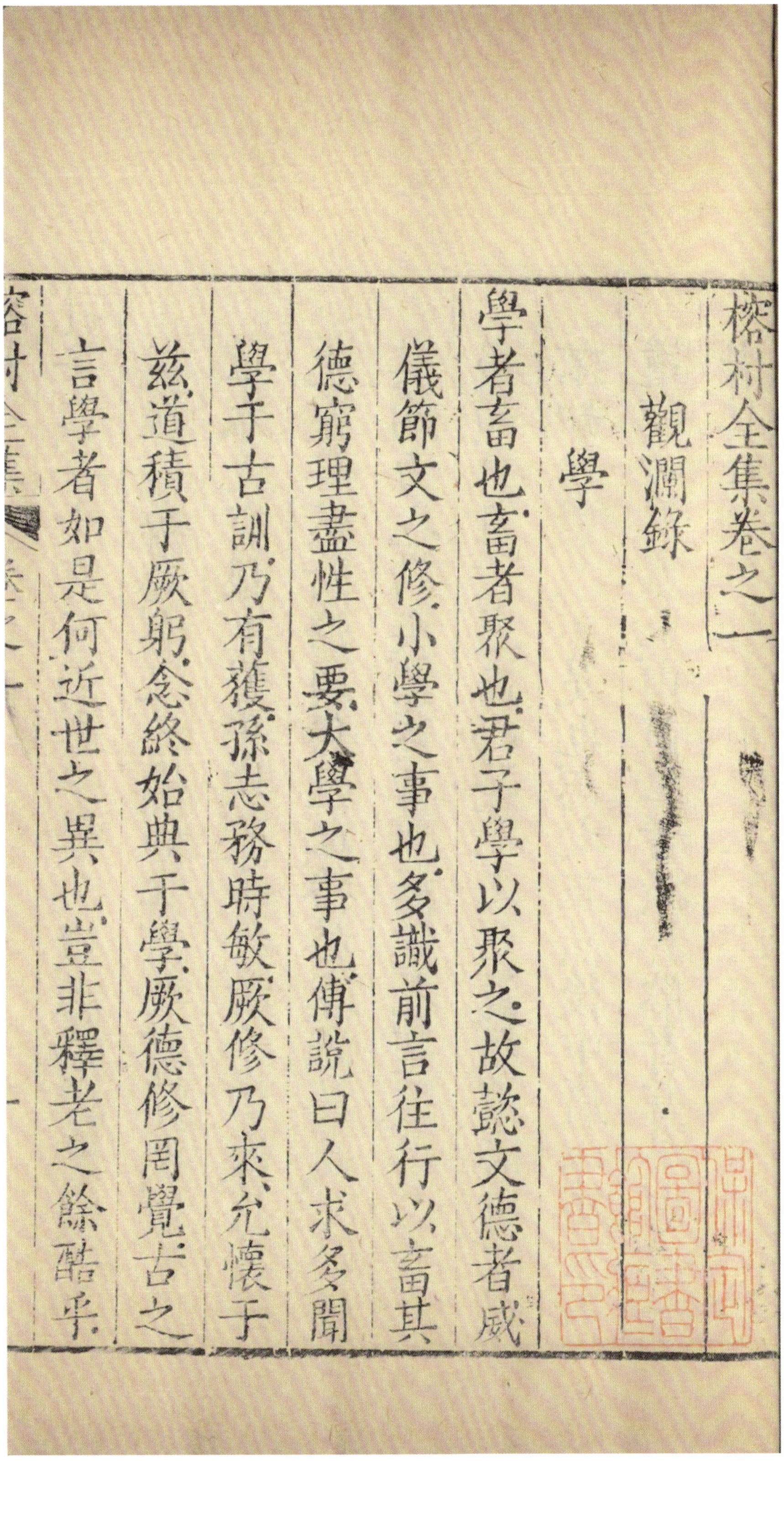

榕村全集卷之一

觀瀾錄

學

學者畜也畜者聚也君子學以聚之故懿文德者威儀節文之修小學之事也多識前言往行以畜其德窮理盡性之要大學之事也傅說曰人求多聞學于古訓乃有獲孫志務時敏厥修乃來允懷于兹道積于厥躬念終始典于學厥德修罔覺古之言學者如是何近世之異也豈非釋老之餘酷乎

榕村全集　卷之一　一

榕村全集四十卷　（清）李光地撰　清乾隆元年李清植刻本

退谷文集　賦　表　頌

退谷黃　越際飛著

春殿晴薰赤羽旗賦

開九天之閶闔拜萬國之臣鄰賀履端於帝德當正月之王春初日纔臨照耀黃金之牓東風乍轉吹噓赤羽之綸殿裏爭花梅香馥馥林中覔草蘭葉蓁蓁肅穆羣工威嚴合殿醉九重之春色催五夜之曉箭勾陳前指羅象緯於隼旟華蓋後臨萃星辰於繢絇二十八宿列

退谷文集十五卷詩集七卷附行述　（清）黃越撰　清雍正五年光裕堂刻本

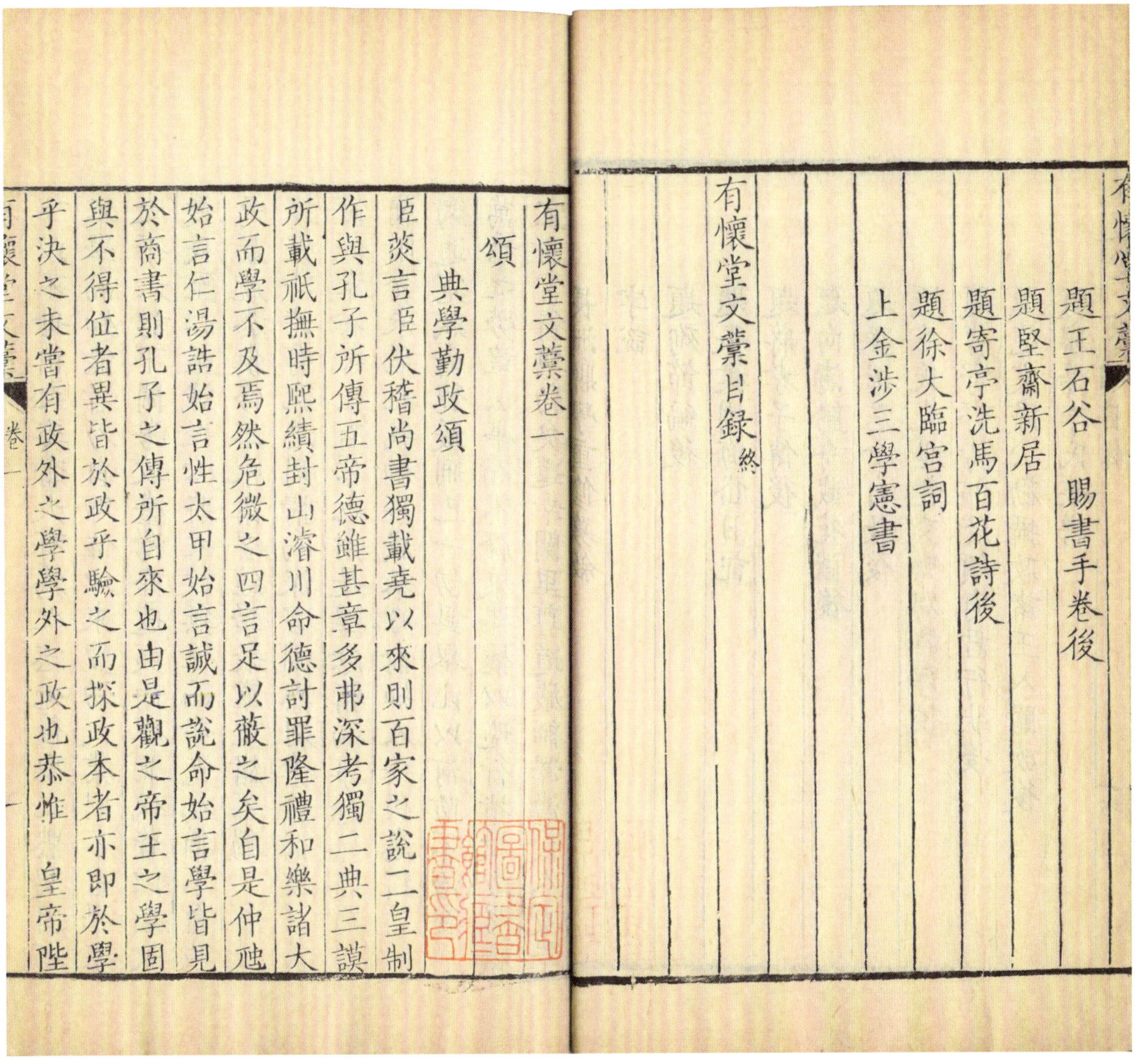
有懷堂文藁

題王石谷 賜書手卷後

題堅齋新居

題寄亭洗馬百花詩後

題徐大臨宮詞

上金涉三學憲書

有懷堂文藁目録終

有懷堂文藁卷一

頌

典學勤政頌

臣菼言臣伏稽尚書獨載堯以來則百家之説二皇制作與孔子所傳五帝德雖甚章多弗深考獨二典三謨所載祇撫時熙績封山濬川命德討罪隆禮和樂諸大政而學不及焉然危微之四言足以蔽之矣自是仲虺始言仁湯誥始言性太甲始言誠而説命始言學皆見於商書則孔子之傳所自來也由是觀之帝王之學固與不得位者異皆於政乎驗之而探政本者亦即於學乎決之未嘗有政外之學學外之政也恭惟 皇帝陛

有懷堂文藁 卷一 一

有懷堂文藁二十二卷詩藁六卷 （清）韓菼撰 清康熙四十二年刻本

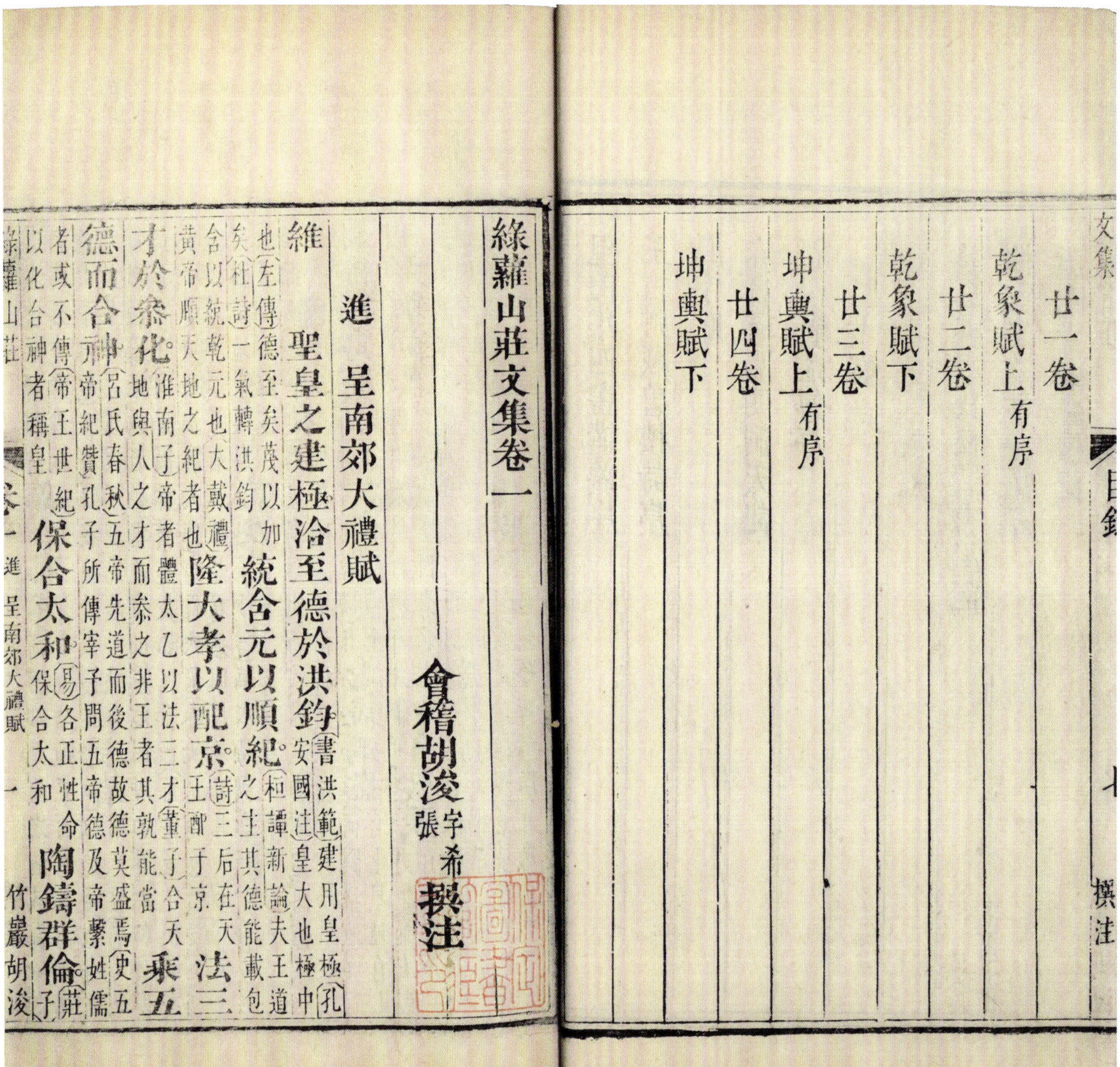

文集　目錄　撰注

廿一卷

乾象賦上 有序

廿二卷

乾象賦下

廿三卷

坤輿賦上 有序

廿四卷

坤輿賦下

綠蘿山莊文集卷一

會稽胡浚 字希張 撰注

進呈南郊大禮賦

維聖皇之建極洽至德於洪鈞書洪範建用皇極孔安國注皇大也極中也左傳德至矣茂以加矣杜詩一氣轉洪鈞統含元以順紀桓譚新論夫王道之主其德能載包含以統乾元也大戴禮黄帝順天地之紀者也隆大孝以配京詩三后在天王配于京法三才於參化淮南子帝者體太乙以法三才董子合天地與人之才而參之非王者其孰能當乘五德而合神呂氏春秋五帝先道而後德故德莫盛焉史五帝紀贊孔子所傳宰予問五帝德及帝繫姓儒者或不傳帝王世紀以化合神者稱皇保合太和易各正性命保合太和陶鑄群倫莊子

綠蘿山莊　卷一　進呈南郊大禮賦　一　竹巖胡浚

綠蘿山莊文集二十四卷　（清）胡浚撰注　清乾隆二十一年刻本

中山文鈔卷之一

中山郝浴雪海甫著

賦　辭　序

銀州雪賦

今上丙午元朔之亞浴在銀州已入春一晝二夜矣昭融在御蓍蓍以寬奄綠江之瀉空顧紫海以迴瀾偶從二三子過河陽之潘浴習其人有素函一握甚歡掃南山之翠延浴升堂喜久晴而乾俄而氣蒸瞀閭神湧長白一拳一勺怒生羽翮縵縵青雲忽垂天之翼開凝馨舒素天香乍來瞠視絳霄一花自摘舉

中山文鈔四卷詩鈔四卷奏議四卷　（清）郝浴撰　清康熙刻本

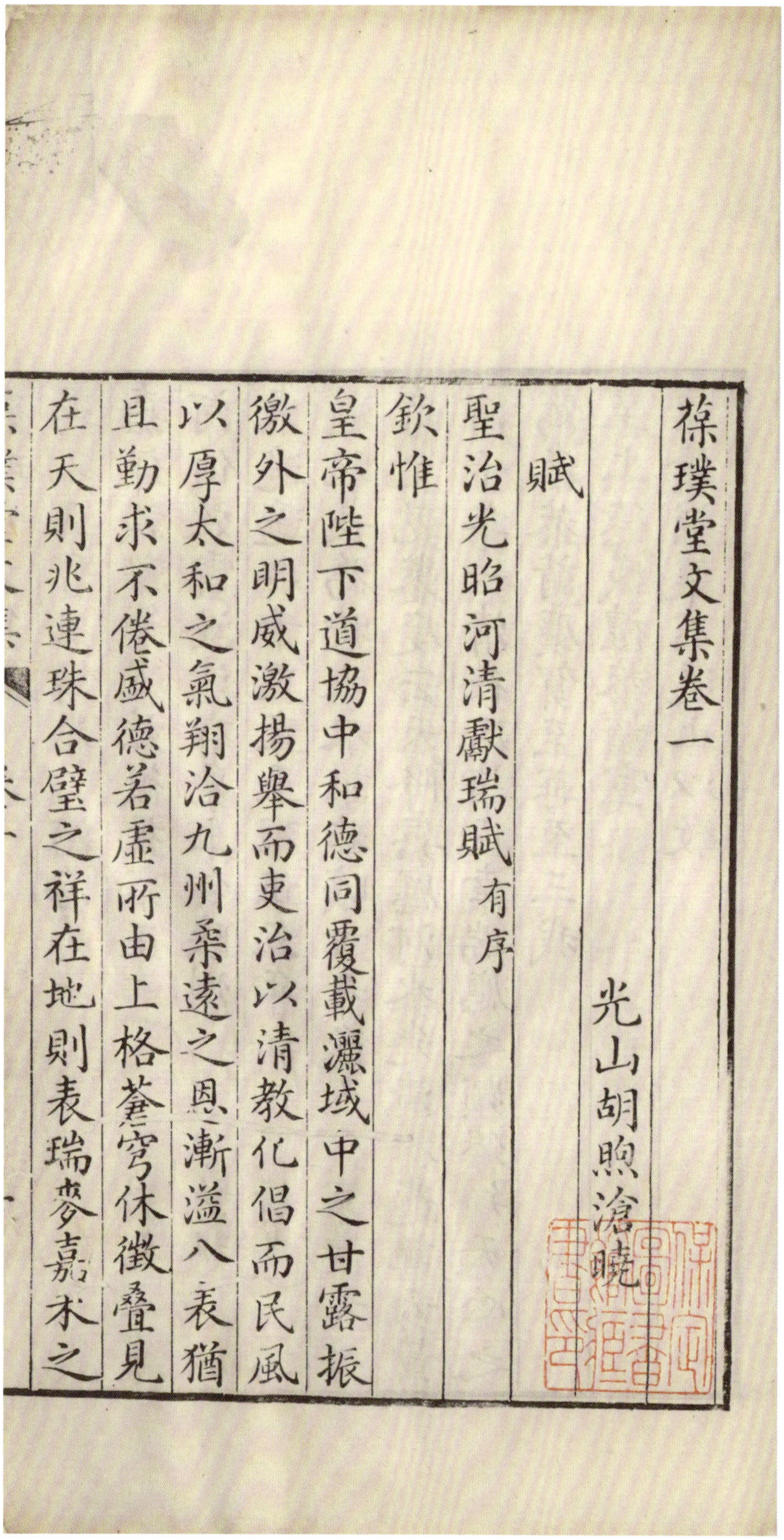

葆璞堂文集卷一

光山胡煦滄曉

賦

聖治光昭河清獻瑞賦 有序

欽惟

皇帝陛下道協中和德同覆載灑域中之甘露振

徼外之明威激揚舉而吏治以清教化倡而民風

以厚太和之氣翔洽九州柔遠之恩漸溢八表猶

且勤求不倦盛德若虛所由上格蒼穹休徵疊見

在天則兆連珠合璧之祥在地則表瑞麥嘉禾之

葆璞堂文集四卷　（清）胡煦撰　清乾隆三十七年精刻本

奏議卷一

三韓趙廷臣君鄰氏著

貴州應設經制疏

竊惟貴州一省以言其形勢設於萬山之中除大路外凡岐途之深箐密林奇山怪石不可勝紀甚有懸崖攀空穿洞渡水爲猿鳥所不經者其地理之險峻莫險峻於此以言其族類居於百蠻之內除漢民外凡九種之紅黑生苗犵狫仲家不可盡數日以刀弩相習鬬殺成風爲禮義所難馴者其人情之鷙鶩莫

讀書堂綵衣全集

河陽趙士麟玉峰父著　　李用楫録

受業梁永淳輯

男　宸黼編

卷一　敬一録上

興學會約　一百零九則

男宸黼曰此大人令容城時建正學書院集縉紳衿氓講學語

容城爲前賢劉靜脩（諱因元人）先生講學地厥後椒山公（諱繼盛謚忠愍）亦以理學名家兼著忠節當世若孫徵君（諱奇逢）皆倡道茲土後先輝耀不肖叨涖此邦心

讀書堂綵衣全集四十六卷　（清）趙士麟撰　清康熙刻本

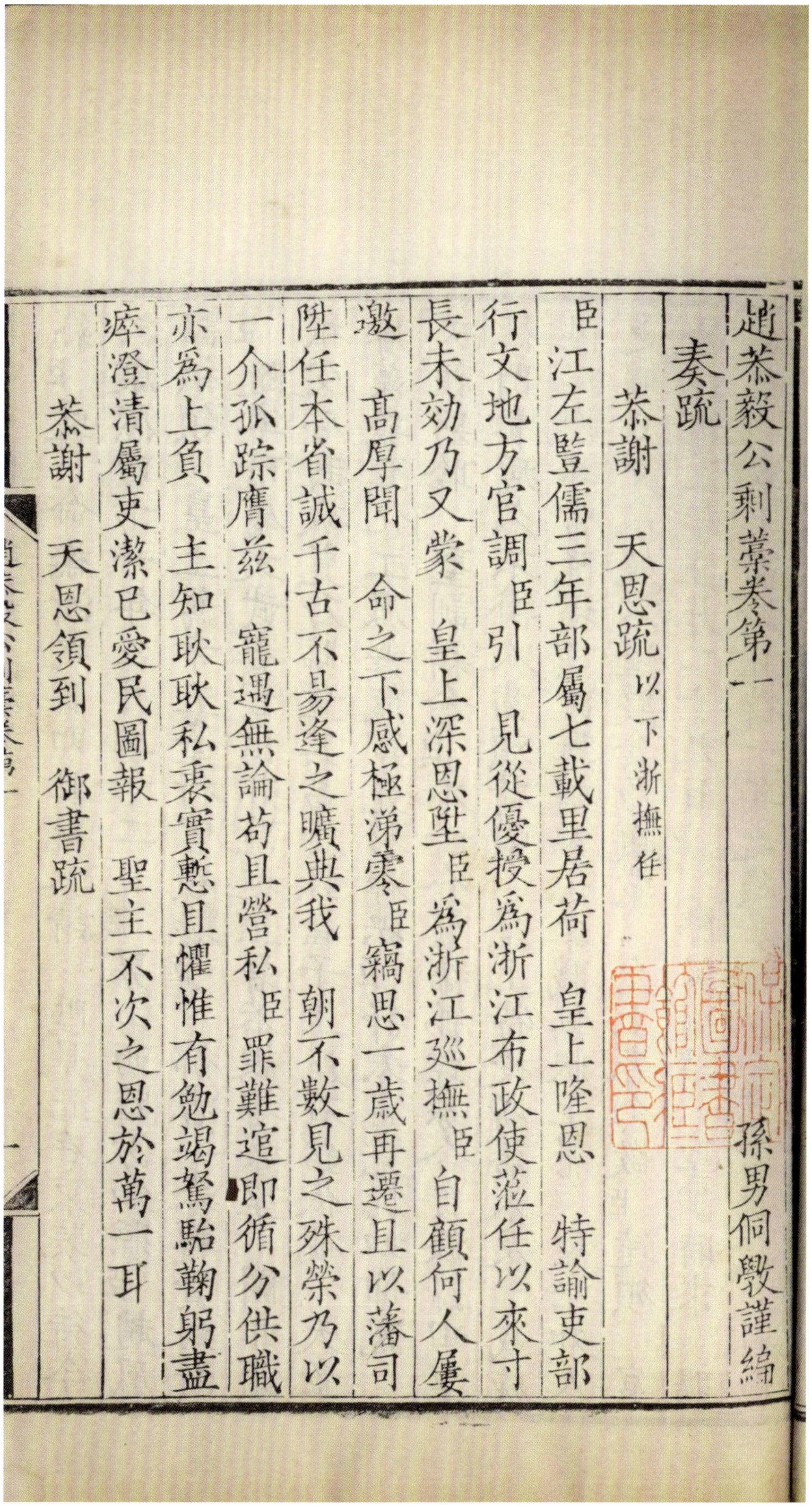
趙恭毅公剩稾卷第一　孫男侗斆謹編

奏疏

恭謝天恩疏 以下浙撫任

臣江左豎儒三年部屬七載里居荷皇上隆恩特諭吏部行文地方官調臣引見從優授爲浙江布政使蒞任以來寸長未効乃又蒙皇上深恩陞臣爲浙江巡撫臣自顧何人屢邀高厚聞命之下感極涕零臣竊思一歲再遷且以藩司陞任本省誠千古不易逢之曠典我朝不數見之殊榮乃以一介孤踪膺兹寵遇無論苟且營私臣罪難逭即循分供職亦爲上負主知耿耿私衷實慙且懼惟有勉竭駑駘鞠躬盡瘁澄清屬吏潔己愛民圖報聖主不次之恩於萬一耳

恭謝天恩領到御書疏

趙恭毅公剩稾八卷　（清）趙申喬撰　趙裘萼公剩稾四卷　（清）趙熊詔撰　清乾隆刻本

懷園集李詩卷之一

南楚車萬育著

五言古

古風十六首

百川無盡勢萬古流不絕凜冽天地間莫作千年別新月到應圓新花期啟發妾作兎絲花君如天上月潮水定可信懦夫感達節棄我如塵埃生死殊飄忽風沙妻苦顏徒霜鏡中髮相思

李杜詩集合選十六卷　（清）車萬育輯　清康熙懷園刻本

漁洋山人精華録訓纂卷六上

小門生東吳惠棟定宇撰

同學諸子參

今體詩三

送孫無言歸黃山四首

昨夢黃山碧溪月白雲三十六峯深朝來郊送滄洲逸興發還爲吳會吟

孫無言（杜于皇送孫無言歸黃山序新安孫子無言僑居廣陵有年矣一旦忽徧告友生曰嘿且歸黃山於是諸友生之能言者多爲文以贈其行）黃山（羅願新安志黃山舊名黟山在歙縣西北百二十八里高千一百八十仞東南則歙西南爲休寧西則黟於寧國府之太平縣漢書會稽太平上虞

精華録訓纂　卷六上　一　紅豆齋

漁洋山人精華録訓纂十卷金氏箋註辯訛一卷　（清）惠棟撰　漁洋山人自撰年譜二卷　（清）王士禛撰　（清）惠棟註補　清康熙惠氏紅豆齋刻本

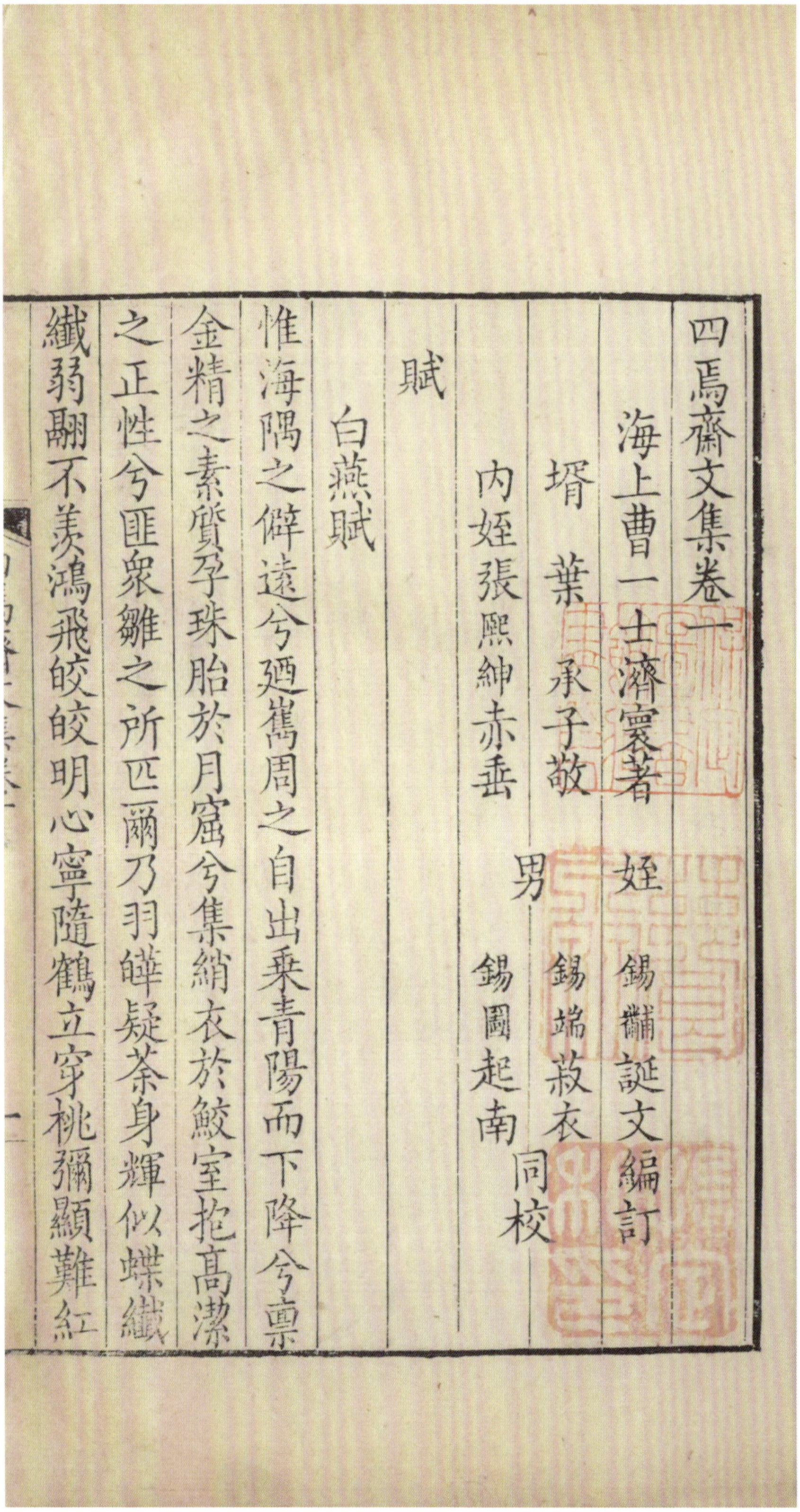

四焉齋文集卷一

海上曹一士濟寰著　姪錫黼誕文編訂

壻葉承子敬　男錫端菽衣

內姪張熙紳赤垂　錫圜起南同校

賦

白燕賦

惟海隅之僻遠兮迺嶲周之自出乘青陽而下降兮禀金精之素質孕珠胎於月窟兮集綃衣於鮫室抱高潔之正性兮匪衆雛之所匹爾乃羽皣疑荼身輝似蝶纖纖弱翮不羨鴻飛皎皎明心寧隨鶴立穿桃彌顯難紅

四焉齋文集八卷　（清）曹一士撰　清乾隆刻本

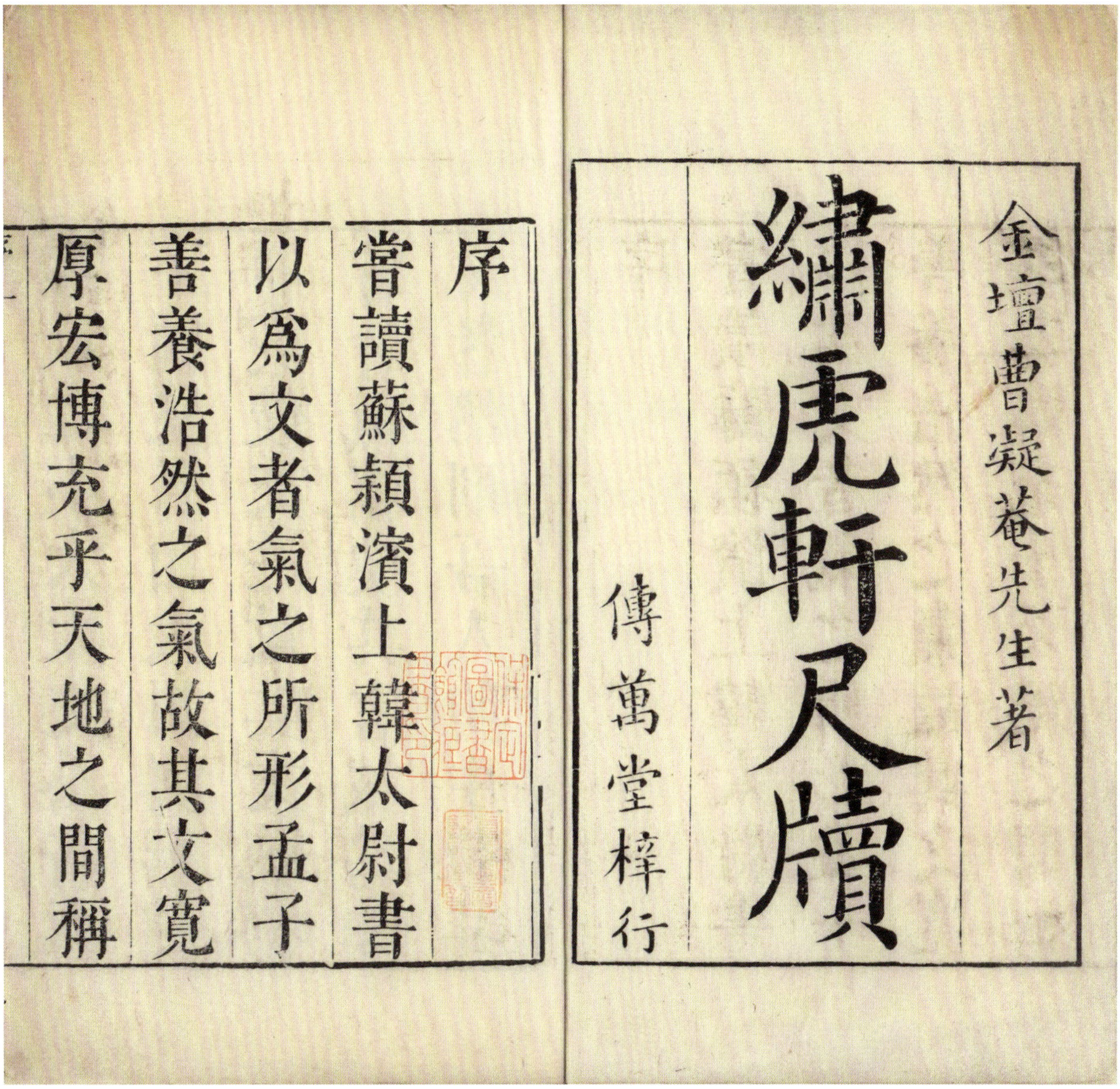

金壇曹凝菴先生著

繡虎軒尺牘

傳萬堂梓行

序

甞讀蘇穎濱上韓太尉書以爲文者氣之所形孟子善養浩然之氣故其文寬厚宏博充乎天地之間稱

繡虎軒尺牘八卷二集八卷三集八卷　（清）曹煜撰　清康熙傳萬堂刻本

夢月巖詩集卷一

新安呂履恒元素著

四言古詩 附古今樂府

秋木

秋木喻盛衰也陰陽更嬗時乎不復各敬爾身以保厥吉

秋木淒淒孔瘁于原天風戾止莫庇其根委厥下民以樵以燔

二章

有黟者烏亦集于枯捋其木實申申詈予將子無

夢月巖詩集二十卷詩餘一卷　（清）呂履恒撰　清雍正三年呂憲曾、呂宣曾家刻本

三魚堂文集卷之一

平湖陸隴其稼書著　門人常熟席永恂 前席 校

襍著

太極論

論太極者不在乎明天地之太極而在乎明人身之太極明人身之太極則天地之太極在是矣先儒之論太極所以必從陰陽五行天地生物之初言之者惟恐人不知此理之原故遡其始而言之使知此理

三魚堂文集卷之一　一

三魚堂文集十二卷外集六卷附録二卷　（清）陸隴其撰　清康熙四十年刻本

午亭文編卷一　　門人候官林佶輯錄

樂府

朝會燕饗樂章十四篇并序

康熙二十年十二月定饗祀樂章　詔禮部翰林院議明年正月尚書臣帥顏保學士臣陳廷敬等集議言郊　廟樂章世祖章皇帝所親定臣等不敢變易獨朝會燕饗沿習前明典章未備祈　勅下臣等考古樂之原定聲律之節作為雅歌用昭盛美　詔曰可於是禮臣曰此詞臣職也以屬臣廷敬臣待辠掌院事乃集諸詞臣謂之曰廷敬材能淺薄不足以光制述之事樂歌之作無如公

午亭文編五十卷　（清）陳廷敬撰　清康熙四十七年林佶寫刻本

午亭文編卷一　　門人候官林佶輯録

樂府

朝會燕饗樂章十四篇并序

康熙二十年十二月定饗祀樂章　詔禮部翰林院議
明年正月尚書臣帥顏保學士臣陳廷敬等集議言
郊廟樂章
世祖章皇帝所親定臣等不敢變易獨朝會燕饗沿習
前明典章未備祈　勅下臣等考古樂之原定聲律之
節作為雅歌用昭盛美　詔曰可於是禮臣曰此詞臣
職也以屬臣廷敬臣待舉掌院事乃集諸詞臣謂之曰
廷敬材能淺薄不足以光　制述之事樂歌之作無如公

午亭文編五十卷　（清）陳廷敬撰　清康熙四十七年林佶寫刻乾隆四十三年重印本

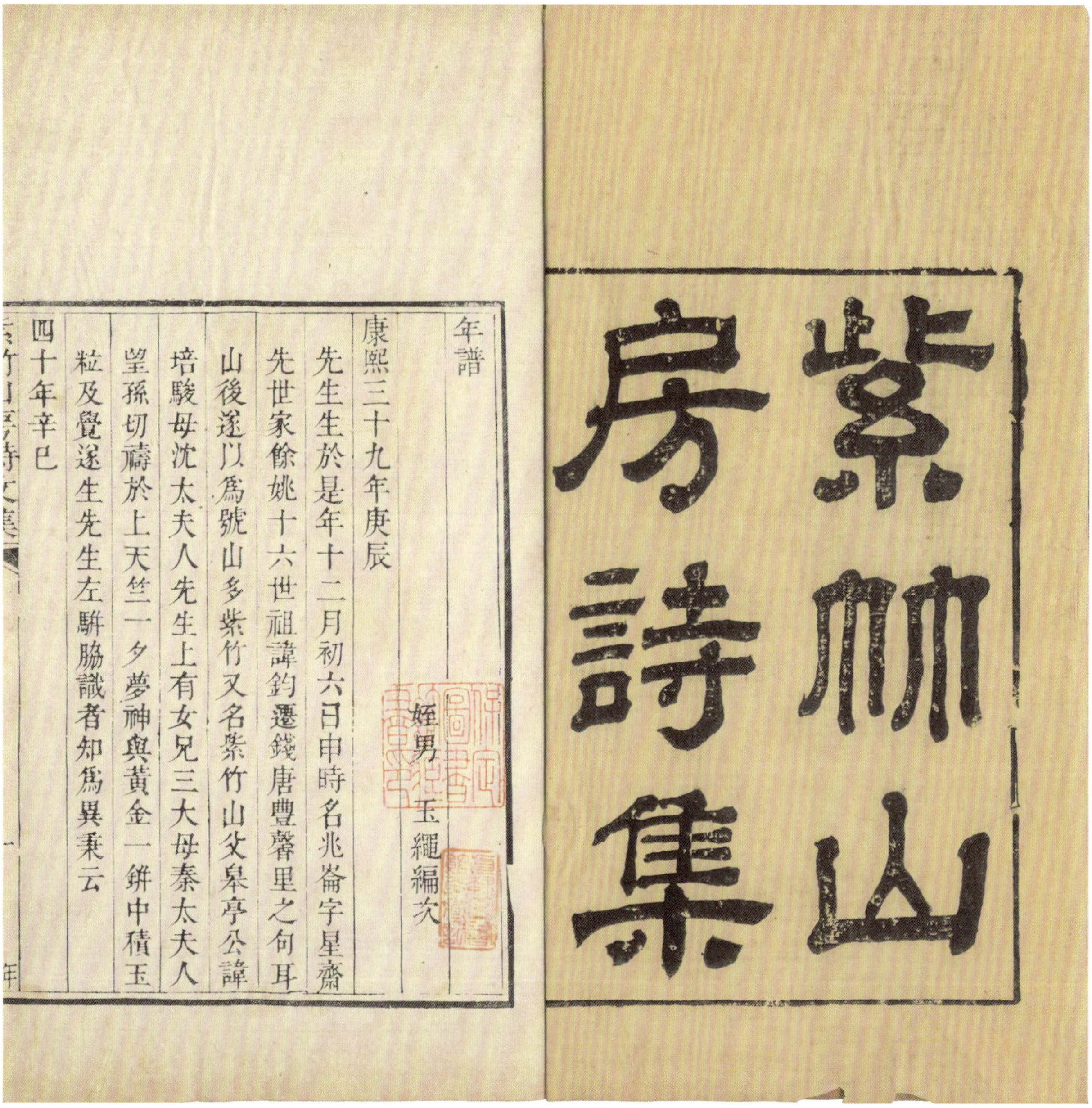

紫竹山房詩集十二卷文集二十卷　（清）陳兆崙撰　年譜一卷（清）陳玉繩撰　清乾隆刻本

道榮堂文集卷之一　　湘潭臣陳鵬年北溟著

奏疏書啟附

署理霸昌道謝　恩摺

竊臣一介庸愚至微至賤由康熙三十年進士自州縣効力河工兩任知府署理江蘇布政使皆奉
特旨簡用因居官不職愆過多端兩次
題參擬罪均蒙
恩宥復
命入

道榮堂文集六卷首一卷　（清）陳鵬年撰　清乾隆二十七年刻本

賴古堂集序

櫟園周公既卒之六年長君在浚寓書幣於友人汪楫以授寧都魏禧汪君再拜屬禧爲公神道文禧受書反幣再拜而謂汪君曰嗟夫周公禧何敢辭公之生也禧兄弟無葭莩交公尺牘遝自先徵君以下表章獎進者三世五人焉他日禧與公同客吳門心欽欽然不敢以布衣見既而聞公卒竊悲悼將歸山中舟過上清河持曾子止山之書以瓣香入哭公而同舟人歲且盡不肯泊遂悵望而去至今猶不能釋諸懷也嗟夫周公禧何敢辭禧竊見古今當代貴人傳誌之文皆非布衣所

賴古堂集二十四卷附錄一卷　（清）周亮工撰　清康熙十四年周在浚刻本

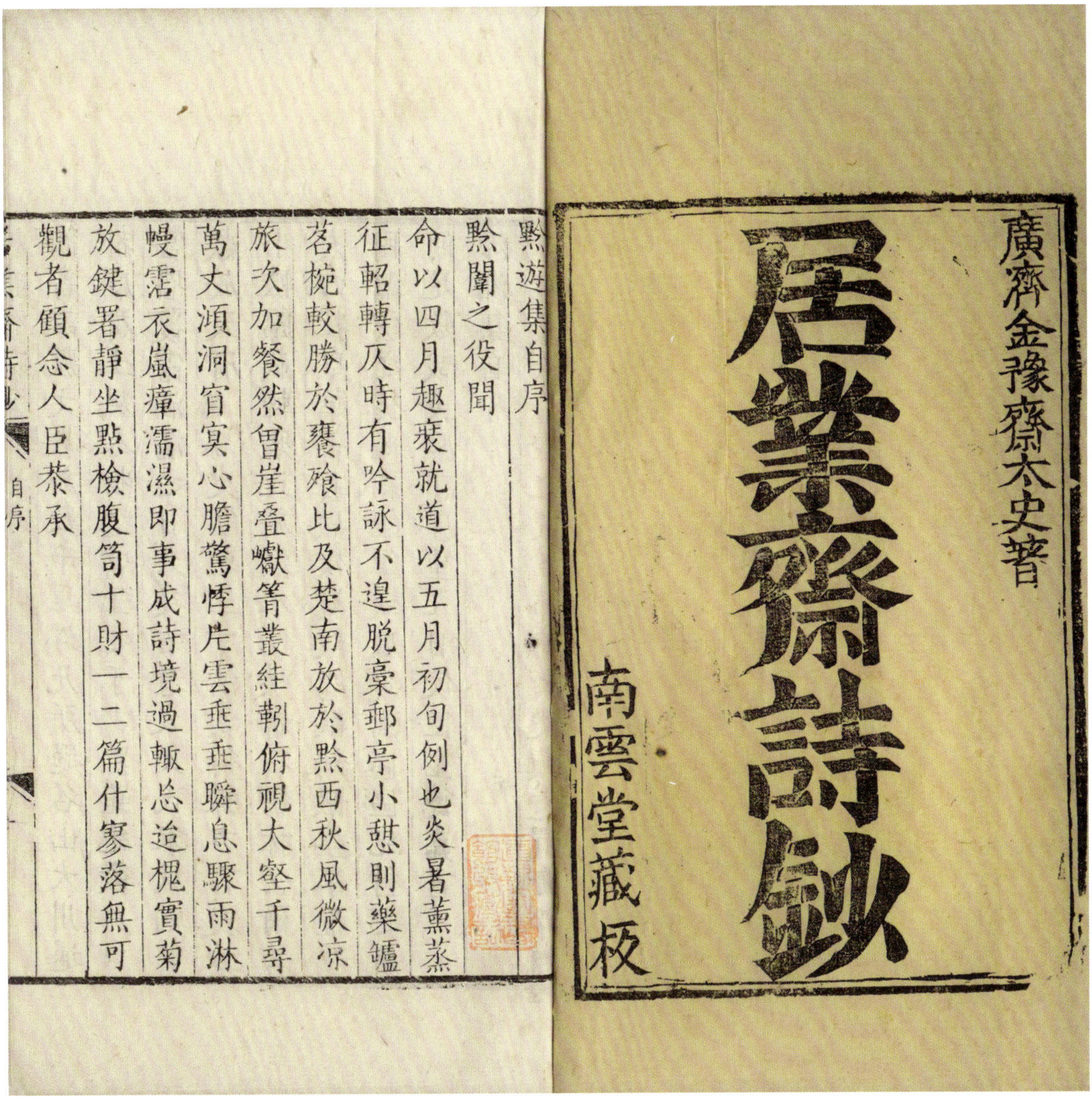
廣濟金豫齋太史著

居業齋詩鈔

南雲堂藏板

黔遊集自序

黔闈之役聞

命以四月趣裝就道以五月初旬俶也炎暑薰蒸征軺轉仄時有吟詠不遑脱稾郵亭小憇則藥鑪茗椀較勝於褰殘比及楚南放於黔西秋風微凉旅次加餐然冒崖疊巘箐叢絓輵俯視大壑千尋萬丈湏洞窅冥心膽驚悸芒雲垂垂瞬息驟雨淋幔霑衣嵐瘴濡濕即事成詩境過輙忘迨棍實菊放鍵署靜坐黙檢腹笥十財一二篇什寥落無可觀者顧念人臣恭承

居業齋詩鈔 自序

居業齋詩鈔二十二卷文稿二十卷別集十卷　（清）金德嘉撰　清康熙南雲堂刻本

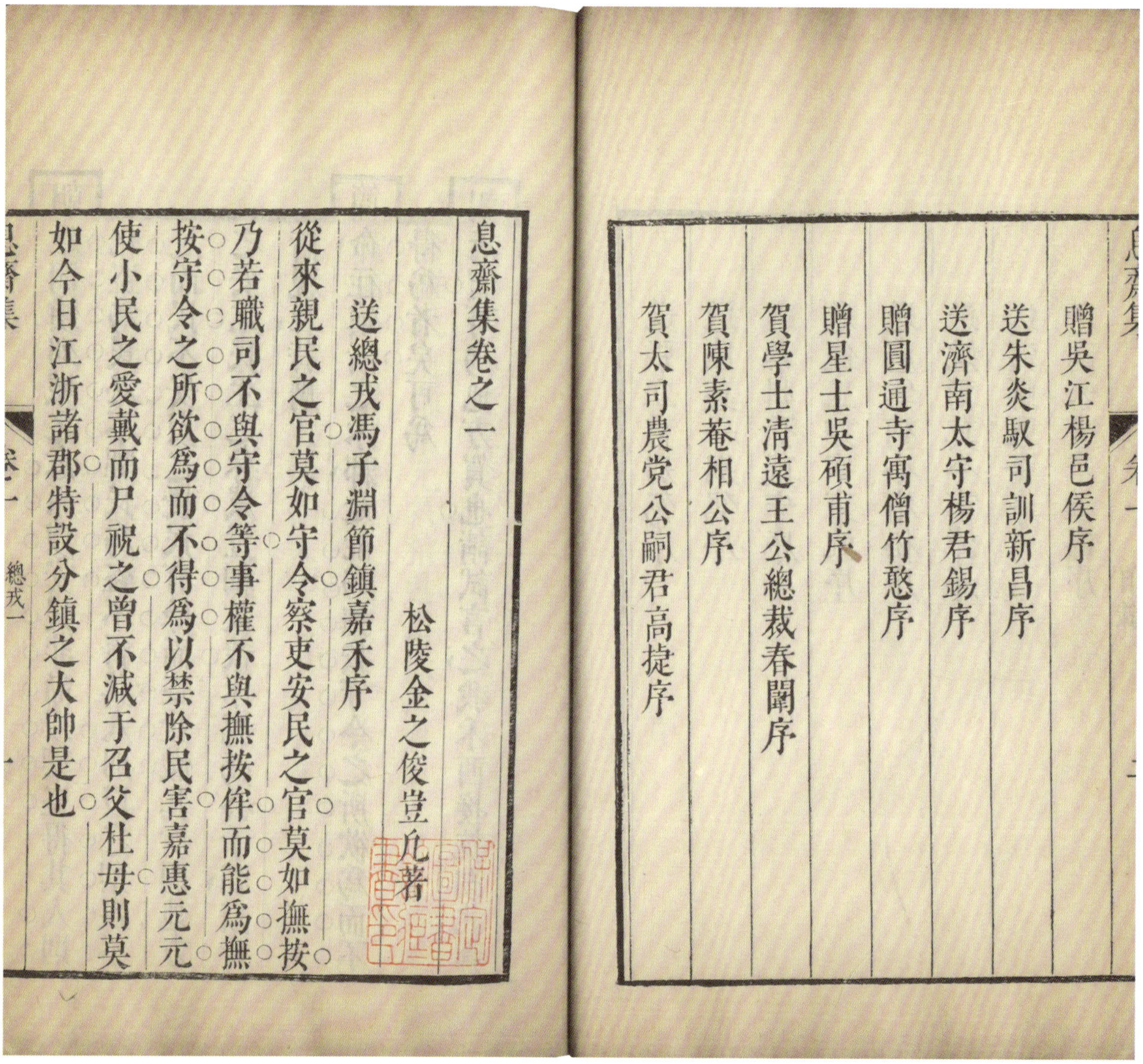

贈吳江楊邑侯序
送朱炎馭司訓新昌序
送濟南太守楊君錫序
贈圓通寺寓僧竹憨序
贈星士吳碩甫序
賀學士清遠王公總裁春闈序
賀陳素菴相公序
賀太司農党公嗣君高捷序

息齋集卷之一

松陵金之俊豈凡著

送總戎馬子淵節鎮嘉禾序

從來親民之官莫如守令察吏安民之官莫如撫按乃若職司不與守令等事權不與撫按侔而能爲撫按守令之所欲爲而不得爲以禁除民害嘉惠元元使小民之愛戴而尸祝之曾不減于召父杜母則莫如今日江浙諸郡特設分鎮之大帥是也

息齋集　卷一　總戎一　一

息齋集十卷疏草五卷　（清）金之俊撰　清順治康熙間刻本

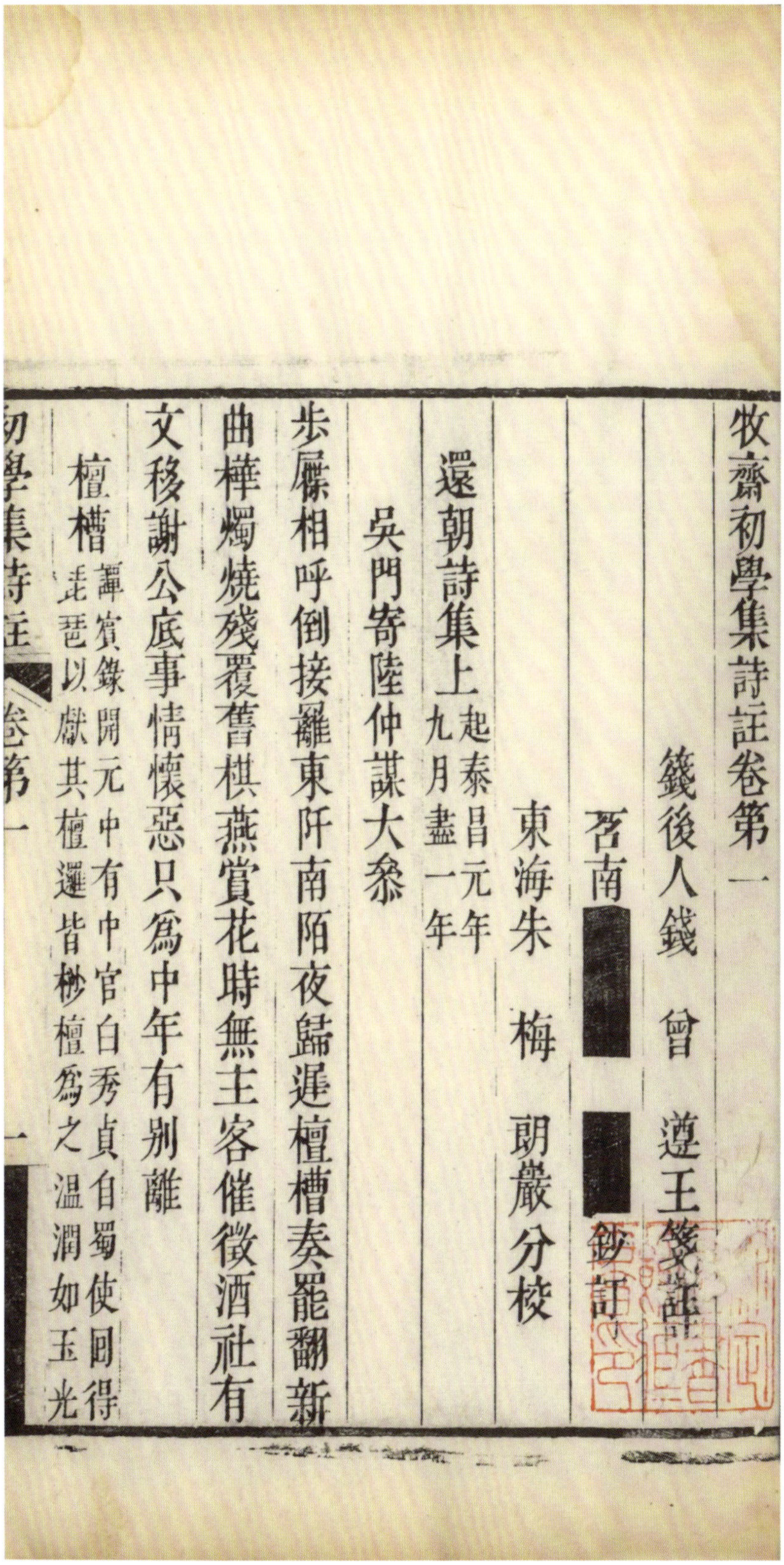
牧齋初學集詩註卷第一

錢後人錢　曾　遵王箋註

茗南■■鈔訂

東海朱　梅　朗巖分校

還朝詩集上起泰昌元年九月盡一年

吳門寄陸仲謀大叅

步屧相呼倒接䍦東阡南陌夜歸遲檀槽奏罷翻新曲樺燭燒殘覆舊棋燕賞花時無主客催徵酒社有文移謝公底事情懷惡只爲中年有別離

檀槽譚賓錄開元中有中官白秀貞自蜀使回得琵琶以獻其檀邏皆桫檀爲之温潤如玉光

初學集詩註　卷第一　一

牧齋初學集詩註二十卷有學集詩註十四卷　（清）錢謙益撰　錢曾箋註　清乾隆春暉堂刻本

古今體詩六十二首

男汝誠
汝恭 校字

香樹齋詩集卷一

嘉興錢陳羣集齋

感遇十二首用張曲江韻

纖絺御當夏浣風弄明絜林鳥相鳴飛坐令失隹節名花如美人無言自怡悅感茲遲暮心未忍輕一折

日景靜虛晝草木含孤清顧吾亦何得獨坐終移情飛沉理所適造化乘至精誰能見此意吾亦感吾誠

古今體詩七十六首

卷十六

古今體詩七十四首

卷十七

古今體詩七十二首

香樹齋詩集十八卷文集續鈔五卷續集三十六卷

（清）錢陳羣撰　清乾隆刻本

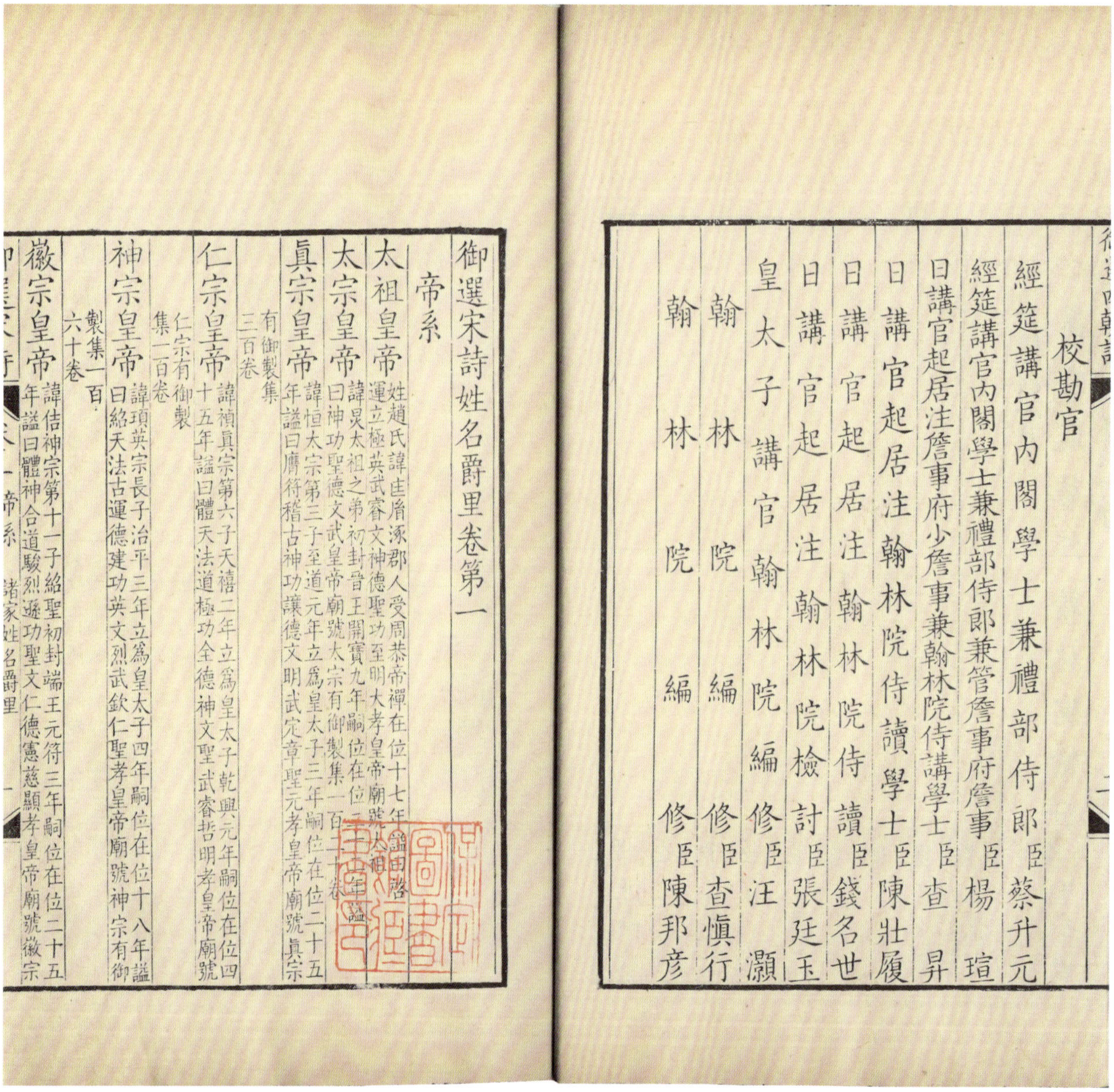

校勘官

經筵講官內閣學士兼禮部侍郎臣蔡升元

經筵講官內閣學士兼禮部侍郎兼管詹事府詹事臣楊瑄

日講官起居注詹事府少詹事兼翰林院侍講學士臣查昇

日講官起居注翰林院侍讀學士臣陳壯履

日講官起居注翰林院侍讀臣錢名世

日講官起居注翰林院檢討臣張廷玉

皇太子講官翰林院編修臣汪灝

翰林院編修臣查慎行

翰林院編修臣陳邦彥

御選宋詩姓名爵里卷第一

帝系

太祖皇帝　姓趙氏諱匡胤涿郡人受周恭帝禪在位十七年謚曰啓運立極英武睿文神德聖功至明大孝皇帝廟號太祖

太宗皇帝　諱炅太祖之弟初封晉王開寶九年嗣位在位二十二年謚曰神功聖德文武皇帝廟號太宗有御製集一百二十卷

真宗皇帝　諱恒太宗第三子至道元年立爲皇太子三年嗣位在位二十五年謚曰膺符稽古神功讓德文明武定章聖元孝皇帝廟號真宗有御製集三百卷

仁宗皇帝　諱禎真宗第六子天禧二年立爲皇太子乾興元年嗣位在位四十五年謚曰體天法道極功全德神文聖武睿哲明孝皇帝廟號仁宗有御製集一百卷

神宗皇帝　諱頊英宗長子治平三年立爲皇太子四年嗣位在位十八年謚曰紹天法古運德建功英文烈武欽仁聖孝皇帝廟號神宗有御製集一百六十卷

徽宗皇帝　諱佶神宗第十一子紹聖初封端王元符三年嗣位在位二十五年謚曰體神合道駿烈遜功聖文仁德憲慈顯孝皇帝廟號徽宗

御選宋詩　卷一　帝系　諸家姓名爵里　一

御選宋金元明四朝詩三百二卷首二卷姓名爵里十三卷　（清）張豫章等輯　清康熙四十八年内府刻本　入選《河北省名錄》0281號

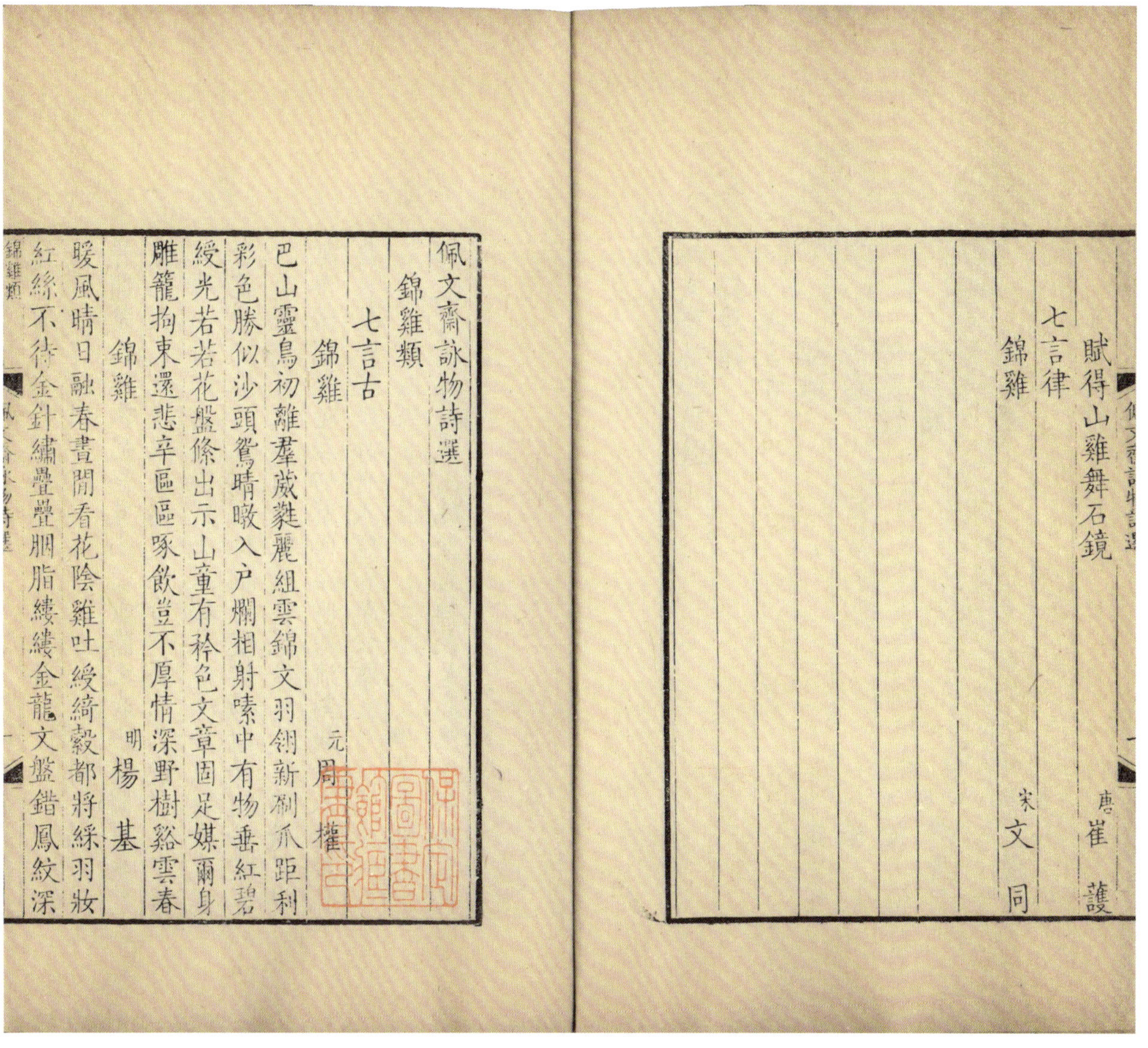

賦得山雞舞石鏡　唐　崔護

七言律

錦雞　宋　文同

佩文齋詠物詩選

錦雞類

七言古

錦雞　元　周權

巴山靈鳥初離羣葳蕤麗組雲錦文羽翎新剡爪距利彩色勝似沙頭鷥晴暾入户斕相射嗉中有物垂紅碧綬光若若花盤條出示山童有矜色文章固足媒爾身雕籠拘束還悲辛區區啄飲豈不厚情深野樹谿雲春

錦雞　明　楊基

暖風晴日融春晝閒看花陰雞吐綬綺縠都將綵羽妝紅絲不待金針繡疊疊胭脂縷縷金龍文盤錯鳳紋深

錦雞類　一

佩文齋詠物詩選四百八十六卷　（清）張玉書、汪霦等輯　清康熙四十八年内府刻本

賈長沙集卷全

漢　雒陽賈　誼著

明　太倉張　溥閱

賦

弔屈原賦

恭承嘉惠兮竢罪長沙仄聞屈原兮自湛汨羅
造託湘流兮敬弔先生遭世罔極兮迺隕厥身
烏虖哀哉兮逢時不祥鸞鳳伏竄兮鴟鴞翺翔
闒茸尊顯兮讒諛得志賢聖逆曳兮方正倒植

漢魏六朝一百三名家集一百十八卷　（明）張溥輯　明婁東張氏刻本

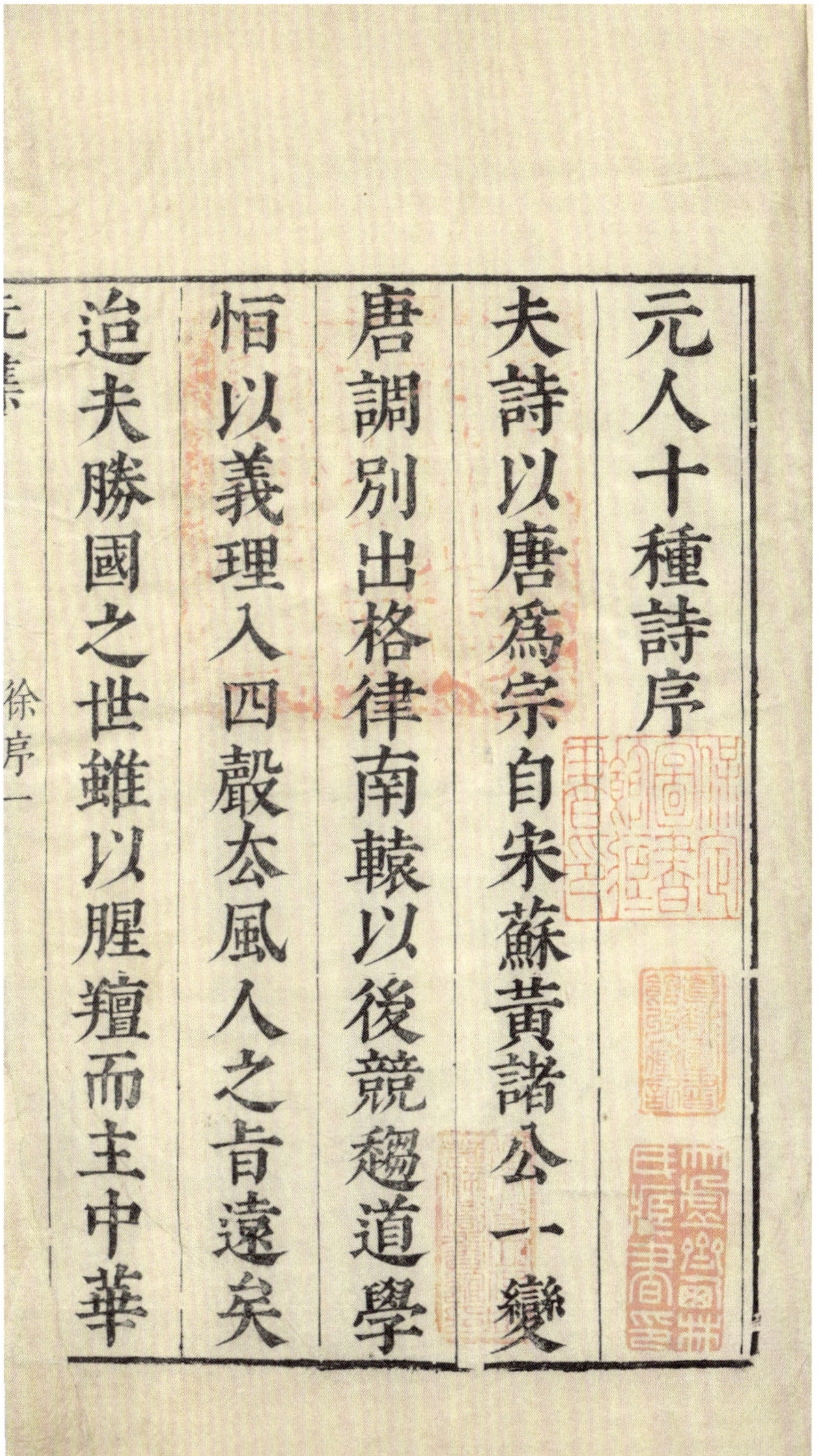

元人十種詩序

夫詩以唐爲宗自宋蘇黃諸公一變唐調別出格律南轅以後競趨道學恒以義理入四轂厺風人之旨遠矣迨夫勝國之世雖以腥羶而主中華

元集　徐序一

元人十種詩六十卷　（明）毛晉輯　明崇禎十一年海虞毛氏汲古閣刻本　入選《河北省名錄》0299號

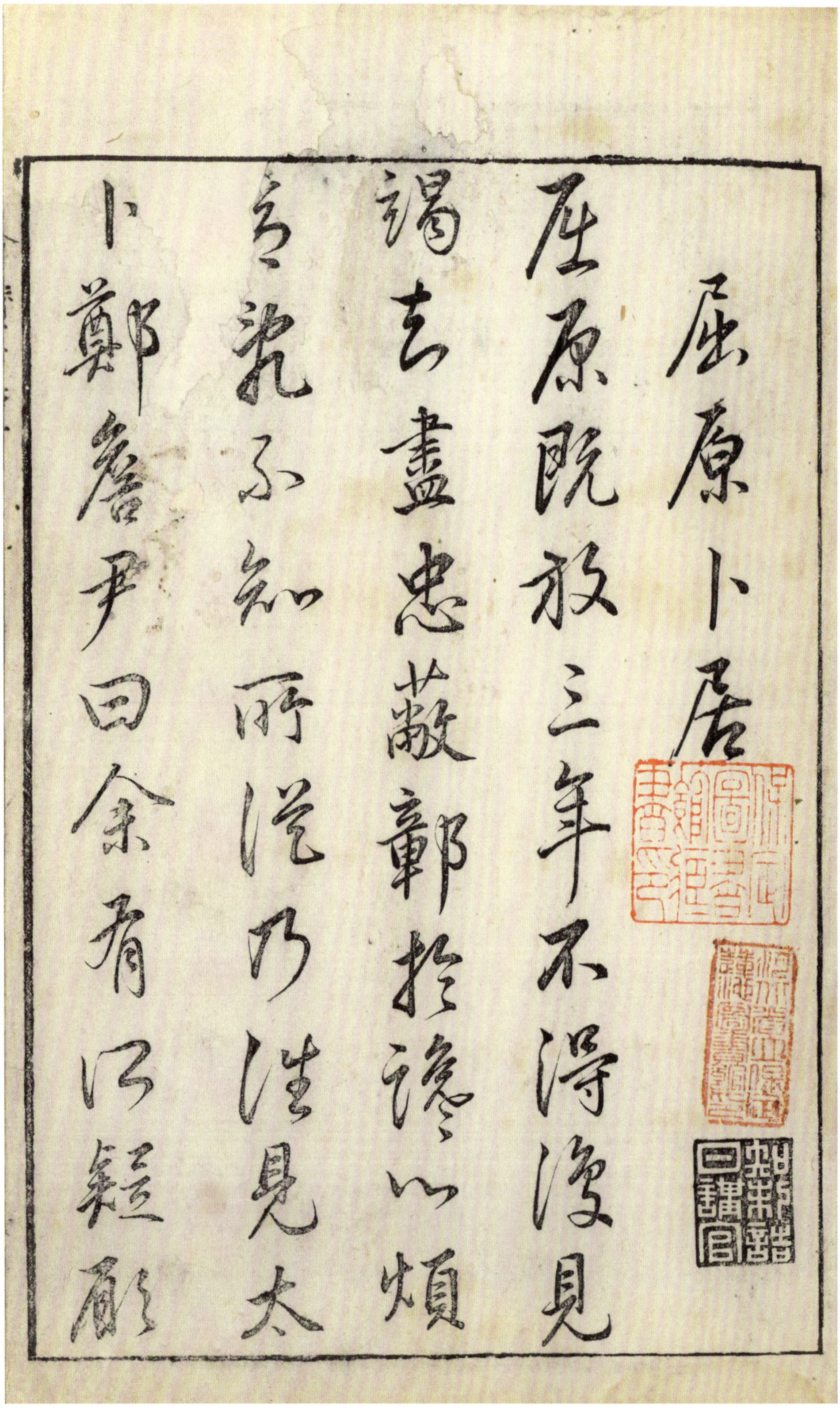

屈原卜居

屈原既放三年不得復見竭志盡忠蔽鄣於讒心煩慮亂不知所從乃往見太卜鄭詹尹曰余有所疑願

文字會寶不分卷　（明）朱文治輯　明萬曆三十六年刻本 入選《河北省名錄》0288號

王右丞詩集

四言詩

酬諸公見過

嗟余未喪哀此孤生屏居藍田薄地躬耕歲晏輸稅以奉粢盛晨往東皐草露未晞暮看烟火負擔來歸我聞有客足掃荊扉簞食伊何副瓜抓棗仰厠羣賢皤然一老媿無莞簟班荊席藁汎汎登陂折彼荷花靜觀素鮪俯映白沙山鳥羣飛日隱輕霞登車上馬倏忽雨散雀噪荒邨雞鳴空館還復幽獨重欷累歎

唐四家詩八卷　（清）汪立名輯　清康熙三十四年刻本

唐宋八家詩鈔卷一

華亭姚培謙平山輯

無錫黃蛟[illegible]

同里王祖庚香[illegible]

五言古

顏書

任君北方來手出郱州碑爲是魯公寫遺我我不辭魯公實豪傑慷慨忠義姿憶在天寶末變起漁陽師猛士不敢當儒生橫義旗感激數十郡連衡

唐宋八家詩五十二卷　（清）姚培謙輯　清雍正五年遂安堂刻本

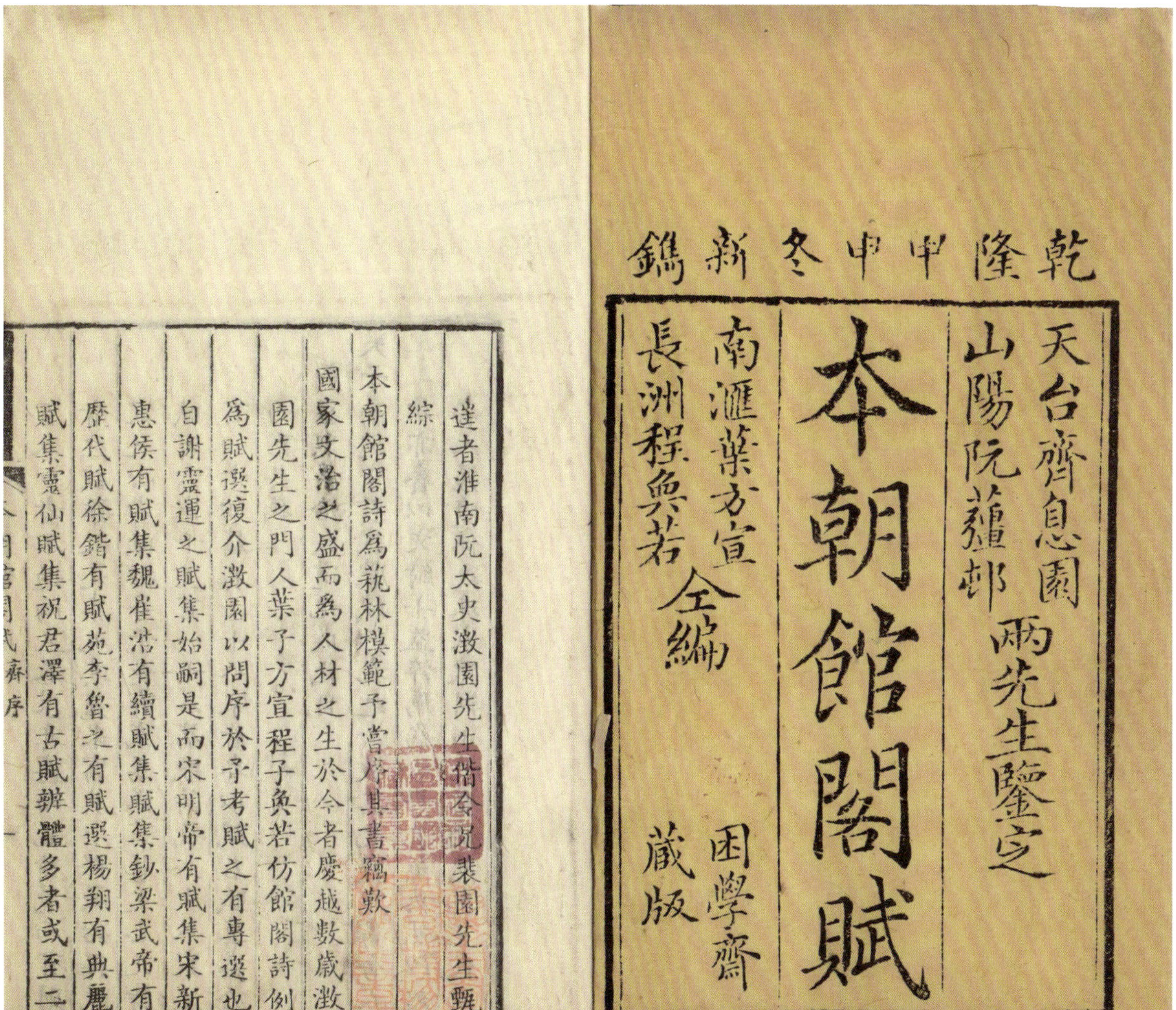

乾隆甲申冬新鐫

天台齊息園
山陽阮蘊郵 兩先生鑒定

本朝館閣賦

南滙葉方宣
長洲程奐若 仝編

困學齋藏版

達者淮南阮太史澂園先生偕令兄裴園先生甄
綜
本朝館閣詩爲藝林模範予嘗序其書竊歎
國家文治之盛而爲人材之生於今者慶越數歲澂
園先生之門人葉子方宣程子奐若仿館閣詩例
爲賦選復介澂園以問序於予考賦之有專選也
自謝靈運之賦集始嗣是而宋明帝有賦集宋新
渝惠侯有賦集魏崔浩有續賦集賦集鈔梁武帝有
歷代賦徐鍇有賦苑李魯之有賦選楊翔有典麗
賦集靈仙賦集祝君澤有古賦辨體多者或至二

本朝館閣賦序 一

本朝館閣賦前集十二卷　（清）葉抱崧、程際盛編　本朝館閣賦後集七卷補遺一卷附録一卷　（清）周澍塘、程際盛輯　稻香樓試貼二卷　（清）程際盛編　清乾隆困學齋刻本

淮海先生文粹卷一

宋　秦　觀少游著

明　虞山錢謙益校閱

進策

序篇

臣聞春則倉庚鳴夏則螻蟈鳴秋則寒蟬鳴冬則雉鳴此數物者微矣然其候未至則寂寞而無聞既至則日夜鳴而不已何則陰陽之所鼓動四時之所感發氣變於外則情迫於中雖欲不鳴不

蘇門六君子文粹七十卷　題（宋）陳亮輯　明崇禎刻本

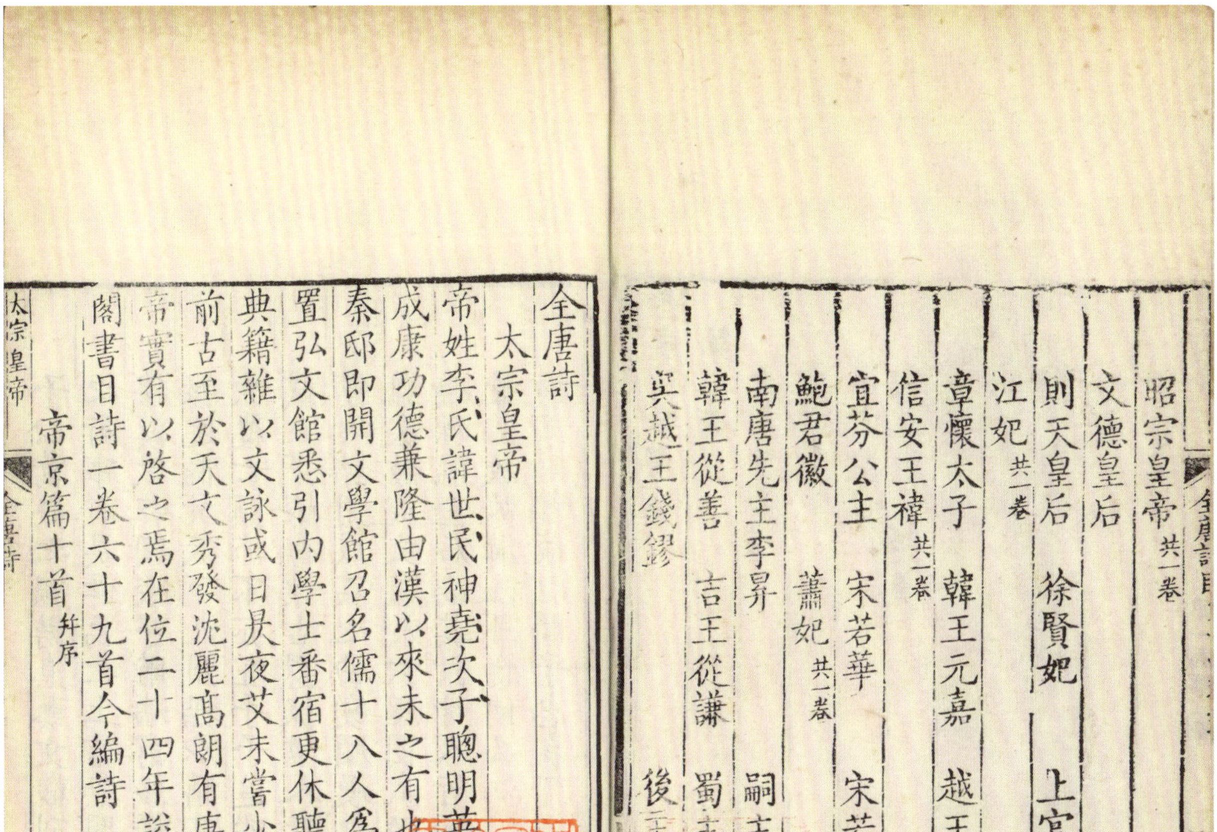

昭宗皇帝 共一卷

文德皇后

則天皇后　徐賢妃　上官昭容　楊貴妃

江妃 共一卷

章懷太子　韓王元嘉　越王貞

信安王禕 共一卷

宜芬公主　宋若華　宋若昭　宋若憲

鮑君徽　蕭妃 共一卷

南唐先主李昪　嗣主璟　後主煜

韓王從善　吉王從謙　蜀主王建　後主衍

吳越王錢鏐　後主錢俶

全唐詩

太宗皇帝

帝姓李氏諱世民神堯次子聰明英武貞觀之治庶幾成康功德兼隆由漢以來未之有也而銳情經術初建秦邸即開文學館召名儒十八人爲學士既即位殿左置弘文館悉引内學士番宿更休聽朝之間則與討論典籍雜以文詠或日昃夜艾未嘗少怠詩筆草隸卓越前古至於天文秀發沈麗高朗有唐三百年風雅之盛帝實有以啓之焉在位二十四年謚曰文集四十卷館閣書目詩一卷六十九首今編詩一卷

帝京篇十首 并序

全唐詩九百卷　（清）曹寅等輯　清康熙四十六年刻本

小畜集鈔

王禹偁字元之濟州鉅野人九歲能文大平興國八年進士授成武主簿徙知長洲縣端拱初召試擢右拾遺直史館拜左司諫知制誥坐劾妖尼貶商州團練使量移解州進拜左正言直弘文館出知單州尋召爲禮部員外郎再知制誥至道元年入翰林爲學士知審官院兼通進銀臺封駁司又坐謗訕罷爲工部郎中知滁州揚州召還知制誥又坐實錄直書出知黃州徙蘄州而卒年四十八今有小畜集六十二卷紹興丁卯沈虞卿所編也當時元之自編按其序則三十卷宋史言二十卷脫誤也元之詩學李杜故其贈朱嚴詩云誰憐所好還同我韓柳文章李杜詩學杜而未至故其示子詩云

小畜集鈔　一

宋詩鈔初集九十五卷　（清）呂留良、吳之振等編　清康熙十年吳氏鑑古堂刻本

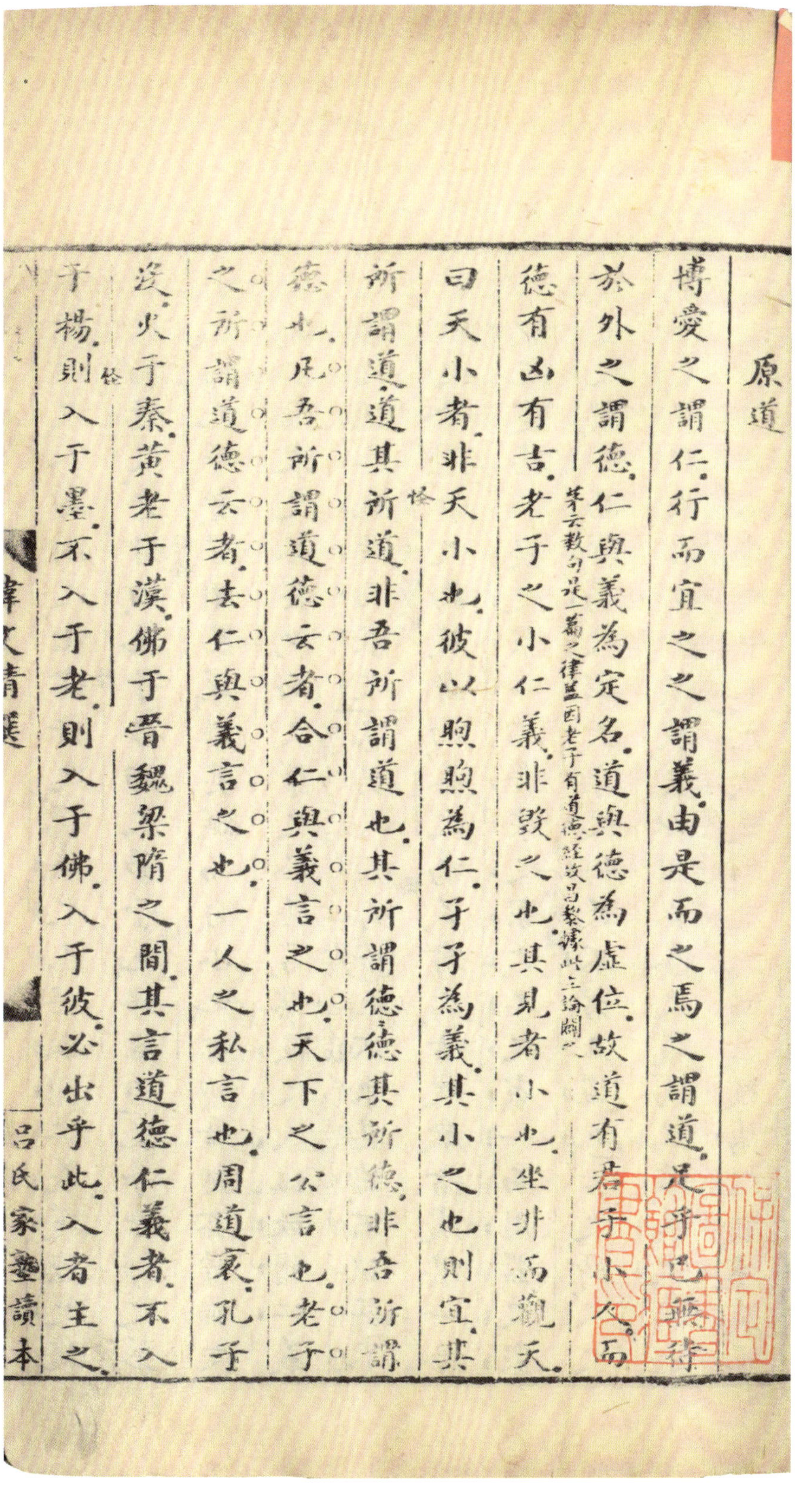
原道

博愛之謂仁行而宜之之謂義由是而之焉之謂道足乎己無待於外之謂德仁與義為定名道與德為虛位故道有君子有小人而德有凶有吉老子之小仁義非毀之也其見者小也坐井而觀天曰天小者非天小也彼以煦煦為仁孑孑為義其小之也則宜其所謂道道其所道非吾所謂道也其所謂德德其所德非吾所謂德也凡吾所謂道德云者合仁與義言之也天下之公言也老子之所謂道德云者去仁與義言之也一人之私言也周道衰孔子沒火于秦黃老于漢佛于晉魏梁隋之間其言道德仁義者不入于楊則入于墨不入于老則入于佛入于彼必出乎此入者主之

茅云數句是一篇之律蓋因老子有道德經故昌黎據此立論闢之

韓文精選

呂氏家塾讀本

晚邨先生八家古文精選不分卷　（清）呂留良編　呂葆中批點　清康熙四十三年呂氏家塾刻本

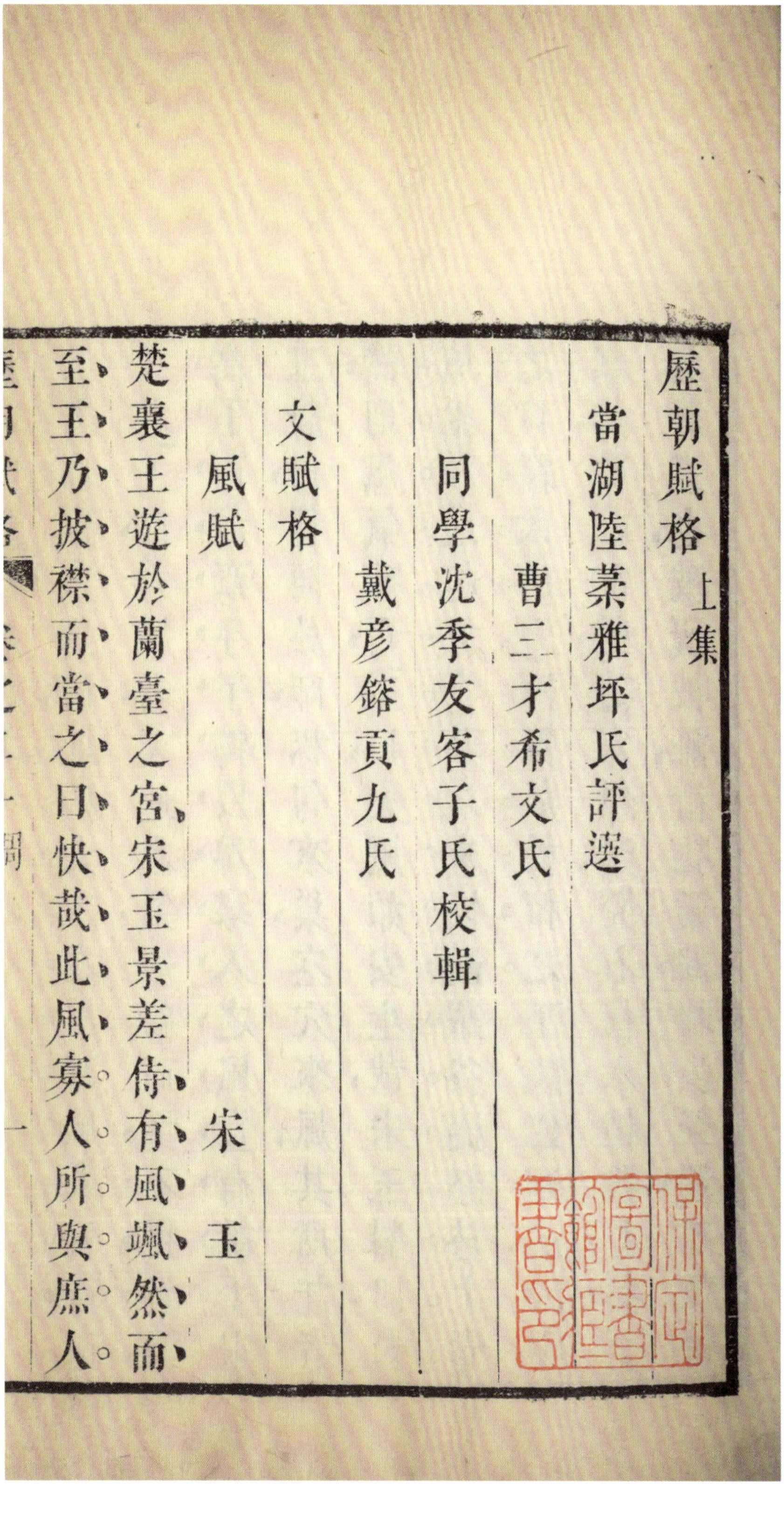
歷朝賦格　上集

當湖陸棻雅坪氏評選

曹三才希文氏

同學沈季友客子氏校輯

戴彥鎔貢九氏

文賦格

風賦　宋玉

楚襄王遊於蘭臺之宮宋玉景差侍有風颯然而

至王乃披襟而當之曰快哉此風寡人所與庶人

歷朝賦格十五卷　（清）陸棻輯　清康熙二十五年刻本

宋十五家詩選

東海 陳訏 輯

梅堯臣

字聖俞宣州宣城人以廕爲河南主簿留守錢惟演甚嗟賞之歐陽修與爲詩友自以爲不及歷德興令知建德襄城縣監湖州稅僉書忠武鎮安判監永豐倉大臣薦宜館閣召試賜進士出身爲國子監直講累遷尚書都官員外郎預修唐書書成未奏而卒詩有宛陵集

歐陽文忠公云聖俞生平苦於吟咏以閑遠古淡爲意故其構思極艱又云知聖俞詩者莫如某然聖俞平生所自負者皆某所不好聖俞所卑下者皆某所稱賞知心賞音之難如是　龔嘯云去浮靡之習於崑體極弊之際存古淡之道於諸大家未起之先此所以爲梅都官詩也　許彥周云梅聖俞詩句之精鍊古體如朱絃疏越一唱三嘆讀者當以意求之　劉後邨云本朝詩惟宛陵爲開山祖師宛陵出而後桑濮之淫哇稍息風雅

宋十五家詩選十六卷　（清）陳訏編　清康熙三十二年刻本

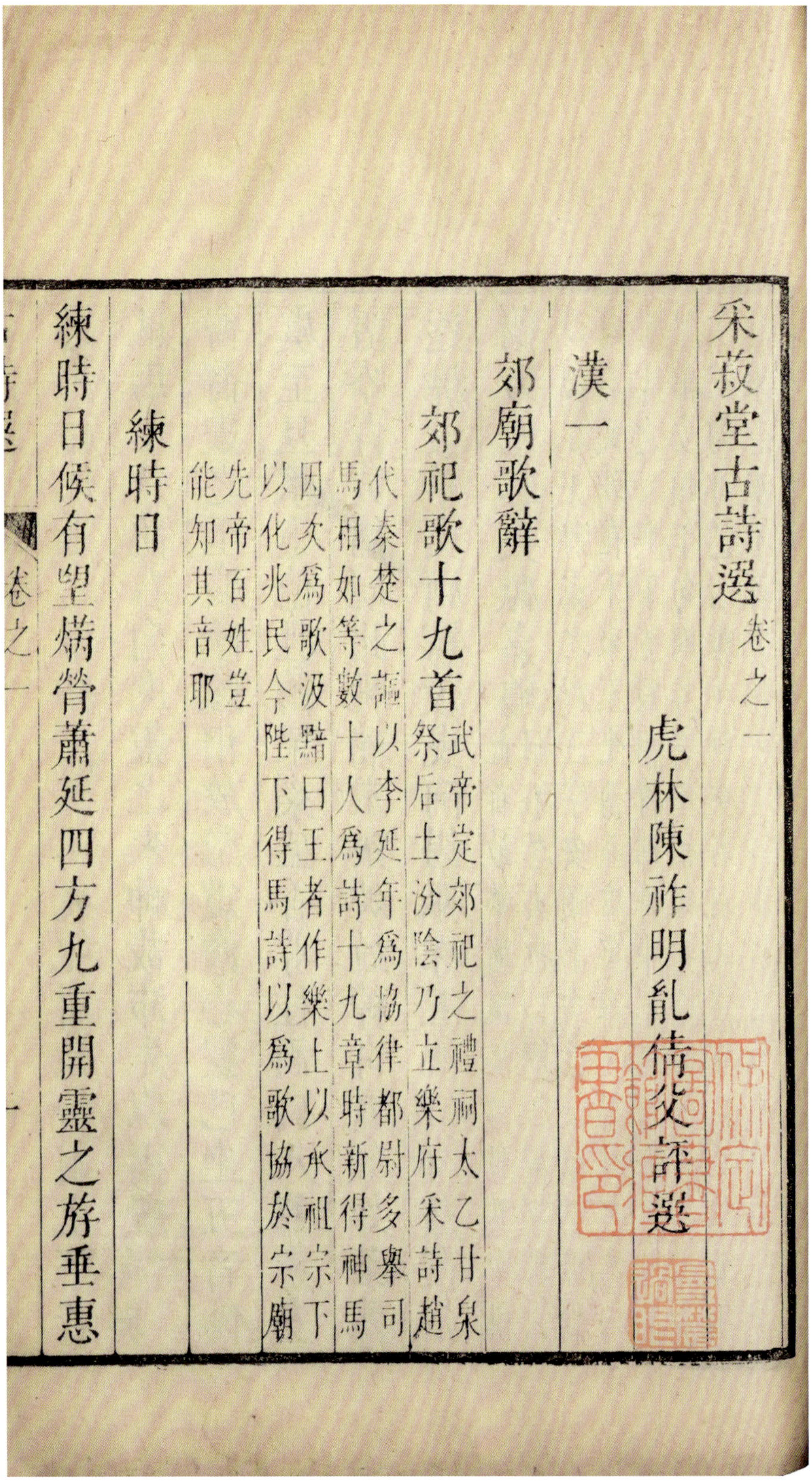
采菽堂古詩選卷之一

虎林陳祚明胤倩父評選

漢一

郊廟歌辭

郊祀歌十九首武帝定郊祀之禮祠太乙甘泉祭后土汾陰乃立樂府采詩趙代秦楚之謳以李延年爲協律都尉多舉司馬相如等數十人爲詩十九章時新得神馬因灾爲歌汲黯曰王者作樂上以承祖宗下以化兆民今陛下得馬詩以爲歌協於宗廟先帝百姓豈能知其音耶

練時日

練時日侯有望焫膋蕭延四方九重開靈之斿垂惠

古詩選　卷之一　一

采菽堂古詩選三十八卷補遺四卷　（清）陳祚明輯　清康熙刻本　入選《河北省名錄》0293號

東坡先生詩鈔

禹航　周之鱗雪蒼
仁和　柴　升錦川　仝選

五言古

杜沂遊武昌以酴醾花菩薩泉見餉

酴醾不爭春寂寞開最晚青蛟走玉骨羽蓋蒙珠幰不
粧艶已絕無風香自遠淒涼吳宮闕紅粉埋故苑至今
微月夜笙簫來翠𪩘餘妍入此花千載尚清婉怪君呼
不歸定爲花所挽昨宵雷雨惡花盡君應返

至下馬磧憩於北山僧舍有閣曰懷賢南直斜谷

宋四名家诗二十七卷　（清）周之鳞、柴升编　清康熙三十二年弘訓堂刻本

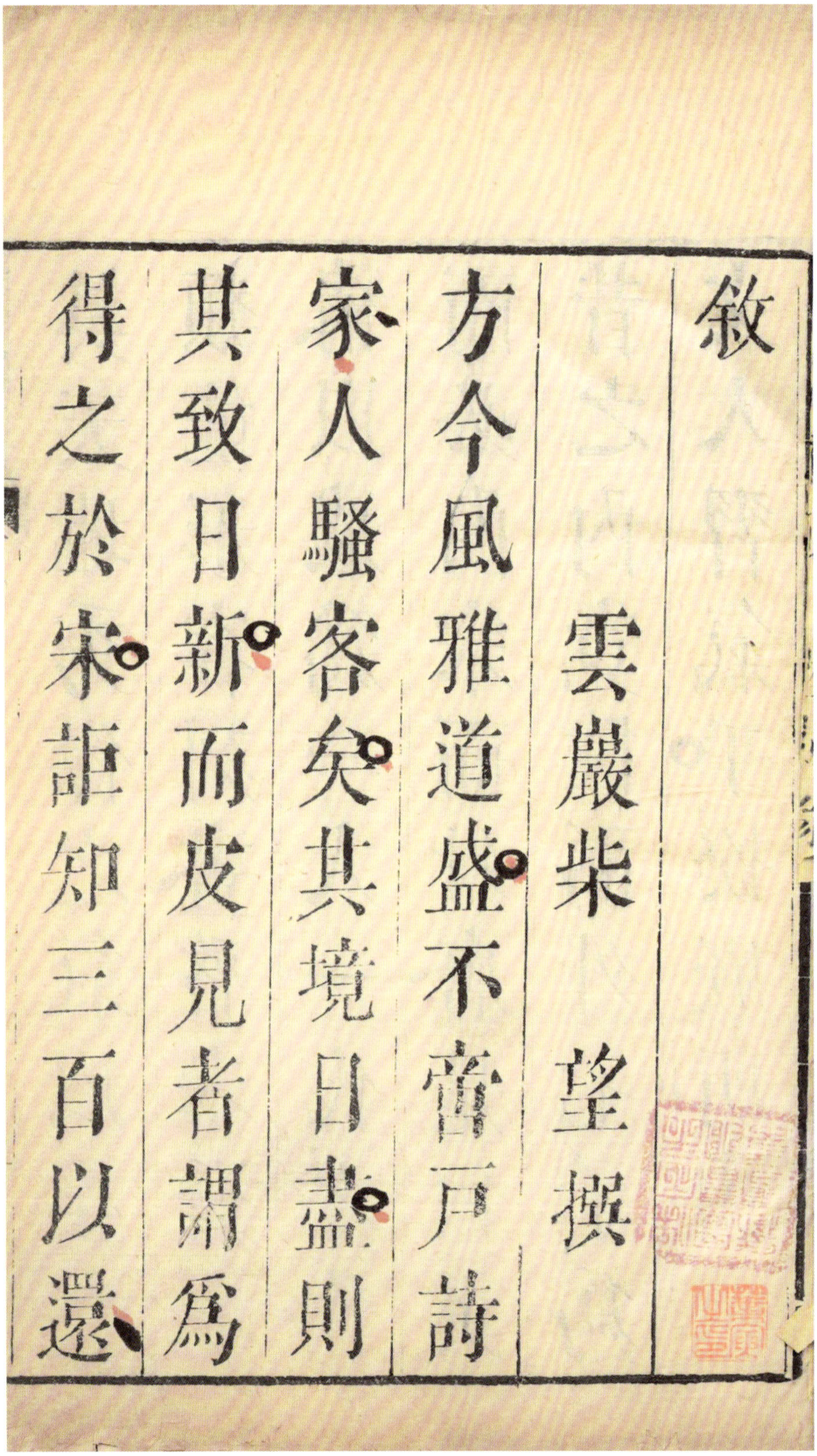

敘

雲巖柴　望撰

方今風雅道盛不啻戶詩家人騷客矣其境日盡則其致日新而皮見者謂爲得之於宋詎知三百以還

宋四名家詩不分卷　（清）周之鱗、柴升編　清刻本

盛明百家詩　高楊張徐集

國初詩稱高楊張徐四家盖於我明有倡始率作之義焉予宦遊廿年餘求之弗得既歸乃得之吳門吳氏况荒陬下邑見之不旣難乎遂用彙刻以便傳覽四家皆起於徵聘高名啓字季廸仕至户部侍郎其詩名缶鳴集楊名基字孟載仕至山西按察使詩名眉菴集張名羽字來儀仕至太常司丞詩名靜居集徐名賁字幼文仕至河南左布政使詩名北郭集高楊徐皆吳人惟張産於江西之潯陽後亦寓居吳興嘉靖丙寅錫山後學俞憲識

盛明百家詩二百八十三卷　（明）俞憲輯　明嘉靖隆慶間刻本

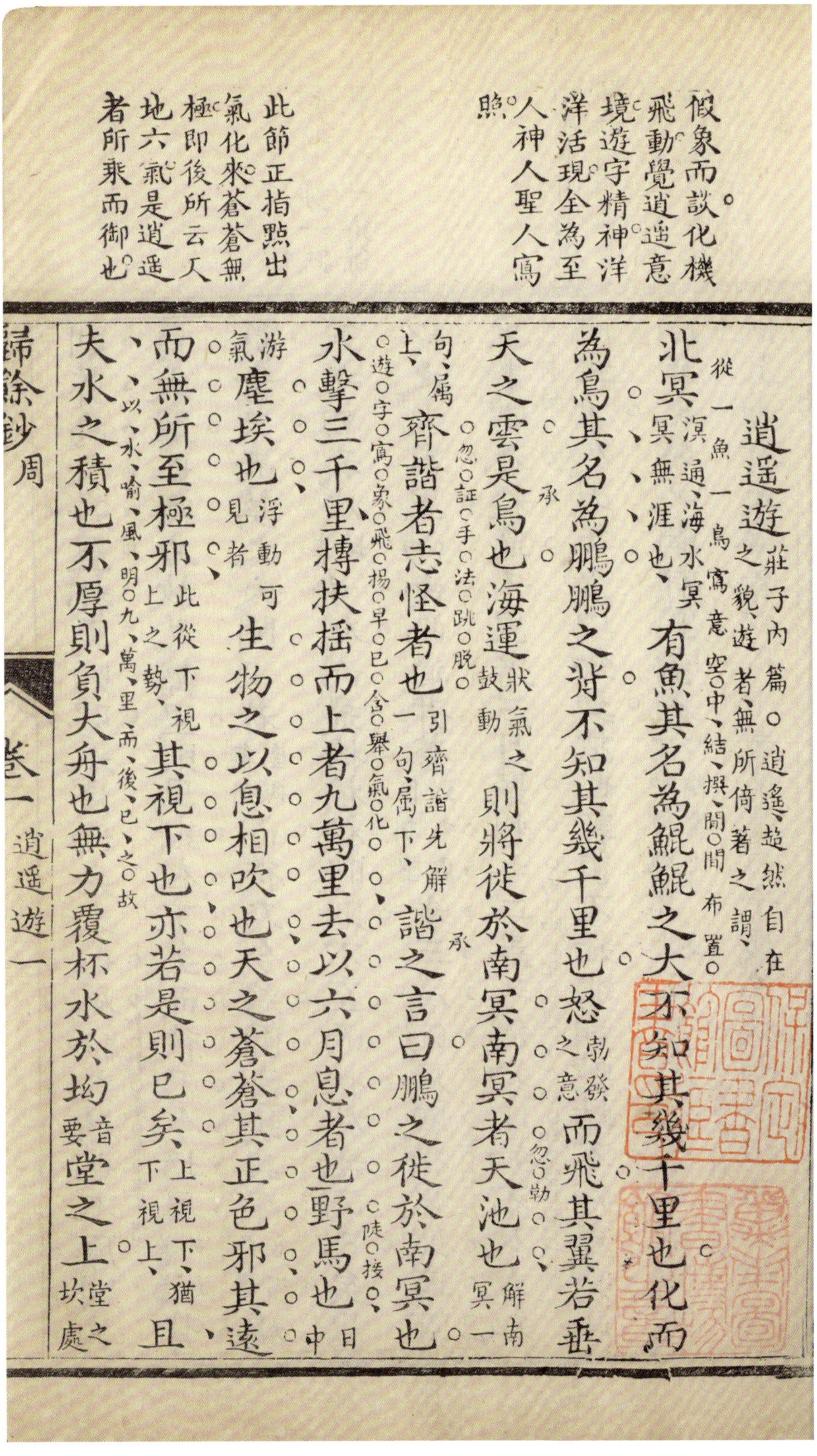

假象而談化機飛動覺逍遥意境遊字精神洋洋活現全為至人神人聖人寫照

此節正指點出氣化來蒼蒼無極即後所云天地六氣是逍遥者所乘而御也

逍遥遊 莊子內篇 逍遥超然自在之貌遊者無所倚著之謂

從一魚一鳥寫意空中結撰閒閒布置

北冥 溟通海水冥冥無涯也 有魚其名為鯤鯤之大不知其幾千里也化而為鳥其名為鵬鵬之背不知其幾千里也怒 勃發之意 而飛其翼若垂天之雲是鳥也海運 狀氣之鼓動 則將徙於南冥南冥者天池也 解南冥一句屬上

承

忽証手法跳脫

齊諧者志怪者也 引齊諧先解一句屬下 諧之言曰鵬之徙於南冥也

承

遊字寫象飛揚早已含舉氣化 陡接

水擊三千里摶扶搖而上者九萬里去以六月息者也野馬也 日中游氣 塵埃也 浮動可見者 生物之以息相吹也天之蒼蒼其正色邪其遠而無所至極邪 此從下視上之勢 其視下也亦若是則已矣 上視下猶下視上 且

以水喻風明九萬里而後已之故

夫水之積也不厚則負大舟也無力覆杯水於坳 音要 堂之上 堂之坎處

歸餘鈔 周 卷一 逍遥遊 一

歸餘鈔四卷　（清）高塘集評　清乾隆五十三年刻本

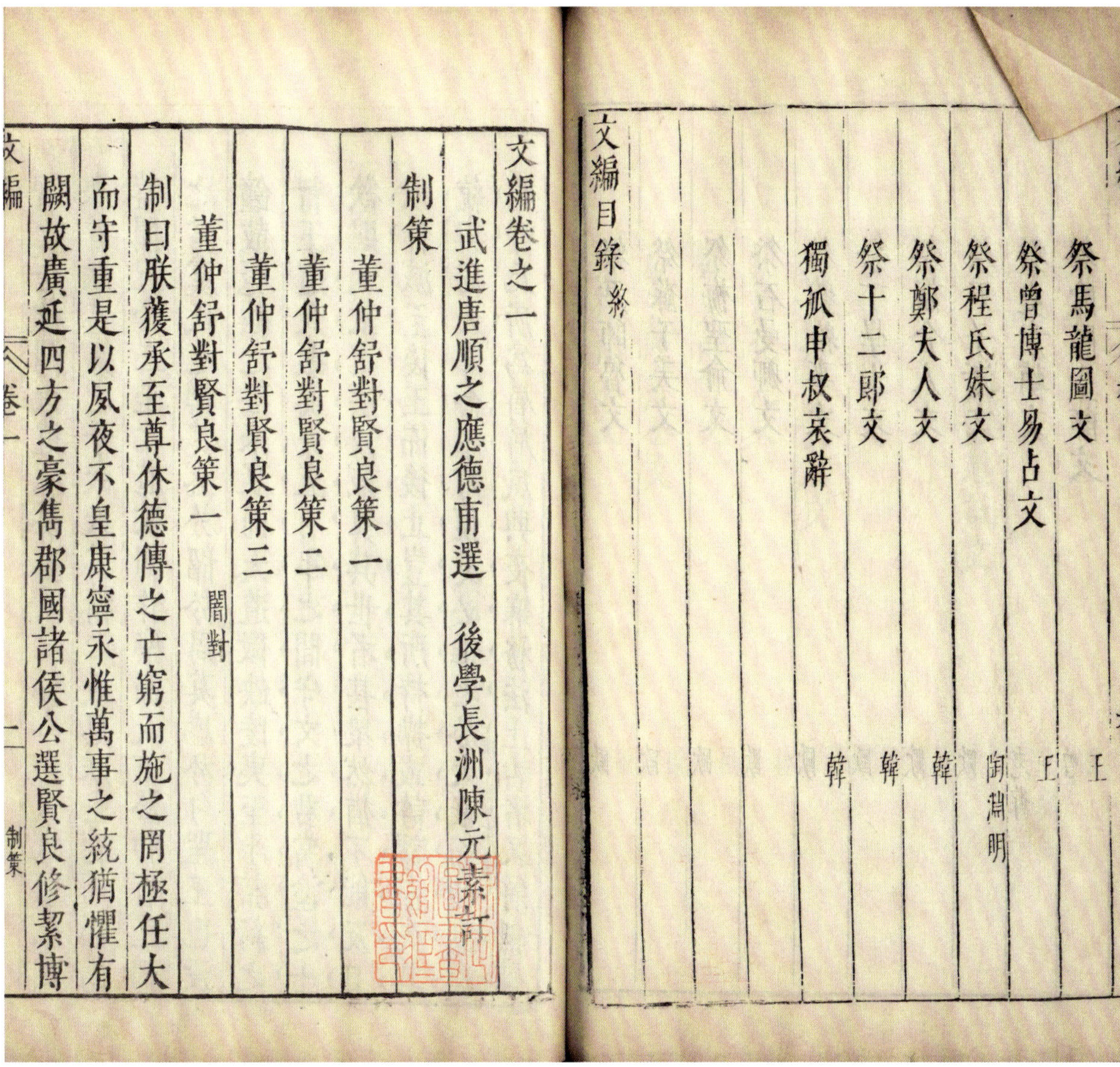

文編目錄

祭馬龍圖文 王

祭曾博士易占文 王

祭程氏妹文 陶淵明

祭鄭夫人文 韓

祭十二郎文 韓

獨孤申叔哀辭 韓

文編目錄 終

文編卷之一

武進唐順之應德甫選 後學長洲陳元素訂

制策

董仲舒對賢良策一

董仲舒對賢良策二

董仲舒對賢良策三

董仲舒對賢良策一 闕對

制曰朕獲承至尊休德傳之亡窮而施之罔極任大而守重是以夙夜不皇康寧永惟萬事之統猶懼有闕故廣延四方之豪儁郡國諸侯公選賢良修絜博

文編 卷一 二 制策

文編六十四卷 （明）唐順之輯 明天啟年刻本 入選《河北省名錄》0286號

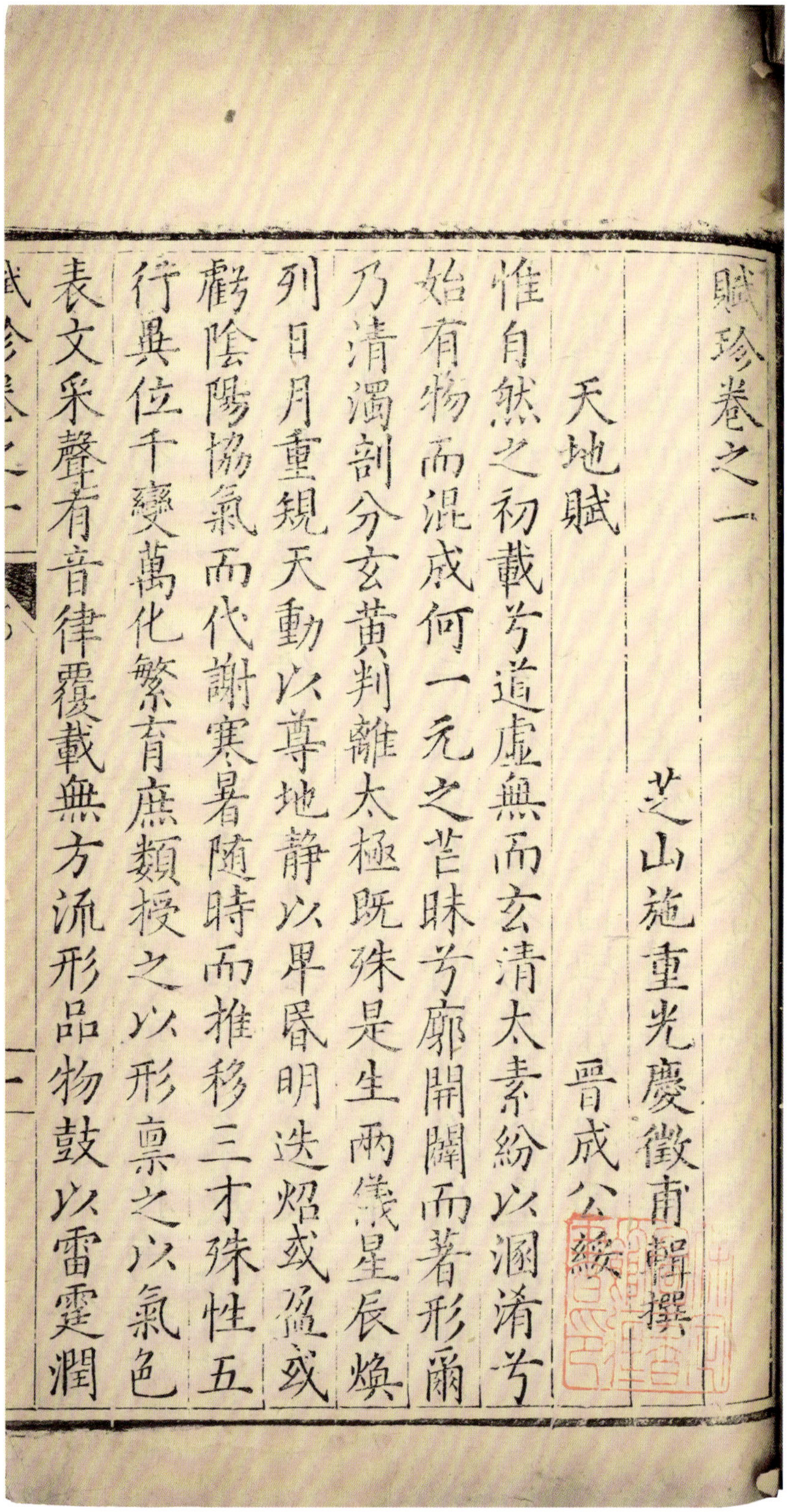
賦珍卷之一

芝山施重光慶徵甫輯撰

天地賦　　晉成公綏

惟自然之初載兮道虛無而玄清太素紛以溷淆兮始有物而混成何一元之芒昧兮廓開闢而著形爾乃清濁剖分玄黃判離太極既殊是生兩儀星辰煥列日月重規天動以尊地靜以卑昏明迭炤或盈或虧陰陽協氣而代謝寒暑隨時而推移三才殊性五行異位千變萬化繁育庶類授之以形禀之以氣色表文采聲有音律覆載無方流形品物鼓以雷霆潤

賦珍八卷　（明）施重光輯　明刻本

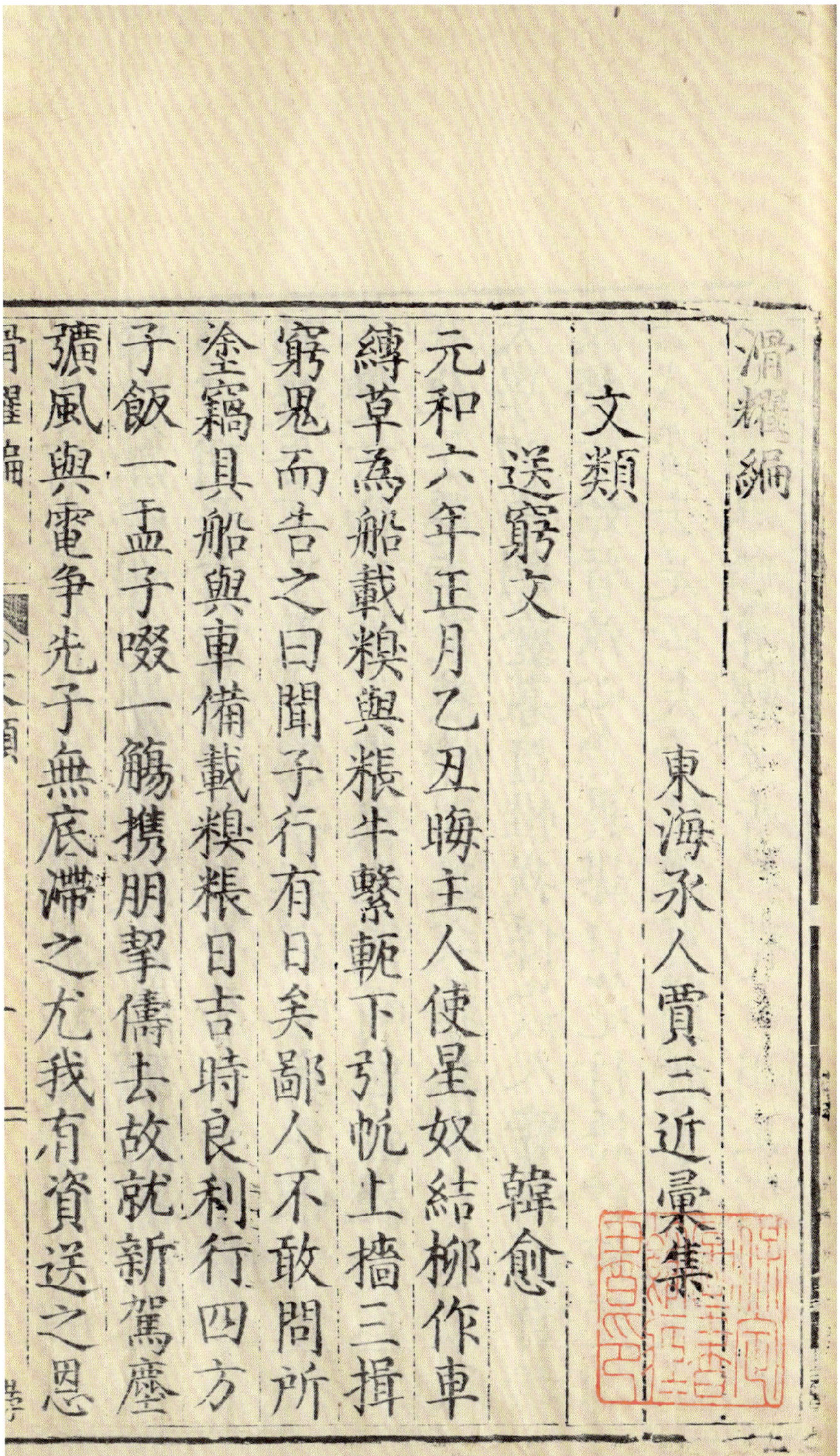
滑耀編

東海丞人賈三近彙集

文類

送窮文　韓愈

元和六年正月乙丑晦主人使星奴結柳作車縛草為船載糗與粻牛繫軛下引帆上檣三揖窮鬼而告之曰聞子行有日矣鄙人不敢問所塗竊具船與車備載糗粻日吉時良利行四方子飯一盂子啜一觴携朋挈儔去故就新駕塵彍風與電爭先子無底滯之尤我有資送之恩

滑耀編不分卷　（明）賈三近輯　明萬曆刻本　入選《河北省名錄》0290號

御選唐宋文醇卷之一

昌黎韓愈文一

原毀

古之君子其責己也重以周其待人也輕以約重以周故不怠輕以約故人樂為善聞古之人有舜者其為人也仁義人也求其所以為舜者責於己曰彼人也予人也彼能是而我乃不能是早夜以思去其不如舜者就其如舜者聞古之人有周公者其為人也多才與藝人也求其所以為周公者責於己曰彼人也予人也彼能是而我乃不能

御選唐宋文醇五十八卷　（清）高宗弘曆輯　清乾隆三年內府刻本

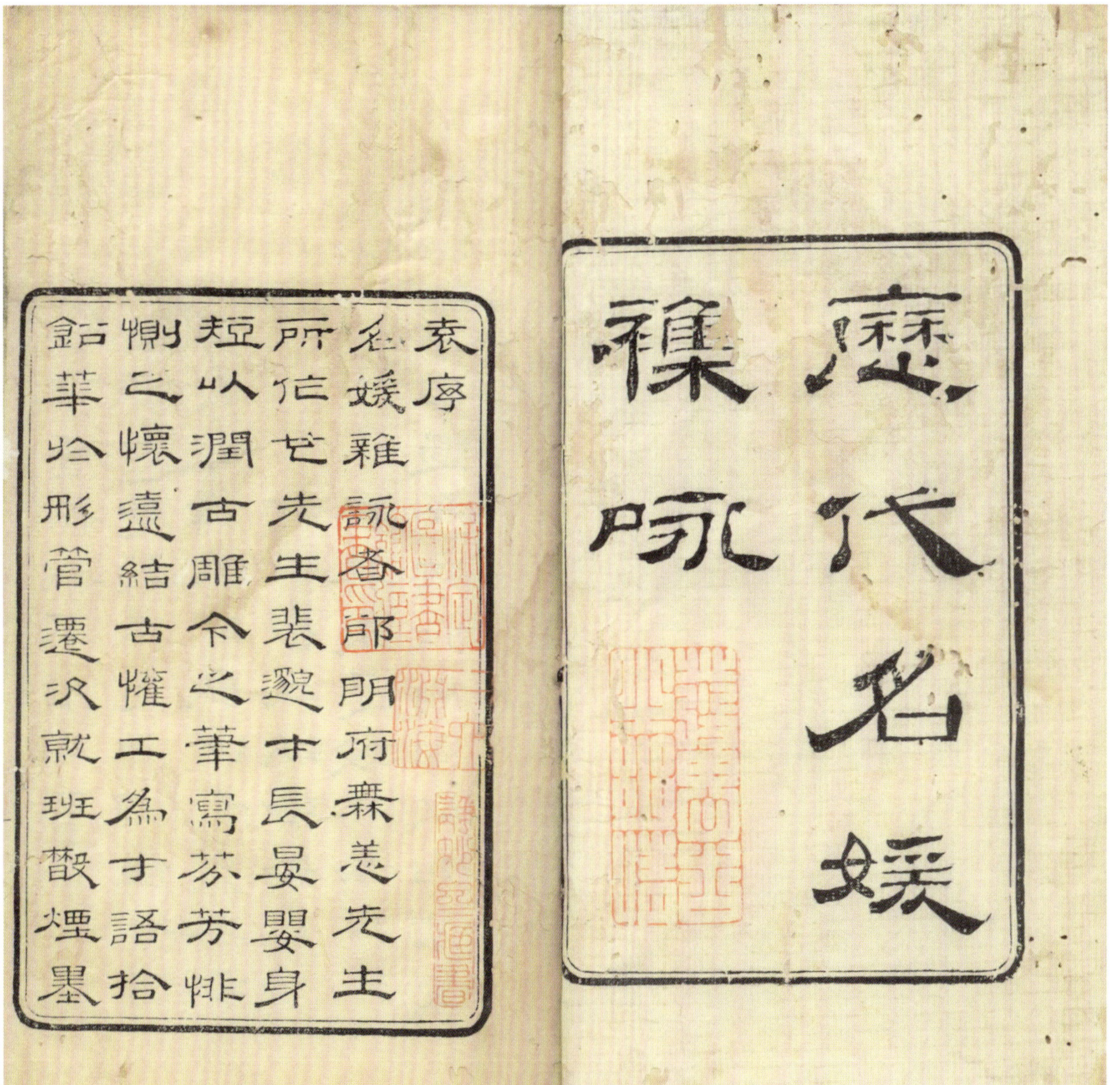
歷代名媛雜咏

袁序

名媛雜詠者邵明府棨堂先生所作也先生裴邈十長晏嬰身短以潤古雕今之筆寫芬芳悱惻之懷遠結古懽工爲寸語拾鉛華於彤管遷汎就班散烟墨

歷代名媛雜咏三卷　（清）邵颿撰　清乾隆五十七年刻本

衆妙集

汴人趙師秀紫芝編

沈佺期

塞北

胡騎犯邊埃風從丑上來五原烽火急六郡羽書催冰壯飛狐冷霜濃候鴈哀將軍朝授鉞戰士夜銜枚紫塞金河裏葱山鐵勒隈蓮花秋劍發桂葉曉旗開祕略三軍動妖氛百戰摧何言投筆去終

詩詞雜俎二十四卷　（明）毛晉輯　明天啟崇禎間毛氏汲古閣刻本

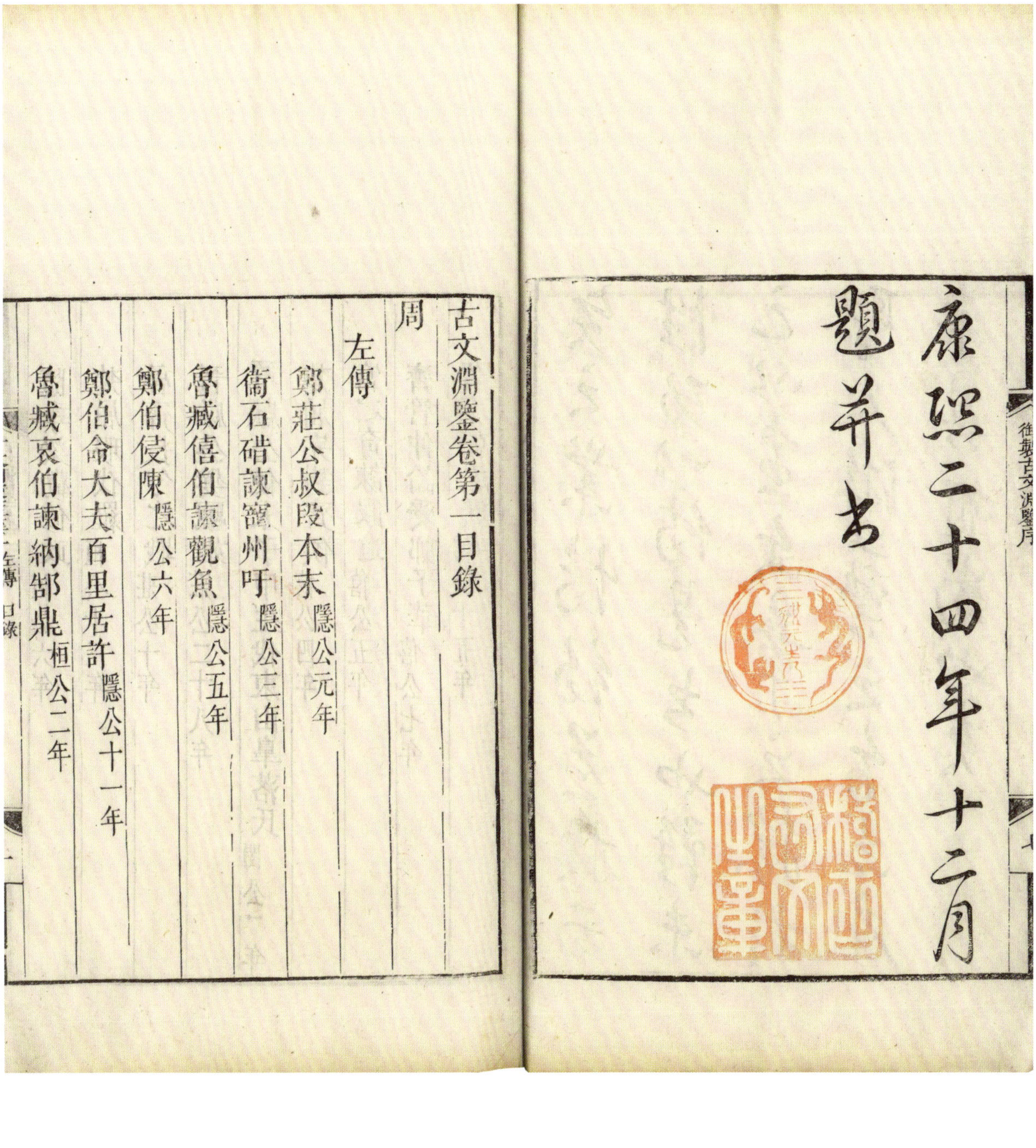
康熙二十四年十二月題并書

御製古文淵鑒序

古文淵鑒卷第一目錄

周

左傳

鄭莊公叔段本末 隱公元年

衛石碏諫寵州吁 隱公三年

魯臧僖伯諫觀魚 隱公五年

鄭伯侵陳 隱公六年

鄭伯命大夫百里居許 隱公十一年

魯臧哀伯諫納郜鼎 桓公二年

古文淵鑒六十四卷　（清）徐乾學等輯並注　清康熙刻五色套印本

古文淵鑒卷第一

御選

內閣學士兼禮部侍郎教習庶吉士臣徐乾學等奉

旨編注

周 姬姓黃帝苗裔后稷之後武王伐紂而有天下至幽王爲犬戎所弒謂之西周平王東遷洛邑謂之東周即春秋之始也

左傳 左丘明著丘明魯史也孔子將修春秋與丘明乘如周觀書於周史歸而修春秋之經七十子之徒口受其傳丘明懼弟子各安其意失其眞故論其語成左氏春秋或先經以始事或後經以終事或依經以辯理或錯經以合異隨義而發是爲春秋內傳

古文淵鑒卷一 左傳 鄭莊公叔段本末 一

古文淵鑒六十四卷　（清）徐乾學等輯並注　清康熙二十四年內府刻四色套印本

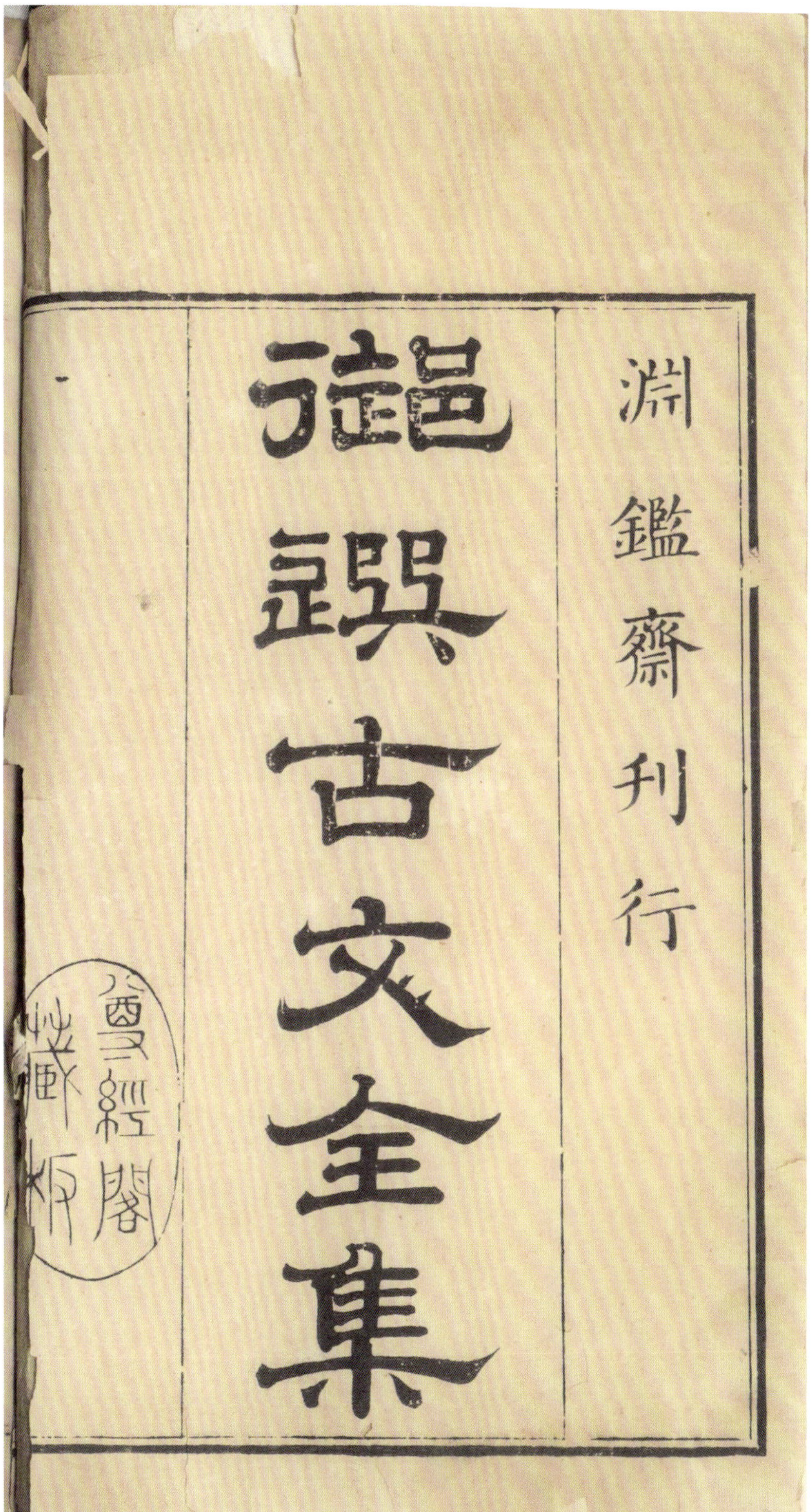

淵鑑齋刊行

御選古文全集

尊經閣藏板

古文淵鑒六十四卷　（清）徐乾學等輯並注　清康熙尊經閣刻本

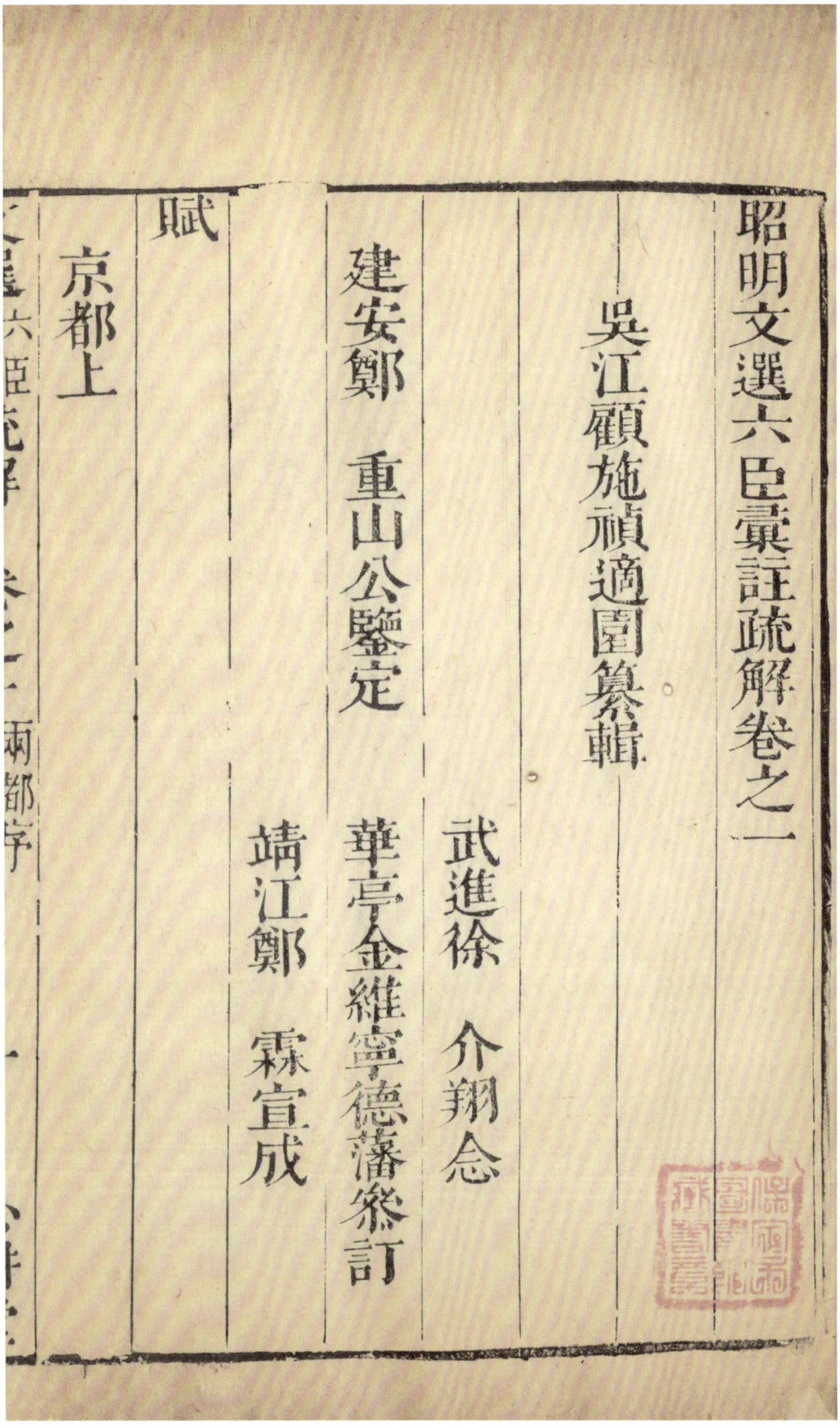
昭明文選六臣彙註疏解卷之一

吳江顧施禎適園纂輯

武進徐　介翔念

建安鄭　重山公鑒定

華亭金維寧德藩參訂

靖江鄭　霖宣成

賦

京都上

昭明文選六臣彙註疏解十九卷　（清）顧施禎輯　清康熙刻本

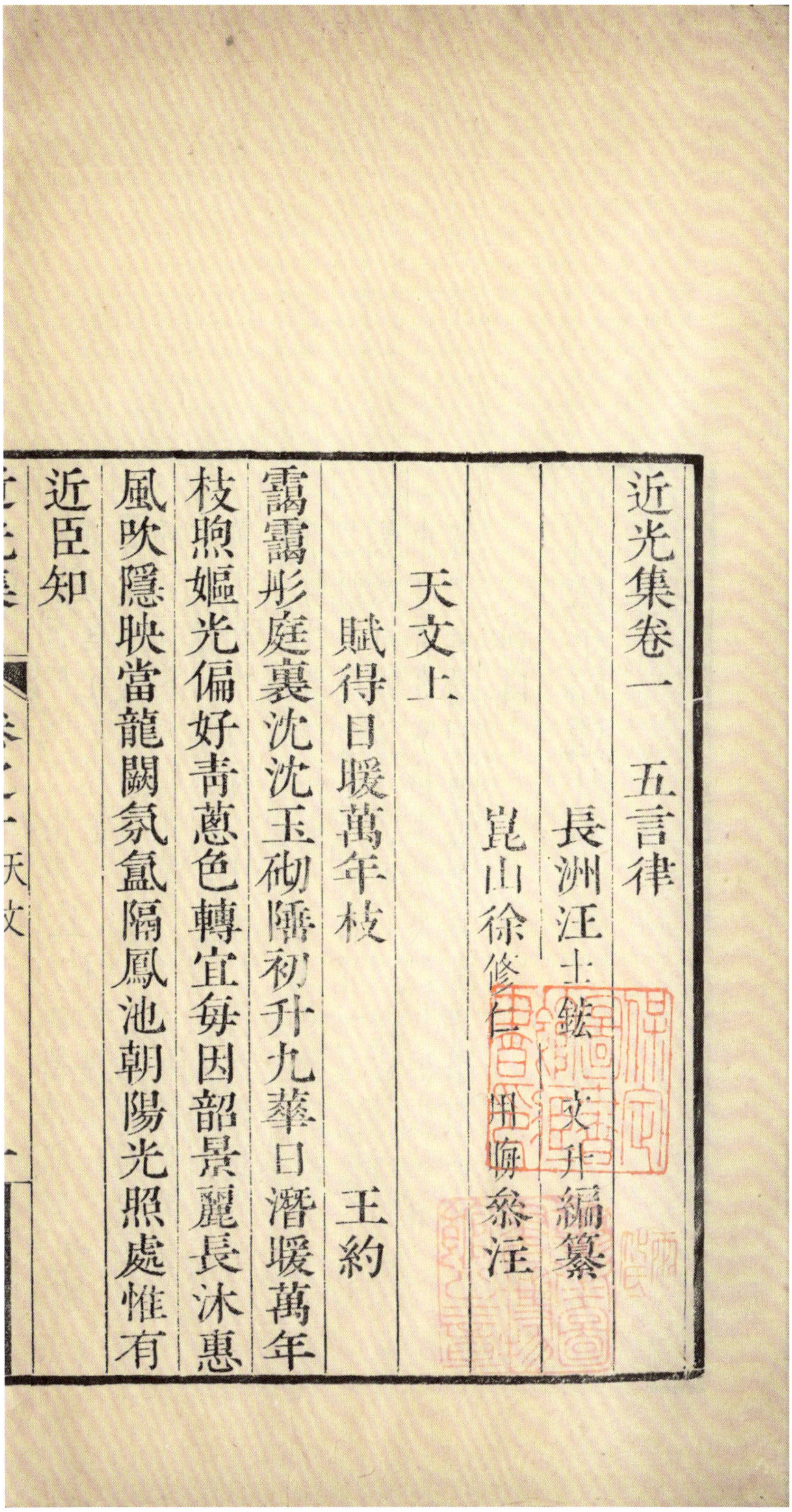

近光集卷一　五言律

長洲汪士鋐文升編纂

崑山徐修仁用晦參注

天文上

賦得日暖萬年枝　王約

靄靄彤庭裏沈沈玉砌隮初升九華日潛暖萬年枝煦嫗光偏好青葱色轉宜每因韶景麗長沐惠風吹隱映當龍闕氤氳隔鳳池朝陽光照處惟有近臣知

近光集二十八卷　（清）汪士鋐輯　清康熙刻本

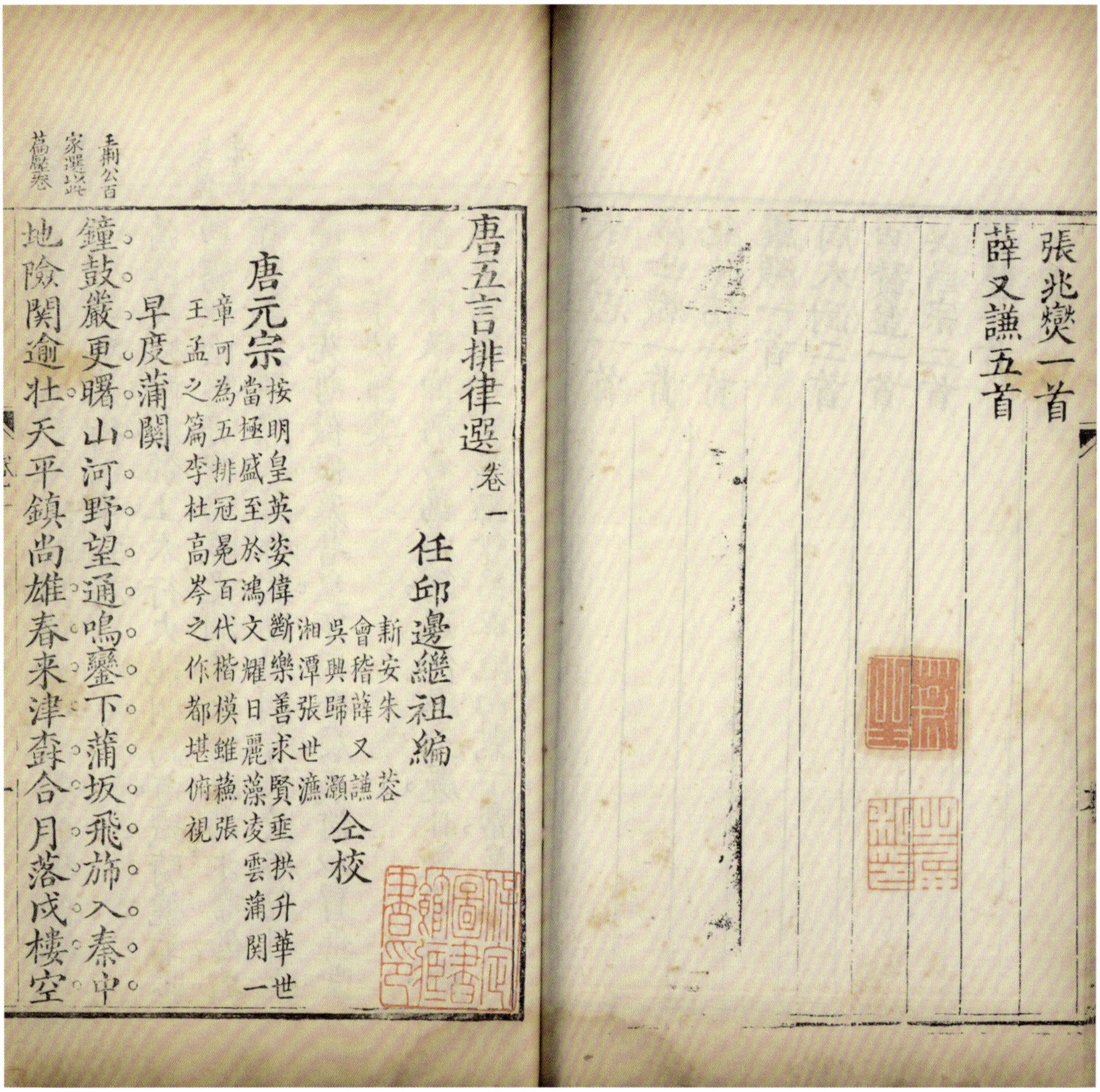

張兆爕一首
薛又謙五首

唐五言排律選卷一

任邱邊繼祖編

新安朱蓉
會稽薛又謙
吳興歸灝
湘潭張世漣　仝校

唐元宗

按明皇英姿偉斷樂善求賢垂拱升華一世當極盛至於鴻文耀日麗藻凌雲蒲關一章可為五排冠冕百代楷模雖蘊張王孟之篇李杜高岑之作都堪俯視

早度蒲關

鐘鼓嚴更曙。山河野望通。鳴鑾下蒲坂。飛旆入秦中。地險關逾壯。天平鎮尚雄。春來津樹合。月落戍樓空。

王荊公百家選以此篇壓卷

唐五言排律選四卷本朝試帖選四卷　（清）邊繼祖編　朱蓉等校　清乾隆三十七年刻本

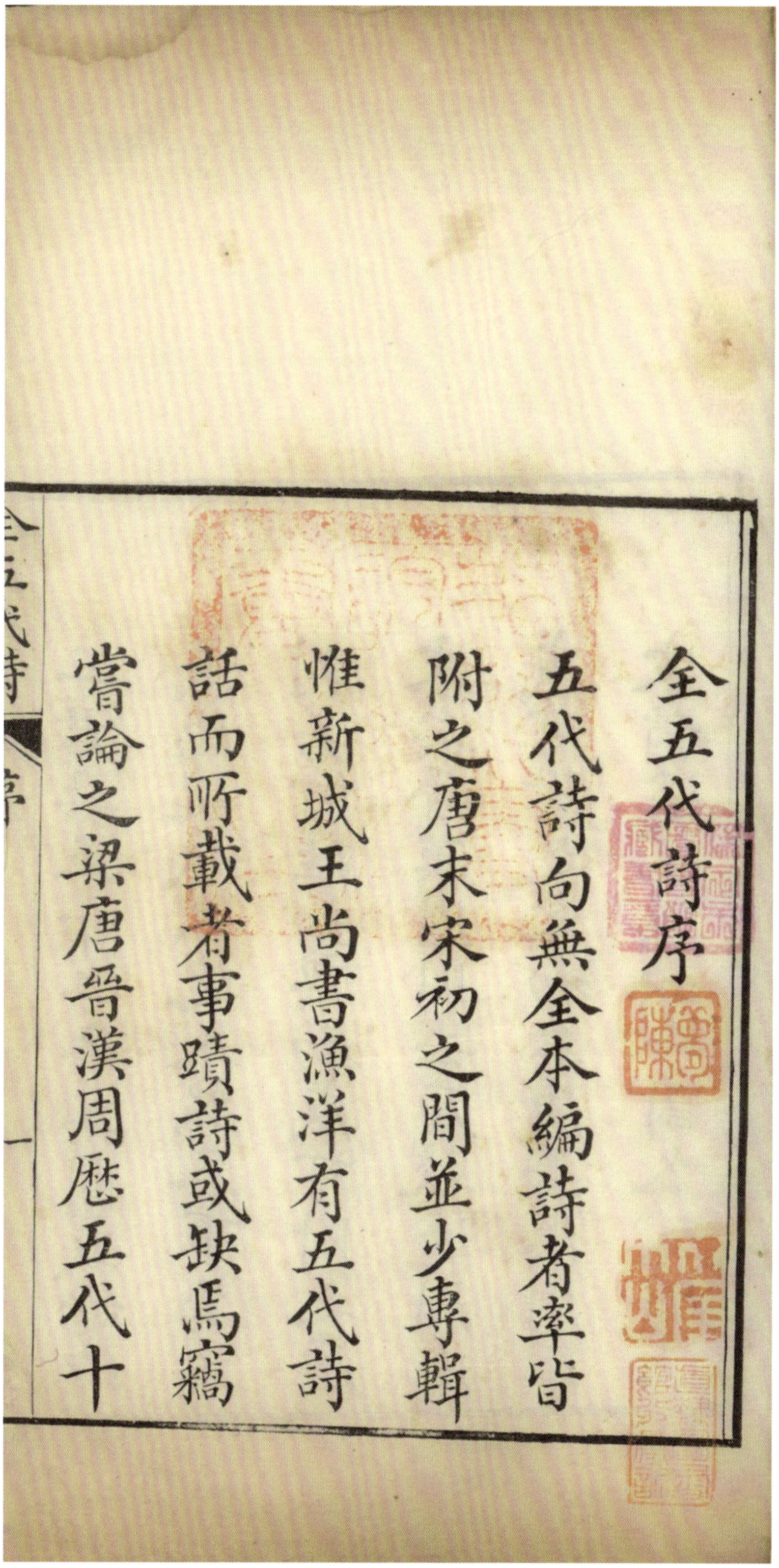

全五代詩序

五代詩向無全本編詩者率皆附之唐末宋初之間並少專輯惟新城王尚書漁洋有五代詩話而所載者事蹟詩或缺焉竊嘗論之梁唐晉漢周歷五代十

全五代詩　序　一

全五代詩一百卷補遺一卷　（清）李調元輯　清道光刻本

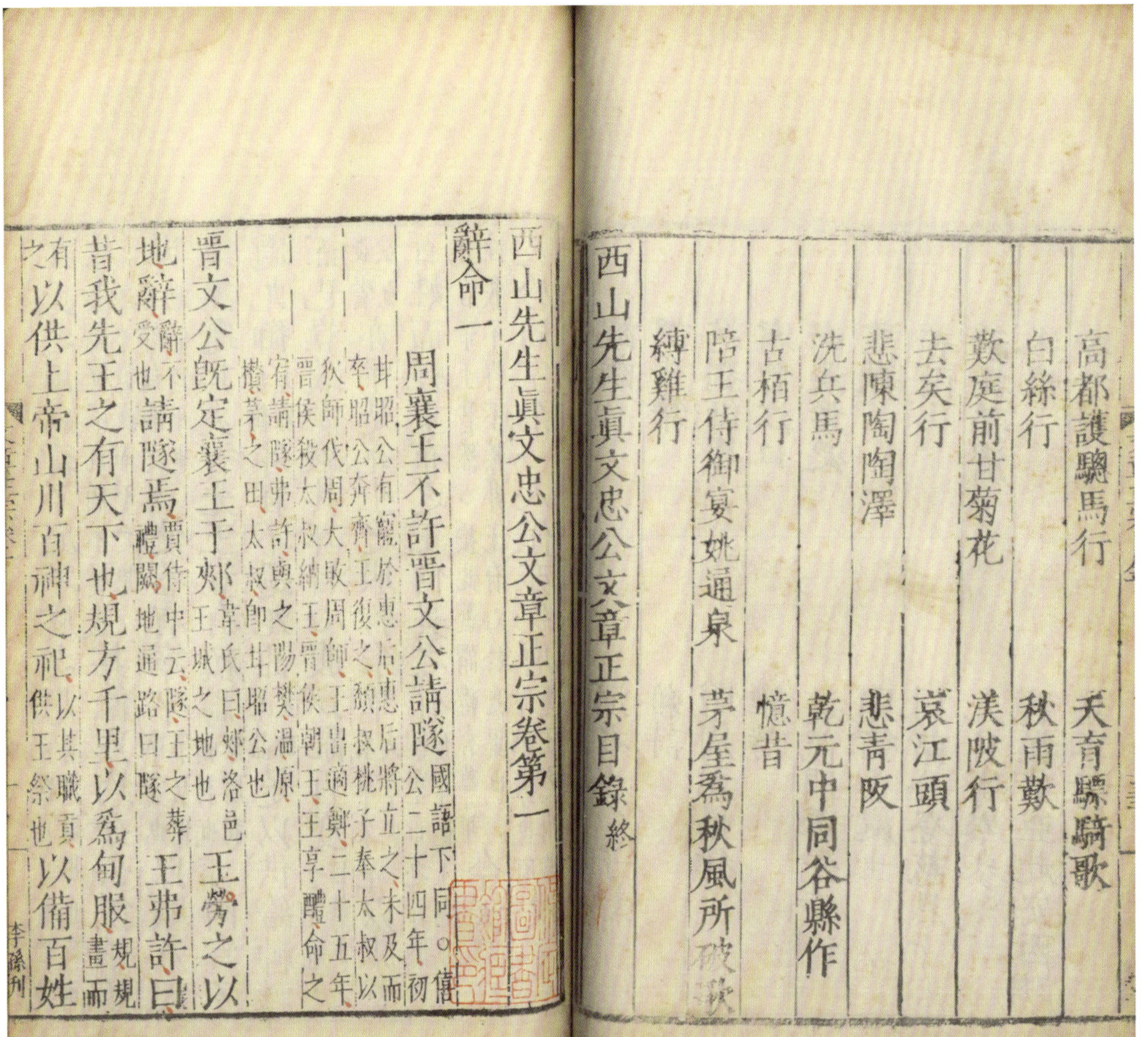
西山先生眞文忠公文章正宗卷第一

辭命一

周襄王不許晉文公請隧 國語下同○僖公二十四年初甘昭公有寵於惠后惠后將立之未及而卒昭公奔齊王復之頹叔桃子奉太叔以狄師伐周大敗周師王出適鄭二十五年晉侯殺太叔納王王晉侯朝王王享醴命之宥請隧弗許與之陽樊溫原欑茅之田太叔即甘昭公也

晉文公既定襄王于郟 郟王城之地也章氏曰郟洛邑 王勞之以地辭 辭不受也 請隧焉 賈侍中云隧王之葬禮闕地通路曰隧 王弗許曰 昔我先王之有天下也規方千里以爲甸服 規規畫而有之 以供上帝山川百神之祀 供王祭也 以其職貢 以備百姓

高都護驄馬行　天育驃騎歌
白絲行　秋雨歎
歎庭前甘菊花　渼陂行
去矣行　哀江頭
悲陳陶　悲青阪
洗兵馬　乾元中同谷縣作
古柏行　憶昔
陪王侍御宴姚通泉　茅屋爲秋風所破歎
縛雞行

西山先生眞文忠公文章正宗目錄 終

西山先生真文忠公文章正宗二十四卷　（宋）真德秀輯　明嘉靖四十三年刻本　入選《國家名錄》09422號

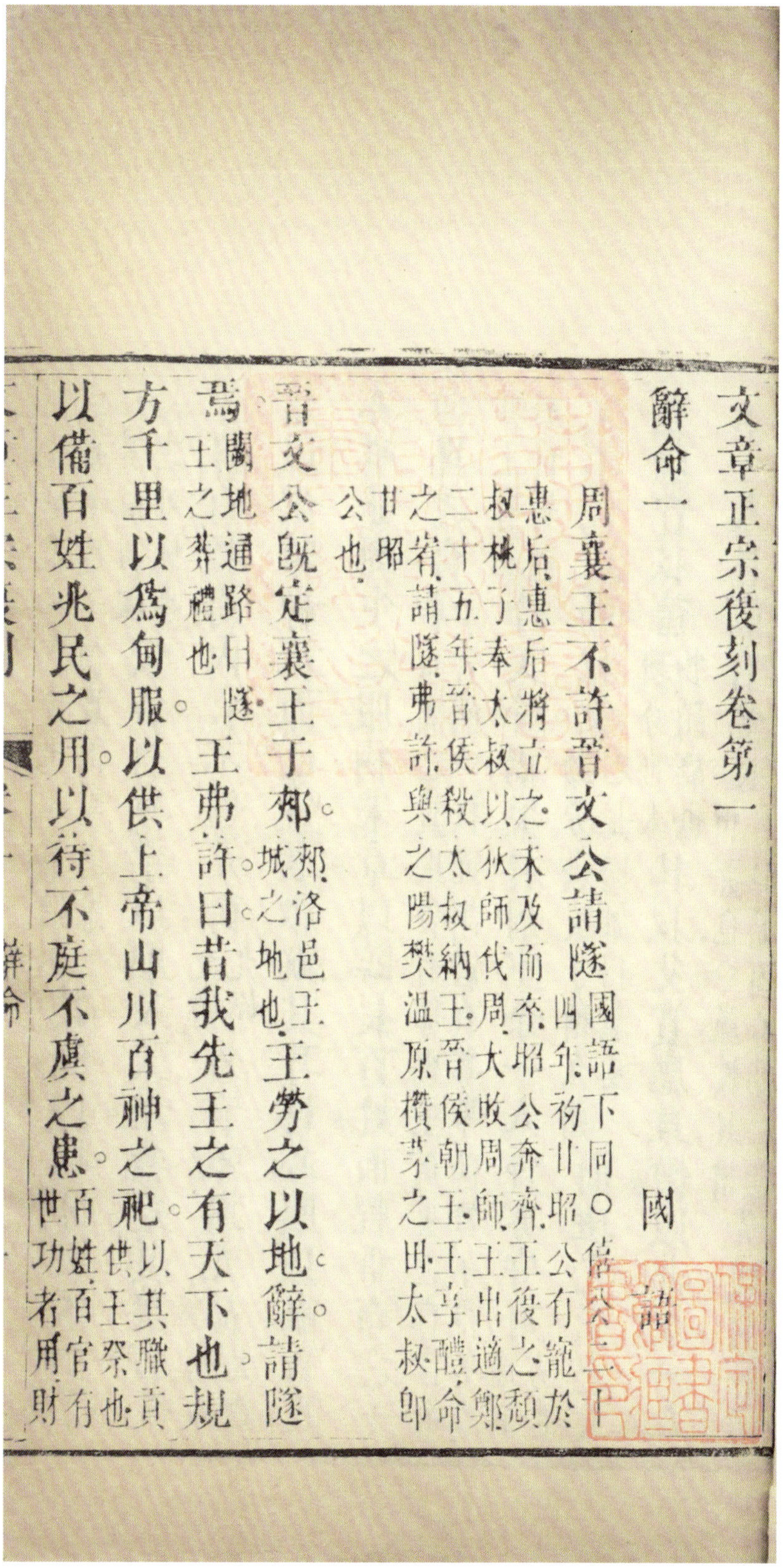

文章正宗復刻卷第一

辭命一　國語

周襄王不許晉文公請隧國語下同○僖公廿四年初甘昭公有寵於惠后惠后將立之未及而卒昭公奔齊王復之頹叔桃子奉太叔以狄師伐周大敗周師王出適鄭二十五年晉侯殺太叔納王晉侯朝王王享醴命之宥請隧弗許與之陽樊溫原欑茅之田太叔即甘昭公也

晉文公既定襄王于郟。郟洛邑王城之地也。王勞之以地。辭。請隧焉。闕地通路曰隧王之葬禮也。王弗許曰昔我先王之有天下也規方千里以爲甸服以供上帝山川百神之祀。以其職貢供王祭也。以備百姓兆民之用以待不庭不虞之患。百姓百官有世功者用財

文章正宗復刻三十卷續文章正宗復刻十二卷　（宋）真德秀輯　(清）楊仲興重輯

清乾隆三十九年刻本

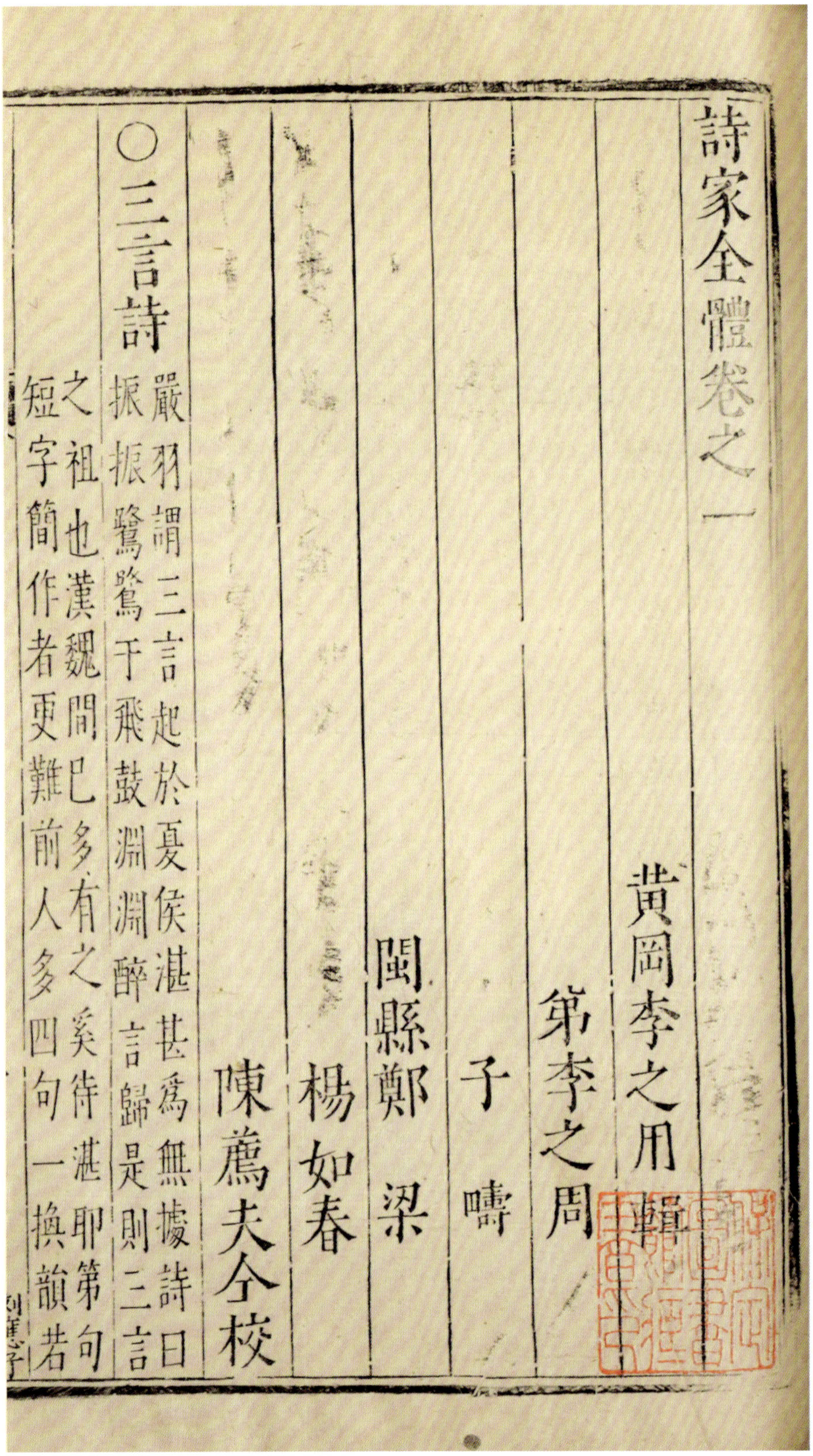

詩家全體卷之一

黄岡李之用　輯

弟李之周

子　嚋

閩縣鄭　梁

楊如春

陳薦夫仝校

○三言詩　嚴羽謂三言起於夏侯湛甚爲無據詩曰振振鷺鷺于飛鼓淵淵醉言歸是則三言之祖也漢魏間已多有之奚待湛耶第句短字簡作者更難前人多四句一換韻若

詩家全體十四卷　（明）李之用輯　明萬曆二十六年邵武府學刻本（卷十一爲抄配本）　入選《河北省名録》0291號

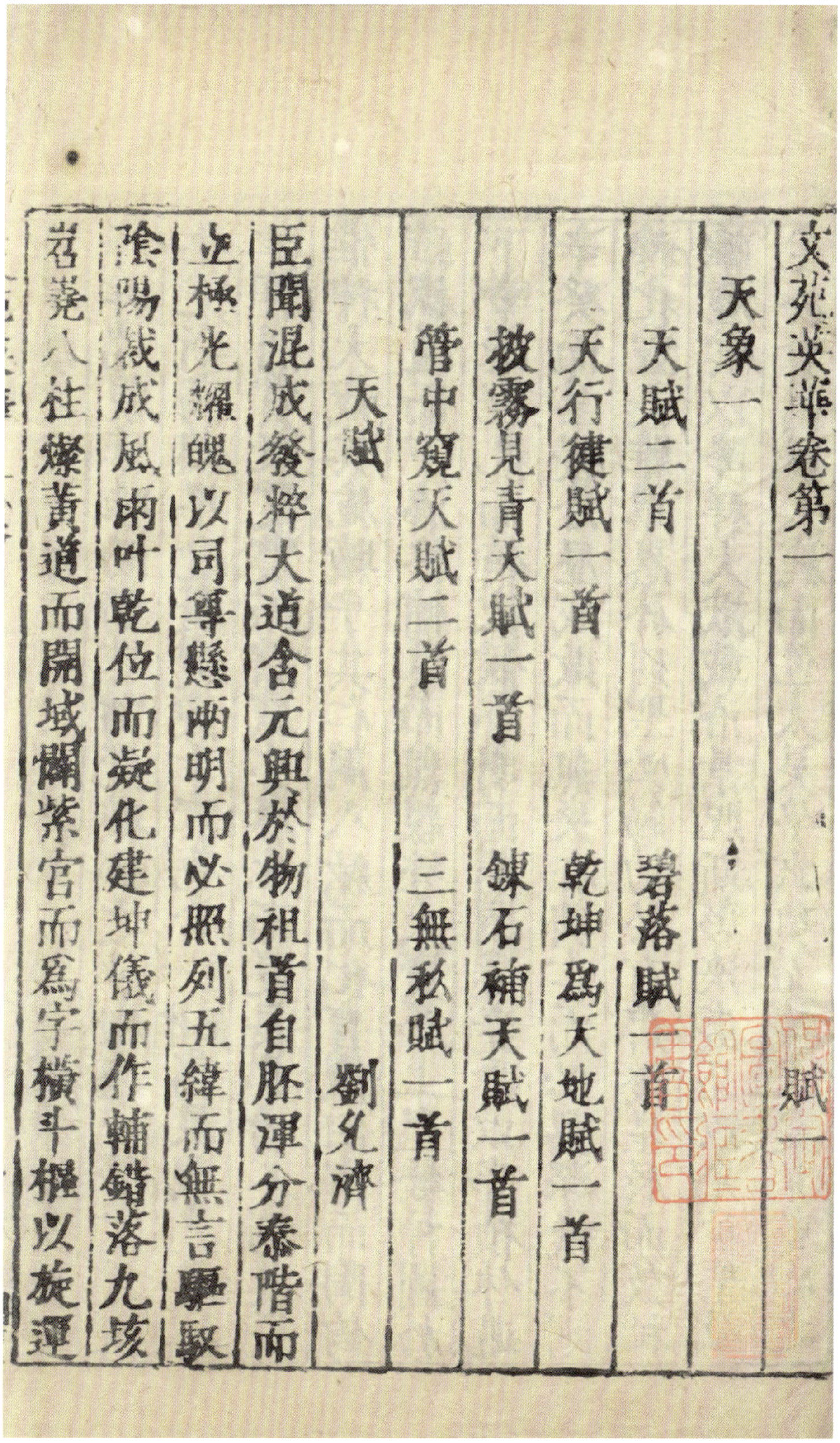
文苑英華卷第一

天象一　賦一

天賦二首　碧落賦一首

天行健賦一首　乾坤爲天地賦一首

披霧見青天賦一首　鍊石補天賦一首

管中窺天賦二首　三無私賦一首

天賦　劉允濟

臣聞混成發粹大道含元輿於物祖首自胚渾分泰階而立極光耀魄以司尊懸兩明而必照列五緯而無言舉馭陰陽裁成風雨叶乾位而凝化建坤儀而作輔錯落九垓岧嶤八柱爍黃道而開域闢紫宮而爲宇横斗樞以旋運

文苑英華一千卷　（宋）李昉等輯　明隆慶元年胡維新、戚繼光刻隆慶六年萬曆六年三十六年遞修本（卷十五末有一手抄配葉）　入選《河北省名錄》0142號

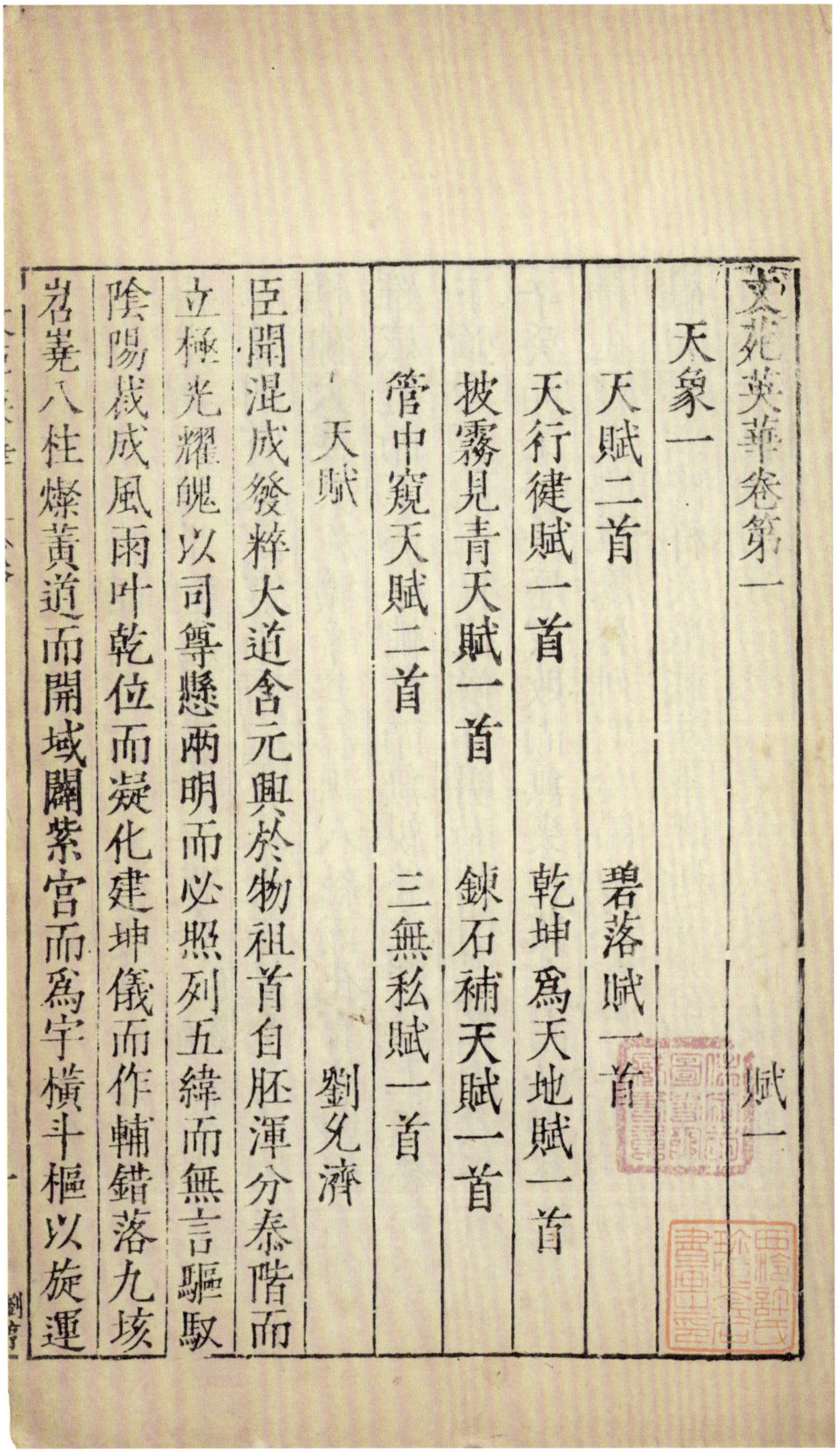

文苑英華卷第一　　賦一

天象一

天賦二首　　碧落賦一首

天行健賦一首　　乾坤爲天地賦一首

披霧見青天賦一首　　鍊石補天賦一首

管中窺天賦二首　　三無私賦一首

天賦　　劉允濟

臣聞混成發粹大道含元與於物祖首自胚渾分泰階而立極光耀魄以司尊懸兩明而必照列五緯而無言驅馭陰陽裁成風雨叶乾位而凝化建坤儀而作輔錯落九垓岩嶤八柱爍黃道而開域闢紫宮而爲宇横斗樞以旋運

文苑英華一千卷　（宋）李昉等輯　明隆慶六年重刻本（卷二百七十一至二百七十九配清抄本）

榕村詩選卷之首

古體（近於周以前體者。漢以後亦稱古詩。）

漢郊祀歌

帝臨

帝臨中壇。四方承宇。繩繩意變。備得其所。清和六合。制數以五。海内安寧。興文匽武。后土富媪。昭明三光。穆穆優游。嘉服上黃。

青陽

青陽開動。根荄以遂。膏潤并愛。跂行畢逮。霆聲發

榕村詩選八卷首一卷　（清）李光地撰　清雍正八年刻本

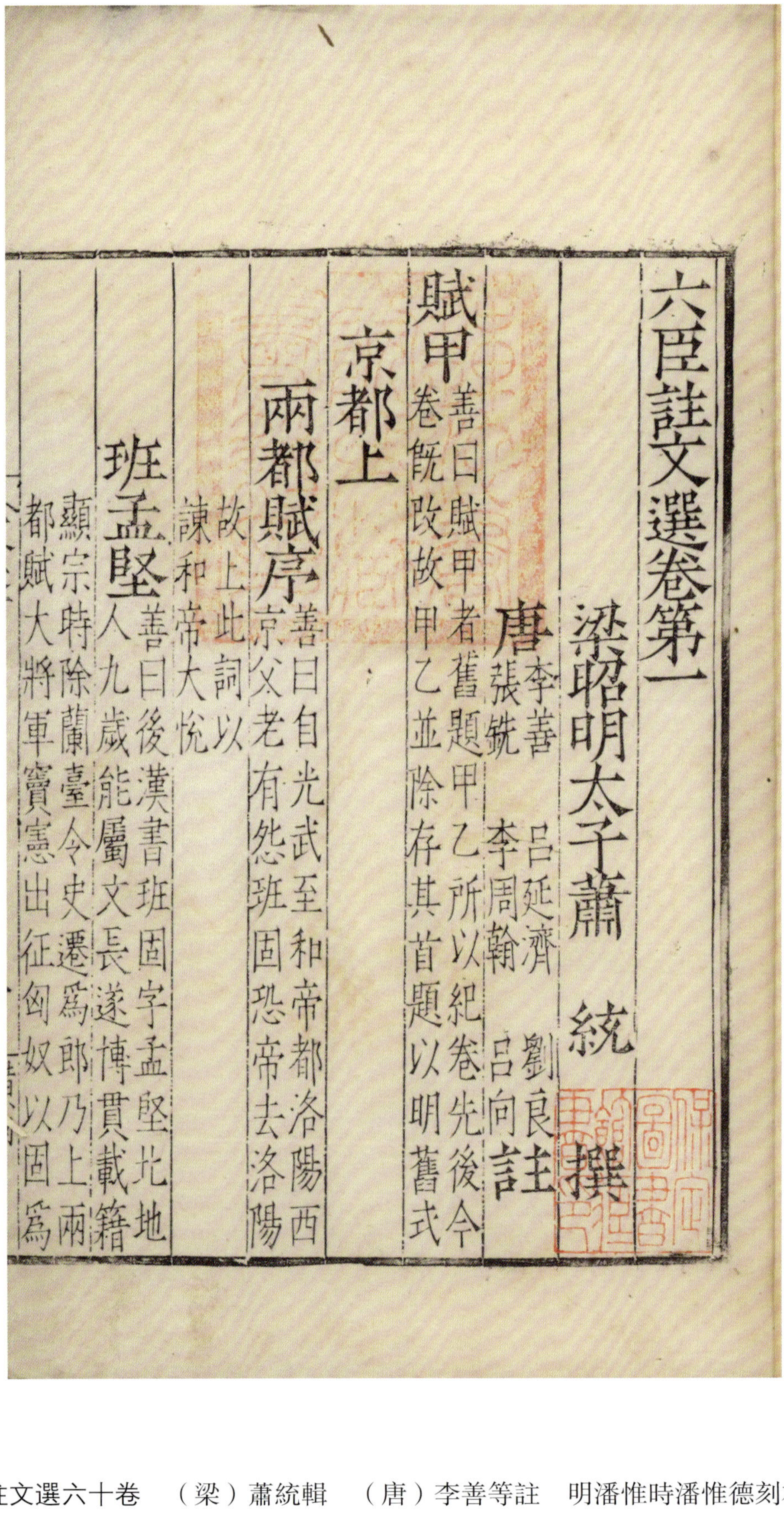

六臣註文選卷第一

梁昭明太子蕭　統　撰

唐李善 呂延濟 劉良 張銑 李周翰 呂向註

賦甲 善曰賦甲者舊題甲乙所以紀卷先後今卷旣改故甲乙並除存其首題以明舊式

京都上

兩都賦序 善曰自光武至和帝都洛陽西京父老有怨班固恐帝去洛陽故上此詞以諫和帝大悅

班孟堅 善曰後漢書班固字孟堅北地人九歲能屬文長遂博貫載籍顯宗時除蘭臺令史遷爲郎乃上兩都賦大將軍竇憲出征匈奴以固爲

六臣註文選六十卷　（梁）蕭統輯　（唐）李善等註　明潘惟時潘惟德刻本

六臣註文選卷第一

梁昭明太子蕭　統　撰

唐李善　呂延濟　劉良　張銑　李周翰　呂向　註

賦甲 善曰賦甲者舊題甲乙所以紀卷先後今卷既改故甲乙並除存其首題以明舊式

京都上

兩都賦序 善曰自光武至和帝都洛陽西京父老有怨班固恐帝去洛陽故上此詞以諫和帝大悅

班孟堅 善曰後漢書班固字孟堅北地人九歲能屬文長遂博貫載籍顯宗時除蘭臺令史遷爲郎乃上兩都賦大將軍竇憲出征匈奴以固爲

六臣註文選六十卷　（梁）蕭統輯　（唐）李善等註　清康熙二十四年梅墅石渠閣刻本

李善文選學本於其師曹憲憲江都入隋秘書學士嘗著廣雅以文選授同郡魏模公孫羅江夏李善於是其學大興見唐書儒林傳

潘岳贈陸機詩婉婉長離臨江而翔周禮大司徒以土圭之法測土深正日景以求地中圭陰謂土衡入洛

唐李崇賢上文選注表

文林郎守太子右內率府錄事參軍崇賢館直學士臣李善

臣善言竊以道光九野縟景緯以照臨德載八埏麗山川以錯峙垂象之文斯著含章之義聿宣協人靈以取則基化成而自遠故羲繩之前飛葛天之浩唱媯簧之後掞叢雲之奥詞步驟分途星躔殊建球鍾愈暢舞詠方滋楚國詞人御蘭芬於絕代漢朝才子綜鞶帨於遙年虛玄流正始之音氣質馳建安之體長離北度騰雅詠於圭陰化龍東騖煽風流於江左爰逮有梁宏材彌劭昭明太子業膺守器譽貞問寢居肅成而講藝開博望以招賢搴中葉之詞林酌前修之筆海周巡綿嶠品盈尺之珍楚望長瀾搜徑寸之寶故撰斯一集名曰文選後進英髦咸資準的伏惟陛下經緯成德文思垂風則大居尊耀三辰之珠璧希聲應物宣六代之雲

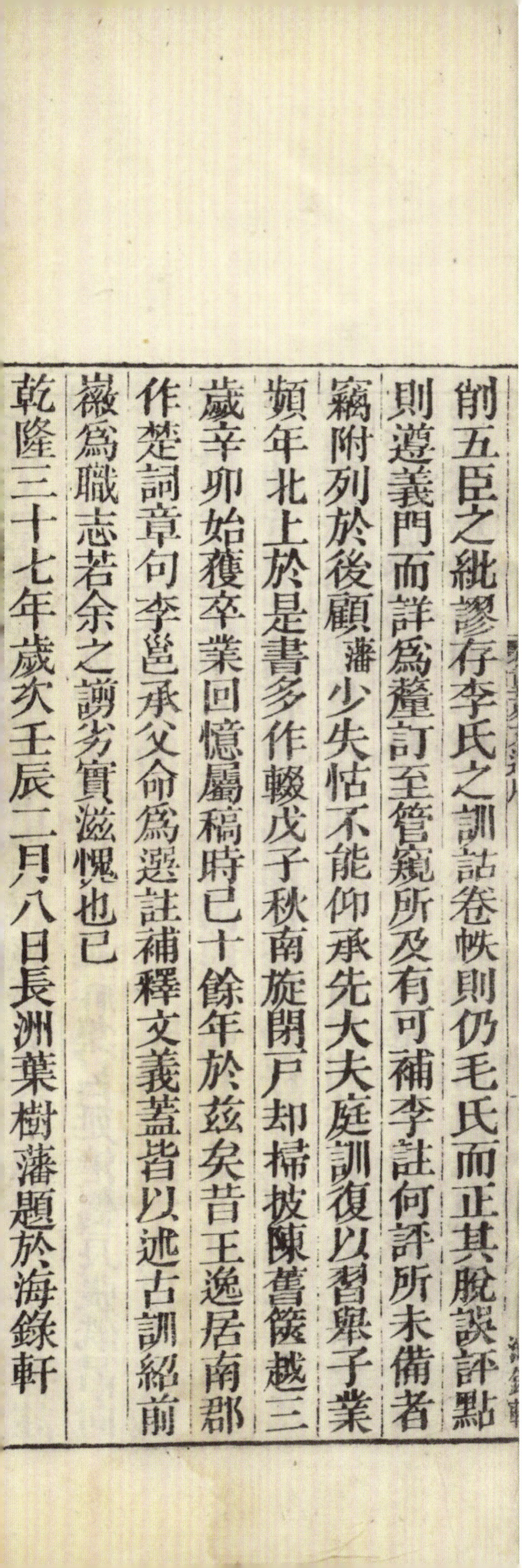

削五臣之紕繆存李氏之訓詁卷帙則仍毛氏而正其舛誤評點則遵義門而詳爲釐訂至管窺所及有可補李註何評所未備者竊附列於後顧　藩少失怙不能仰承先大夫庭訓復以習舉子業頻年北上於是書多作輟戊子秋南旋閉戶却埽披陳舊篋越三歲辛卯始獲卒業回憶屬稿時已十餘年於茲矣昔王逸居南郡作楚詞章句李邕承父命爲選註補釋文義蓋皆以述古訓紹前徽爲職志若余之譾劣實滋愧也已

乾隆三十七年歲次壬辰二月八日長洲葉樹藩題於海錄軒

文選六十卷　（梁）蕭統輯　（唐）李善註　（清）何焯評點　清乾隆三十七年長洲葉氏海錄軒刻二色套印本

唐大家韓文公文抄卷之一

歸安鹿門茅坤批評　孫男闇叔　著訂

表狀

進撰平淮西碑文表

不獨碑文冠當世而表亦壯

臣某言伏奉正月十四日勑牒以收復淮西羣臣請刻石紀功明示天下爲將來法式陛下推勞臣下允其志願使臣撰平淮西碑文者聞命震駭心識顛倒

唐宋八大家文抄一百六十四卷　（明）茅坤辑　明崇禎四年茅著刻本

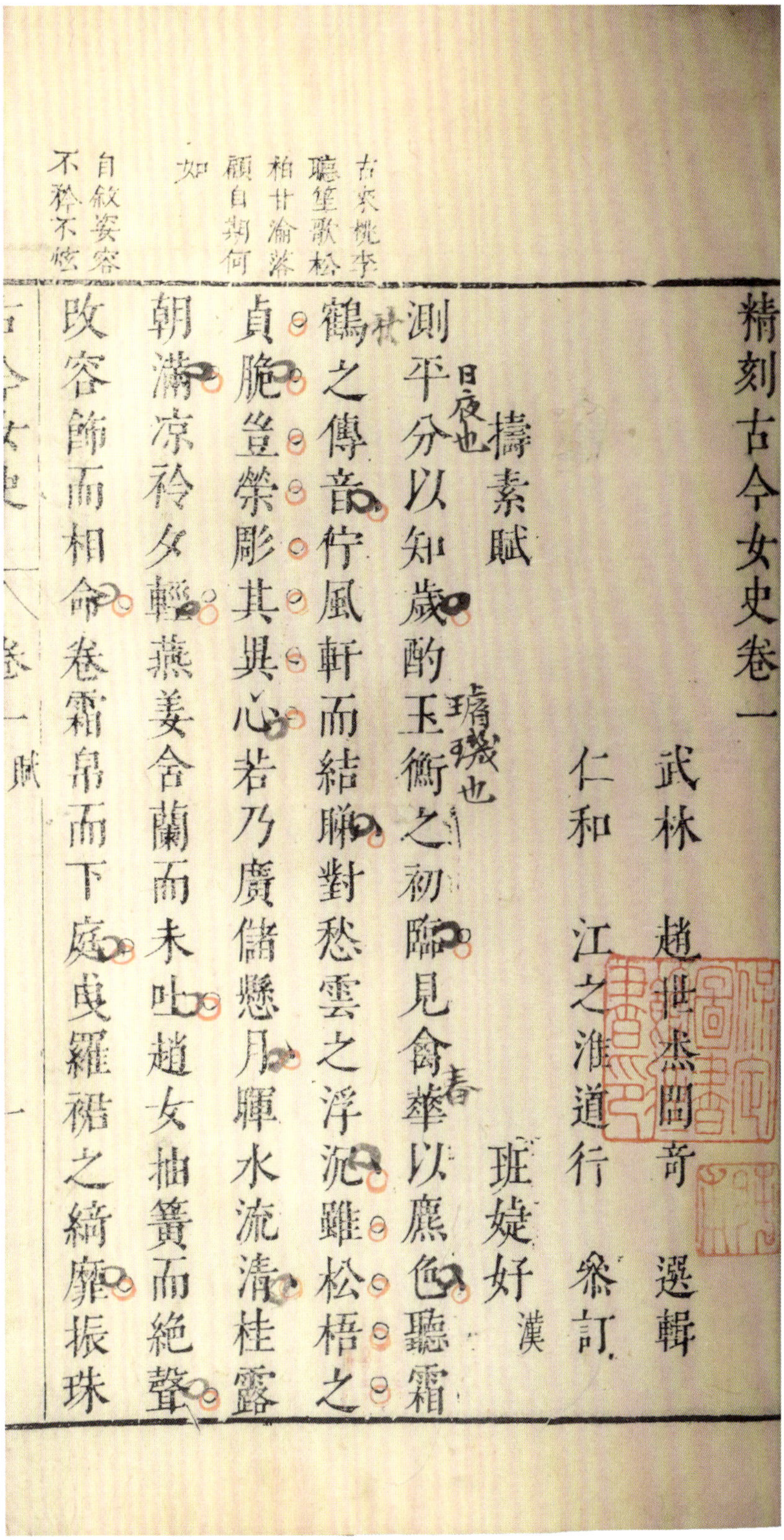

精刻古今女史卷一

武林　趙世杰問奇　選輯

仁和　江之淮道行　叅訂

擣素賦　　　班婕妤　漢

測平分以知歲酌玉衡之初臨見禽華以麃色聽霜鶴之傳音佇風軒而結睇對愁雲之浮沉雖松梧之貞脆豈榮彫其異心若乃廣儲懸月暉水流清桂露朝滿涼衿夕輕燕姜含蘭而未吐趙女抽簧而絕聲改容飾而相命卷霜帛而下庭曳羅裙之綺靡振珠

古來桃李聽笙歌松柏廿淪落顧自期何如

自叙姿容不矜不炫

古今女史　卷一　賦　一

古今女史十二卷　（明）趙世杰輯　明崇禎刻本

韓文

獲麟解

字少意多文字立節所以甚佳其抑揚開合只主祥字反覆作五段說

麟之爲（起得好）靈昭昭也（先立此一句）詠於詩（承得上好）書於春秋雜出於傳記百家之書（坊本作婦人小子）雖婦人女子皆知其爲祥也（此見昭昭處）然（難）麟之爲物不畜於家不恒有於天下其爲形也不類非若馬牛犬（造語健）豕豺狼麋鹿然然則雖有麟不可知其爲麟也角者

東萊先生古文關鍵二卷　（宋）呂祖謙輯　明刻本

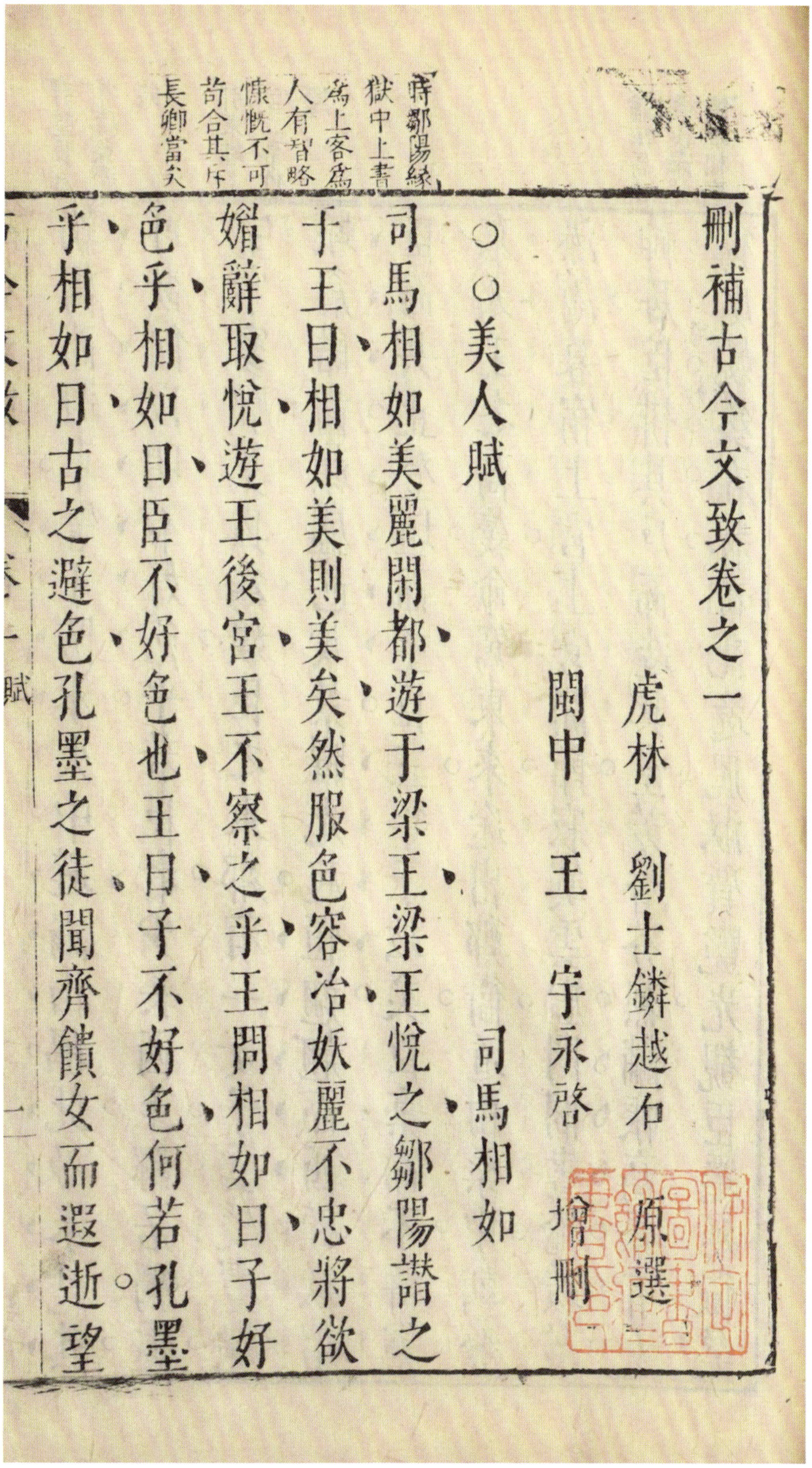
時鄒陽繫獄中上書為上客為人有智略慷慨不可苟合其斥長卿當矣

刪補古今文致卷之一

虎林　劉士鏻越石　原選

閩中　王　宇永啓　增刪

○美人賦　司馬相如

司馬相如美麗閑都遊于梁王梁王悅之鄒陽譖之于王曰相如美則美矣然服色容冶妖麗不忠將欲媚辭取悅遊王後宮王不察之乎王問相如曰子好色乎相如曰臣不好色也王曰子不好色何若孔墨乎相如曰古之避色孔墨之徒聞齊饋女而遐逝望

古今文致　卷一　賦　一

刪補古今文致十卷　（明）劉士鏻輯　王宇增刪　明天啟刻本　入選《河北省名錄》0287號

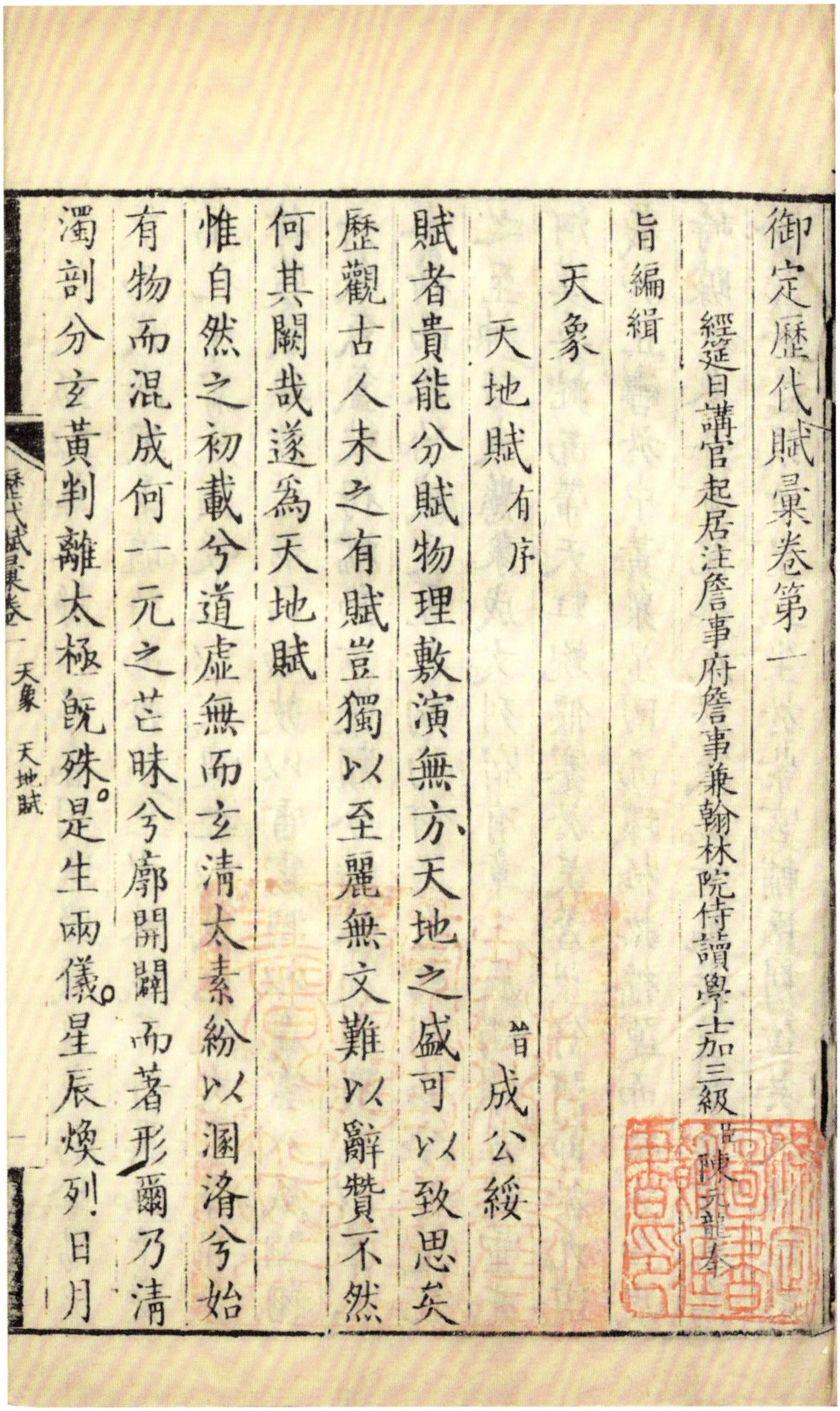
御定歷代賦彙卷第一
經筵日講官起居注詹事府詹事兼翰林院侍讀學士加三級臣陳元龍奉
旨編緝
天象
天地賦有序　　晉　成公綏
賦者貴能分賦物理敷演無方天地之盛可以致思矣
歷觀古人未之有賦豈獨以至麗無文難以辭贊不然
何其闕哉遂爲天地賦
惟自然之初載兮道虛無而玄清太素紛以溷淆兮始
有物而混成何一元之芒昧兮廓開闢而著形爾乃清
濁剖分玄黃判離太極既殊是生兩儀星辰煥列日月
歷代賦彙卷一　天象　天地賦　一

御定歷代賦彙一百四十卷外集二十卷逸句二卷補遺二十二卷目錄三卷　（清）陳元龍輯　清康熙四十五年内府刻本

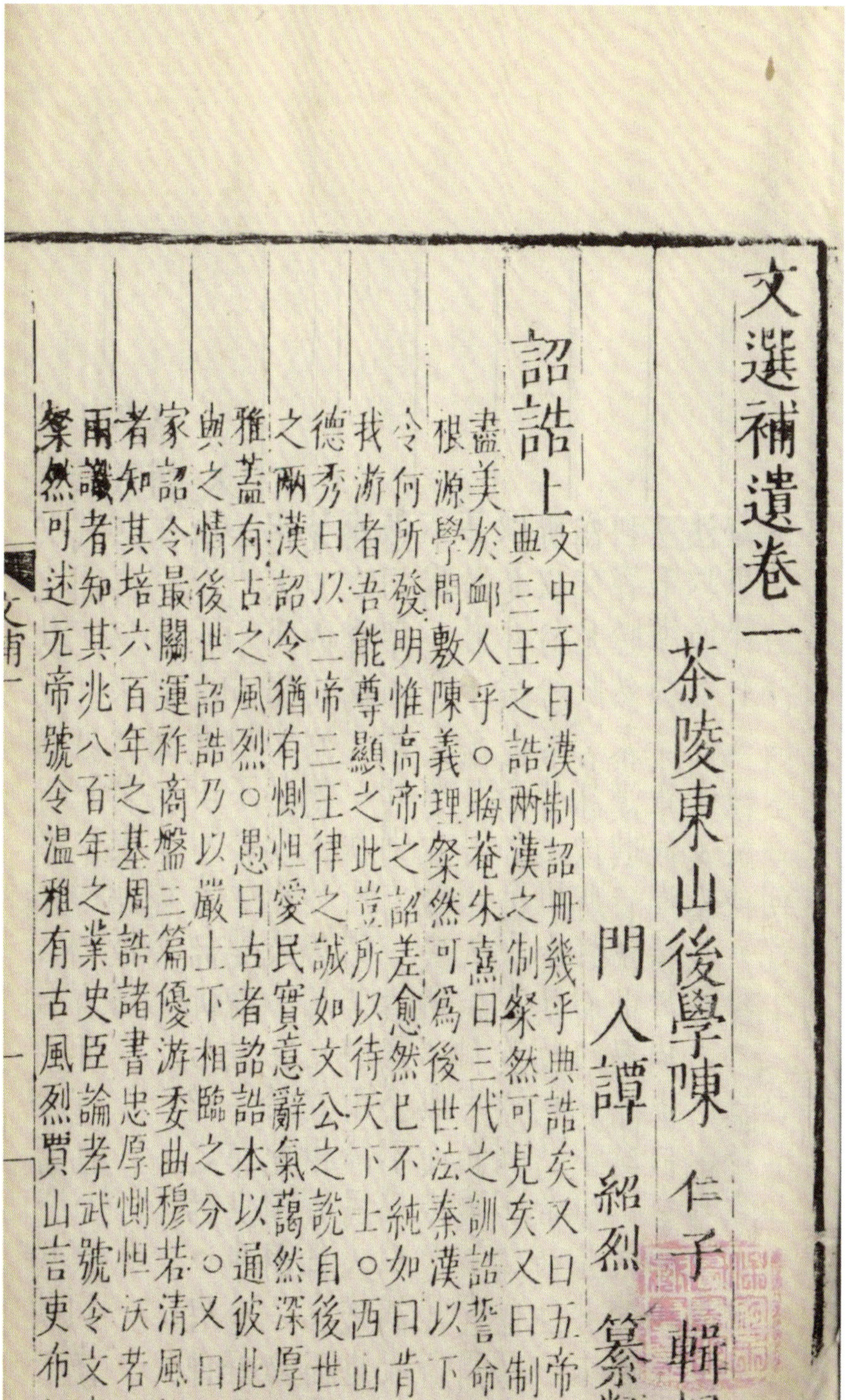

文選補遺卷一

茶陵東山後學陳　仁子輯識

門人譚　紹烈　纂類

詔誥上文中子曰漢制詔冊幾乎典誥矣又曰五帝之典三王之誥兩漢之制粲然可見矣又曰制其

盡美於卹人乎○晦菴朱熹曰三代之訓誥誓命皆

根源學問敷陳義理粲然可爲後世法秦漢以下詔

令何所發明惟高帝之詔差愈然已不純如曰肯從

我游者吾能尊顯之此豈所以待天下士○西山真

德秀曰以二帝三王律之誠如文公之說自後世言

之兩漢詔令猶有惻怛愛民實意辭氣藹然深厚爾

雅蓋有古之風烈○愚曰古者詔誥本以通彼此相

與之情後世詔誥乃以嚴上下相臨之分○又曰國

家詔令最關運祚商盤三篇優游委曲穆若清風識

者知其培六百年之基周誥諸書忠厚惻怛沃若旹

雨識者知其兆八百年之業史臣論孝武號令文章

粲然可述元帝號令溫雅有古風烈賈山言吏布詔

文選補遺四十卷　（元）陳仁子輯　清乾隆二年刻本

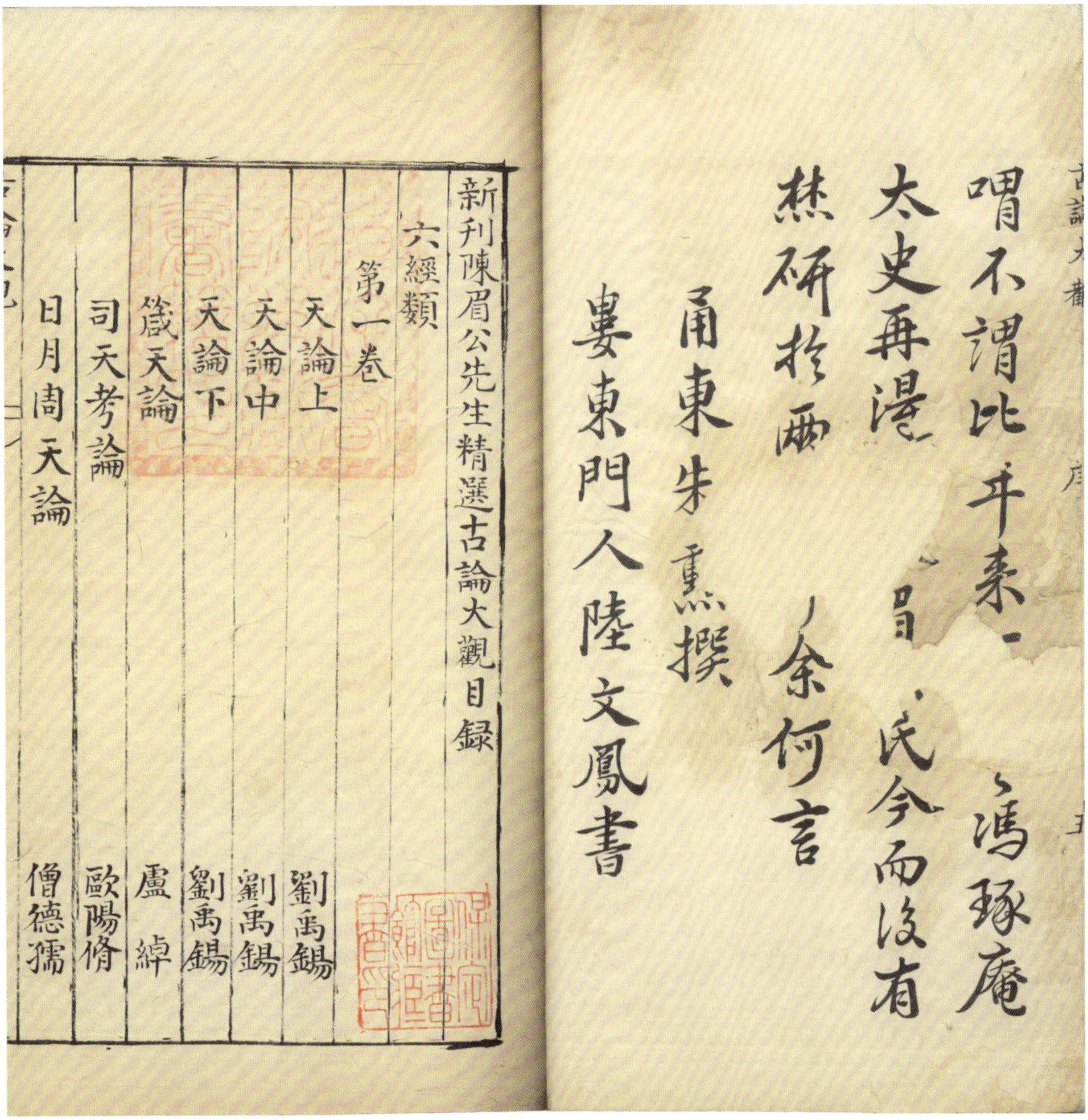

新刊陳眉公先生精選古論大觀四十卷　（明）陳繼儒等輯　吳震元編次　明刻本（目錄首頁卷十一至十二配抄本）

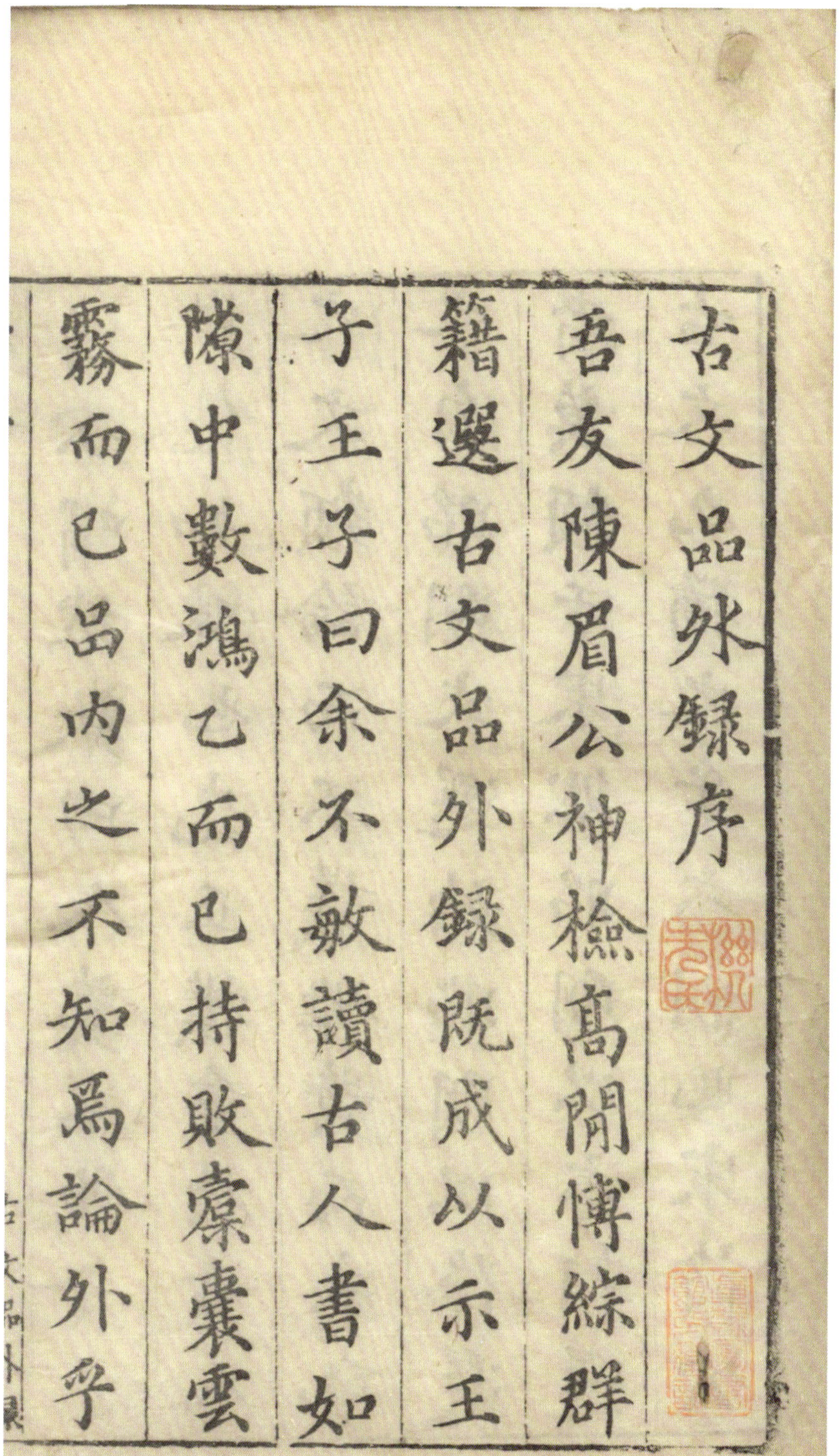
古文品外錄序
吾友陳眉公神檢高閒博綜群
籍選古文品外錄旣成以示王
子王子曰余不敢讀古人書如
隙中數鴻乙而已持敗橐囊雲
霧而已品內之不知爲論外乎

古文品外録二十四卷　（明）陳繼儒選評　明刻本（卷二末葉配抄葉）

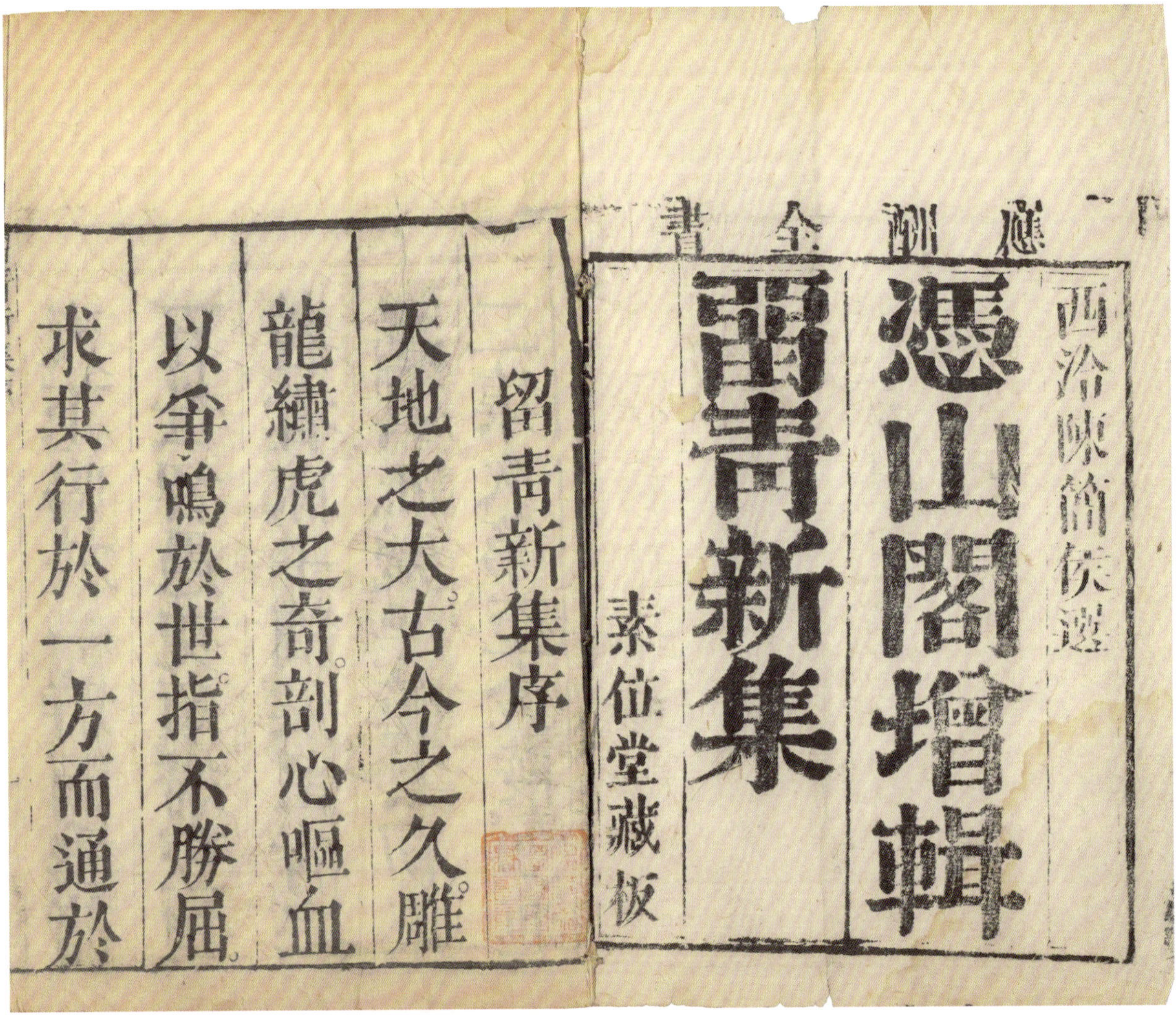

應酬全書

西泠陳簡侯選

憑山閣增輯

留青新集

素位堂藏板

留青新集序

天地之大古今之久雕

龍繡虎之奇剖心嘔血

以爭鳴於世指不勝屈

求其行於一方而通於

憑山閣增輯留青新集三十卷　（清）陳枚輯　清康熙四十七年憑山閣刻本

賴古堂尺牘新鈔二選藏弆集卷之一

周在梁園客

豫儀　周在浚雪客　鈔

周在延津客

趙南星夢白儕鶴北直高邑人　忠毅公文集

與吳復菴

星趙鄙之野人也。而我公國家之寶臣也。星相去泰華部婁不識也。而公乃過聽不以星爲陋。假途海上先三日而惠之以數尺之書。若曰、某取之友籍久矣

賴古堂尺牘新鈔二選藏弆集十六卷　（清）周在浚等輯　清康熙六年周氏賴古堂刻本

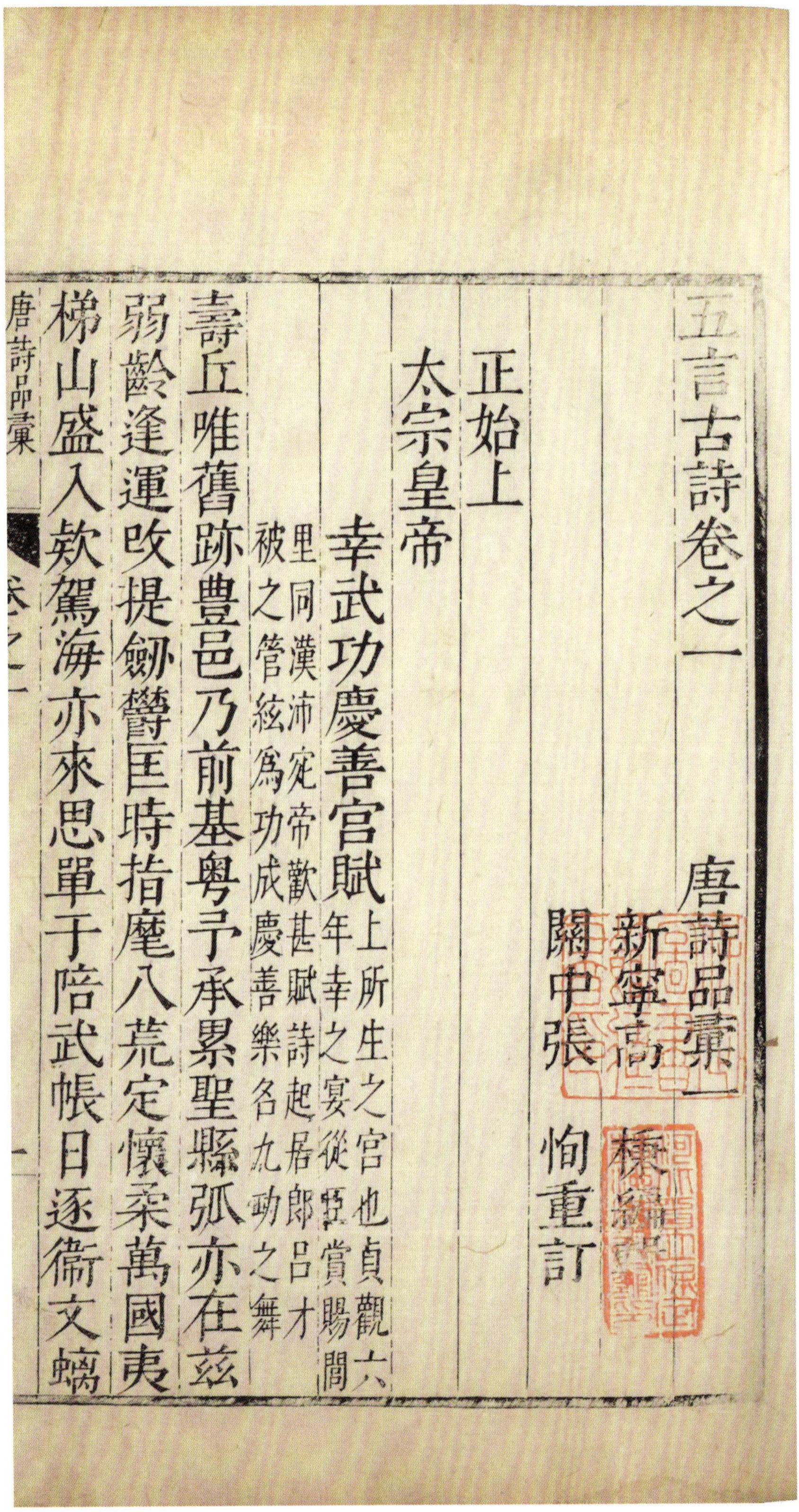

五言古詩卷之一　　　唐詩品彙一

新寧高　棅編

關中張　恂重訂

正始上

太宗皇帝

幸武功慶善宫賦 上所生之宫也貞觀六年幸之宴從臣賞賜閭里同漢沛宛帝歡甚賦詩起居郎吕才被之管絃爲功成慶善樂名九功之舞

壽丘唯舊跡豐邑乃前基粤予承累聖懸弧亦在茲弱齡逢運改提劒鬱匡時指麾八荒定懷柔萬國夷梯山盛入款駕海亦來思單于陪武帳日逐衛文螭

唐詩品彙　卷之一　一

唐詩品彙九十卷詩人爵里詳節一卷　（明）高棅輯　張恂重訂　明末張恂刻本　入選《河北省名錄》0299號

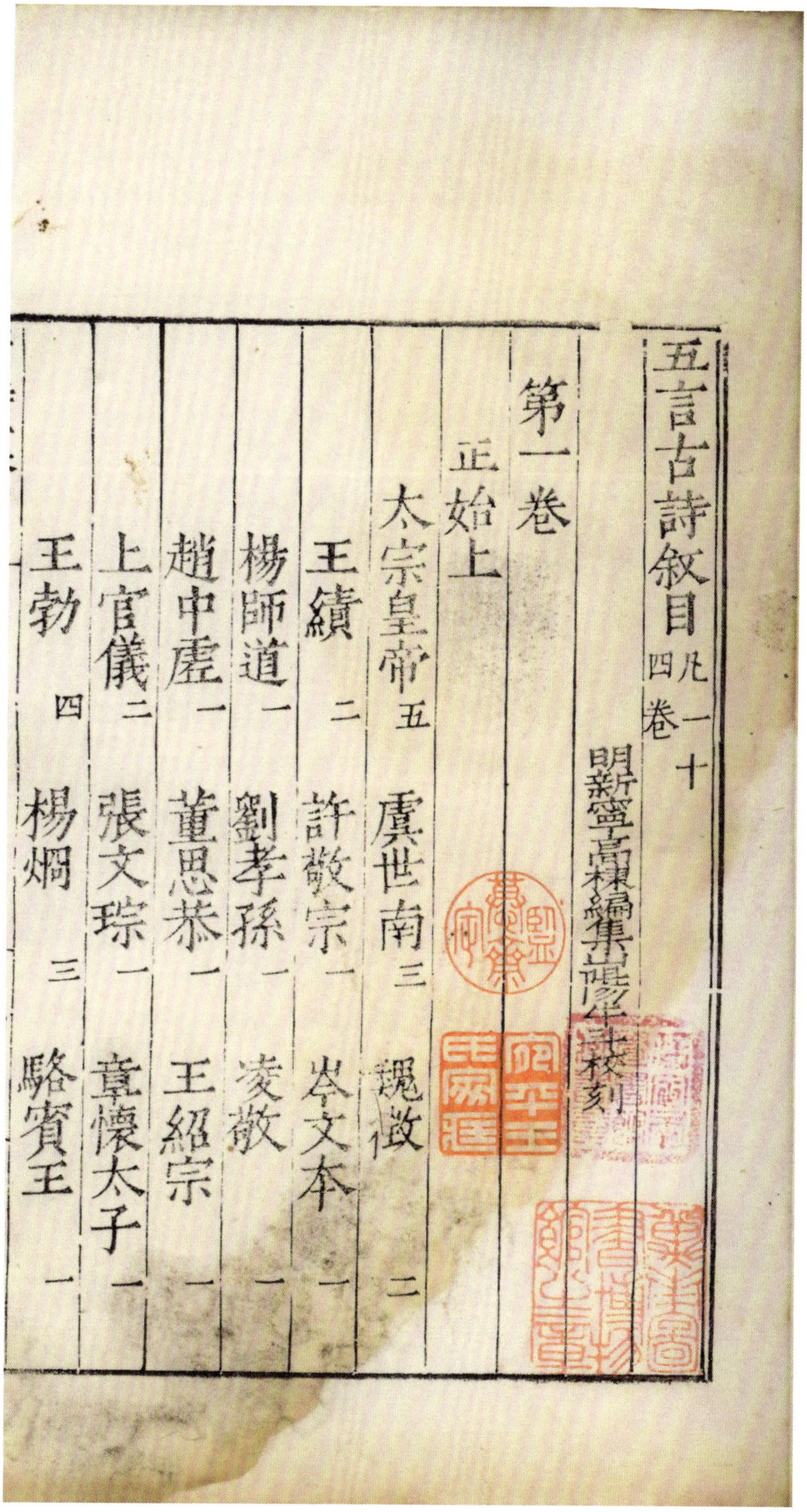
五言古詩敘目 凡一十四卷

明新寧高棅編集 山陽牛斗校刻

第一卷

正始上

唐詩品彙九十卷詩人爵里詳節一卷　（明）高棅輯　牛斗校　明牛斗刻本

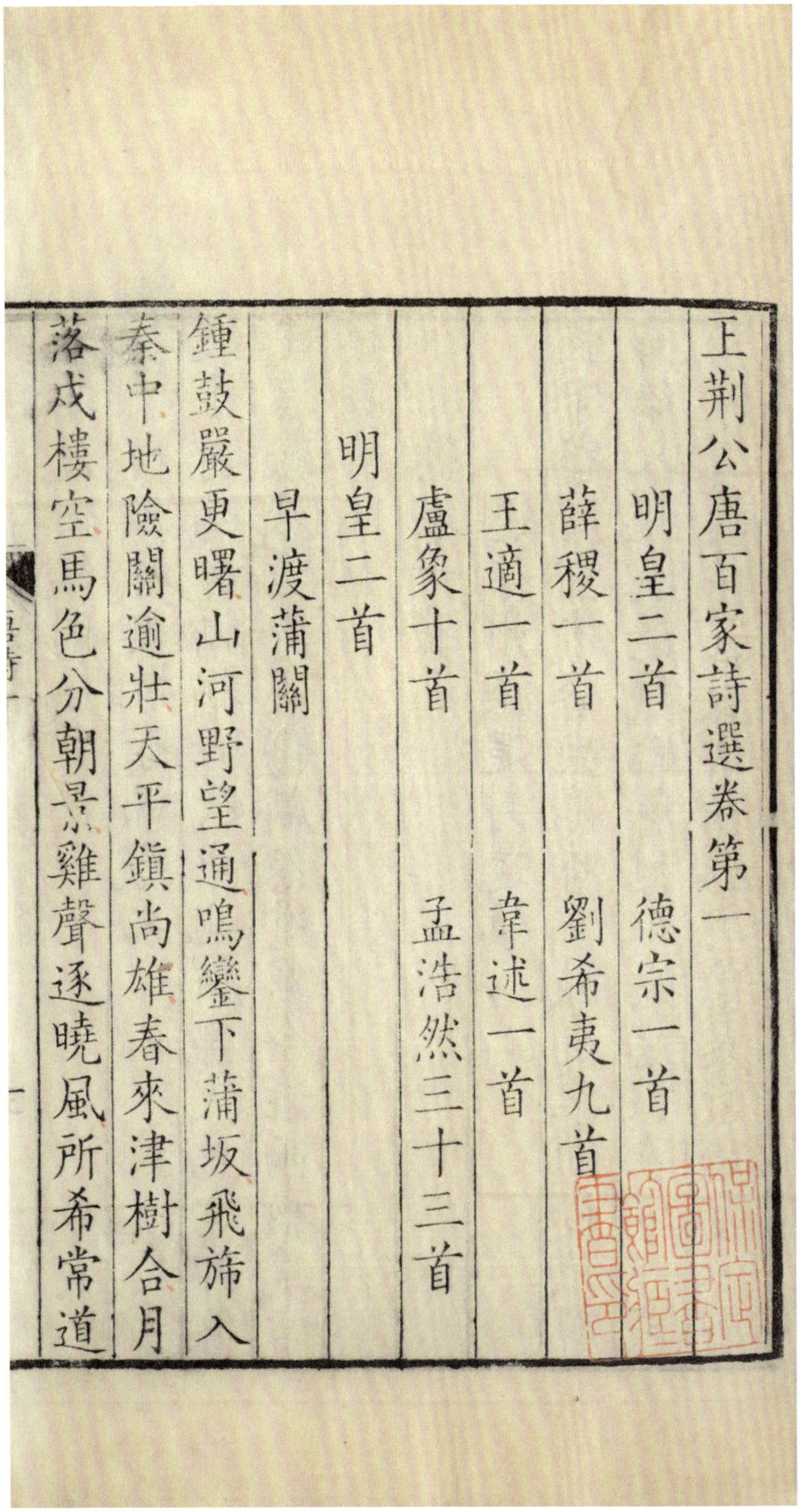
王荆公唐百家詩選卷第一

明皇二首　德宗一首

薛稷一首　劉希夷九首

王適一首　韋述一首

盧象十首　孟浩然三十三首

明皇二首

早渡蒲關

鍾鼓嚴更曙山河野望通鳴鑾下蒲坂飛旆入秦中地險關逾壯天平鎮尚雄春來津樹合月落戍樓空馬色分朝景雞聲逐曉風所希常道

王荆公唐百家詩選二十卷　（宋）王安石輯　清康熙四十三年宋犖丘迥刻雙清閣印本

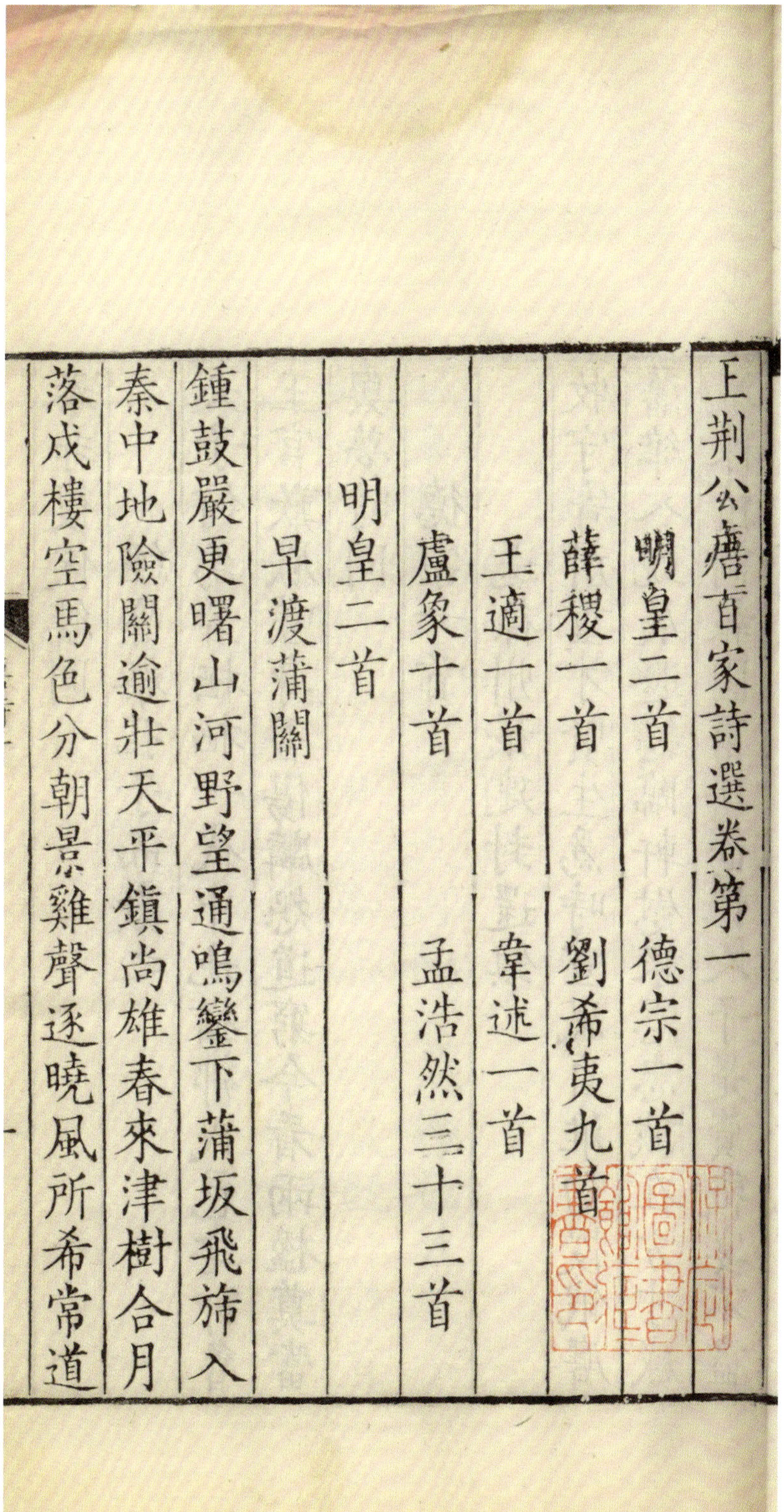
王荆公唐百家詩選卷第一
明皇二首　德宗一首
薛稷一首　劉希夷九首
王適一首　韋述一首
盧象十首　孟浩然三十三首
明皇二首
早渡蒲關
鍾鼓嚴更曙山河野望通鳴鑾下蒲坂飛旆入
秦中地險關逾壯天平鎮尚雄春來津樹合月
落戍樓空馬色分朝景雞聲逐曉風所希常道

王荆公唐百家詩選二十卷　（宋）王安石輯　清康熙緯蕭草堂刻本

中州集卷第一　　甲集

河東人元好問裕之集

宇文大學虛中　五十首

虛中字叔通成都人宋黃門侍郎以奉使見留仕爲翰林學士承旨皇統初上京諸虜俘謀奉叔通爲帥奪兵仗南奔事覺繫詔獄諸貴先被叔通嘲笑積不平必欲殺之乃鍛鍊所藏圖書爲反具叔通歎曰死

中州集　卷之一　汲古閣

中州集十卷首一卷中州樂府一卷　（金）元好問輯　明末毛氏汲古閣刻本

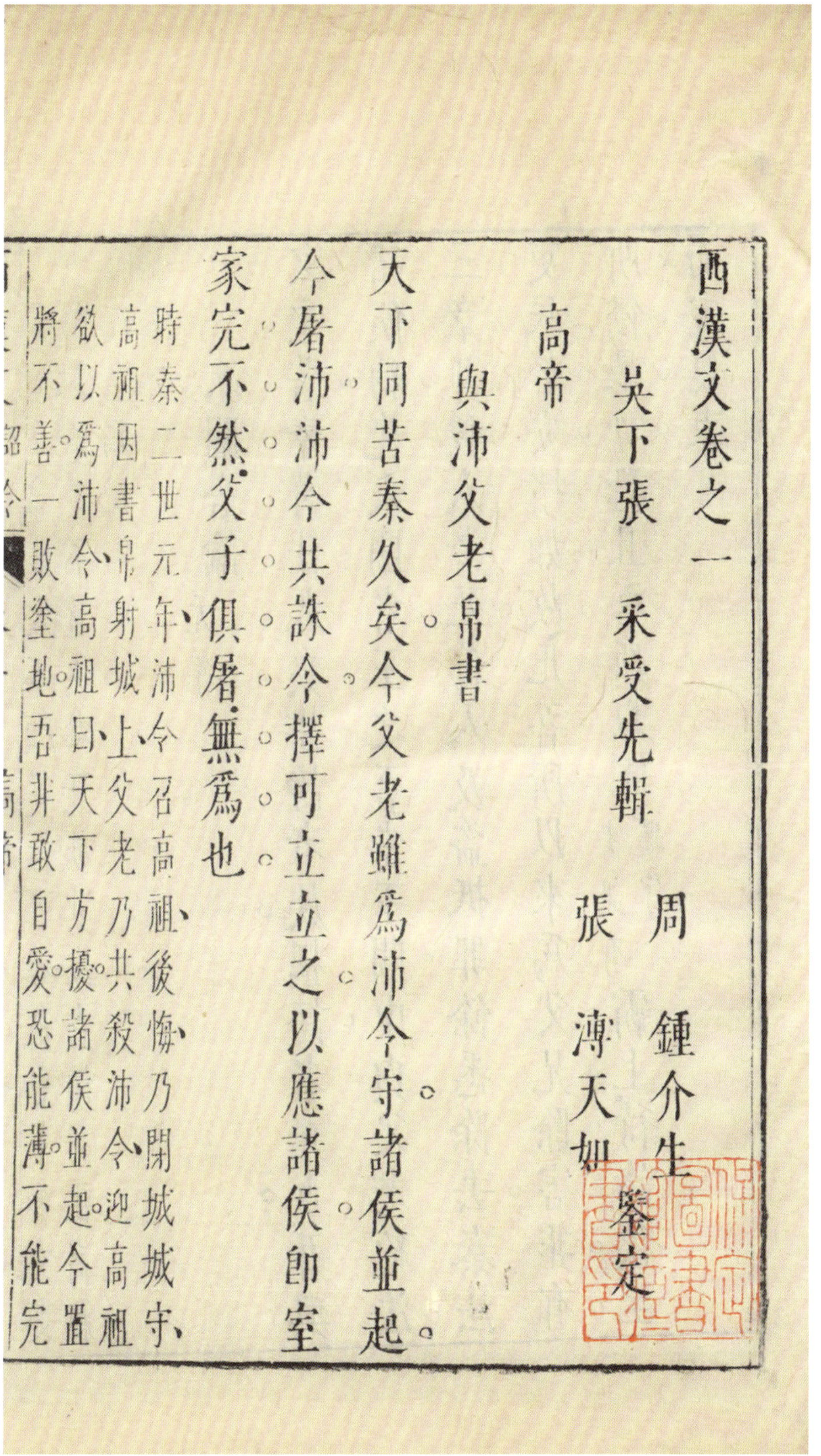

西漢文卷之一

吳下張　采受先輯　周　鍾介生

張　溥天如　鑒定

高帝

與沛父老帛書

天下同苦秦久矣今父老雖爲沛令守諸侯並起今屠沛沛令共誅令擇可立立之以應諸侯即室家完不然父子俱屠無爲也

時秦二世元年沛令召高祖後悔乃閉城城守高祖因書帛射城上父老乃共殺沛令迎高祖欲以爲沛令高祖曰天下方擾諸侯並起今置將不善一敗塗地吾非敢自愛恐能薄不能完

兩漢文選四十卷　（明）張采輯　明崇禎金閶委宛齋刻本　入選《河北省名錄》0294號

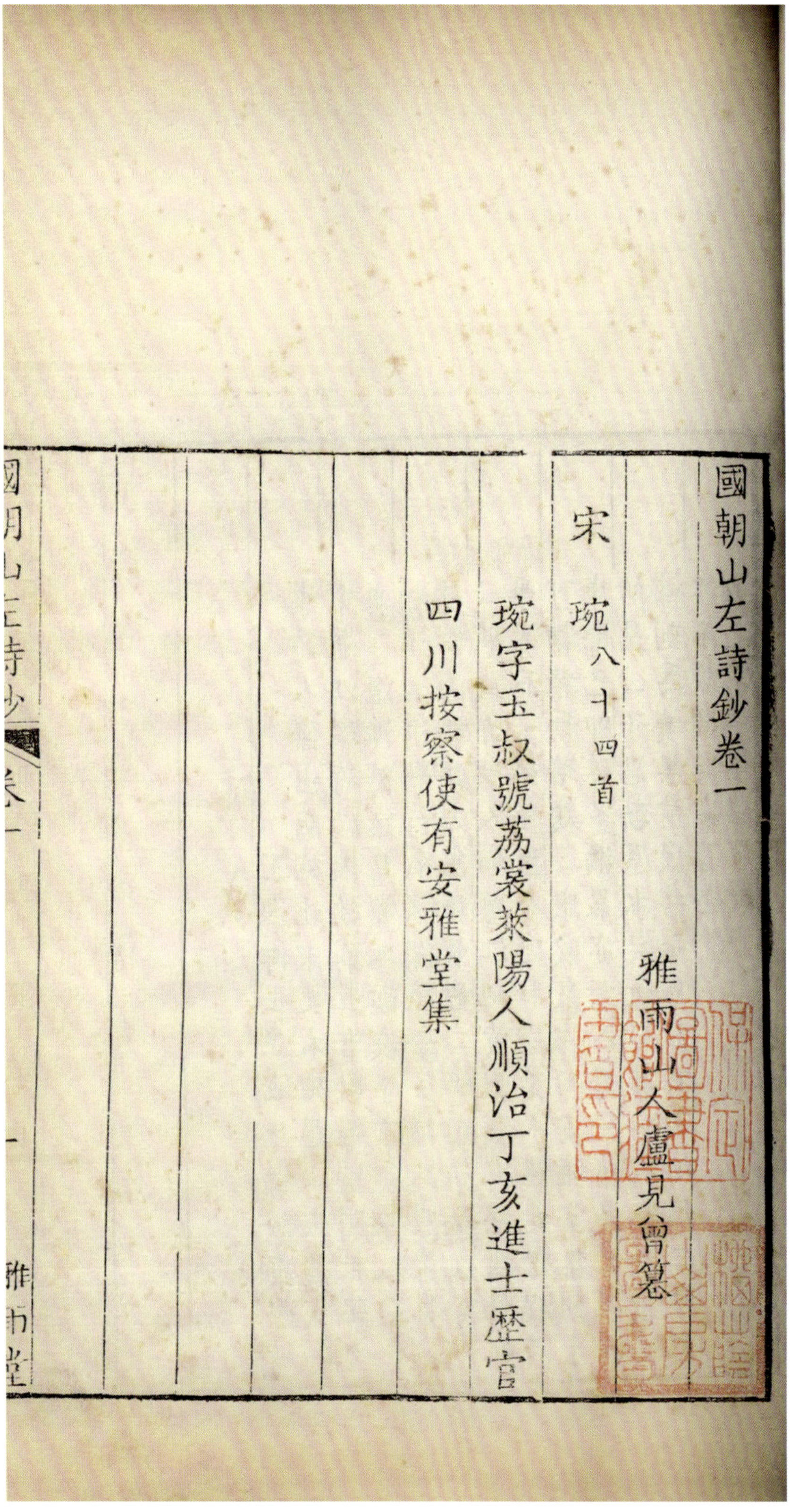
國朝山左詩鈔卷一

雅雨山人盧見曾纂

宋琬 八十四首

琬字玉叔號荔裳萊陽人順治丁亥進士歷官四川按察使有安雅堂集

國朝山左詩鈔　卷一　一　雅雨堂

國朝山左詩鈔六十卷　（清）盧見曾輯　清乾隆二十三年盧氏雅雨堂刻本

明人詩鈔正集卷一

海鹽朱琰編次

劉基二十四首

基字伯溫青田人元至順間進士除高安丞遷江浙儒學副提舉投劾歸方國珍起海上行省辟基為元帥府都事言方氏兄弟首亂不誅無以懲後國珍懼使人至京賄用事者遂詔撫國珍責基擅威福羈管紹興亾何山寇蜂起行省復辟基勦捕與行院判石抹宜孫守處州經畧使李國鳳上其功執政以方

明人詩鈔正集十四卷續集十四卷　（清）朱琰輯　清乾隆二十五年樊桐山房刻本

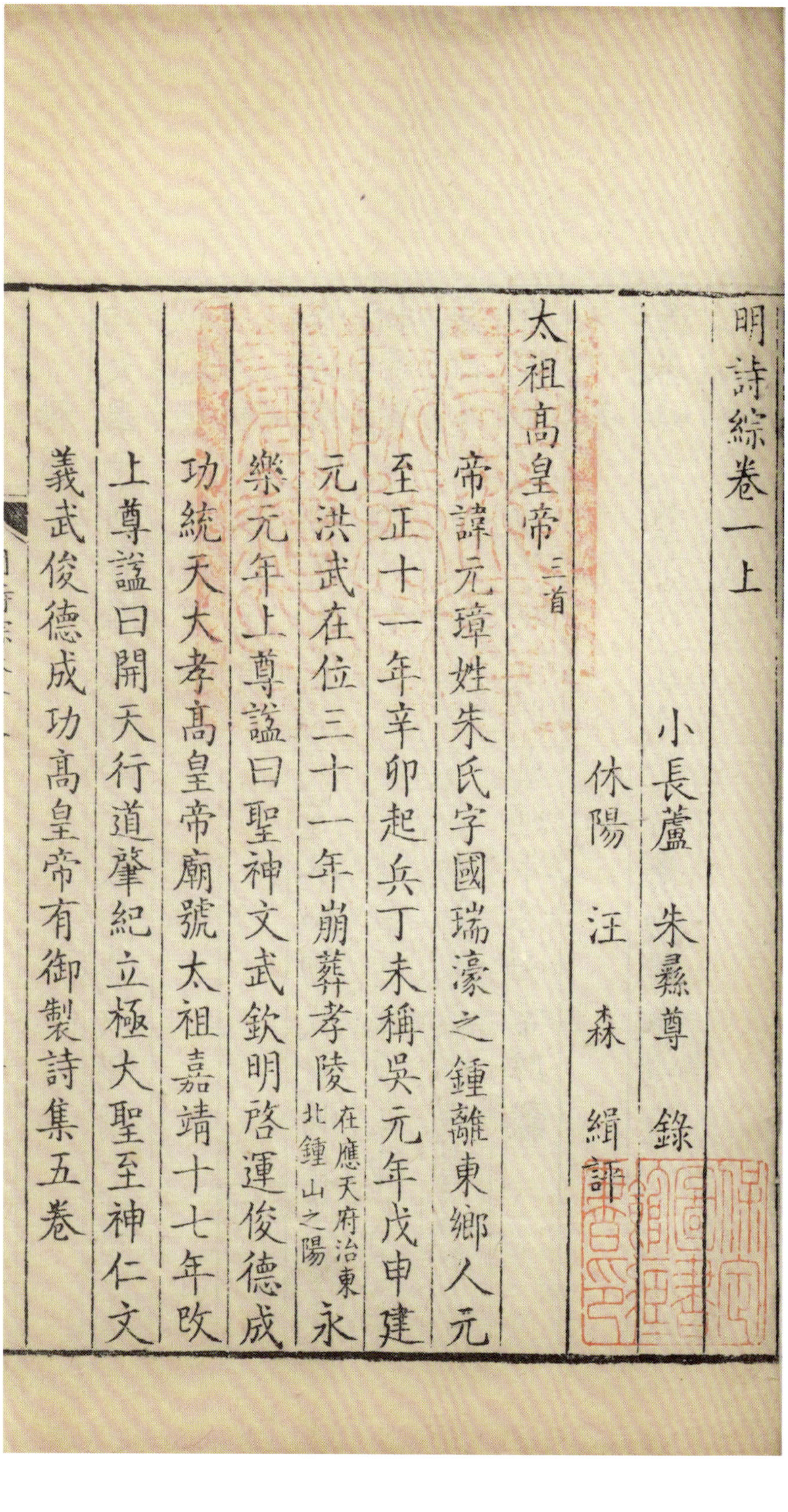
明詩綜卷一上

小長蘆 朱彝尊 錄

休陽 汪森 緝評

太祖高皇帝 三首

帝諱元璋姓朱氏字國瑞濠之鍾離東鄉人元至正十一年辛卯起兵丁未稱吳元年戊申建元洪武在位三十一年崩葬孝陵在應天府治東北鍾山之陽永樂元年上尊諡曰聖神文武欽明啓運俊德成功統天大孝高皇帝廟號太祖嘉靖十七年改上尊諡曰開天行道肇紀立極大聖至神仁文義武俊德成功高皇帝有御製詩集五卷

明詩綜一百卷　（清）朱彝尊輯　清康熙刻本

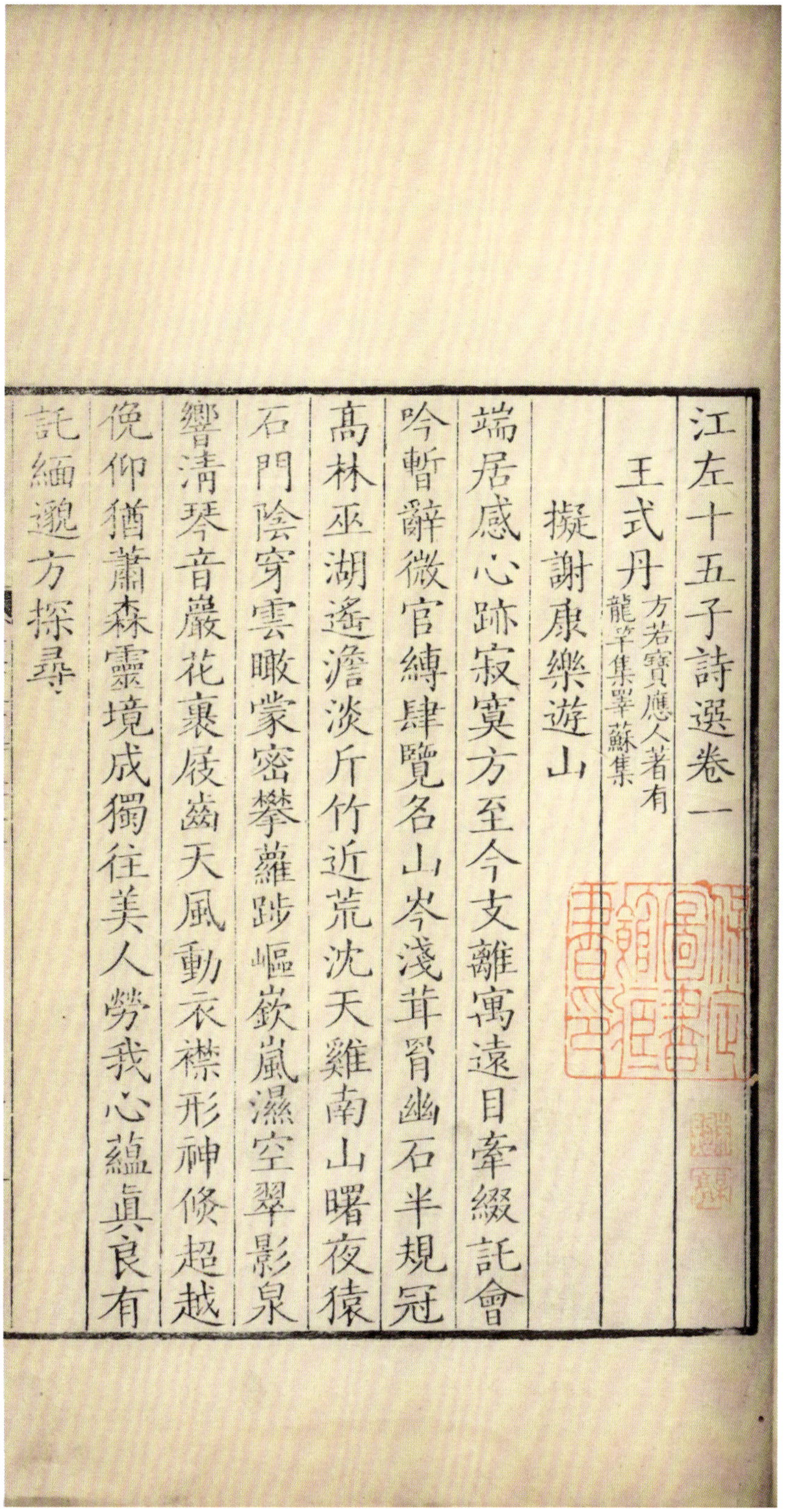
江左十五子詩選卷一

王式丹 方若寶應人著有龍竿集罕蘇集

擬謝康樂遊山

端居感心跡寂寞方至今文離寓遠目牽綴託會吟暫辭微官縛肆覽名山岑淺茸胥幽石半規冠高林巫湖遙澹淡斤竹近荒沈天雞南山曙夜猿石門陰穿雲瞰㠓窞攀蘿踄嶇嶔嵐濕空翠影泉響清琴音巖花裹屐齒天風動衣襟形神倏超越俛仰猶蕭森靈境成獨往美人勞我心蘊眞良有託緬邈方探尋

江左十五子詩選十五卷　（清）宋犖輯　清康熙四十二年宋氏宛委堂刻本

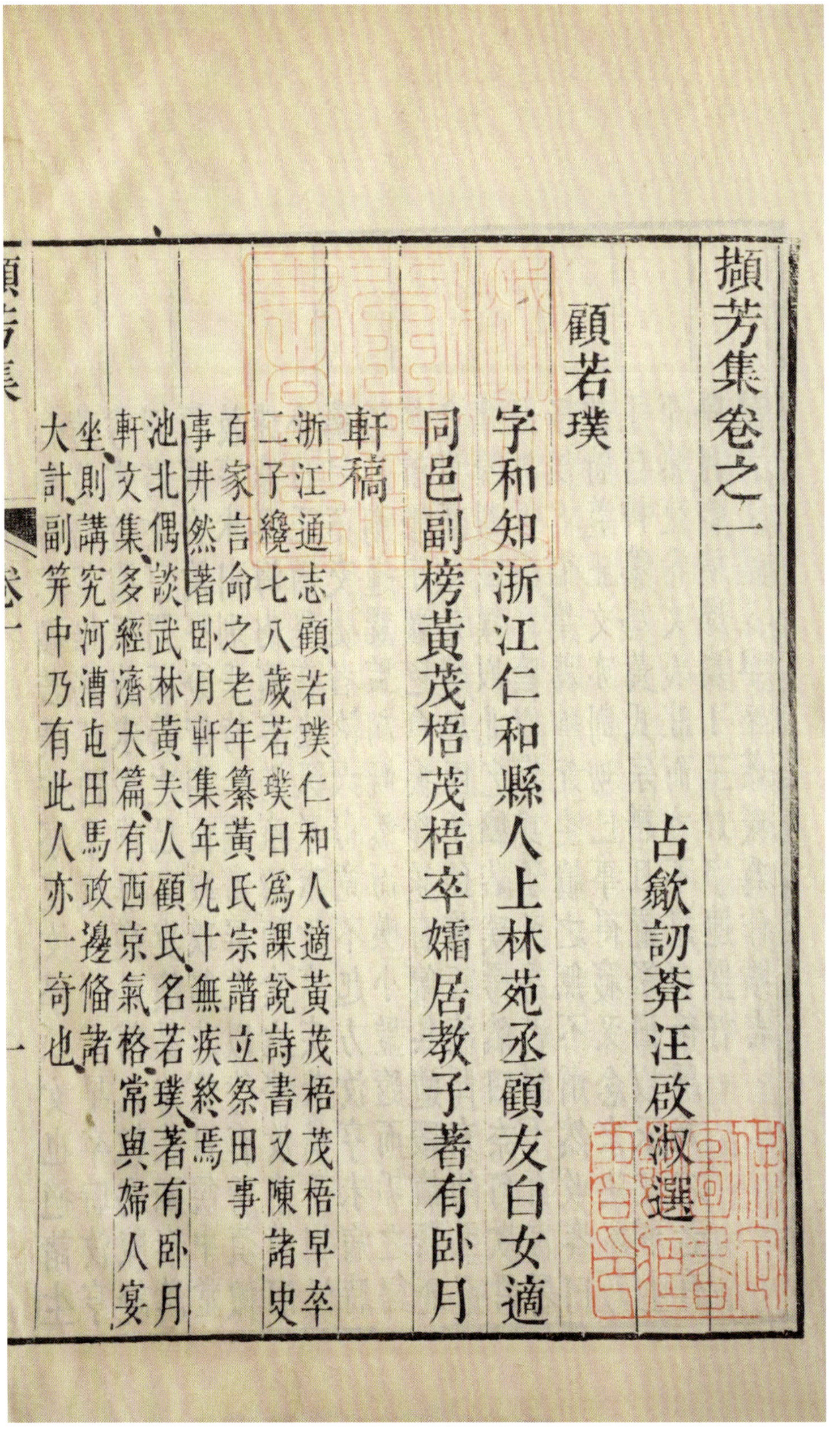

撷芳集卷之一

古歙訒葊汪啓淑選

顧若璞

字和知浙江仁和縣人上林苑丞顧友白女適同邑副榜黄茂梧茂梧卒孀居教子著有卧月軒稿

浙江通志顧若璞仁和人適黄茂梧茂梧早卒二子纔七八歲若璞日爲課說詩書又陳諸史百家言命之老年纂黄氏宗譜立祭田事事井然著卧月軒集年九十無疾終焉

池北偶談武林黄夫人顧氏名若璞著有卧月軒文集多經濟大篇有西京氣格常與婦人宴坐則講究河漕屯田馬政邊備諸大計副笄中乃有此人亦一奇也

撷芳集　卷一　一

撷芳集八十卷　（清）汪啟淑輯　清乾隆五十年飛鴻堂刻本

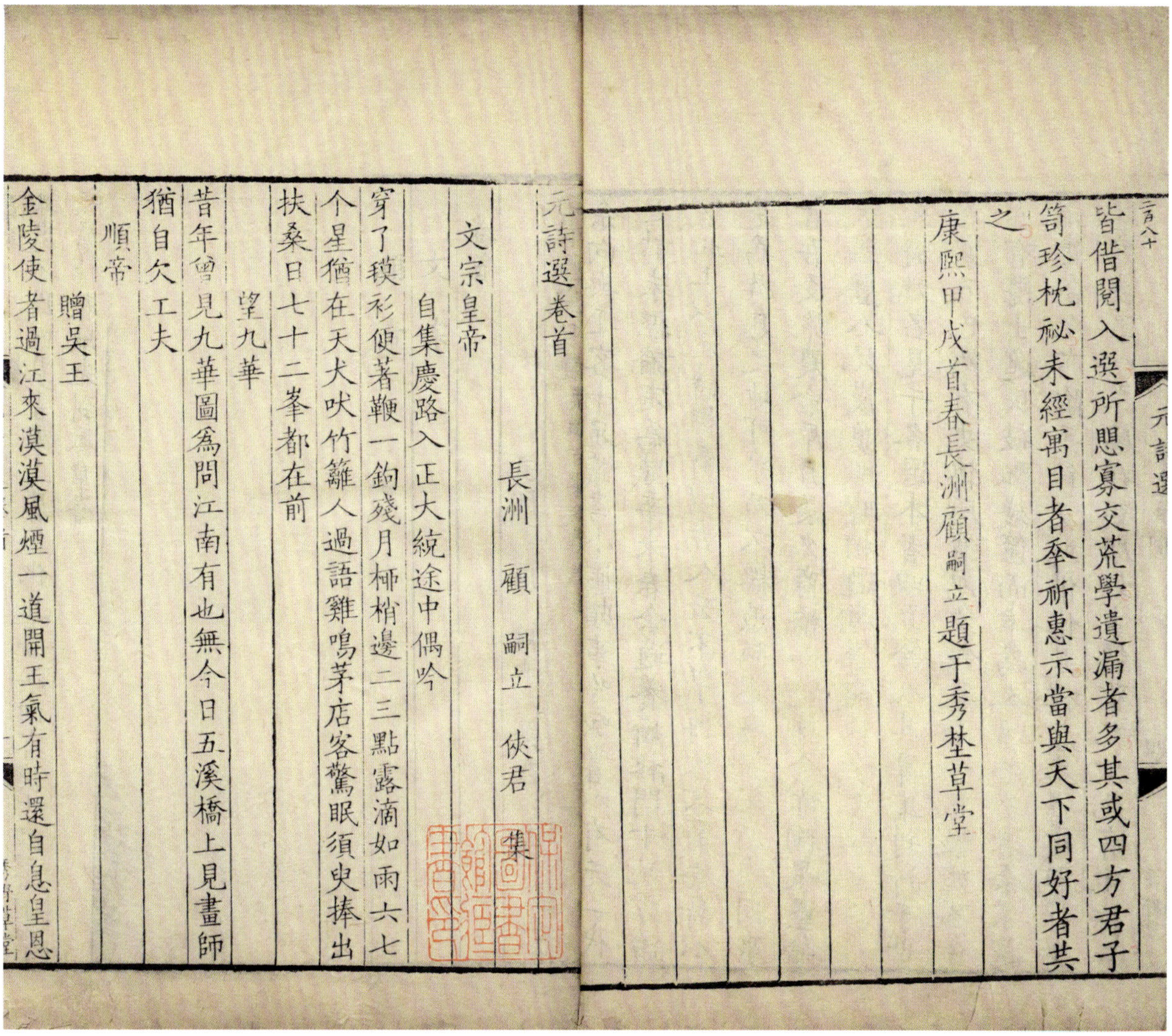
皆借閲入選所愳寡交荒學遺漏者多其或四方君子笥珍枕祕未經寓目者幸祈惠示當與天下同好者共之

康熙甲戌首春長洲顧嗣立題于秀埜草堂

元詩選卷首

長洲　顧　嗣立　俠君　集

文宗皇帝

自集慶路入正大統途中偶吟

穿了毿衫便著鞭一鉤殘月柳梢邊二三點露滴如雨六七个星猶在天犬吠竹籬人過語雞鳴茅店客驚眠須臾捧出扶桑日七十二峯都在前

望九華

昔年曾見九華圖爲問江南有也無今日五溪橋上見畫師猶自欠工夫

順帝

贈吳王

金陵使者過江來漠漠風煙一道開王氣有時還自息皇恩

元詩選三百二十卷首一卷　（清）顧嗣立輯　清康熙中長洲顧氏秀野草堂刻本

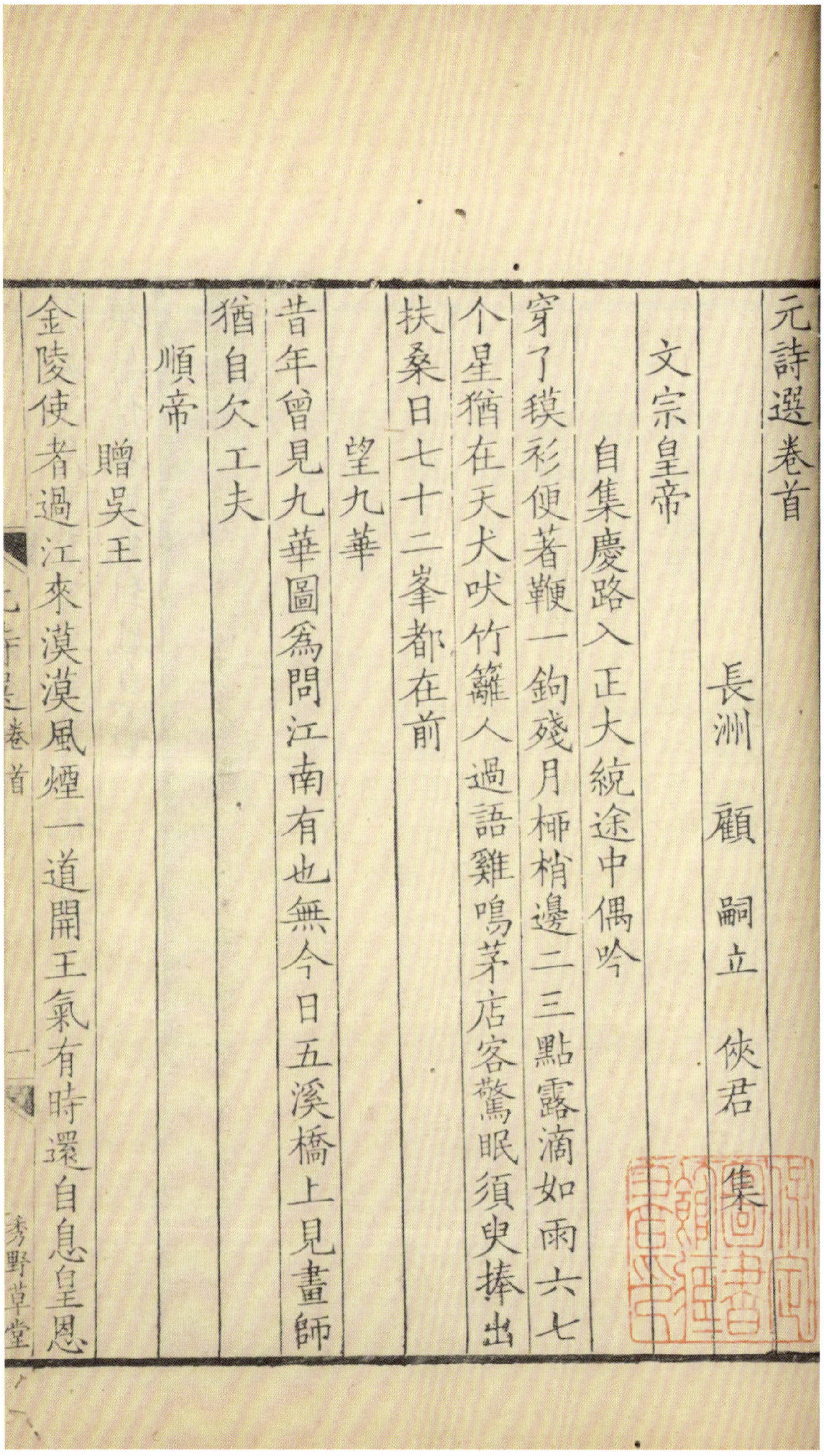
元詩選卷首

長洲　顧　嗣立　俠君　集

文宗皇帝

自集慶路入正大統途中偶吟

穿了氁衫便著鞭一鉤殘月柳梢邊二三點露滴如雨六七個星猶在天犬吠竹籬人過語雞鳴茅店客驚眠須臾捧出扶桑日七十二峯都在前

望九華

昔年曾見九華圖爲問江南有也無今日五溪橋上見畫師猶自欠工夫

順帝

贈吳王

金陵使者過江來漠漠風煙一道開王氣有時還自息皇恩

元詩選卷首　一　秀野草堂

元詩選初集一百十四卷首一卷　（清）顧嗣立輯　清康熙三十三年長洲顧氏秀野草堂刻本

欽定國朝詩別裁集卷一

禮部尚書臣沈德潛纂評

慎郡王 紫瓊主人著有花間堂詩鈔○王勤攻之板禮賢下士書宗元人詩宗唐人品近河間東平而多能游藝文踞平所未聞也

灌花

階前羅羣芳，宛然如藻繢。照日相鮮新，臨風各向背。背雖忘憂草，淡焉此靜對。榮謝寄流轉，采色看迭代。體茲造化心，澤物恐不逮。園丁汲井欄，時時自灌溉。題雖灌花意在澤及庶物胸次正大於觸物處抒寫之

樵歌

欽定國朝詩別裁集三十二卷　（清）沈德潛纂評　清乾隆二十六年翰林院删定重刻本

古律雜歌詩一百首

白居易一十九首

代書一百韻寄微之

憶在貞元歲俱昇典校司身名同日授心事一言知肺腑都無隔形骸兩不羈疎狂屬年少閑

才調集卷一

才調集十卷　（後蜀）韋縠輯

清初錢氏懷古堂刻本

熙庵公之論詩以起承轉合為主，然於公意謂詩法如是，而其妙不在是也。武以連體[illegible]多為[illegible]操大不復見兩先伯閱本，竊以曾見閱本評語得兩先伯本意而詳誌此，[illegible]本誤者亦自[illegible]之。簡緣武記

才調集目錄終

才調集卷第一

癸酉夏余以蓋測粗閱一次甲戌

蜀監察御史韋縠集

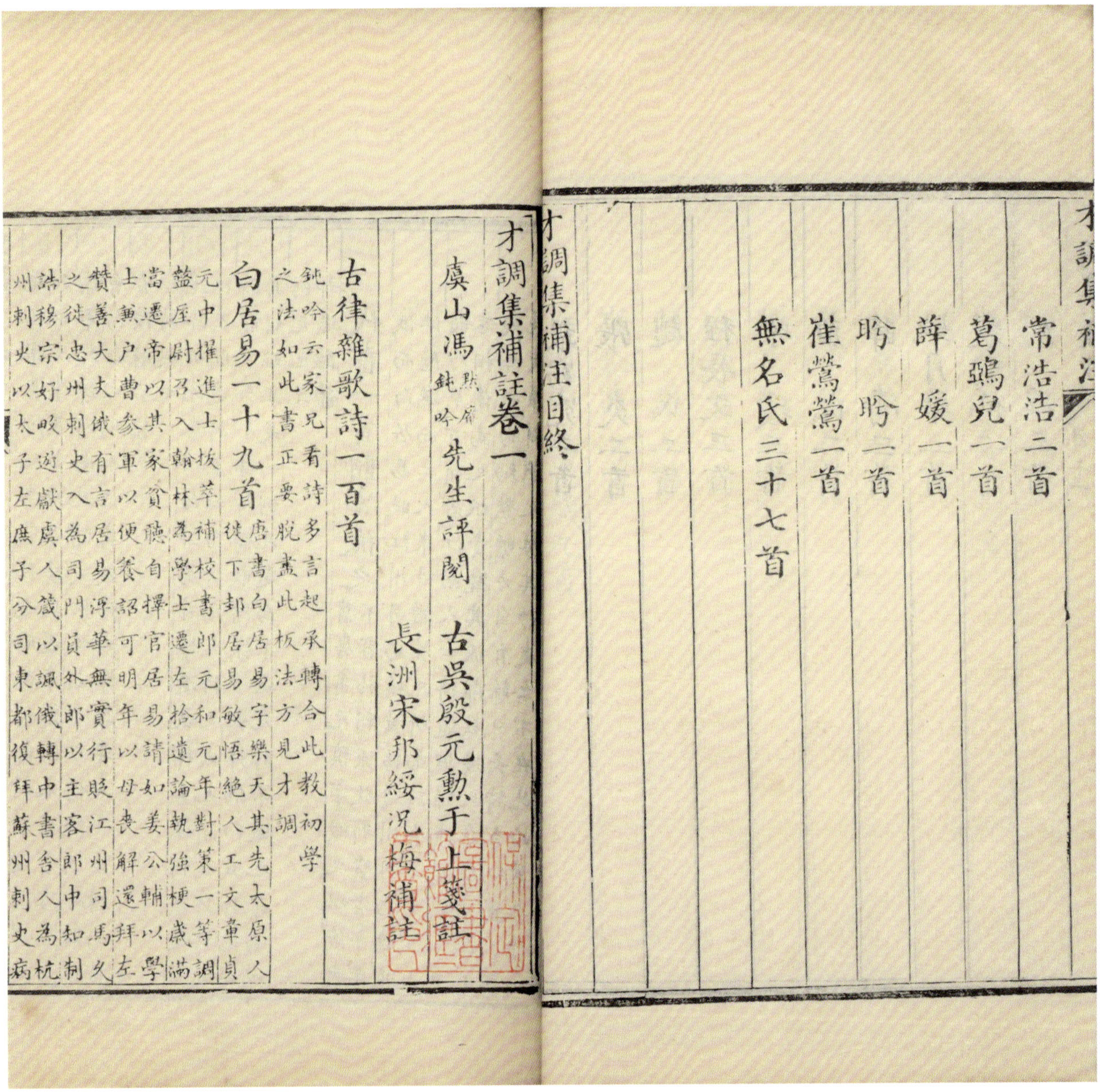

才調集補注

常浩浩二首

葛鴉兒一首

薛媛一首

盼盼一首

崔鶯鶯一首

無名氏三十七首

才調集補注目終

才調集補註卷一

虞山馮默菴鈍吟先生評閱

古吳殷元勳于上箋註

長洲宋邦綏況梅補註

古律雜歌詩一百首

鈍吟云家兄看詩多言起承轉合此教初學之法如此書正要脫盡此板法方見才調

白居易一十九首 唐書白居易字樂天其先太原人徙下邽居易敏悟絕人工文章貞元中擢進士拔萃補校書郎元和元年對策一等調盩厔尉召入翰林為學士遷左拾遺論執強梗歲滿當遷帝以其家貧聽自擇官居易請如姜公輔以學士兼戶曹參軍以便養詔可明年以母喪解還拜左贊善大夫俄有言居易浮華無實行貶江州司馬久之徙忠州刺史入為司門員外郎以主客郎中知制誥穆宗好畋遊獻虞人箴以諷俄轉中書舍人為杭州刺史以太子左庶子分司東都復拜蘇州刺史病

才調集補註十卷　（後蜀）韋縠輯　（清）殷元勳箋註　（宋）邦綏補註　馮默庵評閱　清乾隆五十八年思補堂刻本

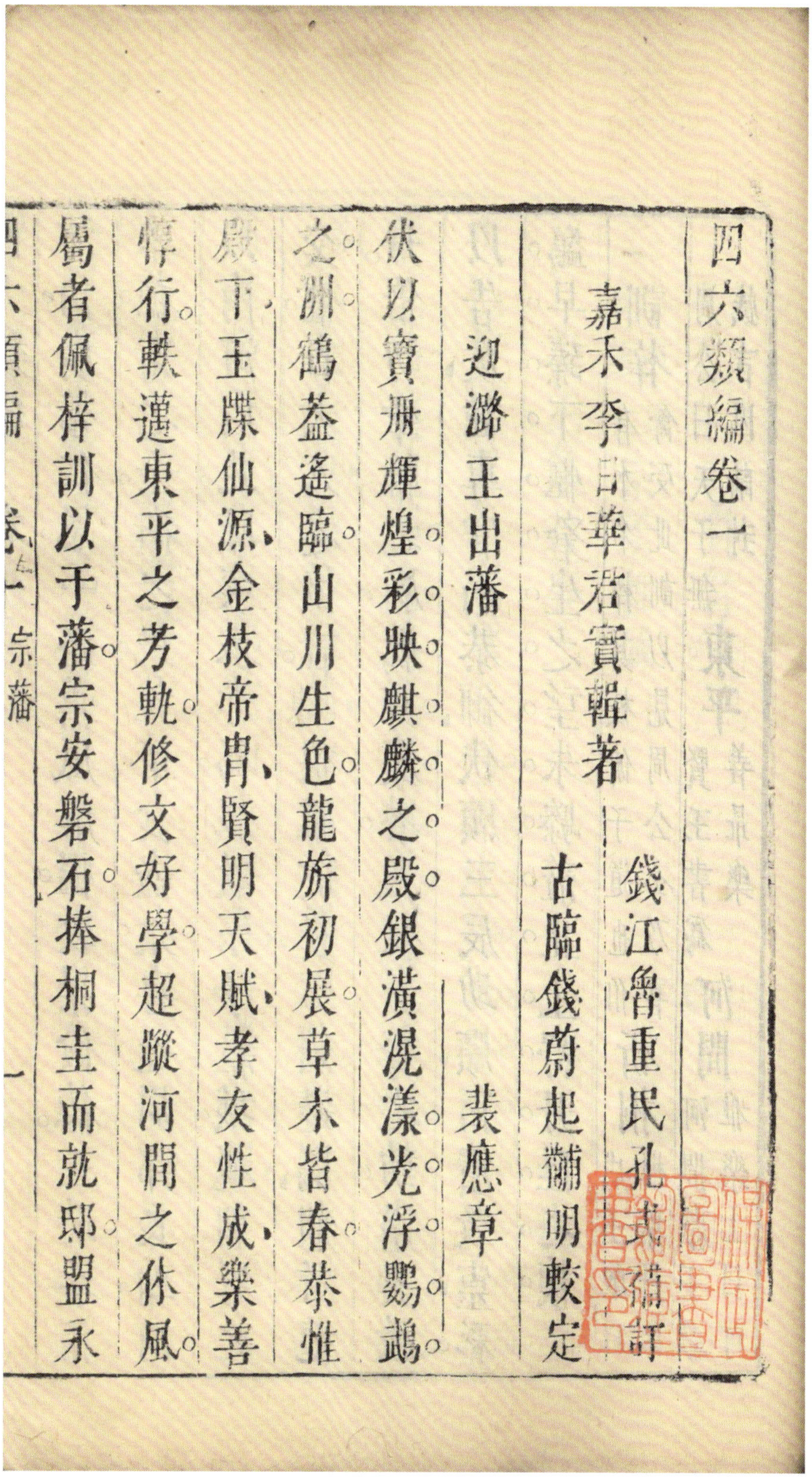

四六類編卷一

嘉禾李日華君實輯著　錢江魯重民孔式補訂

古臨錢蔚起黼明較定

迎潞王出藩　裴應章

伏以寶冊輝煌彩映麒麟之殿銀潢滉瀁光浮鸑鷟之淵鶴蓋遙臨山川生色龍旂初展草木皆春恭惟殿下玉牒仙源金枝帝胄賢明天賦孝友性成樂善惇行軼邁東平之芳軌修文好學超蹤河間之休風屬者佩梓訓以于藩宗安磐石捧桐圭而就邸盟永

四六類編卷一　宗藩　一

四六類編十三卷　（明）李日華輯　魯重民補訂　明崇禎十三年刻本

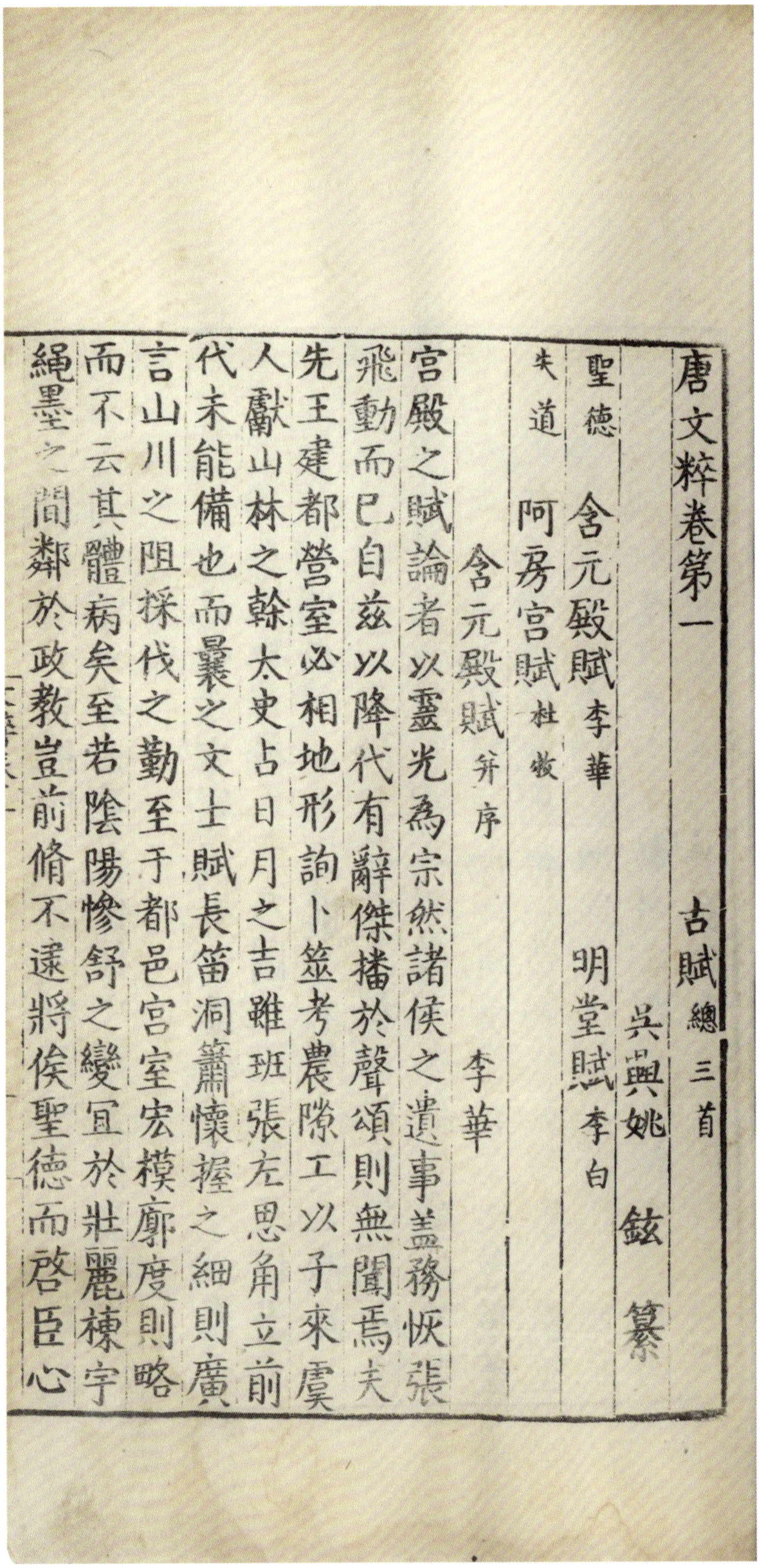
唐文粹卷第一　古賦總三首
吳興姚鉉纂
聖德　含元殿賦李華　明堂賦李白
失道　阿房宮賦杜牧
含元殿賦并序　李華
宮殿之賦論者以靈光為宗然諸侯之遺事蓋務恢張
飛動而已自玆以降代有辭傑播於聲頌則無聞焉夫
先王建都營室必相地形詢卜筮考農隙工以子來虞
人獻山林之榦太史占日月之吉雖班張左思角立前
代未能備也而曩之文士賦長笛洞簫懷握之細則廣
言山川之阻採伐之勤至于都邑宮室宏模廓度則略
而不云其體病矣至若陰陽慘舒之變宜於壯麗棟宇
繩墨之間鄰於政教豈前脩不逮將俟聖德而啓臣心

唐文粹一百卷　（宋）姚鉉輯　明嘉靖五至七年晉府養德書院重刻本

欽定全唐文卷一

高祖皇帝

帝姓李氏諱淵字叔德其先隴西成紀人後徙長安祖虎佐周有功爲柱國追封唐公帝生襲封隋大業十二年十二月爲太原留守明年五月舉義兵十一月入長安尊立恭帝自爲大丞相進爵爲王義寧二年戊寅五月受禪建元武德在位九年八月傳位太子年七十一謚曰大武皇帝廟號高祖追尊神堯大聖大光孝皇帝

授老人等官教

欽定全唐文一千卷　（清）董誥等輯　清嘉慶內府刻本

中晚唐詩叩彈集卷第一

錫山杜　詔紫綸
秀水杜庭珠詒穀　集

白居易

字樂天其先太原人徙下邽貞元中擢進士拔萃元和元年對制策乙等自翰林學士遷左拾遺論執彊鯁瀟剔技摩多被聽納帝以其家貧聽自擇官乃以學士兼京兆戶曹參軍俄有言居易浮華無實行出爲州刺史又貶江州司馬徙忠州刺史入爲司門員外郎以主客郎中知制誥遷中書舍人復出爲杭州刺史久之以太子左庶子分司東都又改蘇州刺史文宗立拜刑部侍郎太和初二李黨事起旦暮相奪移居易惡緣黨人進乃移疾還東都踰年拜河南尹會昌初以刑部尚書致仕卒謚曰文居易既屢斥因放意文酒晚好浮屠自號香山居士醉吟先生年七十五有詩七十五卷名曰白氏長慶集元和以來聲價最盛元稹序其詩謂二十年間禁省觀寺郵候牆壁之上無不書王公妾婦牛童馬走之口無不道至於繕寫摹勒衒賣於市井或持之以交酒茗者處處皆是有雞林賈人自云本國宰相每以百金換一篇其甚僞者相輒能辨之又一女子能誦長恨歌遂索直百萬其爲一代驚豔如此

中晚唐詩叩彈集十二卷續集三卷　（清）杜詔、杜庭珠輯　清康熙四十三年采山亭刻本

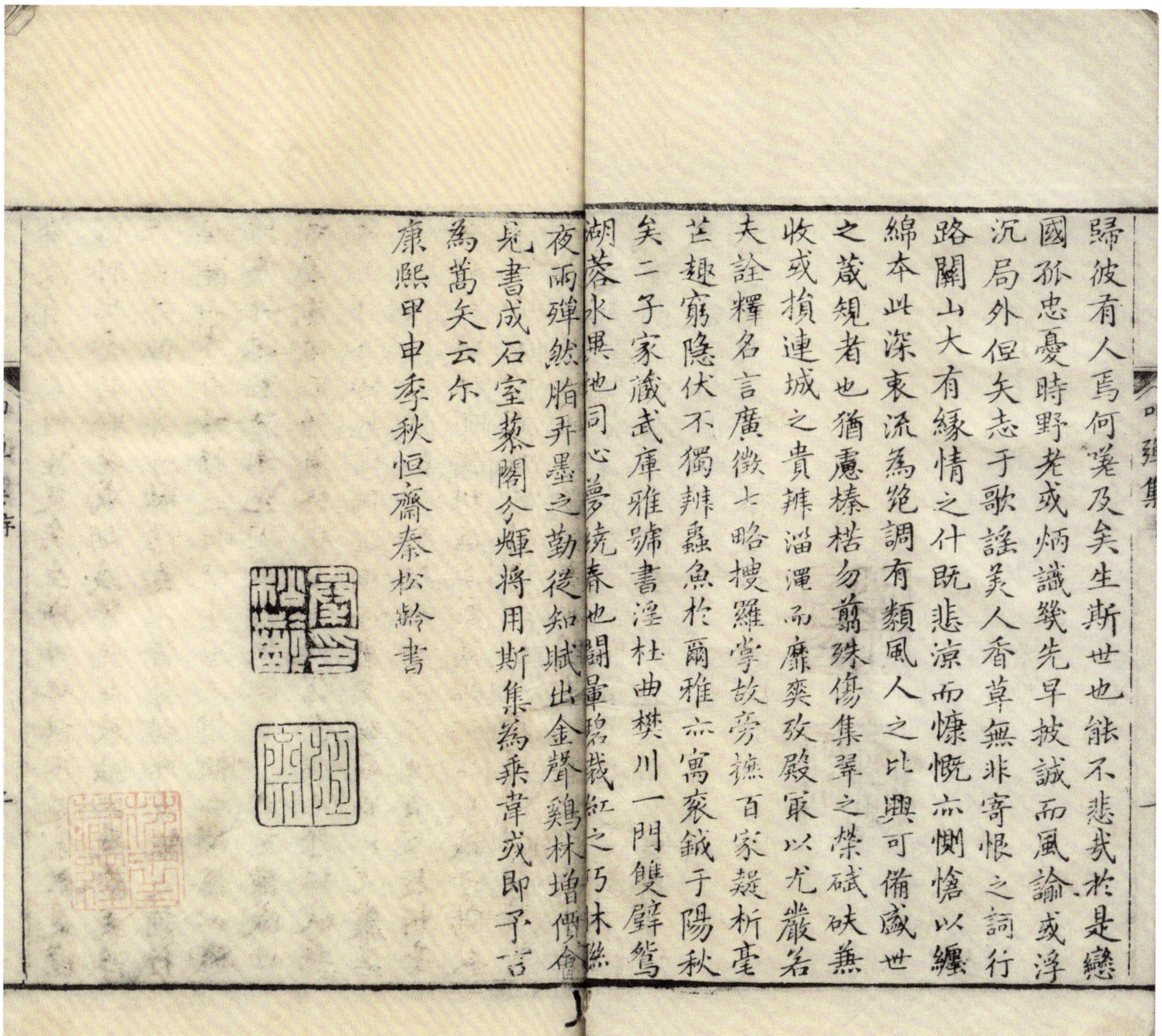

中晚唐詩叩彈集十二卷續集三卷　（清）杜詔、杜庭珠輯　清仿刻康熙四十三年采山亭本

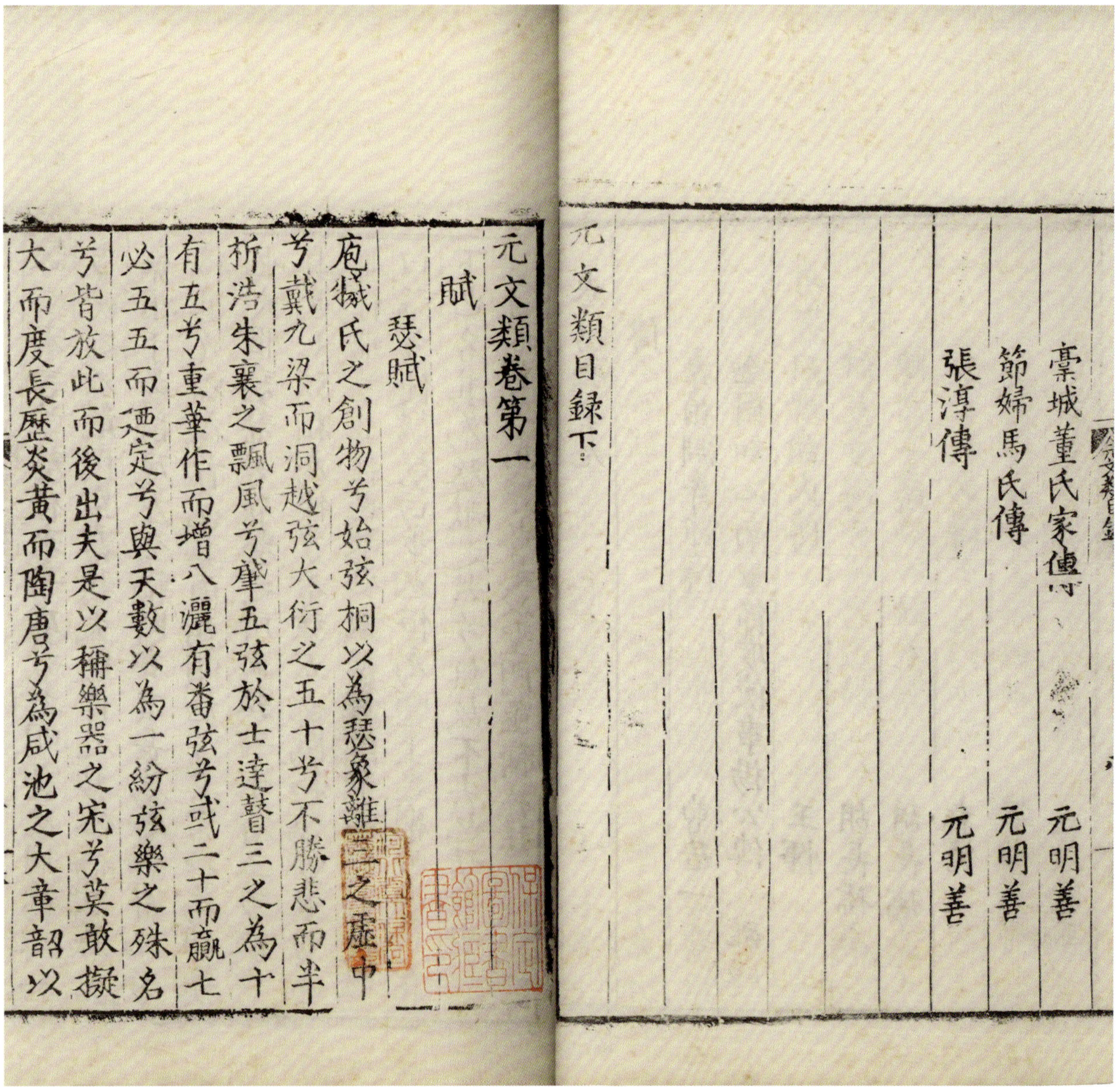

稾城董氏家傳　元明善

節婦馬氏傳　元明善

張渟傳　元明善

元文類目録下

元文類卷第一

賦

瑟賦

庖犧氏之創物兮始弦桐以為瑟象離[illegible]之虚中兮戴九梁而洞越弦大衍之五十兮不勝悲而半析浩朱襄之飄風兮肇五弦於士達瞽三之為十有五兮重華作而增八灑有番弦兮或二十而嬴七必五五而迺定兮與天數以為一紛弦樂之殊名兮皆放此而後出夫是以稱樂器之宗兮莫敢擬大而度長歷炎黃而陶唐兮為咸池之大章韶以

元文類七十卷目録三卷　（元）蘇天爵輯　明嘉靖十六年晉藩刻本　入選《河北省名録》0152號

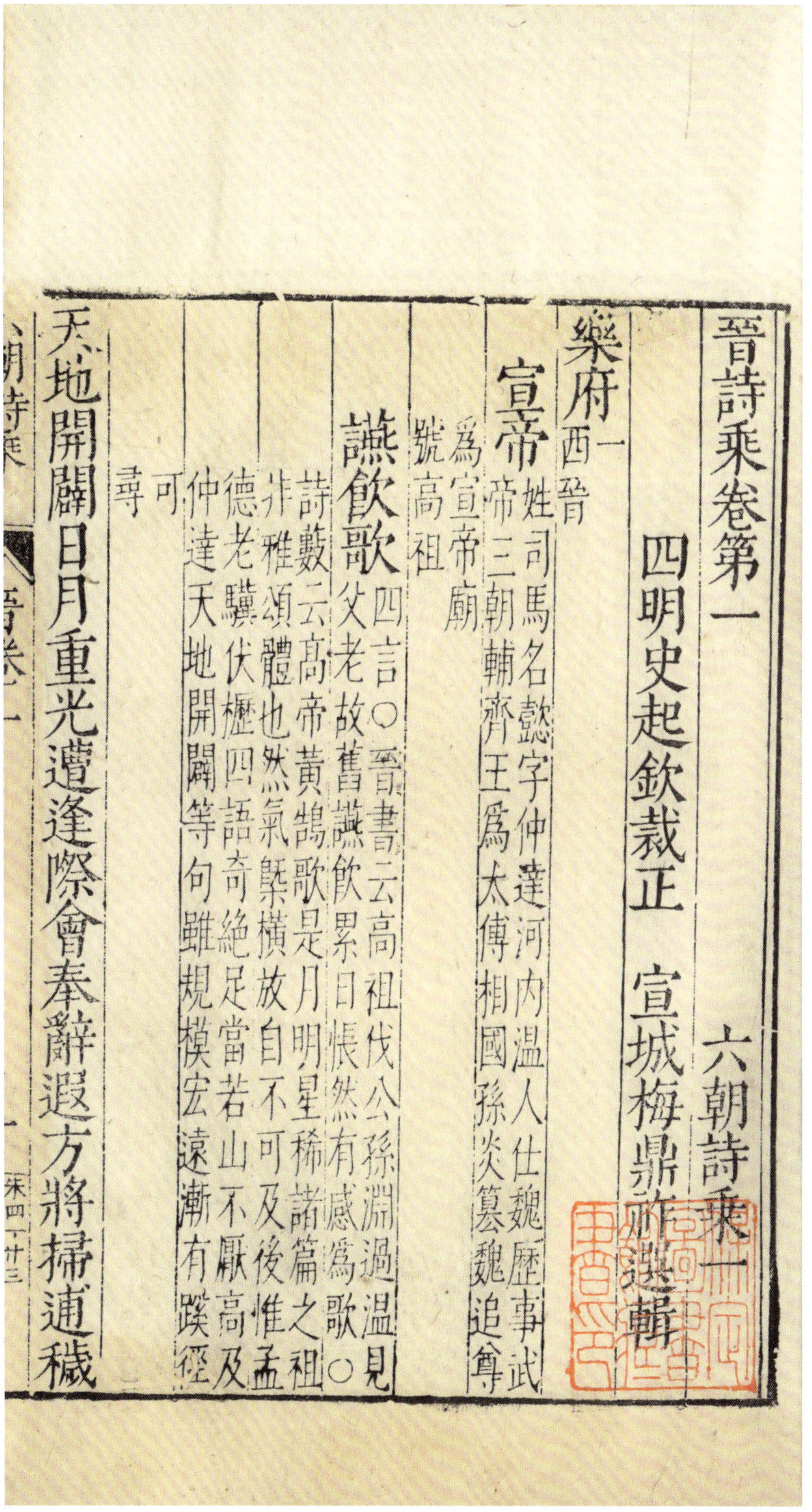

晉詩乘卷第一　　六朝詩乘一

四明史起欽裁正　宣城梅鼎祚選輯

樂府一　西晉

宣帝　姓司馬名懿字仲達河內溫人仕魏歷事武帝三朝輔齊王爲太傅相國孫炎篡魏追尊爲宣帝廟號高祖

讌飲歌　四言○晉書云高祖伐公孫淵過溫見父老故舊讌飲累日悵然有感爲歌○詩藪云高帝黃鵠歌是月明星稀諸篇之祖非雅頌體也然氣槩橫放自不可及後惟孟德老驥伏櫪四語奇絕足當若山不厭高及仲達天地開闢等句雖規模宏遠漸有蹊徑可尋

天地開闢日月重光遭逢際會奉辭遐方將掃逋穢

六朝詩乘二十四卷總錄一卷目錄二卷　（明）梅鼎祚輯　明萬曆丙午寧國郡刻本　入選《河北省名錄》0289號

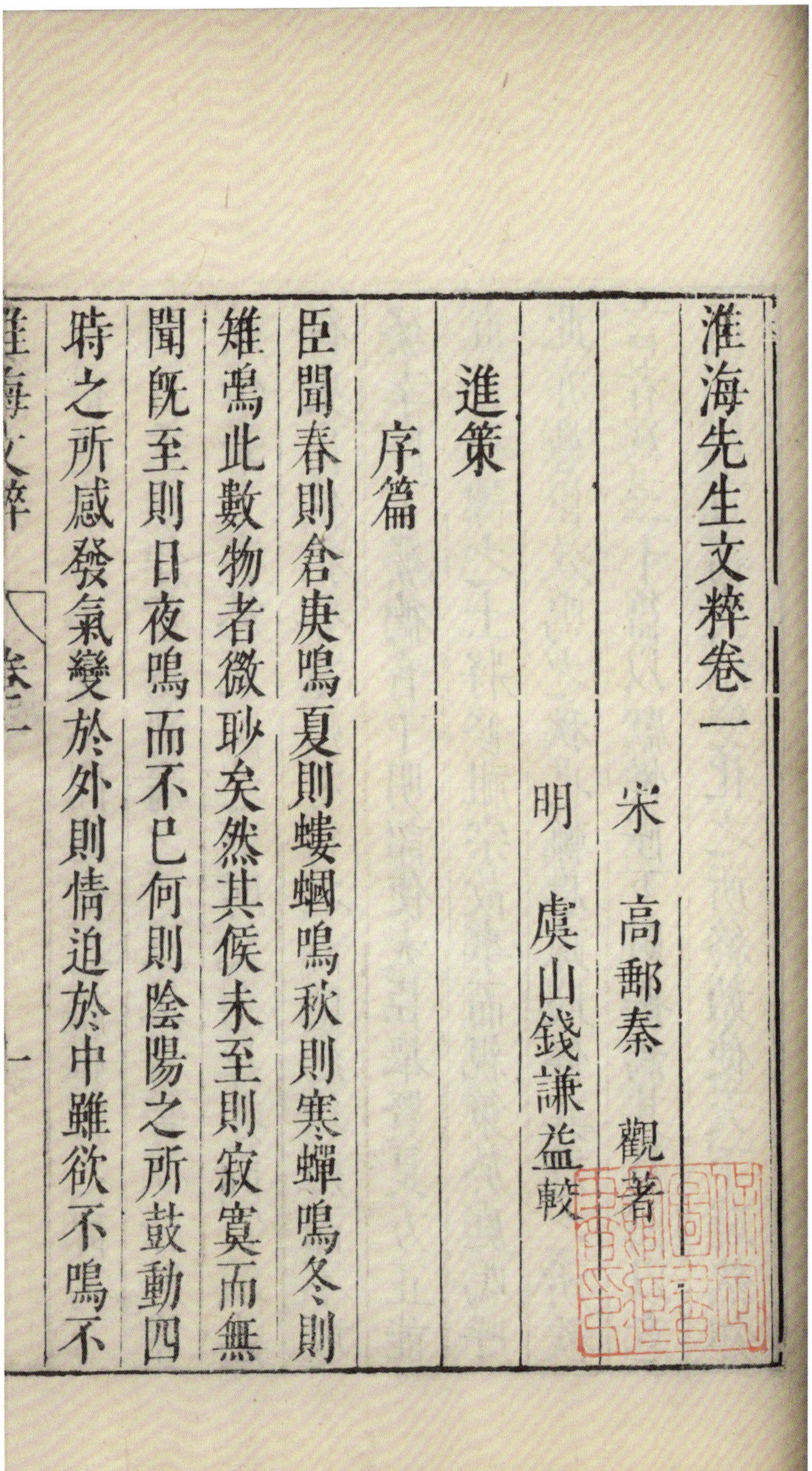

淮海先生文粹卷一

宋　高郵秦　觀著

明　虞山錢謙益較

進策

序篇

臣聞春則倉庚鳴夏則螻蟈鳴秋則寒蟬鳴冬則雉鳴此數物者微眇矣然其候未至則寂寞而無聞既至則日夜鳴而不已何則陰陽之所鼓動四時之所感發氣變於外則情迫於中雖欲不鳴不

淮海文粹　卷一　一

淮海先生文粹十四卷　（宋）秦觀撰　明崇禎六年新安胡氏武林刻本

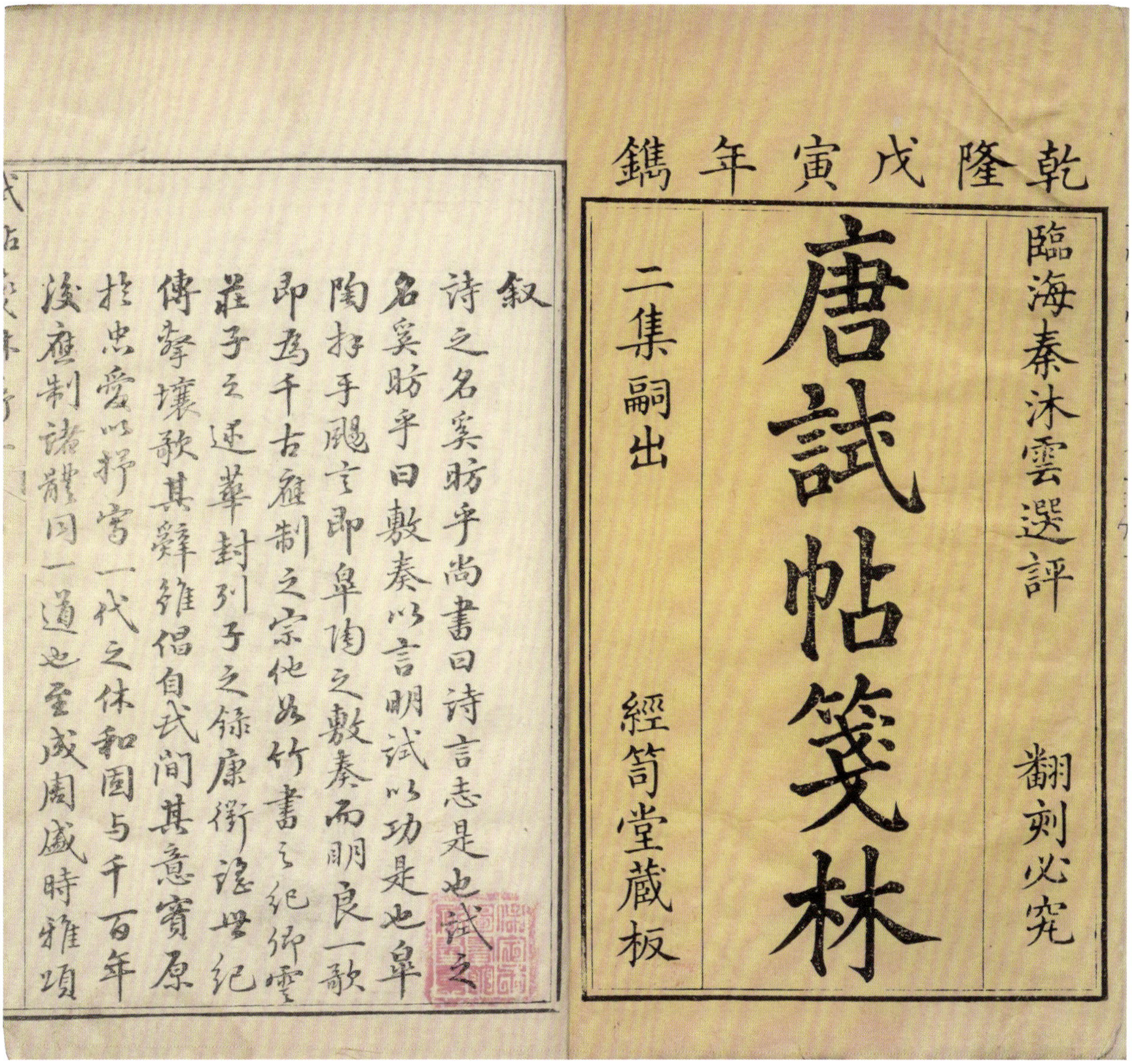

乾隆戊寅年鐫

臨海秦沐雲選評

唐試帖箋林

翻刻必究

二集嗣出

經笥堂藏板

叙

詩之名奚昉乎尚書曰詩言志是也試之
名奚昉乎曰敷奏以言明試以功是也皐
陶拜手颺言即皐陶之敷奏而明良一歌
即為千古庭制之宗他如竹書之紀卿雲
莊子之述華封列子之錄康衢謠母紀
傳擊壤歌其辭雖倡自民間其意實原
於忠愛以揚嘗一代之休和固與千百年
後庭制諸體同一道也至成周盛時雅頌

唐試帖箋林八卷　（清）秦錫淳選評　清乾隆二十三年經笥堂刻本

長河志籍考卷一

蒙齋　田雯　編

悳州古平原郡。隋之長河縣也。長河縣始在河西。後移置河東所謂永濟河。隋渠名。即今之衛河。今州城在其東。即長河縣河東之小壺城也。唐末廢爲長河鎮。宋移將陵縣治于此。元曰陵州。明改悳州。按古今州治凡二。東與西辨焉。東爲漢平原郡之安悳古德字縣地。後漢安悳侯國。屬平原郡。晉屬平原國。宋屬平原郡。後魏屬樂安郡。又於般縣置安悳郡。隋置悳州。又爲平原郡。唐復置悳州。治安悳縣。天寶元年改爲平原郡。乾元元年復爲悳州。歷宋金元。至於明初。皆爲悳州。此古悳州治也。今爲陵縣。惟割二鄉爲今州東地。故今州得稱安悳。嘉靖閒山東通志云陵縣土城在平原郡城之內即顏魯公禦安祿山處延袤甚濶今陵縣城正德六年改築是古

長河志籍考十卷古歡堂詩集十四卷附黔書二卷　（清）田雯撰　清乾隆刻本　有懷堂詩集一卷文集一卷　（清）田肇麗撰　清康熙乾隆間德州田氏叢書本

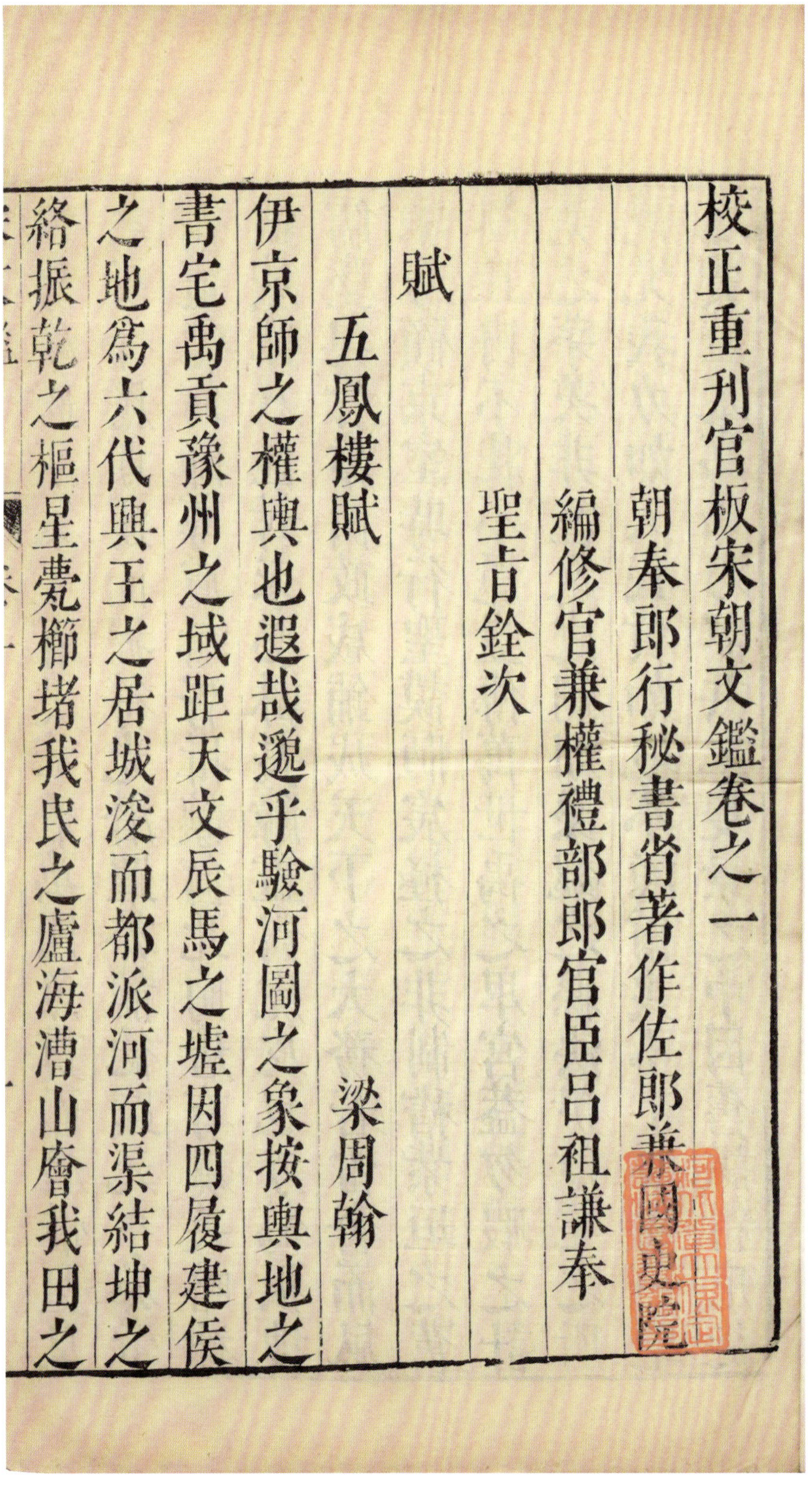

校正重刊官板宋朝文鑑卷之一
朝奉郎行秘書省著作佐郎兼國史院
編修官兼權禮部郎官臣吕祖謙奉
聖旨銓次

賦

五鳳樓賦　梁周翰

伊京師之權輿也遐哉邈乎驗河圖之象按輿地之書宅禹貢豫州之域距天文辰馬之墟因四履建侯之地爲六代興王之居城浚而都派河而渠結坤之絡振乾之樞星甍櫛堵我民之廬海漕山儈我田之

校正重刊官板宋朝文鑑一百五十卷目錄三卷　（宋）吕祖謙輯　明刻本

今有好士若渴如見者否

明文奇賞卷之一

史官陳仁錫明卿父評選

序

會試紀錄序　宋濂

皇明設科倣古者六藝之教參以歷代遺制欲兼收文武而任之既詔天下三年一賓興其薦于州郡者凡五百人五拔其一而授之以官猶以爲未足復勑有司自壬子至甲寅三歲連貢歲擢三百人逮于乙卯始復舊制其恩至渥也先是京畿遵行鄉試中程式者七十二未及貢南宮　上求治之切皆采用之至有拜監察御

明文奇賞四十卷　（明）陳仁錫評選　明天啟刻本

貫華堂選批唐才子詩甲集七言律卷之一

聖歎外書

順治十七年春二月八之日兒子雍强欲予粗說唐詩七言律體予不能辭旣受其請矣至夏四月望之日前後通計所說過詩可得滿六百首則又强欲予粗爲之序予又不能辭也因復序之序曰夫詩之爲德也大矣苞乎天地之初貫乎終古之後綿綿曖曖不知紀極虛空無性自然動搖動搖有端音斯作焉夫林以風戛而籟生泉以石

貫華堂選批唐才子詩甲集八卷　（清）金聖歎評述　金雍輯　清初刻本

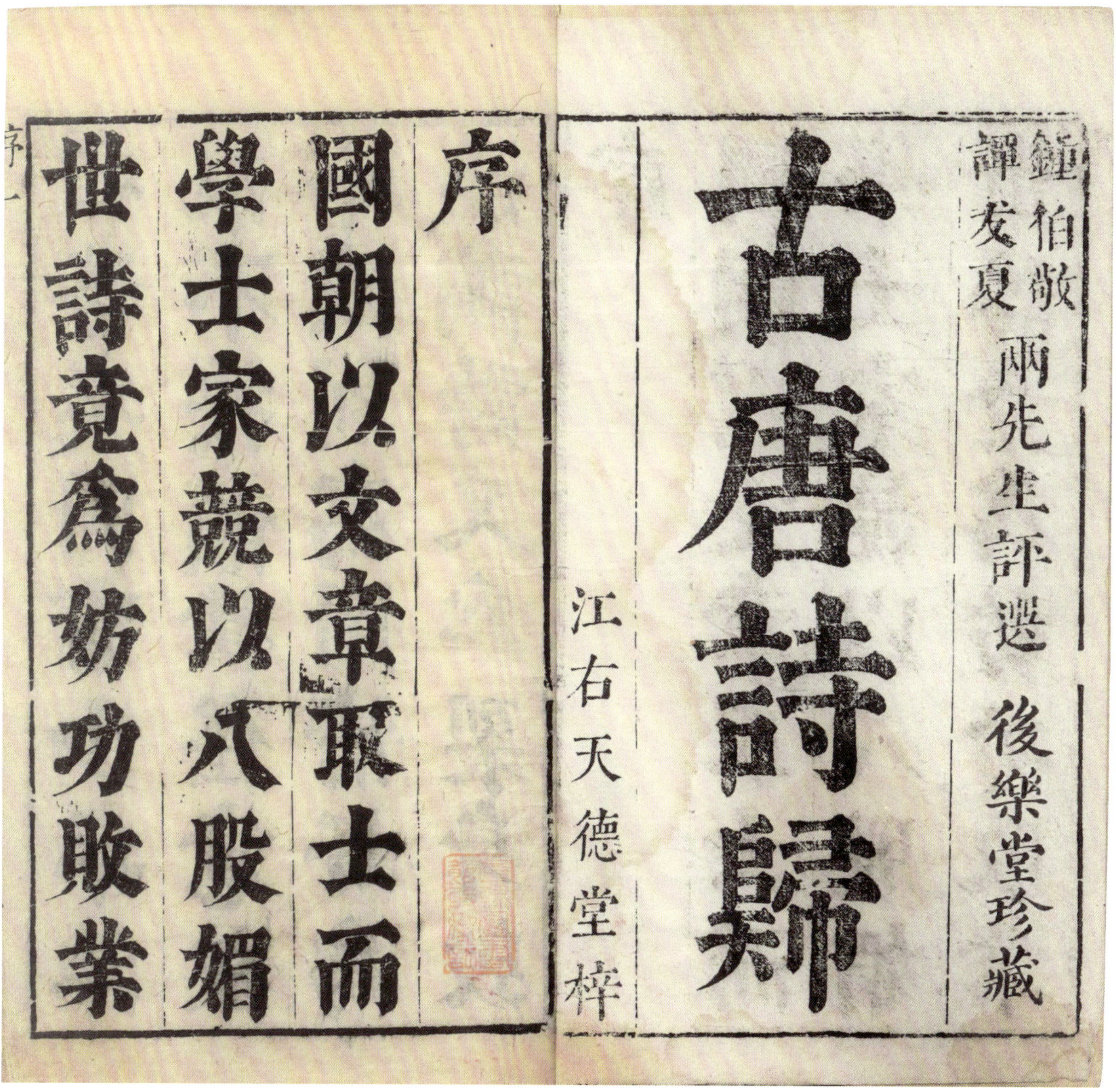

鍾伯敬
譚友夏 兩先生評選

古唐詩歸

後樂堂珍藏

江右天德堂梓

序

國朝以文章取士而
學士家競以八股媚
世詩竟爲妨功敗業

序一

古詩歸十五卷唐詩歸三十六卷　（明）鍾惺、譚元春評選　明江右天德堂刊崇禎石友齋重刻本

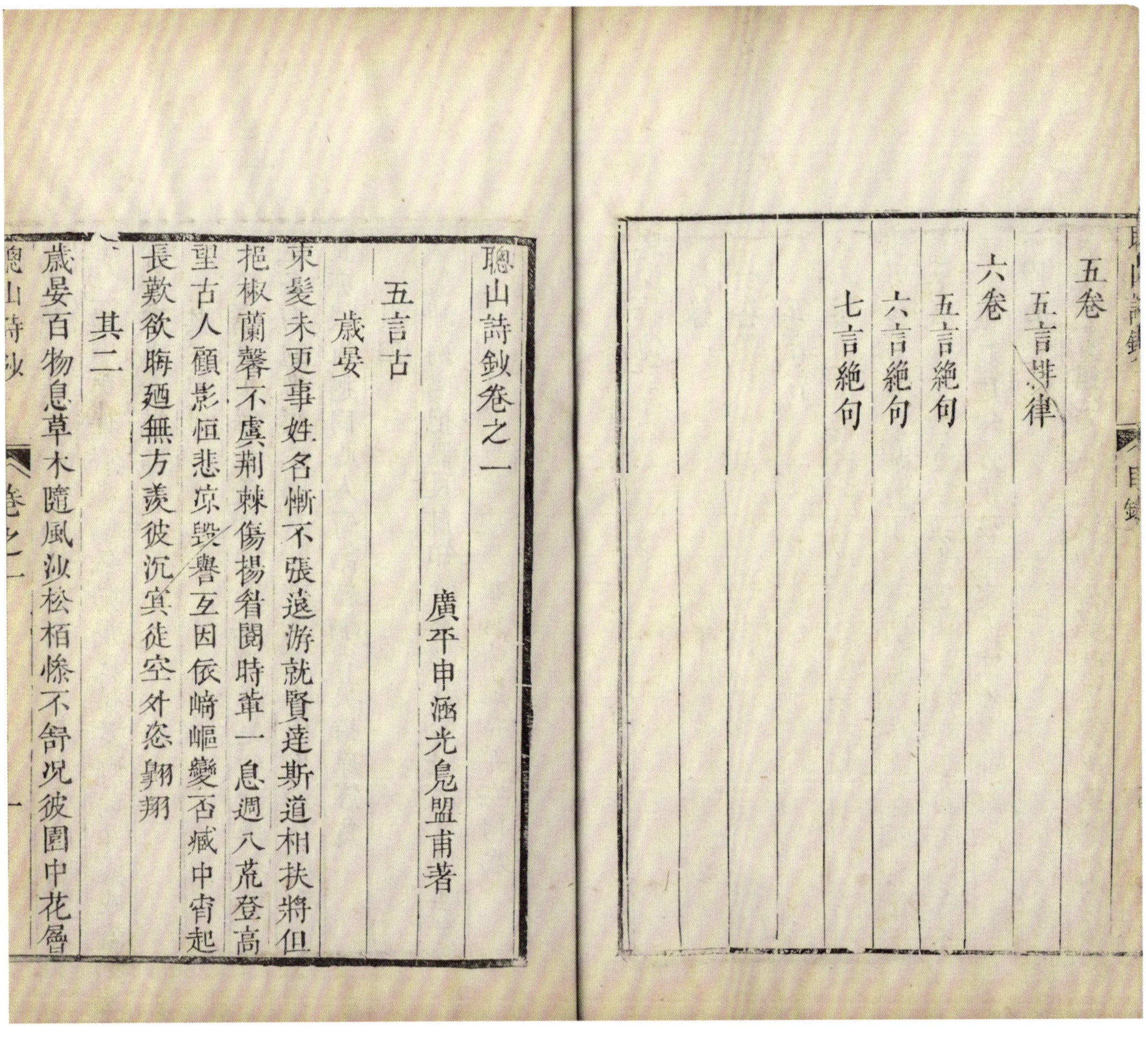
聰山詩録 目録

五卷
五言排律
六卷
五言絶句
六言絶句
七言絶句

聰山詩鈔卷之一
廣平申涵光鳧盟甫著
五言古
歲晏
束髮未更事姓名慚不張遠游就賢達斯道相扶將但挹椒蘭馨不虞荊棘傷揚搉閲時輩一息週八荒登高望古人顧影恒悲凉毀譽互因依崎嶇變否臧中宵起長歎欲晦迺無方羨彼沉冥徒空外恣翺翔
其二
歲晏百物息草木隨風泐松栢慘不舒況彼園中花層

聰山詩鈔 卷之一 一

畿輔七名家詩鈔四十六卷　（清）王企埥輯　清康熙敬事堂刻本　入選《河北省名錄》0153號

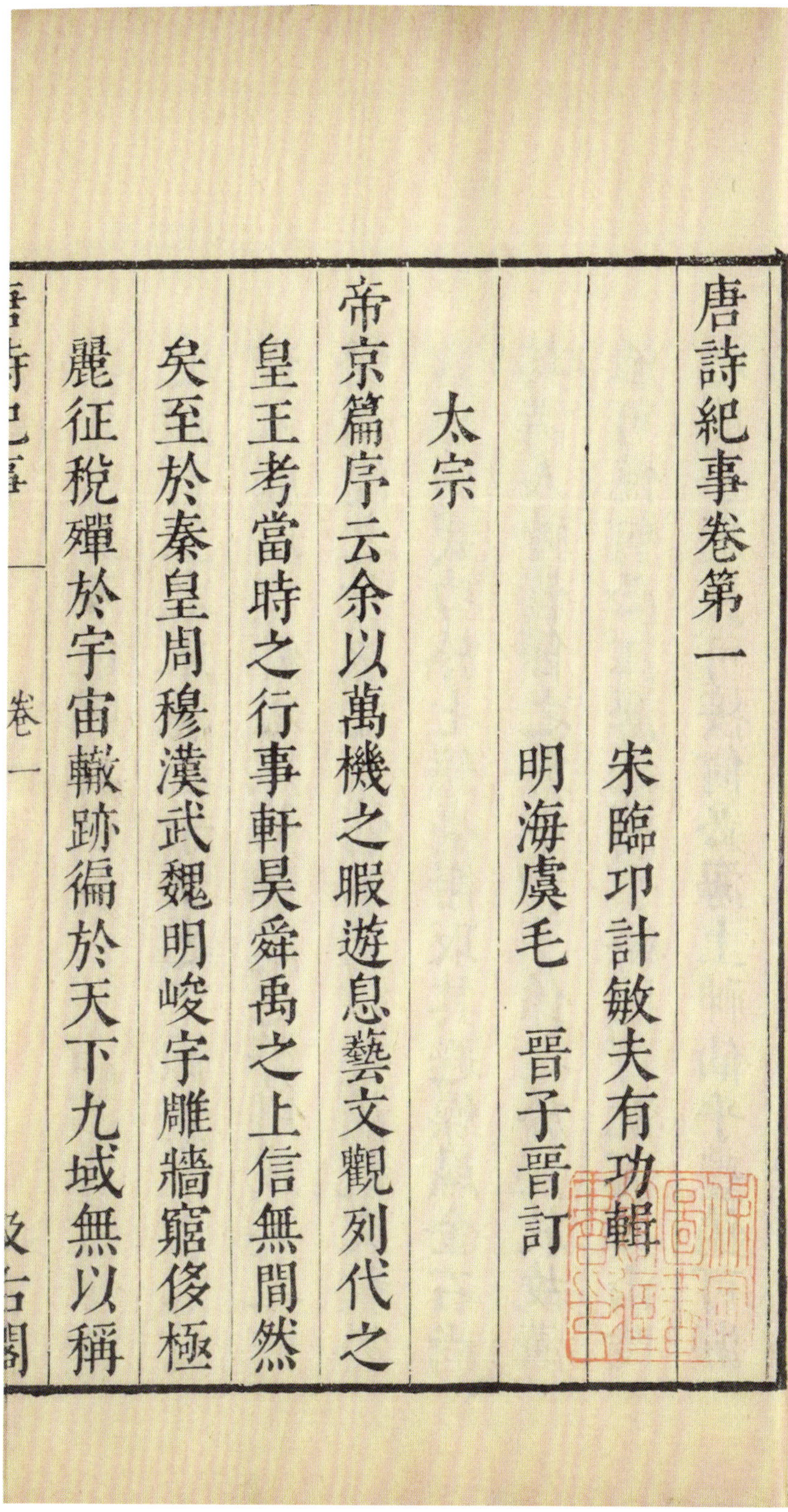

唐詩紀事卷第一

宋臨邛計敏夫有功輯

明海虞毛　晉子晉訂

太宗

帝京篇序云余以萬機之暇遊息藝文觀列代之皇王考當時之行事軒昊舜禹之上信無間然矣至於秦皇周穆漢武魏明峻宇雕牆窮侈極麗征稅殫於宇宙轍跡徧於天下九域無以稱

唐詩紀事　卷一　汲古閣

唐詩紀事八十一卷　（宋）計有功撰　明汲古閣刻本　入選《河北省名録》0301號

全唐詩話卷之一

宋無錫尤　袤延之輯　石門孫　濤建峯訂

太宗

貞觀六年九月帝幸慶善宮帝生時故宅也因與貴臣晏賦詩起居郎請平宮商被之管絃命曰功成慶善樂使童子八佾爲九功之舞大晏會與破陣舞偕奏於庭

帝嘗作宮體詩使虞世南賡和世南曰聖作誠工然體

全唐詩話八卷　（宋）尤袤輯　清乾隆三十九年孫氏清芬堂重刻本

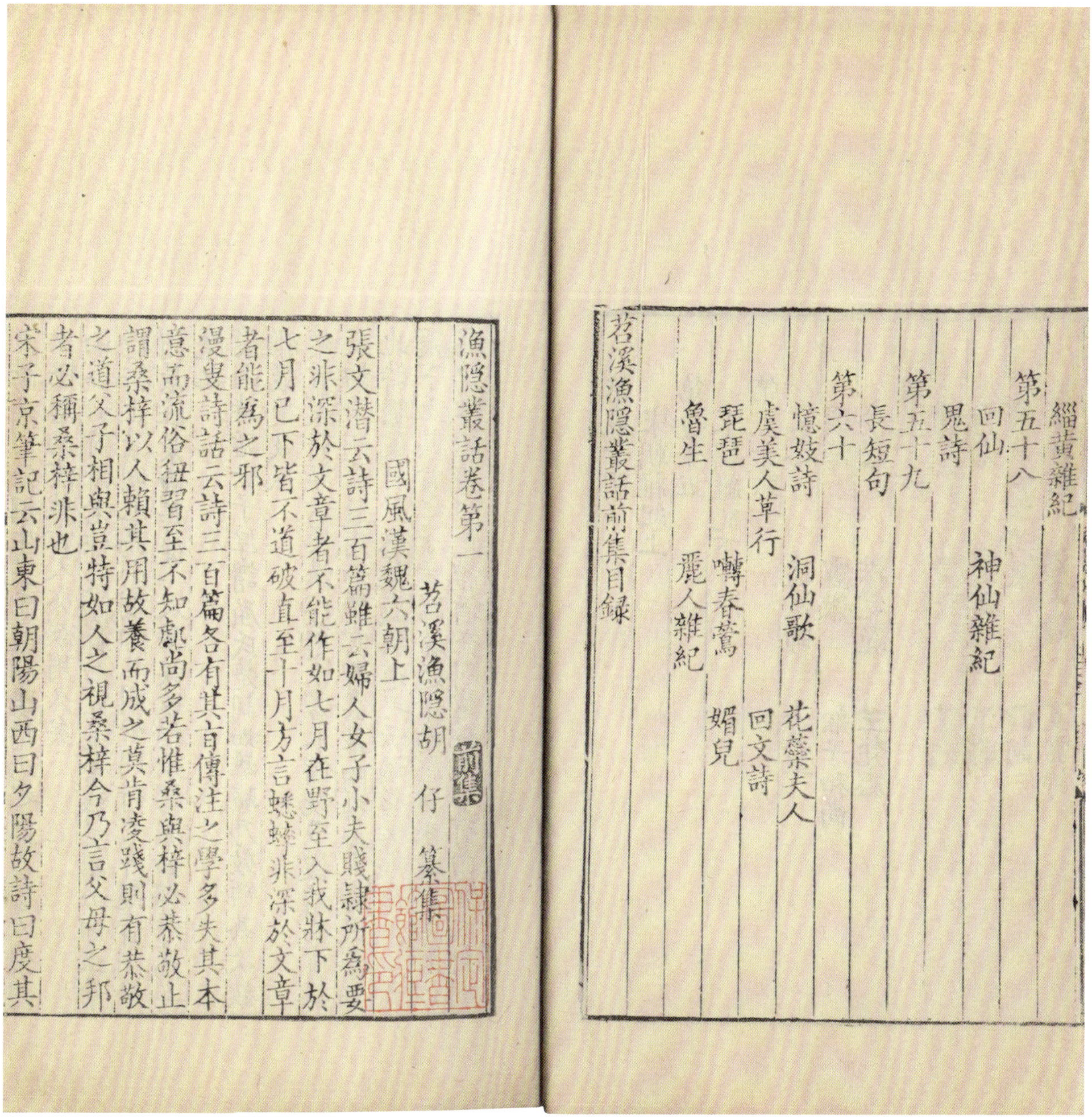

苕溪漁隱叢話前集目録

漁隱叢話卷第一　前集

苕溪漁隱胡　仔　纂集

國風漢魏六朝上

張文潛云詩三百篇雖云婦人女子小夫賤隸所為要之非深於文章者不能作如七月在野至入我牀下於七月已下皆不道破直至十月方言蟋蟀非深於文章者能為之耶

漫叟詩話云詩三百篇各有其旨傳注之學多失其本意而流俗毋習至不知鄙尚多若惟桑與梓必恭敬止謂桑梓以人賴其用故養而成之莫肯淩踐則有恭敬之道父子相與豈特如人之視桑梓今乃言父母之邦者必稱桑梓非也

宋子京筆記云山東曰朝陽山西曰夕陽故詩曰度其

漁隱叢話前集六十卷後集四十卷　（宋）胡仔輯　清乾隆刻本

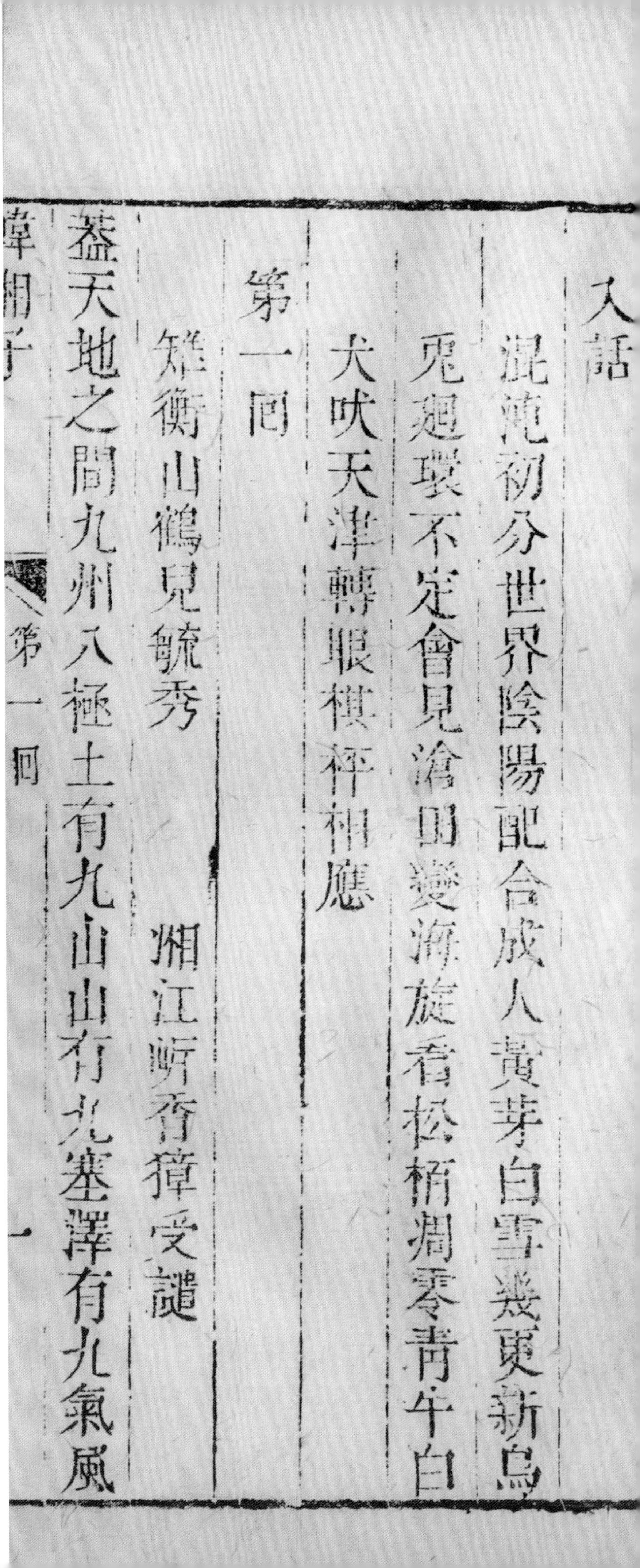
入話

混沌初分世界陰陽配合成人黃芽白雪幾更新烏兎廻環不定會見滄田變海旋看松梢凋零青午白犬吠天津轉眼棋枰相應

第一回

雉衡山鶴兒號秀　湘江岈香獐受譴

蓋天地之間九州八極土有九山山有九塞澤有九氣風

韓湘子　第一回　一

新鐫批評出相韓湘子三十回　（明）楊爾增撰　明天啟三年金陵九如堂刻本　入選《河北省名錄》0252號

新鐫批評出相韓湘子

錢塘　雉衡山人　編次

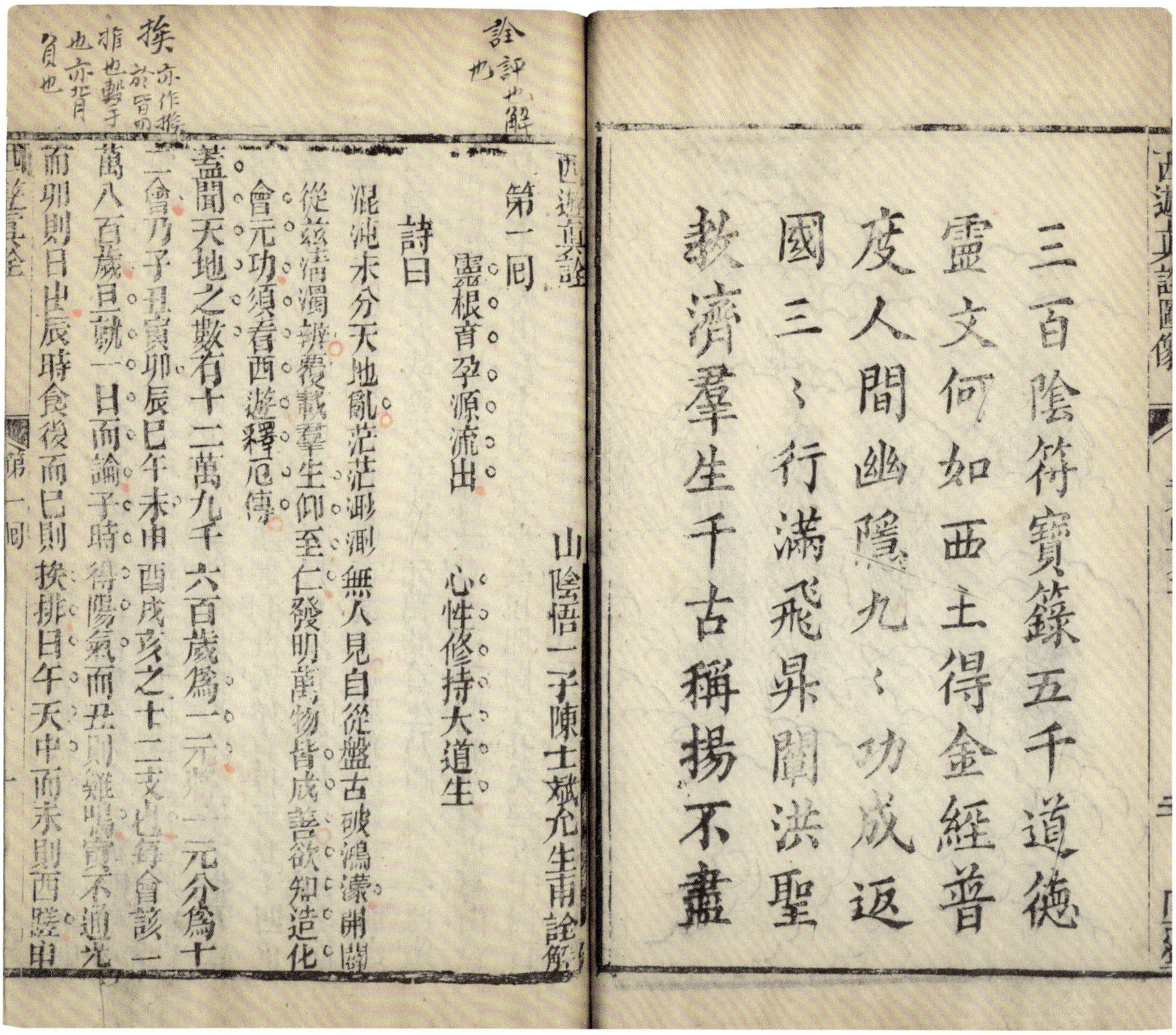
三百陰符寶籙五千道德
靈文何如西土得金經普
度人間幽隱九九功成返
國三三行滿飛昇闡洪聖
教濟羣生千古稱揚不盡

詮評也解也

挨 亦作捱 於皆切 推也 擊也 亦背負也

西遊真詮
山陰悟一子陳士斌允生甫詮解
第一回 靈根育孕源流出 心性修持大道生
詩曰
混沌未分天地亂茫茫渺渺無人見自從盤古破鴻濛開闢
從茲清濁辨覆載羣生仰至仁發明萬物皆成善欲知造化
會元功須看西遊釋厄傳
蓋聞天地之數有十二萬九千六百歲為一元將一元分為十
二會乃子丑寅卯辰巳午未申酉戌亥之十二支也每會該一
萬八百歲且就一日而論子時得陽氣而丑則雞鳴寅不通光
而卯則日出辰時食後而巳則挨排日午天中而未則西蹉申

西遊真詮一百回　（清）陳士斌撰　佚名點註　清康熙三十五年翠筠山房刻本

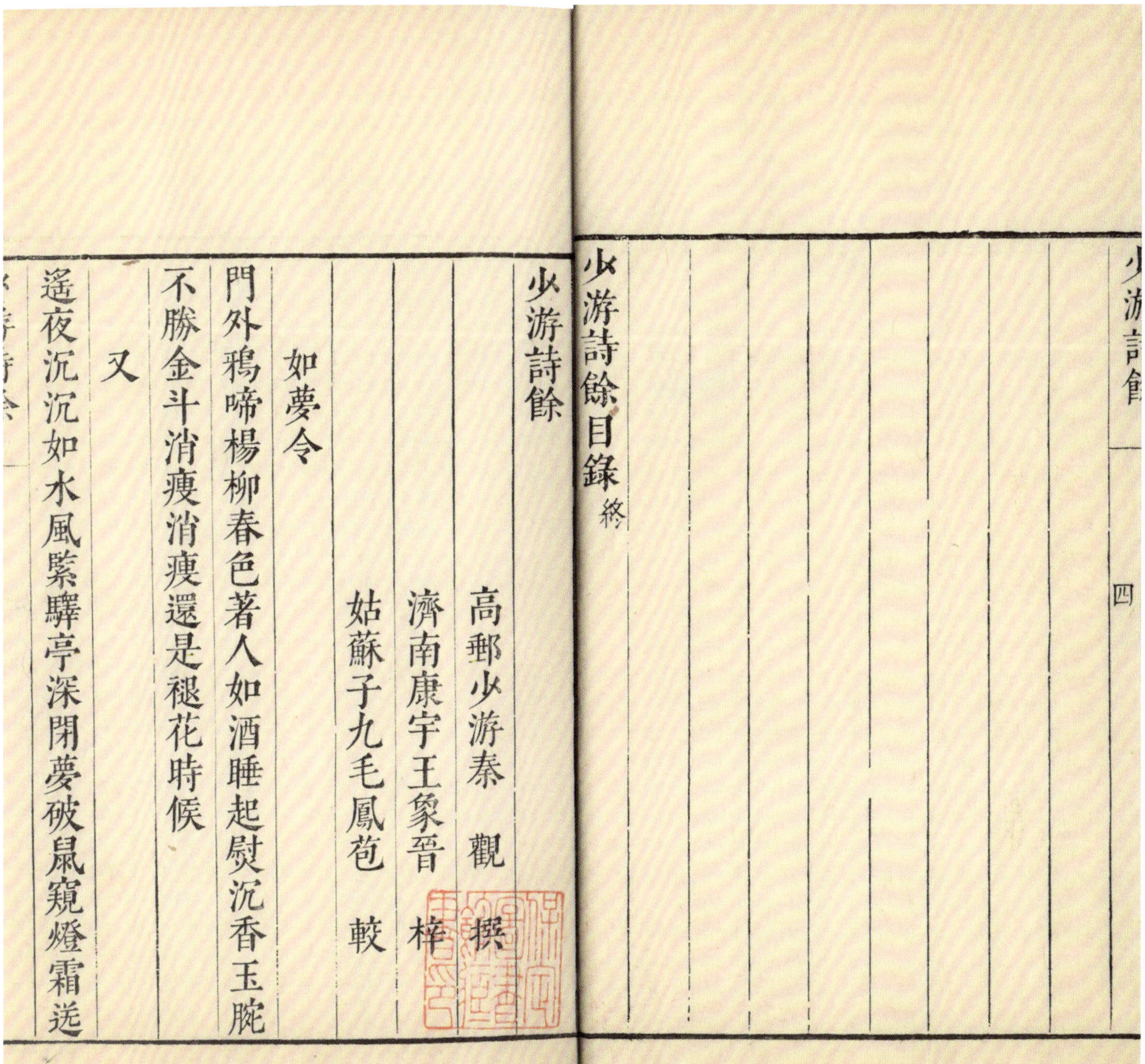
少游詩餘　四

少游詩餘目錄終

少游詩餘

高郵少游秦　觀　撰

濟南康宇王象晉　梓

姑蘇子九毛鳳苞　較

如夢令

門外鴉啼楊柳春色著人如酒睡起熨沉香玉腕不勝金斗消瘦消瘦還是褪花時候

又

遙夜沉沉如水風緊驛亭深閉夢破鼠窺燈霜送

詞苑英華八種四十五卷　（明）毛晉輯　明末毛氏汲古閣刻本　入選《河北省名錄》0303號

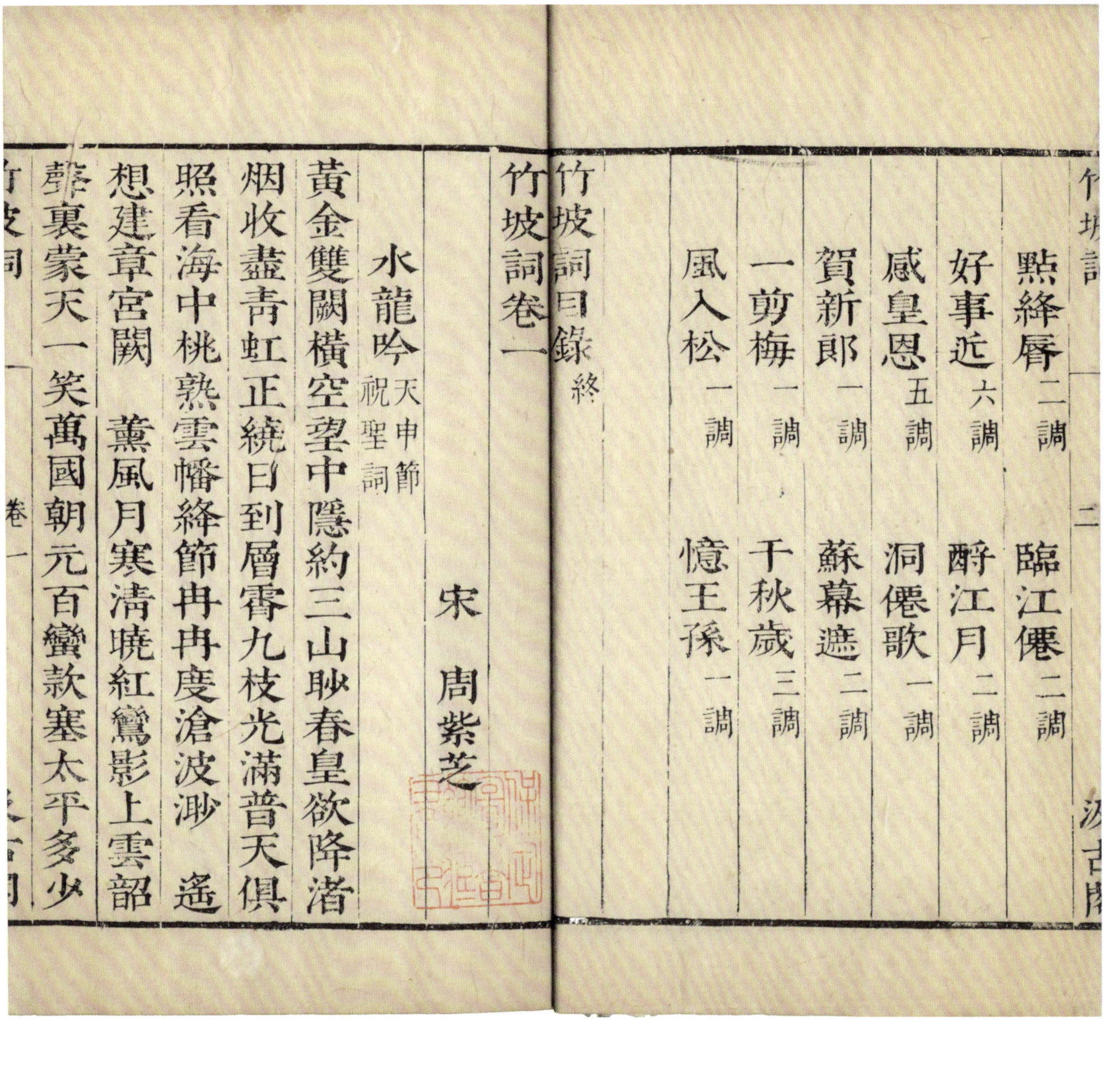

竹坡詞　二　汲古閣

點絳脣二調　臨江僊二調

好事近六調　酹江月二調

感皇恩五調　洞僊歌一調

賀新郎一調　蘇幕遮二調

一剪梅一調　千秋歲三調

風入松一調　憶王孫一調

竹坡詞目錄終

竹坡詞卷一

宋　周紫芝

水龍吟 天申節祝聖詞

黃金雙闕橫空望中隱約三山聳春皇欲降渚
烟收盡青虹正繞日到層霄九枝光滿普天俱
照看海中桃熟雲幡絳節冉冉度滄波渺　遥
想建章宮闕　薰風月寒清曉紅鸞影上雲韶
聲裏蒙天一笑萬國朝元百蠻款塞太平多少

竹坡詞　卷一　汲古閣

竹坡詞三卷　（宋）周紫芝撰　明汲古閣刻本

草堂詩餘卷一

武陵逸史編
隱湖小隱訂

小令

搗練子

秋閨　秦少游

心耿耿淚雙雙皓月清風冷透窻人去秋來宮漏永

夜深無語對銀釭

憶王孫

汲古閣　毛氏

草堂詩餘四卷　（宋）何士信輯　明武陵逸史編　明末汲古閣刻本

詞覯續編卷之　　　　靈壽傅燮詷去異氏輯

王崇簡 敬哉宛平人 二首

○驀山溪 題墅漁圖

凌空泛去望裏驚銀海抖擻綠簑輕看遥嶺花飛一帶款冰得鯉醉倒玉壺春酣餘態人應恠明月渾疑載　斜風細雨曾記浮西塞白鷺剪同雲更裝就糢糊色界羊裘澤畔翻惹客星占風塵外乾坤大尚有元真在

減字木蘭花 題畫

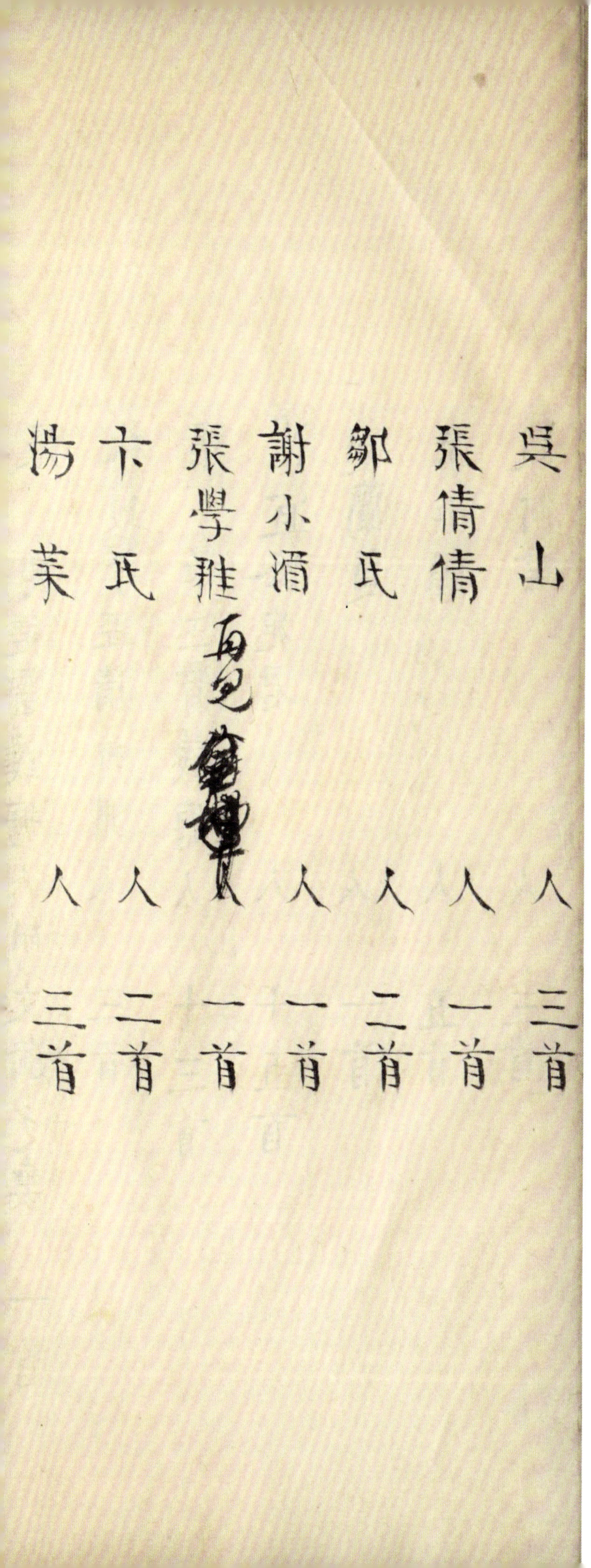

吳山　人　三首
張倩倩　人　一首
鄒氏　人　二首
謝小湄　人　一首
張學雅　人　一首
卞氏　人　二首
湯莱　人　三首

詞觀續編二十二卷　（清）傅燮詷輯　清康熙三十一年傅燮詷稿本

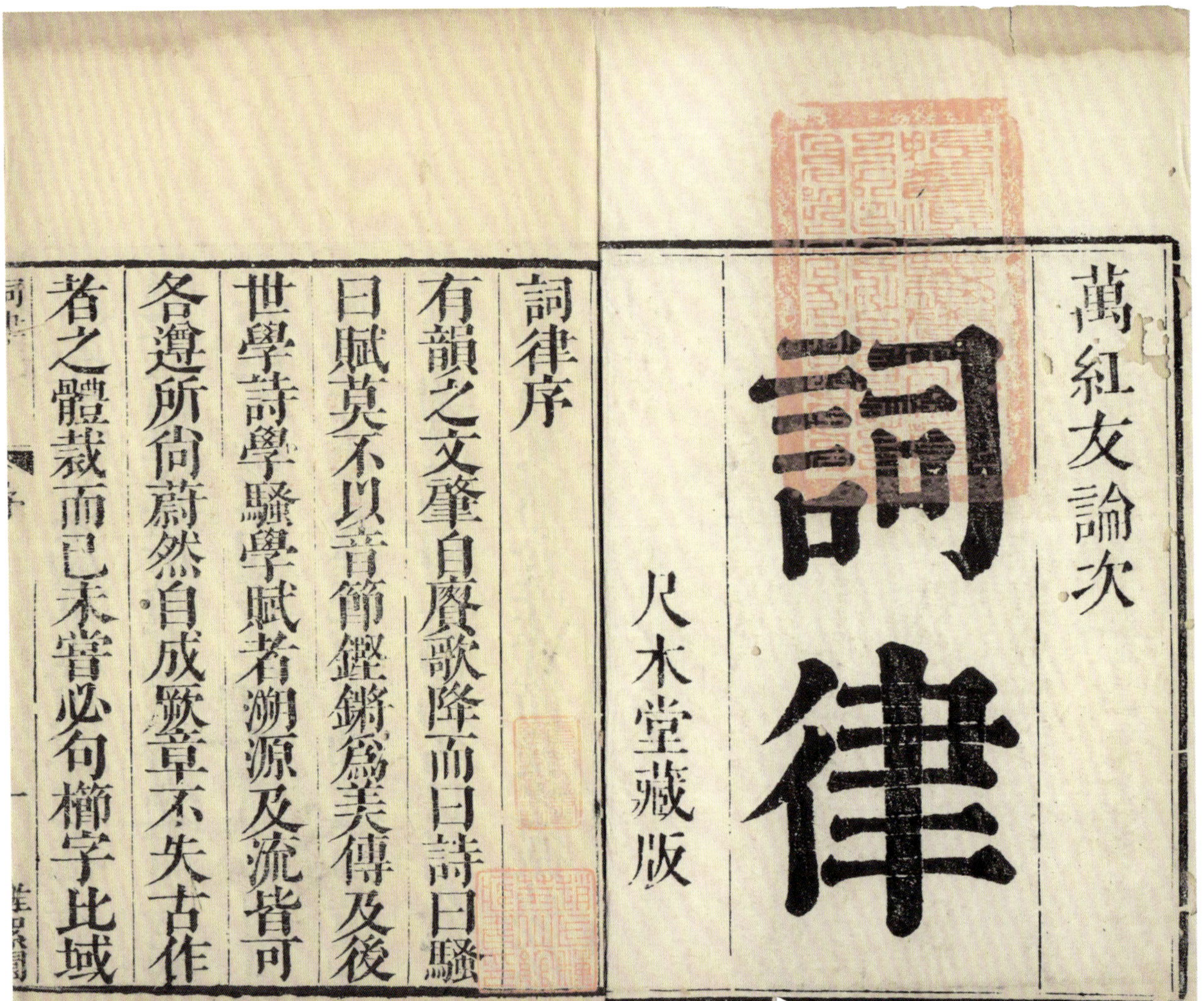

萬紅友論次

詞律

尺木堂藏版

詞律序

有韻之文肇自賡歌降而曰詩曰騷曰賦莫不以音節鏗鏘爲美傳及後世學詩學騷學賦者溯源及流皆可各遵所尚蔚然自成綮章不失古作者之體裁而已未嘗必句櫛字比域

詞律二十卷　（清）萬樹撰　清康熙尺木堂刻本

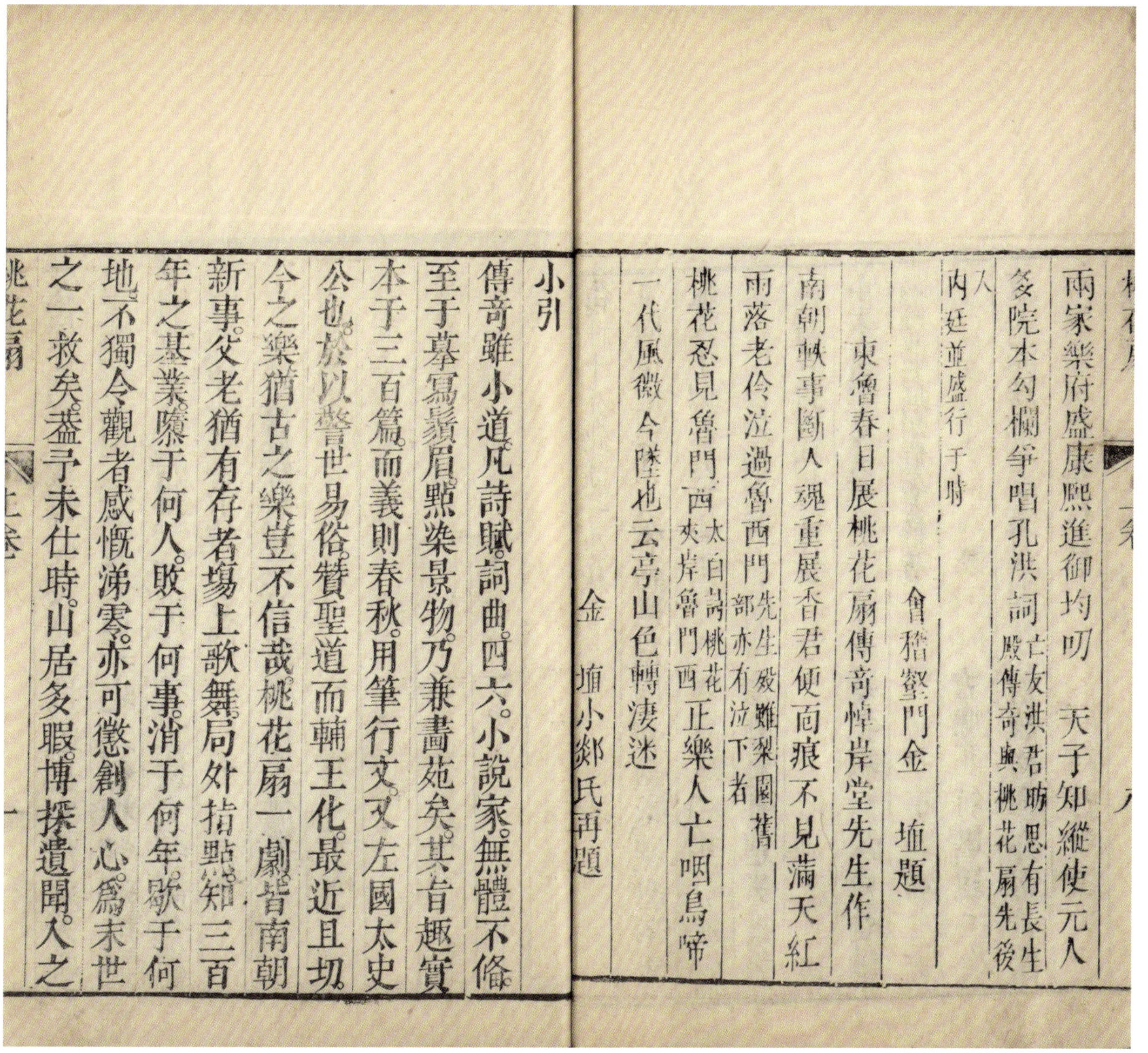
兩家樂府盛康熙進御均叨　天子知縱使元人多院本勾欄爭唱孔洪詞亡友洪君昉思有長生殿傳奇與桃花扇先後入
内廷並盛行于時

東魯春日展桃花扇傳奇悼岸堂先生作　會稽婁門金　埴題

南朝軼事斷人魂重展香君便面痕不見滿天紅雨落老伶泣過魯西門先生殁雖梨園舊部亦有泣下者

桃花忍見魯門西太白詩桃花夾岸魯門西正樂人亡咽鳥啼一代風徽今墜也云亭山色轉淒迷

金　埴小鄦氏再題

小引

傳奇雖小道凡詩賦詞曲四六小說家無體不備至于摹寫鬚眉點染景物乃兼畫苑矣其旨趣實本于三百篇而義則春秋用筆行文又左國太史公也於以警世易俗贊聖道而輔王化最近且切今之樂猶古之樂豈不信哉桃花扇一劇皆南朝新事父老猶有存者場上歌舞局外指點知三百年之基業隳于何人敗于何事消于何年歇于何地不獨令觀者感慨涕零亦可懲創人心為末世之一救矣蓋予未仕時山居多暇博採遺聞入之

桃花扇　上卷　一

桃花扇傳奇二卷　（清）孔尚任撰　清康熙𪊲園刻本

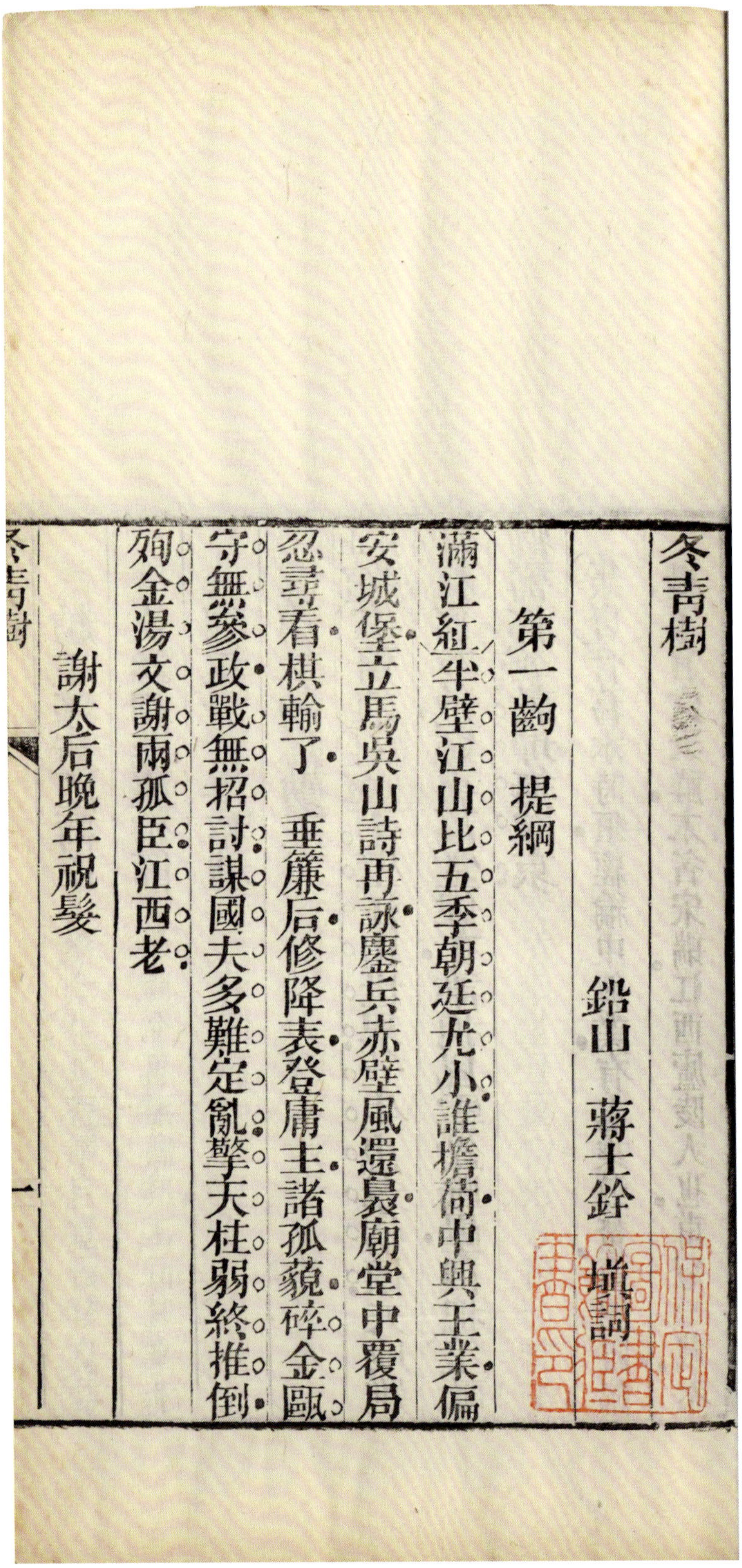

冬青樹

鉛山 蔣士銓 塡詞

第一齣 提綱

滿江紅半壁江山比五季朝廷尤小誰擔荷中興王業偏安城堡立馬吳山詩再詠麾兵赤壁風還裊廟堂中覆局忍尋看棋輸了垂簾后修降表登庸主諸孤藐碎金甌守無參政戰無招討謀國夫多難定亂擎天柱弱終摧倒殉金湯文謝兩孤臣江西老

謝太后晚年祝髮

冬青樹 一

紅雪樓九種曲十三卷　（清）蔣士銓撰　清乾隆紅雪樓刻本

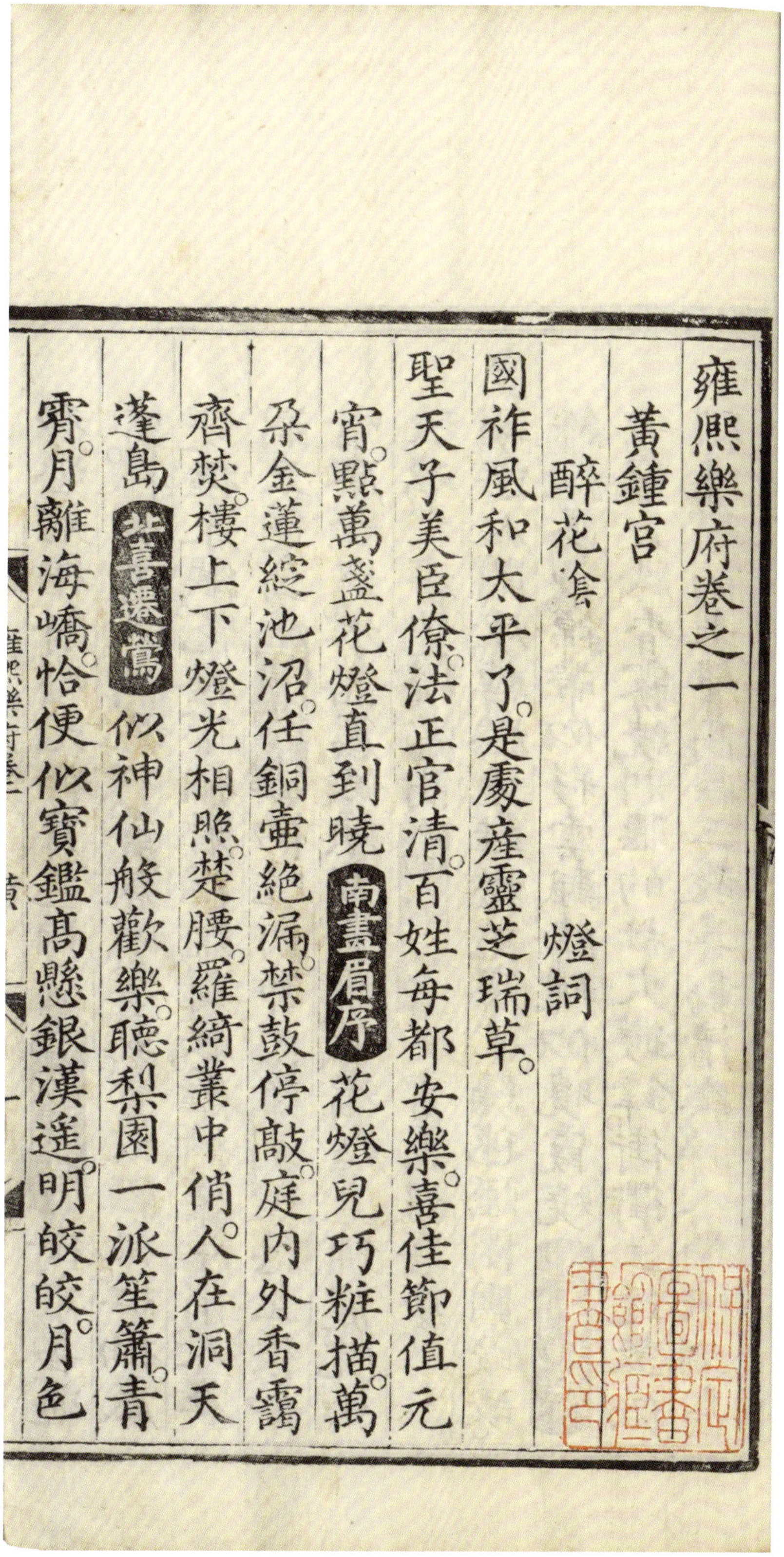
雍熙樂府卷之一

黃鍾宮

醉花陰　燈詞

國祚風和太平了。是處產靈芝瑞草。聖天子美臣僚。法正官清。百姓每都安樂。喜佳節值元宵。點萬盞花燈直到曉【南畫眉序】花燈兒巧粧描。萬朵金蓮綻池沼。任銅壺絕漏。禁鼓停敲。庭內外香靄齊焚。樓上下燈光相照。楚腰。羅綺叢中俏。人在洞天蓬島。【北喜遷鶯】似神仙般歡樂。聽梨園一派笙簫。青霄。月離海嶠。恰便似寶鑑高懸。銀漢遙。明皎皎。月色

雍熙樂府二十卷　（明）郭勛輯　明嘉靖四十五年刻本

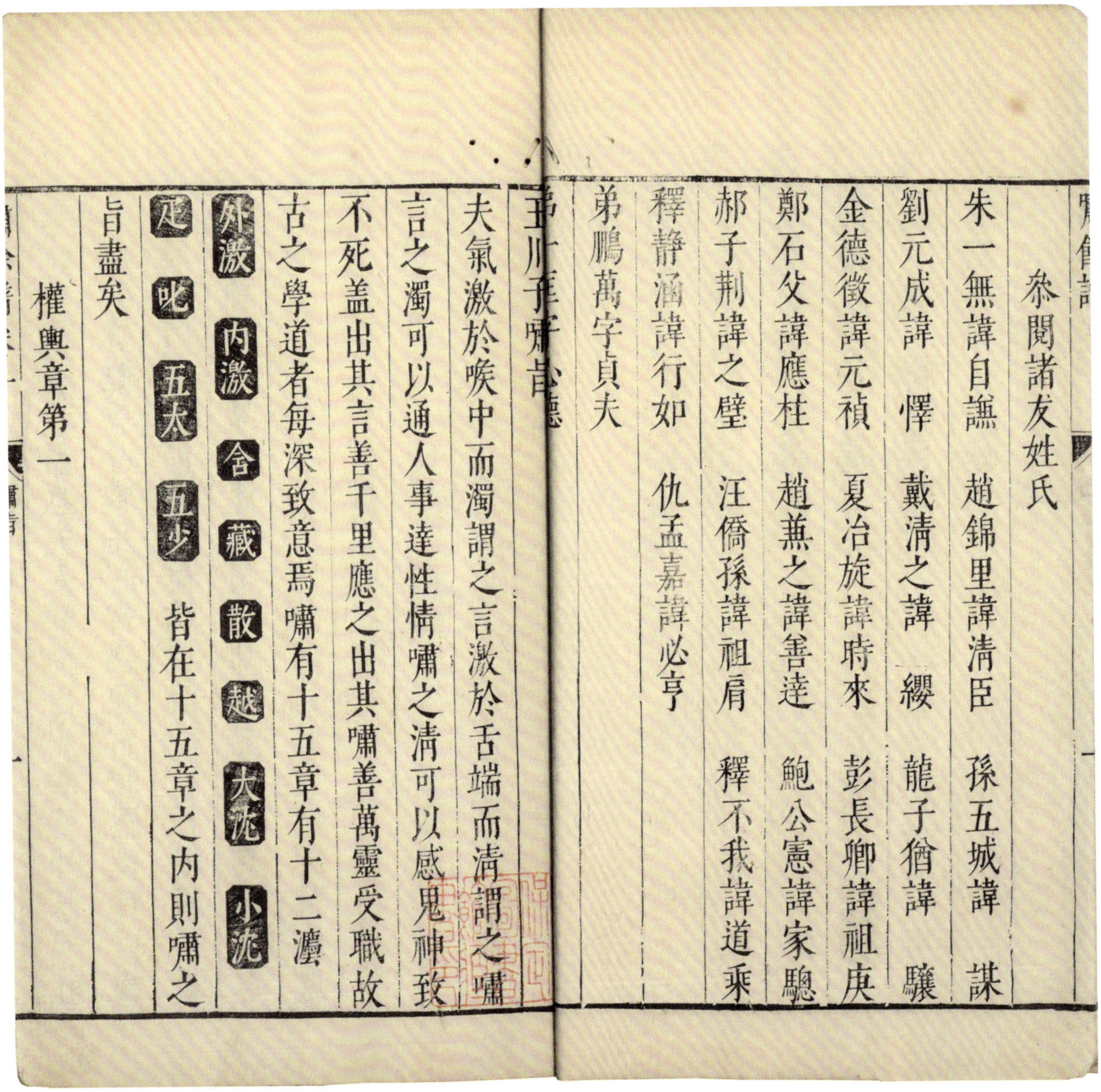

參閱諸友姓氏

朱一無諱自謙　趙錦里諱清臣　孫五城諱謀

劉元成諱懌　戴清之諱纓　龍子猶諱驥

金德徵諱元禎　夏冶旋諱時來　彭長卿諱祖庚

鄭石父諱應桂　趙蕉之諱善達　鮑公憲諱家驄

郝子荆諱之璧　汪僑孫諱祖肩　釋不我諱道乘

釋靜涵諱行如　仇孟嘉諱必亨

弟鵬萬字貞夫

嘯旨

夫氣激於喉中而濁謂之言激於舌端而清謂之嘯言之濁可以通人事達性情嘯之清可以感鬼神致不死盖出其言善千里應之出其嘯善萬靈受職故古之學道者每深致意焉嘯有十五章有十二濾外激　内激　含　藏　散　越　大沈　小沈　疋叱　五太　五少　皆在十五章之内則嘯之旨盡矣

權輿章第一

嘯餘譜十卷　（明）程明善撰　明萬曆刻本

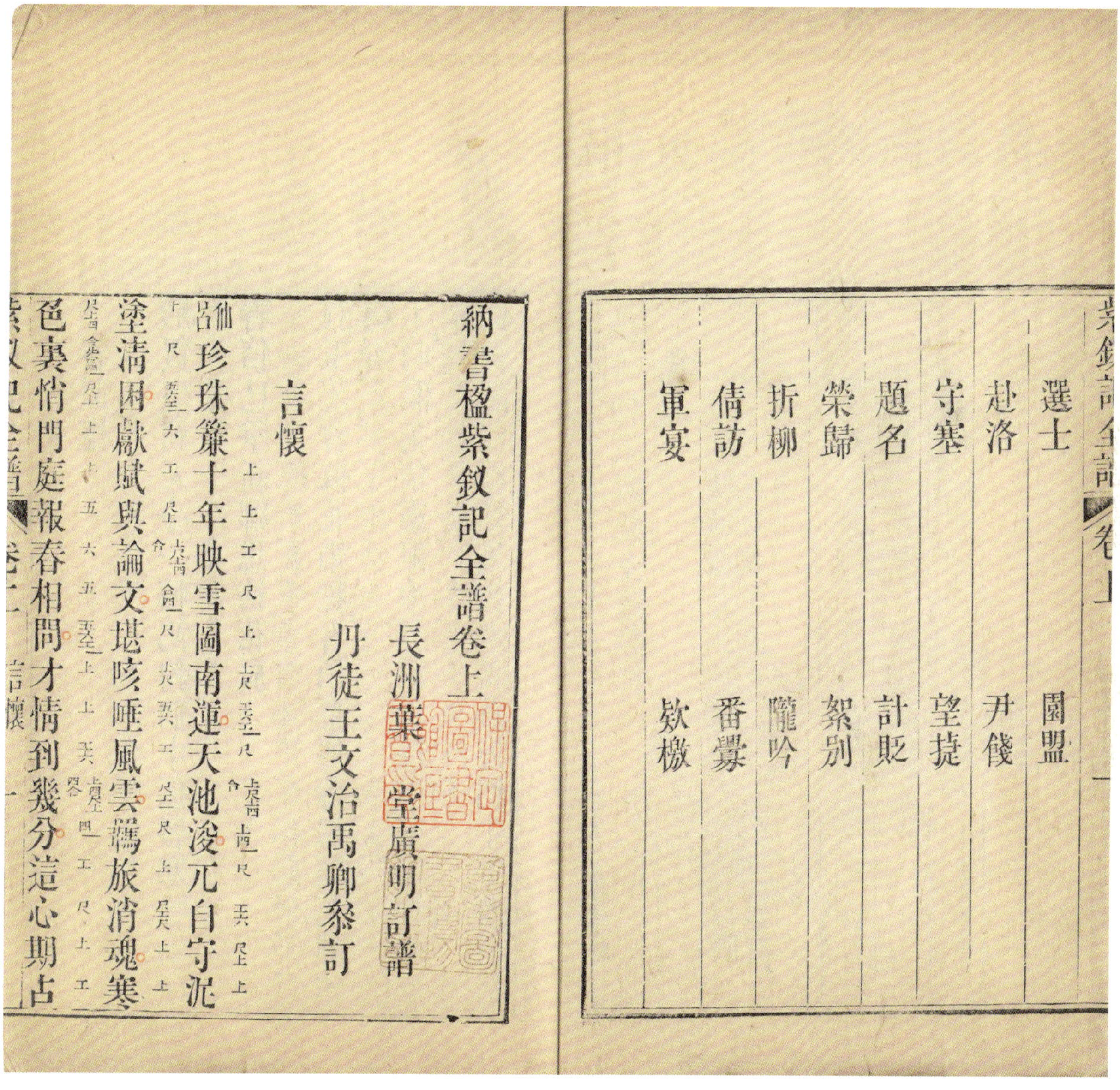

納書楹紫釵記全譜二卷　（明）湯顯祖撰　（清）葉堂訂譜　清乾隆五十七年納書楹刻本

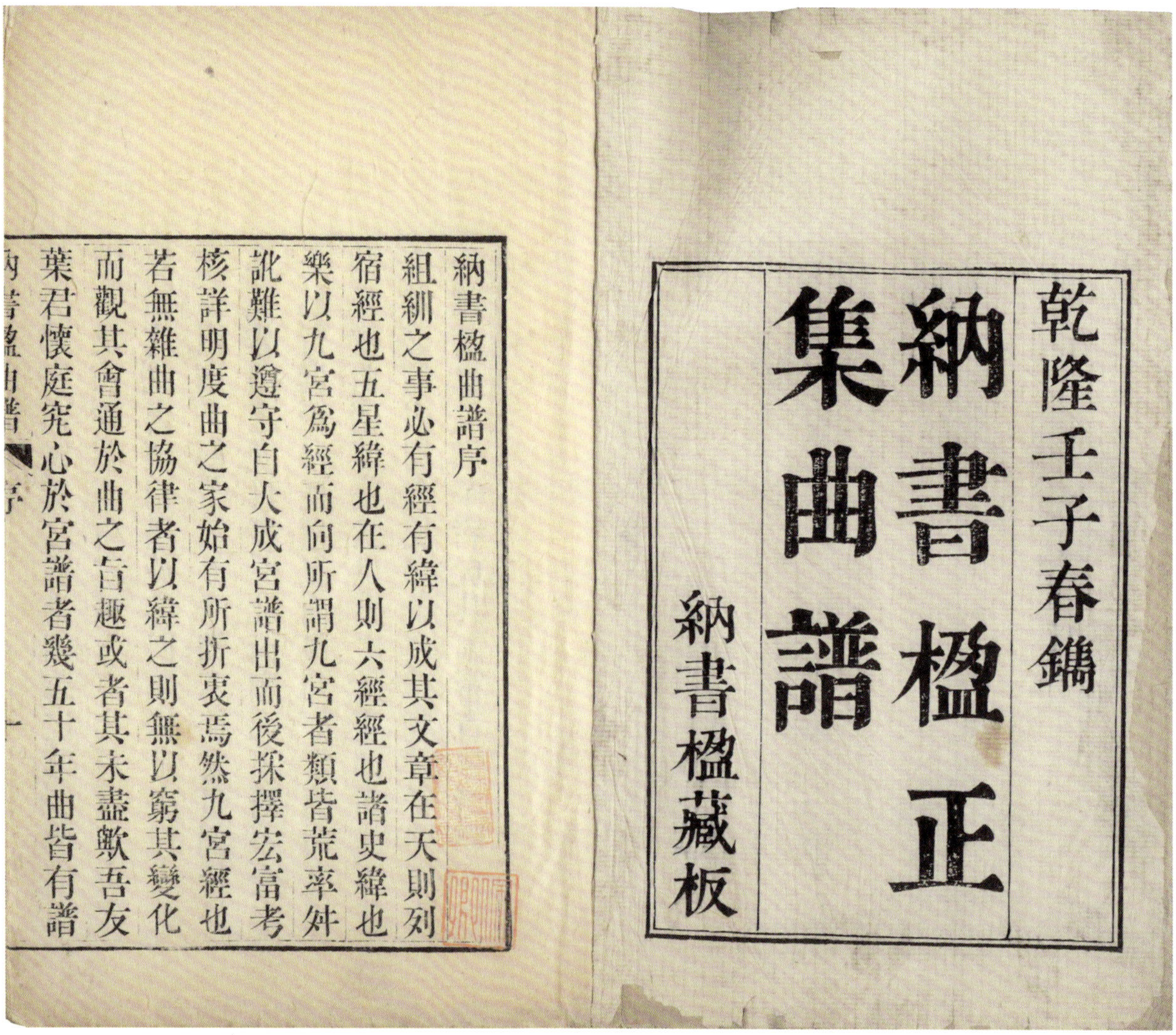

乾隆壬子春鐫

納書楹正集曲譜

納書楹藏板

納書楹曲譜序

組紃之事必有經有緯以成其文章在天則列宿經也五星緯也在人則六經經也諸史緯也樂以九宮爲經而向所謂九宮者類皆荒率舛訛難以遵守自大成宮譜出而後採擇宏富考核詳明度曲之家始有所折衷焉然九宮經也若無雜曲之協律者以緯之則無以窮其變化而觀其會通於曲之旨趣或者其未盡歟吾友葉君懷庭究心於宮譜者幾五十年曲皆有譜

納書楹曲譜　序　一

納書楹曲譜正集四卷續集四卷外集二卷　（清）葉堂訂譜　清乾隆五十七年葉氏納書楹刻本

叢　書　部

增訂漢魏叢書參閱姓氏

南昌萬廷蘭梅皋　奉新鄒玉藻西麓

南康謝啟昆蘊山　大庾戴衢亨蓮士

金谿蔡上翔東墅　瀘溪黃 堂秋水

新城魯九皋山木　宜黃李崇禮敦堂

金谿楊 護北溪　臨川李秉禮松圃

南城黃 紹遊堂　南昌萬廷莘伊田

南城劉 璋蘊亭　金谿楊 訣少晦

新城喻實忠心筠　崇仁劉如璜起濱

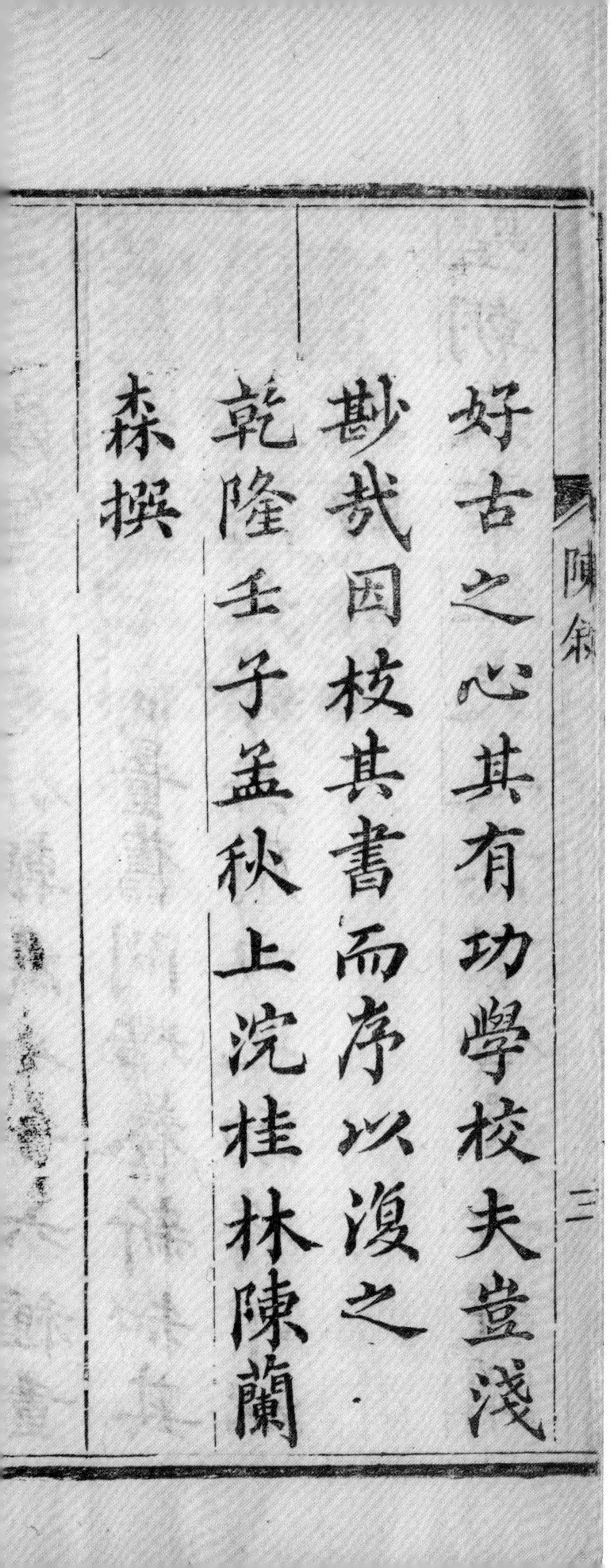
陳敘　三

好古之心其有功學校夫豈淺
尠哉因校其書而序以復之
乾隆壬子孟秋上浣桂林陳蘭
森撰

增訂漢魏叢書九十六種四百七十四卷　（清）王謨輯　清乾隆五十六年金谿王氏刻本

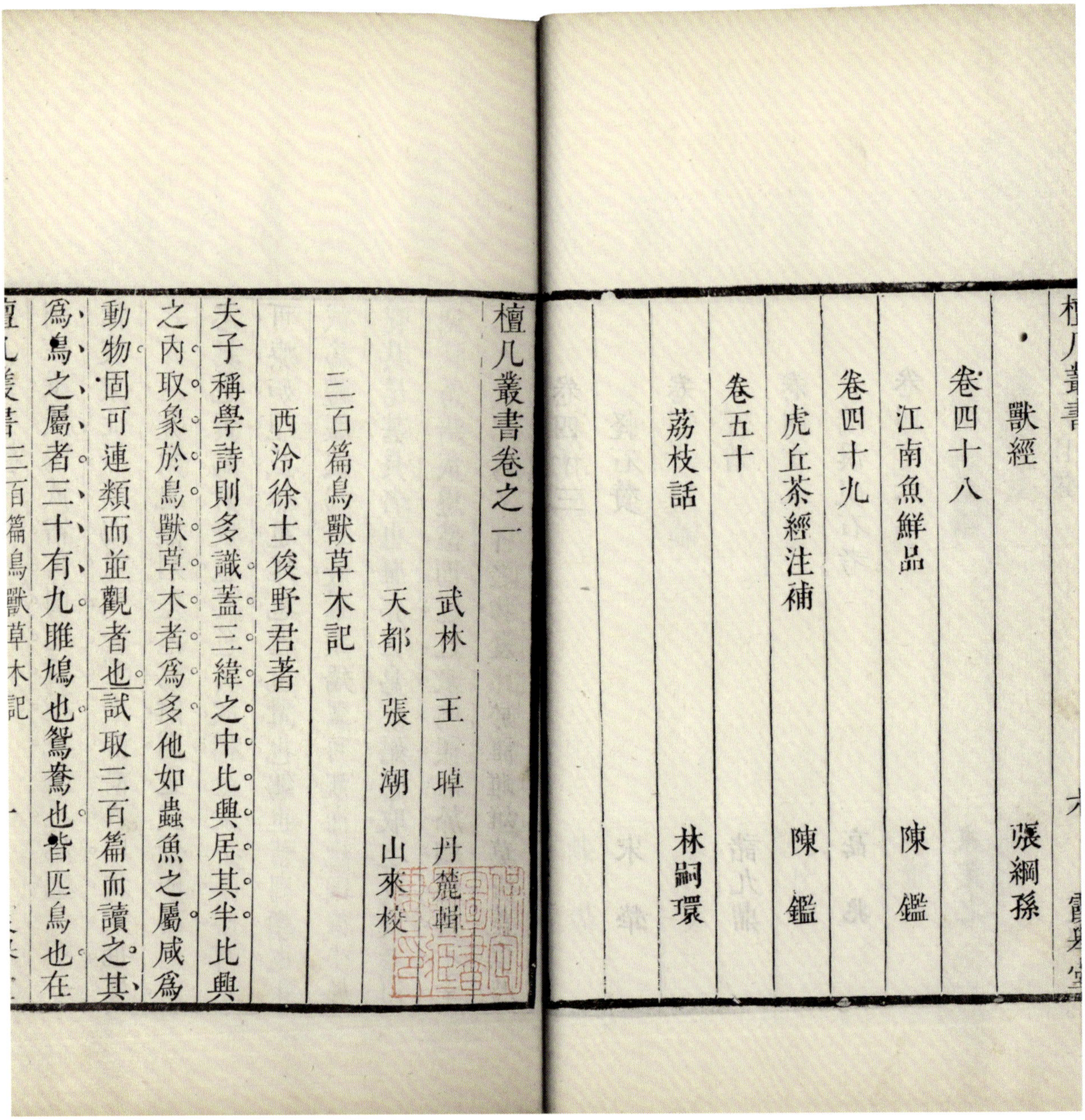

檀几叢書五十種五十卷二集五十種五十卷餘集四十七種二卷附政十種一卷　（清）王晫、張潮輯　清康熙三十四至三十六年錢塘王氏霞舉堂刻本

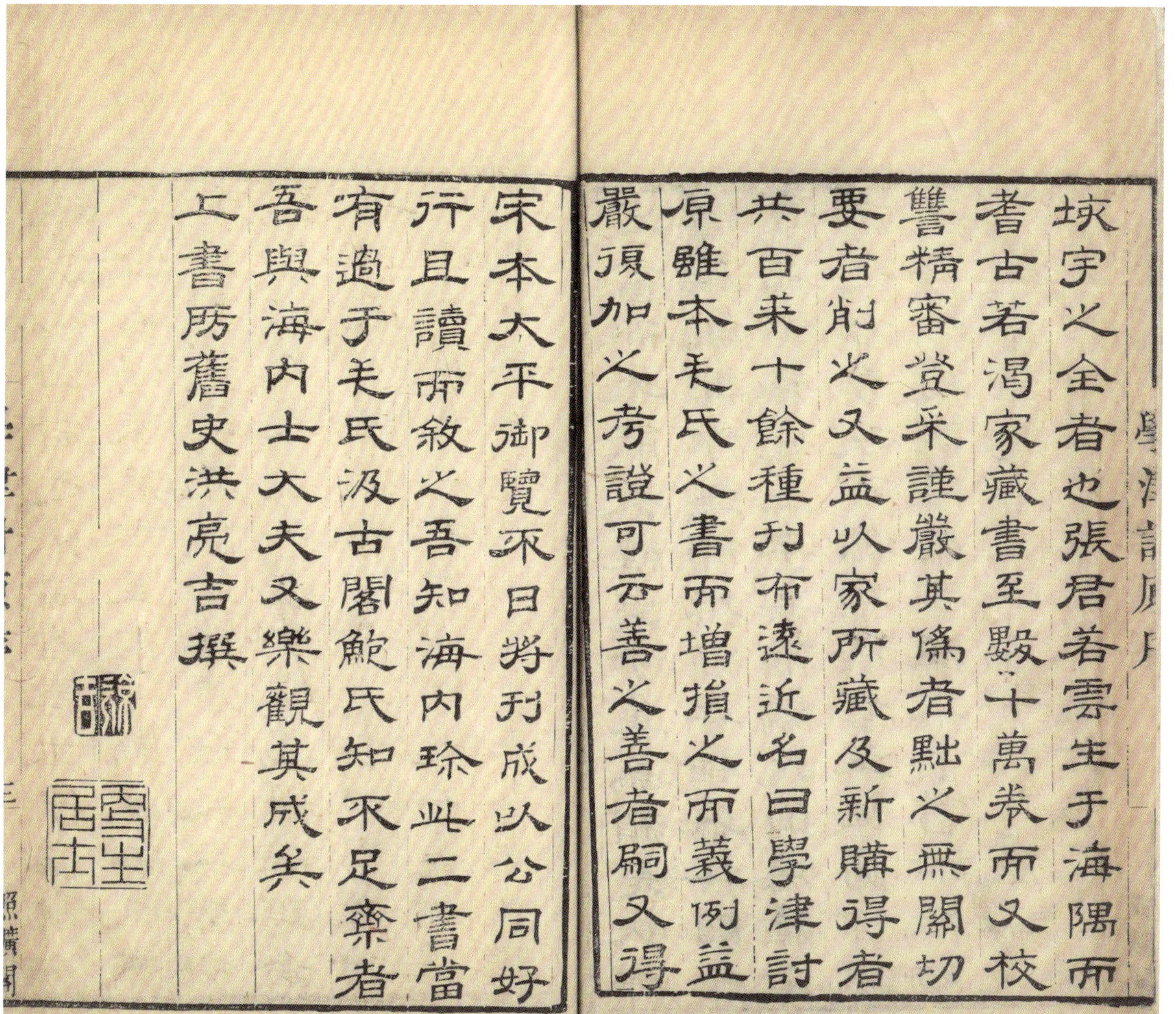

學津討原序

垓宇之全者也張君若雲生于海隅而耆古若渴家藏書至數十萬卷而又校讐精審甞采謹嚴其僞者黜之無關切要者削之又益以家所藏及新購得者共百桼十餘種刋布遠近名曰學津討原雖本毛氏之書而增損之而義例益嚴須加之考證可云善之善者嗣又得宋本太平御覽不日將刋成以公同好行且讀而敘之吾知海内珍此二書當有過于毛氏汲古閣鮑氏知不足齋者吾與海内士大夫又樂觀其成矣

上書房舊史洪亮吉撰

學津討原二十集一百七十三種一千零五十五卷　（清）張海鵬輯　清嘉慶十一年張氏照曠閣刻本

昭代叢書甲集五十種五十卷乙集四十種四十卷　（清）張潮輯　清康熙刻本

更定文章九命

仁和王晫丹麓著

昔弇州創爲文章九命一曰貧困二曰嫌忌三曰玷缺四曰偃蹇五曰流貶六曰刑辱七曰夭折八曰無終九曰無後天下後世盡泥斯言豈不羣視文章爲不祥之莫大者誰復

吝嗟歎惜之。遂若天之果有意于阨之也。安得有人焉。爲彼蒼一致辯乎哉。西泠王子丹麓有更定文章九命之篇。其意與弇州相反。亦可謂善自娛樂者矣。夫丹麓讀書萬卷。著述滿家。固宜置身通顯。爲翰苑名臣。而乃伏處墻東。以書生老。天之命之也。其謂之何。然丹麓迄無幾微不平之意。介于其中。客至則典衣沽酒。悠然有以自樂。則丹麓匪獨文人。殆所稱有道之士。斯尤爲不可及也夫。心齋張潮譔

昭代叢書卷一

新安　張潮　山來　輯

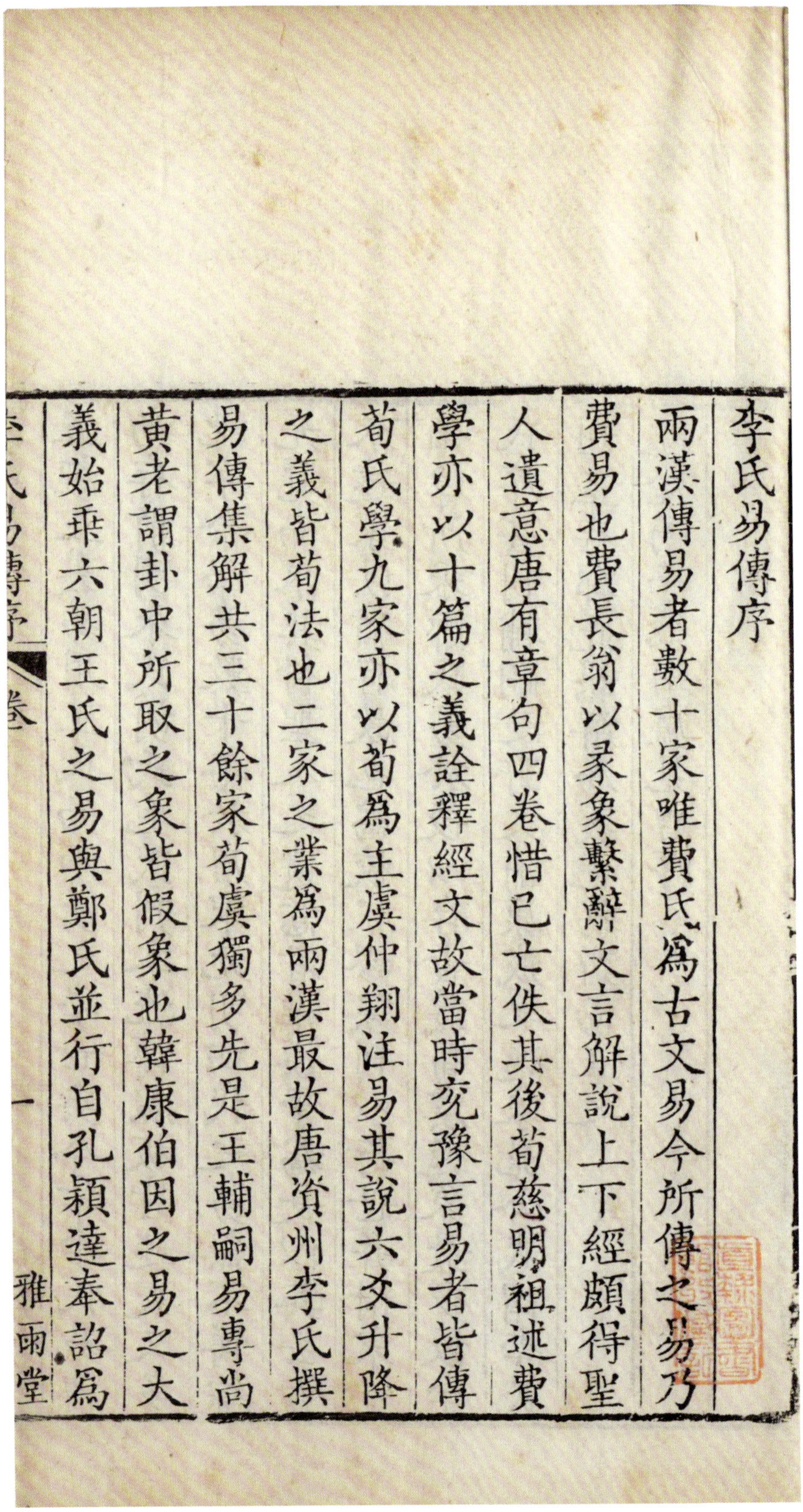

李氏易傳序

兩漢傳易者數十家唯費氏爲古文易今所傳之易乃費易也費長翁以彖象繫辭文言解說上下經頗得聖人遺意唐有章句四卷惜已亡佚其後荀慈明祖述費學亦以十篇之義詮釋經文故當時兖豫言易者皆傳荀氏學九家亦以荀爲主虞仲翔注易其說六爻升降之義皆荀法也二家之業爲兩漢最故唐資州李氏撰易傳集解共三十餘家荀虞獨多先是王輔嗣易專尚黃老謂卦中所取之象皆假象也韓康伯因之易之大義始乖六朝王氏之易與鄭氏並行自孔穎達奉詔爲

李氏易傳序 卷 一 雅雨堂

雅雨堂叢書十三種一百六十八卷　（清）盧見曾輯　清乾隆二十一年二十五年德州盧氏雅雨堂刻本

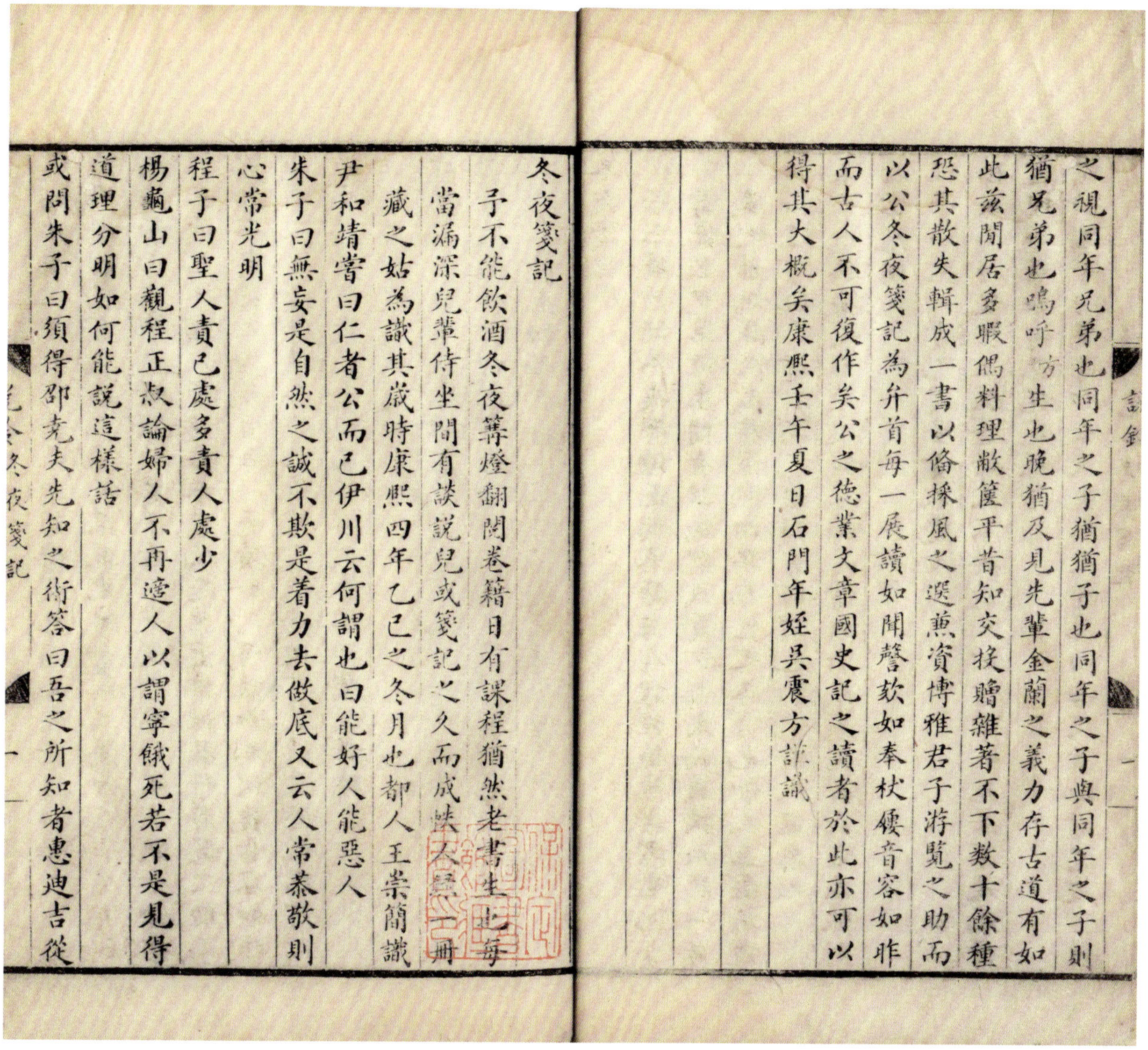

之視同年兄弟也同年之子猶猶子也同年之子與同年之子則
猶兄弟也嗚呼方生也晚猶及見先輩金蘭之義力存古道有如
此茲閒居多暇偶料理敝篋平昔知交投贈雜著不下數十餘種
恐其散失輯成一書以備採風之選兼資博雅君子游覽之助而
以公冬夜箋記為弁首每一展讀如聞謦欬如奉杖屨音容如昨
而古人不可復作矣公之德業文章國史記之讀者於此亦可以
得其大概矣康熙壬午夏日石門年姪吳震方謹識

說鈴 一

冬夜箋記

予不能飲酒冬夜篝燈翻閱卷籍日有課程猶然老書生也每
當漏深兒輩侍坐間有談說兒或箋記之久而成帙不盈一冊
藏之姑為識其歲時康熙四年乙巳之冬月也都人王崇簡識

尹和靖嘗曰仁者公而已伊川云何謂也曰能好人能惡人
朱子曰無妄是自然之誠不欺是着力去做底又云人常恭敬則
心常光明
程子曰聖人責己處多責人處少
楊龜山曰觀程正叔論婦人不再適人以謂寧餓死若不是見得
道理分明如何能說這樣話
或問朱子曰須得邵堯夫先知之術答曰吾之所知者惠迪吉從

說鈴 冬夜箋記 一

說鈴前集三十八種四十七卷　（清）吳震方輯　清康熙刻本

御覽闕史卷上

皇甫郎中編

知不足齋叢書三十集　（清）鮑廷博輯　清乾隆道光間長塘鮑氏刻本

學齋佔畢纂一卷　凡三十八則

易太極兩儀生四象而不及五行太極圖先五行後四時

或問易有太極是生兩儀兩儀生四象而不言五行周子太極圖云無極而太極一動一靜而生陰陽分陰分陽兩儀立焉陽變陰合而生水火木金土五氣順布四時行焉何與易相戾也余應之曰不相戾也易是河圖數四十五土無成數五行不備故不言五行然五位相得而各有合至五十五而土之生成數備爲洛書數故洪範初一曰五行是也易雖無五行字而五位字即五行也故曰相得而各有合蓋天一與地六合而爲水居北地二與天七合而爲火居南

百川學海一百種一百七十九卷　（宋）左圭編　明弘治十四年華珵刻本

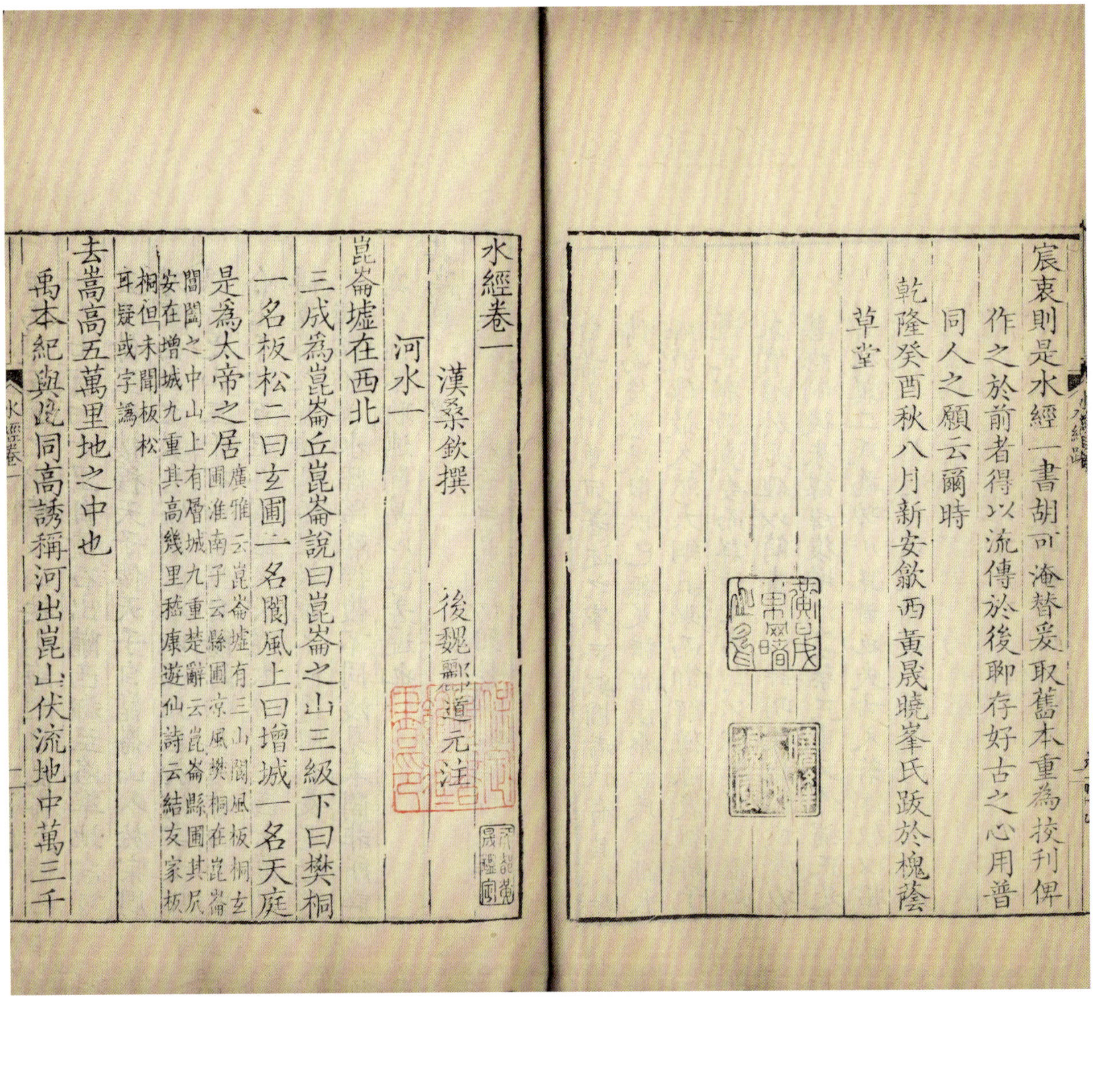

宸衷則是水經一書胡可淹替爰取舊本重為挍刊俾作之於前者得以流傳於後聊存好古之心用普同人之願云爾時

乾隆癸酉秋八月新安歙西黃晟曉峯氏跋於槐蔭草堂

水經卷一　漢桑欽撰　後魏酈道元注

河水一

崑崙墟在西北

三成為崑崙丘崑崙說曰崑崙之山三級下曰樊桐一名板松二曰玄圃一名閬風上曰增城一名天庭是為太帝之居廣雅云崑崙墟有三山閬風板桐玄圃淮南子云縣圃凉風樊桐在崑崙閶闔之中山上有層城九重楚辭云崑崙縣圃其凥安在增城九重其高幾里嵇康遊仙詩云結友家板桐但未聞板松耳疑或字譌去嵩高五萬里地之中也

禹本紀與崑同高誘稱河出崑山伏流地中萬三千

山水二經合刻二種五十八卷　（清）黃曉峯輯　清乾隆天都黃氏槐蔭草堂刻本

北征錄

說選一　小錄

永樂八年二月初十日　上親征北虜是日　駕出德勝門幼孜與光大胡公由安定門出兵甲車馬旌旗之盛耀于川陸風淸日和埃塵不興鐃鼓之聲訇震山谷晚次淸河十一日早發淸河途間雪融泥深馬行甚滑晚次沙河勉仁始至十二日早寒發沙河午次龍虎臺十三日早發龍虎

古今說海一百三十五種一百四十二卷　（明）陸楫輯　清道光元年邵氏酉山堂刻本

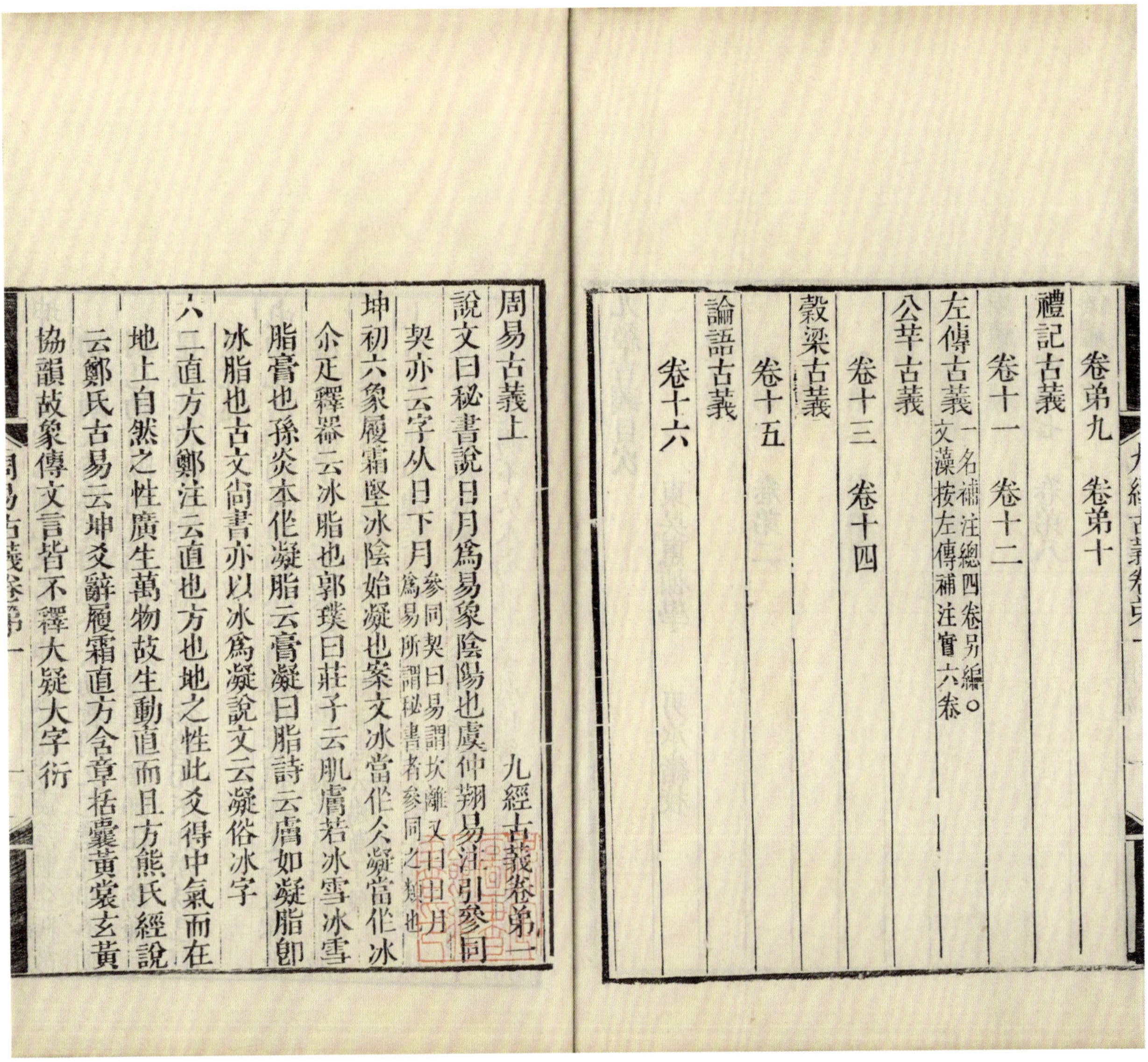
卷弟九　卷弟十
禮記古義
卷十一　卷十二
左傳古義一名補注總四卷另編○文藻按左傳補注實六卷
公羊古義
卷十三　卷十四
穀梁古義
卷十五
論語古義
卷十六

九經古義卷第一
周易古義上
說文曰秘書說日月爲易象陰陽也虞仲翔易注引參同契亦云字从日下月參同契曰易謂坎離又曰日月爲易所謂秘書者參同之類也
坤初六象履霜堅冰陰始凝也案文冰當作仌凝當作冰尒疋釋器云冰脂也郭璞曰莊子云肌膚若冰雪冰雪脂膏也孫炎本作凝脂云膏凝曰脂詩云膚如凝脂即冰脂也古文尚書亦以冰爲凝說文云凝俗冰字
六二直方大鄭注云直也方也地之性此爻得中氣而在地上自然之性廣生萬物故生動直而且方熊氏經說云鄭氏古易云坤爻辭履霜直方含章括囊黃裳玄黃協韻故象傳文言皆不釋大疑大字衍

貸園叢書初集十二種四十九卷　（清）周永年輯　清乾隆五十四年歷城周氏竹西書屋據益都李文藻本重印

許文正公遺書卷一

語錄上

凡人幼小時不引得正後便難了如字畫端楷之類是也

小學内明父子之親言凡爲人子爲人婦幼男與未嫁女子皆當盡愛盡敬不敢自專事親之道也

問邵康節先生詩云欲要爲男子須要十分眞須要先了身曰十分眞者盡其本然之性學到眞實無人僞處先了身者大學所謂明明德是也

凡爲學之道必須一言一句自求己事如六經語孟中我

許文正公遺書十五種十二卷首一卷末二卷　（元）許衡撰　清乾隆五十五年重刻本

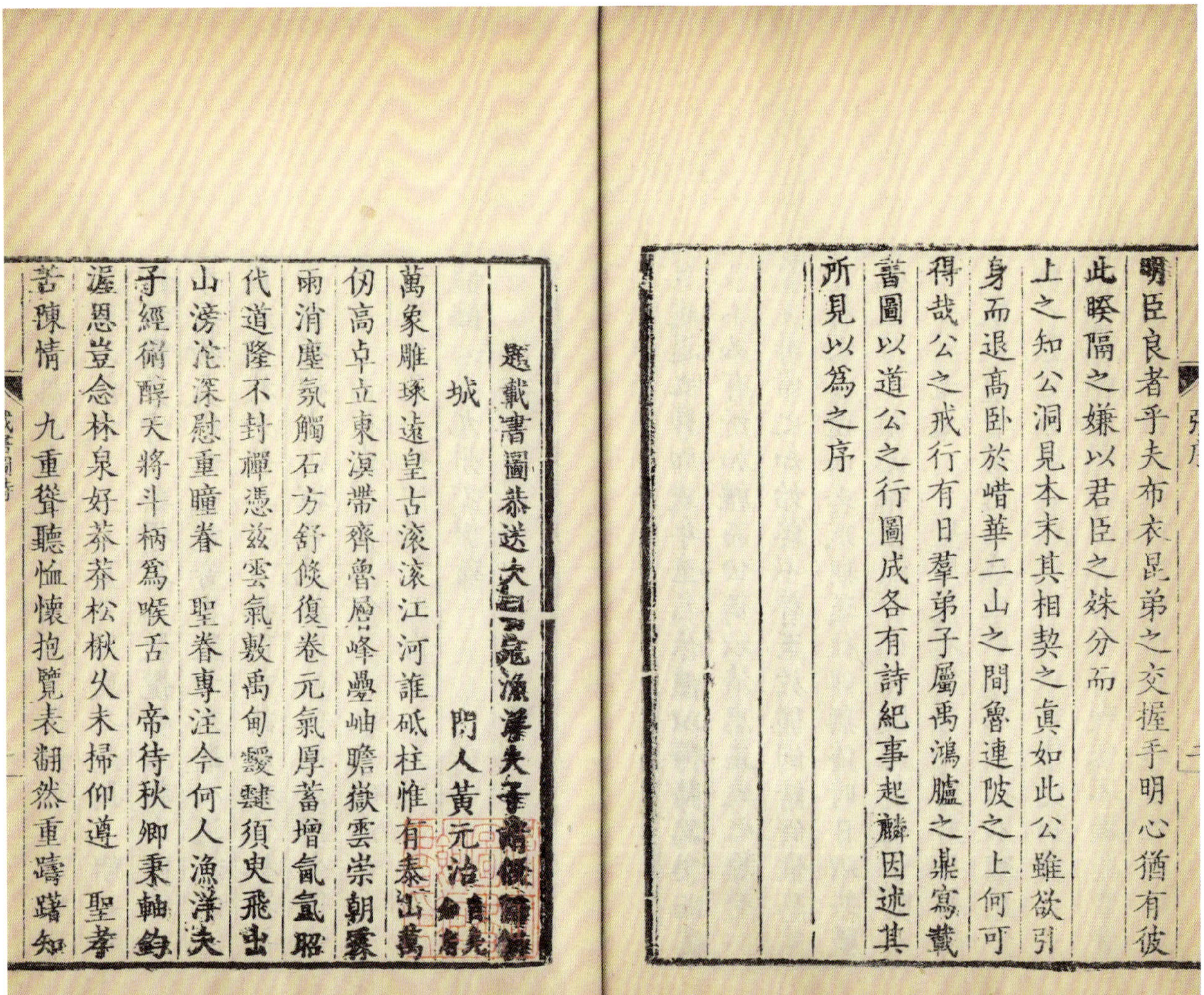

明臣良者乎夫布衣昆弟之交握手明心猶有彼
此睽隔之嫌以君臣之殊分而
上之知公洞見本末其相契之眞如此公雖欲引
身而退高卧於嶓華二山之間魯連陂之上何可
得哉公之戒行有日羣弟子屬禹鴻臚之鼎寫載
書圖以道公之行圖成各有詩紀事起麟因述其
所見以爲之序

題載書圖恭送大司寇漁洋夫子請假歸新城
門人黃元治
萬象雕琢遠皇古滾滾江河誰砥柱惟有泰山萬
仞高卓立東溟帶齊魯層峰疊岫瞻嶽雲崇朝霖
雨消塵氛觸石方舒倏復卷元氣厚蓄增氤氳昭
代道隆不封禪憑茲雲氣敷禹甸靉靆須臾飛出
山滂沱深慰重瞳眷　聖眷專注今何人漁洋夫
子經術醇天將斗柄爲喉舌　帝待秋卿秉軸鈞
渥恩豈念林泉好莽莽松楸久未掃仰遵　聖孝
苦陳情　九重聳聽恤懷抱覽表翻然重躊躇知

王漁洋遺書三十八種　（清）王士禛撰　清康熙刻本

西河合集

蕭山毛奇齡字大可又名甡稿

遠宗姪璜文輝克有較

孫健易元儒珍待重輯

仲氏易 一

仲氏者予仲兄與三也古以伯仲爲兄弟詩仲氏吹篪是也仲氏名錫齡與三其字仲氏在崇禎之季避難得錮疾授生徒以說經自娛而尤長于說周易或勸之註周易不答當予出亡時仲氏泣送予謂曰古賢處憂患者必明易汝知之乎予拜而受言暨予歸被徵而仲氏病至乞假而仲氏已不可見矣兩其說易實有西漢

西河合集一百十八種四百九十六卷 （清）毛奇齡撰 清乾隆蕭山陸凝瑞堂刻本

進呈御覽

高安朱文端公校輯

藏書十三種

周易傳義合訂　春秋鈔　孝經三本管窺　儀

禮節略　大戴禮記　禮記纂言　呂氏四禮翼

張子全書　顏氏家訓　溫公家範　名儒傳

[illegible]

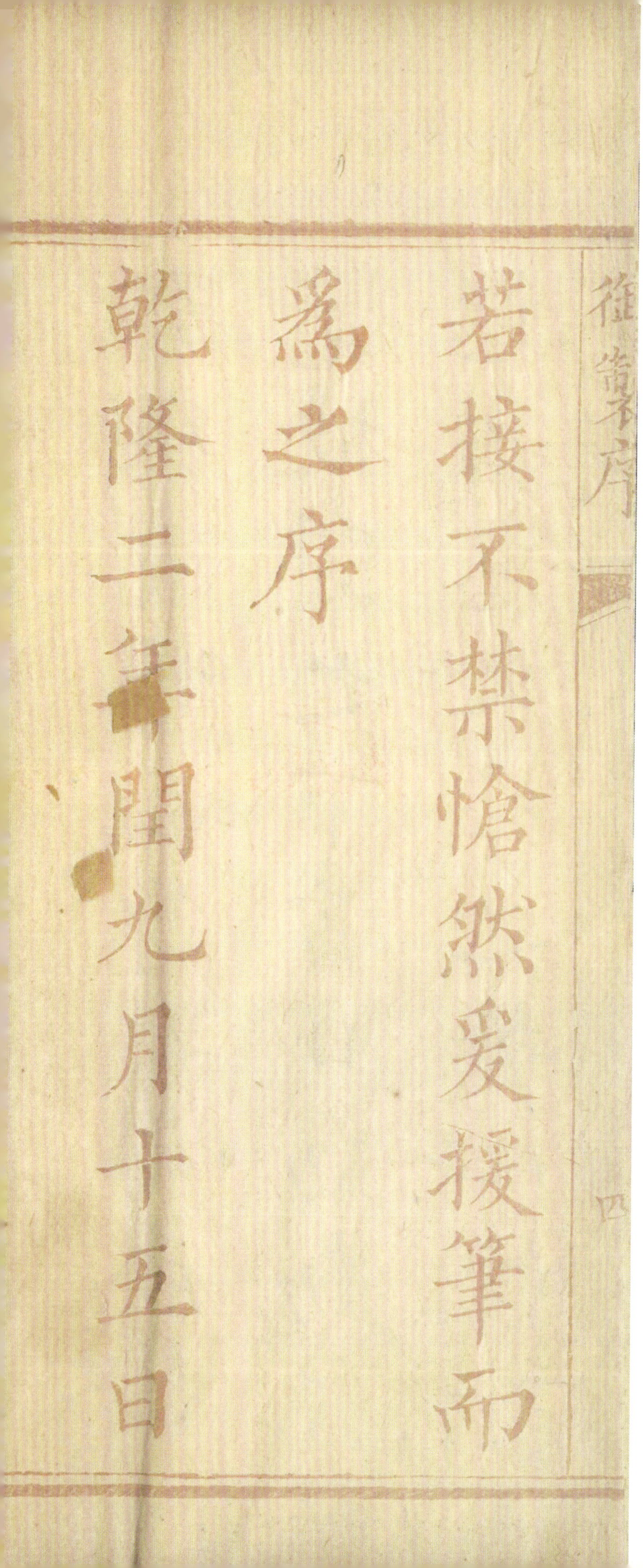
若接不禁愴然爰援筆而
爲之序
乾隆二年閏九月十五日

朱文端公藏書十三種
一百八十三卷　（清）朱軾撰
清康熙乾隆間刻本

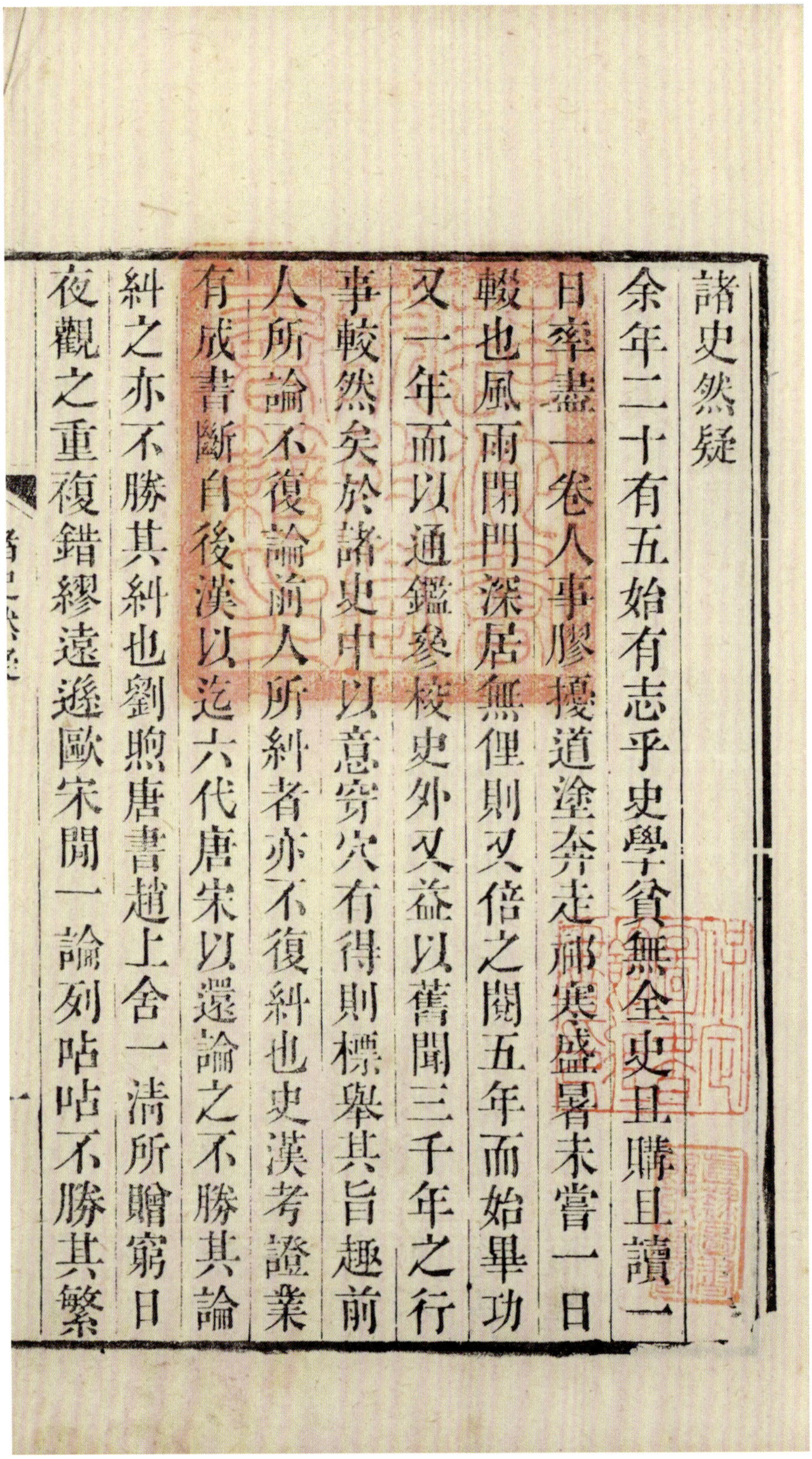
諸史然疑

余年二十有五始有志乎史學貧無全史且購且讀一日率盡一卷人事膠擾道塗奔走祁寒盛暑未嘗一日輟也風雨閉門深居無俚則又倍之閱五年而始畢功又一年而以通鑑參校史外又益以舊聞三千年之行事較然矣於諸史中以意穿穴有得則標舉其旨趣前人所論不復論前人所糾者亦不復糾也史漢考證業有成書斷自後漢以迄六代唐宋以還論之不勝其論糾之亦不勝其糾也劉昫唐書趙上舍一清所贈窮日夜觀之重複錯繆遠遜歐宋聞一論列呫呫不勝其繁

杭大宗七種叢書十八卷　（清）杭世駿撰　清乾隆杭賓仁羊城刻本